2025

제28회 시험대비 전면개정판

박문각 주택관리사

기본서 2차
주택관리관계법규

강경구 외 박문각 주택관리연구소 편저

합격까지 박문각
합격 노하우가 다르다!

박문각

이 책의 머리말

의무관리대상 공동주택 관리사무소장이 되기 위해서는 결격사유 없이 반드시 주택관리사보 시험에 합격을 해야만 하기에, 우리는 시험의 준비를 지금부터 철저히 해야 합니다.
주택관리사보 시험의 2차 과목인 주택관리관계법규는 국가의 정책적인 변화와 정부조직의 개편에 따라 법률뿐만 아니라 시행령·시행규칙이 자주 변경되고 법률의 수가 14개로 구성되어 있습니다. 그 방대한 분량으로 인하여 시험 직전까지 수험생들이 늘 심리적으로 부담을 가지는 과목이라고 생각됩니다.

재작년 「화재예방, 소방시설 설치·유지 및 안전관리에 관한 법률」이 「소방시설 설치 및 관리에 관한 법률」과 「화재의 예방 및 안전관리에 관한 법률」로 전면 개정되어 시험과목이 총 14개 법률로 되었습니다. 이와 같이 법령은 하루가 다르게 개정이 되고 있는 현실입니다.

시험출제 환경도 해마다 달라서 주택관리사보 2차 시험은 공인중개사 시험과는 달리 40문항 출제 중 주관식 괄호를 채우는 문제가 매년 거의 4문제씩 증가되어, 2021년 제24회에서는 16문제가 출제가 되었습니다. 또한 제23회 시험부터 상대평가제가 도입되어 선발예정인원을 정해놓고 시험성적순으로 합격자를 선발하는 현실입니다. 시험을 응시한 수험생들은 한결같이 "꾸준히 공부해서 준비하지 않으면 결코 이 시험은 쉬운 시험이 아니다." 라고 합니다.

특히 27회 시험은 주택관리관계법규는 난이도가 높지 않았고, 2차 과목인 관리실무 역시 작년보다 쉽게 출제되었다는 평가를 받고 있습니다. 그러다 보니, 평균 점수가 작년보다 높아져서 합격자 발표일까지 "내가 과연 합격할까?"하고 전전긍긍하는 경우가 생기게 된 것입니다.

한편 관계법규는 법령의 방대한 분량과 잦은 개정으로 인하여 학습에 부담이 가는 과목임이 사실임에 틀림없습니다. 필자는 삼십여 년 가까이 강단에서 강의를 해오면서 수험생들의 입장에서 단지 단순한 법 나열식의 공부를 지양하고, 합격을 위한 새로운 전략과 방법을 위해서 다음과 같이 본 저서를 구성하였습니다.

첫째 시험시행일 기준으로 법령이 개정된 부분까지 시험출제에 반영되므로, 가장 최근에 개정된 법률에 따라 시행령·시행규칙을 시험 출제 경향에 맞게 반영하였습니다. 기존 수험생들이 생소하지 않도록 쉽게 구성하였습니다.

둘째 총 14개의 법률에서 그 중요도나 시험의 출제빈도를 고려하여, 출제가능성이 있는 것이라면 시행령이나 시행규칙이라도 빠짐없이 수록했습니다. 수험에 빈틈없는 학습이 되도록 보충규정을 지면에 많이 활용하여 수험생들이 편리하게 볼 수 있도록 하였습니다.

셋째 시험에 수십 년 동안 출제가 되지 않았던 부분, 이를테면 정보공개, 자료제출, 감독, 중요하지 않은 벌칙 등은 가급적 수록하지 않았고 그 분량을 대폭 줄였습니다. 중요한 부분을 반복 학습할 수 있도록 하여 학습시간을 줄이는 것에 역점을 두었습니다.

넷째 최근 기출문제를 단원별 사이에 구성하여 시험의 출제경향을 미리 점검할 수 있도록 하였습니다.

관계법규는 주관식 문제가 40% 출제되는 것을 감안할 때 기본적인 용어를 정확하게 파악하고 출제빈도가 높은 「주택법」, 「공동주택관리법」, 「건축법」 위주로 법체계의 흐름을 이해해야 합니다. 그 외의 법률들은 핵심적인 내용을 중심으로 요약하여 전체를 꾸준히 반복적인 학습만이 수험기간을 단축할 수 있습니다.

본 기본서가 수험생 여러분의 합격을 위한 충실한 가이드 역할을 하리라 확신하며, 어렵고 힘든 시기에 수험준비를 하시는 수험생 여러분의 합격을 진심으로 기원합니다.

끝으로 본서가 출간되기까지 많은 도움을 주신 종로 박문각 학원 부장님, 차장님, 동영상 팀장님, 특히 출판부 임직원 여러분들의 도움에 진심으로 감사드립니다.

2024년 10월

저자 강 경 구 씀

자격안내

자격개요

주택관리사보는 공동주택의 운영·관리·유지·보수 등을 실시하고 이에 필요한 경비를 관리하며, 공동주택의 공용부분과 공동소유인 부대시설 및 복리시설의 유지·관리 및 안전관리 업무를 수행하기 위해 주택관리사보 자격시험에 합격한 자를 말한다.

변천과정

1990년	주택관리사보 제1회 자격시험 실시
1997년	자격증 소지자의 채용을 의무화(시행일 1997. 1. 1.)
2006년	2005년까지 격년제로 시행되던 자격시험을 매년 1회 시행으로 변경
2008년	주택관리사보 자격시험의 시행에 관한 업무를 한국산업인력공단에 위탁(시행일 2008. 1. 1.)

주택관리사제도

❶ 주택관리사 등의 자격

주택관리사보: 주택관리사보가 되려는 자는 국토교통부장관이 시행하는 자격시험에 합격한 후 시·도지사로부터 합격증서를 발급받아야 한다.

주택관리사: 주택관리사는 주택관리사보 합격증서를 발급받고 대통령령으로 정하는 주택관련 실무경력이 있는 자로서 시·도지사로부터 주택관리사 자격증을 발급받은 자로 한다.

❷ 주택관리사 인정경력

시·도지사는 주택관리사보 자격시험에 합격하기 전이나 합격한 후 다음의 어느 하나에 해당하는 경력을 갖춘 자에 대하여 주택관리사 자격증을 발급한다.

- 사업계획승인을 받아 건설한 50세대 이상 500세대 미만의 공동주택의 관리사무소장으로 근무한 경력 3년 이상
- 사업계획승인을 받아 건설한 50세대 이상의 공동주택의 관리사무소의 직원(경비원, 청소원, 소독원 제외) 또는 주택관리업자의 직원으로 주택관리업무에 종사한 경력 5년 이상
- 한국토지주택공사 또는 지방공사의 직원으로 주택관리업무에 종사한 경력 5년 이상
- 공무원으로 주택관련 지도·감독 및 인·허가 업무 등에 종사한 경력 5년 이상
- 주택관리사단체와 국토교통부장관이 정하여 고시하는 공동주택관리와 관련된 단체의 임직원으로 주택관련 업무에 종사한 경력 5년 이상
- 위의 경력들을 합산한 기간 5년 이상

법적 배치근거

공동주택을 관리하는 주택관리업자·입주자대표회의(자치관리의 경우에 한함) 또는 임대사업자(「민간임대주택에 관한 특별법」에 의한 임대사업자를 말함) 등은 공동주택의 관리사무소장으로 주택관리사 또는 주택관리사보를 다음의 기준에 따라 배치하여야 한다.

- **500세대 미만의 공동주택**: 주택관리사 또는 주택관리사보
- **500세대 이상의 공동주택**: 주택관리사

주요업무

공동주택을 안전하고 효율적으로 관리하여 공동주택의 입주자 및 사용자의 권익을 보호하기 위하여 입주자대표회의에서 의결하는 공동주택의 운영·관리·유지·보수·교체·개량과 리모델링에 관한 업무 및 이와 같은 업무를 집행하기 위한 관리비·장기수선충당금이나 그 밖의 경비의 청구·수령·지출 업무, 장기수선계획의 조정, 시설물 안전관리계획의 수립 및 건축물의 안전점검에 관한 업무(단, 비용지출을 수반하는 사항에 대하여는 입주자대표회의의 의결을 거쳐야 함) 등 주택관리서비스를 수행한다.

진로 및 전망

주택관리사는 주택관리의 시장이 계속 확대되고 주택관리사의 지위가 제도적으로 발전하면서 공동주택의 효율적인 관리와 입주자의 편안한 주거생활을 위한 전문지식과 기술을 겸비한 전문가집단으로 자리매김하고 있다.

주택관리사의 업무는 주택관리서비스업으로서, 자격증 취득 후 아파트 단지나 빌딩의 관리소장, 공사 및 건설업체·전문용역업체, 공동주택의 운영·관리·유지·보수 책임자 등으로 취업이 가능하다.
과거 주택건설 및 공급 위주의 주택정책이 국가경제적인 측면에서 문제가 되었다는 점에서 지금은 공동주택의 수명연장 및 쾌적한 주거환경 조성을 우선으로 하는 주택관리의 시대가 되었다. 이러한 시대적 변화에 맞추어 전문자격자로서 주택관리사의 역할이 어느 때보다 중요해지고 있으며, 공동주택의 리모델링의 활성화로 주택관리사들이 전문기법을 연구·발전시켜 국가경제발전에도 크게 기여하게 될 것이다.

자격시험안내

시험기관

소관부처 국토교통부 주택건설공급과 **실시기관** 한국산업인력공단(http://www.Q-net.or.kr)

응시자격

❶ **개관**: 응시자격에는 제한이 없으며 연령, 학력, 경력, 성별, 지역 등에 제한을 두지 않는다. 다만, 시험시행일 현재 주택관리사 등의 결격사유에 해당하는 자와 부정행위를 한 자로서 당해 시험시행일로부터 5년이 경과되지 아니한 자는 응시가 불가능하다.

❷ **주택관리사보 결격사유자**(공동주택관리법 제67조 제4항)

1. 피성년후견인 또는 피한정후견인
2. 파산선고를 받은 사람으로서 복권되지 아니한 사람
3. 금고 이상의 실형의 선고를 받고 그 집행이 끝나거나(집행이 끝난 것으로 보는 경우를 포함한다) 집행이 면제된 날부터 2년이 지나지 아니한 사람
4. 금고 이상의 형의 집행유예를 선고받고 그 집행유예기간 중에 있는 사람
5. 주택관리사 등의 자격이 취소된 후 3년이 지나지 아니한 사람(제1호 및 제2호에 해당하여 주택관리사 등의 자격이 취소된 경우는 제외한다)

❸ **시험 부정행위자에 대한 제재**: 주택관리사보 자격시험에 있어서 부정한 행위를 한 응시자에 대하여는 그 시험을 무효로 하고, 당해 시험시행일부터 5년간 시험응시자격을 정지한다.

시험방법

❶ 주택관리사보 자격시험은 제1차 시험 및 제2차 시험으로 구분하여 시행한다.

❷ 제1차 시험문제는 객관식 5지 선택형으로 하고 과목당 40문항을 출제한다.

❸ 제2차 시험문제는 객관식 5지 선택형을 원칙으로 하되, 과목별 16문항은 주관식(단답형 또는 기입형)을 가미하여 과목당 40문항을 출제한다.

❹ 객관식 및 주관식 문항의 배점은 동일하며, 주관식 문항은 부분점수가 있다.

문항수		주관식 16문항
배 점		각 2.5점(기존과 동일)
단답형 부분점수	3괄호	3개 정답(2.5점), 2개 정답(1.5점), 1개 정답(0.5점)
	2괄호	2개 정답(2.5점), 1개 정답(1점)
	1괄호	1개 정답(2.5점)

※ 법률 등을 적용하여 정답을 구하여야 하는 문제는 법에 명시된 정확한 용어를 사용하는 경우에만 정답으로 인정

❺ 제2차 시험은 제1차 시험에 합격한 자에 대하여 실시한다.

❻ 제1차 시험에 합격한 자에 대하여는 다음 회의 시험에 한하여 제1차 시험을 면제한다.

합격기준

❶ 1차 시험 절대평가, 2차 시험 상대평가

국토교통부장관은 선발예정인원의 범위에서 대통령령으로 정하는 합격자 결정 점수 이상을 얻은 사람으로서 전과목 총득점의 고득점자 순으로 주택관리사보 자격시험 합격자를 결정한다(공동주택관리법 제67조 제5항).

❷ 시험합격자의 결정(공동주택관리법 시행령 제75조)

1. **제1차 시험**
   과목당 100점을 만점으로 하여 모든 과목 40점 이상이고 전 과목 평균 60점 이상의 득점을 한 사람
2. **제2차 시험**
   ① 과목당 100점을 만점으로 하여 모든 과목 40점 이상이고 전 과목 평균 60점 이상의 득점을 한 사람. 다만, 모든 과목 40점 이상이고 전 과목 평균 60점 이상의 득점을 한 사람의 수가 법 제67조 제5항 전단에 따른 선발예정인원(이하 "선발예정인원"이라 한다)에 미달하는 경우에는 모든 과목 40점 이상을 득점한 사람을 말한다.
   ② 법 제67조 제5항 후단에 따라 제2차시험 합격자를 결정하는 경우 동점자로 인하여 선발예정인원을 초과하는 경우에는 그 동점자 모두를 합격자로 결정한다. 이 경우 동점자의 점수는 소수점 이하 둘째자리까지만 계산하며, 반올림은 하지 아니한다.

시험과목

(2024. 03. 29. 제27회 시험 시행계획 공고 기준)

시험구분		시험과목	시험범위	시험시간
제1차 (3과목)	1교시	회계원리	세부 과목 구분 없이 출제	100분
		공동주택 시설개론	• 목구조·특수구조를 제외한 일반건축구조와 철골구조 • 장기수선계획 수립 등을 위한 건축적산 • 홈네트워크를 포함한 건축설비개론	
	2교시	민 법	• 총칙 • 물권 • 채권 중 총칙·계약총칙·매매·임대차·도급·위임·부당이득·불법행위	50분
제2차 (2과목)		주택관리 관계법규	「주택법」·「공동주택관리법」·「민간임대주택에 관한 특별법」·「공공주택 특별법」·「건축법」·「소방기본법」·「화재의 예방 및 안전관리에 관한 법률」·「소방시설 설치 및 관리에 관한 법률」·「승강기 안전관리법」·「전기사업법」·「시설물의 안전 및 유지관리에 관한 특별법」·「도시 및 주거환경정비법」·「도시재정비 촉진을 위한 특별법」·「집합건물의 소유 및 관리에 관한 법률」 중 주택관리에 관련되는 규정	100분
		공동주택 관리실무	• 공동주거관리이론 • 공동주택회계관리·입주자관리, 대외업무, 사무·인사관리 • 시설관리, 환경관리, 안전·방재관리 및 리모델링, 공동주택 하자관리(보수공사 포함) 등	

※ 1. 시험과 관련하여 법률·회계처리기준 등을 적용하여 답을 구하여야 하는 문제는 시험시행일 현재 시행 중인 법령 등을 적용하여 정답을 구하여야 한다.
2. 회계처리 등과 관련된 시험문제는 「한국채택국제회계기준(K-IFRS)」을 적용하여 출제된다.
3. 기활용된 문제, 기출문제 등도 변형·활용되어 출제될 수 있다.

2024년 제27회 주택관리사(보) 2차 시험 과목별 총평

주택관리 관계법규

이번 제27회 주택관리관계법규 시험 출제에 대해 다음과 같이 평가를 하고자 합니다. 이번 시험은 상대평가로 전환된 네 번째 시험이었습니다. 선발예정인원은 1,600명 정도이며, 2차 과목인 관리실무가 쉽게 출제되었기 때문에 작년보다 합격평균점수가 작년보다 약간 상회할 것으로 예측됩니다.

주택관리관계법규는 예년과는 달리 최근 개정된 법률부분은 거의 출제 되지 않았고, 상대평가 치고는 난이도 上에 해당되는 문제가 2~4문제 정도 출제되었습니다. 작년보다 오히려 고득점이 많이 나오겠다는 생각이 들 정도로 수업시간에 강조한 문제들이 거의 출제된 평이한 시험이었다고 판단됩니다. 그러나 내년에도 과연 올해처럼 평이하게 출제될 것인가에 대해서는 사견으로 비관적이라고 하겠습니다. 왜냐하면, 시험이 상대평가이기 때문에 시험이 너무 난이도가 없는 시험을 출제하면 오히려 공부를 많이 준비한 사람은 상대적으로 그렇지 못한 사람보다 평가받는 데 불리해질 수도 있기 때문입니다. 점수가 안정권에 들기 위해서는 적어도 75점을 넘어서야지 하는 강박관념이 수험생들에게 수험생활 내내 지배할 것으로 생각됩니다.

이번 시험후기를 보면 주택관리관계법규는 점수가 75점 이상 상회하는 분들도 다수 있지만, 선발예정인원이 작년과 동일하고 관리실무가 쉽게 출제된 것을 감안하면 평균점수 75점 이상 되어야 합격권에 들 수 있다는 예측입니다.

공동주택 관리실무

이번 제27회 시험은 평이하게 출제되는 문제도 있었지만 법령의 지엽적인 부분과 별표에서 출제되는 문제가 많았고 중상의 난이도로 출제되어 제26회 시험보다는 평균점수가 다소 낮아질 것으로 예상됩니다.

높은 출제빈도를 보인 공동주택관리의 개요에서 9문제가 출제되었고 난이도 조절을 하기 위해 출제해 왔던 사무관리(노무관리와 사회보험) 문제도 지엽적인 2문제를 포함하여 7문제가 출제되었으며, 앞으로도 난이도 조절을 위해서 출제 문항 수는 7문제에서 8문제 정도로 유지될 것으로 예상됩니다.

공동주택의 건축설비도 계산문제 1문제를 포함하여 10문제가 출제되었고, 환경관리와 안전관리는 5문제가 출제되어 꾸준하게 출제비중이 늘어나고 있기 때문에 이에 대한 철저한 준비가 필요합니다.

주택관리사(보) 자격시험 5개년 합격률

▷ 제1차 시험

(단위: 명)

구 분	접수자(A)	응시자(B)	합격자(C)	합격률(C/B)
제23회(2020)	17,277	13,876	1,529	11.02%
제24회(2021)	17,011	13,827	1,760	12.73%
제25회(2022)	18,084	14,410	3,137	21.76%
제26회(2023)	18,982	15,225	1,877	12.33%
제27회(2024)	20,809	17,023	2,017	11.84%

▷ 제2차 시험

(단위: 명)

구 분	접수자(A)	응시자(B)	합격자(C)	합격률(C/B)
제22회(2019)	5,140	5,066	4,101	80.95%
제23회(2020)	2,305	2,238	1,710	76.4%
제24회(2021)	2,087	2,050	1,610	78.5%
제25회(2022)	3,494	3,408	1,632	47.88%
제26회(2023)	3,502	3,439	1,610	46.81%

출제경향 분석 및 수험대책

출제경향 분석

<table>
<tr><th>분 야</th><th>제23회</th><th>제24회</th><th>제25회</th><th>제26회</th><th>제27회</th><th>총 계</th><th>비율(%)</th></tr>
<tr><td>주택법</td><td>8(3)</td><td>8(3)</td><td>8(3)</td><td>8(3)</td><td>8(3)</td><td>40</td><td>20.0</td></tr>
<tr><td>공동주택관리법</td><td>8(3)</td><td>8(3)</td><td>8(3)</td><td>8(3)</td><td>8(3)</td><td>40</td><td>20.0</td></tr>
<tr><td>민간임대주택에 관한 특별법</td><td>2(1)</td><td>2(1)</td><td>2(1)</td><td>2(1)</td><td>2(1)</td><td>10</td><td>5.0</td></tr>
<tr><td>공공주택 특별법</td><td>2(1)</td><td>2(1)</td><td>2(1)</td><td>2(1)</td><td>2(1)</td><td>10</td><td>5.0</td></tr>
<tr><td>건축법</td><td>7(3)</td><td>7(3)</td><td>7(3)</td><td>7(3)</td><td>7(2)</td><td>35</td><td>17.5</td></tr>
<tr><td>도시 및 주거환경정비법</td><td>2(1)</td><td>2(1)</td><td>2(1)</td><td>2(1)</td><td>2(1)</td><td>10</td><td>5.0</td></tr>
<tr><td>도시재정비 촉진을 위한 특별법</td><td>1(1)</td><td>1(1)</td><td>1(1)</td><td>1</td><td>1</td><td>5</td><td>2.5</td></tr>
<tr><td>시설물의 안전 및 유지관리에 관한 특별법</td><td>2(1)</td><td>2(1)</td><td>2(1)</td><td>2(1)</td><td>2(1)</td><td>10</td><td>5.0</td></tr>
<tr><td>소방기본법</td><td>1</td><td>1</td><td>1</td><td>1</td><td>1</td><td>5</td><td>2.5</td></tr>
<tr><td>소방시설 설치 및 관리에 관한 법률</td><td rowspan="2">2(1)</td><td rowspan="2">2(1)</td><td rowspan="2">2</td><td>1</td><td>1</td><td>5</td><td>2.5</td></tr>
<tr><td>화재의 예방 및 안전관리에 관한 법률</td><td>1(1)</td><td>1</td><td>5</td><td>2.5</td></tr>
<tr><td>전기사업법</td><td>2(1)</td><td>2(1)</td><td>2(1)</td><td>2(1)</td><td>2(1)</td><td>10</td><td>5.0</td></tr>
<tr><td>승강기 안전관리법</td><td>2</td><td>2</td><td>2(1)</td><td>2(1)</td><td>2(1)</td><td>10</td><td>5.0</td></tr>
<tr><td>집합건물의 소유 및 관리에 관한 법률</td><td>1</td><td>1</td><td>1</td><td>1</td><td>1</td><td>5</td><td>2.5</td></tr>
<tr><td>총 계</td><td>40</td><td>40</td><td>40</td><td>40</td><td>40</td><td>200</td><td>100</td></tr>
</table>

※ 주) 제23회, 제24회, 제25회, 제26회, 제27회 괄호 안의 수치는 주관식 단답형 문제 수임.

이번 제27회 주택관리관계법규는 건축법이 7문제 중 객관식이 5문제, 주관식이 2문제 출제되었습니다. 객관식이 1문제 늘고 주관식이 1문제가 감소된 것입니다. 주택법도 작년에 나왔던 감리자에 관한 문제가 다시 출제되었고, 공동주택관리법도 골고루 출제되었으며, 공공주택 특별법도 걱정했던 시효만료와 연장에 따른 공공주택복합지구 및 공공주택복합사업은 출제되지 않았습니다. 전기사업법은 전기자동차충전사업이 나왔지만 전기신사업의 종류라는 걸 아신다면 어렵지 않게 풀 수 있는 문제였습니다. 특히, 시행규칙에서 출제된 주관식 1문제가 기본서에서 다루지 않은 내용이라 까다로웠겠지만 나머지는 평소에 강의를 들었던 분들은 쉽게 답안지 구성을 했을 것으로 여겨집니다.

시험후기를 보면 주택관리관계법규는 점수가 75점 이상 상회하는 분들도 다수 있지만, 선발예정인원이 작년과 동일하고 관리실무도 출제되었다면 작년 평균점수 75점 이상 되어야 합격권에 들 수 있다는 예측입니다.

수험대책

1편 1편 주택법은 8문제가 출제되고 있는데, 이 중 3문제는 주관식으로 출제되고 있다. 용어와 주택의 건설에서는 사업주체, 주택조합, 사업계획승인, 매도청구, 공급에서는 투기과열지구, 분양가상한제, 조정대상지역, 리모델링 등 전반적인 학습이 필요하다.

2편 공동주택관리법은 8문제가 출제되고 있는데, 이 중 3문제는 주관식으로 출제되고 있다. 용어, 관리방법, 입주자대표회의, 장기수선계획 등, 하자담보책임, 관리주체 등, 공동주택관리법은 주택관리실무와 중복되는 법이기 때문에 문항 수에 관계없이 전부 시험에 출제되는 부분이므로 빠짐없는 학습이 요구된다.

3편 민간임대주택에 관한 특별법은 2문제가 출제되는데, 1문제는 주관식으로 출제되고 있다. 용어와 임대사업자, 주택임대관리업자, 촉진지구 등으로 개괄적인 정리가 필요하다.

4편 공공주택 특별법은 2문제가 출제되는데, 주로 용어 중심으로 정리하고 공공주택지구, 도심공공주택복합사업, 공공주택의 관리 등 중요부분을 학습하도록 한다.

5편 건축법은 주택법이나 공동주택관리법 다음으로 출제 비중이 높은 과목으로 7문제 중 4~5문제가 주관식으로 출제되고 있다. 건축법 용어와 건축물의 용도, 허가 및 신고, 건폐율, 용적률, 건축선, 면적·높이·층수 산정, 구조 및 피난시설, 건축물의 높이제한, 이행강제금 등 핵심부분에 대한 집중적인 학습이 요구된다.

6편 도시 및 주거환경정비법은 2문제가 출제되는데, 1문제는 주관식으로 출제되고 있다. 주로 용어와 정비사업의 개략적인 절차와 사업시행자, 시행방식, 정비사업조합, 사업시행계획인가, 관리처분계획 중심으로 정리하는 것이 필요하다.

7편 도시재정비 촉진을 위한 특별법은 1문제가 출제되는데, 용어와 재정비촉진지구, 총괄계획가, 총괄사업관리자 등을 중심으로 학습하는 것이 효율적이다.

8편 시설물의 안전 및 유지관리에 관한 특별법은 2문제가 출제되는데, 1문제는 주관식으로 출제된다. 주로 용어 중심으로 정리하고, 안전점검, 정밀안전진단 등 핵심사항을 학습하도록 한다.

9편 소방기본법은 1문제가 출제되는데, 용어와 소방활동 등을 중심으로 정리하되, 법조문의 분량이 얼마 되지 않기 때문에 벌칙부분도 정리해둘 필요가 있다.

10편 소방시설 설치 및 관리에 관한 법률은 1문제가 출제되는데. 용어와 건축허가 등의 동의, 성능위주설계, 방염, 자체점검 등 중요한 부분을 중심으로 전반적인 학습이 이루어지도록 한다.

11편 화재의 예방 및 안전관리에 관한 법률은 1문제가 출제되는데, 용어와 화재안전조사, 화재예방강화지구, 소방안전관리대상물, 특별관리시설물 등 핵심적인 부분을 학습하도록 한다.

12편 전기사업법은 2문제(1문제는 주관식)가 출제되는데 비해서 학습 분량은 상당히 많다. 용어와 전기사업, 전기신사업, 전력시장, 전력거래 등을 중심으로 정리하고 나머지는 간략하게 요약해서 학습하도록 한다.

13편 승강기 안전관리법은 2문제가 출제되는데, 1문제는 주관식으로 출제되고 있다. 승강기 종류, 승강기 안전인증, 승강기 설치검사 및 안전검사, 자체점검 등을 중심으로 학습하도록 한다.

14편 집합건물의 소유 및 관리에 관한 법률은 1문제가 출제되는데, 용어와 공용부분, 관리인, 관리위원회, 관리단집회, 규약 등을 중심으로 정리하는 것이 효율적이다.

단계별 학습전략 Process 4

STEP 1

시험준비 단계

시험출제 수준 및 경향 파악

사전준비 없이 막연한 판단으로 공부를 시작하면 비효율적이고 시험에 실패할 위험도 크다. 따라서 기출문제의 꼼꼼한 분석을 통해 출제범위를 명확히 하고, 출제 빈도 및 경향을 정확히 가늠하여 효율적인 학습방법을 찾는 것이 합격을 위한 첫 걸음이다.

최적의 수험대책 수립 및 교재 선택

시험출제 수준 및 경향을 정확하게 파악하였다면, 수험생 본인에게 적합한 수험방법을 선택해야 한다. 본인에게 맞지 않는 수험방법은 동일한 결과를 얻기 위해 몇 배의 시간과 노력을 들여야 한다. 따라서 본인의 학습태도를 파악하여 자신에게 맞는 학습량과 시간 배분 및 학습 장소, 학원강의 등을 적절하게 선택해야 한다. 그리고 내용이 충실하고 본인에게 맞는 교재를 선택하는 것도 합격을 앞당기는 지름길이 된다.

STEP 2

실력쌓기 단계

과목별 학습시간의 적절한 배분

주택관리사보 자격시험을 단기간에 준비하기에는 내용도 방대하고 난도도 쉽지 않다. 따라서 과목별 학습목표량과 학습시간을 적절히 배분하는 것이 중요한데, 취약과목에는 시간을 좀 더 배분하도록 한다. 전체 일정은 기본서, 객관식 문제집, 모의고사 순으로 학습하여 빠른 시일 내에 시험 감각을 키우는 것을 우선으로 해야 한다.

전문 학원 강사의 강의 수강

학습량도 많고 난도도 높아 독학으로 주택관리사보 자격시험을 공략하기란 쉽지 않다. 더욱이 법률 과목은 기본개념을 파악하는 것 자체가 쉽지 않고, 해당 과목의 전체적인 흐름을 이해하고 핵심을 파악하기보다는 평면적·단순 암기식 학습에 치우칠 우려가 있어 학습의 효율성을 떨어뜨리고 시험기간을 장기화하는 원인이 될 수 있다. 이러한 독학의 결점이나 미비점을 보완하기 위한 방안으로 전문학원 강사의 강의를 적절히 활용하도록 한다.

수험생 스스로 사전 평가를 통하여 고득점을 목표로 집중학습할 전략과목을 정하도록 한다.
그러나 그보다 더 중요한 것은 취약과목을 어느 수준까지 끌어올리느냐 하는 것이다.

취약과목을 집중 공략

개인차가 있겠지만 어느 정도 공부를 하고 나면 전략과목과 취약과목의 구분이 생기기 마련이다. 고득점을 보장하는 전략과목 다지기와 함께 취약과목을 일정 수준까지 끌어올리려는 노력이 무엇보다 필요하다. 어느 한 과목의 점수라도 과락이 되면 전체 평균점수가 아무리 높다고 해도 합격할 수 없기 때문에 취약과목을 어느 수준까지 끌어올리느냐가 중요하다고 하겠다.

문제 해결력 기르기

각 과목별 특성을 파악하고 전체적인 흐름을 이해했다면 습득한 지식의 정확도를 높이고, 심화단계의 문제풀이를 통해 실력을 높일 필요가 있다. 지금까지 학습해 온 내용의 점검과 함께 자신의 실력으로 굳히는 과정을 어떻게 거치느냐에 따라 시험의 성패가 결정될 것이다.

합격을 좌우하는 마지막 1개월

시험 1개월 전은 수험생들이 스트레스를 가장 많이 받는 시점이자 수험생활에 있어 마지막 승부가 가늠되는 지점이다. 이 시기의 학습효과는 몇 개월 동안의 학습효과와 비견된다 할 수 있으므로 최대한 집중력을 발휘하고 혼신의 힘을 기울여야 한다. 이때부터는 그 동안 공부해 온 것을 시험장에서 충분히 발휘할 수 있도록 암기가 필요한 사항은 외우고 틀린 문제들은 점검하면서 마무리 교재를 이용하여 실전감각을 배양하도록 한다.

시험 당일 최고의 컨디션 유지

시험 당일 최고의 컨디션으로 실전에 임할 수 있어야 공부한 모든 것들을 제대로 쏟아 낼 수 있다. 특히 시험 전날의 충분한 수면은 시험 당일에 명석한 분석 및 판단력을 발휘하는 데 큰 도움이 됨을 잊지 말아야 한다.

와이드 정보

교재 구성 및 활용

01 한 눈에 보기

단원의 개관을 한 눈에 보면서 단원 전체의 구성을 파악하고 중요부분을 핵심적으로 요약·정리할 수 있도록 체계도 형식으로 구성하였으며, 이를 통해 각 단원의 도입부분에서 그 단원에서 다루어지는 핵심적인 내용과 주목할 만한 내용을 개략적으로 보여줌으로써 수험생들이 학습의 강약을 조절할 수 있도록 하였습니다.

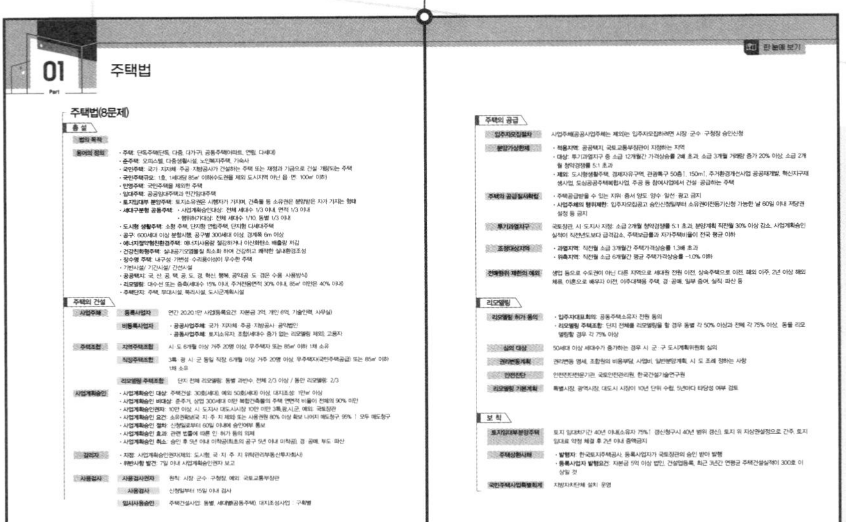

02 방대한 학습분량을 효율적으로 서술

2단 본문구성으로 가독성을 높여 보다 효율적인 학습이 가능하도록 하였으며, 다양한 본문 요소들을 통해 방대한 학습분량을 체계적으로 분류하고 논리적으로 서술하여 내용 파악이 용이하도록 구성하였습니다.

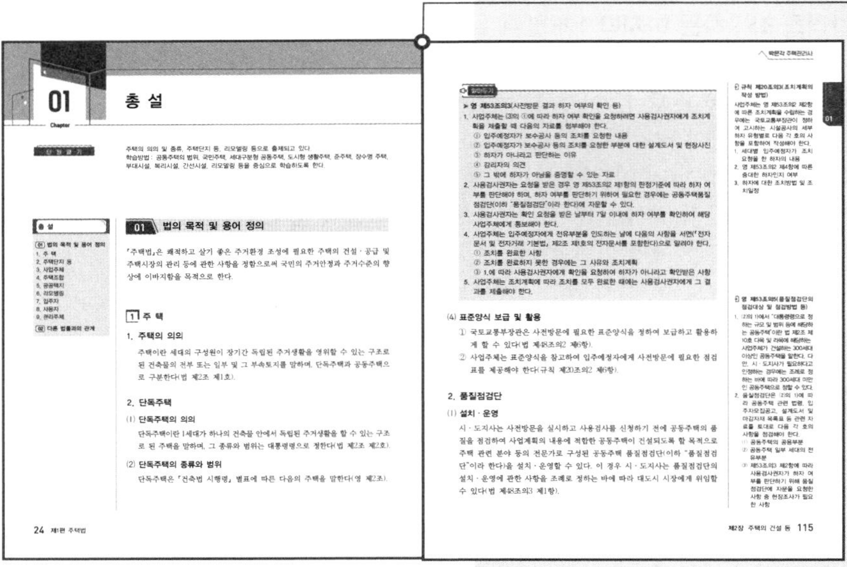

03 실전예상문제

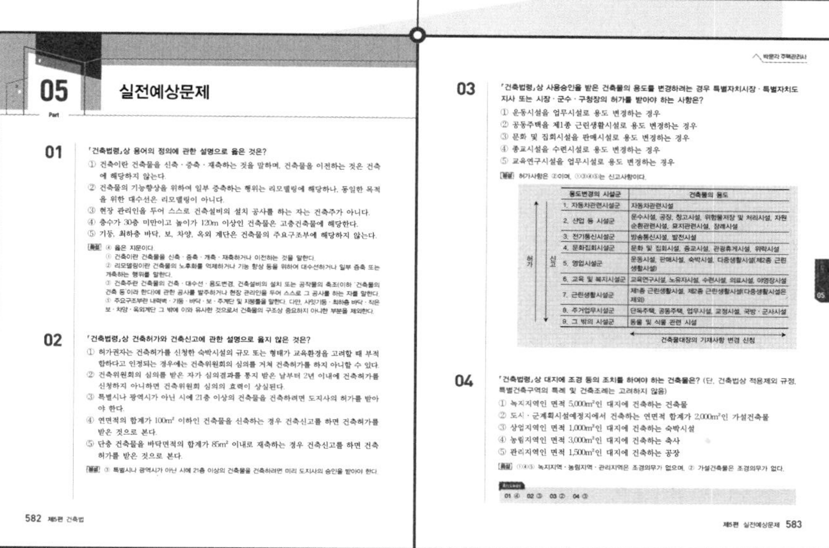

철저한 최신출제경향 분석을 통해 출제가능성이 높은 문제를 수록함으로써 실전능력을 기를 수 있도록 하였으며, 문제의 핵심을 찌르는 정확하고 명쾌한 해설을 수록하고자 하였습니다.

04 부록

제27회 기출문제를 부록으로 수록하여 풍부한 학습이 가능하도록 하였으며 실제시험을 치르는 자세로 수험생 스스로가 자신의 실력을 점검해볼 수 있도록 하였습니다.

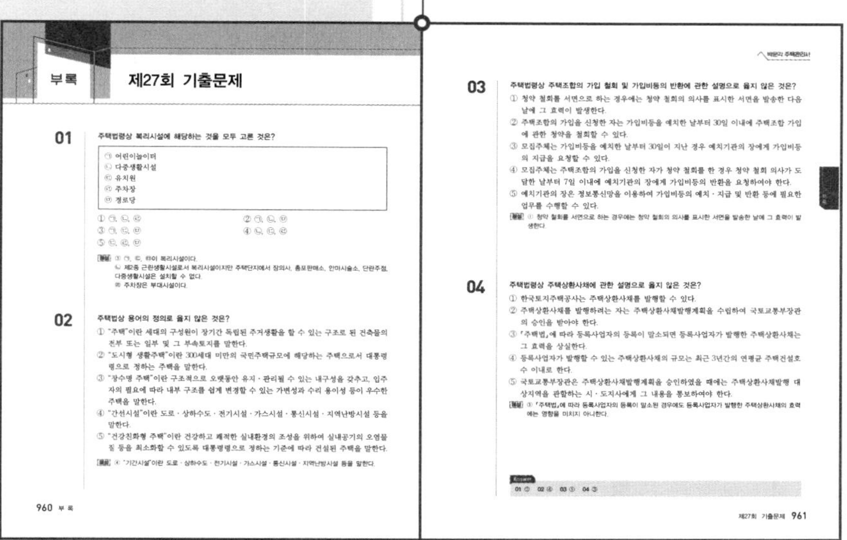

이 책의 차례

건축법

도시 및 주거환경정비법

도시재정비 촉진을 위한 특별법

Contents

이 책의 차례

전기사업법

PART 12

승강기 안전관리법

PART 13

집합건물의 소유 및 관리에 관한 법률

PART 14

부 록

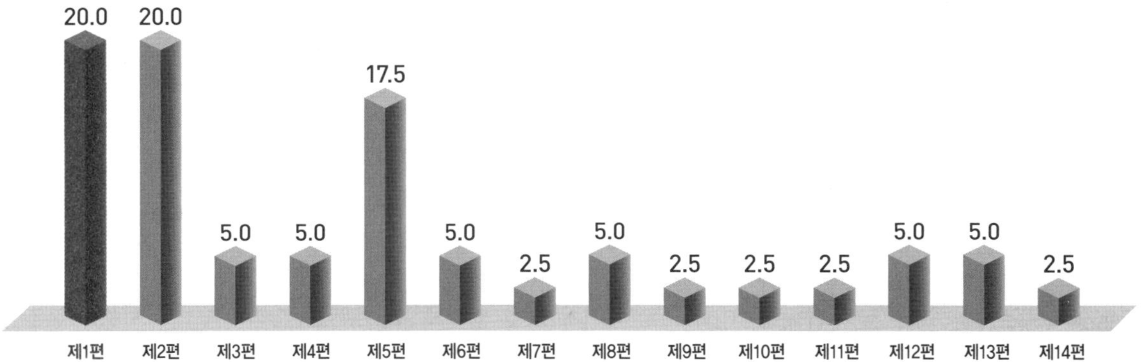

제27회 기출문제 분석

주택법은 8문제가 출제되고 있는데, 이 중 3문제는 주관식으로 출제되고 있다. 용어와 주택의 건설에서는 사업주체, 주택조합, 사업계획승인, 매도청구, 공급에서는 투기과열지구, 분양가상한제, 조정대상지역, 리모델링 등 전반적인 학습이 필요하다.

박문각
주택관리사

PART 01

주택법

제1장 총 설
제2장 주택의 건설 등
제3장 주택의 공급
제4장 리모델링
제5장 보 칙

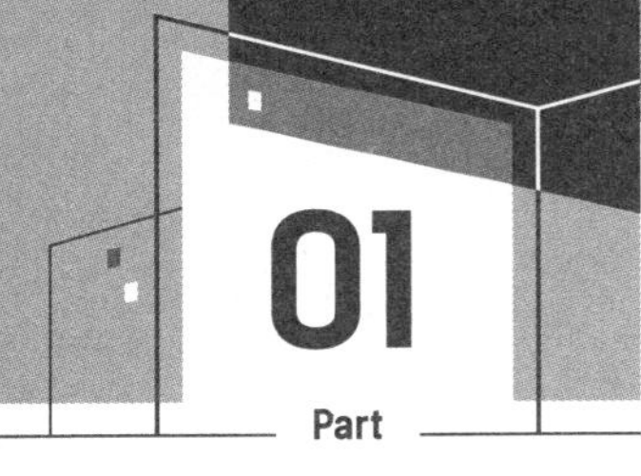

주택법

주택법(8문제)

총 설

법의 목적

용어의 정의

- **주택**: 단독주택(단독, 다중, 다가구), 공동주택(아파트, 연립, 다세대)
- **준주택**: 오피스텔, 다중생활시설, 노인복지주택, 기숙사
- **국민주택**: 국가·지자체·주공·지방공사가 건설하는 주택 또는 재정과 기금으로 건설·개량되는 주택
- **국민주택규모**: 1호, 1세대당 85㎡ 이하(수도권을 제외 도시지역 아닌 읍·면: 100㎡ 이하)
- **민영주택**: 국민주택을 제외한 주택
- **임대주택**: 공공임대주택과 민간임대주택
- **토지임대부 분양주택**: 토지소유권은 시행자가 가지며, 건축물 등 소유권은 분양받은 자가 가지는 형태
- **세대구분형 공동주택**:
  - 사업계획승인대상: 전체 세대수 1/3 이내, 면적 1/3 이내
  - 행위허가대상: 전체 세대수 1/10, 동별 1/3 이내
- **도시형 생활주택**: 소형 주택, 단지형 연립주택, 단지형 다세대주택
- **공구**: 600세대 이상 분할시행, 공구별 300세대 이상, 경계폭 6m 이상
- **에너지절약형친환경주택**: 에너지사용량 절감하거나 이산화탄소 배출량 저감
- **건강친화형주택**: 실내공기오염물질 최소화 하여 건강하고 쾌적한 실내환경조성
- **장수명 주택**: 내구성·가변성·수리용이성이 우수한 주택
- 기반시설/ 기간시설/ 간선시설
- **공공택지**: 국, 산, 공, 택, 공, 도, 경, 혁신, 행복, 공익(공·도·경은 수용·사용방식)
- **리모델링**: 대수선 또는 증축(세대수 15% 이내, 주거전용면적 30% 이내, 85㎡ 미만은 40% 이내)
- **주택단지**: 주택, 부대시설, 복리시설, 도시군계획시설

주택의 건설

사업주체

- **등록사업자**: 연간 20.20.1만 사업(등록요건: 자본금 3억, 개인 6억, 기술인력, 사무실)
- **비등록사업자**:
  - **공공사업주체**: 국가·지자체·주공·지방공사·공익법인
  - **공동사업주체**: 토지소유자, 조합(세대수 증가 없는 리모델링 제외), 고용자

주택조합

- **지역주택조합**: 시·도 6개월 이상 거주 20명 이상, 무주택자 또는 85㎡ 이하 1채 소유
- **직장주택조합**: 3특·광·시·군 동일 직장, 6개월 이상 거주 20명 이상, 무주택자(국민주택공급) 또는 85㎡ 이하 1채 소유
- **리모델링 주택조합**: 단지 전체 리모델링: 동별 과반수, 전체 2/3 이상 / 동만 리모델링: 2/3

사업계획승인

- **사업계획승인 대상**: 주택건설: 30호(세대), 예외 50호(세대) 이상, 대지조성: 1만㎡ 이상
- **사업계획승인 비대상**: 준주거, 상업 300세대 미만 복합건축물의 주택 연면적 비율이 전체의 90% 미만
- **사업계획승인권자**: 10만 이상, 시·도지사 대도시시장 10만 미만 3특,광,시,군, 예외: 국토장관
- **사업계획승인 요건**: 소유권확보(국·지·주·지 제외) 또는 사용권원 80% 이상 확보 나머지 매도청구, 95% ↑ 모두 매도청구
- **사업계획승인 절차**: 신청일로부터 60일 이내에 승인여부 통보
- **사업계획승인 효과**: 관련 법률에 따른 인·허가 등의 의제
- **사업계획승인 취소**: 승인 후 5년 이내 미착공(최초의 공구 5년 이내 미착공), 경·공매, 부도·파산

감리자

- **지정**: 사업계획승인권자(제외: 도시형, 국·지·주·지 위탁관리부동산투자회사)
- **위반사항 발견**: 7일 이내 사업계획승인권자 보고

사용검사

- **사용검사권자**: 원칙: 시장·군수·구청장, 예외: 국토교통부장관
- **사용검사**: 신청일부터 15일 이내 검사
- **임시사용승인**: 주택건설사업: 동별, 세대별(공동주택), 대지조성사업 : 구획별

주택의 공급

입주자모집절차
사업주체(공공사업주체는 제외)는 입주자모집하려면 시장·군수·구청장 승인신청

분양가상한제
- **적용지역**: 공공택지, 국토교통부장관이 지정하는 지역
- **대상**: 투기과열지구 중 소급 12개월간 가격상승률 2배 초과, 소급 3개월 거래량 증가 20% 이상, 소급 2개월 청약경쟁률 5:1 초과
- **제외**: 도시형생활주택, 경제자유구역, 관광특구 50층↑, 150m↑, 주거환경개선사업 공공재개발, 혁신지구재생사업, 도심공공주택복합사업, 주공 등 참여사업에서 건설·공급하는 주택

주택의 공급질서확립
- 주택공급받을 수 있는 지위·증서 양도·양수·알선·광고 금지
- **사업주체의 행위제한**: 입주자모집공고 승인신청일부터 소유권이전등기신청 가능한 날 60일 이내 저당권 설정 등 금지

투기과열지구
국토장관, 시·도지사 지정: 소급 2개월 청약경쟁률 5:1 초과, 분양계획 직전월 30% 이상 감소, 사업계획승인실적이 직전년도보다 급격감소, 주택보급률과 자가주택비율이 전국 평균 이하

조정대상지역
- **과열지역**: 직전월 소급 3개월간 주택가격상승률 1.3배 초과
- **위축지역**: 직전월 소급 6개월간 평균 주택가격상승률 −1.0% 이하

전매행위 제한의 예외
생업 등으로 수도권이 아닌 다른 지역으로 세대원 전원 이전, 상속주택으로 이전, 해외 이주, 2년 이상 해외체류, 이혼으로 배우자 이전, 이주대책용 주택, 경·공매, 일부 증여, 실직·파산 등

리모델링

리모델링 허가 동의
- **입주자대표회의**: 공동주택소유자 전원 동의
- **리모델링 주택조합**: 단지 전체를 리모델링을 할 경우 동별 각 50% 이상과 전체 각 75% 이상, 동을 리모델링할 경우 각 75% 이상

심의 대상
50세대 이상 세대수가 증가하는 경우 시·군·구 도시계획위원회 심의

권리변동계획
권리변동 명세, 조합원의 비용부담, 사업비, 일반분양계획, 시·도 조례 정하는 사항

안전진단
안전진단전문기관, 국토안전관리원, 한국건설기술연구원

리모델링 기본계획
특별시장, 광역시장, 대도시 시장이 10년 단위 수립, 5년마다 타당성 여부 검토

보 칙

토지임대부분양주택
토지 임대차기간 40년 이내(소유자 75%↑ 갱신청구시 40년 범위 갱신), 토지 위 지상권설정으로 간주, 토지 임대료 약정 체결 후 2년 이내 증액금지

주택상환사채
- **발행자**: 한국토지주택공사, 등록사업자가 국토장관의 승인 받아 발행
- **등록사업자 발행요건**: 자본금 5억 이상 법인, 건설업등록, 최근 3년간 연평균 주택건설실적이 300호 이상일 것

국민주택사업특별회계
지방자치단체 설치·운영

총 설

단·원·열·기

주택의 의의 및 종류, 주택단지 등, 리모델링 등으로 출제되고 있다.
학습방법 : 공동주택의 범위, 국민주택, 세대구분형 공동주택, 도시형 생활주택, 준주택, 장수명 주택, 부대시설, 복리시설, 간선시설, 리모델링 등을 중심으로 학습하도록 한다.

총 설

01 법의 목적 및 용어 정의

「주택법」은 쾌적하고 살기 좋은 주거환경 조성에 필요한 주택의 건설·공급 및 주택시장의 관리 등에 관한 사항을 정함으로써 국민의 주거안정과 주거수준의 향상에 이바지함을 목적으로 한다.

1 주 택

1. 주택의 의의

주택이란 세대의 구성원이 장기간 독립된 주거생활을 영위할 수 있는 구조로 된 건축물의 전부 또는 일부 및 그 부속토지를 말하며, 단독주택과 공동주택으로 구분한다(법 제2조 제1호).

2. 단독주택

(1) 단독주택의 의의

단독주택이란 1세대가 하나의 건축물 안에서 독립된 주거생활을 할 수 있는 구조로 된 주택을 말하며, 그 종류와 범위는 대통령령으로 정한다(법 제2조 제2호).

(2) 단독주택의 종류와 범위

단독주택은 「건축법 시행령」 별표에 따른 다음의 주택을 말한다(영 제2조).

단독주택	–
다중주택	다음의 요건을 모두 갖춘 주택을 말한다. 1. 학생 또는 직장인 등 여러 사람이 장기간 거주할 수 있는 구조로 되어 있는 것 2. 독립된 주거의 형태를 갖추지 아니한 것(각 실별로 욕실은 설치할 수 있으나, 취사시설은 설치하지 아니한 것을 말한다) 3. 1개 동의 주택으로 쓰이는 바닥면적(부설 주차장 면적은 제외한다. 이하 같다)의 합계가 660m² 이하이고 주택으로 쓰는 층수(지하층은 제외한다)가 3개 층 이하일 것. 다만, 1층의 전부 또는 일부를 필로티 구조로 하여 주차장으로 사용하고 나머지 부분을 주택 외의 용도로 쓰는 경우에는 해당 층을 주택의 층수에서 제외한다. 4. 적정한 주거환경을 조성하기 위하여 건축조례로 정하는 실별 최소 면적, 창문의 설치 및 크기 등의 기준에 적합할 것
다가구주택	다음의 요건을 모두 갖춘 주택으로서 공동주택에 해당하지 아니하는 것을 말한다. 1. 주택으로 쓰는 층수(지하층은 제외한다)가 3개 층 이하일 것. 다만, 1층의 전부 또는 일부를 필로티 구조로 하여 주차장으로 사용하고 나머지 부분을 주택 외의 용도로 쓰는 경우에는 해당 층을 주택의 층수에서 제외한다. 2. 1개 동의 주택으로 쓰이는 바닥면적의 합계가 660m² 이하일 것 3. 19세대(대지 내 동별 세대수를 합한 세대를 말한다) 이하가 거주할 수 있을 것

3. 공동주택

(1) 공동주택의 의의

공동주택이란 건축물의 벽・복도・계단이나 그 밖의 설비 등의 전부 또는 일부를 공동으로 사용하는 각 세대가 하나의 건축물 안에서 각각 독립된 주거생활을 영위할 수 있는 구조로 된 주택을 말하며, 그 종류와 범위는 대통령령으로 정한다(법 제2조 제3호).

(2) 공동주택의 종류와 범위

공동주택은 「건축법 시행령」 별표에 따른 다음의 주택을 말한다(영 제3조).

아파트	주택으로 쓰는 층수가 5개 층 이상인 주택
연립주택	주택으로 쓰는 1개 동의 바닥면적(2개 이상의 동을 지하주차장으로 연결하는 경우에는 각각의 동으로 본다) 합계가 $660m^2$를 초과하고, 층수가 4개 층 이하인 주택
다세대주택	주택으로 쓰는 1개 동의 바닥면적 합계가 $660m^2$ 이하이고, 층수가 4개 층 이하인 주택(2개 이상의 동을 지하주차장으로 연결하는 경우에는 각각의 동으로 본다)

4. 준주택

(1) 준주택의 의의

준주택이란 주택 외의 건축물과 그 부속토지로서 주거시설로 이용가능한 시설 등을 말하며, 그 범위와 종류는 대통령령으로 정한다(법 제2조 제4호).

(2) 준주택의 종류와 범위

준주택의 종류와 범위는 「건축법 시행령」 별표에 따른 다음의 시설을 말한다(영 제4조).

오피스텔	업무시설 중 일반업무시설로서의 오피스텔
다중생활시설	제2종 근린생활시설 및 숙박시설로서의 다중생활시설
노인복지주택	노인복지시설 중 「노인복지법」에 따른 노인복지주택
기숙사	공동주택 중 기숙사

5. 국민주택

(1) 국민주택이란 다음의 어느 하나에 해당하는 주택으로서 국민주택규모 이하인 주택을 말한다(법 제2조 제5호).

1. 국가ㆍ지방자치단체, 「한국토지주택공사법」에 따른 한국토지주택공사 또는 「지방공기업법」에 따라 주택사업을 목적으로 설립된 지방공사가 건설하는 주택
2. 국가ㆍ지방자치단체의 재정 또는 「주택도시기금법」에 따른 주택도시기금으로부터 자금을 지원받아 건설되거나 개량되는 주택

(2) 국민주택규모란 주거의 용도로만 쓰이는 면적(이하 "주거전용면적"이라 한다)이 1호(戶) 또는 1세대당 85m² 이하인 주택(「수도권정비계획법」 제2조 제1호에 따른 수도권을 제외한 도시지역이 아닌 읍 또는 면 지역은 1호 또는 1세대당 주거전용면적이 100m² 이하인 주택을 말한다)을 말한다. 이 경우 주거전용면적의 산정방법은 국토교통부령으로 정한다(법 제2조 제6호).

6. 민영주택

민영주택이란 국민주택을 제외한 주택을 말한다(법 제2조 제7호).

7. 임대주택

임대주택이란 임대를 목적으로 하는 주택으로서, 「공공주택 특별법」에 따른 공공임대주택과 「민간임대주택에 관한 특별법」에 따른 민간임대주택으로 구분한다(법 제2조 제8호).

8. 토지임대부 분양주택

토지임대부 분양주택이란 토지의 소유권은 사업계획의 승인을 받아 토지임대부 분양주택 건설사업을 시행하는 자가 가지고, 건축물 및 복리시설 등에 대한 소유권(건축물의 전유부분에 대한 구분소유권은 이를 분양받은 자가 가지고, 건축물의 공용부분·부속건물 및 복리시설은 분양받은 자들이 공유한다)은 주택을 분양받은 자가 가지는 주택을 말한다(법 제2조 제9호).

9. 세대구분형 공동주택

(1) 의 의

세대구분형 공동주택이란 공동주택의 주택 내부 공간의 일부를 세대별로 구분하여 생활이 가능한 구조로 하되, 그 구분된 공간의 일부를 구분소유할 수 없는 주택으로서 대통령령으로 정하는 건설기준, 설치기준, 면적기준 등에 적합한 주택을 말한다(법 제2조 제19호).

(2) 내 용

1) 대통령령으로 정하는 건설기준, 설치기준, 면적기준 등에 적합한 주택이란 다음의 구분에 따른 요건을 충족하는 공동주택을 말한다(영 제9조 제1항).

주거전용면적의 산정방법

주거전용면적(주거의 용도로만 쓰이는 면적을 말한다)의 산정방법은 다음의 기준에 따른다(규칙 제2조).

1. **단독주택의 경우**
   그 바닥면적(「건축법 시행령」 제119조 제1항 제3호에 따른 바닥면적을 말한다. 이하 같다)에서 지하실(거실로 사용되는 면적은 제외한다), 본 건축물과 분리된 창고·차고 및 화장실의 면적을 제외한 면적. 다만, 그 주택이 「건축법 시행령」 별표 1 제1호 다목의 다가구주택에 해당하는 경우 그 바닥면적에서 본 건축물의 지상층에 있는 부분으로서 복도, 계단, 현관 등 2세대 이상이 공동으로 사용하는 부분의 면적도 제외한다.
2. **공동주택의 경우**
   외벽의 내부선을 기준으로 산정한 면적. 다만, 2세대 이상이 공동으로 사용하는 부분으로서 다음의 어느 하나에 해당하는 공용면적은 제외하며, 이 경우 바닥면적에서 주거전용면적을 제외하고 남는 외벽면적은 공용면적에 가산한다.
   ① 복도, 계단, 현관 등 공동주택의 지상층에 있는 공용면적
   ② ①의 공용면적을 제외한 지하층, 관리사무소 등 그 밖의 공용면적

1. 법 제15조에 따른 사업계획의 승인을 받아 건설하는 공동주택의 경우: 다음의 요건을 모두 충족할 것
   ① 세대별로 구분된 각각의 공간마다 별도의 욕실, 부엌과 현관을 설치할 것
   ② 하나의 세대가 통합하여 사용할 수 있도록 세대 간에 연결문 또는 경량구조의 경계벽 등을 설치할 것
   ③ 세대구분형 공동주택의 세대수가 해당 주택단지 안의 공동주택 전체 세대수의 3분의 1을 넘지 않을 것
   ④ 세대별로 구분된 각각의 공간의 주거전용면적(주거의 용도로만 쓰이는 면적으로서 법 제2조 제6호 후단에 따른 방법으로 산정된 것을 말한다) 합계가 해당 주택단지 전체 주거전용면적 합계의 3분의 1을 넘지 않는 등 국토교통부장관이 정하여 고시하는 주거전용면적의 비율에 관한 기준을 충족할 것
2. 「공동주택관리법」 제35조에 따른 행위의 허가를 받거나 신고를 하고 설치하는 공동주택의 경우: 다음의 요건을 모두 충족할 것
   ① 구분된 공간의 세대수는 기존 세대를 포함하여 2세대 이하일 것
   ② 세대별로 구분된 각각의 공간마다 별도의 욕실, 부엌과 구분 출입문을 설치할 것
   ③ 세대구분형 공동주택의 세대수가 해당 주택단지 안의 공동주택 전체 세대수의 10분의 1과 해당 동의 전체 세대수의 3분의 1을 각각 넘지 않을 것. 다만, 특별자치시장, 특별자치도지사, 시장·군수·구청장(구청장은 자치구의 구청장을 말하며, 이하 "시장·군수·구청장"이라 한다)이 부대시설의 규모 등 해당 주택단지의 여건을 고려하여 인정하는 범위에서 세대수의 기준을 넘을 수 있다.
   ④ 구조, 화재, 소방 및 피난안전 등 관계 법령에서 정하는 안전 기준을 충족할 것

2) 앞의 1)에 따라 건설 또는 설치되는 주택과 관련하여 「주택법」 제35조에 따른 주택건설기준 등을 적용하는 경우 세대구분형 공동주택의 세대수는 그 구분된 공간의 세대수에 관계없이 하나의 세대로 산정한다(영 제9조 제2항).

10. 도시형 생활주택

300세대 미만의 국민주택규모에 해당하는 주택으로서 대통령령으로 정하는 주택을 말한다. 즉, 「국토의 계획 및 이용에 관한 법률」에 따른 도시지역에 건설하는 다음의 주택을 말한다(법 제2조 제20호, 영 제10조 제1항).

(1) 소형 주택

다음 요건을 모두 갖춘 공동주택

> 1. 세대별 주거전용면적은 $60m^2$ 이하일 것
> 2. 세대별로 독립된 주거가 가능하도록 욕실 및 부엌을 설치할 것
> 3. 지하층에는 세대를 설치하지 아니할 것

(2) 단지형 연립주택

소형 주택이 아닌 연립주택. 다만, 건축위원회의 심의를 받은 경우에는 주택으로 쓰는 층수를 5개 층까지 건축할 수 있다.

(3) 단지형 다세대주택

소형 주택이 아닌 다세대주택. 다만, 건축위원회의 심의를 받은 경우에는 주택으로 쓰는 층수를 5개 층까지 건축할 수 있다.

(4) 주택들 간의 관계

1) 하나의 건축물에는 도시형 생활주택과 그 밖의 주택을 함께 건축할 수 없다. 다만, 다음의 어느 하나에 해당하는 경우는 예외로 한다(영 제10조 제2항).

> ① 소형 주택과 주거전용면적이 $85m^2$를 초과하는 주택 1세대를 함께 건축하는 경우
> ② 「국토의 계획 및 이용에 관한 법률 시행령」에 따른 준주거지역 또는 상업지역에서 소형 주택과 도시형 생활주택 외의 주택을 함께 건축하는 경우

2) 하나의 건축물에는 단지형 연립주택 또는 단지형 다세대주택과 소형 주택을 함께 건축할 수 없다(영 제10조 제3항).

11. 에너지절약형 친환경주택

(1) 에너지절약형 친환경주택이란 저에너지 건물 조성기술 등 대통령령으로 정하는 기술을 이용하여 에너지 사용량을 절감하거나 이산화탄소 배출량을 저감할 수 있도록 건설된 주택을 말하며, 그 종류와 범위는 대통령령으로 정한다(법 제2조 제21호).

(2) 에너지절약형 친환경주택의 종류 · 범위 및 건설기준은 「주택건설기준 등에 관한 규정」으로 정한다(영 제11조).

12. 건강친화형 주택

(1) 건강친화형 주택이란 건강하고 쾌적한 실내환경의 조성을 위하여 실내공기의 오염물질 등을 최소화할 수 있도록 대통령령으로 정하는 기준에 따라 건설된 주택을 말한다(법 제2조 제22호).

(2) 건강친화형 주택의 건설기준은 「주택건설기준 등에 관한 규정」으로 정한다(영 제11조).

13. 장수명 주택

장수명 주택이란 구조적으로 오랫동안 유지·관리될 수 있는 내구성을 갖추고, 입주자의 필요에 따라 내부 구조를 쉽게 변경할 수 있는 가변성과 수리 용이성 등이 우수한 주택을 말한다(법 제2조 제23호).

2 주택단지 등

1. 주택단지

주택단지란 주택건설사업계획 또는 대지조성사업계획의 승인을 받아 주택과 그 부대시설 및 복리시설을 건설하거나 대지를 조성하는 데 사용되는 일단의 토지를 말한다. 다만, 다음의 시설로 분리된 토지는 이를 각각 별개의 주택단지로 본다(법 제2조 제12호).

1. 철도·고속도로·자동차전용도로
2. 폭 20m 이상인 일반도로
3. 폭 8m 이상인 도시계획예정도로
4. 위의 시설에 준하는 것으로서 대통령령으로 정하는 시설
   (1) "대통령령으로 정하는 시설"이란 보행자 및 자동차의 통행이 가능한 도로로서 다음의 어느 하나에 해당하는 도로를 말한다(영 제5조 제1항).
      ① 도시·군계획시설인 도로로서 국토교통부령(규칙 제3조)으로 정하는 도로 ; 「도시·군계획시설의 결정·구조 및 설치기준에 관한 규칙」에 따른 주간선도로, 보조간선도로, 집산도로 및 폭 8m 이상인 국지도로
      ② 일반국도·특별시도·광역시도 또는 지방도
      ③ 그 밖에 관계 법령에 따라 설치된 도로로서 이에 준하는 도로

(2) (1)에도 불구하고 사업계획승인권자가 다음 각 호의 요건을 모두 충족한다고 인정하여 사업계획을 승인한 도로는 주택단지의 구분기준이 되는 도로에서 제외한다(영 제5조 제2항).
① 인근 주민의 통행권 확보 및 교통편의 제고 등을 위해 기존의 도로를 국토교통부령으로 정하는 기준에 적합하게 유지·변경할 것
② 보행자 통행의 편리성 및 안전성을 확보하기 위한 시설을 국토교통부령으로 정하는 바에 따라 설치할 것

2. 부대시설

부대시설이란 주택에 딸린 다음의 시설 또는 설비를 말한다(법 제2조 제13호).

1. 주차장·관리사무소·담장 및 주택단지 안의 도로
2. 「건축법」에 따른 건축설비 : 건축물에 설치하는 전기·전화 설비, 초고속 정보통신 설비, 지능형 홈네트워크 설비, 가스·급수·배수(配水)·배수(排水)·환기·난방·냉방·소화(消火)·배연(排煙) 및 오물처리의 설비, 굴뚝, 승강기, 피뢰침, 국기 게양대, 공동시청 안테나, 유선방송 수신시설, 우편함, 저수조(貯水槽), 방범시설, 그 밖에 국토교통부령으로 정하는 설비
3. 위의 시설·설비에 준하는 것으로서 대통령령으로 정하는 시설 또는 설비(영 제6조)
   ① 보안등·대문·경비실·자전거보관소
   ② 조경시설·옹벽·축대
   ③ 안내표지판·공중화장실
   ④ 저수시설·지하양수시설·대피시설
   ⑤ 쓰레기수거 및 처리시설·오수처리시설·정화조
   ⑥ 소방시설·냉난방공급시설(지역난방공급시설은 제외한다) 및 방범설비
   ⑦ 「환경친화적 자동차의 개발 및 보급 촉진에 관한 법률」에 따른 전기자동차에 전기를 충전하여 공급하는 시설
   ⑧ 「전기통신사업법」 등 다른 법령에 따라 거주자의 편익을 위해 주택단지에 의무적으로 설치해야 하는 시설로서 사업주체 또는 입주자의 설치 및 관리 의무가 없는 시설
   ⑨ 그 밖에 위의 ①부터 ⑧까지의 시설 또는 설비와 비슷한 것으로서 사업계획승인권자가 주택의 사용 및 관리를 위해 필요하다고 인정하는 시설 또는 설비

3. 복리시설

복리시설이란 주택단지 안의 입주자 등의 생활복리를 위한 다음의 공동시설을 말한다(법 제2조 제14호).

> 1. 어린이놀이터, 근린생활시설, 유치원, 주민운동시설 및 경로당
> 2. 그 밖에 입주자 등의 생활복리를 위하여 대통령령으로 정하는 공동시설(영 제7조)
>   ① 제1종 근린생활시설 및 제2종 근린생활시설(장의사 · 총포판매소 · 단란주점 및 안마시술소 · 다중생활시설은 제외하며, 이하 근린생활시설이라 한다)
>   ② 종교시설
>   ③ 판매시설 중 소매시장 · 상점
>   ④ 교육연구시설, 노유자시설, 수련시설
>   ⑤ 업무시설 중 금융업소
>   ⑥ 공동작업장 · 지식산업센터 · 사회복지관(종합사회복지관을 포함한다)
>   ⑦ 주민공동시설
>   ⑧ 도시 · 군계획시설인 시장
>   ⑨ 그 밖에 이와 비슷한 것으로서 국토교통부령으로 정하는 공동시설 또는 사업계획 승인권자가 거주자의 생활복리 또는 편익을 위하여 필요하다고 인정하는 시설

4. 기반시설

기반시설이란 「국토의 계획 및 이용에 관한 법률」 제2조 제6호에 따른 기반시설을 말한다(법 제2조 제15호).

5. 기간시설

기간시설(基幹施設)이란 도로 · 상하수도 · 전기시설 · 가스시설 · 통신시설 · 지역난방시설 등을 말한다(법 제2조 제16호).

6. 간선시설

간선시설이란 도로 · 상하수도 · 전기시설 · 가스시설 · 통신시설 및 지역난방시설 등 주택단지(둘 이상의 주택단지를 동시에 개발하는 경우에는 각각의 주택단지를 말한다) 안의 기간시설을 그 주택단지 밖에 있는 같은 종류의 기간시설에 연결시키는 시설을 말한다. 다만, 가스시설 · 통신시설 및 지역난방시설의 경우에는 주택단지 안의 기간시설을 포함한다(법 제2조 제17호).

주민공동시설

주민공동시설이란 해당 공동주택의 거주자가 공동으로 사용하거나 거주자의 생활을 지원하는 시설로서 다음의 시설을 말한다(건설규정 제2조 제3호).

1. 경로당
2. 어린이놀이터
3. 어린이집
4. 주민운동시설
5. 도서실(정보문화시설과 「도서관법」에 따른 작은도서관을 포함한다)
6. 주민교육시설(영리를 목적으로 하지 아니하고 공동주택의 거주자를 위한 교육장소를 말한다)
7. 청소년 수련시설
8. 주민휴게시설
9. 독서실
10. 입주자집회소
11. 공용취사장
12. 공용세탁실
13. 「공공주택 특별법」에 따른 공공주택의 단지 내에 설치하는 사회복지시설
14. 「아동복지법」의 다함께돌봄센터
15. 「아이돌봄 지원법」의 공동육아나눔터
16. 그 밖에 위의 시설에 준하는 시설로서 「주택법」에 따른 사업계획의 승인권자가 인정하는 시설

기반시설

기반시설이란 다음 각 목의 시설로서 대통령령으로 정하는 시설을 말한다(국계법 제2조 제6호).

1. 도로 · 철도 · 항만 · 공항 · 주차장 등 교통시설
2. 광장 · 공원 · 녹지 등 공간시설
3. 유통업무설비, 수도 · 전기 · 가스공급설비, 방송 · 통신시설, 공동구 등 유통 · 공급시설
4. 학교 · 공공청사 · 문화시설 및 공공필요성이 인정되는 체육시설 등 공공 · 문화체육시설
5. 하천 · 유수지(遊水池) · 방화설비 등 방재시설
6. 장사시설 등 보건위생시설
7. 하수도, 폐기물처리 및 재활용시설, 빗물저장 및 이용시설 등 환경기초시설

7. 공 구

(1) 공구란 하나의 주택단지에서 대통령령으로 정하는 기준에 따라 둘 이상으로 구분되는 일단의 구역으로, 착공신고 및 사용검사를 별도로 수행할 수 있는 구역을 말한다(법 제2조 제18호).

(2) 대통령령으로 정하는 기준이란 다음 각 기준을 모두 충족하는 것을 말한다(영 제8조).

> 1. 다음의 어느 하나에 해당하는 시설을 설치하거나 공간을 조성하여 6m 이상의 너비로 공구 간 경계를 설정할 것
>   ① 「주택건설기준 등에 관한 규정」 제26조에 따른 주택단지 안의 도로
>   ② 주택단지 안의 지상에 설치되는 부설주차장
>   ③ 주택단지 안의 옹벽 또는 축대
>   ④ 식재, 조경이 된 녹지
>   ⑤ 그 밖에 어린이놀이터 등 부대시설이나 복리시설로서 사업계획 승인권자가 적합하다고 인정하는 시설
> 2. 공구별 세대수는 300세대 이상으로 할 것

3 사업주체

사업주체란 주택건설사업계획 또는 대지조성사업계획의 승인을 받아 그 사업을 시행하는 다음의 자를 말한다(법 제2조 제10호).

> 1. 국가 · 지방자치단체
> 2. 한국토지주택공사 또는 지방공사
> 3. 「주택법」에 따라 등록한 주택건설사업자 또는 대지조성사업자
> 4. 그 밖에 「주택법」에 따라 주택건설사업 또는 대지조성사업을 시행하는 자

4 주택조합

주택조합이란 많은 수의 구성원이 주택을 마련하거나 리모델링하기 위하여 결성하는 다음의 조합을 말한다(법 제2조 제11호).

1. 지역주택조합

다음 구분에 따른 지역에 거주하는 주민이 주택을 마련하기 위하여 설립한 조합

① 서울특별시 · 인천광역시 및 경기도
② 대전광역시 · 충청남도 및 세종특별자치시
③ 충청북도
④ 광주광역시 및 전라남도
⑤ 전북특별자치도
⑥ 대구광역시 및 경상북도
⑦ 부산광역시 · 울산광역시 및 경상남도
⑧ 강원특별자치도
⑨ 제주특별자치도

2. 직장주택조합

같은 직장의 근로자가 주택을 마련하기 위하여 설립한 조합

3. 리모델링주택조합

공동주택의 소유자가 그 주택을 리모델링하기 위하여 설립한 조합

5 공공택지

공공택지란 다음의 어느 하나에 해당하는 공공사업에 의하여 개발 · 조성되는 공동주택이 건설되는 용지를 말한다(법 제2조 제24호).

1. 「주택법」에 따른 국민주택건설사업 또는 대지조성사업
2. 「택지개발촉진법」에 따른 택지개발사업(다만, 주택건설 등 사업자가 활용하는 택지는 제외한다)
3. 「산업입지 및 개발에 관한 법률」에 따른 산업단지개발사업
4. 「공공주택 특별법」에 따른 공공주택지구조성사업

5. 「민간임대주택에 관한 특별법」에 따른 공공지원민간임대주택 공급촉진지구 조성사업(시행자가 수용 또는 사용의 방식으로 시행하는 사업만 해당한다)
6. 「도시개발법」에 따른 도시개발사업[같은 법 제11조 제1항 제1호부터 제4호까지의 시행자 또는 같은 항 제11호에 해당하는 시행자(같은 법 제11조 제1항 제1호부터 제4호까지의 시행자가 100분의 50을 초과하여 출자한 경우에 한정한다)가 같은 법 제21조에 따른 수용 또는 사용의 방식으로 시행하는 사업과 혼용방식 중 수용 또는 사용의 방식이 적용되는 구역에서 시행하는 사업만 해당한다]
7. 「경제자유구역의 지정 및 운영에 관한 특별법」에 따른 경제자유구역개발사업(수용 또는 사용의 방식으로 시행하는 사업과 혼용방식 중 수용 또는 사용방식이 적용되는 구역에서 시행하는 사업만 해당한다)
8. 「혁신도시 조성 및 발전에 관한 특별법」에 따른 혁신도시개발사업
9. 「신행정수도 후속대책을 위한 연기·공주지역 행정중심복합도시 건설을 위한 특별법」에 따른 행정중심복합도시건설사업
10. 「공익사업을 위한 토지 등의 취득 및 보상에 관한 법률」 제4조에 따른 공익사업으로서 대통령령으로 정하는 사업

6.에서 「도시개발법」에 따른 시행자 중 제1호부터 제4호까지의 시행자 및 제11호 시행자는 다음과 같다.
1. 국가나 지방자치단체
2. 대통령령으로 정하는 공공기관
3. 대통령령으로 정하는 정부출연기관
4. 「지방공기업법」에 따라 설립된 지방공사
11. 시행자(도시개발조합은 제외한다)가 도시개발사업을 시행할 목적으로 출자에 참여하여 설립한 법인으로서 대통령령으로 정하는 요건에 해당하는 법인

6 리모델링

1. 리모델링 의의

리모델링이란 건축물의 노후화 억제 또는 기능 향상 등을 위한 다음의 어느 하나에 해당하는 행위를 말한다(법 제2조 제25호).

(1) 대수선

(2) 증 축

사용검사일(주택단지 안의 공동주택 전부에 대하여 임시사용승인을 받은 경우에는 그 임시사용승인일을 말한다) 또는 「건축법」에 따른 사용승인일부터 15년[15년 이상 20년 미만의 연수 중 특별시·광역시·특별자치시·도 또는 특별자치도(이하 "시·도"라 한다)의 조례로 정하는 경우에는 그 연수로 한다]이 지난 공동주택을 각 세대의 주거전용면적(「건축법」에 따른 건축물대장 중 집합건축물대장의 전유부분의 면적을 말한다)의 30% 이내(세대의 주거전용면적이 $85m^2$ 미만인 경우에는 40% 이내)에서 증축하는 행위. 이 경우 공동주택의 기능 향상 등을 위하여 공용부분에 대하여도 별도로 증축할 수 있다.

(3) 세대수 증가형 리모델링

(2)에 따른 각 세대의 증축 가능 면적을 합산한 면적의 범위에서 기존 세대수의 15% 이내에서 세대수를 증가하는 증축 행위(이하 "세대수 증가형 리모델링"이라 한다).

(4) 수직증축형 리모델링

수직으로 증축하는 행위(이하 "수직증축형 리모델링"이라 한다)는 다음 요건을 모두 충족하는 경우로 한정한다.

1) 최대 3개 층 이하로서 대통령령으로 정하는 범위에서 증축할 것

> "대통령령으로 정하는 범위"란 다음의 구분에 따른 범위를 말한다(영 제13조 제1항).
> 1. 수직으로 증축하는 행위(이하 "수직증축형 리모델링"이라 한다)의 대상이 되는 기존 건축물의 층수가 15층 이상인 경우: 3개 층
> 2. 수직증축형 리모델링의 대상이 되는 기존 건축물의 층수가 14층 이하인 경우: 2개 층

2) 리모델링 대상 건축물의 구조도 보유 등 대통령령으로 정하는 요건을 갖출 것

> "리모델링 대상 건축물의 구조도 보유 등 대통령령으로 정하는 요건"이란 수직증축형 리모델링의 대상이 되는 기존 건축물의 신축 당시 구조도를 보유하고 있는 것을 말한다(영 제13조 제2항).

2. 리모델링 기본계획

리모델링 기본계획이란 세대수 증가형 리모델링으로 인한 도시과밀, 이주수요 집중 등을 체계적으로 관리하기 위하여 수립하는 계획을 말한다(법 제2조 제26호).

7 입주자

입주자란 다음 각 구분에 따른 자를 말한다(법 제2조 제27호).

> ① 주택을 공급 받는 자의 뜻: 법 제8조(주택건설사업의 등록말소 등)·제54조(주택의 공급)·제57조의2(분양가상한제 적용주택 등의 입주자 거주의무 등)·제64조(주택의 전매행위 제한 등)·제88조(주택정책 관련 자료 등의 종합관리)·제91조(체납된 분양대금 등의 강제징수) 및 제104조(벌칙)
> ② 주택소유자 또는 그 소유자를 대리하는 배우자 및 직계존비속의 뜻: 법 제66조(리모델링의 허가 등)

8 사용자

사용자란 공동주택을 임차하여 사용하는 사람(임대주택의 임차인은 제외한다) 등을 말한다(법 제2조 제28호).

9 관리주체

공동주택을 관리하는 다음의 자를 말한다(법 제2조 제29호).

1. 자치관리기구의 대표자인 공동주택의 관리사무소장
2. 관리업무를 인계하기 전의 사업주체
3. 주택관리업자
4. 임대사업자
5. 「민간임대주택에 관한 특별법」 제2조 제11호에 따른 주택임대관리업자(시설물 유지·보수·개량 및 그 밖의 주택관리 업무를 수행하는 경우에 한정한다)

02 다른 법률과의 관계

주택의 건설 및 공급에 관하여 다른 법률에 특별한 규정이 있는 경우를 제외하고는 이 법에서 정하는 바에 따른다(법 제3조).

주택의 건설 등

단·원·열·기

등록사업자와 사업계획승인 중심으로 출제되고 있다.
학습방법: 등록사업자와 비등록사업자, 주택조합, 사업계획승인절차 등을 중심으로 정리하도록 한다.

01 주택건설사업자 등

1 주택건설사업의 등록 등

1. 주택건설사업 등의 등록

「주택법」에 따른 사업주체는 등록사업자와 비등록사업자로 구분할 수 있다.

(1) 등록사업자

연간 단독주택의 경우에는 20호, 공동주택의 경우에는 20세대(도시형 생활주택의 경우와 소형 주택과 도시형 생활주택 외의 주택 1세대를 함께 건축하는 경우에는 30세대) 이상의 주택건설사업을 시행하려는 자 또는 연간 1만m^2 이상의 대지조성사업을 시행하고자 하는 자는 국토교통부장관에게 등록하여야 한다(법 제4조 제1항, 영 제14조 제1항·제2항).

(2) 비등록사업자

비등록사업자, 즉 등록을 요하지 않는 사업주체에는 공공사업주체와 다음의 공동사업주체로 나눌 수 있다.

1) **공공사업주체**: 공공사업주체에는 국가·지방자치단체·한국토지주택공사·지방공사,「공익법인의 설립·운영에 관한 법률」제4조에 따라 주택건설사업을 목적으로 하여 설립된 공익법인이 있다(법 제4조 제1항).

2) **공동사업주체**: 다음과 같은 공동사업주체는 등록을 요하지 않는다.

1. 토지소유자: 토지소유자가 주택을 건설하는 경우에는 제4조 제1항에도 불구하고 대통령령으로 정하는 바에 따라 등록사업자와 공동으로 사업을 시행할 수 있다. 이 경우 토지소유자와 등록사업자를 공동사업주체로 본다(법 제5조 제1항).
2. 주택조합(세대수를 증가하지 않는 리모델링주택조합 제외): 주택조합이 그 구성원의 주택을 건설하는 경우는 등록사업자(지방자치단체 · 한국토지주택공사 · 지방공사 포함)와 공동으로 사업을 시행할 수 있다. 이 경우 주택조합과 등록사업자를 공동사업주체로 본다(법 제5조 제2항).
3. 고용자: 고용자가 그 근로자의 주택을 건설하는 경우에는 대통령령으로 정하는 바에 따라 등록사업자와 공동으로 사업을 시행하여야 한다. 이 경우 고용자와 등록사업자를 공동사업주체로 본다(법 제5조 제3항).

2. 등록요건

(1) 등록사업자의 등록요건

주택건설사업 또는 대지조성사업의 등록을 하려는 자는 다음의 요건을 모두 갖추어야 한다. 이 경우 하나의 사업자가 주택건설사업과 대지조성사업을 함께 할 때에는 아래의 1. 및 3.의 기준은 중복하여 적용하지 아니한다(영 제14조 제3항).

1. 자본금: 3억원(개인인 경우에는 자산평가액 6억원) 이상
2. 다음 구분에 따른 기술인력
   ① 주택건설사업: 「건설기술진흥법 시행령」 별표 1에 따른 건축 분야 기술인 1명 이상
   ② 대지조성사업: 「건설기술진흥법 시행령」 별표 1에 따른 토목 분야 기술인 1명 이상
3. 사무실 면적: 사업의 수행에 필요한 사무장비를 갖출 수 있는 면적

(2) 등록요건에 포함하여 산정하는 경우

다음의 어느 하나에 해당하는 경우에는 해당의 자본금, 기술인력 또는 사무실 면적을 위 (1)의 기준에 포함하여 산정한다(영 제14조 제4항).

1. 「건설산업기본법」에 따라 건설업(건축공사업 또는 토목건축공사업만 해당한다)의 등록을 한 자가 주택건설사업 또는 대지조성사업의 등록을 하려는 경우: 이미 보유하고 있는 자본금, 기술인력 및 사무실 면적
2. 「부동산투자회사법」에 따른 위탁관리 부동산투자회사가 주택건설사업의 등록을 하려는 경우: 해당 부동산투자회사가 자산의 투자 · 운용업무를 위탁한 자산관리회사가 보유하고 있는 기술인력 및 사무실 면적

3. 등록절차

(1) 등록신청서 제출

주택건설사업 또는 대지조성사업의 등록을 하려는 자는 신청서에 국토교통부령으로 정하는 서류를 첨부하여 국토교통부장관에게 제출하여야 한다(영 제15조 제1항).

(2) 등록증 발급

국토교통부장관은 주택건설사업 또는 대지조성사업의 등록을 한 자(이하 "등록사업자"라 한다)를 등록부에 등재하고, 등록증을 발급하여야 한다(영 제15조 제2항).

경미한 변경

"국토교통부령으로 정하는 경미한 변경"이란 자본금, 기술인의 수 또는 사무실 면적이 증가하거나 등록기준에 미달하지 아니하는 범위에서 감소한 경우를 말한다(규칙 제4조 제8항).

(3) 등록사항의 변경신고

등록사업자는 등록사항에 변경이 있으면 국토교통부령으로 정하는 바에 따라 변경 사유가 발생한 날부터 30일 이내에 국토교통부장관에게 신고하여야 한다. 다만, 국토교통부령으로 정하는 경미한 변경에 대하여는 그러하지 아니하다(영 제15조 제3항).

4. 등록사업자의 결격사유

다음에 해당하는 자는 주택건설사업 등의 등록을 할 수 없다(법 제6조).

① 미성년자 · 피성년후견인 또는 피한정후견인
② 파산선고를 받은 자로서 복권되지 아니한 자
③ 「부정수표 단속법」 또는 「주택법」을 위반하여 금고 이상의 실형을 선고받고 그 집행이 끝나거나(집행이 끝난 것으로 보는 경우를 포함한다) 집행이 면제된 날부터 2년이 지나지 아니한 자
④ 「부정수표 단속법」 또는 「주택법」을 위반하여 금고 이상의 형의 집행유예를 선고받고 그 유예기간 중에 있는 자
⑤ 등록이 말소(위의 ① 및 ②에 해당되어 말소된 경우는 제외한다)된 후 2년이 지나지 아니한 자
⑥ 법인의 임원 중 위 ①부터 ⑤까지의 규정 중 어느 하나에 해당되는 자가 있는 법인

5. 등록사업자의 시공

(1) 등록사업자의 주택건설공사 시공기준

등록사업자가 사업계획승인(「건축법」에 따른 공동주택건축허가를 포함한다)을 받아 분양 또는 임대를 목적으로 주택을 건설하는 경우로서 그 기술능력, 주택건설 실적 및 주택규모 등이 대통령령으로 정하는 기준인 다음에 해당하는 경우에는 그 등록사업자를 「건설산업기본법」에 따른 건설사업자로 보며 주택건설공사를 시공할 수 있다(법 제7조 제1항).

> 주택건설공사를 시공하려는 등록사업자는 다음의 요건을 모두 갖추어야 한다(영 제17조 제1항).
> 1. 자본금이 5억원(개인인 경우에는 자산평가액 10억원) 이상일 것
> 2. 「건설기술진흥법 시행령」 별표 1에 따른 건축 분야 및 토목 분야 기술인 3명 이상을 보유하고 있을 것. 이 경우 건설기술인으로서 다음 각 항목에 해당하는 건설기술인 각 1명이 포함되어야 한다.
>   ① 건축시공 기술사 또는 건축기사
>   ② 토목 분야 기술인
> 3. 최근 5년간의 주택건설 실적이 100호 또는 100세대 이상일 것

(2) 건설사업자로 간주되는 등록사업자가 건설할 수 있는 주택

1) 원칙: 주택으로 쓰는 층수 5개 층 이하 건설

건설사업자로 간주되는 등록사업자가 건설할 수 있는 주택은 주택으로 쓰는 층수가 5개 층 이하의 주택으로 한다. 다만, 각층 거실의 바닥면적 300m^2 이내마다 1개소 이상의 직통계단을 설치한 경우에는 주택으로 쓰는 층수가 6개 층인 주택을 건설할 수 있다(영 제17조 제2항).

2) 예외: 주택으로 쓰는 층수 6개 층 이상 건설

다음의 어느 하나에 해당하는 건설사업자로 간주되는 등록사업자는 주택으로 쓰는 층수가 6개 층 이상인 주택을 건설할 수 있다(영 제17조 제3항).

> 1. 주택으로 쓰는 층수가 6개 층 이상인 아파트를 건설한 실적이 있는 자
> 2. 최근 3년간 300세대 이상의 공동주택을 건설한 실적이 있는 자

(3) 건설공사 시공 한도

주택건설공사를 시공하는 건설사업자로 간주되는 등록사업자는 건설공사비(총공사비에서 대지구입비를 제외한 금액을 말한다)가 자본금과 자본준비금·이익준비금을 합한 금액의 10배(개인인 경우에는 자산평가액의 5배)를 초과하는 건설공사를 시공할 수 없다(영 제17조 제4항).

6. 등록사업자의 영업실적 등의 제출의무

(1) 등록사업자는 국토교통부령으로 정하는 바에 따라 매년 영업실적과 영업계획 및 기술인력 보유 현황을 국토교통부장관에게 제출하여야 한다(법 제10조 제1항).

> 영업실적이란 개인인 사업자가 해당 사업에 1년 이상 사용한 사업용 자산을 현물출자하여 법인을 설립한 경우에는 그 개인인 사업자의 영업실적을 포함한 실적을 말하며, 등록말소 후 다시 등록한 경우에는 다시 등록한 이후의 실적을 말한다.

(2) 등록사업자는 국토교통부령으로 정하는 바에 따라 월별 주택분양계획 및 분양실적을 국토교통부장관에게 제출하여야 한다(법 제10조 제2항).

7. 등록사업자에 대한 행정처분

(1) 등록말소 및 영업정지처분

국토교통부장관은 등록사업자가 다음의 어느 하나에 해당하면 그 등록을 말소하거나 1년 이내의 기간을 정하여 영업의 정지를 명할 수 있다. 다만, 아래 1. 또는 5.에 해당하는 경우에는 그 등록을 말소하여야 한다(법 제8조 제1항).

> 1. 거짓이나 그 밖의 부정한 방법으로 등록한 경우(필연적 등록말소)
> 2. 등록기준에 미달하게 된 경우. 다만, 「채무자 회생 및 파산에 관한 법률」에 따라 법원이 회생절차개시의 결정을 하고 그 절차가 진행 중이거나 일시적으로 등록기준에 미달하는 등 대통령령으로 정하는 경우는 예외로 한다.
> 3. 고의 또는 과실로 공사를 잘못 시공하여 공중(公衆)에게 위해(危害)를 끼치거나 입주자에게 재산상 손해를 입힌 경우
> 4. 앞의 4.의 등록사업자의 결격사유 중 ①~④ 또는 ⑥에 해당하게 된 경우. 다만, 법인의 임원 중 결격사유 ⑥에 해당하는 사람이 있는 경우 6개월 이내에 그 임원을 다른 사람으로 임명한 경우에는 그러하지 아니하다.
> 5. 제90조제1항을 위반하여 등록증의 대여 등을 한 경우(필연적 등록말소)
>
> 5의2. 제90조제2항을 위반하여 등록증을 빌리거나 허락 없이 등록사업자의 성명 또는 상호로 이 법에서 정한 사업이나 업무를 수행 또는 시공한 경우

일시적인 등록기준 미달

"「채무자 회생 및 파산에 관한 법률」에 따라 법원이 회생절차개시의 결정을 하고 그 절차가 진행 중이거나 일시적으로 등록기준에 미달하는 등 대통령령으로 정하는 경우"란 다음의 어느 하나에 해당하는 경우를 말한다(영 제19조).

1. 자본금 또는 자산평가액 기준에 미달한 경우 중 다음의 어느 하나에 해당하는 경우
   ① 법원이 회생절차개시의 결정을 하고 그 절차가 진행 중인 경우
   ② 회생계획의 수행에 지장이 없다고 인정되는 경우로서 해당 등록사업자가 법원으로부터 회생절차종결의 결정을 받고 회생계획을 수행 중인 경우
   ③ 「기업구조조정 촉진법」 제5조에 따라 채권금융기관이 채권금융기관협의회의 의결을 거쳐 채권금융기관 공동관리절차를 개시하고 그 절차가 진행 중인 경우
2. 「상법」 제542조의8 제1항 단서의 적용대상법인이 등록기준 미달 당시 직전의 사업연도말을 기준으로 자산총액의 감소로 인하여 제14조 제3항 제1호에 따른 자본금 기준에 미달하게 된 기간이 50일 이내인 경우
3. 기술인력의 사망·실종 또는 퇴직으로 인하여 제14조 제3항 제2호에 따른 기술인력 기준에 미달하게 된 기간이 50일 이내인 경우

5의3. 제90조제4항을 위반하여 이 법에서 정한 사업이나 업무를 수행 또는 시공하기 위하여 같은 조 제2항의 행위를 교사하거나 방조한 경우
6. 다음의 어느 하나에 해당하는 경우
① 「건설기술진흥법」에 따른 시공상세도면의 작성 의무를 위반하거나 건설사업관리를 수행하는 건설기술인 또는 공사감독자의 검토·확인을 받지 아니하고 시공한 경우
② 「건설기술진흥법」에 따른 시정명령을 이행하지 아니한 경우
③ 「건설기술진흥법」에 따른 품질시험 및 검사를 하지 아니한 경우
④ 「건설기술진흥법」에 따른 안전점검을 하지 아니한 경우
7. 「택지개발촉진법」을 위반하여 택지를 전매(轉買)한 경우
8. 「표시·광고의 공정화에 관한 법률」 제17조 제1호에 따른 처벌을 받은 경우
9. 「약관의 규제에 관한 법률」 제34조 제2항에 따른 처분을 받은 경우
10. 그 밖에 이 법 또는 이 법에 따른 명령이나 처분을 위반한 경우

(2) 등록말소 및 영업정지처분 기준

등록의 말소 및 영업의 정지처분에 관한 기준은 대통령령으로 정한다(법 제8조 제2항).

(3) 등록말소 또는 영업정지의 처분 고시

국토교통부장관은 등록말소 또는 영업정지의 처분을 하였을 때에는 지체 없이 관보에 고시하여야 한다. 그 처분을 취소하였을 때에도 또한 같다(영 제18조 제2항).

(4) 등록말소처분 등을 받은 자의 사업수행

등록말소 또는 영업정지의 처분을 받은 등록사업자는 그 처분 전에 사업계획승인을 받은 사업은 계속 수행할 수 있다. 다만, 등록말소의 처분을 받은 등록사업자가 그 사업을 계속 수행할 수 없는 중대하고 명백한 사유가 있을 경우에는 그러하지 아니하다(법 제9조).

(5) 등록증의 대여 등의 금지

① 등록사업자는 다른 사람에게 자기의 성명 또는 상호를 사용하여 「주택법」에서 정한 사업이나 업무를 수행 또는 시공하게 하거나 그 등록증을 대여하여서는 아니 된다(법 제90조 제1항).
② 누구든지 등록사업자로부터 그 성명이나 상호를 빌리거나 허락 없이 등록사업자의 성명 또는 상호로 「주택법」에서 정한 사업이나 업무를 수행 또는 시공하거나 그 등록증을 빌려서는 아니 된다(법 제90조 제2항).

승강기 또는 승강기안전부품의 판매중지 등 명령

1. 행정안전부장관은 승강기 또는 승강기안전부품이 승강기 또는 승강기안전부품 안전인증을 받지 아니한 경우 그 승강기 또는 승강기안전부품의 제조·수입업자, 판매업자, 대여업자, 영업자, 판매중개업자, 구매대행업자 또는 수입대행업자에 대하여 일정한 기간을 정하여 그 승강기 또는 승강기안전부품의 판매중지 등을 명할 수 있다(법 제25조 제1항).
2. 판매중지 등의 명령에 따르지 아니한 경우 승강기 또는 승강기안전부품의 교환, 대금 반환 또는 수리 등의 이행명령을 내리거나, 소속 공무원에게 해당 승강기안전부품 또는 승강기를 직접 파기하거나 수거하게 할 수 있다. 이 경우 그 비용은 해당 승강기안전부품 또는 승강기의 제조·수입업자, 판매업자, 대여업자, 영업자, 판매중개업자, 구매대행업자 또는 수입대행업자가 부담한다(법 제25조 제3항).

③ 누구든지 ① 및 제 ②에서 금지된 행위를 알선하여서는 아니 된다(법 제90조 제3항).

④ 등록사업자, 주택조합의 임원(발기인을 포함한다) 및 업무대행자는 이 법에서 정한 사업이나 업무를 수행 또는 시공하기 위하여 2)의 행위를 교사하거나 방조하여서는 아니 된다(법 제90조 제4항).

보고 · 검사 등

국토교통부장관 또는 지방자치단체의 장은 필요하다고 인정할 때에는 다음 각 호의 어느 하나에 해당하는 자에게 필요한 보고를 하게 하거나, 관계 공무원으로 하여금 사업장에 출입하여 필요한 검사를 하게 할 수 있다. 다만, 제2조 제24호에 따른 공공택지를 공급하기 위하여 한국토지주택공사등(제4조 제1항 제1호부터 제4호까지에 해당하는 자를 말한다)이 제4조 제2항에 따른 등록기준 관련 검사를 요청하는 경우 요청받은 지방자치단체의 장은 검사요청을 받은 날부터 30일 이내에 검사결과를 통보하여야 한다(법 제93조 제1항).

1. 이 법에 따른 신고 · 인가 · 승인 또는 등록을 한 자
2. 관할구역에서 공공택지를 공급받은 자(제4조 제1항 단서에 해당하는 자는 제외한다)

(6) 청문의 실시

국토교통부장관 또는 지방자치단체의 장은 등록사업자의 등록말소처분을 하려면 청문을 하여야 한다(법 제96조).

2 공동사업주체

1. 공동사업주체의 사업시행

(1) 토지소유자가 공동으로 사업을 시행하는 경우

1) 토지소유자와의 공동사업시행

토지소유자가 주택을 건설하는 경우에는 대통령령으로 정하는 바에 따라 등록을 한 자(이하 "등록사업자"라 한다)와 공동으로 사업을 시행할 수 있다. 이 경우 토지소유자와 등록사업자를 공동사업주체로 본다(법 제5조 제1항).

2) 사업계획승인신청 요건

공동으로 주택을 건설하려는 토지소유자와 등록사업자는 다음의 요건을 모두 갖추어 사업계획승인을 신청하여야 한다(영 제16조 제1항).

① 등록사업자가 다음의 어느 하나에 해당하는 자일 것

> 1. 등록사업자의 시공요건을 모두 갖춘 자
> 2. 「건설산업기본법」에 따른 건설사업(건축공사업 또는 토목건축공사업만 해당한다)의 등록을 한 자

② 주택건설대지가 저당권 · 가등기담보권 · 가압류 · 전세권 · 지상권 등(이하 "저당권 등"이라 한다)의 목적으로 되어 있는 경우에는 그 저당권 등을 말소할 것. 다만, 저당권 등의 권리자로부터 해당 사업의 시행에 대한 동의를 받은 경우는 예외로 한다.

③ 토지소유자와 등록사업자 간에 다음의 사항에 대하여 법 및 이 영이 정하는 범위에서 협약이 체결되어 있을 것

> 1. 대지 및 주택(부대시설 및 복리시설을 포함한다)의 사용·처분
> 2. 사업비의 부담
> 3. 공사기간
> 4. 그 밖에 사업 추진에 따르는 각종 책임 등 사업 추진에 필요한 사항

(2) 주택조합이 공동으로 사업을 시행하는 경우

1) 주택조합과의 공동사업시행

설립된 주택조합(세대수를 증가하지 아니하는 리모델링주택조합은 제외한다)이 그 구성원의 주택을 건설하는 경우에는 대통령령으로 정하는 바에 따라 등록사업자(지방자치단체·한국토지주택공사 및 지방공사를 포함한다)와 공동으로 사업을 시행할 수 있다. 이 경우 주택조합과 등록사업자를 공동사업주체로 본다(법 제5조 제2항).

2) 사업계획승인신청 요건

공동으로 주택을 건설하려는 주택조합(세대수를 늘리지 아니하는 리모델링주택조합은 제외한다)과 등록사업자, 지방자치단체, 한국토지주택공사 또는 지방공사)는 다음의 요건을 모두 갖추어 사업계획승인을 신청하여야 한다(영 제16조 제2항).

① 등록사업자와 공동으로 사업을 시행하는 경우에는 해당 등록사업자가 앞의 (1)의 2)의 ①의 요건을 갖출 것

② 주택조합이 주택건설대지의 소유권을 확보하고 있을 것. 다만, 지역주택조합 또는 직장주택조합이 등록사업자와 공동으로 사업을 시행하는 경우로서 법 제21조(대지의 소유권 확보 등) 제1항 제1호에 따라 「국토의 계획 및 이용에 관한 법률」 제49조에 따른 지구단위계획의 결정이 필요한 사업인 경우에는 95% 이상의 소유권을 확보하여야 한다.

③ 앞의 (1)의 2)의 ② 및 ③의 요건을 모두 갖출 것. 이 경우 (1)의 2)의 ②의 요건은 소유권을 확보한 대지에 대해서만 적용한다.

3) 공동사업시행시 등록사업자의 손해배상책임

주택조합과 등록사업자가 공동으로 사업을 시행하면서 시공할 경우 등록사업자는 시공자로서의 책임뿐만 아니라 자신의 귀책사유로 사업 추진이 불가능하게 되거나 지연됨으로 인하여 조합원에게 입힌 손해를 배상할 책임이 있다(법 제11조 제4항).

(3) 고용자가 공동으로 사업을 시행하는 경우

1) 고용자와의 공동사업시행

고용자가 그 근로자의 주택을 건설하는 경우에는 대통령령으로 정하는 바에 따라 등록사업자와 공동으로 사업을 시행하여야 한다. 이 경우 고용자와 등록사업자를 공동사업주체로 본다(법 제5조 제3항).

2) 사업계획승인신청 요건

고용자가 등록사업자와 공동으로 주택을 건설하려는 경우에는 다음의 요건을 모두 갖추어 사업계획승인을 신청하여야 한다(영 제16조 제3항).

1. 앞의 (1)의 등록사업자의 공동시행 요건을 모두 갖추고 있을 것
2. 고용자가 해당 주택건설대지의 소유권을 확보하고 있을 것

2. 공동사업주체 간의 업무 · 비용 및 책임의 분담

공동사업주체 간의 구체적인 업무 · 비용 및 책임의 분담 등에 관하여는 대통령령으로 정하는 범위에서 당사자 간의 협약에 따른다(법 제5조 제4항).

02 주택조합

1 주택조합의 설립 등

1. 주택조합의 설립인가

(1) 주택조합의 설립인가 신청

많은 수의 구성원이 주택을 마련하거나 리모델링하기 위하여 주택조합을 설립하려는 경우(국민주택을 공급받기 위해 설립한 직장주택조합의 경우는 제외한다)에는 관할 특별자치시장, 특별자치도지사, 시장, 군수 또는 구청장(구청장은 자치구의 구청장을 말하며, 이하 "시장 · 군수 · 구청장"이라 한다)의 인가를 받아야 한다. 인가받은 내용을 변경하거나 주택조합을 해산하려는 경우에도 또한 같다(법 제11조 제1항).

1) 지역 · 직장주택조합의 설립인가신청 요건

주택을 마련하기 위하여 주택조합 설립인가를 받으려는 자는 다음 각 호의 요건을 모두 갖추어야 한다. 다만, (1)의 후단의 경우에는 그러하지 아니하다(법 제11조 제2항).

1. 해당 주택건설대지의 80% 이상에 해당하는 토지의 사용권원을 확보할 것
2. 해당 주택건설대지의 15% 이상에 해당하는 토지의 소유권을 확보할 것

2) 리모델링주택조합의 설립인가 신청시 결의요건

주택을 리모델링하기 위하여 주택조합을 설립하려는 경우에는 다음의 구분에 따른 구분소유자(「집합건물의 소유 및 관리에 관한 법률」에 따른 구분소유자를 말한다)와 의결권(「집합건물의 소유 및 관리에 관한 법률」에 따른 의결권을 말한다)의 결의를 증명하는 서류를 첨부하여 관할 시장 · 군수 · 구청장의 인가를 받아야 한다(법 제11조 제3항).

1. 주택단지 전체를 리모델링하고자 하는 경우에는 주택단지 전체의 구분소유자와 의결권의 각 3분의 2 이상의 결의 및 각 동의 구분소유자와 의결권의 각 과반수의 결의
2. 동을 리모델링하고자 하는 경우에는 그 동의 구분소유자 및 의결권의 각 3분의 2 이상의 결의

3) 주택조합의 설립 관련사항

인가를 받는 주택조합의 설립방법 · 설립절차, 주택조합 구성원의 자격기준 · 제명 · 탈퇴 및 주택조합의 운영 · 관리 등에 필요한 사항과 직장주택조합의 설립요건 및 신고절차 등에 필요한 사항은 대통령령으로 정한다(법 제11조 제7항).

4) 조합원의 탈퇴

① 3)에도 불구하고 조합원은 조합규약으로 정하는 바에 따라 조합에 탈퇴 의사를 알리고 탈퇴할 수 있다(법 제11조 제8항).

② 탈퇴한 조합원(제명된 조합원을 포함한다)은 조합규약으로 정하는 바에 따라 부담한 비용의 환급을 청구할 수 있다(법 제11조 제9항).

(2) 주택조합의 설립인가 절차

1) 인가권자

주택조합의 설립 · 변경 또는 해산의 인가를 받으려는 자는 신청서에 다음의 구분에 따른 서류를 첨부하여 주택건설대지(리모델링주택조합의 경우에는 해당 주택의 소재지를 말한다)를 관할하는 특별자치시장, 특별자치도지사, 시장, 군수 또는 구청장(구청장은 자치구의 구청장을 말하며, 이하 "시장 · 군수 · 구청장"이라 한다)에게 제출해야 한다(영 제20조 제1항).

<table>
<tr><td>설립인가신청</td><td>1. 지역 · 직장주택조합의 경우
1) 창립총회의 회의록
2) 조합장선출동의서
3) 조합원 전원이 자필로 연명한 조합규약
4) 조합원 명부
5) 사업계획서
6) 해당 주택건설대지의 80% 이상에 해당하는 토지의 사용권원을 확보하였음을 증명하는 서류
7) 해당 주택건설대지의 15% 이상에 해당하는 토지의 소유권을 확보하였음을 증명하는 서류
8) 그 밖에 국토교통부령(규칙 제7조)으로 정하는 서류
① 고용자가 확인한 근무확인서(직장주택조합의 경우만 해당한다)
② 조합원 자격이 있는 자임을 확인하는 서류
2. 리모델링주택조합의 경우
1) 위 1.의 1)부터 5)까지의 서류
2) 앞의 리모델링주택조합의 설립인가 신청시 결의를 증명하는 서류(이 경우 결의서에는 리모델링 설계의 개요, 공사비, 조합원의 비용분담내역이 기재되어야야 한다)
3) 「건축법」 제5조에 따라 건축기준의 완화적용이 결정된 경우에는 그 증명서류
4) 해당 주택이 사용검사일(주택단지 안의 공동주택 전부에 대하여 임시 사용승인을 받은 경우에는 그 임시사용승인일을 말한다) 또는 「건축법」에 따른 사용승인일부터 다음의 구분에 따른 기간이 지났음을 증명하는 서류
① 대수선인 리모델링: 10년
② 증축인 리모델링: 15년(시 · 도조례가 15년 이상 20년 미만으로 정한 경우 그 연수)</td></tr>
<tr><td>변경인가신청</td><td>변경의 내용을 증명하는 서류</td></tr>
<tr><td>해산인가신청</td><td>조합해산의 결의를 위한 총회의 의결정족수에 해당하는 조합원의 동의를 받은 정산서</td></tr>
</table>

조합규약에는 다음의 사항이 포함되어야 한다(영 제20조 제2항).

1. 조합의 명칭 및 사무소의 소재지
2. 조합원의 자격에 관한 사항
3. 주택건설대지의 위치 및 면적
4. 조합원의 제명 · 탈퇴 및 교체에 관한 사항
5. 조합임원의 수, 업무범위(권리 · 의무를 포함한다), 보수, 선임방법, 변경 및 해임에 관한 사항

6. 조합원의 비용부담 시기 · 절차 및 조합의 회계
6의2. 조합원의 제명 · 탈퇴에 따른 환급금의 산정방식, 지급시기 및 절차에 관한 사항
7. 사업의 시행시기 및 시행방법
8. 총회의 소집절차 · 소집시기 및 조합원의 총회소집요구에 관한 사항
9. 총회의 의결을 필요로 하는 사항과 그 의결정족수 및 의결절차
10. 사업이 종결되었을 때의 청산절차, 청산금의 징수 · 지급방법 및 지급절차
11. 조합비의 사용 명세와 총회 의결사항의 공개 및 조합원에 대한 통지방법
12. 조합규약의 변경 절차
13. 그 밖에 조합의 사업추진 및 조합 운영을 위하여 필요한 사항

2) 총회의 의결

① 1)의 조합규약 내용 중 총회의 의결을 필요로 하는 사항과 그 의결정족수 및 의결절차는 조합규약에 포함되어야 한다는 규정에도 불구하고 국토교통부령으로 정하는 사항은 반드시 총회의 의결을 거쳐야 한다(영 제20조 제3항).

② 총회의 의결을 하는 경우에는 조합원의 100분의 10 이상이 직접 출석하여야 한다. 다만, 창립총회 또는 위 ①에 따라 국토교통부령으로 정하는 사항을 의결하는 총회의 경우에는 조합원의 100분의 20 이상이 직접 출석하여야 한다(영 제20조 제4항).

③ ②에도 불구하고 총회의 소집시기에 해당 주택건설대지가 위치한 특별자치시 · 특별자치도 · 시 · 군 · 구(자치구를 말하며, 이하 "시 · 군 · 구"라 한다)에 「감염병의 예방 및 관리에 관한 법률」 제49조 제1항 제2호에 따라 여러 사람의 집합을 제한하거나 금지하는 조치가 내려진 경우에는 전자적 방법으로 총회를 개최해야 한다. 이 경우 조합원의 의결권 행사는 「전자서명법」 제2조 제2호 및 제6호의 전자서명 및 인증서(서명자의 실제 이름을 확인할 수 있는 것으로 한정한다)를 통해 본인 확인을 거쳐 전자적 방법으로 해야 한다(영 제20조 제5항).

④ 주택조합은 ③에 따라 전자적 방법으로 총회를 개최하려는 경우 다음의 사항을 조합원에게 사전에 통지해야 한다(영 제20조 제6항).

1. 총회의 의결사항
2. 전자투표를 하는 방법
3. 전자투표 기간
4. 그 밖에 전자투표 실시에 필요한 기술적인 사항

총회 의결사항

영 제20조 제3항에서 "국토교통부령으로 정하는 사항"이란 다음의 사항을 말한다(규칙 제7조 제6항).

1. 조합규약(영 제20조 제2항 각 호의 사항만 해당한다)의 변경
2. 자금의 차입과 그 방법 · 이자율 및 상환방법
3. 예산으로 정한 사항 외에 조합원에게 부담이 될 계약의 체결
3의2. 업무대행자의 선정 · 변경 및 업무대행계약의 체결
4. 시공자의 선정 · 변경 및 공사계약의 체결
5. 조합임원의 선임 및 해임
6. 사업비의 조합원별 분담 명세 확정(리모델링주택조합의 경우 안전진단 결과에 따라 구조설계의 변경이 필요한 경우 발생할 수 있는 추가 비용의 분담안을 포함한다) 및 변경
7. 사업비의 세부항목별 사용계획이 포함된 예산안
8. 조합해산의 결의 및 해산시의 회계 보고

설립인가 공고

시장·군수·구청장은 주택조합의 설립인가를 한 경우 다음의 사항을 해당 지방자치단체의 인터넷 홈페이지에 공고해야 한다. 이 경우 공고한 내용이 법 제11조 제1항에 따른 변경인가에 따라 변경된 경우에도 또한 같다(영 제20조 제10항).

1. 조합의 명칭 및 사무소의 소재지
2. 조합설립 인가일
3. 주택건설대지의 위치
4. 조합원 수
5. 토지의 사용권원 또는 소유권을 확보한 면적과 비율

(3) 설립신고

1) 국민주택을 공급받기 위하여 직장주택조합을 설립하려는 자는 관할 시장·군수·구청장에게 신고하여야 한다. 신고한 내용을 변경하거나 직장주택조합을 해산하려는 경우에도 또한 같다(법 제11조 제5항).

2) 국민주택을 공급받기 위한 직장주택조합을 설립하려는 자는 신고서에 다음의 서류를 첨부하여 관할 시장·군수·구청장에게 제출하여야 한다. 이 경우 시장·군수·구청장은 「전자정부법」에 따른 행정정보의 공동이용을 통하여 주민등록표 등본을 확인하여야 하며, 신고인이 확인에 동의하지 아니하면 직접 제출하도록 하여야 한다(영 제24조 제1항).

1. 조합원 명부
2. 조합원이 될 사람이 해당 직장에 근무하는 사람임을 증명할 수 있는 서류(그 직장의 장이 확인한 서류여야 한다)
3. 무주택자임을 증명하는 서류

(4) 리모델링주택조합 설립 동의 의제

리모델링주택조합의 설립에 동의한 자로부터 건축물을 취득한 자는 리모델링주택조합의 설립에 동의한 것으로 본다(영 제20조 제8항).

2. 조합원

(1) 조합원의 수

주택조합(리모델링주택조합은 제외한다)은 법 제11조에 따른 주택조합 설립인가를 받는 날부터 법 제49조에 따른 사용검사를 받는 날까지 계속하여 다음의 요건을 모두 충족해야 한다(영 제20조 제7항).

1. 주택건설 예정 세대수(설립인가 당시의 사업계획서상 주택건설 예정 세대수를 말하되, 법 제20조에 따라 임대주택으로 건설·공급하는 세대수는 제외한다. 이하 같다)의 50% 이상의 조합원으로 구성할 것. 다만, 법 제15조에 따른 사업계획승인 등의 과정에서 세대수가 변경된 경우에는 변경된 세대수를 기준으로 한다.
2. 조합원은 20명 이상일 것

(2) 조합원의 자격

1) 조합원 자격요건

주택조합의 조합원이 될 수 있는 사람은 다음의 구분에 따른 사람으로 한다. 다만, 조합원의 사망으로 그 지위를 상속받는 자는 다음의 요건에도 불구하고 조합원이 될 수 있다(영 제21조 제1항).

조 합	조합원의 자격
지역주택조합	1. 조합설립인가 신청일(해당 주택건설대지가 투기과열지구 안에 있는 경우에는 조합설립인가 신청일 1년 전의 날을 말한다)부터 해당 조합주택의 입주 가능일까지 주택을 소유(주택의 유형, 입주자 선정방법 등을 고려하여 국토교통부령으로 정하는 지위에 있는 경우를 포함한다)하는지에 대하여 다음의 어느 하나에 해당할 것 ① 국토교통부령으로 정하는 기준에 따라 세대주를 포함한 세대원(세대주와 동일한 세대별 주민등록표에 등재되어 있지 아니한 세대주의 배우자 및 그 배우자와 동일한 세대를 이루고 있는 사람을 포함한다. 이하 ②에서 같다) 전원이 주택을 소유하고 있지 아니한 세대의 세대주일 것 ② 국토교통부령으로 정하는 기준에 따라 세대주를 포함한 세대원 중 1명에 한정하여 주거전용면적 $85m^2$ 이하의 주택 1채를 소유한 세대의 세대주일 것 2. 조합설립인가 신청일 현재 동일한 특별시·광역시·도·특별자치도·특별자치시에서 6개월 이상 계속하여 거주하여 온 사람일 것 3. 본인 또는 본인과 같은 세대별 주민등록표에 등재되어 있지 않은 배우자가 같은 또는 다른 지역주택조합의 조합원이거나 직장주택조합의 조합원이 아닐 것
직장주택조합	1. 위 지역주택조합의 1.에 해당하는 사람일 것. 다만, 국민주택을 공급받기 위한 직장주택조합의 경우에는 1.의 ①에 해당하는 세대주로 한정한다. 2. 조합설립인가 신청일 현재 동일한 특별시·광역시·특별자치시·특별자치도·시 또는 군(광역시의 관할구역에 있는 군은 제외한다) 안에 소재하는 동일한 국가기관·지방자치단체·법인에 근무하는 사람일 것 3. 본인 또는 본인과 같은 세대별 주민등록표에 등재되어 있지 않은 배우자가 같은 또는 다른 직장주택조합의 조합원이거나 지역주택조합의 조합원이 아닐 것
리모델링 주택조합	다음의 어느 하나에 해당하는 사람. 이 경우 해당 공동주택, 복리시설 또는 아래의 3.에 따른 공동주택 외의 시설의 소유권이 여러 명의 공유에 속할 때에는 그 여러 명을 대표하는 1명을 조합원으로 본다. 1. 사업계획승인을 받아 건설한 공동주택의 소유자 2. 복리시설을 함께 리모델링하는 경우에는 해당 복리시설의 소유자 3. 「건축법」에 따른 건축허가를 받아 분양을 목적으로 건설한 공동주택의 소유자(해당 건축물에 공동주택 외의 시설이 있는 경우에는 해당 시설의 소유자를 포함한다)

2) 부득이한 사유 발생시 조합원의 자격의제

조합원이 근무 · 질병치료 · 유학 · 결혼 등 부득이한 사유로 세대주 자격을 일시적으로 상실한 경우로서 시장 · 군수 · 구청장이 인정하는 경우에는 조합원 자격이 있는 것으로 본다(영 제21조 제2항).

3) 조합원 자격의 확인절차

조합원 자격의 확인절차는 국토교통부령으로 정한다(영 제21조 제3항).

(3) 지역 · 직장주택조합 조합원의 교체 · 신규 가입 제한

1) 지역주택조합 또는 직장주택조합은 설립인가를 받은 후에는 해당 조합원을 교체하거나 신규로 가입하게 할 수 없다. 다만, 다음의 어느 하나에 해당하는 경우에는 예외로 한다(영 제22조 제1항).

① 조합원 수가 주택건설 예정 세대수를 초과하지 아니하는 범위에서 시장 · 군수 · 구청장으로부터 국토교통부령으로 정하는 바에 따라 조합원 추가모집의 승인을 받은 경우

② 다음의 어느 하나에 해당하는 사유로 결원이 발생한 범위에서 충원하는 경우

> 1. 조합원의 사망
> 2. 사업계획승인 이후[지역주택조합 또는 직장주택조합이 영 제16조 제2항 제2호 단서에 따라 해당 주택건설대지 전부의 소유권을 확보하지 아니하고 사업계획승인을 받은 경우에는 해당 주택건설대지 전부의 소유권(해당 주택건설대지가 저당권 등의 목적으로 되어 있는 경우에는 그 저당권 등의 말소를 포함한다)을 확보한 이후를 말한다]에 입주자로 선정된 지위(해당 주택에 입주할 수 있는 권리 · 자격 또는 지위 등을 말한다)가 양도 · 증여 또는 판결 등으로 변경된 경우. 다만, 전매가 금지되는 경우는 제외한다.
> 3. 조합원의 탈퇴 등으로 조합원 수가 주택건설 예정 세대수의 50% 미만이 되는 경우
> 4. 조합원이 무자격자로 판명되어 자격을 상실하는 경우
> 5. 사업계획승인 등의 과정에서 주택건설 예정 세대수가 변경되어 조합원 수가 변경된 세대수의 50% 미만이 되는 경우

2) 조합원으로 추가모집되거나 충원되는 자가 조합원 자격 요건을 갖추었는지를 판단할 때에는 해당 조합설립인가 신청일을 기준으로 한다(영 제22조 제2항).

3) 조합원 추가모집의 승인과 조합원 추가모집에 따른 주택조합의 변경인가 신청은 사업계획승인신청일까지 하여야 한다(영 제22조 제3항).

(4) 조합원에 대한 우선공급

주택조합(리모델링주택조합을 제외한다)은 그 구성원을 위하여 건설하는 주택을 그 조합원에게 우선 공급할 수 있으며, 국민주택을 공급받기 위하여 신고하고 설립한 직장주택조합에 대하여는 사업주체가 국민주택을 그 직장주택조합원에게 우선 공급할 수 있다(법 제11조 제6항).

3. 조합의 발기인 또는 임원의 결격사유 등

(1) 다음의 어느 하나에 해당하는 사람은 주택조합의 발기인 또는 임원이 될 수 없다(법 제13조 제1항).

> 1. 미성년자 · 피성년후견인 또는 피한정후견인
> 2. 파산선고를 받은 사람으로서 복권되지 아니한 사람
> 3. 금고 이상의 실형을 선고받고 그 집행이 종료(종료된 것으로 보는 경우를 포함한다)되거나 집행이 면제된 날부터 2년이 지나지 아니한 사람
> 4. 금고 이상의 형의 집행유예를 선고받고 그 유예기간 중에 있는 사람
> 5. 금고 이상의 형의 선고유예를 받고 그 선고유예기간 중에 있는 사람
> 6. 법원의 판결 또는 다른 법률에 따라 자격이 상실 또는 정지된 사람
> 7. 해당 주택조합의 공동사업주체인 등록사업자 또는 업무대행사의 임직원

(2) 주택조합의 발기인이나 임원이 다음의 어느 하나에 해당하는 경우 해당 발기인은 그 지위를 상실하고 해당 임원은 당연히 퇴직한다(법 제13조 제2항).

> 1. 주택조합의 발기인이 제11조의3 제6항에 따른 자격기준을 갖추지 아니하게 되거나 주택조합의 임원이 제11조 제7항에 따른 조합원 자격을 갖추지 아니하게 되는 경우
> 2. 주택조합의 발기인 또는 임원이 위의 (1)의 결격사유에 해당하게 되는 경우

(3) (2)에 따라 지위가 상실된 발기인 또는 퇴직된 임원이 지위 상실이나 퇴직 전에 관여한 행위는 그 효력을 상실하지 아니한다(법 제13조 제3항).

(4) 주택조합의 임원은 다른 주택조합의 임원, 직원 또는 발기인을 겸할 수 없다(법 제13조 제4항).

2 주택조합의 사업시행

1. 주택조합업무의 대행

(1) 업무대행자

주택조합(리모델링주택조합은 제외한다) 및 주택조합의 발기인은 조합원 모집 등 주택조합의 업무를 제5조 제2항에 따른 공동사업주체인 등록사업자 또는 다음의 어느 하나에 해당하는 자로서 대통령령으로 정하는 자본금을 보유한 자 외의 자에게 대행하게 할 수 없다(법 제11조의2 제1항).

1. 등록사업자
2. 「공인중개사법」 제9조에 따른 중개업자
3. 「도시 및 주거환경정비법」 제102조에 따른 정비사업전문관리업자
4. 「부동산개발업의 관리 및 육성에 관한 법률」 제4조에 따른 등록사업자
5. 「자본시장과 금융투자업에 관한 법률」에 따른 신탁업자
6. 그 밖에 다른 법률에 따라 등록한 자로서 대통령령으로 정하는 자

업무대행자의 자본금

"대통령령으로 정하는 자본금을 보유한 자"란 다음 각 호의 어느 하나에 해당하는 자를 말한다(영 제24조의2).

1. **법인인 경우**: 5억원 이상의 자본금을 보유한 자
2. **개인인 경우**: 10억원 이상의 자산평가액을 보유한 사람

(2) 업무대행자의 업무

업무대행자에게 대행시킬 수 있는 주택조합의 업무는 다음과 같다(법 제11조의2 제2항).

1. 조합원 모집, 토지 확보, 조합설립인가 신청 등 조합설립을 위한 업무의 대행
2. 사업성 검토 및 사업계획서 작성업무의 대행
3. 설계자 및 시공자 선정에 관한 업무의 지원
4. 사업계획승인 신청 등 사업계획승인을 위한 업무의 대행
5. 계약금 등 자금의 보관 및 그와 관련된 업무의 대행
6. 그 밖에 총회의 운영업무 지원 등 국토교통부령으로 정하는 사항

법 제11조의2 제2항 제6호에서 "국토교통부령으로 정하는 사항"이란 다음 각 호의 업무를 말한다(규칙 제7조의2 제1항).

1. 총회 일시·장소 및 안건의 통지 등 총회 운영업무 지원
2. 조합 임원 선거 관리업무 지원

(3) 계약금 등 자금의 보관 업무의 대행

주택조합 및 주택조합의 발기인은 업무대행자의 업무 중 계약금 등 자금의 보관 업무는 앞의 (1)의 5.에 따른 신탁업자에게 대행하도록 하여야 한다(법 제11조의2 제3항).

(4) 업무실적보고서 제출

업무대행자는 국토교통부령으로 정하는 바에 따라 사업연도별로 분기마다 해당 업무의 실적보고서를 작성하여 주택조합 또는 주택조합의 발기인에게 제출하여야 한다(법 제11조의2 제4항).

(5) 업무대행자의 의무 및 책임

주택조합의 업무를 대행하는 자는 신의에 따라 성실하게 업무를 수행하여야 하고, 자신의 귀책사유로 주택조합(발기인을 포함한다) 또는 조합원(주택조합 가입 신청자를 포함한다)에게 손해를 입힌 경우에는 그 손해를 배상할 책임이 있다(법 제11조의2 제5항).

(6) 표준업무대행계약서

국토교통부장관은 주택조합의 원활한 사업추진 및 조합원의 권리 보호를 위하여 공정거래위원회 위원장과 협의를 거쳐 표준업무대행계약서를 작성·보급할 수 있다(법 제11조의2 제6항).

2. 조합원 모집

(1) 조합원의 모집 신고 및 공개모집

지역주택조합 또는 직장주택조합의 설립인가를 받기 위하여 조합원을 모집하려는 자는 해당 주택건설대지의 50% 이상에 해당하는 토지의 사용권원을 확보하여 관할 시장·군수·구청장에게 신고하고, 공개모집의 방법으로 조합원을 모집하여야 한다. 조합 설립인가를 받기 전에 신고한 내용을 변경하는 경우에도 또한 같다(법 제11조의3 제1항).

업무실적보고서 제출 기일

업무대행자는 업무의 실적보고서를 해당 분기의 말일부터 20일 이내에 주택조합 또는 주택조합의 발기인에게 제출해야 한다(규칙 제7조의2 제2항).

(2) 선착순 조합원 모집

① 공개모집 이후 조합원의 사망·자격상실·탈퇴 등으로 인한 결원을 충원하거나 미달된 조합원을 재모집하는 경우에는 신고하지 아니하고 선착순의 방법으로 조합원을 모집할 수 있다(법 제11조의3 제2항).

② 모집 시기, 모집 방법 및 모집 절차 등 조합원 모집의 신고, 공개모집 및 조합 가입 신청자에 대한 정보 공개 등에 필요한 사항은 국토교통부령으로 정한다(법 제11조의3 제3항).

조합원 모집 신고 수리여부 결정·통지

시장·군수·구청장은 신고서가 접수된 날부터 15일 이내에 신고의 수리 여부를 결정·통지하여야 한다(규칙 제7조의3 제4항).

(3) 신고수리 및 통보

신고를 받은 시장·군수·구청장은 신고내용이 이 법에 적합한 경우에는 신고를 수리하고 그 사실을 신고인에게 통보하여야 한다(법 제11조의3 제4항).

(4) 조합원 모집 신고 수리가 불가능한 경우

시장·군수·구청장은 다음의 어느 하나에 해당하는 경우에는 조합원 모집 신고를 수리할 수 없다(법 제11조의3 제5항).

1. 이미 신고된 사업대지와 전부 또는 일부가 중복되는 경우
2. 이미 수립되었거나 수립 예정인 도시·군계획, 이미 수립된 토지이용계획 또는 이 법이나 관계 법령에 따른 건축기준 및 건축제한 등에 따라 해당 주택건설대지에 조합주택을 건설할 수 없는 경우
3. 법 제11조의2 제1항에 따라 조합업무를 대행할 수 있는 자가 아닌 자와 업무대행계약을 체결한 경우 등 신고내용이 법령에 위반되는 경우
4. 신고한 내용이 사실과 다른 경우

주택조합 발기인의 자격기준

"대통령령으로 정하는 자격기준"이란 다음의 구분에 따른 요건을 말한다(영 제24조의3 제1항).

1. **지역주택조합 발기인인 경우**: 다음의 요건을 모두 갖출 것
   ① 조합원 모집 신고를 하는 날부터 해당 조합설립인가일까지 주택을 소유(주택의 유형, 입주자 선정 방법 등을 고려하여 국토교통부령으로 정하는 지위에 있는 경우를 포함한다)하는지에 대하여 제21조 제1항 제1호 가목 1) 또는 2)에 해당할 것
   ② 조합원 모집 신고를 하는 날의 1년 전부터 해당 조합설립인가일까지 계속하여 법 제2조 제11호 가목의 구분에 따른 지역에 거주할 것
2. **직장주택조합 발기인인 경우**: 다음의 요건을 모두 갖출 것
   ① 위 1.의 ①에 해당할 것
   ② 조합원 모집 신고를 하는 날 현재 제21조 제1항 제2호 나목에 해당할 것

(5) 주택조합의 발기인

1) 자격기준

조합원을 모집하려는 주택조합의 발기인은 대통령령으로 정하는 자격기준을 갖추어야 한다(법 제11조의3 제6항).

2) 주택조합가입 의제

주택조합의 발기인은 조합원 모집 신고를 하는 날 주택조합에 가입한 것으로 본다. 이 경우 주택조합의 발기인은 그 주택조합의 가입 신청자와 동일한 권리와 의무가 있다(법 제11조의3 제7항).

(6) 주택조합 가입 계약서

조합원을 모집하는 자(제11조의2 제1항에 따라 조합원 모집 업무를 대행하는 자를 포함한다. 이하 "모집주체"라 한다)와 주택조합 가입 신청자는 다음의 사항이 포함된 주택조합 가입에 관한 계약서를 작성하여야 한다(법 제11조의3 제8항).

1. 주택조합의 사업개요
2. 조합원의 자격기준
3. 분담금 등 각종 비용의 납부예정금액, 납부시기 및 납부방법
4. 주택건설대지의 사용권원 및 소유권을 확보한 면적 및 비율
5. 조합원 탈퇴 및 환급의 방법, 시기 및 절차
6. 그 밖에 주택조합의 설립 및 운영에 관한 중요 사항으로서 대통령령으로 정하는 사항

(7) 모집주체의 설명·확인의무

① 모집주체는 주택조합 가입 계약서 사항을 주택조합 가입 신청자가 이해할 수 있도록 설명하여야 한다(법 제11조의4 제1항).

② 모집주체는 ①에 따라 설명한 내용을 주택조합 가입 신청자가 이해하였음을 국토교통부령으로 정하는 바에 따라 서면으로 확인을 받아 주택조합 가입 신청자에게 교부하여야 하며, 그 사본을 5년간 보관하여야 한다(법 제11조의4 제2항).

(8) 조합원 모집 광고 등에 관한 준수사항

1) 모집주체가 주택조합의 조합원을 모집하기 위하여 광고를 하는 경우에는 다음 각 호의 내용이 포함되어야 한다(법 제11조의5 제1항).

> 1. "지역주택조합 또는 직장주택조합의 조합원 모집을 위한 광고"라는 문구
> 2. 조합원의 자격기준에 관한 내용
> 3. 주택건설대지의 사용권원 및 소유권을 확보한 비율
> 4. 그 밖에 조합원 보호를 위하여 대통령령(영 제24조의4 제1항)으로 정하는 내용
>   ① 조합의 명칭 및 사무소의 소재지
>   ② 조합원 모집 신고 수리일

2) 모집주체가 조합원 가입을 권유하거나 모집 광고를 하는 경우에는 다음 각 호의 행위를 하여서는 아니 된다(법 제11조의5 제2항).

> 1. 조합주택의 공급방식, 조합원의 자격기준 등을 충분히 설명하지 않거나 누락하여 제한 없이 조합에 가입하거나 주택을 공급받을 수 있는 것으로 오해하게 하는 행위
> 2. 제5조 제4항에 따른 협약이나 제15조 제1항에 따른 사업계획승인을 통하여 확정될 수 있는 사항을 사전에 확정된 것처럼 오해하게 하는 행위
> 3. 사업추진 과정에서 조합원이 부담해야 할 비용이 추가로 발생할 수 있음에도 주택 공급가격이 확정된 것으로 오해하게 하는 행위
> 4. 주택건설대지의 사용권원 및 소유권을 확보한 비율을 사실과 다르거나 불명확하게 제공하는 행위
> 5. 조합사업의 내용을 사실과 다르게 설명하거나 그 내용의 중요한 사실을 은폐 또는 축소하는 행위
> 6. 그 밖에 조합원 보호를 위하여 대통령령(영 제24조의4 제2항)으로 정하는 행위 즉, 시공자가 선정되지 않았음에도 선정된 것으로 오해하게 하는 행위를 말한다.

(9) 조합 가입 철회 및 가입비 등의 반환

1) 가입비 등의 예치

모집주체는 주택조합의 가입을 신청한 자가 주택조합 가입을 신청하는 때에 납부하여야 하는 일체의 금전(이하 "가입비 등"이라 한다)을 대통령령으로 정하는 기관(이하 "예치기관"이라 한다)에 예치하도록 하여야 한다(법 제11조의6 제1항).

2) 주택조합 가입청약 철회

① 주택조합의 가입을 신청한 자는 가입비 등을 예치한 날부터 30일 이내에 주택조합 가입에 관한 청약을 철회할 수 있다(법 제11조의6 제2항).

② 청약 철회를 서면으로 하는 경우에는 청약 철회의 의사를 표시한 서면을 발송한 날에 그 효력이 발생한다(법 제11조의6 제3항).

③ 모집주체는 주택조합의 가입을 신청한 자가 청약 철회를 한 경우 청약 철회 의사가 도달한 날부터 7일 이내에 예치기관의 장에게 가입비 등의 반환을 요청하여야 한다(법 제11조의6 제4항).

④ 예치기관의 장은 가입비 등의 반환 요청을 받은 경우 요청일부터 10일 이내에 그 가입비 등을 예치한 자에게 반환하여야 한다(법 제11조의6 제5항).

⑤ 모집주체는 주택조합의 가입을 신청한 자에게 청약 철회를 이유로 위약금 또는 손해배상을 청구할 수 없다(법 제11조의6 제6항).

⑥ ①에 따른 청약철회기간 이내에는 제11조 제8항(조합원의 탈퇴) 및 제9항(탈퇴한 조합원의 비용상환 청구)을 적용하지 않는다(법 제11조의6 제7항).

⑦ 예치된 가입비 등의 관리, 지급 및 반환과 청약 철회의 절차 및 방법 등에 관한 사항은 대통령령으로 정한다(법 제11조의6 제8항).

가입비 등의 지급 및 반환

1. 모집주체는 가입비 등의 반환을 요청하는 경우 국토교통부령으로 정하는 요청서를 예치기관의 장에게 제출해야 한다(영 제24조의7 제1항).
2. 모집주체는 가입비 등을 예치한 날부터 30일이 지난 경우 예치기관의 장에게 가입비 등의 지급을 요청할 수 있다. 이 경우 모집주체는 국토교통부령으로 정하는 요청서를 예치기관의 장에게 제출해야 한다(영 제24조의7 제2항).
3. 예치기관의 장은 2.에 따라 요청서를 받은 경우 요청일부터 10일 이내에 가입비 등을 계약금 등 자금의 보관 업무를 대행하는 신탁업자에게 지급해야 한다(영 제24조의7 제3항).
4. 계약금 등 자금의 보관 업무를 대행하는 신탁업자는 3.에 따라 지급받은 가입비 등을 신탁업자의 명의로 예치해야 하고, 이를 다른 금융자산과 분리하여 관리해야 한다(영 제24조의7 제4항).
5. 예치기관의 장은 정보통신망을 이용하여 가입비 등의 예치·지급 및 반환 등에 필요한 업무를 수행할 수 있다. 이 경우 예치기관의 장은 「전자서명법」 제2조 제2호 및 제6호에 따른 전자서명 및 인증서(서명자의 실제 이름을 확인할 수 있는 것을 말한다)로 신청인의 본인 여부를 확인해야 한다(영 제24조의7 제5항).

3. 주택조합의 실적보고 및 관련자료 공개

(1) 주택조합의 실적보고

주택조합의 발기인 또는 임원은 다음의 사항이 포함된 해당 주택조합의 실적보고서를 국토교통부령으로 정하는 바에 따라 사업연도별로 분기마다 작성하여야 한다(법 제12조 제1항).

1. 조합원(주택조합 가입 신청자를 포함한다) 모집 현황
2. 해당 주택건설대지의 사용권원 및 소유권 확보 현황
3. 그 밖에 조합원이 주택조합의 사업 추진현황을 파악하기 위하여 필요한 사항으로서 국토교통부령으로 정하는 사항

(2) 관련자료 공개

주택조합의 발기인 또는 임원은 주택조합사업의 시행에 관한 조합규약, 계약서, 사업시행계획서, 회계감사보고서 등 각 호의 서류 및 관련 자료가 작성되거나 변경된 후 15일 이내에 이를 조합원이 알 수 있도록 인터넷과 그 밖의 방법을 병행하여 공개하여야 한다(법 제12조 제2항).

(3) 관련자료 열람 · 복사

(2)의 서류 및 다음 각 호를 포함하여 주택조합사업의 시행에 관한 서류와 관련 자료를 조합원이 열람 · 복사 요청을 한 경우 주택조합의 발기인 또는 임원은 15일 이내에 그 요청에 따라야 한다. 이 경우 복사에 필요한 비용은 실비의 범위에서 청구인이 부담한다(법 제12조 제3항).

1. 조합원 명부
2. 주택건설대지의 사용권원 및 소유권 확보 비율 등 토지 확보 관련 자료
3. 그 밖에 대통령령으로 정하는 서류 및 관련 자료

(4) 관련자료 열람 · 복사 등의 절차

(2) 및 (3)에 따라 공개 및 열람 · 복사 등을 하는 경우에는 「개인정보 보호법」에 의하여야 하며, 그 밖의 공개 절차 등 필요한 사항은 국토교통부령으로 정한다(법 제12조 제5항).

(5) 자금운용계획 및 실적보고

주택조합의 발기인 또는 임원은 원활한 사업추진과 조합원의 권리 보호를 위하여 연간 자금운용 계획 및 자금 집행 실적 등 국토교통부령으로 정하는 서류 및 자료를 국토교통부령으로 정하는 바에 따라 매년 정기적으로 시장 · 군수 · 구청장에게 제출하여야 한다(법 제12조 제4항).

4. 주택조합의 사업계획승인신청 등

주택조합은 설립인가를 받은 날부터 2년 이내에 사업계획승인(30세대 이상 세대수가 증가하지 않는 리모델링의 경우에는 시장 · 군수 · 구청장의 허가)을 신청하여야 한다(영 제23조 제1항).

5. 등록사업자 소유의 공공택지 사용금지

주택조합은 등록사업자가 소유하고 있는 공공택지를 주택건설대지로 사용해서는 아니 된다. 다만, 경매 또는 공매를 통하여 취득한 공공택지는 예외로 한다(영 제23조 제2항).

6. 주택조합의 설립인가 취소

시장·군수·구청장은 주택조합 또는 그 조합의 구성원이 다음의 어느 하나에 해당하는 경우에는 주택조합의 설립인가를 취소할 수 있다(법 제14조 제2항).

1. 거짓이나 그 밖의 부정한 방법으로 설립인가를 받은 경우
2. 법 제94조(사업주체 등에 대한 지도·감독)에 따른 명령이나 처분을 위반한 경우

7. 주택조합의 해산 등

(1) 주택조합 해산 결의

주택조합은 주택조합의 설립인가를 받은 날부터 3년이 되는 날까지 사업계획승인을 받지 못하는 경우 대통령령으로 정하는 바에 따라 총회의 의결을 거쳐 해산 여부를 결정하여야 한다(법 제14조의2 제1항).

(2) 주택조합 사업의 종결 여부 결정

주택조합의 발기인은 법 제11조의3 제1항에 따른 조합원 모집 신고가 수리된 날부터 2년이 되는 날까지 주택조합 설립인가를 받지 못하는 경우 대통령령으로 정하는 바에 따라 주택조합 가입 신청자 전원으로 구성되는 총회 의결을 거쳐 주택조합 사업의 종결 여부를 결정하도록 하여야 한다(법 제14조의2 제2항).

1) 주택조합 또는 주택조합의 발기인은 (1) 또는 (2)에 따라 주택조합의 해산 또는 주택조합 사업의 종결 여부를 결정하려는 경우에는 다음의 구분에 따른 날부터 3개월 이내에 총회를 개최해야 한다(영 제25조의2 제1항).

1. 법 제11조 제1항에 따른 주택조합 설립인가를 받은 날부터 3년이 되는 날까지 사업계획승인을 받지 못하는 경우: 해당 설립인가를 받은 날부터 3년이 되는 날
2. 법 제11조의3 제1항에 따른 조합원 모집 신고가 수리된 날부터 2년이 되는 날까지 주택조합 설립인가를 받지 못하는 경우: 해당 조합원 모집 신고가 수리된 날부터 2년이 되는 날

2) (2)에 따라 개최하는 총회에서 주택조합 사업의 종결 여부를 결정하는 경우 다음의 사항을 포함해야 한다(영 제25조의2 제2항).

1. 사업의 종결시 회계보고에 관한 사항
2. 청산 절차, 청산금의 징수 · 지급방법 및 지급절차 등 청산 계획에 관한 사항

3) (2)에 따라 개최하는 총회는 다음의 요건을 모두 충족해야 한다(영 제25조의2 제3항).

1. 주택조합 가입 신청자의 3분의 2 이상의 찬성으로 의결할 것
2. 주택조합 가입 신청자의 100분의 20 이상이 직접 출석할 것. 다만, 제20조 제5항 전단(집합금지제한 조치로 인한 전자방법)에 해당하는 경우는 제외한다.
3. 위 2. 단서의 경우에는 제20조 제5항 후단 및 같은 조 제6항에 따를 것. 이 경우 "조합원"은 "주택조합 가입 신청자"로 본다.

4) 주택조합의 해산 또는 사업의 종결을 결의한 경우에는 다음의 (4)에 따라 주택조합의 임원 또는 발기인이 청산인이 된다. 다만, 조합규약 또는 총회의 결의로 달리 정한 경우에는 그에 따른다(영 제25조의2 제4항).

(3) 해산 결의 및 사업종결 결의를 위한 총회 개최 통지

(1) 또는 (2)에 따라 총회를 소집하려는 주택조합의 임원 또는 발기인은 총회가 개최되기 7일 전까지 회의 목적, 안건, 일시 및 장소를 정하여 조합원 또는 주택조합 가입 신청자에게 통지하여야 한다(법 제14조의2 제3항).

(4) 청산인 선임

(1)에 따라 해산을 결의하거나 (2)에 따라 사업의 종결을 결의하는 경우 대통령령으로 정하는 바에 따라 청산인을 선임하여야 한다(법 제14조의2 제4항).

(5) 총회 결과 통지

주택조합의 발기인은 (2)에 따른 총회의 결과(사업의 종결을 결의한 경우에는 청산계획을 포함한다)를 관할 시장 · 군수 · 구청장에게 국토교통부령으로 정하는 바에 따라 통지하여야 한다(법 제14조의2 제5항).

8. 주택조합의 회계감사

(1) 회계감사

1) 주택조합은 대통령령으로 정하는 바에 따라 회계감사를 받아야 하며, 그 감사 결과를 관할 시장·군수·구청장에게 보고하여야 한다(법 제14조의3 제1항).

2) 주택조합은 다음 각호의 어느 하나에 해당하는 날부터 30일 이내에 「주식회사 등의 외부감사에 관한 법률」에 따른 감사인의 회계감사를 받아야 한다(영 제26조 제1항).

> 1. 주택조합 설립인가를 받은 날부터 3개월이 지난 날
> 2. 사업계획승인(사업계획승인 대상이 아닌 리모델링인 경우에는 허가를 말한다)을 받은 날부터 3개월이 지난 날
> 3. 사용검사 또는 임시사용승인을 신청한 날

3) 회계감사에 대해서는 「주식회사 등의 외부감사에 관한 법률」에 따른 회계감사 기준을 적용한다(영 제26조 제2항).

4) 회계감사를 한 자는 회계감사 종료일부터 15일 이내에 회계감사 결과를 관할 시장·군수·구청장과 해당 주택조합에 각각 통보하여야 한다(영 제26조 제3항).

5) 시장·군수·구청장은 통보받은 회계감사 결과의 내용을 검토하여 위법 또는 부당한 사항이 있다고 인정되는 경우에는 그 내용을 해당 주택조합에 통보하고 시정을 요구할 수 있다(영 제26조 제4항).

(2) 회계장부 및 증빙서류 작성·보관

주택조합의 임원 또는 발기인은 계약금 등(해당 주택조합사업에 관한 모든 수입에 따른 금전을 말한다)의 징수·보관·예치·집행 등 모든 거래 행위에 관하여 장부를 월별로 작성하여 그 증빙서류와 함께 제11조에 따른 주택조합 해산인가를 받는 날까지 보관하여야 한다. 이 경우 주택조합의 임원 또는 발기인은 「전자문서 및 전자거래 기본법」 제2조 제2호에 따른 정보처리시스템을 통하여 장부 및 증빙서류를 작성하거나 보관할 수 있다(법 제14조의3 제2항).

9. 주택조합사업의 시공보증

(1) 주택조합이 공동사업주체인 시공자를 선정한 경우 그 시공자는 공사의 시공보증[시공자가 공사의 계약상 의무를 이행하지 못하거나 의무이행을 하지 아니할 경우 보증기관에서 시공자를 대신하여 계약이행의무를 부담하거나 총 공사금액의 50% 이하에서 대통령령으로 정하는 비율(30%) 이상의 범위에서 주택조합이 정하는 금액을 납부할 것을 보증하는 것을 말한다]을 위하여 국토교통부령으로 정하는 기관의 시공보증서를 조합에 제출하여야 한다(법 제14조의4 제1항, 영 제26조의2).

(2) 사업계획승인권자는 착공신고를 받는 경우에는 시공보증서 제출 여부를 확인하여야 한다(법 제14조의4 제2항).

03 사업계획승인 등

1 사업계획의 승인

1. 사업계획승인권자

(1) **원 칙**

대통령령으로 정하는 호수 이상의 주택건설사업을 시행하려는 자 또는 대통령령으로 정하는 면적 이상의 대지조성사업을 시행하려는 자는 다음의 사업계획승인권자에게 사업계획승인을 받아야 한다. 다만, 주택 외의 시설과 주택을 동일 건축물로 건축하는 경우 등 대통령령으로 정하는 경우에는 그러하지 아니하다(법 제15조 제1항).

1. 주택건설사업 또는 대지조성사업으로서 해당 대지면적이 10만m^2 이상인 경우: 특별시장 · 광역시장 · 특별자치시장 · 도지사 또는 특별자치도지사(이하 "시 · 도지사"라 한다) 또는 「지방자치법」 제198조에 따라 서울특별시 · 광역시 및 특별자치시를 제외한 인구 50만 이상의 대도시의 시장
2. 주택건설사업 또는 대지조성사업으로서 해당 대지면적이 10만m^2 미만인 경우: 특별시장 · 광역시장 · 특별자치시장 · 특별자치도지사 또는 시장 · 군수

(2) **예외**: 국토교통부장관

다음의 경우에는 국토교통부장관이 사업계획승인권자이다(법 제15조 제1항, 영 제27조 제3항).

> 1. 사업주체가 국가 및 한국토지주택공사인 경우
> 2. 330만m² 이상의 규모로 「택지개발촉진법」에 따른 택지개발사업 또는 「도시개발법」에 따른 도시개발사업을 추진하는 지역 중 국토교통부장관이 지정・고시하는 지역에서 주택건설사업을 시행하는 경우
> 3. 수도권 또는 광역시 지역의 긴급한 주택난 해소가 필요하거나 지역균형개발 또는 광역적 차원의 조정이 필요하여 국토교통부장관이 지정・고시하는 지역에서 주택건설사업을 시행하는 경우
> 4. 국가・지방자치단체・한국토지주택공사・지방공사가 단독 또는 공동으로 총지분의 50%를 초과하여 출자한 위탁관리 부동산투자회사(해당 부동산투자회사의 자산관리회사가 한국토지주택공사인 경우만 해당한다)가 공공주택건설사업을 시행하는 경우

2. 사업계획승인 대상

다음의 주택건설사업과 대지조성사업은 사업계획승인권자의 사업계획승인을 받아야 한다.

(1) 주택건설사업

1) **단독주택**: 30호 이상. 다만, 다음의 어느 하나에 해당하는 주택인 경우에는 50호 이상으로 한다(영 제27조 제1항 제1호).

> 1. 공공택지에서 어느 하나에 해당하는 공공사업에 따라 조성된 용지를 개별 필지로 구분하지 아니하고 일단의 토지로 공급받아 해당 토지에 건설하는 단독주택
> 2. 「건축법 시행령」에 따른 한옥

2) **공동주택**: 30세대 이상(리모델링의 경우에는 증가하는 세대수를 기준으로 한다). 다만, 다음의 어느 하나에 해당하는 공동주택을 건설(리모델링의 경우에는 제외한다)하는 경우에는 50세대 이상으로 한다(영 제27조 제1항 제2호).

1. 다음의 요건을 모두 갖춘 단지형 연립주택 또는 단지형 다세대주택
   (1) 세대별 주거전용면적이 $30m^2$ 이상일 것
   (2) 해당 주택단지 진입도로의 폭이 6m 이상일 것. 다만, 해당 주택단지의 진입도로가 두 개 이상인 경우에는 다음의 요건을 모두 갖추면 진입도로의 폭을 4m 이상 6m 미만으로 할 수 있다.
      ① 두 개의 진입도로 폭의 합계가 10m 이상일 것
      ② 폭 4m 이상 6m 미만인 진입도로는 도로와 통행거리가 200m 이내일 것
2. 「도시 및 주거환경정비법」에 따른 정비구역에서 주거환경개선사업(토지등소유자가 스스로 주택을 보전・정비・개량하는 방법으로 시행하는 경우만 해당한다)을 시행하기 위하여 건설하는 공동주택. 다만, 정비기반시설의 설치계획대로 정비기반시설 설치가 이루어지지 아니한 지역으로서 시장・군수・구청장이 지정・고시하는 지역에서 건설하는 공동주택은 제외한다.

(2) 대지조성사업

1만m^2 이상의 대지조성사업

3. 사업계획승인 비대상

다음의 어느 하나에 해당하는 경우는 사업계획승인을 받지 아니한다(영 제27조 제4항).

(1) 다음의 요건을 모두 갖춘 사업의 경우

1. 「국토의 계획 및 이용에 관한 법률 시행령」에 따른 준주거지역 또는 상업지역(유통상업지역은 제외한다)에서 300세대 미만의 주택과 주택 외의 시설을 동일 건축물로 건축하는 경우일 것
2. 해당 건축물의 연면적에서 주택의 연면적이 차지하는 비율이 90% 미만일 것

(2) 「농어촌정비법」에 따른 생활환경정비사업 중 「농업협동조합법」에 따른 농업협동조합중앙회가 조달하는 자금으로 시행하는 사업인 경우

4. 주택건설규모의 산정기준

주택건설규모를 산정할 때 다음의 구분에 따른 동일 사업주체(「건축법」에 따른 건축주를 포함한다)가 일단의 주택단지를 여러 개의 구역으로 분할하여 주택을 건설하려는 경우에는 전체 구역의 주택건설호수 또는 세대수의 규모를 주택건설규모로 산정한다. 이 경우 주택의 건설기준, 부대시설 및 복리시설의 설치기준과 대지의 조성기준을 적용할 때에는 전체 구역을 하나의 대지로 본다(영 제27조 제5항).

1. 사업주체가 개인인 경우: 개인인 사업주체와 그의 배우자 또는 직계존비속
2. 사업주체가 법인인 경우: 법인인 사업주체와 그 법인의 임원

5. 사업계획의 승인 절차

(1) 사업계획의 작성

사업계획은 쾌적하고 문화적인 주거생활을 하는 데 적합하도록 수립되어야 하며, 그 사업계획에는 부대시설 및 복리시설의 설치에 관한 계획 등이 포함되어야 한다(법 제15조 제5항).

(2) 사업계획서 등 제출

사업계획승인을 받으려는 자는 사업계획승인신청서에 주택과 그 부대시설 및 복리시설의 배치도, 대지조성공사 설계도서 등 대통령령으로 정하는 서류를 첨부하여 사업계획승인권자에게 제출하여야 한다(법 제15조 제2항).

(3) 주택단지의 공구별 분할 건설·공급

1) 주택건설사업을 시행하려는 자는 600세대 이상의 주택단지를 공구별로 분할하여 주택을 건설·공급할 수 있다. 이 경우 위의 (2)의 서류와 함께 다음의 서류를 첨부하여 사업계획승인권자에게 제출하고 사업계획승인을 받아야 한다(법 제15조 제3항, 영 제28조 제1항).

1. 공구별 공사계획서
2. 입주자모집계획서
3. 사용검사계획서

2) 주택단지의 공구별 분할 건설·공급의 절차와 방법에 관한 세부기준은 국토교통부장관이 정하여 고시한다(영 제28조 제2항).

(4) 사업계획승인 신청요건

1) **원칙**: 주택건설사업계획의 승인을 받으려는 자는 해당 주택건설대지의 소유권을 확보하여야 한다(법 제21조 제1항).

2) **예외**: 다음의 어느 하나에 해당하는 경우에는 그러하지 아니하다.

> 1. 「국토의 계획 및 이용에 관한 법률」에 따른 지구단위계획의 결정(의제되는 경우를 포함한다)이 필요한 주택건설사업의 해당 대지면적의 80% 이상을 사용할 수 있는 권원(權原)[등록사업자와 공동으로 사업을 시행하는 주택조합(리모델링주택조합을 제외한다)의 경우에는 95% 이상의 소유권을 말한다]을 확보하고(국공유지가 포함된 경우에는 해당 토지의 관리청이 해당 토지를 사업주체에게 매각하거나 양여할 것을 확인한 서류를 사업계획승인권자에게 제출하는 경우에는 확보한 것으로 본다), 확보하지 못한 대지가 매도청구 대상이 되는 대지에 해당하는 경우
> 2. 사업주체가 주택건설대지의 소유권을 확보하지 못하였으나 그 대지를 사용할 수 있는 권원을 확보한 경우
> 3. 국가 · 지방자치단체 · 한국토지주택공사 또는 지방공사가 주택건설사업을 하는 경우
> 4. 제66조 제2항에 따라 리모델링 결의를 한 리모델링주택조합이 제22조 제2항에 따라 매도청구를 하는 경우

(5) 매도청구

1) 사업계획승인 신청요건 관련 매도청구

사업계획승인을 받은 사업주체는 다음에 따라 해당 주택건설대지 중 사용할 수 있는 권원을 확보하지 못한 대지(건축물을 포함한다)의 소유자에게 그 대지를 시가(市價)로 매도할 것을 청구할 수 있다. 이 경우 매도청구 대상이 되는 대지의 소유자와 매도청구를 하기 전에 3개월 이상 협의를 하여야 한다(법 제22조 제1항).

> 1. 주택건설대지면적의 95% 이상의 사용권원을 확보한 경우: 사용권원을 확보하지 못한 대지의 모든 소유자에게 매도청구 가능
> 2. 위 1. 외의 경우: 사용권원을 확보하지 못한 대지의 소유자 중 지구단위계획구역 결정고시일 10년 이전에 해당 대지의 소유권을 취득하여 계속 보유하고 있는 자(대지의 소유기간을 산정할 때 대지소유자가 직계존속 · 직계비속 및 배우자로부터 상속 받아 소유권을 취득한 경우에는 피상속인의 소유기간을 합산한다)를 제외한 소유자에게 매도청구 가능

2) 토지소유자를 확인하기 곤란한 대지 등에 대한 처분

① 사업계획승인을 받은 사업주체는 해당 주택건설대지 중 사용할 수 있는 권원을 확보하지 못한 대지의 소유자가 있는 곳을 확인하기가 현저히 곤란한 경우에는 전국적으로 배포되는 둘 이상의 일간신문에 두 차례 이상 공고하고, 공고한 날부터 30일 이상이 지났을 때에는 매도청구 대상의 대지로 본다(법 제23조 제1항).

② 사업주체는 매도청구 대상 대지의 감정평가액에 해당하는 금액을 법원에 공탁(供託)하고 주택건설사업을 시행할 수 있다(법 제23조 제2항).

③ 대지의 감정평가액은 사업계획승인권자가 추천하는 「감정평가 및 감정평가사에 관한 법률」에 따른 감정평가법인등 2인 이상이 평가한 금액을 산술평균하여 산정한다(법 제23조 제3항).

(6) 리모델링 결의에 찬성하지 않는 자에 대한 매도청구

법 제66조 제2항에 따른 리모델링의 허가를 신청하기 위한 동의율을 확보한 경우 리모델링 결의를 한 리모델링주택조합은 그 리모델링 결의에 찬성하지 아니하는 자의 주택 및 토지에 대하여 매도청구를 할 수 있다(법 제22조 제2항).

(7) 매도청구의 준용

매도청구에 관하여는 「집합건물의 소유 및 관리에 관한 법률」 제48조를 준용한다. 이 경우 구분소유권 및 대지사용권은 주택건설사업 또는 리모델링사업의 매도청구의 대상이 되는 건축물 또는 토지의 소유권과 그 밖의 권리로 본다(법 제22조 제3항).

(8) 사업계획의 통합심의

1) 통합심의사항

사업계획승인권자는 필요하다고 인정하는 경우에 도시계획·건축·교통 등 사업계획승인과 관련된 다음의 사항을 통합하여 검토 및 심의(이하 "통합심의"라 한다)할 수 있다(법 제18조 제1항).

1. 「건축법」에 따른 건축심의
2. 「국토의 계획 및 이용에 관한 법률」에 따른 도시·군관리계획 및 개발행위 관련 사항
3. 「대도시권 광역교통 관리에 관한 특별법」에 따른 광역교통 개선대책
4. 「도시교통정비 촉진법」에 따른 교통영향평가
5. 「경관법」에 따른 경관심의
6. 그 밖에 사업계획승인권자가 필요하다고 인정하여 통합심의에 부치는 사항

1. 통합심의의 방법과 절차

① 통지: 사업계획을 통합심의하는 경우 사업계획승인권자는 공동위원회를 개최하기 7일 전까지 회의 일시, 장소 및 상정 안건 등 회의 내용을 위원에게 알려야 한다(영 제35조 제1항).

② 의결정족수: 공동위원회의 회의는 재적위원 과반수의 출석으로 개의(開議)하고, 출석위원 과반수의 찬성으로 의결한다(영 제35조 제2항).

③ 의견청취: 공동위원회 위원장은 통합심의와 관련하여 필요하다고 인정하거나 사업계획승인권자가 요청한 경우에는 당사자 또는 관계자를 출석하게 하여 의견을 듣거나 설명하게 할 수 있다(영 제35조 제3항).

④ 심의: 공동위원회는 사업계획승인과 관련된 사항, 당사자 또는 관계자의 의견 및 설명, 관계 기관의 의견 등을 종합적으로 검토하여 심의하여야 한다(영 제35조 제4항).

2. 통합심의효력

① 사업계획승인권자는 통합심의를 한 경우 특별한 사유가 없으면 심의 결과를 반영하여 사업계획을 승인하여야 한다(법 제18조 제6항).

② 통합심의를 거친 경우에는 법 제18조 제1항의 통합심의 사항에 대한 검토·심의·조사·협의·조정 또는 재정을 거친 것으로 본다(법 제18조 제7항).

2) 통합심의신청

① 사업계획승인권자는 제15조 제1항 또는 제3항에 따라 사업계획승인을 받으려는 자가 통합심의를 신청하는 경우 통합심의를 하여야 한다. 다만, 사업계획의 특성 및 규모 등으로 인하여 제1항 각 호 중 어느 하나에 대하여 통합심의가 적절하지 아니하다고 인정하는 경우에는 그 사항을 제외하고 통합심의를 할 수 있다(법 제18조 제2항).

② 사업계획승인을 받으려는 자가 통합심의를 신청하는 경우 위 1)과 관련된 서류를 첨부하여야 한다. 이 경우 사업계획승인권자는 통합심의를 효율적으로 처리하기 위하여 필요한 경우 제출기한을 정하여 제출하도록 할 수 있다(법 제18조 제3항).

3) 통합심의요청

사업계획승인권자가 시장·군수·구청장인 경우로서 시·도지사가 1) 각 호의 어느 하나에 해당하는 권한을 가진 경우에는 사업계획승인권자가 시·도지사에게 통합심의를 요청할 수 있다(법 제18조 제4항).

4) 공동위원회

통합심의를 하는 지방자치단체의 장은 다음 각 호의 어느 하나에 해당하는 위원회에 속하고 해당 위원회의 위원장의 추천을 받은 위원들과 사업계획승인권자가 속한 지방자치단체 및 제4항에 따라 통합심의를 하는 지방자치단체 소속 공무원으로 소집된 공동위원회를 구성하여 통합심의를 하여야 한다. 이 경우 공동위원회의 구성, 통합심의의 방법 및 절차에 관한 사항은 대통령령으로 정한다(법 제18조 제5항).

1. 「건축법」에 따른 중앙건축위원회 및 지방건축위원회
2. 「국토의 계획 및 이용에 관한 법률」에 따라 해당 주택단지가 속한 시·도에 설치된 지방도시계획위원회
3. 「대도시권 광역교통 관리에 관한 특별법」에 따라 광역교통 개선대책에 대하여 심의권한을 가진 국가교통위원회
4. 「도시교통정비 촉진법」에 따른 교통영향평가심의위원회
5. 「경관법」에 따른 경관위원회
6. 앞의 1)의 6.에 대하여 심의 권한을 가진 관련 위원회

5) 공동위원회 구성

① **위원의 수**: 공동위원회는 위원장 및 부위원장 1명씩을 포함하여 25명 이상 30명 이하의 위원으로 구성한다(영 제33조 제1항).

② **위원장**: 공동위원회 위원장은 앞의 4)의 어느 하나에 해당하는 위원회의 위원장의 추천을 받은 위원 중에서 호선(互選)한다(영 제33조 제2항).

③ **부위원장**: 공동위원회 부위원장은 사업계획승인권자가 속한 지방자치단체 소속 공무원 중에서 위원장이 지명한다(영 제33조 제3항).

④ **위원회의 수**: 공동위원회 위원은 앞의 4)의 위원회의 위원이 각각 5명 이상이 되어야 한다(영 제33조 제4항).

(9) 사업계획승인

1) 사업과 무관한 기부채납 등의 요구 금지

① 사업계획승인권자는 사업계획을 승인할 때 사업주체가 제출하는 사업계획에 해당 주택건설사업 또는 대지조성사업과 직접적으로 관련이 없거나 과도한 기반시설의 기부채납(寄附採納)을 요구하여서는 아니 된다(법 제17조 제1항).

② 국토교통부장관은 기부채납 등과 관련하여 다음의 사항이 포함된 운영기준을 작성하여 고시할 수 있다(법 제17조 제2항).

> 1. 주택건설사업의 기반시설 기부채납 부담의 원칙 및 수준에 관한 사항
> 2. 주택건설사업의 기반시설의 설치기준 등에 관한 사항

③ 사업계획승인권자는 운영기준의 범위에서 지역여건 및 사업의 특성 등을 고려하여 자체 실정에 맞는 별도의 기준을 마련하여 운영할 수 있으며, 이 경우 미리 국토교통부장관에게 보고하여야 한다(법 제17조 제3항).

2) 사업계획승인 통보 등

① 사업계획승인권자는 사업계획승인의 신청을 받았을 때에는 정당한 사유가 없으면 신청을 받은 날부터 60일 이내에 사업주체에게 승인여부를 통보하여야 한다(영 제30조 제1항).

② 국토교통부장관은 주택건설사업계획의 승인을 하였을 때에는 지체 없이 관할 시·도지사에게 그 내용을 통보하여야 한다(영 제30조 제2항).

③ 사업계획승인권자는 「주택도시기금법」에 따른 주택도시기금을 지원받은 사업주체에게 사업계획의 변경승인을 하였을 때에는 그 내용을 해당 사업에 대한 융자를 취급한 기금수탁자에게 통지하여야 한다(영 제30조 제3항).

④ 주택도시기금을 지원받은 사업주체가 사업주체를 변경하기 위하여 사업계획의 변경승인을 신청하는 경우에는 기금수탁자로부터 사업주체 변경에 관한 동의서를 첨부하여야 한다(영 제30조 제4항).

3) 사업계획승인고시 및 송부

사업계획승인권자는 사업계획을 승인하였을 때에는 이에 관한 사항을 고시하여야 한다. 이 경우 국토교통부장관은 관할 시장·군수·구청장에게, 특별시장, 광역시장 또는 도지사는 관할 시장, 군수 또는 구청장에게 각각 사업계획승인서 및 관계 서류의 사본을 지체 없이 송부하여야 한다(법 제15조 제6항).

4) 승인받은 사업계획의 변경

승인받은 사업계획을 변경하려면 사업계획승인권자로부터 변경승인을 받아야 한다. 다만, 국토교통부령으로 정하는 경미한 사항을 변경하는 경우에는 그러하지 아니하다(법 제15조 제4항).

(10) 사업계획승인의 효과

1) 다른 법률에 따른 인·허가 등의 의제

사업계획승인권자가 사업계획을 승인 또는 변경 승인할 때 다음의 허가·인가·결정·승인 또는 신고 등(이하 "인·허가 등"이라 한다)에 관하여 다음의 3)에 따른 관계 행정기관의 장과 협의한 사항에 대하여는 해당 인·허가 등을 받은 것으로 보며, 사업계획의 승인고시가 있은 때에는 다음의 관계 법률에 따른 고시가 있은 것으로 본다(법 제19조 제1항).

1. 「건축법」 제11조에 따른 건축허가, 같은 법 제14조에 따른 건축신고, 같은 법 제16조에 따른 허가·신고사항의 변경 및 같은 법 제20조에 따른 가설건축물의 건축허가 또는 신고
2. 「공간정보의 구축 및 관리 등에 관한 법률」 제15조 제4항에 따른 지도 등의 간행 심사
3. 「공유수면 관리 및 매립에 관한 법률」 제8조에 따른 공유수면의 점용·사용허가, 같은 법 제10조에 따른 협의 또는 승인, 같은 법 제17조에 따른 점용·사용 실시계획의 승인 또는 신고, 같은 법 제28조에 따른 공유수면의 매립면허, 같은 법 제35조에 따른 국가 등이 시행하는 매립의 협의 또는 승인 및 같은 법 제38조에 따른 공유수면매립실시계획의 승인
4. 「광업법」 제42조에 따른 채굴계획의 인가
5. 「국토의 계획 및 이용에 관한 법률」 제30조에 따른 도시·군관리계획(같은 법 제2조 제4호 다목의 계획 및 같은 호 마목의 계획 중 같은 법 제51조 제1항에 지정, 같은 법 제88조에 따른 실시계획의 인가 및 같은 법 제130조 제2항에 따른 타인의 토지에의 출입허가
6. 「농어촌정비법」 제23조에 따른 농업생산기반시설의 사용허가
7. 「농지법」 제34조에 따른 농지전용(農地轉用)의 허가 또는 협의
8. 「도로법」 제36조에 따른 도로공사 시행의 허가, 같은 법 제61조에 따른 도로점용의 허가

경미한 사항 변경

법 제15조 제4항 단서에서 "국토교통부령으로 정하는 경미한 사항을 변경하는 경우"란 다음 각 호의 어느 하나에 해당하는 경우를 말한다. 다만, 1·3 및 7.은 사업주체가 국가, 지방자치단체, 한국토지주택공사 또는 지방공사인 경우로 한정한다(규칙 제13조 제5항).

1. 총사업비의 20%의 범위에서의 사업비 증감. 다만, 국민주택을 건설하는 경우로서 지원받는 주택도시기금(「주택도시기금법」에 따른 주택도시기금을 말한다)이 증가되는 경우는 제외한다.
2. 건축물이 아닌 부대시설 및 복리시설의 설치기준 변경으로서 다음 각 목의 요건을 모두 갖춘 변경
   ① 해당 부대시설 및 복리시설 설치기준 이상으로의 변경일 것
   ② 위치변경(「건축법」 제2조 제1항 제4호에 따른 건축설비의 위치변경은 제외한다)이 발생하지 아니하는 변경일 것
3. 대지면적의 20%의 범위에서의 면적 증감. 다만, 지구경계의 변경을 수반하거나 토지 또는 토지에 정착된 물건 및 그 토지나 물건에 관한 소유권 외의 권리를 수용할 필요를 발생시키는 경우는 제외한다.
4. 세대수 또는 세대당 주택공급면적을 변경하지 아니하는 범위에서의 내부구조의 위치나 면적 변경(사업계획승인을 받은 면적의 10% 범위에서의 변경으로 한정한다)
5. 내장 재료 및 외장 재료의 변경(재료의 품질이 사업계획승인을 받을 당시의 재료와 같거나 그 이상인 경우로 한정한다)

6. 사업계획승인의 조건으로 부과된 사항을 이행함에 따라 발생되는 변경. 다만, 공공시설 설치계획의 변경이 필요한 경우는 제외한다.
7. 건축물의 설계와 용도별 위치를 변경하지 아니하는 범위에서의 건축물의 배치조정 및 주택단지 안 도로의 선형변경
8. 「건축법 시행령」 제12조 제3항 각 호의 어느 하나에 해당하는 사항의 변경

9. 「도시개발법」 제3조에 따른 도시개발구역의 지정, 같은 법 제11조에 따른 시행자의 지정, 같은 법 제17조에 따른 실시계획의 인가 및 같은 법 제64조 제2항에 따른 타인의 토지에의 출입허가
10. 「사도법」 제4조에 따른 사도(私道)의 개설허가
11. 「사방사업법」 제14조에 따른 토지의 형질변경 등의 허가, 같은 법 제20조에 따른 사방지(砂防地) 지정의 해제
12. 「산림보호법」 제9조 제1항 및 같은 조 제2항 제1호 · 제2호에 따른 산림보호구역에서의 행위의 허가 · 신고. 다만, 「산림자원의 조성 및 관리에 관한 법률」에 따른 채종림 및 시험림과 「산림보호법」에 따른 산림유전자원보호구역의 경우는 제외한다.
13. 「산림자원의 조성 및 관리에 관한 법률」 제36조 제1항 · 제5항에 따른 입목벌채 등의 허가 · 신고. 다만, 같은 법에 따른 채종림 및 시험림과 「산림보호법」에 따른 산림유전자원보호구역의 경우는 제외한다.
14. 「산지관리법」 제14조 · 제15조에 따른 산지전용허가 및 산지전용신고, 같은 법 제15조의2에 따른 산지일시사용허가 · 신고
15. 「소하천정비법」 제10조에 따른 소하천공사 시행의 허가, 같은 법 제14조에 따른 소하천 점용 등의 허가 또는 신고
16. 「수도법」 제17조 또는 제49조에 따른 수도사업의 인가, 같은 법 제52조에 따른 전용상수도 설치의 인가
17. 「연안관리법」 제25조에 따른 연안정비사업실시계획의 승인
18. 「유통산업발전법」 제8조에 따른 대규모점포의 등록
19. 「장사 등에 관한 법률」 제27조 제1항에 따른 무연분묘의 개장허가
20. 「지하수법」 제7조 또는 제8조에 따른 지하수 개발 · 이용의 허가 또는 신고
21. 「초지법」 제23조에 따른 초지전용의 허가
22. 「택지개발촉진법」 제6조에 따른 행위의 허가
23. 「하수도법」 제16조에 따른 공공하수도에 관한 공사 시행의 허가, 같은 법 제34조 제2항에 따른 개인하수처리시설의 설치신고
24. 「하천법」 제30조에 따른 하천공사 시행의 허가 및 하천공사실시계획의 인가, 같은 법 제33조에 따른 하천의 점용허가 및 같은 법 제50조에 따른 하천수의 사용허가
25. 「부동산 거래신고 등에 관한 법률」 제11조에 따른 토지거래계약에 관한 허가

2) 인 · 허가 등의 의제 서류 제출

인 · 허가 등의 의제를 받으려는 자는 사업계획승인을 신청할 때에 해당 법률에서 정하는 관계 서류를 함께 제출하여야 한다(법 제19조 제2항).

3) 관계행정기관의 장과의 협의

사업계획승인권자는 사업계획을 승인하려는 경우 그 사업계획에 관련 법률에 따른 인·허가 등의 의제사항에 해당하는 사항이 포함되어 있는 경우에는 해당 법률에서 정하는 관계 서류를 미리 관계 행정기관의 장에게 제출한 후 협의하여야 한다. 이 경우 협의 요청을 받은 관계 행정기관의 장은 사업계획승인권자의 협의 요청을 받은 날부터 20일 이내에 의견을 제출하여야 하며, 그 기간 내에 의견을 제출하지 아니한 경우에는 협의가 완료된 것으로 본다(법 제19조 제3항).

4) 인·허가 등의 기준 준수

사업계획승인권자의 협의 요청을 받은 관계 행정기관의 장은 해당 법률에서 규정한 인·허가 등의 기준을 위반하여 협의에 응하여서는 아니 된다(법 제19조 제4항).

5) 수수료 등 면제

50% 이상의 국민주택을 건설하는 사업주체가 다른 법률에 따른 인·허가등을 받은 것으로 보는 경우에는 관계 법률에 따라 부과되는 수수료 등을 면제한다(법 제19조 제5항, 영 제36조).

(11) 사업계획승인의 취소

1) 사업계획의 승인취소사유

사업계획승인권자는 다음의 어느 하나에 해당하는 경우 그 사업계획의 승인을 취소(아래의 2. 또는 3.에 해당하는 경우 「주택도시기금법」에 따라 주택분양보증이 된 사업은 제외한다)할 수 있다(법 제16조 제4항).

1. 사업주체가 사업계획승인을 받은 경우에 사업계획승인 받은 날부터 5년 이내 공사를 시작하지 아니하거나, 주택건설사업을 분할하여 시행하기 위하여 사업계획승인을 받은 경우로서 최초로 공사를 진행하는 공구를 승인받은 날부터 5년 이내 공사를 시작하지 아니한 경우
2. 사업주체가 경매·공매 등으로 인하여 대지소유권을 상실한 경우
3. 사업주체의 부도·파산 등으로 공사의 완료가 불가능한 경우

2) 사업계획의 승인취소에 대한 타당성 심사

① 사업계획승인권자는 사업주체가 경매·공매 등으로 인하여 대지소유권을 상실한 경우 또는 사업주체의 부도·파산 등으로 공사의 완료가 불가능한 경우의 사유로 사업계획승인을 취소하고자 하는 경우에는 사업주체에게 사업계획 이행, 사업비 조달 계획 등 대통령령으로 정하는 내용이 포함된 사업 정상화 계획을 제출받아 계획의 타당성을 심사한 후 취소 여부를 결정하여야 한다(법 제16조 제5항).

② 사업계획승인권자는 해당 사업의 시공자 등이 해당 주택건설대지의 소유권 등을 확보하고 사업주체 변경을 위하여 사업계획의 변경승인을 요청하는 경우에 이를 승인할 수 있다(법 제16조 제6항).

2 사업의 이행

1. 주택건설공사의 착수

(1) 공사착수기간

사업주체는 사업계획승인 받은 사업계획대로 사업을 시행하여야 하고, 다음의 구분에 따라 공사를 시작하여야 한다. 다만, 사업계획승인권자는 대통령령으로 정하는 정당한 사유가 있다고 인정하는 경우에는 사업주체의 신청을 받아 그 사유가 없어진 날부터 1년의 범위에서 다음의 1. 또는 2.의 ①에 따른 공사의 착수기간을 연장할 수 있다(법 제16조 제1항).

1. 사업계획승인을 받은 경우: 승인받은 날부터 5년 이내
2. 주택건설사업을 공구별로 분할하여 시행하기 위하여 사업계획승인을 받은 경우
   ① 최초로 공사를 진행하는 공구: 승인받은 날부터 5년 이내
   ② 최초로 공사를 진행하는 공구 외의 공구: 해당 주택단지에 대한 최초 착공신고일부터 2년 이내

(1)의 대통령령으로 정하는 정당한 사유(영 제31조)

1. 「매장유산 보호 및 조사에 관한 법률」 제11조에 따라 국가유산청장의 매장유산 발굴허가를 받은 경우
2. 해당 사업시행지에 대한 소유권 분쟁(소송절차가 진행 중인 경우만 해당한다)으로 인하여 공사 착수가 지연되는 경우
3. 법 제15조에 따른 사업계획승인의 조건으로 부과된 사항을 이행함에 따라 공사 착수가 지연되는 경우
4. 천재지변 또는 사업주체에게 책임이 없는 불가항력적인 사유로 인하여 공사 착수가 지연되는 경우
5. 공공택지의 개발·조성을 위한 계획에 포함된 기반시설의 설치 지연으로 공사 착수가 지연되는 경우
6. 해당 지역의 미분양주택 증가 등으로 사업성이 악화될 우려가 있거나 주택건설경기가 침체되는 등 공사에 착수하지 못할 부득이한 사유가 있다고 사업계획승인권자가 인정하는 경우

(2) 공사착수신고

① 사업계획승인을 받은 사업주체가 공사를 시작하려는 경우에는 국토교통부령으로 정하는 바에 따라 사업계획승인권자에게 신고하여야 한다(법 제16조 제2항).

② 사업계획승인권자는 ①에 따른 신고를 받은 날부터 20일 이내에 신고수리 여부를 신고인에게 통지해야 한다(법 제16조 제3항).

(3) 매도청구 대상이 되는 대지가 포함되어 있는 경우의 공사

사업주체가 신고한 후 공사를 시작하려는 경우 사업계획승인을 받은 해당 주택건설대지에 매도청구 대상이 되는 대지가 포함되어 있으면 해당 매도청구 대상 대지에 대하여는 그 대지의 소유자가 매도에 대하여 합의를 하거나 매도청구에 관한 법원의 승소판결(확정되지 아니한 판결을 포함)을 받은 경우에만 공사를 시작할 수 있다(법 제21조 제2항).

2. 주택의 설계 및 시공

(1) 주택의 설계

1) 사업계획승인을 받아 건설되는 주택(부대시설 및 복리시설을 포함한다)을 설계하는 자는 대통령령으로 정하는 설계도서 작성기준에 맞게 설계하여야 한다(법 제33조 제1항).

2) **표본설계도서의 승인**

① 한국토지주택공사, 지방공사 또는 등록사업자는 동일한 규모의 주택을 대량으로 건설하려는 경우에는 국토교통부령으로 정하는 바에 따라 국토교통부장관에게 주택의 형별(型別)로 표본설계도서를 작성·제출하여 승인을 받을 수 있다(영 제29조 제1항).

② 국토교통부장관은 승인을 하려는 경우에는 관계 행정기관의 장과 협의하여야 하며, 협의 요청을 받은 기관은 정당한 사유가 없으면 요청받은 날부터 15일 이내에 국토교통부장관에게 의견을 통보하여야 한다(영 제29조 제2항).

③ 국토교통부장관은 표본설계도서의 승인을 하였을 때에는 그 내용을 특별시장·광역시장·특별자치시장·도지사 또는 특별자치도지사(이하 "시·도지사"라 한다)에게 통보하여야 한다(영 제29조 제3항).

(2) 주택의 시공

1) 주택을 시공하는 자(이하 "시공자"라 한다)와 사업주체는 설계도서에 맞게 시공하여야 한다(법 제33조 제2항).

2) **주택건설공사의 시공제한 등**

① **주택건설공사의 시공**: 사업계획승인을 받은 주택의 건설공사는 「건설산업기본법」에 따른 건설사업자로서 토목건축공사업 또는 건축공사업의 등록을 한 자 또는 건설사업자로 간주하는 등록사업자가 아니면 이를 시공할 수 없다(법 제34조 제1항, 영 제44조 제1항).

② **공동주택의 방수·위생 및 냉난방설비공사의 시공**: 「건설산업기본법」에 따른 건설사업자로서 다음의 하나에 해당하는 건설업의 등록을 한 자(특정열사용기자재의 설치·시공의 경우에는 「에너지이용 합리화법」에 따른 시공업자를 말한다)가 아니면 이를 시공할 수 없다(법 제34조 제2항, 영 제44조 제2항).

> 1. 방수설비공사: 도장 · 습식 · 방수 · 석공사업
> 2. 위생설비공사: 기계설비 · 가스공사업
> 3. 냉난방설비공사: 기계설비 · 가스공사업 또는 가스 · 난방공사업[가스 · 난방공사업 중 난방공사(제1종 · 제2종 또는 제3종)를 말하며, 난방설비공사로 한정한다]

③ **설계와 시공의 분리발주**: 국가 또는 지방자치단체인 사업주체는 사업계획승인을 받은 주택건설공사의 설계와 시공을 분리하여 발주하여야 한다. 다만, 주택건설공사 중 대형공사(대지구입비를 제외한 총공사비가 500억원 이상인 공사)로서 기술관리상 설계와 시공을 분리하여 발주할 수 없는 공사에 대하여는 「국가를 당사자로 하는 계약에 관한 법률 시행령」에 따른 일괄입찰방법(정부가 제시하는 공사일괄입찰 기본계획 및 지침에 따라 입찰시에 그 공사의 설계서 기타 시공에 필요한 도면 및 서류를 작성하여 입찰서와 함께 제출하는 설계 · 시공일괄입찰을 말한다)으로 시행할 수 있다(법 제34조 제3항, 영 제44조 제3항 · 제4항).

04 주택건설기준 등

1 주택건설기준 등

1. 주택건설기준 등의 적용범위

(1) 대통령령으로의 위임사항

사업주체가 건설 · 공급하는 주택의 건설 등에 관한 다음의 기준(이하 "주택건설기준 등"이라 한다)은 대통령령으로 정한다(법 제35조 제1항).

> 1. 주택 및 시설의 배치, 주택과의 복합건축 등에 관한 주택건설기준
> 2. 세대 간의 경계벽, 바닥충격음 차단구조, 구조내력(構造耐力) 등 주택의 구조 · 설비기준
> 3. 부대시설의 설치기준
> 4. 복리시설의 설치기준
> 5. 대지조성기준

6. 주택의 규모 및 규모별 건설비율(영 제46조).
   ① 국토교통부장관은 적정한 주택수급을 위하여 필요하다고 인정하는 경우에는 사업 주체가 건설하는 주택의 75%(주택조합이나 고용자가 건설하는 주택은 100%) 이하의 범위에서 일정 비율 이상을 국민주택규모로 건설하게 할 수 있다.
   ② 국민주택규모 주택의 건설 비율은 주택단지별 사업계획에 적용한다.

(2) 조례에 의한 기준

지방자치단체는 그 지역의 특성, 주택의 규모 등을 고려하여 주택건설기준등의 범위에서 조례로 구체적인 기준을 정할 수 있다(법 제35조 제2항).

(3) 사업주체의 준수

사업주체는 (1)의 주택건설기준 등 및 (2)의 기준에 따라 주택건설사업 또는 대지조성사업을 시행하여야 한다(법 제35조 제3항).

2. 도시형 생활주택의 건설기준

(1) 사업주체(「건축법」에 따른 건축주를 포함한다)가 도시형 생활주택을 건설하려는 경우에는 「국토의 계획 및 이용에 관한 법률」에 따른 도시지역에 대통령령으로 정하는 유형과 규모 등에 적합하게 건설하여야 한다(법 제36조 제1항).

(2) 하나의 건축물에는 도시형 생활주택과 그 밖의 주택을 복합하여 건축할 수 없다. 다만, 대통령령으로 정하는 요건을 갖춘 경우에는 그러하지 아니하다(법 제36조 제2항).

3. 에너지절약형 친환경주택의 건설기준

사업주체가 사업계획승인을 받아 주택을 건설하려는 경우에는 에너지 고효율 설비기술 및 자재 적용 등 대통령령으로 정하는 바에 따라 에너지절약형 친환경주택으로 건설하여야 한다. 이 경우 사업주체는 법 제15조에 따른 서류에 에너지절약형 친환경주택 건설기준 적용 현황 등 대통령령으로 정하는 서류를 첨부하여야 한다(법 제37조 제1항).

4. 건강친화형 주택

(1) 건강친화형 주택의 건설기준

1) 사업주체가 대통령령으로 정하는 호수 이상의 주택을 건설하려는 경우에는 친환경 건축자재 사용 등 대통령령으로 정하는 바에 따라 건강친화형 주택으로 건설하여야 한다(법 제37조 제2항).

2) 500세대 이상의 공동주택을 건설하는 경우에는 다음의 사항을 고려하여 세대 내의 실내공기 오염물질 등을 최소화할 수 있는 건강친화형 주택으로 건설하여야 한다(규정 제65조 제1항).

> 1. 오염물질을 적게 방출하거나 오염물질의 발생을 억제 또는 저감시키는 건축자재(붙박이 가구 및 붙박이 가전제품을 포함한다)의 사용에 관한 사항
> 2. 청정한 실내환경 확보를 위한 마감공사의 시공관리에 관한 사항
> 3. 실내공기의 원활한 환기를 위한 환기설비의 설치, 성능검증 및 유지관리에 관한 사항
> 4. 환기설비 등을 이용하여 신선한 바깥의 공기를 실내에 공급하는 환기의 시행에 관한 사항

(2) 세부적인 사항

건강친화형 주택의 건설기준 등에 관하여 필요한 세부적인 사항은 국토교통부장관이 정하여 고시한다(규정 제65조 제2항).

5. 장수명 주택 건설기준 및 인증제도 등

(1) 장수명 주택의 건설기준 고시

국토교통부장관은 장수명 주택의 건설기준을 정하여 고시할 수 있다(법 제38조 제1항).

(2) 장수명 주택 인증제도

국토교통부장관은 장수명 주택의 공급 활성화를 유도하기 위하여 위 (1)의 건설기준에 따라 장수명 주택 인증제도를 시행할 수 있다(법 제38조 제2항).

(3) 장수명 주택의 등급인정

1) 장수명 주택의 등급

장수명 주택에 대하여 부여하는 등급은 다음과 같이 구분한다(규정 제65조의2 제1항).

1. 최우수 등급
2. 우수 등급
3. 양호 등급
4. 일반 등급

2) **적용 규모**

사업주체가 1천세대 이상의 주택을 공급하고자 하는 때에는 장수명 주택의 등급인증제도에 따라 일반 이상의 등급을 인정받아야 한다(법 제38조 제3항, 규정 제65조의2 제2항 · 제3항).

(4) 우수 등급 이상 장수명 주택의 완화

1) 인증제도에 따라 국토교통부령(「주택건설기준 등에 관한 규칙」 제22조)으로 정하는 기준 이상의 등급, 즉 우수 등급 이상을 인정받은 경우 「국토의 계획 및 이용에 관한 법률」에도 불구하고 대통령령으로 정하는 범위에서 건폐율 · 용적률 · 높이제한을 완화할 수 있다(법 제38조 제7항).

2) 장수명 주택의 건폐율 · 용적률은 다음의 구분에 따라 조례로 그 제한을 완화할 수 있다(규정 제65조의2 제5항).

1. 건폐율: 「국토의 계획 및 이용에 관한 법률」 제77조 및 같은 법 시행령 제84조 제1항에 따라 조례로 정한 건폐율의 100분의 115를 초과하지 아니하는 범위에서 완화. 다만, 「국토의 계획 및 이용에 관한 법률」 제77조에 따른 건폐율의 최대한도를 초과할 수 없다.
2. 용적률: 「국토의 계획 및 이용에 관한 법률」 제78조 및 같은 법 시행령 제85조 제1항에 따라 조례로 정한 용적률의 100분의 115를 초과하지 아니하는 범위에서 완화. 다만, 「국토의 계획 및 이용에 관한 법률」 제78조에 따른 용적률의 최대한도를 초과할 수 없다.

6. 공동주택 성능등급의 표시

사업주체가 500세대 이상의 공동주택을 공급할 때에는 주택의 성능 및 품질을 입주자가 알 수 있도록 「녹색건축물 조성 지원법」에 따라 다음의 공동주택성능에 대한 등급을 발급받아 국토교통부령으로 정하는 방법으로 입주자 모집공고에 표시하여야 한다(법 제39조, 규정 제58조).

> 1. 경량충격음 · 중량충격음 · 화장실소음 · 경계소음 등 소음 관련 등급
> 2. 리모델링 등에 대비한 가변성 및 수리 용이성 등 구조 관련 등급
> 3. 조경 · 일조확보율 · 실내공기질 · 에너지절약 등 환경 관련 등급
> 4. 커뮤니티시설, 사회적 약자 배려, 홈네트워크, 방범안전 등 생활환경 관련 등급
> 5. 화재 · 소방 · 피난안전 등 화재 · 소방 관련 등급

7. 바닥충격음 성능등급 인정 등

(1) 바닥충격음 성능등급 인정기관의 지정

국토교통부장관은 주택건설기준 중 공동주택 바닥충격음 차단구조의 성능등급을 대통령령으로 정하는 기준에 따라 인정하는 기관(이하 "바닥충격음 성능등급 인정기관"이라 한다)을 지정할 수 있다(법 제41조 제1항).

(2) 성능등급 인정의 취소

바닥충격음 성능등급 인정기관은 성능등급을 인정받은 제품(이하 "인정제품"이라 한다)이 다음의 어느 하나에 해당하면 그 인정을 취소할 수 있다. 다만, 다음의 1.에 해당하는 경우에는 그 인정을 취소하여야 한다(법 제41조 제2항).

> 1. 거짓이나 그 밖의 부정한 방법으로 인정받은 경우
> 2. 인정받은 내용과 다르게 판매 · 시공한 경우
> 3. 인정제품이 국토교통부령으로 정한 품질관리기준을 준수하지 아니한 경우
> 4. 인정의 유효기간을 연장하기 위한 시험결과를 제출하지 아니한 경우

(3) 바닥충격음 차단구조의 성능등급 인정의 유효기간

① 공동주택 바닥충격음 차단구조의 성능등급 인정의 유효기간은 그 성능등급 인정을 받은 날부터 5년으로 한다(규정 제60조의7 제1항).

② 공동주택 바닥충격음 차단구조의 성능등급 인정을 받은 자는 유효기간이 끝나기 전에 유효기간을 연장할 수 있다. 이 경우 연장되는 유효기간은 연장될 때마다 3년을 초과할 수 없다(규정 제60조의7 제2항).

(4) 바닥충격음 성능등급 인정기관의 지정취소

국토교통부장관은 바닥충격음 성능등급 인정기관이 다음의 어느 하나에 해당하는 경우 그 지정을 취소할 수 있다. 다만, 아래 1.에 해당하는 경우에는 그 지정을 취소하여야 한다(법 제41조 제5항).

1. 거짓이나 그 밖의 부정한 방법으로 인정기관으로 지정을 받은 경우
2. 바닥충격음 차단구조의 성능등급의 인정기준을 위반하여 업무를 수행한 경우
3. 인정기관의 지정 요건에 맞지 아니한 경우
4. 정당한 사유 없이 2년 이상 계속하여 인정업무를 수행하지 아니한 경우

(5) 건축물 최고높이의 완화

사업주체가 대통령령으로 정하는 두께(콘크리트 슬래브 두께 250mm) 이상으로 바닥구조를 시공하는 경우 사업계획승인권자는 「국토의 계획 및 이용에 관한 법률」 제50조 및 제52조 제1항 제4호에 따라 지구단위계획으로 정한 건축물 높이의 최고한도의 100분의 115를 초과하지 아니하는 범위에서 조례로 정하는 기준에 따라 건축물 높이의 최고한도를 완화하여 적용할 수 있다(법 제41조 제8항, 영 제60조의8).

(6) 바닥충격음 성능검사 등

① 국토교통부장관은 바닥충격음 차단구조의 성능을 검사하기 위하여 성능검사의 기준(이하 "성능검사기준"이라 한다)을 마련하여야 한다(법 제41조의2 제1항).

② 국토교통부장관은 다음의 ⑤에 따른 성능검사를 전문적으로 수행하기 위하여 성능을 검사하는 기관(이하 "바닥충격음 성능검사기관"이라 한다)을 대통령령으로 정하는 지정 요건 및 절차에 따라 지정할 수 있다(법 제41조의2 제2항).

③ 바닥충격음 성능검사기관의 지정 취소, 자료 제출 및 서류 검사 등에 관하여는 제41조 제5항부터 제7항까지를 준용한다. 이 경우 "바닥충격음 성능등급인정기관"은 "바닥충격음 성능검사기관"으로, "인정업무"는 "바닥충격음 성능검사업무"로 본다(법 제41조의2 제3항).

④ 국토교통부장관은 바닥충격음 성능검사기관의 업무를 수행하는 데에 필요한 비용을 지원할 수 있다(법 제41조의2 제4항).

⑤ 사업주체는 제15조에 따른 사업계획승인을 받아 시행하는 주택건설사업의 경우 제49조에 따른 사용검사를 받기 전에 바닥충격음 성능검사기관으로부터 성능검사기준에 따라 바닥충격음 차단구조의 성능을 검사(이하 "성능검사"라 한다)받아 그 결과를 사용검사권자에게 제출하여야 한다(법 제41조의2 제5항).

사업주체에 대한 권고

1. 사용검사권자는 법 제41조의2 제6항에 따라 제14조의2 제2호 각 목 외의 부분 본문에 따른 경량충격음 또는 중량충격음이 49데시벨을 초과하는 경우에는 사업주체에게 보완 시공, 손해배상 등의 조치를 권고할 수 있다(규정 제60조의12 제1항).
2. 사용검사권자는 1.에 따라 사업주체에게 보완 시공 등의 조치를 권고하는 경우에는 다음 각 호의 사항을 적은 문서(전자문서를 포함한다)로 해야 한다(규정 제60조의12 제2항).
   ① 권고의 내용 및 이유
   ② 권고사항에 대한 조치기한
3. 2.에 따른 권고를 받은 사업주체는 권고받은 날부터 10일 이내에 사용검사권자에게 권고사항에 대한 조치계획서를 제출해야 한다. 다만, 기술적 검토에 시간이 걸리는 등 불가피한 경우에는 사용검사권자와 협의하여 그 기간을 연장할 수 있다(규정 제60조의12 제3항).
4. 제41조의2 제7항에서 "대통령령으로 정하는 기간"이란 제2항 제2호의 조치기한이 지난 날부터 5일을 말한다(규정 제60조의12 제4항).

⑥ 사용검사권자는 ⑤에 따른 성능검사 결과가 성능검사기준에 미달하는 경우 대통령령으로 정하는 바에 따라 사업주체에게 보완 시공, 손해배상 등의 조치를 권고할 수 있다(법 제41조의2 제6항).

⑦ ⑥에 따라 조치를 권고받은 사업주체는 대통령령으로 정하는 기간 내에 권고사항에 대한 조치결과를 사용검사권자에게 제출하여야 한다(법 제41조의2 제7항).

⑧ 사업주체는 ⑤에 따라 사용검사권자에게 제출한 성능검사 결과 및 ⑦에 따라 사용검사권자에게 제출한 조치결과를 대통령령으로 정하는 방법에 따라 입주예정자에게 알려야 한다(법 제41조의2 제8항).

⑨ 국토교통부장관은 층간소음 저감 정책을 수립하기 위하여 필요하다고 판단하는 경우 사용검사권자에게 ⑤에 따라 제출된 성능검사 결과 및 ⑦에 따라 제출된 조치결과를 국토교통부장관에게 제출하도록 요청할 수 있다. 이 경우 자료 제출을 요청받은 사용검사권자는 정당한 사유가 없으면 이에 따라야 한다(법 제41조의2 제9항).

⑩ 바닥충격음 성능검사기관은 ⑤에 따른 성능검사 결과를 토대로 대통령령으로 정하는 기준과 절차에 따라 매년 우수 시공자를 선정하여 공개할 수 있다(법 제41조의2 제10항).

⑪ 성능검사의 방법, 성능검사 결과의 제출, 성능검사에 드는 수수료 등 필요한 사항은 대통령령으로 정한다(법 제41조의2 제11항).

8. 소음방지 대책

(1) 사업계획승인권자의 소음방지 대책

① 사업계획승인권자는 주택의 건설에 따른 소음의 피해를 방지하고 주택건설지역 주민의 평온한 생활을 유지하기 위하여 주택건설사업을 시행하려는 사업주체에게 대통령령으로 정하는 바에 따라 소음방지대책을 수립하도록 하여야 한다(법 제42조 제1항).

② 소음방지 대책 수립에 필요한 실외소음도와 실외소음도를 측정하는 기준은 대통령령으로 정한다(법 제42조 제3항).

③ 국토교통부장관은 실외소음도를 측정할 수 있는 측정기관(이하 "실외소음도 측정기관"이라 한다)을 지정할 수 있다(법 제42조 제4항).

④ 국토교통부장관은 실외소음도 측정기관이 다음의 어느 하나에 해당하는 경우에는 그 지정을 취소할 수 있다. 다만, 1.에 해당하는 경우 그 지정을 취소하여야 한다(법 제42조 제5항).

성능검사 결과 등의 통보

사업주체는 다음 각 호의 결과를 입주예정일 전까지 입주예정자에게 문서(전자문서를 포함한다)로 알려야 한다(규정 제60조의13).

1. 사용검사권자에게 제출한 성능검사 결과
2. 사용검사권자에게 제출한 조치결과

성능검사 우수 시공자의 선정 및 공개

1. 바닥충격음성능검사기관은 법 제41조의2 제10항에 따라 다음 각 호의 요건을 모두 갖춘 시공자 중에서 전년도에 사용검사를 받은 주택단지별 성능검사 결과의 평균값(해당 주택단지가 1개인 경우에는 그 주택단지의 성능검사 결과를 말한다)이 높은 상위 10개의 시공자를 우수 시공자로 선정할 수 있다(규정 제60조의14 제1항).
   ① 전년도에 사용검사를 받은 공동주택이 총 500세대 이상일 것
   ② 전년도에 사용검사를 받은 주택단지 중에서 성능검사기준에 미달하는 주택단지가 없을 것
2. 바닥충격음성능검사기관은 제1항에 따라 선정한 우수 시공자를 선정한 경우에는 해당 기관의 인터넷 홈페이지를 통해 공개한다(규정 제60조의14 제2항).

성능검사 수수료

1. 성능검사 수수료는 성능검사에 필요한 시험에 드는 비용으로 한다(규정 제60조의11 제1항).
2. 제1항의 수수료는 「엔지니어링산업 진흥법」 제31조 제2항에 따른 엔지니어링사업의 대가 기준을 국토교통부장관이 정하여 고시하는 방법에 따라 적용하여 바닥충격음성능검사기관의 장이 산정한다(규정 제60조의11 제2항).

1. 거짓이나 그 밖의 부정한 방법으로 실외소음도 측정기관으로 지정을 받은 경우
2. 실외소음도 측정기준을 위반하여 업무를 수행한 경우
3. 실외소음도 측정기관의 지정 요건에 미달하게 된 경우

(2) 관리청과의 소음방지 대책 협의

사업계획승인권자는 대통령령으로 정하는 주택건설 지역이 도로와 인접한 경우에는 해당 도로의 관리청과 소음방지대책을 미리 협의하여야 한다. 이 경우 해당 도로의 관리청은 소음 관계 법률에서 정하는 소음기준 범위 내에서 필요한 의견을 제시할 수 있다(법 제42조 제2항).

2 「주택건설기준 등에 관한 규정」

1. 총 칙

(1) 목 적

「주택건설기준 등에 관한 규정」은 「주택법」 제2조, 제35조, 제38조부터 제41조까지, 제41조의2, 제42조 및 제51조부터 제53조까지의 규정에 따라 주택의 건설기준, 부대시설·복리시설의 설치기준, 대지조성의 기준, 공동주택성능등급의 표시, 공동주택 바닥충격음 차단구조의 성능등급 인정과 성능검사, 공업화주택의 인정절차, 에너지절약형 친환경주택과 건강친화형 주택의 건설기준 및 장수명 주택 등에 관하여 위임된 사항과 그 시행에 관하여 필요한 사항을 규정함을 목적으로 한다(규정 제1조).

(2) 용 어

1) 주민공동시설

주민공동시설이란 해당 공동주택의 거주자가 공동으로 사용하거나 거주자의 생활을 지원하는 시설로서 다음의 시설을 말한다(규정 제2조 제3호).

① 경로당
② 어린이놀이터
③ 어린이집
④ 주민운동시설
⑤ 도서실(정보문화시설과 「도서관법」에 따른 작은도서관을 포함한다)
⑥ 주민교육시설(영리를 목적으로 하지 아니하고 공동주택의 거주자를 위한 교육장소를 말한다)
⑦ 청소년 수련시설
⑧ 주민휴게시설

> ⑨ 독서실
> ⑩ 입주자집회소
> ⑪ 공용취사장
> ⑫ 공용세탁실
> ⑬ 「공공주택 특별법」에 따른 공공주택의 단지 내에 설치하는 사회복지시설
> ⑭ 「아동복지법」 제44조의2의 다함께돌봄센터
> ⑮ 「아이돌봄 지원법」 제19조의 공동육아나눔터
> ⑯ 그 밖에 위의 시설에 준하는 시설로서 사업계획승인권자가 인정하는 시설

2) 의료시설

의료시설이란 의원 · 치과의원 · 한의원 · 조산소 · 보건소지소 · 병원(전염병원 등 격리병원을 제외한다) · 한방병원 및 약국을 말한다(규정 제2조 제4호).

3) 주민운동시설

주민운동시설이란 거주자의 체육활동을 위하여 설치하는 옥외 · 옥내운동시설(「체육시설의 설치 · 이용에 관한 법률」에 의한 신고체육시설업에 해당하는 시설을 포함한다) · 생활체육시설 기타 이와 유사한 시설을 말한다(규정 제2조 제5호).

4) 독신자용 주택

독신자용 주택이란 다음의 하나에 해당하는 주택을 말한다(규정 제2조 제6호).

> ① 근로자를 고용하는 자가 그 고용한 근로자 중 독신생활(근로여건상 가족과 임시별거하거나 기숙하는 생활을 포함한다)을 영위하는 자의 거주를 위하여 건설하는 주택
> ② 국가 · 지방자치단체 또는 공공법인이 독신생활을 영위하는 근로자의 거주를 위하여 건설하는 주택

5) 기간도로

기간도로란 「주택법 시행령」에 따른 도로(주택단지의 구분기준이 되는 도로)를 말한다(규정 제2조 제7호).

6) 진입도로

진입도로란 보행자 및 자동차의 통행이 가능한 도로로서 기간도로로부터 주택단지의 출입구에 이르는 도로를 말한다(규정 제2조 제8호).

7) 시 · 군지역

시 · 군지역이란 「수도권정비계획법」에 따른 수도권 외의 지역 중 인구 20만명 미만의 시지역과 군지역을 말한다(규정 제2조 제9호).

(3) 주택단지 안의 시설

1) 주택단지에는 관계 법령에 따른 지역 또는 지구에도 불구하고 다음의 시설만 건설하거나 설치할 수 있다(규정 제6조 제1항).

① 부대시설
② 복리시설[공동작업장 · 지식산업센터 · 사회복지관은 해당 주택단지에 세대당 전용면적(주거의 용도로만 쓰이는 면적으로서 국토교통부령으로 정하는 바에 따라 산정한 면적을 말한다. 이하 같다)이 $50m^2$ 이하인 공동주택을 다음 각 목의 어느 하나에 해당하는 규모로 건설하는 경우만 해당한다]
㉠ 300세대 이상
㉡ 해당 주택단지 총 세대수의 2분의 1 이상
③ 간선시설
④ 「국토의 계획 및 이용에 관한 법률」에 따른 도시 · 군계획시설

2) 규정 외의 시설의 설치

다음의 어느 하나에 해당하는 경우에는 1)에 따른 시설 외에 관계 법령에 따라 해당 건축물이 속하는 지역 또는 지구에서 제한되지 아니하는 시설을 건설하거나 설치할 수 있다(규정 제6조 제2항).

① 「국토의 계획 및 이용에 관한 법률」에 따른 상업지역에 주택을 건설하는 경우
② 폭 12m 이상인 일반도로(주택단지 안의 도로는 제외한다)에 연접하여 주택을 주택 외의 시설과 복합건축물로 건설하는 경우
③ 「국토의 계획 및 이용에 관한 법률 시행령」에 따른 준주거지역 또는 준공업지역에 주택과 「관광숙박시설 확충을 위한 특별법」에 따른 호텔시설을 복합건축물로 건설하는 경우

2. 시설의 배치 등

(1) 소음방지 대책의 수립

1) 실외소음도 및 실내소음도

사업주체는 공동주택을 건설하는 지점의 소음도(이하 “실외소음도”라 한다)가 65데시벨 미만이 되도록 하되, 65데시벨 이상인 경우에는 방음벽 · 방음림(소음막이숲) 등의 방음시설을 설치하여 해당 공동주택의 건설지점의 소음도가 65데시벨 미만이 되도록 소음방지대책을 수립해야 한다. 다만, 공동주택이 도시지역(주택단지 면적이 30만m^2 미만인 경우로 한정한다) 또는 「소음 · 진동관리법」에 따라 지정된 지역에 건축되는 경우로서 다음의 기준을 모두 충족하는 경우에는 그 공동주택의 6층 이상인 부분에 대하여 본문을 적용하지 않는다(규정 제9조 제1항).

> ① 세대 안에 설치된 모든 창호(窓戶)를 닫은 상태에서 거실에서 측정한 소음도(이하 "실내소음도"라 한다)가 45데시벨 이하일 것
> ② 공동주택의 세대 안에 「건축법 시행령」에 따라 정하는 기준에 적합한 환기설비를 갖출 것

2) 소음측정기준

실외소음도와 실내소음도의 소음측정기준은 국토교통부장관이 환경부장관과 협의하여 고시한다(규정 제9조 제2항).

(2) 소음 등으로부터의 보호

1) 공동주택 · 어린이놀이터 · 의료시설(약국은 제외한다) · 유치원 · 어린이집 · 다함께돌봄센터 및 경로당(이하 "공동주택 등"이라 한다)은 다음의 시설로부터 수평거리 50m 이상 떨어진 곳에 배치해야 한다. 다만, 위험물 저장 및 처리시설 중 주유소(석유판매취급소를 포함한다) 또는 시내버스 차고지에 설치된 자동차용 천연가스 충전소(가스저장 압력용기 내용적의 총합이 20m^3 이하인 경우만 해당한다)의 경우에는 해당 주유소 또는 충전소로부터 수평거리 25m 이상 떨어진 곳에 공동주택등(유치원, 어린이집 및 다함께돌봄센터는 제외한다)을 배치할 수 있다(규정 제9조의2 제1항).

> ① 공해성 공장[「산업집적활성화 및 공장설립에 관한 법률」에 따라 이전이 확정되어 인근에 공동주택 등을 건설하여도 지장이 없다고 사업계획승인권자가 인정하여 고시한 공장은 제외하며, 「국토의 계획 및 이용에 관한 법률」에 따른 주거지역 또는 지구단위계획구역(주거형만 해당한다) 안의 경우에는 사업계획승인권자가 주거환경에 위해하다고 인정하여 고시한 공장만 해당한다]
> ② 「건축법 시행령」에 따른 위험물 저장 및 처리 시설
> ③ 그 밖에 사업계획승인권자가 주거환경에 특히 위해하다고 인정하는 시설(설치계획이 확정된 시설을 포함한다)

2) 1)에 따라 공동주택 등을 배치하는 경우 공동주택 등과 1)의 각 시설 사이의 주택단지 부분에는 방음림을 설치해야 한다. 다만, 다른 시설물이 있는 경우에는 그렇지 않다(규정 제9조의2 제2항).

(3) 공동주택의 배치

1) 공동주택의 외벽과 도로의 이격거리

도로(주택단지 안의 도로를 포함하되, 필로티에 설치되어 보도로만 사용되는 도로는 제외한다) 및 주차장(지하, 필로티, 그 밖에 이와 비슷한 구조에 설치하는 주차장 및 그 진출입로는 제외한다)의 경계선으로부터 공동주택의 외벽(발코니나 그 밖에 이와 비슷한 것을 포함한다)까지의 거리는 2m 이상 띄어야 하며, 그 띄운 부분에는 식재등 조경에 필요한 조치를 하여야 한다. 다만, 다음의 어느 하나에 해당하는 도로로서 보도와 차도로 구분되어 있는 경우에는 그러하지 아니하다(규정 제10조 제2항).

① 공동주택의 1층이 필로티 구조인 경우 필로티에 설치하는 도로(사업계획승인권자가 인정하는 보행자 안전시설이 설치된 것에 한정한다)
② 주택과 주택 외의 시설을 동일 건축물로 건축하고, 1층이 주택 외의 시설인 경우 해당 주택 외의 시설에 접하여 설치하는 도로(사업계획승인권자가 인정하는 보행자 안전시설이 설치된 것에 한정한다)
③ 공동주택의 외벽이 개구부(開口部)가 없는 측벽인 경우 해당 측벽에 접하여 설치하는 도로

2) 소방자동차의 통로 확보

주택단지는 화재 등 재난발생시 소방활동에 지장이 없도록 다음의 요건을 갖추어 배치하여야 한다(규정 제10조 제3항).

① 공동주택의 각 세대로 소방자동차의 접근이 가능하도록 통로를 설치할 것
② 주택단지 출입구의 문주(門柱) 또는 차단기는 소방자동차의 통행이 가능하도록 설치할 것

3) 주변 경관과의 조화

주택단지의 각 동의 높이와 형태 등은 주변의 경관과 어우러지고 해당 지역의 미관을 증진시킬 수 있도록 배치되어야 하며, 국토교통부장관은 공동주택의 디자인 향상을 위하여 주택단지의 배치 등에 필요한 사항을 정하여 고시할 수 있다(규정 제10조 제4항).

⑷ 지하층의 활용

공동주택을 건설하는 주택단지에 설치하는 지하층은 「주택법 시행령」 제7조 제1호 및 제2호에 따른 근린생활시설(이하 "근린생활시설"이라 한다. 다만, 변전소 · 정수장 및 양수장을 제외하되, 변전소의 경우 「전기사업법」에 따른 전기사업자가 자신의 소유 토지에 「전원개발촉진법 시행령」에 따른 시설의 설치 · 운영에 종사하는 자를 위하여 건설하는 공동주택 및 주택과 주택 외의 건축물을 동일건축물에 복합하여 건설하는 경우로서 사업계획승인권자가 주거안정에 지장이 없다고 인정하는 건축물의 변전소는 포함한다) · 주차장 · 주민공동시설 및 주택(사업계획승인권자가 해당 주택의 주거환경에 지장이 없다고 인정하는 경우로서 1층 세대의 주거전용부분으로 사용되는 구조만 해당한다) 그 밖에 관계 법령에 따라 허용되는 용도로 사용할 수 있으며, 그 구조 및 설비는 「건축법」 제53조에 따른 기준에 적합하여야 한다(규정 제11조).

⑸ 주택과의 복합건축

1) 주택과의 복합건축제한

숙박시설(상업지역, 준주거지역 또는 준공업지역에 건설하는 호텔시설은 제외한다) · 위락시설 · 공연장 · 공장이나 위험물저장 및 처리시설, 그 밖에 사업계획승인권자가 주거환경에 지장이 있다고 인정하는 시설은 주택과 복합건축물로 건설하여서는 아니 된다. 다만, 다음의 어느 하나에 해당하는 경우는 예외로 한다(규정 제12조 제1항).

1. 「도시 및 주거환경정비법」에 따른 재개발사업에 따라 복합건축물을 건설하는 경우
2. 위락시설 · 숙박시설 또는 공연장을 주택과 복합건축물로 건설하는 경우로서 다음의 요건을 모두 갖춘 경우
   ⑴ 해당 복합건축물은 층수가 50층 이상이거나 높이가 150m 이상일 것
   ⑵ 위락시설을 주택과 복합건축물로 건설하는 경우에는 다음의 요건을 모두 갖출 것
      ① 위락시설과 주택은 구조가 분리될 것
      ② 사업계획승인권자가 주거환경 보호에 지장이 없다고 인정할 것
3. 「물류시설의 개발 및 운영에 관한 법률」 제2조 제6호의2에 따른 도시첨단물류단지 내에 공장을 주택과 복합건축물로 건설하는 경우로서 다음의 요건을 모두 갖춘 경우
   ⑴ 해당 공장은 규정 제9조의2 제1항 제1호 각 목의 어느 하나에 해당하는 공장(즉, 공해성 공장)이 아닐 것
   ⑵ 해당 복합건축물이 건설되는 주택단지 내의 물류시설은 지하층에 설치될 것
   ⑶ 사업계획승인권자가 주거환경 보호에 지장이 없다고 인정할 것

2) 주택과 복합건축물의 건설시 구조기준

주택과 주택 외의 시설(주민공동시설을 제외한다)을 동일건축물에 복합하여 건설하는 경우에는 주택의 출입구·계단 및 승강기 등을 주택 외의 시설과 분리된 구조로 하여 사생활 보호·방범 및 방화 등 주거의 안전과 소음·악취 등으로부터 주거환경이 보호될 수 있도록 하여야 한다. 다만, 층수가 50층 이상이거나 높이가 150m 이상인 복합건축물을 건축하는 경우로서 사업계획승인권자가 사생활보호·방범 및 방화 등 주거의 안전과 소음·악취 등으로부터 주거환경이 보호될 수 있다고 인정하는 숙박시설과 공연장의 경우에는 그러하지 아니하다(규정 제12조 제2항).

3. 주택의 구조 · 설비

(1) 기준척도

주택의 평면 및 각 부위의 치수는 국토교통부령으로 정하는 치수 및 기준척도에 적합하여야 한다. 다만, 사업계획승인권자가 인정하는 특수한 설계·구조 또는 자재로 건설하는 주택의 경우에는 그러하지 아니하다(규정 제13조).

(2) 세대 간의 경계벽 등

1) 경계벽의 구조기준

공동주택 각 세대 간의 경계벽 및 공동주택과 주택 외의 시설 간의 경계벽은 내화구조로서 다음에 해당하는 구조로 해야 한다(규정 제14조 제1항).

① 철근콘크리트조 또는 철골·철근콘크리트조로서 그 두께(시멘트모르타르·회반죽, 석고플라스터, 그 밖에 이와 유사한 재료를 바른 후의 두께를 포함한다)가 15cm 이상인 것
② 무근콘크리트조·콘크리트블록조·벽돌조 또는 석조로서 그 두께(시멘트모르타르·회반죽, 석고플라스터, 그 밖에 이와 유사한 재료를 바른 후의 두께를 포함한다)가 20cm 이상인 것
③ 조립식 주택부재인 콘크리트판으로서 그 두께가 12cm 이상인 것
④ 이 외에 국토교통부장관이 정하여 고시하는 기준에 따라 한국건설기술연구원장이 차음성능을 인정하여 지정하는 구조인 것

2) 경계벽의 설치기준

경계벽은 이를 지붕밑 또는 바로 위층 바닥판까지 닿게 하여야 하며, 소리를 차단하는데 장애가 되는 부분이 없도록 설치하여야 한다. 이 경우 경계벽의 구조가 벽돌조인 경우에는 줄눈 부위에 빈틈이 생기지 아니하도록 시공하여야 한다(규정 제14조 제2항).

3) 발코니에 세대 간 경계벽 설치 기준

① 공동주택의 3층 이상인 층의 발코니에 세대 간 경계벽을 설치하는 경우에는 화재 등의 경우에 피난용도로 사용할 수 있는 피난구를 경계벽에 설치하거나 경계벽의 구조를 파괴하기 쉬운 경량구조 등으로 할 수 있다. 다만, 경계벽에 창고 기타 이와 유사한 시설을 설치하는 경우에는 그러하지 아니하다(규정 제14조 제5항).

② 피난구를 설치하거나 경계벽의 구조를 경량구조 등으로 하는 경우에는 그에 대한 정보를 포함한 표지 등을 식별하기 쉬운 위치에 부착 또는 설치하여야 한다(규정 제14조 제6항).

(3) 공동주택의 바닥구조

공동주택의 세대 내의 층간바닥(화장실의 바닥은 제외한다)은 다음의 기준을 모두 충족해야 한다(규정 제14조의2).

1. 콘크리트 슬래브 두께는 210mm[라멘구조(보와 기둥을 통해서 내력이 전달되는 구조를 말한다)의 공동주택은 150mm] 이상으로 할 것. 다만, 다음 각 목의 어느 하나에 해당하는 주택의 층간바닥은 예외로 한다.
   ① 법 제51조 제1항에 따라 인정받은 공업화주택
   ② 목구조(주요 구조부를 「목재의 지속가능한 이용에 관한 법률」에 따른 목재 또는 목재제품으로 구성하는 구조를 말한다) 공동주택
2. 각 층간 바닥은 바닥충격음 차단성능[바닥의 경량충격음(비교적 가볍고 딱딱한 충격에 의한 바닥충격음을 말한다) 및 중량충격음(무겁고 부드러운 충격에 의한 바닥충격음을 말한다)이 각각 49데시벨 이하인 성능을 말한다]을 갖춘 구조일 것. 다만, 다음 각 목의 층간바닥은 그렇지 않다.
   ① 라멘구조의 공동주택(법 제51조 제1항에 따라 인정받은 공업화주택은 제외한다)의 층간바닥
   ② ①의 공동주택 외의 공동주택 중 발코니, 현관 등 국토교통부령으로 정하는 부분의 층간바닥

(4) 벽체와 창호

1) 벽체와 창호 기준

500세대 이상의 공동주택을 건설하는 경우 벽체의 접합부위(침실에 옷방 또는 붙박이 가구를 설치하는 경우에는 옷방 또는 붙박이 가구의 벽체와 천장의 접합부위를 포함한다)나 난방설비가 설치되는 공간의 창호는 국토교통부장관이 정하여 고시하는 기준에 적합한 결로(結露)방지 성능을 갖추어야 한다(규정 제14조의3 제1항).

2) 결로방지 상세도를 설계도서에 포함

500세대 이상 공동주택을 건설하려는 자는 세대 내의 거실·침실의 벽체와 천장의 접합부위, 최상층 세대의 천장부위, 지하주차장·승강기홀의 벽체부위 등 결로 취약부위에 대한 결로방지 상세도를 설계도서에 포함하여야 한다(규정 제14조의3 제2항).

3) 결로방지 상세도 작성내용

국토교통부장관은 결로방지 상세도의 작성내용 등에 관한 구체적인 사항을 정하여 고시할 수 있다(규정 제14조의3 제3항).

(5) 승강기 등

1) 승용승강기 설치

6층 이상인 공동주택에는 국토교통부령이 정하는 기준에 따라 대당 6인승 이상인 승용승강기를 설치하여야 한다. 다만, 층수가 6층인 건축물로서 각 층 거실의 바닥면적 300m^2 이내마다 1개소 이상의 직통계단을 설치한 건축물은 승용승강기를 설치하지 않아도 된다(규정 제15조 제1항).

2) 비상용승강기 설치

10층 이상인 공동주택의 경우에는 승용승강기를 비상용승강기의 구조로 하여야 한다(규정 제15조 제2항).

3) 화물용승강기 설치

10층 이상인 공동주택에는 이삿짐 등을 운반할 수 있는 다음의 기준에 적합한 화물용승강기를 설치하여야 한다(규정 제15조 제3항).

① 적재하중이 0.9톤 이상일 것
② 승강기의 폭 또는 너비 중 한 변은 1.35m 이상, 다른 한 변은 1.6m 이상일 것
③ 계단실형인 공동주택의 경우에는 계단실마다 설치할 것
④ 복도형인 공동주택의 경우에는 100세대까지 1대를 설치하되, 100세대를 넘는 경우에는 100세대마다 1대를 추가로 설치할 것

4) 화물용승강기 겸용

승용승강기 또는 비상용승강기로서 화물용승강기의 기준에 적합한 것은 화물용승강기로 겸용할 수 있다(규정 제15조 제4항).

승용승강기의 설치기준

6층 이상인 공동주택에 설치하는 승용승강기의 설치기준은 다음과 같다(건설규칙 제4조).

1. 계단실형인 공동주택에는 계단실마다 1대(한 층에 3세대 이상이 조합된 계단실형 공동주택이 22층 이상인 경우에는 2대) 이상을 설치하되, 그 탑승인원수는 동일한 계단실을 사용하는 4층 이상인 층의 세대당 0.3명(독신자용 주택의 경우에는 0.15명)의 비율로 산정한 인원수(1명 이하의 단수는 1명으로 본다) 이상일 것
2. 복도형인 공동주택에는 1대에 100세대를 넘는 80세대마다 1대를 더한 대수 이상을 설치하되, 그 탑승인원수는 4층 이상인 층의 세대당 0.2명(독신자용 주택의 경우에는 0.1명)의 비율로 산정한 인원수 이상일 것

4. 부대시설

(1) 진입도로

1) 진입도로의 폭

공동주택을 건설하는 주택단지는 기간도로와 접하거나 기간도로로부터 해당 단지에 이르는 진입도로가 있어야 한다. 이 경우 기간도로와 접하는 폭 및 진입도로의 폭은 다음과 같다(규정 제25조 제1항).

주택단지의 총세대수	기간도로와 접하는 폭 또는 진입도로의 폭
300세대 미만	6m 이상
300세대 이상 500세대 미만	8m 이상
500세대 이상 1천세대 미만	12m 이상
1천세대 이상 2천세대 미만	15m 이상
2천세대 이상	20m 이상

2) 주택단지가 2 이상이면서 해당 주택단지의 진입도로가 하나인 경우

주택단지가 2 이상이면서 해당 주택단지의 진입도로가 하나인 경우 그 진입도로의 폭은 해당 진입도로를 이용하는 모든 주택단지의 세대수를 합한 총세대수를 기준으로 하여 산정한다(규정 제25조 제2항).

3) 진입도로가 2 이상인 경우

공동주택을 건설하는 주택단지의 진입도로가 2 이상으로서 다음의 기준에 적합한 경우에는 1)을 적용하지 아니할 수 있다. 이 경우 폭 4m 이상 6m 미만인 도로는 기간도로와 통행거리 200m 이내인 때에 한하여 이를 진입도로로 본다(규정 제25조 제3항).

주택단지의 총세대수	폭 4m 이상의 진입도로 중 2개의 진입도로 폭의 합계
300세대 미만	10m 이상
300세대 이상 500세대 미만	12m 이상
500세대 이상 1천세대 미만	16m 이상
1천세대 이상 2천세대 미만	20m 이상
2천세대 이상	25m 이상

4) 도시지역 외의 주택단지와 접하는 기간도로의 폭

도시지역 외에서 공동주택을 건설하는 경우 그 주택단지와 접하는 기간도로의 폭 또는 그 주택단지의 진입도로와 연결되는 기간도로의 폭은 1)의 규정에 의한 기간도로와 접하는 폭 또는 진입도로의 폭의 기준 이상이어야 하며, 주택단지의 진입도로가 2 이상이 있는 경우에는 그 기간도로의 폭은 3)의 기준에 의한 각각의 진입도로의 폭의 기준 이상이어야 한다(규정 제25조 제4항).

(2) 주택단지 안의 도로

1) 도로의 폭

공동주택을 건설하는 주택단지에는 폭 1.5m 이상의 보도를 포함한 폭 7m 이상의 도로(보행자전용도로, 자전거도로는 제외한다)를 설치하여야 한다(규정 제26조 제1항).

2) 도로의 폭을 4m 이상으로 할 수 있는 경우

1)에도 불구하고 다음의 어느 하나에 해당하는 경우에는 도로의 폭을 4m 이상으로 할 수 있다. 이 경우 해당 도로에는 보도를 설치하지 아니할 수 있다(규정 제26조 제2항).

① 해당 도로를 이용하는 공동주택의 세대수가 100세대 미만이고 해당 도로가 막다른 도로로서 그 길이가 35m 미만인 경우
② 그 밖에 주택단지 내의 막다른 도로 등 사업계획승인권자가 부득이하다고 인정하는 경우

3) 주택단지 안의 도로의 설계 및 설계속도

주택단지 안의 도로는 유선형(流線型) 도로로 설계하거나 도로 노면의 요철(凹凸) 포장 또는 과속방지턱의 설치 등을 통하여 도로의 설계속도(도로설계의 기초가 되는 속도를 말한다)가 시속 20km 이하가 되도록 하여야 한다(규정 제26조 제3항).

4) 500세대 이상 주택단지의 어린이 안전보호구역 설치

500세대 이상의 공동주택을 건설하는 주택단지 안의 도로에는 어린이 통학버스의 정차가 가능하도록 국토교통부령으로 정하는 기준에 적합한 어린이 안전보호구역을 1개소 이상 설치하여야 한다(규정 제26조 제4항).

(3) 주차장

주택단지에는 다음의 기준(소수점 이하의 끝수는 이를 한 대로 본다)에 따라 주차장을 설치해야 한다(규정 제27조 제1항).

1. **노인복지주택**
「노인복지법」에 의하여 노인복지주택을 건설하는 경우 당해 주택단지에는 제1항의 규정에 불구하고 세대당 주차대수가 0.3대(세대당 전용면적이 60m² 이하인 경우에는 0.2대) 이상이 되도록 하여야 한다(규정 제27조 제6항).
2. **철도부지 활용 공공주택**
「철도산업발전기본법」 제3조 제2호의 철도시설 중 역시설로부터 반경 500m 이내에서 건설하는 「공공주택 특별법」 제2조에 따른 공공주택(이하 "철도부지 활용 공공주택"이라 한다)의 경우 해당 주택단지에는 제1항에 따른 주차장 설치기준의 2분의 1의 범위에서 완화하여 적용할 수 있다(규정 제27조 제7항).

1) 주택단지에는 주택의 전용면적의 합계를 기준으로 하여 다음 표에서 정하는 면적당 대수의 비율로 산정한 주차대수 이상의 주차장을 설치하되, 세대당 주차대수가 1대(세대당 전용면적이 60m² 이하인 경우에는 0.7대) 이상이 되도록 하여야 한다. 다만, 지역별 차량보유율 등을 고려하여 설치기준의 5분의 1(세대당 전용면적이 60m² 이하인 경우에는 2분의 1)의 범위에서 특별시·광역시·특별자치시·특별자치도(관할 구역 안에 지방자치단체인 시·군이 없는 특별자치도를 말한다)·시·군 또는 자치구의 조례로 강화하여 정할 수 있다(규정 제27조 제1항 제1호).

주택규모별 전용면적	주차장 설치기준(대/m²)			
	특별시	광역시·특별자치시 및 수도권 내의 시지역	시지역 및 수도권 내의 군지역	그 밖의 지역
85m² 이하	1/75	1/85	1/95	1/110
85m² 초과	1/65	1/70	1/75	1/85

2) **소형 주택의 주차장**

① 소형 주택은 1)에도 불구하고 세대당 주차대수가 0.6대(세대당 전용면적이 30제곱미터 미만인 경우에는 0.5대) 이상이 되도록 주차장을 설치해야 한다. 다만, 지역별 차량보유율 등을 고려하여 다음 각 구분에 따라 특별시·광역시·특별자치시·특별자치도(관할 구역 안에 지방자치단체인 시·군이 없는 특별자치도를 말한다)·시·군 또는 자치구의 조례로 강화하거나 완화하여 정할 수 있다(규정 제27조 제1항 제2호).

1. 「민간임대주택에 관한 특별법」 제2조 제13호 가목(철도역) 및 나목(환승시설)에 해당하는 시설로부터 통행거리 500미터 이내에 건설하는 소형 주택으로서 다음의 요건을 모두 갖춘 경우: 설치기준의 10분의 7 범위에서 완화
   ① 「공공주택 특별법」 제2조 제1호 가목의 공공임대주택일 것
   ② 임대기간 동안 자동차를 소유하지 않을 것을 임차인 자격요건으로 하여 임대할 것. 다만, 「장애인복지법」 제2조 제2항에 따른 장애인 등에 대해서는 특별시·광역시·특별자치시·도·특별자치도의 조례로 자동차 소유 요건을 달리 정할 수 있다.
2. 그 밖의 경우: 설치기준의 2분의 1 범위에서 강화 또는 완화

② 1)에 따라 설치해야 하는 주차장의 주차단위구획(「주차장법」에 따른 주차단위구획을 말한다) 총수를 산정할 때 도시형 생활주택에 설치하는 주차장의 일부를 「도시교통정비 촉진법」 제33조 제1항 제4호에 따른 승용차공동이용 지원(승용차공동이용을 위한 전용주차구획을 설치하고 공동이용을 위한 승용자동차를 상시 배치하는 것을 말한다)을 위해 사용하는 경우에는 승용차공동이용 지원을 위해 설치한 주차단위구획 수의 3.5배수(소수점 이하는 버린다)에 해당하는 주차단위구획을 설치한 것으로 본다. 다만, 1)에 따라 설치해야 하는 주차단위구획 총수 중 승용차공동이용 지원을 위한 용도가 아닌 주차단위구획을 일정 비율 이상 확보할 필요가 있는 경우에는 다음 각 호의 구분에 따른 비율의 범위에서 지역별 차량보유율 등을 고려하여 특별시・광역시・특별자치시・특별자치도(관할 구역 안에 지방자치단체인 시・군이 없는 특별자치도를 말한다)・시・군 또는 자치구의 조례로 해당 주차단위구획의 필수 설치 비율을 정할 수 있다(규정 제27조 제2항).

1. 준주거지역 또는 상업지역인 경우: 주차단위구획 총수의 100분의 40 이내
2. 1. 외의 도시지역인 경우: 주차단위구획 총수의 100분의 70 이내

③ 1) 및 2)의 ①・②에 따른 주차장은 지역의 특성, 전기자동차(「환경친화적 자동차의 개발 및 보급 촉진에 관한 법률」 제2조 제3호에 따른 전기자동차를 말한다) 보급정도 및 주택의 규모 등을 고려하여 그 일부를 전기자동차의 전용주차구획으로 구분 설치하도록 특별시・광역시・특별자치시・특별자치도(관할 구역 안에 지방자치단체인 시・군이 없는 특별자치도를 말한다)・시 또는 군의 조례로 정할 수 있다(규정 제27조 제3항).

3) 부설주차장

① 주택단지에 건설하는 주택(부대시설 및 주민공동시설을 포함한다) 외의 시설에 대하여는 「주차장법」이 정하는 바에 따라 산정한 부설주차장을 설치하여야 한다(규정 제27조 제4항).

② 소형 주택이 다음의 요건을 모두 갖춘 경우에는 2)의 ①・②에도 불구하고 임대주택으로 사용하는 기간 동안 용도변경하기 전의 용도를 기준으로 「주차장법」 제19조의 부설주차장 설치기준을 적용할 수 있다(규정 제27조 제5항).

> 1. 규정 제7조(적용의 특례) 제11항 각 호의 요건을 갖출 것
> 2. 2)의 ①·②에 따라 주차장을 추가로 설치해야 할 것
> 3. 세대별 전용면적이 $30m^2$ 미만일 것
> 4. 임대기간 동안 자동차(「장애인복지법」 제39조 제2항에 따른 장애인사용자동차 등 표지를 발급받은 자동차는 제외한다)를 소유하지 않을 것을 임차인 자격요건으로 하여 임대할 것

(4) 관리사무소 등

1) 50세대 이상의 공동주택을 건설하는 주택단지에는 다음의 시설을 모두 설치하되, 그 면적의 합계가 $10m^2$에 50세대를 넘는 매 세대마다 $500cm^2$를 더한 면적 이상이 되도록 설치해야 한다. 다만, 그 면적의 합계가 $100m^2$를 초과하는 경우에는 설치면적을 $100m^2$로 할 수 있다(규정 제28조 제1항).

> ① 관리사무소
> ② 경비원 등 공동주택 관리업무에 종사하는 근로자를 위한 휴게시설

2) 관리사무소는 관리업무의 효율성과 입주민의 접근성 등을 고려하여 배치하여야 한다(규정 제28조 제2항).

3) 휴게시설은 「산업안전보건법」에 따라 설치해야 한다(규정 제28조 제3항).

(5) 중앙집중난방방식의 난방설비

6층 이상인 공동주택의 난방설비는 중앙집중난방방식(「집단에너지사업법」에 따른 지역난방공급방식을 포함한다)으로 하여야 한다. 다만, 「건축법 시행령」 제87조 제2항에 따른 난방설비를 하는 경우에는 그러하지 아니하다(규정 제37조 제1항).

(6) 영상정보처리기기

의무관리대상 공동주택(의무관리전환대상 공동주택은 제외)을 건설하는 주택단지에는 국토교통부령으로 정하는 기준에 따라 보안 및 방범 목적을 위한 「개인정보 보호법 시행령」 제3조 제1호(폐쇄회로 텔레비전) 또는 제2호(네트워크 카메라)에 따른 영상정보처리기기를 설치해야 한다(규정 제39조).

(7) 전기시설

주택에 설치하는 전기시설의 용량은 각 세대별로 3kW(킬로와트)(세대당 전용면적이 $60m^2$ 이상인 경우에는 3kW에 $60m^2$를 초과하는 $10m^2$마다 0.5kW를 더한 값) 이상이어야 한다(규정 제40조 제1항).

영상정보처리기기

"국토교통부령으로 정하는 기준"이란 다음의 기준을 말한다(「주택건설기준 등에 관한 규칙」 제9조).

1. 승강기, 어린이놀이터 및 각 동의 출입구마다 「개인정보 보호법 시행령」 제3조 제1호 또는 제2호에 따른 영상정보처리기기의 카메라를 설치할 것
2. 영상정보처리기기의 카메라는 전체 또는 주요 부분이 조망되고 잘 식별될 수 있도록 설치하되, 카메라의 해상도는 130만 화소 이상일 것
3. 영상정보처리기기의 카메라 수와 녹화장치의 모니터 수가 같도록 설치할 것. 다만, 모니터 화면이 다채널로 분할 가능하고 다음 각 목의 요건을 모두 충족하는 경우에는 그렇지 않다.
   ① 다채널의 카메라 신호를 1대의 녹화장치에 연결하여 감시할 경우에 연결된 카메라 신호가 전부 모니터 화면에 표시돼야 하며 1채널의 감시화면의 대각선방향 크기는 최소한 4인치 이상일 것
   ② 다채널 신호를 표시한 모니터 화면은 채널별로 확대감시기능이 있을 것
   ③ 녹화된 화면의 재생이 가능하며 재생할 경우에 화면의 크기 조절 기능이 있을 것
4. 「개인정보 보호법 시행령」 제3조 제2호에 따른 네트워크 카메라를 설치하는 경우에는 다음 각 목의 요건을 모두 충족할 것
   ① 인터넷 장애가 발생하더라도 영상정보가 끊어지지 않고 지속적으로 저장될 수 있도록 필요한 기술적 조치를 할 것
   ② 서버 및 저장장치 등 주요 설비는 국내에 설치할 것
   ③ 「공동주택관리법 시행규칙」 별표 1의 장기수선계획의 수립기준에 따른 수선주기 이상으로 운영될 수 있도록 설치할 것

(8) 방송수신을 위한 공동수신설비의 설치 등

공동주택의 각 세대에는 「건축법 시행령」 제87조 제4항 단서 및 같은 조 제5항에 따라 설치하는 방송 공동수신설비 중 지상파텔레비전방송, 에프엠(FM)라디오방송 및 위성방송의 수신안테나와 연결된 단자를 2개소 이상 설치하여야 한다. 다만, 세대당 전용면적이 $60m^2$ 이하인 주택의 경우에는 1개소로 할 수 있다(규정 제42조 제2항).

> **보안등**
> 주택단지 안의 어린이놀이터 및 도로(폭 15m 이상인 도로의 경우에는 도로의 양측)에는 보안등을 설치하여야 한다. 이 경우 당해 도로에 설치하는 보안등의 간격은 50m 이내로 하여야 한다(규정 제33조 제1항).

5. 복리시설

(1) 근린생활시설

하나의 건축물에 설치하는 근린생활시설 및 소매시장·상점을 합한 면적(전용으로 사용되는 면적을 말하며, 같은 용도의 시설이 2개소 이상 있는 경우에는 각 시설의 바닥면적을 합한 면적으로 한다)이 $1,000m^2$를 넘는 경우에는 주차 또는 물품의 하역 등에 필요한 공터를 설치하여야 하고, 그 주변에는 소음·악취의 차단과 조경을 위한 식재 그 밖에 필요한 조치를 취하여야 한다(규정 제50조 제4항).

(2) 유치원

1) 유치원 설치 대상

2천세대 이상의 주택을 건설하는 주택단지에는 유치원을 설치할 수 있는 대지를 확보하여 그 시설의 설치희망자에게 분양하여 건축하게 하거나 유치원을 건축하여 이를 운영하려는 자에게 공급해야 한다. 다만, 다음에 해당하는 경우에는 그렇지 않다(규정 제52조 제1항).

① 해당 주택단지로부터 통행거리 300m 이내에 유치원이 있는 경우
② 해당 주택단지로부터 통행거리 200m 이내에 「교육환경 보호에 관한 법률」에 따른 시설이 있는 경우
③ 해당 주택단지가 노인주택단지·외국인주택단지 등으로서 유치원의 설치가 불필요하다고 사업계획 승인권자가 인정하는 경우
④ 관할 교육감이 해당 주택단지 내 유치원의 설치가 「유아교육법」 제8조 제3항 제2호에 따른 유아배치계획에 적합하지 않다고 인정하는 경우

2) 유치원과 복합건축이 가능한 시설

유치원을 유치원 외의 용도의 시설과 복합으로 건축하는 경우에는 의료시설·주민운동시설·어린이집·종교집회장 및 근린생활시설 「교육환경 보호에 관한 법률」에 따른 교육환경보호구역에 설치할 수 있는 시설에 한한다)에 한하여 이를 함께 설치할 수 있다. 이 경우 유치원 용도의 바닥면적의 합계는 해당 건축물 연면적의 2분의 1 이상이어야 한다(규정 제52조 제2항).

> **유치원과 복합건축물의 구조**
> 제2항에 따른 복합건축물은 유아교육·보육의 환경이 보호될 수 있도록 유치원의 출입구·계단·복도 및 화장실 등을 다른 용도의 시설(어린이집 및 「사회복지사업법」 제2조 제5호의 사회복지관을 제외한다)과 분리된 구조로 하여야 한다(규정 제52조 제3항).

(3) 주민공동시설

1) 주민공동시설의 설치 대상

100세대 이상의 주택을 건설하는 주택단지에는 다음에 따라 산정한 면적 이상의 주민공동시설을 설치하여야 한다. 다만, 지역 특성, 주택 유형 등을 고려하여 특별시 · 광역시 · 특별자치시 · 특별자치도 · 시 또는 군의 조례로 주민공동시설의 설치면적을 그 기준의 4분의 1 범위에서 강화하거나 완화하여 정할 수 있다(규정 제55조의2 제1항).

> ① 100세대 이상 1,000세대 미만: 세대당 $2.5m^2$를 더한 면적
> ② 1,000세대 이상: $500m^2$에 세대당 $2m^2$를 더한 면적

2) 주민공동시설의 설치면적

1)에 따른 면적은 각 시설별로 전용으로 사용되는 면적을 합한 면적으로 산정한다. 다만, 실외에 설치되는 시설의 경우에는 그 시설이 설치되는 부지면적으로 한다(규정 제55조의2 제2항).

과속방지턱
지하주차장의 출입구, 경사형 · 유선형 차도 등 차량의 속도를 제한할 필요가 있는 곳에는 높이 7.5cm 이상 10cm 이하, 너비 1m 이상인 과속방지턱을 설치하고, 운전자에게 그 시설의 위치를 알릴 수 있도록 반사성 도료(塗料)로 도색한 노면표지를 설치할 것(건설규칙 제6조 제4항 제2호).

3) 주민공동시설을 설치하는 경우 함께 설치하는 시설

1)에 따른 주민공동시설을 설치하는 경우 해당 주택단지에는 다음의 구분에 따른 시설이 포함되어야 한다. 다만, 해당 주택단지의 특성, 인근 지역의 시설설치 현황 등을 고려할 때 사업계획승인권자가 설치할 필요가 없다고 인정하는 시설이거나 입주예정자의 과반수가 서면으로 반대하는 다함께돌봄센터는 설치하지 않을 수 있다(규정 제55조의2 제3항).

> ① 150세대 이상: 경로당, 어린이놀이터
> ② 300세대 이상: 경로당, 어린이놀이터, 어린이집
> ③ 500세대 이상: 경로당, 어린이놀이터, 어린이집, 주민운동시설, 작은도서관, 다함께돌봄센터

6. 간선시설

(1) 간선시설 설치

1) **원칙**: 사업주체

2) **예외**: 설치의무자

사업주체가 단독주택은 100호 이상, 공동주택은 100세대(리모델링의 경우에는 늘어나는 세대수를 기준으로 한다)이상의 주택건설사업을 시행하는 경우 또는 16,500m² 이상의 대지조성사업을 시행하는 경우 다음에 정하는 자는 그 해당 간선시설을 설치하여야 한다. 다만, 도로 및 상·하수도시설로서 사업주체가 주택건설사업계획 또는 대지조성사업계획에 포함하여 설치하려는 경우에는 그러하지 아니하다(법 제28조 제1항, 영 제39조 제1항·제2항).

> ① 지방자치단체: 도로 및 상·하수도시설
> ② 해당 지역에 전기·통신·가스 또는 난방을 공급하는 자: 전기시설·통신시설·가스시설 또는 지역난방시설
> ③ 국가: 우체통

(2) 간선시설의 설치 절차

1) 간선시설 설치의무자에 대한 통지

사업계획승인권자는 (1)에 규정된 규모 이상의 주택건설 또는 대지조성에 관한 사업계획을 승인하였을 때에는 그 사실을 지체 없이 간선시설 설치의무자에게 통지하여야 한다(영 제39조 제3항).

2) 간선시설 설치기한

① 간선시설의 설치는 특별한 사유가 없으면 사용검사일까지 설치를 완료하여야 한다(법 제28조 제2항).

② 간선시설 설치의무자는 사업계획에서 정한 사용검사 예정일까지 해당 간선시설을 설치하지 못할 특별한 사유가 있을 때에는 1)에 따른 통지를 받은 날부터 1개월 이내에 그 사유와 설치 가능 시기를 명시하여 해당 사업주체에게 통보하여야 한다(영 제39조 제4항).

(3) 간선시설의 설치비용

1) 간선시설의 설치비용 부담

간선시설의 설치비용은 그 설치의무자가 이를 부담한다. 이 경우 도로 및 상·하수도시설의 설치비용은 그 비용의 50%의 범위에서 국가가 보조할 수 있다(법 제28조 제3항).

2) 지중선로로 설치하는 전기간선시설의 설치비용의 부담

전기간선시설을 지중선로(地中線路)로 설치하는 경우에는 전기를 공급하는 자와 지중에 설치할 것을 요청하는 자가 각각 50%의 비율로 그 설치비용을 부담한다. 다만, 사업지구 밖의 기간이 되는 시설로부터 그 사업지구 안의 가장 가까운 주택

단지(사업지구 안에 1개의 주택단지가 있는 경우에는 그 주택단지를 말한다)의 경계선까지의 전기간선시설은 전기를 공급하는 자가 부담한다(법 제28조 제4항).

(4) 간선시설의 설치의무자가 의무기한까지 설치하지 못할 경우의 조치

1) 설치의무자가 설치의무기간까지 간선시설의 설치를 완료하지 못할 특별한 사유가 있는 경우에는 사업주체가 그 간선시설을 자기부담으로 설치하고 간선시설의 설치의무자에게 그 비용상환을 요구할 수 있다(법 제28조 제7항).

2) 사업주체가 간선시설을 자기부담으로 설치하려는 경우 간선시설 설치의무자는 사업주체와 간선시설의 설치비 상환계약을 체결하여야 한다(영 제40조 제1항).

3) 간선시설의 설치비 상환계약에서 정하는 설치비의 상환기한은 해당 공사의 사용검사일부터 3년 이내로 하여야 한다(영 제40조 제2항).

4) 간선시설 설치의무자가 간선시설의 설치비 상환계약에 따라 상환하여야 하는 금액은 다음의 금액을 합산한 금액으로 한다(영 제40조 제3항).

> ① 설치비용
> ② 상환 완료시까지의 설치비용에 대한 이자. 이 경우 그 이자율은 설치비 상환계약 체결일 당시의 정기예금 금리(「은행법」에 따라 설립된 은행 중 수신고를 기준으로 한 전국 상위 6개 시중은행의 1년 만기 정기예금 금리의 산술평균을 말한다)로 하되, 상환계약에서 달리 정한 경우에는 그에 따른다.

(5) 지방자치단체의 간선시설 설치 대행

지방자치단체는 사업주체가 자신의 부담으로 간선시설에 해당되지 아니하는 도로 또는 상・하수도시설(해당 주택건설사업 또는 대지조성사업과 직접적으로 관련이 있는 경우로 한정한다)의 설치를 요청할 경우에는 이에 따를 수 있다(법 제28조 제5항).

3 주택건설사업의 효율화를 위한 조치

1. 토지에의 출입 등

(1) 타인 토지출입 등의 행위 및 일시사용

국가・지방자치단체・한국토지주택공사 및 지방공사인 사업주체가 사업계획의 수립을 위한 조사 또는 측량을 하려는 경우와 국민주택사업을 시행하기 위하여 필요한 경우에는 다음의 행위를 할 수 있다. 이 경우 「국토의 계획 및 이용에 관한 법률」을 준용한다(법 제24조 제1항・제3항).

> 1. 타인의 토지에 출입하는 행위
> 2. 특별한 용도로 이용되지 아니하고 있는 타인의 토지를 재료적치장 또는 임시 도로로 일시 사용하는 행위
> 3. 특히 필요한 경우 죽목(竹木)·토석이나 그 밖의 장애물을 변경하거나 제거하는 행위

(2) 타인 토지출입 등에 따른 손실보상

① 타인토지에의 출입 등의 행위로 인하여 손실을 입은 자가 있는 경우에는 그 행위를 한 사업주체가 그 손실을 보상하여야 한다(법 제25조 제1항).

② 손실보상에 관해서는 그 손실을 보상할 자와 손실을 입은 자가 협의하여야 한다(법 제25조 제2항).

③ 협의가 성립되지 아니하거나 협의를 할 수 없는 때에는 「공익사업을 위한 토지 등의 취득 및 보상에 관한 법률」에 따른 관할 토지수용위원회에 재결(裁決)을 신청할 수 있다(법 제25조 제3항).

④ 관할 토지수용위원회의 재결에 관하여는 「공익사업을 위한 토지 등의 취득 및 보상에 관한 법률」 제83조부터 제87조까지의 규정을 준용한다(법 제25조 제4항).

2. 토지 등 수용 또는 사용

(1) 공공사업주체의 토지 등 수용 또는 사용

국가·지방자치단체·한국토지주택공사·지방공사가 사업계획승인을 받아 국민주택을 건설하거나 국민주택을 건설하기 위한 대지를 조성하는 경우에는 토지나 토지에 정착한 물건 및 토지나 물건에 관한 소유권 외의 권리(이하 "토지 등"이라 한다)를 수용하거나 사용할 수 있다(법 제24조 제2항).

(2) 「공익사업을 위한 토지 등의 취득 및 보상에 관한 법률」의 준용

1) 토지 등의 수용 또는 사용하는 경우 준용 법률

토지 등을 수용·사용하는 경우 「주택법」에 규정된 것 외에는 「공익사업을 위한 토지 등의 취득 및 보상에 관한 법률」을 준용한다(법 제27조 제1항).

2) 사업계획승인을 받은 경우 특례

「공익사업을 위한 토지 등의 취득 및 보상에 관한 법률」을 준용하는 경우에는 「공익사업을 위한 토지 등의 취득 및 보상에 관한 법률」에 따른 "사업인정"을 "사업계획승인"으로 본다. 다만, 재결신청은 「공익사업을 위한 토지 등의 취득 및 보상에 관한 법률」에도 불구하고 사업계획승인을 받은 주택건설사업 기간 이내에 할 수 있다(법 제27조 제2항).

3. 토지매수 업무 등의 위탁

(1) 토지매수 업무 등의 수탁기관

① 국가 또는 한국토지주택공사인 사업주체는 주택건설사업 또는 대지조성사업을 위한 토지매수 업무와 손실보상 업무를 대통령령으로 정하는 바에 따라 관할 지방자치단체의 장에게 위탁할 수 있다(법 제26조 제1항).

② 국가 · 한국토지주택공사인 사업주체는 토지매수 업무와 손실보상 업무를 지방자치단체의 장에게 위탁하는 경우에는 매수할 토지 및 위탁조건을 명시하여야 한다(영 제38조 제1항).

(2) 위탁수수료

사업주체가 토지매수 업무와 손실보상 업무를 위탁할 때에는 그 토지매수 금액과 손실보상 금액의 2%의 범위에서 대통령령으로 정하는 요율. 즉, 「공익사업을 위한 토지 등의 취득 및 보상에 관한 법률 시행령」 별표 1로 정하는 요율의 위탁수수료를 해당 지방자치단체에 지급하여야 한다(법 제26조 제2항, 영 제38조 제2항).

4. 국 · 공유지 등의 우선 매각 또는 임대

(1) 우선매각 등의 대상

국가 또는 지방자치단체는 그가 소유하는 토지를 매각하거나 임대할 때 다음의 어느 하나의 목적으로 그 토지의 매수 또는 임차를 원하는 자가 있으면 그에게 우선적으로 그 토지를 매각하거나 임대할 수 있다(법 제30조 제1항, 영 제41조).

1. 국민주택규모의 주택을 50% 이상으로 건설하는 주택의 건설
2. 주택조합이 건설하는 주택(이하 "조합주택"이라 한다)의 건설
3. 위 1., 2.의 주택을 건설하기 위한 대지의 조성

(2) 환매 또는 임대계약의 취소

국가 또는 지방자치단체는 국가 또는 지방자치단체로부터 토지를 매수하거나 임차한 자가 그 매수일 또는 임차일부터 2년 이내에 국민주택규모의 주택 또는 조합주택을 건설하지 아니하거나 그 주택을 건설하기 위한 대지조성사업을 시행하지 아니한 경우에는 환매(還買)하거나 임대계약을 취소할 수 있다(법 제30조 제2항).

5. 환지방식에 의한 도시개발사업으로 조성된 대지의 활용

(1) 국민주택용지로 사용하기 위한 체비지의 우선 매각

사업주체가 국민주택용지로 사용하기 위하여 도시개발사업 시행자(「도시개발법」에 따른 환지(換地)방식에 의하여 사업을 시행하는 도시개발사업의 시행자를 말한다)에게 체비지(替費地)의 매각을 요구한 경우 그 도시개발사업 시행자는 대통령령으로 정하는 바에 따라 체비지의 총면적의 50%의 범위에서 이를 우선적으로 사업주체에게 매각할 수 있다(법 제31조 제1항).

(2) 매각방법

도시개발사업시행자는 체비지를 사업주체에게 국민주택용지로 매각하는 경우에는 경쟁입찰로 하여야 한다. 다만, 매각을 요구하는 사업주체가 하나일 때에는 수의계약으로 매각할 수 있다(영 제42조).

(3) 환지계획수립 전에 체비지 매각을 요구한 경우

사업주체가 「도시개발법」에 따른 환지계획의 수립 전에 체비지의 매각을 요구하면 도시개발사업시행자는 사업주체에게 매각할 체비지를 그 환지계획에서 하나의 단지로 정하여야 한다(법 제31조 제2항).

(4) 체비지의 양도가격

체비지의 양도가격은 「감정평가 및 감정평가사에 관한 법률」에 따른 감정평가법인등 2인 이상이 감정평가한 감정가격을 기준으로 한다. 다만, 주거전용면적 85m² 이하의 임대주택을 건설하거나 주거전용면적 60m² 이하의 국민주택을 건설하는 경우에는 국토교통부령으로 정하는 조성원가(즉, 「택지개발촉진법 시행규칙」 별표에 따라 산정한 원가)를 기준으로 할 수 있다(법 제31조 제3항, 규칙 제16조).

6. 공공시설의 귀속

(1) 「국토의 계획 및 이용에 관한 법률」의 규정 준용

사업주체가 사업계획승인을 받은 사업지구의 토지에 새로 공공시설을 설치하거나 기존의 공공시설에 대체되는 공공시설을 설치하는 경우 그 공공시설의 귀속에 관하여는 「국토의 계획 및 이용에 관한 법률」을 준용한다. 이 경우 "개발행위허가를 받은 자"는 "사업주체"로, "개발행위허가"는 "사업계획승인"으로, "행정청인 시행자"는 "한국토지주택공사 및 지방공사"로 본다(법 제29조 제1항).

(2) 해당 목적 외 사용 또는 처분 금지

행정청인 시행자로 보는 한국토지주택공사 및 지방공사는 해당 공사에 귀속되는 공공시설을 해당 국민주택사업을 시행하는 목적 외로는 사용하거나 처분할 수 없다(법 제29조 제2항).

7. 주택건설사업 등에 따른 임대주택의 건설

(1) 용적률 완화대상

사업주체(리모델링을 시행하는 자는 제외한다)가 다음의 사항을 포함한 사업계획승인신청서(「건축법」의 허가신청서를 포함한다)를 제출하는 경우 사업계획승인권자(건축허가권자를 포함한다)는 「국토의 계획 및 이용에 관한 법률」의 용도지역별 용적률 범위에서 특별시·광역시·특별자치시·특별자치도·시 또는 군의 조례로 정하는 기준에 따라 용적률을 완화하여 적용할 수 있다(법 제20조 제1항).

> ① 사업계획승인대상 규모 이상의 주택과 주택 외의 시설을 동일건축물로 건축하는 계획
> ② 임대주택의 건설·공급에 관한 사항

(2) 완화 용적률의 60% 이하 범위 임대주택 공급

① (1)에 따라 용적률을 완화하여 적용하는 경우 사업주체는 완화된 용적률의 60% 이하의 범위에서 대통령령으로 정하는 비율 이상에 해당하는 면적을 임대주택으로 공급하여야 한다(법 제20조 제2항).

② "대통령령으로 정하는 비율"이란 30% 이상 60% 이하의 범위에서 특별시·광역시·특별자치시·도 또는 특별자치도(이하 "시·도"라 한다)의 조례로 정하는 비율을 말한다(영 제37조 제1항).

③ 사업주체는 임대주택을 국토교통부장관, 시·도지사, 한국토지주택공사 또는 지방공사(이하 "인수자"라 한다)에 공급하여야 하며 시·도지사가 우선 인수할 수 있다(법 제20조 제2항 후단).

(3) 시·도지사가 임대주택을 인수하지 않는 경우

1) 인수자 지정 요청

시·도지사가 임대주택을 인수하지 아니하는 경우 다음의 구분에 따라 국토교통부장관에게 인수자 지정을 요청하여야 한다(법 제20조 제2항 단서).

인수자에게 공급하는 임대주택의 선정방법 및 등기

1. **인수자에게 공급하는 임대주택의 선정**
   사업주체는 공급되는 주택의 전부(주택조합이 설립된 경우에는 조합원에게 공급하고 남은주택을 말한다)를 대상으로 공개추첨의 방법에 의하여 인수자에게 공급하는 임대주택을 선정하여야 하며, 그 선정 결과를 지체 없이 인수자에게 통보하여야 한다(법 제20조 제5항).
2. **등기 촉탁 또는 신청**
   사업주체는 임대주택의 준공인가(「건축법」의 사용승인을 포함한다)를 받은 후 지체 없이 인수자에게 등기를 촉탁 또는 신청하여야 한다. 이 경우 사업주체가 거부 또는 지체하는 경우에는 인수자가 등기를 촉탁 또는 신청할 수 있다(법 제20조 제6항).

> ① 특별시장, 광역시장 또는 도지사가 인수하지 아니하는 경우: 관할 시장, 군수 또는 구청장이 앞의 (1)의 사업계획승인(「건축법」의 건축허가를 포함한다)신청 사실을 특별시장, 광역시장 또는 도지사에게 통보한 후 국토교통부장관에게 인수자 지정 요청
> ② 특별자치시장 또는 특별자치도지사가 인수하지 아니하는 경우: 특별자치시장 또는 특별자치도지사가 직접 국토교통부장관에게 인수자 지정 요청

2) 인수자 지정 및 통보

국토교통부장관은 특별자치시장, 특별자치도지사, 시장·군수·구청장으로부터 인수자 지정의 요청을 받은 경우 30일 이내에 인수자를 지정하여 시·도지사에게 통보하여야 하며, 국토교통부장관으로부터 통보를 받은 시·도지사는 지체 없이 국토교통부장관이 지정한 인수자와 임대주택의 인수에 관하여 협의하여야 한다(영 제37조 제2항·제3항).

(4) 공급되는 임대주택의 공급가격

(2)에 따라 공급되는 임대주택의 공급가격은 「공공주택 특별법」 제50조의3 제1항에 따른 공공건설임대주택의 분양전환가격 산정기준에서 정하는 건축비로 하고, 그 부속토지는 인수자에게 기부채납한 것으로 본다(법 제20조 제3항).

(5) 임대주택의 규모

사업주체는 사업계획승인을 신청하기 전에 미리 용적률의 완화로 건설되는 임대주택의 규모 등에 관하여 인수자와 협의하여 사업계획승인신청서에 반영하여야 한다(법 제20조 제4항).

4 공업화주택의 인정 등

1. 공업화주택의 인정

(1) 공업화주택의 의의

1) 국토교통부장관은 다음의 어느 하나에 해당하는 부분을 국토교통부령으로 정하는 성능기준 및 생산기준에 따라 맞춤식 등 공업화공법으로 건설하는 주택을 공업화주택(이하 "공업화주택"이라 한다)으로 인정할 수 있다(법 제51조 제1항).

> 1. 주요 구조부의 전부 또는 일부
> 2. 세대별 주거 공간의 전부 또는 일부[거실(「건축법」에 따른다)·화장실·욕조 등 일부로서의 기능이 가능한 단위 공간을 말한다]

2) 공업화주택의 인정에 필요한 사항은 대통령령으로 정한다(법 제51조 제3항).

공업화주택의 인정취소

1. 국토교통부장관은 공업화주택을 인정받은 자가 다음 각 호의 어느 하나에 해당하는 경우에는 공업화주택의 인정을 취소할 수 있다. 다만, 아래의 ①에 해당하는 경우에는 그 인정을 취소하여야 한다(법 제52조).
   ① 거짓이나 그 밖의 부정한 방법으로 인정을 받은 경우
   ② 인정을 받은 기준보다 낮은 성능으로 공업화주택을 건설한 경우
2. 국토교통부장관은 공업화주택의 인정을 취소한 때에는 이를 관보에 공고하여야 한다(규정 제63조).

(2) 공업화주택의 인정 절차

① 공업화주택의 인정을 받고자 하는 자는 국토교통부령이 정하는 공업화주택인정신청서에 일정한 서류를 첨부하여 국토교통부장관에게 제출하여야 한다(규정 제61조의2 제1항).

② 국토교통부장관은 공업화주택의 인정 신청을 받은 경우에는 그 신청을 받은 날부터 60일 이내에 인정 여부를 통보하여야 한다. 다만, 서류보완 등 부득이한 사유로 처리기간의 연장이 필요한 경우에는 10일 이내의 범위에서 한 번만 연장할 수 있다(규정 제61조의2 제2항).

③ 국토교통부장관은 공업화주택을 인정하는 경우에는 국토교통부령으로 정하는 공업화주택인정서를 신청인에게 발급하고 이를 공고하여야 한다(규정 제61조의2 제3항).

④ 공업화주택인정서를 교부받은 자는 국토교통부령이 정하는 바에 따라 공업화주택의 생산 및 건설실적을 국토교통부장관에게 제출하여야 한다(규정 제61조의2 제4항).

⑤ 공업화주택 인정의 유효기간은 3)의 규정에 의한 공고일부터 5년으로 한다(규정 제61조의2 제5항).

⑥ 공업화주택 또는 국토교통부장관이 고시한 새로운 건설기술을 적용하여 건설하는 주택을 건설하는 자는 「건설산업기본법」 제40조의 규정에 따라 건설공사의 현장에 건설기술인를 배치하여야 한다(규정 제61조의2 제6항).

2. 공업화주택의 건설

(1) 공업화주택의 건설 구분

국토교통부장관, 시 · 도지사 또는 시장 · 군수는 다음의 구분에 따라 주택을 건설하려는 자에 대하여 「건설산업기본법」 제9조 제1항에도 불구하고 대통령령으로 정하는 바에 따라 해당 주택을 건설하게 할 수 있다(법 제51조 제2항).

1. 국토교통부장관: 「건설기술 진흥법」 제14조에 따라 국토교통부장관이 고시한 새로운 건설기술을 적용하여 건설하는 공업화주택
2. 시 · 도지사 또는 시장 · 군수: 공업화주택

(2) 공업화주택의 건설 촉진

① 국토교통부장관, 시·도지사 또는 시장·군수는 사업주체가 건설할 주택을 공업화주택으로 건설하도록 사업주체에게 권고할 수 있다(법 제53조 제1항).

② 공업화주택의 건설 및 품질 향상과 관련하여 국토교통부령으로 정하는 기술능력을 갖추고 있는 자가 공업화주택을 건설하는 경우에는 제33조·제43조·제44조 및 「건축사법」 제4조를 적용하지 아니한다(법 제53조 제2항).

05 주택의 감리 및 사용검사

1 주택의 감리

1. 주택건설공사의 감리자 지정

(1) 감리자 지정

1) 사업계획승인권자는 주택건설사업계획을 승인하였을 때와 시장·군수·구청장이 리모델링의 허가를 하였을 때에는 「건축사법」 또는 「건설기술 진흥법」에 따른 감리자격이 있는 자를 대통령령으로 정하는 바에 따라 해당 주택건설공사의 감리자로 지정하여야 한다. 다만, 사업주체가 국가·지방자치단체·한국토지주택공사·지방공사 또는 대통령령으로 정하는 자인 경우와 「건축법」에 따라 공사감리를 하는 도시형 생활주택의 경우에는 감리자를 지정하지 아니한다(법 제43조 제1항).

2) 1)의 단서에서 "대통령령으로 정하는 자"란 다음의 요건을 모두 갖춘 위탁관리 부동산투자회사를 말한다(영 제47조 제7항).

> 1. 국가·지방자치단체·한국토지주택공사·지방공사가 단독 또는 공동으로 총 지분의 50%를 초과하여 출자한 부동산투자회사일 것
> 2. 해당 부동산투자회사의 자산관리회사가 한국토지주택공사일 것
> 3. 사업계획승인 대상 주택건설사업이 공공주택건설사업일 것

3) 2)의 2.에 따른 자산관리회사인 한국토지주택공사는 법 제44조 제1항 및 영 제47조 제4항에 따라 감리를 수행하여야 한다(영 제47조 제8항).

4) 다음 각 호의 단체 및 협회는 1)에 따른 감리자를 지정하기 위하여 공동으로 주택건설공사 감리비 지급기준을 정하여 국토교통부장관의 승인을 받아야 한다. 승인받은 사항을 변경하려는 경우에도 또한 같다(법 제43조 제2항).

1. 제85조에 따른 주택사업자단체
2. 「건설기술 진흥법」 제69조에 따른 건설엔지니어링사업자단체
3. 「건축사법」 제31조에 따른 대한건축사협회

(2) 감리자 지정 구분

사업계획승인권자는 다음의 구분에 따른 자를 주택건설공사의 감리자로 지정하여야 한다. 이 경우 인접한 둘 이상의 주택단지에 대하여는 감리자를 공동으로 지정할 수 있다(영 제47조 제1항).

해당 주택건설공사를 시공하는 자의 계열회사(「독점규제 및 공정거래에 관한 법률」에 따른 계열회사를 말한다)인 자는 제외한다.

300세대 미만의 주택건설공사	다음의 어느 하나에 해당하는 자 ① 「건축사법」에 따라 건축사사무소 개설 신고한 자 ② 「건설기술 진흥법」에 따른 건설엔지니어링사업자
300세대 이상의 주택건설공사	「건설기술 진흥법」에 따른 건설엔지니어링사업자

(3) 감리원의 배치 등

1) 감리원의 배치

지정된 감리자는 다음의 기준에 따라 감리원을 배치하여 감리를 하여야 한다(영 제47조 제4항).

① 국토교통부령으로 정하는 감리자격이 있는 자를 공사현장에 상주시켜 감리할 것
② 국토교통부장관이 정하여 고시하는 바에 따라 공사에 대한 감리업무를 총괄하는 총괄감리원 1명과 공사분야별 감리원을 각각 배치할 것
③ 총괄감리원은 주택건설공사 전기간에 걸쳐 배치하고, 공사분야별 감리원은 해당 공사의 기간동안 배치할 것
④ 감리원을 해당 주택건설공사 외의 건설공사에 중복하여 배치하지 아니할 것

2) 감리자의 서명 · 날인

감리자는 착공신고를 하거나 감리업무의 범위에 속하는 각종 시험 및 자재확인 등을 하는 경우에는 서명 또는 날인을 하여야 한다(영 제47조 제5항).

3) 주택건설공사에 대한 감리 적용 법률

주택건설공사에 대한 감리는 「주택법」 또는 「주택법 시행령」에서 정하는 사항 외에는 「건축사법」 또는 「건설기술 진흥법」에서 정하는 바에 따른다(영 제47조 제6항).

2. 감리업무의 내용

(1) 감리자의 업무 등

감리자는 자기에게 소속된 자를 대통령령으로 정하는 바에 따라 감리원으로 배치하고, 다음의 업무를 수행하여야 한다(법 제44조 제1항).

1. 시공자가 설계도서에 맞게 시공하는지 여부의 확인
2. 시공자가 사용하는 건축자재가 관계 법령에 따른 기준에 맞는 건축자재인지 여부의 확인
3. 주택건설공사에 대하여 「건설기술 진흥법」에 따른 품질시험을 하였는지 여부의 확인
4. 시공자가 사용하는 마감자재 및 제품이 사업주체가 시장·군수·구청장에게 제출한 마감자재 목록표 및 영상물 등과 동일한지 여부의 확인

4의2. 주택건설공사의 하수급인(「건설산업기본법」 제2조 제14호에 따른 하수급인을 말한다)이 「건설산업기본법」 제16조에 따른 시공자격을 갖추었는지 여부의 확인

5. 그 밖에 주택건설공사의 시공감리에 관한 사항으로서 대통령령(영 제49조)으로 정하는 다음 사항
   ① 설계도서가 해당 지형 등에 적합한지에 대한 확인
   ② 설계변경에 관한 적정성 확인
   ③ 시공계획·예정공정표 및 시공도면 등의 검토·확인
   ④ 국토교통부령으로 정하는 주요 공정이 예정공정표대로 완료되었는지 여부의 확인
   ⑤ 예정공정표보다 공사가 지연된 경우 대책의 검토 및 이행 여부의 확인
   ⑥ 방수·방음·단열시공의 적정성 확보, 재해의 예방, 시공상의 안전관리 및 그 밖에 건축공사의 질적 향상을 위하여 국토교통부장관이 정하여 고시하는 사항에 대한 검토·확인

하수급인의 시공자격 확인

감리자는 법 제44조 제1항 제4호의2에 따른 업무를 수행하려는 경우에는 수급인(「건설산업기본법」에 따른 수급인을 말한다)으로부터 하수급인(같은 법에 따른 하수급인을 말한다)의 시공자격(같은 법 제16조에 따른 시공자격을 말한다)에 관한 자료를 제출받아야 한다(영 제48조의2)

(2) 사업주체와 감리자 간의 책임내용 및 범위

사업주체(리모델링 허가만 받은 자도 포함된다)와 감리자 간의 책임내용 및 범위는 「주택법」에서 규정된 것 외에는 당사자 간의 계약으로 정한다(법 제43조 제4항).

공사감리비의 예치 및 지급 등

1. 사업주체는 감리자와 법 제43조 제3항에 따른 계약(이하 이 조에서 "계약"이라 한다)을 체결한 경우 사업계획승인권자에게 계약 내용을 통보하여야 한다. 이 경우 통보를 받은 사업계획승인권자는 즉시 사업주체 및 감리자에게 공사감리비 예치 및 지급 방식에 관한 내용을 안내하여야 한다(규칙 제18조의2 제1항).
2. 사업주체는 해당 공사감리비를 계약에서 정한 지급예정일 14일 전까지 사업계획승인권자에게 예치하여야 한다(규칙 제18조의2 제2항).
3. 감리자는 계약에서 정한 공사감리비 지급예정일 7일 전까지 사업계획승인권자에게 공사감리비 지급을 요청해야 하며, 사업계획승인권자는 제18조 제4항에 따른 감리업무 수행 상황을 확인한 후 공사감리비를 지급해야 한다(규칙 제18조의2 제3항).

(3) 공사감리비의 예치

① 사업주체는 (2)의 계약에 따른 공사감리비를 국토교통부령으로 정하는 바에 따라 사업계획승인권자에게 예치하여야 한다(법 제44조 제6항).

② 사업계획승인권자는 ①에 따라 예치받은 공사감리비를 감리자에게 국토교통부령으로 정하는 절차 등에 따라 지급하여야 한다. 다만, 감리자가 감리업무를 소홀히 하여 사업계획승인권자로부터 제48조 제2항에 따라 시정명령을 받은 경우 사업계획승인권자는 감리자가 시정명령을 이행완료할 때까지 감리비 지급을 유예할 수 있다(법 제44조 제7항).

(4) 감리용역표준계약서

국토교통부장관은 계약을 체결할 때 사업주체와 감리자 간에 공정하게 계약이 체결되도록 하기 위하여 감리용역표준계약서를 정하여 보급할 수 있다(법 제43조 제5항).

(5) 감리업무 수행

① 감리자는 업무의 수행 상황을 국토교통부령으로 정하는 바에 따라 사업계획승인권자(리모델링의 허가만 받은 경우는 허가권자를 말한다) 및 사업주체에게 보고하여야 한다(법 제44조 제2항).

② 감리자는 업무를 수행하면서 위반사항을 발견하였을 때에는 지체 없이 시공자 및 사업주체에게 위반사항을 시정할 것을 통지하고, 7일 이내에 사업계획승인권자에게 그 내용을 보고하여야 한다(법 제44조 제3항).

③ 시공자 및 사업주체는 ②에 따른 시정통지를 받은 경우에는 즉시 해당 공사를 중지하고 위반사항을 시정한 후 감리자의 확인을 받아야 한다. 이 경우 감리자의 시정통지에 이의가 있을 때에는 즉시 그 공사를 중지하고 사업계획승인권자에게 서면으로 이의신청을 할 수 있다(법 제44조 제4항).

④ 사업계획승인권자는 이의신청을 받은 경우에는 이의신청을 받은 날부터 10일 이내에 처리결과를 회신하여야 한다. 이 경우 감리자에게도 그 결과를 통보하여야 한다(영 제50조).

3. 감리자의 교체

(1) 감리자의 교체 및 감리업무의 지정제한

사업계획승인권자는 감리자가 감리자의 지정에 관한 서류를 부정 또는 거짓으로 제출하거나, 업무 수행 중 위반 사항이 있음을 알고도 묵인하는 등 대통령령으로 정하는 다음의 사유에 해당하는 경우에는 감리자를 교체하고, 그 감리자에 대하여는 1년의 범위에서 감리업무의 지정을 제한할 수 있다(법 제43조 제3항, 영 제48조 제1항).

> ① 감리업무 수행 중 발견한 위반사항을 묵인한 경우
> ② 감리자 시정통지에 대한 이의신청 결과 시공자 및 사업주체에게 위반사항에 대한 시정통지가 3회 이상 잘못된 것으로 판정된 경우
> ③ 공사기간 중 공사현장에 1개월 이상 감리원을 상주시키지 아니한 경우. 이 경우 기간계산은 감리원별로 상주시켜야 할 기간에 각 감리원이 상주하지 아니한 기간을 합산한다.
> ④ 감리자의 지정에 관한 서류를 거짓이나 그 밖의 부정한 방법으로 작성·제출한 경우
> ⑤ 감리자 스스로 감리업무 수행의 포기 의사를 밝힌 경우

(2) 감리자 교체 의견청취

① 사업계획승인권자는 감리자를 교체하려는 경우에는 해당 감리자 및 시공자·사업주체의 의견을 들어야 한다(영 제48조 제2항).

② 사업계획승인권자는 감리자에 대하여 시정명령을 하거나 교체지시를 한 경우에는 시정명령 또는 교체지시를 한 날부터 7일 이내에 국토교통부장관에게 보고하여야 한다(규칙 제20조).

(3) 감리업무의 지정 제한의 예외

사업계획승인권자는 (1)의 ⑤에도 불구하고 감리자가 다음의 사유로 감리업무 수행을 포기한 경우에는 그 감리자에 대하여 감리업무의 지정제한을 하여서는 아니 된다(영 제48조 제3항).

> 1. 사업주체의 부도·파산 등으로 인한 공사 중단
> 2. 1년 이상의 착공 지연
> 3. 그 밖에 천재지변 등 부득이한 사유

4. 감리자의 업무협조

(1) 다른 법률에 따른 감리자와의 업무 협력

감리자는 「전력기술관리법」, 「정보통신공사업법」, 「소방시설공사업법」에 따라 감리업무를 수행하는 자(이하 "다른 법률에 따른 감리자"라 한다)와 서로 협력하여 감리업무를 수행하여야 한다(법 제45조 제1항).

(2) 다른 법률에 따른 감리자의 감리계획서 제출

다른 법률에 따른 감리자는 공정별 감리계획서 등 대통령령으로 정하는 자료를 감리자에게 제출하여야 하며, 감리자는 제출된 자료를 근거로 다른 법률에 따른 감리자와 협의하여 전체 주택건설공사에 대한 감리계획서를 작성하여 감리업무를 착수하기 전에 사업계획승인권자에게 보고하여야 한다(법 제45조 제2항).

(3) 다른 법률에 따른 감리자에게 공정 보고 및 시정 요구

감리자는 주택건설공사의 품질·안전관리 및 원활한 공사진행을 위하여 다른 법률에 따른 감리자에게 공정 보고 및 시정을 요구할 수 있으며, 다른 법률에 따른 감리자는 요청에 따라야 한다(법 제45조 제3항).

(4) 건축구조기술사의 협력

1) 수직증축형 리모델링 감리자의 협력사항

수직증축형 리모델링(세대수가 증가되지 아니하는 리모델링을 포함한다)의 감리자는 감리업무 수행 중에 다음의 어느 하나에 해당하는 사항이 확인된 경우에는 「국가기술자격법」에 따른 건축구조기술사(해당 건축물의 리모델링 구조설계를 담당한 자를 말하며, 이하 "건축구조기술사"라 한다)의 협력을 받아야 한다. 다만, 구조설계를 담당한 건축구조기술사가 사망하는 등 대통령령으로 정하는 사유로 감리자가 협력을 받을 수 없는 경우에는 대통령령으로 정하는 건축구조기술사의 협력을 받아야 한다(법 제46조 제1항).

① 수직증축형 리모델링 허가시 제출한 구조도 또는 구조계산서와 다르게 시공하고자 하는 경우
② 내력벽, 기둥, 바닥, 보 등 건축물의 주요 구조부에 대하여 수직증축형 리모델링 허가시 제출한 도면보다 상세한 도면 작성이 필요한 경우
③ 내력벽, 기둥, 바닥, 보 등 건축물의 주요 구조부의 철거 또는 보강 공사를 하는 경우로서 국토교통부령으로 정하는 경우
④ 그 밖에 건축물의 구조에 영향을 미치는 사항으로서 국토교통부령으로 정하는 경우

감리자에 대한 실태점검 등

1. 사업계획승인권자는 주택건설공사의 부실방지, 품질 및 안전 확보를 위하여 해당 주택건설공사의 감리자를 대상으로 각종 시험 및 자재확인 업무에 대한 이행 실태 등 대통령령으로 정하는 사항에 대하여 실태점검을 실시할 수 있다(법 제48조 제1항).
2. 사업계획승인권자는 실태점검 결과 감리업무의 소홀이 확인된 경우에는 시정명령을 하거나 감리자 교체를 하여야 한다(법 제48조 제2항).
3. 사업계획승인권자는 실태점검에 따른 감리자에 대한 시정명령 또는 교체지시 사실을 국토교통부령으로 정하는 바에 따라 국토교통부장관에게 보고하여야 하며, 국토교통부장관은 해당 내용을 종합관리하여 감리자 지정에 관한 기준에 반영할 수 있다(법 제48조 제3항).

영 제53조의2(사전방문 결과에 대한 조치 등)

1. 법 제48조의2 제2항에 따른 하자(이하 "하자"라 한다)의 범위는 「공동주택관리법 시행령」 제37조 각 호의 구분에 따르며, 하자의 판정기준은 같은 영 제47조 제3항에 따라 국토교통부장관이 정하여 고시하는 바에 따른다.

2) 감리자에게 협력한 건축구조기술사는 분기별 감리보고서 및 최종 감리보고서에 감리자와 함께 서명날인하여야 한다(법 제46조 제2항).

3) 협력을 요청받은 건축구조기술사는 독립되고 공정한 입장에서 성실하게 업무를 수행하여야 한다(법 제46조 제3항).

4) 수직증축형 리모델링을 하려는 자는 감리자에게 협력한 건축구조기술사에게 적정한 대가를 지급하여야 한다(법 제46조 제4항).

5. 부실감리자 등에 대한 조치

사업계획승인권자는 지정・배치된 감리자 또는 감리원(다른 법률에 따른 감리자 또는 그에게 소속된 감리원을 포함한다)이 그 업무를 수행할 때 고의 또는 중대한 과실로 감리를 부실하게 하거나 관계 법령을 위반하여 감리를 함으로써 해당 사업주체 또는 입주자 등에게 피해를 입히는 등 주택건설공사가 부실하게 된 경우에는 그 감리자의 등록 또는 감리원의 면허나 그 밖의 자격인정 등을 한 행정기관의 장에게 등록말소・면허취소・자격정지・영업정지나 그 밖에 필요한 조치를 하도록 요청할 수 있다(법 제47조).

2 사전방문 및 품질점검

1. 사전방문 등

(1) 사전방문

사업주체는 사용검사를 받기 전에 입주예정자가 해당 주택을 방문하여 공사 상태를 미리 점검(이하 "사전방문"이라 한다)할 수 있게 하여야 한다(법 제48조의2 제1항).

① 사업주체는 사전방문을 주택공급계약에 따라 정한 입주지정기간 시작일 45일 전까지 2일 이상 실시해야 한다(규칙 제20조의2 제1항).

② 사업주체가 사전방문을 실시하려는 경우에는 사전방문기간 시작일 1개월 전까지 방문기간 및 방법 등 사전방문에 필요한 사항을 포함한 사전방문계획을 수립하여 사용검사권자에게 제출하고, 입주예정자에게 그 내용을 서면(전자문서를 포함한다)으로 알려야 한다(규칙 제20조의2 제2항).

③ 사업주체는 전유부분 및 공용부분(계단, 복도, 승강기 및 현관만 해당한다)이 설계도서에 맞게 시공되었음을 감리자로부터 확인받은 후에 사전방문을 실시해야 한다(규칙 제20조의2 제3항).

2. 법 제48조의2 제2항에 따라 하자에 대한 조치 요청을 받은 사업주체는 같은 조 제3항에 따라 다음의 구분에 따른 시기까지 보수공사 등의 조치를 완료하기 위한 계획(이하 "조치계획"이라 한다)을 국토교통부령으로 정하는 바에 따라 수립하고, 해당 계획에 따라 보수공사 등의 조치를 완료해야 한다.
① 다음 4.에 해당하는 중대한 하자인 경우 : 사용검사를 받기 전. 다만, 다음 5.의 사유가 있는 경우에는 입주예정자와 협의(공용부분의 경우에는 입주예정자 3분의 2 이상의 동의를 받아야 한다)하여 정하는 날로 하되, 사용검사를 받은 날부터 90일 이내에 조치를 완료하도록 노력해야 한다.
② 그 밖의 하자인 경우 : 다음의 구분에 따른 시기. 다만, 다음 5.의 사유가 있거나 입주예정자와 협의(공용부분의 경우에는 입주예정자 3분의 2 이상의 동의를 받아야 한다)한 경우에는 입주예정자와 협의하여 정하는 날로 하되, 전유부분은 입주예정자에게 인도한 날부터, 공용부분은 사용검사를 받은 날부터 각각 180일 이내에 조치를 완료하도록 노력해야 한다.
㉠ 전유부분 : 입주예정자에게 인도하기 전
㉡ 공용부분 : 사용검사를 받기 전
3. 조치계획을 수립한 사업주체는 사전방문 기간의 종료일부터 7일 이내에 사용검사권자(법 제49조 제1항에 따라 사용검사를 하는 자를 말한다. 이하 같다)에게 해당 조치계획을 제출해야 한다.
4. "대통령령으로 정하는 중대한 하자"란 다음의 어느 하나에 해당하는 하자로서 사용검사권자가 중대한 하자라고 인정하는 하자를 말한다.

① 내력구조부 하자: 다음의 어느 하나에 해당하는 결함이 있는 경우로서 공동주택의 구조안전상 심각한 위험을 초래하거나 초래할 우려가 있는 정도의 결함이 있는 경우
㉠ 철근콘크리트 균열
㉡ 「건축법」 제2조 제1항 제7호의 주요구조부의 철근 노출
② 시설공사별 하자: 다음의 어느 하나에 해당하는 결함이 있는 경우로서 입주예정자가 공동주택에서 생활하는 데 안전상 · 기능상 심각한 지장을 초래하거나 초래할 우려가 있는 정도의 결함이 있는 경
㉠ 토목 구조물 등의 균열
㉡ 옹벽 · 차도 · 보도 등의 침하(沈下)
㉢ 누수, 누전, 가스 누출
㉣ 가스배관 등의 부식, 배관류의 동파
㉤ 다음의 어느 하나에 해당하는 기구 · 설비 등의 기능이나 작동 불량 또는 파손
ⓐ 급수 · 급탕 · 배수 · 위생 · 소방 · 난방 · 가스 설비 및 전기 · 조명 기구
ⓑ 발코니 등의 안전 난간 및 승강기

5. 앞의 1.의 (2)의 2)에서 "대통령령으로 정하는 특별한 사유"란 다음의 어느 하나에 해당하여 사용검사를 받기 전까지 중대한 하자에 대한 보수공사 등의 조치를 완료하기 어렵다고 사용검사권자로부터 인정받은 사유를 말한다.
① 공사 여건상 자재, 장비 또는 인력 등의 수급이 곤란한 경우
② 공정 및 공사의 특성상 사용검사를 받기 전까지 보수공사 등을 하기 곤란한 경우
③ 그 밖에 천재지변이나 부득이한 사유가 있는 경우

④ ①에도 불구하고 사업주체는 ②에 따라 사용검사권자에게 사전방문계획을 제출한 후에 영 제53조의2 제5항 제1호 또는 제3호에 해당하는 사유가 발생한 경우에는 사전방문기간 시작일을 15일의 범위에서 연기할 수 있다(규칙 제20조의2 제4항).

⑤ 사업주체는 ④에 따라 사전방문기간 시작일을 연기하려는 경우에는 사전방문기간 시작일 10일 전까지 다음 각 호의 자료를 사용검사권자에게 제출하고 확인을 받아야 한다. 이 경우 확인을 받은 사업주체는 즉시 그 내용을 입주예정자에게 서면(전자문서를 포함한다)으로 알려야 한다(규칙 제20조의2 제5항).
㉠ 연기된 사전방문기간 시작일이 포함된 사전방문계획
㉡ 연기 사유를 객관적으로 증명할 수 있는 자료

(2) 하자보수조치요구

① 입주예정자는 사전방문 결과 하자[공사상 잘못으로 인하여 균열 · 침하(沈下) · 파손 · 들뜸 · 누수 등이 발생하여 안전상 · 기능상 또는 미관상의 지장을 초래할 정도의 결함을 말한다. 이하 같다]가 있다고 판단하는 경우 사업주체에게 보수공사 등 적절한 조치를 해줄 것을 요청할 수 있다(법 제48조의2 제2항).

② ①에 따라 하자((3)의 ①에 따라 사용검사권자가 하자가 아니라고 확인한 사항은 제외한다)에 대한 조치 요청을 받은 사업주체는 대통령령으로 정하는 바에 따라 보수공사 등 적절한 조치를 하여야 한다. 이 경우 입주예정자가 조치를 요청한 하자 중 대통령령으로 정하는 중대한 하자는 대통령령으로 정하는 특별한 사유가 없으면 사용검사를 받기 전까지 조치를 완료하여야 한다(법 제48조의2 제3항).

(3) 하자여부 확인요청

① (2)의 ②에도 불구하고 입주예정자가 요청한 사항이 하자가 아니라고 판단하는 사업주체는 대통령령으로 정하는 바에 따라 사용검사를 하는 시장 · 군수 · 구청장(이하 "사용검사권자"라 한다)에게 하자 여부를 확인해줄 것을 요청할 수 있다. 이 경우 사용검사권자는 공동주택 품질점검단의 자문을 받는 등 대통령령으로 정하는 바에 따라 하자 여부를 확인할 수 있다(법 제48조의2 제4항).

② 사업주체는 (2)의 ②에 따라 조치한 내용 및 ①에 따라 하자가 아니라고 확인받은 사실 등을 대통령령으로 정하는 바에 따라 입주예정자 및 사용검사권자에게 알려야 한다(법 제48조의2 제5항).

알아두기

➤ **영 제53조의3**(사전방문 결과 하자 여부의 확인 등)

1. 사업주체는 (3)의 ①에 따라 하자 여부 확인을 요청하려면 사용검사권자에게 조치계획을 제출할 때 다음의 자료를 첨부해야 한다.
   ① 입주예정자가 보수공사 등의 조치를 요청한 내용
   ② 입주예정자가 보수공사 등의 조치를 요청한 부분에 대한 설계도서 및 현장사진
   ③ 하자가 아니라고 판단하는 이유
   ④ 감리자의 의견
   ⑤ 그 밖에 하자가 아님을 증명할 수 있는 자료
2. 사용검사권자는 요청을 받은 경우 영 제53조의2 제1항의 판정기준에 따라 하자 여부를 판단해야 하며, 하자 여부를 판단하기 위하여 필요한 경우에는 공동주택품질점검단(이하 "품질점검단"이라 한다)에 자문할 수 있다.
3. 사용검사권자는 확인 요청을 받은 날부터 7일 이내에 하자 여부를 확인하여 해당 사업주체에게 통보해야 한다.
4. 사업주체는 입주예정자에게 전유부분을 인도하는 날에 다음의 사항을 서면(「전자문서 및 전자거래 기본법」 제2조 제1호의 전자문서를 포함한다)으로 알려야 한다.
   ① 조치를 완료한 사항
   ② 조치를 완료하지 못한 경우에는 그 사유와 조치계획
   ③ 1.에 따라 사용검사권자에게 확인을 요청하여 하자가 아니라고 확인받은 사항
5. 사업주체는 조치계획에 따라 조치를 모두 완료한 때에는 사용검사권자에게 그 결과를 제출해야 한다.

(4) 표준양식 보급 및 활용

① 국토교통부장관은 사전방문에 필요한 표준양식을 정하여 보급하고 활용하게 할 수 있다(법 제48조의2 제6항).

② 사업주체는 표준양식을 참고하여 입주예정자에게 사전방문에 필요한 점검표를 제공해야 한다(규칙 제20조의2 제6항).

2. 품질점검단

(1) 설치 · 운영

시 · 도지사는 사전방문을 실시하고 사용검사를 신청하기 전에 공동주택의 품질을 점검하여 사업계획의 내용에 적합한 공동주택이 건설되도록 할 목적으로 주택 관련 분야 등의 전문가로 구성된 공동주택 품질점검단(이하 "품질점검단"이라 한다)을 설치 · 운영할 수 있다. 이 경우 시 · 도지사는 품질점검단의 설치 · 운영에 관한 사항을 조례로 정하는 바에 따라 대도시 시장에게 위임할 수 있다(법 제48조의3 제1항).

규칙 제20조의3(조치계획의 작성 방법)

사업주체는 영 제53조의2 제2항에 따른 조치계획을 수립하는 경우에는 국토교통부장관이 정하여 고시하는 시설공사의 세부하자 유형별로 다음 각 호의 사항을 포함하여 작성해야 한다.

1. 세대별 입주예정자가 조치요청을 한 하자의 내용
2. 영 제53조의2 제4항에 따른 중대한 하자인지 여부
3. 하자에 대한 조치방법 및 조치일정

영 제53조의5(품질점검단의 점검대상 및 점검방법 등)

1. (2)의 1)에서 "대통령령으로 정하는 규모 및 범위 등에 해당하는 공동주택"이란 법 제2조 제10호 다목 및 라목에 해당하는 사업주체가 건설하는 300세대 이상인 공동주택을 말한다. 다만, 시 · 도지사가 필요하다고 인정하는 경우에는 조례로 정하는 바에 따라 300세대 미만인 공동주택으로 정할 수 있다.
2. 품질점검단은 (2)의 1)에 따라 공동주택 관련 법령, 입주자모집공고, 설계도서 및 마감자재 목록표 등 관련 자료를 토대로 다음 각 호의 사항을 점검해야 한다.
   ① 공동주택의 공용부분
   ② 공동주택 일부 세대의 전유부분
   ③ 제53조의3 제2항에 따라 사용검사권자가 하자 여부를 판단하기 위해 품질점검단에 자문을 요청한 사항 중 현장조사가 필요한 사항

알아두기

➤ **영 제53조의4**(품질점검단의 구성 및 운영 등)

1. 품질점검단의 위원(이하 이 조에서 "위원"이라 한다)은 다음의 어느 하나에 해당하는 사람 중에서 시·도지사(법 제48조의3 제1항 후단에 따라 권한을 위임받은 대도시 시장을 포함한다. 이하 이 조 및 제53조의5에서 같다)가 임명하거나 위촉한다.
   ① 「건축사법」 제2조 제1호의 건축사
   ② 「국가기술자격법」에 따른 건축 분야 기술사 자격을 취득한 사람
   ③ 「공동주택관리법」 제67조 제2항에 따른 주택관리사 자격을 취득한 사람
   ④ 「건설기술 진흥법 시행령」 별표 1에 따른 특급건설기술인
   ⑤ 「고등교육법」 제2조의 학교 또는 연구기관에서 주택 관련 분야의 조교수 이상 또는 이에 상당하는 직에 있거나 있었던 사람
   ⑥ 건축물이나 시설물의 설계·시공 관련 분야의 박사학위를 취득한 사람
   ⑦ 건축물이나 시설물의 설계·시공 관련 분야의 석사학위를 취득한 후 이와 관련된 분야에서 5년 이상 종사한 사람
   ⑧ 공무원으로서 공동주택 관련 지도·감독 및 인·허가 업무 등에 종사한 경력이 5년 이상인 사람
   ⑨ 다음 각 목의 어느 하나에 해당하는 기관의 임직원으로서 건축물 및 시설물의 설계·시공 및 하자보수와 관련된 업무에 5년 이상 재직한 사람
      ㉠ 「공공기관의 운영에 관한 법률」 제4조의 공공기관
      ㉡ 「지방공기업법」 제3조 제1항의 지방공기업
2. 공무원이 아닌 위원의 임기는 2년으로 하며, 두 차례만 연임할 수 있다.
3. 시·도지사는 위원에게 예산의 범위에서 업무수행에 따른 수당, 여비 및 그 밖에 필요한 경비를 지급할 수 있다. 다만, 공무원인 위원이 그 소관 업무와 직접적으로 관련되어 품질점검에 참여하는 경우에는 지급하지 않는다.

(2) 시공품질 점검

1) 품질점검단은 대통령령으로 정하는 규모 및 범위 등에 해당하는 공동주택 즉, 국가·지방자치단체·한국토지주택공사·지방공사외의 사업주체가 건설하는 300세대 이상인 공동주택의 건축·구조·안전·품질관리 등에 대한 시공품질을 대통령령으로 정하는 바에 따라 점검하여 그 결과를 시·도지사(권한을 위임받은 경우에는 대도시 시장을 말한다)와 사용검사권자에게 제출하여야 한다(법 제48조의3 제2항).
   ① 사업주체로부터 사전방문계획을 제출받은 사용검사권자는 해당 공동주택이 품질점검대상에 해당하는 경우 지체 없이 시·도지사(권한을 위임받은 경우에는 대도시 시장)에게 공동주택 품질점검단의 점검을 요청해야 한다(규칙 제20조의4 제1항).
   ② 품질점검을 요청받은 시·도지사는 사전방문기간 종료일부터 10일 이내에 품질점검단이 해당 공동주택의 품질을 점검하도록 해야 한다(규칙 제20조의4 제2항).

③ 시・도지사는 품질점검단의 점검 시작일 7일 전까지 사용검사권자 및 사업주체에게 점검일시, 점검내용 및 품질점검단 구성 등이 포함된 점검계획을 통보해야 한다(규칙 제20조의4 제3항).

④ ③에 따라 점검계획을 통보받은 사용검사권자는 세대의 전유부분 점검을 위하여 3세대 이상을 선정하여 품질점검단에 통보해야 한다(규칙 제20조의4 제4항).

⑤ 품질점검단은 품질점검을 실시한 후 점검 종료일부터 5일 이내에 점검결과를 시・도지사와 사용검사권자에게 제출해야 한다(규칙 제20조의4 제5항).

2) 사업주체는 1)에 따른 품질점검단의 점검에 협조하여야 하며 이에 따르지 아니하거나 기피 또는 방해해서는 아니 된다(법 제48조의3 제3항).

3) 사용검사권자는 품질점검단의 시공품질 점검을 위하여 필요한 경우에는 사업주체, 감리자 등 관계자에게 공동주택의 공사현황 등 국토교통부령으로 정하는 서류 및 관련 자료의 제출을 요청할 수 있다. 이 경우 자료제출을 요청받은 자는 정당한 사유가 없으면 이에 따라야 한다(법 제48조의3 제4항).

4) 사용검사권자는 1)에 따라 제출받은 점검결과를 사용검사가 있은 날부터 2년 이상 보관하여야 하며, 입주자(입주예정자를 포함한다)가 관련 자료의 공개를 요구하는 경우에는 이를 공개하여야 한다(법 제48조의3 제5항).

(3) 하자보수・보강 조치명령

사용검사권자는 대통령령으로 정하는 바에 따라 품질점검단의 점검결과에 대한 사업주체의 의견을 청취한 후 하자가 있다고 판단하는 경우 보수・보강 등 필요한 조치를 명하여야 한다. 이 경우 대통령령으로 정하는 중대한 하자는 대통령령으로 정하는 특별한 사유가 없으면 사용검사를 받기 전까지 조치하도록 명하여야 한다(법 제48조의3 제6항).

(4) 이의신청

① 보수・보강 등의 조치명령을 받은 사업주체는 대통령령으로 정하는 바에 따라 조치를 하고, 그 결과를 사용검사권자에게 보고하여야 한다. 다만, 조치명령에 이의가 있는 사업주체는 사용검사권자에게 이의신청을 할 수 있다(법 제48조의3 제7항).

② 사업주체는 영 제53조의6 제3항에 따른 사용검사권자의 조치명령에 대하여 영 제53조의2 제2항 각 호의 구분에 따른 시기까지 조치를 완료해야 한다(영 제53조의6 제6항).

영 제53조의6(품질점검단의 점검결과에 대한 조치 등)

1. 사용검사권자는 품질점검단으로부터 점검결과를 제출받은 때에는 법 제48조의3 제6항 전단에 따라 의견을 청취하기 위하여 사업주체에게 그 내용을 즉시 통보해야 한다.
2. 사업주체는 통보받은 점검결과에 대하여 이견(異見)이 있는 경우 통보받은 날부터 5일 이내에 관련 자료를 첨부하여 사용검사권자에게 의견을 제출할 수 있다.
3. 사용검사권자는 품질점검단 점검결과 및 2.에 따라 제출받은 의견을 검토한 결과 하자에 해당한다고 판단하는 때에는 (3)에 따라 의견 제출일부터 5일 이내에 보수・보강 등의 조치를 명해야 한다.
4. (3)에서 “대통령령으로 정하는 중대한 하자”란 영 제53조의2 제4항에 해당하는 하자를 말한다.
5. (3)에서 “대통령령으로 정하는 특별한 사유”란 영 제53조의2 제5항에서 정하는 사유를 말한다.

정보시스템 등록

사용검사권자는 공동주택의 시공품질 관리를 위하여 제48조의2에 따라 사업주체에게 통보받은 사전방문 후 조치결과, 조치명령, 조치결과, 이의신청 등에 관한 사항을 대통령령으로 정하는 정보시스템 즉, 「공동주택관리법 시행령」 제53조 제5항에 따른 하자관리정보시스템에 등록하여야 한다(법 제48조의3 제8항).

3 사용검사

1. 사용검사 대상

(1) 사용검사권자

사업주체는 사업계획승인을 받아 시행하는 주택건설사업 또는 대지조성사업을 완료한 경우에는 주택 또는 대지에 대하여 국토교통부령으로 정하는 바에 따라 시장 · 군수 · 구청장(국가 · 한국토지주택공사가 사업주체인 경우와 국토교통부장관으로부터 사업계획의 승인을 받은 경우에는 국토교통부장관)의 사용검사를 받아야 한다(법 제49조 제1항).

(2) 분할 사용검사 및 동별 사용검사

1) 분할 사용검사

주택건설사업을 분할하여 시행하기 위하여 사업계획을 승인받은 경우에는 완공된 주택에 대하여 공구별로 사용검사(이하 "분할 사용검사"라 한다)를 받을 수 있다(법 제49조 제1항 단서).

2) 동별 사용검사

사업계획승인 조건의 미이행 등 대통령령으로 정하는 사유가 있는 경우, 즉 다음의 어느 하나에 해당하는 경우에는 공사가 완료된 주택에 대하여 동별로 사용검사(이하 "동별 사용검사"라 한다)를 받을 수 있다(법 제49조 제1항 단서, 영 제54조 제2항).

① 사업계획승인 조건으로 부과된 사항의 미이행
② 하나의 주택단지의 입주자를 분할 모집하여 전체 단지의 사용검사를 마치기 전에 입주가 필요한 경우
③ 그 밖에 사업계획승인권자가 동별로 사용검사를 받을 필요가 있다고 인정하는 경우

(3) 인 · 허가 등에 따른 관계 행정기관의 장과 협의

① 사업주체가 사용검사를 받았을 때에는 사업계획승인에 따라 의제되는 인 · 허가 등에 따른 해당 사업의 사용승인 · 준공검사 또는 준공인가 등을 받은 것으로 본다. 이 경우 사용검사권자는 미리 관계 행정기관의 장과 협의하여야 한다(법 제49조 제2항).

② 협의요청을 받은 관계 행정기관의 장은 정당한 사유가 없으면 그 요청을 받은 날부터 10일 이내에 의견을 제시하여야 한다(영 제54조 제5항).

(4) 사용검사기간

① 사용검사권자는 사용검사의 대상인 주택 또는 대지가 사업계획의 내용에 적합한지 여부를 확인하여야 한다(영 제54조 제3항).

② 사용검사는 그 신청일부터 15일 이내에 하여야 한다(영 제54조 제4항).

2. 사업주체가 사용검사를 받을 수 없는 경우의 조치

사업주체는 다음 구분에 따라 주택의 시공을 보증한 자, 해당 주택의 시공자 또는 입주예정자는 대통령령으로 정하는 바에 따라 사용검사를 받을 수 있다(법 제49조 제3항).

(1) 사업주체의 파산 등의 사유가 있는 경우

사업주체가 파산 등으로 사용검사를 받을 수 없는 경우에는 해당 주택의 시공을 보증한 자 또는 입주예정자가 사용검사를 받을 수 있다(법 제49조 제3항 제1호).

① 사업주체가 파산 등으로 주택건설사업을 계속할 수 없는 경우에는 해당 주택의 시공을 보증한 자(이하 '시공보증자'라 한다)가 잔여공사를 시공하고 사용검사를 받아야 한다. 다만, 시공보증자가 없거나 시공보증자가 파산 등으로 시공을 할 수 없는 경우에는 입주예정자의 대표회의(이하 '입주예정자대표회의'라 한다)가 시공자를 정하여 잔여공사를 시공하고 사용검사를 받아야 한다(영 제55조 제1항).

② ①에 따라 사용검사를 받은 경우에는 사용검사를 받은 자의 구분에 따라 시공보증자 또는 세대별 입주자의 명의로 건축물관리대장 등재 및 소유권 보존등기를 할 수 있다(영 제55조 제2항).

입주예정자대표회의의 구성·운영 등에 필요한 사항

사용검사권자는 입주예정자대표회의가 사용검사를 받아야 하는 경우에는 입주예정자로 구성된 대책회의를 소집하여 그 내용을 통보하고, 건축공사현장에 10일 이상 그 사실을 공고하여야 한다. 이 경우 입주예정자는 그 과반수의 동의로 10명 이내의 입주예정자로 구성된 입주예정자대표회의를 구성하여야 한다(규칙 제22조).

(2) 사업주체가 정당한 이유 없이 사용검사를 이행하지 아니하는 경우

① 사업주체가 정당한 이유 없이 사용검사를 위한 절차를 이행하지 아니하는 경우에는 해당 주택의 시공을 보증한 자, 해당 주택의 시공자 또는 입주예정자가 사용검사를 받을 수 있다. 이 경우 사용검사권자는 사업주체가 사용검사를 받지 아니하는 정당한 이유를 밝히지 못하면 사용검사를 거부하거나 지연할 수 없다(법 제49조 제3항 제2호).

② 시공보증자, 해당 주택의 시공자 또는 입주예정자가 사용검사를 신청하는 경우 사용검사권자는 사업주체에게 사용검사를 받지 아니하는 정당한 이유를 제출할 것을 요청하여야 한다. 이 경우 사업주체는 요청을 받은 날부터 7일 이내에 의견을 통지하여야 한다(영 제55조 제4항).

3. 임시사용승인

(1) 주택 또는 대지 사용시기

1) 사업주체 또는 입주예정자는 사용검사를 받은 후가 아니면 주택 또는 대지를 사용하게 하거나 이를 사용할 수 없다. 다만, 대통령령으로 정하는 경우로서 사용검사권자의 임시사용승인을 받은 경우에는 그러하지 아니하다(법 제49조 제4항).

2) "대통령령으로 정하는 경우"란 다음의 구분에 따른 경우를 말한다(영 제56조 제1항).

> 1. 주택건설사업의 경우: 건축물의 동별로 공사가 완료된 경우
> 2. 대지조성사업의 경우: 구획별로 공사가 완료된 경우

(2) 임시사용승인 절차

① 임시사용승인을 받으려는 자는 국토교통부령으로 정하는 바에 따라 사용검사권자에게 임시사용승인을 신청하여야 한다(영 제56조 제2항).

② 사용검사권자는 임시사용승인 신청을 받은 때에는 임시사용승인대상인 주택 또는 대지가 사업계획의 내용에 적합하고 사용에 지장이 없는 경우에만 임시사용을 승인할 수 있다. 이 경우 임시사용승인의 대상이 공동주택인 경우에는 세대별로 임시사용승인을 할 수 있다(영 제56조 제3항).

4. 사용검사 후 매도청구

(1) 매도청구 대상

주택(복리시설을 포함한다)의 소유자들은 주택단지 전체 대지에 속하는 일부의 토지에 대한 소유권이전등기 말소소송 등에 따라 사용검사(동별 사용검사를 포함한다)를 받은 이후에 해당 토지의 소유권을 회복한 자(이하 "실소유자"라 한다)에게 해당 토지를 시가(市價)로 매도할 것을 청구할 수 있다(법 제62조 제1항).

(2) 매도청구에 관한 소송

① 주택의 소유자들은 대표자를 선정하여 매도청구에 관한 소송을 제기할 수 있다. 이 경우 대표자는 주택의 소유자 전체의 4분의 3 이상의 동의를 받아 선정한다(법 제62조 제2항).

② 매도청구에 관한 소송에 대한 판결은 주택의 소유자 전체에 대하여 효력이 있다(법 제62조 제3항).

(3) 매도청구 요건

매도청구를 하려는 경우에는 해당 토지의 면적이 주택단지 전체 대지면적의 5% 미만이어야 한다(법 제62조 제4항).

(4) 매도청구의 의사표시

매도청구의 의사표시는 실소유자가 해당 토지 소유권을 회복한 날부터 2년 이내에 해당 실소유자에게 송달되어야 한다(법 제62조 제5항).

(5) 비용에 대한 구상권

주택의 소유자들은 매도청구로 인하여 발생한 비용의 전부를 사업주체에게 구상(求償)할 수 있다(법 제62조 제6항).

Chapter 03

주택의 공급

단·원·열·기

분양가상한제 적용주택, 투기과열지구, 조정대상지역 전반적으로 출제가 되고 있다.
학습방법: 분양가상한제 적용주택, 투기과열지구, 조정대상지역, 전매제한의 예외 규정 등을 중심으로 정리하도록 한다.

01 주택공급의 기준

1 주택공급의 원칙

주택공급의 원칙은 「주택법」 제54조에 그 근거를 두고 구체적인 주택공급의 기준 및 방법·절차 등은 국토교통부령인 「주택공급에 관한 규칙」에 따른다.

1. 주택의 공급

(1) 공급하는 자의 의무

사업주체(「건축법」에 따른 건축허가를 받아 주택 외의 시설과 주택을 동일 건축물로 하여 사업계획승인 규모 이상으로 건설·공급하는 건축주와 사용검사를 받은 주택을 사업주체로부터 일괄하여 양수받은 자를 포함한다)는 다음에서 정하는 바에 따라 주택을 건설·공급하여야 한다. 이 경우 국가유공자, 보훈보상대상자, 장애인, 철거주택의 소유자, 그 밖에 국토교통부령으로 정하는 대상자에게는 국토교통부령으로 정하는 바에 따라 입주자 모집조건 등을 달리 정하여 별도로 공급할 수 있다(법 제54조 제1항).

1. 사업주체(공공주택사업자는 제외한다)가 입주자를 모집하려는 경우: 국토교통부령으로 정하는 바에 따라 시장·군수·구청장의 승인(복리시설의 경우에는 신고를 말한다)을 받을 것
2. 사업주체가 건설하는 주택을 공급하려는 경우
   ① 국토교통부령으로 정하는 입주자모집의 시기(사업주체 또는 시공자가 영업정지를 받거나 「건설기술 진흥법」 제53조에 따른 벌점이 국토교통부령으로 정하는 기준에 해당하는 경우 등에 달리 정한 입주자모집의 시기를 포함한다)·조건·방법·절차, 입주금(입주예정자가 사업주체에게 납입하는 주택가격을 말한다)의 납부 방법·시기·절차, 주택공급계약의 방법·절차 등에 적합할 것

> ② 국토교통부령으로 정하는 바에 따라 벽지 · 바닥재 · 주방용구 · 조명기구 등을 제외한 부분의 가격을 따로 제시하고, 이를 입주자가 선택할 수 있도록 할 것

(2) 공급 받는 자의 의무

주택을 공급받으려는 자는 국토교통부령(「주택공급에 관한 규칙」)으로 정하는 입주자자격 · 재당첨 제한 및 공급 순위 등에 맞게 주택을 공급받아야 한다. 이 경우 투기과열지구 및 조정대상지역에서 건설 · 공급되는 주택을 공급받으려는 자의 입주자 자격, 재당첨 제한 및 공급 순위 등은 주택의 수급 상황 및 투기 우려 등을 고려하여 국토교통부령으로 지역별로 달리 정할 수 있다(법 제54조 제2항).

2. 「주택공급에 관한 규칙」

(1) 목 적

이 규칙은 「주택법」에 따라 주택 및 복리시설을 공급하는 조건 · 방법 및 절차 등에 관한 사항을 규정함을 목적으로 한다(공급규칙 제1조).

(2) 용어의 뜻

「주택공급에 관한 규칙」에서 사용하는 용어의 뜻은 다음과 같다(공급규칙 제2조).

1) **공급**: 공급이란 「주택법」(이하 "법"이라 한다) 제54조의 적용대상이 되는 주택 및 복리시설을 분양 또는 임대하는 것을 말한다.

2) **주택건설지역**: 주택건설지역이란 주택을 건설하는 특별시 · 광역시 · 특별자치시 · 특별자치도(관할 구역 안에 지방자치단체인 시 · 군이 없는 특별자치도를 말한다) 또는 시 · 군의 행정구역을 말한다. 이 경우 주택건설용지를 공급하기 위한 사업지구 등이 둘 이상의 특별시 · 광역시 · 특별자치시 또는 시 · 군의 행정구역에 걸치는 경우에는 해당 행정구역 모두를 같은 주택건설지역으로 본다.

3) **세대주**: 세대주란 세대별 주민등록표에서 성년자인 세대주를 말한다.

4) **단독세대주**: 단독세대주란 세대별 주민등록표에 배우자 및 직계존비속이 없는 세대주를 말한다.

5) **무주택세대구성원**: 무주택세대구성원이란 세대원 전원이 주택을 소유하고 있지 아니한 세대의 구성원을 말한다.

6) **주택공급면적**: 주택공급면적이란 사업주체가 공급하는 주택의 바닥면적을 말한다.

「주택공급에 관한 규칙」 비적용

다음의 하나는 「주택공급에 관한 규칙」을 적용하지 아니한다. 다만, 아래의 2.에 따른 주택을 건설하여 관사나 숙소로 사용하지 아니하는 경우에는 그러하지 아니하다(공급규칙 제3조 제3항).

1. 정부시책의 일환으로 국가, 지방자치단체 또는 지방공사가 건설하는 농촌주택
2. 국가기관, 지방자치단체 또는 법인이 공무원, 군인 또는 그 소속 근로자의 관사나 숙소로 사용하기 위하여 건설하는 주택[특별시·광역시 및 경기도 안의 시(市) 지역에서 대지의 소유권을 확보하지 아니하고 다른 사업주체에게 위탁하여 그 사업주체의 명의로 건설하는 주택은 제외한다]
3. 사단법인 한국사랑의집짓기운동연합회가 무주택자에게 공급하기 위하여 건설하는 주택
4. 외국정부와의 협약에 따라 우리나라로 영주귀국하는 동포를 위하여 건설하는 주택

(3) 「주택공급에 관한 규칙」 적용

이 규칙은 사업주체(「건축법」에 따른 건축허가를 받아 주택 외의 시설과 주택을 동일 건축물로 하여 사업계획승인 규모 이상으로 건설·공급하는 건축주와 사용검사를 받은 주택을 사업주체로부터 일괄하여 양수한 자를 포함한다)가 사업계획 승인(「건축법」에 따른 건축허가를 포함한다)을 받아 건설하는 주택 및 복리시설의 공급에 대하여 적용한다(공급규칙 제3조 제1항).

2 사업주체의 입주자모집

1. 사업주체의 입주자모집 요건

(1) 저당권 등 말소 후 입주자모집

사업주체는 주택이 건설되는 대지의 소유권을 확보하고 있으나 그 대지에 저당권·가등기담보권·가압류·가처분·전세권·지상권 및 등기되는 부동산 임차권 등(이하 "저당권 등"이라 한다)이 설정되어 있는 경우에는 그 저당권 등을 말소해야 입주자를 모집할 수 있다. 다만, 다음의 어느 하나에 해당하는 경우는 그렇지 않다(공급규칙 제16조 제1항).

1. 사업주체가 해당 주택의 입주자에게 주택구입자금의 일부를 융자해 줄 목적으로 주택도시기금이나 금융기관으로부터 주택건설자금이나 주택구입자금의 융자를 받기 위하여 해당 금융기관에 대하여 저당권 등을 설정한 경우
2. 저당권 등의 말소소송을 제기하여 법원의 승소 판결(판결이 확정될 것을 요구하지 아니한다)을 받은 경우. 이 경우 사업시행자는 사용검사 전까지 해당 주택건설 대지의 저당권 등을 말소하여야 한다.
3. 다음 각 목의 어느 하나에 해당하는 구분지상권이 설정된 경우로서 구분지상권자의 동의를 받은 경우
   ① 「도로법」 제28조에 따른 구분지상권
   ② 「도시철도법」 제12조에 따른 구분지상권
   ③ 「철도의 건설 및 철도시설 유지관리에 관한 법률」 제12조의3에 따른 구분지상권

(2) 입주자모집 전 소유권 확보

사업주체는 대지의 사용승낙을 받아 주택을 건설하는 경우에는 입주자를 모집하기 전에 해당 대지의 소유권을 확보하여야 한다. 다만, 다음의 어느 하나에 해당하는 경우에는 그러하지 아니하다(공급규칙 제16조 제2항).

> 1. 대지의 소유자가 국가 또는 지방자치단체인 경우
> 2. 사업주체가 공공사업의 시행자와 택지분양계약을 체결하여 해당 공공사업으로 조성된 택지를 사용할 수 있는 권원을 확보한 경우

(3) 착공확인 또는 공정확인 후 모집

① 사업주체는 입주자를 모집하려는 때에는 시장 · 군수 · 구청장으로부터 제15조에 따른 착공확인 또는 공정확인을 받아야 한다(공급규칙 제16조 제3항).

② 감리자는 ①에 따른 건축공정확인서를 사업주체로부터 해당 공정의 이행을 완료한 사실을 통보받은 날부터 3일 이내에 발급하여야 한다(공급규칙 제17조).

(4) 입주자모집 요건의 특례

다음의 어느 하나에 해당하는 사업주체는 입주자모집요건 규정에도 불구하고 입주자를 모집할 수 있다(공급규칙 제18조).

> 1. 국가, 지방자치단체, 한국토지주택공사 또는 지방공사 또는 「공공주택 특별법 시행령」 제6조 제1항에 따른 공공주택사업자
> 2. 위의 1.에 해당하는 자가 단독 또는 공동으로 총지분의 50%를 초과하여 출자한 부동산투자회사

2. 입주자모집 방법

사업주체는 공개모집의 방법으로 입주자를 모집하여야 한다(공급규칙 제19조 제1항).

3. 입주자모집 절차

(1) 입주자모집공고 승인신청

1) 사업주체(공공사업주체는 제외한다)는 입주자를 모집하려면 입주자모집공고안 등 서류를 갖추어 시장 · 군수 · 구청장의 승인을 받아야 한다(공급규칙 제20조 제1항).

2) 시장 · 군수 · 구청장은 입주자모집공고안의 신청을 받으면 신청일부터 5일 이내에 승인여부를 결정하여야 한다. 다만, 분양가상한제 적용주택의 경우에는 10일 이내에 결정하여야 하며, 부득이한 사유가 있으면 5일의 범위에서 연장할 수 있다(공급규칙 제20조 제5항).

공급주택의 표시 또는 광고 사본 제출

사업주체는 공급하려는 주택에 대하여 대통령령으로 정하는 내용이 포함된 표시 및 광고(「표시·광고의 공정화에 관한 법률」 제2조에 따른 표시 또는 광고를 말한다. 이하 같다)를 한 경우 대통령령으로 정하는 바에 따라 해당 표시 또는 광고의 사본을 시장·군수·구청장에게 제출하여야 한다. 이 경우 시장·군수·구청장은 제출받은 표시 또는 광고의 사본을 제49조 제1항에 따른 사용검사가 있은 날부터 2년 이상 보관하여야 하며, 입주자가 열람을 요구하는 경우 이를 공개하여야 한다(법 제54조 제8항).

견본주택의 건축기준

1. 사업주체가 주택의 판매촉진을 위하여 견본주택을 건설하려는 경우 견본주택의 내부에 사용하는 마감자재 및 가구는 사업계획승인 내용과 같은 것으로 시공·설치하여야 한다(법 제60조 제1항).
2. 사업주체는 견본주택의 내부에 사용하는 마감자재를 사업계획승인 또는 마감자재 목록표와 다른 마감자재로 설치하는 경우로서 다음의 어느 하나에 해당하는 경우에는 일반인이 그 해당 사항을 알 수 있도록 국토교통부령으로 정하는 바에 따라 그 공급가격을 표시하여야 한다(법 제60조 제2항).
   ① 분양가격에 포함되지 않는 품목을 견본주택에 전시하는 경우
   ② 마감자재 생산업체의 부도 등으로 인한 제품의 품귀 등 부득이한 경우
3. 견본주택에는 마감자재 목록표와 사업계획승인을 받은 서류 중 평면도 및 시방서(示方書)를 갖춰두어야 하며, 견본주택의 배치·구조 및 유지관리 등은 국토교통부령으로 정하는 기준에 맞아야 한다(법 제60조 제3항).

3) 입주자모집공고 승인신청시 마감자재 목록표 제출의무

① **견본주택의 마감자재 목록표, 영상물 등 제작 및 제출**: 사업주체가 시장·군수·구청장의 승인을 받으려는 경우(사업주체가 국가·지방자치단체·한국토지주택공사 및 지방공사인 경우에는 견본주택을 건설하는 경우를 말한다)에는 건설하는 견본주택에 사용되는 마감자재의 규격·성능 및 재질을 적은 목록표(이하 "마감자재 목록표"라 한다)와 견본주택의 각 실의 내부를 촬영한 영상물 등을 제작하여 승인권자에게 제출하여야 한다(법 제54조 제3항).

② **사업주체의 마감자재 목록표 제공의무**: 사업주체는 주택공급계약을 체결할 때 입주예정자에게 다음의 자료 또는 정보를 제공하여야 한다. 다만, 입주자 모집공고에 이를 표시(인터넷에 게재하는 경우를 포함한다)한 경우에는 그러하지 아니하다(법 제54조 제4항).

> 1. 견본주택에 사용된 마감자재 목록표
> 2. 공동주택 발코니의 세대 간 경계벽에 피난구를 설치하거나 경계벽을 경량구조로 건설한 경우 그에 관한 정보

③ **마감자재 목록표와 영상물 등의 보관**: 시장·군수·구청장은 제출받은 마감자재 목록표와 영상물 등을 사용검사가 있은 날부터 2년 이상 보관하여야 하며, 입주자가 열람을 요구하는 경우에는 이를 공개하여야 한다(법 제54조 제5항).

④ **다른 마감자재의 사용시 의무**: 사업주체가 마감자재 생산업체의 부도 등으로 인한 제품의 품귀 등 부득이한 사유로 인하여 사업계획승인 또는 마감자재 목록표의 마감자재와 다르게 마감자재를 시공·설치하려는 경우에는 그 사실을 입주예정자에게 알리고 당초의 마감자재와 같은 질 이상으로 설치하여야 한다(법 제54조 제6항·제7항).

③ **견본주택 비치 서류**: 견본주택에는 마감자재 목록표와 사업계획승인을 받은 서류 중 평면도 및 시방서(示方書)를 갖춰두어야 하며, 견본주택의 배치·구조 및 유지관리 등은 국토교통부령으로 정하는 기준에 맞아야 한다(법 제60조 제3항).

(2) 입주자모집공고

① 사업주체는 입주자를 모집하고자 할 때에는 입주자모집공고를 해당 주택건설지역 주민이 널리 볼 수 있는 일간신문, 관할 시・군・자치구의 인터넷 홈페이지 또는 해당 주택건설지역 거주자가 쉽게 접할 수 있는 일정한 장소에 게시하여 공고하여야 한다. 다만, 수도권 및 광역시에서 100호 또는 100세대(사전청약의 방식으로 공급하는 주택의 호수 또는 세대수를 포함한다) 이상의 주택을 공급하거나 시장・군수・구청장이 투기 및 과열경쟁의 우려가 있다고 인정하는 경우에는 일간신문에 공고하여야 하며, 시장・군수・구청장은 인터넷에도 게시하게 할 수 있다(공급규칙 제21조 제1항).

② 입주자모집공고는 최초 청약 신청 접수일 10일 전에 해야 한다. 다만, 시장・군수・구청장은 특별공급의 경우로서 공급물량이 적거나 청약 관심도가 낮다고 판단되는 등의 경우에는 5일 전으로 단축할 수 있다(공급규칙 제21조 제2항).

4. 주택의 공급업무의 대행 등

(1) 사업주체는 주택을 효율적으로 공급하기 위하여 필요하다고 인정하는 경우 주택의 공급업무의 일부를 제3자로 하여금 대행하게 할 수 있다(법 제54조의2 제1항).

(2) (1)에도 불구하고 사업주체가 입주자자격, 공급 순위 등을 증명하는 서류의 확인 등 국토교통부령으로 정하는 업무를 대행하게 하는 경우 국토교통부령으로 정하는 바에 따라 다음의 어느 하나에 해당하는 자(이하 이 조에서 “분양대행자”라 한다)에게 대행하게 하여야 한다(법 제54조의2 제2항).

1. 등록사업자
2. 「건설산업기본법」 제9조에 따른 건설사업자로서 대통령령(영 제58조의2)으로 정하는 자
   즉, 「건설산업기본법 시행령」 별표 1에 따른 건축공사업 또는 토목건축공사업의 등록을 한 자
3. 「도시 및 주거환경정비법」 제102조에 따른 정비사업전문관리업자
4. 「부동산개발업의 관리 및 육성에 관한 법률」 제4조에 따른 등록사업자
5. 다른 법률에 따라 등록하거나 인가 또는 허가를 받은 자로서 국토교통부령으로 정하는 자

(3) 사업주체가 (2)에 따라 업무를 대행하게 하는 경우 분양대행자에 대한 교육을 실시하는 등 국토교통부령으로 정하는 관리・감독 조치를 시행하여야 한다(법 제54조의2 제3항).

5. 입주자저축 등

(1) 입주자저축

① 국토교통부장관은 주택을 공급받으려는 자에게는 미리 입주금의 전부 또는 일부를 저축(이하 "입주자저축"이라 한다)하게 할 수 있다(법 제56조 제1항).

② 입주자저축이란 국민주택과 민영주택을 공급받기 위하여 가입하는 주택청약종합저축을 말한다(법 제56조 제2항).

③ 입주자저축계좌를 취급하는 기관(이하 "입주자저축취급기관"이라 한다)은 「은행법」에 따른 은행 중 국토교통부장관이 지정한다(법 제56조 제3항).

④ 입주자저축은 한 사람이 한 계좌만 가입할 수 있다(법 제56조 제4항).

입주자저축(영 제58조의3)
국토교통부장관은 법 제56조 제9항에 따라 입주자저축에 관한 국토교통부령을 제정하거나 개정할 때에는 기획재정부장관과 미리 협의해야 한다.

(2) 주택청약업무 수행기관

국토교통부장관은 제55조에 따른 입주자 자격, 공급 순위 등의 확인과 제56조에 따른 입주자저축의 관리 등 주택공급과 관련하여 국토교통부령으로 정하는 업무를 효율적으로 수행하기 위하여 주택청약업무수행기관을 지정·고시할 수 있다(법 제56조의2).

3 주택의 분양가격 제한 등

1. 분양가상한제 적용주택

(1) 분양가상한제 적용주택의 정의

사업주체가 법 제54조에 따라 일반인에게 공급하는 공동주택 중 다음의 어느 하나에 해당하는 지역에서 공급하는 주택의 경우에는 이 조에서 정하는 기준에 따라 산정되는 분양가격 이하로 공급(이에 따라 공급되는 주택을 "분양가상한제 적용주택"이라 한다)하여야 한다(법 제57조 제1항).

> 1. 공공택지
> 2. 공공택지 외의 택지에서 주택가격 상승 우려가 있어 제58조에 따라 국토교통부장관이 「주거기본법」 제8조에 따른 주거정책심의위원회의 심의를 거쳐 지정하는 지역

주거재생혁신지구
주거재생혁신지구란 혁신지구 중 다음 각 목의 요건을 모두 갖춘 지구를 말한다.
1. 빈집, 노후·불량건축물 등이 밀집하여 주거환경 개선이 시급한 지역으로서 대통령령으로 정하는 지역일 것
2. 신규 주택공급이 필요한 지역으로서 지구의 면적이 대통령령으로 정하는 면적 이내일 것

(2) 분양가상한제를 적용하지 않는 주택

다음의 어느 하나에 해당하는 경우에는 분양가상한제를 적용하지 아니한다(법 제57조 제2항).

1. 도시형 생활주택
2. 「경제자유구역의 지정 및 운영에 관한 특별법」에 따라 지정·고시된 경제자유구역에서 건설·공급하는 공동주택으로서 경제자유구역위원회에서 외자유치 촉진과 관련이 있다고 인정하여 분양가격 제한을 적용하지 아니하기로 심의·의결한 경우
3. 「관광진흥법」에 따라 지정된 관광특구에서 건설·공급하는 공동주택으로서 해당 건축물의 층수가 50층 이상이거나 높이가 150m 이상인 경우
4. 한국토지주택공사 또는 지방공사가 다음 각 목의 정비사업의 시행자(「도시 및 주거환경정비법」 제2조 제8호 및 「빈집 및 소규모주택 정비에 관한 특례법」 제2조 제5호에 따른 사업시행자를 말한다)로 참여하는 등 대통령령으로 정하는 공공성 요건을 충족하는 경우로서 해당 사업에서 건설·공급하는 주택
   ① 「도시 및 주거환경정비법」 제2조 제2호에 따른 정비사업으로서 면적, 세대수 등이 대통령령(영 제58조의4 제3항)으로 정하는 요건(즉, 면적 2만m^2 미만이거나, 건설·공급하는 전체 세대수가 200세대 미만인 사업)에 해당되는 사업
   ② 「빈집 및 소규모주택 정비에 관한 특례법」 제2조 제3호에 따른 소규모주택 정비사업
5. 「도시 및 주거환경정비법」 제2조 제2호 가목에 따른 주거환경개선사업 및 같은 호 나목 후단에 따른 공공재개발사업에서 건설·공급하는 주택
6. 「도시재생 활성화 및 지원에 관한 특별법」에 따른 주거재생혁신지구에서 시행하는 혁신지구재생사업 에서 건설·공급하는 주택
7. 「공공주택 특별법」 제2조 제3호 마목에 따른 도심 공공주택 복합사업에서 건설·공급하는 주택

공공성요건

1. 한국토지주택공사 또는 지방공사가 법 제57조 제2항 제4호 각 목에 해당하는 사업의 시행자로 참여할 것
2. 1.의 사업에서 건설·공급하는 주택의 전체 세대수의 10% 이상을 임대주택으로 건설·공급할 것

2. 분양가상한제 적용주택의 분양가격 및 공시

(1) 분양가상한제 적용주택의 분양가격

분양가격 = 택지비 + 기본형 건축비 + 건축비 가산비용

분양가격은 택지비와 건축비로 구성(토지임대부 분양주택의 경우에는 건축비만 해당한다)되며, 구체적인 명세, 산정방식, 감정평가기관 선정방법 등은 국토교통부령인 「공동주택 분양가격의 산정 등에 관한 규칙」으로 정한다(법 제57조 제3항·제4항).

1. 택지비는 다음 각 호에 따라 산정한 금액으로 한다.
   (1) 공공택지에서 주택을 공급하는 경우에는 해당 택지의 공급가격에 국토교통부령으로 정하는 택지와 관련된 비용을 가산한 금액
   (2) 공공택지 외의 택지에서 분양가상한제 적용주택을 공급하는 경우에는 「감정평가 및 감정평가사에 관한 법률」에 따라 감정평가한 가액에 국토교통부령으로 정하는 택지와 관련된 비용을 가산한 금액. 다만, 택지 매입가격이 다음 각 목의 어느 하나에 해당하는 경우에는 해당 매입가격(대통령령으로 정하는 범위로 한정한다)에 국토교통부령으로 정하는 택지와 관련된 비용을 가산한 금액을 택지비로 볼 수 있다. 이 경우 택지비는 주택단지 전체에 동일하게 적용하여야 한다.
      ① 「민사집행법」, 「국세징수법」 또는 「지방세징수법」에 따른 경매·공매 낙찰가격
      ② 국가·지방자치단체 등 공공기관으로부터 매입한 가격
      ③ 그 밖에 실제 매매가격을 확인할 수 있는 경우로서 대통령령으로 정하는 경우
2. 분양가격 구성항목 중 건축비는 국토교통부장관이 정하여 고시하는 건축비(이하 "기본형건축비"라 한다)에 국토교통부령으로 정하는 금액을 더한 금액으로 한다. 이 경우 기본형건축비는 시장·군수·구청장이 해당 지역의 특성을 고려하여 국토교통부령으로 정하는 범위에서 따로 정하여 고시할 수 있다.

(2) 분양가상한제 적용주택의 분양가격 공시

1) 공공택지에서 공급하는 분양가상한제 적용주택

사업주체는 분양가상한제 적용주택으로서 공공택지에서 공급하는 주택에 대하여 입주자모집 승인을 받았을 때에는 입주자 모집공고에 다음 사항에 대하여 분양가격을 공시하여야 한다(법 제57조 제5항).

① 택지비
② 공사비
③ 간접비
④ 그 밖에 국토교통부령으로 정하는 비용

2) 공공택지 외의 택지에서 공급되는 분양가상한제 적용주택

시장·군수·구청장이 공공택지 외의 택지에서 공급되는 분양가상한제 적용주택 중 분양가 상승 우려가 큰 지역으로서 대통령령으로 정하는 기준에 해당되는 지역에서 공급되는 주택에 대하여 입주자모집 승인을 하는 경우에는 다음의 구분에 따라 분양가격을 공시하여야 한다. 이 경우 ②부터 ⑥까지의 금액은 기본형건축비[특별자치시·특별자치도·시·군·구(구는 자치구의 구를 말하며, 이하 "시·군·구"라 한다)별 기본형건축비가 따로 있는 경우에는 시·군·구별 기본형건축비]의 항목별 가액으로 한다(법 제57조 제6항).

① 택지비
② 직접공사비
③ 간접공사비
④ 설계비
⑤ 감리비
⑥ 부대비
⑦ 그 밖에 국토교통부령으로 정하는 비용

3) 분양가상한제 적용주택의 분양가격공시를 할 때 국토교통부령으로 정하는 택지비 및 건축비에 가산되는 비용의 공시에는 분양가심사위원회 심사를 받은 내용과 산출근거를 포함하여야 한다(법 제57조 제7항).

3. 분양가상한제 적용주택 등의 입주자의 거주의무 등

(1) 거주의무기간

1) 다음 각 호의 어느 하나에 해당하는 주택의 입주자(상속받은 자는 제외한다. 이하 이 조 및 제57조의3에서 "거주의무자"라 한다)는 해당 주택의 최초 입주가능일부터 3년 이내(아래 2.에 따른 토지임대부 분양주택의 경우에는 최초 입주가능일을 말한다)에 입주하여야 하고, 해당 주택의 분양가격과 국토교통부장관이 고시한 방법으로 결정된 인근지역 주택매매가격의 비율에 따라 5년 이내의 범위에서 대통령령으로 정하는 기간(이하 "거주의무기간"이라 한다) 동안 계속하여 해당 주택에 거주하여야 한다. 다만, 해외 체류 등 대통령령으로 정하는 부득이한 사유가 있는 경우 그 기간은 해당 주택에 거주한 것으로 본다(법 제57조의2 제1항).

1. 사업주체가 「수도권정비계획법」 제2조 제1호에 따른 수도권에서 건설·공급하는 분양가상한제 적용주택
2. 토지임대부 분양주택

① 1)에서 "대통령령으로 정하는 기간"이란 다음의 구분에 따른 기간(이하 "거주의무기간"이라 한다)을 말한다(영 제60조의2 제1항).

> 1. 사업주체가 수도권에서 건설·공급하는 분양가상한제 적용주택의 경우
>   (1) 공공택지에서 건설·공급되는 주택의 경우
>   ① 분양가격이 법 제57조의2 제1항 각 호 외의 부분 본문에 따라 국토교통부장관이 정하여 고시하는 방법으로 결정된 인근지역 주택매매가격(이하 "인근지역주택매매가격"이라 한다)의 80% 미만인 주택: 5년
>   ② 분양가격이 인근지역주택매매가격의 80% 이상 100% 미만인 주택: 3년
>   (2) 공공택지 외의 택지에서 건설·공급되는 주택의 경우
>   ① 분양가격이 인근지역주택매매가격의 80% 미만인 주택: 3년
>   ② 분양가격이 인근지역주택매매가격의 80% 이상 100% 미만인 주택: 2년
> 2. 토지임대부 분양주택의 경우: 2년

② 1) 단서에서 "해외 체류 등 대통령령으로 정하는 부득이한 사유"란 다음의 어느 하나에 해당하는 사유를 말한다. 이 경우 다음 2.부터 8.까지의 규정에 해당하는지는 한국토지주택공사(사업주체가 「공공주택 특별법」 제4조의 공공주택사업자인 경우에는 공공주택사업자를 말한다)의 확인을 받아야 한다(영 제60조의2 제2항).

> 1. 다음 각 목의 어느 하나에 해당하는 경우
>   ① 법 제57조의2 제1항 제1호에 따른 주택에 입주하기 위해 준비기간이 필요한 경우: 이 경우 해당 주택에 거주한 것으로 보는 기간은 최초 입주가능일 이후 3년이 되는 날부터 90일까지(최초 입주가능일부터 3년이 되는 날 전에 입주하는 경우에는 입주일 전날부터 역산하여 최초 입주가능일까지의 기간으로 하되, 90일을 한도로 한다)로 한다.
>   ② 법률 제20393호 주택법 일부개정법률 부칙 제3조에 따라 법 제57조의2 제1항 제1호에 따른 주택에서의 거주를 중단했다가 거주를 재개하기 위해 입주하는 경우로서 준비기간이 필요한 경우 : 이 경우 해당 주택에 거주한 것으로 보는 기간은 거주를 중단한 날의 다음 날 이후 3년이 되는 날부터 90일까지(거주를 중단한 날의 다음 날부터 3년이 되는 날 전에 입주하는 경우에는 입주일 전날부터 역산하여 거주를 중단한 날의 다음 날까지의 기간으로 하되, 90일을 한도로 한다)로 한다.
>   ③ 토지임대부 분양주택에 입주하기 위해 준비기간이 필요한 경우: 이 경우 해당 주택에 거주한 것으로 보는 기간은 최초 입주가능일부터 90일까지로 한다.

2. 법 제57조의2 제1항 각 호 외의 부분 본문에 따른 거주의무자가 거주의무기간 중 세대원(거주의무자가 포함된 세대의 구성원을 말한다. 이하 이 항에서 같다)의 근무・생업・취학 또는 질병치료를 위하여 해외에 체류하는 경우
3. 거주의무자가 주택의 특별공급(「군인복지기본법」 제10조에 따른 공급을 말한다)을 받은 군인으로서 인사발령에 따라 거주의무기간 중 해당 주택건설지역(주택을 건설하는 특별시・광역시・특별자치시・특별자치도 또는 시・군의 행정구역을 말한다. 이하 이 항에서 같다)이 아닌 지역에 거주하는 경우
4. 거주의무자가 거주의무기간 중 세대원의 근무・생업・취학 또는 질병치료를 위하여 세대원 전원이 다른 주택건설지역에 거주하는 경우: 다만, 수도권 안에서 거주를 이전하는 경우는 제외한다.
5. 거주의무자가 거주의무기간 중 혼인 또는 이혼으로 입주한 주택에서 퇴거하고 해당 주택에 계속 거주하려는 거주의무자의 직계존속・비속, 배우자(종전 배우자를 포함한다) 또는 형제자매가 자신으로 세대주를 변경한 후 거주의무기간 중 남은 기간을 승계하여 거주하는 경우
6. 「영유아보육법」 제10조 제5호에 따른 가정어린이집을 설치・운영하려는 자가 같은 법 제13조에 따라 해당 주택에 가정어린이집의 설치를 목적으로 인가를 받은 경우: 이 경우 해당 주택에 거주한 것으로 보는 기간은 가정어린이집을 설치・운영하는 기간으로 한정한다.
7. 법 제64조 제2항 본문에 따라 전매제한이 적용되지 않는 경우: 다만, 제73조 제4항 제7호 또는 제8호에 해당하는 경우는 제외한다.
8. 거주의무자의 직계비속이 「초・중등교육법」 제2조에 따른 학교에 재학 중인 학생으로서 주택의 최초 입주가능일 현재 해당 학기가 끝나지 않은 경우: 이 경우 해당 주택에 거주한 것으로 보는 기간은 학기가 끝난 후 90일까지로 한정한다.

2) 사업주체는 1)에 따른 주택을 공급하는 경우에는 거주의무자가 거주의무기간을 거주하여야 해당 주택을 양도할 수 있음을 소유권에 관한 등기에 부기등기하여야 한다. 이 경우 부기등기는 주택의 소유권보존등기와 동시에 하여야 하며, 부기등기에 포함되어야 할 표기내용 등은 대통령령(영 제60조의2 제7항)으로 정한다(법 제57조의2 제5항).

3) 거주의무자등은 거주의무기간을 거주한 후 지방자치단체의 장으로부터 그 거주사실을 확인받은 경우 2)에 따른 부기등기 사항을 말소할 수 있다. 이 경우 거주사실의 확인 등의 절차・방법 등에 필요한 사항은 대통령령(영 제60조의3)으로 정한다(법 제57조의2 제6항).

부기등기의 내용

이 주택은 「주택법」 제57조의2 제1항에 따른 거주의무기간을 거주한 후 같은 조 제6항에 따라 부기등기를 말소하여야 양도할 수 있으며, 이를 위반하는 경우 한국토지주택공사(사업주체가 「공공주택 특별법」 제4조에 따른 공공주택사업자인 경우에는 공공주택사업자)가 해당 주택을 매입함"이라는 내용을 표기해야 한다(영 제60조의2 제7항).

거주사실의 확인

1. 법 제57조의2 제6항 전단에 따라 부기등기 사항을 말소하려는 거주의무자등은 국토교통부령으로 정하는 거주사실 확인 신청서에 거주사실을 확인할 수 있는 서류(법 제57조의3 제2항에 따라 제공받은 주민등록 전산정보로 거주사실을 확인할 수 없는 경우만 해당한다)를 첨부하여 지방자치단체의 장에게 제출해야 한다(영 제60조의3 제1항).
2. 1.에 따라 거주사실 확인 신청서를 접수한 지방자치단체의 장은 거주사실이 확인되면 해당 신청서를 접수한 날부터 14일 이내에 국토교통부령으로 정하는 거주사실 확인서를 발급해야 한다(영 제60조의3 제2항).
3. 법 제57조의2 제6항에 따른 거주사실 확인을 위한 구체적인 거주기간 산정방법은 국토교통부령으로 정한다(영 제60조의3 제3항).

(2) 거주의무위반시 양도 제한

① 거주의무자는 앞의 (1)의 ①에 따른 거주의무를 이행하지 아니한 경우 해당 주택을 양도(매매·증여나 그 밖에 권리 변동을 수반하는 모든 행위를 포함하되, 상속의 경우는 제외한다. 이하 이 조 및 제101조에서 같다)할 수 없다. 다만, 거주의무자가 앞의 (1)의 ① 각 호 외의 부분 단서 이외의 사유로 거주의무기간 이내에 거주를 이전하려는 경우 거주의무자는 대통령령으로 정하는 바에 따라 한국토지주택공사(사업주체가 「공공주택 특별법」 제4조에 따른 공공주택사업자인 경우에는 공공주택사업자를 말한다. 이하 이 조, 제64조, 제78조의2 및 제106조에서 같다)에 해당 주택의 매입을 신청하여야 한다(법 제57조의2 제2항).

② 거주의무자는 ①에 따라 해당 주택의 매입을 신청하려는 경우 국토교통부령으로 정하는 매입신청서를 한국토지주택공사에 제출해야 한다(영 제60조의2 제3항).

③ 한국토지주택공사는 거주의무자등이 법 제57조의2 제2항 단서 또는 같은 조 제8항에 따라 매입신청을 하거나 법 제57조의2 제1항 또는 제7항을 위반하여 같은 조 제3항에 따라 해당 주택을 매입하려면 14일 이상의 기간을 정하여 거주의무자에게 의견을 제출할 수 있는 기회를 줘야 한다(영 제60조의2 제4항).

④ ③에 따라 의견을 제출받은 한국토지주택공사는 제출 의견의 처리 결과를 거주의무자에게 통보해야 한다(영 제60조의2 제5항).

(3) 한국토지주택공사의 주택 매입

> "대통령령으로 정하는 특별한 사유"란 다음의 사유를 말한다(영 제60조의2 제6항).
> 1. 한국토지주택공사의 부도·파산
> 2. 1.과 유사한 사유로서 한국토지주택공사가 해당 주택을 매입하는 것이 어렵다고 국토교통부장관이 인정하는 사유

① 한국토지주택공사는 (2)의 ①의 단서 또는 ④에 따라 매입신청을 받거나 거주의무자 및 ③에 따라 주택을 공급받은 사람(이하 "거주의무자등"이라 한다)이 (2)의 ① 또는 ③을 위반하였다는 사실을 알게 된 경우 위반사실에 대한 의견청취를 하는 등 대통령령으로 정하는 절차를 거쳐 대통령령으로 정하는 특별한 사유가 없으면 해당 주택을 매입하여야 한다(법 제57조의2 제3항).

② 한국토지주택공사가 ①에 따라 주택을 매입하는 경우 거주의무자에게 그가 납부한 입주금과 그 입주금에 「은행법」에 따른 은행의 1년 만기 정기예금의 평균이자율을 적용한 이자를 합산한 금액(이하 "매입비용"이라 한다)을 지급한 때에는 그 지급한 날에 한국토지주택공사가 해당 주택을 취득한 것으로 본다(법 제57조의2 제4항).

③ 한국토지주택공사는 ① 및 ②에 따라 취득한 주택을 국토교통부령으로 정하는 바에 따라 재공급하여야 하며, 주택을 재공급받은 사람은 거주의무기간 중 잔여기간을 계속하여 거주하지 아니하고 그 주택을 양도할 수 없다. 다만, 앞의 (1)의 ① 각 호 외의 부분 단서의 사유에 해당하는 경우 그 기간은 해당 주택에 거주한 것으로 본다(법 제57조의2 제7항).

④ ③에 따라 주택을 재공급받은 사람이 같은 항 단서 이외의 사유로 거주의무기간 이내에 거주를 이전하려는 경우에는 대통령령으로 정하는 바에 따라 한국토지주택공사에 해당 주택의 매입을 신청하여야 한다(법 제57조의2 제8항).

⑤ 한국토지주택공사가 ① 및 ②에 따라 주택을 취득하거나 ③에 따라 주택을 공급하는 경우에는 법 제64조 제1항(전매제한)을 적용하지 아니한다(법 제57조의2 제9항).

5. 분양가상한제 적용지역

(1) 분양가상한제 적용지역의 지정

1) 지정대상지역

① 국토교통부장관은 주택가격상승률이 물가상승률보다 현저히 높은 지역으로서 그 지역의 주택가격·주택거래 등과 지역 주택시장 여건 등을 고려하였을 때 주택가격이 급등하거나 급등할 우려가 있는 지역 중 대통령령으로 정하는 기준을 충족하는 지역은 주거정책심의위원회 심의를 거쳐 분양가상한제 적용 지역으로 지정할 수 있다(법 제58조 제1항).

② ①에서 "대통령령으로 정하는 기준을 충족하는 지역"이란 투기과열지구 중 다음의 어느 하나에 해당하는 지역을 말한다(영 제61조 제1항).

> 1. 분양가상한제 적용지역으로 지정하는 날이 속하는 달의 바로 전달(이하 "분양가상한제 적용직전월"이라 한다)부터 소급하여 12개월 간의 아파트 분양가격상승률이 물가상승률(해당 지역이 포함된 시·도 소비자 물가상승률을 말한다)의 2배를 초과한 지역. 이 경우 해당 지역의 아파트 분양가격상승률을 산정할 수 없는 경우에는 해당 지역이 포함된 특별시·광역시·특별자치시·특별자치도 또는 시·군의 아파트 분양가격상승률을 적용한다.
> 2. 분양가상한제 적용직전월부터 소급하여 3개월간의 주택매매거래량이 전년 동기 대비 20% 이상 증가한 지역
> 3. 분양가상한제 적용직전월부터 소급하여 주택공급이 있었던 2개월 동안 해당 지역에서 공급되는 주택의 월평균 청약경쟁률이 모두 5대 1을 초과하였거나 해당 지역에서 공급되는 국민주택규모 주택의 월평균 청약경쟁률이 모두 10대 1을 초과한 지역

③ 국토교통부장관이 ②에 따른 지정기준을 충족하는 지역 중에서 분양가상한제 적용지역을 지정하는 경우 해당 지역에서 공급되는 주택의 분양가격 제한 등에 관한 규정은 분양가상한제 적용지역지정 공고일 이후 최초로 입주자모집승인을 신청하는 분부터 적용한다(영 제61조 제2항).

분양가상한제 적용주택의 거주 실태 조사

국토교통부장관 또는 지방자치단체의 장은 거주의무자등 실제 거주 여부를 확인하기 위하여 거주의무자 등에게 필요한 서류 등의 제출을 요구할 수 있으며, 소속 공무원으로 하여금 해당 주택에 출입하여 조사하게 하거나 관계인에게 필요한 질문을 하게 할 수 있다. 이 경우 서류 등의 제출을 요구받거나 해당 주택의 출입·조사 또는 필요한 질문을 받은 거주의무자 등은 모든 세대원의 해외출장 등 특별한 사유가 없으면 이에 따라야 한다(법 제57조의3 제1항).

2) 의견청취

국토교통부장관이 분양가상한제 적용지역을 지정하는 경우에는 미리 시·도지사의 의견을 들어야 한다(법 제58조 제2항).

3) 지정공고

국토교통부장관은 분양가상한제 적용지역을 지정하였을 때에는 지체 없이 이를 공고하고, 그 지정지역을 관할하는 시장·군수·구청장에게 공고 내용을 통보하여야 한다. 이 경우 시장·군수·구청장은 사업주체로 하여금 입주자 모집공고시 해당 지역에서 공급하는 주택이 분양가상한제 적용주택이라는 사실을 공고하게 하여야 한다(법 제58조 제3항).

(2) 분양가상한제 적용지역의 지정해제

1) 지정의 해제

① 국토교통부장관은 분양가상한제 적용지역으로 계속 지정할 필요가 없다고 인정하는 경우에는 주거정책심의위원회 심의를 거쳐 분양가상한제 적용지역의 지정을 해제하여야 한다(법 제58조 제4항).

② 분양가상한제 적용지역의 지정을 해제하는 경우에는 미리 시·도지사의 의견을 들어야 하며, 지정을 해제하였을 때에는 지체 없이 이를 공고하고, 그 지정지역을 관할하는 시장·군수·구청장에게 공고 내용을 통보하여야 한다(법 제58조 제5항).

2) 지정해제 요청

① 분양가상한제 적용지역으로 지정된 지역의 시·도지사, 시장, 군수 또는 구청장은 분양가상한제 적용지역의 지정 후 해당 지역의 주택가격이 안정되는 등 분양가상한제 적용지역으로 계속 지정할 필요가 없다고 인정하는 경우에는 국토교통부장관에게 그 지정의 해제를 요청할 수 있다(법 제58조 제6항).

② 국토교통부장관은 분양가상한제 적용지역 지정의 해제를 요청받은 경우에는 주거정책심의위원회의 심의를 거쳐 요청받은 날부터 40일 이내에 해제 여부를 결정하고, 그 결과를 시·도지사, 시장, 군수 또는 구청장에게 통보하여야 한다(영 제61조 제3항).

6. 분양가심사위원회

(1) 분양가심사위원회의 설치·운영

① 시장·군수·구청장은 분양가상한제 적용주택에 관한 사항을 심의하기 위하여 분양가심사위원회를 설치·운영하여야 한다(법 제59조 제1항).

② 시장 · 군수 · 구청장은 사업계획승인 신청(「도시 및 주거환경정비법」에 따른 사업시행계획인가 및 「건축법」에 따른 건축허가를 포함한다)이 있는 날부터 20일 이내에 분양가심사위원회를 설치 · 운영하여야 한다(영 제62조 제1항).

③ 사업주체가 국가 · 지방자치단체 · 한국토지주택공사 또는 지방공사인 경우에는 해당 기관의 장이 위원회를 설치 · 운영하여야 한다(영 제62조 제2항).

(2) 분양가심사위원회의 구성

1) 분양가심사위원회는 주택 관련 분야 교수, 주택건설 또는 주택관리 분야 전문직 종사자, 관계 공무원 또는 변호사 · 회계사 · 감정평가사 등 관련 전문가 10명 이내로 구성하되, 구성 절차 및 운영에 관한 사항은 대통령령으로 정한다(법 제59조 제3항).

2) 위원회는 민간위원과 공공위원으로 구성되며, 위원회의 위원장은 시장 · 군수 · 구청장이 민간위원 중에서 지명하는 자가 된다(영 제64조 제4항).

3) **민간위원**

① 시장 · 군수 · 구청장은 주택건설 또는 주택관리 분야에 관한 학식과 경험이 풍부한 사람으로서 다음의 어느 하나에 해당하는 사람 6명을 위원회 위원으로 위촉해야 한다. 이 경우 다음에 해당하는 위원을 각각 1명 이상 위촉하되, 등록사업자의 임직원과 임직원이었던 사람으로서 3년이 지나지 않은 사람은 위촉해서는 안 된다(영 제64조 제1항).

1. 법학 · 경제학 · 부동산학 · 건축학 · 건축공학 등 주택분야와 관련된 학문을 전공하고 「고등교육법」에 따른 대학에서 조교수 이상으로 1년 이상 재직한 사람
2. 변호사 · 회계사 · 감정평가사 또는 세무사의 자격을 취득한 후 해당 직에 1년 이상 근무한 사람
3. 토목 · 건축 · 전기 · 기계 또는 주택 분야 업무에 5년 이상 종사한 사람
4. 주택관리사 자격을 취득한 후 공동주택 관리사무소장의 직에 5년 이상 근무한 사람
5. 건설공사비 관련 연구 실적이 있거나 공사비 산정업무에 3년 이상 종사한 사람

② 민간위원의 임기는 2년으로 하며, 두 차례만 연임할 수 있다(영 제64조 제3항).

4) **공공위원**

시장 · 군수 · 구청장은 다음의 어느 하나에 해당하는 사람 4명을 위원으로 임명하거나 위촉해야 한다. 이 경우 다음에 해당하는 위원을 각각 1명 이상 임명 또는 위촉해야 한다(영 제64조 제2항).

> 1. 국가 또는 지방자치단체에서 주택사업 인·허가 등 관련 업무를 하는 5급 이상 공무원으로서 해당 기관의 장으로부터 추천을 받은 사람. 다만, 해당 시·군·구에 소속된 공무원은 추천을 필요로 하지 아니한다.
> 2. 다음의 각 항목의 어느 하나에 해당하는 기관에서 주택사업 관련 업무에 종사하고 있는 임직원으로서 해당 기관의 장으로부터 추천을 받은 사람
>   ① 한국토지주택공사
>   ② 지방공사
>   ③ 「주택도시기금법」에 따른 주택도시보증공사
>   ④ 「한국부동산원법」에 따른 한국부동산원

(3) 분양가심사위원회의 심의사항

위원회는 다음의 사항을 심의한다(영 제63조).

> 1. 분양가격 및 발코니 확장비용 산정의 적정성 여부
> 2. 특별자치시·특별자치도·시·군·구(구는 자치구를 말하며, 이하 "시·군·구"라 한다)별 기본형건축비 산정의 적정성 여부
> 3. 분양가격 공시내용의 적정성(법 제57조 제7항에 따라 공시에 포함해야 하는 내용을 포함한다) 즉, 분양가격공시를 할 때 국토교통부령으로 정하는 택지비 및 건축비에 가산되는 비용의 공시에는 분양가심사위원회 심사를 받은 내용과 산출근거를 포함하여야 한다.
> 4. 분양가상한제 적용주택과 관련된 「주택도시기금법 시행령」에 따른 제2종국민주택채권 매입예정상한액 산정의 적정성 여부
> 5. 분양가상한제 적용주택의 전매행위 제한과 관련된 인근지역 주택매매가격 산정의 적정성 여부

회 의

1. **소집**: 위원회의 회의는 시장·군수·구청장이나 위원장이 필요하다고 인정하는 경우에 시장·군수·구청장이 소집한다(영 제65조 제1항).
2. **통지**: 시장·군수·구청장은 회의 개최일 7일 전까지 회의와 관련된 사항을 위원에게 알려야 한다(영 제65조 제2항).
3. **공개**: 시장·군수·구청장은 위원회의 위원 명단을 회의 개최 전에 해당 기관의 인터넷 홈페이지 등을 통하여 공개해야 한다(영 제65조 제3항).
4. **비공개 진행 원칙**: 위원회의 회의진행은 공개하지 아니한다. 다만, 위원회의 의결이 있는 경우에는 이를 공개할 수 있다(영 제65조 제7항).

입주자모집 승인여부 결정

1. 공공기관의 위원은 부득이한 사유가 있을 때에는 해당 지위에 상당하는 공무원 또는 공사의 임직원을 지명하여 대리출석하게 할 수 있다(영 제67조).
2. 시장·군수·구청장은 사업주체에 대한 입주자모집 승인을 할 때에는 분양가심사위원회의 심사결과에 따라 승인여부를 결정하여야 한다(법 제59조 제2항).

02 주택의 공급질서 확립

1 주택의 공급질서 교란금지

1. 주택공급증서 및 지위 양도 또는 양도알선의 금지

(1) 금지행위

누구든지 「주택법」에 따라 건설·공급되는 주택을 공급받거나 공급받게 하기 위하여 다음의 어느 하나에 해당하는 증서 또는 지위를 양도 또는 양수(매매·증여 그 밖에 권리변동을 수반하는 모든 행위를 포함하되, 상속·저당의 경우는 제외한다) 또는 이를 알선하거나 양도·양수 또는 이를 알선할 목적으로 하는 광고(각종 간행물·유인물·전화·인터넷, 그 밖의 매체를 통한 행위를 포함한다)를 하여서는 아니 되며, 누구든지 거짓이나 그 밖의 부정한 방법으로 「주택법」에 따라 건설·공급되는 증서나 지위 또는 주택을 공급받거나 공급받게 하여서는 아니 된다(법 제65조 제1항).

1. 주택을 공급받을 수 있는 지위
2. 입주자저축 증서
3. 주택상환사채
4. 그 밖에 주택을 공급받을 수 있는 증서 또는 지위로서 대통령령으로 정하는 것(영 제74조 제1항).
   ① 시장·군수·구청장이 발행한 무허가건물 확인서, 건물철거예정 증명서 또는 건물철거 확인서
   ② 공공사업의 시행으로 인한 이주대책에 따라 주택을 공급받을 수 있는 지위 또는 이주대책대상자 확인서

(2) 공급질서 위반시의 조치

1) 공급계약 취소 및 지위 무효화

① 국토교통부장관 또는 사업주체는 주택을 공급받을 수 있는 증서 또는 지위를 양도하거나 양수한 자 또는 거짓이나 그 밖의 부정한 방법으로 증서나 지위 또는 주택을 공급받은 자에 대하여는 그 주택공급을 신청할 수 있는 지위를 무효로 하거나 이미 체결된 주택의 공급계약을 취소하여야 한다(법 제65조 제2항).

② 사업주체가 위의 (1)의 규정을 위반한 자에 대하여 대통령령으로 정하는 바에 따라 산정한 주택가격에 해당하는 금액을 지급한 경우에는 그 지급한 날에 사업주체가 해당 주택을 취득한 것으로 본다(법 제65조 제3항).

2) 퇴거명령

사업주체가 매수인에게 주택가격을 지급하거나 매수인을 알 수 없어 주택가격의 수령통지를 할 수 없는 경우 등 대통령령으로 정하는 사유에 해당하는 경우로서 주택가격을 해당 주택이 소재한 지역을 관할하는 법원에 공탁한 경우에는 그 주택에 입주한 자에 대하여 기간을 정하여 퇴거를 명할 수 있다(법 제65조 제4항).

3) 공급질서교란자등에 대한 입주자 자격제한

① 국토교통부장관은 앞의 (1)의 금지행위 위반한 자에 대하여 10년의 범위에서 국토교통부령으로 정하는 바에 따라 주택의 입주자자격을 제한할 수 있다(법 제65조 제5항).

② 위의 ①에 따른 주택의 전매행위제한 위반행위에 따른 주택의 입주자 자격제한은 그 위반한 행위를 적발한 날부터 10년까지로 한다(공급규칙 제56조 제1항).

③ 앞의 (1)인 공급질서 교란금지와 주택의 전매행위제한을 위반한 행위를 적발한 행정기관은 지체 없이 그 명단을 국토교통부장관 및 주택청약업무수행기관에 알려야 한다(공급규칙 제56조 제2항).

④ 주택청약업무수행기관은 ③에 따라 통보받은 명단을 전산관리해야 한다(공급규칙 제56조 제3항)

2. 사업주체에 대한 행위제한

(1) 저당권설정 등의 금지

사업주체는 사업계획승인을 받아 시행하는 주택건설사업에 의하여 건설된 주택 및 대지에 대하여는 입주자 모집공고 승인 신청일(주택조합의 경우에는 사업계획승인 신청일을 말한다) 이후부터 입주예정자가 그 주택 및 대지의 소유권 이전등기를 신청할 수 있는 날(사업주체가 입주예정자에게 통보한 입주가능일을 말한다) 이후 60일까지의 기간 동안 입주예정자의 동의 없이 다음의 어느 하나에 해당하는 행위를 하여서는 아니 된다(법 제61조 제1항 · 제2항).

1. 해당 주택 및 대지에 저당권 또는 가등기담보권 등 담보물권을 설정하는 행위
2. 해당 주택 및 대지에 전세권 · 지상권 또는 등기되는 부동산임차권을 설정하는 행위
3. 해당 주택 및 대지를 매매 또는 증여 등의 방법으로 처분하는 행위

(2) **예외**(입주자의 동의 없이 저당권 설정 등을 할 수 있는 경우)

그 주택의 건설을 촉진하기 위하여 다음에 정하는 경우에는 그러하지 아니하다(법 제61조 제1항 단서, 영 제71조).

> 1. 해당 주택의 입주자에게 주택구입자금의 일부를 융자하여 줄 목적으로 금융기관으로부터 주택건설자금의 융자를 받는 경우
> 2. 해당 주택의 입주자에게 주택구입자금의 일부를 융자하여 줄 목적으로 금융기관으로부터 주택구입자금의 융자를 받는 경우
> 3. 사업주체가 파산(「채무자 회생 및 파산에 관한 법률」 등에 따른 법원의 결정·인가를 포함한다), 합병, 분할, 등록말소, 영업정지 등의 사유로 사업을 시행할 수 없게 되어 사업주체가 변경되는 경우

(3) 사업주체의 부기등기의무

1) 부기등기의무

저당권설정 등의 제한을 할 때 사업주체는 해당 주택 또는 대지가 입주예정자 동의 없이는 양도하거나 제한물권을 설정하거나 압류·가압류·가처분 등의 목적물이 될 수 없는 재산임을 소유권등기에 부기등기(附記登記)를 하여야 한다(법 제61조 제3항).

2) 부기등기의무가 없는 경우

다음의 경우에는 부기등기를 하지 않는다(영 제72조 제2항).

① **대지의 경우**: 다음의 하나에 해당하는 경우. 이 경우 다음의 **4.** 또는 **5.**에 해당되는 경우로서 법원의 판결이 확정되어 소유권을 확보하거나 권리가 말소되었을 때에는 지체 없이 부기등기를 하여야 한다.

> 1. 사업주체가 국가, 지방자치단체, 한국토지주택공사, 지방공사인 경우
> 2. 사업주체가 「택지개발촉진법」 등 관계 법령에 따라 조성된 택지를 공급받아 주택을 건설하는 경우로서 해당 대지의 지적정리가 되지 아니하여 소유권을 확보할 수 없는 경우(이 경우 대지의 지적정리가 완료된 때에는 지체 없이 부기등기를 하여야 한다)
> 3. 조합원이 주택조합에 대지를 신탁한 경우
> 4. 해당 대지가 다음 ①부터 ③까지 중 어느 하나에 해당하는 경우. 다만, ② 및 ③의 경우에는 감정평가액을 공탁하여야 한다.
>   ① 매도청구소송을 제기하여 법원의 승소판결(판결이 확정될 것을 요구하지 아니한다)을 받은 경우
>   ② 해당 대지의 소유권 확인이 곤란하여 매도청구소송을 제기한 경우
>   ③ 사업주체가 소유권을 확보하지 못한 대지로서 최초로 주택건설사업계획승인을 받은 날 이후 소유권이 제3자에게 이전된 대지에 대하여 매도청구소송을 제기한 경우
> 5. 사업주체가 소유권을 확보한 대지에 저당권, 가등기담보권, 전세권, 지상권 및 등기되는 부동산임차권이 설정된 경우로서 이들 권리의 말소소송을 제기하여 승소판결(판결이 확정될 것을 요구하지 아니한다)을 받은 경우

② **주택의 경우**: 해당 주택의 입주자로 선정된 지위를 취득한 자가 없는 경우. 다만, 소유권보존등기 후 입주자모집공고의 승인을 신청하는 경우를 제외한다.

3) 부기등기의 시기

부기등기는 주택건설대지에 대하여는 입주자 모집공고승인 신청(주택건설대지 중 주택조합이 사업계획승인 신청일까지 소유권을 확보하지 못한 부분이 있는 경우에는 그 부분에 대한 소유권이전등기를 말한다)과 동시에 하여야 하고, 건설된 주택에 대하여는 소유권보존등기와 동시에 하여야 한다. 이 경우 부기등기의 내용 및 말소에 관한 사항은 대통령령으로 정한다(법 제61조 제4항).

(4) 사업주체의 주택건설대지 신탁

① 사업주체의 재무상황 및 금융거래상황이 극히 불량한 경우 등 대통령령으로 정하는 사유에 해당되어 주택도시보증공사가 분양보증을 하면서 주택건설대지를 주택도시보증공사에 신탁하게 할 경우에는 저당권제한 등의 행위제한규정 및 부기등기규정에도 불구하고 사업주체는 그 주택건설대지를 신탁할 수 있다(법 제61조 제6항).

② 사업주체가 주택건설대지를 신탁하는 경우 신탁등기일 이후부터 입주예정자가 해당 주택건설대지의 소유권이전등기를 신청할 수 있는 날 이후 60일까지의 기간 동안 해당 신탁의 종료를 원인으로 하는 사업주체의 소유권이전등기청구권에 대한 압류·가압류·가처분 등은 효력이 없음을 신탁계약조항에 포함하여야 한다(법 제61조 제7항).

③ 신탁등기일 이후부터 입주예정자가 해당 주택건설대지의 소유권이전등기를 신청할 수 있는 날 이후 60일까지의 기간 동안 해당 신탁의 종료를 원인으로 하는 사업주체의 소유권이전등기청구권을 압류·가압류·가처분 등의 목적물로 한 경우에는 그 효력을 무효로 한다(법 제61조 제8항).

부기등기의 내용

1. **주택건설대지**: "이 토지는 「주택법」에 따라 입주자를 모집한 토지(주택조합의 경우에는 주택건설사업계획승인이 신청된 토지)로서 입주예정자의 동의 없이는 양도하거나 제한물권을 설정하거나 압류·가압류·가처분 등 소유권에 제한을 가하는 일체의 행위를 할 수 없음"이라는 내용을 명시하여야 한다(영 제72조 제1항).
2. **건설된 주택**: "이 주택은 「부동산등기법」에 따라 소유권보존등기를 마친 주택으로서 입주예정자의 동의 없이는 양도하거나 제한물권을 설정하거나 압류·가압류·가처분 등 소유권에 제한을 가하는 일체의 행위를 할 수 없음"이라는 내용을 명시하여야 한다(영 제72조 제1항).

부기등기의 효력

부기등기일 이후에 해당 대지나 주택을 양수하거나 제한물권을 설정받은 경우 또는 압류·가압류·가처분 등의 목적물로 한 경우에는 그 효력을 무효로 한다. 다만, 사업주체의 경영부실로 입주예정자가 그 대지를 양수받는 경우 등 대통령령으로 정하는 다음의 경우에는 그러하지 아니하다(법 제61조 제5항, 영 제72조 제4항).

1. 해당 주택의 입주자에게 주택구입자금의 일부를 융자하여 줄 목적으로 금융기관으로부터 주택구입자금 또는 주택건설자금 등을 융자받기 위하여 해당 대지에 저당권, 가등기담보권, 전세권, 지상권 및 등기되는 부동산임차권을 설정하는 경우
2. 사업주체가 파산(「채무자 회생 및 파산에 관한 법률」 등에 따른 법원의 결정·인가를 포함한다) 등의 사유로 사업을 시행할 수 없게 되어 다른 사업주체가 해당 대지를 양수하거나 시공보증자 또는 입주예정자가 해당 대지의 소유권을 확보하거나 압류·가압류·가처분 등을 하는 경우

2 투기과열지구

1. 투기과열지구의 지정

(1) 투기과열지구 지정권자

국토교통부장관 또는 시·도지사는 주택가격의 안정을 위하여 필요한 경우에는 주거정책심의위원회(시·도지사의 경우에는 시·도 주거정책심의위원회를 말한다)의 심의를 거쳐 일정한 지역을 투기과열지구로 지정하거나 이를 해제할 수 있다. 이 경우 투기과열지구는 그 지정 목적을 달성할 수 있는 최소한의 범위에서 시·군·구 또는 읍·면·동의 지역 단위로 지정하되, 택지개발지구 등 해당 지역 여건을 고려하여 지정 단위를 조정할 수 있다(법 제63조 제1항).

(2) 투기과열지구 지정대상지역

투기과열지구는 해당 지역의 주택가격상승률이 물가상승률보다 현저히 높은 지역으로서 그 지역의 청약경쟁률·주택가격·주택보급률 및 주택공급계획 등과 지역 주택시장 여건 등을 고려하였을 때 주택에 대한 투기가 성행하고 있거나 성행할 우려가 있는 지역 중 대통령령으로 정하는 기준을 충족하는 곳이어야 한다(법 제63조 제2항).

1. 법 제63조 제2항에서 "대통령령으로 정하는 기준을 충족하는 곳"이란 다음 각 호에 해당하는 곳을 말한다(영 제72조의2 제1항).
   (1) 투기과열지구로 지정하는 날이 속하는 달의 바로 전달(이하 "투기과열지구 지정직전월"이라 한다)부터 소급하여 주택공급이 있었던 2개월 동안 해당 지역에서 공급되는 주택의 월별 평균 청약경쟁률이 모두 5대 1을 초과했거나 국민주택규모 주택의 월별 평균 청약경쟁률이 모두 10대 1을 초과한 곳
   (2) 다음 각 목에 해당하는 곳으로서 주택공급이 위축될 우려가 있는 곳
      ① 투기과열지구지정직전월의 주택분양실적이 전달보다 30% 이상 감소한 곳
      ② 사업계획승인 건수나 건축허가 건수(투기과열지구지정직전월부터 소급하여 6개월간의 건수를 말한다)가 직전 연도보다 급격하게 감소한 곳
   (3) 신도시 개발이나 주택 전매행위의 성행 등으로 투기 및 주거불안의 우려가 있는 곳으로서 다음 각 목에 해당하는 곳
      ① 해당 지역이 속하는 시·도의 주택보급률이 전국 평균 이하인 곳
      ② 해당 지역이 속하는 시·도의 자가주택비율이 전국 평균 이하인 곳
      ③ 해당 지역의 분양주택(투기과열지구로 지정하는 날이 속하는 연도의 직전 연도에 분양된 주택을 말한다)의 수가 입주자저축에 가입한 사람으로서 국토교통부령으로 정하는 사람의 수보다 현저히 적은 곳

부기등기의 말소

다음의 하나에 해당하는 경우에는 사업주체가 부기등기를 말소할 수 있다(영 제72조 제3항).

1. 사업계획승인이 취소된 경우
2. 입주예정자가 소유권이전등기를 신청한 경우
3. 소유권이전등기를 신청할 수 있는 날부터 60일이 경과한 때

2. 1.의 각 호에 따른 투기과열지구 지정기준 충족 여부를 판단할 때 1.의 각 호에 규정된 기간에 대한 통계가 없는 경우에는 그 기간과 가장 가까운 월 또는 연도에 대한 통계를 1.의 각 호에 규정된 기간에 대한 통계로 본다(영 제72조의2 제2항).

(3) 투기과열지구 지정절차

1) **의견청취 또는 협의**: 국토교통부장관이 투기과열지구를 지정하거나 해제할 경우에는 시·도지사의 의견을 듣고 그 의견에 대한 검토의견을 회신하여야 하며, 시·도지사가 투기과열지구를 지정하거나 해제할 경우에는 국토교통부장관과 협의하여야 한다(법 제63조 제5항).

2) **심의**: 주거정책심의위원회(시·도지사의 경우에는 시·도 주거정책심의위원회를 말한다)의 심의를 거쳐 일정한 지역을 투기과열지구로 지정하거나 이를 해제할 수 있다(법 제63조 제1항).

3) **공고 및 통보**: 국토교통부장관 또는 시·도지사는 투기과열지구를 지정하였을 때에는 지체 없이 이를 공고하고, 국토교통부장관은 그 투기과열지구를 관할하는 시장·군수·구청장에게, 특별시장, 광역시장 또는 도지사는 그 투기과열지구를 관할하는 시장, 군수 또는 구청장에게 각각 공고 내용을 통보하여야 한다. 이 경우 시장·군수·구청장은 사업주체로 하여금 입주자 모집공고 시 해당 주택건설 지역이 투기과열지구에 포함된 사실을 공고하게 하여야 한다. 투기과열지구 지정을 해제하는 경우에도 또한 같다(법 제63조 제3항).

4) **지정의 재검토**: 국토교통부장관은 반기마다 주거정책심의위원회 회의를 소집하여 투기과열지구로 지정된 지역별로 해당 지역의 주택가격 안정여건 변화 등을 고려하여 투기과열지구 지정의 유지여부를 재검토하여야 한다. 이 경우 재검토 결과 투기과열지구 지정의 해제가 필요하다고 인정되는 경우에는 지체 없이 투기과열지구의 지정을 해제하고 이를 공고하여야 한다(법 제63조 제6항).

2. 투기과열지구 지정의 해제

(1) 지정해제권자

국토교통부장관 또는 시·도지사는 투기과열지구에서 그 지정사유가 없어졌다고 인정하는 경우에는 지체 없이 투기과열지구의 지정을 해제하여야 한다(법 제63조 제4항).

(2) 지정해제 요청

투기과열지구로 지정된 지역의 시·도지사, 시장·군수 또는 구청장은 투기과열지구 지정 후 해당 지역의 주택가격이 안정되는 등 지정 사유가 없어졌다고 인정되는 경우에는 국토교통부장관 또는 시·도지사에게 투기과열지구 지정의 해제를 요청할 수 있다(법 제63조 제7항).

(3) 심의·통보

투기과열지구 지정의 해제를 요청받은 국토교통부장관 또는 시·도지사는 요청받은 날부터 40일 이내에 주거정책심의위원회의 심의를 거쳐 투기과열지구 지정의 해제 여부를 결정하여 그 투기과열지구를 관할하는 지방자치단체장에게 심의결과를 통보하여야 한다(법 제63조 제8항).

(4) 지정해제 공고

국토교통부장관 또는 시·도지사는 주거정책심의위원회의 심의결과 투기과열지구에서 그 지정 사유가 없어졌다고 인정될 때에는 지체 없이 투기과열지구의 지정을 해제하고 이를 공고하여야 한다(법 제63조 제9항).

3 조정대상지역

1. 조정대상지역의 지정

(1) 조정대상지역 지정 대상

1) 국토교통부장관은 다음의 어느 하나에 해당하는 지역으로서 대통령령으로 정하는 기준을 충족하는 지역을 주거정책심의위원회의 심의를 거쳐 조정대상지역으로 지정할 수 있다. 이 경우 다음 1.의 (1)에 해당하는 과열지역의 지정은 그 지정 목적을 달성할 수 있는 최소한의 범위에서 시·군·구 또는 읍·면·동의 지역 단위로 지정하되, 택지개발지구 등 해당 지역 여건을 고려하여 지정 단위를 조정할 수 있다(법 제63조의2 제1항, 규칙 제25조의2).

> 1. 대통령령으로 정하는 기준을 충족하는 지역이란 다음 각 호의 구분에 따른 지역을 말한다(영 제72조의3 제1항).
>   (1) 과열지역(주택가격, 청약경쟁률, 분양권 전매량 및 주택보급률 등을 고려하였을 때 주택 분양 등이 과열되어 있거나 과열될 우려가 있는 지역): 같은 항에 따른 조정대상지역으로 지정하는 날이 속하는 달의 바로 전달(이하 "조정대상지역지정직전월"이라 한다)부터 소급하여 3개월간의 해당 지역 주택가격상승률이 그 지역이 속하는 시·도 소비자물가상승률의 1.3배를 초과한 지역으로서 다음 각 목에 해당하는 지역

① 조정대상지역지정직전월부터 소급하여 주택공급이 있었던 2개월 동안 해당 지역에서 공급되는 주택의 월별 평균 청약경쟁률이 모두 5대 1을 초과했거나 국민주택규모 주택의 월별 평균 청약경쟁률이 모두 10대 1을 초과한 지역
② 조정대상지역지정직전월부터 소급하여 3개월간의 분양권(주택의 입주자로 선정된 지위를 말한다) 전매거래량이 직전 연도의 같은 기간보다 30% 이상 증가한 지역
③ 해당 지역이 속하는 시·도의 주택보급률 또는 자가주택비율이 전국 평균 이하인 지역

(2) 위축지역(주택가격, 주택거래량, 미분양주택의 수 및 주택보급률 등을 고려하여 주택의 분양·매매 등 거래가 위축되어 있거나 위축될 우려가 있는 지역): 조정대상지역지정직전월부터 소급하여 6개월간의 평균 주택가격상승률이 마이너스 1% 이하인 지역으로서 다음 각 목에 해당하는 지역
① 조정대상지역지정직전월부터 소급하여 3개월 연속 주택매매거래량이 직전 연도의 같은 기간보다 20% 이상 감소한 지역
② 조정대상지역지정직전월부터 소급하여 3개월간의 평균 미분양주택(사업계획승인을 받아 입주자를 모집했으나 입주자가 선정되지 않은 주택을 말한다)의 수가 직전 연도의 같은 기간보다 2배 이상인 지역
③ 해당 지역이 속하는 시·도의 주택보급률 또는 자가주택비율이 전국 평균을 초과하는 지역

2. 1. 각 호에 따른 조정대상지역 지정기준 충족 여부를 판단할 때 1. 각 호에 규정된 기간에 대한 통계가 없는 경우에는 제72조의2 제2항을 준용한다.

(2) 조정대상지역의 지정 절차

1) 의견청취 또는 협의

① 국토교통부장관은 조정대상지역을 지정하는 경우에는 미리 시·도지사의 의견을 들어야 한다(법 제63조의2 제3항).

② 국토교통부장관은 조정대상지역을 지정하는 경우 다음의 사항을 미리 관계 기관과 협의할 수 있다(법 제63조의2 제2항).

1. 「주택도시기금법」에 따른 주택도시보증공사의 보증업무 및 주택도시기금의 지원 등에 관한 사항
2. 주택 분양 및 거래 등과 관련된 금융·세제 조치 등에 관한 사항
3. 그 밖에 주택시장의 안정 또는 실수요자의 주택거래 활성화를 위하여 대통령령으로 정하는 사항

2) 심의: 주거정책심의위원회의 심의를 거쳐 일정한 지역을 조정대상지역으로 지정할 수 있다(법 제63조의2 제1항).

3) **공고 및 통보**: 국토교통부장관은 조정대상지역을 지정하였을 때에는 지체 없이 이를 공고하고, 그 조정대상지역을 관할하는 시장・군수・구청장에게 공고 내용을 통보하여야 한다. 이 경우 시장・군수・구청장은 사업주체로 하여금 입주자 모집공고시 해당 주택건설지역이 조정대상지역에 포함된 사실을 공고하게 하여야 한다(법 제63조의2 제4항).

2. 조정대상지역의 지정의 해제

(1) 국토교통부장관의 해제

국토교통부장관은 조정대상지역으로 유지할 필요가 없다고 판단되는 경우에는 주거정책심의위원회의 심의를 거쳐 조정대상지역의 지정을 해제하여야 한다(법 제63조의2 제5항).

(2) 시・도지사 또는 시장・군수・구청장의 해제 요청

① 조정대상지역으로 지정된 지역의 시・도지사 또는 시장・군수・구청장은 조정대상지역 지정 후 해당 지역의 주택가격이 안정되는 등 조정대상지역으로 유지할 필요가 없다고 판단되는 경우에는 국토교통부장관에게 그 지정의 해제를 요청할 수 있다(법 제63조의2 제8항).

② 조정대상지역의 지정의 해제를 요청하는 경우의 절차 등 필요한 사항은 국토교통부령으로 정한다(법 제63조의2 제9항).

③ 국토교통부장관은 조정대상지역 지정의 해제를 요청받은 경우에는 「주거기본법」 제8조에 따른 주거정책심의위원회의 심의를 거쳐 요청받은 날부터 40일 이내에 해제 여부를 결정하고, 그 결과를 해당 지역을 관할하는 시・도지사 또는 시장・군수・구청장에게 통보해야 한다(규칙 제25조의4).

(3) 조정대상지역의 해제 절차

① 국토교통부장관은 조정대상지역의 지정을 해제하는 경우에는 미리 시・도지사의 의견을 듣고, 주거정책심의위원회의 심의를 거쳐 지체 없이 이를 공고하고, 그 조정대상지역을 관할하는 시장・군수・구청장에게 공고 내용을 통보하여야 한다(법 제63조의2 제6항).

② 국토교통부장관은 반기마다 주거정책심의위원회의 회의를 소집하여 조정대상지역으로 지정된 지역별로 해당 지역의 주택가격 안정 여건의 변화 등을 고려하여 조정대상지역 지정의 유지 여부를 재검토하여야 한다. 이 경우 재검토 결과 조정대상지역 지정의 해제가 필요하다고 인정되는 경우에는 지체 없이 조정대상지역 지정을 해제하고 이를 공고하여야 한다(법 제63조의2 제7항).

4 주택의 전매행위 제한 등

1. 주택의 전매행위 제한 대상

사업주체가 건설 · 공급하는 주택[해당 주택의 입주자로 선정된 지위(입주자로 선정되어 그 주택에 입주할 수 있는 권리 · 자격 · 지위 등을 말한다)를 포함한다. 이하 이 조 및 제101조에서 같다]으로서 다음의 어느 하나에 해당하는 경우에는 10년 이내의 범위에서 대통령령으로 정하는 기간(이하 "전매제한기간"이라 한다) 지나기 전에는 그 주택을 전매(매매 · 증여나 그 밖에 권리의 변동을 수반하는 모든 행위를 포함하되, 상속의 경우는 제외한다)하거나 이의 전매를 알선할 수 없다. 이 경우 전매제한기간은 주택의 수급 상황 및 투기 우려 등을 고려하여 대통령령으로 지역별로 달리 정할 수 있다(법 제64조 제1항, 영 제73조 제2항 · 제3항).

① 투기과열지구에서 건설 · 공급되는 주택
② 조정대상지역에서 건설 · 공급되는 주택. 다만, 위축지역에 해당하는 조정대상지역 중 주택의 수급 상황 등을 고려하여 대통령령으로 정하는 지역(즉, 공공택지 외의 택지)에서 건설 · 공급되는 주택은 제외한다.
③ 분양가상한제 적용주택. 다만, 수도권 외의 지역 중 주택의 수급 상황 및 투기 우려 등을 고려하여 대통령령으로 정하는 지역(즉, 광역시가 아닌 지역)으로서 투기과열지구가 지정되지 아니하거나 투기과열지구로 지정 해제된 지역 중 공공택지 외의 택지에서 건설 · 공급되는 분양가상한제 적용주택은 제외한다.
④ 공공택지 외의 택지에서 건설 · 공급되는 주택. 다만, 분양가상한제를 적용하지 않는 주택 및 수도권 외의 지역 중 주택의 수급 상황 및 투기 우려 등을 고려하여 대통령령으로 정하는 지역(즉, 광역시가 아닌 지역)으로서 공공택지 외의 택지에서 건설 · 공급되는 주택은 제외한다.
⑤ 「도시 및 주거환경정비법」 제2조 제2호 나목 후단에 따른 공공재개발사업(제57조 제1항 제2호의 지역에 한정한다)에서 건설 · 공급하는 주택
⑥ 토지임대부 분양주택

2. 전매행위 제한기간

전매행위 제한기간은 다음과 같다(영 제73조 제1항 관련 별표3).

(1) 공통 사항

① 전매행위 제한기간은 해당 주택의 입주자로 선정된 날부터 기산한다.

② 주택에 대한 다음의 (2)부터 (6)까지의 규정에 따른 전매행위 제한기간이 둘 이상에 해당하는 경우에는 그 중 가장 긴 전매행위 제한기간을 적용한다. 다만, 조정대상지역 중 위축지역지역에서 건설 · 공급되는 주택의 경우에는 가장 짧은 전매행위 제한기간을 적용한다.

③ 주택에 대한 다음의 (2)부터 (6)까지의 규정에 따른 전매행위 제한기간 이내에 해당 주택에 대한 소유권이전등기를 완료한 경우 소유권이전등기를 완료한 때에 전매행위 제한기간이 지난 것으로 본다. 이 경우 주택에 대한 소유권이전등기에는 대지를 제외한 건축물에 대해서만 소유권이전등기를 하는 경우를 포함한다.

(2) 투기과열지구에서 건설 · 공급되는 주택의 전매행위 제한기간

1) **수도권**: 3년

2) **수도권 외의 지역**: 1년

(3) 조정대상지역에서 건설 · 공급되는 주택의 전매행위 제한기간

1. 과열지역
   ① 수도권: 3년
   ② 수도권 외의 지역: 1년
2. 위축지역

공공택지에서 건설 · 공급되는 주택	공공택지 외의 택지에서 건설 · 공급되는 주택
6개월	–

(4) 분양가상한제 적용주택의 전매행위 제한기간

1) 공공택지에서 건설 · 공급되는 주택

① 수도권: 3년

② 수도권 외의 지역: 1년

2) 공공택지 외의 택지에서 건설 · 공급되는 주택

① 투기과열지구

㉠ 수도권: 3년

㉡ 수도권 외의 지역: 1년

② 투기과열지구가 아닌 지역

구 분		전매행위 제한기간
㉠ 수도권	과밀억제권역	1년
	성장관리권역 및 자연보전권역	6개월
㉡ 수도권 외의 지역	광역시 중 도시지역	6개월
	그 밖의 지역	–

(5) 공공택지 외의 택지에서 건설 · 공급되는 주택의 전매행위 제한기간

(4)의 2)의 ②의 표 참고

(6) 「도시 및 주거환경정비법」에 따른 공공재개발사업(공공택지 외의 택지에 한정한다)**에서 건설 · 공급하는 주택**

1) 투기과열지구

① 수도권: 3년

② 수도권 외의 지역: 1년

2) 투기과열지구가 아닌 지역

(4)의 2)의 ②의 표 참고

(7) 토지임대부분양주택: 10년

3. 전매행위 제한을 받지 않는 경우

(1) 앞의 1.의 주택을 공급받은 자의 생업상의 사정 등으로 전매가 불가피하다고 인정되는 경우로서 대통령령으로 정하는 경우에는 전매행위제한을 적용하지 아니한다. 다만, 앞의 1.의 ③에 해당하는 주택을 공급받은 자가 전매하는 경우에는 한국토지주택공사가 그 주택을 우선 매입할 수 있다(법 제64조 제2항).

(2) "대통령령으로 정하는 경우"란 다음의 어느 하나에 해당하여 한국토지주택공사(사업주체가 「공공주택 특별법」 제4조의 공공주택 사업자인 경우에는 공공주택 사업자를 말한다)의 동의를 받는 경우를 말한다(영 제73조 제4항).

1. 세대원(법 제64조 제1항 각 호의 주택을 공급받은 사람이 포함된 세대의 구성원)이 근무 또는 생업상의 사정이나 질병치료·취학·결혼으로 인하여 세대원 전원이 다른 광역시, 특별자치시, 특별자치도, 시 또는 군(광역시의 관할구역에 있는 군을 제외한다)으로 이전하는 경우. 다만, 수도권 안에서 이전하는 경우는 제외한다.
2. 상속에 따라 취득한 주택으로 세대원 전원이 이전하는 경우
3. 세대원 전원이 해외로 이주하거나 2년 이상의 기간 해외에 체류하려는 경우
4. 이혼으로 인하여 입주자로 선정된 지위 또는 주택을 그 배우자에게 이전하는 경우
5. 「공익사업을 위한 토지 등의 취득 및 보상에 관한 법률」에 따라 공익사업의 시행으로 주거용 건축물을 제공한 자가 사업시행자로부터 이주대책용 주택을 공급받은 경우(사업시행자의 알선으로 공급받은 경우를 포함한다)로서 시장·군수 또는 구청장이 확인하는 경우
6. 앞의 1.의 ③부터 ⑤까지의 어느 하나에 해당하는 주택의 소유자가 국가·지방자치단체 및 금융기관에 대한 채무를 이행하지 못하여 경매 또는 공매가 시행되는 경우
7. 입주자로 선정된 지위 또는 주택의 일부를 그 배우자에게 증여하는 경우
8. 실직·파산 또는 신용불량으로 경제적 어려움이 발생한 경우

(3) (2)에 따른 동의를 받으려는 사람은 국토교통부령으로 정하는 전매 동의신청서를 한국토지주택공사에 제출해야 한다. 이 경우 한국토지주택공사는 해당 동의신청서를 접수한 날부터 14일 이내에 동의 여부를 신청인에게 통보해야 한다(영 제73조 제5항).

(4) 한국토지주택공사는 법 제64조 제2항 단서에 따라 해당 주택을 우선 매입하려는 경우에는 (3)의 후단에 따른 통보를 할 때 우선 매입 의사를 함께 통보해야 한다(영 제73조 제6항).

4. 전매행위제한 위반시 주택 매수 및 입주자자격 제한

(1) 전매행위제한(토지임대부 분양주택은 제외)을 위반하여 주택의 입주자로 선정된 지위의 전매가 이루어진 경우, 사업주체가 매입비용을 그 매수인에게 지급한 경우에는 그 지급한 날에 사업주체가 해당 입주자로 선정된 지위를 취득한 것으로 보며, 앞의 3.의 (1)의 단서에 따라 한국토지주택공사가 분양가상한제 적용주택을 우선 매입하는 경우에도 매입비용을 준용하되, 해당 주택의 분양가격과 인근지역 주택매매가격의 비율 및 해당 주택의 보유기간 등을 고려하여 대통령령으로 정하는 바에 따라 매입금액을 달리 정할 수 있다(법 제64조 제3항).

(2) 국토교통부장관은 전매행위제한 및 다음의 6.의 (4)의 규정을 위반한 자에 대하여 10년의 범위에서 국토교통부령으로 정하는 바에 따라 주택의 입주자자격을 제한할 수 있다(법 제64조 제7항).

5. 전매행위제한 위반시 처벌

입주자로 선정된 지위 또는 주택을 전매하거나 이의 전매를 알선한 자는 3년 이하의 징역 또는 3천만원 이하의 벌금에 처한다(법 제101조 제2호).

6. 전매행위제한 주택의 부기등기

(1) 부기등기 의무 주택

사업주체가 분양가상한제 적용주택과 수도권의 지역으로서 공공택지 외의 택지에서 건설하는 주택 및 토지임대부 분양주택을 공급하는 경우(한국주택토지공사가 아래 (4)에 따라 주택을 재공급하는 경우도 포함한다)에는 그 주택의 소유권을 제3자에게 이전할 수 없음을 소유권에 관한 등기에 부기등기하여야 한다(법 제64조 제4항).

(2) 부기등기 내용

부기등기는 주택의 소유권보존등기와 동시에 하여야 하며, 부기등기에는 "이 주택은 최초로 소유권이전등기가 된 후에는 전매제한기간이 지나기 전에 한국토지주택공사(한국토지주택공사가 우선 매입한 주택을 공급받는 자를 포함한다) 외의 자에게 소유권을 이전하는 어떠한 행위도 할 수 없음"을 명시하여야 한다(법 제64조 제5항).

(3) 부기등기 말소 신청

부기등기를 한 경우에는 해당 주택의 소유자가 전매행위 제한기간이 지났을 때에 그 부기등기의 말소를 신청할 수 있다(규칙 제27조).

(4) 한국토지주택공사가 매입한 주택의 재공급

① 한국토지주택공사는 앞의 3.의 (1) 단서 및 제78조의2 제3항에 따라 매입한 주택을 국토교통부령으로 정하는 바에 따라 재공급하여야 하며, 해당 주택을 공급받은 자는 전매제한기간 중 잔여기간 동안 그 주택을 전매할 수 없다. 이 경우 제78조의2 제3항에 따라 매입한 주택은 토지임대부 분양주택으로 재공급하여야 한다(법 제64조 제6항).

② 한국토지주택공사가 ①에 따라 주택을 재공급하는 경우에는 전매행위제한 규정을 적용하지 아니한다(법 제64조 제8항).

7. 분양권 전매 등에 관한 신고포상금

(1) 시・도지사는 분양권 등을 전매하거나 알선하는 자를 주무관청에 신고한 자에게 대통령령으로 정하는 바에 따라 포상금을 지급할 수 있다(법 제92조).

(2) 분양권 등을 전매하거나 알선하는 행위(이하 "부정행위"라 한다)를 하는 자를 신고하려는 자는 신고서에 부정행위를 입증할 수 있는 자료를 첨부하여 시・도지사에게 신고하여야 한다(영 제92조 제1항).

(3) 시・도지사는 (2)에 따른 신고를 받은 경우에는 관할 수사기관에 수사를 의뢰하여야 하며, 수사기관은 해당 수사결과(법 제101조 제2호에 따른 벌칙 부과 등 확정판결의 결과를 포함한다)를 시・도지사에게 통보하여야 한다(영 제92조 제2항).

(4) 시・도지사는 (3)에 따른 수사결과를 신고자에게 통지하여야 한다(영 제92조 제3항).

(5) (4)에 따른 통지를 받은 신고자는 신청서에 다음의 서류를 첨부하여 시・도지사에게 포상금 지급을 신청할 수 있다. 이 경우 시・도지사는 신청일부터 30일 이내에 국토교통부령으로 정하는 지급기준에 따라 포상금을 지급하여야 한다(영 제92조 제4항).

> 1. (4)에 따른 수사결과통지서 사본 1부
> 2. 통장 사본 1부

신고포상금 지급기준

1. 포상금은 1천만원 이하의 범위에서 지급하되, 구체적인 지급 기준 및 지급 기준액은 별표 4와 같다(규칙 제38조 제3항).
2. 시・도지사는 다음의 어느 하나에 해당하는 경우에는 포상금을 지급하지 아니할 수 있다(규칙 제38조 제4항).
   ① 신고받은 전매행위 또는 알선행위(이하 "부정행위"라 한다)가 언론매체 등에 이미 공개된 내용이거나 이미 수사 중인 경우
   ② 관계 행정기관이 사실조사 등을 통하여 신고받은 부정행위를 이미 알게 된 경우

04 리모델링

Chapter

단·원·열·기

공동주택의 리모델링의 허가기준 및 세대수 증가형 리모델링이 출제되고 있다.
학습방법 : 리모델링허가기준, 권리변동계획, 리모델링 기본계획을 중심으로 정리하도록 한다.

리모델링

01 공동주택의 리모델링

1 리모델링의 허가 등

1. 리모델링의 허가권자

(1) 공동주택(부대시설과 복리시설을 포함한다)의 입주자·사용자 또는 관리주체가 공동주택을 리모델링하려고 하는 경우에는 허가와 관련된 면적, 세대수 또는 입주자 등의 동의 비율에 관하여 대통령령으로 정하는 기준 및 절차 등에 따라 시장·군수·구청장의 허가를 받아야 한다(법 제66조 제1항).

(2) (1)에도 불구하고 대통령령으로 정하는 기준 및 절차 등에 따라 리모델링을 한 리모델링주택조합이나 소유자 전원의 동의를 받은 입주자대표회의가 시장·군수·구청장의 허가를 받아 리모델링을 할 수 있다(법 제66조 제2항).

2. 리모델링의 허가 기준 등

(1) 1.의 (1), (2)에 따른 리모델링 허가기준은 「주택법 시행령」 별표 4와 같다(영 제75조 제1항).

공동주택 리모델링의 허가기준(제75조 제1항 관련)

구 분	세부기준
1. 동의비율	(1) 입주자 · 사용자 또는 관리주체의 경우 공사기간, 공사방법 등이 적혀 있는 동의서에 입주자 전체의 동의를 받아야 한다. (2) 리모델링주택조합의 경우 다음의 사항이 적혀 있는 결의서에 주택단지 전체를 리모델링하는 경우에는 주택단지 전체 구분소유자 및 의결권의 각 75% 이상의 동의와 각 동별 구분소유자 및 의결권의 각 50% 이상의 동의를 받아야 하며(리모델링을 하지 않는 별동의 건축물로 입주자 공유가 아닌 복리시설 등의 소유자는 권리변동이 없는 경우에 한정하여 동의비율 산정에서 제외한다), 동을 리모델링하는 경우에는 그 동의 구분소유자 및 의결권의 각 75% 이상의 동의를 받아야 한다. ① 리모델링 설계의 개요 ② 공사비 ③ 조합원의 비용분담 명세 (3) 입주자대표회의 경우 다음의 사항이 적혀 있는 결의서에 주택단지의 소유자 전원의 동의를 받아야 한다. ① 리모델링 설계의 개요 ② 공사비 ③ 소유자의 비용분담 명세
2. 허용행위	(1) 공동주택 ① 리모델링은 주택단지별 또는 동별로 한다. ② 복리시설을 분양하기 위한 것이 아니어야 한다. 다만, 1층을 필로티 구조로 전용하여 세대의 일부 또는 전부를 부대시설 및 복리시설 등으로 이용하는 경우에는 그렇지 않다. ③ ②에 따라 1층을 필로티 구조로 전용하는 경우 제13조에 따른 수직증축 허용범위를 초과하여 증축하는 것이 아니어야 한다. ④ 내력벽의 철거에 의하여 세대를 합치는 행위가 아니어야 한다. (2) 입주자 공유가 아닌 복리시설 등 ① 사용검사를 받은 후 10년 이상 지난 복리시설로서 공동주택과 동시에 리모델링하는 경우로서 시장 · 군수 · 구청장이 구조안전에 지장이 없다고 인정하는 경우로 한정한다. ② 증축은 기존건축물 연면적 합계의 10분의 1 이내여야 하고, 증축 범위는 「건축법 시행령」 제6조 제2항 제2호 나목에 따른다. 다만, 주택과 주택 외의 시설이 동일 건축물로 건축된 경우는 주택의 증축 면적비율의 범위 안에서 증축할 수 있다.

(2) 리모델링 허가를 받으려는 자는 허가신청서에 국토교통부령으로 정하는 서류를 첨부하여 시장 · 군수 · 구청장에게 제출하여야 한다(영 제75조 제2항).

(3) 리모델링에 동의한 소유자는 리모델링주택조합 또는 입주자대표회의가 시장 · 군수 · 구청장에게 허가신청서를 제출하기 전까지 서면으로 동의를 철회할 수 있다(영 제75조 제3항).

3. 인가허가 등 준용

리모델링에 관하여 시장 · 군수 · 구청장이 관계 행정기관의 장과 협의하여 허가받은 사항에 관하여는 법 제19조(다른 법률에 따른 인가 · 허가 등의 의제)를 준용한다(법 제66조 제5항).

4. 시공자 선정

(1) 리모델링을 하는 경우 설립인가를 받은 리모델링주택조합의 총회 또는 소유자 전원의 동의를 받은 입주자대표회의에서 「건설산업기본법」에 따른 건설사업자 또는 건설사업자로 보는 등록사업자를 시공자로 선정하여야 한다(법 제66조 제3항).

(2) 시공자를 선정하는 경우에는 국토교통부장관이 정하는 경쟁입찰의 방법으로 하여야 한다. 다만, 경쟁입찰의 방법으로 시공자를 선정하는 것이 곤란하다고 인정되는 경우 등 대통령령으로 정하는 경우에는 그러하지 아니하다(법 제66조 제4항).

"경쟁입찰의 방법으로 시공자를 선정하는 것이 곤란하다고 인정되는 경우 등 대통령령으로 정하는 경우"란 시공자 선정을 위하여 같은 항 본문에 따라 국토교통부장관이 정하는 경쟁입찰의 방법으로 2회 이상 경쟁입찰을 하였으나 입찰자의 수가 해당 경쟁입찰의 방법에서 정하는 최저 입찰자 수에 미달하여 경쟁입찰의 방법으로 시공자를 선정할 수 없게 된 경우를 말한다(영 제76조 제1항).

5. 세대수 증가형 리모델링

(1) 허가에 대한 심의

시장 · 군수 · 구청장이 세대수 증가형 리모델링(50세대 이상으로 세대수가 증가하는 경우로 한정한다)을 허가하려는 경우에는 기반시설에의 영향이나 도시 · 군관리계획과의 부합 여부 등에 대하여 「국토의 계획 및 이용에 관한 법률」에 따라 설치된 시 · 군 · 구도시계획위원회의 심의를 거쳐야 한다(법 제66조 제6항, 영 제76조 제2항).

(2) 리모델링 기본계획 부합

리모델링 기본계획 수립 대상지역에서 세대수 증가형 리모델링을 허가하려는 시장 · 군수 · 구청장은 해당 리모델링 기본계획에 부합하는 범위에서 허가하여야 한다(법 제66조 제9항).

(3) 권리변동계획

1) 세대수가 증가되는 리모델링을 하는 경우에는 기존 주택의 권리변동, 비용분담 등 대통령령으로 정하는 사항에 대한 계획(이하 "권리변동계획"이라 한다)을 수립하여 사업계획승인 또는 행위허가를 받아야 한다(법 제67조).

> "기존 주택의 권리변동, 비용분담 등 대통령령으로 정하는 사항"이란 다음의 사항을 말한다(영 제77조 제1항).
> 1. 리모델링 전후의 대지 및 건축물의 권리변동 명세
> 2. 조합원의 비용분담
> 3. 사업비
> 4. 조합원 외의 자에 대한 분양계획
> 5. 그 밖에 리모델링과 관련된 권리 등에 대하여 해당 시・도 또는 시・군의 조례로 정하는 사항

2) 1)의 1. 및 2.에 따라 대지 및 건축물의 권리변동 명세를 작성하거나 조합원의 비용분담 금액을 산정하는 경우에는 「감정평가 및 감정평가사에 관한 법률」에 따른 감정평가법인등이 리모델링 전후의 재산 또는 권리에 대하여 평가한 금액을 기준으로 할 수 있다(영 제77조 제2항).

6. 사용검사

공동주택의 입주자・사용자・관리주체・입주자대표회의 또는 리모델링주택조합이 리모델링에 관하여 시장・군수・구청장의 허가를 받은 후 그 공사를 완료하였을 때에는 시장・군수・구청장의 사용검사를 받아야 하며, 사용검사에 관하여는 법 제49조를 준용한다(법 제66조 제7항).

7. 리모델링 허가 취소

시장・군수・구청장은 공동주택의 입주자・사용자・관리주체・입주자대표회의 또는 리모델링주택조합이 거짓이나 그 밖의 부정한 방법으로 허가를 받은 경우에는 행위허가를 취소할 수 있다(법 제66조 제8항).

8. 수직증축형 리모델링의 구조기준

수직증축형 리모델링의 설계자는 국토교통부장관이 정하여 고시하는 구조기준에 맞게 구조설계도서를 작성하여야 한다(법 제70조).

2 증축형 리모델링의 안전진단

1. 안전진단 요청에 따른 안전진단

증축하는 리모델링(이하 “증축형 리모델링”이라 한다)을 하려는 자는 시장·군수·구청장에게 안전진단을 요청하여야 하며, 안전진단을 요청받은 시장·군수·구청장은 해당 건축물의 증축 가능 여부의 확인 등을 위하여 안전진단을 실시하여야 한다(법 제68조 제1항).

2. 안전진단 실시기관

시장·군수·구청장은 1.에 따라 안전진단을 실시하는 경우에는 대통령령으로 정하는 다음의 기관에 안전진단을 의뢰하여야 하며, 안전진단을 의뢰받은 기관은 리모델링을 하려는 자가 추천한 건축구조기술사(구조설계를 담당할 자를 말한다)와 함께 안전진단을 실시하여야 한다(법 제68조 제2항, 영 제78조 제1항).

1. 「시설물의 안전 및 유지관리에 관한 특별법」에 따라 등록한 안전진단전문기관
2. 「국토안전관리원법」에 따른 국토안전관리원
3. 「과학기술분야 정부출연연구기관 등의 설립·운영 및 육성에 관한 법률」에 따른 한국건설기술연구원

3. 증축형 리모델링이 금지되는 경우

시장·군수·구청장이 안전진단으로 건축물 구조의 안전에 위험이 있다고 평가하여 「도시 및 주거환경정비법」에 따른 재건축사업 및 「빈집 및 소규모주택 정비에 관한 특례법」 제2조 제1항 제3호 다목에 따른 소규모재건축사업의 시행이 필요하다고 결정한 건축물은 증축형 리모델링을 하여서는 아니 된다(법 제68조 제3항).

4. 수직증축형 리모델링 허가한 후 안전진단

시장·군수·구청장은 리모델링 허가신청에 따라 수직증축형 리모델링을 허가한 후에 해당 건축물의 구조안전성 등에 대한 상세 확인을 위하여 안전진단을 실시하여야 한다. 이 경우 안전진단을 의뢰받은 기관은 건축구조기술사와 함께 안전진단을 실시하여야 하며, 리모델링을 하려는 자는 안전진단 후 구조설계의 변경 등이 필요한 경우에는 건축구조기술사로 하여금 이를 보완하도록 하여야 한다(법 제68조 제4항).

5. 안전진단실시기관의 안전진단 중복 제한

시장 · 군수 · 구청장은 2.의 안전진단을 실시한 기관에 4.에 따른 안전진단을 의뢰해서는 아니 된다. 다만, 다음의 어느 하나에 해당하는 경우에는 그러하지 아니하다(영 제78조 제2항).

1. 증축형 리모델링의 안전진단 요청에 따라 안전진단을 실시한 기관이 국토안전관리원 또는 한국건설기술연구원인 경우
2. 리모델링 허가신청에 따라 수직증축형 리모델링을 허가한 후에 시장 · 군수 · 구청장의 안전진단 의뢰(2회 이상 「지방자치단체를 당사자로 하는 계약에 관한 법률」에 따라 입찰에 부치거나 수의계약을 시도하는 경우로 한정한다)에 응하는 기관이 없는 경우

6. 안전진단 결과

(1) 안전진단 결과보고서 제출

2.와 4.에 따라 안전진단을 의뢰받은 기관은 국토교통부장관이 정하여 고시하는 기준에 따라 안전진단을 실시하고, 국토교통부령으로 정하는 방법 및 절차에 따라 안전진단 결과보고서를 작성하여 안전진단을 요청한 자와 시장 · 군수 · 구청장에게 제출하여야 한다(법 제68조 제5항).

(2) 안전진단 결과보고서의 적정성 검토 의뢰

안전진단전문기관으로부터 안전진단 결과보고서를 제출받은 시장 · 군수 · 구청장은 필요하다고 인정하는 경우에는 제출받은 날부터 7일 이내에 국토안전관리원 또는 한국건설기술연구원에 안전진단 결과보고서의 적정성에 대한 검토를 의뢰할 수 있다(영 제78조 제3항).

(3) 안전진단 요청자에 대한 통보

시장 · 군수 · 구청장은 증축형리모델링의 안전진단을 한 경우에는 제출받은 안전진단 결과보고서, 안전진단 결과보고서의 적정성 검토 결과 및 리모델링 기본계획을 고려하여 안전진단을 요청한 자에게 증축 가능 여부를 통보하여야 한다(영 제78조 제4항).

7. 안전진단 실시비용 등

(1) 시장 · 군수 · 구청장은 앞의 1. 및 4.에 따라 안전진단을 실시하는 비용의 전부 또는 일부를 리모델링을 하려는 자에게 부담하게 할 수 있다(법 제68조 제6항).

(2) 그 밖에 안전진단에 관하여 필요한 사항은 대통령령으로 정한다(법 제68조 제7항).

8. 전문기관의 안전성 검토 등

(1) 안전성 검토 의뢰

1) 시장 · 군수 · 구청장은 수직증축형 리모델링을 하려는 자가 「건축법」에 따른 건축위원회의 심의를 요청하는 경우 구조계획상 증축범위의 적정성 등에 대하여 국토안전관리원, 한국건설기술연구원에 안전성 검토를 의뢰하여야 한다(법 제69조 제1항, 영 제79조 제1항).

2) 시장 · 군수 · 구청장은 수직증축형 리모델링을 하려는 자의 허가신청이 있거나 안전진단 결과 국토교통부장관이 정하여 고시하는 설계도서의 변경이 있는 경우 제출된 설계도서상 구조안전의 적정성 여부 등에 대하여 1)에 따라 검토를 수행한 전문기관에 안전성 검토를 의뢰하여야 한다(법 제69조 제2항).

3) 1) 및 2)에 따라 검토의뢰를 받은 전문기관은 국토교통부장관이 정하여 고시하는 검토기준에 따라 검토한 결과를 대통령령으로 정하는 기간 이내에 시장 · 군수 · 구청장에게 제출하여야 하며, 시장 · 군수 · 구청장은 특별한 사유가 없는 경우 이 법 및 관계 법률에 따른 위원회의 심의 또는 허가시 제출받은 안전성 검토결과를 반영하여야 한다(법 제69조 제3항).

대통령령으로 정하는 기간

1. 3)에서 "대통령령으로 정하는 기간"이란 1), 2)에 따라 안전성 검토(이하 이 조에서 "검토"라 한다)를 의뢰받은 날부터 30일을 말한다. 다만, 검토 의뢰를 받은 전문기관이 부득이하게 검토기간의 연장이 필요하다고 인정하여 20일의 범위에서 그 기간을 연장(한 차례로 한정한다)한 경우에는 그 연장된 기간을 포함한 기간을 말한다(영 제79조 제2항).
2. 검토 의뢰를 받은 전문기관은 검토 의뢰 서류에 보완이 필요한 경우에는 일정한 기간을 정하여 보완하게 할 수 있다(영 제79조 제3항).
3. 1.에 따른 기간을 산정할 때 2.에 따른 보완기간, 공휴일 및 토요일은 산정대상에서 제외한다(영 제79조 제4항).

(2) 안전성 검토 비용 부담

시장 · 군수 · 구청장은 전문기관의 안전성 검토비용의 전부 또는 일부를 리모델링을 하려는 자에게 부담하게 할 수 있다(법 제69조 제4항).

(3) 중앙건축위원회의 심의 요청 등

① 국토교통부장관은 시장 · 군수 · 구청장에게 (1)의 3)에 따라 제출받은 자료의 제출을 요청할 수 있으며, 필요한 경우 시장 · 군수 · 구청장으로 하여금 안전성 검토결과의 적정성에 대하여 「건축법」에 따른 중앙건축위원회의 심의를 받도록 요청할 수 있다(법 제69조 제5항).

② 시장 · 군수 · 구청장은 특별한 사유가 없으면 심의결과를 반영하여야 한다(법 제69조 제6항).

③ 그 밖에 전문기관 검토 등에 관하여 필요한 사항은 대통령령으로 정한다(법 제69조 제7항).

3 공동주택 리모델링에 따른 특례

1. 전유부분 면적의 증감인 경우

공동주택의 소유자가 리모델링에 의하여 전유부분(「집합건물의 소유 및 관리에 관한 법률」에 따른 전유부분을 말한다)의 면적이 늘거나 줄어드는 경우에는 「집합건물의 소유 및 관리에 관한 법률」 제12조 및 제20조 제1항에도 불구하고 대지사용권은 변하지 아니하는 것으로 본다. 다만, 세대수 증가를 수반하는 리모델링의 경우에는 권리변동계획에 따른다(법 제76조 제1항).

2. 일부 공용부분면적 변경의 경우

공동주택의 소유자가 리모델링에 의하여 일부 공용부분(「집합건물의 소유 및 관리에 관한 법률」에 따른 공용부분을 말한다)의 면적을 전유부분의 면적으로 변경한 경우에는 「집합건물의 소유 및 관리에 관한 법률」 제12조에도 불구하고 그 소유자의 나머지 공용부분의 면적은 변하지 아니하는 것으로 본다(법 제76조 제2항).

3. 규약으로 정한 경우

대지사용권 및 공용부분의 면적에 관하여는 1., 2.에도 불구하고 소유자가 「집합건물의 소유 및 관리에 관한 법률」 제28조에 따른 규약으로 달리 정한 경우에는 그 규약에 따른다(법 제76조 제3항).

4. 임대차기간의 특례

임대차계약 당시 다음의 어느 하나에 해당하여 그 사실을 임차인에게 고지한 경우로서 리모델링 허가를 받은 경우에는 해당 리모델링 건축물에 관한 임대차계약에 대하여 「주택임대차보호법」 제4조 제1항(임대차기간) 및 「상가건물 임대차보호법」 제9조 제1항(임대차기간)을 적용하지 아니한다(법 제76조 제4항).

1. 임대차계약 당시 해당 건축물의 소유자들(입주자대표회의를 포함한다)이 리모델링주택조합 설립인가를 받은 경우
2. 임대차계약 당시 해당 건축물의 입주자대표회의가 직접 리모델링을 실시하기 위하여 관할 시장·군수·구청장에게 안전진단을 요청한 경우

「도시 및 주거환경정비법」 제38조(조합의 법인격 등)
1. 조합은 법인으로 한다.
2. 조합은 조합설립인가를 받은 날부터 30일 이내에 주된 사무소의 소재지에서 대통령령으로 정하는 사항을 등기하는 때에 성립한다.

5. 리모델링주택조합의 법인격

리모델링주택조합의 법인격에 관하여는 「도시 및 주거환경정비법」 제38조를 준용한다. 이 경우 "정비사업조합"은 "리모델링주택조합"으로 본다(법 제76조 제5항).

6. 권리변동계획에 따른 권리의 확정 등

권리변동계획에 따라 소유권이 이전되는 토지 또는 건축물에 대한 권리의 확정 등에 관하여는 「도시 및 주거환경정비법」 제87조를 준용한다. 이 경우 "토지등소유자에게 분양하는 대지 또는 건축물"은 "권리변동계획에 따라 구분소유자에게 소유권이 이전되는 토지 또는 건축물"로, "일반에게 분양하는 대지 또는 건축물"은 "권리변동계획에 따라 구분소유자 외의 자에게 소유권이 이전되는 토지 또는 건축물"로 본다(법 제76조 제6항).

4 부정행위 금지

공동주택의 리모델링과 관련하여 다음의 어느 하나에 해당하는 자는 부정하게 재물 또는 재산상의 이익을 취득하거나 제공하여서는 아니 된다(법 제77조).

1. 입주자
2. 사용자
3. 관리주체
4. 입주자대표회의 또는 그 구성원
5. 리모델링주택조합 또는 그 구성원

02 리모델링 기본계획

1 리모델링 기본계획 수립권자 및 대상지역 등

1. 리모델링 기본계획 수립

특별시장·광역시장 및 대도시의 시장은 관할구역에 대하여 다음의 사항을 포함한 리모델링 기본계획을 10년 단위로 수립하여야 한다. 다만, 세대수 증가형 리모델링에 따른 도시과밀의 우려가 적은 경우 등 대통령령으로 정하는 경우에는 리모델링 기본계획을 수립하지 아니할 수 있다(법 제71조 제1항).

1. 계획의 목표 및 기본방향
2. 도시기본계획 등 관련 계획 검토
3. 리모델링 대상 공동주택 현황 및 세대수 증가형 리모델링 수요 예측
4. 세대수 증가에 따른 기반시설의 영향 검토
5. 일시집중 방지 등을 위한 단계별 리모델링 시행방안
6. 그 밖에 대통령령으로 정하는 사항(영 제80조 제2항).
   도시과밀 방지 등을 위한 계획적 관리와 리모델링의 원활한 추진을 지원하기 위한 사항으로서 특별시·광역시 또는 대도시의 조례로 정하는 사항을 말한다.

2. 리모델링 기본계획 수립의 예외

다음의 구분에 따른 경우에는 리모델링 기본계획을 수립하지 아니할 수 있다(영 제80조 제1항).

1. 특별시·광역시의 경우: 세대수 증가형 리모델링(세대수를 증가하는 증축행위를 말한다)에 따른 도시과밀이나 이주수요의 일시집중 우려가 적은 경우로서 특별시장·광역시장이 「국토의 계획 및 이용에 관한 법률」에 따른 시·도도시계획위원회의 심의를 거쳐 리모델링 기본계획을 수립할 필요가 없다고 인정하는 경우
2. 대도시(「지방자치법」에 따른 대도시를 말한다): 세대수 증가형 리모델링에 따른 도시과밀이나 이주수요의 일시집중 우려가 적은 경우로서 대도시 시장의 요청으로 도지사가 시·도도시계획위원회의 심의를 거쳐 리모델링 기본계획을 수립할 필요가 없다고 인정하는 경우

3. 대도시가 아닌 시의 시장의 수립

대도시가 아닌 시의 시장은 세대수 증가형 리모델링에 따른 도시과밀이나 일시집중 등이 우려되어 도지사가 리모델링 기본계획의 수립이 필요하다고 인정한 경우 리모델링 기본계획을 수립하여야 한다(법 제71조 제2항).

4. 리모델링 기본계획의 작성기준 및 작성방법 등

리모델링 기본계획의 작성기준 및 작성방법 등은 국토교통부장관이 정한다(법 제71조 제3항).

2 리모델링 기본계획 수립절차

1. 주민공람 및 지방의회 의견청취

특별시장·광역시장 및 대도시의 시장(법 제71조 제2항에 따른 대도시가 아닌 시의 시장을 포함한다. 이하 이 조부터 제74조까지에서 같다)은 리모델링 기본계획을 수립하거나 변경하려면 14일 이상 주민에게 공람하고, 지방의회의 의견을 들어야 한다. 이 경우 지방의회는 의견제시를 요청받은 날부터 30일 이내에 의견을 제시하여야 하며, 30일 이내에 의견을 제시하지 아니하는 경우에는 이의가 없는 것으로 본다. 다만, 대통령령으로 정하는 경미한 변경인 경우에는 주민공람 및 지방의회 의견청취 절차를 거치지 아니할 수 있다(법 제72조 제1항).

2. 협의 및 심의

(1) 특별시장·광역시장 및 대도시의 시장은 리모델링 기본계획을 수립하거나 변경하려면 관계 행정기관의 장과 협의한 후 「국토의 계획 및 이용에 관한 법률」에 따라 설치된 시·도도시계획위원회 또는 시·군·구도시계획위원회의 심의를 거쳐야 한다(법 제72조 제2항).

(2) (1)에 따라 협의를 요청받은 관계 행정기관의 장은 특별한 사유가 없으면 그 요청을 받은 날부터 30일 이내에 의견을 제시하여야 한다(법 제72조 제3항).

(3) 대도시의 시장은 리모델링 기본계획을 수립하거나 변경하려면 도지사의 승인을 받아야 하며, 도지사는 리모델링 기본계획을 승인하려면 시·도도시계획위원회의 심의를 거쳐야 한다(법 제72조 제4항).

3. 리모델링 기본계획의 고시 등

(1) 특별시장·광역시장 및 대도시의 시장은 리모델링 기본계획을 수립하거나 변경한 때에는 이를 지체 없이 해당 지방자치단체의 공보에 고시하여야 한다(법 제73조 제1항).

(2) 특별시장·광역시장 및 대도시의 시장은 5년마다 리모델링 기본계획의 타당성 여부를 검토하여 그 결과를 리모델링 기본계획에 반영하여야 한다(법 제73조 제2항).

(3) 그 밖에 주민공람 절차 등 리모델링 기본계획 수립에 필요한 사항은 대통령령으로 정한다(법 제73조 제3항).

대통령령으로 정하는 경미한 변경인 경우

"대통령령으로 정하는 경미한 변경인 경우"란 다음의 어느 하나에 해당하는 경우를 말한다(영 제80조 제3항).

1. 세대수 증가형 리모델링 수요 예측 결과에 따른 세대수 증가형 리모델링 수요(세대수 증가형 리모델링을 하려는 주택의 총 세대수를 말한다. 이하 이 항에서 같다)가 감소하거나 10% 범위에서 증가하는 경우
2. 세대수 증가형 리모델링 수요의 변동으로 기반시설의 영향 검토나 단계별 리모델링 시행방안이 변경되는 경우
3. 「국토의 계획 및 이용에 관한 법률」에 따른 도시·군기본계획 등 관련 계획의 변경에 따라 리모델링 기본계획이 변경되는 경우

세대수 증가형 리모델링의 시기 조정

1. **국토교통부장관의 시기 조정**: 국토교통부장관은 세대수 증가형 리모델링의 시행으로 주변 지역에 현저한 주택부족이나 주택시장의 불안정 등이 발생될 우려가 있는 때에는 주거정책심의위원회의 심의를 거쳐 특별시장, 광역시장, 대도시의 시장에게 리모델링 기본계획을 변경하도록 요청하거나, 시장·군수·구청장에게 세대수 증가형 리모델링의 사업계획 승인 또는 허가의 시기를 조정하도록 요청할 수 있으며, 요청을 받은 특별시장, 광역시장, 대도시의 시장 또는 시장·군수·구청장은 특별한 사유가 없으면 그 요청에 따라야 한다(법 제74조 제1항).

(4) 특별시장 · 광역시장 및 대도시의 시장(법 제71조 제2항에 따른 대도시가 아닌 시의 시장을 포함한다)은 주민공람을 실시할 때에는 미리 공람의 요지 및 장소를 해당 지방자치단체의 공보 및 인터넷 홈페이지에 공고하고, 공람 장소에 관계 서류를 갖추어 두어야 한다(영 제80조 제4항).

시 · 도지사의 시기 조정

시 · 도지사는 세대수 증가형 리모델링의 시행으로 주변 지역에 현저한 주택부족이나 주택시장의 불안정 등이 발생될 우려가 있는 때에는 「주거기본법」에 따른 시 · 도 주거정책심의위원회의 심의를 거쳐 대도시의 시장에게 리모델링 기본계획을 변경하도록 요청하거나, 시장 · 군수 · 구청장에게 세대수 증가형 리모델링의 사업계획 승인 또는 허가의 시기를 조정하도록 요청할 수 있으며, 요청을 받은 대도시의 시장 또는 시장 · 군수 · 구청장은 특별한 사유가 없으면 그 요청에 따라야 한다(법 제74조 제2항).

시기 조정에 관한 방법 및 절차 등

시기 조정에 관한 방법 및 절차 등에 관하여 필요한 사항은 국토교통부령 또는 시 · 도의 조례로 정한다(법 제74조 제3항).

리모델링 지원센터

1. 시장 · 군수 · 구청장은 리모델링의 원활한 추진을 지원하기 위하여 리모델링 지원센터를 설치하여 운영할 수 있다(법 제75조 제1항).
2. 리모델링 지원센터는 다음의 업무를 수행할 수 있다(법 제75조 제2항).
   ① 리모델링주택조합 설립을 위한 업무 지원
   ② 설계자 및 시공자 선정 등에 대한 지원
   ③ 권리변동계획 수립에 관한 지원
   ④ 그 밖에 지방자치단체의 조례로 정하는 사항
3. 리모델링 지원센터의 조직, 인원 등 리모델링 지원센터의 설치 · 운영에 필요한 사항은 지방자치단체의 조례로 정한다(법 제75조 제3항).

보 칙

단·원·열·기

토지임대부 분양주택, 주택상환사채, 국민주택사업특별회계가 출제되고 있다.
학습방법 : 토지임대부 분양주택, 주택상환사채, 국민주택사업특별회계, 청문 등 전반적으로 정리하도록 한다.

보 칙

1 토지임대부 분양주택

1. 토지임대부 분양주택의 토지에 관한 임대차 관계

(1) 토지임대부 분양주택의 토지에 대한 임대차기간은 40년 이내로 한다. 이 경우 토지임대부 분양주택 소유자의 75% 이상이 계약갱신을 청구하는 경우 40년의 범위에서 이를 갱신할 수 있다(법 제78조 제1항).

(2) 토지임대부 분양주택을 공급받은 자가 토지소유자와 임대차계약을 체결한 경우 해당 주택의 구분소유권을 목적으로 그 토지 위에 임대차기간 동안 지상권이 설정된 것으로 본다(법 제78조 제2항).

(3) 토지임대부 분양주택의 토지에 대한 임대차계약을 체결하고자 하는 자는 국토교통부령으로 정하는 표준임대차계약서를 사용하여야 한다(법 제78조 제3항).

(4) 토지임대부 분양주택을 양수한 자 또는 상속받은 자는 위의 (1)에 따른 임대차계약을 승계한다(법 제78조 제4항).

(5) 토지임대부 분양주택의 토지임대료는 해당 토지의 조성원가 또는 감정가격 등을 기준으로 산정하되, 구체적인 토지임대료의 책정 및 변경기준, 납부 절차 등에 관한 사항은 대통령령으로 정한다(법 제78조 제5항).

1) 토지임대부 분양주택의 월별 토지임대료는 다음의 구분에 따라 산정한 금액을 12개월로 분할한 금액 이하로 한다(영 제81조 제1항).

> 1. 공공택지에 토지임대주택을 건설하는 경우: 해당 공공택지의 조성원가에 입주자 모집공고일이 속하는 달의 전전달의 「은행법」에 따른 은행의 3년 만기 정기예금 평균이자율을 적용하여 산정한 금액

> 2. 공공택지 외의 택지에 토지임대주택을 건설하는 경우: 「감정평가 및 감정평가사에 관한 법률」에 따라 감정평가한 가액에 입주자모집공고일이 속하는 달의 전전달의 「은행법」에 따른 은행의 3년 만기 정기예금 평균이자율을 적용하여 산정한 금액. 이 경우 감정평가액의 산정시기와 산정방법 등은 국토교통부령으로 정한다.

2) 1)에도 불구하고 사업주체가 지방자치단체 또는 지방공사인 경우에는 다음 각 호의 금액 사이의 범위에서 지방자치단체의 장(사업주체가 지방공사인 경우에는 해당 지방공사를 설립한 지방자치단체의 장을 말한다)이 지역별 여건을 고려하여 정하는 금액을 12개월로 분할한 금액 이하로 할 수 있다(영 제81조 제2항).

> 1. 해당 택지의 조성원가에 입주자모집공고일이 속하는 달의 전전달의 「은행법」에 따른 은행의 3년 만기 정기예금 평균이자율을 적용하여 산정한 금액
> 2. 「감정평가 및 감정평가사에 관한 법률」에 따라 감정평가한 가액에 입주자모집공고일이 속하는 달의 전전달의 「은행법」에 따른 은행의 3년 만기 정기예금 평균이자율을 적용하여 산정한 금액. 이 경우 감정평가액의 산정시기와 산정방법 등에 관하여는 제1항 제2호 후단을 준용한다.

3) 토지소유자는 1), 2)의 기준에 따라 토지임대주택을 분양받은 자와 토지임대료에 관한 약정 (이하 "토지임대료약정"이라 한다)을 체결한 후 2년이 지나기 전에는 토지임대료의 증액을 청구할 수 없다(영 제81조 제3항).

4) 토지소유자는 토지임대료약정 체결 후 2년이 지나 토지임대료의 증액을 청구하는 경우에는 시 · 군 · 구의 평균지가상승률을 고려하여 증액률을 산정하되, 「주택임대차보호법 시행령」 제8조 제1항에 따른 차임 등의 증액청구 한도 비율을 초과해서는 아니 된다(영 제81조 제4항).

5) 토지소유자는 1), 2)에 따라 산정한 월별 토지임대료의 납부기한을 정하여 토지임대주택 소유자에게 고지하되, 구체적인 납부 방법, 연체료율 등에 관한 사항은 법 제78조 제3항에 따른 표준임대차계약서에서 정하는 바에 따른다(영 제81조 제5항).

(6) 토지임대료는 월별 임대료를 원칙으로 하되, 토지소유자와 주택을 공급받은 자가 합의한 경우 아래의 대통령령으로 정하는 바에 따라 임대료를 선납하거나 보증금으로 전환하여 납부할 수 있다(법 제78조 제6항).

> 토지임대료를 선납하거나 보증금으로 전환하려는 경우 그 선납토지임대료 또는 보증금을 산정할 때 적용되는 이자율은 「은행법」에 따른 은행의 3년 만기 정기예금 평균이자율 이상이어야 한다(영 제82조)

(7) 앞에서 정한 사항 외에 토지임대부 분양주택 토지의 임대차 관계는 토지소유자와 주택을 공급받은 자 간의 임대차계약에 따른다(법 제78조 제7항).

(8) 토지임대부 분양주택에 관하여 이 법에서 정하지 아니한 사항은 「집합건물의 소유 및 관리에 관한 법률」, 「민법」 순으로 적용한다(법 제78조 제8항).

2. 토지임대부 분양주택의 공공매입

(1) 토지임대부 분양주택을 공급받은 자는 제64조 제1항에도 불구하고 전매제한기간이 지나기 전에 대통령령으로 정하는 바에 따라 한국토지주택공사에 해당 주택의 매입을 신청할 수 있다(법 제78조의2 제1항).

(2) 한국토지주택공사는 (1)에 따라 매입신청을 받거나 제64조 제1항을 위반하여 토지임대부 분양주택의 전매가 이루어진 경우 대통령령으로 정하는 특별한 사유가 없으면 대통령령으로 정하는 절차를 거쳐 해당 주택을 매입하여야 한다(법 제78조의2 제2항).

(3) 한국토지주택공사가 (2)에 따라 주택을 매입하는 경우 다음 각 호의 구분에 따른 금액을 그 주택을 양도하는 자에게 지급한 때에는 그 지급한 날에 한국토지주택공사가 해당 주택을 취득한 것으로 본다(법 제78조의2 제3항).

> 1. (1)에 따라 매입신청을 받은 경우: 해당 주택의 매입비용과 보유기간 등을 고려하여 대통령령(영 제82조의2 제4항)으로 정하는 금액
>   ① 거주의무기간이 경과하지 않은 경우: 법 제57조의2 제4항에 따른 매입비용(이하 "매입비용"이라 한다)
>   ② 거주의무기간은 경과했으나 법 제64조 제1항에 따른 전매제한기간은 경과하지 않은 경우: 「감정평가 및 감정평가사에 관한 법률」에 따라 해당 주택에 대해 감정평가한 금액에서 입주금을 뺀 금액의 70퍼센트에 해당하는 금액과 입주금을 합산한 금액. 다만, 본문에 따라 합산한 금액이 매입비용보다 작은 경우에는 매입비용으로 한다.
> 2. 제64조 제1항을 위반하여 전매가 이루어진 경우: 해당 주택의 매입비용

(4) 한국토지주택공사가 (2)에 따라 주택을 매입하는 경우에는 제64조 제1항을 적용하지 아니한다(법 제78조의2 제4항).

대통령령으로 정하는 특별한 사유

1. 법 제78조의2 제2항에서 "대통령령으로 정하는 특별한 사유"란 다음 각 호의 사유를 말한다(영 제82조의2 제2항).
   ① 한국토지주택공사의 부도·파산
   ② ①과 유사한 사유로서 한국토지주택공사가 해당 주택을 매입하는 것이 어렵다고 국토교통부장관이 인정하는 사유
2. 토지임대부 분양주택을 공급받은 자는 법 제78조의2 제1항에 따라 해당 주택의 매입을 신청하려는 경우 국토교통부령으로 정하는 매입신청서를 한국토지주택공사에 제출해야 한다(영 제82조의2 제1항).
3. 한국토지주택공사는 법 제78조의2 제2항에 따라 제1항에 따른 매입신청서를 제출받은 날부터 14일 이내에 해당 주택의 매입 여부를 신청인에게 통보해야 한다(영 제82조의2 제3항).

3. 토지임대부 분양주택의 재건축

(1) 토지임대부 분양주택의 소유자가 제78조 제1항에 따른 임대차기간이 만료되기 전에 「도시 및 주거환경정비법」 등 도시개발 관련 법률에 따라 해당 주택을 철거하고 재건축을 하고자 하는 경우 「집합건물의 소유 및 관리에 관한 법률」 제47조부터 제49조까지에 따라 토지소유자의 동의를 받아 재건축할 수 있다. 이 경우 토지소유자는 정당한 사유 없이 이를 거부할 수 없다(법 제79조 제1항).

(2) 토지임대부 분양주택을 재건축하는 경우 해당 주택의 소유자를 「도시 및 주거환경정비법」에 따른 토지등소유자로 본다(법 제79조 제2항).

(3) 재건축한 주택은 토지임대부 분양주택으로 한다. 이 경우 재건축한 주택의 준공인가일부터 임대차기간 동안 토지소유자와 재건축한 주택의 조합원 사이에 토지의 임대차기간에 관한 계약이 성립된 것으로 본다(법 제79조 제3항).

(4) 토지소유자와 주택소유자가 합의한 경우에는 토지임대부 분양주택이 아닌 주택으로 전환할 수 있다(법 제79조 제4항).

2 주택상환사채

1. 주택상환사채의 발행자

한국토지주택공사와 등록사업자는 대통령령으로 정하는 다음과 같이 주택을 상환하는 사채(이하 "주택상환사채"라 한다)를 발행할 수 있다(법 제80조 제1항, 영 제83조).

> 1. 주택상환사채는 액면 또는 할인의 방법으로 발행한다.
> 2. 주택상환사채권에는 기호와 번호를 붙이고 국토교통부령으로 정하는 사항을 적어야 한다.
> 3. 주택상환사채의 발행자는 주택상환사채대장을 갖추어 두고 주택상환사채권의 발행 및 상환에 관한 사항을 적어야 한다.

2. 등록사업자의 발행요건 및 발행규모

(1) 발행요건

등록사업자는 자본금・자산평가액 및 기술인력 등이 다음에 정하는 기준에 모두 맞고 금융기관 또는 주택도시보증공사의 보증을 받은 경우에만 주택상환사채를 발행할 수 있다(법 제80조 제1항 후단, 영 제84조 제1항).

구 분	등록사업자의 발행요건
자본금	법인으로서 자본금이 5억원 이상일 것
자 격	「건설산업기본법」 제9조에 따라 건설업 등록을 한 자일 것
실 적	최근 3년간 연평균 주택건설 실적이 300호 이상일 것

(2) **발행규모**

등록사업자가 발행할 수 있는 주택상환사채의 규모는 최근 3년간의 연평균 주택건설 호수 이내로 한다(영 제84조 제2항).

3. 주택상환사채의 발행절차

(1) 주택상환사채를 발행하려는 자는 대통령령으로 정하는 바에 따라 주택상환사채 발행계획을 수립하여 국토교통부장관의 승인을 받아야 한다(법 제80조 제2항).

(2) 국토교통부장관은 주택상환사채발행계획을 승인을 하였을 때에는 주택상환사채발행 대상지역을 관할하는 시·도지사에게 그 내용을 통보하여야 한다(영 제85조 제3항).

(3) 주택상환사채발행계획을 승인받은 자는 주택상환사채를 모집하기 전에 국토교통부령이 정하는 바에 따라 주택상환사채 모집공고안을 작성하여 국토교통부장관에게 제출하여야 한다(영 제85조 제4항).

4. 주택상환사채의 발행책임과 조건

(1) 주택상환사채를 발행한 자는 발행조건에 따라 주택을 건설하여 사채권자에게 상환하여야 한다(법 제81조 제1항).

(2) 주택상환사채는 기명증권으로 하고, 사채권자의 명의변경은 취득자의 성명과 주소를 사채원부에 기록하는 방법으로 하며, 취득자의 성명을 채권에 기록하지 아니하면 사채발행자 및 제3자에게 대항할 수 없다(법 제81조 제2항).

5. 주택상환사채의 상환 등

(1) 주택상환사채의 상환기간은 3년을 초과할 수 없다(영 제86조 제1항).

(2) 주택상환사채의 상환기간은 주택상환사채 발행일부터 주택의 공급계약체결일까지의 기간으로 한다(영 제86조 제2항).

(3) 주택상환사채는 양도하거나 중도에 해약할 수 없다. 다만, 해외이주 등 국토교통부령으로 정하는 부득이한 사유가 있는 경우는 예외로 한다(영 제86조 제3항).

(4) 주택상환사채를 상환할 때에는 주택상환사채권자가 원하면 주택상환사채의 원리금을 현금으로 상환할 수 있다(규칙 제35조 제3항).

6. 주택상환사채 납입금의 사용

(1) 사용 목적 외 사용금지

국토교통부장관은 사채의 납입금이 택지의 구입 등 사채발행 목적에 맞게 사용될 수 있도록 그 사용 방법·절차 등에 관하여 대통령령으로 정하는 바에 따라 필요한 조치를 하여야 한다(법 제81조 제3항).

(2) 주택상환사채의 납입금의 용도

주택상환사채의 납입금은 다음의 용도로만 사용할 수 있다(영 제87조 제1항).

1. 택지의 구입 및 조성
2. 주택건설자재의 구입
3. 건설공사비에의 충당
4. 그 밖에 주택상환을 위하여 필요한 비용으로서 국토교통부장관의 승인을 받은 비용에의 충당

(3) 주택상환사채의 납입금의 관리

① 주택상환사채의 납입금은 해당 보증기관과 주택상환사채발행자가 협의하여 정하는 금융기관에서 관리한다(영 제87조 제2항).

② 납입금을 관리하는 금융기관은 국토교통부장관이 요청하는 경우에는 납입금 관리상황을 보고하여야 한다(영 제87조 제3항).

7. 주택상환사채의 효력

등록사업자의 등록이 말소된 경우에도 등록사업자가 발행한 주택상환사채의 효력에는 영향을 미치지 아니한다(법 제82조).

8. 「상법」의 적용

주택상환사채의 발행에 관하여 「주택법」에서 규정한 것 외에는 「상법」 중 사채 발행에 관한 규정을 적용한다. 다만, 한국토지주택공사가 발행하는 경우와 금융기관 등이 상환을 보증하여 등록사업자가 발행하는 경우에는 「상법」 제478조 제1항을 적용하지 아니한다(법 제83조).

보고 · 검사 및 지도감독, 청문

1. **사업주체 등에 대한 지도감독**
   국토교통부장관 또는 지방자치단체의 장은 사업주체 및 공동주택의 입주자 · 사용자 · 관리주체 · 입주자대표회의나 그 구성원 또는 리모델링주택조합이 「주택법」 또는 「주택법」에 따른 명령이나 처분을 위반한 경우에는 공사의 중지, 원상복구 또는 그 밖에 필요한 조치를 명할 수 있다(법 제94조).
2. **협회 등에 대한 지도감독**
   국토교통부장관은 협회를 지도 · 감독한다(법 제95조).
3. **청 문**
   국토교통부장관 또는 지방자치단체의 장은 다음의 어느 하나에 해당하는 처분을 하려면 청문을 하여야 한다(법 제96조).
   ① 주택건설사업 등의 등록말소
   ② 주택조합의 설립인가취소
   ③ 사업계획승인의 취소
   ④ 행위허가의 취소

운용상황보고

국민주택을 건설 · 공급하는 지방자치단체의 장은 국민주택사업특별회계의 분기별 운용 상황을 그 분기가 끝나는 달의 다음 달 20일까지 국토교통부장관에게 보고하여야 한다. 이 경우 시장 · 군수 · 구청장의 경우에는 시 · 도지사를 거쳐(특별자치시장 또는 특별자치도지사가 보고하는 경우는 제외한다) 보고하여야 한다(영 제88조 제2항).

3 국민주택사업특별회계

1. 국민주택사업특별회계 설치 · 운용자

지방자치단체는 국민주택사업을 시행하기 위하여 국민주택사업특별회계를 설치 · 운용하여야 한다(법 제84조 제1항).

2. 국민주택사업특별회계의 재원

국민주택사업특별회계의 자금은 다음의 재원으로 조성한다(법 제84조 제2항).

1. 자체 부담금
2. 주택도시기금으로부터의 차입금
3. 정부로부터의 보조금
4. 농협은행으로부터의 차입금
5. 외국으로부터의 차입금
6. 국민주택사업특별회계에 속하는 재산의 매각 대금
7. 국민주택사업특별회계자금의 회수금 · 이자수입금 그 밖의 수익
8. 「재건축초과이익환수에 관한 법률」에 따른 재건축부담금 중 지방자치단체 귀속분

3. 국민주택사업특별회계의 편성 및 운용

(1) 지방자치단체에 설치하는 국민주택사업특별회계의 편성 및 운용에 필요한 사항은 해당 지방자치단체의 조례로 정할 수 있다(영 제88조 제1항).

(2) 지방자치단체는 대통령령으로 정하는 바에 따라 국민주택사업특별회계의 운용 상황을 국토교통부장관에게 보고하여야 한다(법 제84조 제3항).

01 실전예상문제

Part

01

「주택법령」상 용어에 관한 설명으로 옳은 것은?

① "복리시설"이란 주택단지의 입주자 등의 생활복리를 위한 어린이 놀이터, 근린생활시설, 주차장, 관리사무소 등을 말한다.
② 주택단지 안의 기간시설인 가스시설 · 통신시설 및 지역난방시설은 간선시설에 포함된다.
③ "세대구분형 공동주택"은 그 구분된 공간의 일부에 대하여 구분소유를 할 수 있는 주택이다.
④ "도시형 생활주택"은 300세대 이상의 국민주택규모에 해당하는 주택으로서 대통령령으로 정하는 주택을 말한다.
⑤ "건강친화형 주택"은 저에너지 건물 조성기술 등 대통령령으로 정하는 기술을 이용하여 에너지 사용량을 절감하도록 건설된 주택을 말한다.

해설 ② 옳은 지문이다.
① 주차장, 관리사무소는 부대시설에 해당된다.
③ "세대구분형 공동주택"은 그 구분된 공간의 일부에 대하여 구분소유를 할 수 없는 주택이다.
④ "도시형 생활주택"은 300세대 미만의 국민주택규모에 해당하는 주택으로서 대통령령으로 정하는 주택을 말한다.
⑤ "건강친화형 주택"이란 건강하고 쾌적한 실내환경의 조성을 위하여 실내공기의 오염물질 등을 최소화할 수 있도록 대통령령으로 정하는 기준에 따라 건설된 주택을 말한다.

02

「주택법령」상 주택조합에 관한 설명으로 옳은 것은?

① 국민주택을 공급받기 위하여 직장주택조합을 설립하려는 자는 관할 특별자치시장, 특별자치도지사, 시장 · 군수 · 구청장에게 인가를 받아야 한다.
② 지역주택조합을 해산하려는 경우 관할 특별자치시장, 특별자치도지사, 시장 · 군수 · 구청장의 인가를 받을 필요가 없다.
③ 주택조합의 임원이 결격사유에 해당되어 당연 퇴직된 경우 퇴직된 임원이 퇴직 전에 관여한 행위는 그 효력을 상실한다.
④ 공개모집 이후 조합원의 사망 · 자격상실 · 탈퇴 등으로 인한 결원을 충원하거나 미달된 조합원을 재모집하는 경우에는 신고하지 아니하고 선착순의 방법으로 조합원을 모집할 수 없다.
⑤ 지역주택조합의 조합원이 무자격자로 판명되어 자격을 상실함에 따라 결원의 범위에서 조합원을 충원하는 경우 충원되는 자의 조합원 자격 요건을 충족여부의 판단은 해당 조합설립인가 신청일을 기준으로 한다.

Answer

01 ② 02 ⑤

해설 ⑤ 옳은 지문이다.
① 국민주택을 공급받기 위하여 직장주택조합을 설립하려는 자는 관할 특별자치시장, 특별자치도지사, 시장·군수·구청장에게 신고하여야 한다.
② 지역주택조합을 해산하려는 경우 관할 특별자치시장, 특별자치도지사, 시장·군수·구청장의 인가를 받아야 한다.
③ 주택조합의 임원이 결격사유에 해당되어 당연 퇴직된 경우 퇴직된 임원이 퇴직 전에 관여한 행위는 그 효력을 상실하지 아니한다.
④ 공개모집 이후 조합원의 사망·자격상실·탈퇴 등으로 인한 결원을 충원하거나 미달된 조합원을 재모집하는 경우에는 신고하지 아니하고 선착순의 방법으로 조합원을 모집할 수 있다.

03

「주택법령」상 주택건설사업시행에 관한 설명으로 옳은 것은?

① 지방자치단체는 그 지역의 특성, 주택의 규모 등을 고려하여 주택건설기준 등의 범위에서 조례로 구체적인 기준을 정할 수 있다.
② 8,000m^2의 대지에서 도시형 생활주택 25세대의 주택건설사업을 시행하려는 자는 사업계획승인신청서를 특별시장·광역시장·특별자치시장·특별자치도지사 또는 시장·군수에게 제출하고 사업계획승인을 받아야 한다.
③ 주택건설사업계획의 승인을 받으려는 지방공사는 해당 주택건설대지의 소유권을 확보하여야 한다.
④ 시·도지사는 바닥충격음 성능등급을 인정받은 제품이 인정받은 내용과 다르게 판매·시공된 경우에는 그 인정기관에게 과태료 및 영업정지처분을 할 수 있다.
⑤ 주택건설사업의 경우에는 건축물의 동별로 공사가 완료되었더라도 전체공사가 완료되지 않으면 임시사용승인을 받을 수 없다.

해설 ① 옳은 지문이다.
② 원칙적으로 10,000m^2 이상의 대지조성사업 또는 공동주택(도시형 생활주택 포함) 30세대 이상의 주택건설사업을 시행하려는 자는 사업계획승인신청서를 특별시장·광역시장·특별자치시장·특별자치도지사 또는 시장·군수에게 제출하고 사업계획승인을 받아야 한다.
③ 국가·지방자치단체·한국토지주택공사 또는 지방공사가 주택건설사업을 하는 경우 해당 주택건설대지의 소유권을 확보하지 아니하여도 된다.
④ 바닥충격음 성능등급 인정기관은 성능등급을 인정받은 제품이 인정받은 내용과 다르게 판매·시공한 경우 그 인정을 취소할 수 있다.
⑤ 사용검사권자는 임시사용승인대상인 주택 또는 대지가 사업계획의 내용에 적합하고 사용에 지장이 없는 경우에 한하여 임시사용을 승인할 수 있다. 이 경우 임시사용승인의 대상이 공동주택인 경우에는 세대별로 임시사용승인을 할 수 있다.

04 「주택법령」상 사업주체가 주택건설사업을 완료하고 주택에 대해 「주택법」상 사용검사를 받은 이후, 해당 주택단지 전체 대지면적의 3%에 해당하는 토지에 대해 甲이 소유권이전등기 말소소송을 통해 해당 토지의 소유권을 회복하였다. 「주택법령」상 이에 관한 설명으로 옳지 않은 것은?

① 주택의 소유자들은 甲에게 해당 토지를 시가로 매도할 것을 청구할 수 있다.
② 주택소유자들이 甲에 대해 매도청구를 하는 경우 그 의사표시는 甲이 해당 토지 소유권을 회복한 날부터 2년 이내에 甲에게 송달되어야 한다.
③ 甲에게 매도청구권을 행사할 수 있는 주택의 소유자들에는 해당 주택단지의 복리시설의 소유자들도 포함된다.
④ 해당 주택단지에 공동주택관리법에 따른 주택관리업자가 선정되어 있는 경우에는 그 주택관리업자가 甲에 대한 매도청구에 관한 소송을 제기할 수 있다.
⑤ 주택의 소유자들은 甲에 대한 매도청구로 인하여 발생한 비용의 전부를 사업주체에게 구상할 수 있다.

해설 ④ 주택의 소유자들은 대표자를 선정하여 매도청구에 관한 소송을 제기할 수 있다.

05 「주택법령」상 사전방문 및 품질점검에 관한 설명으로 틀린 것은?

① 사업주체는 사용검사를 받기 전에 입주예정자가 해당 주택을 방문하여 공사 상태를 미리 점검(이하 "사전방문"이라 한다)할 수 있게 하여야 한다.
② 입주예정자는 사전방문 결과 하자가 있다고 판단하는 경우 사업주체에게 보수공사 등 적절한 조치를 해줄 것을 요청할 수 있다.
③ ②의 하자란 공사상 잘못으로 인하여 균열・침하(沈下)・파손・들뜸・누수 등이 발생하여 안전상・기능상 또는 미관상의 지장을 초래할 정도의 결함을 말한다.
④ 국토교통부장관은 사전방문을 실시하고 사용검사를 신청하기 전에 공동주택의 품질을 점검하여 사업계획의 내용에 적합한 공동주택이 건설되도록 할 목적으로 주택 관련 분야 등의 전문가로 구성된 공동주택 품질점검단을 설치・운영해야 한다.
⑤ 품질점검대상 공동주택은 국가・지방자치단체・한국토지주택공사・지방공사외의 사업주체 즉, 등록사업자 또는 주택조합, 고용자등이 건설하는 300세대 이상인 공동주택을 말한다.

해설 ④ 시・도지사는 사전방문을 실시하고 사용검사를 신청하기 전에 공동주택의 품질을 점검하여 사업계획의 내용에 적합한 공동주택이 건설되도록 할 목적으로 주택 관련 분야 등의 전문가로 구성된 공동주택 품질점검단을 설치・운영할 수 있다.

Answer
03 ① 04 ④ 05 ④

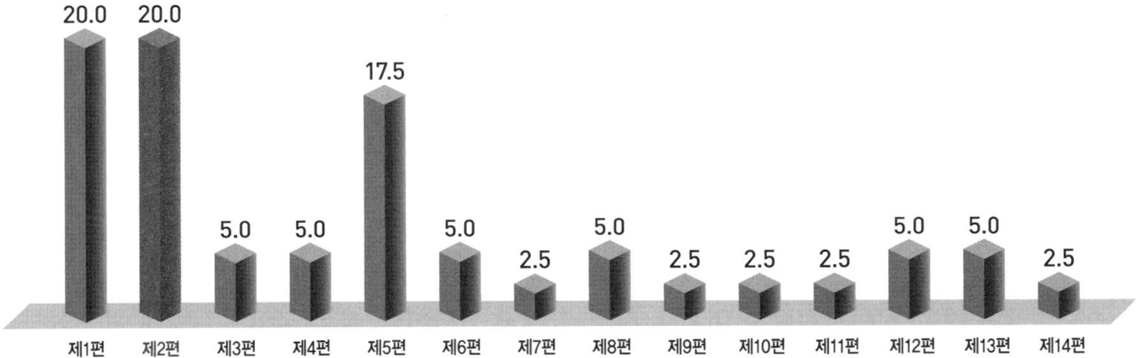

제27회 기출문제 분석

공동주택관리법은 8문제가 출제되고 있는데, 이 중 3문제는 주관식으로 출제되고 있다. 용어, 관리방법, 입주자대표회의, 장기수선계획 등, 하자담보책임, 관리주체 등, 공동주택관리법은 주택관리실무와 중복되는 법이기 때문에 문항 수에 관계없이 전부 시험에 출제되는 부분이므로 빠짐없는 학습이 요구된다.

PART

02

공동주택관리법

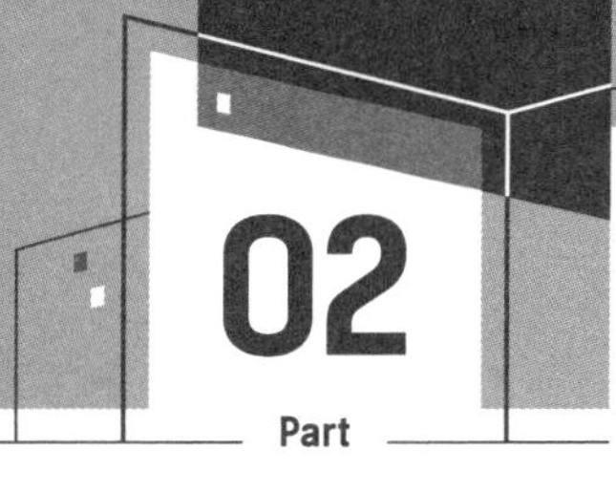

공동주택관리법

공동주택관리법(8문제)

총 설

공동주택	주택법의 공동주택(아,연,다), 주택과 주택 외의 동일 건축물, 부대시설, 복리시설(일반분양 제외)
의무관리대상공동주택	300↑, 150↑승, 150↑ 중앙(지역), 150↑ 주택과 외의 동일건축물, 의무관리전환공동주택

관리방법

의무관리	과반입주시 관리방법요구 ⇨ 3개월 이내 입대의 구성+관리방법결정
자치관리	6개월 이내 자치관리기구 구성
위탁관리	입주자대표회의 ⇨ 주택관리업자 선정

의사결정

입주자대표회의	동별 대표자 결격사유	미·파·금·금·벌·선·대·소·사·관리비 등
	동별 대표자 선출	후보자 2명↑: 과반투표 최다득표 / 후보자 1명: 과반투표 투표과반 찬성
관리규약	관리규약 준칙	시·도지사
	관리규약 제정	사업주체 제안 ⇨ 전체 입주자 등 과반수 서면동의
	관리규약 개정	입대의 또는 전체 입주자 등 1/10 제안 ⇨ 전체 입주자 등 과반수 찬성
회계운영	관리비 등 집행을 위한 사업자 선정	관리주체, 입대의, 입대의 선정 관리주체 집행
	회계감사 대상	• 의무관리대상 공동주택 매년 1회 이상 • 300세대↑ 입주자 등 2/3↑ 동의시 제외 • **300세대 미만**: 입주자 등 과반수 동의시 제외
	회계감사 시기	회계연도 종료 후 9개월 이내 재·운·이·주
시설관리 및 행위허가	안전점검	관리주체 반기마다(16층↑, 30년 경과, C·D·E등급: 책·안·주·유 실시)
	장기수선계획 및 장기수선충당금	300세대↑ 승강기, 중앙집중(지역), 주택과 주택 외의 시설의 동일건축물
	장기수선계획 수립	해당 공동주택 사업주체, 건축주, 리모델링하는 자
	장기수선계획 조정	해당 공동주택 입주자대표회의, 관리주체
	장기수선충당금 적립	사용검사일로부터 1년이 지난날 속한 달
	장기수선충당금 요율	관리규약

	장기수선충당금 적립금액	장기수선계획
	장기수선충당금 사용	장기수선계획에 따라 입주자대표회의 의결
	장기수선충당금 사용절차	관리규약
	행위허가와 신고	증축·개축·대수선·용도변경·용도폐지·파손·철거·세대구분형 공동주택 설치 ⇨ 시장 등 허가·신고 요

관리방법

하자담보책임	하자담보책임지는 자	공동주택 건설 사업주체, 건축주, 시공자
	하자담보청구자	공동주택 입주자(공공임대 임차인), 입대의(임차의), 관리주체, 관리단
	하자담보책임기간	10년(주요구조부), 5년(지붕공사), 3년(설비공사), 2년(마감공사)
	하자보수보증금	법정사업비 3%, 현금예탁증서, 보증서 (국·지·주·지 제외) 순차적 반환: 사용검사일 2년 경과: 15%, 3년 경과: 40%, 5년 경과: 25%, 10년 경과: 20%
하자심사 및 하자분쟁	하자심사·분쟁조정위원회(국토부: 60명 이내): 판·검·변 6년↑ 9명↑ 필수	
	하자심자, 분쟁조정	60일(공용 90일) 절차 완료
	분쟁재정	150일(공용 180일) 절차 완료
	하자진단의뢰	안·엔·기·건·한·국
	하자감정요청	안·엔·기·건·한·국·시·대
	안전진단의뢰	안·협·대·한·국
	조정의 효력	재판상 화해
	재정의 효력	60일 이내 양쪽 또는 한쪽, 소송 ×, 취하: 재판상 화해

전문관리

주택관리업	• **등록기준**: 자본금, 기술능력, 주택관리사 1명, 시설, 장비 • **필연적 등록말소**: 거·영·3·대 / **필연적 영업정지**: 부·관
관리소장의 업무	입대의 의결사항 집행, 관리사무소 및 관리주체의 업무총괄지휘, 하자보수청구, 장기수선계획의 조정, 안전관리계획의 수립·조정
주택관리사 등 자격취소	거·금·2·자·대여
관리분쟁조정위원회	중앙(국토부: 15명 이내), 지방(시·군·구: 10명 이내)
조정의 효력	• **중앙**: 재판상 화해 • **지방**: 조정조서와 같은 내용의 합의

보 칙

공동주택관리지원	공동주택관리지원기구	국토교통부장관 지정
	공동주택관리비리신고센터	국토교통부 설치· 운영

01 Chapter 총 설

단·원·열·기

의무관리대상 공동주택, 입주자 등, 관리주체 등 용어가 출제되고 있다.
학습방법: 의무관리대상 공동주택의 범위에서 특히 최근 개정된 의무관리대상 전환공동주택과 관리주체 등을 중심으로 학습하도록 한다.

총 설

01 제정목적

「공동주택관리법」이 법은 공동주택의 관리에 관한 사항을 정함으로써 공동주택을 투명하고 안전하며 효율적으로 관리할 수 있게 하여 국민의 주거수준 향상에 이바지함을 목적으로 한다(법 제1조).

02 용어의 정의

「공동주택관리법」에서 사용하는 용어의 뜻은 다음과 같다. 「공동주택관리법」에서 따로 정하지 아니한 용어의 뜻은 「주택법」에서 정한 바에 따른다(법 제2조 제1항, 제2항).

1 공동주택

공동주택이란 다음의 주택 및 시설을 말한다. 이 경우 일반인에게 분양되는 복리시설은 제외한다(법 제2조 제1항 제1호).

1. 「주택법」에 따른 공동주택
2. 「건축법」에 따른 건축허가를 받아 주택 외의 시설과 주택을 동일 건축물로 건축하는 건축물
3. 「주택법」에 따른 부대시설 및 복리시설

2 의무관리대상 공동주택

의무관리대상 공동주택이란 해당 공동주택을 전문적으로 관리하는 자를 두고 자치 의결기구를 의무적으로 구성하여야 하는 등 일정한 의무가 부과되는 공동주택으로서, 다음의 어느 하나에 해당하는 공동주택을 말한다(법 제2조 제1항 제2호).

1. 300세대 이상의 공동주택
2. 150세대 이상으로서 승강기가 설치된 공동주택
3. 150세대 이상으로서 중앙집중식 난방방식(지역난방방식을 포함한다)의 공동주택
4. 「건축법」에 따른 건축허가를 받아 주택 외의 시설과 주택을 동일건축물로 건축한 건축물로서 주택이 150세대 이상인 건축물
5. 1.부터 4.까지 해당하지 아니하는 공동주택 중 입주자 등이 대통령령으로 정하는 기준(즉, 전체 입주자 등의 3분의 2 이상이 서면으로 동의하는 방법)에 따라 정하는 공동주택

3 공동주택단지

공동주택단지란 「주택법」 제2조 제12호에 따른 주택단지를 말한다(법 제2조 제1항 제3호).

4 혼합주택단지

혼합주택단지란 분양을 목적으로 한 공동주택과 임대주택이 함께 있는 공동주택 단지를 말한다(법 제2조 제1항 제4호).

5 입주자등

입주자등이란 입주자와 사용자를 말한다(법 제2조 제1항 제7호).

(1) 입주자

입주자란 공동주택의 소유자 또는 그 소유자를 대리하는 배우자 및 직계존비속(直系尊卑屬)을 말한다(법 제2조 제1항 제5호).

(2) 사용자

사용자란 공동주택을 임차하여 사용하는 사람(임대주택의 임차인은 제외한다) 등을 말한다(법 제2조 제1항 제6호).

6 입주자대표회의

입주자대표회의란 공동주택의 입주자 등을 대표하여 관리에 관한 주요사항을 결정하기 위하여 제14조에 따라 구성하는 자치 의결기구를 말한다(법 제2조 제1항 제8호).

7 관리규약

관리규약이란 공동주택의 입주자 등을 보호하고 주거생활의 질서를 유지하기 위하여 입주자등이 정하는 자치규약을 말한다(법 제2조 제1항 제9호).

8 관리주체

관리주체란 공동주택을 관리하는 다음의 자를 말한다(법 제2조 제1항 제10호).

(1) 자치관리기구의 대표자인 공동주택의 관리사무소장

(2) 관리업무를 인계하기 전의 사업주체

(3) 주택관리업자

(4) 임대사업자

(5) 「민간임대주택에 관한 특별법」 제2조 제11호에 따른 주택임대관리업자(시설물 유지 · 보수 · 개량 및 그 밖의 주택관리 업무를 수행하는 경우에 한정한다)

9 주택관리사등

주택관리사등이란 주택관리사보와 주택관리사를 말한다(법 제2조 제1항 제13호).

(1) 주택관리사보

주택관리사보란 주택관리사보 합격증서를 발급받은 사람을 말한다(법 제2조 제1항 제11호).

(2) 주택관리사

주택관리사란 제67조 제2항에 따라 주택관리사 자격증을 발급받은 사람을 말한다(법 제2조 제1항 제12호).

10 주택관리업

주택관리업이란 공동주택을 안전하고 효율적으로 관리하기 위하여 입주자등으로부터 의무관리대상 공동주택의 관리를 위탁받아 관리하는 업(業)을 말한다(법 제2조 제1항 제14호).

11 주택관리업자

주택관리업자란 주택관리업을 하는 자로서 등록한 자를 말한다(법 제2조 제1항 제15호).

12 장기수선계획

장기수선계획이란 공동주택을 오랫동안 안전하고 효율적으로 사용하기 위하여 필요한 주요 시설의 교체 및 보수 등에 관하여 수립하는 장기계획을 말한다(법 제2조 제1항 제18호).

13 임대주택

임대주택이란 「민간임대주택에 관한 특별법」에 따른 민간임대주택 및 「공공주택 특별법」에 따른 공공임대주택을 말한다(법 제2조 제1항 제19호).

14 임대사업자

임대사업자란 「민간임대주택에 관한 특별법」 제2조 제7호에 따른 임대사업자 및 「공공주택 특별법」 제4조 제1항에 따른 공공주택사업자를 말한다(법 제2조 제1항 제20호).

15 임차인대표회의

임차인대표회의란 「민간임대주택에 관한 특별법」 제52조에 따른 임차인대표회의 및 「공공주택 특별법」 제50조에 따라 준용되는 임차인대표회의를 말한다(법 제2조 제1항 제21호).

03 국가 등의 의무

1 국가 및 지방자치단체의 의무

국가 및 지방자치단체는 공동주택의 관리에 관한 정책을 수립·시행할 때에는 다음의 사항을 위하여 노력하여야 한다(법 제3조 제1항).

1. 공동주택에 거주하는 입주자등이 쾌적하고 살기 좋은 주거생활을 할 수 있도록 할 것
2. 공동주택이 투명하고 체계적이며 평온하게 관리될 수 있도록 할 것
3. 공동주택의 관리와 관련한 산업이 건전한 발전을 꾀할 수 있도록 할 것

2 관리주체의 의무

관리주체는 공동주택을 효율적이고 안전하게 관리하여야 한다(법 제3조 제2항).

3 입주자 등의 의무

입주자 등은 공동체 생활의 질서가 유지될 수 있도록 이웃을 배려하고 관리주체의 업무에 협조하여야 한다(법 제3조 제3항).

04 법의 적용

(1) 공동주택의 관리에 관하여 이 법에서 정하지 아니한 사항에 대하여는 「주택법」을 적용한다(법 제4조 제1항).

(2) 임대주택의 관리에 관하여 「민간임대주택에 관한 특별법」 또는 「공공주택 특별법」에서 정하지 아니한 사항에 대하여는 이 법을 적용한다(법 제4조 제2항).

02 공동주택의 관리방법

Chapter

단·원·열·기

공동주택의 관리방법 중 의무관리와 자치관리, 위탁관리의 내용이 전반적으로 출제되고 있다.
학습방법: 공동주택의 관리방법 중 의무관리와 자치관리, 위탁관리 개념을 정리하도록 한다.

공동주택의 관리방법

1. 의무관리
2. 자치관리
3. 위탁관리
4. 공동관리와 구분관리
5. 혼합주택단지의 관리

관리주체란 공동주택을 관리하는 다음의 자로서 관리주체별 관리방식은 다음과 같다(법 제2조 제1항 제10호).

관리주체	관리방식
관리업무를 인계하기 전의 사업주체	의무관리
자치관리기구의 대표자인 관리사무소장	자치관리
주택관리업자	위탁관리
임대사업자, 주택임대관리업자	임대관리

1 의무관리

1. 의무관리대상 공동주택의 관리요구

(1) 다음의 의무관리대상 공동주택을 건설한 사업주체는 입주예정자의 과반수가 입주할 때까지 그 공동주택을 관리하여야 하며, 입주예정자의 과반수가 입주하였을 때에는 입주자 등에게 대통령령으로 정하는 바에 따라 그 사실을 통지하고 해당 공동주택을 관리할 것을 요구하여야 한다(법 제11조 제1항).

1. 300세대 이상의 공동주택
2. 150세대 이상으로서 승강기가 설치된 공동주택
3. 150세대 이상으로서 중앙집중식난방방식(지역난방방식을 포함한다)의 공동주택
4. 「건축법」에 따른 건축허가를 받아 주택 외의 시설과 주택을 동일건축물로 건축한 건축물로서 주택이 150세대 이상인 건축물
5. 1.부터 4.까지 해당하지 아니하는 공동주택 중 입주자 등이 대통령령으로 정하는 기준에 따라 동의하여 정하는 공동주택

(2) 사업주체는 입주자 등에게 입주예정자의 과반수가 입주한 사실을 통지할 때에는 통지서에 다음의 사항을 기재하여야 한다(영 제8조 제1항).

> 1. 총 입주예정세대수 및 총 입주세대수
> 2. 동별 입주예정세대수 및 동별 입주세대수
> 3. 공동주택의 관리방법에 관한 결정의 요구
> 4. 사업주체의 성명 및 주소(법인인 경우에는 명칭 및 소재지를 말한다)

(3) 임대사업자는 다음의 어느 하나에 해당하는 경우에는 (2)를 준용하여 입주자 등에게 통지하여야 한다(영 제8조 제2항).

> 1. 「민간임대주택에 관한 특별법」에 따른 민간건설임대주택을 임대사업자 외의 자에게 양도하는 경우로서 해당 양도 임대주택 입주예정자의 과반수가 입주하였을 때
> 2. 「공공주택 특별법」에 따른 공공건설임대주택에 대하여 분양전환을 하는 경우로서 해당 공공건설임대주택 전체 세대수의 과반수가 분양전환된 때

2. 사업주체의 직접관리

(1) 관리비예치금 징수

사업주체는 입주예정자의 과반수가 입주할 때까지 공동주택을 직접 관리하는 경우에는 입주예정자와 관리계약을 체결하여야 하며, 그 관리계약에 따라 관리비예치금을 징수할 수 있다(영 제24조).

(2) 관리비예치금 징수대상

관리주체는 해당 공동주택의 공용부분의 관리 및 운영 등에 필요한 경비(이하 "관리비예치금"이라 한다)를 공동주택의 소유자로부터 징수할 수 있다(법 제24조 제1항).

(3) 관리비예치금 반환

관리주체는 소유자가 공동주택의 소유권을 상실한 경우에는 징수한 관리비예치금을 반환하여야 한다. 다만, 소유자가 관리비·사용료 및 장기수선충당금 등을 미납한 때에는 관리비예치금에서 정산한 후 그 잔액을 반환할 수 있다(법 제24조 제2항).

(4) 관리비예치금의 징수 · 관리 및 운영 등에 필요한 사항

관리비예치금의 징수 · 관리 및 운영 등에 필요한 사항은 대통령령으로 정한다(법 제24조 제3항).

3. 입주자 등의 관리방법의 결정

(1) 입주자 등은 의무관리대상 공동주택을 자치관리하거나 주택관리업자에게 위탁하여 관리하여야 한다(법 제5조 제1항).

(2) 입주자 등이 공동주택의 관리방법을 정하거나 변경하는 경우에는 대통령령으로 정하는 바에 따른다(법 제5조 제2항).

(3) 공동주택 관리방법의 결정 또는 변경은 다음의 어느 하나에 해당하는 방법으로 한다(영 제3조).

> 1. 입주자대표회의의 의결로 제안하고 전체 입주자 등의 과반수가 찬성
> 2. 전체 입주자 등의 10분의 1 이상이 서면으로 제안하고 전체 입주자 등의 과반수가 찬성

4. 공동주택 관리방법의 결정 통지 · 신고

(1) 입주자 등이 공동주택의 관리 요구를 받았을 때에는 그 요구를 받은 날부터 3개월 이내에 입주자를 구성원으로 하는 입주자대표회의를 구성하여야 한다(법 제11조 제2항).

(2) 사업주체 및 임대사업자는 입주자대표회의의 구성에 협력하여야 한다(영 제8조 제3항).

(3) 입주자대표회의의 회장은 입주자 등이 해당 공동주택의 관리방법을 결정(위탁관리하는 방법을 선택한 경우에는 그 주택관리업자의 선정을 포함한다)한 경우에는 이를 사업주체 또는 의무관리대상 전환 공동주택의 관리인에게 통지하고, 대통령령으로 정하는 바에 따라 관할 시장 · 군수 · 구청장에게 신고하여야 한다. 신고한 사항이 변경되는 경우에도 또한 같다(법 제11조 제3항).

> 입주자대표회의의 회장은 공동주택 관리방법의 결정(위탁관리하는 방법을 선택한 경우에는 그 주택관리업자의 선정을 포함한다) 또는 변경결정에 관한 신고를 하려는 경우에는 그 결정일 또는 변경결정일부터 30일 이내에 신고서를 시장 · 군수 · 구청장에게 제출해야 한다(영 제9조).

(4) 시장 · 군수 · 구청장은 (3)에 따른 신고를 받은 날부터 7일 이내에 신고수리 여부를 신고인에게 통지하여야 한다(법 제11조 제4항).

(5) 시장 · 군수 · 구청장이 (4)에서 정한 기간 내에 신고수리 여부 또는 민원 처리 관련 법령에 따른 처리기간의 연장을 신고인에게 통지하지 아니하면 그 기간(민원 처리 관련 법령에 따라 처리기간이 연장 또는 재연장된 경우에는 해당 처리기간을 말한다)이 끝난 날의 다음 날에 신고를 수리한 것으로 본다(법 제11조 제5항).

5. 관리업무의 인계

(1) 사업주체의 인계

1) 사업주체 또는 의무관리대상 전환 공동주택의 관리인은 다음의 어느 하나에 해당하는 경우에는 대통령령으로 정하는 바에 따라 해당 관리주체에게 공동주택의 관리업무를 인계하여야 한다(법 제13조 제1항).

> 1. 입주자대표회의의 회장으로부터 주택관리업자의 선정을 통지받은 경우
> 2. 자치관리기구가 구성된 경우
> 3. 주택관리업자가 선정된 경우

2) 사업주체 또는 의무관리대상 전환 공동주택의 관리인은 위의 1)의 어느 하나에 해당하게 된 날부터 1개월 이내에 해당 공동주택의 관리주체에게 공동주택의 관리업무를 인계해야 한다(영 제10조 제1항).

3) 사업주체 또는 의무관리대상 전환 공동주택 관리인은 공동주택의 관리업무를 해당 관리주체에 인계할 때에는 입주자대표회의의 회장 및 1명 이상의 감사의 참관하에 인계자와 인수자가 인계 · 인수서에 각각 서명 · 날인하여 다음의 서류를 인계해야 한다. 기존 관리주체가 새로운 관리주체에게 공동주택의 관리업무를 인계하는 경우에도 또한 같다(영 제10조 제4항).

> 1. 설계도서, 장비의 명세, 장기수선계획 및 안전관리계획
> 2. 관리비 · 사용료 · 이용료의 부과 · 징수현황 및 이에 관한 회계서류
> 3. 장기수선충당금의 적립현황
> 4. 관리비예치금의 명세
> 5. 법 제36조 제3항 제1호에 따라 세대 전유부분을 입주자에게 인도한 날의 현황
> 6. 관리규약과 그 밖에 공동주택의 관리업무에 필요한 사항

(2) 관리주체의 인계

① 공동주택의 관리주체가 변경되는 경우에 기존 관리주체는 새로운 관리주체에게 앞의 (1)의 1)을 준용하여 해당 공동주택의 관리업무를 인계하여야 한다(법 제13조 제2항).

② 새로운 관리주체는 기존 관리의 종료일까지 공동주택관리기구를 구성하여야 하며, 기존 관리주체는 해당 관리의 종료일까지 공동주택의 관리업무를 인계하여야 한다(영 제10조 제2항).

③ 기존 관리의 종료일까지 인계・인수가 이루어지지 아니한 경우 기존 관리주체는 기존 관리의 종료일(기존 관리의 종료일까지 새로운 관리주체가 선정되지 못한 경우에는 새로운 관리주체가 선정된 날을 말한다)부터 1개월 이내에 새로운 관리주체에게 공동주택의 관리업무를 인계하여야 한다. 이 경우 그 인계기간에 소요되는 기존 관리주체의 인건비 등은 해당 공동주택의 관리비로 지급할 수 있다(영 제10조 제3항).

(3) 임대사업자의 인계

건설임대주택(「민간임대주택에 관한 특별법」에 따른 민간건설임대주택 및 「공공주택 특별법」에 따른 공공건설임대주택을 말한다)을 분양전환(「민간임대주택에 관한 특별법」에 따른 임대사업자 외의 자에게의 양도 및 「공공주택 특별법」에 따른 분양전환을 말한다)하는 경우 임대사업자는 앞의 (1)을 준용하여 관리주체에게 공동주택의 관리업무를 인계하여야 한다. 이 경우 앞의 (1)의 3)의 5.의 "입주자"는 "임차인"으로 본다(영 제10조 제5항).

6. 의무관리대상 공동주택의 전환 등

(1) 의무관리대상 공동주택 전환 신고

① 의무관리대상 공동주택으로 전환되는 공동주택(이하 "의무관리대상 전환 공동주택"이라 한다)의 관리인(「집합건물의 소유 및 관리에 관한 법률」에 따른 관리인을 말하며, 관리단이 관리를 개시하기 전인 경우에는 같은 법 제9조의3 제1항에 따라 공동주택을 관리하고 있는 자를 말한다)은 대통령령으로 정하는 바에 따라 관할 특별자치시장・특별자치도지사・시장・군수・구청장(자치구의 구청장을 말하며 이하 특별자치시장・특별자치도지사・시장・군수・구청장은 "시장・군수・구청장"이라 한다)에게 의무관리대상 공동주택 전환 신고를 하여야 한다. 다만, 관리인이 신고하지 않는 경우에는 입주자 등의 10분의 1 이상이 연서하여 신고할 수 있다(법 제10조의2 제1항).

② 위의 ①에 따라 의무관리대상 공동주택 전환 신고를 하려는 자는 입주자 등의 동의를 받은 날부터 30일 이내에 관할 특별자치시장 · 특별자치도지사 · 시장 · 군수 · 구청장(구청장은 자치구의 구청장을 말하며, 이하 "시장 · 군수 · 구청장"이라 한다)에게 국토교통부령으로 정하는 신고서를 제출해야 한다(영 제7조의2 제1항).

(2) 의무관리대상 전환 공동주택의 입주자대표회의 구성 및 관리방법 결정

의무관리대상 전환 공동주택의 입주자 등은 법 제19조 제1항 제1호에 따른 관리규약의 제정 신고가 수리된 날부터 3개월 이내에 입주자대표회의를 구성하여야 하며, 법 제19조 제1항 제2호에 따른 입주자대표회의의 구성 신고가 수리된 날부터 3개월 이내에 공동주택의 관리방법을 결정하여야 한다(법 제10조의2 제2항).

(3) 의무관리대상 전환 공동주택의 위탁관리

의무관리대상 전환 공동주택의 입주자 등이 공동주택을 위탁관리할 것을 결정한 경우 입주자대표회의는 입주자대표회의의 구성 신고가 수리된 날부터 6개월 이내에 법 제7조 제1항 각 호의 기준에 따라 주택관리업자를 선정하여야 한다(법 제10조의2 제3항).

(4) 의무관리대상 전환 공동주택의 의무관리대상 공동주택 제외신고

① 의무관리대상 전환 공동주택의 입주자 등은 전체 입주자 등의 3분의 2 이상이 서면으로 동의하는 방법에 따라 해당 공동주택을 의무관리대상에서 제외할 것을 정할 수 있으며, 이 경우 입주자대표회의의 회장(직무를 대행하는 경우에는 그 직무를 대행하는 사람을 포함한다)은 대통령령으로 정하는 바에 따라 시장 · 군수 · 구청장에게 의무관리대상 공동주택 제외 신고를 하여야 한다(법 제10조의2 제4항).

② 시장 · 군수 · 구청장은 앞의 (1)의 ① 및 위의 (4)의 ①에 따른 신고를 받은 날부터 10일 이내에 신고수리 여부를 신고인에게 통지하여야 한다(법 제10조의2 제5항).

③ 시장 · 군수 · 구청장이 ②에서 정한 기간 내에 신고수리 여부 또는 민원 처리 관련 법령에 따른 처리기간의 연장을 신고인에게 통지하지 아니하면 그 기간(민원 처리 관련 법령에 따라 처리기간이 연장 또는 재연장된 경우에는 해당 처리기간을 말한다)이 끝난 날의 다음 날에 신고를 수리한 것으로 본다(법 제10조의2 제6항).

④ 위 ①에 따라 의무관리대상 공동주택 제외 신고를 하려는 입주자대표회의의 회장(직무를 대행하는 경우에는 그 직무를 대행하는 사람을 포함한다)은 입주자 등의 동의를 받은 날부터 30일 이내에 시장 · 군수 · 구청장에게 국토교통부령으로 정하는 신고서를 제출해야 한다(영 제7조의2 제2항).

2 자치관리

1. 자치관리기구의 구성

(1) 의무관리대상 공동주택의 입주자 등이 공동주택을 자치관리할 것을 정한 경우에는 입주자대표회의는 사업주체의 관리 요구가 있은 날(법 제2조 제1항 제2호 마목에 따라 의무관리대상 공동주택으로 전환되는 경우에는 법 제19조 제1항 제2호에 따른 입주자대표회의의 구성 신고가 수리된 날을 말한다)부터 6개월 이내에 공동주택의 관리사무소장을 자치관리기구의 대표자로 선임하고, 대통령령으로 정하는 기술인력 및 장비를 갖춘 자치관리기구를 구성하여야 한다(법 제6조 제1항).

(2) 주택관리업자에게 위탁관리하다가 자치관리로 관리방법을 변경하는 경우 입주자대표회의는 그 위탁관리의 종료일까지 자치관리기구를 구성하여야 한다(법 제6조 제2항).

2. 자치관리기구의 기술인력 및 장비

자치관리기구가 갖추어야 하는 기술인력 및 장비는 다음과 같다(영 제4조 제1항, 별표 1)

구 분	기 준
기술인력	다음의 기술인력. 다만, 관리주체가 입주자대표회의의 동의를 받아 관리업무의 일부를 해당 법령에서 인정하는 전문용역업체에 용역하는 경우에는 해당 기술인력을 갖추지 않을 수 있다. 1. 승강기가 설치된 공동주택인 경우에는 「승강기안전관리법 시행령」에 따른 승강기자체검사자격을 갖추고 있는 사람 1명 이상 2. 해당 공동주택의 건축설비의 종류 및 규모 등에 따라 「전기안전관리법」·「고압가스 안전관리법」·「액화석유가스의 안전관리 및 사업법」·「도시가스사업법」·「에너지이용 합리화법」·「소방기본법」·「소방시설 설치 및 관리에 관한 법률」·「화재의 예방 및 안전관리에 관한 법률」 및 「대기환경보전법」 등 관계 법령에 따라 갖추어야 할 기준 인원 이상의 기술자
장 비	• 비상용 급수펌프(수중펌프를 말한다) 1대 이상 • 절연저항계(누전측정기를 말한다) 1대 이상 • 건축물 안전점검의 보유장비 : 망원경, 카메라, 돋보기, 콘크리트 균열폭 측정기, 5m 이상용 줄자 및 누수탐지기 각 1대 이상

비 고

1. 관리사무소장과 기술인력 상호간에는 겸직할 수 없다.
2. 기술인력 상호간에는 겸직할 수 없다. 다만, 입주자대표회의가 구성원의 과반수 찬성으로 의결하는 방법으로 다음의 겸직을 허용한 경우에는 그러하지 아니하다.
   ① 해당 법령에서 「국가기술자격법」에 따른 국가기술자격의 취득을 선임요건으로 정하고 있는 기술인력과 국가기술자격을 취득하지 않아도 선임할 수 있는 기술인력의 겸직
   ② 해당 법령에서 국가기술자격을 취득하지 않아도 선임할 수 있는 기술인력 상호간의 겸직

3. 자치관리기구의 운영

(1) 감 독

자치관리기구는 입주자대표회의의 감독을 받는다(영 제4조 제2항).

(2) 관리사무소장의 선임

① 자치관리기구 관리사무소장은 입주자대표회의가 입주자대표회의 구성원(관리규약으로 정한 정원을 말하며, 해당 입주자대표회의 구성원의 3분의 2 이상이 선출되었을 때에는 그 선출된 인원을 말한다) 과반수의 찬성으로 선임한다(영 제4조 제3항).

② 입주자대표회의는 선임된 관리사무소장이 해임되거나 그 밖의 사유로 결원이 되었을 때에는 그 사유가 발생한 날부터 30일 이내에 새로운 관리사무소장을 선임하여야 한다(영 제4조 제4항).

(3) 겸직 금지

입주자대표회의 구성원은 자치관리기구의 직원을 겸할 수 없다(영 제4조 제5항).

3 위탁관리

1. 주택관리업자 선정

(1) 입주자 등의 주택관리업자 선정

1) 의무관리대상 공동주택의 입주자 등이 공동주택을 위탁관리할 것을 정한 경우에는 입주자대표회의는 다음의 기준에 따라 주택관리업자를 선정하여야 한다(법 제7조 제1항 제1호).

① **전자입찰방식**

1. 「전자문서 및 전자거래 기본법」에 따른 정보처리시스템을 통하여 선정(이하 "전자입찰방식"이라 한다)할 것. 다만, 선정방법 등이 전자입찰방식을 적용하기 곤란한 경우로서 국토교통부장관이 정하여 고시하는 경우에는 전자입찰방식으로 선정하지 아니할 수 있다(법 제7조 제1항 제1호).
2. 전자입찰방식의 세부기준, 절차 및 방법 등은 국토교통부장관이 정하여 고시한다(영 제5조 제1항).

② 다음 각 구분에 따른 사항에 대하여 전체 입주자등의 과반수의 동의를 얻을 것(법 제7조 제1항 제1호의2).

> 1. 경쟁입찰: 입찰의 종류 및 방법, 낙찰방법, 참가자격 제한 등 입찰과 관련한 중요사항
> 2. 수의계약: 계약상대자 선정, 계약 조건 등 계약과 관련한 중요사항

③ 그 밖에 입찰의 방법 등 대통령령으로 정하는 방식을 따를 것(법 제7조 제1항 제2호).

> "입찰의 방법 등 대통령령으로 정하는 방식"이란 다음에 따른 방식을 말한다(영 제5조 제2항).
> 1. 국토교통부장관이 정하여 고시하는 경우 외에는 경쟁입찰로 할 것. 이 경우 다음의 사항은 국토교통부장관이 정하여 고시한다.
>   ① 입찰의 절차
>   ② 입찰 참가자격
>   ③ 입찰의 효력
>   ④ 그 밖에 주택관리업자의 적정한 선정을 위하여 필요한 사항
> 2. 입주자대표회의의 감사가 입찰과정 참관을 원하는 경우에는 참관할 수 있도록 할 것
> 3. 계약기간은 장기수선계획의 조정 주기를 고려하여 정할 것

2) 기존 주택관리업자의 입찰참가 제한

① 입주자 등은 기존 주택관리업자의 관리 서비스가 만족스럽지 못한 경우에는 대통령령으로 정하는 바에 따라 새로운 주택관리업자 선정을 위한 입찰에서 기존 주택관리업자의 참가를 제한하도록 입주자대표회의에 요구할 수 있다. 이 경우 입주자대표회의는 그 요구에 따라야 한다(법 제7조 제2항).

② 입주자 등이 새로운 주택관리업자 선정을 위한 입찰에서 기존 주택관리업자의 참가를 제한하도록 입주자대표회의에 요구하려면 전체 입주자 등 과반수의 서면동의가 있어야 한다(영 제5조 제3항).

(2) 사업주체의 주택관리업자 선정

사업주체는 입주자대표회의로부터 공동주택의 관리에 따른 통지가 없거나 입주자대표회의가 자치관리기구를 구성하지 아니하는 경우에는 주택관리업자를 선정하여야 한다. 이 경우 사업주체는 입주자대표회의 및 관할 시장 · 군수 · 구청장에게 그 사실을 알려야 한다(법 제12조).

4 공동관리와 구분관리

입주자대표회의는 해당 공동주택의 관리에 필요하다고 인정하는 경우에는 국토교통부령으로 정하는 바에 따라 인접한 공동주택단지(임대주택단지를 포함한다)와 공동으로 관리하거나 500세대 이상의 단위로 나누어 관리하게 할 수 있다(법 제8조 제1항).

1. 공동관리의 기준

공동관리는 단지별로 입주자등의 과반수의 서면동의를 받은 경우(임대주택단지의 경우에는 임대사업자와 임차인대표회의의 서면동의를 받은 경우를 말한다)로서 다음의 국토교통부령으로 정하는 기준에 적합한 경우에만 해당한다(법 제8조 제2항, 규칙 제2조 제3항).

> ① 공동관리하는 총세대수가 1천 5백세대 이하일 것. 다만, 의무관리대상 공동주택에 해당하는 공동주택단지와 인접한 300세대 미만의 공동주택단지를 공동으로 관리하는 경우는 제외한다.
> ② 공동주택 단지 사이에 철도・고속도로・자동차전용도로, 폭 20m 이상인 일반도로, 폭 8m 이상인 도시계획예정도로 등 어느 하나에 해당하는 시설이 없을 것. 다만, 특별자치시장・특별자치도지사・시장・군수 또는 구청장(구청장은 자치구의 구청장을 말하며, 이하 "시장・군수・구청장"이라 한다)이 지하도, 육교, 횡단보도, 그 밖에 이와 유사한 시설의 설치를 통하여 단지 간 보행자 통행의 편리성 및 안전성이 확보되었다고 인정하는 경우에는 이 기준은 적용하지 아니한다.

2. 공동관리 및 구분관리의 절차

(1) 관리사항 통지

입주자대표회의는 공동주택을 공동관리하거나 구분관리하려는 경우에는 일정한 사항을 입주자 등에게 통지하고 입주자 등의 서면동의를 받아야 한다(규칙 제2조 제1항).

(2) 관리별 동의요건

(1)의 서면동의는 다음의 구분에 따라 받아야 한다(규칙 제2조 제2항).

> 1. 공동관리의 경우: 단지별로 입주자 등 과반수의 서면동의. 다만, 위의 1.의 ②의 단서에 해당하는 경우에는 단지별로 입주자 등 3분의 2 이상의 서면동의를 받아야 한다.
> 2. 구분관리의 경우: 구분관리 단위별 입주자 등 과반수의 서면동의. 다만, 관리규약으로 달리 정한 경우에는 그에 따른다.

결정 통보

입주자대표회의는 공동주택을 공동관리하거나 구분관리할 것을 결정한 경우에는 지체 없이 그 내용을 시장・군수・구청장에게 통보하여야 한다(규칙 제2조 제4항).

(3) 공동주택관리기구의 구성

입주자대표회의 또는 관리주체는 공동주택을 공동관리하거나 구분관리하는 경우에는 공동관리 또는 구분관리 단위별로 공동주택관리기구를 구성하여야 한다(영 제6조 제2항).

5 혼합주택단지의 관리

1. 공동결정의 협의사항

입주자대표회의와 임대사업자는 혼합주택단지의 관리에 관한 사항을 공동으로 결정하여야 한다. 이 경우 임차인대표회의가 구성된 혼합주택단지에서는 임대사업자는 「민간임대주택에 관한 특별법」의 다음의 사항을 임차인대표회의와 사전에 협의하여야 한다(법 제10조 제1항).

1. 민간임대주택 관리규약의 제정 및 개정
2. 관리비
3. 민간임대주택의 공용부분·부대시설 및 복리시설의 유지·보수
4. 임대료 증감
5. 그 밖에 민간임대주택의 유지·보수·관리 등에 필요한 사항으로서 대통령령으로 정하는 사항

2. 공동결정사항

혼합주택단지의 입주자대표회의와 임대사업자가 혼합주택단지의 관리에 관하여 공동으로 결정하여야 하는 사항은 다음과 같다(영 제7조 제1항).

1. 관리방법의 결정 및 변경
2. 주택관리업자의 선정
3. 장기수선계획의 조정
4. 장기수선충당금 및 특별수선충당금(「민간임대주택에 관한 특별법」 또는 「공공주택 특별법」에 따른 특별수선충당금을 말한다)을 사용하는 주요시설의 교체 및 보수에 관한 사항
5. 관리비 등을 사용하여 시행하는 각종 공사 및 용역에 관한 사항

3. 각자결정사항

다음의 요건을 모두 갖춘 혼합주택단지에서는 2.의 4. 또는 5.의 사항을 입주자대표회의와 임대사업자가 각자 결정할 수 있다(영 제7조 제2항).

1. 분양을 목적으로 한 공동주택과 임대주택이 별개의 동(棟)으로 배치되는 등의 사유로 구분하여 관리가 가능할 것
2. 입주자대표회의와 임대사업자가 공동으로 결정하지 아니하고 각자 결정하기로 합의하였을 것

4. 불합의시 결정사항

공동으로 결정하기 위한 입주자대표회의와 임대사업자 간의 합의가 이뤄지지 않는 경우에는 다음의 구분에 따라 혼합주택단지의 관리에 관한 사항을 결정한다(영 제7조 제3항).

1. 앞의 2.의 1. 및 2.의 사항: 해당 혼합주택단지 공급면적의 2분의 1을 초과하는 면적을 관리하는 입주자대표회의 또는 임대사업자가 결정
2. 앞의 2.의 3. 4. 5.의 사항: 해당 혼합주택단지 공급면적의 3분의 2 이상을 관리하는 입주자대표회의 또는 임대사업자가 결정 다만, 다음의 각 요건에 모두 해당하는 경우에는 해당 혼합주택단지 공급면적의 2분의 1을 초과하는 면적을 관리하는 자가 결정한다.
   ① 해당 혼합주택단지 공급면적의 3분의 2 이상을 관리하는 입주자대표회의 또는 임대사업자가 없을 것
   ② 법 제33조에 따른 시설물의 안전관리계획 수립대상 등 안전관리에 관한 사항일 것
   ③ 입주자대표회의와 임대사업자 간 2회의 협의에도 불구하고 합의가 이뤄지지 않을 것

5. 조정 신청

입주자대표회의 또는 임대사업자는 혼합주택단지의 관리에 관한 공동결정사항에 관한 결정이 이뤄지지 않는 경우에는 공동주택관리 분쟁조정위원회에 분쟁의 조정을 신청할 수 있다(영 제7조 제4항).

03 공동주택의 의사결정 등

Chapter

단·원·열·기

입주자대표회의, 동별 대표자, 관리규약, 관리비 등, 회계감사 등이 출제가 되고 있다.
학습방법: 동별 대표자, 입주자대표회의, 관리규약, 관리비 등, 회계감사 등 전반적으로 빠짐없이 정리하는 것이 필요하다.

공동주택의 의사결정 등

01 입주자대표회의

1 입주자대표회의

1. 의 의

공동주택의 관리에 관하여 입주자의 의사를 결정하는 필수적 의결기관으로서 법인 아닌 사단으로서의 성격을 지닌다.

2. 입주자대표회의의 구성 등

(1) 입주자대표회의의 구성

입주자대표회의는 4명 이상으로 구성하되, 동별 세대수에 비례하여 관리규약으로 정한 선거구에 따라 선출된 대표자(이하 "동별 대표자"라 한다)로 구성한다. 이 경우 선거구는 2개 동 이상으로 묶거나 통로나 층별로 구획하여 정할 수 있다(법 제14조 제1항).

(2) 단지를 수 개의 공구로 구분하여 순차적으로 건설하는 경우

하나의 공동주택단지를 여러 개의 공구로 구분하여 순차적으로 건설하는 경우(임대주택은 분양전환된 경우를 말한다) 먼저 입주한 공구의 입주자 등은 입주자대표회의를 구성할 수 있다. 다만, 다음 공구의 입주예정자의 과반수가 입주한 때에는 다시 입주자대표회의를 구성하여야 한다(법 제14조 제2항).

3. 동별 대표자

(1) 동별 대표자의 자격요건

동별 대표자는 동별 대표자 선출공고에서 정한 각종 서류 제출 마감일을 기준으로 다음의 요건을 갖춘 입주자(입주자가 법인인 경우에는 그 대표자를 말한다) 중에서 대통령령으로 정하는 바에 따라 선거구 입주자 등의 보통・평등・직접・비밀선거를 통하여 선출한다. 다만, 입주자인 동별 대표자 후보자가 없는 선거구에서는 다음 각 호 및 대통령령으로 정하는 요건을 갖춘 사용자도 동별 대표자로 선출될 수 있다(법 제14조 제3항, 영 제11조 제3항).

1. 해당 공동주택단지 안에서 주민등록을 마친 후 계속하여 3개월 이상 거주하고 있을 것(최초의 입주자대표회의를 구성하거나 앞의 2.의 (2)의 단서에 따른 입주자대표회의를 구성하기 위하여 동별 대표자를 선출하는 경우는 제외한다)
2. 해당 선거구에 주민등록을 마친 후 거주하고 있을 것

(2) 동별 대표자의 선출방법

동별 대표자는 선거구별로 1명씩 선출하되 그 선출방법은 다음의 구분에 따른다(영 제11조 제1항).

1. 후보자가 2명 이상인 경우: 해당 선거구 전체 입주자 등의 과반수가 투표하고 후보자 중 최다득표자를 선출
2. 후보자가 1명인 경우: 해당 선거구 전체 입주자 등의 과반수가 투표하고 투표자 과반수의 찬성으로 선출

(3) 사용자의 동별 대표자의 선출요건

사용자는 입주자인 동별 대표자 후보자가 없는 선거구에서 2회의 선출공고(직전 선출공고일부터 2개월 이내에 공고하는 경우만 2회로 계산한다)에도 불구하고 입주자(입주자가 법인인 경우에는 그 대표자를 말한다)인 동별 대표자의 후보자가 없는 선거구에서 직전 선출공고일부터 2개월 이내에 선출공고를 하는 경우로서 (1)의 동별 대표자의 자격요건과 다음의 어느 하나에 해당하는 요건을 모두 갖춘 경우에는 동별 대표자가 될 수 있다. 이 경우 입주자인 후보자가 있으면 사용자는 후보자의 자격을 상실한다(영 제11조 제2항).

1. 공동주택을 임차하여 사용하는 사람일 것. 이 경우 법인인 경우에는 그 대표자를 말한다.
2. 공동주택을 임차하여 사용하는 사람의 배우자 또는 직계존비속일 것. 이 경우 공동주택을 임차하여 사용하는 사람이 서면으로 위임한 대리권이 있는 경우만 해당한다.

(4) 동별 대표자의 결격사유

1) 서류 제출 마감일을 기준으로 다음의 어느 하나에 해당하는 사람은 동별 대표자가 될 수 없으며 그 자격을 상실한다(법 제14조 제4항, 영 제11조 제4항).

1. 미성년자, 피성년후견인 또는 피한정후견인
2. 파산자로서 복권되지 아니한 사람
3. 이 법 또는 「주택법」, 「민간임대주택에 관한 특별법」, 「공공주택 특별법」, 「건축법」, 「집합건물의 소유 및 관리에 관한 법률」을 위반한 범죄로 금고 이상의 실형선고를 받고 그 집행이 끝나거나(집행이 끝난 것으로 보는 경우를 포함한다) 집행이 면제된 날부터 2년이 지나지 아니한 사람
4. 금고 이상의 형의 집행유예선고를 받고 그 유예기간 중에 있는 사람
5. 이 법 또는 「주택법」, 「민간임대주택에 관한 특별법」, 「공공주택 특별법」, 「건축법」, 「집합건물의 소유 및 관리에 관한 법률」을 위반한 범죄로 벌금형을 선고받은 후 2년이 지나지 않은 사람
6. 선거관리위원회 위원(사퇴하거나 해임 또는 해촉된 사람으로서 그 남은 임기 중에 있는 사람을 포함한다)
7. 공동주택의 소유자가 서면으로 위임한 대리권이 없는 소유자의 배우자나 직계존비속
8. 해당 공동주택 관리주체의 소속 임직원과 해당 공동주택 관리주체에 용역을 공급하거나 사업자로 지정된 자의 소속 임원. 이 경우 관리주체가 주택관리업자인 경우에는 해당 주택관리업자를 기준으로 판단한다.
9. 해당 공동주택의 동별 대표자를 사퇴한 날부터 1년(해당 동별 대표자에 대한 해임이 요구된 후 사퇴한 경우에는 2년을 말한다)이 지나지 아니하거나 해임된 날부터 2년이 지나지 아니한 사람
10. 관리비 등을 최근 3개월 이상 연속하여 체납한 사람
11. 동별 대표자로서 임기 중에 위의 10.에 해당하여 법 제14조 제5항에 따라 퇴임한 사람으로서 그 남은 임기(남은 임기가 1년을 초과하는 경우에는 1년을 말한다) 중에 있는 사람

2) 동별 대표자가 임기 중에 앞의 3.의 (1)에 따른 자격요건을 충족하지 아니하게 된 경우나 위의 1)에 따른 결격사유에 해당하게 된 경우에는 당연히 퇴임한다(법 제14조 제5항).

(5) 동별 대표자의 결격사유의 적용범위

공동주택 소유자 또는 공동주택을 임차하여 사용하는 사람의 결격사유(동별 대표자의 결격사유를 말한다)는 그를 대리하는 자에게 미치며, 공유(共有)인 공동주택 소유자의 결격사유를 판단할 때에는 지분의 과반을 소유한 자의 결격사유를 기준으로 한다(영 제11조 제5항).

4. 입주자대표회의의 임원

(1) 입주자대표회의의 임원의 구성

1) 입주자대표회의에는 대통령령으로 정하는 바에 따라 회장, 감사 및 이사를 임원으로 둔다(법 제14조 제6항).

2) 사용자인 동별 대표자는 회장이 될 수 없다. 다만, 입주자인 동별 대표자 중에서 회장 후보자가 없는 경우로서 선출 전에 전체 입주자 과반수의 서면동의를 얻은 경우에는 그러하지 아니하다(법 제14조 제7항).

3) 입주자대표회의에는 다음의 임원을 두어야 한다(영 제12조 제1항).

> 1. 회장 1명
> 2. 감사 2명 이상
> 3. 이사 1명 이상

(2) 입주자대표회의의 임원의 선출

임원은 동별 대표자 중에서 다음의 구분에 따른 방법으로 선출한다(영 제12조 제2항).

1) 회장 선출방법

① 입주자 등의 보통·평등·직접·비밀선거를 통하여 선출

② 후보자가 2명 이상인 경우: 전체 입주자 등의 10분의 1 이상이 투표하고 후보자 중 최다득표자를 선출

③ 후보자가 1명인 경우: 전체 입주자 등의 10분의 1 이상이 투표하고 투표자 과반수의 찬성으로 선출

④ 다음의 경우에는 입주자대표회의 구성원 과반수의 찬성으로 선출하며, 입주자대표회의 구성원 과반수 찬성으로 선출할 수 없는 경우로서 최다득표자가 2인 이상인 경우에는 추첨으로 선출

> ㉠ 후보자가 없거나 위의 ①부터 ③까지의 규정에 따라 선출된 자가 없는 경우
> ㉡ 위의 ①부터 ③까지의 규정에도 불구하고 500세대 미만의 공동주택 단지에서 관리규약으로 정하는 경우

2) 감사 선출방법

① 입주자 등의 보통·평등·직접·비밀선거를 통하여 선출

② 후보자가 선출필요인원을 초과하는 경우: 전체 입주자 등의 10분의 1 이상이 투표하고 후보자 중 다득표자 순으로 선출

③ 후보자가 선출필요인원과 같거나 미달하는 경우: 후보자별로 전체 입주자 등의 10분의 1 이상이 투표하고 투표자 과반수의 찬성으로 선출

④ 다음의 경우에는 입주자대표회의 구성원 과반수의 찬성으로 선출하며, 입주자 대표회의 구성원 과반수 찬성으로 선출할 수 없는 경우로서 최다득표자가 2인 이상인 경우에는 추첨으로 선출

> ㉠ 후보자가 없거나 ①부터 ③까지의 규정에 따라 선출된 자가 없는 경우(선출된 자가 선출필요인원에 미달하여 추가선출이 필요한 경우를 포함한다)
> ㉡ 위의 ①부터 ③까지의 규정에도 불구하고 500세대 미만의 공동주택 단지에서 관리규약으로 정하는 경우

3) 이사 선출방법

입주자대표회의 구성원 과반수의 찬성으로 선출하며, 입주자대표회의 구성원 과반수 찬성으로 선출할 수 없는 경우로서 최다득표자가 2인 이상인 경우에는 추첨으로 선출

(3) 공동체생활 활성화 업무 담당 이사

입주자대표회의는 입주자 등의 소통 및 화합의 증진을 위하여 그 이사 중 공동체 생활의 활성화에 관한 업무를 담당하는 이사를 선임할 수 있다(영 제12조 제3항).

5. 동별 대표자의 임기 등

동별 대표자의 임기나 그 제한에 관한 사항, 동별 대표자 또는 입주자대표회의의 임원의 선출이나 해임 방법 등 입주자대표회의의 구성 및 운영에 필요한 사항과 입주자대표회의의 의결 방법은 대통령령으로 정한다(법 제14조 제10항).

입주자대표회의의 임원의 업무범위 등

입주자대표회의의 임원의 업무범위 등은 국토교통부령으로 정한다(영 제12조 제4항).

1. **회장**: 입주자대표회의의 회장은 입주자대표회의를 대표하고, 그 회의의 의장이 된다(규칙 제4조 제1항).
2. **이사**: 이사는 회장을 보좌하고, 회장이 사퇴 또는 해임으로 궐위된 경우 및 사고나 그 밖에 부득이한 사유로 그 직무를 수행할 수 없을 때에는 관리규약에서 정하는 바에 따라 그 직무를 대행한다(규칙 제4조 제2항).
3. **감 사**
   ① 감사는 관리비·사용료 및 장기수선충당금 등의 부과·징수·지출·보관 등 회계 관계 업무와 관리업무 전반에 대하여 관리주체의 업무를 감사한다(규칙 제4조 제3항).
   ② 감사는 ①에 따른 감사를 한 경우에는 감사보고서를 작성하여 입주자대표회의와 관리주체에게 제출하고 인터넷 홈페이지(인터넷 홈페이지가 없는 경우에는 인터넷 포털을 통해 관리주체가 운영·통제하는 유사한 기능의 웹사이트 또는 관리사무소의 게시판을 말한다) 및 동별 게시판(통로별 게시판이 설치된 경우에는 이를 포함한다)에 공개해야 한다(규칙 제4조 제4항).
   ③ 감사는 입주자대표회의에서 의결한 안건이 관계법령 및 관리규약에 위반된다고 판단되는 경우에는 입주자대표회의에 재심의를 요청할 수 있다(규칙 제4조 제5항).
   ④ 재심의를 요청받은 입주자대표회의는 지체 없이 해당 안건을 다시 심의하여야 한다(규칙 제4조 제6항).

(1) 동별 대표자의 임기

1) 동별 대표자의 임기는 2년으로 한다. 다만, 보궐선거 또는 재선거로 선출된 동별 대표자의 임기는 다음의 구분에 따른다(영 제13조 제1항).

> 1. 모든 동별 대표자의 임기가 동시에 시작하는 경우: 2년
> 2. 그 밖의 경우: 전임자 임기(재선거의 경우 재선거 전에 실시한 선거에서 선출된 동별 대표자의 임기를 말한다)의 남은 기간

2) 동별 대표자는 한 번만 중임할 수 있다. 이 경우 보궐선거 또는 재선거로 선출된 동별 대표자의 임기가 6개월 미만인 경우에는 임기의 횟수에 포함하지 않는다(영 제13조 제2항).

중임 동별 대표자, 사용자 입후보 요건

동별대표자의 선출공고
↓ 2개월 이내
재선출 공고
↓ 2개월 이내
중임한 동별 대표자, 사용자 입후보

(2) 동별 대표자의 후보자가 없는 선거구

동별 대표자의 선출방법(영 제11조 제1항) 및 중임제한(영 제13조 제2항)에도 불구하고 2회의 선출공고(직전 선출공고일부터 2개월 이내에 공고하는 경우만 2회로 계산한다)에도 불구하고 동별 대표자의 후보자가 없거나 선출된 사람이 없는 선거구에서 직전 선출공고일부터 2개월 이내에 선출공고를 하는 경우에는 동별 대표자를 중임한 사람도 해당 선거구 입주자 등의 과반수의 찬성으로 다시 동별 대표자로 선출될 수 있다. 이 경우 후보자 중 동별 대표자를 중임하지 않은 사람이 있으면 동별 대표자를 중임한 사람은 후보자의 자격을 상실한다(영 제13조 제3항).

(3) 동별 대표자 및 입주자대표회의의 임원의 해임

동별 대표자 및 입주자대표회의의 임원은 관리규약으로 정한 사유가 있는 경우에 다음의 구분에 따른 방법으로 해임한다(영 제13조 제4항).

회장과 감사의 해임

회장과 감사의 해임은 전체 입주자 등의 10분의 1 이상이 투표하고 투표자 과반수의 찬성으로 해임하나, 500세대 미만의 공동주택 단지에서 입주자대표회의에서 선출된 회장 및 감사의 해임은 관리규약으로 정하는 절차에 따라 해임한다. 즉, 관리규약으로 정해서 전체 입주자 등의 10분의 1 이상이 투표하고 투표자 과반수의 찬성으로 해임하거나, 입주자대표회의 구성원 과반수의 찬성으로 해임한다.

1) **동별 대표자**: 해당 선거구 전체 입주자 등의 과반수가 투표하고 투표자 과반수의 찬성으로 해임

2) **입주자대표회의의 임원**: 다음의 구분에 따른 방법으로 해임

> 1. 회장 및 감사: 전체 입주자 등의 10분의 1 이상이 투표하고 투표자 과반수의 찬성으로 해임. 다만, 제12조 제2항 제1호 라목2) 및 같은 항 제2호 라목2)에 따라 입주자대표회의에서 선출된 회장 및 감사는 관리규약으로 정하는 절차에 따라 해임한다.
> 2. 이사: 관리규약으로 정하는 절차에 따라 해임

6. 입주자대표회의의 의결

입주자대표회의의 의결사항은 관리규약, 관리비, 시설의 운영에 관한 사항 등으로 하며, 그 구체적인 내용은 대통령령으로 정한다(법 제14조 제11항).

(1) 의결정족수

입주자대표회의는 입주자대표회의의 구성원 과반수의 찬성으로 의결한다(영 제14조 제1항).

(2) 입주자대표회의의 의결사항

1) 입주자대표회의의 의결사항은 다음과 같다(영 제14조 제2항).

1. 관리규약 개정안의 제안(제안서에는 개정안의 취지, 내용, 제안유효기간 및 제안자 등을 포함한다. 이하 같다)
2. 관리규약에서 위임한 사항과 그 시행에 필요한 규정의 제정 · 개정 및 폐지
3. 공동주택 관리방법의 제안
4. 관리비 등의 집행을 위한 사업계획 및 예산의 승인(변경승인을 포함한다)
5. 공용시설물 이용료 부과기준의 결정
6. 관리비 등의 회계감사 요구 및 회계감사보고서의 승인
7. 관리비 등의 결산의 승인
8. 단지 안의 전기 · 도로 · 상하수도 · 주차장 · 가스설비 · 냉난방설비 및 승강기 등의 유지 · 운영 기준
9. 자치관리를 하는 경우 자치관리기구 직원의 임면에 관한 사항
10. 장기수선계획에 따른 공동주택 공용부분의 보수 · 교체 및 개량
11. 공동주택 공용부분의 행위허가 또는 신고 행위의 제안
12. 공동주택 공용부분의 담보책임 종료 확인
13. 「주택건설기준 등에 관한 규정」 제2조 제3호에 따른 주민공동시설(이하 "주민공동시설"이라 하며, 이 조, 제19조, 제23조, 제25조, 제29조 및 제29조의2에서는 제29조의3 제1항 각 호의 시설은 제외한다) 위탁 운영의 제안

13의2. 제29조의2에 따른 인근 공동주택단지 입주자 등의 주민공동시설 이용에 대한 허용 제안

14. 장기수선계획 및 안전관리계획의 수립 또는 조정(비용지출을 수반하는 경우로 한정한다)
15. 입주자 등 상호간에 이해가 상반되는 사항의 조정
16. 공동체 생활의 활성화 및 질서유지에 관한 사항
17. 그 밖에 공동주택의 관리와 관련하여 관리규약으로 정하는 사항

제29조의3 제1항 각 호의 시설

제29조의3 제1항 각 호의 시설이란 어린이집, 다함께돌봄센터, 공동육아나눔터를 말한다.

2) 앞의 (1) 및 (2)의 **1)**에도 불구하고 입주자대표회의의 구성원 중 사용자인 동별 대표자가 과반수인 경우에는 입주자대표회의의 의결사항 중 **12.** 공동주택 공용부분의 담보책임 종료 확인에 관한 사항은 의결사항에서 제외하고, **14.** 장기수선계획의 수립 또는 조정에 관한 사항은 전체 입주자 과반수의 서면동의를 받아 그 동의 내용대로 의결한다(영 제14조 제3항).

(3) 입주자대표회의의 소집

입주자대표회의는 관리규약으로 정하는 바에 따라 회장이 그 명의로 소집한다. 다만, 다음의 어느 하나에 해당하는 때에는 회장은 해당일부터 14일 이내에 입주자대표회의를 소집하여야 하며, 회장이 회의를 소집하지 아니하는 경우에는 관리규약으로 정하는 이사가 그 회의를 소집하고 회장의 직무를 대행한다(영 제14조 제4항).

1. 입주자대표회의 구성원 3분의 1 이상이 청구하는 때
2. 입주자 등의 10분의 1 이상이 요청하는 때
3. 전체 입주자의 10분의 1 이상이 요청하는 때(앞의 (2)의 **1)**의 **14.** 중 장기수선계획의 수립 또는 조정에 관한 사항만 해당한다)

(4) 입주자대표회의의 의결시 준수사항 등

1) 이해관계인의 권리침해 금지

입주자대표회의는 앞의 (2)의 **1)**의 사항을 의결할 때에는 입주자 등이 아닌 자로서 해당 공동주택의 관리에 이해관계를 가진 자의 권리를 침해해서는 안된다(영 제14조 제5항).

2) 주택관리업자 업무수행에 부당간섭 금지

입주자대표회의는 주택관리업자가 공동주택을 관리하는 경우에는 주택관리업자의 직원인사・노무관리 등의 업무수행에 부당하게 간섭해서는 아니 된다(영 제14조 제6항).

(5) 회의록 보관 및 공개

① 입주자대표회의는 그 회의를 개최한 때에는 회의록을 작성하여 관리주체에게 보관하게 하여야 한다. 이 경우 입주자대표회의는 관리규약으로 정하는 바에 따라 입주자등에게 회의를 실시간 또는 녹화・녹음 등의 방식으로 중계하거나 방청하게 할 수 있다(법 제14조 제8항).

② 300세대 이상인 공동주택의 관리주체는 관리규약으로 정하는 범위 · 방법 및 절차 등에 따라 회의록을 입주자 등에게 공개하여야 하며, 300세대 미만인 공동주택의 관리주체는 관리규약으로 정하는 바에 따라 회의록을 공개할 수 있다. 이 경우 관리주체는 입주자 등이 회의록의 열람을 청구하거나 자기의 비용으로 복사를 요구하는 때에는 관리규약으로 정하는 바에 따라 이에 응하여야 한다(법 제14조 제9항).

(6) 사용자인 동별 대표자가 과반수인 경우의 의결방법

7. 선거관리위원회

(1) 동별 대표자 등의 선거관리위원회

입주자 등은 동별 대표자나 입주자대표회의의 임원을 선출하거나 해임하기 위하여 선거관리위원회를 구성한다(법 제15조 제1항).

(2) 선거관리위원회의 위원의 결격사유

다음의 어느 하나에 해당하는 사람은 선거관리위원회 위원이 될 수 없으며 그 자격을 상실한다(법 제15조 제2항, 영 제16조).

1. 동별 대표자 또는 그 후보자
2. 1.에 해당하는 사람의 배우자 또는 직계존비속
3. 미성년자, 피성년후견인 또는 피한정후견인
4. 동별 대표자를 사퇴하거나 그 지위에서 해임된 사람 또는 법 제14조 제5항에 따라 퇴임한 사람으로서 그 남은 임기 중에 있는 사람
5. 선거관리위원회 위원을 사퇴하거나 그 지위에서 해임 또는 해촉된 사람으로서 그 남은 임기 중에 있는 사람

(3) 선거관리위원회의 구성원의 수 등

1) 선거관리위원회의 구성원 수, 위원장의 선출 방법, 의결의 방법 등 선거관리위원회의 구성 및 운영에 필요한 사항은 대통령령으로 정한다(법 제15조 제3항).

2) 선거관리위원회는 입주자 등(서면으로 위임된 대리권이 없는 공동주택 소유자의 배우자 및 직계존비속이 그 소유자를 대리하는 경우를 포함한다) 중에서 위원장을 포함하여 다음의 구분에 따른 위원으로 구성한다(영 제15조 제1항).

1. 500세대 이상인 공동주택 : 5명 이상 9명 이하
2. 500세대 미만인 공동주택 : 3명 이상 9명 이하

선거관리위원회의 구성·운영 등에 관한 사항

선거관리위원회의 구성·운영·업무(동별 대표자 결격사유의 확인을 포함한다)·경비, 위원의 선임·해임 및 임기 등에 관한 사항은 관리규약으로 정한다(영 제15조 제5항).

(4) 선거관리위원회의 위원장

선거관리위원회 위원장은 위원 중에서 호선한다(영 제15조 제2항).

(5) 「선거관리위원회법」에 따른 선거관리위원회 소속 직원 위원으로 위촉

500세대 이상인 공동주택은 「선거관리위원회법」 제2조에 따른 선거관리위원회 소속 직원 1명을 관리규약으로 정하는 바에 따라 위원으로 위촉할 수 있다(영 제15조 제3항).

(6) 선거관리위원회의 의사결정

선거관리위원회는 그 구성원(관리규약으로 정한 정원을 말한다) 과반수의 찬성으로 그 의사를 결정한다. 이 경우 「공동주택관리법 시행령」 및 관리규약으로 정하지 아니한 사항은 선거관리위원회 규정으로 정할 수 있다(영 제15조 제4항).

(7) 선거관리위원회의 선거지원 요청

선거관리위원회는 선거관리를 위하여 「선거관리위원회법」 제2조 제1항 제3호에 따라 해당 소재지를 관할하는 구·시·군선거관리위원회에 투표 및 개표관리 등 선거지원을 요청할 수 있다(법 제15조 제4항).

(8) 동별 대표자 후보자 등에 대한 범죄경력 조회 등

1) 선거관리위원회 위원장(선거관리위원회가 구성되지 아니하였거나 위원장이 사퇴, 해임 등으로 궐위된 경우에는 입주자대표회의의 회장을 말하며, 입주자대표회의의 회장도 궐위된 경우에는 관리사무소장을 말한다)은 동별 대표자 후보자에 대하여 동별 대표자의 자격요건(법 제14조 제3항) 충족 여부와 결격사유 해당 여부를 확인하여야 하며, 결격사유 해당 여부를 확인하는 경우에는 동별 대표자 후보자의 동의를 받아 범죄경력을 관계 기관의 장에게 확인해야 한다(법 제16조 제1항).

2) 선거관리위원회 위원장은 동별 대표자에 대하여 자격요건 충족 여부와 결격사유 해당 여부를 확인할 수 있으며, 결격사유 해당 여부를 확인하는 경우에는 동별 대표자의 동의를 받아 범죄경력을 관계 기관의 장에게 확인하여야 한다(법 제16조 제2항).

3) 범죄경력 확인의 절차, 방법 등에 필요한 사항은 대통령령으로 정한다(법 제16조 제3항).

① 선거관리위원회 위원장은 동별 대표자 후보자 또는 동별 대표자에 대한 범죄경력의 확인을 경찰관서의 장에게 요청하여야 한다. 이 경우 동별 대표자 후보자 또는 동별 대표자의 동의서를 첨부하여야 한다(영 제17조 제1항).

② 요청을 받은 경찰관서의 장은 동별 대표자 후보자 또는 동별 대표자가 동별 대표자의 결격사유에 따른 범죄의 경력이 있는지 여부를 확인하여 회신해야 한다(영 제17조 제2항).

8. 입주자대표회의 구성원 등 교육

(1) 운영 및 윤리교육의 실시기관

시장·군수·구청장은 대통령령으로 정하는 바에 따라 입주자대표회의의 구성원 또는 입주자 등에게 입주자대표회의의 운영과 관련하여 필요한 교육 및 윤리교육을 실시하여야 한다. 이 경우 입주자대표회의의 구성원은 그 교육을 성실히 이수하여야 한다(법 제17조 제1항).

(2) 운영 및 윤리교육의 내용

1) 교육 내용에는 다음의 사항을 포함하여야 한다(법 제17조 제2항).

> 1. 공동주택의 관리에 관한 관계 법령 및 관리규약의 준칙에 관한 사항
> 2. 입주자대표회의의 구성원의 직무·소양 및 윤리에 관한 사항
> 3. 공동주택단지 공동체의 활성화에 관한 사항
> 4. 관리비·사용료 및 장기수선충당금에 관한 사항
> 4의2. 공동주택 회계처리에 관한 사항
> 5. 층간소음예방 및 입주민 간 분쟁의 조정에 관한 사항
> 6. 하자 보수에 관한 사항
> 7. 그 밖에 입주자대표회의의 운영에 필요한 사항

2) 시장·군수·구청장은 관리주체·입주자 등이 희망하는 경우에는 위의 (1)의 교육을 관리주체·입주자 등에게 실시할 수 있다(법 제17조 제3항).

(3) 교육실시 공고 또는 통지

시장·군수·구청장은 입주자대표회의의 구성원 또는 입주자 등에 대하여 입주자대표회의의 운영과 관련하여 필요한 교육 및 윤리교육(이하 “운영·윤리교육”이라 한다)을 하려면 다음의 사항을 교육 10일 전까지 공고하거나 교육대상자에게 알려야 한다(영 제18조 제1항).

> 1. 교육일시, 교육기간 및 교육장소
> 2. 교육내용
> 3. 교육대상자
> 4. 그 밖에 교육에 관하여 필요한 사항

교육방법

운영·윤리교육은 집합교육의 방법으로 한다. 다만, 교육 참여현황의 관리가 가능한 경우에는 그 전부 또는 일부를 온라인교육으로 할 수 있다(영 제18조 제3항).

수료증 교부

시장·군수·구청장은 운영·윤리교육을 이수한 사람에게 수료증을 내주어야 한다. 다만, 교육수료사실을 입주자대표회의 구성원이 소속된 입주자대표회의에 문서로 통보함으로써 수료증의 수여를 갈음할 수 있다(영 제18조 제4항).

수강비용

입주자대표회의의 구성원에 대한 운영·윤리교육의 수강비용은 입주자대표회의의 운영경비에서 부담하며, 입주자 등에 대한 운영·윤리교육의 수강비용은 수강생본인이 부담한다. 다만, 시장·군수·구청장은 필요하다고 인정하는 경우에는 그 비용의 전부 또는 일부를 지원할 수 있다(영 제18조 제5항).

교육 미이수자에 대한 조치

시장·군수·구청장은 입주자대표회의 구성원의 운영·윤리교육 참여현황을 엄격히 관리하여야 하며, 운영·윤리교육을 이수하지 아니한 입주자대표회의 구성원에 대해서는 법 제93조 제1항(공동주택의 관리에 관한 감독)에 따라 필요한 조치를 하여야 한다(영 제18조 제6항).

(4) **교육이수 시간**

입주자대표회의 구성원은 매년 4시간의 운영·윤리교육을 이수하여야 한다(영 제18조 제2항).

02 관리규약 등

1 공동주택관리규약의 준칙

1. 시·도지사의 관리규약 준칙

특별시장·광역시장·특별자치시장·도지사 또는 특별자치도지사(이하 "시·도지사"라 한다)는 공동주택의 입주자 등을 보호하고 주거생활의 질서를 유지하기 위하여 대통령령으로 정하는 바에 따라 공동주택의 관리 또는 사용에 관하여 준거가 되는 관리규약의 준칙을 정하여야 한다(법 제18조 제1항).

2. 관리규약 준칙의 내용

관리규약의 준칙(이하 "관리규약준칙"이라 한다)에는 다음의 사항이 포함되어야 한다. 이 경우 입주자 등이 아닌 자의 기본적인 권리를 침해하는 사항이 포함되어서는 안 된다(영 제19조 제1항).

1. 입주자 등의 권리 및 의무(관리주체의 동의사항에 따른 의무를 포함한다)
2. 입주자대표회의의 구성·운영(회의의 녹음·녹화·중계 및 방청에 관한 사항을 포함한다)과 그 구성원의 의무 및 책임
3. 동별 대표자의 선거구·선출절차와 해임 사유·절차 등에 관한 사항
4. 선거관리위원회의 구성·운영·업무·경비, 위원의 선임·해임 및 임기 등에 관한 사항
5. 입주자대표회의의 소집절차, 임원의 해임 사유·절차 등에 관한 사항
6. 입주자대표회의의 운영경비의 용도 및 사용금액(운영·윤리교육 수강비용을 포함한다)
7. 자치관리기구의 구성·운영 및 관리사무소장과 그 소속 직원의 자격요건·인사·보수·책임
8. 입주자대표회의 또는 관리주체가 작성·보관하는 자료의 종류 및 그 열람방법 등에 관한 사항
9. 위·수탁관리계약에 관한 사항

10. 관리주체의 동의사항에 대한 관리주체의 동의기준
11. 관리비예치금의 관리 및 운용방법
12. 관리비 등의 세대별부담액 산정방법, 징수, 보관, 예치 및 사용절차
13. 관리비 등을 납부하지 아니한 자에 대한 조치 및 가산금의 부과
14. 장기수선충당금의 요율 및 사용절차
15. 회계관리 및 회계감사에 관한 사항
16. 회계관계 임직원의 책임 및 의무(재정보증에 관한 사항을 포함한다)
17. 각종 공사 및 용역의 발주와 물품구입의 절차
18. 관리 등으로 인하여 발생한 수입의 용도 및 사용절차
19. 공동주택의 관리책임 및 비용부담
20. 관리규약을 위반한 자 및 공동생활의 질서를 문란하게 한 자에 대한 조치
21. 공동주택의 어린이집 임대계약(지방자치단체에 무상임대하는 것을 포함한다)에 대한 다음의 임차인 선정기준. 이 경우 그 기준은 「영유아보육법」 제24조 제2항 각 호 외의 부분 후단에 따른 국공립어린이집 위탁체 선정관리 기준에 따라야 한다.
    (1) 임차인의 신청자격
    (2) 임차인 선정을 위한 심사기준
    (3) 어린이집을 이용하는 입주자 등 중 어린이집 임대에 동의하여야 하는 비율
    (4) 임대료 및 임대기간
    (5) 그 밖에 어린이집의 적정한 임대를 위하여 필요한 사항
22. 공동주택의 층간소음에 관한 사항 및 간접흡연
23. 주민공동시설의 위탁에 따른 방법 또는 절차에 관한 사항

23의2. 제29조의2에 따라 주민공동시설을 인근 공동주택단지 입주자 등도 이용할 수 있도록 허용하는 경우에 대한 다음의 기준
    (1) 입주자 등 중 허용에 동의하여야 하는 비율
    (2) 이용자의 범위
    (3) 그 밖에 인근 공동주택단지 입주자 등의 이용을 위하여 필요한 사항

24. 혼합주택단지의 관리에 관한 사항
25. 전자투표의 본인확인 방법에 관한 사항
26. 공동체 생활의 활성화에 관한 사항
27. 공동주택의 주차장 임대계약 등에 대한 다음 각 목의 기준
    (1) 「도시교통정비 촉진법」 제33조 제1항 제4호에 따른 승용차 공동이용을 위한 주차장 임대계약의 경우
        ① 입주자 등 중 주차장의 임대에 동의하는 비율
        ② 임대할 수 있는 주차대수 및 위치
        ③ 이용자의 범위
        ④ 그 밖에 주차장의 적정한 임대를 위하여 필요한 사항
    (2) 지방자치단체와 입주자대표회의 간 체결한 협약에 따라 지방자치단체 또는 「지방공기업법」 제76조에 따라 설립된 지방공단이 직접 운영·관리하거나 위탁하여 운영·관리하는 방식으로 입주자 등 외의 자에게 공동주택의 주차장을 개방하는 경우

① 입주자 등 중 주차장의 개방에 동의하는 비율
② 개방할 수 있는 주차대수 및 위치
③ 주차장의 개방시간
④ 그 밖에 주차장의 적정한 개방을 위하여 필요한 사항

28. 경비원 등 근로자에 대한 괴롭힘의 금지 및 발생시 조치에 관한 사항
29. 「주택건설기준 등에 관한 규정」 제32조의2에 따른 지능형 홈네트워크 설비의 기본적인 유지 · 관리에 관한 사항
30. 그 밖에 공동주택의 관리에 필요한 사항

3. 입주자 등의 관리규약의 제정 및 개정

입주자 등이 관리규약을 제정 · 개정하는 방법 등에 필요한 사항은 대통령령으로 정한다(법 제18조 제3항).

(1) 관리규약의 제정

① 입주자 등은 관리규약의 준칙을 참조하여 관리규약을 정한다. 이 경우 「주택법」에 따라 공동주택에 설치하는 어린이집의 임대료 등에 관한 사항은 관리규약의 준칙, 어린이집의 안정적 운영, 보육서비스 수준의 향상 등을 고려하여 결정하여야 한다(법 제18조 제2항).

② 사업주체는 입주예정자와 관리계약을 체결할 때 관리규약 제정안을 제안해야 한다. 다만, 법 제29조의3에 따라 사업주체가 입주자대표회의가 구성되기 전에 공동주택의 어린이집 · 다함께돌봄센터 · 공동육아나눔터의 임대계약을 체결하려는 경우에는 입주개시일 3개월 전부터 관리규약 제정안을 제안할 수 있다(영 제20조 제1항).

③ 법 제18조 제2항에 따른 공동주택 분양 후 최초의 관리규약은 2)에 따라 사업주체가 제안한 내용을 해당 입주예정자의 과반수가 서면으로 동의하는 방법으로 결정한다(영 제20조 제2항).

④ 최초의 관리규약의 경우 사업주체는 해당 공동주택단지의 인터넷 홈페이지(인터넷 홈페이지가 없는 경우에는 인터넷 포털을 통해 관리주체가 운영 · 통제하는 유사한 기능의 웹사이트 또는 관리사무소의 게시판을 말한다)에 제안 내용을 공고하고 입주예정자에게 개별 통지해야 한다(영 제20조 제3항).

⑤ 의무관리대상 전환 공동주택의 관리규약 제정안은 의무관리대상 전환 공동주택의 관리인이 제안하고, 그 내용을 전체 입주자 등 과반수의 서면동의로 결정한다. 이 경우 관리규약 제정안을 제안하는 관리인은 4)의 방법에 따라 공고 · 통지해야 한다(영 제20조 제4항).

(2) 관리규약의 개정

관리규약을 개정하려는 경우에는 다음의 사항을 기재한 개정안을 (1)의 4)에 따른 공고·통지를 거쳐 입주자대표회의의 의결로 제안하거나 전체 입주자 등의 10분의 1 이상이 제안하고, 전체 입주자 등의 과반수가 찬성하는 방법으로 결정한다(영 제20조 제5항).

> 1. 개정 목적
> 2. 종전의 관리규약과 달라진 내용
> 3. 관리규약 준칙과 달라진 내용

(3) 관리규약 등의 신고

1) 입주자대표회의의 회장(관리규약의 제정의 경우에는 사업주체 또는 의무관리대상 전환 공동주택의 관리인을 말한다)은 다음의 사항을 대통령령으로 정하는 바에 따라 시장·군수·구청장에게 신고하여야 하며, 신고한 사항이 변경되는 경우에도 또한 같다. 다만, 의무관리대상 전환 공동주택의 관리인이 관리규약의 제정 신고를 하지 아니하는 경우에는 입주자 등의 10분의 1 이상이 연서하여 신고할 수 있다(법 제19조 제1항).

> 1. 관리규약의 제정·개정
> 2. 입주자대표회의의 구성·변경
> 3. 그 밖에 필요한 사항으로서 대통령령으로 정하는 사항

2) 신고를 하려는 입주자대표회의의 회장(관리규약 제정의 경우에는 사업주체 또는 의무관리대상 전환 공동주택의 관리인을 말한다)은 관리규약이 제정·개정되거나 입주자대표회의가 구성·변경된 날부터 30일 이내에 신고서를 시장·군수·구청장에게 제출해야 한다(영 제21조).

3) 시장·군수·구청장은 1)에 따른 신고를 받은 날부터 7일 이내에 신고수리 여부를 신고인에게 통지하여야 한다(법 제19조 제2항).

4) 시장·군수·구청장이 3)에서 정한 기간 내에 신고수리 여부 또는 민원 처리 관련 법령에 따른 처리기간의 연장을 신고인에게 통지하지 아니하면 그 기간(민원 처리 관련 법령에 따라 처리기간이 연장 또는 재연장된 경우에는 해당 처리기간을 말한다)이 끝난 날의 다음 날에 신고를 수리한 것으로 본다(법 제19조 제3항).

4. 관리규약의 효력

관리규약은 입주자 등의 지위를 승계한 사람에 대하여도 그 효력이 있다(법 제18조 제4항).

5. 관리규약의 보관

공동주택의 관리주체는 관리규약을 보관하여 입주자 등이 열람을 청구하거나 자기의 비용으로 복사를 요구하면 응하여야 한다(영 제20조 제6항).

2 관리주체의 동의

입주자 등은 다음의 어느 하나에 해당하는 행위를 하려는 경우에는 관리주체의 동의를 받아야 한다(영 제19조 제2항).

1. 법 제35조 제1항 제3호의 규정 즉, 공동주택을 파손 또는 훼손하거나 해당 시설의 전부 또는 일부를 철거하는 행위로서 국토교통부령으로 정하는 경미한 행위로서 주택내부의 구조물과 설비를 교체하는 행위
2. 「소방시설 설치 및 관리에 관한 법률」 제16조 제1항에 위배되지 아니하는 범위에서 공용부분에 물건을 적재하여 통행·피난 및 소방을 방해하는 행위
3. 공동주택에 광고물·표지물 또는 표지를 부착하는 행위
4. 가축(장애인 보조견은 제외한다)을 사육하거나 방송시설 등을 사용함으로써 공동주거생활에 피해를 미치는 행위
5. 공동주택의 발코니 난간 또는 외벽에 돌출물을 설치하는 행위
6. 전기실·기계실·정화조시설 등에 출입하는 행위
7. 「환경친화적 자동차의 개발 및 보급 촉진에 관한 법률」 제2조 제3호에 따른 전기자동차의 이동형 충전기를 이용하기 위한 차량무선인식장치[전자태그(RFID tag)를 말한다]를 콘센트 주위에 부착하는 행위

3 층간소음의 방지 등

(1) 층간소음방지 노력 등

① 공동주택의 입주자 등(임대주택의 임차인을 포함한다)은 공동주택에서 뛰거나 걷는 동작에서 발생하는 소음이나 음향기기를 사용하는 등의 활동에서 발생하는 소음 등 층간소음[벽간소음 등 인접한 세대 간의 소음(대각선에 위치한 세대 간의 소음을 포함한다)을 포함하며, 이하 "층간소음"이라 한다]으로 인하여 다른 입주자 등에게 피해를 주지 아니하도록 노력하여야 한다(법 제20조 제1항).

② ①에 따른 층간소음으로 피해를 입은 입주자 등은 관리주체에게 층간소음 발생 사실을 알리고, 관리주체가 층간소음 피해를 끼친 해당 입주자 등에게 층간소음 발생을 중단하거나 차음조치를 권고하도록 요청할 수 있다. 이 경우 관리주체는 사실관계 확인을 위하여 세대 내 확인 등 필요한 조사를 할 수 있다(법 제20조 제2항).

③ 층간소음 피해를 끼친 입주자 등은 ②에 따른 관리주체의 조치 및 권고에 협조하여야 한다(법 제20조 제3항).

(2) 층간소음관리위원회

1) 관리주체의 조치에도 불구하고 층간소음 발생이 계속될 경우에는 층간소음 피해를 입은 입주자등은 공동주택 층간소음관리위원회에 조정을 신청할 수 있다(법 제20조 제4항).

2) 입주자등은 층간소음에 따른 분쟁을 예방하고 조정하기 위하여 관리규약으로 정하는 바에 따라 다음 각 호의 업무를 수행하는 공동주택 층간소음관리위원회(이하 "층간소음관리위원회"라 한다)를 구성·운영할 수 있다. 다만, 제2조 제1항 제2호에 따른 의무관리대상 공동주택 중 대통령령으로 정하는 규모 이상인 경우에는 층간소음관리위원회를 구성하여야 한다(법 제20조 제7항).

① 층간소음 민원의 청취 및 사실관계 확인
② 분쟁의 자율적인 중재 및 조정
③ 층간소음 예방을 위한 홍보 및 교육
④ 그 밖에 층간소음 분쟁 방지 및 예방을 위하여 관리규약으로 정하는 업무

3) 층간소음관리위원회는 다음 각 호의 사람으로 구성한다(법 제20조 제8항).

① 입주자대표회의 또는 임차인대표회의의 구성원
② 선거관리위원회 위원

③ 공동체 생활의 활성화를 위한 단체에서 추천하는 사람
④ 관리사무소장
⑤ 그 밖에 공동주택관리 분야에 관한 전문지식과 경험을 갖춘 사람으로서 관리규약으로 정하거나 지방자치단체의 장이 추천하는 사람

4) 국토교통부장관은 층간소음의 피해 예방 및 분쟁 해결을 지원하기 위하여 다음 각 호의 업무를 수행하는 기관 또는 단체를 지정하여 고시할 수 있다(법 제20조 제9항).
① 층간소음의 측정 지원
② 피해사례의 조사・상담
③ 층간소음관리위원회의 구성원에 대한 층간소음 예방 및 분쟁 조정 교육
④ 그 밖에 국토교통부장관 또는 지방자치단체의 장이 층간소음과 관련하여 의뢰하거나 위탁하는 업무

5) 층간소음관리위원회의 구성원은 1)에 따라 고시하는 기관 또는 단체에서 실시하는 교육을 성실히 이수하여야 한다. 이 경우 교육의 시기・방법 및 비용 부담 등에 필요한 사항은 대통령령으로 정한다(법 제20조 제10항).

(4) 분쟁조정 신청

층간소음 피해를 입은 입주자등은 관리주체 또는 층간소음관리위원회의 조치에도 불구하고 층간소음 발생이 계속될 경우 제71조에 따른 공동주택관리 분쟁조정위원회나 「환경분쟁 조정법」 제4조에 따른 환경분쟁조정위원회에 조정을 신청할 수 있다(법 제20조 제11항).

(5) 층간소음의 범위와 기준

공동주택 층간소음의 범위와 기준은 국토교통부와 환경부의 공동부령으로 정한다(법 제20조 제5항).

(6) 층간소음예방 등에 관한 교육 등

관리주체는 필요한 경우 입주자등을 대상으로 층간소음의 예방, 분쟁의 조정 등을 위한 교육을 실시할 수 있다(법 제20조 제6항).

4 간접흡연의 방지 등

(1) 간접흡연방지 노력 등

① 공동주택의 입주자 등은 발코니, 화장실 등 세대 내에서의 흡연으로 인하여 다른 입주자 등에게 피해를 주지 아니하도록 노력하여야 한다(법 제20조의2 제1항).

② 간접흡연으로 피해를 입은 입주자 등은 관리주체에게 간접흡연 발생 사실을 알리고, 관리주체가 간접흡연 피해를 끼친 해당 입주자 등에게 일정한 장소에서 흡연을 중단하도록 권고할 것을 요청할 수 있다. 이 경우 관리주체는 사실관계 확인을 위하여 세대 내 확인 등 필요한 조사를 할 수 있다(법 제20조의2 제2항).

③ 간접흡연 피해를 끼친 입주자 등은 2)에 따른 관리주체의 권고에 협조하여야 한다(법 제20조의2 제3항).

(2) 간접흡연의 예방 등에 관한 교육 등

① 관리주체는 필요한 경우 입주자 등을 대상으로 간접흡연의 예방, 분쟁의 조정 등을 위한 교육을 실시할 수 있다(법 제20조의2 제4항).

② 입주자 등은 필요한 경우 간접흡연에 따른 분쟁의 예방, 조정, 교육 등을 위하여 자치적인 조직을 구성하여 운영할 수 있다(법 제20조의2 제5항).

5 공동체 생활의 활성화

(1) 공동주택의 입주자 등은 입주자 등의 소통 및 화합 증진 등을 위하여 필요한 활동을 자율적으로 실시할 수 있고, 이를 위하여 필요한 조직을 구성하여 운영할 수 있다(법 제21조 제1항).

(2) 입주자대표회의 또는 관리주체는 공동체 생활의 활성화에 필요한 경비의 일부를 재활용품의 매각 수입 등 공동주택을 관리하면서 부수적으로 발생하는 수입에서 지원할 수 있다(법 제21조 제2항).

(3) 공동체 생활의 활성화에 필요한 경비의 지원은 관리규약으로 정하거나 관리규약에 위배되지 아니하는 범위에서 입주자대표회의의 의결로 정한다(법 제21조 제3항).

6 전자적 방법을 통한 의사결정

(1) 입주자 등은 동별 대표자나 입주자대표회의의 임원을 선출하는 등 공동주택의 관리와 관련하여 의사를 결정하는 경우(서면동의에 의하여 의사를 결정하는 경우를 포함한다) 대통령령으로 정하는 바에 따라 전자적 방법(「전자문서 및 전자거래 기본법」 제2조 제2호에 따른 정보처리시스템을 사용하거나 그 밖에 정보통신기술을 이용하는 방법을 말한다)을 통하여 그 의사를 결정할 수 있다(법 제22조 제1항).

(2) 관리주체, 입주자대표회의, 의무관리대상 전환 공동주택의 관리인 또는 선거관리위원회는 전자투표를 실시하려는 경우에는 다음의 사항을 입주자 등에게 미리 알려야 한다(영 제22조 제2항).

> 1. 전자투표를 하는 방법
> 2. 전자투표 기간
> 3. 그 밖에 전자투표의 실시에 필요한 기술적인 사항

(3) 의무관리대상 공동주택의 입주자대표회의, 관리주체 및 선거관리위원회는 입주자 등의 참여를 확대하기 위하여 (1)에 따른 공동주택의 관리와 관련한 의사결정에 대하여 전자적 방법을 우선적으로 이용하도록 노력하여야 한다(법 제22조 제2항).

본인확인 방법

입주자 등은 전자적 방법으로 의결권을 행사(이하 "전자투표"라 한다)하는 경우에는 다음의 어느 하나에 해당하는 방법으로 본인확인을 거쳐야 한다(영 제22조 제1항).

1. 휴대전화를 통한 본인인증 등 「정보통신망 이용촉진 및 정보보호 등에 관한 법률」 제23조의3에 따른 본인확인기관에서 제공하는 본인확인의 방법
2. 「전자서명법」 제2조 제2호에 따른 전자서명 또는 같은 법 제2조 제6호에 따른 인증서를 통한 본인확인의 방법
3. 그 밖에 관리규약에서 「전자문서 및 전자거래 기본법」 제2조 제1호에 따른 전자문서를 제출하는 등 본인확인 절차를 정하는 경우에는 그에 따른 본인확인의 방법

03 관리비 및 회계운영

1 관리비 등

1. 관리비 등의 납부

(1) 의무관리대상 공동주택의 입주자 등은 그 공동주택의 유지관리를 위하여 필요한 관리비를 관리주체에게 납부하여야 한다(법 제23조 제1항).

(2) 관리비의 내용 등에 필요한 사항은 대통령령으로 정한다(법 제23조 제2항).

2. 관리비의 비목별 세부명세

관리비는 다음 비목의 월별 금액의 합계액으로 하며, 비목별 세부명세는 다음과 같다(영 제23조 제1항 관련 별표2).

관리비 항목	구성내역
일반관리비	• 인건비: 급여 · 제수당 · 상여금 · 퇴직금 · 산재보험료 · 고용보험료 · 국민연금 · 국민건강보험료 및 식대 등 복리후생비 • 제사무비: 일반사무용품비 · 도서인쇄비 · 교통통신비 등 관리사무에 직접 소요되는 비용 • 제세공과금: 관리기구가 사용한 전기료 · 통신료 · 우편료 및 관리기구에 부과되는 세금 등 • 피복비 • 교육훈련비 • 차량유지비: 연료비, 수리비, 보험료 등 차량유지에 직접 소요되는 비용 • 그 밖의 부대비용: 관리용품구입비 · 회계감사비 그 밖에 관리업무에 소요되는 비용
청소비	용역시에는 용역금액, 직영시에는 청소원인건비 · 피복비 및 청소용품비 등 청소에 직접 소요된 비용
경비비	용역시에는 용역금액, 직영시에는 경비원인건비 · 피복비 등 경비에 직접 소요된 비용
소독비	용역시에는 용역금액, 직영시에는 소독용품비 등 소독에 직접 소요된 비용
승강기 유지비	용역시에는 용역금액, 직영시에는 제부대비 · 자재비 등. 다만, 전기료는 공동으로 사용되는 시설의 전기료에 포함한다.
지능형 홈네트워크 설비 유지비	용역시에는 용역금액, 직영시에는 지능형 홈네트워크설비 관련 인건비, 자재비 등 지능형 홈네트워크설비의 유지 및 관리에 직접 소요되는 비용. 다만, 전기료는 공동으로 사용되는 시설의 전기료에 포함한다.
난방비	난방 및 급탕에 소요된 원가(유류대 · 난방비 및 급탕용수비)에서 급탕비를 뺀 금액
급탕비	급탕용 유류대 및 급탕용수비
수선유지비	• 장기수선계획에서 제외되는 공동주택의 공용부분의 수선 · 보수에 소요되는 비용으로 보수용역시에는 용역금액, 직영시에는 자재 및 인건비

수선유지비	• 냉난방시설의 청소비 · 소화기충약비 등 공동으로 이용하는 시설의 보수유지비 및 제반 검사비 • 건축물의 안전점검비용 • 재난 및 재해 등의 예방에 따른 비용
위탁관리 수수료	주택관리업자에게 위탁하여 관리하는 경우로서 입주자대표회의와 주택관리업자 간의 계약으로 정한 월간 비용

3. 관리비와 구분하여 징수하는 비용

(1) 구분징수

관리주체는 다음의 비용에 대하여는 이를 관리비와 구분하여 징수하여야 한다(영 제23조 제2항).

1. 장기수선충당금
2. 안전진단 실시비용(공동주택의 내력구조부에 중대한 하자가 있다고 인정되는 경우에 안전진단기관에 의뢰하여 실시하는 안전진단 실시비용)

(2) 납부대행

관리주체는 입주자 등이 납부하는 다음의 사용료 등을 입주자 등을 대행하여 그 사용료 등을 받을 자에게 납부할 수 있다(법 제23조 제3항, 영 제23조 제3항).

1. 전기료(공동으로 사용되는 시설의 전기료를 포함한다)
2. 수도료(공동으로 사용하는 수도료를 포함한다)
3. 가스사용료
4. 지역난방방식인 공동주택의 난방비와 급탕비
5. 정화조오물수수료
6. 생활폐기물수수료
7. 공동주택단지 안의 건물 전체를 대상으로 하는 보험료
8. 입주자대표회의의 운영경비
9. 선거관리위원회의 운영경비
10. 「방송법」 제64조에 따른 텔레비전방송수신료

(3) 공용시설물의 이용료

관리주체는 주민공동시설, 인양기 등 공용시설물의 이용료를 해당 시설의 이용자에게 따로 부과할 수 있다. 이 경우 주민공동시설의 운영을 위탁한 경우의 주민공동시설 이용료는 주민공동시설의 위탁에 따른 수수료 및 주민공동시설 관리비용 등의 범위에서 정하여 부과 · 징수하여야 한다(영 제23조 제4항).

(4) 공동사용시설의 보수비용

관리주체는 보수가 필요한 시설[누수(漏水)되는 시설을 포함한다]이 2세대 이상의 공동사용에 제공되는 것인 경우에는 직접 보수하고 해당 입주자 등에게 그 비용을 따로 부과할 수 있다(영 제23조 제5항).

4. 관리비 등 관리

(1) 관리비 등을 통합부과시 고지의무

관리주체는 관리비 등을 통합하여 부과하는 때에는 그 수입 및 집행세부내용을 쉽게 알 수 있도록 정리하여 입주자 등에게 알려주어야 한다(영 제23조 제6항).

(2) 관리비 등의 예치 · 관리

관리주체는 관리비 등을 다음의 금융기관 중 입주자대표회의가 지정하는 금융기관에 예치하여 관리하되, 장기수선충당금은 별도의 계좌로 예치 · 관리하여야 한다. 이 경우 계좌는 관리사무소장의 직인 외에 입주자대표회의의 회장 인감을 복수로 등록할 수 있다(영 제23조 제7항).

1. 「은행법」에 따른 은행
2. 「중소기업은행법」에 따른 중소기업은행
3. 「상호저축은행법」에 따른 상호저축은행
4. 「보험업법」에 따른 보험회사
5. 그 밖의 법률에 따라 금융업무를 하는 기관으로서 국토교통부령으로 정하는 기관

5. 관리비 등의 공개

(1) 공개 내역

1) 관리주체는 다음의 내역(항목별 산출내역을 말하며, 세대별 부과내역은 제외한다)을 대통령령으로 정하는 바에 따라 해당 공동주택단지의 인터넷 홈페이지(인터넷 홈페이지가 없는 경우에는 인터넷 포털을 통하여 관리주체가 운영·통제하는 유사한 기능의 웹사이트 또는 관리사무소의 게시판을 말한다) 및 동별 게시판(통로별 게시판이 설치된 경우에는 이를 포함한다)과 국토교통부장관이 구축·운영하는 공동주택관리정보시스템에 공개하여야 한다. 다만, 공동주택관리정보시스템에 공개하기 곤란한 경우로서 대통령령으로 정하는 경우에는 해당 공동주택단지의 인터넷 홈페이지 및 동별 게시판에만 공개할 수 있다(법 제23조 제4항).

> 1. 관리비
> 2. 사용료 등
> 3. 장기수선충당금과 그 적립금액
> 4. 그 밖에 대통령령으로 정하는 사항

2) 의무관리대상이 아닌 공동주택으로서 대통령령으로 정하는 세대수 이상인 공동주택의 관리인은 관리비 등의 내역을 1)의 공개방법에 따라 공개하여야 한다. 이 경우 대통령령으로 정하는 세대수 미만의 공동주택 관리인은 공동주택관리정보시스템 공개는 생략할 수 있으며, 구체적인 공개 내역·기한 등은 대통령령으로 정한다(법 제23조 제5항).

즉, 의무관리대상이 아닌 공동주택으로서 50세대 이상인 공동주택의 관리인은 다음의 관리비 등을 1)의 방법(공동주택관리정보시스템은 제외한다)에 따라 다음 달 말일까지 공개해야 한다. 다만, 100세대(주택 외의 시설과 주택을 동일 건축물로 건축한 건축물의 경우 주택을 기준으로 한다) 미만인 공동주택의 관리인은 공동주택관리정보시스템 공개를 생략할 수 있다(영 제23조 제10항).

> 1. 관리비 비목별 월별 합계액
> 2. 장기수선충당금
> 3. 각각의 사용료(세대 수가 50세대 이상 100세대 미만인 공동주택의 경우에는 각각의 사용료의 합계액을 말한다)
> 4. 잡수입

2)의 전단에서 "대통령령으로 정하는 세대수"란 50세대(주택 외의 시설과 주택을 동일 건축물로 건축한 건축물의 경우 주택을 기준으로 한다)를 말한다(영 제23조 제9항).

(2) 공개 시기

관리비 등을 입주자 등에게 부과한 관리주체는 관리비 등의 그 명세(난방비, 급탕비 및 전기료, 수도료, 가스사용료, 지역난방방식인 공동주택의 난방비와 급탕비까지는 사용량을 장기수선충당금은 그 적립요율 및 사용한 금액을 포함한다)를 다음 달 말일까지 해당 공동주택단지의 인터넷 홈페이지 및 동별 게시판(통로별 게시판이 설치된 경우에는 이를 포함한다. 이하 같다)과 공동주택관리정보시스템에 공개해야 한다. 잡수입(재활용품의 매각 수입, 복리시설의 이용료 등 공동주택을 관리하면서 부수적으로 발생하는 수입을 말한다)의 경우에도 동일한 방법으로 공개해야 한다(영 제23조 제8항).

(3) 지방자치단체의 장의 관리비 등의 내역에 대한 점검

① 지방자치단체의 장은 앞의 (1)에 따라 공동주택관리정보시스템에 공개된 관리비 등의 적정성을 확인하기 위하여 필요한 경우 관리비 등의 내역에 대한 점검을 대통령령으로 정하는 기관 또는 법인으로 하여금 수행하게 할 수 있다(법 제23조 제6항).

② 지방자치단체의 장은 ①에 따른 점검 결과에 따라 관리비 등의 내역이 부적정하다고 판단되는 경우 공동주택의 입주자대표회의 및 관리주체에게 개선을 권고할 수 있다(법 제23조 제7항).

③ ①에 따른 점검의 내용·방법·절차 및 ②에 따른 개선 권고 등에 필요한 사항은 국토교통부령으로 정한다(법 제23조 제8항).

> 법 제23조 제6항에서 "대통령령으로 정하는 기관 또는 법인"이란 다음 각 호의 어느 하나에 해당하는 기관 또는 법인을 말한다(영 제23조 제11항).
> 1. 법 제86조에 따른 공동주택 관리 지원기구
> 2. 법 제86조의2에 따른 지역 공동주택관리지원센터
> 3. 제95조 제2항에 따라 공동주택관리정보시스템의 구축·운영 업무를 위탁받은 「한국부동산원법」에 따른 한국부동산원
> 4. 그 밖에 관리비 등 내역의 점검을 수행하는 데 필요한 전문인력과 전담조직을 갖추었다고 지방자치단체의 장이 인정하는 기관 또는 법인

6. 관리비 등의 집행을 위한 사업자 선정

(1) 사업자 선정 기준

의무관리대상 공동주택의 관리주체 또는 입주자대표회의가 관리비·사용료·장기수선충당금과 그 적립금액의 어느 하나에 해당하는 금전 또는 하자보수보증금과 그 밖에 해당 공동주택단지에서 발생하는 모든 수입에 따른 금전(이하 "관리비 등"이라 한다)을 집행하기 위하여 사업자를 선정하려는 경우 다음의 기준을 따라야 한다(법 제25조).

> 1. 전자입찰방식으로 사업자를 선정할 것. 다만, 선정방법 등이 전자입찰방식을 적용하기 곤란한 경우로서 국토교통부장관이 정하여 고시하는 경우에는 전자입찰방식으로 선정하지 아니할 수 있다.
> 2. 그 밖에 입찰의 방법 등 대통령령으로 정하는 방식을 따를 것

> "입찰의 방법 등 대통령령으로 정하는 방식"이란 다음에 따른 방식을 말한다(영 제25조 제3항).
> 1. 국토교통부장관이 정하여 고시하는 경우 외에는 경쟁입찰로 할 것. 이 경우 다음의 사항은 국토교통부장관이 정하여 고시한다.
>   ① 입찰의 절차
>   ② 입찰 참가자격
>   ③ 입찰의 효력
>   ④ 그 밖에 사업자의 적정한 선정을 위하여 필요한 사항
> 2. 입주자대표회의의 감사가 입찰과정 참관을 원하는 경우에는 참관할 수 있도록 할 것

(2) 관리비 등의 집행을 위한 사업자 선정

관리주체 또는 입주자대표회의는 다음의 구분에 따라 사업자를 선정(계약의 체결을 포함한다)하고 집행해야 한다(영 제25조 제1항).

1. 관리주체가 사업자를 선정하고 집행하는 다음의 사항
   ① 청소, 경비, 소독, 승강기유지, 지능형 홈네트워크, 수선・유지(냉방・난방시설의 청소를 포함한다)를 위한 용역 및 공사
   ② 주민공동시설의 위탁, 물품의 구입과 매각, 잡수입의 취득(공동주택의 어린이집 임대에 따른 잡수입의 취득은 제외한다), 보험계약 등 국토교통부장관이 정하여 고시하는 사항
2. 입주자대표회의가 사업자를 선정하고 집행하는 다음의 사항
   ① 하자보수보증금을 사용하여 보수하는 공사
   ② 사업주체로부터 지급받은 공동주택 공용부분의 하자보수비용을 사용하여 보수하는 공사
3. 입주자대표회의가 사업자를 선정하고 관리주체가 집행하는 다음 각 목의 사항
   ① 장기수선충당금을 사용하는 공사
   ② 전기안전관리(「전기안전관리법」에 따라 전기설비의 안전관리에 관한 업무를 위탁 또는 대행하게 하는 경우를 말한다)를 위한 용역

(3) 기존 용역사업자의 입찰 참가 제한

입주자 등은 기존 사업자(용역 사업자만 해당한다)의 서비스가 만족스럽지 못한 경우에는 전체 입주자 등의 과반수의 서면동의로 새로운 사업자의 선정을 위한 입찰에서 기존 사업자의 참가를 제한하도록 관리주체 또는 입주자대표회의에 요구할 수 있다. 이 경우 관리주체 또는 입주자대표회의는 그 요구에 따라야 한다(영 제25조 제4항).

7. 관리비 등의 사업계획 및 예산안 수립 등

(1) 사업계획 및 예산안 제출

① 의무관리대상 공동주택의 관리주체는 다음 회계연도에 관한 관리비 등의 사업계획 및 예산안을 매 회계연도 개시 1개월 전까지 입주자대표회의에 제출하여 승인을 받아야 하며, 승인사항에 변경이 있는 때에는 변경승인을 받아야 한다(영 제26조 제1항).

② 사업주체 또는 의무관리대상 전환 공동주택의 관리인으로부터 공동주택의 관리업무를 인계받은 관리주체는 지체 없이 다음 회계연도가 시작되기 전까지의 기간에 대한 사업계획 및 예산안을 수립하여 입주자대표회의의 승인을 받아야 한다. 다만, 다음 회계연도가 시작되기 전까지의 기간이 3개월 미만인 경우로서 입주자대표회의 의결이 있는 경우에는 생략할 수 있다(영 제26조 제2항).

(2) 사업실적서 및 결산서 제출

의무관리대상 공동주택의 관리주체는 회계연도마다 사업실적서 및 결산서를 작성하여 회계연도 종료 후 2개월 이내에 입주자대표회의에 제출하여야 한다(영 제26조 제3항).

2 회계감사

1. 감사인의 회계감사

의무관리대상 공동주택의 관리주체는 대통령령으로 정하는 바에 따라 「주식회사 등의 외부감사에 관한 법률」 제2조 제7호에 따른 감사인(이하 이 조에서 "감사인"이라 한다)의 회계감사를 매년 1회 이상 받아야 한다. 다만, 다음 각 호의 구분에 따른 연도에는 그러하지 아니하다(법 제26조 제1항).

> 1. 300세대 이상인 공동주택: 해당 연도에 회계감사를 받지 아니하기로 입주자 등의 3분의 2 이상의 서면동의를 받은 경우 그 연도
> 2. 300세대 미만인 공동주택: 해당 연도에 회계감사를 받지 아니하기로 입주자 등의 과반수의 서면동의를 받은 경우 그 연도

회계감사 받지 않기로 하는 입주자 등의 서면동의서

1. 관리주체는 법 제26조 제1항 단서에 따라 서면동의를 받으려는 경우에는 회계감사를 받지 아니할 사유를 입주자 등이 명확히 알 수 있도록 동의서에 기재하여야 한다(법 제26조 제7항).
2. 관리주체는 1.에 따른 동의서를 관리규약으로 정하는 바에 따라 보관하여야 한다(법 제26조 제8항).

2. 관리주체에 대한 회계감사 등

(1) 회계감사 시기

앞의 1.각 호 외의 부분 본문에 따라 회계감사를 받아야 하는 공동주택의 관리주체는 매 회계연도 종료 후 9개월 이내에 다음의 재무제표에 대하여 회계감사를 받아야 한다(영 제27조 제1항).

> 1. 재무상태표
> 2. 운영성과표
> 3. 이익잉여금처분계산서(또는 결손금처리계산서)
> 4. 주석(註釋)

(2) 회계처리 기준

① (1)의 재무제표를 작성하는 회계처리기준은 국토교통부장관이 정하여 고시한다(영 제27조 제2항).

② 국토교통부장관은 ①에 따른 회계처리기준의 제정 또는 개정의 업무를 외부 전문기관에 위탁할 수 있다(영 제27조 제3항).

(3) 회계감사 기준

① (1)에 따른 회계감사는 공동주택 회계의 특수성을 고려하여 제정된 회계감사기준에 따라 실시되어야 한다(영 제27조 제4항).

② ①에 따른 회계감사기준은 「공인회계사법」 제41조에 따른 한국공인회계사회가 정하되, 국토교통부장관의 승인을 받아야 한다(영 제27조 제5항).

(4) 감사보고서

① 감사인은 (1)에 따라 관리주체가 회계감사를 받은 날부터 1개월 이내에 관리주체에게 감사보고서를 제출하여야 한다(영 제27조 제6항).

② 입주자대표회의는 감사인에게 감사보고서에 대한 설명을 하여 줄 것을 요청할 수 있다(영 제27조 제7항).

(5) 회계감사 필요한 사항

공동주택 회계감사의 원활한 운영 등을 위하여 필요한 사항은 국토교통부령으로 정한다(영 제27조 제8항).

3. 회계감사 결과 보고 및 공개

관리주체는 회계감사를 받은 경우에는 감사보고서 등 회계감사의 결과를 제출받은 날부터 1개월 이내에 입주자대표회의에 보고하고 해당 공동주택단지의 인터넷 홈페이지 및 동별 게시판에 공개하여야 한다(법 제26조 제3항).

4. 감사인의 선정

회계감사의 감사인은 입주자대표회의가 선정한다. 이 경우 입주자대표회의는 시장·군수·구청장 또는 「공인회계사법」에 따른 한국공인회계사회에 감사인의 추천을 의뢰할 수 있으며, 입주자 등의 10분의 1 이상이 연서하여 감사인의 추천을 요구하는 경우 입주자대표회의는 감사인의 추천을 의뢰한 후 추천을 받은 자 중에서 감사인을 선정하여야 한다(법 제26조 제4항).

5. 관리주체의 금지행위

회계감사를 받는 관리주체는 다음의 어느 하나에 해당하는 행위를 하여서는 아니 된다(법 제26조 제5항).

> 1. 정당한 사유 없이 감사인의 자료열람 · 등사 · 제출 요구 또는 조사를 거부 · 방해 · 기피하는 행위
> 2. 감사인에게 거짓 자료를 제출하는 등 부정한 방법으로 회계감사를 방해하는 행위

6. 회계감사 결과 제출

회계감사의 감사인은 회계감사 완료일부터 1개월 이내에 회계감사 결과를 해당 공동주택을 관할하는 시장 · 군수 · 구청장에게 제출하고 공동주택관리정보시스템에 공개하여야 한다(법 제26조 제6항).

7. 계약서의 공개

의무관리대상 공동주택의 관리주체 또는 입주자대표회의는 선정한 주택관리업자 또는 공사, 용역 등을 수행하는 사업자와 계약을 체결하는 경우 계약 체결일부터 1개월 이내에 그 계약서를 해당 공동주택단지의 인터넷 홈페이지 및 동별 게시판에 공개하여야 한다. 이 경우 「개인정보 보호법」에 따른 고유식별정보 등 개인의 사생활의 비밀 또는 자유를 침해할 우려가 있는 정보는 제외하고 공개하여야 한다(법 제28조).

3 주민공동시설의 위탁운영

1. 위탁운영

관리주체는 입주자 등의 이용을 방해하지 아니하는 한도에서 주민공동시설을 관리주체가 아닌 자에게 위탁하여 운영할 수 있다(영 제29조 제1항).

2. 위탁요건

관리주체는 주민공동시설을 위탁하려면 다음의 구분에 따른 절차를 거쳐야 한다. 관리주체가 위탁 여부를 변경하는 경우에도 또한 같다(영 제29조 제2항).

(1) 사업계획승인을 받아 건설한 공동주택 중 건설임대주택을 제외한 공동주택

「주택법」 제15조에 따른 사업계획승인을 받아 건설한 공동주택 중 건설임대주택을 제외한 공동주택의 경우에는 다음의 어느 하나에 해당하는 방법으로 제안하고 입주자 등 과반수의 동의를 받을 것(영 제29조 제2항 제1호).

1. 회계서류의 작성 · 보관

1) 의무관리대상 공동주택의 관리주체는 다음 각 호의 구분에 따른 기간 동안 해당 장부 및 증빙서류를 보관하여야 한다. 이 경우 관리주체는 「전자문서 및 전자거래 기본법」 제2조 제2호에 따른 정보처리시스템을 통하여 장부 및 증빙서류를 작성하거나 보관할 수 있다(법 제27조 제1항).
   ① 관리비 등의 징수 · 보관 · 예치 · 집행 등 모든 거래 행위에 관하여 월별로 작성한 장부 및 그 증빙서류 : 해당 회계연도 종료일부터 5년간
   ② 제7조 및 제25조에 따른 주택관리업자 및 사업자 선정 관련 증빙서류 : 해당 계약 체결일부터 5년간
2) 국토교통부장관은 1)에 따른 회계서류에 필요한 사항을 정하여 고시할 수 있다(법 제27조 제2항).

2. 회계서류 등의 열람 : 관리주체는 입주자 등이 장부나 증빙서류, 그 밖에 대통령령으로 정하는 정보(즉, 관리비 등의 사업계획, 예산안, 사업실적서 및 결산서)의 열람을 요구하거나 자기의 비용으로 복사를 요구하는 때에는 관리규약으로 정하는 바에 따라 이에 응하여야 한다. 다만, 다음의 정보는 제외하고 요구에 응하여야 한다(법 제27조 제3항, 영 제28조 제1항).
   ① 「개인정보 보호법」에 따른 고유식별정보 등 개인의 사생활의 비밀 또는 자유를 침해할 우려가 있는 정보
   ② 의사결정과정 또는 내부검토과정에 있는 사항 등으로서 공개될 경우 업무의 공정한 수행에 현저한 지장을 초래할 우려가 있는 정보

PART 02

> 3. **관리현황의 공개**: 관리주체는 다음 각 호의 사항(입주자등의 세대별 사용명세 및 연체자의 동·호수 등 기본권 침해의 우려가 있는 것은 제외한다)을 그 공동주택단지의 인터넷 홈페이지 및 동별 게시판에 각각 공개하거나 입주자등에게 개별 통지해야 한다. 이 경우 동별 게시판에는 정보의 주요내용을 요약하여 공개할 수 있다(영 제28조 제2항).
> ① 입주자대표회의의 소집 및 그 회의에서 의결한 사항
> ② 관리비 등의 부과명세(관리비, 사용료 및 이용료 등에 대한 항목별 산출명세를 말한다) 및 연체 내용
> ③ 관리규약 및 장기수선계획·안전관리계획의 현황
> ④ 입주자 등의 건의사항에 대한 조치결과 등 주요업무의 추진상황
> ⑤ 동별 대표자의 선출 및 입주자대표회의의 구성원에 관한 사항
> ⑥ 관리주체 및 공동주택관리기구의 조직에 관한 사항

1. 입주자대표회의의 의결
2. 입주자 등 10분의 1 이상의 요청

(2) 사업계획승인을 받아 건설한 건설임대주택

「주택법」 제15조에 따른 사업계획승인을 받아 건설한 건설임대주택의 경우에는 다음의 어느 하나에 해당하는 방법으로 제안하고 임차인 과반수의 동의를 받을 것(영 제29조 제2항 제2호).

1. 임대사업자의 요청
2. 임차인 10분의 1 이상의 요청

(3) 건축허가를 받아 주택 외의 시설과 주택을 동일건축물로 건축한 건축물

「건축법」 제11조에 따른 건축허가를 받아 주택 외의 시설과 주택을 동일건축물로 건축한 건축물의 경우에는 다음의 어느 하나에 해당하는 방법으로 제안하고 입주자 등 과반수의 동의를 받을 것(영 제29조 제2항 제3호).

1. 입주자대표회의의 의결
2. 입주자 등 10분의 1 이상의 요청

4 인근 공동주택단지 입주자 등의 주민공동시설 이용의 허용

1. 인근 공동주택단지 입주자 등의 이용의 허용

관리주체는 입주자 등의 이용을 방해하지 아니하는 한도에서 주민공동시설을 인근 공동주택단지 입주자 등도 이용할 수 있도록 허용할 수 있다. 이 경우 영리를 목적으로 주민공동시설을 운영해서는 아니 된다(영 제29조의2 제1항).

2. 허용 요건

관리주체가 주민공동시설을 인근 공동주택단지 입주자 등도 이용할 수 있도록 허용하려면 다음의 구분에 따른 절차를 거쳐야 한다. 관리주체가 허용 여부를 변경하는 경우에도 또한 같다(영 제29조의2 제2항).

(1) 사업계획승인을 받아 건설한 공동주택 중 건설임대주택을 제외한 공동주택

「주택법」 제15조에 따른 사업계획승인을 받아 건설한 공동주택 중 건설임대주택을 제외한 공동주택의 경우에는 다음의 어느 하나에 해당하는 방법으로 제안하고 과반의 범위에서 관리규약으로 정하는 비율 이상의 입주자 등의 동의를 받을 것(영 제29조의2 제2항 제1호).

1. 입주자대표회의의 의결
2. 입주자 등 10분의 1 이상의 요청

(2) 사업계획승인을 받아 건설한 건설임대주택

「주택법」 제15조에 따른 사업계획승인을 받아 건설한 건설임대주택의 경우에는 다음의 어느 하나에 해당하는 방법으로 제안하고 과반의 범위에서 관리규약으로 정하는 비율 이상의 임차인 과반수의 동의를 받을 것(영 제29조의2 제1항 제2호).

1. 임대사업자의 요청
2. 임차인 10분의 1 이상의 요청

(3) 건축허가를 받아 주택 외의 시설과 주택을 동일건축물로 건축한 건축물

「건축법」 제11조에 따른 건축허가를 받아 주택 외의 시설과 주택을 동일건축물로 건축한 건축물의 경우에는 다음의 어느 하나에 해당하는 방법으로 제안하고 과반의 범위에서 관리규약으로 정하는 비율 이상의 입주자 등의 동의를 받을 것(영 제29조의2 제2항 제3호).

1. 입주자대표회의의 의결
2. 입주자 등 10분의 1 이상의 요청

사업주체의 어린이집 등의 임대계약 체결

1. **입주자대표회의가 구성되기 전 어린이집 등의 임대계약의 체결**: 시장·군수·구청장은 입주자대표회의가 구성되기 전에 다음 각 호의 주민공동시설의 임대계약의 체결이 필요하다고 인정하는 경우에는 사업주체로 하여금 입주예정자 과반수의 서면 동의를 받아 해당 시설의 임대계약을 체결하도록 할 수 있다(영 제29조의3 제1항).
   ① 「영유아보육법」 제10조에 따른 어린이집
   ② 「아동복지법」 제44조의2에 따른 다함께돌봄센터
   ③ 「아이돌봄 지원법」 제19조에 따른 공동육아나눔터
2. **공고 및 개별 통지**: 사업주체는 1.에 따라 임대계약을 체결하려는 경우에는 해당 공동주택단지의 인터넷 홈페이지에 관련 내용을 공고하고 입주예정자에게 개별 통지하여야 한다(영 제29조의3 제2항).
3. **관리규약의 어린이집 등의 임차인 선정기준**: 사업주체는 1.에 따라 임대계약을 체결하려는 경우에는 관리규약 및 관련 법령의 규정에 따라야 한다. 이 경우 어린이집은 관리규약 중 제19조 제1항 제21호 다목의 사항(어린이집을 이용하는 입주자 등 중 어린이집 임대에 동의하여야 하는 비율)은 적용하지 않는다(영 제29조의3 제3항).

04 시설관리 및 행위허가

1 장기수선계획 및 장기수선충당금

1. 장기수선계획

(1) 장기수선계획 수립대상

다음의 어느 하나에 해당하는 공동주택을 건설·공급하는 사업주체(「건축법」에 따른 건축허가를 받아 주택 외의 시설과 주택을 동일 건축물로 건축하는 건축주를 포함한다) 또는 「주택법」에 따라 리모델링을 하는 자는 대통령령으로 정하는 바에 따라 그 공동주택의 공용부분에 대한 장기수선계획을 수립하여 사용검사(다음의 4.의 경우에는 「건축법」에 따른 사용승인을 말한다)를 신청할 때에 사용검사권자에게 제출하고, 사용검사권자는 이를 그 공동주택의 관리주체에게 인계하여야 한다. 이 경우 사용검사권자는 사업주체 또는 리모델링을 하는 자에게 장기수선계획의 보완을 요구할 수 있다(법 제29조 제1항).

1. 300세대 이상의 공동주택
2. 승강기가 설치된 공동주택
3. 중앙집중식 난방방식 또는 지역난방방식의 공동주택
4. 「건축법」에 따른 건축허가를 받아 주택 외의 시설과 주택을 동일 건축물로 건축한 건축물

(2) 장기수선계획 수립기준

장기수선계획을 수립하는 자는 국토교통부령으로 정하는 기준에 따라 장기수선계획을 수립하여야 한다. 이 경우 해당 공동주택의 건설비용을 고려하여야 한다(영 제30조).

> **장기수선계획의 조정절차**
> 1. 법 제29조 제2항에 따른 장기수선계획 조정은 관리주체가 조정안을 작성하고, 입주자대표회의가 의결하는 방법으로 한다(규칙 제7조 제2항).
> 2. 입주자대표회의와 관리주체는 법 제29조 제2항 및 제3항에 따라 장기수선계획을 조정하려는 경우에는 「에너지이용 합리화법」 제25조에 따라 산업통상자원부장관에게 등록한 에너지절약전문기업이 제시하는 에너지절약을 통한 주택의 온실가스 감소를 위한 시설 개선 방법을 반영할 수 있다(규칙 제7조 제3항)

(3) 장기수선계획 조정

1) 장기수선계획의 조정주기

① 입주자대표회의와 관리주체는 장기수선계획을 3년마다 검토하고, 필요한 경우 이를 국토교통부령으로 정하는 바에 따라 조정하여야 하며, 수립 또는 조정된 장기수선계획에 따라 주요시설을 교체하거나 보수하여야 한다. 이 경우 입주자대표회의와 관리주체는 장기수선계획에 대한 검토사항을 기록하고 보관하여야 한다(법 제29조 제2항).

② 입주자대표회의와 관리주체는 주요시설을 신설하는 등 관리여건상 필요하여 전체 입주자 과반수의 서면동의를 받은 경우에는 3년이 경과하기 전에 장기수선계획을 조정할 수 있다(법 제29조 제3항).

2) **장기수선계획의 조정교육**

관리주체는 장기수선계획을 검토하기 전에 해당 공동주택의 관리사무소장으로 하여금 국토교통부령으로 정하는 바에 따라 시・도지사가 실시하는 장기수선계획의 비용산출 및 공사방법 등에 관한 교육을 받게 할 수 있다(법 제29조 제4항).

(4) 영상정보처리기기의 설치 및 관리

1) 공동주택단지에 「개인정보 보호법 시행령」 제3조 제1호 또는 제2호에 따른 영상정보처리기기(이하 "영상정보처리기기"라 한다)를 설치하거나 설치된 영상정보처리기기를 보수 또는 교체하려는 경우에는 장기수선계획에 반영하여야 한다(규칙 제8조 제1항).

2) 공동주택단지에 설치하는 영상정보처리기기는 다음의 기준에 적합하게 설치 및 관리해야 한다(규칙 제8조 제2항).

> 1. 영상정보처리기기를 설치 또는 교체하는 경우에는 「주택건설기준 등에 관한 규칙」 제9조에 따른 설치 기준을 따를 것
> 2. 선명한 화질이 유지될 수 있도록 관리할 것
> 3. 촬영된 자료는 컴퓨터보안시스템을 설치하여 30일 이상 보관할 것
> 4. 영상정보처리기기가 고장 난 경우에는 지체 없이 수리할 것
> 5. 영상정보처리기기의 안전관리자를 지정하여 관리할 것

2. 장기수선충당금

(1) 장기수선충당금의 징수

① 관리주체는 장기수선계획에 따라 공동주택의 주요 시설의 교체 및 보수에 필요한 장기수선충당금을 해당 주택의 소유자로부터 징수하여 적립하여야 한다(법 제30조 제1항).

② ①의 주요 시설의 범위, 교체・보수의 시기 및 방법 등에 필요한 사항은 국토교통부령으로 정한다(법 제30조 제3항).

③ 공동주택 중 분양되지 아니한 세대의 장기수선충당금은 사업주체가 부담한다(영 제31조 제7항).

3. 법 제29조 제4항에 따른 장기수선계획의 조정교육에 관한 업무를 영 제95조 제3항 제1호에 따라 위탁받은 기관은 교육 실시 10일 전에 교육의 일시・장소・기간・내용・대상자 및 그 밖에 교육에 필요한 사항을 공고하거나 관리주체에게 통보하여야 한다(규칙 제7조 제4항)
4. 특별시장・광역시장・특별자치시장・도지사 또는 특별자치도지사(이하 "시・도지사"라 한다)는 3.에 따른 수탁기관으로 하여금 다음 각 호의 사항을 이행하도록 하여야 한다(규칙 제7조 제5항).
   ① 매년 11월 30일까지 다음 각 목의 내용이 포함된 다음 연도의 교육계획서를 작성하여 시・도지사의 승인을 받을 것
      ㉠ 교육일시・장소 및 교육시간
      ㉡ 교육예정인원
      ㉢ 강사의 성명・주소 및 교육과목별 이수시간
      ㉣ 교육과목 및 내용
      ㉤ 그 밖에 교육시행과 관련하여 시・도지사가 요구하는 사항
   ② 해당 연도의 교육 종료 후 1개월 이내에 다음 각 호의 내용이 포함된 교육결과보고서를 작성하여 시・도지사에게 보고할 것
      ㉠ 교육대상자 및 이수자명단
      ㉡ 교육계획의 주요내용이 변경된 경우에는 그 변경내용과 사유
      ㉢ 그 밖에 교육시행과 관련하여 시・도지사가 요구하는 사항

(2) 장기수선충당금의 적립

장기수선충당금은 해당 공동주택에 대한 다음의 구분에 따른 날부터 1년이 경과한 날이 속하는 달부터 매달 적립한다. 다만, 건설임대주택에서 분양전환된 공동주택의 경우에는 임대사업자가 관리주체에게 공동주택의 관리업무를 인계한 날이 속하는 달부터 적립한다(영 제31조 제6항).

> 1. 「주택법」에 따른 사용검사(공동주택단지 안의 공동주택 전부에 대하여 임시사용승인을 받은 경우에는 임시사용승인을 말한다)를 받은 날
> 2. 「건축법」에 따른 사용승인(공동주택단지 안의 공동주택 전부에 대하여 임시사용승인을 받은 경우에는 임시사용승인을 말한다)을 받은 날

(3) 장기수선충당금의 요율

① 장기수선충당금의 요율・산정방법・적립방법 및 사용절차와 사후관리 등에 필요한 사항은 대통령령으로 정한다(법 제30조 제4항).

② 장기수선충당금의 요율은 해당 공동주택의 공용부분의 내구연한 등을 고려하여 관리규약으로 정한다(영 제31조 제1항).

③ 건설임대주택을 분양전환한 이후 관리업무를 인계하기 전까지의 장기수선충당금 요율은 「민간임대주택에 관한 특별법 시행령」 또는 「공공주택 특별법 시행령」에 따른 특별수선충당금 적립요율에 따른다(영 제31조 제2항).

(4) 장기수선충당금의 산정 공식

장기수선충당금은 다음의 계산식에 따라 산정한다(영 제31조 제3항).

> 월간 세대별 장기수선충당금 = [장기수선계획기간 중의 수선비총액 ÷ (총공급면적 × 12 × 계획기간(년))] × 세대당 주택공급면적

(5) 장기수선충당금의 적립금액

장기수선충당금의 적립금액은 장기수선계획으로 정한다. 이 경우 국토교통부장관이 주요시설의 계획적인 교체 및 보수를 위하여 최소 적립금액의 기준을 정하여 고시하는 경우에는 그에 맞아야 한다(영 제31조 제4항).

(6) 장기수선충당금의 사용

1) 장기수선충당금의 사용은 장기수선계획에 따른다. 다만, 해당 공동주택의 입주자 과반수의 서면동의가 있는 경우에는 다음의 용도로 사용할 수 있다(법 제30조 제2항).

> 1. 하자심사분쟁조정에 따른 조정 등의 비용
> 2. 하자진단 및 감정에 드는 비용
> 3. 위 1. 또는 2.의 비용을 청구하는 데 드는 비용

2) 장기수선충당금은 관리주체가 다음의 사항이 포함된 장기수선충당금 사용계획서를 장기수선계획에 따라 작성하고 입주자대표회의의 의결을 거쳐 사용한다(영 제31조 제5항).

> 1. 수선공사(공동주택 공용부분의 보수 · 교체 및 개량을 말한다)의 명칭과 공사내용
> 2. 수선공사 대상 시설의 위치 및 부위
> 3. 수선공사의 설계도면 등
> 4. 공사기간 및 공사방법
> 5. 수선공사의 범위 및 예정공사금액
> 6. 공사발주 방법 및 절차 등

(7) 사용자가 장기수선충당금을 대신 납부한 경우

① 공동주택의 소유자는 장기수선충당금을 사용자가 대신하여 납부한 경우에는 그 금액을 반환하여야 한다(영 제31조 제8항).

② 관리주체는 공동주택의 사용자가 장기수선충당금의 납부 확인을 요구하는 경우에는 지체 없이 확인서를 발급해 주어야 한다(영 제31조 제9항).

2 시설물의 안전관리 등

1. 설계도서의 보관 등

(1) 의무관리대상 공동주택의 관리주체는 공동주택의 체계적인 유지관리를 위하여 대통령령으로 정하는 바에 따라 공동주택의 설계도서 등을 보관하고, 공동주택 시설의 교체 · 보수 등의 내용을 기록 · 보관 · 유지하여야 한다(법 제31조).

(2) 의무관리대상 공동주택의 관리주체는 국토교통부령으로 정하는 서류를 기록 · 보관 · 유지하여야 한다(영 제32조 제1항).

(3) 의무관리대상 공동주택의 관리주체는 공용부분에 관한 시설의 교체, 유지보수 및 하자보수 등을 한 경우에는 그 실적을 시설별로 이력관리하여야 하며, 공동주택관리정보시스템에도 등록하여야 한다(영 제32조 제2항).

국토교통부령으로 정하는 서류

1. 영 제32조 제1항에서 "국토교통부령으로 정하는 서류"란 다음 각 호의 서류를 말한다(규칙 제10조 제1항).
   ① 영 제10조 제4항에 따라 사업주체로부터 인계받은 설계도서 및 장비의 명세
   ② 법 제33조 제1항에 따른 안전점검 결과보고서
   ③ 「주택법」 제44조 제2항에 따른 감리보고서
   ④ 영 제32조 제2항에 따른 공용부분 시설물의 교체, 유지보수 및 하자보수 등의 이력관리 관련 서류 · 도면 및 사진
2. 의무관리대상 공동주택의 관리주체는 영 제32조 제2항에 따라 공용부분 시설물의 교체, 유지보수 및 하자보수 등을 한 경우에는 다음 각 호의 서류를 공동주택관리정보시스템에 등록하여야 한다(규칙 제10조 제2항).
   ① 이력 명세
   ② 공사 전 · 후의 평면도 및 단면도 등 주요 도면
   ③ 주요 공사 사진

2. 안전관리계획 및 교육 등

(1) 안전관리계획

1) 의무관리대상 공동주택의 관리주체는 해당 공동주택의 시설물로 인한 안전사고를 예방하기 위하여 대통령령으로 정하는 바에 따라 안전관리계획을 수립하고, 이에 따라 시설물별로 안전관리자 및 안전관리책임자를 지정하여 이를 시행하여야 한다(법 제32조 제1항).

2) 의무관리대상 공동주택의 관리주체는 다음의 시설에 관한 안전관리계획을 수립하여야 한다(영 제33조 제1항).

> 1. 고압가스 · 액화석유가스 및 도시가스시설
> 2. 중앙집중식 난방시설
> 3. 발전 및 변전시설
> 4. 위험물 저장시설
> 5. 소방시설
> 6. 승강기 및 인양기
> 7. 연탄가스배출기(세대별로 설치된 것은 제외한다)
> 8. 주차장
> 9. 그 밖에 국토교통부령으로 정하는 시설(규칙 제11조 제1항).
>   ① 석축, 옹벽, 담장, 맨홀, 정화조 및 하수도
>   ② 옥상 및 계단 등의 난간
>   ③ 우물 및 비상저수시설
>   ④ 펌프실, 전기실 및 기계실
>   ⑤ 경로당 또는 어린이놀이터에 설치된 시설
>   ⑥ 「주택건설기준 등에 관한 규정」 제32조의2에 따른 지능형 홈네트워크 설비(이하 "지능형 홈네트워크 설비"라 한다)
>   ⑦ 주민운동시설
>   ⑧ 주민휴게시설

3) 안전관리계획에는 다음의 사항이 포함되어야 한다(영 제33조 제2항).

> 1. 시설별 안전관리자 및 안전관리책임자에 의한 책임점검사항
> 2. 국토교통부령으로 정하는 시설의 안전관리에 관한 기준 및 진단사항
> 3. 위 1. 및 2.의 점검 및 진단결과 위해의 우려가 있는 시설에 대한 이용제한 또는 보수 등 필요한 조치사항
> 4. 지하주차장의 침수 예방 및 대응에 관한 사항
> 5. 수립된 안전관리계획의 조정에 관한 사항
> 6. 그 밖에 시설안전관리에 필요한 사항

(2) 안전관리기준 및 진단

공동주택 시설물에 대한 안전관리에 관한 기준 및 진단사항은 다음과 같다. 안전관리진단사항의 세부내용은 시·도지사가 정하여 고시한다(규칙 제11조 제2항 관련 별표2).

구 분	대상시설	점검횟수
해빙기진단	석축·옹벽·법면·교량·우물·비상저수시설	연 1회(2월 또는 3월)
우기진단	석축·옹벽·법면·담장·하수도·주차장	연 1회(6월)
월동기진단	연탄가스배출기·중앙집중식 난방시설·노출배관의 동파방지·수목보온	연 1회(9월 또는 10월)
안전진단	변전실·고압가스시설·도시가스시설·액화석유가스시설·소방시설·맨홀(정화조의 뚜껑을 포함한다)·유류저장시설·펌프실·인양기·전기실·기계실·어린이 놀이터	매분기 1회 이상
	승강기	「승강기 안전관리법」에서 정하는 바에 따른다.
	지능형 홈네트워크설비	매월 1회 이상
위생진단	저수시설·우물·어린이 놀이터	연 2회 이상

(3) 방범교육 및 안전교육

1) 방범교육 및 안전교육 대상자

다음의 사람은 국토교통부령으로 정하는 바에 따라 공동주택단지의 각종 안전사고의 예방과 방범을 위하여 시장·군수·구청장이 실시하는 방범교육 및 안전교육을 받아야 한다(법 제32조 제2항).

1. 경비업무에 종사하는 사람
2. 안전관리계획에 따라 시설물 안전관리자 및 안전관리책임자로 선정된 사람

2) 방범교육 및 안전교육의 기준

방법교육 및 안전교육은 다음의 기준에 따른다(규칙 제12조 제1항).

1. 이수 의무 교육시간: 연 2회 이내에서 시장 · 군수 · 구청장이 실시하는 횟수, 매회별 4시간
2. 대상자
   ① 방범교육: 경비책임자
   ② 소방에 관한 안전교육: 시설물 안전관리책임자
   ③ 시설물에 관한 안전교육: 시설물 안전관리책임자
3. 교육내용
   ① 방범교육: 강도, 절도 등의 예방 및 대응
   ② 소방에 관한 안전교육: 소화, 연소 및 화재예방
   ③ 시설물에 관한 안전교육: 시설물 안전사고의 예방 및 대응

3) 방범교육 및 안전교육의 위임 또는 위탁

시장 · 군수 · 구청장은 방범교육 및 안전교육을 국토교통부령으로 정하는 바에 따라 다음의 구분에 따른 기관 또는 법인에 위임하거나 위탁하여 실시할 수 있다(법 제32조 제3항, 법 제89조 제2항, 영 제95조 제5 · 6 · 7항).

1. 방범교육: 관할 경찰서장 또는 공동주택관리 지원기구
2. 소방에 관한 안전교육: 관할 소방서장 또는 공동주택관리 지원기구
3. 시설물에 관한 안전교육: 공동주택관리 지원기구 또는 주택관리사단체

3. 공동주택의 안전점검

(1) 안전점검 대상

1) 의무관리대상 공동주택의 관리주체는 그 공동주택의 기능유지와 안전성 확보로 입주자 등을 재해 및 재난 등으로부터 보호하기 위하여 「시설물의 안전 및 유지관리에 관한 특별법」 제21조에 따른 지침에서 정하는 안전점검의 실시 방법 및 절차 등에 따라 공동주택의 안전점검을 실시하여야 한다. 다만, 16층 이상의 공동주택 및 사용연수, 세대수, 안전등급, 층수 등을 고려하여 대통령령으로 정하는 15층 이하의 공동주택에 대하여는 대통령령으로 정하는 자로 하여금 안전점검을 실시하도록 하여야 한다(법 제33조 제1항).

2) "대통령령으로 정하는 15층 이하의 공동주택"이란 15층 이하의 공동주택으로서 다음의 어느 하나에 해당하는 것을 말한다(영 제34조 제2항).

1. 사용검사일부터 30년이 경과한 공동주택
2. 「재난 및 안전관리 기본법 시행령」에 따른 안전등급이 C등급, D등급 또는 E등급에 해당하는 공동주택

3) "대통령령으로 정하는 자"란 다음의 어느 하나에 해당하는 자를 말한다(영 제34조 제3항).

1. 「시설물의 안전 및 유지관리에 관한 특별법 시행령」 제9조에 따른 책임기술자로서 해당 공동주택단지의 관리직원인 자
2. 주택관리사등이 된 후 국토교통부령으로 정하는 교육기관에서 「시설물의 안전 및 유지관리에 관한 특별법 시행령」 별표 5에 따른 정기안전점검교육을 이수한 자 중 관리사무소장으로 배치된 자 또는 해당 공동주택단지의 관리직원인 자
3. 「시설물의 안전 및 유지관리에 관한 특별법」 제28조에 따라 등록한 안전진단전문기관
4. 「건설산업기본법」 제9조에 따라 국토교통부장관에게 등록한 유지관리업자

4) 공동주택의 안전점검 방법, 안전점검의 실시 시기, 안전점검을 위한 보유 장비, 그 밖에 안전점검에 필요한 사항은 대통령령으로 정한다(법 제33조 제4항).

(2) 안전점검 실시 주기

의무관리대상 공동주택의 안전점검은 반기마다 하여야 한다(영 제34조 제1항).

(3) 안전점검의 결과 · 보고 · 조치

1) 관리주체는 안전점검의 결과 건축물의 구조 · 설비의 안전도가 매우 낮아 재해 및 재난 등이 발생할 우려가 있는 경우에는 지체 없이 입주자대표회의(임대주택은 임대사업자를 말한다)에 그 사실을 통보한 후 다음과 같이 대통령령으로 정하는 바에 따라 시장 · 군수 · 구청장에게 그 사실을 보고하고, 해당 건축물의 이용 제한 또는 보수 등 필요한 조치를 하여야 한다(법 제33조 제2항, 영 제34조 제5항).

1. 점검대상 구조 · 설비
2. 취약의 정도
3. 발생 가능한 위해의 내용
4. 조치할 사항

영 제34조 제3항 제2호에서 "국토교통부령으로 정하는 교육기관"이란 다음 각 호의 교육기관을 말한다(규칙 제13조)

1. 「시설물의 안전 및 유지관리에 관한 특별법 시행규칙」 제10조 제1항 각 호에 따른 교육기관
2. 법 제81조 제1항에 따른 주택관리사단체(이하 "주택관리사단체"라 한다)

2) 시장 · 군수 · 구청장은 1)에 따른 보고를 받은 공동주택에 대해서는 국토교통부령으로 정하는 바에 따라 관리하여야 한다(영 제34조 제6항).

3) 시장 · 군수 · 구청장은 보고받은 공동주택에 대하여 조치를 하고 매월 1회 이상 점검을 실시하여야 한다(규칙 제14조).

(4) 안전점검 등의 예산 확보

의무관리대상 공동주택의 입주자대표회의 및 관리주체는 건축물과 공중의 안전 확보를 위하여 건축물의 안전점검과 재난예방에 필요한 예산을 매년 확보하여야 한다(법 제33조 제3항).

3 소규모 공동주택의 안전관리 등

(1) 지방자치단체장의 소규모 공동주택에 대한 안전관리업무

지방자치단체의 장은 의무관리대상 공동주택에 해당하지 아니하는 공동주택의 관리와 안전사고의 예방 등을 위하여 다음의 업무를 할 수 있다(법 제34조).

1. 시설물에 대한 안전관리계획의 수립 및 시행
2. 공동주택에 대한 안전점검
3. 그 밖에 지방자치단체의 조례로 정하는 사항

(2) 지방자치단체장의 소규모 공동주택에 대한 층간소음 상담 등 지원

① 지방자치단체의 장은 소규모 공동주택에서 발생하는 층간소음 분쟁의 예방 및 자율적인 조정을 위하여 조례로 정하는 바에 따라 소규모 공동주택 입주자등을 대상으로 층간소음 상담 · 진단 및 교육 등의 지원을 할 수 있다(법 제34조의2 제1항).

② 지방자치단체의 장은 ①에 따른 층간소음 상담 · 진단 및 교육 등의 지원을 위하여 필요한 경우 관계 중앙행정기관의 장 또는 지방자치단체의 장이 인정하는 기관 또는 단체에 협조를 요청할 수 있다(법 제34조의2 제1항).

4 행위허가 기준 등

1. 시장 · 군수 · 구청장의 허가 또는 신고

공동주택(일반인에게 분양되는 복리시설을 포함한다)의 입주자 등 또는 관리주체가 다음의 어느 하나에 해당하는 행위를 하려는 경우에는 허가 또는 신고와 관련된 면적, 세대수 또는 입주자나 입주자 등의 동의 비율에 관하여 대통령령으로 정하는 기준 및 절차 등에 따라 시장 · 군수 · 구청장의 허가를 받거나 시장 · 군수 · 구청장에게 신고를 하여야 한다(법 제35조 제1항, 영 제35조 제2항, 규칙 제15조 제1항).

1. 공동주택을 사업계획에 따른 용도 외의 용도에 사용하는 행위
2. 공동주택을 증축 · 개축 · 대수선하는 행위(「주택법」에 따른 리모델링은 제외한다)
3. 공동주택을 파손하거나 해당 시설의 전부 또는 일부를 철거하는 행위(국토교통부령으로 정하는 다음의 경미한 행위는 제외한다)
   ① 창틀 · 문틀의 교체
   ② 세대내 천장 · 벽 · 바닥의 마감재 교체
   ③ 급 · 배수관 등 배관설비의 교체
   ④ 세대 내 난방설비의 교체(시설물의 파손 · 철거는 제외한다)
   ⑤ 구내통신선로설비, 경비실과 통화가 가능한 구내전화, 지능형 홈네트워크 설비, 방송수신을 위한 공동수신설비 또는 영상정보처리기기의 교체(폐쇄회로 텔레비전과 네트워크 카메라 간의 교체를 포함한다)
   ⑥ 보안등, 자전거보관소, 안내표지판, 담장(축대는 제외한다) 또는 보도블록의 교체
   ⑦ 폐기물보관시설(재활용품 분류보관시설을 포함한다), 택배보관함 또는 우편함의 교체
   ⑧ 조경시설 중 수목의 일부 제거 및 교체
   ⑨ 주민운동시설의 교체(다른 운동종목을 위한 시설로 변경하는 것을 말하며, 면적이 변경되는 경우는 제외한다)
   ⑩ 부대시설 중 각종 설비나 장비의 수선 · 유지 · 보수를 위한 부품의 일부 교체
   ⑪ 그 밖에 위의 규정에서 정한 사항과 유사한 행위로서 시장 · 군수 · 구청장이 인정하는 행위
4. 세대구분형 공동주택을 설치하는 행위
5. 그 밖에 공동주택의 효율적 관리에 지장을 주는 행위로서 대통령령으로 정하는 행위
   ① 공동주택의 용도폐지
   ② 공동주택의 재축 · 증설 및 비내력벽의 철거(입주자 공유가 아닌 복리시설의 비내력벽 철거는 제외한다)

2. 행위허가 또는 신고

(1) 행위허가를 받거나 신고를 하려는 자는 허가신청서 또는 신고서에 국토교통부령으로 정하는 서류를 첨부하여 시장 · 군수 · 구청장에게 제출하여야 한다(영 제35조 제3항).

(2) 시장 · 군수 · 구청장은 1.에 따른 신고를 받은 경우 그 내용을 검토하여 이 법에 적합하면 신고를 수리하여야 한다(법 제35조 제2항).

3. 허가 · 신고한 사항에 대한 인 · 허가 등 의제

1.의 행위에 관하여 시장 · 군수 · 구청장이 관계 행정기관의 장과 협의하여 허가하거나 신고의 수리를 한 사항에 관하여는 「주택법」 제19조(다른 법률에 따른 인 · 허가 등의 의제)를 준용하며, 「건축법」 제19조(용도변경)에 따른 신고의 수리를 한 것으로 본다(법 제35조 제3항).

4. 시공 또는 감리 업무를 수행하는 자의 확인

공동주택의 시공 또는 감리 업무를 수행하는 자는 공동주택의 입주자 등 또는 관리주체가 허가를 받거나 신고를 하지 아니하고 1.의 어느 하나에 해당하는 행위를 하는 경우 그 행위에 협조하여 공동주택의 시공 또는 감리 업무를 수행하여서는 아니 된다. 이 경우 공동주택의 시공 또는 감리 업무를 수행하는 자는 입주자 등 또는 관리주체가 허가를 받거나 신고를 하였는지를 사전에 확인하여야 한다(법 제35조 제4항).

5. 사용검사 준용

공동주택의 입주자 등 또는 관리주체가 1.에 따른 행위에 관하여 시장 · 군수 · 구청장의 허가를 받거나 신고를 한 후 그 공사를 완료하였을 때에는 시장 · 군수 · 구청장의 사용검사를 받아야 하며, 사용검사에 관하여는 「주택법」 제49조를 준용한다(법 제35조 제5항).

6. 허가나 신고의 취소

시장 · 군수 · 구청장은 앞의 1.에 해당하는 자가 거짓이나 그 밖의 부정한 방법으로 행위 허가를 받거나 신고를 한 경우에는 그 허가나 신고의 수리를 취소할 수 있다(법 제35조 제6항).

04 하자담보책임 및 하자분쟁조정

Chapter

단·원·열·기

공동주택의 하자담보책임 및 하자보수, 하자심사분쟁조정위원회의 분쟁조정 등이 출제되고 있다.
학습방법: 공동주택의 하자담보책임 및 하자보수보증금, 하자심사분쟁조정위원회의 분쟁조정 등을 정리하도록 한다.

01 하자담보책임 및 하자보수

1. 하자담보책임을 지는 자

(1) 다음의 사업주체는 공동주택의 하자에 대하여 분양에 따른 담보책임(3. 및 4.의 시공자는 수급인의 담보책임을 말한다)을 진다(법 제36조 제1항).

> 1. 「주택법」 제2조 제10호에 따른 사업주체
> 2. 「건축법」 제11조에 따른 건축허가를 받아 분양을 목적으로 하는 공동주택을 건축한 건축주
> 3. 공동주택을 증축·개축·대수선하는 행위를 한 시공자
> 4. 「주택법」 제66조에 따른 리모델링을 수행한 시공자

(2) (1)에도 불구하고 「공공주택 특별법」에 따라 임대한 후 분양전환을 할 목적으로 공급하는 공동주택(이하 "공공임대주택"이라 한다)을 공급한 위의 (1) 1.의 사업주체는 분양전환이 되기 전까지는 임차인에 대하여 하자보수에 대한 담보책임(법 제37조 제2항에 따른 손해배상책임을 제외한다)을 진다(법 제36조 제2항).

2. 하자담보책임기간

(1) 담보책임기간의 기산일

1) 1.의 (1) 및 (2)에 따른 담보책임의 기간(이하 "담보책임기간"이라 한다)은 하자의 중대성, 시설물 사용가능 햇수 및 교체 가능성 등을 고려하여 공동주택의 내력구조부별 및 시설공사별로 10년의 범위에서 대통령령으로 정한다. 이 경우 담보책임기간은 다음의 날부터 기산한다(법 제36조 제3항).

> 1. 전유부분: 입주자(1.의 (2)에 따른 담보책임의 경우에는 임차인)에게 인도한 날
> 2. 공용부분: 「주택법」에 따른 사용검사일(공동주택의 전부에 대하여 임시사용승인을 받은 경우에는 그 임시사용승인일을 말하고, 분할 사용검사나 동별 사용검사를 받은 경우에는 그 분할 사용검사일 또는 동별 사용검사일을 말한다) 또는 「건축법」에 따른 공동주택의 사용승인일

2) 사업주체(「건축법」에 따른 건축허가를 받아 분양을 목적으로 하는 공동주택을 건축한 건축주를 포함한다)는 해당 공동주택의 전유부분을 입주자에게 인도한 때에는 국토교통부령으로 정하는 바에 따라 주택인도증서를 작성하여 관리주체(의무관리대상 공동주택이 아닌 경우에는 「집합건물의 소유 및 관리에 관한 법률」에 따른 관리인을 말한다)에게 인계하여야 한다. 이 경우 관리주체는 30일 이내에 공동주택관리정보시스템에 전유부분의 인도일을 공개하여야 한다(영 제36조 제2항).

3) 사업주체가 해당 공동주택의 전유부분을 공공임대주택의 임차인에게 인도한 때에는 주택인도증서를 작성하여 분양전환하기 전까지 보관하여야 한다. 이 경우 사업주체는 주택인도증서를 작성한 날부터 30일 이내에 공동주택관리정보시스템에 전유부분의 인도일을 공개하여야 한다(영 제36조 제3항).

4) 사업주체는 주택의 미분양 등으로 인하여 인계·인수서에 인도일의 현황이 누락된 세대가 있는 경우에는 주택의 인도일부터 15일 이내에 인도일의 현황을 관리주체에게 인계하여야 한다(영 제36조 제4항).

5) 공동주택의 내력구조부별 및 시설공사별 담보책임기간(이하 "담보책임기간"이라 한다)은 다음과 같다(영 제36조 제1항).

> 1. 내력구조부별(「건축법」에 따른 건물의 주요구조부를 말한다) 하자에 대한 담보책임기간: 10년
> 2. 시설공사별 하자에 대한 담보책임기간: 별표 4에 따른 기간

비 고

기초공사·지정공사 등 「집합건물의 소유 및 관리에 관한 법률」 제9조의2 제1항 제1호에 따른 지반공사의 경우 담보책임기간은 10년

구 분		기 간
시설공사	세부공종	
1. 마감공사	(1) 미장공사 (2) 수장공사(건축물 내부 마무리 공사) (3) 도장공사 (4) 도배공사 (5) 타일공사 (6) 석공사(건물내부 공사) (7) 옥내가구공사 (8) 주방기구공사 (9) 가전제품	2년
2. 옥외급수 · 위생 관련 공사	(1) 공동구공사 (2) 저수조(물탱크)공사 (3) 옥외위생(정화조) 관련 공사 (4) 옥외 급수 관련 공사	3년
3. 난방 · 냉방 · 환기, 공기조화 설비공사	(1) 열원기기설비공사 (2) 공기조화기기설비공사 (3) 닥트설비공사 (4) 배관설비공사 (5) 보온공사 (6) 자동제어설비공사 (7) 온돌공사(세대매립배관 포함) (8) 냉방설비공사	
4. 급 · 배수 및 위생설비공사	(1) 급수설비공사 (2) 온수공급설비공사 (3) 배수 · 통기설비공사 (4) 위생기구설비공사 (5) 철 및 보온공사 (6) 특수설비공사	
5. 가스설비공사	(1) 가스설비공사 (2) 가스저장시설공사	
6. 목공사	(1) 구조체 또는 바탕재공사 (2) 수장목공사	
7. 창호공사	(1) 창문틀 및 문짝공사 (2) 창호철물공사 (3) 창호유리공사 (4) 커튼월공사	

8. 조경공사	(1) 식재공사 (2) 조경시설물공사 (3) 관수 및 배수공사 (4) 조경포장공사 (5) 조경부대시설공사 (6) 잔디심기공사 (7) 조형물공사	3년
9. 전기 및 전력설비공사	(1) 배관 · 배선공사 (2) 피뢰침공사 (3) 동력설비공사 (4) 수 · 변전설비공사 (5) 수 · 배전공사 (6) 전기기기공사 (7) 발전설비공사 (8) 승강기설비공사 (9) 인양기설비공사 (10) 조명설비공사	
10. 신재생 에너지 설비공사	(1) 태양열설비공사 (2) 태양광설비공사 (3) 지열설비공사 (4) 풍력설비공사	
11. 정보통신공사	(1) 통신 · 신호설비공사 (2) TV공청설비공사 (3) 감시제어설비공사 (4) 가정자동화설비공사 (5) 정보통신설비공사	
12. 지능형 홈네트워크 설비 공사	(1) 홈네트워크망공사 (2) 홈네트워크기기공사 (3) 단지공용시스템공사	
13. 소방시설공사	(1) 소화설비공사 (2) 제연설비공사 (3) 방재설비공사 (4) 자동화재탐지설비공사	
14. 단열공사	벽체, 천장 및 바닥의 단열공사	
15. 잡공사	(1) 옥내설비공사(우편함, 무인택배시스템 등) (2) 옥외설비공사(담장, 울타리, 안내시설물 등), 금속공사	

16. 대지조성공사	(1) 토공사 (2) 석축공사 (3) 옹벽공사(토목옹벽) (4) 배수공사 (5) 포장공사	5년
17. 철근콘크리트공사	(1) 일반철근콘크리트공사 (2) 특수콘크리트공사 (3) 프리캐스트콘크리트공사 (4) 옹벽공사(건축옹벽) (5) 콘크리트공사	
18. 철골공사	(1) 일반철골공사 (2) 철골부대공사 (3) 경량철골공사	
19. 조적공사	(1) 일반벽돌공사 (2) 점토벽돌공사 (3) 블록공사 (4) 석공사(건물외부 공사)	
20. 지붕공사	(1) 지붕공사 (2) 홈통 및 우수관공사	
21. 방수공사	방수공사	

3. 하자의 범위

(1) 하자는 공사상 잘못으로 인하여 균열·침하·파손·들뜸·누수 등이 발생하여 건축물 또는 시설물의 안전상·기능상 또는 미관상의 지장을 초래할 정도의 결함을 말하며, 그 구체적인 범위는 대통령령으로 정한다(법 제36조 제4항).

(2) 하자의 범위는 다음의 구분에 따른다(영 제37조).

1) **내력구조부별 하자**: 다음의 어느 하나에 해당하는 경우

① 공동주택 구조체의 일부 또는 전부가 붕괴된 경우

② 공동주택의 구조안전상 위험을 초래하거나 그 위험을 초래할 우려가 있는 정도의 균열·침하(沈下) 등의 결함이 발생한 경우

2) **시설공사별 하자**: 공사상의 잘못으로 인한 균열·처짐·비틀림·들뜸·침하·파손·붕괴·누수·누출·탈락, 작동 또는 기능불량, 부착·접지 또는 전선연결 불량, 고사(枯死) 및 입상(서 있는 상태)불량 등이 발생하여 건축물 또는 시설물의 안전상·기능상 또는 미관상의 지장을 초래할 정도의 결함이 발생한 경우

4. 하자보수 등

(1) 하자보수이행을 청구하는 자

사업주체(「건설산업기본법」 제28조에 따라 하자담보책임이 있는 자로서 사업주체로부터 건설공사를 일괄 도급받아 건설공사를 수행한 자가 따로 있는 경우에는 그 자를 말한다)는 담보책임기간에 하자가 발생한 경우에는 해당 공동주택의 다음의 1.부터 4.까지에 해당하는 자(이하 "입주자대표회의 등"이라 한다) 또는 5.에 해당하는 자의 청구에 따라 그 하자를 보수하여야 한다. 이 경우 하자보수의 절차 및 종료 등에 필요한 사항은 대통령령으로 정한다(법 제37조 제1항).

1. 입주자
2. 입주자대표회의
3. 관리주체(하자보수청구 등에 관하여 입주자 또는 입주자대표회의를 대행하는 관리주체를 말한다)
4. 「집합건물의 소유 및 관리에 관한 법률」에 따른 관리단
5. 공공임대주택의 임차인 또는 임차인대표회의(이하 "임차인 등"이라 한다)

(2) 사업주체의 손해배상책임

사업주체는 담보책임기간에 공동주택에 하자가 발생한 경우에는 하자 발생으로 인한 손해를 배상할 책임이 있다. 이 경우 손해배상책임에 관하여는 「민법」 제667조를 준용한다(법 제37조 제2항).

(3) 하자의 조사방법 및 기준, 하자 보수비용의 산정방법

위의 (1)에 따라 청구된 하자의 보수와 (2)에 따른 손해배상책임을 위하여 필요한 하자의 조사방법 및 기준, 하자 보수비용의 산정방법 등에 관하여는 제39조 제4항에 따라 정하는 하자판정에 관한 기준을 준용할 수 있다(법 제37조 제3항).

(4) 하자보수 절차

1) 입주자대표회의 등 또는 임차인 등은 공동주택에 하자가 발생한 경우에는 담보책임기간 내에 사업주체에게 하자보수를 청구하여야 한다(영 제38조 제1항).

2) 시장 · 군수 · 구청장은 1)에 따라 입주자대표회의 등 및 임차인 등이 하자보수를 청구한 사항에 대하여 사업주체가 정당한 사유 없이 따르지 아니할 때에는 시정을 명할 수 있다(법 제37조 제5항).

3) 하자보수의 청구는 다음의 구분에 따른 자가 하여야 한다. 이 경우 입주자는 전유부분에 대한 청구를 다음 2.의 ②에 따른 관리주체가 대행하도록 할 수 있으며, 공용부분에 대한 하자보수의 청구를 다음 2.의 어느 하나에 해당하는 자에게 요청할 수 있다(영 제38조 제2항).

> 1. 전유부분: 입주자 또는 공공임대주택의 임차인
> 2. 공용부분: 다음의 어느 하나에 해당하는 자
>   ① 입주자대표회의 또는 공공임대주택의 임차인대표회의
>   ② 관리주체(하자보수청구 등에 관하여 입주자 또는 입주자대표회의를 대행하는 관리주체를 말한다)
>   ③ 「집합건물의 소유 및 관리에 관한 법률」에 따른 관리단

4) 사업주체는 하자보수를 청구받은 날(하자진단결과를 통보받은 때에는 그 통보받은 날을 말한다)부터 15일 이내에 그 하자를 보수하거나 다음의 사항을 명시한 하자보수계획을 입주자대표회의 등 또는 임차인 등에 서면(「전자문서 및 전자거래 기본법」 제2조 제1호에 따른 정보처리시스템을 사용한 전자문서를 포함한다)으로 통보하고 그 계획에 따라 하자를 보수하여야 한다. 다만, 하자가 아니라고 판단되는 사항에 대해서는 그 이유를 서면으로 통보하여야 한다(영 제38조 제3항).

> 1. 하자부위, 보수방법 및 보수에 필요한 상당한 기간(동일한 하자가 2세대 이상에서 발생한 경우 세대별 보수 일정을 포함한다)
> 2. 담당자 성명 및 연락처
> 3. 그 밖에 보수에 필요한 사항

5) 하자보수를 실시한 사업주체는 하자보수가 완료되면 즉시 그 보수결과를 하자보수를 청구한 입주자대표회의 등 또는 임차인 등에 통보하여야 한다(영 제38조 제4항).

(5) 하자보수청구 서류 등의 보관 등

① 하자보수청구 등에 관하여 입주자 또는 입주자대표회의를 대행하는 관리주체(제2조 제1항 제10호 가목부터 다목까지의 규정에 따른 관리주체를 말한다)는 하자보수 이력, 담보책임기간 준수 여부 등의 확인에 필요한 것으로서 하자보수청구 서류 등 대통령령으로 정하는 서류를 대통령령으로 정하는 바에 따라 보관하여야 한다(법 제38조의2 제1항).

② ①에 따라 하자보수청구 서류 등을 보관하는 관리주체는 입주자 또는 입주자대표회의가 해당 하자보수청구 서류 등의 제공을 요구하는 경우 대통령령으로 정하는 바에 따라 이를 제공하여야 한다(법 제38조의2 제2항).

③ 공동주택의 관리주체가 변경되는 경우 기존 관리주체는 새로운 관리주체에게 제13조 제1항을 준용하여 해당 공동주택의 하자보수청구 서류 등을 인계하여야 한다(법 제38조의2 제3항).

5. 하자담보책임의 종료

(1) 담보책임기간 만료 예정일 통보

사업주체는 담보책임기간이 만료되기 30일 전까지 그 만료 예정일을 해당 공동주택의 입주자대표회의(의무관리대상 공동주택이 아닌 경우에는 「집합건물의 소유 및 관리에 관한 법률」에 따른 관리단을 말한다) 또는 해당 공공임대주택의 임차인대표회의에 서면으로 통보하여야 한다. 이 경우 사업주체는 다음의 사항을 함께 알려야 한다(영 제39조 제1항).

> 1. 입주자대표회의 등 또는 임차인 등이 하자보수를 청구한 경우에는 하자보수를 완료한 내용
> 2. 담보책임기간 내에 하자보수를 신청하지 아니하면 하자보수를 청구할 수 있는 권리가 없어진다는 사실

(2) 입주자대표회의의 조치

통보를 받은 입주자대표회의 또는 공공임대주택의 임차인대표회의는 다음의 구분에 따른 조치를 하여야 한다(영 제39조 제2항).

> 1. 전유부분에 대한 조치: 담보책임기간이 만료되는 날까지 하자보수를 청구하도록 입주자 또는 공공임대주택의 임차인에게 개별통지하고 공동주택단지 안의 잘 보이는 게시판에 20일 이상 게시
> 2. 공용부분에 대한 조치: 담보책임기간이 만료되는 날까지 하자보수 청구

(3) 사업주체의 하자보수이행 및 결과통보

사업주체는 하자보수 청구를 받은 사항에 대하여 지체 없이 보수하고 그 보수결과를 서면으로 입주자대표회의 등 또는 임차인 등에 통보해야 한다. 다만, 하자가 아니라고 판단한 사항에 대해서는 그 이유를 명확히 기재하여 서면으로 통보해야 한다(영 제39조 제3항).

(4) 입주자대표회의 등의 이의제기

보수결과를 통보받은 입주자대표회의 등 또는 임차인 등은 통보받은 날부터 30일 이내에 이유를 명확히 기재한 서면으로 사업주체에게 이의를 제기할 수 있다. 이 경우 사업주체는 이의제기 내용이 타당하면 지체 없이 하자를 보수하여야 한다(영 제39조 제4항).

(5) 담보책임 종료확인서 작성

1) 사업주체와 다음의 구분에 따른 자는 하자보수가 끝난 때에는 공동으로 담보책임 종료확인서를 작성해야 한다. 이 경우 담보책임기간이 만료되기 전에 담보책임 종료확인서를 작성해서는 안 된다(영 제39조 제5항).

> 1. 전유부분: 입주자
> 2. 공용부분: 입주자대표회의의 회장(의무관리대상 공동주택이 아닌 경우에는 「집합건물의 소유 및 관리에 관한 법률」에 따른 관리인을 말한다. 이하 이 조 및 제61조 제3항 제1호에서 같다) 또는 5분의 4 이상의 입주자(입주자대표회의의 구성원 중 사용자인 동별 대표자가 과반수인 경우만 해당한다)

2) 입주자대표회의의 회장은 공용부분의 담보책임 종료확인서를 작성하려면 다음의 절차를 차례대로 거쳐야 한다. 이 경우 전체 입주자의 5분의 1 이상이 서면으로 반대하면 입주자대표회의는 아래 2.에 따른 의결을 할 수 없다(영 제39조 제6항).

> 1. 의견 청취를 위하여 입주자에게 다음의 사항을 서면으로 개별통지하고 공동주택단지 안의 게시판에 20일 이상 게시할 것
>   ① 담보책임기간이 만료된 사실
>   ② 완료된 하자보수의 내용
>   ③ 담보책임 종료확인에 대하여 반대의견을 제출할 수 있다는 사실, 의견제출기간 및 의견제출서
> 2. 입주자대표회의의 의결

3) 사업주체는 앞의 1)의 2.에 따라 입주자와 공용부분의 담보책임 종료확인서를 작성하려면 입주자대표회의의 회장에게 2)의 1.에 따른 통지 및 게시를 요청해야 하고, 전체 입주자의 5분의 4 이상과 담보책임 종료확인서를 작성한 경우에는 그 결과를 입주자대표회의 등에 통보해야 한다(영 제39조 제7항).

6. 안전진단 의뢰

(1) 시장 · 군수 · 구청장의 안전진단 의뢰

시장 · 군수 · 구청장은 담보책임기간에 공동주택의 구조안전에 중대한 하자가 있다고 인정하는 경우에는 안전진단기관에 의뢰하여 안전진단을 할 수 있다. 이 경우 안전진단의 대상 · 절차 및 비용 부담에 관한 사항과 안전진단 실시기관의 범위 등에 필요한 사항은 대통령령으로 정한다(법 제37조 제4항).

(2) 안전진단기관

(1)에 따라 시장 · 군수 · 구청장은 공동주택의 구조안전에 중대한 하자가 있다고 인정하는 경우에는 다음의 어느 하나에 해당하는 기관 또는 단체에 해당 공동주택의 안전진단을 의뢰할 수 있다(영 제40조 제1항).

1. 「과학기술분야 정부출연연구기관 등의 설립 · 운영 및 육성에 관한 법률」에 따른 한국건설기술연구원
2. 「국토안전관리원법」에 따른 국토안전관리원
3. 「건축사법」에 따라 설립한 대한건축사협회
4. 「고등교육법」의 대학 및 산업대학의 부설연구기관(상설기관으로 한정한다)
5. 「시설물의 안전 및 유지관리에 관한 특별법 시행령」에 따른 건축분야 안전진단전문기관

(3) 안전진단 비용

안전진단에 드는 비용은 사업주체가 부담한다. 다만, 하자의 원인이 사업주체 외의 자에게 있는 경우에는 그 자가 부담한다(영 제40조 제2항).

7. 하자보수보증금

(1) 하자보수보증금의 예치

① 사업주체는 대통령령으로 정하는 바에 따라 하자보수를 보장하기 위하여 하자보수보증금을 담보책임기간(보증기간은 공용부분을 기준으로 기산한다) 동안 예치하여야 한다. 다만, 국가 · 지방자치단체 · 한국토지주택공사 및 지방공사인 사업주체의 경우에는 그러하지 아니하다(법 제38조 제1항).

② 시장 · 군수 · 구청장은 하자보수보증금 사용내역과 하자보수보증금 지급내역을 매년 국토교통부령으로 정하는 바에 따라 국토교통부장관에게 제공하여야 한다(법 제38조 제4항).

③ 하자보수보증금의 지급을 위하여 필요한 하자의 조사방법 및 기준, 하자보수비용의 산정방법 등에 관하여는 제39조 제4항에 따라 정하는 하자판정에 관한기준을 준용할 수 있다(법 제38조 제5항).

(2) 하자보수보증금의 예치방법 및 절차

1) 사업주체(건설임대주택을 분양전환하려는 경우에는 그 임대사업자를 말한다)는 하자보수보증금을 은행(「은행법」에 따른 은행을 말한다)에 현금으로 예치하거나 다음의 어느 하나에 해당하는 자가 취급하는 보증으로서 하자보수보증금 지급을 보장하는 보증에 가입하여야 한다. 이 경우 그 예치명의 또는 가입명의는 사용검사권자(「주택법」에 따른 사용검사권자 또는 「건축법」에 따른 사용승인권자를 말한다)로 하여야 한다(영 제41조 제1항).

1. 「주택도시기금법」에 따른 주택도시보증공사
2. 「건설산업기본법」에 따른 건설 관련 공제조합
3. 「보험업법」에 따른 보증보험업을 영위하는 자
4. 「은행법」에 따른 은행
5. 「중소기업은행법」에 따른 중소기업은행
6. 「상호저축은행법」에 따른 상호저축은행
7. 「보험업법」에 따른 보험회사
8. 그 밖의 법률에 따라 금융업무를 하는 기관으로서 국토교통부령으로 정하는 기관

2) 사업주체는 다음의 어느 하나에 해당하는 신청서를 사용검사권자에게 제출할 때에 현금 예치증서 또는 보증서를 함께 제출하여야 한다(영 제41조 제2항).

1. 「주택법」에 따른 사용검사 신청서(공동주택단지 안의 공동주택 전부에 대하여 임시 사용승인을 신청하는 경우에는 임시사용승인 신청서)
2. 「건축법」에 따른 사용승인 신청서(공동주택단지 안의 공동주택 전부에 대하여 임시 사용승인을 신청하는 경우에는 임시사용승인 신청서)
3. 「민간임대주택에 관한 특별법」에 따른 양도신고서, 양도 허가신청서 또는 「공공주택 특별법」에 따른 분양전환 승인신청서, 분양전환 허가신청서, 분양전환 신고서

(3) 하자보수보증금의 예치명의 변경

사용검사권자는 입주자대표회의가 구성된 때에는 지체 없이 예치명의 또는 가입명의를 해당 입주자대표회의로 변경하고 입주자대표회의에 현금 예치증서 또는 보증서를 인계하여야 한다(영 제41조 제3항).

(4) 하자보수보증금의 보관

입주자대표회의는 인계받은 현금 예치증서 또는 보증서를 해당 공동주택의 관리주체(의무관리대상 공동주택이 아닌 경우에는 「집합건물의 소유 및 관리에 관한 법률」에 따른 관리인을 말한다)로 하여금 보관하게 하여야 한다(영 제41조 제4항).

(5) 하자보수보증금의 범위

1) 예치하여야 하는 하자보수보증금은 다음의 구분에 따른 금액으로 한다(영 제42조 제1항).

> 1. 「주택법」에 따른 대지조성사업계획과 주택사업계획승인을 함께 받아 대지조성과 함께 공동주택을 건설하는 경우: ①의 비용에서 ②의 가격을 뺀 금액의 100분의 3
>   ① 사업계획승인서에 기재된 해당 공동주택의 총사업비[간접비(설계비, 감리비, 분담금, 부담금, 보상비 및 일반분양시설경비를 말한다)는 제외한다]
>   ② 해당 공동주택을 건설하는 대지의 조성 전 가격
> 2. 「주택법」에 따른 주택사업계획승인만을 받아 대지조성 없이 공동주택을 건설하는 경우: 사업계획승인서에 기재된 해당 공동주택의 총사업비에서 대지가격을 뺀 금액의 100분의 3
> 3. 공동주택을 증축·개축·대수선하는 경우 또는 「주택법」에 따른 리모델링을 하는 경우: 허가신청서 또는 신고서에 기재된 해당 공동주택 총사업비의 100분의 3
> 4. 「건축법」에 따른 건축허가를 받아 분양을 목적으로 공동주택을 건설하는 경우: 사용승인을 신청할 당시의 「공공주택 특별법 시행령」에 따른 공공건설임대주택 분양전환가격의 산정기준에 따른 표준건축비를 적용하여 산출한 건축비의 100분의 3

2) 1)에도 불구하고 건설임대주택이 분양전환되는 경우의 하자보수보증금은 1)의 1. 또는 2.에 따른 금액에 건설임대주택 세대 중 분양전환을 하는 세대의 비율을 곱한 금액으로 한다(영 제42조 제2항).

(6) 하자보수보증금의 용도

1) 입주자대표회의 등은 하자보수보증금을 하자심사·분쟁조정위원회의 하자 여부 판정 등에 따른 하자보수비용 등 대통령령으로 정하는 용도로만 사용하여야 하며, 의무관리대상 공동주택의 경우에는 하자보수보증금의 사용 후 30일 이내에 그 사용내역을 국토교통부령으로 정하는 바에 따라 시장·군수·구청장에게 신고하여야 한다(법 제38조 제2항).

2) "하자심사・분쟁조정위원회의 하자 여부 판정 등에 따른 하자보수비용 등 대통령령으로 정하는 용도"란 입주자대표회의가 직접 보수하거나 제3자에게 보수하게 하는 데 필요한 용도로서 하자보수와 관련된 다음의 용도를 말한다(영 제43조).

> 1. 하자심사・분쟁조정위원회로부터 송달된 하자 여부 판정서(재심의 결정서를 포함한다)정본에 따라 하자로 판정된 시설공사 등에 대한 하자보수비용
> 2. 하자분쟁조정위원회(하자심사・분쟁조정위원회를 말한다)가 송달한 조정서 정본에 따른 하자보수비용
>
> 2의2. 법 제44조의2 제7항 본문에 따른 재판상 화해와 동일한 효력이 있는 재정에 따른 하자보수비용
> 3. 법원의 재판 결과에 따른 하자보수비용
> 4. 사업주체등이 의뢰하여 실시한 하자진단의 결과에 따른 하자보수비용

(7) 하자보수보증금의 청구

입주자대표회의는 사업주체가 하자보수를 이행하지 아니하는 경우에는 하자보수보증서 발급기관에 하자보수보증금의 지급을 청구할 수 있다. 이 경우 다음의 서류를 첨부하여야 한다(영 제44조 제1항).

> 1. (6)의 2)의 어느 하나에 해당하는 서류((6)의 2)의 3.의 경우에는 판결서를 말하며, (6)의 2)의 4.의 경우에는 하자진단 결과통보서를 말한다)
> 2. 영 제 47조 제3항에 따른 하자의 조사방법 및 판정기준을 적용하여 산출한 하자보수비용 및 그 산출명세서((6)의 2)의 각 호의 절차에서 하자보수비용이 결정되지 아니한 경우만 해당한다)

(8) 하자보수보증금의 지급

① (7)에 따른 청구를 받은 하자보수보증서 발급기관은 청구일부터 30일 이내에 하자보수보증금을 지급해야 한다. 다만, 앞의 (6)의 2)의 1. 및 4.의 경우 하자보수보증서 발급기관이 청구를 받은 금액에 이의가 있으면 하자분쟁조정위원회에 분쟁조정이나 분쟁재정을 신청한 후 그 결과에 따라 지급해야 한다(영 제44조 제2항).

② 하자보수보증금을 예치받은 자(하자보수보증금의 보증서 발급기관)는 하자보수보증금을 의무관리대상 공동주택의 입주자대표회의에 지급한 날부터 30일 이내에 지급 내역을 국토교통부령으로 정하는 바에 따라 관할 시장・군수・구청장에게 통보하여야 한다(법 제38조 제3항).

(9) 하자보수보증금의 관리

1) 하자보수보증서 발급기관은 하자보수보증금을 지급할 때에는 다음의 구분에 따른 금융계좌로 이체하는 방법으로 지급하여야 하며, 입주자대표회의는 그 금융계좌로 해당 하자보수보증금을 관리하여야 한다(영 제44조 제3항).

> 1. 의무관리대상 공동주택 : 입주자대표회의의 회장의 인감과 관리사무소장의 직인을 복수로 등록한 금융계좌
> 2. 의무관리대상이 아닌 공동주택 : 「집합건물의 소유 및 관리에 관한 법률」에 따른 관리인의 인감을 등록한 금융계좌(관리위원회가 구성되어 있는 경우에는 그 위원회를 대표하는 자 1명과 관리인의 인감을 복수로 등록한 계좌)

2) 입주자대표회의는 하자보수보증금을 지급받기 전에 미리 하자보수를 하는 사업자를 선정해서는 아니 된다(영 제44조 제4항).

(10) 하자보수보증금의 사용

입주자대표회의는 하자보수보증금을 사용한 때에는 그날부터 30일 이내에 그 사용명세를 사업주체에게 통보하여야 한다(영 제44조 제5항).

(11) 하자보수보증금의 반환

1) 입주자대표회의는 사업주체가 예치한 하자보수보증금을 다음의 구분에 따라 순차적으로 사업주체에게 반환하여야 한다(영 제45조 제1항).

> 1. 다음 각 목의 구분에 따른 날(이하 "사용검사일"이라 한다)부터 2년이 경과된 때 : 하자보수보증금의 100분의 15
>   ① 「주택법」에 따른 사용검사(공동주택단지 안의 공동주택 전부에 대하여 임시 사용승인을 받은 경우에는 임시사용승인을 말한다)를 받은 날
>   ② 「건축법」에 따른 사용승인(공동주택단지 안의 공동주택 전부에 대하여 임시사용승인을 받은 경우에는 임시사용승인을 말한다)을 받은 날
> 2. 사용검사일부터 3년이 경과된 때 : 하자보수보증금의 100분의 40
> 3. 사용검사일부터 5년이 경과된 때 : 하자보수보증금의 100분의 25
> 4. 사용검사일부터 10년이 경과된 때 : 하자보수보증금의 100분의 20

2) 1)에 따라 하자보수보증금을 반환할 경우 하자보수보증금을 사용한 경우에는 이를 포함하여 1) 각 호의 비율을 계산하되, 이미 사용한 하자보수보증금은 반환하지 아니한다(영 제44조 제2항).

02 하자심사 · 분쟁조정 및 분쟁재정

1 하자심사 · 분쟁조정위원회

1. 하자심사 · 분쟁조정위원회의 설치

공동주택의 하자담보책임 및 하자보수 등과 관련한 하자분쟁조정위원회의 사무를 관장하기 위하여 국토교통부에 하자심사 · 분쟁조정위원회(이하 "하자분쟁조정위원회"라 한다)를 둔다(법 제39조 제1항).

2. 하자심사 · 분쟁조정위원회의 사무

하자분쟁조정위원회의 사무는 다음과 같다(법 제39조 제2항).

1. 하자 여부 판정
2. 하자담보책임 및 하자보수 등에 대한 사업주체 · 하자보수보증금의 보증서 발급기관(이하 "사업주체 등"이라 한다)과 입주자대표회의 등 · 임차인 등 간의 분쟁의 조정 및 재정
3. 하자의 책임범위 등에 대하여 사업주체 등 · 설계자 · 감리자 및 「건설산업기본법」 제2조 제13호 · 제14호에 따른 수급인 · 하수급인 간에 발생하는 분쟁의 조정 및 재정
4. 다른 법령에서 하자분쟁조정위원회의 사무로 규정된 사항

3. 하자심사 · 분쟁조정위원회의 조정 등 신청

1) 하자분쟁조정위원회에 하자심사 · 분쟁조정 및 분쟁재정(이하 "조정 등"이라 한다)을 신청하려는 자는 국토교통부령으로 정하는 바에 따라 신청서를 제출하여야 한다(법 제39조 제3항).
   ① 신청한 하자심사 · 분쟁조정 및 분쟁재정(이하 "조정 등"이라 한다) 사건 중에서 여러 사람이 공동으로 조정 등의 당사자가 되는 사건(이하 "단체사건"이라 한다)의 경우에는 그중에서 3명 이하의 사람을 대표자로 선정할 수 있다(영 제46조 제1항).
   ② 하자분쟁조정위원회는 단체사건의 당사자들에게 대표자를 선정하도록 권고할 수 있다(영 제46조 제2항).
   ③ 선정된 대표자(이하 "선정대표자"라 한다)는 신청한 조정 등에 관한 권한을 갖는다. 다만, 신청을 철회하거나 조정안을 수락하려는 경우에는 서면으로 다른 당사자의 동의를 받아야 한다(영 제46조 제3항).

④ 대표자가 선정되었을 때에는 다른 당사자들은 특별한 사유가 없는 한 그 선정대표자를 통하여 해당 사건에 관한 행위를 하여야 한다(영 제46조 제4항).

⑤ 대표자를 선정한 당사자들은 그 선정결과를 국토교통부령으로 정하는 바에 따라 하자분쟁조정위원회에 제출하여야 한다. 선정대표자를 해임하거나 변경한 경우에도 또한 같다(영 제46조 제5항).

2) 신청된 조정 등을 위하여 필요한 하자의 조사방법 및 기준, 하자 보수비용의 산정방법 등이 포함된 하자판정에 관한 기준은 대통령령으로 정한다(법 제39조 제4항).

① 하자 여부의 조사는 현장실사 등을 통하여 하자가 주장되는 부위와 설계도서를 비교하여 측정하는 등의 방법으로 한다(영 제47조 제1항).

② 공동주택의 하자보수비용은 실제 하자보수에 소요되는 공사비용으로 산정하되, 하자보수에 필수적으로 수반되는 부대비용을 추가할 수 있다(영 제47조 제2항).

③ ① 및 ②에 따른 하자의 조사 및 보수비용 산정, 하자의 판정기준 및 하자의 발생부분 판단기준(하자 발생부위가 전유부분인지 공용부분인지에 대한 판단기준을 말한다) 등에 필요한 세부적인 사항은 국토교통부장관이 정하여 고시한다(영 제47조 제3항).

4. 하자분쟁조정위원회의 구성 등

(1) 위원회 · 분과위원회 · 소위원회

1) 위원회

① **위원의 수**: 하자분쟁조정위원회는 위원장 1명을 포함한 60명 이내의 위원으로 구성하며, 위원장은 상임으로 한다(법 제40조 제1항).

② **위원장**

㉠ 위원장 및 분과위원회의 위원장(이하 "분과위원장"이라 한다)은 국토교통부장관이 임명한다(법 제40조 제5항).

㉡ 위원장은 하자분쟁조정위원회를 대표하고 그 직무를 총괄한다. 다만, 위원장이 부득이한 사유로 직무를 수행할 수 없는 경우에는 위원장이 미리 지명한 분과위원장 순으로 그 직무를 대행한다(법 제40조 제10항).

2) 분과위원회

하자분쟁조정위원회에 하자 여부 판정, 분쟁조정 및 분쟁재정을 전문적으로 다루는 분과위원회를 둔다(법 제40조 제2항)

① **위원의 수**

㉠ 하자 여부 판정 또는 분쟁조정을 다루는 분과위원회는 하자분쟁조정위원회의 위원장(이하 "위원장"이라 한다)이 지명하는 9명 이상 15명 이하의 위원으로 구성한다(법 제40조 제3항).

㉡ 분쟁재정을 다루는 분과위원회는 위원장이 지명하는 5명의 위원으로 구성하되, 판사·검사 또는 변호사의 직에 6년 이상 재직한 사람이 1명 이상 포함되어야 한다(법 제40조 제4항).

② **분과위원회의 구성 등**: 하자분쟁조정위원회에는 시설공사 등에 따른 하자 여부 판정 또는 분쟁의 조정·재정을 위하여 다음 각 호의 분과위원회를 하나 이상씩 둔다(영 제48조 제1항).

1. 하자심사분과위원회: 하자 여부 판정
2. 분쟁조정분과위원회: 분쟁의 조정
3. 분쟁재정분과위원회: 분쟁의 재정
4. 하자재심분과위원회: 이의신청 사건에 대한 하자 여부 판정
5. 그 밖에 국토교통부장관이 필요하다고 인정하는 분과위원회

③ **위원의 지명**: 하자분쟁조정위원회의 위원장은 위원의 전문성과 경력 등을 고려하여 각 분과위원회별 위원을 지명하여야 한다(영 제48조 제2항).

④ **직무 대행**: 분과위원회 위원장이 부득이한 사유로 직무를 수행할 수 없을 때에는 해당 분과위원회 위원장이 해당 분과위원 중에서 미리 지명한 위원이 그 직무를 대행한다(영 제48조 제3항).

3) 소위원회

① **위원의 수**: 위원장은 분과위원회별로 사건의 심리 등을 위하여 전문분야 등을 고려하여 3명 이상 5명 이하의 위원으로 소위원회를 구성할 수 있다(법 제40조 제6항).

② **위원의 지명**: 위원장이 해당 분과위원회 위원 중에서 소위원회의 위원장(이하 "소위원장"이라 한다)을 지명한다(법 제40조 제6항 후단).

(2) 하자분쟁조정위원회의 위원

1) 위원의 자격

하자분쟁조정위원회의 위원은 공동주택 하자에 관한 학식과 경험이 풍부한 사람으로서 다음의 어느 하나에 해당하는 사람 중에서 국토교통부장관이 임명 또는 위촉한다. 이 경우 판사·검사 또는 변호사의 직에 6년 이상 재직한 사람이 9명 이상 포함되어야 한다(법 제40조 제7항).

1. 1급부터 4급까지 상당의 공무원 또는 고위공무원단에 속하는 공무원이거나 이와 같은 직에 재직한 사람
2. 공인된 대학이나 연구기관에서 부교수 이상 또는 이에 상당하는 직에 재직한 사람
3. 판사・검사 또는 변호사의 직에 6년 이상 재직한 사람
4. 건설공사, 전기공사, 정보통신공사, 소방시설공사, 시설물 정밀안전진단 또는 감정평가에 관한 전문적 지식을 갖추고 그 업무에 10년 이상 종사한 사람
5. 주택관리사로서 공동주택의 관리사무소장으로 10년 이상 근무한 사람
6. 「건축사법」 제23조 제1항에 따라 신고한 건축사 또는 「기술사법」 제6조 제1항에 따라 등록한 기술사로서 그 업무에 10년 이상 종사한 사람

2) 위원장과 공무원이 아닌 위원의 임기

위원장과 공무원이 아닌 위원의 임기는 2년으로 하되 연임할 수 있으며, 보궐위원의 임기는 전임자의 남은 임기로 한다(법 제40조 제8항).

(3) 하자분쟁조정위원회 회의

1) 회의의 의장

위원장은 전체위원회, 분과위원회 및 소위원회의 회의를 소집하며, 해당 회의의 의장은 다음의 구분에 따른다(법 제42조 제1항, 영 제51조).

1. 전체위원회: 위원장
2. 분과위원회: 분과위원장. 다만, 재심의 등 대통령령으로 정하는 사항 즉, 다음 각 호의 어느 하나에 해당하는 사항을 심의하는 경우에는 위원장이 의장이 된다.
   ① 이의신청이 있는 경우 다른 분과위원회에서 하는 재심의 사건
   ② 청구금액이 10억원 이상인 분쟁조정사건
   ③ 그 밖에 국토교통부장관이 필요하다고 인정하는 분과위원회의 안건으로서 하자분쟁조정위원회의 의사 및 운영 등에 관한 사항을 심의하는 경우
3. 소위원회: 소위원장

2) 회의 개최 통지 등

① 하자분쟁조정위원회 위원장은 전체위원회, 분과위원회 또는 소위원회 회의를 소집하려면 특별한 사정이 있는 경우를 제외하고는 회의 개최 3일 전까지 회의의 일시・장소 및 안건을 각 위원에게 알려야 한다(영 제53조 제1항).

② 하자분쟁조정위원회는 조정 등을 효율적으로 하기 위하여 필요하다고 인정하면 해당 사건들을 분리하거나 병합할 수 있다(영 제53조 제2항).

③ 하자분쟁조정위원회는 해당 사건들을 분리하거나 병합한 경우에는 조정 등의 당사자에게 지체 없이 그 결과를 알려야 한다(영 제53조 제3항).

④ 법 및 이 영에서 규정한 사항 외의 하자분쟁조정위원회의 운영 등에 필요한 사항은 국토교통부장관이 정한다(영 제53조 제4항).

⑤ 국토교통부장관은 다음의 각 호의 사항을 인터넷을 이용하여 처리하기 위하여 하자관리정보시스템을 구축·운영할 수 있다(영 제53조 제5항).

> 1. 조정 등 사건의 접수·통지와 송달
> 2. 공동주택의 하자와 관련된 민원상담과 홍보
> 3. 법 제38조 제4항에 따른 하자보수보증금 사용내역과 지급내역의 관리
> 4. 법 제43조 제3항에 따른 하자보수 결과의 통보
> 5. 법 제43조 제9항에 따른 시장·군수·구청장에 대한 통보
> 6. 제45조의2 제1항 각 호의 서류의 보관 및 관리
> 7. 그 밖에 다른 법령에서 하자관리정보시스템으로 처리하도록 규정한 사항

(4) 하자분쟁조정위원회 심의·의결 사항

1) 전체위원회의 심의·의결 사항

전체위원회는 다음에 해당하는 사항을 심의·의결한다. 이 경우 회의는 재적위원 과반수의 출석으로 개의하고 그 출석위원 과반수의 찬성으로 의결한다(법 제42조 제2항).

> 1. 하자분쟁조정위원회 의사에 관한 규칙의 제정·개정 및 폐지에 관한 사항
> 2. 분과위원회에서 전체위원회의 심의·의결이 필요하다고 요구하는 사항
> 3. 그 밖에 위원장이 필요하다고 인정하는 사항

2) 분과위원회의 심의·의결 사항

분과위원회는 하자 여부 판정, 분쟁조정 및 분쟁재정 사건을 심의·의결하며, 회의는 그 구성원 과반수(분쟁재정을 다루는 분과위원회의 회의의 경우에는 그 구성원 전원을 말한다)의 출석으로 개의하고 출석위원 과반수의 찬성으로 의결한다. 이 경우 분과위원회에서 의결한 사항은 하자분쟁조정위원회에서 의결한 것으로 본다(법 제42조 제3항).

3) 소위원회의 심의·의결 사항

소위원회는 다음에 해당하는 사항을 심의·의결하거나, 소관 분과위원회의 사건에 대한 심리 등을 수행하며, 회의는 그 구성원 과반수의 출석으로 개의하고 출석위원 전원의 찬성으로 의결한다. 이 경우 소위원회에서 의결한 사항은 하자분쟁조정위원회에서 의결한 것으로 본다(법 제42조 제4항).

조정 등의 신청 대리인

1. **대리인의 자격**
   법 제39조 제3항에 따라 조정 등을 신청하는 자와 그 상대방은 다음의 어느 하나에 해당하는 사람을 대리인으로 선임할 수 있다(법 제42조의2 제1항).
   ① 변호사
   ② 법 제37조 제1항 제4호에 따른 관리단의 관리인
   ③ 법 제64조 제1항에 따른 관리사무소장
   ④ 당사자의 배우자 또는 4촌 이내의 친족
   ⑤ 주택(전유부분에 한정한다)의 사용자
   ⑥ 당사자가 국가 또는 지방자치단체인 경우에는 그 소속 공무원
   ⑦ 당사자가 법인인 경우에는 그 법인의 임원 또는 직원
2. **위임자의 명확한 의사표시에 따른 대리**
   다음의 행위에 대하여는 위임자가 특별히 위임하는 것임을 명확히 표현하여야 대리할 수 있다(법 제42조의2 제2항).
   ① 신청의 취하
   ② 조정안(調停案)의 수락
   ③ 복대리인(復代理人)의 선임
3. **대리인의 권한 소명**
   대리인의 권한은 서면으로 소명(疎明)하여야 한다(법 제42조의2 제3항).

1. 1천만원 미만의 소액 사건
2. 전문분야 등을 고려하여 분과위원회에서 소위원회가 의결하도록 결정한 사건
3. 흠결보정기간에 보정을 안하는 경우 조정 등의 신청에 대한 각하
4. 당사자 쌍방이 소위원회의 조정안을 수락하기로 합의한 사건
5. 그 밖에 대통령령(영 제52조)으로 정하는 단순한 사건. 즉, 하자의 발견 또는 보수가 쉬운 전유부분에 관한 하자 중 별표 4에 따른 마감공사 또는 하나의 시설공사에서 발생한 하자와 관련된 심사 및 분쟁조정 사건을 말한다.

(5) 조정절차 중 합의 권고, 각하

① 하자분쟁조정위원회는 분쟁조정 신청을 받으면 조정절차 계속 중에도 당사자에게 하자보수 및 손해배상 등에 관한 합의를 권고할 수 있다. 이 경우 권고는 조정절차의 진행에 영향을 미치지 아니한다(법 제42조 제5항).

② 하자분쟁조정위원회는 조정 등의 사건의 처리 절차가 진행되는 도중에 한쪽 당사자가 법원에 소송을 제기한 경우에는 조정 등의 신청을 각하한다. 조정 등을 신청하기 전에 이미 소송을 제기한 사건으로 확인된 경우에도 또한 같다(영 제54조 제2항).

(6) 하자분쟁조정위원회의 의사 및 운영 등에 필요한 사항

하자분쟁조정위원회의 의사 및 운영, 조정 등의 각하 등에 필요한 사항은 대통령령으로 정한다(법 제42조 제6항).

2 하자심사

1. 하자심사 사건의 분쟁조정 회부

(1) 하자 여부 판정을 하는 분과위원회는 하자의 정도에 비하여 그 보수의 비용이 과다하게 소요되어 사건을 분쟁조정에 회부하는 것이 적합하다고 인정하는 경우에는 신청인의 의견을 들어 대통령령으로 정하는 바에 따라 분쟁조정을 하는 분과위원회에 송부하여 해당 사건을 조정하게 할 수 있다. 이 경우 하자심사에 소요된 기간을 조정 등의 처리기간(60일, 1회 30일 연장) 산정에 산입하지 아니한다(법 제43조 제1항).

(2) 하자심사분과위원회는 하자심사 사건을 분쟁조정분과위원회에 회부하기로 결정한 때에는 지체 없이 해당 사건에 관한 문서 및 물건을 분쟁조정분과위원회로 이송하고, 그 사실을 국토교통부령으로 정하는 바에 따라 당사자에게 통지하여야 한다(영 제56조).

2. 하자 여부 판정

(1) 판정서 정본 송달

① 하자분쟁조정위원회는 하자 여부를 판정한 때에는 대통령령으로 정하는 사항을 기재하고 위원장이 기명날인한 하자 여부 판정서 정본(正本)을 각 당사자 또는 그 대리인에게 송달하여야 한다(법 제43조 제2항).

② 사업주체는 ①에 따라 하자 여부 판정서 정본을 송달받은 경우로서 하자가 있는 것으로 판정된 경우(하자 여부 판정 결과가 변경된 경우는 제외한다)에는 하자 여부 판정서에 따라 하자를 보수하고, 그 결과를 지체 없이 대통령령으로 정하는 바에 따라 하자분쟁조정위원회에 통보하여야 한다(법 제43조 제3항).

③ 사업주체는 ②에 따라 하자 보수 결과를 지체 없이 하자관리정보시스템에 등록하는 방법으로 하자분쟁조정위원회에 통보해야 한다(영 제57조 제3항).

(2) 하자 여부 판정 결과에 대한 이의신청

① 하자 여부 판정 결과에 대하여 이의가 있는 자는 하자 여부 판정서를 송달받은 날부터 30일 이내에 법 제48조 제1항에 따른 안전진단전문기관 또는 대통령령으로 정하는 관계 전문가(즉, 「변호사법」에 따라 등록한 변호사)가 작성한 의견서를 첨부하여 국토교통부령으로 정하는 바에 따라 이의신청을 할 수 있다(법 제43조 제4항, 영 제57조의2).

② 하자분쟁조정위원회는 이의신청이 있는 경우에는 하자 여부 판정을 의결한 분과위원회가 아닌 다른 분과위원회에서 해당 사건에 대하여 재심의를 하도록 하여야 한다. 이 경우 처리기간은 제45조 제1항 및 제3항을 준용한다(법 제43조 제5항).

③ 하자분쟁조정위원회는 이의신청 사건을 심리하기 위하여 필요한 경우에는 기일을 정하여 당사자 및 의견서를 작성한 안전진단기관 또는 관계 전문가를 출석시켜 진술하게 하거나 입증자료 등을 제출하게 할 수 있다. 이 경우 안전진단기관 또는 관계 전문가는 이에 따라야 한다(법 제43조 제6항).

(3) 이의신청에 대한 재심의

1) 재심의를 하는 분과위원회가 당초의 하자 여부 판정을 변경하기 위하여는 재적위원 과반수의 출석으로 개의하고 출석위원 3분의 2 이상의 찬성으로 의결하여야 한다. 이 경우 출석위원 3분의 2 이상이 찬성하지 아니한 경우에는 당초의 판정을 하자분쟁조정위원회의 최종 판정으로 본다(법 제43조 제7항).

2) 재심의가 확정된 경우에는 하자분쟁조정위원회는 재심의 결정서 정본을 지체 없이 각 당사자 또는 그 대리인에게 송달하여야 한다(법 제43조 제8항).

3) 하자분쟁조정위원회는 다음 각 호의 사항을 시장·군수·구청장에게 통보할 수 있다(법 제43조 제9항).

> 1. 사업주체가 통보한 하자 보수 결과
> 2. 하자 보수 결과를 통보하지 아니한 사업주체의 현황

3 분쟁조정

1. 조정 등의 신청 등

(1) 하자분쟁조정위원회는 당사자 일방으로부터 조정 등의 신청을 받은 때에는 그 신청내용을 상대방에게 통지하여야 한다(법 제46조 제1항).

(2) 통지를 받은 상대방은 신청내용에 대한 답변서를 특별한 사정이 없으면 10일 이내에 하자분쟁조정위원회에 제출하여야 한다(법 제46조 제2항).

(3) 하자분쟁조정위원회로부터 조정 등의 신청에 관한 통지를 받은 사업주체 등, 설계자, 감리자, 입주자대표회의 등 및 임차인 등은 분쟁조정에 응하여야 한다. 다만, 조정 등의 신청에 관한 통지를 받은 입주자(공공임대주택의 경우에는 임차인을 말한다)가 조정기일에 출석하지 아니한 경우에는 하자분쟁조정위원회가 직권으로 법 제44조 제1항에 따라 조정안을 결정하고, 이를 각 당사자 또는 그 대리인에게 제시할 수 있다(법 제46조 제3항).

(4) 하자분쟁조정위원회의 조정등의 기일의 통지, 기피신청 절차, 당사자·참고인·감정인 및 이해관계자의 출석, 선정대표자, 조정 등의 이행결과 등록 등에 필요한 사항은 대통령령으로 정한다(법 제46조 제4항).

2. 조정 등의 처리

(1) 하자분쟁조정위원회는 조정 등의 신청을 받은 때에는 지체 없이 조정 등의 절차를 개시하여야 한다. 이 경우 하자분쟁조정위원회는 그 신청을 받은 날부터 그 신청을 받은 날부터 다음 각 호의 구분에 따른 기간(다음의 (2)에 따른 흠결보정기간 및 제48조에 따른 하자감정기간은 제외한다) 이내에 그 절차를 완료하여야 한다(법 제45조 제1항).

> 1. 하자심사 및 분쟁조정: 60일(공용부분의 경우 90일)
> 2. 분쟁재정: 150일(공용부분의 경우 180일)

(2) 하자분쟁조정위원회는 신청사건의 내용에 흠이 있는 경우에는 상당한 기간을 정하여 그 흠을 바로잡도록 명할 수 있다. 이 경우 신청인이 흠을 바로잡지 아니하면 하자분쟁조정위원회의 결정으로 조정 등의 신청을 각하(却下)한다(법 제45조 제2항).

(3) 조정 등의 신청기간 이내에 조정 등을 완료할 수 없는 경우에는 해당 사건을 담당하는 분과위원회 또는 소위원회의 의결로 그 기간을 1회에 한하여 연장할 수 있으나, 그 기간은 30일 이내로 한다. 이 경우 그 사유와 기한을 명시하여 각 당사자 또는 대리인에게 서면으로 통지하여야 한다(법 제45조 제3항).

(4) 하자분쟁조정위원회는 조정 등의 절차 개시에 앞서 이해관계인이나 하자진단을 실시한 안전진단기관 등의 의견을 들을 수 있다(법 제45조 제4항).

(5) 조정 등의 진행과정에서 조사·검사, 자료 분석 등에 별도의 비용이 발생하는 경우 비용 부담의 주체, 부담 방법 등에 필요한 사항은 국토교통부령으로 정한다(법 제45조 제5항).

(6) 하자분쟁조정위원회에 조정 등을 신청하는 자는 국토교통부장관이 정하여 고시하는 바에 따라 수수료를 납부해야 한다(법 제45조 제6항).

3. 조정안 결정 및 제시

하자분쟁조정위원회는 분쟁의 조정(하자담보책임 및 하자보수 등에 대한 사업주체 등과 입주자대표회의 등 간의 분쟁의 조정, 하자의 책임범위 등에 대하여 사업주체 등·설계자·감리자 및 「건설산업기본법」 제2조 제13호·제14호에 따른 수급인·하수급인 간에 발생하는 분쟁의 조정을 말한다)절차를 완료한 때에는 지체 없이 대통령령으로 정하는 사항을 기재한 조정안(신청인이 조정신청을 한 후 조정절차 진행 중에 피신청인과 합의를 한 경우에는 합의한 내용을 반영하되, 합의한 내용이 명확하지 아니한 것은 제외한다)을 결정하고, 각 당사자 또는 그 대리인에게 이를 제시하여야 한다(법 제44조 제1항).

4. 조정안 수락여부 통보 등

(1) 조정안을 제시받은 당사자는 그 제시를 받은 날부터 30일 이내에 그 수락 여부를 하자분쟁조정위원회에 통보하여야 한다. 이 경우 수락 여부에 대한 답변이 없는 때에는 그 조정안을 수락한 것으로 본다(법 제44조 제2항).

(2) 하자분쟁조정위원회는 각 당사자 또는 그 대리인이 조정안을 수락(대통령령으로 정하는 바에 따라 서면 또는 전자적 방법으로 수락한 경우를 말한다)하거나 기한까지 답변이 없는 때에는 위원장이 기명날인한 조정서 정본을 지체 없이 각 당사자 또는 그 대리인에게 송달하여야 한다(법 제44조 제3항).

5. 조정의 효력

조정서의 내용은 재판상 화해와 동일한 효력이 있다. 다만, 당사자가 임의로 처분할 수 없는 사항으로 대통령령으로 정하는 것은 그러하지 아니하다(법 제44조 제4항).

6. 「민사조정법」 등의 준용

(1) 하자분쟁조정위원회는 분쟁의 조정 등의 절차에 관하여 이 법에서 규정하지 아니한 사항 및 소멸시효의 중단에 관하여는 「민사조정법」을 준용한다(법 제47조 제1항).

(2) 조정 등에 따른 서류송달에 관하여는 「민사소송법」 제174조부터 제197조까지의 규정을 준용한다(법 제47조 제2항).

4 분쟁재정

1. 심 문

(1) 하자분쟁조정위원회는 분쟁의 재정을 위하여 심문(審問)의 기일을 정하고 대통령령으로 정하는 바에 따라 당사자에게 의견을 진술하게 하여야 한다(법 제44조의2 제1항).

(2) (1)에 따른 심문에 참여한 하자분쟁조정위원회의 위원과 하자분쟁조정위원회의 운영 및 사무처리를 위한 조직(이하 "하자분쟁조정위원회의 사무국"이라 한다)의 직원은 대통령령으로 정하는 사항을 기재한 심문조서를 작성하여야 한다(법 제44조의2 제2항).

(3) 하자분쟁조정위원회는 재정 사건을 심리하기 위하여 필요한 경우에는 기일을 정하여 당사자, 참고인 또는 감정인을 출석시켜 대통령령으로 정하는 절차에 따라 진술 또는 감정하게 하거나, 당사자 또는 참고인에게 사건과 관계있는 문서 또는 물건의 제출을 요구할 수 있다(법 제44조의2 제3항).

2. 분쟁조정 회부

(1) 분쟁재정을 다루는 분과위원회는 재정신청된 사건을 분쟁조정에 회부하는 것이 적합하다고 인정하는 경우에는 대통령령으로 정하는 바에 따라 분쟁조정을 다루는 분과위원회에 송부하여 조정하게 할 수 있다(법 제44조의2 제4항).

(2) (1)에 따라 분쟁조정에 회부된 사건에 관하여 당사자 간에 합의가 이루어지지 아니하였을 때에는 재정절차를 계속 진행하고, 합의가 이루어졌을 때에는 재정의 신청은 철회된 것으로 본다(법 제44조의2 제5항).

3. 재정문서 효력

(1) 하자분쟁조정위원회는 재정절차를 완료한 경우에는 대통령령으로 정하는 사항을 기재하고 재정에 참여한 위원이 기명날인한 재정문서의 정본을 각 당사자 또는 그 대리인에게 송달하여야 한다(법 제44조의2 제6항).

(2) 재정문서는 그 정본이 당사자에게 송달된 날부터 60일 이내에 당사자 양쪽 또는 어느 한쪽이 그 재정의 대상인 공동주택의 하자담보책임을 원인으로 하는 소송을 제기하지 아니하거나 그 소송을 취하한 경우 재판상 화해와 동일한 효력이 있다. 다만, 당사자가 임의로 처분할 수 없는 사항으로서 대통령령으로 정하는 사항은 그러하지 아니하다(법 제44조의2 제7항).

5 하자진단 및 하자감정

1. 하자진단

(1) 사업주체 등은 입주자대표회의 등 또는 임차인 등의 하자보수 청구에 이의가 있는 경우, 입주자대표회의 등 또는 임차인 등과 협의하여 대통령령으로 정하는 안전진단기관에 보수책임이 있는 하자범위에 해당하는지 여부 등 하자진단을 의뢰할 수 있다. 이 경우 하자진단을 의뢰받은 안전진단기관은 지체 없이 하자진단을 실시하여 그 결과를 사업주체 등과 입주자대표회의 등 또는 임차인 등에게 통보하여야 한다(법 제48조 제1항).

(2) 안전진단기관은 하자진단을 의뢰받은 날부터 20일 이내에 그 결과를 사업주체 등과 입주자대표회의 등에 제출하여야 한다. 다만, 당사자 사이에 달리 약정한 경우에는 그에 따른다(영 제62조 제3항).

대통령령으로 정하는 안전진단기관

"대통령령으로 정하는 안전진단기관"이란 다음의 자를 말한다(영 제62조 제1항).

1. 국토안전관리원
2. 한국건설기술연구원
3. 「엔지니어링산업 진흥법」에 따라 신고한 해당 분야의 엔지니어링사업자
4. 「기술사법」에 따라 등록한 해당 분야의 기술사
5. 「건축사법」에 따라 신고한 건축사
6. 건축 분야 안전진단전문기관

2. 하자감정

(1) 하자분쟁조정위원회는 다음의 어느 하나에 해당하는 사건의 경우에는 대통령령으로 정하는 안전진단기관에 그에 따른 감정을 요청할 수 있다(법 제48조 제2항).

1. 앞의 1.의 하자진단 결과에 대하여 다투는 사건
2. 당사자 쌍방 또는 일방이 하자감정을 요청하는 사건
3. 하자원인이 불분명한 사건
4. 그 밖에 하자분쟁조정위원회에서 하자감정이 필요하다고 결정하는 사건

1) "대통령령으로 정하는 안전진단기관"이란 다음의 자를 말한다. 다만, 앞의 1.의 (1)의 하자진단 의뢰 안전진단기관은 같은 사건의 조정등 대상시설에 대해서는 하자감정요청에 따라 감정을 하는 안전진단기관이 될 수 없다(영 제62조 제2항).
   ① 국토안전관리원
   ② 한국건설기술연구원
   ③ 국립 또는 공립의 주택 관련 시험·검사기관
   ④ 「고등교육법」에 따른 대학 및 산업대학의 주택관련 부설연구기관(상설기관으로 한정한다)
   ⑤ 「엔지니어링산업 진흥법」에 따라 신고한 해당 분야의 엔지니어링사업자
   ⑥ 「기술사법」에 따라 등록한 해당 분야의 기술사
   ⑦ 「건축사법」에 따라 신고한 건축사
   ⑧ 건축 분야 안전진단전문기관
2) 위의 1)의 ⑤·⑥·⑦·⑧의 경우 분과위원회(소위원회에서 의결하는 사건은 소위원회를 말한다)에서 해당 하자감정을 위한 시설 및 장비를 갖추었다고 인정하고 당사자 쌍방이 합의한 자로 한정한다.

(2) 안전진단기관은 하자감정을 의뢰받은 날부터 20일 이내에 그 결과를 하자분쟁조정위원회에 제출하여야 한다. 다만, 하자분쟁조정위원회가 인정하는 부득이한 사유가 있는 때에는 그 기간을 연장할 수 있다(영 제62조 제4항).

3. 하자진단 및 하자감정 비용부담

하자진단에 드는 비용과 감정에 드는 비용은 국토교통부령으로 정하는 바에 따라 당사자가 부담한다(법 제48조 제3항).

05 공동주택의 전문관리

Chapter

단·원·열·기

주택관리업의 등록, 관리주체의 업무와 주택관리사가 출제 빈도가 높으며, 공동주택관리분쟁조정 및 협회도 출제가 되고 있다.
학습방법: 주택관리업의 등록, 관리주체의 업무와 주택관리사 중심으로 학습하되, 공동주택관리분쟁조정 및 협회도 정리하도록 한다.

01 주택관리업

1 주택관리업의 등록

1. 등록신청

(1) 주택관리업을 하려는 자는 대통령령으로 정하는 바에 따라 시장·군수·구청장에게 등록하여야 하며, 등록 사항이 변경되는 경우에는 국토교통부령으로 정하는 바에 따라 변경신고를 하여야 한다(법 제52조 제1항).

> 등록사항 변경신고를 하려는 자는 변경사유가 발생한 날부터 15일 이내에 별지 제32호 서식의 변경신고서에 변경내용을 증명하는 서류를 첨부하여 시장·군수·구청장에게 제출하여야 한다(규칙 제28조 제6항).

(2) 주택관리업의 등록을 하려는 자는 국토교통부령으로 정하는 바에 따라 신청서(전자문서에 의한 신청서를 포함한다)를 시장·군수·구청장에게 제출하여야 한다(영 제65조 제1항).

(3) 등록은 주택관리사(임원 또는 사원의 3분의 1 이상이 주택관리사인 상사법인을 포함한다)가 신청할 수 있다. 이 경우 주택관리업을 등록하려는 자는 다음의 요건을 갖추어야 한다(법 제52조 제3항).

> 1. 자본금(법인이 아닌 경우 자산평가액을 말한다)이 2억원 이상으로서 대통령령으로 정하는 금액 이상일 것
> 2. 대통령령으로 정하는 인력·시설 및 장비를 보유할 것

(4) 시장 · 군수 · 구청장은 주택관리업 등록을 한 자에게 등록증을 내주어야 한다(영 제65조 제2항).

2. 등록기준

주택관리업의 등록기준은 다음과 같다(영 제65조 제2항 관련 별표5).

구 분		등록기준
자본금		2억원 이상
기술능력	전기분야 기술자	전기산업기사 이상의 기술자 1명 이상
	연료사용기기 취급 관련 기술자	에너지관리산업기사 이상의 기술자 또는 에너지관리기능사 1명 이상
	고압가스 관련 기술자	가스기능사의 자격을 가진 사람 1명 이상
	위험물취급 관련 기술자	위험물기능사 이상의 기술자 1명 이상
주택관리사		주택관리사 1명 이상
시설 · 장비		• 5마력 이상의 양수기 1대 이상 • 절연저항계(누전측정기를 말한다) 1대 이상 • 사무실

비 고
1. 자본금이란 법인인 경우에는 주택관리업을 영위하기 위한 출자금을 말한다.
2. 주택관리사와 기술자격(「국가기술자격법 시행령」 별표 중 해당 분야의 것을 말한다)은 각각 상시 근무하는 사람으로 하며, 법 제57조 제1항 및 「국가기술자격법」에 따라 그 자격이 정지된 사람과 「건설기술 진흥법」에 따라 업무정지처분을 받은 기술인은 제외한다.
3. 사무실은 「건축법」 및 그 밖의 법령에 적합한 건물이어야 한다.

3. 재등록 제한

등록을 한 주택관리업자가 그 등록이 말소된 후 2년이 지나지 아니한 때에는 다시 등록할 수 없다(법 제52조 제2항).

4. 등록의 절차 등

(1) 주택관리업자의 등록의 절차, 영업의 종류와 공동주택의 관리방법 및 그 업무내용 등 그 밖에 필요한 사항은 대통령령으로 정한다(법 제52조 제4항).

(2) 주택관리업자는 관리하는 공동주택에 배치된 주택관리사등이 해임, 그 밖의 사유로 결원이 된 때에는 그 사유가 발생한 날부터 15일 이내에 새로운 주택관리사 등을 배치하여야 한다(영 제66조 제1항).

(3) 주택관리업자는 공동주택을 관리할 때에는 별표 1에 따른 기술인력 및 장비(자치관리기구의 요건과 동일)를 갖추고 있어야 한다(영 제66조 제2항).

5. 주택관리업의 등록말소 등

(1) 등록말소 사유

1) 시장 · 군수 · 구청장은 주택관리업자가 다음의 어느 하나에 해당하면 그 등록을 말소하거나 1년 이내의 기간을 정하여 영업의 전부 또는 일부의 정지를 명할 수 있다. 다만, 아래 1. 2. 또는 9.에 해당하는 경우에는 그 등록을 말소하여야 하고, 7. 또는 8.에 해당하는 경우에는 1년 이내의 기간을 정하여 영업의 전부 또는 일부의 정지를 명하여야 한다(법 제53조 제1항).

> 1. 거짓이나 그 밖의 부정한 방법으로 등록을 한 경우
> 2. 영업정지기간 중에 주택관리업을 영위한 경우 또는 최근 3년간 2회 이상의 영업정지처분을 받은 자로서 그 정지처분을 받은 기간이 합산하여 12개월을 초과한 경우
> 3. 고의 또는 과실로 공동주택을 잘못 관리하여 소유자 및 사용자에게 재산상의 손해를 입힌 경우
> 4. 공동주택 관리 실적이 대통령령(영 제67조 제1항)으로 정하는 기준에 미달한 경우 즉, 매년 12월 31일을 기준으로 최근 3년간 공동주택의 관리 실적이 없는 경우.
> 5. 등록요건에 미달하게 된 경우
> 6. 관리방법 및 업무내용 등을 위반하여 공동주택을 관리한 경우
> 7. 부정하게 재물 또는 재산상의 이익을 취득하거나 제공한 경우
> 8. 관리비 · 사용료와 장기수선충당금을 이 법에 따른 용도 외의 목적으로 사용한 경우
> 9. 다른 자에게 자기의 성명 또는 상호를 사용하여 이 법에서 정한 사업이나 업무를 수행하게 하거나 그 등록증을 대여한 경우
> 10. 보고, 자료의 제출, 조사 또는 검사를 거부 · 방해 또는 기피하거나 거짓으로 보고를 한 경우
> 11. 제93조 제3항 · 제4항에 따른 감사를 거부 · 방해 또는 기피한 경우

2) 시장 · 군수 · 구청장은 주택관리업자에 대하여 등록말소 또는 영업정지처분을 하려는 때에는 처분일 1개월 전까지 해당 주택관리업자가 관리하는 공동주택의 입주자대표회의에 그 사실을 통보하여야 한다(영 제67조 제2항).

3) 지방자치단체의 장은 주택관리업자가 법 제53조 제1항(등록말소 또는 영업정지처분) 각 호의 어느 하나에 해당하게 된 사실을 발견한 경우에는 그 사실을 지체 없이 그 주택관리업을 등록한 시장 · 군수 · 구청장에게 통보해야 한다(영 제67조 제4항).

4) 등록말소 및 영업정지처분에 관한 기준과 과징금을 부과하는 위반행위의 종류 및 위반 정도 등에 따른 과징금의 금액 등에 필요한 사항은 대통령령으로 정한다(법 제53조 제4항).

(2) **과징금 부과**

① 시장 · 군수 · 구청장은 주택관리업자가 앞의 (1)의 1)의 3. 4. 5. 6. 10. 11.의 어느 하나에 해당하는 경우에는 대통령령으로 정하는 바에 따라 영업정지를 갈음하여 2천만원 이하의 과징금을 부과할 수 있다(법 제53조 제2항).

② 시장 · 군수 · 구청장은 주택관리업자가 과징금을 기한까지 내지 아니하면 「지방행정제재 · 부과금의 징수 등에 관한 법률」에 따라 징수한다(법 제53조 제3항).

③ 과징금은 영업정지기간 1일당 3만원을 부과하며, 영업정지 1개월은 30일을 기준으로 한다. 이 경우 과징금은 2천만원을 초과할 수 없다(영 제68조 제1항).

2 주택관리업자의 지위

주택관리업자의 지위에 관하여 이 법에 규정이 있는 것 외에는 「민법」 중 위임에 관한 규정을 준용한다(법 제52조 제6항).

02 관리주체의 업무와 주택관리사

1 관리주체의 업무 등

1. 관리주체의 업무

(1) 관리주체는 다음의 업무를 수행한다. 이 경우 관리주체는 필요한 범위에서 공동주택의 공용부분을 사용할 수 있다(법 제63조 제1항).

> 1. 공동주택의 공용부분의 유지 · 보수 및 안전관리
> 2. 공동주택단지 안의 경비 · 청소 · 소독 및 쓰레기 수거
> 3. 관리비 및 사용료의 징수와 공과금 등의 납부대행
> 4. 장기수선충당금의 징수 · 적립 및 관리
> 5. 관리규약으로 정한 사항의 집행
> 6. 입주자대표회의에서 의결한 사항의 집행

7. 그 밖에 국토교통부령으로 정하는 사항(규칙 제29조).
   ① 공동주택관리업무의 공개·홍보 및 공동시설물의 사용방법에 관한 지도·계몽
   ② 입주자 등의 공동사용에 제공되고 있는 공동주택단지 안의 토지, 부대시설 및 복리시설에 대한 무단 점유행위의 방지 및 위반행위시의 조치
   ③ 공동주택단지 안에서 발생한 안전사고 및 도난사고 등에 대한 대응조치
   ④ 하자보수청구 등의 대행

(2) 관리주체는 공동주택을 이 법 또는 이 법에 따른 명령에 따라 관리하여야 한다(법 제63조 제2항).

2. 관리사무소장의 업무 등

(1) 관리사무소장의 의무배치

1) 의무관리대상 공동주택을 관리하는 다음의 어느 하나에 해당하는 자는 주택관리사를 해당 공동주택의 관리사무소장으로 배치하여야 한다. 다만, 500세대 미만의 공동주택에는 주택관리사를 갈음하여 주택관리사보를 해당 공동주택의 관리사무소장으로 배치할 수 있다(법 제64조 제1항, 영 제69조 제1항).

1. 입주자대표회의(자치관리의 경우에 한정한다)
2. 관리업무를 인계하기 전의 사업주체
3. 주택관리업자
4. 임대사업자

2) 1)의 각 호의 자는 주택관리사등을 관리사무소장의 보조자로 배치할 수 있다(영 제69조 제2항).

(2) 관리사무소장의 업무

관리사무소장은 공동주택을 안전하고 효율적으로 관리하여 공동주택의 입주자 등의 권익을 보호하기 위하여 다음의 업무를 집행한다(법 제64조 제2항).

1. 입주자대표회의에서 의결하는 다음의 업무
   ① 공동주택의 운영·관리·유지·보수·교체·개량
   ② ①의 업무를 집행하기 위한 관리비·장기수선충당금이나 그 밖의 경비의 청구·수령·지출 및 그 금액을 관리하는 업무

2. 하자의 발견 및 하자보수의 청구, 장기수선계획의 조정, 시설물 안전관리계획의 수립 및 건축물의 안전점검에 관한 업무. 다만, 비용지출을 수반하는 사항에 대하여는 입주자대표회의의 의결을 거쳐야 한다.
3. 관리사무소 업무의 지휘 · 총괄
4. 그 밖에 공동주택관리에 관하여 국토교통부령으로 정하는 업무(규칙 제30조 제1항).
   ① 관리주체의 업무를 지휘 · 총괄하는 업무
   ② 입주자대표회의 및 선거관리위원회의 운영에 필요한 업무 지원 및 사무처리
   ③ 안전관리계획의 조정. 이 경우 3년마다 조정하되, 관리여건상 필요하여 관리사무소장이 입주자대표회의 구성원 과반수의 서면동의를 받은 경우에는 3년이 지나기 전에 조정할 수 있다.
   ④ 영 제23조 제1항부터 제5항까지의 규정에 따른 관리비 등이 예치된 금융기관으로부터 매월 말일을 기준으로 발급받은 잔고증명서의 금액과 법 제27조 제1항 제1호에 따른 장부상 금액이 일치하는지 여부를 관리비 등이 부과된 달의 다음 달 10일까지 확인하는 업무

(3) 관리사무소장의 업무대리

관리사무소장은 (2)의 1.의 ① 및 ②와 관련하여 입주자대표회의를 대리하여 재판상 또는 재판 외의 행위를 할 수 있다(법 제64조 제3항).

(4) 관리사무소장의 선관주의 의무

관리사무소장은 선량한 관리자의 주의로 그 직무를 수행하여야 한다(법 제64조 제4항).

(5) 배치내용 및 직인 신고

1) 관리사무소장은 그 배치 내용과 업무의 집행에 사용할 직인을 국토교통부령으로 정하는 바에 따라 시장 · 군수 · 구청장에게 신고하여야 한다. 신고한 배치 내용과 직인을 변경할 때에도 또한 같다(법 제64조 제5항).
2) 배치 내용과 업무의 집행에 사용할 직인을 신고하려는 관리사무소장은 배치된 날부터 15일 이내에 신고서에 다음의 서류를 첨부하여 주택관리사단체에 제출하여야 한다(규칙 제30조 제2항).

> 1. 관리사무소장 교육 또는 주택관리사등의 교육 이수현황(주택관리사단체가 해당 교육 이수현황을 발급하는 경우에는 제출하지 아니할 수 있다) 1부
> 2. 임명장 사본 1부. 다만, 배치된 공동주택의 전임(前任) 관리사무소장이 배치종료 신고를 하지 아니한 경우에는 배치를 증명하는 다음의 구분에 따른 서류를 함께 제출하여야 한다.
>   ① 공동주택의 관리방법이 자치관리인 경우: 근로계약서 사본 1부
>   ② 공동주택의 관리방법이 위탁관리인 경우: 위·수탁 계약서 사본 1부
> 3. 주택관리사보자격시험 합격증서 또는 주택관리사 자격증 사본 1부
> 4. 주택관리사등의 손해배상책임을 보장하기 위한 보증설정을 입증하는 서류 1부

(6) 관리사무소장의 업무에 대한 부당 간섭 배제 등

1) 입주자대표회의(구성원을 포함한다. 이하 이 조에서 같다) 및 입주자 등은 제64조 제2항에 따른 관리사무소장의 업무에 대하여 다음의 어느 하나에 해당하는 행위를 하여서는 아니 된다(법 제65조 제1항).

> 1. 이 법 또는 관계 법령에 위반되는 지시를 하거나 명령을 하는 등 부당하게 간섭하는 행위
> 2. 폭행, 협박 등 위력을 사용하여 정당한 업무를 방해하는 행위

2) 관리사무소장은 입주자대표회의 또는 입주자 등이 위의 1)을 위반한 경우 입주자대표회의 또는 입주자 등에게 그 위반사실을 설명하고 해당 행위를 중단할 것을 요청하거나 부당한 지시 또는 명령의 이행을 거부할 수 있으며, 시장·군수·구청장에게 이를 보고하고, 사실 조사를 의뢰할 수 있다(법 제65조 제2항).

3) 시장·군수·구청장은 2)에 따라 사실 조사를 의뢰받은 때에는 지체 없이 조사를 마치고, 위의 1)을 위반한 사실이 있다고 인정하는 경우 제93조에 따라 입주자대표회의 및 입주자 등에게 필요한 명령 등의 조치를 하여야 한다. 이 경우 범죄혐의가 있다고 인정될 만한 상당한 이유가 있을 때에는 수사기관에 고발할 수 있다(법 제65조 제3항).

4) 시장·군수·구청장은 사실 조사 결과 또는 필요한 명령 등의 조치 결과를 지체 없이 입주자대표회의, 해당 입주자 등, 주택관리업자 및 관리사무소장에게 통보하여야 한다(법 제65조 제4항).

5) 입주자대표회의는 2)에 따른 보고나 사실 조사 의뢰 또는 3)에 따른 명령 등을 이유로 관리사무소장을 해임하거나 해임하도록 주택관리업자에게 요구하여서는 아니 된다(법 제65조 제5항).

직인변경신고

1. 신고한 배치 내용과 업무의 집행에 사용하는 직인을 변경하려는 관리사무소장은 변경사유(관리사무소장의 배치가 종료된 경우를 포함한다)가 발생한 날부터 15일 이내에 신고서에 변경내용을 증명하는 서류를 첨부하여 주택관리사단체에 제출하여야 한다(규칙 제30조 제3항).
2. 배치내용과 업무집행에 사용할 직인을 신고 또는 변경신고를 접수한 주택관리사단체는 관리사무소장의 배치 내용 및 직인 신고(변경신고하는 경우를 포함한다) 접수현황을 분기별로 시장·군수·구청장에게 보고하여야 한다(규칙 제30조 제4항).
3. 주택관리사단체는 관리사무소장이 신고 또는 변경신고에 대한 증명서 발급을 요청하면 즉시 증명서를 발급하여야 한다(규칙 제30조 제5항).

경비원이 예외적으로 종사할 수 있는 업무 등

1. 1)에서 "대통령령으로 정하는 공동주택 관리에 필요한 업무"란 다음 각 호의 업무를 말한다(영 제69조의2 제1항).
   ① 청소와 이에 준하는 미화의 보조
   ② 재활용 가능 자원의 분리배출 감시 및 정리
   ③ 안내문의 게시와 우편수취함 투입
2. 공동주택 경비원은 공동주택에서의 도난, 화재, 그 밖의 혼잡 등으로 인한 위험발생을 방지하기 위한 범위에서 주차 관리와 택배물품 보관 업무를 수행할 수 있다(영 제69조의2 제2항).

(7) 경비원 등 근로자의 업무 등

1) 공동주택에 경비원을 배치한 경비업자(「경비업법」 제4조 제1항에 따라 허가를 받은 경비업자를 말한다)는 「경비업법」 제7조 제5항에도 불구하고 대통령령으로 정하는 공동주택 관리에 필요한 업무에 경비원을 종사하게 할 수 있다(법 제65조의2 제1항).

2) 입주자 등, 입주자대표회의 및 관리주체 등은 경비원 등 근로자에게 적정한 보수를 지급하고, 처우개선과 인권존중을 위하여 노력하여야 한다(법 제65조의2 제2항).

3) 입주자 등, 입주자대표회의 및 관리주체 등은 경비원 등 근로자에게 다음의 어느 하나에 해당하는 행위를 하여서는 아니 된다(법 제65조의2 제3항).

> 1. 이 법 또는 관계 법령에 위반되는 지시를 하거나 명령을 하는 행위
> 2. 업무 이외에 부당한 지시를 하거나 명령을 하는 행위

4) 경비원 등 근로자는 입주자 등에게 수준 높은 근로 서비스를 제공하여야 한다(법 제65조의2 제4항).

(8) 주택관리업자에 대한 부당간섭 배제 등

입주자대표회의 및 입주자 등은 (6)의 1) 또는 (7)의 3)의 행위를 할 목적으로 주택관리업자에게 관리사무소장 및 소속 근로자에 대한 해고, 징계 등 불이익 조치를 요구하여서는 아니 된다(법 제65조의3).

(9) 관리사무소장의 손해배상책임

1) 손해배상책임

주택관리사등은 관리사무소장의 업무를 집행하면서 고의 또는 과실로 입주자 등에게 재산상의 손해를 입힌 경우에는 그 손해를 배상할 책임이 있다(법 제66조 제1항).

2) 보증설정

손해배상책임을 보장하기 위하여 주택관리사등은 대통령령으로 정하는 바에 따라 보증보험 또는 공제에 가입하거나 공탁을 하여야 한다. 즉, 관리사무소장으로 배치된 주택관리사등은 손해배상책임을 보장하기 위하여 다음의 구분에 따른 금액을 보장하는 보증보험 또는 공제에 가입하거나 공탁을 하여야 한다(법 제66조 제2항, 영 제70조).

1. 500세대 미만의 공동주택: 3천만원
2. 500세대 이상의 공동주택: 5천만원

3) 보증설정 서류 제출

주택관리사등은 손해배상책임을 보장하기 위한 보증보험 또는 공제에 가입하거나 공탁을 한 후 해당 공동주택의 관리사무소장으로 배치된 날에 다음의 어느 하나에 해당하는 자에게 보증보험 등에 가입한 사실을 입증하는 서류를 제출하여야 한다(법 제66조 제3항).

1. 입주자대표회의의 회장
2. 임대주택의 경우에는 임대사업자
3. 입주자대표회의가 없는 경우에는 시장 · 군수 · 구청장

4) 보증설정의 변경

① 관리사무소장의 손해배상책임을 보장하기 위한 보증보험 또는 공제에 가입하거나 공탁을 한 조치(이하 "보증설정"이라 한다)를 이행한 주택관리사등은 그 보증설정을 다른 보증설정으로 변경하려는 경우에는 해당 보증설정의 효력이 있는 기간 중에 다른 보증설정을 하여야 한다(영 제71조 제1항).

② 보증보험 또는 공제에 가입한 주택관리사등으로서 보증기간이 만료되어 다시 보증설정을 하려는 자는 그 보증기간이 만료되기 전에 다시 보증설정을 하여야 한다(영 제71조 제2항).

③ 보증설정을 한 경우에는 해당 보증설정을 입증하는 서류를 제출하여야 한다(영 제71조 제3항).

5) 보증보험금 등의 지급 등

① 입주자대표회의는 손해배상금으로 보증보험금 · 공제금 또는 공탁금을 지급받으려는 경우에는 다음의 어느 하나에 해당하는 서류를 첨부하여 보증보험회사, 공제회사 또는 공탁기관에 손해배상금의 지급을 청구하여야 한다(영 제72조 제1항).

1. 입주자대표회의와 주택관리사등 간의 손해배상합의서 또는 화해조서
2. 확정된 법원의 판결문 사본
3. 1. 또는 2.에 준하는 효력이 있는 서류

② 주택관리사등은 보증보험금 · 공제금 또는 공탁금으로 손해배상을 한 때에는 15일 이내에 보증보험 또는 공제에 다시 가입하거나 공탁금 중 부족하게 된 금액을 보전하여야 한다(영 제72조 제2항).

6) 공탁금 회수

공탁한 공탁금은 주택관리사등이 해당 공동주택의 관리사무소장의 직을 사임하거나 그 직에서 해임된 날 또는 사망한 날부터 3년 이내에는 회수할 수 없다(법 제66조 제4항).

2 주택관리사등의 자격

1. 주택관리사보

주택관리사보가 되려는 사람은 국토교통부장관이 시행하는 자격시험에 합격한 후 시·도지사(「지방자치법」에 따른 서울특별시·광역시 및 특별자치시를 제외한 인구 50만 이상의 대도시의 경우에는 대도시의 시장을 말한다)로부터 합격증서를 발급받아야 한다(법 제67조 제1항).

2. 주택관리사의 자격요건

주택관리사는 다음의 요건을 갖추고 시·도지사로부터 주택관리사 자격증을 발급받은 사람으로 한다(법 제67조 제2항).

1) 주택관리사보 합격증서를 발급받았을 것

2) 대통령령으로 정하는 주택 관련 실무 경력이 있을 것(영 제73조 제1항)

> 특별시장·광역시장·특별자치시장·도지사 또는 특별자치도지사(이하 "시·도지사"라 한다)는 주택관리사보 자격시험에 합격하기 전이나 합격한 후 다음의 어느 하나에 해당하는 경력을 갖춘 자에 대하여 주택관리사 자격증을 발급한다.
>
> 1. 「주택법」에 따른 사업계획승인을 받아 건설한 50세대 이상 500세대 미만의 공동주택(「건축법」에 따른 건축허가를 받아 주택과 주택 외의 시설을 동일 건축물로 건축한 건축물 중 주택이 50세대 이상 300세대 미만인 건축물을 포함한다)의 관리사무소장으로 근무한 경력 3년 이상
> 2. 「주택법」에 따른 사업계획승인을 받아 건설한 50세대 이상의 공동주택(「건축법」에 따른 건축허가를 받아 주택과 주택 외의 시설을 동일 건축물로 건축한 건축물 중 주택이 50세대 이상 300세대 미만인 건축물을 포함한다)의 관리사무소의 직원(경비원, 청소원 및 소독원은 제외한다) 또는 주택관리업자의 임직원으로 주택관리업무에 종사한 경력 5년 이상
> 3. 한국토지주택공사 또는 지방공사의 직원으로 주택관리업무에 종사한 경력 5년 이상
> 4. 공무원으로 주택관련 지도·감독 및 인·허가 업무 등에 종사한 경력 5년 이상

5. 주택관리사단체와 국토교통부장관이 정하여 고시하는 공동주택관리와 관련된 단체의 임직원으로 주택 관련 업무에 종사한 경력 5년 이상
6. 1.부터 5.까지의 경력을 합산한 기간 5년 이상

3. 주택관리사등의 결격사유

다음의 어느 하나에 해당하는 사람은 주택관리사등이 될 수 없으며 그 자격을 상실한다(법 제67조 제4항).

1. 피성년후견인 또는 피한정후견인
2. 파산선고를 받은 사람으로서 복권되지 아니한 사람
3. 금고 이상의 실형을 선고받고 그 집행이 끝나거나(집행이 끝난 것으로 보는 경우를 포함한다) 집행이 면제된 날부터 2년이 지나지 아니한 사람
4. 금고 이상의 형의 집행유예를 선고받고 그 유예기간 중에 있는 사람
5. 주택관리사등의 자격이 취소된 후 3년이 지나지 아니한 사람(1. 및 2.에 해당하여 주택관리사등의 자격이 취소된 경우는 제외한다)

4. 주택관리사등의 자격취소 등

1) 시・도지사는 주택관리사등이 다음의 어느 하나에 해당하면 그 자격을 취소하거나 1년 이내의 기간을 정하여 그 자격을 정지시킬 수 있다. 다만, 아래의 1.부터 4.까지, 7. 중 어느 하나에 해당하는 경우에는 그 자격을 취소하여야 한다(법 제69조 제1항).

1. 거짓이나 그 밖의 부정한 방법으로 자격을 취득한 경우
2. 공동주택의 관리업무와 관련하여 금고 이상의 형을 선고받은 경우
3. 의무관리대상 공동주택에 취업한 주택관리사등이 다른 공동주택 및 상가・오피스텔 등 주택 외의 시설에 취업한 경우
4. 주택관리사등이 자격정지기간에 공동주택관리업무를 수행한 경우
5. 고의 또는 중대한 과실로 공동주택을 잘못 관리하여 소유자 및 사용자에게 재산상의 손해를 입힌 경우
6. 주택관리사등이 업무와 관련하여 금품수수 등 부당이득을 취한 경우
7. 다른 사람에게 자기의 명의를 사용하여 이 법에서 정한 업무를 수행하게 하거나 자격증을 대여한 경우
8. 공동주택관리에 관한 감독(법 제93조 제1항)에 따른 보고, 자료의 제출, 조사 또는 검사를 거부・방해 또는 기피하거나 거짓으로 보고를 한 경우
9. 지방자치단체장의 감사 실시에 관한 규정(제93조 제3항・제4항)에 따른 감사를 거부・방해 또는 기피한 경우

2) 자격의 취소 및 정지처분에 관한 기준은 대통령령으로 정한다(법 제69조 제2항).

3 주택관리사등의 교육

1. 공동주택관리에 관한 교육과 윤리교육

(1) 교육이수 의무

주택관리업자(법인인 경우에는 그 대표자를 말한다)와 관리사무소장으로 배치받은 주택관리사등은 국토교통부령으로 정하는 바에 따라 시・도지사로부터 공동주택관리에 관한 교육과 윤리교육을 받아야 한다. 이 경우 관리사무소장으로 배치받으려는 주택관리사등은 국토교통부령으로 정하는 바에 따라 공동주택관리에 관한 교육과 윤리교육을 받을 수 있고, 그 교육을 받은 경우에는 관리사무소장의 교육 의무를 이행한 것으로 본다(법 제70조 제1항).

(2) 교육이수 시기

주택관리업자(법인인 경우에는 그 대표자를 말한다) 또는 관리사무소장은 다음의 구분에 따른 시기에 교육업무를 위탁받은 기관 또는 단체(이하 "교육수탁기관"이라 한다)로부터 공동주택 관리에 관한 교육과 윤리교육을 받아야 하며, 교육수탁기관은 관리사무소장으로 배치받으려는 주택관리사등에 대해서도 공동주택 관리에 관한 교육과 윤리교육을 시행할 수 있다(법 제70조 제2항, 규칙 제33조 제1항).

1. 주택관리업자: 주택관리업의 등록을 한 날부터 3개월 이내
2. 관리사무소장: 관리사무소장으로 배치된 날(주택관리사보로서 관리사무소장이던 사람이 주택관리사의 자격을 취득한 경우에는 그 자격취득일을 말한다)부터 3개월 이내

2. 배치예정 관리사무소장의 교육

(1) 관리사무소장으로 배치받으려는 주택관리사등이 배치예정일부터 직전 5년 이내에 관리사무소장・공동주택관리기구의 직원 또는 주택관리업자의 임직원으로서 종사한 경력이 없는 경우에는 국토교통부령으로 정하는 바에 따라 시・도지사가 실시하는 공동주택관리에 관한 교육과 윤리교육을 이수하여야 관리사무소장으로 배치받을 수 있다. 이 경우 공동주택관리에 관한 교육과 윤리교육을 이수하고 관리사무소장으로 배치받은 주택관리사등에 대하여는 1.의 (1)에 따른 관리사무소장의 교육의무를 이행한 것으로 본다(법 제70조 제2항).

(2) (1)의 교육은 주택관리사와 주택관리사보로 구분하여 실시한다(규칙 제33조 제2항).

3. 기존 관리사무소장의 정기교육

(1) 공동주택의 관리사무소장으로 배치받아 근무 중인 주택관리사등은 교육을 받은 후 3년마다 국토교통부령으로 정하는 바에 따라 공동주택관리에 관한 교육과 윤리교육을 받아야 한다(법 제70조 제3항).

(2) 공동주택의 관리사무소장으로 배치받아 근무 중인 주택관리사등이 위 (1)에 따라 받는 공동주택 관리에 관한 교육과 윤리교육에는 다음의 사항이 포함되어야 한다(규칙 제33조 제3항).

> 1. 공동주택의 관리 책임자로서 필요한 관계 법령, 소양 및 윤리에 관한 사항
> 2. 공동주택 주요시설의 교체 및 수리 방법 등 주택관리사로서 필요한 전문 지식에 관한 사항
> 3. 공동주택의 하자보수 절차 및 분쟁해결에 관한 교육

4. 교육기간

주택관리업자(법인인 경우에는 그 대표자를 말한다)와 관리사무소장, 배치예정 관리사무소장, 기존 관리사무소장의 공동주택관리에 관한 교육과 윤리교육 기간은 3일로 한다(규칙 제33조 제4항).

5. 공동주택관리 지침

국토교통부장관은 시·도지사가 실시하는 공동주택관리에 관한 교육과 윤리교육의 전국적 균형을 유지하기 위하여 교육수준 및 교육방법 등에 필요한 지침을 마련하여 시행할 수 있다(법 제70조 제4항).

03 공동주택관리 분쟁조정 및 협회

1 공동주택관리 분쟁조정위원회

1. 공동주택관리 분쟁조정위원회의 설치

공동주택관리 분쟁(공동주택의 하자담보책임 및 하자보수 등과 관련한 분쟁은 제외한다)을 조정하기 위하여 국토교통부에 중앙 공동주택관리 분쟁조정위원회(이하 "중앙분쟁조정위원회"라 한다)를 두고, 시·군·구(자치구를 말한다)에 지방 공동주택관리 분쟁조정위원회(이하 "지방분쟁조정위원회"라 한다)를 둔다. 다만, 공동주택 비율이 낮은 시·군·구로서 국토교통부장관이 인정하는 시·군·구의 경우에는 지방분쟁조정위원회를 두지 아니할 수 있다(법 제71조 제1항).

2. 공동주택관리 분쟁조정위원회의 심의·조정 사항

공동주택관리 분쟁조정위원회는 다음의 사항을 심의·조정한다(법 제71조 제2항).

1. 입주자대표회의의 구성·운영 및 동별 대표자의 자격·선임·해임·임기에 관한 사항
2. 공동주택관리기구의 구성·운영 등에 관한 사항
3. 관리비·사용료 및 장기수선충당금 등의 징수·사용 등에 관한 사항
4. 공동주택(공용부분만 해당한다)의 유지·보수·개량 등에 관한 사항
5. 공동주택의 리모델링에 관한 사항
6. 공동주택의 층간소음에 관한 사항
7. 혼합주택단지에서의 분쟁에 관한 사항
8. 다른 법령에서 공동주택관리 분쟁조정위원회가 분쟁을 심의·조정할 수 있도록 한 사항
9. 그 밖에 공동주택의 관리와 관련하여 분쟁의 심의·조정이 필요하다고 대통령령 또는 시·군·구의 조례(지방분쟁조정위원회에 한정한다)로 정하는 사항

3. 중앙·지방분쟁조정위원회의 업무 관할

(1) 중앙분쟁조정위원회의 심의·조정 사항

중앙분쟁조정위원회는 앞의 2.의 사항 중 다음의 사항을 심의·조정한다(법 제72조 제1항).

1. 둘 이상의 시 · 군 · 구의 관할 구역에 걸친 분쟁
2. 시 · 군 · 구에 지방분쟁조정위원회가 설치되지 아니한 경우 해당 시 · 군 · 구 관할 분쟁
3. 분쟁당사자가 쌍방이 합의하여 중앙분쟁조정위원회에 조정을 신청하는 분쟁
4. 그 밖에 중앙분쟁조정위원회에서 관할하는 것이 필요하다고 대통령령(영 제82조의2)으로 정하는 분쟁
   ① 500세대 이상의 공동주택단지에서 발생한 분쟁
   ② 지방분쟁조정위원회가 스스로 조정하기 곤란하다고 결정하여 중앙분쟁조정위원회에 이송한 분쟁

(2) 지방분쟁조정위원회의 심의 · 조정 사항

지방분쟁조정위원회는 해당 시 · 군 · 구의 관할 구역에서 발생한 분쟁 중 (1)에 따른 중앙분쟁조정위원회의 심의 · 조정 대상인 분쟁 외의 분쟁을 심의 · 조정한다(법 제72조 제2항).

4. 중앙분쟁조정위원회의 구성 등

(1) 중앙분쟁조정위원회는 위원장 1명을 포함한 15명 이내의 위원으로 구성한다(법 제73조 제1항).

(2) 중앙분쟁조정위원회의 위원은 공동주택관리에 관한 학식과 경험이 풍부한 사람으로서 다음의 어느 하나에 해당하는 사람 중에서 국토교통부장관이 임명 또는 위촉한다. 이 경우 **3.**에 해당하는 사람이 3명 이상 포함되어야 한다(법 제73조 제2항).

1. 1급부터 4급까지 상당의 공무원 또는 고위공무원단에 속하는 공무원
2. 공인된 대학이나 연구기관에서 부교수 이상 또는 이에 상당하는 직에 재직한 사람
3. 판사 · 검사 또는 변호사의 직에 6년 이상 재직한 사람
4. 공인회계사 · 세무사 · 건축사 · 감정평가사 또는 공인노무사의 자격이 있는 사람으로서 10년 이상 근무한 사람
5. 주택관리사로서 공동주택의 관리사무소장으로 10년 이상 근무한 사람
6. 그 밖에 공동주택관리에 대한 전문적 지식을 갖춘 사람으로서 대통령령으로 정하는 사람

> "대통령령으로 정하는 사람"이란 다음의 어느 하나에 해당하는 사람을 말한다(영 제82조의3).
> 1. 「민사조정법」 제10조 제1항에 따른 조정위원으로서 같은 조 제3항에 따른 사무를 3년 이상 수행한 사람
> 2. 국가, 지방자치단체, 「공공기관의 운영에 관한 법률」에 따른 공공기관 및 「비영리민간단체 지원법」에 따른 비영리민간단체에서 공동주택관리 관련 업무에 5년 이상 종사한 사람

5. 분쟁조정의 절차

(1) 분쟁조정의 신청 및 조정 등

① 공동주택의 관리에 관한 사항에 대하여 분쟁이 발생한 때에는 중앙분쟁조정위원회에 조정을 신청할 수 있다(법 제74조 제1항).

② 중앙분쟁조정위원회는 조정의 신청을 받은 때에는 지체 없이 조정의 절차를 개시하여야 한다. 이 경우 중앙분쟁조정위원회는 필요하다고 인정하면 당사자나 이해관계인을 중앙분쟁조정위원회에 출석하게 하여 의견을 들을 수 있다(법 제74조 제2항).

③ 중앙분쟁조정위원회는 조정절차를 개시한 날부터 30일 이내에 그 절차를 완료한 후 조정안을 작성하여 지체 없이 이를 각 당사자에게 제시하여야 한다. 다만, 부득이한 사정으로 30일 이내에 조정절차를 완료할 수 없는 경우 중앙분쟁조정위원회는 그 기간을 연장할 수 있다. 이 경우 그 사유와 기한을 명시하여 당사자에게 서면으로 통지하여야 한다(법 제74조 제3항).

④ 조정안을 제시받은 당사자는 그 제시를 받은 날부터 30일 이내에 그 수락 여부를 중앙분쟁조정위원회에 서면으로 통보하여야 한다. 이 경우 30일 이내에 의사표시가 없는 때에는 수락한 것으로 본다(법 제74조 제4항).

⑤ 당사자가 조정안을 수락하거나 수락한 것으로 보는 경우 중앙분쟁조정위원회는 조정서를 작성하고, 위원장 및 각 당사자가 서명・날인한 후 조정서 정본을 지체 없이 각 당사자 또는 그 대리인에게 송달하여야 한다. 다만, 수락한 것으로 보는 경우에는 각 당사자의 서명・날인을 생략할 수 있다(법 제74조 제5항).

⑥ 당사자가 조정안을 수락하거나 수락한 것으로 보는 때에는 그 조정서의 내용은 재판상 화해와 동일한 효력을 갖는다. 다만, 당사자가 임의로 처분할 수 없는 사항에 관한 것은 그러하지 아니하다(법 제74조 제6항).

⑦ 조정의 신청절차 및 방법, 비용의 부담 등에 필요한 사항은 국토교통부령으로 정한다(법 제74조 제7항).

⑧ 중앙분쟁조정위원회에 조정을 신청하는 자는 국토교통부장관이 정하여 고시하는 바에 따라 수수료를 납부하여야 한다(법 제74조 제8항).

(2) 분쟁조정의 신청의 통지 등

① 중앙분쟁조정위원회의 분쟁조정 신청에 대한 상대방 통지 의무, 통지를 받은 상대방의 답변서 제출 의무는 법 제46조 제1항, 제2항을 각각 준용한다(법 제75조 제1항).

② 중앙분쟁조정위원회로부터 분쟁조정 신청에 관한 통지를 받은 입주자대표회의(구성원을 포함한다)와 관리주체는 분쟁조정에 응하여야 한다(법 제75조 제2항).

6. 「민사조정법」 등의 준용 등

중앙분쟁조정위원회의 소멸시효의 중단 등에 관한 「민사조정법」의 준용이나 서류송달, 절차, 의사결정과정의 비공개 및 직무상 알게 된 비밀의 누설 금지에 관하여는 법 제47조 및 법 제50조를 준용한다(법 제78조).

7. 지방분쟁조정위원회

(1) 지방분쟁조정위원회의 구성 등

지방분쟁조정위원회의 구성에 필요한 사항은 대통령령으로 정하며, 지방분쟁조정위원회의 회의·운영 등에 필요한 사항은 해당 시·군·구의 조례로 정한다(법 제80조 제3항).

1) 지방 공동주택관리 분쟁조정위원회(이하 "지방분쟁조정위원회"라 한다)는 위원장 1명을 포함하여 10명 이내의 위원으로 구성하되, 성별을 고려하여야 한다(영 제87조 제1항).

2) 지방분쟁조정위원회의 위원은 다음의 어느 하나에 해당하는 사람 중에서 해당 시장·군수·구청장이 위촉하거나 임명한다(영 제87조 제2항).

> 1. 해당 시·군 또는 구(자치구를 말한다) 소속 공무원
> 2. 법학·경제학·부동산학 등 주택분야와 관련된 학문을 전공한 사람으로 대학이나 공인된 연구기관에서 조교수 이상 또는 이에 상당하는 직(職)에 있거나 있었던 사람
> 3. 변호사·공인회계사·세무사·건축사·공인노무사의 자격이 있는 사람 또는 판사·검사
> 4. 공동주택 관리사무소장으로 5년 이상 근무한 경력이 있는 주택관리사
> 5. 그 밖에 공동주택관리 분야에 대한 학식과 경험을 갖춘 사람

3) 지방분쟁조정위원회의 위원장은 위원 중에서 해당 지방자치단체의 장이 지명하는 사람이 된다(영 제87조 제3항).

4) 공무원이 아닌 위원의 임기는 2년으로 한다. 다만, 보궐위원의 임기는 전임자의 남은 임기로 한다(영 제87조 제4항).

조정의 거부와 중지

1. 중앙분쟁조정위원회는 분쟁의 성질상 분쟁조정위원회에서 조정을 하는 것이 맞지 아니하다고 인정하거나 부정한 목적으로 신청되었다고 인정하면 그 조정을 거부할 수 있다. 이 경우 조정의 거부 사유를 신청인에게 알려야 한다(법 제77조 제1항).
2. 중앙분쟁조정위원회는 신청된 사건의 처리 절차가 진행되는 도중에 한쪽 당사자가 소를 제기한 경우에는 조정의 처리를 중지하고 이를 당사자에게 알려야 한다(법 제77조 제2항).
3. 중앙분쟁조정위원회의 분쟁의 당사자에 대한 조정의 절차 중 합의 권고에 관하여는 법 제42조 제5항을 준용한다(법 제77조 제3항).

(2) 중앙분쟁조정위원회의 준용사항

지방분쟁조정위원회의 위원 중 공무원이 아닌 위원이 본인의 의사에 반하여 해촉되지 아니할 권리, 위원의 제척 · 기피 · 회피에 관한 내용은 중앙분쟁조정위원회에 관한 규정을 준용한다(법 제80조 제1항).

(3) 조정의 효력

분쟁당사자가 지방분쟁조정위원회의 조정결과를 수락한 경우에는 당사자 간에 조정조서와 같은 내용의 합의가 성립된 것으로 본다(법 제80조 제2항).

2 협 회

1. 협회설립

(1) 설립목적

주택관리사등은 공동주택관리에 관한 기술 · 행정 및 법률 문제에 관한 연구와 그 업무를 효율적으로 수행하기 위하여 주택관리사단체를 설립할 수 있다(법 제81조 제1항).

(2) 법적 성격

주택관리사단체(이하 "협회"라 한다)는 법인으로 한다(법 제81조 제3항).

(3) 설립인가

① 협회를 설립하려면 공동주택의 관리사무소장으로 배치된 자의 5분의 1 이상 인원수를 발기인으로 하여 정관을 마련한 후 창립총회의 의결을 거쳐 국토교통부장관의 인가를 받아야 한다. 인가받은 정관을 변경하는 경우에도 또한 같다(법 제81조 제6항).

② 국토교통부장관은 설립인가를 하였을 때에는 이를 지체 없이 공고하여야 한다(법 제81조 제7항).

(4) 설립등기

협회는 그 주된 사무소의 소재지에서 설립등기를 함으로써 성립한다(법 제81조 제4항).

1. **협회 회원의 자격 정지 및 취소**: 이 법에 따라 국토교통부장관, 시 · 도지사 또는 대도시 시장으로부터 영업 및 자격의 정지처분을 받은 협회 회원의 권리 · 의무는 그 영업 및 자격의 정지기간 중에는 정지되며, 주택관리사등의 자격이 취소된 때에는 협회의 회원자격을 상실한다(법 제81조 제5항).
2. **협회에 대한 지도 · 감독**
   ① 국토교통부장관은 협회를 지도 · 감독한다(법 제83조).
   ② 국토교통부장관은 감독상 필요한 경우에는 주택관리사단체에 대하여 다음의 사항을 보고하게 할 수 있다(영 제91조).
   ㉠ 총회 또는 이사회의 의결사항
   ㉡ 회원의 실태파악을 위하여 필요한 사항
   ㉢ 주택관리사단체의 운영계획 등 업무와 관련된 중요 사항
   ㉣ 그 밖에 공동주택의 관리와 관련하여 필요한 사항

2. 공제사업

(1) 공제사업의 목적

주택관리사단체는 관리사무소장의 손해배상책임과 공동주택에서 발생하는 인적 · 물적 사고, 그 밖에 공동주택관리업무와 관련한 종사자와 사업자의 손해배상책임 등을 보장하기 위하여 공제사업을 할 수 있다(법 제82조 제1항).

(2) 공제사업의 승인

① 주택관리사단체는 공제사업을 하려면 공제규정을 제정하여 국토교통부장관의 승인을 받아야 한다. 공제규정을 변경하려는 경우에도 또한 같다(법 제82조 제2항).

② 공제규정에는 대통령령으로 정하는 바에 따라 공제사업의 범위, 공제계약의 내용, 공제금, 공제료, 회계기준 및 책임준비금의 적립 비율 등 공제사업의 운용에 필요한 사항이 포함되어야 한다(법 제82조 제3항).

③ 주택관리사단체는 공제사업을 다른 회계와 구분하여 별도의 회계로 관리하여야 하며, 책임준비금을 다른 용도로 사용하려는 경우에는 국토교통부장관의 승인을 받아야 한다(법 제82조 제4항).

(4) 공제사업의 검사

「금융위원회의 설치 등에 관한 법률」에 따른 금융감독원 원장은 국토교통부장관이 요청한 경우에는 주택관리사단체의 공제사업에 관하여 검사를 할 수 있다(법 제82조 제7항).

3. 「민법」의 준용

협회에 관하여 이 법에서 규정한 것 외에는 「민법」 중 사단법인에 관한 규정을 준용한다(법 제84조).

공제사업의 범위

주택관리사단체가 할 수 있는 공제사업의 범위는 다음과 같다(영 제88조).

1. 주택관리사등의 손해배상책임을 보장하기 위한 공제기금의 조성 및 공제금의 지급에 관한 사업
2. 공제사업의 부대사업으로서 국토교통부장관의 승인을 받은 사업

06 보칙 및 벌칙

Chapter

단·원·열·기

공동주택관리지원 및 공동주택관리비리 신고센터의 설치 등, 청문, 벌칙 등 전반적으로 출제되고 있다.
학습방법 : 공동주택관리지원 및 공동주택관리비리 신고센터의 설치 등, 청문, 벌칙 중 기출문제 중심으로 정리하도록 한다.

01 보 칙

1 공동주택관리와 관련한 보충규정

1. 관리비용 등의 지원

(1) 지방자치단체의 장은 그 지방자치단체의 조례로 정하는 바에 따라 공동주택의 관리, 층간소음 개선을 위한 층간소음의 측정 · 진단에 필요한 비용(경비원 등 근로자의 근무환경 개선에 필요한 냉난방 및 안전시설 등의 설치 · 운영 비용을 포함한다)의 일부를 지원할 수 있다(법 제85조 제1항).

(2) 국가는 공동주택의 보수 · 개량, 층간소음 저감재 설치 등에 필요한 비용의 일부를 주택도시기금에서 융자할 수 있다(법 제85조 제2항).

2. 층간소음 실태조사

(1) 국토교통부장관 또는 지방자치단체의 장은 공동주택의 층간소음 예방을 위한 정책의 수립과 시행에 필요한 기초자료를 확보하기 위하여 대통령령으로 정하는 바에 따라 층간소음에 관한 실태조사를 단독 또는 합동으로 실시할 수 있다(법 제85조의2 제1항).

(2) 국토교통부장관 또는 지방자치단체의 장은 (1)에 따른 실태조사와 관련하여 관계 기관의 장 또는 관련 단체의 장에게 필요한 자료의 제출을 요청할 수 있다. 이 경우 자료제출을 요청받은 자는 정당한 사유가 없으면 이에 따라야 한다(법 제85조의2 제2항).

층간소음 실태조사

국토교통부장관 또는 지방자치단체의 장은 법 제85조의2 제1항에 따라 층간소음에 관한 실태조사를 하는 경우에는 국토교통부장관 또는 지방자치단체의 장이 환경부장관과 협의하여 정하는 방법에 따라 다음 각 호의 사항을 조사한다(영 제91조의2 제1항)

1. 공동주택의 주거환경
2. 층간소음 피해 및 분쟁조정 현황
3. 그 밖에 층간소음 예방을 위한 정책의 수립과 시행에 필요한 사항

(3) 국토교통부장관 또는 지방자치단체의 장은 (1)에 따른 층간소음에 관한 실태조사 업무를 대통령령으로 정하는 기관 또는 단체에 위탁하여 실시할 수 있다(법 제85조의2 제3항).

법 제85조의2 제3항에서 "대통령령으로 정하는 기관 또는 단체"란 다음 각 호의 기관 또는 단체를 말한다(영 제91조의2 제2항)

1. 법 제86조에 따른 공동주택관리 지원기구
2. 「정부출연연구기관 등의 설립·운영 및 육성에 관한 법률」에 따라 설립된 정부출연연구기관
3. 「지방자치단체출연 연구원의 설립 및 운영에 관한 법률」에 따라 설립된 지방자치단체출연 연구원

3. 공동주택관리 지원기구

(1) 국토교통부장관은 다음의 업무를 수행할 기관 또는 단체를 공동주택관리 지원기구(이하 "공동주택관리 지원기구"라 한다)로 지정하여 고시할 수 있다(법 제86조 제1항).

1. 공동주택관리와 관련한 민원 상담 및 교육
2. 관리규약 제정·개정의 지원
3. 입주자대표회의 구성 및 운영과 관련한 지원
4. 장기수선계획의 수립·조정 지원 또는 공사·용역의 타당성 자문 등 기술지원
5. 공동주택 관리상태 진단 및 지원
6. 공동주택 입주자 등의 공동체 활성화 지원
7. 공동주택의 조사·검사 및 분쟁조정의 지원
8. 공동주택 관리실태 조사·연구
9. 국토교통부장관 또는 지방자치단체의 장이 의뢰하거나 위탁하는 업무
10. 그 밖에 공동주택 입주자 등의 권익보호와 공동주택관리의 투명화 및 효율화를 위하여 대통령령으로 정하는 업무(영 제92조)
    ① 법 제10조에 따른 혼합주택단지의 분쟁조정 상담 지원
    ② 법 제20조에 따른 층간소음의 방지 등에 대하여 필요한 조사 또는 상담 지원
    ③ 법 제32조 및 제34조에 따른 공동주택의 안전관리 업무 지원

(2) 국토교통부장관은 예산의 범위에서 공동주택관리 지원기구의 운영 및 사무처리에 필요한 경비를 출연 또는 보조할 수 있다(법 제86조 제2항).

(3) 공동주택관리 지원기구는 (1)의 각 업무를 수행하는 데 필요한 경비의 전부 또는 일부를 관리주체 또는 입주자대표회의로부터 받을 수 있다(법 제86조 제3항).

4. 지역공동주택관리지원센터

(1) 지방자치단체의 장은 관할 지역 내 공동주택의 효율적인 관리에 필요한 지원 및 시책을 수행하기 위하여 공동주택관리에 전문성을 가진 기관 또는 단체를 지역공동주택관리지원센터(이하 "지역센터"라 한다)로 지정할 수 있다(법 제86조의2 제1항).

(2) 지역센터는 다음 각 호의 업무를 수행한다(법 제86조의2 제2항).

> 1. 제86조 제1항 각 호에 따른 업무(공동주택관리 지원기구의 업무)
> 2. 소규모 공동주택에 대한 관리 지원
> 3. 그 밖에 지역 내 공동주택의 효율적인 관리를 위하여 지방자치단체의 조례로 정하는 업무

(3) 지방자치단체는 지역센터의 운영 및 사무처리에 필요한 비용을 예산의 범위에서 출연 또는 보조할 수 있다(법 제86조의2 제3항).

(4) 지역센터의 지정 및 운영 등에 필요한 사항은 지방자치단체의 조례로 정한다(법 제86조의2 제4항).

5. 공동주택 우수관리단지 선정

(1) 시·도지사는 공동주택단지를 모범적으로 관리하도록 장려하기 위하여 매년 공동주택 모범관리단지를 선정할 수 있다(법 제87조 제1항).

(2) 시·도지사는 모범관리단지를 선정하는 경우 층간소음 예방 및 분쟁 조정 활동을 모범적으로 수행한 단지를 별도로 선정할 수 있다(법 제87조 제2항).

(3) 국토교통부장관은 시·도지사가 선정한 공동주택 모범관리단지 중에서 공동주택 우수관리단지를 선정하여 표창하거나 상금을 지급할 수 있고, 그 밖에 필요한 지원을 할 수 있다(법 제87조 제3항).

(4) 공동주택 모범관리단지와 공동주택 우수관리단지의 선정, 표창 및 상금 지급 등에 필요한 사항은 국토교통부장관이 정하여 고시한다(법 제87조 제4항).

6. 공동주택관리정보시스템의 구축·운영 등

(1) 국토교통부장관은 공동주택관리의 투명성과 효율성을 제고하기 위하여 공동주택관리에 관한 정보를 종합적으로 관리할 수 있는 공동주택관리정보시스템을 구축·운영할 수 있고, 이에 관한 정보를 관련 기관·단체 등에 제공할 수 있다(법 제88조 제1항).

(2) 국토교통부장관은 공동주택관리정보시스템을 구축·운영하기 위하여 필요한 자료를 관련 기관·단체 등에 요청할 수 있다. 이 경우 기관·단체 등은 특별한 사유가 없으면 그 요청에 따라야 한다(법 제88조 제2항).

(3) 시·도지사는 공동주택관리에 관한 정보를 종합적으로 관리할 수 있고, 이에 관한 정보를 관련 기관·단체 등에 제공하거나 요청할 수 있다. 이 경우 기관·단체 등은 특별한 사유가 없으면 그 요청에 따라야 한다(법 제88조 제3항).

(4) 공동주택관리정보시스템의 구축·운영 등에 관하여 필요한 사항은 국토교통부장관이 정하여 고시한다(영 제93조).

7. 체납된 장기수선충당금 등의 강제징수

국가 또는 지방자치단체인 관리주체가 관리하는 공동주택의 장기수선충당금 또는 관리비가 체납된 경우 국가 또는 지방자치단체는 국세 또는 지방세 체납처분의 예에 따라 해당 장기수선충당금 또는 관리비를 강제징수 할 수 있다(법 제91조).

2 공동주택관리에 관한 감독

1. 업무감사

(1) 공동주택의 입주자 등은 다음의 어느 하나에 해당하는 경우 전체 입주자 등의 10분의 2 이상의 동의를 받아 지방자치단체의 장에게 입주자대표회의나 그 구성원, 관리주체, 관리사무소장 또는 선거관리위원회나 그 위원 등의 업무에 대하여 감사를 요청할 수 있다. 이 경우 감사 요청은 그 사유를 소명하고 이를 뒷받침할 수 있는 자료를 첨부하여 서면으로 하여야 한다(법 제93조 제2항).

> 1. 이 법 또는 이 법에 따른 명령이나 처분을 위반하여 조치가 필요한 경우
> 2. 공동주택단지 내 분쟁의 조정이 필요한 경우
> 3. 입주자대표회의 등이 공동주택 관리규약을 위반한 경우

(2) 지방자치단체의 장은 감사 요청이 이유가 있다고 인정하는 경우에는 감사를 실시한 후 감사를 요청한 입주자 등에게 그 결과를 통보하여야 한다(법 제93조 제3항).

2. 공동주택 관리비리 신고센터의 설치 등

(1) 공동주택 관리비리 신고센터의 설치 및 구성

① 국토교통부장관은 공동주택 관리비리와 관련된 불법행위 신고의 접수·처리 등에 관한 업무를 효율적으로 수행하기 위하여 공동주택 관리비리 신고센터(이하 "신고센터"라 한다)를 설치·운영할 수 있다(법 제93조의2 제1항).

② 국토교통부장관은 국토교통부에 공동주택 관리비리 신고센터를 설치한다(영 제96조의2 제1항).

③ 신고센터의 장은 국토교통부의 공동주택 관리업무를 총괄하는 부서의 장으로 하고, 구성원은 공동주택 관리와 관련된 업무를 담당하는 공무원으로 한다(영 제96조의2 제2항).

(2) 공동주택 관리비리 신고센터의 업무

신고센터는 다음의 업무를 수행한다(법 제93조의2 제2항).

1. 공동주택관리의 불법행위와 관련된 신고의 상담 및 접수
2. 해당 지방자치단체의 장에게 해당 신고사항에 대한 조사 및 조치 요구
3. 신고인에게 조사 및 조치 결과의 요지 등 통보

(3) 공동주택 관리비리 신고센터의 신고 및 확인

① 공동주택관리와 관련하여 불법행위를 인지한 자는 신고센터에 그 사실을 신고할 수 있다. 이 경우 신고를 하려는 자는 자신의 인적사항과 신고의 취지·이유·내용을 적고 서명한 문서와 함께 신고 대상 및 증거 등을 제출하여야 한다(법 제93조의2 제3항).

② 지방자치단체의 장에게 해당 신고사항에 대한 조사 및 조치 요구에 따른 요구를 받은 지방자치단체의 장은 신속하게 해당 요구에 따른 조사 및 조치를 완료하고 완료한 날부터 10일 이내에 그 결과를 국토교통부장관에게 통보하여야 하며, 국토교통부장관은 통보를 받은 경우 즉시 신고자에게 그 결과의 요지를 알려야 한다(법 제93조의2 제4항).

(4) 공동주택 관리비리 신고의 종결처리

신고센터는 다음의 어느 하나에 해당하는 경우 (3)의 1)에 따라 접수된 신고를 종결할 수 있다. 이 경우 종결 사실과 그 사유를 신고자에게 통보하여야 한다(영 제96조의4).

영 제96조의3(공동주택 관리비리의 신고 및 확인)

1. 법 제93조의2 제3항에 따라 신고를 하려는 자는 다음의 사항을 포함한 신고서(전자문서를 포함한다)를 신고센터에 제출하여야 한다.
   ① 신고자의 성명, 주소, 연락처 등 인적사항
   ② 신고대상자의 성명, 주소, 연락처 및 근무기관 등 인적사항
   ③ 신고자와 신고대상자의 관계
   ④ 신고의 경위 및 이유
   ⑤ 신고 대상 비리행위의 발생일시·장소 및 그 내용
   ⑥ 신고내용을 증명할 수 있는 참고인의 인적사항 또는 증거자료
2. 1.에 따른 신고서를 받은 신고센터는 다음의 사항을 확인할 수 있다.
   ① 신고자 및 신고대상자의 인적사항
   ② 신고내용을 증명할 수 있는 참고인 또는 증거자료의 확보여부
   ③ 신고자가 신고내용의 조사·처리 등에서 신고센터 및 해당 지방자치단체의 담당 공무원 외의 자에게 그 신분을 밝히거나 암시하는 것(이하 "신분공개"라 한다)에 동의하는지 여부
3. 신고센터는 2.의 ③에 따라 신분공개의 동의여부를 확인하는 경우에는 신고내용의 처리절차 및 신분공개의 절차 등에 관하여 설명하여야 한다.
4. 신고센터는 2.에 따른 확인 결과 신고서가 신고자의 인적사항이나 신고내용의 특정에 필요한 사항을 갖추지 못한 경우에는 신고자로 하여금 15일 이내의 기간을 정하여 이를 보완하게 할 수 있다. 다만, 15일 이내에 자료를 보완하기 곤란한 사유가 있다고 인정되는 경우에는 신고자와 협의하여 보완기간을 따로 정할 수 있다.

1. 신고내용이 명백히 거짓인 경우
2. 신고자가 보완요구를 받고도 보완기간 내 보완하지 아니한 경우
3. 신고에 대한 처리결과를 통보받은 사항에 대하여 정당한 사유 없이 다시 신고한 경우로서 새로운 증거자료 또는 참고인이 없는 경우
4. 그 밖에 비리행위를 확인할 수 없는 등 조사가 필요하지 아니하다고 신고센터의 장이 인정하는 경우

5. 신고센터 및 법 제93조의2 제2항 제2호에 따른 해당 지방자치단체의 장은 신고내용의 확인을 위하여 신고자로부터 진술을 듣거나 신고자 또는 신고대상자에게 필요한 자료의 제출을 요구할 수 있다.

(5) 공동주택 관리비리 신고의 처리

① 신고센터는 신고서를 받은 날부터 10일 이내(보완기간은 제외한다)에 해당 지방자치단체의 장에게 신고사항에 대한 조사 및 조치를 요구하고, 그 사실을 신고자에게 통보하여야 한다(영 제96조의5 제1항).

② ①에 따라 신고사항에 대한 조사 및 조치를 요구받은 지방자치단체의 장은 요구를 받은 날부터 60일 이내에 조사 및 조치를 완료하고, 조사 및 조치를 완료한 날부터 10일 이내에 국토교통부장관에게 통보하여야 한다. 다만, 60일 이내에 처리가 곤란한 경우에는 한 차례만 30일 이내의 범위에서 그 기간을 연장할 수 있다(영 제96조의5 제2항).

3. 청 문

국토교통부장관 또는 지방자치단체의 장은 다음의 어느 하나에 해당하는 처분을 하려면 청문을 하여야 한다(법 제95조).

1. 행위허가의 취소
2. 주택관리업의 등록말소
3. 주택관리사등의 자격취소

02 벌 칙

1 행정형벌

1. 3년 이하의 징역 또는 3천만원 이하의 벌금

법 제90조 제1항을 위반하여 공모하여 부정하게 재물 또는 재산상의 이익을 취득하거나 제공한 자는 3년 이하의 징역 또는 3천만원 이하의 벌금에 처한다. 다만, 그 위반행위로 얻은 이익의 100분의 50에 해당하는 금액이 3천만원을 초과하는 자는 3년 이하의 징역 또는 그 이익의 2배에 해당하는 금액 이하의 벌금에 처한다(법 제97조).

2. 2년 이하의 징역 또는 2천만원 이하의 벌금

다음의 어느 하나에 해당하는 자는 2년 이하의 징역 또는 2천만원 이하의 벌금에 처한다. 다만, 아래의 2.에 해당하는 자로서 그 위반행위로 얻은 이익의 100분의 50에 해당하는 금액이 2천만원을 초과하는 자는 2년 이하의 징역 또는 그 이익의 2배에 해당하는 금액 이하의 벌금에 처한다(법 제98조).

1. 등록을 하지 아니하고 주택관리업을 운영한 자 또는 거짓이나 그 밖의 부정한 방법으로 등록한 자
2. 부정하게 재물 또는 재산상의 이익을 취득하거나 제공한 자

3. 1년 이하의 징역 또는 1천만원 이하의 벌금

다음의 어느 하나에 해당하는 자는 1년 이하의 징역 또는 1천만원 이하의 벌금에 처한다(법 제99조).

1. 제26조 제1항을 위반하여 회계감사를 받지 아니하거나 부정한 방법으로 받은 자

1의2. 제26조 제5항을 위반하여 회계감사를 방해하는 등 같은 항 각 호의 어느 하나에 해당하는 행위를 한 자

1의4. 제35조 제1항 및 제3항(행위허가기준 등)을 위반한 자(같은 조 제1항 각 호의 행위 중 신고대상 행위를 신고하지 아니하고 행한 자는 제외한다)

2. 직무상 알게 된 비밀을 누설한 자
3. 영업정지기간에 영업을 한 자나 주택관리업의 등록이 말소된 후 영업을 한 자

4. 주택관리사등의 자격을 취득하지 아니하고 관리사무소장의 업무를 수행한 자 또는 해당 자격이 없는 자에게 이를 수행하게 한 자
5. 제90조 제4항부터 제6항까지를 위반하여 다음의 어느 하나에 해당하는 자
   ① 다른 자에게 자기의 성명 또는 상호를 사용하여 이 법에서 정한 사업이나 업무를 수행하게 하거나 자기의 등록증 또는 자격증을 빌려준 자
   ② 다른 자의 성명 또는 상호를 사용하여 주택관리업 또는 주택관리사등의 업무를 수행하거나 다른 자의 등록증 또는 자격증을 빌린 자
   ③ ① 또는 ②의 행위를 알선한 자
6. 조사 또는 검사나 감사를 거부·방해 또는 기피한 자
7. 공사 중지 등의 명령을 위반한 자

4. 1천만원 이하의 벌금

다음의 어느 하나에 해당하는 자는 1천만원 이하의 벌금에 처한다(법 제100조).

1. 자치관리기구 구성에 따른 기술인력 또는 장비를 갖추지 아니하고 관리행위를 한 자
2. 의무관리대상 공동주택인 경우 주택관리사등을 배치하지 아니한 자

2 과태료

1. 2천만원 이하 과태료

법 제38조 제2항을 위반하여 하자보수 보증금을 이 법에 따른 용도 외의 목적으로 사용한 자에게는 2천만원 이하의 과태료를 부과한다(법 제102조 제1항).

2. 1천만원 이하 과태료

다음의 어느 하나에 해당하는 자에게는 1천만원 이하의 과태료를 부과한다(법 제102조 제2항).

1. 제13조를 위반하여 공동주택의 관리업무를 인계하지 아니한 자
2. 제29조 제2항을 위반하여 수립되거나 조정된 장기수선계획에 따라 주요시설을 교체하거나 보수하지 아니한 자
3. 제43조 제3항에 따라 판정받은 하자를 보수하지 아니한 자
4. 제52조 제5항을 위반하여 유사명칭을 사용한 자
5. 제93조 제1항에 따른 보고 또는 자료 제출 등의 명령을 위반한 자

6. 제65조 제5항을 위반하여 관리사무소장을 해임하거나 해임하도록 주택관리업자에게 요구한 자
7. 제90조 제3항을 위반하여 관리비·사용료와 장기수선충당금을 이 법에 따른 용도 외의 목적으로 사용한 자

3. 5백만원 이하 과태료

다음의 어느 하나에 해당하는 자에게는 500만원 이하의 과태료를 부과한다(법 제102조 제3항).

1. 제6조 제1항에 따른 자치관리기구를 구성하지 아니한 자
2. 제7조 제1항 또는 제25조를 위반하여 주택관리업자 또는 사업자를 선정한 자
3. 제10조의2 제1항 본문 및 제4항에 따른 의무관리대상 공동주택의 전환 및 제외, 제11조 제3항에 따른 관리방법의 결정 및 변경, 관리규약의 제정 및 개정, 입주자대표회의의 구성 및 변경 등의 신고를 하지 아니한 자
4. 제14조 제8항을 위반하여 회의록을 작성하여 보관하게 하지 아니한 자
5. 제14조 제9항 후단을 위반하여 회의록의 열람 청구 또는 복사 요구에 응하지 아니한 자
6. 제23조 제4항 또는 제5항을 위반하여 관리비 등의 내역을 공개하지 아니하거나 거짓으로 공개한 자
7. 제26조 제3항을 위반하여 회계감사의 결과를 보고 또는 공개하지 아니하거나 거짓으로 보고 또는 공개한 자
8. 제26조 제6항을 위반하여 회계감사 결과를 제출 또는 공개하지 아니하거나 거짓으로 제출 또는 공개한 자
9. 제27조 제2항을 위반하여 장부나 증빙서류 등의 정보에 대한 열람, 복사의 요구에 응하지 아니하거나 거짓으로 응한 자
10. 제28조를 위반하여 계약서를 공개하지 아니하거나 거짓으로 공개한 자
11. 제29조를 위반하여 장기수선계획을 수립하지 아니하거나 검토하지 아니한 자 또는 장기수선계획에 대한 검토사항을 기록하고 보관하지 아니한 자
12. 제30조에 따른 장기수선충당금을 적립하지 아니한 자
13. 제31조에 따라 설계도서 등을 보관하지 아니하거나 시설의 교체 및 보수 등의 내용을 기록·보관·유지하지 아니한 자
14. 제32조에 따른 안전관리계획을 수립 또는 시행하지 아니하거나 교육을 받지 아니한 자
15. 제33조 제1항에 따라 안전점검을 실시하지 아니하거나 같은 조 제2항에 따라 입주자대표회의 또는 시장·군수·구청장에게 통보 또는 보고하지 아니하거나 필요한 조치를 하지 아니한 자
16. 제35조 제1항 각 호의 행위를 신고하지 아니하고 행한 자
17. 제37조 제4항에 따른 하자보수에 대한 시정명령을 이행하지 아니한 자

18. 제38조 제2항에 따른 신고를 하지 아니하거나 거짓으로 신고한 자
19. 제38조의2 제1항을 위반하여 하자보수청구 서류 등을 보관하지 아니한 자
20. 제38조의2 제2항을 위반하여 하자보수청구 서류 등을 제공하지 아니한 자
21. 제38조의2 제3항을 위반하여 공동주택의 하자보수청구 서류 등을 인계하지 아니한 자
22. 제43조 제6항을 위반하여 하자분쟁조정위원회의 출석요구를 따르지 아니한 안전진단기관 또는 관계 전문가
23. 제44조의2 제3항에 따라 하자분쟁조정위원회로부터 계속하여 2회의 출석 요구를 받고 정당한 사유 없이 출석하지 아니한 자 또는 출석하여 거짓으로 진술하거나 감정한 자
24. 제44조의2 제3항에 따라 제출을 요구받은 문서 또는 물건을 제출하지 아니하거나 거짓으로 제출한 자
25. 제46조 제2항에 따른 조정 등에 대한 답변서를 하자분쟁조정위원회에 제출하지 아니한 자 또는 제75조 제1항에 따른 분쟁조정 신청에 대한 답변서를 중앙분쟁조정위원회에 제출하지 아니한 자
26. 제46조 제3항에 따른 조정 등에 응하지 아니한 자(입주자 및 임차인은 제외한다) 또는 제75조 제2항에 따른 분쟁조정에 응하지 아니한 자
27. 제51조 제1항에 따른 조사·검사 및 열람을 거부하거나 방해한 자
28. 제52조 제1항에 따른 주택관리업의 등록사항 변경신고를 하지 아니하거나 거짓으로 신고한 자
29. 제63조 제2항을 위반하여 공동주택을 관리한 자
30. 제64조 제5항에 따른 배치 내용 및 직인의 신고 또는 변경신고를 하지 아니한 자
31. 제66조 제3항에 따른 보증보험 등에 가입한 사실을 입증하는 서류를 제출하지 아니한 자
32. 제70조에 따른 교육을 받지 아니한 자
33. 제92조 제1항에 따른 보고 또는 검사의 명령을 위반한 자
34. 제93조 제8항 또는 제94조 제3항을 위반하여 국토교통부장관 또는 지방자치단체의 장으로부터 통보받은 명령, 조사 또는 검사, 감사 결과 등의 내용을 공개하지 아니하거나 거짓으로 공개한 자 또는 열람, 복사 요구에 따르지 아니하거나 거짓으로 따른 자

4. 과태료 부과권자

과태료는 대통령령으로 정하는 바에 따라 국토교통부장관 또는 지방자치단체의 장이 부과한다(법 제102조 제4항).

Part

02 실전예상문제

01

「공동주택관리법령」상 공동주택의 관리방법에 관한 설명으로 옳지 않은 것은?

① 주택관리업자에게 위탁관리하다가 자치관리로 관리방법을 변경하는 경우 입주자대표회의는 그 위탁관리의 종료일의 다음 날부터 6개월 이내에 대통령령으로 정하는 기술인력 및 장비를 갖춘 자치관리기구를 구성하여야 한다.

② 자치관리기구 관리사무소장은 입주자대표회의가 입주자대표회의 구성원(관리규약으로 정한 정원을 말하며, 해당 입주자대표회의 구성원의 3분의 2 이상이 선출되었을 때에는 그 선출된 인원을 말한다) 과반수의 찬성으로 선임한다.

③ 자치관리기구는 입주자대표회의의 감독을 받는다.

④ 입주자 등은 기존 주택관리업자의 관리 서비스가 만족스럽지 못한 경우에는 대통령령으로 정하는 바에 따라 새로운 주택관리업자 선정을 위한 입찰에서 기존 주택관리업자의 참가를 제한하도록 입주자대표회의에 요구할 수 있다.

⑤ 입주자대표회의는 해당 공동주택의 관리에 필요하다고 인정하는 경우에는 법령상의 요건을 갖추어 인접한 공동주택단지(임대주택단지를 포함한다)와 공동으로 관리하거나 500세대 이상의 단위로 나누어 관리하게 할 수 있다.

해설 ① 주택관리업자에게 위탁관리하다가 자치관리로 관리방법을 변경하는 경우 입주자대표회의는 그 위탁관리의 종료일까지 대통령령으로 정하는 기술인력 및 장비를 갖춘 자치관리기구를 구성하여야 한다.

02 **「공동주택관리법령」상 입주자대표회의의 구성원인 동별 대표자가 될 수 없는 자를 모두 고른 것은?** (단, 주어진 조건 이외에 다른 조건은 고려하지 않음)

> ㉠ 최초의 입주자대표회의를 구성하기 위한 동별 대표자를 선출하는 경우, 해당 선거구에 주민등록을 마친 후 계속하여 동별 대표자 선출공고에서 정한 각종 서류 제출 마감일 기준 2개월째 거주하고 있는 공동주택의 소유자
> ㉡ 파산자였으나 동별 대표자 선출공고에서 정한 각종 서류 제출 마감일 기준 1개월 전에 복권된 공동주택의 소유자
> ㉢ 공동주택 소유자의 조카(3촌)로서 해당 주택에 거주하고 있으면서 소유자가 서면으로 위임한 대리권이 있는 자
> ㉣ 「주택법」을 위반한 범죄로 징역 1년, 집행유예 2년을 선고받고 동별 대표자 선출공고에서 정한 각종 서류 제출 마감일 기준 그 집행유예기간 중인 공동주택의 소유자

① ㉠, ㉢　　② ㉡, ㉣　　③ ㉢, ㉣
④ ㉠, ㉢, ㉣　　⑤ ㉠, ㉡, ㉢, ㉣

해설 ③ ㉢, ㉣은 동별 대표자가 될 수 없다.
㉢ 공동주택 소유자가 서면으로 위임한 대리권이 있는 소유자의 배우자나 직계존비속이 동별 대표자가 될 수 있다.
㉣ 금고 이상의 형의 집행유예기간 중인 공동주택의 소유자는 결격사유에 해당되어 동별 대표자가 될 수 없다.

03 **「공동주택관리법령」상 공동주택관리규약에 관한 설명으로 옳지 않은 것은?**

① 시장·군수·구청장은 공동주택의 공동주택의 관리 또는 사용에 관하여 준거가 되는 공동주택관리규약의 준칙을 정하여야 한다.
② 입주자 등은 공동주택관리규약의 준칙을 참조하여 관리규약을 정한다.
③ 관리규약은 입주자의 지위를 승계한 자에게도 그 효력이 있다.
④ 분양을 목적으로 건설한 공동주택과 임대주택이 함께 있는 주택단지의 경우 입주자와 사용자, 임대사업자는 해당 주택단지에 공통적으로 적용할 수 있는 관리규약을 정할 수 있다.
⑤ 공동주택의 관리주체는 관리규약을 보관하여 입주자 등이 열람을 청구하거나 자기의 비용으로 복사를 요구하는 때에는 이에 응하여야 한다.

해설 ① 특별시장·광역시장·특별자치시장·도지사 또는 특별자치도지사(이하 "시·도지사"라 한다)는 공동주택의 입주자 등을 보호하고 주거생활의 질서를 유지하기 위하여 대통령령으로 정하는 바에 따라 공동주택의 관리 또는 사용에 관하여 준거가 되는 관리규약의 준칙을 정하여야 한다.

Answer
01 ①　02 ③　03 ①

04

「공동주택관리법령」상 장기수선계획 및 장기수선충당금에 관한 설명으로 옳지 않은 것은?

① 입주자 과반수의 서면동의가 있더라도 장기수선충당금을 하자진단 및 감정에 드는 비용으로 사용할 수 없다.

② 입주자대표회의와 관리주체는 장기수선계획을 3년마다 검토하고 필요한 경우 이를 국토교통부령으로 정하는 바에 따라 조정하여야 한다.

③ 관리주체는 장기수선계획에 따라 공동주택의 주요 시설의 교체 및 보수에 필요한 장기수선충당금을 해당 주택의 소유자로부터 징수하여 적립하여야 한다.

④ 중앙집중식 난방방식의 공동주택을 건설・공급하는 사업주체는 대통령령으로 정하는 바에 따라 그 공동주택의 공용부분에 대한 장기수선계획을 수립하여야 한다.

⑤ 장기수선충당금은 해당 공동주택의 사용검사일 또는 사용승인일부터 1년이 경과한 날이 속하는 달부터 매월 적립한다.

해설 ① 입주자 과반수의 서면동의가 있는 경우에는 하자진단 및 감정에 드는 비용, 하자심사분쟁조정에 따른 조정 등의 비용의 용도로 사용할 수 있다.

05

「공동주택관리법령」상 담보책임기간에 공동주택에 하자가 발생한 경우, 하자보수의 청구에 관한 설명으로 옳지 않은 것은?

① 입주자는 전유부분의 하자에 대해 하자보수의 청구를 할 수 있다.

② 공공임대주택의 임차인대표회의는 전유부분의 하자에 대해 하자보수의 청구를 할 수 있다.

③ 임차인대표회의는 공용부분의 하자에 대해 하자보수의 청구를 할 수 있다.

④ 하자보수청구 등에 관하여 입주자대표회의를 대행하는 관리주체는 공용부분의 하자에 대해 하자보수의 청구를 할 수 있다.

⑤ 「집합건물의 소유 및 관리에 관한 법률」에 따른 관리단은 공용부분의 하자에 대해 하자보수의 청구를 할 수 있다.

해설 ② 공공임대주택의 임차인대표회의는 공용부분의 하자에 대해 하자보수의 청구를 할 수 있다.

06 **「공동주택관리법령」상 관리사무소장에 관한 설명으로 옳지 않은 것은?**

① 500세대 미만의 의무관리대상 공동주택에는 주택관리사를 갈음하여 주택관리사보를 해당 공동주택의 관리사무소장으로 배치할 수 있다.

② 입주자대표회의가 관리사무소장의 업무에 부당하게 간섭하여 입주자 등에게 손해를 초래하는 경우 관리사무소장은 시장・군수・구청장에게 이를 보고하고, 사실 조사를 의뢰할 수 있다.

③ 관리사무소장의 손해배상책임을 보장하기 위한 보증보험 또는 공제에 가입한 주택관리사등으로서 보증기간이 만료되어 다시 보증설정을 하려는 자는 그 보증기간이 만료된 후 1개월 내에 다시 보증설정을 하여야 한다.

④ 관리사무소장은 입주자대표회의에서 의결하는 공동주택의 개량업무와 관련하여 입주자대표회의를 대리하여 재판상 또는 재판 외의 행위를 할 수 있다.

⑤ 관리사무소장은 그 배치 내용과 업무의 집행에 사용할 직인을 시장・군수・구청장에게 신고하여야 한다.

해설 ③ 보증기간이 만료되어 다시 보증설정을 하려는 자는 그 보증기간이 만료되기 전에 다시 보증설정을 하여야 한다.

07 **「공동주택관리법령」상 시・도지사가 주택관리사등의 자격을 반드시 취소해야 하는 경우는?**

① 중대한 과실로 주택을 잘못 관리하여 입주자 및 사용자에게 재산상의 손해를 입힌 경우

② 의무관리대상 공동주택에 취업한 주택관리사등이 다른 공동주택, 상가 오피스텔 등 주택 외의 시설에 취업한 경우

③ 주택관리사등이 공동주택관리에 관한 감독을 위해서 하는 지방자치단체장의 자료 제출명령에 대해 자료의 제출을 거부한 경우

④ 주택관리사등이 업무와 관련하여 금품수수 등 부당이득을 취한 경우

⑤ 지방자치단체 소속 공무원이 영업소・관리사무소 등에 출입하여 공동주택의 시설・장부・서류 등을 조사할 때 주택관리사등이 방해하는 경우

해설 필연적 자격취소 사유로는 ② 외에도 거짓이나 그 밖의 부정한 방법으로 자격을 취득한 경우, 공동주택의 관리업무와 관련하여 금고 이상의 형을 선고받은 경우, 다른 사람에게 자기의 명의를 사용하여 업무를 수행하게 하거나 자격증을 대여한 경우, 주택관리사등이 자격정지기간에 주택관리업무를 수행한 경우가 있다.

Answer

04 ① 05 ② 06 ③ 07 ②

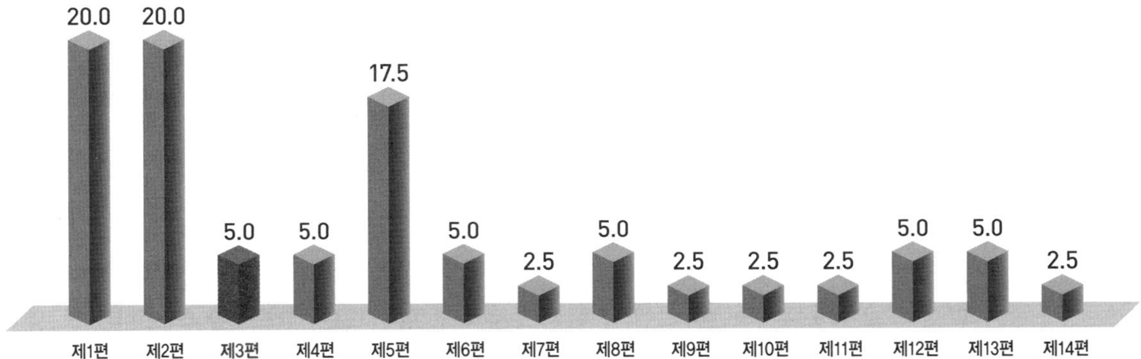

제27회 기출문제 분석

민간임대주택에 관한 특별법은 2문제가 출제되는데, 1문제는 주관식으로 출제되고 있다. 용어와 임대사업자, 주택임대관리업자, 촉진지구 등으로 개괄적인 정리가 필요하다.

박문각
주택관리사

PART

03

민간임대주택에 관한 특별법

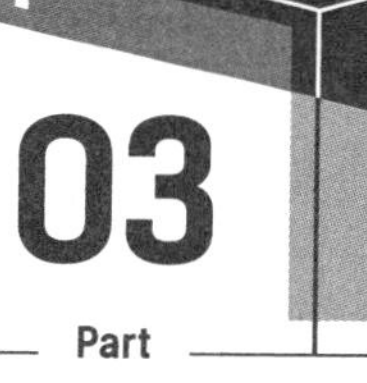

03 Part

민간임대주택에 관한 특별법

민간임대주택에 관한 특별법(2문제)

총 설

용 어

- **공공지원민간임대주택**: 기금, 공공택지, 용적률 완화, 촉진지구 지원 – 10년 임대의무
- **장기일반민간임대주택**: 공공지원민간임대주택이 아닌 민간임대주택 – 10년 임대의무
- **임대사업자**: 1호 이상 민간임대주택 취득
- **주택임대관리업자**:
  - **자기관리형**: 소유자로부터 주택을 임차하여 전대방식, 자본금 1억 5천↑, 100↑ 의무등록
  - **위탁관리형**: 소유자로부터 수수료 받고 관리, 자본금 1억↑, 300↑ 의무등록
- **복합지원시설**: 공공지원민간임대주택에 대한 경제활동 및 일상생활지원

임대사업자

- **등 록**: 시장·군수·구청장 등록(변경 30일 이내 신고)
- **결격사유**: 과거 5년 이내 임대주택사업부도(정상화 제외), 미성년자, 말소 2년 미경과
- **등록말소**:
  - **필연적 말소**: 거짓·부정 등록
  - **임의적 말소**: 사업계획승인 6년 취득×, 건축허가 4년 취득×, 분양계약 1년 취득×, 매매계약 3개월 취득×

주택임대관리업자

- **등 록**: 시장·군수·구청장 등록(변경 15일 이내 신고)
- **결격사유**: 파산자 복권×, 피, 피, 금고↑ 집행종료 3년×, 금고↑ 유예기간 중, 말소 후 2년×
- **등록말소**:
  - **필연적 말소**: 거짓, 정지기간 업무수행, 최근 3년 2회↑ 합산 12개월 초과, 대여
  - **임의적 말소**: 등록말소 또는 영업정지 ↔ 과징금 부과

건설 및 공급촉진지구

건 설

- **국·공유지 우선공급**: 국·지·주·지 조성토지 3%↑ 임대사업자 우선 공급 ⇨ 2년 이내 사업 시작
- **잔여토지 토지수용권**: 임대사업자가 85㎡↓ 민간임대주택 100호(세대)↑ 건설 ⇨ 80%↑ 매입+시·도지사 공익사업자 지정+사업계획승인

공공지원 민간임대주택 공급촉진지구

- **지정권자**: 시·도지사, 국토교통부장관
- **지정요건**:
  - **전체호수**: 50% 이상 공공지원민간임대주택
  - **지구 면적**: 5,000㎡↑
  - 유상공급면적 중 주택건설용도가 아닌 면적이 유상공급면적의 50% 초과 금지
- **촉진지구 지정효과**:
  - 도시지역 및 지구단위계획구역 결정·고시 간주
  - 시·군·구 행위허가: 건·대·용·공·토·토·토·물·죽·식
- **촉진지구 지정 해제**: 2년 이내에 지구계획 승인신청하지 않을 경우 / 개발사업 완료된 경우
- **시행자 지정**: 면적 50%↑ 토지소유한 임대사업자, 공공주택사업자
- **지구계획**: 시행자 작성 ⇨ 지정권자에게 2년 이내 승인신청× ⇨ 지구지정해제 가능
- **조성사업완료**: 공사완료보고서 ⇨ 시장·군수·구청장 준공검사

공급 및 운영·관리

민간임대주택의 공급	임차인 자격 선정	• **공공지원민간임대주택**: 국토교통부령 • **장기일반민간임대주택**: 임대사업자
	임대의무기간동안 양도 가능한 경우	• **다른 임대사업자 양도**: 시장·군수·구청장 신고 • 부도 등, 공공지원 20년↑ 공급받아 10년↑ / 임대: 시장·군수·구청장 허가 • 임대사업자가 등록말소를 신청하는 경우
	임대료증액 제한	임대료의 5% 범위 증액 / 1년 이내 증액 제한
	임대차계약 해제·해제·재계약 거절	• **임대사업자의 경우**: 부정임대, 3개월↓ 입주×, 3개월↑ 연속체납, 무단용도변경, 파손 • **임차인의 경우**: 중대한 하자, 임대사업자가 부대·복리시설 파손, 임대사업자 귀책사유로 3개월↓ 입주불가능
	표준임대차계약서	임대료, 계약기간, 보증, 선순위담보권, 권리의무, 수선·유지·보수, 임대의무기간 중 남아있는 기간, 임대차계약 해제 등에 관한 사항
	임대보증금에 대한 보증	• **민간임대주택 보증 가입**: 전액 대상 • **보증수수료**: 임대사업자 75% 부담, 임차인 25% 부담
민간임대주택의 관리	의무관리대상	300↑, 150↑ 승강기, 150↑ 중앙집중식(지역)난방방식 공동주택
	자체관리	기술인력 및 장비 ⇨ 시장·군수·구청장 인가
	임차인대표회의	• **구성**: 20세대 이상 민간임대주택을 공급하는 공동주택단지, 6개월 이상 계속 거주 • **의무구성**: 300↑, 150↑ 승강기, 150↑ 중앙집중식(지역)난방방식 공동주택 • **임원**: 회장 1명, 부회장 1명, 감사 1명
	장기수선계획 및 특별수선충당금 적립대상	300↑, 150↑ 승강기, 150↑ 중앙집중식(지역)난방방식 공동주택 임대사업자
	특별수선충당금 적립시기	사용검사일 1년이 지난날이 속한 달부터 매월
	특별수선충당금 요율	사업계획승인 당시 표준건축비 1/10,000
	특별수선충당금 예치관리	소재지 관할 시장·군수·구청장의 공동명의
	특별수선충당금 사용	소재지 관할 시장·군수·구청장과 협의
	특별수선충당금 인계	최초 구성 입주자대표회의 인계
임대주택 분쟁조정위원회	구 성	시장·군수·구청장 10명 이내 구성(민간 6명↑)
	조정대상	임대료증액, 주택관리, 협의사항, 부도임대주택의 분양전환 등
	조정의 효력	조정조서와 동일한 내용의 합의

01 총 설

Chapter

단·원·열·기

민간임대주택의 종류와 주택임대관리업, 복합지원시설, 다른 법률과의 관계 등이 출제되고 있다.
학습방법: 민간임대주택의 용어 중심으로 정리하도록 한다.

01 제정목적

「민간임대주택에 관한 특별법」은 민간임대주택의 건설·공급 및 관리와 민간 주택임대사업자 육성 등에 관한 사항을 정함으로써 민간임대주택의 공급을 촉진하고 국민의 주거생활을 안정시키는 것을 목적으로 한다(법 제1조).

02 용어의 정의

1 민간임대주택

민간임대주택이란 임대 목적으로 제공하는 주택[토지를 임차하여 건설된 주택 및 오피스텔 등 대통령령으로 정하는 준주택(이하 "준주택"이라 한다) 및 대통령령으로 정하는 일부만을 임대하는 주택을 포함한다]으로서 임대사업자가 등록한 주택을 말하며, 민간건설임대주택과 민간매입임대주택으로 구분한다(법 제2조 제1호).

법 제2조 제1호에서 "오피스텔 등 대통령령으로 정하는 준주택"이란 다음의 건축물(이하 "준주택"이라 한다)을 말한다(영 제2조).

1. 「주택법」 제2조 제1호에 따른 주택 외의 건축물을 「건축법」에 따라 「주택법 시행령」 제4조 제1호의 기숙사 중 일반기숙사로 리모델링한 건축물

1의2. 「주택법 시행령」 제4조 제1호의 기숙사 중 임대형기숙사

법 제2조 제1호에서 "대통령령으로 정하는 일부만을 임대하는 주택"이란 「건축법 시행령」 별표 1 제1호 다목에 따른 다가구주택으로서 임대사업자 본인이 거주하는 실(室)(한 세대가 독립하여 구분 사용할 수 있도록 구획된 부분을 말한다)을 제외한 나머지 실 전부를 임대하는 주택을 말한다(영 제2조의2).

2. 다음의 요건을 모두 갖춘 「주택법 시행령」 제4조 제4호의 오피스텔
   ① 전용면적이 $120m^2$ 이하일 것
   ② 상하수도 시설이 갖추어진 전용 입식 부엌, 전용 수세식 화장실 및 목욕시설(전용 수세식 화장실에 목욕시설을 갖춘 경우를 포함한다)을 갖출 것

1. 민간건설임대주택

민간건설임대주택이란 다음의 어느 하나에 해당하는 민간임대주택을 말한다(법 제2조 제2호).

1. 임대사업자가 임대를 목적으로 건설하여 임대하는 주택
2. 「주택법」에 따라 등록한 주택건설사업자가 사업계획승인을 받아 건설한 주택 중 사용검사 때까지 분양되지 아니하여 임대하는 주택

2. 민간매입임대주택

민간매입임대주택이란 임대사업자가 매매 등으로 소유권을 취득하여 임대하는 민간임대주택을 말한다(법 제2조 제3호).

2 공공지원민간임대주택

공공지원민간임대주택이란 임대사업자가 다음의 어느 하나에 해당하는 민간임대주택을 10년 이상 임대할 목적으로 취득하여 이 법에 따른 임대료 및 임차인의 자격제한 등을 받아 임대하는 민간임대주택을 말한다(법 제2조 제4호).

1. 「주택도시기금법」에 따른 주택도시기금(이하 "주택도시기금"이라 한다)의 출자를 받아 건설 또는 매입하는 민간임대주택
2. 「주택법」 제2조 제24호에 따른 공공택지 또는 이 법 제18조 제2항에 따라 수의계약 등으로 공급되는 토지 및 「혁신도시 조성 및 발전에 관한 특별법」 제2조 제6호에 따른 종전부동산(이하 "종전부동산"이라 한다)을 매입 또는 임차하여 건설하는 민간임대주택
3. 법 제21조 제2호에 따라 용적률을 완화 받거나 「국토의 계획 및 이용에 관한 법률」 제30조에 따라 용도지역 변경을 통하여 용적률을 완화 받아 건설하는 민간임대주택
4. 제22조에 따라 지정되는 공공지원민간임대주택 공급촉진지구에서 건설하는 민간임대주택
5. 그 밖에 국토교통부령으로 정하는 공공지원을 받아 건설 또는 매입하는 민간임대주택

「민간임대주택에 관한 특별법」 제2조 제4호에서 "국토교통부령으로 정하는 공공지원"이란 다음 각 호의 어느 하나에 해당하는 지원을 말한다(규칙 제1조의2).

1. 「도시 및 주거환경정비법」 제9조 제1항 제10호의 사항이 포함된 정비계획에 따라 민간임대주택을 공급하는 사업에 대하여 지원하는 「주택도시기금법」에 따른 주택도시기금(이하 "주택도시기금"이라 한다)의 출자·융자 또는 같은 법에 따른 주택도시보증공사의 보증으로서 국토교통부장관이 정하여 고시하는 출자·융자 또는 보증
2. 「빈집 및 소규모주택 정비에 관한 특례법」 제49조 제1항에 따른 용적률의 완화
3. 「주택도시기금법」 제9조에 따른 주택도시기금의 융자로서 다음 각 호의 어느 하나에 해당하는 융자
   ① 임대사업자가 소유하고 있는 임대주택에 대한 주택담보대출 상환 등 국토교통부장관이 정하여 고시하는 요건에 해당하는 융자
   ② 「사회적기업 육성법」 제2조 제1호에 따른 사회적기업, 「협동조합 기본법」 제2조 제3호에 따른 사회적협동조합 또는 「민법」 제32조에 따른 비영리법인 등이 국토교통부장관이 정하여 고시하는 저렴한 임대료, 안정적 거주기간의 보장 및 사회적 가치의 추구를 위한 민간임대주택을 공급하기 위해 지원받은 융자
   ③ 빈집 및 소규모주택 정비에 관한 특례법」 제2조 제1항 제3호 가목 또는 나목 사업에 대한 융자로서 국토교통부장관이 정하여 고시하는 요건에 해당하는 융자
   ④ 그 밖에 국토교통부장관이 정하여 고시하는 융자

3 장기일반민간임대주택

장기일반민간임대주택이란 임대사업자가 공공지원민간임대주택이 아닌 주택을 10년 이상 임대할 목적으로 취득하여 임대하는 민간임대주택[아파트(「주택법」 제2조 제20호의 도시형 생활주택이 아닌 것을 말한다)를 임대하는 민간매입임대주택은 제외한다]을 말한다(법 제2조 제5호).

4 임대사업자

임대사업자란 「공공주택 특별법」 제4조 제1항에 따른 공공주택사업자(이하 "공공주택사업자"라 한다)가 아닌 자로서 1호 이상의 민간임대주택을 취득하여 임대하는 사업을 할 목적으로 제5조에 따라 등록한 자를 말한다(법 제2조 제7호).

5 주택임대관리업

주택임대관리업이란 주택의 소유자로부터 임대관리를 위탁받아 관리하는 업을 말하며, 다음과 같이 구분한다(법 제2조 제10호).

1. 자기관리형 주택임대관리업

주택의 소유자로부터 주택을 임차하여 자기책임으로 전대하는 형태의 업

2. 위탁관리형 주택임대관리업

주택의 소유자로부터 수수료를 받고 임대료 부과 · 징수 및 시설물 유지 · 관리 등을 대행하는 형태의 업

6 주택임대관리업자

주택임대관리업자란 주택임대관리업을 하기 위하여 등록한 자를 말한다(법 제2조 제11호).

7 공공지원민간임대주택 공급촉진지구

공공지원민간임대주택 공급촉진지구란 공공지원민간임대주택의 공급을 촉진하기 위하여 법 제22조에 따라 지정 · 고시한 지구를 말한다(법 제2조 제12호).

8 역세권 등

역세권 등이란 다음의 어느 하나에 해당하는 시설부터 1km 거리 이내에 위치한 지역을 말한다. 이 경우 특별시장 · 광역시장 · 특별자치시장 · 도지사 · 특별자치도지사(이하 "시 · 도지사"라 한다)는 해당 지방자치단체의 조례로 그 거리를 50%의 범위에서 증감하여 달리 정할 수 있다(법 제2조 제13호).

1. 「철도의 건설 및 철도시설 유지관리에 관한 법률」, 「철도산업발전기본법」 및 「도시철도법」에 따라 건설 및 운영되는 철도역
2. 「간선급행버스체계의 건설 및 운영에 관한 특별법」 제2조 제3호 다목에 따른 환승시설
3. 「산업입지 및 개발에 관한 법률」 제2조 제8호에 따른 산업단지
4. 「수도권정비계획법」 제2조 제3호에 따른 인구집중유발시설로서 대통령령으로 정하는 시설. 즉, 다음 각 호의 시설을 말한다(영 제3조).
   ① 「고등교육법」에 따른 대학, 산업대학, 교육대학 및 전문대학
   ② 「건축법 시행령」에 따른 연구소
5. 그 밖에 해당 지방자치단체의 조례로 정하는 시설

9 주거지원대상자

주거지원대상자란 청년 · 신혼부부 등 주거지원이 필요한 사람으로서 국토교통부령으로 정하는 요건을 충족하는 사람을 말한다(법 제2조 제14호).

10 복합지원시설

복합지원시설이란 공공지원민간임대주택에 거주하는 임차인 등의 경제활동과 일상생활을 지원하는 시설로서 대통령령으로 정하는 시설을 말한다(법 제2조 제15호).

법 제2조 제15호에서 "대통령령으로 정하는 시설"이란 다음의 시설을 말한다(영 제3조의2).

1. 「건축법 시행령」에 따른 제1종 근린생활시설, 제2종 근린생활시설, 문화 및 집회시설, 소매시장 및 상점, 교육연구시설, 노유자시설, 운동시설, 업무시설
2. 위의 1.의 규정에 따른 시설의 부속건축물을 말한다.

03 다른 법률과의 관계

민간임대주택의 건설 · 공급 및 관리 등에 관하여 이 법에서 정하지 아니한 사항에 대하여는 「주택법」, 「건축법」, 「공동주택관리법」 및 「주택임대차보호법」을 적용한다(법 제3조).

04 국가 등의 지원

1 기금지원 및 조세감면

국가 및 지방자치단체는 다음의 목적을 위하여 주택도시기금 등의 자금을 우선적으로 지원하고, 「조세특례제한법」, 「지방세특례제한법」 및 조례로 정하는 바에 따라 조세를 감면할 수 있다(법 제4조 제1항).

(1) 민간임대주택의 공급 확대

(2) 민간임대주택의 개량 및 품질 제고

(3) 사회적기업, 사회적협동조합 등 비영리단체의 민간임대주택 공급 참여 유도

(4) 주택임대관리업의 육성

2 공유형 민간임대주택 활성화를 위한 행정지원

국가 및 지방자치단체는 공유형 민간임대주택(가족관계가 아닌 2명 이상의 임차인이 하나의 주택에서 거실 · 주방 등 어느 하나 이상의 공간을 공유하여 거주하는 민간임대주택으로서 임차인이 각각 임대차계약을 체결하는 민간임대주택을 말한다)의 활성화를 위하여 임대사업자 및 임차인에게 필요한 행정지원을 할 수 있다(법 제4조 제2항).

Chapter 02

임대사업자 및 주택임대관리업자

단·원·열·기

임대사업자의 등록, 주택임대관리업자의 등록 등이 출제되고 있다.
학습방법 : 임대사업자의 등록, 주택임대관리업자의 등록 및 결격사유는 서로 비교하여 정리하는 것이 필요하다.

1 임대사업자의 등록

1. 등록 기관

주택을 임대하려는 자는 특별자치시장 · 특별자치도지사 · 시장 · 군수 또는 구청장(구청장은 자치구의 구청장을 말하며, 이하 "시장 · 군수 · 구청장"이라 한다)에게 등록을 신청할 수 있다. 다만, 외국인은 국내에 체류하는 자로서 「출입국관리법」 제10조의 체류자격에 따른 활동범위를 고려하여 대통령령으로 정하는 체류자격에 해당하는 경우에 한정하여 등록을 신청할 수 있다(법 제5조 제1항).

2. 등록 구분

위 1.에 따라 등록하는 경우 다음에 따라 구분하여야 한다(법 제5조 제2항).

(1) 민간건설임대주택 및 민간매입임대주택

(2) 공공지원민간임대주택, 장기일반민간임대주택

3. 등록변경신고

등록한 자가 그 등록한 사항을 변경하고자 할 경우 시장 · 군수 · 구청장에게 신고하여야 한다. 다만, 임대주택 면적을 10% 이하의 범위에서 증축하는 등 국토교통부령으로 정하는 경미한 사항은 신고하지 아니하여도 된다(법 제5조 제3항).

4. 신고인 통지

(1) 시장 · 군수 · 구청장은 3.에 따른 신고를 받은 날부터 7일 이내에 신고수리 여부를 신고인에게 통지하여야 한다(법 제5조 제4항).

임대사업자 및 주택임대관리업자

등록사항의 변경신고 및 말소신고

임대사업자는 등록한 사항이 변경된 경우에는 변경 사유가 발생한 날부터 30일 이내에 임대사업자의 주소지를 관할하는 시장·군수·구청장(변경 사항이 임대사업자의 주소인 경우에는 전입지의 시장·군수·구청장을 말한다) 또는 해당 민간임대주택의 소재지를 관할하는 시장·군수·구청장에게 신고하여야 하며, 임대사업자 등록 후 1개월이 지나기 전 또는 법 제43조 제1항에 따른 임대의무기간(이하 "임대의무기간"이라 한다)이 지난 후 민간임대주택이 없게 된 경우에는 30일 이내에 임대사업자의 주소지를 관할하는 시장·군수·구청장 또는 해당 민간임대주택의 소재지를 관할하는 시장·군수·구청장에게 말소신고를 하여야 한다. 이 경우 민간임대주택의 소재지를 관할하는 시장·군수·구청장이 신고서를 받은 경우에는 즉시 임대사업자의 주소지를 관할하는 시장·군수·구청장에게 이송하여야 한다(영 제4조 제7항).

(2) 시장 · 군수 · 구청장이 신고를 받은 날부터 7일 이내에 신고수리 여부 또는 민원 처리 관련 법령에 따른 처리기간의 연장을 신고인에게 통지하지 아니하면 그 기간(민원 처리 관련 법령에 따라 처리기간이 연장 또는 재연장된 경우에는 해당 처리기간을 말한다)이 끝난 날의 다음 날에 신고를 수리한 것으로 본다(법 제5조 제5항).

5. 등록신청 거부

시장 · 군수 · 구청장이 임대사업자 등록신청을 받은 경우 다음의 어느 하나에 해당하는 때에는 해당 등록신청을 거부할 수 있다(법 제5조 제7항).

1. 해당 신청인의 신용도, 신청 임대주택의 부채비율(등록시 존속 중인 임대차계약이 없는 경우에는 등록을 신청하려는 자로부터 등록 이후 책정하려는 임대차계약의 임대보증금의 상한을 제출받아 산정한다) 등을 고려하여 제49조에 따른 임대보증금 보증 가입이 현저히 곤란하다고 판단되는 경우
2. 해당 주택이 「도시 및 주거환경정비법」 제2조 제2호에 따른 정비사업 또는 「빈집 및 소규모주택 정비에 관한 특례법」 제2조 제1항 제3호에 따른 소규모주택정비사업으로 인하여 제43조의 임대의무기간 내 멸실 우려가 있다고 판단되는 경우
3. 해당 신청인의 국세 또는 지방세 체납 기간, 금액 등을 고려할 때 임차인에 대한 보증금반환채무의 이행이 현저히 곤란한 경우로서 대통령령으로 정하는 경우

6. 임대사업자의 등록 기준

(1) 등록할 수 있는 자

임대사업자로 등록할 수 있는 자는 다음과 같다. 이 경우 2인 이상이 공동으로 건설하거나 소유하는 주택의 경우에는 공동 명의로 등록해야 한다(영 제4조 제2항).

1) 민간임대주택으로 등록할 주택을 소유한 자

2) 민간임대주택으로 등록할 주택을 취득하려는 계획이 확정되어 있는 자로서 다음의 어느 하나에 해당하는 자

① 민간임대주택으로 등록할 주택을 건설하기 위하여 「주택법」에 따른 사업계획 승인을 받은 자
② 민간임대주택으로 등록할 주택을 건설하기 위하여 「건축법」에 따른 건축허가를 받은 자

③ 민간임대주택으로 등록할 주택을 매입하기 위하여 매매계약을 체결한 자
④ 민간임대주택으로 등록할 주택을 매입하기 위해 분양계약을 체결한 자로서 다음의 어느 하나에 해당하는 자
   ㉠ 등록신청일을 기준으로 분양계약서에 따른 잔금지급일이 3개월 이내인 자
   ㉡ 등록신청일이 분양계약서에 따른 잔금지급일 이후인 자

3) 민간임대주택으로 등록할 주택을 취득하려는 2) 외의 자로서 다음의 어느 하나에 해당하는 자

① 「주택법」에 따라 등록한 주택건설사업자
② 「부동산투자회사법」에 따른 부동산투자회사
③ 「조세특례제한법」에 해당하는 투자회사
④ 「자본시장과 금융투자업에 관한 법률」에 따른 집합투자기구
⑤ 소속 근로자에게 임대하기 위하여 민간임대주택을 건설하려는 고용자(법인으로 한정한다)

(2) 등록의 결격사유

등록신청일부터 과거 5년 이내에 민간임대주택 또는 공공임대주택(「공공주택 특별법」 제2조 제1호 가목에 따른 공공임대주택을 말한다)사업에서 부도(부도 후 부도 당시의 채무를 변제하고 사업을 정상화시킨 경우는 제외한다)가 발생한 사실이 있는 자(부도 당시 법인의 대표자나 임원이었던 자와 부도 당시 법인의 대표자나 임원 또는 부도 당시 개인인 임대사업자가 대표자나 임원으로 있는 법인을 포함한다)는 임대사업자로 등록할 수 없다(영 제4조 제3항).

7. 등록 민간임대주택의 부기등기

(1) 임대사업자는 등록한 민간임대주택이 임대의무기간과 임대료 증액기준을 준수하여야 하는 재산임을 소유권등기에 부기등기하여야 한다(법 제5조의2 제1항).

(2) 부기등기는 임대사업자의 등록 후 지체 없이 하여야 한다. 다만, 임대사업자로 등록한 이후에 소유권보존등기를 하는 경우에는 소유권보존등기와 동시에 하여야 한다(법 제5조의2 제2항).

임대사업자의 등록 절차 등

1. **등록 신청**: 임대사업자로 등록하려는 자는 신청서에 국토교통부령으로 정하는 서류를 첨부하여 임대사업자의 주소지를 관할하는 특별자치시장, 특별자치도지사, 시장, 군수 또는 자치구청장(이하 "시장 · 군수 · 구청장"이라 한다) 또는 해당 민간임대주택의 소재지를 관할하는 시장 · 군수 · 구청장에게 제출하여야 한다(영 제4조 제4항).
2. **등록서류 이송**: 민간임대주택의 소재지를 관할하는 시장 · 군수 · 구청장이 신청서를 받은 경우에는 즉시 임대사업자의 주소지를 관할하는 시장 · 군수 · 구청장에게 이송하여야 한다(영 제4조 제5항).
3. **등록증 발급**
   ① 신청서를 받은 임대사업자의 주소지를 관할하는 시장 · 군수 · 구청장은 등록기준에 적합한지를 확인한 후 적합한 경우에는 등록대장에 올리고 신청인에게 등록증을 발급하여야 한다(영 제4조 제6항).
   ② 시장 · 군수 · 구청장은 임대사업자 등록증을 발급한 때에는 그 사실을 지체 없이 해당 민간임대주택의 소재지를 관할하는 시장 · 군수 · 구청장에게 통보하여야 한다(규칙 제2조 제5항).
   ③ 임대사업자 등록증을 발급받은 임대사업자는 임대사업자로 등록한 사실을 지체 없이 임차인에게 알려야 한다(규칙 제2조 제6항).
   ④ 임대사업자 등록대장은 전자적 처리가 불가능한 특별한 사유가 없으면 전자적 처리가 가능한 방법으로 작성 · 관리하여야 한다(규칙 제2조 제7항).

2 민간임대협동조합 조합원 모집

1. 조합원 모집신고 및 공개모집

(1) 조합원에게 공급하는 민간건설임대주택을 포함하여 단독주택은 30호 이상, 공동주택 및 준주택은 30세대 이상의 주택을 공급할 목적으로 설립된 「협동조합 기본법」에 따른 협동조합 또는 사회적협동조합(이하 "민간임대협동조합"이라 한다)이나 민간임대협동조합의 발기인이 조합원을 모집하려는 경우 해당 민간임대주택 건설대지의 관할 시장·군수·구청장에게 신고하고, 공개모집의 방법으로 조합원을 모집하여야 한다(법 제5조의3 제1항, 영 제4조의3).

(2) (1)에도 불구하고 공개모집 이후 조합원의 사망·자격상실·탈퇴 등으로 인한 결원을 충원하거나 미달된 조합원을 재모집하는 경우에는 신고하지 아니하고 선착순의 방법으로 조합원을 모집할 수 있다(법 제5조의3 제2항).

(3) (1)에 따라 신고를 받은 시장·군수·구청장은 신고내용이 이 법에 적합한 경우에는 신고를 수리하고 그 사실을 신고인에게 통보하여야 한다(법 제5조의3 제3항).

(4) 시장·군수·구청장은 다음의 어느 하나에 해당하는 경우 조합원 모집 신고를 수리해서는 아니 된다(법 제5조의3 제4항).

> 1. 해당 민간임대주택 건설대지의 80% 이상에 해당하는 토지의 사용권원을 확보하지 못한 경우
> 2. 이미 신고된 사업대지와 전부 또는 일부가 중복되는 경우
> 3. 이미 수립되었거나 수립 예정인 도시·군계획, 이미 수립된 토지이용계획 또는 이 법이나 관계 법령에 따른 건축기준 및 건축제한 등에 따라 해당 민간임대주택 건설대지에 민간임대협동조합이 건설하는 주택을 건설할 수 없는 경우
> 4. 해당 민간임대주택을 공급받을 수 없는 조합원을 모집하려는 경우
> 5. 신고한 내용이 사실과 다른 경우

(5) (1)에 따른 모집 시기, 모집 방법·절차 등 조합원 모집의 신고, 공개모집 및 민간임대협동조합 가입을 신청한 자(이하 "조합가입신청자"라 한다)에 대한 정보공개 등에 필요한 사항은 국토교통부령으로 정한다(법 제5조의3 제5항).

영 제4조의4(조합원 모집시 설명의무)

1. 법 제5조의4 제1항 제7호에서 "대통령령으로 정하는 사항"이란 다음 각 호의 사항을 말한다.
   ① 법 제5조의3 제1항에 따른 민간임대협동조합(이하 "민간임대협동조합"이라 한다)의 사업 개요
   ② 해당 민간임대주택 건설대지에 대한 사용권 또는 소유권 확보 계획
   ③ 주택건설 예정 세대수 및 주택건설 예정기간
   ④ 계약금·분담금의 납부 시기 및 납부방법 등 조합원의 비용부담에 관한 사항
   ⑤ 조합 자금관리의 주체 및 계획
2. 법 제5조의4 제1항 각 호 외의 부분에 따른 모집주체(이하 "모집주체"라 한다)는 같은 항에 따라 설명한 내용을 민간임대협동조합 가입을 신청한 자(이하 "조합가입신청자"라 한다)가 이해했음을 서명 또는 기명날인의 방법으로 확인받아 조합가입신청자에게 교부해야 한다.

2. 조합원 모집시 설명의무

(1) 조합원 모집 신고를 하고 조합원을 모집하는 민간임대협동조합 및 민간임대협동조합의 발기인(이하 "모집주체"라 한다)은 민간임대협동조합 가입 계약(민간임대협동조합의 설립을 위한 계약을 포함한다) 체결시 다음의 사항을 조합가입신청자에게 설명하고 이를 확인받아야 한다(법 제5조의4 제1항).

1. 조합원의 권리와 의무에 관한 사항
2. 해당 민간임대주택 건설대지의 위치와 면적 및 해당 민간임대주택 건설 대지에 대한 사용권, 소유권 확보 현황
3. 해당 민간임대주택사업의 자금계획에 관한 사항
4. 해당 민간임대주택을 공급받을 수 있는 조합원의 자격에 관한 사항
5. 민간임대협동조합의 탈퇴, 제명 및 출자금 등 납부한 금전의 반환 절차 등에 관한 사항
6. 제5조의5에 따른 청약 철회, 금전의 예치 및 가입비 등의 반환 등에 관한 사항
7. 그 밖에 민간임대협동조합의 사업추진 및 운영을 위하여 필요한 사항으로서 대통령령으로 정하는 사항

(2) (1)에 따른 설명 및 확인의 방법, 절차 등에 관한 사항은 대통령령으로 정한다(법 제5조의4 제2항).

3. 청약철회 및 가입비 등의 반환 등

(1) 조합가입신청자가 민간임대협동조합 가입 계약을 체결하면 모집주체는 조합가입 신청자로 하여금 계약체결시 납부하여야 하는 일체의 금전(이하 "가입비 등"이라 한다)을 대통령령으로 정하는 기관(이하 "예치기관"이라 한다)에 예치하게 하여야 한다(법 제5조의5 제1항).

(2) 조합가입신청자는 민간임대협동조합 가입 계약을 체결하면 예치기관에 국토교통부령으로 정하는 가입비 등 예치신청서를 제출해야 한다(영 제4조의5 제3항).

(3) 예치기관은 신청을 받은 경우 가입비 등을 예치기관의 명의로 예치해야 하고, 이를 다른 금융자산과 분리하여 관리해야 한다(영 제4조의5 제4항).

(4) 예치기관의 장은 가입비 등을 예치한 경우에는 모집주체와 조합가입신청자에게 각각 국토교통부령으로 정하는 증서를 내주어야 한다(영 제4조의5 제5항).

4. 가입계약의 청약 철회

(1) 조합가입신청자는 민간임대협동조합 가입 계약체결일부터 30일 이내에 민간임대협동조합 가입에 관한 청약을 철회할 수 있다(법 제5조의5 제2항).

(2) 청약 철회를 서면으로 하는 경우에는 청약 철회의 의사를 표시한 서면을 발송한 날에 그 효력이 발생한다(법 제5조의5 제3항).

영 제4조의5(가입비 등의 예치)

1. 법 제5조의5 제1항에서 "대통령령으로 정하는 기관"이란 다음 각 호의 기관을 말한다.
   ① 「은행법」 제2조 제1항 제2호에 따른 은행
   ② 「우체국예금·보험에 관한 법률」에 따른 체신관서
   ③ 「보험업법」 제2조 제6호에 따른 보험회사
   ④ 「자본시장과 금융투자업에 관한 법률」 제8조 제7항에 따른 신탁업자

모집주체의 가입비 등의 반환 요청 및 지급

1. 모집주체는 법 제5조의5 제4항에 따라 가입비 등의 반환을 요청하는 경우 국토교통부령으로 정하는 요청서를 예치기관의 장에게 제출해야 한다(영 제4조의6 제1항).
2. 모집주체는 민간임대협동조합 가입 계약 체결일부터 30일이 지난 경우 예치기관의 장에게 가입비 등의 지급을 요청할 수 있다. 이 경우 모집주체는 국토교통부령으로 정하는 요청서를 예치기관의 장에게 제출해야 한다(영 제4조의6 제2항).
3. 예치기관의 장은 2.에 따라 요청서를 받은 경우 요청일부터 10일 이내에 가입비 등을 모집주체에게 지급해야 한다(영 제4조의6 제3항).

(3) 모집주체는 조합가입신청자가 청약 철회를 한 경우 청약 철회 의사가 도달한 날부터 7일 이내에 예치기관의 장에게 가입비 등의 반환을 요청하여야 한다(법 제5조의5 제4항).

(4) 예치기관의 장은 (3)에 따른 가입비 등의 반환 요청을 받은 경우 요청일부터 10일 이내에 가입비 등을 조합가입신청자에게 반환하여야 한다(법 제5조의5 제5항).

(5) 조합가입신청자가 민간임대협동조합 가입 계약체결일부터 30일 이내에 청약 철회를 하는 경우 모집주체는 조합가입신청자에게 청약철회를 이유로 위약금 또는 손해배상을 청구할 수 없다(법 제5조의5 제6항).

3 임대사업자의 결격사유 등

1. 임대사업자의 결격사유

다음의 어느 하나에 해당하는 자는 임대사업자로 등록할 수 없다. 법인의 경우 그 임원 중 다음의 어느 하나에 해당하는 사람이 있는 경우에도 또한 같다(법 제5조의6).

1. 미성년자
2. 제6조 제1항 제1호, 제4호, 제7호부터 제10호까지, 제12호부터 제14호까지 및 제16호의 규정에 따라 등록이 전부 말소된 후 2년이 지나지 아니한 자
3. 임차인에 대한 보증금반환채무의 이행과 관련하여 「형법」 제347조의 죄를 범하여 금고 이상의 형을 선고받고 집행이 종료(집행이 종료된 것으로 보는 경우를 포함한다)되거나 그 집행이 면제된 날부터 2년이 지나지 아니한 자
4. 3.에 따른 죄를 범하여 형의 집행유예를 선고받고 그 유예기간 중에 있는 자

2. 임대사업자의 임대주택 추가 등록 제한 등

법 제6조 제1항 제1호, 제4호, 제7호부터 제10호까지, 제12호부터 제14호까지 및 제16호의 규정에 따라 임대사업자 등록이 일부 말소된 후 2년이 지나지 아니한 자는 등록한 임대주택 외에 제5조 제3항 본문에 따른 등록사항 변경신고를 통하여 임대주택을 변경·추가(일부 말소로 임대주택에서 제외된 주택을 변경·추가하는 경우를 포함한다) 등록할 수 없다(법 제5조의7).

4 임대사업자의 등록말소

1. 등록말소 사유

시장 · 군수 · 구청장은 임대사업자가 다음의 어느 하나에 해당하면 등록의 전부 또는 일부를 말소할 수 있다. 다만, 다음의 1.에 해당하는 경우에는 등록의 전부 또는 일부를 말소하여야 한다(법 제6조 제1항).

1. 거짓이나 그 밖의 부정한 방법으로 등록한 경우
2. 임대사업자가 등록한 후 대통령령으로 정하는 일정 기간 안에 민간임대주택을 취득하지 아니하는 경우(영 제5조 제1항).
   (1) 민간임대주택으로 등록할 주택을 취득하려는 계획이 확정되어 있는 자로서 다음의 어느 하나에 해당하는 자
   ① 민간임대주택으로 등록할 주택을 건설하기 위하여 「주택법」에 따른 사업 계획승인을 받은 자 – 임대사업자로 등록한 날로부터 6년
   ② 민간임대주택으로 등록할 주택을 건설하기 위하여 「건축법」에 따른 건축허가를 받은 자 – 임대사업자로 등록한 날로부터 4년
   ③ 민간임대주택으로 등록할 주택을 매입하기 위하여 매매계약을 체결한 자 – 임대사업자로 등록한 날로부터 3개월
   ④ 민간임대주택으로 등록할 주택을 매입하기 위하여 분양계약을 체결한 자 – 임대사업자로 등록한 날로부터 1년
   (2) 민간임대주택으로 등록할 주택을 취득하려는 위의 (1) 외의 자로서 다음의 어느 하나에 해당하는 자 – 임대사업자로 등록한 날로부터 6년
   ① 「주택법」에 따라 등록한 주택건설사업자
   ② 「부동산투자회사법」에 따른 부동산투자회사
   ③ 「조세특례제한법」에 해당하는 투자회사
   ④ 「자본시장과 금융투자업에 관한 법률」에 따른 집합투자기구
   ⑤ 소속 근로자에게 임대하기 위하여 민간임대주택을 건설하려는 고용자(법인으로 한정한다)
3. 법 제5조 제1항에 따라 등록한 날부터 3개월이 지나기 전(임대주택으로 등록한 이후 체결한 임대차계약이 있는 경우에는 그 임차인의 동의가 있는 경우로 한정한다) 또는 제43조의 임대의무기간이 지난 후 등록 말소를 신청하는 경우
4. 법 등록기준을 갖추지 못한 경우
5. 법 제43조 제2항에 따라 임대의무기간에 다른 임대사업자에게 민간임대주택을 양도하는 경우, 법 제43조 제6항에 따라 양도하기 위하여 신고가 수리된 민간임대주택을 양도한 경우
6. 임대의무기간에 부도, 파산 등의 사유로 시장 · 군수 · 구청장에게 허가를 받아 임대사업자가 아닌 자에게 민간임대주택을 양도한 경우
7. 임대조건을 위반한 경우
8. 법 제45조를 위반하여 임대차계약을 해제 · 해지하거나 재계약을 거절한 경우

9. 준주택에 대한 용도제한을 위반한 경우
10. 민간임대주택의 선순위 담보권, 국세·지방세의 체납사실 등 권리관계에 관한 사항에 따른 설명이나 정보를 거짓이나 그 밖의 부정한 방법으로 제공한 경우
11. 임대의무기간 미경과시 양도금지에도 불구하고 종전의 「민간임대주택에 관한 특별법」 제2조 제5호의 장기일반민간임대주택 중 아파트(「주택법」 제2조 제20호의 도시형 생활주택이 아닌 것을 말한다)를 임대하는 민간매입임대주택 또는 제2조 제6호의 단기민간임대주택에 대하여 임대사업자가 임대의무기간 내 등록 말소를 신청(신청 당시 체결된 임대차계약이 있는 경우 임차인의 동의가 있는 경우로 한정한다)하는 경우
12. 임대사업자가 보증금 반환을 지연하여 임차인의 피해가 명백히 발생하였다고 대통령령으로 정하는 경우
13. 법 제46조에 따른 임대차계약 신고 또는 변경신고를 하지 아니하여 시장·군수·구청장이 법 제61조 제1항에 따라 보고를 하게 하였으나 거짓으로 보고하거나 3회 이상 불응한 경우
14. 법 제49조 제1항에 따른 임대보증금에 대한 보증에 가입하지 아니한 경우로서 대통령령으로 정하는 경우
15. 국세 또는 지방세를 체납하여 보증금반환채무의 이행과 관련한 임차인의 피해가 명백히 예상되는 경우로서 대통령령으로 정하는 경우
16. 임차인에 대한 보증금반환채무의 이행과 관련하여 「형법」 제347조의 죄를 범하여 금고 이상의 실형(집행유예를 포함한다)을 선고받고 그 형이 확정된 경우
17. 그 밖에 민간임대주택으로 계속 임대하는 것이 어렵다고 인정하는 경우로서 대통령령으로 정하는 경우

(2) 등록말소 절차

1) 청 문

시장·군수·구청장은 등록을 말소하는 경우 청문을 하여야 한다. 다만, 앞의 (1)의 등록말소사유 중에서 3. 5. 6.의 경우는 제외한다(법 제6조 제2항).

2) 공 고

시장·군수·구청장은 등록을 말소하면 해당 임대사업자의 명칭과 말소 사유 등 필요한 사항을 공고하여야 한다(법 제6조 제3항).

3) 임차인 통지

임대사업자가 앞의 (1)의 등록말소사유 중에서 3.에 따라 등록말소를 신청하거나 청문 통보를 받은 경우 7일 이내에 그 사실을 임차인에게 통지하여야 한다(법 제6조 제4항).

4) 종전 민간임대주택의 등록말소

종전의 장기일반민간임대주택(임대의무기간 8년) 중 아파트(「주택법」 제2조 제20호의 도시형 생활주택이 아닌 것을 말한다)를 임대하는 민간매입임대주택 및 단기민간임대주택은 임대의무기간이 종료한 날 등록이 말소된다(법 제6조 제5항).

5) 경과조치

앞의 (1) 등록말소사유(5.는 제외한다) 및 위의 4)에 따라 등록이 말소된 경우에는 그 임대사업자(해당 주택을 양도한 경우에는 그 양수한 자)를 이미 체결된 임대차계약의 기간이 끝날 때까지 임차인에 대한 관계에서 이 법에 따른 임대사업자로 본다(법 제6조 제6항).

2. 보증금반환채무를 이행하지 아니한 임대사업자의 공개

(1) 국토교통부장관은 시장・군수・구청장이 앞 1.의 12.에 따라 임대사업자 등록을 말소한 날부터 6개월이 경과하였음에도 불구하고 해당 임대사업자가 반환하지 아니한 보증금이 1억원 이상인 경우 3년간 다음 각 호의 사항을 국토교통부의 인터넷 홈페이지 등 「정보통신망 이용촉진 및 정보보호 등에 관한 법률」 제2조 제1항 제1호에 따른 정보통신망을 이용하여 공개할 수 있다. 다만, 임대사업자가 사망한 경우 등 대통령령으로 정하는 사유가 있는 경우에는 그러하지 아니하다(법 제60조의2 제1항).

> 1. 등록이 말소된 임대사업자의 성명 또는 명칭, 임대사업자 등록번호
> 2. 등록이 말소된 임대주택의 소재지
> 3. 임대사업자 등록 말소사유 및 말소일자

(2) 앞 1.의 12.에 따라 임대사업자 등록을 말소한 시장・군수・구청장은 (1) 각 호의 사항을 대통령령으로 정하는 바에 따라 국토교통부장관에게 제출하여야 한다(법 제60조의2 제2항).

(3) 국토교통부장관은 (1)에 따라 임대사업자의 등록말소 사실을 정보통신망에 공개하려는 경우 해당 임대사업자에게 그 사실을 통지하여야 한다(법 제60조의2 제3항).

(4) 임대사업자는 (3)에 따른 통지를 받은 후 1개월 이내에 국토교통부장관에게 서면으로 이의를 신청할 수 있다(법 제60조의2 제4항).

(5) (1)의 각 호의 사항의 공개 여부를 심의하기 위하여 국토교통부에 임대인정보공개심의위원회를 둔다. 이 경우 임대인정보공개심의위원회의 구성・운영 등에 필요한 사항은 대통령령으로 정한다(법 제60조의2 제5항).

(6) 국토교통부장관은 임대사업자가 보증금을 반환하는 등 대통령령으로 정하는 사유가 발생한 경우에는 (1)의 각 호의 사항을 정보통신망에서 삭제하여야 한다(법 제60조의2 제6항).

(7) (1)에 따른 정보의 공개 절차·방법 및 관리, (3)에 따른 통지 및 (4)에 따른 이의신청의 절차·방법, 그 밖에 필요한 사항은 대통령령으로 정한다(법 제60조의2 제7항).

5 주택임대관리업자의 등록

1. 등록 대상

주택임대관리업을 하려는 자는 시장·군수·구청장에게 등록할 수 있다. 다만, 100호 이상의 범위에서 대통령령으로 정하는 규모 이상으로 주택임대관리업을 하려는 자(국가, 지방자치단체, 「공공기관의 운영에 관한 법률」에 따른 공공기관, 「지방공기업법」에 따른 지방공사는 제외한다)는 등록하여야 한다(법 제7조 제1항).

> "대통령령으로 정하는 규모"란 다음의 구분에 따른 규모를 말한다(영 제6조 제1항).
> 1. 자기관리형 주택임대관리업의 경우: 단독주택은 100호, 공동주택은 100세대
> 2. 위탁관리형 주택임대관리업의 경우: 단독주택은 300호, 공동주택은 300세대

2. 등록의 구분

등록하는 경우에는 자기관리형 주택임대관리업과 위탁관리형 주택임대관리업을 구분하여 등록하여야 한다. 이 경우 자기관리형 주택임대관리업을 등록한 경우에는 위탁관리형 주택임대관리업도 등록한 것으로 본다(법 제7조 제2항).

3. 등록 절차

(1) 등록 신청

주택임대관리업을 등록하려는 자는 신청서에 국토교통부령으로 정하는 서류를 첨부하여 시장·군수·구청장에게 제출하여야 한다(영 제6조 제2항).

(2) 등록증 발급

시장·군수·구청장은 신청서를 받으면 등록기준에 적합한지를 확인한 후 적합하면 등록대장에 올리고 신청인에게 등록증을 발급하여야 한다(영 제6조 제3항).

(3) 등록 사항의 변경 등

① 등록한 자가 등록한 사항을 변경하거나 말소하고자 할 경우 시장・군수・구청장에게 신고하여야 한다. 다만, 자본금의 증가 등 국토교통부령으로 정하는 경미한 사항은 신고하지 아니하여도 된다(법 제7조 제3항).

② 시장・군수・구청장은 ①에 따른 신고를 받은 날부터 5일 이내에 신고수리 여부를 신고인에게 통지하여야 한다(법 제7조 제4항).

③ 시장・군수・구청장이 ②에서 정한 기간 내에 신고수리 여부 또는 민원 처리 관련 법령에 따른 처리기간의 연장을 신고인에게 통지하지 아니하면 그 기간(민원 처리 관련 법령에 따라 처리기간이 연장 또는 재연장된 경우에는 해당 처리기간을 말한다)이 끝난 날의 다음 날에 신고를 수리한 것으로 본다(법 제7조 제5항).

변경신고 및 말소신고

주택임대관리업자는 등록한 사항이 변경된 경우에는 변경 사유가 발생한 날부터 15일 이내에 시장・군수・구청장(변경 사항이 주택임대관리업자의 주소인 경우에는 전입지의 시장・군수・구청장을 말한다)에게 신고하여야 하며, 주택임대관리업을 폐업하려면 폐업일 30일 이전에 시장・군수・구청장에게 말소신고를 하여야 한다(영 제6조 제4항).

4. 주택임대관리업의 등록기준

등록을 하려는 자는 다음의 요건을 갖추어야 한다(법 제8조, 영 제7조 관련 별표1).

(1) 자본금(법인이 아닌 경우 자산평가액을 말한다)이 1억원 이상으로서 대통령령으로 정하는 금액 이상일 것

(2) 주택관리사등 대통령령으로 정하는 전문인력을 보유할 것

(3) 사무실 등 대통령령으로 정하는 시설을 보유할 것

주택임대관리업 구분		자기관리형	위탁관리형
1. 자본금		1억 5천만원 이상	1억원 이상
2. 전문인력	① 변호사, 법무사, 공인회계사, 세무사, 감정평가사, 건축사, 공인중개사, 주택관리사 자격을 취득한 후 각각 해당 분야에 2년 이상 종사한 사람	2명 이상	1명 이상
	② 부동산 관련 분야의 석사 이상의 학위를 취득한 후 부동산 관련 업무에 3년 이상 종사한 사람		
	③ 부동산 관련 회사에서 5년 이상 근무한 사람으로서 부동산 관련 업무에 3년 이상 종사한 사람		
3. 시 설		사무실	

비 고

1. 자본금이란 법인인 경우에는 주택임대관리업을 영위하기 위한 출자금을 말한다.
2. 전문인력이란 옆의 표 2.의 어느 하나에 해당하는 사람으로서 상시 근무하는 사람을 말한다.
3. 부동산 관련 분야란 경영학, 경제학, 법학, 부동산학, 건축학, 건축공학 및 그 밖에 이에 상당하는 분야를 말한다.
4. 부동산 관련 업무란 공인중개업, 주택관리업, 부동산개발업을 하는 법인 또는 개인사무소나 부동산투자회사, 자산관리회사 및 그 밖에 이에 준하는 법인・사무소 등에서 수행하는 부동산의 취득・처분・관리 또는 자문 관련 업무를 말한다.
5. 사무실은 「건축법」 및 그 밖의 건축 관련 법령상의 기준을 충족시키는 건물이어야 한다.

5. 주택임대관리업 등록의 결격사유

다음의 어느 하나에 해당하는 자는 주택임대관리업의 등록을 할 수 없다. 법인의 경우 그 임원 중 다음의 어느 하나에 해당하는 사람이 있을 때에도 또한 같다(법 제9조).

> 1. 파산선고를 받고 복권되지 아니한 자
> 2. 피성년후견인 또는 피한정후견인
> 3. 주택임대관리업의 등록이 말소된 후 2년이 지나지 아니한 자. 이 경우 등록이 말소된 자가 법인인 경우에는 말소 당시의 원인이 된 행위를 한 사람과 대표자를 포함한다.
> 4. 이 법, 「주택법」, 「공공주택 특별법」 또는 「공동주택 관리법」을 위반하여 금고 이상의 실형을 선고받고 집행이 종료(집행이 종료된 것으로 보는 경우를 포함한다)되거나 그 집행이 면제된 날부터 3년이 지나지 아니한 사람
> 5. 이 법, 「주택법」, 「공공주택 특별법」 또는 「공동주택 관리법」을 위반하여 형의 집행유예를 선고받고 그 유예기간 중에 있는 사람

6. 주택임대관리업자의 등록말소 등

(1) 등록말소 사유

시장 · 군수 · 구청장은 주택임대관리업자가 다음의 어느 하나에 해당하면 그 등록을 말소하거나 1년 이내의 기간을 정하여 영업의 전부 또는 일부의 정지를 명할 수 있다. 다만, 다음의 1. 2. 또는 6.에 해당하는 경우에는 그 등록을 말소하여야 한다(법 제10조 제1항).

> 1. 거짓이나 그 밖의 부정한 방법으로 등록을 한 경우
> 2. 영업정지기간 중에 주택임대관리업을 영위한 경우 또는 최근 3년간 2회 이상의 영업정지처분을 받은 자로서 그 정지처분을 받은 기간이 합산하여 12개월을 초과한 경우
> 3. 고의 또는 중대한 과실로 임대를 목적으로 하는 주택을 잘못 관리하여 임대인 및 임차인에게 재산상의 손해를 입힌 경우
> 4. 정당한 사유 없이 최종 위탁계약 종료일의 다음 날부터 1년 이상 위탁계약 실적이 없는 경우
> 5. 법 제8조에 따른 등록기준을 갖추지 못한 경우. 다만, 일시적으로 등록기준에 미달하는 등 대통령령으로 정하는 경우는 그러하지 아니하다.
> 6. 법 제16조 제1항을 위반하여 다른 자에게 자기의 명의 또는 상호를 사용하여 이 법에서 정한 사업이나 업무를 수행하게 하거나 그 등록증을 대여한 경우
> 7. 법 제61조에 따른 보고, 자료의 제출 또는 검사를 거부 · 방해 또는 기피하거나 거짓으로 보고한 경우

(2) 주택임대관리업의 등록말소 등의 기준

① 시장 · 군수 · 구청장은 주택임대관리업 등록의 말소 또는 영업정지 처분을 하려면 처분 예정일 1개월 전까지 해당 주택임대관리업자가 관리하는 주택의 임대인 및 임차인에게 그 사실을 통보하여야 한다(영 제9조 제1항).

② 주택임대관리업 등록의 말소 및 영업정지 처분의 기준은 별표 2와 같다(영 제9조 제2항).

(3) 과징금 부과 등

① 시장 · 군수 · 구청장은 주택임대관리업자가 앞의 등록말소사유 중 임의적 등록말소 사유 즉, (1)의 **3. 4. 5. 7.** 중 어느 하나에 해당하는 경우에는 영업정지를 갈음하여 1천만원 이하의 과징금을 부과할 수 있다(법 제10조 제2항).

② 과징금은 영업정지기간 1일당 3만원을 부과하되, 영업정지 1개월은 30일을 기준으로 한다. 이 경우 과징금은 1천만원을 초과할 수 없다(영 제9조 제3항).

③ 시장 · 군수 · 구청장은 주택임대관리업자가 부과받은 과징금을 기한까지 내지 아니하면 「지방행정제재 · 부과금의 징수 등에 관한 법률」에 따라 징수한다(법 제10조 제3항).

7. 주택임대관리업자의 업무범위

(1) 주택임대관리업자의 업무

주택임대관리업자는 임대를 목적으로 하는 주택에 대하여 다음의 업무를 수행한다(법 제11조 제1항).

1. 임대차계약의 체결 · 해제 · 해지 · 갱신 및 갱신거절 등
2. 임대료의 부과 · 징수 등
3. 임차인의 입주 및 명도 · 퇴거 등(「공인중개사법」 제2조 제3호에 따른 중개업은 제외한다)

(2) 주택임대관리업자의 부수적 업무

주택임대관리업자는 임대를 목적으로 하는 주택에 대하여 부수적으로 다음의 업무를 수행할 수 있다(법 제11조 제2항).

PART 03

1. 시설물 유지·보수·개량 및 그 밖의 주택관리업무
2. 그 밖에 임차인의 주거 편익을 위하여 필요하다고 다음의 대통령령으로 정하는 업무(영 제10조).
   ① 임차인이 거주하는 주거공간의 관리
   ② 임차인의 안전 확보에 필요한 업무
   ③ 임차인의 입주에 필요한 지원 업무

8. 주택임대관리업자의 현황신고

(1) 주택임대관리업자는 분기마다 그 분기가 끝나는 달의 다음 달 말일까지 자본금, 전문인력, 관리 호수 등 다음의 대통령령으로 정하는 정보를 시장·군수·구청장에게 신고하여야 한다. 이 경우 신고받은 시장·군수·구청장은 국토교통부장관에게 이를 보고하여야 한다(법 제12조 제1항, 영 제11조 제1항).

1. 자본금
2. 전문인력
3. 사무실 소재지
4. 위탁받아 관리하는 주택의 호수·세대수 및 소재지
5. 보증보험 가입사항(자기관리형 주택임대관리업을 등록한 자만 해당한다)
6. 계약기간, 관리수수료 등 위·수탁 계약조건에 관한 정보

(2) 현황신고 및 보고 등에 필요한 사항은 대통령령으로 정한다(법 제12조 제2항).

(3) 주택임대관리업자로부터 (1)의 정보를 신고받은 시장·군수·구청장은 신고받은 날부터 30일 이내에 국토교통부장관에게 보고하여야 한다(영 제11조 제2항).

(4) 국토교통부장관은 다음의 정보를 법 제60조 제1항에 따른 임대주택정보체계 등 대통령령으로 정하는 방식에 따라 공개할 수 있다(법 제12조 제3항).

1. (1)의 후단에 따라 보고받은 정보
2. 법 제61조에 따라 보고받은 정보

9. 보증상품의 가입

자기관리형 주택임대관리업을 하는 주택임대관리업자는 임대인 및 임차인의 권리보호를 위하여 보증상품에 가입하여야 한다(법 제14조 제1항).

위·수탁계약서

1. 주택임대관리업자는 주택관리업자의 업무를 위탁받은 경우 위·수탁계약서를 작성하여 주택의 소유자에게 교부하고 그 사본을 보관하여야 한다(법 제13조 제1항).
2. 위·수탁계약서에는 계약기간, 주택임대관리업자의 의무 등 다음의 대통령령으로 정하는 사항이 포함되어야 한다(법 제13조 제2항, 영 제12조).
   ① 관리수수료(위탁관리형 주택임대관리업자만 해당한다)
   ② 임대료(자기관리형 주택임대관리업자만 해당한다)
   ③ 전대료(轉貸料) 및 전대보증금(자기관리형 주택임대관리업자만 해당한다)
   ④ 계약기간
   ⑤ 주택임대관리업자 및 임대인의 권리·의무에 관한 사항
   ⑥ 그 밖에 법 제11조 제1항에 따른 주택임대관리업자의 업무 외에 임대인·임차인의 편의를 위하여 추가적으로 제공하는 업무의 내용
3. 국토교통부장관은 위·수탁계약의 체결에 필요한 표준위·수탁계약서를 작성하여 보급하고 활용하게 할 수 있다(법 제13조 제3항).

보증상품 미가입 주택임대관리업자의 처벌

법 제14조에 따른 보증상품에 가입하지 아니한 주택임대관리업자는 2년 이하의 징역 또는 2천만원 이하의 벌금에 처한다.

10. 자기관리형 주택임대관리업자의 의무

임대사업자인 임대인이 자기관리형 주택임대관리업자에게 임대관리를 위탁한 경우 주택임대관리업자는 위탁받은 범위에서 이 법에 따른 임대사업자의 의무를 이행하여야 한다. 이 경우 벌칙의 적용에 있어서 주택임대관리업자를 임대사업자로 본다(법 제15조).

11. 등록증 대여 등 금지

(1) 주택임대관리업자는 다른 자에게 자기의 명의 또는 상호를 사용하여 이 법에서 정한 업무를 수행하게 하거나 그 등록증을 대여하여서는 아니 된다(법 제16조 제1항).

(2) 주택임대관리업자가 아닌 자는 주택임대관리업 또는 이와 유사한 명칭을 사용하지 못한다(법 제16조 제2항).

03 민간임대주택의 건설

Chapter

단·원·열·기

민간임대주택의 건설부분은 거의 출제빈도가 낮다.
학습방법 : 토지 등의 우선 공급과 임대사업자의 토지 등 수용에 관해 정리하도록 한다.

민간임대주택의 건설

1. 민간임대주택의 건설
2. 토지 등의 우선 공급
3. 간선시설의 우선 설치
4. 「공익사업을 위한 토지 등의 취득 및 보상에 관한 법률」에 관한 특례

1 민간임대주택의 건설

민간임대주택의 건설은 「주택법」 또는 「건축법」에 따른다. 이 경우 관계 법률에서 「주택법」에 따른 사업계획의 승인 또는 「건축법」에 따른 건축허가 등을 준용하는 경우 그 법률을 포함한다(법 제17조).

2 토지 등의 우선 공급

1. 국 · 공유지 우선 공급대상

국가 · 지방자치단체 · 공공기관 또는 지방공사가 그가 소유하거나 조성한 토지를 공급(매각 또는 임대를 말한다)하는 경우에는 「주택법」 제30조에도 불구하고 민간임대주택을 건설하려는 임대사업자에게 우선적으로 공급할 수 있다(법 제18조 제1항).

2. 공공지원 임대주택용 등 토지공급

(1) 토지공급의 주체

국가 · 지방자치단체 · 공공기관 또는 지방공사가 공공지원민간임대주택 건설용으로 토지를 공급하거나 종전부동산을 보유하고 있는 공공기관(같은 법 제43조 제3항의 매입공공기관을 포함한다)이 공공지원임대주택 건설용으로 종전부동산을 매각하는 경우에는 「택지개발촉진법」, 「혁신도시 조성 및 발전에 관한 특별법」 등 관계 법령에도 불구하고 추첨, 자격 제한, 수의계약 등 대통령령으로 정하는 방법 및 조건에 따라 공급할 수 있다(법 제18조 제2항).

(2) 국가 · 지방자치단체 · 한국토지주택공사 또는 지방공사의 우선 공급의무

① 국가 · 지방자치단체 · 한국토지주택공사 또는 지방공사는 그가 조성한 토지 중 1% 이상의 범위에서 대통령령으로 정하는 비율(3%) 이상을 임대사업자[소속 근로자에게 임대하기 위하여 민간임대주택을 건설하려는 고용자(법인에 한정한다)로서 임대사업자로 등록한 자를 포함한다]에게 우선 공급하여야 한다. 다만, 해당 토지는 2개 단지 이상의 공동주택용지 공급계획이 포함된 경우로서 대통령령으로 정하는 규모(15만m^2) 이상이어야 한다(법 제18조 제3항, 영 제14조 제5항).

② 국가 · 지방자치단체 · 한국토지주택공사 또는 지방공사는 그가 조성한 토지 중 3% 이상을 임대사업자에게 우선 공급해야 한다. 다만, 조성한 토지가 50만m^2 이상인 경우로서 토지를 조성한 목적 및 해당 지역의 주택 수요 등을 고려하여 국토교통부장관이 1% 이상 3% 미만으로 그 비율을 달리 정하여 고시하는 경우에는 그 비율에 해당하는 토지를 우선 공급해야 한다(영 제14조 제4항).

(3) 토지 등을 공급받은 자의 의무

앞의 1. 및 2.의 (1), (2)까지의 규정에 따라 토지 및 종전부동산(이하 "토지 등"이라 한다)을 공급받은 자는 토지 등을 공급받은 날부터 4년 이하의 범위에서 대통령령으로 정하는 기간(2년) 이내에 민간임대주택을 건설하여야 한다(법 제18조 제4항, 영 제14조 제6항).

(4) 의무 불이행시 환매 또는 임대계약 취소

① 위 (3)에도 불구하고 민간임대주택을 건설하지 아니한 경우 토지 등을 공급한 자는 대통령령으로 정하는 기준과 절차에 따라 토지 등을 환매하거나 임대차계약을 해제 또는 해지할 수 있다(법 제18조 제5항).

② 1. 및 2.의 (1), (2)에 따라 규정에 따라 토지 등을 공급하는 자는 그 토지 등을 공급한 날부터 2년 이내에 민간임대주택 건설을 착공하지 아니하면 그 토지 등을 환매하거나 임대차계약을 해제 · 해지할 수 있다는 특약 조건을 붙여 공급하여야 한다. 이 경우 환매 특약은 등기하여야 한다(영 제15조 제1항).

③ 1. 및 2.의 (1), (2)에 따라 토지 등을 공급받은 자는 그 토지에 민간임대주택 건설을 착공하면 그 사실을 증명하는 서류를 첨부하여 토지 등을 공급한 자에게 통지하여야 한다(영 제15조 제2항).

용적률의 완화로 건설되는 주택의 공급 등

승인권자 등이 임대사업자의 사업계획승인 또는 건축허가 신청 당시 30호 이상으로서 대통령령으로 정하는 호수(30호 또는 30세대) 이상의 공공지원민간임대주택을 건설하는 사업에 대하여 「국토의 계획 및 이용에 관한 법률」에 따라 해당 지방자치단체의 조례로 정한 용적률 또는 지구단위계획으로 정한 용적률(이하 "기준용적률"이라 한다)보다 완화된 제21조 제2호에 따른 용적률(이하 "완화용적률"이라 한다)을 적용하는 경우 승인권자 등은 시 · 도지사 및 임대사업자와 협의하여 임대사업자에게 다음 각 호의 어느 하나에 해당하는 조치를 명할 수 있다. 다만, 다른 법령에서 임대사업자에게 부여한 이행 부담이 있는 경우에는 본문에 따른 조치를 감면하여야 한다(법 제21조의2 제1항, 영 제17조의2, 영 제17조의4).

1. 임대사업자는 완화용적률에서 기준용적률을 뺀 용적률의 50% 이하의 범위에서 해당 지방자치단체의 조례로 정하는 비율을 곱하여 증가하는 면적에 해당하는 임대주택을 건설하여 시 · 도지사에게 공급하여야 한다. 이 경우 주택의 공급가격은 「공공주택 특별법」 제50조의3 제1항에 따른 공공건설임대주택의 분양전환가격 산정기준에서 정하는 건축비로 하고, 그 부속토지는 시 · 도지사에게 기부채납한 것으로 본다.
2. 임대사업자는 완화용적률에서 기준용적률을 뺀 용적률의 50% 이하의 범위에서 해당 지방자치단체의 조례로 정하는 비율을 곱하여 증가하는 면적에 해당하는 주택의 부속토지에 해당하는 가격을 시 · 도지사에게 현금으로 납부하여야 한다. 이 경우 토지의 가격은 사업계획승인 또는 건축허가 신청 당시 표준지공시지가를 기준으로 「감정평가 및 감정평가사에 관한 법률」 제2조 제4호에 따른 감정평가법인등(이하 "감정평가법인등"이라 한다)이 평가한 금액으로 한다.

④ 앞의 (1)에서 (3)까지의 규정에 따라 토지 등을 공급한 자는 토지 등을 공급한 날부터 1년 6개월 이내에 그 토지 등을 공급받은 자로부터 통지가 없는 경우에는 그 토지등을 공급받은 자에게 지체 없이 착공할 것을 촉구하여야 한다(영 제15조 제3항).

(5) 공공지원민간임대주택 또는 장기일반민간임대주택의 우선 공급

「주택법」 제54조에 따른 사업주체가 주택을 공급하는 경우에는 같은 조 제1항에도 불구하고 그 주택을 공공지원민간임대주택 또는 장기일반민간임대주택으로 운영하려는 임대사업자에게 주택(같은 법 제57조에 따른 분양가상한제 적용주택은 제외한다) 전부를 우선적으로 공급할 수 있다(법 제18조 제6항).

3 간선시설의 우선 설치

「주택법」 제28조에 따라 간선시설(幹線施設)을 설치하는 자는 민간임대주택 건설사업이나 민간임대주택 건설을 위한 대지조성사업에 필요한 간선시설을 다른 주택건설사업이나 대지조성사업보다 우선하여 설치하여야 한다(법 제19조).

4 「공익사업을 위한 토지 등의 취득 및 보상에 관한 법률」에 관한 특례

1. 임대사업자의 토지 등 수용 요건

임대사업자가 전용면적 85m² 이하의 민간임대주택을 100호 이상의 범위에서 대통령령으로 정하는 호수(즉, 단독주택의 경우에는 100호, 공동주택의 경우에는 100세대) 이상 건설하기 위하여 사업 대상 토지 면적의 80% 이상을 매입한 경우(토지 소유자로부터 매입에 관한 동의를 받은 경우를 포함한다)로서 나머지 토지를 취득하지 아니하면 그 사업을 시행하기가 현저히 곤란해질 사유가 있는 경우에는 시·도지사에게 「공익사업을 위한 토지 등의 취득 및 보상에 관한 법률」 제4조 제5호에 따른 지정을 요청할 수 있다. 이 경우 요청절차, 제출서류 등 필요한 사항은 대통령령으로 정한다(법 제20조 제1항).

---

3. 법 제21조의2 제1항에 따라 임대사업자가 납부한 현금은 「주택법」 제84조에 따라 설치되는 국민주택사업특별회계의 재원으로 귀속된다(법 제21조의2 제2항).

토지의 가격 산정 절차 및 납부방법 등

1. 법 제21조의2 제1항 제2호 후단에 따라 토지의 가격을 평가하는 데 드는 비용은 임대사업자와 시·도지사가 각각 50%씩 부담한다(영 제17조의3 제1항).
2. 시·도지사는 감정평가법인등이 평가한 금액이 통보된 날부터 60일 이내에 같은 호 전단에 따라 현금으로 납부해야 하는 토지의 가격과 부담해야 하는 비용을 임대사업자에게 부과해야 한다(영 제17조의3 제2항).
3. 임대사업자는 부과된 금액을 해당 주택의 사용검사 또는 사용승인 신청시까지 납부하여야 한다(영 제17조의3 제3항).

용도지역의 변경 결정을 통하여 건설되는 주택의 공급 등

공공지원민간임대주택의 공급 확대를 위하여 「국토의 계획 및 이용에 관한 법률」 제30조에 따라 해당 용도지역을 용적률이 완화되는 용도지역으로 변경 결정하고 사업계획승인 또는 건축허가를 하는 경우 임대주택의 건설, 공급, 부속토지의 현금 납부, 복합지원시설의 설치 등에 관하여는 제21조의2를 준용한다. 이 경우 "기준용적률"은 "용도지역 변경 전에 조례 또는 지구단위계획에서 정한 용적률"로, "완화용적률"은 "용도지역 변경 후 승인권자등이 사업계획승인 또는 건축허가시 적용한 용적률"로 본다(법 제21조의3).

2. 임대사업자의 특례

공익사업자 지정을 받은 임대사업자가 「주택법」에 따른 사업계획승인을 받으면 「공익사업을 위한 토지 등의 취득 및 보상에 관한 법률」에 따른 사업인정을 받은 것으로 본다. 다만, 재결신청(裁決申請)은 「공익사업을 위한 토지 등의 취득 및 보상에 관한 법률」에도 불구하고 사업계획승인을 받은 주택건설사업 기간에 할 수 있다(법 제20조 제2항).

「국토의 계획 및 이용에 관한 법률」 등에 관한 특례

「주택법」에 따른 사업계획승인권자 또는 「건축법」에 따른 허가권자(이하 "승인권자등"이라 한다)는 임대사업자가 공공지원민간임대주택을 건설하기 위하여 사업계획승인을 신청하거나 건축허가를 신청하는 경우에 관계 법령에도 불구하고 다음에 따라 완화된 기준을 적용할 수 있다. 다만, 공공지원민간임대주택과 공공지원민간임대주택이 아닌 시설을 같은 건축물로 건축하는 경우 전체 연면적 대비 공공지원민간임대주택 연면적의 비율이 50% 이상의 범위에서 대통령령으로 정하는 비율(50%) 이상인 경우에 한정한다(법 제21조, 영 제17조 제1항 · 제2항).

1. 「국토의 계획 및 이용에 관한 법률」 제77조에 따라 조례로 정한 건폐율에도 불구하고 같은 조 및 관계 법령에 따른 건폐율의 상한까지 완화
2. 「국토의 계획 및 이용에 관한 법률」 제52조에 따라 지구단위계획에서 정한 용적률 또는 같은 법 제78조에 따라 조례로 정한 용적률에도 불구하고 같은 조 및 관계 법령에 따른 용적률의 상한까지 완화
3. 「건축법」 제2조 제2항에 따른 건축물의 층수 제한을 대통령령으로 정하는 바에 따라 완화 즉, 연립주택과 다세대주택에 대하여 건축위원회의 심의를 받은 경우에는 주택으로 쓰는 층수를 5층까지 건축할 수 있다.

PART 03

Chapter 04

공급촉진지구

단·원·열·기

공공지원민간임대주택 공급촉진지구 지정, 촉진지구의 토지 등의 수용 또는 사용요건 등이 출제되고 있다.
학습방법 : 공공지원민간임대주택 공급촉진지구 지정절차를 이해한 다음, 촉진지구의 토지 등의 수용 또는 사용요건 시행자 등으로 정리하도록 한다.

01 공공지원민간임대주택 공급촉진지구

1 촉진지구의 지정

1. 지정권자

(1) 시·도지사는 공공지원민간임대주택이 원활하게 공급될 수 있도록 공공지원민간임대주택 공급촉진지구(이하 "촉진지구"라 한다)를 지정할 수 있다. 이 경우 촉진지구는 다음의 요건을 모두 갖추어야 한다(법 제22조 제1항, 영 제18조 제1항).

1. 촉진지구에서 건설·공급되는 전체 주택 호수의 50% 이상이 공공지원민간임대주택으로 건설·공급될 것
2. 촉진지구의 면적은 5천m^2 이상의 범위에서 대통령령으로 정하는 면적 이상일 것. 다만, 역세권 등에서 촉진지구를 지정하는 경우 1천m^2 이상의 범위에서 해당 지방자치단체가 조례로 정하는 면적 이상이어야 한다.
   (1) 「국토의 계획 및 이용에 관한 법률」에 따른 도시지역의 경우 : 5천m^2
   (2) 도시지역과 인접한 다음 각 지역의 경우 : 2만m^2
      ① 도시지역과 경계면이 접한 지역
      ② 도시지역과 경계면이 도로, 하천 등으로 분리되어 있으나 도시지역의 도로, 상하수도, 학교 등 주변 기반시설의 연결 또는 활용이 적합한 지역
   (3) 부지에 도시지역과 (2)의 어느 하나에 해당하는 지역이 함께 포함된 경우 : 2만m^2
   (4) 그 밖의 지역의 경우 : 10만m^2
3. 유상공급 토지면적(도로, 공원 등 관리청에 귀속되는 공공시설 면적을 제외한 면적을 말한다) 중 주택건설 용도가 아닌 토지로 공급하는 면적이 유상공급 토지면적의 50%를 초과하지 아니할 것

(2) 시・도지사는 (1)에 따라 촉진지구를 지정한 경우에는 국토교통부장관에게 보고하여야 한다(영 제18조 제3항).

2. 국토교통부장관의 지정

(1) 국토교통부장관은 1.의 규정에도 불구하고 국민의 주거안정을 위하여 공공지원민간임대주택을 건설・공급할 필요가 있는 경우에는 촉진지구를 지정할 수 있다(법 제22조 제3항).

(2) 국토교통부장관은 (1)에 따라 다음의 어느 하나에 해당하는 경우에는 촉진지구를 지정할 수 있다(영 제18조 제4항).

> 1. 둘 이상의 특별시・광역시・특별자치시・도에 걸쳐 촉진지구를 지정하는 경우(관계 시・도지사 간 협의가 이루어지지 아니하여 관계 시・도지사가 국토교통부장관에게 촉진지구의 지정을 요청하는 경우를 포함한다)
> 2. 그 밖에 국민의 주거안정을 위하여 공공지원민간임대주택을 건설・공급할 필요가 있는 경우

촉진지구 지정에 필요한 사항
촉진지구의 지정기준, 지정절차 등 필요한 사항은 대통령령으로 정한다(법 제22조 제4항).

PART 03

2 시행자

1. 시행자 지정

(1) 촉진지구를 지정할 수 있는 자(이하 "지정권자"라 한다)는 다음의 자 중에서 공공지원민간임대주택개발사업의 시행자(이하 "시행자"라 한다)를 지정한다(법 제23조 제1항).

> 1. 촉진지구에서 국유지・공유지를 제외한 토지 면적의 50% 이상에 해당하는 토지를 소유한 임대사업자
> 2. 「공공주택 특별법」 제4조 제1항에 해당하는 자(즉, 다음의 공공주택사업자를 말한다).
>   ① 국가 또는 지방자치단체
>   ② 「한국토지주택공사법」에 따른 한국토지주택공사
>   ③ 「지방공기업법」 제49조에 따라 주택사업을 목적으로 설립된 지방공사
>   ④ 「공공기관의 운영에 관한 법률」 제5조에 따른 공공기관 중 대통령령으로 정하는 기관
>   ⑤ ①부터 ④까지의 규정 중 어느 하나에 해당하는 자가 총지분의 100분의 50을 초과하여 출자・설립한 법인

> ⑥ 주택도시기금 또는 ①부터 ④까지의 규정 중 어느 하나에 해당하는 자가 총지분의 전부를 출자(공동으로 출자한 경우를 포함한다)하여 「부동산투자회사법」에 따라 설립한 부동산투자회사

(2) 지정권자는 촉진지구 조성사업의 시행자를 지정하는 경우 (1)의 각 호에 해당하는 자를 공동시행자로 지정할 수 있다(법 제23조 제3항).

2. 공공지원민간임대주택 개발사업의 범위

시행자가 할 수 있는 공공지원민간임대주택 개발사업의 범위는 다음과 같다. 다만, 공공주택사업자는 주택건설사업 중 공공지원민간임대주택 건설사업을 시행할 수 없다(법 제23조 제2항).

> 1. 촉진지구 조성사업
> 2. 공공지원민간임대주택 건설사업 등 주택건설사업

토지를 소유한 임대사업자가 촉진지구지정을 제안하는 경우

촉진지구 안에서 국유지·공유지를 제외한 토지 면적의 50% 이상에 해당하는 토지를 소유한 임대사업자가 제안하는 촉진지구를 지정하기 위하여 「국토의 계획 및 이용에 관한 법률」에 따른 도시·군기본계획의 변경이 필요한 경우 시·도지사는 공청회, 지방의회 의견청취 등을 동시에 실시하여 90일 이내에 변경 여부를 결정하여야 한다(법 제30조 제1항, 영 제25조).

3. 촉진지구지정 제안

(1) 앞 1.의 (1)의 각 호에 해당하는 자 또는 촉진지구 안에서 국유지·공유지를 제외한 토지면적의 50% 이상에 해당하는 토지소유자의 동의를 받은 자는 지정권자에게 촉진지구의 지정을 제안할 수 있다. 이 경우 지정권자는 그 지정을 제안한 자가 촉진지구 안에서 국유지·공유지를 제외한 토지 면적의 50% 이상에 해당하는 토지를 소유한 임대사업자의 요건을 갖춘 경우에 우선적으로 시행자로 지정할 수 있다(법 제23조 제4항).

(2) 그 밖에 촉진지구 지정·변경 및 해제의 제안절차, 제출서류, 동의자 수의 산정방법 및 동의절차 등에 필요한 사항은 국토교통부령으로 정한다(법 제23조 제7항).

4. 시행자 변경

지정권자는 다음의 어느 하나에 해당하는 경우에는 시행자를 변경할 수 있다(법 제23조 제5항).

> 1. 시행자가 출자한 「부동산투자회사법」 제2조 제1호에 따른 부동산투자회사로 시행자 변경을 요청하는 경우
> 2. 시행자의 부도·파산, 사정 변경 등 대통령령으로 정하는 사유로 촉진지구 사업 추진이 곤란하여 시행자를 공공기관 또는 지방공사로 변경하는 경우
> 3. 법 제40조 제1항에 따라 지구계획 승인이 취소되어 시행자를 공공기관 또는 지방공사로 변경하는 경우

5. 복합지원시설의 건설 및 운영

공공주택사업자가 시행자인 경우 지정권자는 촉진지구에 복합지원시설을 건설·운영하도록 요청할 수 있다. 이 경우 시행자는 대통령령으로 정하는 바에 따라 복합지원시설의 설치·운영계획을 수립하여야 한다(법 제23조 제6항).

3 촉진지구의 지정 절차

1. 주민 등의 의견 청취

(1) 지정권자는 촉진지구를 지정하려면 대통령령으로 정하는 바에 따라 주민 및 관계 전문가 등의 의견을 들어야 한다. 촉진지구 면적 등 대통령령으로 정하는 중요 사항을 변경하는 경우에도 또한 같다(법 제25조 제1항).

1) 촉진지구를 지정할 수 있는 자(이하 "지정권자"라 한다)는 촉진지구 지정에 관하여 주민 및 관계 전문가 등의 의견을 들으려면 관계 서류의 사본을 해당 지역을 관할하는 시장·군수·구청장에게 보내야 한다(영 제20조 제1항).

2) 서류를 받은 시장·군수·구청장은 지체 없이 다음 각 사항을 해당 지방자치단체의 공보 및 인터넷 홈페이지 등에 공고하고, 공고한 날부터 14일 이상의 기간 동안 일반인이 그 서류를 열람하게 하여야 한다(영 제20조 제2항).

> 1. 촉진지구의 명칭, 위치 및 면적
> 2. 관계 서류의 열람기간 및 열람방법

"대통령령으로 정하는 중요사항을 변경하는 경우"란 다음의 어느 하나에 해당하는 경우를 말한다(영 제20조의2 제1항).

1. 법 제23조 제5항에 따라 시행자를 변경하는 경우
2. 법 제26조 제1항에 따라 고시된 촉진지구의 면적이 10%를 초과하여 증가하거나 감소하는 경우

(2) 지정권자는 주민 및 관계 전문가 등 의견청취와 「환경영향평가법」에 따른 전략환경영향평가를 위한 주민 등의 의견수렴을 동시에 할 수 있다(법 제25조 제2항).

2. 협 의

(1) 지정권자가 촉진지구를 지정하는 경우에는 관계 중앙행정기관의 장 및 관할 지방자치단체의 장과 협의하여야 한다. 촉진지구를 변경하는 경우에도 또한 같다(법 제24조 제1항).

(2) 지정권자가 협의를 하는 경우 다음에서 정한 협의를 별도로 하여야 한다. 이 경우 협의기간은 30일 이내로 한다(법 제24조 제2항).

> 1. 「환경영향평가법」에 따른 전략환경영향평가 협의(「자연환경보전법」에 따른 자연경관영향 협의를 포함한다)
> 2. 「자연재해대책법」에 따른 재해영향평가등에 관한 협의

주거지역에서 촉진지구 지정 또는 변경시 심의 생략

지정권자는 주거지역 안에서 10만㎡ 이하의 촉진지구를 지정 또는 변경하는 경우에는 중앙도시계획위원회 또는 시·도도시계획위원회의 심의를 생략할 수 있다(법 제33조 제3항, 영 제30조 제1항).

3. 심 의

지정권자가 촉진지구를 지정하려면 「국토의 계획 및 이용에 관한 법률」에 따른 중앙도시계획위원회 또는 시·도도시계획위원회의 심의를 거쳐야 하며, 이 경우 같은 법 제8조 및 제9조는 적용하지 아니한다. 다만, 다음의 대통령령으로 정하는 경미한 사항은 심의를 거치지 아니하여도 된다(법 제24조 제3항, 영 제19조).

> 1. 촉진지구 면적을 10% 범위에서 증감하는 경우
> 2. 측량 결과에 따라 착오 또는 누락된 면적을 정정하는 경우

4. 지정 · 고시

지정권자는 촉진지구를 지정한 경우 위치·면적, 시행자, 사업의 종류, 수용 또는 사용할 「공익사업을 위한 토지 등의 취득 및 보상에 관한 법률」에서 정하는 토지·물건 및 권리(이하 "토지 등"이라 한다)의 세목 등을 대통령령으로 정하는 바에 따라 관보 또는 공보에 고시하고, 관계 서류의 사본을 시장·군수·구청장에게 송부하여야 하며 「토지이용규제 기본법」에 따라 지형도면을 고시하여야 한다. 촉진지구를 변경하는 경우에도 또한 같다(법 제26조 제1항).

5. 일반 열람

관계 서류의 사본을 송부받은 시장 · 군수 · 구청장은 이를 일반인이 열람할 수 있도록 하여야 한다(법 제26조 제2항).

4 촉진지구 지정 · 고시의 효력

1. 행위허가

(1) 행위허가권자

앞의 지정절차 중 촉진지구의 지정 또는 변경에 관한 주민 등의 의견청취 공고 등이 있는 지역 및 촉진지구 내에서 건축물의 건축 등 대통령령으로 정하는 행위를 하고자 하는 자는 시장 · 군수 · 구청장의 허가를 받아야 한다. 허가받은 사항을 변경하는 경우에도 또한 같다(법 제26조 제3항).

(2) 행위허가의 대상 등

1) 촉진지구의 지정에 관한 주민 등의 의견청취 공고 등이 있는 지역 및 촉진지구 내에서 다음의 어느 하나에 해당하는 행위를 하려는 자는 시장 · 군수 · 구청장의 허가를 받아야 한다(영 제22조 제1항).

> ① 건축물의 건축 등: 「건축법」에 따른 건축물(가설건축물을 포함한다)의 건축, 대수선 또는 용도 변경
> ② 인공 시설물의 설치: 인공을 가하여 제작한 시설물(「건축법」에 따른 건축물은 제외한다)의 설치
> ③ 토지의 형질변경: 절토, 성토, 정지, 포장 등의 방법으로 토지의 형상을 변경하는 행위, 토지의 굴착 또는 공유수면의 매립 행위
> ④ 토석의 채취: 흙, 모래, 자갈, 바위 등의 토석을 채취하는 행위(③에 따른 토지의 형질변경을 목적으로 하는 경우는 제외한다)
> ⑤ 토지의 분할 · 합병
> ⑥ 물건을 쌓아 놓는 행위: 옮기기 쉽지 아니한 물건을 1개월 이상 쌓아 놓는 행위
> ⑦ 죽목을 베거나 심는 행위

2) 시장 · 군수 · 구청장은 1)의 행위에 대한 허가를 하려는 경우에 시행자가 있으면 미리 그 시행자의 의견을 들어야 한다(영 제22조 제2항).

(3) 행위허가 없이 할 수 있는 행위

다음의 어느 하나에 해당하는 행위는 행위허가의 규정에도 불구하고 허가를 받지 아니하고 할 수 있다(법 제26조 제4항).

> 1. 재해복구 또는 재난수습에 필요한 응급조치를 위하여 하는 행위
> 2. 그 밖에 경작을 위한 토지의 형질 변경 등 다음의 대통령령으로 정하는 행위 즉, 다음의 어느 하나에 해당하는 행위로서 「국토의 계획 및 이용에 관한 법률」에 따른 개발행위허가의 대상이 아닌 것을 말한다(영 제22조 제3항).
>   ① 경작을 위한 토지의 형질변경
>   ② 농림수산물의 생산에 직접 이용되는 것으로서 국토교통부령으로 정하는 간이공작물의 설치
>   ③ 촉진지구의 개발에 지장을 주지 아니하고 자연경관을 해치지 아니하는 범위에서의 토석 채취
>   ④ 촉진지구에 존치하기로 결정된 대지에 물건을 쌓아놓는 행위
>   ⑤ 관상용 죽목을 임시로 심는 행위(경작지에 임시로 심는 경우는 제외한다)

(4) 경과조치

행위허가를 받아야 하는 행위로서 촉진지구 지정을 위한 주민과 관계전문가의 의견청취 공고 당시 또는 촉진지구의 지정 · 고시 당시에 이미 관계 법령에 따라 행위허가를 받았거나 그 공사 또는 사업에 착수한 자는 대통령령으로 정하는 바에 따라 시장 · 군수 · 구청장에게 신고한 후 이를 계속 시행할 수 있다(법 제26조 제5항).

(5) 행위허가 위반시 조치

시장 · 군수 · 구청장은 행위허가규정을 위반한 자에 대하여 원상회복을 명할 수 있다. 이 경우 명령을 받은 자가 그 의무를 이행하지 아니하는 때에는 「행정대집행법」에 따라 대집행할 수 있다(법 제26조 제6항).

2. 도시지역 및 지구단위계획구역 결정 · 고시 의제

촉진지구가 지정 · 고시된 경우 「국토의 계획 및 이용에 관한 법률」에 따른 도시지역과 지구단위계획구역으로 결정되어 고시된 것으로 본다(법 제26조 제9항).

5 촉진지구 지정의 해제

1. 촉진지구지정 해제의 사유

지정권자는 다음의 어느 하나에 해당하는 경우에는 촉진지구의 지정을 해제할 수 있다(법 제27조 제1항).

> 1. 촉진지구가 지정고시된 날부터 2년 이내에 법 제28조에 따른 지구계획 승인을 신청하지 아니하는 경우
> 2. 공공지원민간임대주택 개발사업이 완료된 경우

2. 촉진지구지정 해제 · 고시 및 통보와 공람 등

촉진지구의 지정이 해제되는 경우 지정권자는 대통령령으로 정하는 바에 따라 관보 또는 공보에 고시하여야 한다(법 제27조 제2항).

3. 촉진지구지정의 해제 · 고시의 효과

촉진지구가 지정고시된 날부터 2년 이내에 지구계획 승인을 신청하지 아니하는 경우로서 촉진지구가 해제고시된 경우 「국토의 계획 및 이용에 관한 법률」에 따른 용도지역 · 용도지구 · 용도구역, 지구단위계획구역 및 도시 · 군계획시설은 각각 지정 당시로 환원된 것으로 본다. 다만, 해제하는 당시 이미 사업이나 공사에 착수한 경우 등 해제 고시에서 별도로 정하는 도시 · 군계획시설은 그 사업이나 공사를 계속할 수 있다(법 제27조 제3항).

02 공공지원민간임대주택 공급촉진지구계획

1 지구계획승인 등

1. 지구계획의 내용

시행자는 대통령령으로 정하는 바에 따라 다음의 내용을 포함한 공공지원민간임대주택 공급촉진지구계획(이하 "지구계획"이라 한다)을 작성하여 지정권자의 승인을 받아야 한다. 승인받은 지구계획을 변경(단, 시행자의 소재지 변경 등 대통령령으로 정하는 경미한 사항의 변경은 제외한다)하는 경우에도 또한 같다(법 제28조 제1항).

1. 지구계획의 개요
2. 사업시행자의 성명 또는 명칭(주소와 대표자의 성명을 포함한다)
3. 사업 시행기간 및 재원조달 계획
4. 토지이용계획 및 개략설계도서
5. 인구 · 주택 수용계획
6. 교통 · 공공 · 문화체육시설 등을 포함한 기반시설 설치 계획
7. 환경보전 및 탄소저감 등 환경계획
8. 그 밖에 지구단위계획 등 대통령령으로 정하는 사항

2. 기반시설확보를 위한 비용 부담

지정권자는 지구계획에 따른 기반시설 확보를 위하여 필요한 부지 또는 설치비용의 전부 또는 일부를 시행자에게 부담시킬 수 있다. 이 경우 기반시설의 부지 또는 설치비용의 부담은 건축제한의 완화에 따른 토지가치상승분(감정평가법인등이 건축제한 완화 전 · 후에 대하여 각각 감정평가한 토지가액의 차이를 말한다)을 초과하지 아니하도록 한다(법 제28조 제2항).

3. 지구계획의 승인절차

(1) 관계 행정기관의 장과 사전 협의

지정권자는 관련 법률의 각 법률에 따른 인 · 허가 등 어느 하나에 해당하는 사항이 포함되어 있는 지구계획을 승인하고자 하는 경우에는 시행자가 제출한 관계 서류를 첨부하여 미리 관계 행정기관의 장과 협의하여야 한다. 이 경우 관계 행정기관의 장은 협의요청을 받은 날부터 30일 이내에 의견을 제출하여야 하며 같은 기간 이내에 의견제출이 없는 경우에는 의견이 없는 것으로 본다(법 제29조 제3항).

(2) 심 의

지정권자가 지구계획을 승인하는 경우 시행자의 요청이 있으면 공공지원민간임대주택 통합심의위원회의 심의를 거쳐야 한다(법 제28조 제3항).

(3) 지구계획의 승인고시 및 서류송부와 열람 등

① 지정권자가 앞의 1.에 따라 지구계획을 승인 또는 변경승인하려는 경우에는 관할 지방자치단체의 장의 의견을 들어야 한다. 시행자가 미리 관할 지방자치단체의 장과 협의한 경우에는 그러하지 아니하다(법 제28조 제4항).

통합심의위원회

1. **설치**: 지정권자는 도시계획 · 건축 · 환경 · 교통 · 재해 등 지구계획 승인과 관련된 사항을 검토 및 심의하기 위하여 공공지원민간임대주택 통합심의위원회(이하 "통합심의위원회"라 한다)를 둔다(법 제32조 제1항).
2. **통합심의위원회의 구성**
   ① 위원의 수 : 통합심의위원회는 위원장 1명, 부위원장 1명을 포함하여 24명 이내의 위원으로 구성한다(법 제32조 제2항).
   ② 위원의 구성 : 통합심의위원회의 위원은 다음의 사람이 되고, 위원장은 다음의 ㉡에 해당하는 사람 중 위원들이 호선하는 사람으로 한다(법 제32조 제3항).
   ㉠ 국토교통부, 관계 행정기관(법 제24조 제1항에 따라 사전협의를 거치는 기관을 말한다) 및 지정권자 소속의 관계 부서의 장으로서 대통령령(영 제27조 제1항)으로 정하는 공무원. 즉, 지정권자가 소속 공무원 중에서 직접 임명하거나 국토교통부장관 또는 관계 행정기관의 장이 추천하여 임명하는 5급 이상의 공무원을 말한다.
   ㉡ 도시계획 · 건축 · 교통 · 환경 · 재해 분야 등의 전문가로서 택지개발 및 주택사업에 관한 학식과 경험이 풍부한 사람 중 지정권자가 위촉하는 사람
   ㉢ 중앙도시계획위원회(국토교통부장관이 촉진지구를 지정한 경우에 한정한다) 및 시 · 도도시계획위원회의 위원 중 도시계획전문가 · 설계전문가 · 환경전문가 각 1명 이상을 포함하여 해당 위원회의 위원장이 추천하는 사람

② ①에 따른 의견을 요청받은 관할 지방자치단체의 장은 요청받은 날부터 30일 내에 의견을 제출하여야 하며, 그 기간 동안 의견을 제출하지 아니하면 의견이 없는 것으로 본다(법 제28조 제5항).

③ 지정권자는 지구계획을 승인한 때에는 대통령령으로 정하는 바에 따라 관보 또는 공보에 고시하고, 관계 서류의 사본을 시장·군수·구청장에게 송부하여야 하며, 이를 송부받은 시장·군수·구청장은 이를 일반인이 열람할 수 있도록 하여야 한다(법 제28조 제6항).

④ 관계 서류의 사본을 송부받은 시장·군수·구청장은 관계 서류에 도시·군관리계획결정사항이 포함되어 있는 경우에는 「국토의 계획 및 이용에 관한 법률」 제32조 및 「토지이용규제 기본법」에 따라 지형도면 작성에 필요한 조치를 하여야 한다. 이 경우 시행자는 지형도면 고시에 필요한 서류를 시장·군수·구청장에게 제출하여야 한다(법 제28조 제7항).

2 지구계획승인고시의 효력

1. 다른 법률에 따른 인·허가 등의 의제

지구계획의 승인·고시 또는 변경승인·변경승인고시가 있는 때에는 「국토의 계획 및 이용에 관한 법률」에 따른 도시·군관리계획의 결정, 지구단위계획의 결정, 개발행위의 허가, 도시·군계획시설사업의 시행자의 지정, 실시계획의 작성 및 인가, 토지거래계약에 관한 허가 등을 비롯하여 29개의 관련 법률의 각 호의 승인·허가·인가·결정·신고·지정·면허·협의·동의·해제·심의 등(이하 "인·허가 등"이라 한다)을 받은 것으로 보며, 지구계획 승인고시 또는 변경승인고시가 있는 때에는 관련 법률에 따른 인·허가 등의 고시 또는 공고가 있는 것으로 본다(법 제29조 제1항).

2. 시행자의 서류 제출

시행자는 관련 법률에 따른 인·허가등의 의제를 받으려는 경우에는 해당 법률에서 정하는 서류를 제출하여야 한다(법 제29조 제2항).

ⓓ 「국가통합교통체계효율화법」에 따른 국가교통위원회의 또는 지방교통위원회의 위원 중 해당 위원회의 위원장이 추천하는 사람
ⓔ 「도시교통정비 촉진법」에 따른 교통영향평가심의위원회의 위원중 해당 위원회의 위원장이 추천하는 사람
ⓕ 「산지관리법」에 따라 해당 주택지구에 속한 산지의 이용계획에 대하여 심의권한을 가진 산지관리위원회의 위원 중 해당 위원회의 위원장이 추천하는 사람
ⓖ 「에너지이용 합리화법」에 따른 에너지사용계획에 대하여 심의권한을 가진 위원회의 위원 중 해당 위원회의 위원장이 추천하는 사람
ⓗ 「자연재해대책법」에 따른 재해영향평가심의위원회의 위원 중 해당 위원회의 위원장이 추천하는 사람
ⓘ 「교육환경보호에 관한 법률」에 따른 시·도교육환경보호위원회의 위원 중 해당 위원회의 위원장이 추천하는 사람
ⓙ 「경관법」에 따른 경관위원회의 위원 중 해당 위원회의 위원장이 추천하는 사람
ⓚ 「건축법」에 따른 중앙건축위원회의 위원 중 해당 위원회의 위원장이 추천하는 사람

3. **시행자의 서류제출**: 통합심의를 받고자 하는 시행자는 대통령령으로 정하는 바에 따라 앞의 1.의 통합심의위원회의 검토 및 심의사항과 관련된 서류를 제출하여야 하며 통합심의위원회에 최종의견서를 제출할 수 있다(법 제32조 제6항).

4. **종합적 검토**: 통합심의위원회는 지구계획의 승인과 관련된 사항, 시행자의 최종의견서, 관계 기관 의견서 등을 종합적으로 검토하여 심의하여야 한다. 이 경우 정당한 사유가 없으면 지정권자는 심의 결과를 반영하여 지구계획을 승인하여야 한다(법 제32조 제7항).

국유재산법 등에 관한 특례

1. **국·공유 재산의 사용허가 또는 매각·대부**
   ① 국가와 지방자치단체는 「국유재산법」, 「공유재산 및 물품 관리법」, 그 밖의 관계 법률에도 불구하고 시행자에게 수의계약의 방법으로 국유재산 또는 공유재산을 사용허가하거나 매각·대부할 수 있다. 이 경우 국가와 지방자치단체는 사용허가 및 대부의 기간을 50년 이내로 할 수 있다(법 제36조 제1항).
   ② ①의 국유재산은 국토교통부장관이 관리하는 행정재산 중 본래의 기능을 유지하는 범위에서 사용하려는 철도, 유수지 및 주차장으로서 기획재정부장관과 협의를 거친 것에 한정한다(법 제36조 제2항).
2. **영구시설물의 귀속**
   국가와 지방자치단체는 「국유재산법」 및 「공유재산 및 물품 관리법」에도 불구하고 시행자에게 사용허가나 대부를 받은 국유재산 또는 공유재산에 영구시설물을 축조하게 할 수 있다. 이 경우 해당 영구시설물의 소유권은 국가, 지방자치단체 또는 그 밖의 관계 기관과 시행자 간에 별도의 합의가 없으면 그 국유재산 또는 공유재산을 반환할 때까지 시행자에게 귀속된다(법 제36조 제3항).

3 촉진지구 조성사업에 관한 공사의 감리

1. 시장 · 군수 · 구청장의 감리자 지정

지정권자는 지구계획을 승인한 때에는 대통령령으로 정하는 바에 따라 관보 또는 공보에 고시하고, 관계 서류의 사본을 시장 · 군수 · 구청장에게 송부하여야 하며, 지구계획 서류의 사본을 송부 받은 시장 · 군수 · 구청장은 「건설기술 진흥법」에 따른 건설엔지니어링사업자 또는 「건축사법」에 따른 건축사를 촉진지구 조성사업의 공사에 대한 감리를 하는 자로 지정하고 지도 · 감독하여야 한다. 다만, 시행자가 공공주택사업자에 해당하는 자인 경우에는 그러하지 아니하다(법 제28조의2 제1항).

2. 다른 법률에 정하는 바에 따르는 경우

위의 1.에도 불구하고 촉진지구 조성사업을 「주택법」 제15조에 따른 주택건설사업계획 승인대상 공사 또는 「건축법」에 따른 감리대상인 공사와 함께 시행하는 경우에는 「주택법」 등 관련 법령에서 정하는 바에 따른다(법 제28조의2 제2항).

4 토지 등의 수용 또는 사용 등

1. 토지 등의 수용 또는 사용 요건

시행자는 촉진지구 토지 면적의 3분의 2 이상에 해당하는 토지를 소유하고 토지 소유자 총수의 2분의 1 이상에 해당하는 자의 동의를 받은 경우 나머지 토지 등을 수용 또는 사용할 수 있다. 다만, 공공주택사업자가 시행자인 경우 본문의 요건을 적용하지 아니하고 수용 또는 사용할 수 있다(법 제34조 제1항).

2. 토지 등의 수용 또는 사용의 특례

(1) 촉진지구를 지정하여 고시한 때에는 「공익사업을 위한 토지 등의 취득 및 보상에 관한 법률」에 따른 사업인정 및 사업인정의 고시가 있는 것으로 본다(법 제34조 제2항).

(2) 재결신청은 위의 1.에 따른 토지를 확보한 후에 할 수 있으며, 「공익사업을 위한 토지 등의 취득 및 보상에 관한 법률」 제23조 제1항 및 제28조 제1항에도 불구하고 지구계획에서 정하는 사업시행기간 종료일까지 하여야 한다(법 제34조 제3항).

3. 「공익사업을 위한 토지 등의 취득 및 보상에 관한 법률」 적용

1.에 따른 토지 등의 수용 또는 사용에 관하여 동의 요건의 산정기준일, 동의자 수 산정방법 등 필요한 사항은 대통령령으로 정하고, 그 밖에 이 법에 특별한 규정이 있는 것을 제외하고는 「공익사업을 위한 토지 등의 취득 및 보상에 관한 법률」을 준용한다(법 제34조 제4항).

5 준공검사

(1) 시행자가 촉진지구 조성사업의 공사를 완료한 때에는 국토교통부령으로 정하는 바에 따라 공사완료 보고서를 작성하여 시장・군수・구청장에게 준공검사를 받아야 한다. 다만, 시행자가 한국토지주택공사 또는 지방공사인 경우에는 시장・군수・구청장의 준공검사 권한을 한국토지주택공사 또는 지방공사에 위탁할 수 있다(법 제39조의2 제1항).

(2) 시장・군수・구청장은 공사완료 보고서의 내용에 포함된 공공시설(법 제28조 제2항에 따른 기반시설을 포함한다)을 인수하거나 관리하게 될 국가기관・지방자치단체 또는 공공기관의 장 등에게 준공검사에 참여할 것을 요청할 수 있다. 이 경우 기관・단체의 장은 특별한 사유가 없으면 요청에 따라야 한다(법 제39조의2 제2항).

(3) 시장・군수・구청장은 준공검사를 한 결과 공공지원민간임대주택사업이 실시계획대로 끝났다고 인정되면 시행자에게 준공검사 증명서를 내어주고 공사 완료 공고를 하여야 하며, 실시계획대로 끝나지 아니하였으면 지체 없이 보완 시공 등 필요한 조치를 하도록 명하여야 한다(법 제39조의2 제3항).

(4) 시행자가 준공검사를 받은 경우에는 법 제29조에 따라 의제되는 인・허가 등에 따른 해당 사업의 준공검사 또는 준공인가를 받은 것으로 본다(법 제39조의2 제4항).

준공 후 미매각 토지의 촉진지구 지정

국가, 지방자치단체, 공공기관 또는 지방공사가 조성한 토지가 준공 후에도 매각되지 아니한 경우에 지정권자는 해당 토지의 전부 또는 일부를 촉진지구로 지정할 수 있다(법 제38조).

6 조성토지의 공급

(1) 시행자는 촉진지구 조성사업으로 조성된 토지(시행자가 직접 사용하는 토지는 제외한다)를 지구계획에서 정한 바에 따라 공급하여야 한다(법 제39조 제1항).

(2) (1)에 따라 공급하는 토지의 용도, 공급의 절차・방법・대상자 및 조건 등에 필요한 사항은 대통령령으로 정한다(법 제39조 제2항).

05 민간임대주택의 공급 및 관리

Chapter

단·원·열·기

임대차계약의 해제 등, 민간임대주택의 의무관리, 임차인대표회의, 특별수선충당금, 임대주택분쟁조정위원회 등이 출제되고 있다.
학습방법: 임대차계약의 해제 등, 임차인대표회의, 장기수선계획 및 특별수선충당금, 임대보증금에 대한 보증 등 전반적인 학습이 요구된다.

01 민간임대주택의 공급 등

1 민간임대주택의 공급

1. 민간임대주택의 임차인의 자격 및 선정방법

(1) 임대사업자는 임대기간 중 민간임대주택의 임차인 자격 및 선정방법 등에 대하여 다음에서 정하는 바에 따라 공급하여야 한다(법 제42조 제1항).

> 1. 공공지원민간임대주택의 경우: 주거지원대상자 등의 주거안정을 위하여 국토교통부령으로 정하는 기준에 따라 공급
> 2. 장기일반민간임대주택: 임대사업자가 정한 기준에 따라 공급

(2) 공공지원민간임대주택의 임차인은 국토교통부령으로 정하는 임차인의 자격을 갖추어야 하며, 거짓이나 그 밖의 부정한 방법으로 공공지원민간임대주택을 공급받아서는 아니 된다(법 제42조 제2항).

2. 민간임대주택의 공급에 관한 사항에 대한 주택법 일부 규정 배제

민간임대주택의 공급에 관한 사항에 대해서는 「주택법」 제20조, 제54조, 제57조부터 제63조까지, 제64조 및 제65조를 적용하지 아니한다. 다만, 임차인 자격 확인 등 임차인의 원활한 모집과 관리가 필요한 경우에 국토교통부령으로 정하는 바에 따라 일부 적용할 수 있다(법 제42조 제3항).

3. 민간임대주택 공급신고

(1) 30호 이상의 민간임대주택 공급신고

동일한 주택단지에서 30호 이상의 민간임대주택을 건설 또는 매입한 임대사업자가 최초로 민간임대주택을 공급하는 경우에는 시장・군수・구청장에게 대통령령으로 정하는 방법에 따라 신고하여야 한다(법 제42조 제4항).

(2) 임차인 모집 신고

① 위 (1)에 따라 민간임대주택을 공급하려는 임대사업자는 임차인을 모집하려는 날의 10일 전까지 국토교통부령으로 정하는 신고서에 국토교통부령으로 정하는 서류를 첨부하여 시장・군수・구청장에게 제출하여야 한다(영 제33조의2).

② 시장・군수・구청장은 공공지원민간임대주택의 공급신고를 받은 경우 그 내용을 검토하여 이 법에 적합하면 신고를 수리하여야 한다(법 제42조 제5항).

③ 시장・군수・구청장은 (1)에 따라 장기일반민간임대주택의 공급신고를 받은 날부터 7일 이내에 신고수리 여부를 신고인에게 통지하여야 한다(법 제42조 제6항).

④ 시장・군수・구청장이 7일 이내에 신고수리 여부 또는 민원 처리 관련 법령에 따른 처리기간의 연장을 신고인에게 통지하지 아니하면 그 기간(민원 처리 관련법령에 따라 처리기간이 연장 또는 재연장된 경우에는 해당 처리기간을 말한다)이 끝난 날의 다음 날에 신고를 수리한 것으로 본다(법 제42조 제7항).

2 임대의무기간 등

1. 임대의무기간 미경과시 양도 금지

(1) 임대의무기간 기산일

임대사업자는 임대사업자 등록일 등 다음의 대통령령(영 제34조 제1항)으로 정하는 시점부터 다음의 임대의무기간 동안 민간임대주택을 계속 임대하여야 하며, 그 기간이 지나지 아니하면 이를 양도할 수 없다(법 제43조 제1항).

1. 민간건설임대주택: 입주지정기간 개시일. 이 경우 입주지정기간을 정하지 아니한 경우에는 법 제5조에 따른 임대사업자 등록 이후 최초로 체결된 임대차계약서상의 실제 임대개시일을 말한다.
2. 민간매입임대주택: 임대사업자 등록일. 다만, 임대사업자 등록 이후 임대가 개시되는 주택은 임대차계약서상의 실제 임대개시일로 한다.

3. 임대사업자가 장기일반민간임대주택을 공공지원민간임대주택으로 등록변경신고한 경우: 변경신고의 수리일(신고받고 7일 이내에 신고수리 여부 또는 처리기간 연장·재연장을 통지 안하면, 그 기간이 끝난 다음날 신고를 수리한 것으로 보는 날을 말한다). 다만, 변경신고 이후 임대가 개시되는 주택은 임대차계약서상의 실제 임대개시일로 한다.

(2) 임대의무기간

1. 공공지원민간임대주택의 임대의무기간: 10년
2. 장기일반민간임대주택의 임대의무기간: 10년

2. 임대의무기간 동안 양도 가능한 경우

(1) 신고한 후 양도

앞의 1.의 규정에도 불구하고 임대사업자는 임대의무기간 동안에도 국토교통부령으로 정하는 바에 따라 시장·군수·구청장에게 신고한 후 민간임대주택을 다른 임대사업자에게 양도할 수 있다. 이 경우 양도받는 자는 양도하는 자의 임대사업자로서의 지위를 포괄적으로 승계하며, 이러한 뜻을 양수도계약서에 명시하여야 한다(법 제43조 제2항).

(2) 허가받은 후 양도

앞의 1.의 임대의무기간에도 불구하고 임대사업자는 임대의무기간 중에도 다음의 어느 하나에 해당하는 경우에는 임대의무기간 내에도 계속 임대하지 아니하고 말소하거나, 대통령령으로 정하는 바에 따라 시장·군수·구청장에게 허가를 받아 임대사업자가 아닌 자에게 민간임대주택을 양도할 수 있다(법 제43조 제4항).

1. 부도, 파산, 그 밖의 대통령령으로 정하는 경제적 사정 등으로 임대를 계속할 수 없는 경우
2. 공공지원임대주택을 20년 이상 임대하기 위한 경우로서 필요한 운영비용 등을 마련하기 위하여 제21조의2 제1항 제4호에 따라 20년 이상 공급하기로 한 주택 중 일부를 10년 임대 이후 매각하는 경우
3. 제6조 제1항 제11호에 따라 말소하는 경우. 즉, 종전의 장기일반민간임대주택 중 아파트를 임대하는 민간매입 임대주택 또는 종전의 단기민간임대주택에 대하여 임대사업자가 임대의무기간 내 등록말소 신청으로 말소하는 경우

대통령령으로 정하는 경제적 사정 등

1. 2.의 (2)에서 "대통령령으로 정하는 경제적 사정 등"이란 다음의 어느 하나에 해당하는 경우를 말한다. 다만, 임대의무기간이 8년 이상인 민간임대주택을 300호 또는 300세대 이상 등록한 임대사업자에 대해서는 아래의 ③, ④ 및 ⑤ ㉡의 경우로 한정한다(영 제34조 제3항).
   - ① 2년 연속 적자가 발생한 경우
   - ② 2년 연속 부(負)의 영업현금흐름이 발생한 경우
   - ③ 최근 12개월간 해당 임대사업자의 전체 민간임대주택 중 임대되지 아니한 주택이 20% 이상이고 같은 기간 동안 특정 민간임대주택이 계속하여 임대되지 아니한 경우
   - ④ 관계 법령에 따라 재개발, 재건축 등으로 민간임대주택의 철거가 예정되어 있거나 민간임대주택이 철거된 경우
   - ⑤ 임대사업자의 상속인이 다음의 어느 하나에 해당하는 경우
     - ㉠ 임대사업자로서의 지위 승계를 거부하는 경우
     - ㉡ 법 제5조의6 또는 제5조의7에 해당되어 등록이 제한되는 경우
   - ⑥ 민간임대주택 가격의 하락 등으로 임대보증금을 반환하지 못할 우려가 있는 경우로서 다음 각 목의 요건을 모두 갖춘 임대사업자가 민간임대주택을 2024년 4월 1일부터 12월 31일까지 한국토지주택공사 또는 지방공사에 양도하는 경우. 이 경우 임대사업자가 양도할 수 있는 민간임대주택은 1호 또는 1세대로 한정한다.
     - ㉠ 양도하려는 민간임대주택을 포함하여 3호 또는 3세대 이상 등록한 임대사업자일 것

3. 임대의무기간 경과 후 양도

임대사업자가 임대의무기간이 지난 후 민간임대주택을 양도하려는 경우 국토교통부령으로 정하는 바에 따라 시장·군수·구청장에게 신고하여야 한다. 이 경우 양도받는 자가 임대사업자로 등록하는 경우에는 앞의 (2)의 후단을 적용한다(법 제43조 제3항).

4. 민간임대주택 양도 신고

(1) 임대사업자가 임대의무기간 동안 다른 임대사업자에게 민간임대주택을 양도하기 위하여 신고하거나 임대의무기간이 지난 후 공공지원민간임대주택을 양도하기 위하여 신고하는 경우 시장·군수·구청장은 그 내용을 검토하여 이 법에 적합하면 신고를 수리하여야 한다(법 제43조 제5항).

(2) 임대사업자는 위의 3.에 따라 신고된 장기일반민간임대주택과 (1)에 따라 신고가 수리된 공공지원민간임대주택을 양도할 수 있다(법 제43조 제6항).

3 임대료

1. 민간임대주택의 최초 임대료

임대사업자가 민간임대주택을 임대하는 경우에 최초 임대료(임대보증금과 월임대료를 포함한다)는 다음의 임대료와 같다(법 제44조 제1항).

1. 공공지원민간임대주택의 경우: 주거지원대상자 등의 주거안정을 위하여 국토교통부령으로 정하는 기준에 따라 임대사업자가 정하는 임대료
2. 장기일반민간임대주택의 경우: 임대사업자가 정하는 임대료. 다만, 법 제5조에 따른 민간임대주택 등록 당시 존속 중인 임대차계약(이하 "종전임대차계약"이라 한다)이 있는 경우에는 그 종전임대차계약에 따른 임대료

2. 임대료 증액 제한

(1) 임대사업자는 임대기간 동안 임대료의 증액을 청구하는 경우에는 임대료의 5%의 범위에서 주거비 물가지수, 인근 지역의 임대료 변동률, 임대주택 세대수 등을 고려하여 대통령령으로 정하는 증액 비율을 초과하여 청구해서는 아니 된다(법 제44조 제2항).

㉡ 양도하려는 민간임대주택의 전용면적이 60m² 이하일 것
㉢ 양도하려는 민간임대주택의 취득가액(임대사업자가 취득할 당시 취득세의 과세표준인 「지방세법」 제10조에 따른 취득 당시의 가액을 말한다)이 3억원(「수도권정비계획법」에 따른 수도권이 아닌 지역의 경우에는 2억원) 이하일 것
㉣ 양도하려는 민간임대주택이 「건축법 시행령」 별표 1 제2호 가목에 따른 아파트(「주택법」에 따른 도시형 생활주택인 아파트는 제외한다)가 아닐 것

⑦ 「전세사기피해자 지원 및 주거안정에 관한 특별법」에 따른 전세사기피해주택에 해당하는 민간임대주택을 한국토지주택공사 또는 지방공사에 양도하는 경우

2. 시장·군수·구청장은 1.의 ③, ④, ⑥ 또는 ⑦에 해당하여 1.에 따른 양도허가를 하려는 경우에는 해당 사유가 발생한 주택에 한정하여 허가하여야 한다(영 제34조 제4항).
3. 시장·군수·구청장은 법 제43조 제4항 제2호에 해당하여 같은 항에 따른 양도허가를 하려는 경우에는 주택의 총 양도가격이 필요한 운영비용 등의 추계액을 초과하지 아니하는 범위에서 허가하여야 한다(영 제34조 제5항).
4. 법 제43조 제4항에 따른 말소 신청에 관하여는 제5조 제4항을 준용한다(영 제34조 제6항).

PART 03

법 제21조의2 제1항 제4호
임대사업자는 완화용적률에서 기준용적률을 뺀 용적률의 50% 이하의 범위에서 해당 지방자치단체의 조례로 정하는 비율을 곱하여 증가하는 면적에 해당하는 임대주택을 건설하여 주거지원대상자에게 20년 이상 민간임대주택으로 공급하여야 한다

(2) 앞의 (1)에 따른 임대료 증액 청구는 임대차계약 또는 약정한 임대료의 증액이 있은 후 1년 이내에는 하지 못한다(법 제44조 제3항).

3. 임대보증금과 월임대료를 상호 간에 전환하는 경우

임대사업자가 앞의 2.의 (1)에 따라 임대료의 증액을 청구하면서 임대보증금과 월임대료를 상호 간에 전환하는 경우의 적용기준은 국토교통부령으로 정한다(법 제44조 제4항).

4. 초과 임대료의 반환 청구

임차인은 앞의 2.의 (1)에 따른 증액 비율을 초과하여 증액된 임대료를 지급한 경우 초과 지급한 임대료 상당금액의 반환을 청구할 수 있다(법 제44조의2).

4 임대차계약의 해제 · 해지 · 재계약 거절

1. 임대사업자의 임대차계약의 해제 · 해지 · 재계약 거절

(1) 임대사업자는 임차인이 의무를 위반하거나 임대차를 계속하기 어려운 경우 등 대통령령으로 정하는 사유가 발생한 때를 제외하고는 임대사업자로 등록되어 있는 기간 동안 임대차계약을 해제 또는 해지하거나 재계약을 거절할 수 없다(법 제45조 제1항).

(2) 임대사업자는 임차인이 다음의 어느 하나에 해당하는 경우를 제외하고는 임대사업자로 등록되어 있는 기간 동안 임대차계약을 해제 또는 해지하거나 재계약을 거절할 수 없다(영 제35조 제1항).

1. 거짓이나 그 밖의 부정한 방법으로 민간임대주택을 임대받은 경우
2. 임대사업자의 귀책사유 없이 입주지정기간 개시일(민간건설임대주택) 또는 임대사업자 등록일 등(민간매입임대주택)으로부터 3개월 이내에 입주하지 않은 경우
3. 월 임대료를 3개월 이상 연속하여 연체한 경우
4. 민간임대주택 및 그 부대시설을 임대사업자의 동의를 받지 않고 개축 · 증축 또는 변경하거나 본래의 용도가 아닌 용도로 사용한 경우
5. 민간임대주택 및 그 부대시설을 고의로 파손 또는 멸실한 경우
6. 공공지원민간임대주택의 임차인이 다음의 각 어느 하나에 해당하게 된 경우
   (1) 임차인의 자산 또는 소득이 법 제42조 제2항에 따른 자격요건을 초과하는 경우로서 국토교통부령으로 정하는 기준을 초과하는 경우

(2) 임대차계약 기간 중 다른 주택을 소유하게 된 경우. 다만, 다음의 어느 하나에 해당하는 경우는 제외한다.
① 상속·판결 또는 혼인 등 그 밖의 부득이한 사유로 다른 주택을 소유하게 된 경우로서 임대차계약이 해제·해지되거나 재계약이 거절될 수 있다는 내용을 통보받은 날부터 6개월 이내에 해당 주택을 처분하는 경우
② 혼인 등의 사유로 주택을 소유하게 된 세대구성원이 소유권을 취득한 날부터 14일 이내에 전출신고를 하여 세대가 분리된 경우
③ 공공지원민간임대주택의 입주자를 선정하고 남은 공공지원민간임대주택에 대하여 선착순의 방법으로 입주자로 선정된 경우
7. 법 제42조의2에 따라 임차인이 공공지원민간임대주택 또는 공공임대주택에 중복하여 입주하거나 계약한 것으로 확인된 경우
8. 표준임대차계약서상의 의무를 위반한 경우

2. 임차인의 임대차계약의 해제·해지·재계약 거절

임차인은 시장·군수·구청장이 임대주택에 거주하기 곤란할 정도의 중대한 하자가 있다고 인정하는 경우 등 대통령령으로 정하는 경우에는 임대차계약을 해제하거나 해지할 수 있다(법 제45조 제2항).

5 임대차계약 신고 등

1. 임대차계약 신고

(1) 임대사업자는 민간임대주택의 임대차기간, 임대료 및 임차인(준주택에 한정한다) 등 대통령령으로 정하는 임대차계약에 관한 사항을 임대차계약을 체결한 날(종전임대차계약이 있는 경우 민간임대주택으로 등록한 날을 말한다) 또는 임대차계약을 변경한 날부터 3개월 이내에 시장·군수·구청장에게 신고 또는 변경신고를 하여야 한다(법 제46조 제1항).

(2) (1)에도 불구하고 100세대 이상의 공동주택을 임대하는 임대사업자가 임대차계약에 관한 사항을 변경하여 신고하는 경우에는 변경예정일 1개월 전까지 신고하여야 한다(법 제46조 제2항).

(3) 시장·군수·구청장은 위 (2)에 따라 신고된 임대료가 앞의 3의 2.의 (1)에 따른 증액 비율을 초과하여 증액되었거나 해당 지역의 경제적 사정 변동 등으로 조정될 필요가 있다고 인정하는 경우에는 임대료를 조정하도록 권고할 수 있다(법 제46조 제3항).

2.에서 "시장·군수·구청장이 임대주택에 거주하기 곤란할 정도의 중대한 하자가 있다고 인정하는 경우 등 대통령령으로 정하는 경우"란 다음의 어느 하나에 해당하는 경우를 말한다(영 제35조 제2항).
1. 시장·군수·구청장이 민간임대주택에 거주하기 곤란할 정도의 중대한 하자가 있다고 인정하는 경우
2. 임대사업자가 임차인의 의사에 반하여 민간임대주택의 부대시설·복리시설을 파손시킨 경우
3. 임대사업자의 귀책사유로 입주지정기간이 끝난 날부터 3개월 이내에 입주할 수 없는 경우
4. 임대사업자가 법 제47조에 따른 표준임대차계약서상의 의무를 위반한 경우
5. 법 제49조에 따라 임대보증금에 대한 보증에 가입해야 하는 임대사업자가 임대보증금에 대한 보증에 가입하지 않은 경우

임대차계약 신고의무 위반시 처벌

임대차계약 신고를 하지 않거나 거짓으로 신고한 자는 1천만원 이하의 과태료를 부담한다(법 제67조 제2항 제5호).

신고 절차

1. **신고서 등 서류 제출**: 임대차계약사항을 신고 또는 변경신고하려는 임대사업자는 국토교통부령으로 정하는 신고·변경신고서에 표준임대차계약서를 첨부하여 해당 민간임대주택의 소재지를 관할하는 시장·군수·구청장 또는 임대사업자의 주소지를 관할하는 시장·군수·구청장에게 제출해야 한다. 다만, 법 제44조 제1항 제2호 단서에 따른 종전임대차계약을 신고(변경신고는 제외한다)하는 경우로서 표준임대차계약서를 사용하지 않은 경우에는 다음 각 호의 서류를 모

PART 03

(4) (3)에 따른 조정권고를 받은 임대사업자는 권고사항을 통지받은 날부터 10일 이내에 재신고하여야 한다(법 제46조 제4항).

(5) 시장・군수・구청장은 (1)에 따른 신고 또는 (4)에 따른 재신고를 받거나 (2)에 따른 신고를 받고 조정권고하지 아니한 경우 그 내용을 검토하여 이 법에 적합하면 신고를 수리하여야 한다(법 제46조 제5항).

2. 임대차계약 신고 내용

1.의 (1) 및 (2)의 임대사업자가 시장・군수・구청장에게 신고 또는 변경신고 해야 하는 사항은 다음과 같다(영 제36조 제1항).

> 1. 임대차기간
> 2. 임대료
> 3. 민간임대주택의 소유권을 취득하기 위하여 대출받은 금액(민간매입임대주택으로 한정한다)
> 4. 임차인 현황(준주택으로 한정한다)

6 표준임대차계약서

1. 임대사업자의 표준임대차계약서 사용의무

임대사업자가 민간임대주택에 대한 임대차계약을 체결하려는 경우에는 국토교통부령으로 정하는 표준임대차계약서를 사용하여야 한다(법 제47조 제1항).

2. 표준임대차계약서 내용

표준임대차계약서에는 다음의 사항이 포함되어야 한다(법 제47조 제2항).

> 1. 임대료 및 법 제44조에 따른 임대료 증액 제한에 관한 사항
> 2. 임대차 계약기간
> 3. 임대보증금의 보증에 관한 사항
> 4. 민간임대주택의 선순위 담보권, 국세・지방세의 체납사실 등 권리관계에 관한 사항
> 5. 임대사업자 및 임차인의 권리・의무에 관한 사항
> 6. 민간임대주택의 수선・유지 및 보수에 관한 사항

두 첨부해야 한다(영 제36조 제2항).
① 임대차계약서
② 임대사업자가 임차인에게 임대사업자로 등록한 사실을 직접 전달했거나 내용증명우편 등으로 통보한 사실을 객관적으로 증명할 수 있는 자료

2. **신고서 이송**: 임대사업자의 주소지를 관할하는 시장・군수・구청장이 신고・변경신고서를 받은 경우에는 즉시 민간임대주택의 소재지를 관할하는 시장・군수・구청장에게 이송해야 한다(영 제36조 제3항).
3. **신고・변경신고증명서 발급**: 신고・변경신고서를 받은 시장・군수・구청장(민간임대주택의 소재지를 관할하는 시장・군수・구청장을 말한다)은 신고 또는 변경신고 내용을 확인한 후 신고 또는 변경신고를 받은 날(2.의 경우에는 이송받은 날을 말한다)부터 10일 이내에 국토교통부령으로 정하는 바에 따라 임대조건 신고대장에 신고 또는 변경신고 사실을 적고 임대조건 신고・변경증명서를 신고인에게 발급해야 한다(영 제36조 제4항).
4. **임대조건 공고**: 시장・군수・구청장은 임대사업자가 신고, 변경신고 또는 재신고한 임대 조건을 매 분기 종료 후 다음 달 말일까지 해당 지방자치단체의 공보에 공고하여야 한다(영 제36조 제5항).

표준임대차계약서 사용의무 위반시 처벌

표준임대차계약서를 사용하지 아니한 임대사업자는 1천만원 이하의 과태료를 부과한다(법 제67조 제1항).

> 7. 임대의무기간 중 남아 있는 기간과 법 제45조에 따른 임대차계약의 해제 · 해지 등에 관한 사항
> 8. 그 밖에 국토교통부령(규칙 제20조 제2항)으로 정하는 사항. 즉, 민간임대주택의 양도에 관한 사항

7 임대사업자의 설명 · 확인의무

1. 설명 · 확인 내용

(1) 민간임대주택에 대한 임대차계약을 체결하거나 월임대료를 임대보증금으로 전환하는 등 계약내용을 변경하는 경우에는 임대사업자는 다음의 사항을 임차인에게 설명하고 이를 확인받아야 한다(법 제48조 제1항).

> 1. 임대보증금에 대한 보증의 보증기간 등 다음의 대통령령(영 제37조 제1항)으로 정하는 사항
>   ① 보증대상액
>   ② 보증기간
>   ③ 보증수수료 산정방법 및 금액, 분담비율, 납부방법
>   ④ 보증기간 중 임대차계약이 해제 · 해지되거나 임대보증금이 증감되는 경우의 보증수수료의 환급 또는 추가 납부에 관한 사항
>   ⑤ 임대차 계약기간 중 보증기간이 만료되는 경우의 재가입에 관한 사항
>   ⑥ 보증약관의 내용 중 국토교통부장관이 정하여 고시하는 중요사항에 관한 내용
> 2. 민간임대주택의 선순위 담보권, 국세 · 지방세의 체납사실 등 권리관계에 관한 사항. 이 경우 등기부등본 및 납세증명서를 제시하여야 한다.
> 3. 임대의무기간 중 남아 있는 기간과 법 제45조에 따른 임대차계약의 해제 · 해지 등에 관한 사항
> 4. 법 제44조 제2항에 따른 임대료 증액 제한에 관한 사항

(2) 민간임대주택에 둘 이상의 임대차계약이 존재하는 등 대통령령으로 정하는 사유에 해당하는 경우 임대사업자는 그 주택에 대한 임대차계약을 체결하려는 자에게 「주택임대차보호법」 제3조의6 제2항에 따라 확정일자부에 기재된 주택의 차임 및 보증금 등의 정보를 제공하여야 한다(법 제48조 제2항).

2. 표준임대차계약서 교부 등

임대사업자는 1.의 (1)에 따라 임차인과 임대차계약을 체결하거나 계약내용을 변경하는 경우에는 1.의 설명·확인사항이 포함된 표준임대차계약서를 임차인에게 내주고 임차인이 이해할 수 있도록 설명하여야 하며, 임차인은 서명 또는 기명날인의 방법으로 확인하여야 한다(영 제37조 제3항).

8 임대보증금에 대한 보증

1. 임대보증금에 대한 보증 가입의무

임대사업자(임대사업자로 등록하려는 자를 포함한다)는 다음의 어느 하나에 해당하는 민간임대주택을 임대하는 경우 임대보증금에 대한 보증에 가입하여야 한다(법 제49조 제1항, 영 제38조 제1항).

1. 민간건설임대주택
2. 법 제18조 제6항에 따라 분양주택 전부를 우선 공급받아 임대하는 민간매입임대주택
3. 동일 주택단지에서 100호 이상으로서 대통령령으로 정하는 호수(100호) 이상의 주택을 임대하는 민간매입임대주택(위의 2.에 해당하는 민간매입임대주택은 제외한다)
4. 2.와 3. 외의 민간매입임대주택

2. 보증대상액

(1) **원칙**: 임대보증금 전액

1.에 따른 보증에 가입하는 경우 보증대상은 임대보증금 전액으로 한다. 다만, 임대사업자가 사용검사 전에 임차인을 모집하는 경우 임차인을 모집하는 날부터 사용검사를 받는 날까지의 보증대상액은 임대보증금 중 사용검사 이후 납부하는 임대보증금을 제외한 금액으로 한다(법 제49조 제2항).

(2) 예 외

1) 다음 사항에 모두 해당하는 경우에는 담보권이 설정된 금액과 임대보증금을 합한 금액에서 주택가격의 100분의 60에 해당하는 금액을 뺀 금액 이상으로 대통령령에서 정하는 금액을 보증대상으로 할 수 있다. 이 경우 주택가격의 산정 방법은 대통령령으로 정한다(법 제49조 제3항).

임대보증금 보증대상액이 일부금액인 경우 주택가격의 산정방법

법 제49조 제3항 각 호 외의 부분 후단에 따른 주택가격의 산정방법은 다음 각 호의 어느 하나에 해당하는 방법으로 한다(영 제39조 제2항).

1. 감정평가법인등이 「감정평가 및 감정평가사에 관한 법률」 제3조에 따라 감정평가액을 산정하는 방법
2. 「부동산 가격공시에 관한 법률」 제16조부터 제18조까지의 규정에 따라 공시된 가격(준주택의 경우에는 「소득세법」 제99조 제1항 제1호 다목에 따른 기준시가를 말한다)에 국토교통부장관이 정하여 고시하는 비율을 곱하여 산정하는 방법
3. 보증회사가 전세금 반환을 보장하는 보증을 할 때 적용하는 주택가격 산정 기준을 국토교통부장관이 정하여 고시하는 방법에 따라 적용하여 산정하는 방법

> 1. 근저당권이 세대별로 분리된 경우(근저당권이 주택단지에 설정된 경우에는 근저당권의 공동담보를 해제하고, 채권최고액을 감액하는 근저당권 변경등기의 방법으로 할 수 있다)
> 2. 임대사업자가 임대보증금보다 선순위인 제한물권(다만, 1.에 따라 세대별로 분리된 근저당권은 제외한다), 압류 · 가압류 · 가처분 등을 해소한 경우
> 3. 전세권이 설정된 경우 또는 임차인이 「주택임대차보호법」 제3조의2 제2항에 따른 대항요건과 확정일자를 갖춘 경우
> 4. 임차인이 이 항 각 호 외의 부분 전단에 따른 대통령령으로 정하는 금액을 보증대상으로 하는 데 동의한 경우
> 5. 그 밖에 1.에서 4.까지에 준하는 경우로서 대통령령으로 정하는 경우

2) 1)에 따른 보증대상액은 다음 1.의 금액에서 2.의 금액을 뺀 금액의 전액으로 한다(영 제39조 제1항).

> 1. 담보권 설정금액과 임대보증금을 합한 금액
> 2. 해당 임대주택을 감정평가한 금액의 100분의 60의 금액

3. 보증 가입기간

앞의 1.에 따른 보증의 가입기간은 다음 각 호의 시점 이전까지 가입하여야 하며, 임대사업자 등록이 말소되는 날(임대사업자 등록이 말소되는 날에 임대 중인 경우에는 임대차계약이 종료되는 날로 한다)까지 가입을 유지하여야 한다(법 제49조 제4항).

> 1. 다음 어느 하나에 해당하는 민간임대주택: 「주택법」 제49조에 따른 사용검사, 임시 사용승인 또는 「건축법」 제22조에 따른 사용승인, 임시사용승인의 신청일. 다만, 신청일 이전에 임차인을 모집하는 경우에는 모집일로 한다.
> ① 민간건설임대주택
> ② 법 제18조 제6항에 따라 분양주택 전부를 우선 공급받아 임대하는 민간매입임대주택
> 2. 위 1. 이외의 민간임대주택 중 등록일에 존속 중인 임대차계약이 있는 경우: 민간임대주택 등록 신청일
> 3. 위 1. 이외의 민간임대주택 중 등록일에 존속 중인 임대차계약이 없는 경우: 민간임대주택 등록일 이후 최초 임대차계약 개시일

임대보증금에 대한 보증 가입 등

1. **보증서 사본 제출**: 임대보증금에 대한 보증가입 의무대상 임대주택의 임대사업자는 임대보증금에 대한 보증에 가입하였으면 지체 없이 해당 보증서 사본을 민간임대주택의 소재지를 관할하는 시장 · 군수 · 구청장에게 제출하여야 한다(영 제38조 제3항).
2. **시장 · 군수 · 구청장의 보증서 사본 보관 의무**: 보증서 사본을 받은 시장 · 군수 · 구청장은 임대보증금에 대한 보증기간이 끝날 때까지 보증서 사본을 보관하여야 한다(영 제38조 제4항).
3. **임차인 사본 교부**: 임대보증금에 대한 보증가입 의무대상 임대주택의 임대사업자는 임대보증금에 대한 보증에 가입한 경우에는 임차인이 해당 민간임대주택에 입주한 후 지체 없이 보증서 및 보증약관 각각의 사본을 임차인에게 내주어야 한다(영 제38조 제5항).
4. **보증 가입여부 공고**: 임대보증금에 대한 보증가입 의무대상 임대주택의 임대사업자는 임대보증금에 대한 보증 가입 여부를 임차인이 잘 볼 수 있는 장소에 공고하여야 한다. 가입한 보증을 해지하거나 변경하는 경우에도 또한 같다(영 제38조 제6항).

4. 보증계약 해지사유 등

(1) 임대사업자는 보증의 수수료를 1년 단위로 재산정하여 분할납부할 수 있으며, 임대사업자가 보증 가입 후 1년이 지났으나 재산정한 보증수수료를 보증회사에 납부하지 아니하는 경우에는 보증회사는 그 보증계약을 해지할 수 있다. 다만, 임차인이 보증수수료를 납부하는 경우에는 그러하지 아니하다(법 제49조 제5항).

(2) 임대사업자가 보증에 가입하거나 보증회사가 보증계약을 해지하는 경우 보증회사는 보증 가입 또는 보증계약 해지 사실을 시장 · 군수 · 구청장에게 알리고, 관련 자료를 제출하여야 한다. 이 경우 시장 · 군수 · 구청장은 대통령령으로 정하는 바에 따라 국토교통부장관에게 관련 자료를 제공하여야 한다(법 제49조 제6항).

5. 보증수수료 납부방법 등

보증수수료의 납부방법, 보증수수료의 부담비율 등은 다음과 같다(영 제40조).

1. 보증수수료의 75%는 임대사업자가 부담하고, 25%는 임차인이 부담할 것. 다만, 임대사업자가 사용검사 전에 임차인을 모집하는 경우 임차인을 모집하는 날부터 사용검사를 받는 날까지의 보증수수료는 임대사업자가 전액 부담한다.
2. 보증수수료는 임대사업자가 납부할 것. 이 경우 임차인이 부담하는 보증수수료는 임대료에 포함하여 징수하되 임대료 납부고지서에 그 내용을 명시하여야 한다.
3. 보증수수료를 분할납부하는 경우에는 재산정한 보증수수료를 임대보증금 보증계약일부터 매 1년이 되는 날까지 납부할 것

임대보증금에 대한 보증에 가입대상 제외

다음의 어느 하나에 해당하면 임대보증금에 대한 보증에 가입하지 아니할 수 있다(법 제49조 제7항).

① 임대보증금이 「주택임대차보호법」 제8조 제3항에 따른 금액 이하이고 임차인이 임대보증금에 대한 보증에 가입하지 아니하는 것에 동의한 경우
② 임대사업자가 「공공주택 특별법」 제45조의2에 따라 기존주택을 임차하는 공공주택사업자와 임대차계약을 체결하는 경우로서 해당 공공주택사업자가 보증 가입 등 임대보증금 회수를 위하여 필요한 조치를 취한 경우
③ 임차인이 보증회사 및 이에 준하는 기관에서 운용하는 전세금 반환을 보장하는 보증에 가입하였고, 임대사업자가 해당 보증의 보증수수료를 임차인에게 전부 지급한 경우

9 준주택의 용도제한

(1) 민간임대주택으로 등록한 준주택은 주거용이 아닌 용도로 사용할 수 없다(법 제50조 제1항).

(2) 시장 · 군수 · 구청장은 민간임대주택으로 등록한 준주택이 주거용으로 사용되고 있는지를 확인하기 위하여 필요한 경우 임대사업자 및 임차인에게 필요한 서류 등의 제출을 요구할 수 있고, 소속 공무원으로 하여금 해당 준주택에 출입하여 조사하게 하거나 관계인에게 필요한 질문을 하게 할 수 있다. 이 경우 임대사업자 및 임차인은 정당한 사유가 없으면 이에 따라야 한다(법 제50조 제2항).

02 민간임대주택의 관리 등

1 민간임대주택의 관리

1. 민간임대주택 관리에 적용되는 법령

민간건설임대주택 및 대통령령으로 정하는 민간매입임대주택의 회계서류 작성, 보관 등 관리에 필요한 사항은 대통령령으로 정하는 바에 따라 「공동주택관리법」을 적용한다(법 제51조 제1항).

"대통령령으로 정하는 민간매입임대주택"이란 임대사업자가 「주택법」 제54조에 따라 사업주체가 건설·공급하는 주택 전체를 매입하여 임대하는 민간매입임대주택을 말한다(영 제41조 제1항).

2. 민간임대주택의 의무관리

(1) 임대사업자는 민간임대주택이 300세대 이상의 공동주택 등 대통령령으로 정하는 규모 이상에 해당하면 「공동주택관리법」에 따른 주택관리업자에게 관리를 위탁하거나 자체관리하여야 한다(법 제51조 제2항).

(2) 위 (1)에서 "300세대 이상의 공동주택 등 대통령령으로 정하는 규모"란 민간임대주택단지별로 다음의 어느 하나에 해당하는 규모의 민간임대주택을 말한다(영 제41조 제3항).

> 1. 300세대 이상의 공동주택단지
> 2. 150세대 이상의 승강기가 설치된 공동주택
> 3. 150세대 이상의 중앙집중식 난방방식의 공동주택 또는 지역난방방식의 공동주택

3. 민간임대주택의 자체관리

임대사업자가 민간임대주택을 자체관리하려면 대통령령으로 정하는 기술인력 및 장비(즉, 「공동주택관리법 시행령」 별표 1의 기준에 따른 기술인력 및 장비)를 갖추고 국토교통부령으로 정하는 바에 따라 시장·군수·구청장의 인가를 받아야 한다(법 제51조 제3항, 영 41조 제4항).

4. 민간임대주택의 공동관리

(1) 임대사업자(둘 이상의 임대사업자를 포함한다)가 동일한 시(특별시·광역시·특별자치시·특별자치도를 포함한다)·군 지역에서 민간임대주택을 관리하는 경우에는 대통령령으로 정하는 바에 따라 공동으로 관리할 수 있다(법 제51조 제4항).

(2) (1)에 따라 임대사업자가 민간임대주택을 공동으로 관리할 수 있는 경우는 단지별로 임차인대표회의 또는 임차인 과반수(임차인대표회의를 구성하지 않은 경우만 해당한다)의 서면동의를 받은 경우로서 둘 이상의 민간임대주택단지를 공동으로 관리하는 것이 합리적이라고 특별시장, 광역시장, 특별자치시장, 특별자치도지사, 시장 또는 군수가 인정하는 경우로 한다(영 41조 제5항).

(3) (2)에 따라 공동관리하는 둘 이상의 민간임대주택단지에 (1)에 따른 기술인력 및 장비 기준을 적용할 때에는 둘 이상의 민간임대주택단지를 하나의 민간임대주택단지로 본다. 다만, 특별시장, 광역시장, 특별자치시장, 특별자치도지사, 시장 또는 군수가 민간임대주택단지 간의 거리 및 안전성 등을 고려하여 민간임대주택단지마다 갖출 것을 요구하는 경우에는 그렇지 않다(영 41조 제6항).

2 민간임대주택의 관리비 등

임대사업자는 국토교통부령으로 정하는 바에 따라 임차인으로부터 민간임대주택을 관리하는 데에 필요한 경비를 받을 수 있다(법 제51조 제5항).

1. 관리비 항목

(1) 민간임대주택을 관리하는 임대사업자가 임차인으로부터 받을 수 있는 관리에 필요한 경비(이하 "관리비"라 한다)는 다음의 항목에 대한 월별 비용의 합계액으로 하며, 다음의 항목별 구성 명세는 다음의 별표와 같다(규칙 제22조 제1항, 별표3).

1. 일반관리비
2. 청소비
3. 경비비
4. 소독비
5. 승강기 유지비
6. 난방비
7. 급탕비
8. 수선유지비
9. 지능형 홈네트워크 설비가 설치된 민간임대주택의 경우에는 지능형 홈네트워크 설비 유지비

관리비 항목	구성명세
1. 일반 관리비	① 인건비: 급여 · 제수당 · 상여금 · 퇴직금 · 산재보험료 · 고용보험료 · 국민연금 · 국민건강보험료 및 식대 등 복리후생비 ② 제사무비: 일반사무용품비 · 도서인쇄비 · 교통통신비 등 관리사무에 직접 드는 비용 ③ 제세공과금: 관리기구가 사용한 전기료 · 통신료 · 우편료 및 관리기구에 부과되는 세금 등 ④ 피복비 ⑤ 교육훈련비 ⑥ 차량유지비: 연료비 · 수리비 및 보험료 등 차량유지에 직접 드는 비용 ⑦ 그 밖의 부대비용: 관리용품 구입비 그 밖에 관리업무에 드는 비용
2. 청소비	① 용역인 경우: 용역금액, ② 직영인 경우: 청소원인건비 · 피복비 및 청소용품비 등 청소에 직접 드는 비용
3. 경비비	① 용역인 경우: 용역금액 ② 직영인 경우: 경비원인건비 · 피복비 등 경비에 직접 드는 비용
4. 소독비	① 용역인 경우: 용역금액 ② 직영인 경우: 소독용품비 등 소독에 직접 드는 비용
5. 승강기 유지비	① 용역인 경우: 용역금액 ② 직영인 경우: 제부대비 · 자재비 등. 다만, 전기료는 공공용으로 사용되는 시설의 전기료에 포함한다.
6. 난방비	난방 및 급탕에 소요된 원가(유류대, 난방 및 급탕용수비)에서 급탕비를 뺀 금액
7. 급탕비	급탕용 유류대 및 급탕용수비
8. 수선 유지비	① 보수용역인 경우: 용역금액 ② 직영인 경우: 자재 및 인건비 · 냉난방시설의 청소비 · 소화기충약비 등 임차인의 주거생활의 편익을 위하여 제공되는 비용으로서 소모적 지출에 해당하는 비용
9. 지능형 홈네트워크 설비 유지비	① 용역인 경우: 용역금액 ② 직영인 경우: 지능형 홈네트워크설비 관련 인건비, 자재비 등 지능형 홈네트워크설비의 유지 및 관리에 직접 드는 비용. 다만, 전기료는 공동으로 사용되는 시설의 전기료에 포함한다.

(2) 관리비의 세대별 부담액 산정방법은 사용자 부담과 공평한 부담의 원칙에 따라야 한다(규칙 제22조 제2항).

(3) 임대사업자는 관리비 외에 어떠한 명목으로도 관리비를 징수할 수 없다(규칙 제22조 제3항).

2. 사용료

(1) 임대사업자는 임차인이 내야 하는 다음의 사용료 등을 임차인을 대행하여 징수권자에게 낼 수 있다(규칙 제22조 제4항).

1. 전기료(공동으로 사용하는 시설의 전기료를 포함한다)
2. 수도료(공동으로 사용하는 수도료를 포함한다)
3. 가스 사용료
4. 지역난방방식인 공동주택의 난방비와 급탕비
5. 정화조 오물 수수료
6. 생활 폐기물 수수료
7. 임차인대표회의 운영비

(2) 임대사업자는 인양기 등의 사용료를 해당 시설의 사용자에게 따로 부과할 수 있다(규칙 제22조 제5항).

3. 장부 작성 및 보관

임대사업자는 산정·징수한 관리비와 사용료 등의 징수 및 그 사용명세에 관한 장부를 따로 작성하고 증명자료와 함께 보관하여 임차인 또는 임차인대표회의가 열람할 수 있게 해야 한다(규칙 제22조 제6항).

4. 회계감사

(1) 산정·징수한 관리비와 사용료 등의 징수 및 그 사용명세에 대하여 임대사업자와 임차인간의 다툼이 있을 때에는 임차인(임차인 과반수 이상의 결의가 있는 경우만 해당한다) 또는 임차인대표회의는 임대사업자로 하여금 「공인회계사법」에 따라 등록한 공인회계사 또는 설립된 회계법인(이하 "공인회계사등"이라 한다)으로부터 회계감사를 받고 그 감사결과와 감사보고서를 열람할 수 있도록 갖춰 둘 것을 요구할 수 있다(규칙 제22조 제7항).

(2) 임차인 또는 임차인대표회의는 시장·군수·구청장에게 공인회계사등의 선정을 의뢰할 수 있다(규칙 제22조 제8항).

(3) 회계감사 비용은 임차인 또는 임차인대표회의가 부담한다(규칙 제22조 제9항).

5. 선수관리비

(1) 임대사업자는 민간임대주택을 관리하는 데 필요한 경비를 임차인이 최초로 납부하기 전까지 해당 민간임대주택의 유지관리 및 운영에 필요한 경비(이하 "선수관리비"라 한다)를 대통령령으로 정하는 바에 따라 부담할 수 있다(법 제51조 제6항).

(2) 임대사업자는 (1)에 따라 민간임대주택을 관리하는 데 필요한 경비를 임차인이 최초로 납부하기 전까지 민간임대주택의 유지관리 및 운영에 필요한 경비(이하 "선수관리비"라 한다)를 부담하는 경우에는 해당 임차인의 입주가능일 전까지 「공동주택관리법」에 따른 관리주체(이하 "관리주체"라 한다)에게 선수관리비를 지급해야 한다(영 제41조 제7항).

(3) 관리주체는 해당 임차인의 임대기간이 종료되는 경우 (2)에 따라 지급받은 선수관리비를 임대사업자에게 반환해야 한다. 다만, 다른 임차인이 해당 주택에 입주할 예정인 경우 등 임대사업자와 관리주체가 협의하여 정하는 경우에는 선수관리비를 반환하지 않을 수 있다(영 제41조 제8항).

(4) (2)에 따라 관리주체에게 지급하는 선수관리비의 금액은 해당 민간임대주택의 유형 및 세대수 등을 고려하여 임대사업자와 관리주체가 협의하여 정한다(영 제41조 제9항).

3 임차인대표회의

1. 임차인대표회의 구성

(1) 임대사업자가 20세대 이상의 범위에서 대통령령으로 정하는 세대(20세대) 이상 민간임대주택을 공급하는 공동주택단지에 입주하는 임차인은 임차인대표회의를 구성할 수 있다. 다만, 임대사업자가 150세대 이상의 민간임대주택을 공급하는 공동주택단지 중 대통령령으로 정하는 공동주택단지에 입주하는 임차인은 임차인대표회의를 구성하여야 한다(법 제52조 제1항, 영 제42조 제1항).

> 위에서 "대통령령으로 정하는 공동주택단지"란 다음의 어느 하나에 해당하는 공동주택단지를 말한다(영 제42조 제2항)
> 1. 300세대 이상의 공동주택단지
> 2. 150세대 이상의 승강기가 설치된 공동주택
> 3. 150세대 이상의 중앙집중식 난방방식 또는 지역난방방식의 공동주택

(2) 임차인대표회의의 구성 및 운영 등에 필요한 사항은 대통령령으로 정한다(법 제52조 제5항).

① 임차인대표회의는 민간임대주택의 동별 세대수에 비례하여 선출한 대표자(이하 "동별 대표자"라 한다)로 구성한다(영 제42조 제6항).

② 동별 대표자가 될 수 있는 사람은 해당 민간임대주택단지에서 6개월 이상 계속 거주하고 있는 임차인으로 한다. 다만, 최초로 임차인대표회의를 구성하는 경우에는 그러하지 아니하다(영 제42조 제7항).

③ 임차인대표회의는 회장 1명, 부회장 1명 및 감사 1명을 동별 대표자 중에서 선출하여야 한다(영 제42조 제8항).

2. 임차인대표회의의 구성 통지

(1) 임대사업자는 입주예정자의 과반수가 입주한 때에는 과반수가 입주한 날부터 30일 이내에 입주현황과 임차인대표회의를 구성할 수 있다는 또는 구성하여야 한다는 사실을 입주한 임차인에게 통지하여야 한다. 다만, 임대사업자가 본문에 따른 통지를 하지 아니하는 경우 시장・군수・구청장이 임차인대표회의를 구성하도록 임차인에게 통지할 수 있다(법 제52조 제2항).

(2) (1)의 단서에 따라 임차인대표회의를 구성하여야 하는 임차인이 임차인대표회의를 구성하지 아니한 경우 임대사업자는 임차인이 임차인대표회의를 구성할 수 있도록 대통령령으로 정하는 바에 따라 지원하여야 한다(법 제52조 제3항).

(3) 임대사업자는 (2)에 따라 (1)의 단서에 따른 임차인이 임차인대표회의를 구성하지 않는 경우에 임차인대표회의를 구성해야 한다는 사실과 다음의 3.에 따른 협의사항 및 이 조에 따른 임차인대표회의의 구성・운영에 관한 사항을 반기 1회 이상 임차인에게 통지해야 한다(영 제42조 제3항).

3. 임차인대표회의와 임대사업자의 협의사항

(1) 임차인대표회의가 구성된 경우에는 임대사업자는 다음의 사항에 관하여 협의하여야 한다(법 제52조 제4항, 영 제42조 제2항).

1. 민간임대주택 관리규약의 제정 및 개정
2. 관리비
3. 민간임대주택의 공용부분・부대시설 및 복리시설의 유지・보수
4. 임대료 증감

5. 그 밖에 민간임대주택의 유지 · 보수 · 관리 등에 필요한 사항으로서 다음의 대통령령으로 정하는 사항
   (1) 하자 보수
   (2) 공동주택의 관리에 관하여 임대사업자와 임차인대표회의가 합의한 사항
   (3) 임차인 외의 자에게 민간임대주택 주차장을 개방하는 경우 다음 각 사항
      ① 개방할 수 있는 주차대수 및 위치
      ② 주차장의 개방시간
      ③ 주차료 징수 및 사용에 관한 사항
      ④ 그 밖에 주차장의 적정한 개방을 위해 필요한 사항

(2) 임대사업자는 임차인대표회의가 협의사항에 대하여 협의를 요청하면 성실히 응하여야 한다(영 제42조 제5항).

4. 임차인대표회의의 소집

임차인대표회의를 소집하려는 경우에는 소집일 5일 전까지 회의의 목적 · 일시 및 장소 등을 임차인에게 알리거나 공고하여야 한다(영 제42조 제9항).

5. 임차인대표회의의 회의

(1) 임차인대표회의는 그 회의에서 의결한 사항, 임대사업자와의 협의결과 등 주요 업무의 추진 상황을 지체 없이 임차인에게 알리거나 공고하여야 한다(영 제42조 제10항).

(2) 임차인대표회의는 회의를 개최하였을 때에는 회의록을 작성하여 보관하고, 임차인이 회의록의 열람을 청구하거나 자기의 비용으로 복사를 요구할 경우에는 그에 따라야 한다(영 제42조 제11항).

민간임대주택 주차장의 외부 개방

임대사업자는 임차인대표회의와 협의하여 결정한 사항에 대해 전체 임차인 과반수의 서면동의를 받은 경우 지방자치단체와 협약을 체결하여 주차장을 개방할 수 있다. 이 경우 개방하는 민간임대주택 주차장의 운영 · 관리자는 지방자치단체, 「지방공기업법」 제76조에 따라 설립된 지방공단 또는 지방자치단체의 장이 지정하는 자 중에서 지방자치단체와의 협약에 따라 정한다(영 제42조의2).

4 장기수선계획 및 특별수선충당금

1. 장기수선계획

(1) 장기수선계획의 수립 대상

특별수선충당금을 적립하여야 하는 민간임대주택의 임대사업자는 다음의 해당 민간임대주택의 공용부분, 부대시설 및 복리시설(분양된 시설은 제외한다)에 대한 장기수선계획(「공동주택관리법」에 따른 장기수선계획을 말한다)을 수립하여 「주택법」에 따른 사용검사 신청시 함께 제출하여야 하며, 임대기간 중 해당 민간임대주택단지에 있는 관리사무소에 장기수선계획을 갖춰 놓아야 한다(영 제43조 제1항).

> 1. 300세대 이상의 공동주택단지
> 2. 150세대 이상의 승강기가 설치된 공동주택
> 3. 150세대 이상의 중앙집중식난방방식의 공동주택 또는 지역난방방식의 공동주택

(2) 장기수선계획의 수립 기준

장기수선계획은 국토교통부령으로 정하는 기준에 따라야 한다. 즉, 「공동주택관리법 시행규칙」 별표 1에 따른 수립 기준에 따라야 한다(영 제43조 제2항, 규칙 제24조).

2. 특별수선충당금

(1) 특별수선충당금의 적립의무자 등

① 앞의 1.의 (1)에 따른 민간임대주택의 임대사업자는 주요 시설을 교체하고 보수하는 데에 필요한 특별수선충당금을 적립하여야 한다(법 제53조 제1항).
② ①에 따른 주요 시설의 범위 · 교체 및 보수 시기 · 방법 등에 필요한 사항은 장기수선계획으로 정한다(법 제53조 제4항, 규칙 제23조).

(2) 특별수선충당금의 적립시기 및 요율

장기수선계획을 수립하여야 하는 민간임대주택의 임대사업자는 특별수선충당금을 사용검사일 또는 임시사용승인일부터 1년이 지난 날이 속하는 달부터 「주택법」에 따른 사업계획 승인 당시 표준 건축비의 1만분의 1의 요율로 매달 적립하여야 한다(영 제43조 제3항).

(3) 특별수선충당금의 예치관리

특별수선충당금은 임대사업자와 해당 민간임대주택의 소재지를 관할하는 시장 · 군수 · 구청장의 공동 명의로 금융회사 등에 예치하여 따로 관리하여야 한다(영 제43조 제4항).

(4) 특별수선충당금의 사용

임대사업자는 특별수선충당금을 사용하려면 미리 해당 민간임대주택의 소재지를 관할하는 시장 · 군수 · 구청장과 협의하여야 한다(영 제43조 제5항).

(5) 특별수선충당금의 적립현황 보고

시장 · 군수 · 구청장은 국토교통부령으로 정하는 방법에 따라 임대사업자의 특별수선충당금 적립 여부, 적립금액 등을 관할 시 · 도지사에게 보고하여야 하며, 시 · 도지사는 시장 · 군수 · 구청장의 보고를 종합하여 국토교통부장관에게 보고하여야 한다(영 제43조 제6항).

(6) 특별수선충당금의 인계

임대사업자가 민간임대주택을 양도하는 경우에는 특별수선충당금을 「공동주택관리법」에 따라 최초로 구성되는 입주자대표회의에 넘겨주어야 한다(법 제53조 제2항).

5 준주택에 관한 특례

민간임대주택으로 등록한 준주택에 대하여는 법 제51조(민간임대주택의 관리), 법 제52조(임차인대표회의), 법 제53조(특별수선충당금의 적립 등)까지의 규정을 적용하지 아니한다(법 제54조).

6 임대주택분쟁조정위원회

1. 조정위원회의 구성

(1) 시장 · 군수 · 구청장은 임대주택(민간임대주택 및 공공임대주택을 말한다)에 관한 학식 및 경험이 풍부한 자 등으로 임대주택분쟁조정위원회(이하 "조정위원회"라 한다)를 구성한다(법 제55조 제1항).

(2) 조정위원회는 위원장 1명을 포함하여 10명 이내로 구성하되, 조정위원회의 운영, 절차 등에 필요한 사항은 대통령령으로 정한다(법 제55조 제2항).

2. 조정위원회의 위원의 자격

임대주택분쟁조정위원회(이하 "조정위원회"라 한다)의 위원장을 제외한 위원은 다음의 어느 하나에 해당하는 사람 중에서 해당 시장 · 군수 · 구청장이 성별을 고려하여 임명하거나 위촉하되, 각 호의 사람이 각각 1명 이상 포함되어야 하고, 공무원이 아닌 위원이 6명 이상이 되어야 한다(법 제55조 제4항).

1. 법학, 경제학이나 부동산학 등 주택 분야와 관련된 학문을 전공한 사람으로서 「고등교육법」에 따른 학교에서 조교수 이상으로 1년 이상 재직한 사람
2. 변호사, 공인회계사, 감정평가사 또는 세무사로서 해당 자격과 관련된 업무에 1년 이상 근무한 사람
3. 주택관리사가 된 후 관련 업무에 3년 이상 근무한 사람
4. 국가 또는 다른 지방자치단체에서 민간임대주택 또는 공공임대주택 사업의 인·허가 등 관련 업무를 수행하는 5급 이상 공무원으로서 해당 기관의 장이 추천한 사람 또는 해당 지방자치단체에서 민간임대주택 또는 공공임대주택 사업의 인·허가 등 관련 업무를 수행하는 5급 이상 공무원
5. 한국토지주택공사 또는 지방공사에서 민간임대주택 또는 공공임대주택 사업 관련 업무에 종사하고 있는 임직원으로서 해당 기관의 장이 추천한 사람
6. 임대주택과 관련된 시민단체 또는 소비자단체가 추천한 사람

3. 임원 등

(1) 위원장은 해당 지방자치단체의 장이 된다(법 제55조 제3항).

(2) 조정위원회의 부위원장은 위원 중에서 호선(互選)한다(영 제44조 제2항).

(3) 공무원이 아닌 위원의 임기는 2년으로 하며 두 차례만 연임할 수 있다(법 제55조 제5항).

4. 회 의

(1) 조정위원회의 회의는 위원장이 소집한다(영 제45조 제1항).

(2) 위원장은 회의 개최일 2일 전까지 회의와 관련된 사항을 위원에게 알려야 한다(영 제45조 제2항).

(3) 조정위원회의 회의에 참석한 위원에게는 예산의 범위에서 수당과 여비 등을 지급할 수 있다. 다만, 공무원인 위원이 소관 업무와 직접적으로 관련되어 조정위원회에 출석하는 경우에는 그러하지 아니하다(영 제45조 제6항).

(4) 조정위원회는 해당 민간임대주택 또는 공공임대주택의 분쟁을 조정하기 위하여 필요한 자료를 임대사업자 또는 공공주택사업자에게 요청할 수 있다(영 제45조 제7항).

5. 분쟁의 조정신청

(1) 임대사업자 또는 임차인대표회의 간의 분쟁에 대한 조정신청

임대사업자 또는 임차인대표회의는 다음의 어느 하나에 해당하는 분쟁에 관하여 조정위원회에 조정을 신청할 수 있다(법 제56조 제1항).

1. 법 제44조에 따른 임대료의 증액
2. 법 제51조에 따른 주택관리
3. 법 제52조 제4항의 임차인대표회의의 협의사항
4. 그 밖에 대통령령으로 정하는 사항(영 제46조).

(2) 공공주택사업자 또는 임차인대표회의 간의 분쟁에 대한 조정신청

공공주택사업자 또는 임차인대표회의는 다음의 어느 하나에 해당하는 분쟁에 관하여 조정위원회에 조정을 신청할 수 있다(법 제56조 제2항).

1. (1)의 분쟁조정 신청사항
2. 공공임대주택의 분양전환가격. 다만, 분양전환승인에 관한 사항은 제외한다.

(3) 공공주택사업자, 임차인대표회의 또는 임차인 간의 분쟁에 대한 조정신청

공공주택사업자, 임차인대표회의 또는 임차인은 「공공주택 특별법」 제50조의3에 따른 우선 분양전환 자격에 대한 분쟁에 관하여 조정위원회에 조정을 신청할 수 있다(법 제56조 제3항).

6. 조정의 효력

임대사업자와 임차인대표회의가 조정위원회의 조정안을 받아들이면 당사자 간에 조정조서와 같은 내용의 합의가 성립된 것으로 본다(법 제57조).

7 협회의 설립

1. 협회의 구분

(1) 임대사업자는 민간임대사업의 건전한 발전을 도모하기 위하여 임대사업자단체를 설립할 수 있다(법 제58조 제1항).

(2) 주택임대관리업자는 주택임대관리업의 효율적인 업무수행을 위하여 주택임대관리업자단체를 설립할 수 있다(법 제58조 제2항).

※ "대통령령으로 정하는 사항"이란 다음 각 호의 어느 하나에 해당하는 임대사업자의 민간임대주택에 대한 분양전환, 주택관리, 주택도시기금 융자금의 변제 및 임대보증금 반환 등에 관한 사항을 말한다(영 제46조).

1. 발행한 어음 및 수표를 기한까지 결제하지 못하여 어음교환소로부터 거래정지 처분을 받은 임대사업자
2. 「주택도시기금법」에 따른 주택도시기금 융자금에 대한 이자를 6개월을 초과하여 내지 아니한 임대사업자
3. 법 제49조 제1항에 따라 임대보증금에 대한 보증에 가입하여야 하는 임대사업자로서 임대보증금에 대한 보증의 가입 또는 재가입이 거절된 이후 6개월이 지난 자
4. 모회사(「상법」 제342조의2에 따른 모회사를 말한다)가 위의 1.의 처분을 받은 경우로서 자기자본 전부가 잠식된 임대사업자

(3) (1) 및 (2)에 따른 단체(이하 "협회"라 한다)는 각각 법인으로 한다(법 제58조 제3항).

2. 협회의 설립인가 및 등기

(1) 협회를 설립하려면 5인 이상의 범위에서 다음의 대통령령으로 정하는 수 이상의 인원을 발기인으로 하여 정관을 마련한 후 창립총회의 의결을 거쳐 국토교통부장관의 인가를 받아야 한다(법 제59조 제1항, 영 제48조).

1. 임대사업자단체: 5인
2. 주택임대관리업자단체: 10인

(2) 국토교통부장관은 (1)에 따른 인가를 하였을 때에는 이를 지체 없이 공고하여야 한다(법 제59조 제2항).

(3) 협회는 그 주된 사무소의 소재지에서 설립등기를 함으로써 성립한다(법 제58조 제4항).

8 임대주택정보체계 등

국토교통부장관은 임대주택에 대한 국민의 정보 접근을 쉽게하고 관련 통계의 정확성을 제고하며, 부동산 정책 등에 활용하기 위하여 임대주택정보체계(이하 "정보체계"라 한다)를 구축·운영할 수 있다(법 제60조 제1항).

9 가산금리

국토교통부장관은 다음의 어느 하나에 해당하는 임대사업자에 대하여 주택도시기금 융자금에 연 1% 포인트의 범위에서 가산금리를 부과할 수 있다(법 제63조 제1항).

1. 임대보증금에 대한 보증에 가입하지 아니하거나 보증수수료(분할납부액을 포함한다)를 납부하지 아니한 자
2. 임대사업자가 특별수선충당금을 적립하지 않았거나, 입주자대표회의에 넘겨주지 않았을 경우 1천만원 이하의 과태료 처분을 받고 그 부과받은 시점부터 6개월 이상 특별수선충당금을 적립하지 아니한 경우

03 Part 실전예상문제

01 「민간임대주택에 관한 특별법령」상 임대사업자의 등록에 관한 설명으로 옳지 않은 것은?

① 임대사업자란 공공주택사업자가 아닌 자로서 1호 이상의 민간임대주택을 취득하여 임대하는 사업을 할 목적으로 특별자치시장・특별자치도지사・시장・군수 또는 자치구 구청장(이하 “시장・군수・구청장”이라 한다)에게 등록을 한 자를 말한다.

② 민간임대주택으로 등록할 주택을 취득하려는 계획이 확정되어 있는 자로서 민간임대주택으로 등록할 주택을 매입하기 위하여 매매계약을 체결한 자도 등록할 수 있다.

③ 등록한 자가 그 등록한 사항을 변경하거나 말소하고자 할 경우 시장・군수・구청장에게 신고하여야 한다.

④ 등록신청일부터 과거 5년 이내에 민간임대주택사업에서 부도의 발생사실이 있는 자는 임대사업자로 등록할 수 없으나, 부도 후 부도 당시의 채무를 변제하고, 임대주택사업을 정상화시킨 경우는 그러하지 아니하다.

⑤ 시장・군수・구청장은 임대사업자가 거짓이나 그 밖의 부정한 방법으로 등록한 경우 그 등록을 말소할 수 있다.

해설 ⑤ 시장・군수・구청장은 임대사업자가 거짓이나 그 밖의 부정한 방법으로 등록한 경우 그 등록을 말소하여야 한다.

02 「민간임대주택에 관한 특별법령」상 내용으로 옳지 않은 것은?

① 임대사업자는 특별수선충당금을 사용검사일부터 1개월이 지난 날이 속하는 달부터 매달 적립한다.

② 임대사업자는 수선유지비를 관리비로 징수할 수 있다.

③ 민간임대주택은 의무기간이 지나지 아니하면 매각할 수 없다.

④ 임차인 또는 임차인대표회의는 시장・군수・구청장에게 공인회계사등의 선정을 의뢰할 수 있다.

⑤ 지방자치단체의 장은 임대주택을 보다 효율적으로 관리하기 위하여 정보체계를 연계하거나 활용할 수 있다.

해설 ① 임대사업자는 특별수선충당금을 사용검사일부터 1년이 지난 날이 속하는 달부터 매달 적립한다.

Answer

01 ⑤ 02 ①

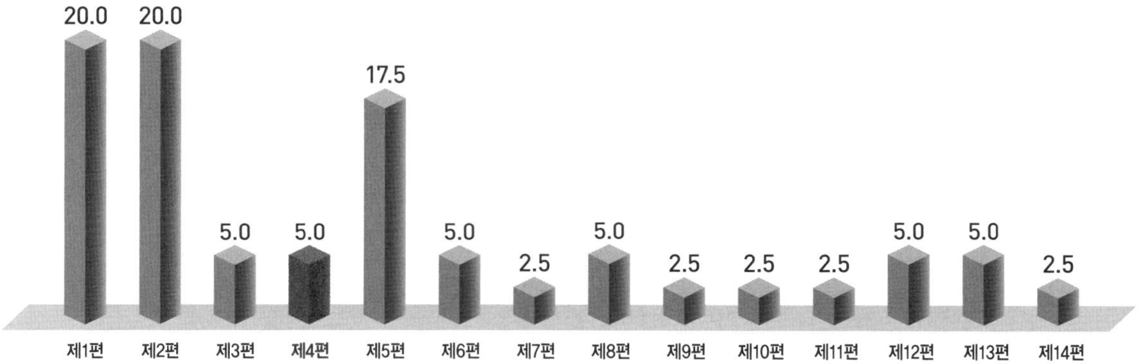

제27회 기출문제 분석

공공주택 특별법은 2문제가 출제되는데, 주로 용어 중심으로 정리하고 공공주택지구, 도심공공주택복합사업, 공공주택의 관리 등 중요부분을 학습하도록 한다.

박문각
주택관리사

PART 04

공공주택 특별법

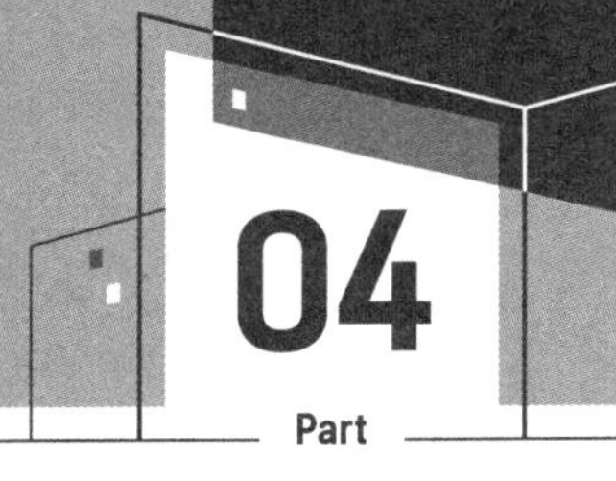

공공주택 특별법

공공주택 특별법(2문제)

공공분양주택	지분적립형 분양주택	20년↑~30년↓ 공공주택사업자와 소유권을 공유하면서 지분 적립, 5년 거주의무, 10년 전매제한
	이익공유형 분양주택	공급 받은 자가 처분할 경우 공공주택사업자가 환매하되 처분손익을 공유하는 조건으로 분양하는 주택, 5년 거주의무

공공임대주택 ( ): 임대의무기간	영구임대주택(50년)	재정지원 최저소득계층 주거안정
	국민임대주택(30년)	재정 또는 기금지원 저소득서민 주거안정
	행복주택(30년)	재정 또는 기금지원 젊은 층 주거안정
	통합공공임대주택(30년)	재정 또는 기금지원 최저소득계층, 저소득, 젊은 층, 장애인, 국가유공자 주거안정
	장기전세주택(20년)	재정 또는 기금지원 전세계약의 방식
	분양전환공공임대주택(5,6,10년)	일정기간 임대 후 분양전환
	기존주택등매입임대주택	재정 또는 기금지원 매입 수급자, 청년, 신혼부부 공급
	기존주택전세임대주택	재정 또는 기금지원으로 임차 수급자, 청년, 신혼부부 전대

공공주택사업	공공주택지구조성사업, 공공주택건설사업, 공공주택매입주택, 공공주택관리사업, 도심공공주택복합사업
공공준주택	재정 또는 기금지원 건설·매입·임차하여 공급(85㎡ 이하): 오피스텔, 다중생활시설, 노인복지주택, 기숙사
공공주택 사업자	국·지·주·지·공공기관 / 국·지·주·지·공공기관이 총지분 50% 초과 출자법인 / 기금 또는 국·지·주·지·공공기관이 총지분의 전부 출자(도심공공주택복합사업은 50% 초과) 설립한 부동산투자회사

공공주택지구	지정권자	국토교통부장관
	지정·고시의 효력	• 도시지역, 지구단위계획구역, 도시·군계획시설 결정·고시 • 개발행위허가: 건·대·용·공·토·토·토·물·죽·식
	공공주택지구계획	주택지구지정고시일 1년 이내 지구계획승인신청× ⇨ 다른 공공주택사업자 지정
	특별관리지역	주택지구 해제할 때 330만㎡↑ 난개발 우려 10년 범위 국토교통부장관 지정
	준공검사	국토부장관
	조성토지의 공급방법	• **조성원가공급**: 국민주택건설용지 • **경쟁입찰**: 판매시설 용지 등 영리 목적 토지 • **수의계약**: 공공주택공급, 공공시설용지

도심공공주택복합지구	의 의	도심 내 역세권, 준공업지역, 저층주거지에서 공공주택과 업무시설, 판매시설, 산업시설 등을 복합 조성
	유 형	• **주거상업고밀지구**: 역세권, 면적 5천㎡↑ • **주거산업융합지구**: 준공업지역, 면적 5천㎡↑ • **주택공급활성화지구**: 저층 노후주거지, 면적 1만 ㎡↑
	지정권자	국토교통부장관 또는 시·도지사 지정
	복합사업계획	공공주택사업자가 계획을 작성 지정권자에게 승인신청
공공임대주택의 공급	표준임대료 초과금지	영구, 국민, 행복, 통합, 장기전세, 분양전환공공임대주택 최초
	최초 임대보증금 배제	85㎡ 초과, 분납임대주택, 장기전세주택
	표준임대차계약서	임대료, 기간, 권리·의무, 수선·유지·보수, 분양전환 시기, 가격, 분납금
	계약해제 등 사유	월 임대료 3개월↑ 연체, 거짓·부정임대, 자격요건 초과, 고의 파손
	공공임대주택의 전대제한	**예외**: 근무·질병·생업이전, 상속, 혼인, 국외이주, 1년↑ 국외체류, 특별법 이전기관, 혼인·이혼으로 배우자 등이 임차인으로 계속 거주
공공주택의 관리	분양전환 공공임대주택 우선 분양전환 임차인	분양전환 이전까지 무주택자, 85㎡ 초과, 국가기관, 법인
	제3자 매각	우선분양전환 통지받은 날로부터 6개월(임대의무기간: 10년은 1년) 이내 우선분양전환계약을 하지 않는 경우
	장기수선계획 수립 대상	300세대↑, 승강기설치, 중앙집중식난방방식 공동주택의 공공임대주택단지
	장기수선계획 수립 의무	해당 공공임대주택의 공공주택사업자
	장기수선계획 제출	사용검사권자
	특별수선충당금 적립대상	300세대↑, 승강기설치, 중앙집중식난방방식 공동주택의 공공임대주택을 건설한 공공주택사업자
	특별수선충당금 요율	• **영구, 국민, 행복, 통합, 장기전세**: 표준건축비의 4/10,000 • **기타 공공임대주택**: 표준건축비의 1/10,000
	특별수선충당금 사용	주소지 관할 시장·군수·구청장과 협의
	특별수선충당금 인계	최초로 구성하는 입주자대표회의에 인계

01 Chapter 총 설

단·원·열·기

공공주택의 용어, 공공주택의 재원 · 세제지원, 다른 법률과의 관계 등 전반적으로 출제가 되고 있다.
학습방법 : 공공주택의 용어와 공공주택사업자 중심으로 이해해두고 나머지는 기출문제 중심으로 정리해둔다.

01 제정목적

「공공주택 특별법」은 공공주택의 원활한 건설과 효과적인 운영을 위하여 필요한 사항을 규정함으로써 서민의 주거안정 및 주거수준 향상을 도모하여 국민의 쾌적한 주거생활에 이바지함을 목적으로 한다(법 제1조).

02 용어의 정의

1 공공주택

공공주택이란 법 제4조 제1항 각 호에 규정된 자 또는 법 제4조 제2항에 규정된 공공주택사업자가 국가 또는 지방자치단체의 재정이나 「주택도시기금법」에 따른 주택도시기금을 지원받아 이 법 또는 다른 법률에 따라 건설, 매입 또는 임차하여 공급하는 다음의 어느 하나에 해당하는 주택을 말한다(법 제2조 제1호).

1. 공공임대주택

임대 또는 임대한 후 분양전환을 할 목적으로 공급하는 「주택법」에 따른 주택으로서 대통령령으로 정하는 다음의 주택을 말한다(법 제2조 제1호 가목).

1. 영구임대주택	국가나 지방자치단체의 재정을 지원받아 최저소득 계층의 주거안정을 위하여 50년 이상 또는 영구적인 임대를 목적으로 공급하는 공공임대주택
2. 국민임대주택	국가나 지방자치단체의 재정이나 「주택도시기금법」에 따른 주택도시기금의 자금을 지원받아 저소득 서민의 주거안정을 위하여 30년 이상 장기간 임대를 목적으로 공급하는 공공임대주택
3. 행복주택	국가나 지방자치단체의 재정이나 주택도시기금의 자금을 지원받아 대학생, 사회초년생, 신혼부부 등 젊은 층의 주거안정을 목적으로 공급하는 공공임대주택
4. 통합공공임대주택	국가나 지방자치단체의 재정이나 주택도시기금의 자금을 지원받아 최저소득 계층, 저소득 서민, 젊은 층 및 장애인·국가유공자 등 사회 취약계층 등의 주거안정을 목적으로 공급하는 공공임대주택
5. 장기전세주택	국가나 지방자치단체의 재정이나 주택도시기금의 자금을 지원받아 전세계약의 방식으로 공급하는 공공임대주택
6. 분양전환 공공임대주택	일정 기간 임대 후 분양전환할 목적으로 공급하는 공공임대주택
7. 기존주택등 매입임대주택	국가나 지방자치단체의 재정이나 주택도시기금의 자금을 지원받아 기존주택등(제37조 제1항 각호의 어느 하나에 해당하는 주택 또는 건축물)을 매입하여 「국민기초생활 보장법」에 따른 수급자 등 저소득층과 청년 및 신혼부부 등에게 공급하는 공공임대주택
8. 기존주택 전세임대주택	국가나 지방자치단체의 재정이나 주택도시기금의 자금을 지원받아 기존주택을 임차하여 「국민기초생활 보장법」에 따른 수급자 등 저소득층과 청년 및 신혼부부 등에게 전대(轉貸)하는 공공임대주택

2. 공공분양주택

분양을 목적으로 공급하는 주택으로서 「주택법」에 따른 국민주택규모 이하의 주택을 말한다(법 제2조 제1호 나목).

지분적립형 분양주택의 소유권 공유기간 등

1. 법 제2조 제1호의4에서 "대통령령으로 정하는 기간"이란 20년 또는 30년 중에서 법 제4조에 따른 공공주택사업자가 지분적립형 분양주택의 공급가격을 고려해 정하는 기간을 말한다(영 제2조2 제1항).
2. 공공주택사업자는 소유권 공유기간을 정하는 경우 20년 또는 30년 중에서 지분적립형 분양주택을 공급받을 자가 선택하게 하는 방식으로 소유권 공유기간을 정할 수 있다(영 제2조2 제3항).
3. 지분적립형 분양주택을 공급받은 자는 법 제2조 제1호의4에 따라 위의 1. 또는 2.에 따른 기간 동안 10% 이상 25% 이하의 범위에서 공공주택사업자가 정하는 비율에 따라 정해지는 회차별로 공급받은 주택의 지분을 적립하여 취득할 수 있다(영 제2조의2 제3항).
4. 위 3.에 따라 회차별로 취득하는 지분의 가격은 주택공급가격(지분 전체에 대한 가격을 말한다)과 이에 대한 이자(최초 지분 취득일과 추가 지분 취득일에 각각 적용되는 「은행법」에 따른 은행의 1년 만기 정기예금 평균이자율을 산술평균한 이자율을 적용한 이자를 말한다)를 합산한 금액(이하 "취득기준가격"이라 한다)에 취득하는 지분의 비율을 곱한 금액으로 한다(영 제2조의2 제4항).

(1) 지분적립형 분양주택

지분적립형 분양주택이란 공공주택사업자가 직접 건설하거나 매매 등으로 취득하여 공급하는 공공분양주택으로서 주택을 공급받은 자가 20년 이상 30년 이하의 범위에서 대통령령으로 정하는 기간 동안 공공주택사업자와 주택의 소유권을 공유하면서 대통령령으로 정하는 바에 따라 소유 지분을 적립하여 취득하는 주택을 말한다(법 제2조 제1의4호).

(2) 이익공유형 분양주택

이익공유형 분양주택이란 공공주택사업자가 직접 건설하거나 매매 등으로 취득하여 공급하는 공공분양주택으로서 주택을 공급받은 자가 해당 주택을 처분하려는 경우 공공주택사업자가 환매하되 공공주택사업자와 처분 손익을 공유하는 것을 조건으로 분양하는 주택을 말한다(법 제2조 제1의5호)

2 공공건설임대주택

법 제4조에 따른 공공주택사업자가 직접 건설하여 공급하는 공공임대주택을 말한다(법 제2조 제1의2호).

3 공공매입임대주택

법 제4조에 따른 공공주택사업자가 직접 건설하지 아니하고 매매 등으로 취득하여 공급하는 공공임대주택을 말한다(법 제2조 제1의3호).

4 공공주택지구

공공주택의 공급을 위하여 공공주택이 전체주택 중 100분의 50 이상이 되고, 국토교통부장관이 지정·고시하는 지구를 말한다. 이 경우 공공주택의 주택비율은 100분의 50 이상의 범위에서 대통령령으로 정한다(법 제2조 제2호, 영 제3조 제1항).

1. 공공주택지구의 공공주택 비율은 다음의 구분에 따른다. 이 경우 아래 (1) 및 (2)의 주택을 합한 주택이 공공주택지구 전체 주택 호수의 100분의 50 이상이 되어야 한다.
   (1) 공공임대주택: 전체 주택 호수의 100분의 35 이상
   (2) 공공분양주택: 전체 주택 호수의 100분의 30 이하
2. 국토교통부장관은 위의 1.에 따른 비율의 범위에서 공공주택의 세부 유형별 주택 비율을 정하여 고시할 수 있다.

5 도심 공공주택 복합지구

도심 공공주택 복합지구란 도심 내 역세권, 준공업지역, 저층주거지에서 공공주택과 업무시설, 판매시설, 산업시설 등을 복합하여 조성하는 거점으로 제40조의7에 따라 지정·고시하는 지구를 말한다. 이 경우 공공임대주택과 공공분양주택의 주택비율은 대통령령으로 정한다(법 제2조 제2의2호).

1. 도심 공공주택 복합지구의 유형과 지정기준

(1) 복합지구의 유형

① 주거상업고밀지구
② 주거산업융합지구
③ 주택공급활성화지구

(2) 복합지구의 유형별 지정기준

복합지구의 유형별 지정기준은 다음과 같다(영 제35조의2 제1항 관련, 별표4의2 제2호).

1) 주거상업고밀지구로 지정할 수 있는 지역은 다음의 기준 모두에 해당하는 지역으로 한다.

① 역세권 등 접근성은 양호하나 개발이 이루어지지 않거나 저조한 지역일 것
② 면적이 5천m^2 이상일 것
③ 역승강장 경계의 반경 500m 이내의 범위에서 국토교통부장관이 정하여 고시하는 범위 이내일 것. 이 경우 복합사업을 시행하려는 면적의 과반이 국토교통부장관이 정하여 고시하는 범위 이내에 있는 경우에는 복합사업을 시행하려는 면적 전체를 포함한 지역으로 할 수 있다.

1. 도심공공주택 복합지구(이하 "복합지구"라 한다)에서의 공공주택 비율은 다음 각 호의 구분에 따른다(영 제3조 제2항).
   ① **공공임대주택**: 전체 주택 호수의 100분의 10이상. 다만, 주거상업고밀지구의 경우에는 100분의 15 이상으로 한다.
   ② **공공분양주택**
      ㉠ 지분적립형 분양주택 또는 이익공유형 분양주택: 전체 주택 호수의 100분의 10 이상
      ㉡ ㉠외의 공공분양주택: 전체 주택 호수의 100분의 60 이상
2. 국토교통부장관은 위의 1.에 따른 비율의 범위에서 공공주택의 세부 유형별 주택 비율을 정하여 고시할 수 있다(영 제3조 제3항).

④ 전체 건축물 중 20년 이상 경과한 노후건축물의 비율이 100분의 40 이상의 범위에서 국토교통부장관이 정하여 고시하는 비율 이상일 것
⑤ 용도지역의 종류, 호수(戶數) 밀도 등이 국토교통부장관이 정하여 고시하는 요건에 해당할 것

2) 주거산업융합지구로 지정할 수 있는 지역은 다음의 기준 모두에 해당하는 지역으로 한다.

① 「국토의 계획 및 이용에 관한 법률 시행령」 제30조 제1항 제3호 다목에 따른 준공업지역으로서 공장, 산업시설 등이 낙후되거나 주거지 인근에 위치하고 있어 정비가 필요한 지역일 것
② 면적이 5천m^2 이상인 지역일 것
③ 위의 1)의 ④ 및 ⑤에 해당하는 지역일 것

3) 주택공급활성화지구로 지정할 수 있는 지역은 다음의 기준 모두에 해당하는 지역으로 한다.

① 20년 이상 경과한 저층 노후주거지 비율이 높고, 기반시설이 열악하여 계획적인 개발이 필요한 지역일 것
② 면적이 1만m^2 이상인 지역일 것
③ 위의 1)의 ④ 및 ⑤에 해당하는 지역일 것

2. 도심 공공주택 복합지구의 지정권자

국토교통부장관 또는 시·도지사(이하 "지정권자"라 한다)는 다음의 구분에 따라 도심 공공주택 복합사업(이하 "복합사업"이라 한다)을 추진하기 위하여 필요한 지역을 도심 공공주택 복합지구(이하 "복합지구"라 한다)로 지정하거나 지정된 복합지구를 변경 또는 해제할 수 있다(법 제40조의7 제1항).

6 공공주택사업

공공주택사업이란 다음에 해당하는 사업을 말한다(법 제2조 제3호).

(1) **공공주택지구조성사업**: 공공주택지구를 조성하는 사업

(2) **공공주택건설사업**: 공공주택을 건설하는 사업

토지 등 수용 또는 사용

1. 공공주택사업자는 복합지구에서 복합사업을 시행하기 위하여 필요한 경우에는 토지 등을 수용 또는 사용할 수 있다(법 제40조의10 제1항).
2. 복합지구를 지정하여 고시한 때에는 「공익사업을 위한 토지 등의 취득 및 보상에 관한 법률」 제20조 제1항 및 같은 법 제22조에 따른 사업인정 및 사업인정의 고시가 있는 것으로 본다(법 제40조의10 제2항).
3. 토지 등의 수용, 사용 또는 손실보상에 관하여 이 법에 특별한 규정이 있는 것을 제외하고는 「공익사업을 위한 토지 등의 취득 및 보상에 관한 법률」을 적용한다. 다만, 복합사업의 시행에 따른 이주대책의 수립 등 손실보상의 기준 및 절차는 대통령령으로 정할 수 있다(법 제40조의 10 제6항).
4. 토지 등의 수용 또는 사용에 대한 재결의 신청은 「공익사업을 위한 토지 등의 취득 및 보상에 관한 법률」 제23조 제1항 및 같은 법 제28조 제1항에도 불구하고 복합지구로 지정된 때부터 해당 복합사업의 시행기간 내에 할 수 있다(법 제40조의10 제7항).

현물보상

공공주택사업자는 토지등소유자가 「공익사업을 위한 토지 등의 취득 및 보상에 관한 법률」에 따른 협의에 응하여 그가 소유하는 복합지구 내 토지 등의 전부를 공공주택사업자에게 양도하는 경우로서 토지등소유자가 원하는 경우에는 다음에서 정하는 기준과 절차에 따라 사업시행으로 건설되는 건축물(건축물에 부속된 토지를 포함한다)로 보상(이하 "현물보상"이라 한다)할 수 있다.

(3) **공공주택매입사업**: 공공주택을 공급할 목적으로 주택을 매입하거나 인수하는 사업

(4) **공공주택관리사업**: 공공주택을 운영·관리하는 사업

(5) **도심 공공주택 복합사업**: 도심 내 역세권, 준공업지역, 저층 주거지에서 공공주택과 업무시설, 판매시설, 산업시설 등을 복합하여 건설하는 사업

7 분양전환

공공임대주택을 법 제4조 제1항 각 호에 규정된 자(즉, 공공주택사업자)가 아닌 자에게 매각하는 것을 말한다(법 제2조 제4호).

8 공공준주택

(1) 공공준주택 의의

공공주택사업자가 국가 또는 지방자치단체의 재정이나 주택도시기금을 지원받아 건설, 매입 또는 임차하여 임대를 목적으로 공급하는 「주택법」 제2조 제4호에 따른 준주택으로서 대통령령으로 정하는 준주택을 말한다(법 제2조의2 제1항).

> "대통령령으로 정하는 준주택"이란 다음의 준주택을 말한다(영 제4조).
> 1. 기숙사·다중생활시설·노인복지주택으로서 전용면적이 85m² 이하인 것
> 2. 오피스텔로서 다음의 요건을 모두 갖춘 것
>   ① 전용면적이 85m² 이하일 것
>   ② 상·하수도 시설이 갖추어진 전용 입식 부엌, 전용 수세식 화장실 및 목욕시설(전용 수세식 화장실에 목욕시설을 갖춘 경우를 포함한다)을 갖출 것

(2) 공공준주택 면적

공공준주택의 면적은 「주거기본법」 제17조에 따라 국토교통부장관이 공고한 최저주거기준 중 1인 가구의 최소 주거면적을 만족하여야 한다(법 제2조의2 제2항).

03 공공주택 공급 · 관리계획

1 공공주택 공급 · 관리계획의 수립

1. 주거종합계획 수립시 포함

국토교통부장관과 특별시장 · 광역시장 · 도지사 또는 특별자치도지사(이하 "시 · 도지사"라 한다)는 「주거기본법」에 따른 주거종합계획 및 시 · 도 주거종합계획을 수립하는 때에는 공공주택의 공급에 관한 사항을 포함하여야 한다(법 제3조 제1항).

2. 공공주택 공급 · 관리계획의 수립권자

국토교통부장관은 공공주택의 원활한 건설, 매입, 관리 등을 위하여 「주거기본법」에 따른 10년 단위 주거종합계획과 연계하여 5년마다 공공주택 공급 · 관리계획을 수립하여야 한다(법 제3조 제2항).

3. 공공주택 공급 · 관리계획의 내용

이 경우 공공주택 공급 · 관리계획에는 다음의 사항을 포함하여야 한다(법 제3조 제2항 후단).

1. 공공주택의 지역별, 수요 계층별 공급에 관한 사항
2. 공공주택 재고의 운영 및 관리에 관한 사항(「장기공공임대주택 입주자 삶의 질 향상 지원법」 제2조 제1호에 따른 장기공공임대주택의 노후화에 따른 시설 개선에 관한 사항을 포함한다)
3. 공공주택의 공급 · 관리 등에 필요한 비용과 그 재원의 확보에 관한 사항
4. 그 밖에 공공주택의 공급 · 관리를 위하여 필요하다고 국토교통부장관이 인정하는 사항

4. 입주수요량 조사

공공주택 공급 · 관리계획을 수립하는 경우에는 공공주택의 유형 및 지역별 입주 수요량을 조사하여야 한다(법 제3조 제3항).

공공주택 공급 · 관리계획 수립절차

1. **소관별계획서 제출 요청**: 국토교통부장관은 공공주택 공급 · 관리계획을 수립하려는 경우에는 미리 관계 중앙행정기관의 장 및 지방자치단체의 장에게 공공주택 공급 · 관리계획에 반영되어야 할 정책 및 사업에 관한 소관별 계획서의 제출을 요청하여야 한다. 이 경우 관계 중앙행정기관의 장 및 지방자치단체의 장은 특별한 사유가 없으면 요청에 따라야 한다(법 제3조 제4항).
2. **협의 · 심의 및 확정 및 통보**: 국토교통부장관은 관계 중앙행정기관의 장 및 지방자치단체의 장으로부터 받은 소관별 계획서를 기초로 공공주택 공급 · 관리계획을 마련하여 관계 중앙행정기관의 장 및 지방자치단체의 장과 협의 후 「주거기본법」에 따른 주거정책심의위원회를 거쳐 확정한다. 이 경우 국토교통부장관은 확정된 공공주택 공급 · 관리계획을 관계 중앙행정기관의 장 및 지방자치단체의 장에게 지체 없이 통보하여야 한다(법 제3조 제5항).

5. 지방자치단체의 장의 수립

지방자치단체의 장은 공공주택 공급·관리계획에 따라 관할 지역의 공공주택 공급·관리계획을 수립할 수 있다(법 제3조 제6항).

2 공공주택 공급·관리계획의 평가

1. 공공주택의 공급·관리 수준에 대한 평가

(1) 국토교통부장관은 공공주택의 공급·관리 실태를 파악하기 위하여 지방자치단체별로 공공주택의 공급·관리 수준에 대한 평가를 실시할 수 있다(법 제3조 제7항).

(2) 국토교통부장관은 평가 결과를 공공주택 공급·관리계획에 반영하여야 하며, 다른 관련된 계획의 수립이나 사업을 지원·선정하는 기준에 반영할 수 있다(법 제3조 제8항).

2. 평가의 방법과 반영기준

평가의 방법과 반영기준 등은 국토교통부장관이 따로 정할 수 있다(법 제3조 제9항).

04 공공주택의 재원·세제지원 등

(1) 국가 및 지방자치단체는 매년 공공주택 건설, 매입 또는 임차에 사용되는 자금을 세출예산에 반영하도록 노력하여야 한다(법 제3조의2 제1항).

(2) 국가 및 지방자치단체는 청년층·장애인·고령자·신혼부부 및 저소득층 등 주거지원이 필요한 계층(이하 "주거지원필요계층"이라 한다)의 주거안정을 위하여 공공주택의 건설·취득 또는 관리와 관련한 국세 또는 지방세를 「조세특례제한법」, 「지방세특례제한법」, 그 밖에 조세 관계 법률 및 조례로 정하는 바에 따라 감면할 수 있다(법 제3조의2 제2항).

(3) 국토교통부장관은 공공주택의 건설, 매입 또는 임차에 주택도시기금을 우선적으로배정하여야 한다(법 제3조의2 제3항).

(4) 다른 법령에 따른 개발사업을 하려는 자가 임대주택을 계획하는 경우 공공임대주택을 우선 고려하여야 하며, 임대주택건설용지를 공급할 때 임대주택 유형이 결정되지 아니한 경우 공공임대주택을 공급하려는 공공주택사업자에게 대통령령으로 정하는 방법에 따라 우선적으로 공급하여야 한다(법 제3조의2 제4항).

(5) 국가 · 지방자치단체 또는 「공공기관의 운영에 관한 법률」에 따른 공기업 및 준정부기관은 그가 소유한 토지를 매각하거나 임대할 때 「주택법」 및 「민간임대주택에 관한 특별법」에도 불구하고 공공임대주택을 건설하려는 공공주택사업자에게 우선적으로 매각 또는 임대할 수 있다(법 제3조의2 제5항).

05 공공주택사업자

1 공공주택사업자 지정

(1) 국토교통부장관은 다음의 자 중에서 공공주택사업자를 지정한다(법 제4조 제1항).

> 1. 국가 또는 지방자치단체
> 2. 「한국토지주택공사법」에 따른 한국토지주택공사
> 3. 「지방공기업법」에 따라 주택사업을 목적으로 설립된 지방공사
> 4. 「공공기관의 운영에 관한 법률」에 따른 공공기관 중 대통령령으로 정하는 기관
> 5. 위 1.부터 4.까지의 규정 중 어느 하나에 해당하는 자가 총지분의 100분의 50을 초과하여 출자 · 설립한 법인
> 6. 주택도시기금 또는 위 1.부터 4.까지의 규정 중 어느 하나에 해당하는 자가 총지분의 전부(도심 공공주택 복합사업의 경우에는 100분의 50을 초과한 경우를 포함한다)를 출자(공동으로 출자한 경우를 포함한다)하여 「부동산투자회사법」에 따라 설립한 부동산투자회사

(2) 국토교통부장관은 (1)의 1.부터 4.까지의 규정 중 어느 하나에 해당하는 자와 「주택법」에 따른 주택건설사업자를 공동 공공주택사업자로 지정할 수 있다(법 제4조 제2항).

대통령령으로 정하는 기관

"대통령령으로 정하는 기관"이란 다음의 공공기관을 말한다(영 제6조 제1항).

1. 「한국농어촌공사 및 농지관리기금법」에 따른 한국농어촌공사
2. 「한국철도공사법」에 따른 한국철도공사
3. 「국가철도공단법」에 따른 국가철도공단
4. 「공무원연금법」에 따른 공무원연금공단
5. 「제주특별자치도 설치 및 국제자유도시 조성을 위한 특별법」에 따른 제주국제자유도시개발센터(제주특별자치도에서 개발사업을 하는 경우만 해당한다)
6. 「주택도시기금법」에 따른 주택도시보증공사
7. 「한국자산관리공사의 설립 등에 관한 법률」에 따른 한국자산관리공사
8. 「공공기관의 운영에 관한 법률」 제5조 제4항 제2호 가목에 따른 기금관리형 준정부기관

2 공공주택사업자 선정방법 등

앞 1의 (1)의 5. 및 (2)에 따른 공공주택사업자의 선정방법·절차 및 공동시행을 위한 협약 등에 필요한 사항은 국토교통부장관이 정하여 고시한다(법 제4조 제3항).

06 다른 법률과의 관계

(1) 이 법은 공공주택사업에 관하여 다른 법률에 우선하여 적용한다. 다만, 다른 법률에서 이 법의 규제에 관한 특례보다 완화되는 규정이 있으면 그 법률에서 정하는 바에 따른다(법 제5조 제1항).

(2) 공공주택의 건설·공급 및 관리에 관하여 이 법에서 정하지 아니한 사항은 「주택법」, 「건축법」 및 「주택임대차보호법」을 적용한다(법 제5조 제2항).

Chapter 02

공공주택지구

단·원·열·기

공공주택지구는 현재까지 출제된 바가 없다.
학습방법 : 개략적인 공공주택지구의 지정 절차를 학습하도록 한다.

01 공공주택지구의 지정

1 공공주택지구의 지정 등

1. 지정권자

국토교통부장관은 공공주택지구조성사업(이하 "지구조성사업"이라 한다)을 추진하기 위하여 필요한 지역을 공공주택지구(이하 "주택지구"라 한다)로 지정하거나 지정된 주택지구를 변경 또는 해제할 수 있다(법 제6조 제1항).

2. 주택지구 지정 등 제안

공공주택사업자는 국토교통부장관에게 주택지구의 지정을 제안할 수 있으며, 다음의 어느 하나에 해당하는 경우 주택지구의 변경 또는 해제를 제안할 수 있다(법 제6조 제2항).

1. 주택지구의 경계선이 하나의 필지를 관통하는 경우
2. 주택지구의 지정으로 주택지구 밖의 토지나 건축물의 출입이 제한되거나 사용가치가 감소하는 경우
3. 주택지구의 변경으로 기반시설의 설치비용이 감소하는 경우
4. 사정의 변경으로 인하여 공공주택사업을 계속 추진할 필요성이 없어지거나 추진하는 것이 현저히 곤란한 경우
5. 그 밖에 토지 이용의 합리화를 위하여 필요한 경우

3. 주택지구 지정 · 변경 심의

(1) 국토교통부장관은 주택지구를 지정하거나 지정된 주택지구를 변경하려면 「국토의 계획 및 이용에 관한 법률」 제106조에 따른 중앙도시계획위원회의 심의를 거쳐야 하며, 이 경우 같은 법 제8조(주택지구의 지정 등을 위한 사전협의) 및 제9조(보안 관리 및 부동산투기방지대책)는 적용하지 아니한다. 다만, 대통령령으로 정하는 경미한 사항을 변경하는 경우에는 그러하지 아니하다(법 제6조 제3항).

(2) 중앙도시계획위원회가 심의를 하는 경우에는 60일 이내에 심의를 완료하여야 하며 같은 기간 내에 심의를 완료하지 아니한 경우에는 심의한 것으로 본다(법 제6조 제4항).

(3) 국토교통부장관이 앞의 1.에 따라 주택지구를 지정 · 변경 · 해제하거나 공공주택사업자가 앞의 2.에 따라 주택지구의 지정 · 변경 · 해제를 제안하려는 경우, 국토교통부장관 및 공공주택사업자는 해당 지역의 주택수요, 지역여건 등을 종합적으로 검토하여야 한다. 이 경우 국토교통부장관 및 공공주택사업자는 주택지구의 지정 · 변경 · 해제 및 그 제안에 대하여 관계 중앙행정기관의 장, 관할 지방자치단체의 장, 지방공사 등 관계기관과 사전 협의할 수 있다(법 제6조 제5항).

4. 주택지구 지정 등을 위한 관계기관 협의

(1) 협의사항

국토교통부장관은 주택지구를 지정 또는 변경하거나 특별관리지역을 지정하려면 지구개요 · 지정목적 및 인구수용계획 등 대통령령으로 정하는 사항을 포함한 주택지구 지정안 또는 변경안에 대하여 주민 등의 의견청취 전에 국방부 · 농림축산식품부 등 관계 중앙행정기관의 장 및 관할 시 · 도지사와 협의하여야 한다. 다만, 대통령령으로 정하는 경미한 사항을 변경하는 경우에는 그러하지 아니하다(법 제8조 제1항).

(2) 협의기간

1) 협의기간은 20일 이내로 하되, 관계 중앙행정기관의 장 또는 관할 시 · 도지사의 요청이 있는 경우 등 국토교통부장관이 필요하다고 인정하는 경우에는 1회에 한하여 10일의 범위에서 그 기간을 연장할 수 있다. 다만, 협의기간 내에 협의가 완료되지 아니한 경우에는 협의를 거친 것으로 본다(법 제8조 제2항).

2) 국토교통부장관은 (1)의 1)에 따라 관계 중앙행정기관의 장 및 관할 시·도지사와 협의한 내용을 반영한 조치계획을 작성하고 이를 성실히 이행하여야 한다(법 제8조 제3항).

3) 국토교통부장관은 앞의 (1)의 1)의 협의를 하는 경우 다음에서 정한 협의를 별도로 하여야 한다. 이 경우 협의기간은 30일 이내로 한다(법 제8조 제4항).

> 1. 「환경영향평가법」 제16조에 따른 전략환경영향평가 협의(「자연환경보전법」 제28조에 따른 자연경관영향협의를 포함하며, 제9조에 따른 보안관리 등을 위하여 「환경영향평가법」 제13조에 따른 주민 등의 의견 수렴을 생략할 수 있다)
> 2. 「자연재해대책법」에 따른 재해영향평가등의 협의

(3) 국무회의 심의

국토교통부장관은 주택지구로 지정하고자 하는 지역이 10km² 이상인 경우로서 국민의 주거안정과 주거수준 향상을 위하여 국무회의의 심의가 필요하다고 인정되는 경우에는 사전협의 후 국무회의의 심의를 거쳐 주택지구의 지정 여부를 결정할 수 있다(법 제8조 제5항, 영 제11조 제4항).

5. 주민 등의 의견청취

(1) 국토교통부장관은 주택지구를 지정 또는 변경하거나 특별관리지역을 지정하려면 공고를 하여 주민 및 관계 전문가 등의 의견을 들어야 한다. 다만, 국방상 기밀을 요하거나 대통령령으로 정하는 경미한 사항을 변경하는 경우에는 그러하지 아니하다(법 제10조 제1항).

(2) 주민 및 관계 전문가 등의 의견청취에 필요한 사항은 대통령령으로 정한다(법 제10조 제2항).

대통령령으로 정하는 경미한 사항 변경

"대통령령으로 정하는 경미한 사항을 변경하는 경우"란 다음 각 호의 어느 하나에 해당하는 경우를 말한다(영 제7조 제6항).

1. 측량 결과에 따라 착오 또는 누락된 면적을 정정하는 경우
2. 주택지구의 면적을 100분의 10의 범위에서 변경하는 경우

6. 주민 등의 의견청취의 공고가 있는 지역 및 주택지구 안의 행위제한

(1) 개발행위허가

1) 주택지구의 지정·변경에 관한 주민 등의 의견청취의 공고가 있는 지역 및 주택지구 안에서 건축물의 건축, 공작물의 설치, 토지의 형질변경, 토석의 채취, 토지의 분할·합병, 물건을 쌓아놓는 행위, 죽목의 벌채 및 식재 등 대통령령으로 정하는 다음의 행위를 하고자 하는 자는 시장(특별자치도의 경우에는 특별자치도지사를 말한다)·군수 또는 구청장(자치구의 구청장을 말한다)의 허가를 받아야 한다. 허가받은 사항을 변경하고자 하는 때에도 같다(법 제11조 제1항, 영 제14조 제1항).

> 1. 건축물의 건축 등: 「건축법」 제2조 제1항 제2호에 따른 건축물(가설건축물을 포함한다)의 건축, 대수선 또는 용도변경
> 2. 인공 시설물의 설치: 인공을 가하여 제작한 시설물(「건축법」 제2조 제1항 제2호에 따른 건축물은 제외한다)의 설치
> 3. 토지의 형질변경: 절토, 성토, 정지, 포장 등의 방법으로 토지의 형상을 변경하는 행위, 토지의 굴착 또는 공유수면의 매립 행위
> 4. 토석의 채취: 흙, 모래, 자갈, 바위 등의 토석을 채취하는 행위(3.에 따른 토지의 형질변경을 목적으로 하는 경우는 제외한다)
> 5. 토지의 분할·합병
> 6. 물건을 쌓아놓는 행위: 옮기기 쉽지 않은 물건을 1개월 이상 쌓아놓는 행위
> 7. 죽목(竹木)을 베거나 심는 행위

2) 시장·군수 또는 구청장은 개발행위에 대하여 허가를 하려면 미리 공공주택사업자의 의견을 들어야 한다(영 제14조 제2항).

(2) 허가 없이 할 수 있는 행위

다음의 어느 하나에 해당하는 행위는 허가를 받지 아니하고 이를 할 수 있다(법 제11조 제2항).

> 1. 재해복구 또는 재난수습에 필요한 응급조치를 위하여 하는 행위
> 2. 그 밖에 대통령령으로 정하는 행위
>
>   "대통령령으로 정하는 행위"란 다음의 어느 하나에 해당하는 행위로서 「국토의 계획 및 이용에 관한 법률」 제56조에 따른 개발행위허가의 대상이 아닌 것을 말한다(영 제14조 제3항).
>
>   ① 경작을 위한 토지의 형질변경
>   ② 농림수산물의 생산에 직접 이용되는 것으로서 국토교통부령으로 정하는 간이공작물의 설치
>   ③ 주택지구의 개발에 지장을 주지 아니하고 자연경관을 해치지 아니하는 범위에서의 토석 채취
>   ④ 주택지구에 존치하기로 결정된 대지에 물건을 쌓아놓는 행위
>   ⑤ 관상용 죽목을 임시로 심는 행위(경작지에 임시로 심는 경우는 제외한다)

「국토의 계획 및 이용에 관한 법률」 일부 규정 준용
개발행위 허가에 관하여 이 법에 규정한 것을 제외하고는 「국토의 계획 및 이용에 관한 법률」 제57조부터 제60조까지 및 제62조를 준용한다(법 제11조 제5항).

「국토의 계획 및 이용에 관한 법률」 개발행위허가 의제
개발행위 허가를 받은 경우에는 「국토의 계획 및 이용에 관한 법률」 제56조에 따라 허가를 받은 것으로 본다(법 제11조 제6항).

(3) 경과조치

① 개발행위 허가를 받아야 하는 행위로서 주택지구의 지정 및 고시 당시 이미 관계 법령에 따라 행위허가를 받았거나 허가를 받을 필요가 없는 행위에 관하여 그 공사 또는 사업에 착수한 자는 대통령령으로 정하는 바에 따라 시장·군수 또는 구청장에게 신고한 후 이를 계속 시행할 수 있다(법 제11조 제3항).

② ①에 따라 신고를 하려는 자는 주택지구가 지정·고시된 날부터 30일 이내에 신고서에 그 공사 또는 사업의 진행 상황과 시행계획을 적은 서류를 첨부하여 관할 시장·군수 또는 구청장에게 제출하여야 한다(영 제14조 제4항).

(4) 개발행위 허가행위를 위반한 자에 대한 조치

시장·군수 또는 구청장은 개발행위 허가행위를 위반한 자에 대하여 원상회복을 명할 수 있다. 이 경우 명령을 받은 자가 그 의무를 이행하지 아니하는 때에는 「행정대집행법」에 따라 이를 대집행할 수 있다(법 제11조 제4항).

7. 주택지구 지정 등의 고시

(1) 토지 등의 세목 고시

① 국토교통부장관은 주택지구를 지정하거나 지정된 주택지구를 변경 또는 해제하려면 주택지구의 위치·면적, 공공주택사업자, 사업의 종류, 수용 또는 사용할 「공익사업을 위한 토지 등의 취득 및 보상에 관한 법률」 제3조에서 정하는 토지·물건 및 권리(이하 "토지 등"이라 한다)의 세목 등 주요사항을 대통령령으로 정하는 바에 따라 관보에 고시하고, 관계 서류의 사본을 관계 시장·군수 또는 구청장에게 송부하여야 한다. 이 경우 지형도면의 고시는 「토지이용규제 기본법」 제8조에 따른다(법 제12조 제1항).

② 국토교통부장관은 특별관리지역을 지정하거나 지정된 특별관리지역을 변경 또는 해제하려면 특별관리지역의 위치·면적 등 주요 사항을 대통령령으로 정하는 바에 따라 관보에 고시하고, 관계 서류의 사본을 관계 시장·군수 또는 구청장에게 송부하여야 한다. 이 경우 지형도면의 고시는 「토지이용규제 기본법」 제8조에 따른다(법 제12조 제2항).

③ 앞의 ① 및 ②에 따라 관계 서류의 사본을 송부받은 시장·군수 또는 구청장은 이를 일반인이 열람할 수 있도록 하여야 한다(법 제12조 제3항).

(2) 도시지역, 도시 · 군계획시설, 지구단위계획구역 지정 · 고시 의제

국토교통부장관이 주택지구의 지정 · 변경 또는 해제를 고시한 때에는 「국토의 계획 및 이용에 관한 법률」에 따른 도시지역으로의 용도지역, 결정된 도시 · 군계획시설, 지구단위계획구역이 지정 · 변경된 것으로 보며, 주택지구의 해제를 고시한 때에는 지정 당시로 환원된 것으로 본다. 다만, 해제하는 당시 이미 사업이나 공사에 착수한 경우 등 해제 고시에서 별도로 정하는 도시 · 군계획시설은 그 사업이나 공사를 계속할 수 있다(법 제12조 제4항).

2 특별관리지역

1. 특별관리지역의 지정 등

(1) 지정권자

국토교통부장관은 주택지구를 해제할 때 국토교통부령으로 정하는 일정 규모(면적 330만m^2) 이상으로서 체계적인 관리계획을 수립하여 관리하지 아니할 경우 난개발이 우려되는 지역에 대하여 10년의 범위에서 특별관리지역으로 지정할 수 있다(법 제6조의2 제1항, 규칙 제3조).

(2) 특별관리지역의 관리계획

1) 관리계획 수립

국토교통부장관은 특별관리지역을 지정하고자 할 경우에는 다음의 사항을 포함한 특별관리지역 관리계획(이하 "관리계획"이라 한다)을 수립하여야 한다. 이 경우 종전 주택지구의 공공주택사업자(이하 "종전 사업자"라 한다)는 관리계획의 입안을 제안할 수 있다(법 제6조의2 제2항).

1. 특별관리지역의 관리기본방향에 관한 사항
2. 인구 및 주택 수용계획에 관한 사항
3. 「도시개발법」에 따른 도시개발사업 등 취락정비에 관한 사항
4. 「개발제한구역의 지정 및 관리에 관한 특별조치법」 제4조 제4항에 따른 훼손지 복구계획에 따라 존치된 개발제한구역의 해제 및 관리방안에 관한 사항
5. 그 밖에 국토교통부장관이 관리에 필요하다고 인정하는 사항

관리계획 중 존치된 개발제한구역의 해제에 대한 심의

1. **해제에 대한 심의**: 국토교통부장관은 관리계획 중 존치된 개발제한구역을 해제하려면 「국토의 계획 및 이용에 관한 법률」 제106조에 따른 중앙도시계획위원회의 심의를 거쳐야 한다(법 제6조의2 제3항).
2. **해제에 대한 관리계획의 수립 · 공고시 도시 · 군관리계획의 결정 · 고시 의제**: 존치된 개발제한구역의 해제를 포함하는 관리계획을 수립하여 공고한 때에는 「개발제한구역의 지정 및 관리에 관한 특별조치법」 제3조부터 제8조까지의 규정에 따라 해당 개발제한구역의 해제를 위한 도시 · 군관리계획(「국토의 계획 및 이용에 관한 법률」 제2조 제4호에 따른 도시 · 군관리계획을 말한다)의 결정이 있는 것으로 본다. 이 경우 「개발제한구역의 지정 및 관리에 관한 특별조치법」 제4조 제4항에 따른 훼손지 복구계획 및 같은 법 제21조 제1항에 따른 보전부담금 부분은 적용하지 아니한다(법 제6조의2 제5항).

2) 관리계획공고 및 열람

국토교통부장관은 관리계획을 수립한 때에는 시·도지사 및 시장·군수 또는 구청장에게 관계 서류를 송부하여야 하며, 관계 서류를 받은 시장·군수 또는 구청장은 일반인이 열람할 수 있도록 시·군·구의 공보에 게재하는 방법으로 공고하여야 한다. 이 경우 해당 지방자치단체의 장은 관리계획을 반영하여 「국토의 계획 및 이용에 관한 법률」 제18조에 따라 도시·군기본계획을 변경하여야 한다(법 제6조의2 제4항).

2. 특별관리지역의 관리 등

(1) 개발행위허가

특별관리지역 안에서는 건축물의 건축 및 용도변경, 공작물의 설치, 토지의 형질변경, 죽목의 벌채, 토지의 분할, 물건을 쌓아놓는 행위를 할 수 없다. 다만, 특별관리지역의 취지에 부합하는 범위에서 대통령령으로 정하는 행위에 한정하여 시장, 군수 또는 구청장의 허가를 받아 할 수 있으며, 허가된 사항을 변경하고자 하는 경우에도 또한 같다(법 제6조의3 제1항).

특별관리지역에서 지정 등을 할 수 있는 개발사업의 범위

법 제6조의3 제3항에서 "대통령령으로 정하는 개발사업"이란 다음 각 호의 사업을 말한다(영 제9조).

1. 「도시개발법」에 따른 도시개발사업
2. 「산업입지 및 개발에 관한 법률」에 따른 산업단지개발사업 및 특수지역개발사업
3. 「관광진흥법」에 따른 관광지·관광단지 조성사업
4. 「물류시설의 개발 및 운영에 관한 법률」에 따른 물류시설용지 및 지원시설 용지의 조성사업
5. 특별관리지역(특별관리지역 지정 이전에 해당 주택지구에 포함되었다가 주택지구의 변경으로 주택지구에서 제외된 지역을 포함한다)에서 시행하는 공익사업(「공익사업을 위한 토지 등의 취득 및 보상에 관한 법률」 제4조에 따른 공익사업을 말한다)의 시행에 따라 철거된 건축물을 이축하기 위한 이주단지 조성사업
6. 그 밖에 법 제6조의2 제2항에 따른 특별관리지역 관리계획에 반영된 개발사업

(2) 행위제한에 관한 규정의 준용

위의 (1) 외의 행위제한에 관한 규정은 앞의 **1**의 6.의 주택지구 행위제한 규정 중 (2)에서 (6)까지 규정을 준용한다. 이 경우 "주택지구"는 "특별관리지역"으로 본다(법 제6조의3 제2항).

(3) 특별관리지역 개발사업을 위한 지정 등

① 국토교통부장관 또는 관계 중앙행정기관의 장이나 지방자치단체의 장(이하 이 조 및 제6조의4에서 "해당 기관장"이라 한다)은 특별관리지역 안에서 대통령령으로 정하는 개발사업을 위한 지정·승인·허가·인가 등(이하 이 조 및 제6조의4에서 "지정 등"이라 한다)을 할 수 있다(법 제6조의3 제3항).

② 해당 기관장이 ①에 따른 지정 등을 하는 경우에는 미리 국토교통부장관과 협의하여야 한다(법 제6조의3 제4항).

(4) 특별관리지역에 대한 지원

특별관리지역을 지정할 경우 국가 또는 지방자치단체는 다음의 사항에 대한 행정적·재정적 지원을 할 수 있다. 이 경우 국토교통부장관은 제4조(공공주택사업자)에 따른 종전 사업자에게 다음의 지원사항의 전부 또는 일부를 부담하게 할 수 있다(법 제6조의3 제5항).

1. 취락정비를 실시하기 위한 계획의 수립 등
2. 주택지구 지정으로 인하여 추진이 중단된 사회기반시설 사업의 조속한 시행
3. 제6조의2 제5항에 따라 존치된 개발제한구역의 해제
4. 특별관리지역 및 종전 주택지구 내 공장 및 제조업소 등(특별관리지역 지정 당시 공장 및 제조업소 등의 용도로 사용되는 동식물 관련 시설을 포함한다)의 계획적인 이전·정비 및 개발을 위한 공업용지의 조성
5. 그 밖에 지방자치단체가 취락(1.의 취락정비계획이 수립되지 아니하는 취락에 한정한다)의 거주환경개선을 위하여 추진하는 사업

3. 특별관리지역의 해제

(1) 특별관리지역의 해제로 간주

특별관리지역의 지정기간이 만료되거나 특별관리지역 안에서 대통령령으로 정하는 개발사업을 위해 해당 기관장이 특별관리지역 중 전부 또는 일부에 대하여 지정 등을 하여 도시·군관리계획을 수립한 경우(수립의제된 경우를 포함한다)에는 해당 지역은 특별관리지역에서 해제된 것으로 본다(법 제6조의4 제1항).

(2) 특별관리지역의 지정기간 만료

특별관리지역의 지정기간이 만료된 때에는 해당 특별시장·광역시장·특별자치시장·특별자치도지사·시장 또는 군수는 지체 없이 도시·군관리계획을 수립하여야 한다. 다만, 해당 특별시장·광역시장·특별자치시장·특별자치도지사·시장 또는 군수가 요청한 경우에는 「국토의 계획 및 이용에 관한 법률」에도 불구하고 국토교통부장관이 도시·군관리계획을 직접 입안할 수 있다(법 제6조의4 제2항).

(3) 특별관리지역의 행위제한 사항의 준용

(2)의 도시·군관리계획이 수립 완료될 때까지 해당 지역의 행위제한은 특별관리지역의 행위제한 규정을 준용한다(법 제6조의4 제3항).

(4) 특별관리지역의 재지정

특별관리지역 안에서 개발사업을 위한 지정 등을 하여 특별관리지역에서 해제된 후 해당 사업이 취소되거나 지정 등이 해제된 때에는 국토교통부장관은 해당 지역을 특별관리지역으로 재지정할 수 있다(법 제6조의4 제4항).

도시개발사업으로 취락정비사업을 시행하는 경우 동의 요건

종전 사업자가 계획에 따라 「도시개발법」에 따른 환지(換地)방식의 도시개발사업으로 취락정비사업을 시행하는 경우로서 해당 지방자치단체의 장의 요청이 있는 때에는 같은 법 제4조 제4항에도 불구하고 같은 법 제3조에 따라 도시개발구역을 지정하는 자는 개발계획 수립 또는 변경시 환지방식이 적용되는 지역의 토지면적의 2분의 1 이상에 해당하는 토지 소유자와 그 지역의 토지 소유자 총수의 2분의 1 이상의 동의를 받아야 한다. 이 경우 동의자 수의 산정방법 및 동의절차 등은 「도시개발법」에 따른다(법 제6조의3 제6항).

특별관리지역 내 공업지역 지정

해당 기관장은 공업용지를 조성하기 위하여 「수도권정비계획법」 제7조에도 불구하고 같은 법 제21조에 따른 수도권정비위원회의 심의를 거쳐 특별관리지역 내 공업지역을 지정할 수 있다(법 제6조의3 제7항).

특별관리지역 지원센터

시·도지사 및 시장·군수 또는 구청장은 특별관리지역의 관리 및 계획적인 개발을 지원하기 위하여 특별관리지역 지원센터(이하 "지원센터"라 한다)를 설치·운영할 수 있다. 이 경우 지원센터의 구성 및 운영 등에 필요한 사항은 해당 지방자치단체의 조례로 정한다(법 제6조의3 제8항).

PART 04

4. 특별관리지역의 건축물 등에 대한 조치

(1) 위법건축물 등에 대한 시정명령

시장·군수 또는 구청장은 특별관리지역 지정 이전부터 이 법 또는 「개발제한구역의 지정 및 관리에 관한 특별조치법」에 따른 적법한 허가나 신고 등의 절차를 거치지 아니하고 설치하거나 용도변경한 건축물, 설치한 공작물, 쌓아 놓은 물건 또는 형질변경한 토지 등(이하 "건축물 등"이라 한다)에 대하여 기간을 정하여 해당 법률에 따른 철거·원상복구·사용제한, 그 밖에 필요한 조치를 명(이하 "시정명령"이라 한다)할 수 있다(법 제6조의5 제1항).

(2) 이행강제금

시장·군수 또는 구청장은 시정명령을 받은 후 그 시정기간 내에 해당 시정명령의 이행을 하지 아니한 자에 대하여 이행강제금을 부과한다. 이 경우 이행강제금의 부과 기준, 절차 및 징수 등에 관하여는 「개발제한구역의 지정 및 관리에 관한 특별조치법」 제30조의2 제1항부터 제6항까지 및 제9항을 준용한다(법 제6조의5 제2항).

02 공공주택지구의 조성

1 공공주택사업자의 우선지정

국토교통부장관은 공공주택사업자로서 주택지구 지정을 제안한 자를 공공주택사업자로 우선 지정할 수 있다(법 제15조 제1항).

2 공공주택지구계획

1. 공공주택지구계획의 승인

(1) 지구계획의 승인신청

① 공공주택사업자는 주택지구가 지정·고시된 날부터 1년 이내에 지구계획을 수립하여 국토교통부장관에게 승인을 신청하여야 한다(법 제16조 제1항).

소규모 주택지구 지정 등

1. 주거지역에서 10만m² 이하 주택지구 지정 등
   ① 국토교통부장관은 주거지역 안에서 10만m² 이하의 주택지구를 지정 또는 변경하는 경우에는 중앙도시계획위원회의 심의를 생략할 수 있다(법 제7조 제1항).
   ② 공공주택사업자가 위 ①의 주택지구의 지정 또는 변경을 제안할 때에는 토지이용계획 등 대통령령으로 정하는 사항을 포함하여야 한다(법 제7조 제2항).
2. 주거지역 이외의 지역에서 10만m² 이하 주택지구 지정 등
   ① 국토교통부장관은 주거지역 이외의 지역에서 10만m² 이하의 주택지구를 지정 또는 변경하는 경우에는 이와 동시에 지구계획을 승인할 수 있다. 이 경우 공공주택사업자는 주택지구의 지정 또는 변경을 제안할 때 지구계획 승인신청을 포함하여 할 수 있다(법 제7조 제3항).
   ② 도시지역으로서 개발제한구역이 아닌 지역에서 ①의 주택지구 지정 또는 변경을 위하여 공공주택통합심의위원회 심의를 거친 경우에는 중앙도시계획위원회의 심의를 생략할 수 있다(법 제7조 제4항).

② 국토교통부장관은 공공주택사업자가 주택지구가 지정·고시된 날부터 1년 이내에 승인을 신청하지 아니한 때에는 다른 공공주택사업자로 하여금 지구계획을 수립·신청하게 할 수 있다(법 제16조 제2항).

(2) 지구계획의 내용

공공주택사업자는 다음의 사항을 포함한 공공주택지구계획을 수립하여 국토교통부장관의 승인을 받아야 한다. 승인된 지구계획을 변경하는 때에도 같다. 다만, 주거지역 안에서 주택지구를 지정·변경하는 경우와 대통령령으로 정하는 경미한 사항을 변경하는 경우에는 그러하지 아니하다(법 제17조 제1항).

1. 지구계획의 개요
2. 토지이용계획
3. 인구·주택 수용계획
4. 교통·공공·문화체육시설 등을 포함한 기반시설 설치계획
5. 환경보전 및 탄소저감 등 환경계획
6. 조성된 토지의 공급에 관한 계획
7. 그 밖에 대통령령으로 정하는 사항(영 제17조 제4항)
   ① 「국토의 계획 및 이용에 관한 법률」 제52조에 따라 작성된 지구단위계획
   ② 토지의 단계별 조성에 관한 계획
   ③ 연차별 자금투자 및 재원조달에 관한 계획
   ④ 집단에너지의 공급에 관한 계획
   ⑤ 그 밖에 국토교통부장관이 정하는 사항

(3) 지구계획의 심의

국토교통부장관은 지구계획을 승인하려면 공공주택통합심의위원회의 심의를 거쳐야 한다. 다만, 지구계획의 변경(법 제34조 제3항 제2호부터 제7호까지의 어느 하나에 해당하는 위원회의 검토나 심의를 거쳐야 하는 변경은 제외한다)이나 공공주택사업자가 요청한 경우 등 대통령령으로 정하는 경우에는 그러하지 아니하다(법 제17조 제2항).

(4) 지구계획의 고시 및 열람

① 국토교통부장관은 지구계획을 승인한 때에는 대통령령으로 정하는 바에 따라 관보에 고시하고, 관계 서류의 사본을 관계 시장·군수 또는 구청장에게 송부하여야 한다(법 제17조 제3항, 영 제17조 제6항).

② 관계 서류의 사본을 송부받은 시장·군수 또는 구청장은 이를 일반인이 열람할 수 있도록 하여야 한다(법 제17조 제4항).

공공주택통합심의위원회

1. **통합심의위원회 설치 등**: 지구계획, 사업계획승인과 관련하여 도시계획·건축·환경·교통·재해 등 다음 각 호의 사항을 검토 및 심의하기 위하여 국토교통부에 공공주택통합심의위원회(이하 "통합심의위원회"라 한다)를 둔다(법 제33조 제1항).
   ① 「건축법」에 따른 건축물의 건축 및 특별건축구역의 지정 등에 관한 사항
   ② 「국토의 계획 및 이용에 관한 법률」에 따른 도시·군관리계획 관련 사항
   ③ 「대도시권 광역교통관리에 관한 특별법」에 따른 광역교통개선대책
   ④ 「도시교통정비 촉진법」에 따른 교통영향평가서
   ⑤ 「산지관리법」에 따라 해당 주택지구에 속한 산지의 이용계획
   ⑥ 「에너지이용 합리화법」에 따른 에너지사용계획
   ⑦ 「자연재해대책법」에 따른 재해영향평가 등
   ⑧ 「교육환경 보호에 관한 법률」에 따른 교육환경에 대한 평가
   ⑨ 「철도의 건설 및 철도시설 유지관리에 관한 법률」에 따른 철도건설사업
   ⑩ 법 제6조 제3항에 따라 중앙도시계획위원회가 심의한 사항
   ⑪ 그 밖에 국토교통부장관이 필요하다고 인정하여 통합심의위원회에 부치는 사항
2. **시·도공공주택통합심의위원회**: 이 법에서 국토교통부장관의 권한에 속하는 사항 중 시·도지사에게 위임된 사항과 관련하여 통합심의위원회의 심의 대상에 해당되는 사항과 도심 공공주택복합사업계획의 승인과 관련하여 1. 각 호의 사항을 검토

및 심의하기 위하여 시·도에 시·도공공주택통합심의위원회를 둘 수 있다. 이 경우 시·도공공주택통합심의위원회의 구성·운영 및 심의절차 등은 법 제33조 제3항부터 제7항까지, 제9항 및 제34조를 준용한다(법 제33조 제2항).

3. **위원의 구성**: 통합심의위원회는 위원장 1인 및 부위원장 1인을 포함하여 33인 이하의 위원으로 구성한다(법 제33조 제3항).
통합심의위원회의 위원은 다음의 사람이 되고, 위원장은 아래 2.에 해당하는 사람 중 위원들이 호선하는 사람으로 하며, 위원장은 원활한 심의를 위하여 필요한 경우 아래 1.의 사람 중 국토교통부 소속 공무원을 부위원장으로 임명할 수 있다(법 제33조 제4항).
① 관계 중앙행정기관 및 해당 주택지구 또는 공공주택이 속한 지역을 관할하는 시·도 소속의 관계 부서의 장으로서 고위공무원단에 속하는 공무원(시·도의 경우에는 3급 이상인 공무원을 말한다)과 국토교통부에서 주택 관련 업무를 담당하는 고위공무원단에 속하는 공무원
② 도시계획·건축·교통·환경·재해 분야 등의 전문가로서 택지개발 및 주택사업에 관한 학식과 경험이 풍부한 사람 중 국토교통부장관이 위촉한 사람
③ 「건축법」에 따른 중앙건축위원회의 위원 중 해당 위원회의 위원장이 추천한 사람
④ 「국토의 계획 및 이용에 관한 법률」에 따른 중앙도시계획위원회의 위원 중 해당 위원회의 위원장이 추천하는 사람 1인과 해당 주택지구 및 공공주

(5) 지형도면작성 및 서류제출

관계 서류의 사본을 송부받은 시장·군수 또는 구청장은 관계 서류에 도시·군관리계획결정사항이 포함되어 있는 경우에는 「국토의 계획 및 이용에 관한 법률」 제32조 및 「토지이용규제 기본법」 제8조에 따라 지형도면 작성에 필요한 조치를 하여야 한다. 이 경우 공공주택사업자는 지형도면 고시에 필요한 서류를 시장·군수 또는 구청장에게 제출하여야 한다(법 제17조 제5항).

(6) 지구계획승인의 효과

1) 다른 법률에 따른 인·허가 등 의제

지구계획의 승인 또는 변경승인이 있는 때에는 다른 법률(사업계획승인, 건축허가, 개발행위의 허가 등 36가지 관련 법률)에 따른 승인·허가·인가·결정·신고·지정·면허·협의·동의·해제·심의 등(이하 "인·허가 등"이라 한다)을 받은 것으로 보며, 지구계획 승인·고시가 있는 때에는 다른 법률에 따른 인·허가 등의 고시 또는 공고가 있는 것으로 본다(법 제18조 제1항).

2) 관계행정기관장의 협의

국토교통부장관은 다른 법률에 따른 인·허가 등 어느 하나에 해당하는 사항이 포함되어 있는 지구계획을 승인하고자 하는 경우에는 공공주택사업자가 제출한 관계 서류를 첨부하여 미리 관계 행정기관의 장과 협의하여야 한다. 이 경우 관계 행정기관의 장은 협의요청을 받은 날부터 30일 이내에 의견을 제출하여야 하며 같은 기간 이내에 의견제출이 없는 경우에는 의견이 없는 것으로 본다(법 제18조 제2항).

3) 관계 법률에 따라 부과되는 면허세 등 면제

다른 법률에 따른 인·허가 등을 받은 것으로 보는 경우에는 관계 법률에 따라 부과되는 면허세·수수료 또는 사용료 등을 면제한다(법 제18조 제3항).

(7) 다른 공공주택사업자 지정·시행

국토교통부장관은 공공주택사업자가 공공주택지구계획(이하 "지구계획"이라 한다)의 승인을 받은 후 2년 이내에 지구조성사업에 착수하지 아니하거나 지구계획에 정하여진 기간 내에 지구조성사업을 완료하지 못하거나 완료할 가능성이 없다고 판단되는 경우에는 다른 공공주택사업자를 지정하여 해당 지구조성사업을 시행하게 할 수 있다(법 제15조 제2항).

03 공공주택사업의 제반사항에 대한 조치

1 간선시설의 설치 및 지원 등

1. 공공주택사업 필요한 간선시설 우선 설치

공공주택사업을 시행하는 때에는 해당 간선시설의 설치 및 설치비용의 상환에 관하여 「주택법」 제28조를 준용한다. 이 경우 간선시설을 설치하는 자는 공공주택사업에 필요한 간선시설을 다른 주택건설사업이나 대지조성사업보다 우선하여 설치하여야 한다(법 제25조 제1항).

2. 공공주택사업 필요한 간선시설 설치비용 보조

(1) 국가 또는 지방자치단체는 공공주택사업의 원활한 시행을 위하여 도로·철도·공원 등 대통령령으로 정하는 다음의 시설을 직접 설치하거나 이를 설치하는 자에게 설치비용을 보조할 수 있다(법 제25조 제2항, 영 제19조 제1항).

1. 항만, 도로 및 철도
2. 도시공원 및 녹지
3. 용수공급시설, 전기·통신시설, 가스시설 및 열공급시설
4. 하수도 및 폐기물처리시설
5. 공동구(共同溝)
6. 그 밖에 주택지구 개발을 위하여 특히 필요한 시설로서 국토교통부장관이 정하는 시설

(2) 위 (1)에 따른 간선시설의 지원 대상·범위 등은 대통령령으로 정한다(법 제25조 제2항).

2 토지에의 출입 등

(1) 주택지구의 지정을 제안하는 자 또는 공공주택사업자는 주택지구의 지정제안 또는 지구계획의 작성을 위한 조사·측량을 하고자 하는 때와 지구조성사업의 시행을 위하여 필요한 경우에는 타인의 토지에 출입하거나 타인의 토지를 재료적치장·통로 또는 임시도로로 일시 사용할 수 있으며 죽목·토석, 그 밖의 장애물을 변경하거나 제거할 수 있다(법 제26조 제1항).

택이 속한 시·도에 설치된 시·도도시계획위원회의 위원 중 도시계획전문가·설계전문가·환경전문가 각 1인 이상을 포함하여 해당 시·도도시계획위원회의 위원장이 추천하는 사람

⑤ 「대도시권 광역교통 관리에 관한 특별법」에 따른 대도시권광역교통위원회의 위원 중 해당 위원회의 위원장이 추천하는 사람

⑥ 「도시교통정비 촉진법」에 따른 국토교통부 소속의 교통영향평가심의위원회의 위원 중 해당 교통영향평가심의위원회의 위원장이 추천하는 사람

⑦ 「산지관리법」에 따라 해당 주택지구에 속한 산지의 이용계획에 대하여 심의권한을 가진 산지관리위원회의 위원 중 해당 산지관리위원회의 위원장이 추천하는 사람

⑧ 「에너지이용 합리화법」에 따른 에너지사용계획에 대하여 심의권한을 가진 위원회의 위원 중 해당 위원회의 위원장이 추천하는 사람

⑨ 「자연재해대책법」에 따른 재해영향평가심의위원회의 위원 중 해당 위원회의 위원장이 추천하는 사람

⑩ 「철도산업발전기본법」에 따른 철도산업위원회의 위원 중 해당 위원회의 위원장이 추천하는 사람

⑪ 「교육환경보호에 관한 법률」에 따른 시·도교육환경보호위원회의 위원 중 해당 위원회의 위원장이 추천하는 사람

(2) 「국토의 계획 및 이용에 관한 법률」 제130조 제2항부터 제9항까지 및 같은 법 제131조는 (1)의 경우에 준용한다. 이 경우 "행정청인 도시 · 군계획시설사업의 시행자"는 "공공주택사업자"로 본다(법 제26조 제2항).

3 토지 등의 수용 등

1. 토지 등의 수용 또는 사용 시기

(1) 공공주택사업자는 주택지구의 조성 또는 공공주택건설을 위하여 필요한 경우에는 토지 등을 수용 또는 사용할 수 있다(법 제27조 제1항).

(2) 주택지구를 지정하거나 제35조 제1항에 따라 주택건설사업계획을 승인하여 고시한 때에는 「공익사업을 위한 토지 등의 취득 및 보상에 관한 법률」에 따른 사업인정 및 사업인정의 고시가 있는 것으로 본다(법 제27조 제2항).

2. 재결신청

(1) 토지 등의 수용 또는 사용에 대한 재결의 신청은 「공익사업을 위한 토지 등의 취득 및 보상에 관한 법률」에도 불구하고 지구계획 또는 제35조 제1항에 따라 주택건설사업계획에서 정하는 사업의 시행기간 내에 할 수 있다(법 제27조 제3항).

(2) 토지 등의 수용 또는 사용에 대한 재결의 관할 토지수용위원회는 중앙토지수용위원회로 한다(법 제27조 제4항).

3. 「공익사업을 위한 토지 등의 취득 및 보상에 관한 법률」을 준용

토지 등의 수용 또는 사용에 관하여 이 법에 특별한 규정이 있는 것을 제외하고는 「공익사업을 위한 토지 등의 취득 및 보상에 관한 법률」을 적용한다(법 제27조 제6항).

4 건축물의 존치 등

(1) 공공주택사업자는 주택지구에 있는 기존의 건축물이나 그 밖의 시설을 이전하거나 철거하지 아니하여도 지구조성사업에 지장이 없다고 인정하여 대통령령으로 정하는 요건을 충족하는 경우에는 이를 존치하게 할 수 있다(법 제27조의2 제1항).

(2) 공공주택사업자는 (1)에 따라 존치하게 된 시설물의 소유자에게 도로, 공원, 상하수도, 그 밖에 대통령령으로 정하는 공공시설의 설치 등에 필요한 비용의 일부를 부담하게 할 수 있다(법 제27조의2 제2항).

(3) (2)에 따른 비용 부담의 기준 · 방법 등에 관하여 필요한 사항은 대통령령으로 정한다(법 제27조의2 제3항).

5 공공주택지구 주민에 대한 지원대책의 수립 · 시행

시 · 도지사, 시장 · 군수 · 구청장 또는 공공주택사업자는 대통령령으로 정하는 규모 이상의 공공주택사업 또는 「노숙인 등의 복지 및 자립지원에 관한 법률」 제16조 제1항 제7호에 따른 쪽방 밀집지역이 포함된 공공주택사업 중 대통령령으로 정하는 사업으로 인하여 생활기반을 상실하게 되는 주택지구 안의 주민에 대하여 직업전환훈련, 소득창출사업지원, 그 밖에 주민의 재정착에 필요한 지원대책을 대통령령으로 정하는 바에 따라 수립 · 시행할 수 있다(법 제27조의3).

6 국 · 공유지의 처분제한 등

1. 지구조성사업 외의 목적으로 매각 양도 금지

주택지구 안에 있는 국가 또는 지방자치단체 소유의 토지로서 지구조성사업에 필요한 토지는 지구조성사업 외의 목적으로 매각하거나 양도할 수 없다(법 제28조 제1항).

2. 공공주택사업자에게 수의계약으로 양도

(1) 주택지구 안에 있는 국가 또는 지방자치단체 소유의 재산은 「국유재산법」 및 「공유재산 및 물품 관리법」에도 불구하고 공공주택사업자에게 수의계약으로 양도할 수 있다. 이 경우 그 재산의 용도폐지 및 양도에 관하여는 국토교통부장관이 미리 관계 행정기관의 장과 협의하여야 한다(법 제28조 제2항).

(2) 국토교통부장관의 협의의 요청이 있는 때에는 관계 행정기관의 장은 그 요청을 받은 날부터 60일 이내에 용도폐지 및 양도, 그 밖의 필요한 조치를 하여야 한다(법 제28조 제3항).

(3) 공공주택사업자에게 양도하고자 하는 재산 중 관리청을 알 수 없는 국유재산에 관하여는 다른 법령에도 불구하고 기획재정부장관이 이를 관리 또는 처분한다(법 제28조 제4항).

7 공공시설 등의 귀속

1. 공공주택사업자가 공공시설을 설치할 경우 귀속

공공주택사업자가 「국토의 계획 및 이용에 관한 법률」 제2조 제13호에 따른 공공시설(주차장 · 운동장을 제외한다)을 새로 설치하거나 기존의 공공시설에 대체되는 시설을 설치한 경우 그 귀속에 관하여는 같은 법 제65조를 적용한다. 이 경우 "행정청"은 "공공주택사업자"로 본다(법 제29조 제1항).

2. 관리청이 불분명한 재산의 귀속

「국토의 계획 및 이용에 관한 법률」을 적용함에 있어서 관리청이 불분명한 재산 중 도로 · 구거에 대하여는 국토교통부장관을, 하천에 대하여는 환경부장관을, 그 밖의 재산에 대하여는 기획재정부장관을 관리청으로 본다(법 제29조 제2항).

8 준공검사

(1) 공공주택사업자는 지구조성사업을 완료한 때에는 지체 없이 대통령령으로 정하는 바에 따라 국토교통부장관의 준공검사를 받아야 한다(법 제31조 제1항).

(2) 국토교통부장관은 지구조성사업이 지구계획대로 완료되었다고 인정하는 경우에는 준공검사서를 공공주택사업자에게 교부하고 이를 대통령령으로 정하는 바에 따라 관보에 공고하여야 한다(법 제31조 제2항).

(3) 공공주택사업자가 (1)에 따라 준공검사를 받은 때에는 제18조에 따라 의제되는 인가 · 허가 등에 따른 해당 사업의 준공검사 또는 준공인가 등을 받은 것으로 본다(법 제31조 제3항).

(4) 공공주택사업자는 지구조성사업을 효율적으로 시행하기 위하여 지구계획의 범위에서 주택지구 중 일부지역에 한하여 준공검사를 신청할 수 있다(법 제31조 제4항).

9 조성토지의 공급

1. 조성토지의 공급방법

주택지구로 조성된 토지를 공급하려는 자는 지구계획에서 정한 바에 따라 공급하여야 한다(법 제32조 제1항).

2. 국민주택의 건설용지의 조성원가 공급

(1) 조성원가 공급

공공주택사업자는 「주택법」에 따른 국민주택의 건설용지로 사용할 토지를 공급할 때 그 가격을 조성원가 이하로 할 수 있다(법 제32조 제3항).

(2) 조성된 토지의 조성원가 공개

1) 국민주택의 건설용지로 사용할 토지를 공급하려는 자는 조성원가를 공시하여야 한다. 이 경우 조성원가는 다음의 항목으로 구성된다(법 제32조의2 제1항).

> 1. 용지비
> 2. 조성비
> 3. 직접인건비
> 4. 이주대책비
> 5. 판매비
> 6. 일반관리비
> 7. 그 밖에 국토교통부령으로 정하는 비용(용지부담금, 기반시설 설치비, 자본비용, 공공주택지구조성사업과 관련하여 발생하는 그 밖의 비용)

2) 조성원가의 산정방법과 그 밖에 필요한 사항은 국토교통부령으로 정한다(법 제32조의2 제2항).

3. 조성된 토지의 전매행위 제한

(1) 전매행위 제한

① 주택지구로 조성된 토지에 대한 공급계약을 체결한 자(이하 "공급받은 자"라 한다)는 소유권 이전등기를 하기 전까지는 그 토지를 공급받은 용도대로 사용하지 아니한 채 그대로 전매(轉賣)(명의변경, 매매 또는 그 밖에 권리의 변동을 수반하는 모든 행위를 포함하되, 상속의 경우는 제외한다)할 수 없고, 누구든지 그 토지를 전매받아서도 아니 된다. 다만, 이주대책용으로 공급하는 주택건설용지 등 대통령령으로 정하는 경우에는 그러하지 아니하다(법 제32조의3 제1항).

조성된 토지의 공급방법

1. 공공주택사업자는 법 제32조 제1항에 따라 조성된 토지를 공급하는 경우 조성 목적에 따라 추첨, 경쟁입찰 또는 수의계약의 방법으로 공급대상자를 선정하여 분양하거나 임대해야 한다. 이 경우 토지의 용도, 공급대상자, 토지 가격의 안정성 등을 고려하여 공급방법을 결정해야 한다(영 제24조 제1항).
2. 토지를 추첨의 방법으로 공급할 때에는 가격을 미리 정해야 한다. 이 경우 가격은 서민의 주거안정과 도시의 발전 등을 위하여 용도별·지역별·공급대상자별로 달리 정할 수 있다(영 제24조 제2항).
3. 공공주택사업자는 조성된 토지가 다음 각 호의 어느 하나에 해당하는 경우에는 경쟁입찰의 방법으로 공급해야 한다(영 제24조 제3항).
   ① 판매시설용지 등 영리를 목적으로 사용될 토지
   ② 법 제35조 또는 「주택법」 제15조에 따라 사업계획의 승인을 받아 건설하는 공동주택건설용지 외의 토지(공공주택사업자가 토지가격의 안정과 공공목적을 위하여 필요하다고 인정하는 경우는 제외한다)
4. 공공주택사업자는 추첨 또는 경쟁입찰의 방법으로 공급하는 토지가 학교시설용지·의료시설용지 등 국토교통부령으로 정하는 특정시설 용지인 경우에는 공급대상자의 자격을 제한할 수 있다(영 제24조 제4항).
5. 토지를 공급할 때 다음 각 호의 어느 하나에 해당하는 경우에는 수의계약의 방법으로 공급할 수 있다(영 제24조 제4항).
   ① 공공주택을 공급할 목적으로 공공주택사업자에게 공급하는 경우
   ② 도로, 학교, 공원, 공용의 청사 등 일반인에게 분양할 수 없는 공공시설용지를 국가, 지방자치단체, 그 밖에 법령에 따라 해당 공공시설을 설치할 수 있는 자에게 공급하는 경우 등 공익목적인 경우

② 조성된 토지의 공급대상자로 선정된 자(이하 "공급대상자"라 한다)는 해당 토지를 공급받을 수 있는 권리 · 자격 · 지위 등을 전매할 수 없고, 누구든지 이를 전매받아서도 아니 된다(법 제32조의3 제2항).

(2) **전매행위 제한 위반시 조치**

① 토지를 공급받은 자가 전매제한을 위반하여 토지를 전매한 경우 해당 법률행위를 무효로 하며, 공공주택사업자(당초의 토지 공급자를 말한다)는 이미 체결된 토지의 공급계약을 취소한다. 이 경우 공공주택사업자는 토지를 공급받은 자가 지급한 금액 중 해당 토지 공급계약에서 정한 계약보증금을 제외한 금액 및 이에 대한 이자(「은행법」에 따른 은행의 1년 만기 정기예금 평균이자율을 적용한 이자를 말한다)를 합산한 금액을 지체 없이 지급하여야 한다(법 제32조의3 제3항).

② 공급대상자가 전매제한을 위반하여 토지를 공급받을 수 있는 권리 · 자격 · 지위 등을 전매한 경우 해당 법률행위와 토지를 공급받을 수 있는 권리 · 자격 · 지위 등은 무효로 한다(법 제32조의3 제4항).

10 선수금 등

1. 선수금

공공주택사업자는 토지를 공급받을 자로부터 그 대금의 전부 또는 일부를 미리 받을 수 있다(법 제32조의4 제1항).

2. 토지상환채권

(1) 공공주택사업자는 토지를 공급받을 자에게 토지로 상환하는 채권(이하 "토지상환채권"이라 한다)을 발행할 수 있다(법 제32조의4 제2항).

(2) 토지상환채권의 발행 절차 · 방법 및 조건 등은 「국채법」, 「지방재정법」, 「한국토지주택공사법」, 그 밖의 법률에서 정하는 바에 따른다(법 제32조의4 제3항).

3. 국토교통부장관의 승인

선수금을 받거나 토지상환채권을 발행하려는 공공주택사업자는 국토교통부장관의 승인을 받아야 한다(법 제32조의4 제4항).

04 공공주택건설사업

1 주택건설사업계획

1. 사업계획승인 신청

공공주택사업자는 공공주택에 대한 사업계획(부대시설 및 복리시설의 설치에 관한 계획을 포함한다)을 작성하여 국토교통부장관의 승인을 받아야 한다. 사업계획을 변경하고자 하는 경우에도 같다(법 제35조 제1항).

2. 민간분양주택 등과 동시 건설에 대한 사업계획

국토교통부장관은 주택지구 내에서 건설되는 공공주택 외의 주택(이하 "민간분양주택 등"이라 한다)을 공공주택과 동시에 건설하는 것이 불가피하다고 판단하는 경우에는 민간분양주택 등의 건설에 대한 사업계획을 해당 사업의 주체로부터 직접 또는 이 법에 따른 공공주택사업자를 통하여 신청받아 이를 승인할 수 있다. 사업계획을 변경하고자 하는 경우에도 같다(법 제35조 제2항).

3. 지구계획신청시 포함

공공주택사업자는 주택건설사업계획을 지구계획신청서에 포함하여 제출할 수 있다(법 제35조 제3항).

4. 사업계획 승인

(1) 관계 법률에 따른 인·허가 의제

공공주택사업자가 사업계획의 승인을 받은 때에는 관계 법률(즉, 「주택법」의 사업계획승인, 「건축법」의 건축허가, 「국토의 계획 및 이용에 관한 법률」의 개발행위허가 등 24개 관계 법률)의 인가·허가·결정·심의 등을 받은 것으로 보며, 사업계획의 승인고시가 있는 때에는 관계 법률에 따른 고시 또는 공고가 있는 것으로 본다(법 제35조 제4항).

(2) 사업계획 승인 고시

국토교통부장관은 사업계획을 승인한 때에는 이에 관한 사항을 고시하여야 하며, 사업계획승인서 및 관계 서류의 사본을 지체 없이 관할 시·도지사에게 송부하여야 한다(법 제35조 제5항).

공용재산등에서의 특례

1. 공용재산·공공용재산인 토지 등에서의 공공주택건설사업의 특례

① 공공주택과 시설물을 동시 건설: 대통령령으로 정하는 공공건설임대주택(즉, 영구임대주택, 국민임대주택, 행복주택, 통합공공임대주택)을 공급하기 위하여 공용재산·공공용재산인 토지를 대통령령으로 정하는 비율(즉, 공공주택사업면적의 100분의 50) 이상 포함하는 토지에서 공공주택사업을 시행하는 경우에는 「국토의 계획 및 이용에 관한 법률」 제76조(용도지역 및 용도지구에서의 건축물의 건축 제한 등)에도 불구하고 「건축법」에 따른 판매시설, 업무시설, 숙박시설 등 국토교통부장관이 정하여 고시하는 시설물을 공공주택과 함께 건설할 수 있다. 이 경우 공공주택 비율이 공공주택지구 전체 주택 호수의 100분의 50 이상이어야 하는 주택비율은 적용하지 않는다(법 제40조의2 제1항).

② 공공주택과 시설물의 동시 건설에 대한 사업계획 승인: 공공시설부지에서 공공주택과 시설물을 함께 건설하려는 공공주택사업자는 법 제35조 및 「건축법」 제11조 등 관계 규정에도 불구하고 시설물의 건설에 관한 사항을 포함하여 주택건설사업계획을 작성한 후 법 제35조에 따른 사업계획 승인을 받아야 한다. 다만, 위의 ①의 시설물을 공공주택과 별개의 동(棟)으로 건설하려는 경우 해당 시설물은 「건축법」 제11조에 따른 건축허가를 받아 건축할 수 있다(법 제40조의2 제2항).

2. 국·공유재산의 사용허가 또는 매각·대부
① 국가와 지방자치단체는 「국유재산법」, 「공유재산 및 물품 관리법」, 그 밖의 관계 법률에도 불구하고 공공시설부지에서 공공주택사업의 원활한 시행을 위하여 필요한 경우에는 그 공공주택사업자에게 수의계약의 방법으로 국유재산 또는 공유재산을 사용허가하거나 매각·대부할 수 있다. 이 경우 국가와 지방자치단체는 사용허가 및 대부의 기간을 50년 이내로 할 수 있으며, 대통령령으로 정하는 바에 따라 사용료 또는 대부료를 감면할 수 있다(법 제40조의3 제1항).
② 국유재산은 「국유재산법」 제6조에 따른 국유재산으로서 해당재산을 관리하는 중앙관서의 장과 협의를 거친 재산으로 한다(법 제40조의3 제2항).

3. 국유재산의 용도폐지 요청
① 공공시설부지에서의 공공주택사업의 원활한 시행을 위하여 국토교통부장관은 기획재정부장관과 협의하여 국유재산을 관리하는 중앙관서의 장에게 그 소관에 속하는 국유재산을 용도 폐지하여 기획재정부장관에게 인계하도록 요청할 수 있다(법 제40조의3 제3항).
② 국유재산을 용도 폐지 요청을 받은 중앙관서의 장은 인계요청을 받은 날부터 60일 이내에 의견을 국토교통부장관에게 통보하여야 한다(법 제40조의3 제4항).

(3) 관계 행정기관장과 협의

국토교통부장관이 앞의 1. 또는 2.에 따라 사업계획을 승인하고자 하는 경우 그 사업계획에 관계 법률의 인·허가 등의 어느 하나에 해당하는 사항이 포함되어 있는 때에는 미리 관계 행정기관의 장과 협의하여야 한다. 이 경우 관계 행정기관의 장은 국토교통부장관의 협의요청을 받은 날부터 30일 이내에 의견을 제출하여야 하며, 같은 기간 이내에 의견제출이 없는 경우에는 의견이 없는 것으로 본다(법 제35조 제6항).

2 「건설산업기본법」에 대한 특례

1. 한국토지주택공사 및 지방공사의 시공

공공주택사업자 중 한국토지주택공사 및 지방공사가 이 법에 따른 주택건설사업을 하는 경우 「건설산업기본법」 제41조에도 불구하고 이를 시공할 수 있다(법 제38조 제1항).

2. 한국토지주택공사 및 지방공사의 시공 범위

위의 1.은 국토교통부장관으로부터 사업계획을 승인받는 연도별 전체 주택건설 호수(戶數)의 100분의 5의 범위에 해당하는 주택건설사업에만 적용한다(법 제38조 제2항).

05 공공주택의 매입 등

1 공공주택사업자의 부도임대주택의 매입

1. 부도임대주택 매입 대상

공공주택사업자는 부도임대주택(법률 제13499호로 개정되기 전의 「임대주택법」 제2조 제2호의2에 해당하는 주택 중 같은 조 제8호의 부도임대주택 등을 말한다) 중에 국토교통부장관이 지정·고시하는 주택을 매입하여 공공임대주택으로 공급할 수 있다(법 제41조 제1항).

2. 우선매수 신고

국토교통부장관이 지정・고시를 하기 전에 부도임대주택의 임차인이 공공주택사업자에게 매입을 동의한 경우에는 임차인에게 부여된 우선매수할 권리(법률 제13499호로 개정되기 전의 「임대주택법」 제22조에 따른 권리를 말한다)를 공공주택사업자에게 양도한 것으로 본다. 이 경우 공공주택사업자는 「민사집행법」 제113조에서 정한 보증의 제공 없이 우선매수 신고를 할 수 있다(법 제41조 제2항).

2 공공주택사업자의 기존주택 등 매입

공공주택사업자는 「주택법」에 따른 사용검사 또는 「건축법」에 따른 사용승인을 받은 건축물로서 대통령령으로 정하는 규모 및 기준의 주택 등(이하 "기존주택 등"이라 한다)을 매입하여 공공매입임대주택으로 공급할 수 있다(법 제43조 제1항)

"대통령령으로 정하는 규모 및 기준의 주택 등"이란 다음의 어느 하나에 해당하는 주택 등을 말한다(영 제37조 제1항).

1. 「건축법 시행령」에 따른 단독주택, 다중주택 및 다가구주택
2. 「건축법 시행령」에 따른 공동주택(국민주택규모 이하인 것만 해당한다)
3. 「건축법 시행령」에 따른 제1종 근린생활시설, 제2종 근린생활시설, 노유자시설, 수련시설, 업무시설, 숙박시설의 용도로 사용하는 건축물

3 기존주택의 임차

1. 공공주택사업자의 기존주택 임차

공공주택사업자는 기존주택을 임차하여 공공임대주택으로 공급할 수 있다(법 제45조의2 제1항).

2. 공공주택사업자의 기존주택 임차 지원

(1) 국가 또는 지방자치단체는 공공주택사업자가 공공임대주택을 공급하는 경우 재정이나 주택도시기금으로 이를 지원할 수 있다(법 제45조의2 제2항).

(2) 기존주택의 임차・전대 절차 및 공공주택사업자에 대한 지원에 필요한 사항은 대통령령으로 정하며, 임차기준 등은 국토교통부장관이 별도로 정하는 바에 따른다(법 제45조의2 제3항).

공공주택본부

1. **공공주택본부의 설치**
   ① 공공주택사업의 신속한 추진 및 효율적 지원을 위하여 국토교통부에 공공주택 본부를 설치한다(법 제46조 제1항).
   ② 공공주택본부의 구성 및 운영 등에 필요한 사항은 대통령령으로 정한다(법 제46조 제2항).
2. **공공주택본부의 구성 및 운영**
   ① 공공주택본부에는 본부장을 둔다(영 제41조 제1항).
   ② 공공주택본부의 본부장은 국토교통부의 고위공무원단에 속하는 일반직공무원 중에서 국토교통부장관이 임명한다(영 제41조 제2항).

03 공공주택의 공급 및 운영 · 관리

Chapter

단·원·열·기

공공주택의 운영 및 공공주택의 관리부분이 집중적으로 출제되고 있다.
학습방법 : 공공임대주택의 의무기간, 임대차계약의 해제 등 사유, 공공주택의 전대제한, 특별수선충당금 등을 중심으로 정독하도록 한다.

01 공공주택의 공급

1 공공주택의 공급

1. 입주자의 자격 등

(1) 공공주택의 입주자의 자격, 선정 방법 및 입주자 관리에 관한 사항은 국토교통부령으로 정한다. 이 경우 공공주택의 유형 등에 따라 달리 정할 수 있다(법 제48조 제1항).

(2) 공공주택사업자는 주거지원필요계층과 다자녀가구에게 공공주택을 우선 공급하여야 한다. 이 경우 주거지원필요계층과 다자녀가구의 요건, 우선 공급 비율 등 필요한 사항은 국토교통부령으로 정한다(법 제48조 제2항).

2. 공공주택 분양가심사위원회의 설치 등

(1) 주택지구 전체 개발면적의 100분의 50 이상을 「개발제한구역의 지정 및 관리에 관한 특별조치법」에 따라 개발제한구역을 해제하여 조성하는 주택지구에서 다음의 4. 또는 6.에 해당하는 자가 건설하여 공급하는 공공주택의 분양가에 관한 사항을 심의하기 위하여 「주택법」에도 불구하고 다음의 1.부터 4.까지의 규정 중 어느 하나에 해당하는 자가 분양가심사위원회를 설치 · 운영하여야 한다(법 제48조의2 제1항).

1. 국가 또는 지방자치단체
2. 「한국토지주택공사법」에 따른 한국토지주택공사
3. 「지방공기업법」 제49조에 따라 주택사업을 목적으로 설립된 지방공사
4. 「공공기관의 운영에 관한 법률」에 따른 공공기관 중 대통령령으로 정하는 기관
5. 위 1.부터 4.까지의 규정 중 어느 하나에 해당하는 자가 총지분의 100분의 50을 초과하여 출자・설립한 법인
6. 주택도시기금 또는 위 1.부터 4.까지의 규정 중 어느 하나에 해당하는 자가 총지분의 전부(도심 공공주택 복합사업의 경우에는 100분의 50을 초과하는 경우를 포함한다)를 출자(공동으로 출자한 경우를 포함한다)하여 「부동산투자회사법」에 따라 설립한 부동산투자회사

(2) 시장・군수・구청장은 「주택법」에 따라 공공주택의 입주자모집 승인을 할 때에는 분양가심사위원회의 심사결과에 따라 승인 여부를 결정하여야 한다(법 제48조의2 제2항).

(3) 분양가심사위원회의 설치・구성 및 운영 등에 관한 구체적인 사항은 「주택법」 제59조를 준용한다(법 제48조의2 제3항).

2 공공임대주택의 확인 등

1. 중복 입주여부 확인

국토교통부장관은 공공임대주택에 중복하여 입주 또는 계약하고 있는 임차인(임대차계약 당사자를 말한다)이 있는지를 확인하여야 한다(법 제48조의3 제1항).

2. 비밀유지 의무

국토교통부 소속 공무원 또는 소속 공무원이었던 자와 업무를 위임・위탁받은 기관의 소속 임직원은 제공받은 정보와 자료를 이 법에서 정한 목적 외의 다른 용도로 사용하거나 다른 사람 또는 기관에 제공하거나 누설하여서는 아니 된다(법 제48조의6 제2항).

3. 자료 및 정보의 수집 등

국토교통부장관 및 법 제48조의4부터 제48조의6까지의 업무를 위임・위탁받은 기관의 장은 공공주택의 공급을 위하여 법 제48조의5 및 제48조의6에 따라 제공받은 자료 또는 정보를 수집・관리・보유 또는 활용할 수 있다(법 제48조의7).

02 공공주택의 운영

1 공공임대주택의 임대조건 등

1. 공공임대주택의 임대조건의 기준

(1) 공공임대주택의 임대료(임대보증금 및 월 임대료를 말한다) 등 임대조건에 관한 기준은 대통령령으로 정한다(법 제49조 제1항).

(2) 공공주택사업자는 공공임대주택의 임대조건 등 임대차계약에 관한 사항을 시장·군수 또는 구청장에게 신고하여야 한다. 이 경우 신고 방법 등은 「민간임대주택에 관한 특별법」 제46조를 준용한다(법 제49조 제6항).

(3) **공공임대주택의 임대료 등 임대조건의 산정**

공공임대주택의 임대료 등 임대조건을 정하는 경우에는 임차인의 소득수준 및 공공임대주택의 규모 등을 고려하여 차등적으로 정할 수 있다. 이 경우 소득수준 등의 변화로 임대료가 변경되는 경우에는 임대료 증액제한 규정(법 제49조 제2항·제3항)을 적용하지 아니한다(법 제49조 제4항).

2. 공공임대주택의 최초의 임대료

(1) **표준임대료**

1) 표준임대료 초과금지

영구임대주택, 국민임대주택, 행복주택, 장기전세주택, 통합공공임대주택, 분양전환공공임대주택의 최초의 임대료(임대보증금 및 월임대료를 말한다)는 국토교통부장관이 정하여 고시하는 표준 임대료를 초과할 수 없다. 다만, 전용면적이 85m²를 초과하거나 분납임대주택(분양전환공공임대주택 중 임대보증금 없이 분양전환금을 분할하여 납부하는 공공건설임대주택을 말한다) 또는 장기전세주택으로 공급하는 공공임대주택의 최초의 임대보증금에는 적용하지 않는다(영 제44조 제1항).

2) 표준임대료 산정시 고려 사항

국토교통부장관은 표준임대료를 산정할 때에는 다음의 사항을 고려하여야 한다. 이 경우 공공건설임대주택의 건설원가는 국토교통부령으로 정하는 산정기준에 따라 산출한 가격으로 한다(영 제44조 제2항).

1. 공공임대주택과 그 부대시설에 대한 건설원가
2. 재정 및 주택도시기금 지원비율
3. 해당 공공임대주택 주변지역의 임대료 수준
4. 임대보증금의 보증수수료(임차인 부담분만 해당한다)
5. 감가상각비, 수선유지비 및 화재보험료
6. 주택도시기금의 융자금에 대한 지급이자, 대손충당금 및 각종 공과금

(2) 분납임대주택의 임대료

분납임대주택의 임대료는 임차인이 미리 납부한 분양전환가격에 해당하는 금액(이하 “분양전환금”이라 한다) 등을 고려하여 국토교통부장관이 따로 정하여 고시하는 표준 임대료를 초과할 수 없다(영 제44조 제4항).

(3) 장기전세주택의 최초의 임대보증금

① 장기전세주택으로 공급하는 공공임대주택의 최초의 임대보증금은 해당 임대주택과 그 유형, 규모, 생활여건 등이 비슷한 인근 주택의 전세계약금액을 고려하여 국토교통부령으로 정하는 바에 따라 산정한 금액을 초과할 수 없다(영 제44조 제5항).

② “국토교통부령으로 정하는 바에 따라 산정한 금액”이란 공공주택사업자가 장기전세주택으로 공급하는 공공건설임대주택과 같거나 인접한 시・군 또는 자치구에 있는 주택 중 해당 공공임대주택과 유형, 규모, 생활여건 등이 비슷한 2개 또는 3개 단지의 공동주택의 전세계약금액을 평균한 금액의 80%를 말한다(규칙 제30조).

(4) 기존주택 등 매입임대주택의 최초의 임대료

① 기존주택 등 매입임대주택의 최초의 임대료는 해당 임대주택과 그 규모, 생활여건 등이 비슷한 주변지역 임대주택의 임대료를 고려하여 국토교통부령으로 정하는 바에 따라 산정한 금액으로 한다(영 제44조 제6항).

② "국토교통부령으로 정하는 바에 따라 산정한 금액"이란 해당 기존주택 등 매입임대주택의 주변지역 임대주택의 임대료(임대보증금 및 월 임대료를 말한다)에 대한 감정평가금액의 50%(기존주택등 매입임대주택의 입주자 선정시 무주택세대주로서 해당 세대의 월평균소득이 전년도 도시근로자 가구당 월평균소득의 50% 이하인 사람이 그 선정기준이 되나 국토교통부장관이 필요하다고 인정하는 경우에는 전년도 도시근로자 가구당 월평균소득 이하의 범위에서 소득기준을 달리 정할 수 있는데 이 경우에는 100%) 이내의 금액을 말한다. 이 경우 기존주택등 매입임대주택의 최초 임대료에 관한 구체적인 기준은 국토교통부장관이 정한다(규칙 제31조).

3. 공공임대주택의 최초의 임대보증금의 상호 전환

(1) 공공임대주택의 최초의 임대보증금과 월 임대료는 임차인이 동의한 경우에 임대차계약에 따라 상호 전환할 수 있다. 이 경우 최초의 임대보증금은 해당 임대주택과 그 부대시설에 대한 건설원가에서 주택도시기금의 융자금을 뺀 금액을 초과할 수 없다(영 제44조 제3항).

(2) 공공주택사업자가 임대보증금과 월 임대료를 상호 전환하고자 하는 경우에는 해당 주택의 건설을 위한 주택도시기금 융자금 및 저당권 등 담보물권 설정금액 등 대통령령으로 정하는 사항을 임차인에게 알려주어야 한다(법 제49조 제5항).

4. 지분적립형 분양주택의 임대료

공공주택사업자는 지분적립형 분양주택을 공급받은 자와 해당 주택의 소유권을 공유하는 동안 공공주택사업자가 소유한 지분에 대하여 대통령령으로 정하는 기준에 따라 산정한 임대료를 받을 수 있다(법 제49조 제7항).

지분적립형 분양주택의 임대료

1. 법 제49조 제7항에서 "대통령령으로 정하는 기준에 따라 산정한 임대료"란 제44조 제5항을 준용하여 산정한 임대보증금에 공공주택사업자가 소유한 지분의 비율을 곱한 금액을 초과하지 않는 금액을 말한다(영 제46조의2 제1항).
2. 1.에 따른 임대료의 지급은 그 금액을 공공주택사업자에게 예치하는 방식으로 한다(영 제46조의2 제2항).
3. 2.에도 불구하고 1.에 따른 임대료는 그 일부를 매월 지급하는 방식으로 전환할 수 있다(영 제46조의2 제3항).
4. 3.에 따른 임대료 전환의 기준과 구체적인 임대료 지급 방식은 공공주택사업자가 정한다(영 제46조의2 제4항).

5. 공공임대주택의 임대보증금의 증액

(1) 공공임대주택의 공공주택사업자의 임대료 증액 청구

공공임대주택의 공공주택사업자가 임대료 증액을 청구하는 경우(재계약을 하는 경우를 포함한다)에는 임대료의 100분의 5 이내의 범위에서 주거비 물가지수, 인근 지역의 주택 임대료 변동률 등을 고려하여 증액하여야 한다. 이 경우 증액이 있은 후 1년 이내에는 증액하지 못한다(법 제49조 제2항).

(2) 임대보증금 증액분 분할 납부

임대료 중 임대보증금이 증액되는 경우 임차인은 대통령령으로 정하는 바에 따라 그 증액분을 분할하여 납부할 수 있다(법 제49조 제3항).

2 공공임대주택의 표준임대차계약서

1. 표준임대차계약서 사용

(1) 공공임대주택에 대한 임대차계약을 체결하려는 자는 국토교통부령으로 정하는 표준임대차계약서를 사용하여야 한다(법 제49조의2 제1항).

(2) "국토교통부령으로 정하는 표준임대차계약서"란 다음의 구분에 따른 표준임대차계약서를 말한다(규칙 제32조 제1항).

> 1. 공공건설임대주택(분납임대주택은 제외한다): 별지 제5호 서식의 표준임대차계약서
> 2. 분납임대주택: 별지 제6호 서식의 표준임대차계약서
> 3. 그 밖에 공공임대주택: 별지 제7호 서식의 표준임대차계약서

2. 표준임대차계약서 내용

표준임대차계약서에는 다음의 사항이 포함되어야 한다(법 제49조의2 제2항).

> 1. 임대료 및 그 증액에 관한 사항
> 2. 임대차 계약기간
> 3. 공공주택사업자 및 임차인의 권리·의무에 관한 사항
> 4. 공공임대주택의 수선·유지 및 보수에 관한 사항
> 5. 그 밖에 국토교통부령으로 정하는 다음의 사항(규칙 제32조 제2항)
>   ① 분양전환공공임대주택의 분양전환 시기 및 분양전환가격 산정기준(전용면적이 85m²를 초과하는 경우에는 분양전환가격 산정기준을 포함하지 아니할 수 있다)
>   ② 분납임대주택의 분납금의 납부 시기 및 산정기준

3. 분환전환예정 공공임대주택의 임대차계약기간

공공주택사업자가 임대차계약을 체결할 때 임대차 계약기간이 끝난 후 임대주택을 그 임차인에게 분양전환할 예정이면 「주택임대차보호법」 제4조 제1항에도 불구하고 임대차 계약기간을 2년 이내로 할 수 있다(법 제49조의2 제3항).

3 임대차계약 해제 등 사유

1. 공공주택사업자의 계약 해제 · 해지 · 재계약 거절 사유

공공주택사업자는 임차인이 다음의 어느 하나에 해당하는 경우에는 임대차계약을 해제 또는 해지하거나 재계약을 거절할 수 있다(법 제49조의3 제1항, 영 제47조 제1항 · 제2항).

1. 거짓이나 그 밖의 부정한 방법으로 공공임대주택을 임대받은 경우
2. 임차인의 자산 또는 소득이 제48조에 따른 자격요건을 초과하는 범위에서 국토교통부령으로 정하는 기준을 초과하는 경우
3. 제48조의3에 따라 임차인이 공공임대주택에 중복하여 입주하거나 계약한 것으로 확인된 경우
4. 제49조의2에 따른 표준임대차계약서상의 의무를 위반한 경우
5. 제49조의4를 위반하여 공공임대주택의 임차권을 다른 사람에게 양도하거나 공공임대주택을 전대한 경우
6. 기간 내 입주의무, 임대료 납부 의무, 분납금 납부 의무 등 다음의 대통령령으로 정하는 의무를 위반한 경우
   (1) 공공주택사업자의 귀책사유 없이 표준임대차계약서상의 임대차 계약기간이 시작된 날부터 3개월 이내에 입주하지 아니한 경우
   (2) 월임대료를 3개월 이상 연속하여 연체한 경우
   (3) 분납임대주택의 분납금(분할하여 납부하는 분양전환금을 말한다)을 3개월 이상 연체한 경우
7. 공공임대주택을 고의로 파손 · 멸실하는 등 그 밖에 다음의 대통령령으로 정하는 경우
   (1) 공공임대주택 및 그 부대시설을 고의로 파손하거나 멸실한 경우
   (2) 공공임대주택 및 그 부대시설을 공공주택사업자의 동의를 받지 아니하고 개축 · 증축 또는 변경하거나 본래의 용도가 아닌 용도로 사용하는 경우
   (3) 임차인이 법 제50조의3 제2항 및 이 영 제55조 제2항에 따른 분양전환 신청기간 이내에 우선 분양전환을 신청하지 아니한 경우
   (4) 공공임대주택(전용면적이 $85m^2$를 초과하는 주택은 제외한다)의 임대차계약 기간 중 다른 주택을 소유하게 된 경우. 다만, 다음 각 목의 어느 하나에 해당하는 경우는 제외한다.
      ① 상속 · 판결 또는 혼인 등 그 밖의 부득이한 사유로 다른 주택을 소유하게 된 경우로서 임대차계약이 해제 · 해지되거나 재계약이 거절될 수 있다는 내용을 통보받은 날부터 6개월 이내에 해당 주택을 처분하는 경우. 다만, 법원의 소송이 진행 중인 경우 등 주택의 처분이 곤란하다고 객관적으로 입증되는 경우에는 소송 판결확정일 등 그 사유가 종료된 날부터 6개월 이내로 한다.

② 혼인 등의 사유로 주택을 소유하게 된 세대구성원이 소유권을 취득한 날부터 14일 이내에 전출신고를 하여 세대가 분리된 경우. 다만, 취득한 주택의 보수공사가 진행 중인 경우 등 입주가 곤란하다고 객관적으로 입증되는 경우에는 공사비를 완전히 납부한 날 등 그 사유가 종료된 날부터 14일 이내로 한다.
③ 공공임대주택의 입주자를 선정하고 남은 공공임대주택에 대하여 선착순의 방법으로 입주자로 선정된 경우

(5) 임차인이 해당 주택에서 퇴거하거나 다른 공공임대주택에 당첨되어 입주하는 경우

2. 공공주택 임차인의 계약 해제 · 해지 · 재계약 거절 사유

공공임대주택에 거주 중인 임차인은 시장 · 군수 또는 구청장이 임대주택에 거주하기 곤란할 정도의 중대한 하자가 있다고 인정하는 경우 등 다음과 같이 대통령령으로 정하는 바에 따라 임대차계약을 해제 또는 해지하거나 재계약을 거절할 수 있다(법 제49조의3 제2항, 영 제47조 제3항).

1. 시장 · 군수 또는 구청장이 공공임대주택에 거주하기 곤란할 정도의 중대한 하자가 있다고 인정한 경우
2. 공공주택사업자가 시장 · 군수 또는 구청장이 지정한 기간에 하자보수명령을 이행하지 아니한 경우
3. 공공주택사업자가 임차인의 의사에 반하여 공공임대주택의 부대시설 · 복리시설을 파손하거나 철거시킨 경우
4. 공공주택사업자의 귀책사유로 입주기간 종료일부터 3개월 이내에 입주할 수 없는 경우
5. 공공주택사업자가 표준임대차계약서상의 의무를 위반한 경우

3. 분납임대주택의 계약 해제 등 사유

분납임대주택의 공공주택사업자는 임대차계약을 해제 또는 해지하거나 재계약을 거절하는 경우에는 국토교통부령으로 정하는 기준에 따라 산정된 반환금을 임차인에게 지급하여야 한다(영 제47조 제4항).

4 공공임대주택의 전대제한

불법 양도 및 전대 처벌
거짓이나 그 밖의 부정한 방법으로 임대주택을 임대받거나 임대받게 한 자 또는 공공임대주택의 임차권을 양도하거나 공공임대주택을 전대한 자 및 이를 알선한 자는 3년 이하의 징역이나 3천만원 이하의 벌금에 처한다.

1. 임차권의 양도 등의 제한

공공임대주택의 임차인은 임차권을 다른 사람에게 양도(매매, 증여, 그 밖에 권리변동이 따르는 모든 행위를 포함하되, 상속의 경우는 제외한다)하거나 공공임대주택을 다른 사람에게 전대(轉貸)할 수 없다. 다만, 근무·생업·질병치료 등 대통령령으로 정하는 경우로서 공공주택사업자의 동의를 받은 경우에는 양도하거나 전대할 수 있다(법 제49조의4).

2. 임차권의 양도 등의 허용

근무·생업·질병치료 등 대통령령으로 정하는 다음의 어느 하나에 해당하는 경우로서 공공주택사업자의 동의를 받은 경우에는 양도하거나 전대할 수 있다(법 제49조의4 단서, 영 48조 제1항).

(1) 공공임대주택(임대의무기간이 10년 이하인 경우로 한정한다) 임차인의 세대구성원 모두가 공공임대주택 입주 후 다음의 어느 하나에 해당되어 무주택 세대구성원에게 임차권을 양도하거나 임대주택을 전대하는 경우

1) 다음 ①부터 ③까지의 규정에 모두 해당하는 경우

> ① 근무·생업 또는 질병치료(「의료법」에 따른 의료기관의 장이 1년 이상의 치료나 요양이 필요하다고 인정하는 경우로 한정한다) 등의 사유로 주거를 이전할 것
> ② 현재 거주하는 시·군 또는 구의 행정구역이 아닌 시·군 또는 구로 주거를 이전할 것
> ③ 현재 거주지와 새로 이전하는 거주지 간의 거리(최단 직선거리를 말한다)가 40km 이상일 것. 다만, 출퇴근 거리 및 교통여건 등을 고려하여 해당 시·도의 조례로 별도 기준을 정하는 경우에는 그에 따른다.

2) 상속 또는 혼인으로 소유하게 된 주택으로 이전할 경우

3) 국외로 이주하거나 1년 이상 국외에 머무를 경우

(2) 다음의 어느 하나에 해당하는 법률에 따라 이전하는 기관 또는 그 기관에 종사하는 사람이 해당 기관이 이전하기 이전에 공공임대주택을 공급받아 전대하는 경우

> ① 「지방자치분권 및 지역균형발전에 관한 특별법」
> ② 「신행정수도 후속대책을 위한 연기・공주지역 행정중심복합도시 건설을 위한 특별법」
> ③ 「도청이전을 위한 도시건설 및 지원에 관한 특별법」
> ④ 「혁신도시 조성 및 발전에 관한 특별법」

(3) 임차인이 혼인 또는 이혼으로 공공임대주택에서 퇴거하고, 해당 공공임대주택에 계속 거주하려는 다음의 어느 하나에 해당하는 사람이 자신으로 임차인을 변경할 경우

> ① 배우자, 직계혈족 및 형제자매
> ② 직계혈족의 배우자, 배우자의 직계혈족 및 배우자의 형제자매

3. 이전 완료 후 입주기한 및 전대차 계약기간

공공임대주택을 전대하는 기관 또는 사람은 해당 기관의 이전이 완료된 경우에는 전대차 계약기간이 종료된 후 3개월 이내에 입주자를 입주시키거나 입주하여야 한다. 이 경우 전대차 계약기간은 2년을 넘을 수 없다(영 제48조 제4항).

5 지분적립형 분양주택의 전매행위 제한 등

1. 지분적립형 분양주택의 전매행위 제한기간

(1) 「주택법」 제64조 제1항에도 불구하고 지분적립형 분양주택의 소유 지분 또는 입주자로 선정된 지위는 10년 이내의 범위에서 대통령령으로 정하는 기간(해당 주택의 입주자로 선정된 날부터 10년)이 지나기 전에는 전매하거나 전매를 알선할 수 없다(법 제49조의5 제1항, 영 제49조 제1항・제2항).

(2) (1)에 따른 지분적립형 분양주택의 전매행위 등의 제한에 관하여 이 법에서 규정한 것을 제외하고는 「주택법」 제64조(같은 조 제1항은 제외한다) 및 제92조를 준용한다(법 제49조의5 제2항).

(3) 지분적립형 분양주택을 공급받은 자가 (1)에 따른 전매제한기간이 지난 후 해당 주택의 소유권 전부를 취득하기 이전에 소유 지분을 전매하려면 공공주택사업자와 주택의 매매가격 등을 협의한 후 공공주택사업자의 동의를 받아 공공주택사업자의 소유 지분과 함께 해당 주택의 소유권 전부를 전매하여야 한다. 다만, 해당 주택의 소유 지분을 배우자에게 증여하는 경우에는 그러하지 아니하다(법 제49조의5 제3항).

(4) (3)에 따라 지분적립형 분양주택을 전매하는 경우로서 매매가격이 대통령령으로 정하는 취득가격(지분적립형 분양주택을 전매하기 직전의 지분을 취득할 때의 취득기준가격을 말한다)보다 높은 경우에는 그 차액을 공공주택사업자와 해당 주택을 공급받은 자가 전매 시점의 소유 지분 비율에 따라 나누어야 한다(법 제49조의5 제4항, 영 제49조 제3항).

2. 지분적립형 분양주택의 공급받은 자의 의무

(1) 공유기간 중 공유물 분할청구 금지

지분적립형 분양주택을 공급받은 자와 공공주택사업자가 해당 주택의 소유권을 공유하는 동안에는 「민법」 제268조에도 불구하고 그 주택에 대하여 공유물의 분할을 청구할 수 없다(법 제49조의5 제5항).

(2) 거주의무기간

① 지분적립형 분양주택을 공급받은 자(상속받은 자는 제외한다. 이하 이 조에서 "거주의무자"라 한다)는 「주택법」 제57조의2 제1항 각 호 외의 부분 본문에도 불구하고 해당 주택의 최초 입주가능일부터 5년 이내의 범위에서 대통령령으로 정하는 기간(이하 이 조에서 "거주의무기간"이라 한다)(5년) 동안 계속하여 해당 주택에 거주하여야 한다. 다만, 해외체류 등 대통령령으로 정하는 부득이한 사유가 있는 경우 그 기간은 해당 주택에 거주한 것으로 본다(법 제49조의5 제6항, 영 제49조 제4항).

② 거주의무자가 ① 단서에 따른 사유 없이 거주의무기간 이내에 거주를 이전하려는 경우 거주의무자는 대통령령으로 정하는 바에 따라 공공주택사업자에게 해당 주택의 매입을 신청하여야 한다(법 제49조의5 제7항).

③ 공공주택사업자는 ②에 따라 매입신청을 받거나 거주의무자가 ①을 위반하였다는 사실을 알게 된 경우 대통령령으로 정하는 절차에 따라 위반사실에 대한 의견청취를 거쳐 대통령령으로 정하는 특별한 사유가 없으면 해당 주택을 매입하여야 한다(법 제49조의5 제8항).

④ 공공주택사업자가 ②에 따라 주택을 매입하는 경우 거주의무자에게 그가 납부한 입주금과 그 입주금에 「은행법」에 따른 은행의 1년 만기 정기예금의 평균이자율을 적용한 이자를 합산한 금액을 지급한 때에는 그 지급한 날에 공공주택사업자가 해당 주택을 취득한 것으로 본다(법 제49조의5 제9항).

⑤ 공공주택사업자는 거주의무자가 거주의무기간 동안 계속하여 거주하여야 함을 소유권에 관한 등기에 부기등기하여야 한다. 이 경우 부기등기는 소유권보존등기와 동시에 하여야 한다(법 제49조의5 제10항).

지분적립형 분양주택의 재공급 의무

1. 공공주택사업자는 지분적립형 분양주택을 (2)의 ③ 및 ④에 따라 취득한 경우 국토교통부령으로 정하는 바에 따라 지분적립형 분양주택으로 재공급하여야 한다(법 제49조의5 제13항).
2. 1.에 따라 주택을 공급받은 사람은 전매제한기간 중 잔여기간 동안 그 주택을 전매할 수 없으며, 거주의무기간 중 잔여기간 동안 계속하여 그 주택에 거주하여야 한다(법 제49조의5 제14항).
3. 공공주택사업자가 (2)의 ③ 및 ④에 따라 주택을 취득하거나 1.에 따라 주택을 공급하는 경우에는 전매제한규정을 적용하지 아니한다(법 제49조의5 제15항).

⑥ 거주의무자는 거주의무기간 동안 계속 거주하고, 국토교통부장관 또는 지방자치단체의 장으로부터 이러한 사실을 확인받은 경우 ⑤에 따른 부기등기 사항을 말소할 수 있다. 이 경우 사실 확인에 관한 업무를 대통령령으로 정하는 바에 따라 공공주택사업자에게 위탁할 수 있다(법 제49조의5 제11항).

⑦ ⑤ 및 ⑥에 따른 부기등기의 내용 및 말소에 관한 사항은 대통령령으로 정한다(법 제49조의5 제12항).

6 공공분양주택 입주자로 선정된 자의 의무

1. 공공분양주택의 예외적 전매 허용시 주택의 매입 등

(1) 공공분양주택을 공급받은 자가 법 제49조의5 제1항 또는 「주택법」 제64조 제1항에 따른 전매제한기간에 같은 조 제2항 본문의 사유에 해당되어 해당 입주자로 선정된 지위 또는 주택(지분적립형 분양주택의 경우 주택의 소유지분을 말한다)을 전매(입주자로 선정된 지위 또는 주택의 일부를 배우자에게 증여하는 경우는 제외한다)할 수 있다고 인정되는 경우 공공분양주택을 공급받은 자는 공공주택사업자에게 입주자로 선정된 지위 또는 주택의 매입을 신청하여야 한다(법 제49조의6 제1항).

(2) 매입신청을 받은 공공주택사업자는 대통령령으로 정하는 특별한 사유가 없으면 해당 입주자로 선정된 지위 또는 주택을 매입하여야 한다(법 제49조의6 제2항).

(3) 공공주택사업자가 입주자로 선정된 지위 또는 주택을 매입하는 경우 매입비용과 입주자로 선정된 지위 또는 주택의 취득에 관하여는 「주택법」 제57조의2 제4항을 준용한다(법 제49조의6 제3항).

(4) 공공주택사업자는 취득한 입주자로 선정된 지위 또는 주택을 국토교통부령으로 정하는 바에 따라 공급하여야 한다(법 제49조의6 제4항)

2. 공공임대주택의 입주자 자격제한 등

국토교통부장관 또는 지방자치단체의 장은 제49조의4(공공임대주택의 전대제한)를 위반하여 공공임대주택의 임차권을 양도하거나 공공임대주택을 전대하는 임차인에 대하여 4년의 범위에서 국토교통부령으로 정하는 바에 따라 공공임대주택의 입주자격을 제한할 수 있다(법 제49조의8).

3. 가정어린이집 운영에 관한 공급 특례

(1) 공공주택사업자는 임차인의 보육수요 충족을 위하여 필요하다고 판단하는 경우 해당 공공임대주택의 일부 세대를 6년 이내의 범위에서 「영유아보육법」에 따른 가정어린이집을 설치 · 운영하려는 자에게 임대할 수 있다. 이 경우 공공주택사업자는 국토교통부령으로 정하는 바에 따라 관할 시장 · 군수 또는 구청장과 협의하여야 한다(법 제49조의9 제1항).

(2) 공공주택사업자가 공공임대주택의 일부 세대를 가정어린이집을 설치 · 운영하려는 자에게 임대하려는 경우 공공주택사업자는 공공임대주택의 보육수요를 판단하기 위하여 필요한 자료를 관할 시장 · 군수 또는 구청장에게 요청할 수 있다(법 제49조의9 제2항).

(3) (1)에 따라 공공임대주택을 임차하여 가정어린이집을 설치 · 운영하는 자는 「주택법」 제57조의2 제1항에도 불구하고 해당 공공임대주택에 거주하지 아니할 수 있다(법 제49조의9 제4항).

4. 이익공유형 분양주택의 공급 · 처분 등

(1) 환매조건 부과

이익공유형 분양주택의 원활한 공급을 위하여 세부 공급유형 및 공급대상에 따라 환매조건을 부과할 수 있다. 이 경우 환매조건, 환매가격의 산정기준 및 공급가격 등 필요한 사항은 대통령령으로 정한다(법 제49조의10 제1항).

(2) 주택지위 처분

이익공유형 분양주택을 공급받은 자가 해당 주택[해당 주택의 입주자로 선정된 지위(입주자로 선정되어 그 주택에 입주할 수 있는 권리 · 자격 · 지위 등을 말한다)를 포함한다]을 처분하려는 경우에는 위 (1)에 따른 환매조건에 따라 공공주택사업자에게 해당 주택의 매입을 신청하여야 한다(법 제49조의10 제2항).

(3) 환 매

(2)에 따라 매입신청을 받은 공공주택사업자가 이익공유형 분양주택을 환매하는 경우 해당 주택을 공급받은 자는 해당 주택의 공급가격 등을 고려하여 대통령령으로 정하는 기준에 따라 처분 손익을 공공주택사업자와 공유하여야 한다(법 제49조의10 제3항).

(4) 처분시 부기등기

이익공유형 분양주택을 공급받은 자가 이를 처분하려는 경우 공공주택사업자가 환매하는 주택임을 소유권에 관한 등기에 부기등기하여야 한다. 이 경우 부기등기는 주택의 소유권보존등기와 동시에 하여야 하며, 부기등기에 포함되어야 할 표기내용 등은 대통령령으로 정한다(법 제49조의10 제4항).

(5) 전매행위 제한

이익공유형 분양주택의 전매행위 제한에 관하여는 「주택법」 제64조(주택의 전매행위 제한 등)를 적용하지 아니한다(법 제49조의10 제5항).

(6) 거주의무

① 이익공유형 분양주택을 공급받은 자(상속받은 자는 제외한다)는 「주택법」 제57조의2 제1항 각 호 외의 부분 본문에도 불구하고 해당 주택의 최초 입주가능일부터 최대 5년 이내에서 대통령령으로 정하는 거주의무기간 동안 계속하여 해당 주택에 거주하여야 한다. 다만, 해외 체류 등 대통령령으로 정하는 부득이한 사유가 있는 경우 그 기간은 해당 주택에 거주한 것으로 본다(법 제49조의10 제6항).

② ①에 따른 이익공유형 분양주택의 거주의무에 관하여는 지분적립형 분양주택을 공급받은 자에 대한 거주의무규정인 법 제49조의5 제7항부터 제12항까지를 준용한다(법 제49조의10 제7항).

(7) 환매 특례

이익공유형 분양주택의 환매에 관하여는 「민법」 제591조(환매기간) 및 제593조(환매권의 대위행사와 매수인의 권리)부터 제595조(공유지분의 환매)까지의 규정을 적용하지 아니한다(법 제49조의10 제8항).

(8) 이익공유형 분양주택으로 재공급

① 공공주택사업자는 이익공유형 분양주택의 입주자로 선정된 지위를 환매하거나 해당 주택을 (6)의 ②에 따라 법 제49조의5 제8항 및 제9항을 준용하여 취득한 경우 국토교통부령으로 정하는 바에 따라 이익공유형 분양주택으로 재공급하여야 한다(법 제49조의10 제9항).

② ①에 따라 주택을 공급받은 사람은 (6)의 ①에 따른 거주의무기간 중 잔여기간 동안 계속하여 그 주택에 거주하여야 한다(법 제49조의10 제10항).

03 공공임대주택의 관리 등

1 공공임대주택의 관리

1. 「민간임대주택에 관한 특별법」 준용여부

(1) 주택의 관리, 임차인대표회의 및 분쟁조정위원회 등에 관하여는 「민간임대주택에 관한 특별법」 제51조, 제52조 및 제55조를 대통령령으로 정하는 바에 따라 준용한다(법 제50조 제1항).

(2) 「민간임대주택에 관한 특별법」 제51조 제3항에 따른 자체관리를 위한 시장·군수 또는 구청장의 인가나 관리비와 관련된 회계감사는 국토교통부령으로 정하는 바에 따라 준용하지 않는다(영 제53조 제1항).

2. 선수관리비 부담

(1) 공공주택사업자는 공공임대주택을 관리하는 데 필요한 경비를 임차인이 최초로 납부하기 전까지 해당 공공임대주택의 유지관리 및 운영에 필요한 경비(이하 "선수관리비"라 한다)를 대통령령으로 정하는 바에 따라 부담할 수 있다(법 제50조 제2항).

(2) 공공주택사업자는 공공임대주택의 유지관리 및 운영에 필요한 경비(이하 "선수관리비"라 한다)를 부담하는 경우에는 해당 임차인의 입주가능일 전까지 「공동주택관리법」 제2조 제1항 제10호에 따른 관리주체(이하 "관리주체"라 한다)에게 선수관리비를 지급해야 한다(영 제53조 제2항).

(3) 관리주체는 해당 임차인의 임대기간이 종료되는 경우 지급받은 선수관리비를 공공주택사업자에게 반환해야 한다. 다만, 다른 임차인이 해당 주택에 입주할 예정인 경우 등 공공주택사업자와 관리주체가 협의하여 정하는 경우에는 선수관리비를 반환하지 않을 수 있다(영 제53조 제3항).

(4) 관리주체에게 지급하는 선수관리비의 금액은 해당 공공임대주택의 유형 및 세대수 등을 고려하여 공공주택사업자와 관리주체가 협의하여 정한다(영 제53조 제4항).

2 공공임대주택의 매각제한

1. 임대의무기간 미경과시 양도 금지

공공주택사업자는 공공임대주택을 5년 이상의 범위에서 대통령령으로 정한 임대의무기간이 지나지 아니하면 매각할 수 없다(법 제50조의2 제1항).

> "대통령령으로 정한 임대의무기간"이란 그 공공임대주택의 임대개시일부터 다음의 기간을 말한다(영 제54조 제1항).
> 1. 영구임대주택: 50년
> 2. 국민임대주택: 30년
> 3. 행복주택: 30년
> 4. 통합공공임대주택: 30년
> 5. 장기전세주택: 20년
> 6. 1.부터 5.까지의 규정에 해당하지 않는 공공임대주택 중 임대 조건을 신고할 때 임대차 계약기간을 6년 이상 10년 미만으로 정하여 신고한 주택: 6년
> 7. 1.부터 5.까지의 규정에 해당하지 않는 공공임대주택 중 임대 조건을 신고할 때 임대차 계약기간을 10년 이상으로 정하여 신고한 주택: 10년
> 8. 1.부터 7.까지의 규정에 해당하지 않는 공공임대주택: 5년

2. 임대의무기간 동안 양도 가능한 경우

다음의 어느 하나에 해당하는 경우에는 임대의무기간이 지나기 전에도 공공임대주택을 매각할 수 있다(법 제50조의2 제2항).

(1) 다른 공공주택사업자 매각

국토교통부령으로 정하는 바에 따라 다른 공공주택사업자에게 매각하는 경우. 이 경우 해당 공공임대주택을 매입한 공공주택사업자는 기존 공공주택사업자의 지위를 포괄적으로 승계한다(법 제50조의2 제2항 제1호).

(2) 분양전환

임대의무기간의 2분의 1이 지나 공공주택사업자가 임차인과 합의한 경우 등 대통령령으로 정하는 경우로서 임차인 등에게 분양전환하는 경우(법 제50조의2 제2항 제2호). 즉, 임대의무기간이 지나기 전에도 임차인 등에게 분양전환할 수 있는 경우는 다음과 같다(영 제54조 제2항).

① 공공주택사업자가 경제적 사정 등으로 공공임대주택에 대한 임대를 계속할 수 없는 경우로서 공공주택사업자가 국토교통부장관의 허가를 받아 임차인에게 분양전환하는 경우에는 우선분양전환대상 임차인에게 우선적으로 분양전환하여야 한다.

② 임대 개시 후 해당 주택의 임대의무기간의 2분의 1이 지난 분양전환공공임대주택에 대하여 공공주택사업자와 임차인이 해당 임대주택의 분양전환에 합의하여 공공주택사업자가 임차인에게 법 제50조의3에 따라 분양전환하는 경우

③ 주택도시기금의 융자를 받아 주택이 없는 근로자를 위하여 건설한 공공임대주택(1994년 9월 13일 이전에 사업계획승인을 받은 경우로 한정한다)을 시장·군수 또는 구청장의 허가를 받아 분양전환하는 경우. 이 경우 법 제50조의3 제1항의 요건을 충족하는 임차인에게 우선적으로 분양전환하여야 한다.

(3) 공공매입임대주택이 지구·구역 및 사업에 포함된 경우

공공매입임대주택이 「도시 및 주거환경정비법」에 따른 정비구역, 「주택법」에 따른 주택건설사업 등 국토교통부령으로 정하는 지구·구역 및 사업 등에 포함된 경우로서 공공주택사업자가 해당 지역의 공공매입임대주택 재고 유지를 위한 공공매입임대주택 공급계획, 매각 또는 교환 방법, 입주자 이주대책 등 국토교통부령으로 정하는 사항에 대하여 국토교통부장관의 승인을 받은 경우에는 임대의무기간이 지나기 전에도 공공매입임대주택을 매각할 수 있다(법 제50조의2 제2항 제3호).

3 분양전환 공공임대주택 매각의 신고

(1) 공공주택사업자가 분양전환 공공건설임대주택을 다른 공공주택사업자에게 매각하려는 경우 국토교통부령으로 정하는 바에 따라 해당 임대주택 소재지를 관할하는 시장·군수·구청장에게 신고하여야 한다. 이 경우 공공건설임대주택을 양도받는 공공주택사업자는 양도하는 공공주택사업자의 지위를 포괄적으로 승계한다는 뜻을 계약서에 명시하여야 한다(법 제50조의5 제1항).

(2) 공공주택사업자가 (1)에 따라 다른 임대사업자에게 분양전환공공임대주택을 양도하기 위하여 신고하는 경우 시장·군수·구청장은 그 내용을 검토하여 이 법에 적합하면 국토교통부령으로 정하는 바에 따라 신고를 수리하여야 한다(법 제50조의5 제2항).

4 공공임대주택의 우선 분양전환 등

1. 우선 분양전환대상 임차인

공공주택사업자는 임대 후 분양전환을 할 목적으로 건설한 공공건설임대주택을 임대의무기간이 지난 후 분양전환하는 경우에는 다음 각 호의 어느 하나에 해당하는 자에게 우선 분양전환(이하 "우선 분양전환"이라 한다)하여야 한다. 이 경우 우선 분양전환의 방법·절차 등에 관하여 필요한 사항은 대통령령으로 정한다(법 제50조의3 제1항).

1. 분양전환 시점에 해당 임대주택에 거주하고 있는 임차인으로서 다음의 어느 하나에 해당하는 경우
   ① 입주한 후부터 분양전환할 때까지 해당 임대주택에 계속하여 거주한 무주택자인 경우
   ② 공공건설임대주택에 입주한 후 상속이나 판결 또는 혼인으로 다른 주택을 소유하게 되었으나 입주한 후부터 분양전환할 때까지 해당 임대주택에 계속하여 거주하면서 분양전환 이전까지 다른 주택을 처분한 무주택자인 경우
   ③ 제49조의4 단서(근무·생업·질병치료 등 대통령령으로 정하는 경우로서 공공주택사업자의 동의를 받은 경우)에 따라 임차권을 양도받은 자로서 양도일부터 분양전환할 때까지 해당 임대주택에 거주한 무주택자인 경우
   ④ 선착순의 방법으로 해당 임대주택의 입주자로 선정된 자로서 입주일부터 분양전환할 때까지 계속하여 거주하면서 분양전환하는 시점에 해당 임대주택 입주시 자격요건 중 주택소유기준을 충족하고 있는 경우
   ⑤ 분양전환 당시에 거주하고 있는 해당 임대주택이 전용면적 85m²를 초과하는 경우
2. 분양전환 시점에 해당 임대주택의 임차인인 국가기관이나 법인

2. 우선 분양전환 계약

(1) 공공주택사업자는 공공건설임대주택의 임대의무기간이 지난 후 해당 주택의 임차인에게 1.에 따른 우선 분양전환 자격, 우선 분양전환 가격 등 우선 분양전환에 관한 사항을 통보하여야 한다. 이 경우 우선 분양전환 자격이 있다고 통보받은 임차인이 우선 분양전환에 응하려는 경우에는 그 통보를 받은 후 6개월(임대의무기간이 10년인 공공건설임대주택의 경우에는 12개월을 말한다) 이내에 우선 분양전환 계약을 하여야 한다(법 제50조의3 제2항).

(2) 1.에 따른 우선 분양전환에 응하려는 임차인은 국토교통부령으로 정하는 바에 따라 거주 여부를 확인할 수 있는 서류를 공공주택사업자에게 제출하여야 한다. 이 경우 공공주택사업자는 임차인이 제출한 서류를 국토교통부령으로 정하는 바에 따라 확인하여야 한다(법 제50조의3 제3항).

3. 제3자 매각

공공주택사업자는 다음의 어느 하나에 해당하는 경우 해당 임대주택을 2.의 (1)에 따라 통보한 분양전환 가격 이하의 가격으로 국토교통부령으로 정하는 바에 따라 제3자에게 매각할 수 있다(법 제50조의3 제4항).

1. 앞의 1.에 따른 우선 분양전환 자격을 갖춘 자가 존재하지 아니하는 경우
2. 앞의 2.의 (1)에 따라 공공주택사업자가 임차인에게 우선 분양전환에 관한 사항을 통보한 날부터 6개월(임대의무기간이 10년인 공공건설임대주택의 경우에는 12개월을 말한다) 이내에 임차인이 우선 분양전환 계약을 하지 아니한 경우

4. 가격산정을 위한 감정평가

(1) 앞의 1.에 따른 우선 분양전환 가격 및 3.에 따른 매각 가격 산정을 위한 감정평가는 공공주택사업자가 비용을 부담하는 조건으로 대통령령으로 정하는 바에 따라 시장・군수・구청장이 감정평가법인을 선정하여 시행한다. 다만, 감정평가에 대하여 대통령령으로 정하는 사항에 해당하여 공공주택사업자 또는 임차인 과반수 이상의 동의를 받은 임차인(임차인대표회의가 구성된 경우 임차인대표 회의를 말한다)이 이의신청을 하는 경우 시장・군수・구청장은 이의신청을 한 자가 비용을 부담하는 조건 등 대통령령으로 정하는 바에 따라 한 차례만 재평가하게 할 수 있다(법 제50조의3 제5항).

(2) 공공주택사업자는 4.의 (1)에도 불구하고 3.에 따라 제3자에게 공공건설임대주택을 매각하려는 경우 그 매각 시점이 4.의 (1)에 따른 감정평가가 완료된 날부터 1년이 지난 때에는 같은 항에 따라 매각가격을 재산정할 수 있다(법 제50조의3 제6항).

5 장기수선계획 및 특별수선충당금

1. 장기수선계획 수립 및 특별수선충당금 적립 대상

(1) 대통령령으로 정하는 규모에 해당하는 공공임대주택의 공공주택사업자는 주요시설을 교체하고 보수하는 데에 필요한 특별수선충당금을 적립하여야 한다(법 제50조의4 제1항).

(2) "대통령령으로 정하는 규모에 해당하는 공공임대주택"이란 공공임대주택 단지별로 다음의 어느 하나 해당하는 공공임대주택을 말한다. 다만, 1997년 3월 1일 전에 주택건설사업계획의 승인을 받은 공공임대주택은 제외한다(영 제57조 제1항).

> 1. 300세대 이상의 공동주택
> 2. 승강기가 설치된 공동주택
> 3. 중앙집중식난방방식의 공동주택

(3) (2)의 어느 하나에 해당하는 공공임대주택을 건설한 공공주택사업자는 해당 공공임대주택의 공용부분, 부대시설 및 복리시설(분양된 시설은 제외한다)에 대하여 「공동주택관리법」에 따른 장기수선계획을 수립하여 「주택법」에 따른 사용검사를 신청할 때 사용검사신청서와 함께 제출하여야 하며, 임대기간 중 해당 임대주택단지에 있는 관리사무소에 장기수선계획을 갖춰 놓아야 한다(영 제57조 제2항).

(4) 장기수선계획은 국토교통부령으로 정하는 기준에 따라야 한다(영 제57조 제3항).

(5) 공공주택사업자는 장기수선계획을 수립한 후 이를 조정할 필요가 있는 경우에는 임차인대표회의의 구성원(임차인대표회의가 구성되지 않은 경우에는 전체 임차인) 과반수의 서면동의를 받아 장기수선계획을 조정할 수 있다(영 제57조 제4항).

2. 특별수선충당금 적립시기 및 적립요율

공공주택사업자는 법 제50조의4 제1항에 따른 특별수선충당금(이하 "특별수선충당금"이라 한다)을 사용검사일(임시 사용승인을 받은 경우에는 임시 사용승인일을 말한다)부터 1년이 지난날이 속하는 달부터 매달 적립하되, 적립요율은 다음 각 호의 비율에 따른다. 다만, 다음 각 호의 주택이 「공동주택관리법」에 따른 혼합주택단지 안에 있는 경우(같은 법 시행령 제7조 제2항에 따라 혼합주택단지의 입주자대표회의와 공공주택사업자가 같은 조 제1항 제4호에 따른 장기수선충당금 및 특별수선충당금을 사용하는 주요시설의 교체 및 보수에 관한 사항을 각자 결정하는 경우는 제외한다) 해당 주택에 대한 특별수선충당금의 적립요율에 관하여는 같은 법 시행령 제31조 제1항에 따라 관리규약으로 정하는 장기수선충당금의 요율을 준용한다(영 제57조 제5항).

(1) **영구임대주택, 국민임대주택, 행복주택, 통합공공임대주택 및 장기전세주택**: 국토교통부장관이 고시하는 표준건축비의 1만분의 4

(2) **(1)에 해당하지 아니하는 공공임대주택**: 「주택법」에 따른 사업계획승인 당시 표준건축비의 1만분의 1

3. 특별수선충당금 예치관리 및 사용

(1) 공공주택사업자는 특별수선충당금을 금융회사 등에 예치하여 따로 관리하여야 한다(영 제57조 제6항).

(2) 공공주택사업자는 특별수선충당금을 사용하려면 미리 해당 공공임대주택의 주소지를 관할하는 시장·군수 또는 구청장과 협의하여야 한다. 다만, 다음 각 호의 어느 하나에 해당하는 경우에는 그렇지 않다(영 제57조 제7항).

① 「주택법 시행령」 제53조의2 제4항 각 호에 따른 중대한 하자가 발생한 경우
② 천재지변이나 그 밖의 재해로 장기수선계획 수립 대상물이 파손되거나 멸실되어 긴급하게 교체·보수가 필요한 경우

(3) 공공주택사업자는 제7항 단서에 따라 특별수선충당금을 사용한 경우에는 그 사유를 사용일부터 30일 이내에 관할 시장·군수 또는 구청장에게 통보해야 한다(영 제57조 제8항).

4. 특별수선충당금 적립 현황 보고

시장·군수 또는 구청장은 국토교통부령으로 정하는 방법에 따라 공공주택사업자의 특별수선충당금 적립 여부, 적립금액 등을 관할 시·도지사에게 보고하여야 하며, 시·도지사는 시장·군수 또는 구청장의 보고를 받으면 이를 국토교통부장관에게 보고하여야 한다(영 제57조 제9항).

5. 특별수선충당금 사용방법, 세부 사용절차 등

제1항부터 제9항까지에서 규정한 사항 외에 특별수선충당금의 사용방법, 세부 사용절차, 그 밖에 필요한 사항은 장기수선계획으로 정한다(영 제57조 제10항).

6. 특별수선충당금 인계

공공주택사업자가 임대의무기간이 지난 공공건설임대주택을 분양전환하는 경우에는 특별수선충당금을 「공동주택관리법」 제11조에 따라 최초로 구성되는 입주자대표회의에 넘겨주어야 한다(법 제50조의4 제2항).

정보체계의 구축

1. **정보체계 구축·운영**: 국토교통부장관은 공공주택의 원활한 공급 및 관리를 위하여 다음의 정보를 관리할 수 있는 정보체계를 구축·운영할 수 있다(법 제51조 제1항).
   ① 공공주택의 입주자 모집 및 관리에 관한 사항
   ② 공공주택사업에 관한 정보 및 자료
2. **정보체계 연계**: 정보체계는 「사회복지사업법」에 따른 정보시스템과 전자적으로 연계하여 활용할 수 있다(법 제51조 제2항).

Part

04 실전예상문제

01

「공공주택 특별법령」상 이익공유형 분양주택에 관한 설명으로 틀린 것은?

① 이익공유형 분양주택이란 제4조에 따른 공공주택사업자가 직접 건설하거나 매매 등으로 취득하여 공급하는 공공분양주택으로서 주택을 공급받은 자가 해당 주택을 처분하려는 경우 공공주택사업자가 환매하되 공공주택사업자와 처분 손익을 공유하는 것을 조건으로 분양하는 주택을 말한다.

② 이익공유형 분양주택의 전매행위 제한에 관하여는 「주택법」 제64조(주택의 전매행위 제한 등)를 적용한다.

③ 이익공유형 분양주택을 공급받은 자가 해당 주택을 처분하려는 경우에는 환매조건에 따라 공공주택사업자에게 해당 주택의 매입을 신청하여야 한다.

④ 매입신청을 받은 공공주택사업자가 이익공유형 분양주택을 환매하는 경우 해당 주택을 공급받은 자는 해당 주택의 공급가격 등을 고려하여 대통령령으로 정하는 기준에 따라 처분 손익을 공공주택사업자와 공유하여야 한다.

⑤ 이익공유형 분양주택을 공급받은 자(상속받은 자는 제외한다)는 「주택법」 제57조의2 제1항 각 호 외의 부분 본문에도 불구하고 해당 주택의 최초 입주가능일부터 최대 5년 이내에서 대통령령으로 정하는 거주의무기간 동안 계속하여 해당 주택에 거주하여야 한다.

해설 ② 이익공유형 분양주택의 전매행위 제한에 관하여는 「주택법」 제64조(주택의 전매행위 제한 등)를 적용하지 않는다.

Answer

01 ②

02

「공공주택 특별법령」상 특별수선충당금에 관한 설명으로 틀린 것은?

① 개별난방방식의 300세대 이상의 공동주택인 공공임대주택은 특별수선충당금 적립의무가 없다.

② 공공주택사업자는 특별수선충당금을 사용검사일(임시사용승인을 받은 경우에는 임시사용승인일을 말한다)부터 1년이 지난날이 속하는 달부터 매달 적립한다.

③ 영구임대주택, 국민임대주택, 행복주택, 통합공공임대주택, 장기전세주택의 경우 특별수선충당금의 적립요율은 국토교통부장관이 고시하는 표준건축비의 1만분의 4이다.

④ 분양전환공공임대주택의 경우 특별수선충당금의 적립요율은 「주택법」에 따른 사업계획승인 당시 표준건축비의 1만분의 1이다.

⑤ 공공주택사업자가 임대의무기간이 지난 공공건설임대주택을 분양전환하는 경우에는 특별수선충당금을 「공동주택관리법」에 따라 최초로 구성되는 입주자대표회의에 넘겨주어야 한다.

해설 ① 300세대 이상의 공동주택인 공공임대주택은 개별난방방식이라도 특별수선충당금을 적립해야 한다.

Answer

02 ①

Memo

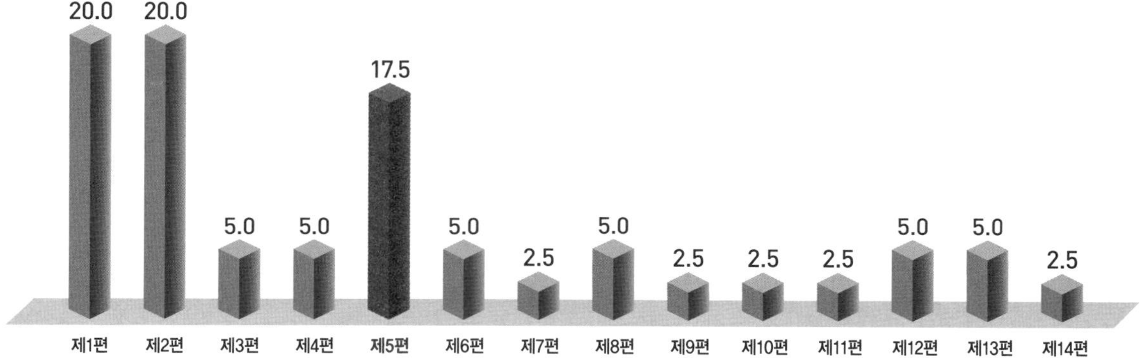

제27회 기출문제 분석

건축법은 주택법이나 공동주택관리법 다음으로 출제 비중이 높은 과목으로 7문제 중 4~5문제가 주관식으로 출제되고 있다. 건축법 용어와 건축물의 용도, 허가 및 신고, 건폐율, 용적률, 건축선, 면적·높이·층수 산정, 구조 및 피난시설, 건축물의 높이제한, 이행강제금 등 핵심부분에 대한 집중적인 학습이 요구된다.

박문각
주택관리사

PART

05

건축법

Part 05

건축법

건축법(7문제)

총 설

용 어

공작물축조신고	허가권자 2,4,5,6,8m 초과, 30㎡ 초과
건 축	신축, 증축, 개축, 재축, 이전
주요구조부	내력벽, 기둥, 바닥, 보, 주계단, 지붕틀
대수선	지붕틀, 보, 기둥, 내력벽, 방화벽, 주계단, 다가구 등 경계벽, 외벽
리모델링	대수선, 증축, 개축
건축관계자	건축주, 설계자, 공사시공자, 공사감리자
설계도서	공사용도면, 구조계산서, 시방서
고 층	30층, 120m↑
초고층	50층, 200m↑
준초고층	고층+초고층×
다중이용건축물	바·합 5천㎡↑ 문·종·판·여·종·관, 16층↑
준다중이용건축물	바·합 1천㎡↑ 문·종·판·여·종·관·교·노·운·위·관·장
특수구조건축물	3m↑ 돌출, 경간거리 20m↑,특수한 설·시·공

건축물의 용도변경 시설군(9): 자(자), 산(운·창·공·위·자·묘·장), 전(방·발), 문(문·종·관·위락), 영(운·판·숙·다중), 교(교·노·수·야·의료), 근(1·2), 주(단·공·업·교·국방), 기(동식물관련)

건축법 적용지역: 도시지역, 지구단위계획구역, 동 또는 읍의 구역(섬은 인구 500인↑)

건축법 배제: 문, 철, 고, 컨, 수문조작실

건축전문위원회

건축분쟁 전문위원회	국토교통부
건축민원 전문위원회	시·도 및 시·군·구
분야별 전문위원회	건축계획, 건축구조, 건축설비 등 11개 분야

건축물의 건축

건축허가

사전결정신청	사전결정통지일 2년 이내 허가신청× ⇨ 사전결정의 효력상실
건축허가권자	시장·군수·구청장, 21층↑, 10만㎡↑ 특별시장·광역시장
도지사의 사전승인	21층↑, 10만㎡↑, 자연보호 3층↑, 1천㎡↑ 위·숙·공·일·일, 주거보호 위·숙
허가취소	2년(공장 3년) 미착공, 완료불가능, 경·공매상실 6개월 미착공
허가제한	국토교통부장관, 특·광·도 2년 이내 제한, 1회한 1년 연장 제한
건축신고	바·관(지·방·붕 제외)·대·연·높·표·공·축·창·작
가설건축물	축조신고: 경비용연면적 10㎡↓, 비닐하우스 100㎡↑, 야외흡연실 50㎡↓
공사감리	건축주 지정, 허가권자 지정
사용승인	7일 이내 검사 실시 / 임시사용승인기간 2년 이내

건축물의 대지 및 도로

대 지

조경의무	200㎡↑(면제지역: 녹·관·농·자, 공장, 물류, 골프장, 관광시설)
공개공지 설치	일·준·상·준·도시화 가능성이 크거나 노후산업단지 정비필요지역, 5천㎡↑ 판·문·숙박·업·종·운, 다중이용시설

대지와 도로		
	대지와 도로	4m↑ 도로 2m↑ 도접: 건축물(공장: 3천) 2천㎡↑: 6m↑ 도로 4m↑
	건축선	소요너비 미달 도로, 교차도로, 지정건축선
	건축선에 따른 건축제한	돌출부분, 높이 4.5m↓ 수직면 초과 제한

건축물의 구조 및 재료

구조안전확인대상	2층, 200㎡↑, 높이 13m↑, 처마 9m↑, 경간 10m↑, 중요도, 국가문화, 특수 중 돌출 3m↑, 특수 설·시·공, 단독, 공동
전문기술자 협력	6층↑, 특수, 다중, 준다중, 3층↑ 필로티, 중요도
보행거리	원칙: 30m 이하, 16층↑ 공동주택 16층↑인 층의 보행거리 40m 이하
피난안전구역	초고층: 30개 층마다 1개소↑, 준초고층: 1/2 해당 층의 상하 5개 층 이내

지역 등에서의 건축제한

대지면적 제외	건축선 제한 지역, 도시·군계획시설
건축면적 제외	지표면 1m↓, 보행·차량통로, 지하주차장 경사로, 생활폐기물처리시설 등
바닥면적 제외	필로티부분, 구조물, 지상층기계실, 지하주차장 경사로(지하 1층 내리막부분)
층수산정 제외	지하층, 옥탑 등의 면적이 건축면적의 1/8 이하
용적률 산정시 연면적 제외	• 지하층 면적 • 지상층 주차용도 면적 • 초고층, 준초고층의 피난안전구역의 면적 • 11층↑ 건축물의 11층↑의 바·합 1만㎡↑ 경사지붕 아래 대피공간면적
대지분할 제한	주거 60㎡, 상업·공업 150㎡, 녹지 200㎡, 기타 60㎡ 미만 분할 금지
높이제한	• 정북방향(전용·일반주거), 정남방향(택·대·지·산·도·정·정북2), 채광방향: 높이 H 〈 2D(근·준: 4D) ⇨ H: 높이, D: 거리 • **공동주택 일조권 배제**: 중심상업·일반상업

특별건축구역 등

특별건축구역	지정금지지역: 개발제한구역, 자연공원, 접도구역, 보전산지
특별가로구역	경관지구, 지구단위계획구역 중 미관유지 필요인정구역
건축협정 대상지역	지·정·존·례·도시재생활성화구역
결합건축 대상지역	상·역·주·리·특·협·재·자

보 칙

이행강제금	시정기간 이내 불이행시 이행할 때까지 1년에 2회 이내 부과
지역건축안전센터	시·도지사 및 인구 50만 이상의 시장·군수·구청장

총 설

단·원·열·기

건축용어를 중심으로 건축물의 용도, 건축법의 적용범위, 건축위원회 등 전반적으로 출제되고 있다.
학습방법: 건축용어, 건축물의 용도, 용도변경, 건축법의 적용범위 등을 중심으로 정리하도록 한다.

01 제정목적

「건축법」은 건축물의 대지·구조·설비의 기준과 건축물의 용도 등을 정하여 건축물의 안전·기능·환경 및 미관을 향상시킴으로써 공공복리의 증진에 이바지하는 것을 목적으로 한다(법 제1조).

02 건축법 용어 등

1 건축법 용어

1. 대 지

대지(垈地)란 「공간정보의 구축 및 관리 등에 관한 법률」에 따라 각 필지(筆地)로 나눈 토지를 말한다. 다만, 대통령령으로 정하는 토지는 둘 이상의 필지를 하나의 대지로 하거나 하나 이상의 필지의 일부를 하나의 대지로 할 수 있다(법 제2조 제1항 제1호).

2. 건축물

건축물이란 토지에 정착(定着)하는 공작물 중 지붕과 기둥 또는 벽이 있는 것과 이에 딸린 시설물, 지하나 고가(高架)의 공작물에 설치하는 사무소·공연장·점포·차고·창고, 그 밖에 대통령령으로 정하는 것을 말한다(법 제2조 제1항 제2호).

3. 부속건축물

부속건축물이란 같은 대지에서 주된 건축물과 분리된 부속용도의 건축물로서 주된 건축물의 이용 또는 관리에 필요한 건축물을 말한다(영 제2조 제12호).

4. 부속구조물

부속구조물이란 건축물의 안전·기능·환경 등을 향상시키기 위하여 건축물에 추가적으로 설치하는 환기시설물 등 대통령령으로 정하는 구조물을 말한다(법 제2조 제1항 제21호).

환기시설물 등 대통령령으로 정하는 구조물

환기시설물 등 대통령령으로 정하는 구조물이란 급기(給氣) 및 배기(排氣)를 위한 건축 구조물의 개구부(開口部)인 환기구를 말한다(영 제2조 제19호).

5. 부속용도

부속용도란 건축물의 주된 용도의 기능에 필수적인 용도로서 다음의 어느 하나에 해당하는 용도를 말한다(영 제2조 제13호).

1. 건축물의 설비, 대피, 위생 그 밖에 이와 비슷한 시설의 용도
2. 사무, 작업, 집회, 물품저장, 주차 그 밖에 이와 비슷한 시설의 용도
3. 구내식당, 직장어린이집, 구내운동시설 등 종업원 후생복리시설, 구내소각시설, 그 밖에 이와 비슷한 시설의 용도. 이 경우 다음의 요건을 모두 갖춘 휴게음식점(제1종 근린생활시설)은 구내식당에 포함되는 것으로 본다.
   ① 구내식당 내부에 설치할 것
   ② 설치면적이 구내식당 전체 면적의 3분의 1 이하로서 $50m^2$ 이하일 것
   ③ 다류(茶類)를 조리·판매하는 휴게음식점일 것
4. 관계 법령에서 주된 용도의 부수시설로 설치할 수 있게 규정하고 있는 시설, 그 밖에 국토교통부장관이 이와 유사하다고 인정하여 고시하는 시설의 용도

6. 공작물

(1) 공작물 설치 신고

대지를 조성하기 위한 옹벽, 굴뚝, 광고탑, 고가수조(高架水槽), 지하 대피호, 그 밖에 이와 유사한 것으로서 대통령령으로 정하는 공작물을 축조하려는 자는 대통령령으로 정하는 바에 따라 특별자치시장·특별자치도지사 또는 시장·군수·구청장에게 신고하여야 한다(법 제83조 제1항).

(2) 축조신고 대상 공작물

공작물을 축조(건축물과 분리하여 축조하는 것을 말한다)할 때 특별자치시장・특별자치도지사 또는 시장・군수・구청장에게 신고를 해야 하는 공작물은 다음과 같다(영 제118조 제1항).

① 높이 2m를 넘는 옹벽 또는 담장
② 높이 4m를 넘는 광고탑, 광고판, 장식탑, 기념탑, 첨탑, 그 밖에 이와 비슷한 것
③ 높이 5m를 넘는 「신에너지 및 재생에너지 개발・이용・보급 촉진법」에 따른 태양에너지를 이용하는 발전설비와 그 밖에 이와 비슷한 것
④ 높이 6m를 넘는 굴뚝, 골프연습장 등의 운동시설을 위한 철탑, 주거지역・상업지역에 설치하는 통신용 철탑, 그 밖에 이와 비슷한 것
⑤ 높이 8m를 넘는 고가수조나 그 밖에 이와 비슷한 것
⑥ 높이 8m(위험을 방지하기 위한 난간의 높이는 제외한다) 이하의 기계식 주차장 및 철골 조립식 주차장(바닥면이 조립식이 아닌 것을 포함한다)으로서 외벽이 없는 것
⑦ 바닥면적 $30m^2$를 넘는 지하대피호
⑧ 건축조례로 정하는 제조시설, 저장시설(시멘트사일로를 포함한다), 유희시설, 그 밖에 이와 비슷한 것
⑨ 건축물의 구조에 심대한 영향을 줄 수 있는 중량물로서 건축조례로 정하는 것

(3) 공작물 축조신고 절차

① 공작물을 축조하려는 자는 공작물 축조신고서와 국토교통부령으로 정하는 설계도서를 특별자치시장・특별자치도지사 또는 시장・군수・구청장에게 제출(전자문서에 의한 제출을 포함한다)하여야 한다(영 제118조 제2항).
② 특별자치시장・특별자치도지사 또는 시장・군수・구청장은 공작물 축조신고를 받았으면 국토교통부령으로 정하는 바에 따라 공작물 관리대장에 그 내용을 작성하고 관리하여야 한다(영 제118조 제5항).
③ 공작물 관리대장은 전자적 처리가 불가능한 특별한 사유가 없으면 전자적 처리가 가능한 방법으로 작성하고 관리하여야 한다(영 제118조 제6항).

7. 건축설비

건축설비란 건축물에 설치하는 전기・전화 설비, 초고속 정보통신 설비, 지능형 홈네트워크 설비, 가스・급수・배수(配水)・배수(排水)・환기・난방・냉방・소화(消火)・배연(排煙) 및 오물처리의 설비, 굴뚝, 승강기, 피뢰침, 국기 게양대, 공동시청 안테나, 유선방송 수신시설, 우편함, 저수조(貯水槽), 방범시설, 그 밖에 국토교통부령으로 정하는 설비를 말한다(법 제2조 제1항 제4호).

8. 지하층

지하층이란 건축물의 바닥이 지표면 아래에 있는 층으로서 그 바닥으로부터 지표면까지 평균높이가 해당 층 높이의 2분의 1 이상인 것을 말한다(법 제2조 제1항 제5호).

9. 거 실

거실이란 건축물 안에서 거주・집무・작업・집회・오락, 그 밖에 이와 유사한 목적을 위하여 사용되는 방을 말한다(법 제2조 제1항 제6호).

10. 주요구조부

주요구조부란 내력벽・기둥・바닥・보・주계단 및 지붕틀을 말한다. 다만, 사이기둥・최하층 바닥・작은 보・차양・옥외계단, 그 밖에 이와 유사한 것으로서 건축물의 구조상 중요하지 아니한 부분을 제외한다(법 제2조 제1항 제7호).

11. 건 축

건축이란 건축물을 신축・증축・개축・재축하거나 이전하는 것을 말한다(법 제2조 제1항 제8호, 영 제2조).

(1) 신 축

신축이란 건축물이 없는 대지(기존 건축물이 해체되거나 멸실된 대지를 포함한다)에 새로 건축물을 축조하는 것[부속건축물만 있는 대지에 새로 주된 건축물을 축조하는 것을 포함하되, 개축 또는 재축하는 것은 제외한다]을 말한다.

(2) 증 축

증축이란 기존건축물이 있는 대지에서 건축물의 건축면적・연면적・층수 또는 높이를 늘리는 것을 말한다.

(3) 개 축

개축이란 기존건축물의 전부 또는 일부[내력벽・기둥・보・지붕틀(한옥의 경우에는 지붕틀의 범위에서 서까래는 제외한다) 중 셋 이상이 포함되는 경우를 말한다]를 해체하고 그 대지에 종전과 같은 규모의 범위에서 건축물을 다시 축조하는 것을 말한다.

(4) 재 축

재축이란 건축물이 천재지변이나 그 밖의 재해(災害)로 멸실된 경우 그 대지에 다음의 요건을 모두 갖추어 다시 축조하는 것을 말한다.

1. 연면적 합계는 종전 규모 이하로 할 것
2. 동(棟)수, 층수 및 높이는 다음의 어느 하나에 해당할 것
   ① 동수, 층수 및 높이가 모두 종전 규모 이하일 것
   ② 동수, 층수 또는 높이의 어느 하나가 종전 규모를 초과하는 경우에는 해당 동수, 층수 및 높이가 「건축법」(이하 "법"이라 한다), 이 영 또는 건축조례(이하 "법령 등"이라 한다)에 모두 적합할 것

(5) 이 전

이전이란 건축물을 그 주요구조부를 해체하지 아니하고 같은 대지의 다른 위치로 옮기는 것을 말한다.

12. 결합건축

결합건축이란 제56조에 따른 용적률을 개별 대지마다 적용하지 아니하고, 2개 이상의 대지를 대상으로 통합적용하여 건축물을 건축하는 것을 말한다.

13. 대수선

대수선이란 건축물의 기둥, 보, 내력벽, 주계단 등의 구조나 외부형태를 수선·변경하거나 증설하는 것으로서 대통령령으로 정하는 것을 말한다(법 제2조 제1항 제9호). 즉, 증축·개축 또는 재축에 해당하지 아니하는 것으로 다음의 어느 하나에 해당하는 것을 말한다(영 제3조의2).

① 내력벽을 증설 또는 해체하거나 그 벽면적을 30㎡ 이상 수선 또는 변경하는 것
② 기둥을 증설 또는 해체하거나 세 개 이상 수선 또는 변경하는 것
③ 보를 증설 또는 해체하거나 세 개 이상 수선 또는 변경하는 것
④ 지붕틀(한옥의 경우에는 지붕틀의 범위에서 서까래는 제외한다)을 증설 또는 해체하거나 세 개 이상 수선 또는 변경하는 것
⑤ 방화벽 또는 방화구획을 위한 바닥 또는 벽을 증설 또는 해체하거나 수선 또는 변경하는 것
⑥ 주계단·피난계단 또는 특별피난계단을 증설 또는 해체하거나 수선 또는 변경하는 것

⑦ 다가구주택의 가구 간 경계벽 또는 다세대주택의 세대 간 경계벽을 증설 또는 해체하거나 수선 또는 변경하는 것
⑧ 건축물의 외벽에 사용하는 마감재료(법 제52조 제2항에 따른 마감재료를 말한다)를 증설 또는 해체하거나 벽면적 $30m^2$ 이상 수선 또는 변경하는 것

14. 리모델링

리모델링이란 건축물의 노후화를 억제하거나 기능 향상 등을 위하여 대수선하거나 일부 증축 또는 개축하는 행위를 말한다(법 제2조 제1항 제10호).

15. 도 로

(1) 원 칙

도로란 보행과 자동차 통행이 가능한 너비 4m 이상의 도로로서 다음에 해당하는 도로 또는 그 예정도로를 말한다(법 제2조 제1항 제11호).

① 「국토의 계획 및 이용에 관한 법률」·「도로법」·「사도법」 그 밖에 관계 법령에 따라 신설 또는 변경에 관한 고시가 된 도로
② 건축허가 또는 신고시에 특별시장·광역시장·특별자치시장·도지사·특별자치도지사(이하 "시·도지사"라 한다) 또는 시장·군수·구청장(자치구의 구청장을 말한다)이 위치를 지정하여 공고한 도로

(2) 예 외

지형적 조건으로 자동차 통행이 불가능한 경우와 막다른 도로로서 다음에 해당하는 도로 또는 그 예정도로를 말한다(영 제3조의3).

① 특별자치시장·특별자치도지사·시장·군수·구청장이 지형적 조건으로 인하여 차량 통행을 위한 도로의 설치가 곤란하다고 인정하여 그 위치를 지정·공고하는 구간의 너비 3m 이상(길이가 10m 미만인 막다른 도로의 경우에는 너비 2m 이상)인 도로
② 막다른 도로의 경우에는 그 도로의 너비가 그 길이에 따라 각각 다음 표에 정하는 기준 이상인 도로

막다른 도로의 길이	도로의 너비
10m 미만	2m 이상
10m 이상 35m 미만	3m 이상
35m 이상	6m(도시지역이 아닌 읍·면지역에서는 4m) 이상

16. 건축주

건축주란 건축물의 건축・대수선・용도변경, 건축설비의 설치 또는 공작물의 축조(이하 "건축물의 건축등"이라 한다)에 관한 공사를 발주하거나 현장 관리인을 두어 스스로 그 공사를 하는 자를 말한다(법 제2조 제1항 제12호).

17. 제조업자

제조업자란 건축물의 건축・대수선・용도변경, 건축설비의 설치 또는 공작물의 축조 등에 필요한 건축자재를 제조하는 사람을 말한다(법 제2조 제1항 제12호의2).

18. 유통업자

유통업자란 건축물의 건축・대수선・용도변경, 건축설비의 설치 또는 공작물의 축조에 필요한 건축자재를 판매하거나 공사현장에 납품하는 사람을 말한다(법 제2조 제1항 제12호의3).

19. 설계자

설계자란 자기의 책임(보조자의 도움을 받는 경우를 포함한다)으로 설계도서를 작성하고 그 설계도서에서 의도하는 바를 해설하며, 지도하고 자문에 응하는 자를 말한다(법 제2조 제1항 제13호).

20. 설계도서

설계도서란 건축물의 건축 등에 관한 공사용 도면, 구조 계산서, 시방서(示方書), 그 밖에 국토교통부령으로 정하는 공사에 필요한 서류를 말한다(법 제2조 제1항 제14호).

21. 공사감리자

공사감리자란 자기의 책임(보조자의 도움을 받는 경우를 포함한다)으로 「건축법」으로 정하는 바에 따라 건축물, 건축설비 또는 공작물이 설계도서의 내용대로 시공되는지를 확인하고, 품질관리・공사관리・안전관리 등에 대하여 지도・감독하는 자를 말한다(법 제2조 제1항 제15호).

22. 공사시공자

공사시공자란 「건설산업기본법」에 따른 건설공사를 하는 자를 말한다(법 제2조 제1항 제16호).

23. 건축물의 유지 · 관리

건축물의 유지 · 관리란 건축물의 소유자나 관리자가 사용 승인된 건축물의 대지 · 구조 · 설비 및 용도 등을 지속적으로 유지하기 위하여 건축물이 멸실될 때까지 관리하는 행위를 말한다(법 제2조 제1항 제16호의2).

24. 관계전문기술자

관계전문기술자란 건축물의 구조 · 설비 등 건축물과 관련된 전문기술자격을 보유하고 설계와 공사감리에 참여하여 설계자 및 공사감리자와 협력하는 자를 말한다(법 제2조 제1항 제17호).

25. 특별건축구역

특별건축구역이란 조화롭고 창의적인 건축물의 건축을 통하여 도시경관의 창출, 건설기술 수준향상 및 건축 관련 제도개선을 도모하기 위하여 「건축법」 또는 관계 법령에 따라 일부규정을 적용하지 아니하거나 완화 또는 통합하여 적용할 수 있도록 특별히 지정하는 구역을 말한다(법 제2조 제1항 제18호).

26. 고층 건축물

(1) 고층 건축물

고층 건축물이란 층수가 30층 이상이거나 높이가 120m 이상인 건축물을 말한다(법 제2조 제1항 제19호).

(2) 준초고층 건축물

준초고층 건축물이란 고층 건축물 중 초고층 건축물이 아닌 것을 말한다(영 제2조 제15호의2).

(3) 초고층 건축물

초고층 건축물이란 층수가 50층 이상이거나 높이가 200m 이상인 건축물을 말한다(영 제2조 제15호).

27. 한 옥

한옥이란 「한옥 등 건축자산의 진흥에 관한 법률」 제2조 제2호에 따른 한옥을 말한다(영 제2조 제16호).

28. 다중이용 건축물

다중이용 건축물이란 다음의 어느 하나에 해당하는 건축물을 말한다(영 제2조 제17호).

1. 다음의 어느 하나에 해당하는 용도로 쓰는 바닥면적의 합계가 5천m^2 이상인 건축물
   ① 문화 및 집회시설(동물원 및 식물원은 제외한다)
   ② 종교시설
   ③ 판매시설
   ④ 운수시설 중 여객용 시설
   ⑤ 의료시설 중 종합병원
   ⑥ 숙박시설 중 관광숙박시설
2. 16층 이상인 건축물

29. 준다중이용 건축물

준다중이용 건축물이란 다중이용 건축물 외의 건축물로서 다음의 어느 하나에 해당하는 용도로 쓰는 바닥면적의 합계가 1천m^2 이상인 건축물을 말한다(영 제2조 제17호의2).

① 문화 및 집회시설(동물원 및 식물원은 제외한다)
② 종교시설
③ 판매시설
④ 운수시설 중 여객용 시설
⑤ 의료시설 중 종합병원
⑥ 숙박시설 중 관광숙박시설
⑦ 교육연구시설
⑧ 노유자시설
⑨ 운동시설
⑩ 위락시설
⑪ 관광 휴게시설
⑫ 장례시설

30. 특수구조 건축물

특수구조 건축물이란 다음의 어느 하나에 해당하는 건축물을 말한다(영 제2조 제18호).

1. 한쪽 끝은 고정되고 다른 끝은 지지(支持)되지 아니한 구조로 된 보·차양 등이 외벽(외벽이 없는 경우에는 외곽 기둥을 말한다)의 중심선으로부터 3m 이상 돌출된 건축물
2. 기둥과 기둥 사이의 거리(기둥의 중심선 사이의 거리를 말하며, 기둥이 없는 경우에는 내력벽과 내력벽의 중심선 사이의 거리를 말한다. 이하 같다)가 20m 이상인 건축물
3. 특수한 설계·시공·공법 등이 필요한 건축물로서 국토교통부장관이 정하여 고시하는 구조로 된 건축물

31. 실내건축

실내건축이란 건축물의 실내를 안전하고 쾌적하며 효율적으로 사용하기 위하여 내부 공간을 칸막이로 구획하거나 벽지, 천장재, 바닥재, 유리 등 대통령령으로 정하는 재료 또는 장식물을 설치하는 것을 말한다(법 제2조 제1항 제20호).

32. 건축구조

(1) 내화구조

내화구조란 화재에 견딜 수 있는 성능을 가진 구조로서 국토교통부령으로 정하는 기준에 적합한 구조를 말한다(영 제2조 제7호).

(2) 방화구조

방화구조란 화염의 확산을 막을 수 있는 성능을 가진 구조로서 국토교통부령으로 정하는 기준에 적합한 구조를 말한다(영 제2조 제8호).

33. 건축재료

(1) 내수재료

내수재료란 인조석·콘크리트 등 내수성을 가진 재료로서 국토교통부령으로 정하는 재료를 말한다(영 제2조 제6호).

(2) 난연재료

난연재료란 불에 잘 타지 아니하는 성질을 가진 재료로서 국토교통부령으로 정하는 기준에 적합한 재료를 말한다(영 제2조 제9호).

(3) 불연재료

불연재료란 불에 타지 아니하는 성질을 가진 재료로서 국토교통부령으로 정하는 기준에 적합한 재료를 말한다(영 제2조 제10호).

(4) 준불연재료

준불연재료란 불연재료에 준하는 성질을 가진 재료로서 국토교통부령으로 정하는 기준에 적합한 재료를 말한다(영 제2조 제11호).

34. 발코니

발코니란 건축물의 내부와 외부를 연결하는 완충공간으로서 전망이나 휴식 등의 목적으로 건축물 외벽에 접하여 부가적으로 설치되는 공간을 말한다. 이 경우 주택에 설치되는 발코니로서 국토교통부장관이 정하는 기준에 적합한 발코니는 필요에 따라 거실·침실·창고 등의 용도로 사용할 수 있다(영 제2조 제14호).

2 건축물의 용도

1. 건축물의 용도

(1) 건축물의 용도는 다음과 같이 구분하되, 각 용도에 속하는 건축물의 세부 용도는 대통령령으로 정한다(법 제2조 제2항).

1. 단독주택
2. 공동주택
3. 제1종 근린생활시설
4. 제2종 근린생활시설
5. 문화 및 집회시설
6. 종교시설
7. 판매시설
8. 운수시설
9. 의료시설
10. 교육연구시설

11. 노유자(老幼者 : 노인 및 어린이)시설
12. 수련시설
13. 운동시설
14. 업무시설
15. 숙박시설
16. 위락(慰樂)시설
17. 공장
18. 창고시설
19. 위험물 저장 및 처리 시설
20. 자동차 관련 시설
21. 동물 및 식물 관련 시설
22. 자원순환 관련 시설
23. 교정(矯正)시설
24. 국방 · 군사 시설
25. 방송통신시설
26. 발전시설
27. 묘지 관련 시설
28. 관광 휴게시설
29. 그 밖에 대통령령으로 정하는 시설

(2) 건축물의 용도란 건축물의 종류를 유사한 구조 · 이용목적 및 형태별로 묶어 분류한 것을 말하는바, 건축물의 용도와 각 용도에 속하는 건축물은 다음과 같다(영 제3조의5 관련 별표1).

용 도	건축물의 종류
1. 단독주택 [단독주택의 형태를 갖춘 가정어린이집 · 공동생활가정 · 지역아동센터 · 공동육아나눔터 · 작은도서관(해당주택의 1층에 설치한 경우만 해당한다) 및 노인복지시설(노인복지주택 제외) 포함]	① 단독주택 ② 다중주택 : 다음의 요건 모두를 갖춘 주택을 말한다. ㉠ 학생 또는 직장인 등 다수인이 장기간 거주할 수 있는 구조로 되어 있을 것 ㉡ 독립된 주거의 형태를 갖추지 않은 것(각 실별로 욕실을 설치할 수 있으나, 취사시설은 설치하지 않은 것을 말한다) ㉢ 1개 동의 주택으로 쓰이는 바닥면적(부설주차장 면적은 제외한다)의 합계가 660㎡ 이하이고 주택으로 쓰는 층수(지하층은 제외한다)가 3개 층 이하일 것. 다만, 1층의 전부 또는 일부를 필로티 구조로 하여 주차장으로 사용하고 나머지 부분을 주택 (주거목적으로 한정한다)외의 용도로 쓰는 경우에는 해당 층을 주택의 층수에서 제외한다. ㉣ 적정한 주거환경을 조성하기 위하여 건축조례로 정하는 실별 최소면적, 창문의 설치 및 크기 등의 기준에 적합할 것

	③ 다가구주택: 다음의 요건을 모두를 갖춘 주택으로서 공동주택에 해당하지 아니하는 것을 말한다. ㉠ 주택으로 쓰는 층수(지하층 제외)가 3개 층 이하일 것. 다만, 1층의 전부 또는 일부를 필로티 구조로 하여 주차장으로 사용하고 나머지 부분을 주택(주거목적으로 한정한다) 외의 용도로 사용하는 경우에는 해당 층을 주택의 층수에서 제외한다. ㉡ 1개 동의 주택으로 쓰이는 바닥면적(부설주차장 면적 제외)의 합계가 660m² 이하일 것 ㉢ 19세대 이하가 거주할 수 있을 것 ④ 공관(公館)
2. 공동주택 [공동주택의 형태를 갖춘 가정어린이집·공동생활가정·지역아동센터·공동육아나눔터·작은도서관 및 노인복지시설(노인복주택 제외) 및 소형주택 포함]	아파트 및 연립주택은 층수를 산정할 때 1층 전부를 필로티 구조로 하여 주차장으로 사용하는 경우에는 필로티 부분을 층수에서 제외한다. 다세대주택은 1층 전부 또는 일부를 필로티 구조로 하여 주차장으로 사용하고 나머지 부분을 주택(주거목적으로 한정한다) 외의 용도로 사용하는 경우 해당 층을 주택의 층수에서 제외한다. 공동주택의 층수를 산정할 때 지하층을 층수에서 제외한다.
	① 아파트: 주택으로 쓰는 층수가 5개 층 이상인 주택 ② 연립주택: 주택으로 쓰는 1개 동의 바닥면적(2개 이상의 동을 지하주차장으로 연결하는 경우에는 각각의 동으로 본다)의 합계가 660m²를 초과하고, 층수가 4개 층 이하인 주택 ③ 다세대주택: 주택으로 쓰는 1개 동의 바닥면적의 합계가 660m² 이하이고, 층수가 4개 층 이하인 주택(2개 이상의 동을 지하주차장으로 연결하는 경우에는 각각의 동으로 본다) ④ 기숙사: 다음의 어느 하나에 해당하는 건축물로서 공간의 구성과 규모 등에 관하여 국토교통부장관이 정하여 고시하는 기준에 적합한 것. 다만, 구분소유된 개별 실(室)은 제외한다. ㉠ 일반기숙사: 학교 또는 공장 등의 학생 또는 종업원 등을 위하여 사용하는 것으로서 해당 기숙사의 공동취사시설 이용 세대 수가 전체 세대 수(건축물의 일부를 기숙사로 사용하는 경우에는 기숙사로 사용하는 세대 수로 한다. 이하 같다)의 50% 이상인 것(「교육기본법」 제27조 제2항에 따른 학생복지주택을 포함한다) ㉡ 임대형기숙사: 「공공주택 특별법」 제4조에 따른 공공주택사업자 또는 「민간임대주택에 관한 특별법」 제2조 제7호에 따른 임대사업자가 임대사업에 사용하는 것으로서 임대 목적으로 제공하는 실이 20실 이상이고 해당 기숙사의 공동취사시설 이용 세대 수가 전체 세대 수의 50% 이상인 것

3. 제1종 근린생활 시설	① 식품 · 잡화 · 의류 · 완구 · 서적 · 건축자재 · 의약품 · 의료기기 등 일용품을 판매하는 소매점으로서 같은 건축물(하나의 대지에 두 동 이상의 건축물이 있는 경우에는 이를 같은 건축물로 본다)에 해당 용도로 쓰는 바닥면적의 합계가 1천m^2 미만인 것 ② 휴게음식점, 제과점 등 음료 · 차 · 음식 · 빵 · 떡 · 과자 등을 조리하거나 제조하여 판매하는 시설로서 같은 건축물에 해당 용도로 쓰는 바닥면적의 합계가 300m^2 미만인 것 ③ 이용원, 미용원, 목욕장, 세탁소 등 사람의 위생관리나 의류 등을 세탁 · 수선하는 시설(세탁소의 경우 공장에 부설되는 것과 「대기환경보전법」, 「물환경보전법」 또는 「소음 · 진동관리법」에 따른 배출시설의 설치 허가 또는 신고의 대상인 것은 제외한다) ④ 의원, 치과의원, 한의원, 침술원, 접골원, 조산원, 안마원, 산후조리원 등 주민의 진료 · 치료 등을 위한 시설 ⑤ 탁구장, 체육도장으로서 같은 건축물에 해당 용도로 쓰는 바닥면적의 합계가 500m^2 미만인 것 ⑥ 지역자치센터, 파출소, 지구대, 소방서, 우체국, 방송국, 보건소, 공공도서관, 건강보험공단 사무소 등 주민의 편의를 위하여 공공업무를 수행하는 시설로서 같은 건축물에 해당 용도로 쓰는 바닥면적의 합계가 1천m^2 미만인 것 ⑦ 마을회관, 마을공동작업소, 마을공동구판장, 공중화장실, 대피소, 지역아동센터(단독주택과 공동주택에 해당하는 것은 제외한다) 등 주민이 공동으로 이용하는 시설 ⑧ 변전소, 도시가스배관시설, 통신용 시설(해당 용도로 쓰는 바닥면적의 합계가 1천m^2 미만인 것에 한정한다), 정수장, 양수장 등 주민의 생활에 필요한 에너지공급 · 통신서비스제공이나 급수 · 배수와 관련된 시설 ⑨ 금융업소, 사무소, 부동산중개사무소, 결혼상담소 등 소개업소, 출판사 등 일반업무시설로서 같은 건축물에 해당 용도로 쓰는 바닥면적의 합계가 30m^2 미만인 것 ⑩ 전기자동차 충전소(해당 용도로 쓰는 바닥면적의 합계가 1천m^2 미만인 것으로 한정한다) ⑪ 동물병원, 동물미용실 및 「동물보호법」 제73조 제1항 제2호에 따른 동물위탁관리업을 위한 시설로서 같은 건축물에 해당 용도로 쓰는 바닥면적의 합계가 300m^2 미만인 것
4. 제2종 근린생활 시설	① 공연장(극장, 영화관, 연예장, 음악당, 서커스장, 비디오물감상실, 비디오물소극장, 그 밖에 이와 비슷한 것을 말한다)으로서 같은 건축물에 해당 용도로 쓰는 바닥면적의 합계가 500m^2 미만인 것

4. 제2종 근린생활시설	② 종교집회장[교회, 성당, 사찰, 기도원, 수도원, 수녀원, 제실(祭室), 사당, 그 밖에 이와 비슷한 것을 말한다]으로서 같은 건축물에 해당 용도로 쓰는 바닥면적의 합계가 $500m^2$ 미만인 것 ③ 자동차영업소로서 같은 건축물에 해당 용도로 쓰는 바닥면적의 합계가 1천m^2 미만인 것 ④ 서점(제1종 근린생활시설에 해당하지 않는 것) ⑤ 총포판매소 ⑥ 사진관, 표구점 ⑦ 청소년게임제공업소, 복합유통게임제공업소, 인터넷컴퓨터게임시설제공업소, 가상현실체험 제공업소, 그 밖에 이와 비슷한 게임 및 체험 관련 시설로서 같은 건축물에 해당 용도로 쓰는 바닥면적의 합계가 $500m^2$ 미만인 것 ⑧ 휴게음식점, 제과점 등 음료·차(茶)·음식·빵·떡·과자 등을 조리하거나 제조하여 판매하는 시설로서 같은 건축물에 해당 용도로 쓰는 바닥면적의 합계가 $300m^2$ 이상인 것 ⑨ 일반음식점 ⑩ 장의사, 동물병원, 동물미용실, 동물위탁관리업을 위한 시설, 그 밖에 이와 유사한 것(제1종 근린생활시설은 제외한다) ⑪ 학원(자동차학원·무도학원 및 정보통신기술을 활용하여 원격으로 교습하는 것은 제외한다), 교습소(자동차교습·무도교습 및 정보통신기술을 활용하여 원격으로 교습하는 것은 제외한다), 직업훈련소(운전·정비 관련 직업훈련소는 제외한다)로서 같은 건축물에 해당 용도로 쓰는 바닥면적의 합계가 $500m^2$ 미만인 것 ⑫ 독서실, 기원 ⑬ 테니스장, 체력단련장, 에어로빅장, 볼링장, 당구장, 실내낚시터, 골프연습장, 놀이형시설(「관광진흥법」에 따른 기타유원시설업의 시설을 말한다) 등 주민의 체육 활동을 위한 시설로서 같은 건축물에 해당 용도로 쓰는 바닥면적의 합계가 $500m^2$ 미만인 것 ⑭ 금융업소, 사무소, 부동산중개사무소, 결혼상담소 등 소개업소, 출판사 등 일반업무시설로서 같은 건축물에 해당 용도로 쓰는 바닥면적의 합계가 $500m^2$ 미만인 것 ⑮ 다중생활시설(「다중이용업소의 안전관리에 관한 특별법」에 따른 다중이용업 중 고시원업의 시설로서 국토교통부장관이 고시하는 기준과 그 기준에 위배되지 않는 범위에서 적정한 주거환경을 조성하기 위하여 건축조례로 정하는 실별 최소면적, 창문의 설치 및 크기 등의 기준에 적합한 것을 말한다)로서 같은 건축물에 해당 용도로 쓰는 바닥면적의 합계가 $500m^2$ 미만인 것

4. 제2종 근린생활 시설	⑯ 제조업소, 수리점 등 물품의 제조·가공·수리 등을 위한 시설로서 같은 건축물에 해당 용도로 쓰는 바닥면적의 합계가 500m^2 미만이고, 다음 요건 중 어느 하나에 해당하는 것 ㉠ 「대기환경보전법」, 「물환경보전법」 또는 「소음·진동관리법」에 따른 배출시설의 설치 허가 또는 신고의 대상이 아닌 것 ㉡ 「물환경보전법」 제33조 제1항 본문에 따라 폐수배출시설의 설치 허가를 받거나 신고해야 하는 시설로서 발생되는 폐수를 전량 위탁처리하는 것 ⑰ 단란주점으로서 같은 건축물에 해당 용도로 쓰는 바닥면적의 합계가 150m^2 미만인 것 ⑱ 안마시술소, 노래연습장 ⑲ 「물류시설의 개발 및 운영에 관한 법률」 제2조 제5호의2에 따른 주문배송시설로서 같은 건축물에 해당 용도로 쓰는 바닥면적의 합계가 500제곱미터 미만인 것(같은 법 제21조의2 제1항에 따라 물류창고업 등록을 해야 하는 시설을 말한다)
5. 문화 및 집회시설	① 공연장으로서 제2종 근린생활시설에 해당하지 아니하는 것 ② 집회장[예식장, 공회당, 회의장, 마권 장외발매소, 마권 전화투표소 그 밖에 이와 비슷한 것을 말한다]으로서 제2종 근린생활시설에 해당하지 아니하는 것 ③ 관람장(경마장, 경륜장, 경정장, 자동차 경기장 그 밖에 이와 비슷한 것과 체육관 및 운동장으로서 관람석의 바닥면적의 합계가 1천m^2 이상인 것을 말한다) ④ 전시장(박물관, 미술관, 과학관, 문화관, 체험관, 기념관, 산업전시장, 박람회장 그 밖에 이와 비슷한 것을 말한다) ⑤ 동·식물원(동물원, 식물원, 수족관 그 밖에 이와 비슷한 것을 말한다)
6. 종교시설	① 종교집회장으로서 제2종 근린생활시설에 해당하지 아니하는 것 ② 종교집회장(제2종 근린생활시설에 해당하지 아니하는 것을 말한다)에 설치하는 봉안당
7. 판매시설	① 도매시장(「농수산물유통 및 가격안정에 관한 법률」에 따른 농수산물도매시장, 농수산물공판장 그 밖에 이와 비슷한 것을 말하며, 그 안에 있는 근린생활시설을 포함한다) ② 소매시장(「유통산업발전법」에 따른 대규모 점포 그 밖에 이와 비슷한 것을 말하며, 그 안에 있는 근린생활시설을 포함한다) ③ 상점(그 안에 있는 근린생활시설을 포함한다)으로서 다음의 요건 중 어느 하나에 해당하는 것 ㉠ 3.의 ①에 해당하는 용도(서점은 제외한다)로서 제1종근린생활시설에 해당하지 아니하는 것 ㉡ 「게임산업진흥에 관한 법률」에 따른 청소년게임제공업의 시설, 일반게임제공업의 시설 및 인터넷컴퓨터게임시설제공업의 시설 및 복합유통게임제공업의 시설로서 제2종 근린생활시설에 해당하지 아니하는 것

8. 운수시설	① 여객자동차터미널 ② 철도시설 ③ 공항시설 ④ 항만시설 ⑤ 그 밖에 이에 따른 시설과 비슷한 시설
9. 의료시설	① 병원(종합병원, 병원, 치과병원, 한방병원, 정신병원 및 요양병원을 말한다) ② 격리병원(전염병원, 마약진료소 그 밖에 이와 비슷한 것을 말한다)
10. 교육연구시설(제2종 근린생활시설에 해당하는 것 제외)	① 학교(유치원, 초등학교, 중학교, 고등학교, 전문대학, 대학, 대학교 그 밖에 이에 준하는 각종 학교를 말한다) ② 교육원(연수원 그 밖에 이와 비슷한 것을 포함한다) ③ 직업훈련소(운전 및 정비 관련 직업훈련소를 제외한다) ④ 학원(자동차학원 및 무도학원 및 정보통신기술을 활용하여 원격으로 교습하는 것은 제외한다), 교습소(자동차교습 · 무도교습 및 정보통신기술을 활용하여 원격으로 교습하는 것은 제외한다) ⑤ 연구소(연구소에 준하는 시험소와 계측계량소를 포함한다) ⑥ 도서관
11. 노유자시설	① 아동 관련 시설(어린이집, 아동복지시설, 그 밖에 이와 비슷한 것으로서 단독주택, 공동주택 및 제1종 근린생활시설에 해당하지 아니하는 것을 말한다) ② 노인복지시설(단독주택과 공동주택에 해당하지 아니하는 것을 말한다) ③ 그 밖에 다른 용도로 분류되지 아니한 사회복지시설 및 근로복지시설
12. 수련시설	① 생활권 수련시설(「청소년활동진흥법」에 따른 청소년수련관, 청소년문화의 집, 청소년특화시설 그 밖에 이와 비슷한 것을 말한다) ② 자연권 수련시설(「청소년활동진흥법」에 따른 청소년수련원, 청소년야영장 그 밖에 이와 비슷한 것을 말한다) ③ 「청소년활동진흥법」에 따른 유스호스텔 ④ 「관광진흥법」에 따른 야영장 시설로서 건축법 시행령 별표1의 제29호 야영장시설에 해당하지 아니하는 시설
13. 운동시설	① 탁구장, 체육도장, 테니스장, 체력단련장, 에어로빅장, 볼링장, 당구장, 실내낚시터, 골프연습장, 놀이형시설 그 밖에 이와 비슷한 것으로서 제1종 근린생활시설 및 제2종 근린생활시설에 해당하지 아니하는 것

13. 운동시설	② 체육관으로서 관람석이 없거나 관람석의 바닥면적이 1천m^2 미만인 것 ③ 운동장(육상장, 구기장, 볼링장, 수영장, 스케이트장, 롤러스케이트장, 승마장, 사격장, 궁도장, 골프장 등과 이에 딸린 건축물을 말한다)으로서 관람석이 없거나 관람석의 바닥면적이 1천m^2 미만인 것)
14. 업무시설	① 공공업무시설: 국가 또는 지방자치단체의 청사와 외국공관의 건축물로서 제1종 근린생활시설에 해당하지 아니하는 것 ② 일반업무시설: 다음 요건을 갖춘 업무시설을 말한다. ㉠ 금융업소, 사무소, 결혼상담소 등 소개업소, 출판사, 신문사, 그 밖에 이와 비슷한 것으로서 제2종 근린생활시설에 해당하지 않는 것 ㉡ 오피스텔(업무를 주로 하며, 분양하거나 임대하는 구획 중 일부구획에서 숙식을 할 수 있도록 한 건축물로서 국토교통부장관이 고시하는 기준에 적합한 것을 말한다)
15. 숙박시설	① 일반숙박시설 및 생활숙박시설(「공중위생관리법」 제3조 제1항에 따라 숙박업 신고를 해야 하는 시설로서 국토교통부장관이 정하여 고시하는 요건을 갖춘시설을 말한다) ② 관광숙박시설(관광호텔, 수상관광호텔, 한국전통호텔, 가족호텔, 호스텔, 소형호텔, 의료관광호텔 및 휴양 콘도미니엄) ③ 다중생활시설(제2종 근린생활시설에 해당하지 아니하는 것을 말한다) ④ 그 밖에 위의 시설과 비슷한 것
16. 위락시설	① 단란주점으로서 제2종 근린생활시설에 해당하지 아니하는 것 ② 유흥주점이나 그 밖에 이와 비슷한 것 ③ 「관광진흥법」에 따른 유원시설업의 시설 그 밖에 이와 비슷한 시설(제2종 근린생활시설과 운동시설에 해당하는 것은 제외한다) ④ 무도장, 무도학원 ⑤ 카지노 영업소
17. 공장	물품의 제조·가공[염색·도장(塗裝)·표백·재봉·건조·인쇄 등을 포함한다] 또는 수리에 계속적으로 이용되는 건축물로서 제1종 근린생활시설, 제2종 근린생활시설, 위험물저장 및 처리시설, 자동차 관련 시설, 자원순환 관련 시설 등으로 따로 분류되지 아니한 것
18. 창고시설	제2종 근린생활시설에 해당하는 것과 위험물저장 및 처리시설 또는 그 부속용도에 해당하는 것은 제외한다. ① 창고(물품저장시설로서 「물류정책기본법」에 따른 일반창고와 냉장 및 냉동창고를 포함한다)

18. 창고시설	② 하역장 ③ 「물류시설의 개발 및 운영에 관한 법률」에 따른 물류터미널 ④ 집배송시설
19. 위험물 저장 및 처리시설	「위험물안전관리법」, 「석유 및 석유대체연료 사업법」, 「도시가스사업법」, 「고압가스 안전관리법」, 「액화석유가스의 안전관리 및 사업법」, 「총포·도검·화약류 등 단속법」, 「화학물질 관리법」 등에 따라 설치 또는 영업의 허가를 받아야 하는 건축물로서 다음의 어느 하나에 해당하는 것. 다만, 자가난방, 자가발전 그 밖에 비슷한 목적으로 쓰는 저장시설은 제외한다. ① 주유소(기계식 세차설비를 포함한다) 및 석유 판매소 ② 액화석유가스 충전소·판매소·저장소(기계식 세차설비를 포함한다) ③ 위험물 제조소·저장소·취급소 ④ 액화가스 취급소·판매소 ⑤ 유독물 보관·저장·판매시설 ⑥ 고압가스 충전소·판매소·저장소 ⑦ 도료류 판매소 ⑧ 도시가스 제조시설 ⑨ 화약류 저장소 ⑩ 그 밖에 위의 시설과 비슷한 것
20. 자동차 관련 시설 (건설기계 관련 시설 포함)	① 주차장 ② 세차장 ③ 폐차장 ④ 검사장 ⑤ 매매장 ⑥ 정비공장 ⑦ 운전학원 및 정비학원(운전 및 정비 관련 직업훈련시설을 포함한다) ⑧ 「여객자동차 운수사업법」, 「화물자동차 운수사업법」 및 「건설기계관리법」에 따른 차고 및 주기장(駐機場) ⑨ 전기자동차 충전소로서 제1종 근린생활시설에 해당하지 않는 것
21. 동물 및 식물 관련시설	① 축사(양잠·양봉·양어·양돈·양계·곤충사육시설 및 부화장 등을 포함한다) ② 가축시설[가축용 운동시설, 인공수정센터, 관리사(管理舍), 가축용 창고, 가축시장, 동물검역소, 실험동물 사육시설 그 밖에 이와 비슷한 것을 말한다] ③ 도축장 ④ 도계장 ⑤ 작물재배사

21. 동물 및 식물 관련시설	⑥ 종묘배양시설 ⑦ 화초 및 분재 등의 온실 ⑧ 동물 또는 식물과 관련된 ①부터 ⑦까지의 시설과 비슷한 것 (동·식물원은 제외한다)
22. 자원순환 관련시설	① 하수 등 처리시설 ② 고물상 ③ 폐기물재활용시설 ④ 폐기물 처분시설 ⑤ 폐기물감량화시설
23. 교정시설	제1종 근린생활시설에 해당하는 것은 제외한다. ① 교정시설(보호감호소, 구치소 및 교도소를 말한다) ② 갱생보호시설, 그 밖에 범죄자의 갱생·보육·교육·보건 등의 용도로 쓰는 시설 ③ 소년원 및 소년분류심사원
24. 국방·군사시설	제1종 근린생활시설에 해당하는 것은 제외한다. 「국방·군사시설 사업에 관한 법률」에 따른 국방·군사 시설
25. 방송통신시설	제1종 근린생활시설에 해당하는 것은 제외한다. ① 방송국(방송프로그램 제작시설 및 송신·수신·중계시설을 포함한다) ② 전신전화국 ③ 촬영소 ④ 통신용 시설 ⑤ 데이터센터 ⑥ 그 밖에 위의 시설과 비슷한 것
26. 발전시설	발전소(집단에너지 공급시설을 포함한다)로 사용되는 건축물로서 제1종 근린생활시설에 해당하지 아니하는 것
27. 묘지 관련 시설	① 화장시설 ② 봉안당(종교시설에 해당하는 것은 제외한다) ③ 묘지와 자연장지에 부수되는 건축물 ④ 동물화장시설, 동물건조장시설 및 동물 전용의 납골시설
28. 관광휴게시설	① 야외음악당 ② 야외극장 ③ 어린이회관 ④ 관망탑 ⑤ 휴게소 ⑥ 공원·유원지 또는 관광지에 부수되는 시설

29. 장례시설	① 장례식장[의료시설의 부수시설(「의료법」 제36조 제1호에 따른 의료기관의 종류에 따른 시설을 말한다)에 해당하는 것은 제외한다] ② 동물전용의 장례식장
30. 야영장 시설	「관광진흥법」에 따른 야영장 시설로서 관리동, 화장실, 샤워실, 대피소, 취사시설 등의 용도로 쓰는 바닥면적의 합계가 300m² 미만인 것

2. 건축물의 용도변경

건축물의 용도변경은 변경하려는 용도의 건축기준에 맞게 하여야 한다(법 제19조 제1항).

3. 용도변경의 시설군(施設群)과 건축물의 용도

용도변경의 시설군	건축물의 용도
① 자동차 관련 시설군	자동차 관련 시설
② 산업 등 시설군	운수시설, 창고시설, 공장, 위험물저장 및 처리시설, 자원순환관련시설, 묘지 관련 시설, 장례시설
③ 전기통신시설군	방송통신시설, 발전시설
④ 문화집회시설군	문화 및 집회시설, 종교시설, 관광휴게시설, 위락시설
⑤ 영업시설군	운동시설, 판매시설, 숙박시설, 다중생활시설(제2종 근린생활시설)
⑥ 교육 및 복지시설군	교육연구시설, 노유자시설, 수련시설, 의료시설, 야영장시설
⑦ 근린생활시설군	제1종 근린생활시설, 제2종 근린생활시설(다중생활시설 제외)
⑧ 주거업무시설군	단독주택, 공동주택, 업무시설, 교정시설, 국방・군사시설
⑨ 그 밖의 시설군	동물 및 식물 관련 시설

4. 용도변경에 대한 허가 또는 신고

(1) 허가대상 및 신고대상

사용승인을 받은 건축물의 용도를 변경하고자 하는 자는 다음의 구분에 따라 국토교통부령으로 정하는 바에 따라 특별자치시장・특별자치도지사 또는 시장・군수・구청장에게 허가를 받거나 신고를 하여야 한다(법 제19조 제2항).

> ① 허가대상: 3.의 표에서 어느 하나에 해당하는 시설군에 속하는 용도를 상위군에 해당하는 용도로 변경하는 경우(각 시설군의 번호가 작은 시설군으로서의 변경)
> ② 신고대상: 3.의 표에서 어느 하나에 해당하는 시설군에 속하는 건축물의 용도를 하위군에 해당하는 용도로 변경하는 경우(각 시설군의 번호가 큰 시설군으로의 변경)

(2) 건축물대장의 기재내용 변경신청

같은 시설군 안에서 건축물의 용도를 변경하려는 자는 국토교통부령으로 정하는 바에 따라 특별자치시장·특별자치도지사 또는 시장·군수·구청장에게 건축물대장 기재내용의 변경을 신청하여야 한다(법 제19조 제3항).

(3) 용도변경의 허가·신고·건축물대장의 기재내용 변경신청대상 제외

1) 다음의 어느 하나에 해당되는 경우는 건축물대장의 기재내용 변경신청을 하지 아니한다(법 제19조 제3항 단서, 영 제14조 제4항 본문).

> 1. 같은 시설에 속하는 건축물 상호 간의 용도변경
> 2. 「국토의 계획 및 이용에 관한 법률」이나 그 밖의 관계 법령에서 정하는 용도제한에 적합한 범위에서 제1종 근린생활시설과 제2종 근린생활시설 상호 간의 용도변경

2) 다음에 어느 하나에 해당하는 용도로 변경하는 경우는 1)의 대상에서 제외한다(영 제14조 제4항 단서).

> 앞의 1.의 건축물의 용도 표에서
> 3. 제1종근린생활시설 중 ③ 목욕장, ④ 의원 등
> 4. 제2종 근린생활시설 중 ① 공연장 등 ⑦ 청소년게임제공업소 등 ⑪ 학원 등 ⑬ 골프연습장, 놀이형 시설 ⑰ 단란주점 ⑱ 안마시술소, 노래연습장 ⑲ 주문배송시설
> 7. 판매시설 중 ③의 ㉡의 청소년 게임제공업의 시설 등
> 15. 숙박시설 중 생활숙박시설
> 16. 위락시설 중 ① 단란주점 ② 유흥주점

PART 05

5. 용도변경시 사용승인 및 설계규정의 준용

(1) 사용승인에 관한 규정의 준용

허가나 신고대상인 경우로서 용도변경하려는 부분의 바닥면적의 합계가 100m^2 이상인 경우의 사용승인에 관하여는 「건축법」 제22조(건축물의 사용승인)의 규정을 준용한다(법 제19조 제5항).

(2) 건축사에 의한 설계 규정의 준용

허가대상인 경우로서 용도변경하려는 부분의 바닥면적의 합계가 500m^2 이상인 용도변경(1층인 축사를 공장으로 용도변경하는 경우로서 증축·개축 또는 대수선이 수반되지 아니하고 구조안전이나 피난 등에 지장이 없는 경우는 제외한다)의 설계에 관하여는 「건축법」 제23조(건축물의 설계)의 규정을 준용한다(법 제19조 제6항, 영 제14조 제7항). 따라서, 용도변경의 설계는 건축사에 의한 설계를 하여야 한다.

6. 기존건축물에 대한 용도변경의 특례

기존의 건축물 또는 대지가 다음의 사유로 인하여 법령 등의 규정에 부적합하게 된 경우에는 해당 지방자치단체의 조례로 정하는 바에 따라 용도변경을 할 수 있다(영 제14조 제6항).

① 법령의 제정·개정
② 도시·군관리계획의 결정·변경 또는 행정구역의 변경이 있는 경우
③ 도시·군계획시설의 설치, 도시개발사업의 시행 또는 「도로법」에 따른 도로의 설치가 있는 경우
④ 그 밖에 위 ②, ③과 비슷한 경우로서 국토교통부령이 정하는 경우

7. 복수 용도의 인정

(1) 건축주는 건축물의 용도를 복수로 하여 건축허가, 건축신고 및 용도변경 허가·신고 또는 건축물대장 기재내용의 변경 신청을 할 수 있다(법 제19조의2 제1항).

(2) 허가권자는 (1)에 따라 신청한 복수의 용도가 이 법 및 관계 법령에 정한 건축기준과 입지기준 등에 모두 적합한 경우에 한정하여 국토교통부령으로 정하는 바에 따라 복수 용도를 허용할 수 있다(법 제19조의2 제2항).

03 「건축법」의 적용범위

1 적용대상물과 적용대상행위

1. 적용대상물

건축물 · 대지 · 건축설비 · 공작물은 「건축법」의 적용을 받는다.

2. 적용대상행위

건축(신축 · 증축 · 개축 · 재축 · 이전), 대수선, 용도변경하는 행위는 「건축법」을 적용한다.

2 「건축법」의 적용지역

1. 「건축법」의 전면 적용지역

(1) 「국토의 계획 및 이용에 관한 법률」에 따라 지정된 도시지역 및 지구단위계획구역

(2) 동 또는 읍의 지역(동 또는 읍에 속하는 섬은 인구가 500인 이상인 경우에 한함)은 「건축법」이 전면적으로 적용된다.

2. 「건축법」의 일부규정의 적용이 배제 대상

(1) 「건축법」의 일부규정을 적용하지 않는 지역

「국토의 계획 및 이용에 관한 법률」에 따른 도시지역과 지구단위계획구역 외의 지역으로서 동이나 읍(동 또는 읍에 속하는 섬의 경우에는 인구가 500명 이상인 경우만 해당한다)이 아닌 지역에서는 다음에 열거한 규정은 적용하지 아니한다(법 제3조 제2항).

① 대지와 도로의 관계(법 제44조)
② 도로의 지정 · 폐지 또는 변경(법 제45조)
③ 건축선의 지정(법 제46조)
④ 건축선에 의한 건축제한(법 제47조)
⑤ 방화지구 안의 건축물(법 제51조)
⑥ 대지의 분할제한(법 제57조)

(2) 「건축법」의 일부규정을 적용하지 않는 건축물 및 공작물

「국토의 계획 및 이용에 관한 법률」 제47조 제7항에 따른 건축물이나 공작물을 도시 · 군계획시설로 결정된 도로의 예정지에 건축하는 경우에는 다음의 규정을 적용하지 아니한다(법 제3조 제3항).

> ① 도로의 지정 · 폐지 또는 변경(법 제45조)
> ② 건축선의 지정(법 제46조)
> ③ 건축선에 따른 건축제한(법 제47조)

3 「건축법」의 적용을 배제하는 건축물

다음에 해당하는 건축물에는 「건축법」을 적용하지 아니한다(법 제3조 제1항).

> 1. 「문화유산의 보존 및 활용에 관한 법률」에 따른 지정문화유산이나 임시지정문화유산 또는 「자연유산의 보존 및 활용에 관한 법률」에 따라 지정된 천연기념물등이나 임시지정천연기념물, 임시지정명승, 임시지정시 · 도자연유산, 임시자연유산자료
> 2. 철도나 궤도의 선로 부지에 있는 다음의 시설
>   ① 운전보안시설
>   ② 철도 선로의 위나 아래를 가로지르는 보행시설
>   ③ 플랫폼(platform)
>   ④ 해당 철도 또는 궤도사업용 급수 · 급탄 및 급유시설
> 3. 고속도로 통행료 징수시설
> 4. 컨테이너를 이용한 간이창고(「산업집적활성화 및 공장설립에 관한 법률」에 따른 공장의 용도로만 사용되는 건축물의 대지에 설치하는 것으로서 이동이 쉬운 것만 해당한다)
> 5. 「하천법」에 따른 하천구역 내의 수문조작실

4 「건축법」을 완화하여 적용하는 대지 및 건축물

1. 「건축법」의 일부규정 적용의 완화요청

건축관계자, 즉 건축주 · 설계자 · 공사시공자 또는 공사감리자는 업무를 수행할 때 「건축법」을 적용하는 것이 매우 불합리하다고 인정되는 대지와 건축물로서 대통령령으로 정하는 것에 대하여는 「건축법」의 기준을 완화하여 적용할 것을 허가권자에게 요청할 수 있다(법 제5조 제1항, 영 제6조).

2. 「건축법」의 일부규정을 완화할 수 있는 건축물

건축물의 일부규정을 완화할 수 있는 건축물과 주요 완화규정은 다음과 같다(영 제6조 제1항).

<table>
<tr><th>완화대상 건축물</th><th>완화 규정</th></tr>
<tr><td>1. 수면 위에 건축하는 건축물 등 대지의 범위를 설정하기 곤란한 경우</td><td>① 대지의 안전
② 토지굴착부분에 대한 조치 등
③ 대지의 조경
④ 대지와 도로의 관계
⑤ 도로의 지정·변경·폐지
⑥ 건축선의 지정
⑦ 건폐율, 용적률
⑧ 대지의 분할 제한
⑨ 공개공지 등의 확보
⑩ 건축물의 높이제한·일조 등의 확보를 위한 건축물의 높이제한</td></tr>
<tr><td>2. 거실이 없는 통신시설 및 기계·설비시설</td><td>① 대지와 도로의 관계
② 도로의 지정·변경·폐지
③ 건축선의 지정</td></tr>
<tr><td>3. 31층 이상인 건축물(건축물 전부가 공동주택의 용도로 쓰이는 경우는 제외한다)</td><td rowspan="2">① 공개공지확보
② 건축물의 피난시설 등의 용도제한, 피난시설 등의 유지·관리에 관한 기술지원, 고층 건축물의 피난 및 안전관리
③ 내화구조와 방화벽
④ 방화지구 안의 건축물
⑤ 건축물의 마감재료
⑥ 건축설비기준, 승강기기준
⑦ 관계 전문기술자
⑧ 기술적 기준</td></tr>
<tr><td>4. 특수용도의 건축물(발전소, 제철소, 산업통상자원부령으로 정하는 업종의 제조시설, 운동시설 등)</td></tr>
<tr><td>5. 전통사찰, 전통한옥 등 전통문화의 보존을 위하여 시·도의 건축조례로 정하는 지역의 건축물</td><td>① 도로의 기준
② 대지와 도로의 관계
③ 건축선의 지정</td></tr>
<tr><td>6. 경사진 대지에 계단식으로 건축하는 공동주택으로서 지면에서 직접 각 세대가 있는 층으로의 출입이 가능하고 위층 세대가 아래층 세대의 지붕을 정원 등으로 활용하는 것이 가능한 형태의 건축물</td><td rowspan="2">건축물의 건폐율</td></tr>
<tr><td>7. 초고층 건축물</td></tr>
</table>

8. 리모델링 활성화 구역 안의 건축물 또는 사용승인을 받은 후 15년 이상 경과되어 리모델링이 필요한 건축물등인 경우	① 대지 안의 조경 ② 공개공지 등의 확보 ③ 건축선의 지정, 건폐율, 용적률 ④ 대지 안의 공지 ⑤ 건축물의 높이제한 ⑥ 일조 등의 확보를 위한 건축물의 높이제한
9. 기존건축물에 「장애인·노인·임산부 등의 편의증진 보장에 관한 법률」 제8조에 따른 편의시설을 설치하면 건폐율 또는 용적률에 따른 기준에 적합하지 아니하게 되는 경우	① 건폐율 ② 용적률
10. 도시지역 및 지구단위계획구역 외의 지역 중 동이나 읍에 해당하는 지역에 건축하는 건축물로서 건축조례로 정하는 건축물인 경우	① 도로의 기준 ② 대지와 도로의 관계
11. 「국토의 계획 및 이용에 관한 법률」에 따라 지정된 방재지구 또는 「급경사지 재해예방에 관한 법률」에 따라 지정된 붕괴위험지역의 대지에 건축하는 건축물로서 재해예방을 위한 조치가 필요한 경우	① 건폐율 ② 용적률 ③ 건축물의 높이제한 ④ 일조 등의 확보를 위한 건축물의 높이제한 (완화규정은 100분의 140 이하의 범위에서 건축조례로 정하는 비율을 적용한다)
12. 조화롭고 창의적인 건축을 통하여 아름다운 도시경관을 창출한다고 허가권자가 인정하는 건축물과 「주택법 시행령」에 따른 도시형 생활주택(아파트는 제외한다)인 경우	① 건축물의 높이제한 ② 일조 등의 확보를 위한 건축물의 높이제한
13. 「공공주택 특별법」에 따른 공공주택인 경우	공동주택 일조확보를 위한 건축물의 높이제한
14. 다음의 어느 하나에 해당하는 공동주택에 「주택건설 기준 등에 관한 규정」에 따른 주민공동시설(주택소유자가 공유하는 시설로서 영리를 목적으로 하지 아니하고 주택의 부속용도로 사용하는 시설만 해당)을 설치하는 경우 (1) 「주택법」에 따라 사업계획승인을 받아 건축하는 공동주택 (2) 상업지역 또는 준주거지역에서 건축허가를 받아 건축하는 200세대 이상 300세대 미만인 공동주택	용적률

(3) 건축허가를 받아 건축하는 「주택법 시행령」에 따른 도시형 생활주택	
15. 건축협정구역 안에서 건축협정을 체결하여 건축물의 건축·대수선 또는 리모델링을 하려는 경우	① 건폐율 ② 용적률
16. 기존 주택단지에 「아동복지법」 제44조의2에 따른 다함께돌봄센터를 설치하는 경우	용적률

3. 완화절차

(1) 건축위원회 심의

완화요청을 받는 허가권자는 건축위원회의 심의를 거쳐 완화여부 및 적용범위를 결정하고 그 결과를 신청인에게 알려야 한다(법 제5조 제2항).

(2) 조례로의 위임

완화요청 및 결정의 절차 그 밖에 필요한 사항은 해당 지방자치단체의 조례로 정한다(법 제5조 제3항).

5 기존의 건축물 등에 관한 특례

허가권자는 법령의 제정·개정이나 그 밖에 대통령령으로 정하는 사유로 대지나 건축물이 「건축법」에 맞지 아니하게 된 경우에는 대통령령으로 정하는 범위에서 해당 지방자치단체의 조례로 정하는 바에 따라 건축을 허가할 수 있다(법 제6조).

6 리모델링에 대비한 특례

리모델링이 쉬운 구조의 공동주택의 건축을 촉진하기 위하여 공동주택을 대통령령으로 정하는 구조로 하여 건축허가를 신청하면 용적률·가로구역별 건축물의 높이제한 및 일조 등의 확보를 위한 건축물의 높이제한에 따른 기준을 100분의 120의 범위에서 대통령령으로 정하는 비율로 완화하여 적용할 수 있다(법 제8조).

7 다른 법령의 일부규정 적용배제

1. 「민법」 제244조 제1항의 적용배제

건축물의 건축 등을 위하여 지하를 굴착하는 경우에는 「민법」 제244조 제1항의 규정을 적용하지 아니한다. 다만, 지하를 굴착하는 경우에는 필요한 안전조치를 하여 위해를 방지하여야 한다(법 제9조 제1항).

> 「민법」 제244조 제1항
> 우물을 파거나 용수, 하수 또는 오물 등을 저치할 지하시설을 하는 때에는 경계로부터 2m 이상의 거리를 두어야 하며 저수지, 구거 또는 지하실공사에는 경계로부터 그 깊이의 반 이상의 거리를 두어야 한다.

2. 「하수도법」 제38조의 적용배제

건축물에 딸린 개인하수처리시설에 관한 설계의 경우에는 「하수도법」 제38조를 적용하지 아니한다(법 제9조 제2항).

> 「하수도법」 제38조
> 개인하수처리시설을 설치 또는 변경하고자 하는 자는 제51조에 따른 처리시설설계・시공업자로 하여금 설계・시공하도록 하여야 한다.

04 건축위원회

1 건축위원회 설치

1. 건축위원회 설치 및 심의사항

국토교통부장관과 시・도지사 및 시장・군수・구청장은 다음의 사항 등을 조사・심의・조정 또는 재정(이하 '심의 등'이라 한다)하기 위하여 각각 건축위원회를 두어야 한다(법 제4조 제1항).

① 「건축법」과 조례의 제정 · 개정 및 시행에 관한 중요사항
② 건축물의 건축 등과 관련된 분쟁의 조정 또는 재정에 관한 사항. 다만, 시 · 도지사 및 시장 · 군수 · 구청장이 두는 건축위원회는 제외한다.
③ 건축물의 건축 등과 관련된 민원에 관한 사항. 다만, 국토교통부장관이 두는 건축위원회는 제외한다.
④ 건축물의 건축 또는 대수선에 관한 사항
⑤ 다른 법령에서 건축위원회의 심의를 받도록 규정한 사항

2. 건축위원회의 조직 · 운영 등에 관한 사항의 위임

건축위원회의 조직 · 운영, 그 밖에 필요한 사항은 대통령령으로 정하는 바에 따라 국토교통부령이나 해당 지방자치단체의 조례(자치구의 경우에는 특별시나 광역시의 조례를 말한다)로 정한다(법 제4조 제5항).

3. 건축위원회의 건축심의 등

(1) 대통령령으로 정하는 건축물을 건축하거나 대수선하려는 자는 국토교통부령으로 정하는 바에 따라 시 · 도지사 또는 시장 · 군수 · 구청장에게 건축위원회의 심의를 신청하여야 한다(법 제4조의2 제1항).

(2) (1)에 따라 심의 신청을 받은 시 · 도지사 또는 시장 · 군수 · 구청장은 대통령령으로 정하는 바에 따라 건축위원회에 심의 안건을 상정하고, 심의 결과를 국토교통부령으로 정하는 바에 따라 심의를 신청한 자에게 통보하여야 한다(법 제4조의2 제2항).

(3) (2)에 따른 건축위원회의 심의 결과에 이의가 있는 자는 심의 결과를 통보받은 날부터 1개월 이내에 시 · 도지사 또는 시장 · 군수 · 구청장에게 건축위원회의 재심의를 신청할 수 있다(법 제4조의2 제3항).

(4) (3)에 따른 재심의 신청을 받은 시 · 도지사 또는 시장 · 군수 · 구청장은 그 신청을 받은 날부터 15일 이내에 대통령령으로 정하는 바에 따라 건축위원회에 재심의 안건을 상정하고, 재심의 결과를 국토교통부령으로 정하는 바에 따라 재심의를 신청한 자에게 통보하여야 한다(법 제4조의2 제4항).

4. 건축위원회 회의록의 공개

시 · 도지사 또는 시장 · 군수 · 구청장은 앞의 3.의 (1)에 따른 심의 또는 (3)에 따른 재심의를 신청한 자가 요청하는 경우에는 대통령령으로 정하는 바에 따라 건축위원회 심의의 일시 · 장소 · 안건 · 내용 · 결과 등이 기록된 회의록을 공개하여야 한다. 다만, 심의의 공정성을 침해할 우려가 있다고 인정되는 이름, 주민등록번호 등 대통령령으로 정하는 개인 식별 정보에 관한 부분의 경우에는 그러하지 아니하다(법 제4조의3).

2 중앙건축위원회

1. 중앙건축위원회의 심의 등의 사항

국토교통부에 두는 중앙건축위원회는 다음의 사항을 조사 · 심의 · 조정 또는 재정(이하 "심의 등"이라 한다)한다(영 제5조 제1항).

① 표준설계도서의 인정에 관한 사항
② 건축물의 건축 · 대수선 · 용도변경, 건축설비의 설치 또는 공작물의 축조(이하 "건축물의 건축 등"이라 한다)와 관련된 분쟁의 조정 또는 재정에 관한 사항
③ 「건축법」과 「건축법 시행령」의 시행에 관한 중요사항
④ 다른 법령에서 중앙건축위원회의 심의를 받도록 한 경우 해당 법령에서 규정한 심의사항
⑤ 그 밖에 국토교통부장관이 중앙건축위원회의 심의가 필요하다고 인정하여 회의에 부치는 사항

2. 중앙건축위원회의 구성 및 운영

(1) 중앙건축위원회는 위원장 및 부위원장 각 1명을 포함하여 70명 이내의 위원으로 구성한다(영 제5조 제3항).

(2) 중앙건축위원회의 위원은 관계 공무원과 건축에 관한 학식 또는 경험이 풍부한 사람 중에서 국토교통부장관이 임명하거나 위촉한다(영 제5조 제4항).

(3) 중앙건축위원회의 위원장과 부위원장은 임명 또는 위촉된 위원 중에서 국토교통부장관이 임명하거나 위촉한다(영 제5조 제5항).

(4) 공무원이 아닌 위원의 임기는 2년으로 하며, 한 차례만 연임할 수 있다(영 제5조 제6항).

3 지방건축위원회

1. 지방건축위원회 심의사항

특별시 · 광역시 · 특별자치시 · 도 · 특별자치도(이하 "시 · 도"라 한다) 및 시 · 군 · 구(자치구를 말한다)에 두는 지방건축위원회는 다음의 사항을 심의한다(영 제5조의5 제1항).

1. 건축선의 지정에 관한 사항
2. 법 또는 이 영에 따른 조례(해당 지방자치단체의 장이 발의하는 조례만 해당한다)의 제정 · 개정 및 시행에 관한 중요 사항
3. 다중이용 건축물 및 특수구조 건축물의 구조안전에 관한 사항
4. 다른 법령에서 지방건축위원회의 심의를 받도록 한 경우 해당 법령에서 규정한 심의사항
5. 특별시장 · 광역시장 · 특별자치시장 · 도지사 또는 특별자치도지사(이하 "시 · 도지사"라 한다) 및 시장 · 군수 · 구청장이 도시 및 건축 환경의 체계적인 관리를 위하여 필요하다고 인정하여 지정 · 공고한 지역에서 건축조례로 정하는 건축물의 건축 등에 관한 것으로서 시 · 도지사 및 시장 · 군수 · 구청장이 지방건축위원회의 심의가 필요하다고 인정한 사항. 이 경우 심의 사항은 시 · 도지사 및 시장 · 군수 · 구청장이 건축 계획, 구조 및 설비 등에 대해 심의 기준을 정하여 공고한 사항으로 한정한다.

2. 지방건축위원회의 구성

(1) 위원의 수

지방건축위원회는 위원장 및 부위원장 각 1명을 포함하여 25명 이상 150명 이하의 위원으로 성별을 고려하여 구성한다(영 제5조의5 제3항).

(2) 위원의 임명 및 위촉

지방건축위원회의 위원은 다음의 어느 하나에 해당하는 사람 중에서 시 · 도지사 및 시장 · 군수 · 구청장이 임명하거나 위촉한다(영 제5조의5 제4항).

① 도시계획 및 건축 관계 공무원
② 도시계획 및 건축 등에서 학식과 경험이 풍부한 사람

(3) 위원장 및 부위원장

지방건축위원회의 위원장과 부위원장은 임명 또는 위촉된 위원 중에서 시 · 도지사 및 시장 · 군수 · 구청장이 임명하거나 위촉한다(영 제5조의5 제5항).

4 전문위원회

1. 전문위원회의 분류 등

(1) 전문위원회 설치 및 운영

국토교통부장관, 시ㆍ도지사 및 시장ㆍ군수ㆍ구청장은 건축위원회의 심의 등을 효율적으로 수행하기 위하여 필요하면 자신이 설치하는 건축위원회에 다음의 전문위원회를 두어 운영할 수 있다(법 제4조 제2항).

1. 건축분쟁전문위원회(국토교통부에 설치하는 건축위원회에 한정한다)
2. 건축민원전문위원회(시ㆍ도 및 시ㆍ군ㆍ구에 설치하는 건축위원회에 한정한다)
3. 건축계획ㆍ건축구조ㆍ건축설비 등 분야별 전문위원회

(2) 심의 등의 사항

전문위원회는 건축위원회가 정하는 사항에 대하여 심의 등을 한다(법 제4조 제3항).

(3) 건축위원회 심의 등 의제

전문위원회의 심의 등을 거친 사항은 건축위원회의 심의 등을 거친 것으로 본다(법 제4조 제4항).

(4) 조례로의 위임

각 건축위원회의 조직ㆍ운영, 그 밖에 필요한 사항은 대통령령으로 정하는 바에 따라 국토교통부령이나 해당 지방자치단체의 조례(자치구의 경우에는 특별시나 광역시의 조례를 말한다)로 정한다(법 제4조 제5항).

2. 건축분쟁전문위원회

(1) 조정 등의 대상

건축등과 관련된 다음의 분쟁(「건설산업기본법」 제69조에 따른 조정의 대상이 되는 분쟁은 제외한다)의 조정(調停) 및 재정(裁定)을 하기 위하여 국토교통부에 건축분쟁전문위원회(이하 "분쟁위원회"라 한다)를 둔다(법 제88조 제1항).

1. 건축관계자와 해당 건축물의 건축 등으로 피해를 입은 인근주민(이하 "인근주민"이라 한다) 간의 분쟁
2. 관계전문기술자와 인근주민 간의 분쟁

3. 건축관계자와 관계전문기술자 간의 분쟁
4. 건축관계자 간의 분쟁
5. 인근주민 간의 분쟁
6. 관계전문기술자 간의 분쟁
7. 그 밖에 대통령령으로 정하는 사항

(2) 분쟁위원회의 구성

1) 분쟁위원회는 위원장과 부위원장 각 1명을 포함한 15명 이내의 위원으로 구성한다(법 제89조 제1항).

2) 분쟁위원회의 위원은 건축이나 법률에 관한 학식과 경험이 풍부한 자로서 다음의 어느 하나에 해당하는 자 중에서 국토교통부장관이 임명하거나 위촉한다. 이 경우 아래 3.에 해당하는 자가 2명 이상 포함되어야 한다(법 제89조 제2항).

1. 3급 상당 이상의 공무원으로 1년 이상 재직한 자
2. 「고등교육법」에 따른 대학에서 건축공학이나 법률학을 가르치는 조교수 이상의 직(職)에 3년 이상 재직한 자
3. 판사, 검사 또는 변호사의 직에 6년 이상 재직한 자
4. 「국가기술자격법」에 따른 건축분야 기술사 또는 「건축사법」 제23조에 따라 건축사사무소개설신고를 하고 건축사로 6년 이상 종사한 자
5. 건설공사나 건설업에 대한 학식과 경험이 풍부한 자로서 그 분야에 15년 이상 종사한 자

3) 분쟁위원회의 위원장과 부위원장은 위원 중에서 국토교통부장관이 위촉한다(법 제89조 제4항).

4) 공무원이 아닌 위원의 임기는 3년으로 하되, 연임할 수 있으며, 보궐위원의 임기는 전임자의 남은 임기로 한다(법 제89조 제5항).

(3) 조정 등의 신청

1) 조정 등의 신청서 제출

① 건축물의 건축 등과 관련한 분쟁의 조정 또는 재정(이하 "조정 등"이라 한다)을 신청하려는 자는 분쟁위원회에 조정 등의 신청서를 제출하여야 한다(법 제92조 제1항).

② 조정신청은 해당 사건의 당사자 중 1명 이상이 하며, 재정신청은 해당 사건의 당사자 간의 합의로 한다. 다만, 분쟁위원회는 조정신청을 받으면 해당 사건의 모든 당사자에게 조정신청이 접수된 사실을 알려야 한다(법 제92조 제2항).

2) 조정 등 처리 기한

분쟁위원회는 당사자의 조정신청을 받으면 60일 이내에, 재정신청을 받으면 120일 이내에 절차를 마쳐야 한다. 다만, 부득이한 사정이 있으면 분쟁위원회의 의결로 기간을 연장할 수 있다(법 제92조 제3항).

(4) 조정위원회 및 재정위원회

1) 조정위원회와 재정위원회의 구성

조정은 3명의 위원으로 구성되는 조정위원회에서 하고, 재정은 5명의 위원으로 구성되는 재정위원회에서 한다(법 제94조 제1항).

2) 조정위원 및 재정위원의 지명

조정위원 및 재정위원은 사건마다 분쟁위원회의 위원 중에서 위원장이 지명한다. 이 경우 재정위원회는 판사・검사 또는 변호사의 직에 6년 이상 재직한 자로서 국토교통부장관이 임명 또는 위촉한 위원이 1명 이상 포함되어야 한다(법 제94조 제2항).

3) 의결정족수

조정위원회 및 재정위원회의 회의는 구성원 전원의 출석으로 열고 과반수의 찬성으로 의결한다(법 제94조 제3항).

(5) 조정절차

① 조정위원회는 조정에 필요하다고 인정하면 조정위원 또는 사무국의 소속 공무원에게 관계 서류를 열람하게 하거나 관계 사업장에 출입하여 조사하게 할 수 있다(법 제95조 제1항).

② 조정위원회는 필요하다고 인정하면 당사자나 참고인을 조정위원회에 출석하게 하여 의견을 들을 수 있다(법 제95조 제2항).

③ 분쟁의 조정신청을 받은 관할 조정위원회는 조정기간 내에 심사하여 조정안을 작성하여야 한다(법 제95조 제3항).

④ 조정위원회는 조정안을 작성하면 지체 없이 각 당사자에게 조정안을 제시하여야 한다(법 제96조 제1항).

⑤ 조정안을 제시받은 당사자는 제시를 받은 날부터 15일 이내에 수락 여부를 조정위원회에 알려야 한다(법 제96조 제2항).

⑥ 조정위원회는 당사자가 조정안을 수락하면 즉시 조정서를 작성하여야 하며, 위원장과 각 당사자는 이에 기명날인하여야 한다(법 제96조 제3항).

⑦ 당사자가 ⑥에 따라 조정안을 수락하고 조정서에 기명날인하면 조정서의 내용은 재판상 화해와 동일한 효력을 갖는다. 다만, 당사자가 임의로 처분할 수 없는 사항에 관한 것은 그러하지 아니하다(법 제96조 제4항).

(6) 비용부담

① 분쟁의 조정 등을 위한 감정·진단·시험 등에 드는 비용은 당사자 간의 합의로 정하는 비율에 따라 당사자가 부담하여야 한다. 다만, 당사자 간에 비용부담에 대하여 합의가 되지 아니하면 조정위원회나 재정위원회에서 부담비율을 정한다(법 제102조 제1항).

② 조정위원회나 재정위원회는 필요하다고 인정하면 대통령령으로 정하는 바에 따라 당사자에게 비용을 예치하게 할 수 있다(법 제102조 제2항).

(7) 절차의 비공개

분쟁위원회가 행하는 조정 등의 절차는 「건축법」 또는 「건축법 시행령」에 특별한 규정이 있는 경우를 제외하고는 이를 공개하지 아니한다(영 제119조의6).

3. 건축민원전문위원회

(1) 구 성

건축민원전문위원회는 건축물의 건축 등과 관련된 다음의 민원[특별시장·광역시장·특별자치시장·특별자치도지사 또는 시장·군수·구청장(이하 "허가권자"라 한다)의 처분이 완료되기 전의 것으로 한정하며, 이하 "질의민원"이라 한다]을 심의하며, 시·도지사가 설치하는 건축민원전문위원회(이하 "광역지방건축민원전문위원회"라 한다)와 시장·군수·구청장이 설치하는 건축민원전문위원회(이하 "기초지방건축민원전문위원회"라 한다)로 구분한다(법 제4조의4 제1항).

1. 건축법령의 운영 및 집행에 관한 민원
2. 건축물의 건축등과 복합된 사항으로서 제11조 제5항 각 호에 해당하는 법률 규정의 운영 및 집행에 관한 민원
3. 그 밖에 대통령령으로 정하는 민원

질의민원 심의 절차

1. 건축물의 건축 등과 관련된 질의민원의 심의를 신청하려는 자는 관할 건축민원전문위원회에 심의신청서를 제출하여야 한다(법 제4조의5 제1항).
2. 심의를 신청하고자 하는 자는 문서로 신청하여야 한다. 다만, 문서에 의할 수 없는 특별한 사정이 있는 경우에는 구술로 신청할 수 있다(법 제4조의5 제2항).
3. 건축민원전문위원회는 신청인의 질의민원을 받으면 15일 이내에 심의절차를 마쳐야 한다. 다만, 사정이 있으면 건축민원전문위원회의 의결로 15일 이내의 범위에서 기간을 연장할 수 있다(법 제4조의5 제3항).
4. 민원의 심의신청을 받은 건축민원전문위원회는 심의기간 내에 심의하여 심의결정서를 작성하여야 한다(법 제4조의6 제3항).

PART 05

5. 건축민원전문위원회는 질의민원에 대하여 관계 법령, 관계 행정기관의 유권해석, 유사판례와 현장여건 등을 충분히 검토하여 심의의견을 제시할 수 있다(법 제4조의7 제1항).
6. 건축민원전문위원회는 민원 심의의 결정내용을 지체 없이 신청인 및 해당 허가권자 등에게 통지하여야 한다(법 제4조의7 제2항).
7. 심의 결정내용을 통지받은 허가권자 등은 이를 존중하여야 하며, 통지받은 날부터 10일 이내에 그 처리결과를 해당 건축민원전문위원회에 통보하여야 한다(법 제4조의7 제3항).
8. 심의 결정내용을 시장·군수·구청장이 이행하지 아니하는 경우에는 해당 민원인은 시장·군수·구청장이 통보한 처리결과를 첨부하여 광역지방건축민원전문위원회에 심의를 신청할 수 있다(법 제4조의7 제4항).
9. 처리결과를 통보받은 건축민원전문위원회는 신청인에게 그 내용을 지체 없이 통보하여야 한다(법 제4조의7 제5항).

(2) 질의민원 관할

① 광역지방건축민원전문위원회는 허가권자나 도지사(이하 "허가권자 등"이라 한다)의 건축허가나 사전승인에 대한 질의민원을 심의하고, 기초지방건축민원전문위원회는 시장(행정시의 시장을 포함한다)·군수·구청장의 건축허가 또는 건축신고와 관련한 질의민원을 심의한다(법 제4조의4 제2항).

② 건축민원전문위원회의 구성·회의·운영, 그 밖에 필요한 사항은 해당 지방자치단체의 조례로 정한다(법 제4조의4 제3항).

③ 건축민원전문위원회의 사무를 처리하기 위하여 위원회에 사무국을 두어야 한다(법 제4조의8 제1항).

4. 분야별 전문위원회

국토교통부장관은 다음의 분야별로 전문위원회를 구성·운영할 수 있다(영 제5조의6 제1항).

1. 건축계획 분야
2. 건축구조 분야
3. 건축설비 분야
4. 건축방재 분야
5. 에너지관리 등 건축환경 분야
6. 건축물 설치광고 및 경관(景觀) 분야(공간환경 분야를 포함한다)
7. 조경 분야
8. 도시계획 및 단지계획 분야
9. 교통 및 정보기술 분야
10. 사회 및 경제 분야
11. 그 밖의 분야

Chapter

건축물의 건축

단·원·열·기

건축허가, 건축신고, 도지사의 사전승인, 사용승인 중심으로 출제되고 있다.
학습방법: 건축공사절차를 이해한 다음 건축 사전결정신청, 건축허가, 건축신고, 도지사의 사전승인 등을 정리하도록 한다.

건축물의 건축

01 건축허가

1 의 의

건축허가란 건축물의 건축 또는 대수선에 관한 일반적·상대적 금지를 일정한 요건 아래 해제하는 행정기관의 행정처분을 말한다.

2 건축허가의 사전결정

1. 사전결정 절차

(1) 건축허가 대상 건축물의 사전결정신청

건축허가 대상 건축물을 건축하려는 자는 건축허가를 신청하기 전에 허가권자에게 그 건축물의 건축에 관한 다음의 사항에 대한 사전결정을 신청할 수 있다(법 제10조 제1항).

> 1. 해당 대지에 건축하는 것이 이 법이나 관계 법령에서 허용되는지 여부
> 2. 이 법 또는 관계 법령에 따른 건축기준 및 건축제한, 그 완화에 관한 사항 등을 고려하여 해당 대지에 건축 가능한 건축물의 규모
> 3. 건축허가를 받기 위하여 신청자가 고려하여야 할 사항

(2) 건축위원회 심의와 교통영향평가서 검토 동시신청

사전결정신청자는 건축위원회 심의와 「도시교통정비 촉진법」에 따른 교통영향평가서의 검토를 동시에 신청할 수 있다(법 제10조 제2항).

(3) 소규모 환경영향에 관한 협의

허가권자는 사전결정이 신청된 건축물의 대지면적이 「환경영향평가법」에 따른 소규모 환경영향평가 대상사업인 경우 환경부장관이나 지방환경관서의 장과 소규모 환경영향평가에 관한 협의를 하여야 한다(법 제10조 제3항).

(4) 사전결정의 통지

허가권자는 사전결정의 신청을 받으면 입지, 건축물의 규모·용도 등을 사전결정일부터 7일 이내에 사전결정 신청자에게 알려야 한다(법 제10조 제4항, 규칙 제5조 제1항).

2. 사전결정의 효과

(1) 관련 법률에 따른 허가·신고 등의 의제

사전결정을 통지 받은 경우에는 다음의 허가를 받거나 신고 또는 협의를 한 것으로 본다(법 제10조 제6항).

1. 「국토의 계획 및 이용에 관한 법률」에 따른 개발행위허가
2. 「산지관리법」에 따른 산지전용허가 및 산지전용신고 및 일시사용허가·신고. 다만, 보전산지인 경우에는 도시지역만 해당된다.
3. 「농지법」에 따른 농지전용허가·신고 및 협의
4. 「하천법」에 따른 하천점용허가

(2) 사전결정의 협의

① 허가권자는 위 (1)의 어느 하나에 해당되는 내용이 포함된 사전결정을 하려면 미리 관계 행정기관의 장과 협의하여야 하며, 협의를 요청받은 관계 행정기관의 장은 요청 받은 날부터 15일 이내에 의견을 제출하여야 한다(법 제10조 제7항).

② 관계 행정기관의 장이 ①에서 정한 기간(「민원 처리에 관한 법률」 제20조 제2항에 따라 회신기간을 연장한 경우에는 그 연장된 기간을 말한다) 내에 의견을 제출하지 아니하면 협의가 이루어진 것으로 본다(법 제10조 제8항).

3. 사전결정의 효력상실

사전결정 신청자는 사전결정을 통지 받은 날부터 2년 이내에 건축허가를 신청하여야 하며, 이 기간에 건축허가를 신청하지 아니하면 사전결정의 효력이 상실된다(법 제10조 제9항).

3 건축허가권자

1. 원칙: 특별자치시장 · 특별자치도지사 또는 시장 · 군수 · 구청장

건축물을 건축하거나 대수선하려는 자는 특별자치시장 · 특별자치도지사 또는 시장 · 군수 · 구청장의 허가를 받아야 한다(법 제11조 제1항).

2. 예외: 특별시장 · 광역시장

특별시장 또는 광역시장의 허가를 받아야 하는 건축물의 건축은 층수가 21층 이상이거나 연면적의 합계가 10만m^2 이상인 건축물의 건축(연면적의 10분의 3 이상을 증축하여 층수가 21층 이상으로 되거나 연면적의 합계가 10만m^2 이상으로 되는 경우를 포함한다)을 말한다. 다만, 다음의 어느 하나에 해당하는 건축물의 건축은 제외한다(법 제11조 제1항, 영 제8조 제1항).

1. 공장
2. 창고
3. 지방건축위원회의 심의를 거친 건축물(특별시 또는 광역시의 건축조례로 정하는 바에 따라 해당 지방건축위원회의 심의사항으로 할 수 있는 건축물에 한정하며, 초고층 건축물은 제외한다)

4 도지사의 사전승인

1. 도지사의 사전승인 대상건축물

시장 · 군수는 다음의 하나에 해당하는 건축물의 건축을 허가하려면 미리 건축계획서와 국토교통부령이 정하는 건축물의 용도 · 규모 및 형태가 표시된 기본설계도서를 첨부하여 도지사의 승인을 받아야 한다(법 제11조 제2항, 영 제8조 제3항).

1. 21층 이상인 건축물이거나 연면적의 합계가 10만m^2 이상인 건축물[공장, 창고 및 지방건축위원회의 심의를 거친 건축물(초고층건축물은 제외)은 제외하며, 연면적의 10분의 3 이상의 증축으로 인하여 층수가 21층 이상으로 되거나 연면적의 합계가 10만m^2 이상으로 되는 경우도 포함한다]. 다만, 도시환경, 광역교통 등을 고려하여 해당 도의 조례로 정하는 건축물은 제외한다.
2. 자연환경이나 수질을 보호하기 위하여 도지사가 지정 · 공고하는 구역에 건축하는 3층 이상 또는 연면적의 합계가 1천m^2 이상인 건축물로서 위락시설, 숙박시설, 공동주택, 일반음식점, 일반업무시설에 해당하는 건축물

> 3. 주거환경이나 교육환경 등 주변환경을 보호하기 위하여 필요하다고 인정하여 도지사가 지정 · 공고하는 구역에 건축하는 위락시설 및 숙박시설에 해당하는 건축물

2. 사전승인 절차

시장 · 군수의 사전승인 신청을 받은 도지사는 승인요청을 받은 날부터 50일 이내에 승인여부를 시장 · 군수에게 통보(전자문서에 의한 통보를 포함)하여야 한다. 다만, 건축물의 규모가 큰 경우 등 불가피한 경우에는 30일의 범위 내에서 그 기간을 연장할 수 있다(규칙 제7조 제2항).

5 건축허가 절차

1. 허가신청서 제출

(1) 허가를 받으려는 자는 허가신청서에 국토교통부령으로 정하는 설계도서와 허가 등을 받거나 신고를 하기 위하여 관계 법령에서 제출하도록 의무화하고 있는 신청서 및 구비서류를 첨부하여 허가권자에게 제출하여야 한다. 다만, 국토교통부장관이 관계 행정기관의 장과 협의하여 국토교통부령으로 정하는 신청서 및 구비서류는 착공신고 전까지 제출할 수 있다(법 제11조 제3항).

(2) 건축물의 건축 또는 대수선의 허가를 받으려는 자는 국토교통부령으로 정하는 바에 따라 허가신청서에 관계 서류를 첨부하여 허가권자에게 제출하여야 한다. 다만, 「방위사업법」에 따른 방위산업시설의 건축 또는 대수선의 허가를 받으려는 경우에는 건축 관계 법령에 적합한지 여부에 관한 설계자의 확인으로 관계 서류를 갈음할 수 있다(영 제9조 제1항).

(3) 건축허가를 받으려는 자는 해당 대지의 소유권을 확보하여야 한다. 다만, 다음의 어느 하나에 해당하는 경우에는 그러하지 아니하다(법 제11조 제11항).

> 1. 건축주가 대지의 소유권을 확보하지 못하였으나 그 대지를 사용할 수 있는 권원을 확보한 경우. 다만, 분양을 목적으로 하는 공동주택은 제외한다.
> 2. 건축주가 건축물의 노후화 또는 구조안전 문제 등 대통령령으로 정하는 사유로 건축물을 신축 · 개축 · 재축 및 리모델링을 하기 위하여 건축물 및 해당 대지의 공유자 수의 100분의 80 이상의 동의를 얻고 동의한 공유자의 지분 합계가 전체 지분의 100분의 80 이상인 경우

3. 건축주가 건축허가를 받아 주택과 주택 외의 시설을 동일 건축물로 건축하기 위하여 「주택법」 제21조를 준용한 대지 소유 등의 권리 관계를 증명한 경우. 다만, 「주택법」 제15조 제1항 각 호 외의 부분 본문에 따른 대통령령으로 정하는 호수 이상으로 건설 · 공급하는 경우에 한정한다.
4. 건축하려는 대지에 포함된 국유지 또는 공유지에 대하여 허가권자가 해당 토지의 관리청이 해당 토지를 건축주에게 매각하거나 양여할 것을 확인한 경우
5. 건축주가 집합건물의 공용부분을 변경하기 위하여 「집합건물의 소유 및 관리에 관한 법률」 제15조 제1항에 따른 결의가 있었음을 증명한 경우
6. 건축주가 집합건물을 재건축하기 위하여 「집합건물의 소유 및 관리 관한 법률」 제47조에 따른 결의가 있었음을 증명한 경우

2. 매도청구

(1) 매도청구 전 사전협의 등

① 앞의 1.의 (3)의 2.에 따라 건축허가를 받은 건축주는 해당 건축물 또는 대지의 공유자 중 동의하지 아니한 공유자에게 그 공유지분을 시가(市價)로 매도할 것을 청구할 수 있다. 이 경우 매도청구를 하기 전에 매도청구 대상이 되는 공유자와 3개월 이상 협의를 하여야 한다(법 제17조의2 제1항).

② 매도청구에 관하여는 「집합건물의 소유 및 관리에 관한 법률」 제48조를 준용한다. 이 경우 구분소유권 및 대지사용권은 매도청구의 대상이 되는 대지 또는 건축물의 공유지분으로 본다(법 제17조의2 제2항).

(2) 소유자를 확인하기 곤란한 공유지분 등에 대한 처분

① 앞의 1.의 (3)의 2.에 따라 건축허가를 받은 건축주는 해당 건축물 또는 대지의 공유자가 거주하는 곳을 확인하기가 현저히 곤란한 경우에는 전국적으로 배포되는 둘 이상의 일간신문에 두 차례 이상 공고하고, 공고한 날부터 30일 이상이 지났을 때에는 매도청구 대상이 되는 건축물 또는 대지로 본다(법 제17조의3 제1항).

② 건축주는 매도청구 대상 공유지분의 감정평가액에 해당하는 금액을 법원에 공탁(供託)하고 착공할 수 있다(법 제17조의3 제2항).

③ 공유지분의 감정평가액은 허가권자가 추천하는 「감정평가 및 감정평가사에 관한 법률」에 따른 감정평가법인등 2인 이상이 평가한 금액을 산술평균하여 산정한다(법 제17조의3 제3항).

PART 05

3. 건축복합민원일괄협의회

(1) 건축복합민원일괄협의회의 개최

건축허가권자는 허가를 하려면 해당 용도・규모 또는 형태의 건축물을 건축하려는 대지에 건축하는 것이 「국토의 계획 및 이용에 관한 법률」과 「건축법」 등 관계 법령에 맞는지를 확인하고, 사전결정시의 관계 행정기관의 협의사항의 처리 또는 건축허가시의 관계 행정기관의 협의사항을 처리하기 위하여 대통령령으로 정하는 바에 따라 건축복합민원일괄협의회를 개최하여야 한다(법 제12조 제1항).

(2) 개최일

허가권자는 건축복합민원일괄협의회(이하 "협의회"라 한다)의 회의를 사전결정 신청일 또는 건축허가 신청일부터 10일 이내에 개최하여야 한다(영 제10조 제2항).

(3) 사전통보

허가권자는 협의회의 회의 개최 3일 전까지 협의회의 회의 개최 사실을 관계 행정기관 및 관계 부서에 통보하여야 한다(영 제10조 제3항).

(4) 관계 소속공무원의 회의 참석

(1)에 따라 확인이 요구되는 법령의 관계 행정기관의 장과 사전결정 신청시 협의대상이 되는 관계 행정기관의 장 및 건축허가 신청시 허가와 관련하여 협의를 하여야 하는 관계 행정기관의 장은 소속 공무원을 협의회에 참석하게 하여야 한다(법 제12조 제2항).

(5) 의견발표

협의회의 회의에 참석하는 관계 공무원은 협의회의 회의에서 관계 법령에 관한 의견을 발표하여야 한다(영 제10조 제4항).

(6) 동의여부에 대한 의견제출

사전결정 또는 건축허가의 관계 행정기관 및 관계부서는 그 협의회의 회의를 개최한 날부터 5일 이내에 동의 또는 부동의 의견을 허가권자에게 제출하여야 한다(영 제10조 제5항).

(7) 건축조례 위임

「건축법 시행령」에서 규정된 사항 외에 협의회의 운영 등에 필요한 사항은 건축조례로 정한다(영 제10조 제6항).

4. 건축허가의 거부

허가권자는 건축허가를 하고자 하는 때에 「건축기본법」 제25조에 따른 한국건축규정의 준수 여부를 확인하여야 한다. 다만, 다음의 어느 하나에 해당하는 경우에는 이 법이나 다른 법률에도 불구하고 건축위원회의 심의를 거쳐 건축허가를 하지 아니할 수 있다(법 제11조 제4항).

> 1. 위락시설이나 숙박시설에 해당하는 건축물의 건축을 허가하는 경우 해당 대지에 건축하려는 건축물의 용도·규모 또는 형태가 주거환경이나 교육환경 등 주변 환경을 고려할 때 부적합하다고 인정되는 경우
> 2. 「국토의 계획 및 이용에 관한 법률」에 따른 방재지구 및 「자연재해대책법」에 따른 자연재해위험개선지구 등 상습적으로 침수되거나 침수가 우려되는 대통령령으로 정하는 지역에 건축하려는 건축물에 대하여 일부 공간에 거실을 설치하는 것이 부적합하다고 인정되는 경우

5. 건축허가의 의제사항

(1) 건축허가시 관계 법령의 인·허가 등의 의제

건축허가를 받으면 다음의 허가 등을 받거나 신고를 한 것으로 보며, 공장건축물의 경우에는 「산업집적활성화 및 공장설립에 관한 법률」 제13조의2와 제14조에 따라 관련 법률의 인·허가 등이나 허가 등을 받은 것으로 본다(법 제11조 제5항).

> 1. 제20조 제3항에 따른 공사용 가설건축물의 축조신고
> 2. 제83조에 따른 공작물의 축조신고
> 3. 「국토의 계획 및 이용에 관한 법률」 제56조에 따른 개발행위허가
> 4. 「국토의 계획 및 이용에 관한 법률」 제86조 제5항에 따른 시행자의 지정과 같은 법 제88조 제2항에 따른 실시계획의 인가
> 5. 「산지관리법」 제14조와 제15조에 따른 산지전용허가와 산지전용신고, 같은 법 제15조의2에 따른 산지일시사용허가·신고. 다만, 보전산지인 경우에는 도시지역만 해당된다.
> 6. 「사도법」 제4조에 따른 사도(私道)개설허가
> 7. 「농지법」 제34조, 제35조 및 제43조에 따른 농지전용허가·신고 및 협의
> 8. 「도로법」 제36조에 따른 도로관리청이 아닌 자에 대한 도로공사 시행의 허가, 같은 법 제52조 제1항에 따른 도로와 다른 시설의 연결 허가
> 9. 「도로법」 제61조에 따른 도로의 점용 허가
> 10. 「하천법」 제33조에 따른 하천점용 등의 허가
> 11. 「하수도법」 제27조에 따른 배수설비(配水設備)의 설치신고

12. 「하수도법」 제34조 제2항에 따른 개인하수처리시설의 설치신고
13. 「수도법」 제38조에 따라 수도사업자가 지방자치단체인 경우 그 지방자치단체가 정한 조례에 따른 상수도 공급신청
14. 「전기안전관리법」 제8조에 따른 자가용전기설비 공사계획의 인가 또는 신고
15. 「물환경보전법」 제33조에 따른 수질오염물질 배출시설 설치의 허가나 신고
16. 「대기환경보전법」 제23조에 따른 대기오염물질 배출시설 설치의 허가나 신고
17. 「소음 · 진동관리법」 제8조에 따른 소음 · 진동 배출시설 설치의 허가나 신고
18. 「가축분뇨의 관리 및 이용에 관한 법률」 제11조에 따른 배출시설 설치허가나 신고
19. 「자연공원법」 제23조에 따른 행위허가
20. 「도시공원 및 녹지 등에 관한 법률」 제24조에 따른 도시공원의 점용허가
21. 「토양환경보전법」 제12조에 따른 특정토양오염관리대상시설의 신고
22. 「수산자원관리법」 제52조 제2항에 따른 행위의 허가
23. 「초지법」 제23조에 따른 초지전용의 허가 및 신고

(2) 인 · 허가 등의 의제사항에 대한 사전협의

허가권자는 (1)의 인 · 허가 등의 의제사항이 다른 행정기관의 권한에 속하면 그 행정기관의 장과 미리 협의하여야 하며, 협의 요청을 받은 관계 행정기관의 장은 요청을 받은 날부터 15일 이내에 의견을 제출하여야 한다. 이 경우 관계 행정기관의 장은 (3)의 1)에 따른 처리기준이 아닌 사유를 이유로 협의를 거부할 수 없고, 협의 요청을 받은 날부터 15일 이내에 의견을 제출하지 아니하면 협의가 이루어진 것으로 본다(법 제11조 제6항).

(3) 허가 관련사항의 처리기준

① 건축허가의 의제사항과 협의회를 개최할 때 확인해야 할 관계 법령을 관장하는 중앙행정기관의 장은 그 처리기준을 국토교통부장관에게 통보하여야 한다. 처리기준을 변경한 경우에도 또한 같다(법 제11조 제8항).

② 국토교통부장관은 처리기준을 통보 받은 때에는 이를 통합하여 고시하여야 한다(법 제11조 제9항).

6. 건축위원회 심의의 효력상실

건축위원회의 심의를 받은 자가 심의 결과를 통지 받은 날부터 2년 이내에 건축허가를 신청하지 아니하면 건축위원회 심의의 효력이 상실된다(법 제11조 제10항).

7. 허가서의 교부

허가권자는 허가를 하였으면 국토교통부령으로 정하는 바에 따라 허가서를 신청인에게 발급하여야 한다(영 제9조 제2항).

8. 허가의 취소

허가권자는 허가를 받은 자가 다음의 어느 하나에 해당하면 허가를 취소하여야 한다. 다만, 아래 (1)에 해당하는 경우로서 허가권자는 정당한 사유가 있다고 인정되면 1년의 범위에서 공사의 착수기간을 연장할 수 있다(법 제11조 제7항).

(1) 허가를 받은 날부터 2년(「산업집적활성화 및 공장설립에 관한 법률」 제13조에 따라 공장의 신설·증설 또는 업종변경의 승인을 받은 공장은 3년) 이내에 공사에 착수하지 아니한 경우

(2) 위 (1)의 기간 이내에 공사에 착수하였으나 공사의 완료가 불가능하다고 인정되는 경우

(3) 착공신고 전에 경매 또는 공매 등으로 건축주가 대지의 소유권을 상실한 때부터 6개월이 경과한 이후 공사의 착수가 불가능하다고 판단되는 경우

6 건축허가 등의 제한

1. 허가 등의 제한권자

(1) 국토교통부장관의 제한

국토교통부장관은 국토관리를 위하여 특히 필요하다고 인정하거나 주무부장관이 국방, 「국가유산기본법」 제3조에 따른 국가유산의 보존, 환경보전 또는 국민경제를 위하여 특히 필요하다고 인정하여 요청하면 허가권자의 건축허가나 허가를 받은 건축물의 착공을 제한할 수 있다(법 제18조 제1항).

(2) 특별시장·광역시장·도지사의 제한

① 특별시장·광역시장·도지사는 지역계획이나 도시·군계획에 특히 필요하다고 인정하면 시장·군수·구청장의 건축허가나 허가를 받은 건축물의 착공을 제한할 수 있다(법 제18조 제2항).

② 특별시장 · 광역시장 · 도지사는 시장 · 군수 · 구청장의 건축허가나 건축물의 착공을 제한한 경우 즉시 국토교통부장관에게 보고하여야 하며, 보고를 받은 국토교통부장관은 제한 내용이 지나치다고 인정하면 해제를 명할 수 있다(법 제18조 제6항).

2. 허가 등의 제한의 절차

국토교통부장관이나 시 · 도지사는 건축허가나 건축허가를 받은 건축물의 착공을 제한하려는 경우에는 「토지이용규제 기본법」 제8조에 따라 주민의견을 청취한 후 건축위원회의 심의를 거쳐야 한다(법 제18조 제3항).

3. 건축허가 제한기간

건축허가나 건축물의 착공을 제한하는 경우 제한기간은 2년 이내로 한다. 다만, 1회에 한하여 1년 이내의 범위에서 제한기간을 연장할 수 있다(법 제18조 제4항).

4. 통보 및 공고

국토교통부장관이나 특별시장 · 광역시장 · 도지사는 건축허가나 건축물의 착공을 제한하는 경우 제한 목적 · 기간, 대상건축물의 용도와 대상 구역의 위치 · 면적 · 경계 등을 상세하게 정하여 허가권자에게 통보하여야 하며, 통보를 받은 허가권자는 지체 없이 이를 공고하여야 한다(법 제18조 제5항).

7 건축신고

1. 신고대상 건축물(허가에 갈음하는 건축물)

허가대상 건축물이라 하더라도 다음의 어느 하나에 해당하는 경우에는 미리 특별자치시장 · 특별자치도지사 또는 시장 · 군수 · 구청장에게 국토교통부령으로 정하는 바에 따라 신고를 하면 건축허가를 받은 것으로 본다(법 제14조 제1항, 영 제11조 제2항).

1. 바닥면적의 합계가 $85m^2$ 이내의 증축 · 개축 또는 재축. 다만, 3층 이상 건축물인 경우에는 증축 · 개축 또는 재축하려는 부분의 바닥면적의 합계가 건축물 연면적의 10분의 1 이내인 경우로 한정한다.

2. 「국토의 계획 및 이용에 관한 법률」에 따른 관리지역 · 농림지역 또는 자연환경보전지역 안에서 연면적이 200m² 미만이고 3층 미만인 건축물의 건축. 다만, 다음의 어느 하나에 해당하는 구역에서의 건축은 제외한다.
   ① 지구단위계획구역
   ② 「국토의 계획 및 이용에 관한 법률」에 따라 지정된 방재지구
   ③ 「급경사지 재해예방에 관한 법률」에 따라 지정된 붕괴위험지역
3. 연면적 200m² 미만이고 3층 미만인 건축물의 대수선
4. 주요구조부의 해체가 없는 등 대통령령으로 정하는 다음의 대수선
   ① 내력벽의 면적을 30m² 이상 수선하는 것
   ② 기둥을 세 개 이상 수선하는 것
   ③ 보를 세 개 이상 수선하는 것
   ④ 지붕틀을 세 개 이상 수선하는 것
   ⑤ 방화벽 또는 방화구획을 위한 바닥 또는 벽을 수선하는 것
   ⑥ 주계단 · 피난계단 또는 특별피난계단을 수선하는 것
5. 그 밖에 소규모 건축물로서 다음과 같이 대통령령으로 정하는 건축물의 건축
   ① 연면적의 합계가 100m² 이하인 건축물
   ② 건축물의 높이를 3m 이하의 범위 안에서 증축하는 건축물
   ③ 표준설계도서에 따라 건축하는 건축물로서 그 용도 및 규모가 주위환경이나 미관에 지장이 없다고 인정하여 건축조례로 정하는 건축물
   ④ 「국토의 계획 및 이용에 관한 법률」에 따른 공업지역, 지구단위계획구역(산업 · 유통형만 해당한다) 및 「산업입지 및 개발에 관한 법률」에 따른 산업단지에서 건축하는 2층 이하인 건축물로서 연면적 합계 500m² 이하인 공장
   ⑤ 농업이나 수산업을 경영하기 위하여 읍 · 면지역(특별자치시장 · 특별자치도지사 · 시장 또는 군수가 지역계획 또는 도시 · 군계획에 지장이 있다고 지정 · 공고한 구역은 제외한다)에서 건축하는 연면적 200m² 이하의 창고 및 연면적 400m² 이하의 축사 · 작물재배사, 종묘배양시설, 화초 및 분재 등의 온실

2. 다른 법령에 따른 허가 · 신고 등의 의제

건축신고에 관하여는 건축허가를 받은 경우에 다른 법령에 따라 허가 등을 받거나 신고 등을 한 것으로 간주되는 「건축법」 제11조 제5항과 관계 행정기관의 장의 사전협의에 관한 규정인 제11조 제6항을 준용한다. 즉, 앞의 5의 5. 건축허가의 의제사항을 준용한다(법 제14조 제2항).

3. 신고인 통지기한

(1) 특별자치시장 · 특별자치도지사 또는 시장 · 군수 · 구청장은 앞의 1.에 따른 신고를 받은 날부터 5일 이내에 신고수리 여부 또는 민원 처리 관련 법령에 따른 처리기간의 연장 여부를 신고인에게 통지하여야 한다. 다만, 이 법 또는 다른 법령에 따라 심의, 동의, 협의, 확인 등이 필요한 경우에는 20일 이내에 통지하여야 한다(법 제14조 제3항).

(2) 특별자치시장 · 특별자치도지사 또는 시장 · 군수 · 구청장은 앞의 1.에 따른 신고가 위의 (1)의 단서에 해당하는 경우에는 신고를 받은 날부터 5일 이내에 신고인에게 그 내용을 통지하여야 한다(법 제14조 제4항).

4. 건축신고의 효력상실

건축신고한 자가 신고일부터 1년 이내에 공사에 착수하지 아니하면 그 신고의 효력은 없어진다. 다만, 건축주의 요청에 따라 허가권자가 정당한 사유가 있다고 인정하면 1년의 범위에서 착수기한을 연장할 수 있다(법 제14조 제5항).

8 건축허가 등의 변경

1. 건축허가 변경 · 신고사항의 변경

(1) 허가 · 신고사항의 변경을 하기 위한 허가 · 신고

건축주가 허가를 받았거나 신고한 사항을 변경하려면 변경하기 전에 다음의 구분에 따라 허가권자의 허가를 받거나 특별자치시장 · 특별자치도지사 또는 시장 · 군수 · 구청장에게 신고하여야 한다. 다만, 대통령령으로 정하는 경미한 사항의 변경. 즉, 신축 · 증축 · 개축 · 재축 · 이전 · 대수선 또는 용도변경에 해당하지 아니하는 변경에 대하여는 허가 또는 신고 없이 할 수 있다(법 제16조 제1항, 영 제12조 제1항 · 제2항).

① 바닥면적의 합계가 85m²를 초과하는 부분에 대한 신축 · 증축 · 개축에 해당하는 변경인 경우에는 허가를 받고, 그 밖의 경우에는 신고할 것
② 신고로써 허가에 갈음하는 건축물의 경우에는 변경 후 건축물의 연면적을 각각 신고로써 허가에 갈음할 수 있는 규모에서 변경하는 경우에는 신고할 것
③ 건축주 · 설계자 · 공사시공자 · 공사감리자를 변경하는 경우에는 신고할 것

(2) **준용규정**

① 허가 사항의 변경허가에 관하여는 법 제11조 제5항 및 제6항을 준용한다(법 제16조 제3항).

② 신고 사항의 변경신고에 관하여는 법 제11조 제5항 · 제6항 및 법 제14조 제3항 · 제4항을 준용한다(법 제16조 제4항).

2. 일괄신고

허가나 신고사항 중 대통령령으로 정하는 사항의 변경에 대하여는 사용승인을 신청할 때에 허가권자에게 일괄하여 신고할 수 있다(법 제16조 제2항).

9 가설건축물

1. 가설건축물의 건축허가

(1) 도시 · 군계획시설 및 도시 · 군계획시설예정지에서 가설건축물을 건축하려는 자는 특별자치시장 · 특별자치도지사 또는 시장 · 군수 · 구청장의 허가를 받아야 한다(법 제20조 제1항).

(2) 특별자치시장 · 특별자치도지사 또는 시장 · 군수 · 구청장은 해당 가설건축물의 건축이 다음의 어느 하나에 해당하는 경우가 아니면 허가를 하여야 한다(법 제20조 제2항).

> 1. 「국토의 계획 및 이용에 관한 법률」 제64조에 위배되는 경우
> 2. 4층 이상인 경우
> 3. 구조, 존치기간, 설치목적 및 다른 시설 설치 필요성 등에 관하여 대통령령으로 정하는 기준의 범위에서 조례로 정하는 바에 따르지 아니한 경우
> 4. 그 밖에 이 법 또는 다른 법령에 따른 제한규정을 위반하는 경우

(3) (2)의 **3.**에서 대통령령으로 정하는 기준이란 다음의 기준을 말한다(영 제15조 제1항).

> 1. 철근콘크리트조 또는 철골철근콘크리트조가 아닐 것
> 2. 존치기간은 3년 이내일 것. 다만, 도시 · 군계획사업이 시행될 때까지 그 기간을 연장할 수 있다.
> 3. 전기 · 수도 · 가스 등 새로운 간선 공급설비의 설치를 필요로 하지 아니할 것
> 4. 공동주택 · 판매시설 · 운수시설 등으로서 분양을 목적으로 건축하는 건축물이 아닐 것

가설건축물의 축조절차

1. **서류제출**: 가설건축물의 건축허가를 받거나 축조신고를 하려는 자는 국토교통부령으로 정하는 가설건축물 건축허가신청서 또는 가설건축물 축조신고서에 관계 서류를 첨부하여 특별자치시장·특별자치도지사 또는 시장·군수·구청장에게 제출하여야 한다. 다만, 건축물의 건축허가를 신청할 때 건축물의 건축에 관한 사항과 함께 공사용 가설건축물의 건축에 관한 사항을 제출한 경우에는 가설건축물 축조신고서의 제출을 생략한다(영 제15조 제8항).
2. **확인이 필요한 경우 관계 행정기관의 장과 미리 협의**: 가설건축물의 건축허가 신청 또는 축조신고를 받은 때에는 다른 법령에 따른 제한 규정에 대하여 확인이 필요한 경우 관계 행정기관의 장과 미리 협의하여야 하고, 협의 요청을 받은 관계 행정기관의 장은 요청을 받은 날부터 15일 이내에 의견을 제출하여야 한다. 이 경우 관계 행정기관의 장이 협의 요청을 받은 날부터 15일 이내에 의견을 제출하지 아니하면 협의가 이루어진 것으로 본다(법 제20조 제7항).
3. **가설건축물 건축허가서 또는 가설건축물 축조신고필증 교부**: 가설건축물 건축허가신청서 또는 가설건축물 축조신고서를 제출받은 특별자치시장·특별자치도지사 또는 시장·군수·구청장은 그 내용을 확인한 후 신청인 또는 신고인에게 국토교통부령으로 정하는 바에 따라 가설건축물 건축허가서 또는 가설건축물 축조신고필증을 주어야 한다(영 제15조 제9항).

(4) 허가대상 가설건축물에 대하여는 법 제38조(건축물대장 기재)를 적용하지 아니한다(영 제15조 제2항).

(5) 가설건축물 중 시장의 공지 또는 도로에 설치하는 차양시설에 대하여는 법 제46조(건축선 지정) 및 법 제55조(건폐율)를 적용하지 아니한다(영 제15조 제3항).

(6) 허가대상 가설건축물을 도시·군계획 예정 도로에 건축하는 경우에는 법 제45조(도로의 지정·변경·폐지), 법 제46조(건축선 지정), 제47조(건축선에 따른 건축제한)를 적용하지 아니한다(영 제15조 제4항).

2. 가설건축물의 축조신고

(1) 신고대상 가설건축물

재해복구, 흥행, 전람회, 공사용 가설건축물 등 대통령령으로 정하는 용도의 가설건축물을 축조하려는 자는 대통령령으로 정하는 존치 기간, 설치 기준 및 절차에 따라 특별자치시장·특별자치도지사 또는 시장·군수·구청장에게 신고한 후 착공하여야 한다(법 제20조 제3항).

신고대상 가설건축물은 다음과 같다(영 제15조 제5항).

1. 재해가 발생한 구역 또는 그 인접구역으로서 특별자치시장·특별자치도지사 또는 시장·군수·구청장이 지정하는 구역에서 일시사용을 위하여 건축하는 것
2. 특별자치시장·특별자치도지사 또는 시장·군수·구청장이 도시미관이나 교통소통에 지장이 없다고 인정하는 가설흥행장, 가설전람회장, 농·수·축산물 직거래용 가설점포, 그 밖에 이와 비슷한 것
3. 공사에 필요한 규모의 공사용 가설건축물 및 공작물
4. 전시를 위한 견본주택이나 그 밖에 이와 비슷한 것
5. 특별자치시장·특별자치도지사 또는 시장·군수·구청장이 도로변 등의 미관정비를 위하여 지정·공고하는 구역에서 축조하는 가설점포(물건 등의 판매를 목적으로 하는 것을 말한다)로서 안전·방화 및 위생에 지장이 없는 것
6. 조립식 구조로 된 경비용으로 쓰는 가설건축물로서 연면적이 $10m^2$ 이하인 것
7. 조립식 경량구조로 된 외벽이 없는 임시 자동차 차고
8. 컨테이너 또는 이와 비슷한 것으로 된 가설건축물로서 임시사무실·임시창고 또는 임시숙소로 사용되는 것(건축물의 옥상에 축조하는 것은 제외한다. 다만, 2009년 7월 1일부터 2015년 6월 30일까지 및 2016년 7월 1일부터 2019년 6월 30일까지 공장의 옥상에 축조하는 것은 포함한다)
9. 도시지역 중 주거지역·상업지역 또는 공업지역에 설치하는 농업·어업용 비닐하우스로서 연면적이 $100m^2$ 이상인 것

10. 연면적이 $100m^2$ 이상인 간이축사용, 가축분뇨처리용, 가축운동용, 가축의 비가림용 비닐하우스 또는 천막(벽 또는 지붕이 합성수지 재질로 된 것과 지붕 면적의 2분의 1 이하가 합성강판으로 된 것을 포함한다)구조 건축물
11. 농업·어업용 고정식 온실 및 간이작업장, 가축양육실
12. 물품저장용, 간이포장용, 간이수선작업용 등으로 쓰기 위하여 공장 또는 창고시설에 설치하거나 인접 대지에 설치하는 천막(벽 또는 지붕이 합성수지 재질로 된 것을 포함한다), 그 밖에 이와 비슷한 것
13. 유원지, 종합휴양업 사업지역 등에서 한시적인 관광·문화행사 등을 목적으로 천막 또는 경량구조로 설치하는 것
14. 야외전시시설 및 촬영시설
15. 야외흡연실 용도로 쓰는 가설건축물로서 연면적이 $50m^2$ 이하인 것
16. 그 밖에 1.부터 14.까지의 규정에 해당하는 것과 비슷한 것으로서 건축조례로 정하는 건축물

가설건축물의 법령규정의 배제
가설건축물을 건축하거나 축조할 때에는 대통령령으로 정하는 바에 따라 법 제25조, 제38조부터 제42조까지, 제44조부터 제50조까지, 제50조의2, 제51조부터 제64조까지, 제67조, 제68조와 「녹색건축물 조성 지원법」 제15조 및 「국토의 계획 및 이용에 관한 법률」 제76조 중 일부 규정을 적용하지 아니한다(법 제20조 제5항).

(2) 가설건축물의 신고인 통지

특별자치시장·특별자치도지사 또는 시장·군수·구청장은 가설건축물축조 신고를 받은 날부터 5일 이내에 신고수리 여부 또는 민원 처리 관련 법령에 따른 처리기간의 연장 여부를 신고인에게 통지하여야 한다. 다만, 이 법 또는 다른 법령에 따라 심의, 동의, 협의, 확인 등이 필요한 경우에는 20일 이내에 통지하여야 한다(법 제20조 제4항, 법 제14조 제3항).

(3) 신고대상 가설건축물의 존치기간

① 신고해야 하는 가설건축물의 존치기간은 3년 이내로 하며, 존치기간의 연장이 필요한 경우에는 횟수별 3년의 범위에서 가설건축물별로 건축조례로 정하는 횟수만큼 존치기간을 연장할 수 있다. 다만, 공사용 가설건축물 및 공작물의 경우에는 해당 공사의 완료일까지의 기간을 말한다(영 제15조 제7항).

② 특별자치시장·특별자치도지사 또는 시장·군수·구청장은 가설건축물의 존치기간 만료일 30일 전까지 해당 가설건축물의 건축주에게 다음의 사항을 알려야 한다(영 제15조의2 제1항).

1. 존치기간 만료일
2. 존치기간 연장 가능 여부
3. 존치기간이 연장될 수 있다는 사실(공장에 설치한 가설건축물 또는 농림지역에 농업·어업용 고정식 온실 및 간이작업장, 가축양육실에 한정한다)

③ **존치기간 연장**: 존치기간을 연장하려는 가설건축물의 건축주는 다음의 구분에 따라 특별자치시장 · 특별자치도지사 또는 시장 · 군수 · 구청장에게 허가를 신청하거나 신고하여야 한다(영 제15조의2 제2항).

1. 허가 대상 가설건축물: 존치기간 만료일 14일 전까지 허가 신청
2. 신고 대상 가설건축물: 존치기간 만료일 7일 전까지 신고

3. 가설건축물대장

특별자치시장 · 특별자치도지사 또는 시장 · 군수 · 구청장은 가설건축물의 건축을 허가하거나 축조신고를 받은 경우 국토교통부령으로 정하는 바에 따라 가설건축물대장에 이를 기재하여 관리하여야 한다(법 제20조 제6항).

10 공용건축물에 대한 특례

1. 허가권자와의 협의

(1) 국가나 지방자치단체는 건축물을 건축 · 대수선 · 용도변경하거나 가설건축물을 건축하거나 공작물을 축조하려는 경우에는 대통령령으로 정하는 바에 따라 미리 건축물의 소재지를 관할하는 허가권자와 협의하여야 한다(법 제29조 제1항).

(2) 국가 또는 지방자치단체가 건축물을 건축하려면 해당 건축공사를 시행하는 행정기관의 장 또는 그 위임을 받은 자는 건축공사에 착수하기 전에 그 공사에 관한 설계도서와 국토교통부령으로 정하는 관계 서류를 허가권자에게 제출(전자문서에 의한 제출을 포함한다)하여야 한다. 다만, 국가안보상 중요하거나 국가기밀에 속하는 건축물을 건축하는 경우에는 설계도서의 제출을 생략할 수 있다(영 제22조 제1항).

2. 협의한 경우 허가 · 신고의 의제

국가 또는 지방자치단체가 건축물의 소재지를 관할하는 허가권자와 협의한 경우에는 「건축법」 제11조(건축허가), 제14조(건축신고), 제19조(용도변경), 제20조(가설건축물) 및 제83조(공작물)에 따른 건축허가를 받았거나 신고한 것으로 본다(법 제29조 제2항).

3. 건축물의 사용승인규정 적용 배제

국가 또는 지방자치단체가 건축물의 소재지를 관할하는 허가권자와 협의한 건축물에 대하여는 건축물의 사용승인 규정을 적용하지 아니한다. 다만, 건축물의 공사가 끝난 경우에는 지체 없이 허가권자에게 통보하여야 한다(법 제29조 제3항).

4. 국 · 공유지에 주민편의시설 등 설치

국가나 지방자치단체가 소유한 대지의 지상 또는 지하 여유공간에 구분지상권을 설정하여 주민편의시설 등 대통령령으로 정하는 시설을 설치하고자 하는 경우 허가권자는 구분지상권자를 건축주로 보고 구분지상권이 설정된 부분을 대지로 보아 건축허가를 할 수 있다. 이 경우 구분지상권 설정의 대상 및 범위, 기간 등은 「국유재산법」 및 「공유재산 및 물품 관리법」에 적합하여야 한다(법 제29조 제4항).

"주민편의시설 등 대통령령으로 정하는 시설"이란 다음의 시설을 말한다(영 제22조 제4항).

1. 제1종 근린생활시설
2. 제2종 근린생활시설(총포판매소, 장의사, 다중생활시설, 제조업소, 단란주점, 안마시술소 및 노래연습장은 제외한다)
3. 문화 및 집회시설(공연장 및 전시장으로 한정한다)
4. 의료시설
5. 교육연구시설
6. 노유자시설
7. 운동시설
8. 업무시설(오피스텔은 제외한다)

02 건축공사의 절차

1 건축주와의 계약 등

1. 건축관계자의 의무

건축관계자는 건축물이 설계도서에 따라 「건축법」 및 「건축법」의 규정에 따른 명령이나 처분, 그 밖의 관계 법령에 맞게 건축되도록 업무를 성실히 수행하여야 하며, 서로 위법하거나 부당한 일을 하도록 강요하거나 이와 관련하여 어떠한 불이익도 주어서는 아니 된다(법 제15조 제1항).

2. 건축관계자 간의 책임에 관한 내용과 범위

(1) 「건축법」과 계약으로 규정

건축관계자 간의 책임에 관한 내용과 그 범위는 「건축법」에서 규정한 것 외에는 건축주와 설계자, 건축주와 공사시공자, 건축주와 공사감리자 간의 계약으로 정한다(법 제15조 제2항).

(2) 표준계약서의 활용

국토교통부장관은 건축관계자 간의 책임에 관한 내용과 그 범위에 대한 계약 체결에 필요한 표준계약서를 작성하여 보급하고 활용하게 하거나 「건축사법」에 따른 건축사협회, 「건설산업기본법」에 따른 건설사업자단체로 하여금 표준계약서를 작성하여 보급하고 활용하게 할 수 있다(법 제15조 제3항).

2 건축물의 설계

1. 건축물의 건축 등을 위한 설계

(1) 건축사에 의한 설계

건축허가를 받아야 하거나 건축신고를 하여야 하는 건축물 또는 「주택법」 제42조 제2항 또는 제3항에 따른 리모델링을 하는 건축물의 건축 등을 위한 설계는 건축사가 아니면 할 수 없다. 다만, 다음의 어느 하나에 해당하는 경우에는 그러하지 아니하다(법 제23조 제1항).

1. 바닥면적의 합계가 $85m^2$ 미만인 증축·개축 또는 재축
2. 연면적이 $200m^2$ 미만이고 층수가 3층 미만인 건축물의 대수선
3. 그 밖에 건축물의 특수성과 용도 등을 고려하여 대통령령으로 정하는 건축물의 건축 등

(2) 특 례

국토교통부장관이 국토교통부령으로 정하는 바에 따라 작성하거나 인정하는 표준설계도서나 특수한 공법을 적용한 설계도서에 따라 건축물을 건축하는 경우에는 (1)의 규정을 적용하지 아니한다(법 제23조 제4항).

2. 설계도서의 작성

(1) 설계도서의 작성기준

설계자는 건축물이 「건축법」과 「건축법」에 따른 명령이나 처분, 그 밖의 관계 법령에 맞고 안전·기능 및 미관에 지장이 없도록 설계를 하여야 하며, 국토교통부장관이 정하여 고시하는 설계도서 작성기준에 따라 설계도서를 작성하여야 한다. 다만, 해당 건축물의 공법(工法) 등이 특수한 경우로서 국토교통부령으로 정하는 바에 따라 건축위원회의 심의를 거친 때에는 그러하지 아니하다(법 제23조 제2항).

(2) 설계의 적합여부 확인 및 서명·날인

설계도서를 작성한 설계자는 설계가 「건축법」과 「건축법」에 따른 명령이나 처분, 그 밖의 관계 법령의 규정에 맞게 작성되었는지를 확인한 후 설계도서에 서명날인하여야 한다(법 제23조 제3항).

3 착공신고

1. 착공신고 대상건축물

허가받은 건축물, 신고한 건축물, 허가받은 가설건축물에 대하여 공사를 착수하려는 건축주는 국토교통부령으로 정하는 바에 따라 허가권자에게 그 공사계획을 신고하여야 한다(법 제21조 제1항).

건축사 설계대상 제외되는 건축물

"대통령령으로 정하는 건축물"이란 다음의 어느 하나에 해당하는 건축물을 말한다(영 제18조).

1. 읍·면지역(시장 또는 군수가 지역계획 또는 도시·군계획에 지장이 있다고 인정하여 지정·공고한 구역은 제외한다)에서 건축하는 건축물 중 연면적이 $200m^2$ 이하인 창고 및 농막(「농지법」에 따른 농막을 말한다)과 연면적 $400m^2$ 이하인 축사, 작물재배사, 종묘배양시설, 화초 및 분재 등의 온실
2. 신고대상 가설건축물로서 건축조례로 정하는 가설건축물

PART 05

2. 공사감리자 · 공사시공자의 서명의무

공사계획을 신고하거나 변경신고를 하는 경우 해당 공사감리자(공사감리자를 지정한 경우만 해당된다)와 공사시공자가 신고서에 함께 서명하여야 한다(법 제21조 제2항).

3. 착공신고시 신고인 통지

(1) 허가권자는 1.의 본문에 따른 신고를 받은 날부터 3일 이내에 신고수리 여부 또는 민원 처리 관련 법령에 따른 처리기간의 연장 여부를 신고인에게 통지하여야 한다(법 제21조 제3항).

(2) 허가권자가 (1)에서 정한 기간 내에 신고수리 여부 또는 민원 처리 관련 법령에 따른 처리기간의 연장 여부를 신고인에게 통지하지 아니하면 그 기간이 끝난 날의 다음 날에 신고를 수리한 것으로 본다(법 제21조 제4항).

4. 착공신고시 첨부서류

허가를 받은 건축물의 건축주는 착공신고를 할 때에는 건축관계자 간의 책임에 관한 내용과 그 범위에 관한 각 계약서의 사본을 첨부하여야 한다(법 제21조 제6항).

4 건축시공

1. 시공자의 제한

건축주는 「건설산업기본법」 제41조(건설공사 시공자의 제한)를 위반하여 건축물의 공사를 하거나 하게 할 수 없다(법 제21조 제5항).

2. 공사시공자의 의무 등

(1) 성실시공의 의무

공사시공자는 건축주와의 계약대로 성실하게 공사를 수행하여야 하며, 「건축법」과 「건축법」에 따른 명령이나 처분, 그 밖의 관계 법령에 맞게 건축물을 건축하여 건축주에게 이를 인도하여야 한다(법 제24조 제1항).

(2) 설계도서의 공사현장 비치

공사시공자는 건축허가 또는 용도변경 허가대상인 건축물인 경우 공사현장에 설계도서를 갖추어 두어야 한다(법 제24조 제2항).

(3) 설계변경의 요청

공사시공자는 설계도서가 「건축법」 및 「건축법」의 규정에 따른 명령이나 처분, 그 밖의 관계 법령에 맞지 아니하거나 공사의 여건상 불합리하다고 인정되면 건축주와 공사감리자의 동의를 받아 서면으로 설계자에게 설계를 변경하도록 요청할 수 있다. 이 경우 설계자는 정당한 사유가 없으면 요청에 따라야 한다(법 제24조 제3항).

(4) 상세시공도면의 작성

공사시공자는 공사를 하는 데에 필요하다고 인정하거나 공사감리자로부터 상세시공도면을 작성하도록 요청을 받으면 상세시공도면을 작성하여 공사감리자의 확인을 받아야 하며, 이에 따라 공사를 하여야 한다(법 제24조 제4항).

(5) 건축허가 표지판의 설치

공사시공자는 건축허가나 용도변경허가가 필요한 건축물의 건축공사를 착수한 경우에는 해당 건축공사의 현장에 국토교통부령으로 정하는 바에 따라 건축허가 표지판을 설치하여야 한다(법 제24조 제5항).

(6) 현장관리인 지정 대상 건축물

「건설산업기본법」 제41조 제1항에 해당하지 아니하는 건축물의 건축주는 공사 현장의 공정 및 안전을 관리하기 위하여 같은 법 제2조 제15호에 따른 건설기술인 1명을 현장관리인으로 지정하여야 한다. 이 경우 현장관리인은 국토교통부령으로 정하는 바에 따라 공정 및 안전관리업무를 수행하여야 하며, 건축주의 승낙을 받지 아니하고는 정당한 사유 없이 그 공사 현장을 이탈하여서는 아니 된다(법 제24조 제6항).

(7) 건축공사의 공정과정 사진 및 동영상 촬영 및 보관

1) 공동주택, 종합병원, 관광숙박시설 등 대통령령으로 정하는 용도 및 규모의 건축물의 공사시공자는 건축주, 공사감리자 및 허가권자가 설계도서에 따라 적정하게 공사되었는지를 확인할 수 있도록 공사의 공정이 대통령령으로 정하는 진도에 다다른 때마다 사진 및 동영상을 촬영하고 보관하여야 한다. 이 경우 촬영 및 보관 등 그 밖에 필요한 사항은 국토교통부령으로 정한다(법 제24조 제7항).

「건설산업기본법」의 제41조 제1항(건설공사 시공자의 제한)

다음 각 호의 어느 하나에 해당하는 건축물의 건축 또는 대수선(大修繕)에 관한 건설공사(제9조 제1항 단서에 따른 경미한 건설공사는 제외한다)는 건설사업자가 하여야 한다. 다만, 다음 각 호 외의 건설공사와 농업용, 축산업용 건축물 등 대통령령으로 정하는 건축물의 건설공사는 건축주가 직접 시공하거나 건설사업자에게 도급하여야 한다.

1. 연면적이 $200m^2$를 초과하는 건축물
2. 연면적이 $200m^2$ 이하인 건축물로서 다음 각 목의 어느 하나에 해당하는 경우
   ① 「건축법」에 따른 공동주택
   ② 「건축법」에 따른 단독주택 중 다중주택, 다가구주택, 공관, 그 밖에 대통령령으로 정하는 경우
   ③ 주거용 외의 건축물로서 많은 사람이 이용하는 건축물 중 학교, 병원 등 대통령령으로 정하는 건축물

PART 05

2) 1)에서 "공동주택, 종합병원, 관광숙박시설 등 대통령령으로 정하는 용도 및 규모의 건축물"이란 다음의 어느 하나에 해당하는 건축물을 말한다(영 제18조의2 제1항).

(8) 공사시공자의 공사현장의 위해방지 등의 조치

건축물의 공사시공자는 대통령령으로 정하는 바에 따라 공사현장의 위해를 방지하기 위하여 필요한 조치를 하여야 한다(법 제28조 제1항).

(9) 허가권자의 건축공사관련 분쟁상담 등 필요한 조치

허가권자는 건축물의 공사와 관련하여 건축관계자간 분쟁상담 등의 필요한 조치를 하여야 한다(법 제28조 제2항).

1. 다중이용 건축물: 다음에 해당하는 단계
   ① 제19조 제3항 제1호부터 제3호까지의 구분에 따른 단계
   ② 제46조 제1항에 따른 방화구획 설치 공사와 관련하여 국토교통부령으로 정하는 단계
2. 특수구조 건축물
3. 건축물의 하층부가 필로티나 그 밖에 이와 비슷한 구조(벽면적의 2분의 1 이상이 그 층의 바닥면에서 위층 바닥 아래면까지 공간으로 된 것만 해당한다)로서 상층부와 다른 구조형식으로 설계된 건축물(이하 "필로티형식 건축물"이라 한다) 중 3층 이상인 건축물

3. 건축공사현장 안전관리

(1) 건축허가를 받은 자의 필요한 조치

건축허가를 받은 자는 건축물의 건축공사를 중단하고 장기간 공사현장을 방치할 경우 공사현장의 미관개선과 안전관리 등 필요한 조치를 하여야 한다(법 제13조 제1항).

(2) 안전관리예치금

1) 안전관리예치금의 예치대상 건축물 및 예치금액

허가권자는 연면적이 1천m^2 이상인 건축물(「주택도시기금법」에 따른 주택도시보증공사가 분양보증을 한 건축물, 「건축물의 분양에 관한 법률」에 따른 분양보증이나 신탁계약을 체결한 건축물은 제외한다)로서 해당 지방자치단체의 조례로 정하는 건축물에 대하여는 착공신고를 하는 건축주(「한국토지주택공사법」에 따른 한국토지주택공사 또는 「지방공기업법」에 따라 건축사업을 수행하기 위하여 설립된 지방공사는 제외한다)에게 장기간 건축물의 공사현장이 방치되는 것에 대비하여 미리 미관 개선과 안전관리에 필요한 비용(대통령령으로 정하는 보증서를 포함하며, 이하 "예치금"이라 한다)을 건축공사비의 1%의 범위에서 예치하게 할 수 있다(법 제13조 제2항).

2) 예치금 반환

허가권자가 예치금을 반환할 때에는 대통령령으로 정하는 이율로 산정한 이자를 포함하여 반환하여야 한다. 다만, 보증서를 예치한 경우에는 그러하지 아니하다(법 제13조 제3항).

(3) 허가권자의 개선명령

허가권자는 공사현장이 방치되어 도시미관을 저해하고 안전을 위해한다고 판단되면 건축허가를 받은 자에게 건축물 공사현장의 미관과 안전관리를 위한 다음의 개선을 명할 수 있다(법 제13조 제5항).

1. 안전울타리 설치 등 안전조치
2. 공사재개 또는 해체 등 정비

(4) 대집행 등의 조치

1) 대집행

허가권자는 개선명령을 받은 자가 개선을 하지 아니하면 「행정대집행법」으로 정하는 바에 따라 대집행을 할 수 있다. 이 경우 건축주가 예치한 예치금을 행정대집행에 필요한 비용에 사용할 수 있으며, 행정대집행에 필요한 비용이 이미 납부한 예치금보다 많을 때에는 「행정대집행법」 제6조에 따라 그 차액을 추가로 징수할 수 있다(법 제13조 제6항).

2) 허가권자의 조치

① 허가권자는 방치되는 공사현장의 안전관리를 위하여 긴급한 필요가 있다고 인정하는 경우에는 대통령령으로 정하는 바에 따라 건축주에게 고지한 후 건축주가 예치한 예치금을 사용하여 대통령령으로 정하는 조치를 할 수 있다(법 제13조 제7항).

② 허가권자는 착공신고 이후 건축 중에 공사가 중단된 건축물로서 공사중단 기간이 2년을 경과한 경우에는 건축주에게 서면으로 알린 후 예치금을 사용하여 공사현장의 미관과 안전관리개선을 위한 다음의 조치를 할 수 있다(영 제10조의2 제3항).

> 1. 공사현장 안전울타리의 설치
> 2. 대지 및 건축물의 붕괴 방지 조치
> 3. 공사현장의 미관 개선을 위한 조경 또는 시설물 등의 설치
> 4. 그 밖에 공사현장의 미관 개선 또는 대지 및 건축물에 대한 안전관리 개선 조치가 필요하여 건축조례로 정하는 사항

4. 건축물의 안전영향평가

(1) 안전영향평가대상 건축물

1) 허가권자는 초고층 건축물 등 대통령령으로 정하는 주요 건축물에 대하여 건축허가를 하기 전에 건축물의 구조, 지반 및 풍환경(風環境) 등이 건축물의 구조안전과 인접 대지의 안전에 미치는 영향 등을 평가하는 건축물 안전영향평가(이하 "안전영향평가"라 한다)를 안전영향평가기관에 의뢰하여 실시하여야 한다(법 제13조의2 제1항).

2) 1)에서 "초고층 건축물 등 대통령령으로 정하는 주요 건축물"이란 다음의 어느 하나에 해당하는 건축물을 말한다(영 제10조의3 제1항).

> 1. 초고층 건축물
> 2. 다음의 요건을 모두 충족하는 건축물
>   ① 연면적(하나의 대지에 둘 이상의 건축물을 건축하는 경우에는 각각의 건축물의 연면적을 말한다)이 10만m^2 이상일 것
>   ② 16층 이상일 것

3) 2)의 건축물을 건축하려는 자는 건축허가를 신청하기 전에 다음의 자료를 첨부하여 허가권자에게 안전영향평가를 의뢰하여야 한다(영 제10조의3 제2항).

> 1. 건축계획서 및 기본설계도서 등 국토교통부령으로 정하는 도서
> 2. 인접 대지에 설치된 상수도·하수도 등 국토교통부장관이 정하여 고시하는 지하시설물의 현황도
> 3. 그 밖에 국토교통부장관이 정하여 고시하는 자료

4) 안전영향평가기관은 국토교통부장관이 「공공기관의 운영에 관한 법률」 제4조에 따른 공공기관으로서 건축 관련 업무를 수행하는 기관 중에서 지정하여 고시한다(법 제13조의2 제2항).

5) 허가권자로부터 안전영향평가를 의뢰받은 4)의 안전영향평가기관은 다음의 항목을 검토하여야 한다(영 제10조의3 제3항).

> 1. 해당 건축물에 적용된 설계 기준 및 하중의 적정성
> 2. 해당 건축물의 하중저항시스템의 해석 및 설계의 적정성
> 3. 지반조사 방법 및 지내력(地耐力) 산정결과의 적정성
> 4. 굴착공사에 따른 지하수위 변화 및 지반 안전성에 관한 사항
> 5. 그 밖에 건축물의 안전영향평가를 위하여 국토교통부장관이 필요하다고 인정하는 사항

6) 안전영향평가기관은 안전영향평가를 의뢰받은 날부터 30일 이내에 안전영향평가 결과를 허가권자에게 제출하여야 한다. 다만, 부득이한 경우에는 20일의 범위에서 그 기간을 한 차례만 연장할 수 있다(영 제10조의3 제4항).

7) 안전영향평가를 의뢰한 자가 보완하는 기간 및 공휴일·토요일은 5)에 따른 기간의 산정에서 제외한다(영 제10조의3 제5항).

8) 허가권자는 안전영향평가 결과를 제출받은 경우에는 지체 없이 안전영향평가를 의뢰한 자에게 그 내용을 통보하여야 한다(영 제10조의3 제6항).

9) 안전영향평가에 드는 비용은 안전영향평가를 의뢰한 자가 부담한다(영 제10조의3 제7항).

10) 위에서 규정한 사항 외에 안전영향평가에 관하여 필요한 사항은 국토교통부장관이 정하여 고시한다(영 제10조의3 제8항).

(2) 안전영향평가 결과

① 안전영향평가 결과는 건축위원회의 심의를 거쳐 확정한다. 이 경우 건축위원회의 심의를 받아야 하는 건축물은 건축위원회 심의에 안전영향평가 결과를 포함하여 심의할 수 있다(법 제13조의2 제3항).

② 안전영향평가 대상 건축물의 건축주는 건축허가 신청시 제출하여야 하는 도서에 안전영향평가 결과를 반영하여야 하며, 건축물의 계획상 반영이 곤란하다고 판단되는 경우에는 그 근거 자료를 첨부하여 허가권자에게 건축위원회의 재심의를 요청할 수 있다(법 제13조의2 제4항).

③ 안전영향평가의 검토 항목과 건축주의 안전영향평가 의뢰, 평가 비용 납부 및 처리 절차 등 그 밖에 필요한 사항은 대통령령으로 정한다(법 제13조의2 제5항).

④ 허가권자는 위의 ① 및 ②의 심의 결과 및 안전영향평가 내용을 국토교통부령으로 정하는 방법에 따라 즉시 공개하여야 한다(법 제13조의2 제6항).

⑤ 안전영향평가를 실시하여야 하는 건축물이 다른 법률에 따라 구조안전과 인접 대지의 안전에 미치는 영향 등을 평가 받은 경우에는 안전영향평가의 해당 항목을 평가 받은 것으로 본다(법 제13조의2 제7항).

5 공사감리

1. 공사감리자 지정

(1) 건축주가 공사감리자를 지정하는 경우

1) 건축주는 대통령령으로 정하는 용도 · 규모 및 구조의 건축물을 건축하는 경우 건축사나 대통령령으로 정하는 자를 공사감리자(공사시공자 본인 및 「독점규제 및 공정거래에 관한 법률」 제2조에 따른 계열회사는 제외한다)로 지정하여 공사감리를 하게 하여야 한다(법 제25조 제1항).

2) 공사감리자를 지정하여 공사감리를 하게 하는 경우에는 다음의 구분에 따른 자를 공사감리자로 지정하여야 한다(영 제19조 제1항).

① **다음의 어느 하나에 해당하는 경우**: 건축사

> 1. 건축허가를 받아야 하는 건축물(건축신고대상 건축물은 제외)
> 2. 리모델링 활성화 구역 안의 건축물 또는 사용승인을 받은 후 15년 이상 경과되어 리모델링이 필요한 건축물

② **다중이용 건축물을 건축하는 경우**: 「건설기술 진흥법」에 따른 건설엔지니어링사업자(공사시공자 본인이거나 「독점규제 및 공정거래에 관한 법률」에 따른 계열회사인 건설엔지니어링사업자는 제외한다) 또는 건축사(「건설기술 진흥법 시행령」에 따라 건설사업관리기술인을 배치하는 경우만 해당한다)

3) 1)에 따른 공사감리의 방법 및 범위 등은 건축물의 용도·규모 등에 따라 대통령령으로 정하되, 이에 따른 세부기준이 필요한 경우에는 국토교통부장관이 정하거나 건축사협회로 하여금 국토교통부장관의 승인을 받아 정하도록 할 수 있다(법 제25조 제8항).

4) 국토교통부장관은 세부기준을 정하거나 승인을 한 경우 이를 고시하여야 한다(법 제25조 제9항).

(2) 허가권자가 공사감리자를 지정하는 건축물

1) 「건설산업기본법」 제41조 제1항 각 호에 해당하지 아니하는 소규모 건축물로서 건축주가 직접 시공하는 건축물 및 주택으로 사용하는 건축물 중 대통령령으로 정하는 건축물의 경우에는 대통령령으로 정하는 바에 따라 허가권자가 해당 건축물의 설계에 참여하지 아니한 자 중에서 공사감리자를 지정하여야 한다. 다만, 다음의 어느 하나에 해당하는 건축물의 건축주가 국토교통부령으로 정하는 바에 따라 허가권자에게 신청하는 경우에는 해당 건축물을 설계한 자를 공사감리자로 지정할 수 있다(법 제25조 제2항).

> 1. 「건설기술 진흥법」 제14조에 따른 신기술 중 대통령령으로 정하는 신기술을 보유한 자가 그 신기술을 적용하여 설계한 건축물
> 2. 「건축서비스산업 진흥법」 제13조 제4항에 따른 역량 있는 건축사로서 대통령령으로 정하는 건축사가 설계한 건축물
> 3. 설계공모를 통하여 설계한 건축물

2) "대통령령으로 정하는 건축물"이란 다음의 건축물을 말한다(영 제19조의2 제1항).

> 1. 「건설산업기본법」 제41조 제1항 각 호에 해당하지 아니하는 건축물 중 다음의 어느 하나에 해당하지 아니하는 건축물
>   ① 별표 1 제1호 가목의 단독주택
>   ② 농업·임업·축산업 또는 어업용으로 설치하는 창고·저장고·작업장·퇴비사·축사·양어장 및 그 밖에 이와 유사한 용도의 건축물
>   ③ 해당 건축물의 건설공사가 「건설산업기본법 시행령」 제8조 제1항 각 호의 어느 하나에 해당하는 경미한 건설공사인 경우

신기술을 가진 설계자와 역량 있는 건축사

1. 1)의 1.에서 "대통령령으로 정하는 신기술"이란 건축물의 주요구조부 및 주요구조부에 사용하는 마감재료에 적용하는 신기술을 말한다(영 제19조의2 제6항).
2. 1)의 2.에서 "대통령령으로 정하는 건축사"란 건축주가 같은 항 각 호 외의 부분 단서에 따라 허가권자에게 공사감리 지정을 신청한 날부터 최근 10년간 「건축서비스산업 진흥법 시행령」 제11조 제1항 각 호의 어느 하나에 해당하는 설계공모 또는 대회에서 당선되거나 최우수 건축 작품으로 수상한 실적이 있는 건축사를 말한다(영 제19조의2 제7항).

> 2. 주택으로 사용하는 다음 각 호의 어느 하나에 해당하는 건축물(각 목에 해당하는 건축물과 그 외의 건축물이 하나의 건축물로 복합된 경우를 포함한다)
>   ① 아파트
>   ② 연립주택
>   ③ 다세대주택
>   ④ 다중주택
>   ⑤ 다가구주택

3) 시・도지사는 앞의 (2)의 1)에 따라 공사감리자를 지정하기 위하여 다음의 구분에 따른 자를 대상으로 모집공고를 거쳐 공사감리자의 명부를 작성하고 관리해야 한다. 이 경우 시・도지사는 미리 관할 시장・군수・구청장과 협의해야 한다(영 제19조의2 제2항).

> 1. 다중이용 건축물의 경우:「건축사법」제23조 제1항에 따라 건축사사무소의 개설신고를 한 건축사 및「건설기술 진흥법」에 따른 건설엔지니어링사업자
> 2. 그 밖의 경우:「건축사법」제23조 제1항에 따라 건축사사무소의 개설신고를 한 건축사

4) 2)의 어느 하나에 해당하는 건축물의 건축주는 착공신고를 하기 전에 국토교통부령으로 정하는 바에 따라 허가권자에게 공사감리자의 지정을 신청하여야 한다(영 제19조의2 제3항).

5) 허가권자는 3)에 따른 명부에서 공사감리자를 지정하여야 한다(영 제19조의2 제4항).

6) 위에서 규정한 사항 외에 공사감리자 모집공고, 명부작성 방법 및 공사감리자 지정 방법 등에 관한 세부적인 사항은 시・도의 조례로 정한다(영 제19조의2 제5항).

7) 건축주가 공사감리자를 지정하거나 허가권자가 공사감리자를 지정하는 건축물의 건축주는 착공신고를 하는 때에 감리비용이 명시된 감리 계약서를 허가권자에게 제출하여야 하고, 사용승인을 신청하는 때에는 감리용역 계약내용에 따라 감리비용을 지급하여야 한다. 이 경우 허가권자는 감리 계약서에 따라 감리비용이 지급되었는지를 확인한 후 사용승인을 하여야 한다(법 제25조 제11항).

8) 앞의 1)에 따라 허가권자가 공사감리자를 지정하는 건축물의 건축주는 설계자의 설계의도가 구현되도록 해당 건축물의 설계자를 건축과정에 참여시켜야 한다. 이 경우「건축서비스산업 진흥법」제22조를 준용한다(법 제25조 제12항).

공사감리자의 공사현장 배치

1. 공사감리자는 수시로 또는 필요할 때 공사현장에서 감리업무를 수행해야 하며, 다음의 건축공사를 감리하는 경우에는「건축사법」제2조 제2호에 따른 건축사보(「기술사법」제6조에 따른 기술사사무소 또는「건축사법」제23조 제9항 각 호의 건설엔지니어링사업자 등에 소속되어 있는 사람으로서「국가기술자격법」에 따른 해당 분야 기술계 자격을 취득한 사람과「건설기술 진흥법 시행령」제4조에 따른 건설사업관리를 수행할 자격이 있는 사람을 포함한다) 중 건축 분야의 건축사보 한 명 이상을 전체 공사기간 동안, 토목・전기 또는 기계 분야의 건축사보 한 명 이상을 각 분야별 해당 공사기간 동안 각각 공사현장에서 감리업무를 수행하게 해야 한다. 이 경우 건축사보는 해당 분야의 건축공사의 설계・시공・시험・검사・공사감독 또는 감리업무 등에 2년 이상 종사한 경력이 있는 사람이어야 한다(영 제19조 제5항).
   ① 바닥면적의 합계가 5천m^2 이상인 건축공사. 다만, 축사 또는 작물 재배사의 건축공사는 제외한다.
   ② 연속된 5개 층(지하층을 포함한다) 이상으로서 바닥면적의 합계가 3천m^2 이상인 건축공사
   ③ 아파트 건축공사
   ④ 준다중이용 건축물 건축공사
2. 공사감리자는 1.의 각 호에 해당하지 않는 공사로서 깊이 10m 이상의 토지 굴착공사 또는 높이 5m 이상의 옹벽 등의 공사(「산업집적활성화 및 공장설립에 관한 법률」제2조 제14호에 따른 산업단지에서 바닥면적합계가 2천m^2 이하인 공장을 건축하는 경우는 제외한다)를 감리하는 경우에는 건축사보 중

9) 8)에 따라 설계자를 건축과정에 참여시켜야 하는 건축주는 법 제21조에 따른 착공신고를 하는 때에 해당 계약서 등 대통령령으로 정하는 서류를 허가권자에게 제출하여야 한다(법 제25조 제13항).

10) 허가권자는 감리비용에 관한 기준을 해당 지방자치단체의 조례로 정할 수 있다(법 제25조 제14항).

(3) 공사감리에 대한 개별 법령 적용

「주택법」에 따른 사업계획 승인 대상과 「건설기술 진흥법」에 따라 건설사업관리를 하게 하는 건축물의 공사감리는 위의 규정에도 불구하고 각각 해당 법령으로 정하는 바에 따른다(법 제25조 제10항).

2. 감리업무수행

(1) 공사감리자의 감리업무

공사감리자가 수행하여야 하는 감리업무는 다음과 같다(영 제19조 제9항).

1. 공사시공자가 설계도서에 따라 적합하게 시공하는지 여부의 확인
2. 공사시공자가 사용하는 건축자재가 관계 법령에 따른 기준에 적합한 건축자재인지 여부의 확인
3. 그 밖에 공사감리에 관한 사항으로서 국토교통부령으로 정하는 사항

(2) 공사감리자는 다음 각 호의 업무를 수행한다(규칙 제19조의2)

1. 건축물 및 대지가 이 법 및 관계 법령에 적합하도록 공사시공자 및 건축주를 지도
2. 시공계획 및 공사관리의 적정여부의 확인
3. 건축공사의 하도급과 관련된 다음 각 목의 확인
   ① 수급인(하수급인을 포함한다. 이하 이 호에서 같다)이 「건설산업기본법」 제16조에 따른 시공자격을 갖춘 건설사업자에게 건축공사를 하도급했는지에 대한 확인
   ② 수급인이 「건설산업기본법」 제40조제1항에 따라 공사현장에 건설기술인을 배치했는지에 대한 확인
4. 공사현장에서의 안전관리의 지도
5. 공정표의 검토
6. 상세시공도면의 검토 · 확인
7. 구조물의 위치와 규격의 적정여부의 검토 · 확인
8. 품질시험의 실시여부 및 시험성과의 검토 · 확인
9. 설계변경의 적정여부의 검토 · 확인
10. 기타 공사감리계약으로 정하는 사항

건축 또는 토목 분야의 건축사보 한 명 이상을 해당 공사기간 동안 공사현장에서 감리업무를 수행하게 해야 한다. 이 경우 건축사보는 건축공사의 시공 · 공사감독 또는 감리업무 등에 2년 이상 종사한 경력이 있는 사람이어야 한다(영 제19조 제6항).

3. 공사감리자는 제61조 제1항 제4호에 해당하는 건축물[즉, 공장, 창고시설, 위험물 저장 및 처리 시설(자가난방과 자가발전 등의 용도로 쓰는 시설을 포함한다), 자동차 관련 시설의 용도로 쓰는 건축물]의 마감재료 설치공사를 감리하는 경우로서 국토교통부령으로 정하는 경우에는 건축 또는 안전관리 분야의 건축사보 한 명 이상이 마감재료 설치공사기간 동안 그 공사현장에서 감리업무를 수행하게 해야 한다. 이 경우 건축사보는 건축공사의 설계 · 시공 · 시험 · 검사 · 공사감독 또는 감리업무 등에 2년 이상 종사한 경력이 있는 사람이어야 한다(영 제19조 제7항).
4. 공사감리자는 1.부터 3.까지의 규정에 따라 건축사보로 하여금 감리업무를 수행하게 하는 경우 다른 공사현장이나 공정의 감리업무를 수행하고 있지 않는 건축사보가 감리업무를 수행하게 해야 한다(영 제19조 제8항).
5. 공사현장에 건축사보를 두는 공사감리자는 다음의 구분에 따른 기간에 국토교통부령으로 정하는 바에 따라 건축사보의 배치현황을 허가권자에게 제출해야 한다(영 제19조 제10항).
   ① 최초로 건축사보를 배치하는 경우에는 착공 예정일(앞의 2. 또는 3.에 따라 배치하는 경우에는 배치일을 말한다)부터 7일
   ② 건축사보의 배치가 변경된 경우에는 변경된 날부터 7일

PART 05

③ 건축사보가 철수한 경우에는 철수한 날부터 7일
6. 허가권자는 공사감리자로부터 건축사보의 배치현황을 받으면 지체 없이 건축사보가 이중으로 배치되어 있는지 여부 등 국토교통부령으로 정하는 내용을 확인한 후 「전자정부법」 제37조에 따른 행정정보공동이용센터를 통해 그 배치현황을 「건축사법」 제31조에 따른 대한건축사협회에 보내야 한다(영 제19조 제11항).
7. 건축사보의 배치현황을 받은 대한건축사협회는 이를 관리해야 하며, 건축사보가 이중으로 배치된 사실 등을 확인한 경우에는 지체 없이 그 사실 등을 관계 시·도지사, 허가권자 및 그 밖에 국토교통부령으로 정하는 자에게 알려야 한다(영 제19조 제12항).

3. 상세시공도면 요청

연면적의 합계가 5천m^2 이상인 건축공사의 공사감리자는 필요하다고 인정하는 경우에는 공사시공자에게 상세시공도면을 작성하도록 요청할 수 있다(법 제25조 제5항, 영 제19조 제4항).

4. 위반사항 발견시 감리자의 조치

(1) 시정 또는 재시공 요청

공사감리자는 공사감리를 할 때 「건축법」과 「건축법」에 따른 명령이나 처분 그 밖의 관계 법령에 위반된 사항을 발견하거나 공사시공자가 설계도서대로 공사를 하지 아니하면 이를 건축주에게 알린 후 공사시공자에게 이를 시정하거나 재시공하도록 요청하여야 한다(법 제25조 제3항).

(2) 공사중지 요청

공사시공자가 시정이나 재시공 요청에 따르지 아니하면 서면으로 그 건축공사를 중지하도록 요청할 수 있다. 이 경우 공사중지를 요청받은 공사시공자는 정당한 사유가 없으면 즉시 공사를 중지하여야 한다(법 제25조 제3항 후단).

(3) 위법건축공사보고서

공사감리자는 공사시공자가 시정이나 재시공 요청을 받은 후 이에 따르지 아니 하거나 공사중지 요청을 받고도 공사를 계속하면 국토교통부령으로 정하는 바에 따라 허가권자에게 보고하여야 한다. 즉, 시정 등을 요청할 때에 명시한 기간이 만료되는 날부터 7일 이내에 위법건축공사보고서를 허가권자에게 제출하여야 한다(법 제25조 제4항, 규칙 제19조 제1항).

(4) 공사감리자에 대한 불이익행위 금지

건축주나 공사시공자는 위반사항에 대한 시정이나 재시공을 요청하거나 위반사항을 허가권자에게 보고한 공사감리자에게 이를 이유로 공사감리자의 지정을 취소하거나 보수의 지급을 거부 또는 지연시키는 등 불이익을 주어서는 아니 된다(법 제25조 제7항).

5. 감리보고서 제출

공사감리자는 국토교통부령으로 정하는 바에 따라 감리일지를 기록·유지하여야 하며, 공사의 공정(工程)이 대통령령으로 정하는 진도에 다다른 경우에는 감리중간보고서를, 공사를 완료한 경우에는 감리완료보고서를 국토교통부령으로 정하는 바에 따라 각각 작성하여 건축주에게 제출하여야 하며, 건축주는 건축물의 사용승인을 신청할 때 중간감리보고서와 감리완료보고서를 첨부하여 허가권자에게 제출하여야 한다(법 제25조 제6항).

6 건축물의 사용승인

1. 사용승인 신청

건축주가 건축허가를 받았거나 신고를 한 건축물, 허가받은 가설건축물의 건축공사를 완료(하나의 대지에 둘 이상의 건축물을 건축하는 경우 동별 공사를 완료한 경우를 포함한다)한 후 그 건축물을 사용하려면 공사감리자가 작성한 감리완료보고서(공사감리자를 지정한 경우만 해당된다)와 국토교통부령으로 정하는 공사완료도서를 첨부하여 허가권자에게 사용승인을 신청하여야 한다(법 제22조 제1항).

> 신고한 가설건축물은 사용승인을 받지 아니한다.

2. 사용승인서의 교부

(1) 현장검사 및 사용승인서 교부

허가권자는 사용승인신청을 받은 경우 국토교통부령으로 정하는 기간, 즉 그 신청서를 접수한 날부터 7일 이내에 다음의 사항에 대한 검사를 실시하고, 검사에 합격된 건축물에 대하여는 사용승인서를 내주어야 한다. 다만, 해당 지방자치단체의 조례로 정하는 건축물은 사용승인을 위한 검사를 실시하지 아니하고 사용승인서를 내줄 수 있다(법 제22조 제2항, 규칙 제16조 제3항).

> 1. 사용승인을 신청한 건축물이 「건축법」에 따라 허가 또는 신고한 설계도서대로 시공되었는지의 여부
> 2. 감리완료보고서, 공사완료도서 등의 서류 및 도서가 적합하게 작성되었는지의 여부

(2) 건축물대장 기재

특별시장 또는 광역시장은 사용승인을 한 경우 지체 없이 그 사실을 군수 또는 구청장에게 알려서 건축물대장에 적게 하여야 한다. 이 경우 건축물대장에는 설계자, 대통령령으로 정하는 주요 공사의 시공자, 공사감리자를 적어야 한다(법 제22조 제6항).

건축물대장 기재

"대통령령으로 정하는 주요 공사의 시공자"란 다음 각 호의 어느 하나에 해당하는 자를 말한다(영 제17조 제5항).

1. 「건설산업기본법」 제9조에 따라 종합공사 또는 전문공사를 시공하는 업종을 등록한 자로서 발주자로부터 건설공사를 도급받은 건설사업자
2. 「전기공사업법」·「소방시설공사업법」 또는 「정보통신공사업법」에 따라 공사를 수행하는 시공자

3. 건축물의 사용시기

(1) 건축주는 사용승인을 받은 후가 아니면 그 건축물을 사용하거나 사용하게 할 수 없다(법 제22조 제3항).

(2) 다음의 어느 하나에 해당하는 경우 사용승인 전이라도 그 건축물을 사용하거나 사용하게 할 수 있다(법 제22조 제3항 단서).

> 1. 허가권자가 7일 이내에 사용승인서를 교부하지 아니한 경우
> 2. 사용승인서를 교부 받기 전에 공사가 완료된 부분이 건폐율, 용적률, 설비, 피난·방화 등 국토교통부령으로 정하는 기준에 적합한 경우로서 기간을 정하여 대통령령으로 정하는 바에 따라 임시로 사용의 승인을 한 경우

4. 사용승인시 관련 법률에 따른 의제

(1) 관련 법률에 따라 의제되는 사항

건축주가 사용승인을 받은 경우에는 다음에 따른 사용승인·준공검사 또는 등록신청 등을 받거나 한 것으로 보며, 공장건축물의 경우에는 「산업집적활성화 및 공장설립에 관한 법률」에 따라 관련 법률의 검사 등을 받은 것으로 본다(법 제22조 제4항).

> 1. 배수설비(排水設備)의 준공검사 및 개인하수처리시설의 준공검사(「하수도법」 제27조·제37조)
> 2. 지적공부(地籍公簿) 변동사항의 등록신청(「공간정보의 구축 및 관리 등에 관한 법률」 제64조)
> 3. 승강기 설치검사(「승강기 안전관리법」 제28조)
> 4. 보일러 설치검사(「에너지이용 합리화법」 제39조)
> 5. 전기설비 사용전검사(「전기안전관리법」 제9조)
> 6. 정보통신공사 사용전검사(「정보통신공사업법」 제36조)
>
> 6의2. 기계설비의 사용전검사(「기계설비법」 제15조)
>
> 7. 도로점용 공사의 준공확인(「도로법」 제62조 제2항)
> 8. 개발 행위의 준공검사(「국토의 계획 및 이용에 관한 법률」 제62조)
> 9. 도시·군계획시설사업의 준공검사(「국토의 계획 및 이용에 관한 법률」 제98조)
> 10. 수질오염물질 배출시설의 가동개시의 신고(「물환경보전법」 제37조)
> 11. 대기오염물질 배출시설의 가동개시의 신고(「대기환경보전법」 제30조)

(2) 행정기관의 장과 사전협의

사용승인을 하는 경우 허가권자는 (1)의 어느 하나에 해당하는 내용이 포함되어 있으면 관계 행정기관의 장과 미리 협의하여야 한다(법 제22조 제5항).

5. 임시사용승인

(1) 임시사용승인 신청

① 건축주는 사용승인서를 교부 받기 전에 공사가 완료된 부분에 대한 임시사용의 승인을 받으려는 경우에는 임시사용승인 신청서를 허가권자에게 제출(전자문서에 의한 제출을 포함한다)하여야 한다(영 제17조 제2항).

② 허가권자는 신청서를 접수한 경우에는 공사가 완료된 부분이 「건축법」에 따른 기준에 적합한 경우만 임시사용을 승인할 수 있으며, 식수 등 조경에 필요한 조치를 하기에 부적합한 시기에 건축공사가 완료된 건축물은 허가권자가 지정하는 시기까지 식수(植樹) 등 조경에 필요한 조치를 할 것을 조건으로 임시사용을 승인할 수 있다(영 제17조 제3항).

(2) 임시사용승인 기간

임시사용승인의 기간은 2년 이내로 한다. 다만, 허가권자는 대형건축물 또는 암반공사 등으로 인하여 공사기간이 긴 건축물에 대하여는 그 기간을 연장할 수 있다(영 제17조 제4항).

7 현장조사 · 검사 및 확인업무의 대행

1. 업무대행 건축사

허가권자는 「건축법」에 따른 현장조사 · 검사 및 확인업무를 대통령령으로 정하는 바에 따라 「건축사법」에 따라 건축사사무소 개설신고한 자에게 대행하게 할 수 있다(법 제27조 제1항).

2. 대행자의 보고사항

업무를 대행하는 자는 현장조사 · 검사 또는 확인결과를 국토교통부령으로 정하는 바에 따라 허가권자에게 서면으로 보고하여야 한다(법 제27조 제2항).

3. 업무대행 수수료 지급

허가권자는 업무를 대행하게 한 경우에는 국토교통부령으로 정하는 범위에서 해당 지방자치단체의 조례로 정하는 수수료를 지급하여야 한다(법 제27조 제3항).

8 건축허용오차

대지의 측량(「공간정보의 구축 및 관리 등에 관한 법률」에 따른 지적측량은 제외한다)이나 건축물의 건축과정에서 부득이하게 발생하는 오차는 「건축법」을 적용할 때 국토교통부령으로 정하는 범위에서 허용한다(법 제26조, 규칙 제20조 관련 별표5).

1. 대지 관련 건축기준의 허용오차

항 목	허용되는 오차의 범위
건축선의 후퇴거리	3% 이내
인접대지 경계선과의 거리	3% 이내
인접건축물과의 거리	3% 이내
건폐율	0.5% 이내(건축면적 $5m^2$를 초과할 수 없다)
용적률	1% 이내(연면적 $30m^2$를 초과할 수 없다)

2. 건축물 관련 건축기준의 허용오차

항 목	허용되는 오차의 범위
건축물 높이	2% 이내(1m를 초과할 수 없다)
평면길이	2% 이내(건축물 전체길이는 1m를 초과할 수 없고, 벽으로 구획된 각 실의 경우는 10cm를 초과할 수 없다)
출구너비	2% 이내
반자높이	2% 이내
벽체두께	3% 이내
바닥판두께	3% 이내

03 건축물의 유지와 관리

1 건축지도원

1. 건축지도원의 지정

(1) 특별자치시장 · 특별자치도지사 또는 시장 · 군수 · 구청장은 「건축법」 또는 「건축법」에 따른 명령이나 처분에 위반하는 건축물의 발생을 예방하고 건축물을 적법하게 유지 · 관리하도록 지도하기 위하여 대통령령으로 정하는 바에 따라 건축지도원을 지정할 수 있다(법 제37조 제1항).

(2) 특별자치시장 · 특별자치도지사 또는 시장 · 군수 · 구청장이 특별자치시 · 특별자치도 또는 시 · 군 · 구에 근무하는 건축직렬의 공무원과 건축에 관한 학식이 풍부한 자로서 건축조례로 정하는 자격을 갖춘 자 중에서 지정한다(영 제24조 제1항).

2. 건축지도원의 업무

건축지도원의 업무는 다음과 같다(영 제24조 제2항).

> 1. 건축신고를 하고 건축 중에 있는 건축물의 시공지도와 위법시공 여부의 확인 · 지도 및 단속
> 2. 건축물의 대지, 높이 및 형태, 구조안전 및 화재안전, 건축설비 등이 법령 등에 적합하게 유지 · 관리되고 있는지의 확인 · 지도 및 단속
> 3. 허가를 받지 아니하거나 신고를 하지 아니하고 건축하거나 용도변경한 건축물의 단속

2 건축물대장

특별자치시장 · 특별자치도지사 또는 시장 · 군수 · 구청장은 건축물의 소유 · 이용 및 유지 · 관리 상태를 확인하거나 건축정책의 기초 자료로 활용하기 위하여 다음의 어느 하나에 해당하면 건축물대장에 건축물과 그 대지의 현황 및 국토교통부령으로 정하는 건축물의 구조내력(構造耐力)에 관한 정보를 적어서 보관하여야 한다(법 제38조 제1항).

등기촉탁

특별자치시장 · 특별자치도지사 또는 시장 · 군수 · 구청장은 다음의 하나에 해당하는 사유로 건축물대장의 기재내용이 변경되는 경우 관할 등기소에 그 등기를 촉탁하여야 한다(법 제39조 제1항).

1. 지번 또는 행정구역의 명칭이 변경된 경우
2. 사용승인을 받은 건축물로서 그 사용승인 내용 중 건축물의 면적 · 구조 · 용도 및 층수가 변경된 경우(신규등록은 제외한다)
3. 건축물을 해체한 경우
4. 건축물의 멸실 후 멸실신고를 한 경우

> 1. 사용승인서를 내준 경우
> 2. 건축허가대상 건축물(신고대상 건축물을 포함한다) 외의 건축물의 공사를 끝낸 후 그 건축물에 대하여 기재를 요청한 경우
> 3. 건축물의 유지·관리에 관한 사항
> 4. 그 밖에 대통령령으로 정하는 경우

3 건축업무의 전산처리

1. 전자정보처리시스템을 이용한 건축업무 처리

허가권자는 건축허가업무 등의 효율적인 처리를 위하여 국토교통부령으로 정하는 바에 따라 전자정보처리시스템을 이용하여 「건축법」에 규정된 업무를 처리할 수 있다(법 제32조 제1항).

2. 전산자료 이용에 대한 승인

(1) 승인신청

전자정보처리시스템에 따라 처리된 자료(이하 "전산자료"라 한다)를 이용하려는 자는 대통령령으로 정하는 바에 따라 관계 중앙행정기관의 장의 심사를 거쳐 다음의 구분에 따라 국토교통부장관, 시·도지사 또는 시장·군수·구청장의 승인을 받아야 한다. 다만, 지방자치단체의 장이 승인을 신청하는 경우에는 관계 중앙행정기관의 장의 심사를 받지 아니한다(법 제32조 제2항).

> 1. 전국 단위의 전산자료: 국토교통부장관
> 2. 특별시·광역시·특별자치시·도·특별자치도(이하 "시·도"라 한다) 단위의 전산자료: 시·도지사
> 3. 시·군 또는 구(자치구를 말한다) 단위의 전산자료: 시장·군수·구청장

(2) 승 인

국토교통부장관, 시·도지사 또는 시장·군수·구청장이 승인신청을 받은 경우에는 건축허가업무 등의 효율적인 처리에 지장이 없고 대통령령으로 정하는 건축주 등의 개인정보 보호기준을 위반하지 아니한다고 인정되는 경우에만 승인할 수 있다. 이 경우 용도를 한정하여 승인할 수 있다(법 제32조 제3항).

(3) 사용료 납부

승인을 받아 전산자료를 이용하려는 자는 사용료를 내야 한다(법 제32조 제5항).

03 건축물의 대지 및 도로

Chapter

단·원·열·기

대지의 조경, 공개공지 등의 설치, 대지와 도로와의 관계, 건축선 등이 출제빈도가 높다.
학습방법: 건축선은 필수적으로 정리한 다음 대지의 조경, 공개공지 등의 설치, 대지와 도로와의 관계 등을 정리하도록 한다.

01 대 지

1 대지의 안전

1. 대지와 도로의 관계

대지는 인접한 도로면보다 낮아서는 아니 된다. 다만, 대지의 배수에 지장이 없거나 건축물의 용도상 방습의 필요가 없는 경우에는 인접한 도로면보다 낮아도 된다(법 제40조 제1항).

2. 지반의 개량조치

습한 토지, 물이 나올 우려가 많은 토지, 쓰레기, 그 밖에 이와 비슷한 것으로 매립된 토지에 건축물을 건축하는 경우에는 성토·지반의 개량 등 필요한 조치를 하여야 한다(법 제40조 제2항).

3. 배수시설의 설치

대지에는 빗물과 오수를 배출하거나 처리하기 위하여 필요한 하수관, 하수구, 저수탱크, 그 밖에 이와 유사한 시설을 하여야 한다(법 제40조 제3항).

4. 옹벽의 설치

손궤(무너져 내림)의 우려가 있는 토지에 대지를 조성하려면 국토교통부령으로 정하는 바에 따라 옹벽을 설치하거나 그 밖에 필요한 조치를 하여야 한다. 다만, 건축사 또는 「기술사법」에 따라 등록한 건축구조기술사에 의하여 해당 토지의 구조안전이 확인된 경우는 그러하지 아니하다(법 제40조 제4항, 규칙 제25조).

1. 성토 또는 절토하는 부분의 경사도가 1 : 1.5 이상으로서 높이가 1m 이상인 부분에는 옹벽을 설치할 것
2. 옹벽의 높이가 2m 이상인 경우에는 이를 콘크리트구조로 할 것. 다만, 별표 6의 옹벽에 관한 기술적 기준에 적합한 경우에는 그러하지 아니하다.
3. 옹벽의 외벽면에는 이의 지지 또는 배수를 위한 시설외의 구조물이 밖으로 튀어 나오지 아니하게 할 것
4. 옹벽의 윗가장자리로부터 안쪽으로 2m 이내에 묻는 배수관은 주철관, 강관 또는 흡관으로 하고, 이음부분은 물이 새지 아니하도록 할 것
5. 옹벽에는 $3m^2$마다 하나 이상의 배수구멍을 설치하여야 하고, 옹벽의 윗가장자리로부터 안쪽으로 2m 이내에서의 지표수는 지상으로 또는 배수관으로 배수하여 옹벽의 구조상 지장이 없도록 할 것
6. 성토부분의 높이는 대지의 안전 등에 지장이 없는 한 인접대지의 지표면보다 0.5m 이상 높게 하지 아니할 것. 다만, 절토에 의하여 조성된 대지 등 허가권자가 지형 조건상 부득이하다고 인정하는 경우에는 그러하지 아니하다.

2 토지굴착부분에 대한 조치

1. 토지를 굴착하는 경우 시공자의 의무

공사시공자는 대지를 조성하거나 건축공사를 하기 위하여 토지를 굴착·절토·매립 또는 성토 등을 하는 경우 그 변경 부분에는 국토교통부령으로 정하는 바에 따라 공사 중 비탈면 붕괴, 토사 유출 등 위험 발생의 방지, 환경 보존, 그 밖에 필요한 조치를 한 후 해당 공사현장에 그 사실을 게시하여야 한다(법 제41조 제1항).

의무위반자에 대한 조치
허가권자는 1.의 규정을 위반한 자에게 의무이행에 필요한 조치를 명할 수 있다(법 제41조 제2항).

2. 위험발생의 방지조치

위의 1.에 따라 대지를 조성하거나 건축공사에 수반하는 토지를 굴착하는 경우에는 다음에 따른 위험발생의 방지조치를 하여야 한다(규칙 제26조 제1항).

(1) 지하에 묻은 수도관·하수도관·가스관 또는 케이블 등이 토지굴착으로 인하여 파손되지 아니하도록 할 것

(2) 건축물 및 공작물에 근접하여 토지를 굴착하는 경우에는 그 건축물 및 공작물의 기초 또는 지반의 구조내력의 약화를 방지하고 급격한 배수를 피하는 등 토지의 붕괴에 의한 위해를 방지하도록 할 것

(3) 토지를 깊이 1.5m 이상 굴착하는 경우에는 그 경사도가 다음에 의한 비율 이하이거나 주변상황에 비추어 위해방지에 지장이 없다고 인정되는 경우를 제외하고는 토압에 대하여 안전한 구조의 흙막이를 설치할 것

토 질	경사도
모래	1:1.8
암괴 또는 호박돌이 섞인 점성토	1:1.5
모래질흙, 사력질흙, 암괴 또는 호박돌이 섞인 모래질흙, 점토, 점성토	1:1.2
연암	1:1.0
경암	1:0.5

(4) 굴착공사 및 흙막이 공사의 시공 중에는 항상 점검을 하여 흙막이의 보강, 적절한 배수조치 등 안전상태를 유지하도록 하고, 흙막이판을 제거하는 경우에는 주변지반의 내려앉음을 방지하도록 할 것

비탈면의 환경보전조치

성토부분·절토부분 또는 되메우기를 하지 아니하는 굴착부분의 비탈면으로서 제25조에 따른 옹벽을 설치하지 아니하는 부분에 대하여는 앞의 1.에 따라 다음에 따른 환경의 보전을 위한 조치를 하여야 한다(규칙 제26조 제2항).

1. 배수를 위한 수로는 돌 또는 콘크리트를 사용하여 토양의 유실을 막을 수 있도록 할 것
2. 높이가 3m를 넘는 경우에는 높이 3m 이내마다 그 비탈면적의 5분의 1 이상에 해당하는 면적의 단을 만들 것. 다만, 허가권자가 그 비탈면의 토질·경사도 등을 고려하여 붕괴의 우려가 없다고 인정하는 경우에는 그러하지 아니하다.
3. 비탈면에는 토양의 유실방지와 미관의 유지를 위하여 나무 또는 잔디를 심을 것. 다만, 나무 또는 잔디를 심는 것으로는 비탈면의 안전을 유지할 수 없는 경우에는 돌붙이기를 하거나 콘크리트블록격자 등의 구조물을 설치하여야 한다.

3 대지 안의 조경의무

1. 의무조경대상

면적이 $200m^2$ 이상인 대지에 건축을 하는 건축주는 용도지역 및 건축물의 규모에 따라 해당 지방자치단체의 조례가 정하는 기준에 따라 대지 안에 조경이나 그 밖에 필요한 조치를 하여야 한다(법 제42조 제1항).

2. 의무조경대상이 아닌 건축물

조경이 필요하지 아니한 건축물로서 대통령령으로 정하는 다음의 건축물에 대하여는 조경 등의 조치를 하지 아니할 수 있다(법 제42조 제1항, 영 제27조 제1항).

① 녹지지역에 건축하는 건축물
② 면적 5천m^2 미만인 대지에 건축하는 공장
③ 연면적의 합계가 1천 500m^2 미만인 공장
④ 「산업집적활성화 및 공장설립에 관한 법률」에 따른 산업단지의 공장
⑤ 대지에 염분이 함유되어 있는 경우 또는 건축물 용도의 특성상 조경 등의 조치를 하기가 곤란하거나 조경 등의 조치를 하는 것이 불합리한 경우로서 건축조례로 정하는 건축물
⑥ 축사

조경 등의 조치에 관한 기준

조경 등의 조치에 관한 기준은 다음과 같다. 다만, 건축조례에서 다음의 기준보다 더 완화된 기준을 정한 경우에는 그 기준에 따른다(영 제27조 제2항).

① 공장(2.의 ②③④에 해당하는 공장은 제외) 및 물류시설(2.의 ⑧에 해당하는 물류시설과 주거지역 또는 상업지역에 건축하는 물류시설은 제외)
  ㉠ 연면적의 합계가 2천m^2 이상인 경우: 대지면적의 10% 이상

⑦ 건축허가에 따른 가설건축물
⑧ 연면적의 합계가 1천 500m² 미만인 물류시설(주거지역 또는 상업지역에 건축하는 것은 제외한다)로서 국토교통부령으로 정하는 것
⑨「국토의 계획 및 이용에 관한 법률」에 따라 지정된 자연환경보전지역 · 농림지역 또는 관리지역(지구단위계획구역으로 지정된 지역은 제외한다)의 건축물
⑩ 다음의 어느 하나에 해당하는 건축물 중 건축조례로 정하는 건축물
　㉠「관광진흥법」에 따른 관광지 또는 관광단지에 설치하는 관광시설
　㉡「관광진흥법 시행령」에 따른 전문휴양업의 시설 또는 종합휴양업의 시설
　㉢「국토의 계획 및 이용에 관한 법률 시행령」에 따른 관광 · 휴양형 지구단위계획구역에 설치하는 관광시설
　㉣「체육시설의 설치 · 이용에 관한 법률 시행령」에 따른 골프장

㉡ 연면적의 합계가 1,500m² 이상 2천m² 미만인 경우: 대지면적의 5% 이상
② 「공항시설법」에 따른 공항시설: 대지면적(활주로 · 유도로 · 계류장 · 착륙대 등 항공기의 이륙 및 착륙시설에 이용하는 면적을 제외한다)의 10% 이상
③ 「철도의 건설 및 철도시설 유지관리에 관한 법률」에 따른 철도 중 역시설: 대지면적(선로 · 승강장 등 철도운행에 이용되는 시설의 면적을 제외한다)의 10% 이상
④ 그 밖에 면적 200m² 이상 300m² 미만인 대지에 건축하는 건축물: 대지면적의 10% 이상

3. 건축물의 옥상부분의 조경

건축물의 옥상에 조경의무 규정에 따라 국토교통부장관이 고시하는 기준에 따라 조경이나 그 밖에 필요한 조치를 하는 경우에는 옥상부분의 조경면적의 3분의 2에 해당하는 면적을 대지의 조경면적으로 산정할 수 있다. 이 경우 조경면적으로 산정하는 면적은 의무조경면적의 50%를 초과할 수 없다(영 제27조 제3항).

조경에 필요한 사항 고시

국토교통부장관은 식재(植栽)기준, 조경 시설물의 종류 및 설치방법, 옥상 조경의 방법 등 조경에 필요한 사항을 정하여 고시할 수 있다(법 제42조 제2항).

4 공개공지 등의 설치

1. 공개공지 등의 설치 대상지역

다음의 어느 하나에 해당하는 지역의 환경을 쾌적하게 조성하기 위하여 대통령령으로 정하는 용도 및 규모의 건축물은 일반이 사용할 수 있도록 대통령령이 정하는 기준에 따라 소규모 휴식시설 등의 공개공지(空地: 공터) 또는 공개공간(이하 "공개공지등"이라 한다)을 설치하여야 한다(법 제43조 제1항).

1. 일반주거지역, 준주거지역
2. 상업지역
3. 준공업지역
4. 특별자치시장 · 특별자치도지사 또는 시장 · 군수 · 구청장이 도시화의 가능성이 크거나 노후 산업단지의 정비가 필요하다고 인정하여 지정 · 공고하는 지역

2. 공개공지 등의 설치 대상 건축물

다음의 어느 하나에 해당하는 건축물의 대지에는 공개공지 또는 공개공간(이하 "공개공지 등"이라 한다)을 설치해야 한다. 이 경우 공개공지는 필로티의 구조로 설치할 수 있다(영 제27조의2 제1항).

① 바닥면적의 합계가 5천m^2 이상인 문화 및 집회시설, 종교시설, 판매시설(「농수산물 유통 및 가격안정에 관한 법률」에 따른 농수산물유통시설을 제외한다), 운수시설(여객용 시설만 해당한다), 업무시설 및 숙박시설
② 그 밖에 다중이 이용하는 시설로서 건축조례로 정하는 건축물

3. 공개공지 등의 면적

공개공지 등의 면적은 대지면적의 100분의 10 이하의 범위에서 건축조례로 정한다. 이 경우 조경면적과 「매장유산 보호 및 조사에 관한 법률 시행령」 제14조에 따른 매장유산의 현지보존 조치 매장면적을 공개공지 등의 면적으로 할 수 있다(영 제27조의2 제2항).

4. 공개공지 등의 설치시 준수사항

공개공지 등을 설치할 때에는 모든 사람들이 환경친화적으로 편리하게 이용할 수 있도록 긴 의자 또는 조경시설 등 건축조례로 정하는 시설을 설치해야 한다(영 제27조의2 제3항).

5. 「건축법」 일부규정의 완화적용

공개공지 등의 확보대상건축물(확보대상건축물과 다른 건축물이 하나의 건축물로 복합된 경우를 포함한다)에 공개공지 등을 설치하는 경우에는 건폐율, 용적률, 건축물의 높이제한 규정을 완화하여 적용할 수 있으며, 이 경우 다음의 범위에서 대지면적에 대한 공개공지 등의 면적비율에 따라 용적률 및 높이제한 규정을 완화하여 적용한다. 다만, 다음의 범위에서 건축조례로 정한 기준이 완화비율보다 큰 경우에는 해당 건축조례로 정하는 바에 따른다(법 제43조 제2항, 영 제27조의2 제4항).

① 용적률: 해당 지역에 적용되는 용적률의 1.2배 이하
② 건축물의 높이제한: 가로구역단위별 건축물에 적용되는 높이기준의 1.2배 이하

6. 완화적용 규정의 준용

앞의 2.에 따른 공개공지 등의 설치대상이 아닌 건축물(「주택법」 제15조 제1항에 따른 사업계획승인 대상인 공동주택 중 주택 외의 시설과 주택을 동일 건축물로 건축하는 것 외의 공동주택은 제외한다)의 대지에 다음의 7.의 (3), 앞의 3. 및 4.에 적합한 공개공지를 설치하는 경우에는 5.를 준용한다(영 제27조의2 제5항).

7. 공개공지 등의 활용 및 활용제한행위 금지

(1) 공개공지 등에는 연간 60일 이내의 기간 동안 건축조례로 정하는 바에 따라 주민들을 위한 문화행사를 열거나 판촉활동을 할 수 있다. 다만, 울타리를 설치하는 등 공중이 해당 공개공지 등을 이용하는데 지장을 주는 행위를 해서는 아니 된다(영 제27조의2 제6항).

(2) 시・도지사 또는 시장・군수・구청장은 관할 구역 내 공개공지 등에 대한 점검 등 유지・관리에 관한 사항을 해당 지방자치단체의 조례로 정할 수 있다(법 제43조 제3항).

(3) 누구든지 공개공지 등에 물건을 쌓아놓거나 출입을 차단하는 시설을 설치하는 등 공개공지 등의 활용을 저해하는 행위를 하여서는 아니 된다(법 제43조 제4항).

(4) (3)에 따라 제한되는 행위의 유형 또는 기준은 대통령령으로 정한다(법 제43조 제5항).

공개공지 활용제한행위

법 제43조 제4항에 따라 제한되는 행위는 다음과 같다(영 제27조의2 제7항).

1. 공개공지 등의 일정 공간을 점유하여 영업을 하는 행위
2. 공개공지 등의 이용에 방해가 되는 행위로서 다음 각 목의 행위
   ① 공개공지 등에 앞의 4.에 따른 시설 외의 시설물을 설치하는 행위
   ② 공개공지 등에 물건을 쌓아 놓는 행위
3. 울타리나 담장 등의 시설을 설치하거나 출입구를 폐쇄하는 등 공개공지 등의 출입을 차단하는 행위
4. 공개공지 등과 그에 설치된 편의시설을 훼손하는 행위
5. 그 밖에 위의 1.부터 4.까지의 행위와 유사한 행위로서 건축조례로 정하는 행위

02 대지와 도로

1 대지와 도로의 관계

1. 건축물의 대지의 도접의무

건축물의 대지는 2m 이상이 도로(자동차만의 통행에 사용되는 도로는 제외한다)에 접하여야 한다(법 제44조 제1항).

2. 도접의무가 없는 경우

다음의 하나에 해당하면 2m 이상을 도로에 접하지 아니하여도 된다(법 제44조 제1항 단서).

(1) 해당 건축물의 출입에 지장이 없다고 인정되는 경우

(2) 건축물의 주변에 광장·공원·유원지 그 밖에 관계 법령에 따라 건축이 금지되고 공중의 통행에 지장이 없는 공지로서 허가권자가 인정한 경우

(3) 「농지법」 제2조 제1호 나목에 따른 농막을 건축하는 경우

3. 구체적인 기준

연면적 합계가 2천m^2(공장인 경우 3천m^2) 이상인 건축물(축사, 작물재배사 그 밖에 이와 비슷한 건축물로서 건축조례로 정하는 규모의 건축물은 제외한다)의 대지는 너비 6m 이상 도로에 4m 이상 접하여야 한다(영 제28조 제2항).

2 도로의 지정·폐지 또는 변경

1. 도로의 지정·공고

(1) 이해관계인의 동의

허가권자는 도로의 위치를 지정·공고하려면 국토교통부령으로 정하는 바에 따라 그 도로에 대한 이해관계인의 동의를 받아야 한다(법 제45조 제1항).

(2) 건축위원회의 심의

다음의 어느 하나에 해당하면 이해관계인의 동의를 받지 아니하고 건축위원회의 심의를 거쳐 도로를 지정할 수 있다(법 제45조 제1항 단서).

① 허가권자가 이해관계인이 해외에 거주하는 등의 사유로 이해관계인의 동의를 받기가 곤란하다고 인정하는 경우
② 주민이 오랫동안 통행로로 이용하고 있는 사실상의 통로로서 해당 지방자치단체의 조례로 정하는 것인 경우

2. 도로의 폐지·변경

허가권자가 지정한 도로를 폐지하거나 변경하려면 그 도로에 대한 이해관계인의 동의를 받아야 한다. 그 도로에 편입된 토지의 소유자, 건축주 등이 허가권자에게 지정된 도로의 폐지나 변경을 신청하는 경우에는 그 도로에 대한 이해관계인의 동의를 받아야 한다(법 제45조 제2항).

3. 도로관리대장 기재 · 관리

허가권자가 도로를 지정하거나 변경하면 국토교통부령으로 정하는 바에 따라 도로관리대장에 이를 적어서 관리하여야 한다(법 제45조 제3항).

03 건축선(健築線)

1 건축선의 의의

건축선이란 도로와 접한 부분에 건축물을 건축할 수 있는 선을 말한다. 건축선은 일반적으로 도로의 경계선과 일치하나 그렇지 않을 때도 있다. 이와 같이 따로 건축선을 설정하는 것은 건축물에 의한 도로의 침식을 방지하고 도로교통의 원활을 도모하기 위한 것이다.

2 건축선의 지정

1. 원 칙

건축선은 대지와 도로의 경계선으로 한다(법 제46조 제1항).

2. 예 외

(1) 소요너비에 미달되는 도로에서의 건축선

① 소요너비(4m)에 못 미치는 너비의 도로인 경우에는 그 중심선으로부터 그 소요너비의 2분의 1에 해당하는 수평거리만큼 물러난 선을 건축선으로 한다(법 제46조 제1항).

② 그 도로의 반대 쪽에 경사지, 하천, 철도, 선로부지, 그 밖에 이와 유사한 것이 있는 경우에는 그 경사지 등이 있는 쪽의 도로경계선에서 소요너비에 해당하는 수평거리의 선을 건축선으로 한다(법 제46조 제1항).

(2) 교차도로 모퉁이에서의 건축선

너비 8m 미만인 도로의 모퉁이에 위치한 대지의 도로모퉁이 부분의 건축선은 그 대지에 접한 도로경계선의 교차점으로부터 도로경계선에 따라 다음의 표에 따른 거리를 각각 후퇴한 두 점을 연결한 선으로 한다(영 제31조 제1항).

도로의 교차각	해당 도로의 너비		교차되는 도로의 너비
	6m 이상 8m 미만	4m 이상 6m 미만	
90° 미만	4m	3m	6m 이상 8m 미만
	3m	2m	4m 이상 6m 미만
90° 이상 120° 미만	3m	2m	6m 이상 8m 미만
	2m	2m	4m 이상 6m 미만

① 교차 도로모퉁이에서의 건축선의 지정은 일명 가각전제(街角剪除)라고도 하며 건축선 지정의 의미는 자동차의 통행을 용이하게 하기 위해서이다. 단, 도로의 어느 한 쪽이 너비 8m 이상인 경우와, 교차각이 120° 이상인 경우는 가각전제하지 않는다.

② 교차각은 작을수록 도로의 너비는 넓을수록 건축선은 더 깊이 후퇴하여 지정된다.

③ 도로의 경계선과 건축선 사이의 부분(빗금친 부분)은 대지면적 산정시 제외된다.

(3) 지정 건축선

① 특별자치시장・특별자치도지사 또는 시장・군수・구청장은 시가지 안에 있어서 건축물의 위치나 환경을 정비하기 위하여 필요하다고 인정하면 대통령령으로 정하는 범위에서 건축선을 따로 정할 수 있는바, 도시지역에서는 4m 이하의 범위 안에서 건축선을 따로 지정할 수 있다(법 제46조 제2항, 영 제31조 제2항).

② 특별자치시장・특별자치도지사 또는 시장・군수・구청장은 위 ①에 따라 건축선을 지정하려면 미리 그 내용을 해당 지방자치단체 공보, 일간신문 또는 인터넷 홈페이지 등에 30일 이상 공고하여야 하며, 공고한 내용에 대하여 의견이 있는 자는 공고기간에 특별자치시장・특별자치도지사 또는 시장・군수・구청장에게 의견을 제출(전자문서에 의한 제출을 포함한다)할 수 있다(영 제31조 제3항).

3 건축선에 따른 건축제한

1. 건축선의 수직면 제한

건축물과 담장은 건축선의 수직면을 넘어서는 아니 된다. 다만, 지표 아래 부분은 그러하지 아니하다(법 제47조 제1항).

2. 출입구 개폐시 건축선 제한

도로면으로부터 높이 4.5m 이하에 있는 출입구, 창문 그 밖에 이와 유사한 구조물은 열고 닫을 때 건축선의 수직면을 넘지 아니하는 구조로 하여야 한다(법 제47조 제2항).

Chapter 04

건축물의 구조 및 재료 등

단·원·열·기

구조기준에 의한 안전확인, 건축물의 내진등급, 피난시설, 방화지구 안의 건축물, 건축물의 범죄예방 등이 출제되고 있다.
학습방법: 구조기준에 의한 안전확인, 건축물의 내진등급, 피난시설, 방화지구 안의 건축물, 건축물의 범죄예방 등 기출문제 중심으로 정리하도록 한다.

01 건축물의 구조 및 재료 등

1 구조내력 등

1. 건축물의 구조 내력

(1) 건축물은 고정하중, 적재하중, 적설하중, 풍압, 지진, 그 밖의 진동 및 충격 등에 대하여 안전한 구조를 가져야 한다(법 제48조 제1항).

(2) 구조내력의 기준과 구조 계산의 방법 등에 관하여 필요한 사항은 국토교통부령으로 정한다(법 제48조 제4항).

2. 구조기준에 따른 구조안전의 확인

(1) 건축물을 건축하거나 대수선하는 경우에는 대통령령으로 정하는 바에 따라 구조의 안전을 확인하여야 한다(법 제48조 제2항).

(2) 건축물을 건축하거나 대수선하는 경우 해당 건축물의 설계자는 국토교통부령으로 정하는 구조기준 등에 따라 그 구조의 안전을 확인하여야 한다(영 제32조 제1항).

(3) 구조 안전을 확인한 건축물 중 다음의 어느 하나에 해당하는 건축물의 건축주는 해당 건축물의 설계자로부터 구조 안전의 확인 서류를 받아 착공신고를 하는 때에 그 확인 서류를 허가권자에게 제출하여야 한다. 다만, 표준설계도서에 따라 건축하는 건축물은 제외한다(영 제32조 제2항).

1. 층수가 2층[주요구조부인 기둥과 보를 설치하는 건축물로서 그 기둥과 보가 목재인 목구조 건축물(이하 "목구조 건축물"이라 한다)의 경우에는 3층] 이상인 건축물
2. 연면적이 200m²(목구조 건축물의 경우에는 500m²) 이상인 건축물. 다만, 창고, 축사, 작물 재배사는 제외한다.
3. 높이가 13m 이상인 건축물
4. 처마높이가 9m 이상인 건축물
5. 기둥과 기둥 사이의 거리가 10m 이상인 건축물
6. 건축물의 용도 및 규모를 고려한 중요도가 높은 건축물로서 국토교통부령으로 정하는 건축물
7. 국가적 문화유산으로 보존할 가치가 있는 건축물로서 국토교통부령으로 정하는 것
8. 특수구조 건축물 중 다음의 어느 하나에 해당하는 건축물
   ① 한쪽 끝은 고정되고 다른 끝은 지지(支持)되지 아니한 구조로 된 보·차양 등이 외벽의 중심선으로부터 3m 이상 돌출된 건축물
   ② 특수한 설계·시공·공법 등이 필요한 건축물로서 국토교통부장관이 정하여 고시하는 구조로 된 건축물
9. 별표 1 제1호의 단독주택 및 같은 표 제2호의 공동주택

(4) 지방자치단체의 장은 구조 안전 확인 대상 건축물에 대하여 허가 등을 하는 경우 내진성능 확보 여부를 확인하여야 한다(법 제48조 제3항).

3. 건축물 내진등급의 설정

(1) 국토교통부장관은 지진으로부터 건축물의 구조 안전을 확보하기 위하여 건축물의 용도, 규모 및 설계구조의 중요도에 따라 내진등급을 설정하여야 한다(법 제48조의2 제1항).

(2) 내진등급을 설정하기 위한 내진등급기준 등 필요한 사항은 국토교통부령으로 정한다(법 제48조의2 제2항).

4. 건축물의 내진능력 공개

(1) 다음의 어느 하나에 해당하는 건축물을 건축하고자 하는 자는 사용승인을 받는 즉시 건축물이 지진 발생시에 견딜 수 있는 능력(이하 "내진능력"이라 한다)을 공개하여야 한다(법 제48조의3 제1항).

> 1. 층수가 2층[주요구조부인 기둥과 보를 설치하는 건축물로서 그 기둥과 보가 목재인 목구조 건축물(이하 "목구조 건축물"이라 한다)의 경우에는 3층] 이상인 건축물
> 2. 연면적이 200m²(목구조 건축물의 경우에는 500m²) 이상인 건축물
> 3. 그 밖에 건축물의 규모와 중요도를 고려하여 대통령령으로 정하는 건축물(영 제32조의2 제2항). 즉, 앞의 2.의 (3)의 구조 안전 확인 대상 건축물의 3.부터 9.까지의 어느 하나에 해당하는 건축물을 말한다.

(2) 다만, 앞의 2.의 (1)에 따른 구조 안전 확인 대상 건축물이 아니거나 내진능력 산정이 곤란한 건축물로서 대통령령으로 정하는 건축물은 공개하지 아니한다(법 제48조의3 제1항 단서).

"대통령령으로 정하는 건축물"에 해당하는 건축물(영 제32조의2 제1항)

1. 창고, 축사, 작물 재배사 및 표준설계도서에 따라 건축하는 건축물로서 앞의 2.의 (3)의 구조 안전 확인 대상물 1. 및 3.부터 9.까지의 어느 하나에도 해당하지 아니하는 건축물
2. 앞의 2.의 (2)에 따른 구조기준 중 국토교통부령으로 정하는 소규모건축구조기준을 적용한 건축물

(3) 내진능력의 산정 기준과 공개 방법 등 세부사항은 국토교통부령으로 정한다(법 제48조의3 제2항).

2 관계 전문기술자와의 협력

1. 건축구조기술사의 협력

(1) 다음의 어느 하나에 해당하는 건축물의 설계자는 해당 건축물에 대한 구조의 안전을 확인하는 경우에는 건축구조기술사의 협력을 받아야 한다(영 제91조의3 제1항).

> ① 6층 이상인 건축물
> ② 특수구조 건축물
> ③ 다중이용 건축물
> ④ 준다중이용 건축물
> ⑤ 3층 이상의 필로티 형식의 건축물
> ⑥ 건축물의 용도 및 규모를 고려한 중요도가 높은 건축물로서 국토교통부령으로 정하는 건축물

(2) 특수구조 건축물 및 고층건축물의 공사감리자는 다음에 해당하는 공정에 다다를 때 건축구조기술사의 협력을 받아야 한다(영 제91조의3 제5항).

> 1. 해당 건축물의 구조가 철근콘크리트조 · 철골철근콘크리트조 · 조적조 또는 보강콘크리트블럭조인 경우에는 다음의 어느 하나에 해당하는 단계
>   ① 기초공사시 철근배치를 완료한 경우
>   ② 지붕슬래브배근을 완료한 경우
>   ③ 지상 5개 층마다 상부 슬래브배근을 완료한 경우
> 2. 해당 건축물의 구조가 철골조인 경우에는 다음 각 목의 어느 하나에 해당하는 단계
>   ① 기초공사시 철근배치를 완료한 경우
>   ② 지붕철골 조립을 완료한 경우
>   ③ 지상 3개 층마다 또는 높이 20m마다 주요구조부의 조립을 완료한 경우

2. 관계전문기술자와의 협력

(1) 설계자와 공사감리자는 제40조, 제41조, 제48조부터 제50조까지, 제50조의2, 제51조, 제52조, 제62조 및 제64조와 「녹색건축물 조성 지원법」 제15조에 따른 대지의 안전, 건축물의 구조상 안전, 부속구조물 및 건축설비의 설치 등을 위한 설계 및 공사감리를 할 때 대통령령으로 정하는 바에 따라 다음의 어느 하나의 자격을 갖춘 관계전문기술자(「기술사법」 제21조 제2호에 따라 벌칙을 받은 후 2년이 지나지 아니한 자는 제외한다)의 협력을 받아야 한다(법 제67조 제1항, 영 제91조의3 제8항).

> 1. 「기술사법」 제6조에 따라 기술사사무소를 개설등록한 자
> 2. 「건설기술 진흥법」 제26조에 따라 건설엔지니어링사업자로 등록한 자
> 3. 「엔지니어링산업 진흥법」 제21조에 따라 엔지니어링사업자의 신고를 한 자
> 4. 「전력기술관리법」 제14조에 따라 설계업 및 감리업으로 등록한 자

(2) 연면적 1만m^2 이상인 건축물(창고시설은 제외한다) 또는 에너지를 대량으로 소비하는 건축물로서 국토교통부령으로 정하는 건축물에 건축설비를 설치하는 경우에는 국토교통부령으로 정하는 바에 따라 다음의 구분에 따른 관계전문기술자의 협력을 받아야 한다(영 제91조의3 제2항).

> 1. 전기, 승강기(전기 분야만 해당한다) 및 피뢰침: 「기술사법」에 따라 등록한 건축전기설비기술사 또는 발송배전기술사
> 2. 급수 · 배수(配水) · 배수(排水) · 환기 · 난방 · 소화 · 배연 · 오물처리 설비 및 승강기(기계 분야만 해당한다): 「기술사법」에 따라 등록한 건축기계설비기술사 또는 공조냉동기계기술사
> 3. 가스설비: 「기술사법」에 따라 등록한 건축기계설비기술사, 공조냉동기계기술사 또는 가스기술사

(3) 깊이 10m 이상의 토지 굴착공사 또는 높이 5m 이상의 옹벽 등의 공사를 수반하는 건축물의 설계자 및 공사감리자는 토지굴착 등에 관하여 국토교통부령으로 정하는 바에 따라 「기술사법」에 따른 토목 분야 기술사 또는 국토개발 분야의 지질 및 기반기술사의 협력을 받아야 한다(영 제91조의3 제3항).

(4) 설계자 및 공사감리자는 안전상 필요하다고 인정하는 경우, 관계 법령에서 정하는 경우 및 설계계약 또는 감리계약에 따라 건축주가 요청하는 경우에는 관계 전문기술자의 협력을 받아야 한다(영 제91조의3 제4항).

(5) 3층 이상인 필로티형식 건축물의 공사감리자는 법 제48조에 따른 건축물의 구조상 안전을 위한 공사감리를 할 때 공사가 다음의 단계에 다다른 경우마다 관계전문기술자의 협력을 받아야 한다. 이 경우 관계전문기술자는 「건설기술 진흥법 시행령」 별표 1 제3호 라목 1)에 따른 건축구조 분야의 특급 또는 고급기술자의 자격요건을 갖춘 소속 기술자로 하여금 업무를 수행하게 할 수 있다(영 제91조의3 제6항).

> 건축물 상층부의 하중이 상층부와 다른 구조형식의 하층부로 전달되는 다음의 어느 하나에 해당하는 부재(部材)의 철근배치를 완료한 경우
> 1. 기둥 또는 벽체 중 하나
> 2. 보 또는 슬래브 중 하나

(6) 위의 규정에 따라 설계자 또는 공사감리자에게 협력한 관계전문기술자는 공사현장을 확인하고, 그가 작성한 설계도서 또는 감리중간보고서 및 감리완료보고서에 설계자 또는 공사감리자와 함께 서명날인하여야 한다(영 제91조의3 제7항).

(7) 구조 안전의 확인에 관하여 설계자에게 협력한 건축구조기술사는 구조의 안전을 확인한 건축물의 구조도 등 구조 관련 서류에 설계자와 함께 서명날인하여야 한다(영 제91조의3 제8항).

02 건축물의 피난시설 및 용도제한 등

1 의 의

(1) 대통령령으로 정하는 용도 및 규모의 건축물과 그 대지에는 국토교통부령으로 정하는 바에 따라 복도, 계단, 출입구 그 밖의 피난시설과 저수조, 대지 안의 피난과 소화상 필요한 통로를 설치하여야 한다(법 제49조 제1항).

(2) 대통령령으로 정하는 용도 및 규모의 건축물의 안전・위생 및 방화(防火) 등을 위하여 필요한 용도 및 구조의 제한, 방화구획(防火區劃), 화장실의 구조, 계단・출입구, 거실의 반자 높이, 거실의 채광・환기와 바닥의 방습 등에 관하여 필요한 사항은 국토교통부령으로 정한다. 다만, 대규모 창고시설 등 대통령령으로 정하는 용도 및 규모의 건축물에 대해서는 방화구획 등 화재 안전에 필요한 사항을 국토교통부령으로 별도로 정할 수 있다(법 제49조 제2항).

(3) 대통령령으로 정하는 용도 및 규모의 건축물에 대하여 가구・세대 등 간 소음 방지를 위하여 국토교통부령으로 정하는 바에 따라 경계벽 및 바닥을 설치하여야 한다(법 제49조 제4항).

(4) 「자연재해대책법」 제12조 제1항에 따른 자연재해위험개선지구 중 침수위험지구에 국가・지방자치단체 또는 「공공기관의 운영에 관한 법률」 제4조 제1항에 따른 공공기관이 건축하는 건축물은 침수 방지 및 방수를 위하여 다음의 기준에 따라야 한다(법 제49조 제5항).

> 1. 건축물의 1층 전체를 필로티(건축물을 사용하기 위한 경비실, 계단실, 승강기실, 그 밖에 이와 비슷한 것을 포함한다) 구조로 할 것
> 2. 국토교통부령으로 정하는 침수 방지시설을 설치할 것

(5) 국가 또는 지방자치단체는 건축물의 소유자나 관리자에게 (1) 및 (2)에 따른 피난시설 등의 설치, 개량・보수 등 유지・관리에 대한 기술지원을 할 수 있다(법 제49조의2).

PART 05

2 건축물의 피난시설

1. 직통계단의 설치

(1) 직통계단의 설치기준

① 건축물의 피난층(직접 지상으로 통하는 출입구가 있는 층 및 초고층 건축물과 준초고층 건축물의 피난안전구역을 말한다) 외의 층에서는 피난층 또는 지상으로 통하는 직통계단(경사로를 포함한다)을 거실의 각 부분으로부터 계단(거실로부터 가장 가까운 거리에 있는 1개소의 계단을 말한다)에 이르는 보행거리가 30m 이하가 되도록 설치해야 한다(영 제34조 제1항).

② 건축물(지하층에 설치하는 것으로서 바닥면적의 합계가 300m^2 이상인 공연장・집회장・관람장 및 전시장은 제외한다)의 주요구조부가 내화구조 또는 불연재료로 된 건축물은 그 보행거리가 50m(층수가 16층 이상인 공동주택의 16층 이상인 층에 대해서는 40m) 이하가 되도록 설치할 수 있다(영 제34조 제1항 단서).

③ 자동화 생산시설에 스프링클러 등 자동식 소화설비를 설치한 공장으로서 국토교통부령으로 정하는 공장인 경우에는 그 보행거리가 75m(무인화 공장인 경우에는 100m) 이하가 되도록 설치할 수 있다(영 제34조 제1항 단서).

(2) 직통계단 2개소 이상 설치하여야 하는 건축물

피난층 외의 층이 다음의 어느 하나에 해당하는 용도 및 규모의 건축물에는 국토교통부령으로 정하는 기준에 따라 피난층 또는 지상으로 통하는 직통계단을 2개소 이상 설치하여야 한다(영 제34조 제2항).

1. 제2종 근린생활시설 중 공연장・종교집회장, 문화 및 집회시설(전시장 및 동・식물원은 제외한다), 종교시설, 위락시설 중 주점영업 또는 장례시설의 용도로 쓰는 층으로서 그 층에서 해당 용도로 쓰는 바닥면적의 합계가 200m^2(제2종 근린생활시설 중 공연장・종교집회장은 각각 300m^2) 이상인 것
2. 단독주택 중 다중주택・다가구주택, 제1종 근린생활시설 중 정신과의원(입원실이 있는 경우로 한정한다), 제2종 근린생활시설 중 인터넷컴퓨터게임시설제공업소(해당 용도로 쓰는 바닥면적의 합계가 300m^2 이상인 경우만 해당한다)・학원・독서실, 판매시설, 운수시설(여객용 시설만 해당한다), 의료시설(입원실이 없는 치과병원은 제외한다), 교육연구시설 중 학원, 노유자시설 중 아동 관련 시설・노인복지시설・장애인 거주시설(「장애인복지법」에 따른 장애인 거주시설 중 국토교통부령으로 정하는 시설을 말한다) 및 「장애인복지법」에 따른 장애인 의료재활시설, 수련시설 중 유스호스텔 또는 숙박시설의 용도로 쓰는 3층 이상의 층으로서 그 층의 해당 용도로 쓰는 거실의 바닥면적의 합계가 200m^2 이상인 것

3. 공동주택(층당 4세대 이하인 것은 제외한다) 또는 업무시설 중 오피스텔의 용도로 쓰는 층으로서 그 층의 해당 용도로 쓰는 거실의 바닥면적의 합계가 300m² 이상인 것
4. 위의 용도로 쓰지 아니하는 3층 이상의 층으로서 그 층 거실의 바닥면적의 합계가 400m² 이상인 것
5. 지하층으로서 그 층 거실의 바닥면적의 합계가 200m² 이상인 것

(3) 2개 이상의 직통계단을 사용할 수 없는 경우의 대피공간 설치

1) **원칙**: 공동주택 중 아파트로서 4층 이상의 층의 각 세대가 2개 이상의 직통계단을 사용할 수 없는 경우에는 발코니(발코니의 외부에 접하는 경우를 포함한다)에 인접 세대와 공동으로 또는 각 세대별로 다음의 요건을 모두 갖춘 대피공간을 하나 이상 설치해야 한다. 이 경우 인접 세대와 공동으로 설치하는 대피공간은 인접 세대를 통하여 2개 이상의 직통계단을 사용할 수 있는 위치에 우선 설치되어야 한다(영 제46조 제4항).

① 대피공간은 바깥의 공기와 접할 것
② 대피공간은 실내의 다른 부분과 방화구획으로 구획될 것
③ 대피공간의 바닥면적은 인접세대와 공동으로 설치하는 경우에는 3m² 이상, 각 세대별로 설치하는 경우에는 2m² 이상일 것
④ 대피공간으로 통하는 출입문은 제64조 제1항 제1호에 따른 60분+ 방화문을 설치할 것

2) **예외**: 아파트의 4층 이상의 층에서 발코니(아래 ④의 경우에는 발코니의 외부에 접하는 경우를 포함한다)에 다음과 같은 구조를 갖춘 경우에는 대피공간을 설치하지 않을 수 있다(영 제46조 제5항).

① 발코니와 인접 세대와의 경계벽이 파괴하기 쉬운 경량구조 등인 경우
② 발코니의 경계벽에 피난구를 설치한 경우
③ 발코니의 바닥에 국토교통부령으로 정하는 하향식 피난구를 설치한 경우
④ 국토교통부장관이 위의 (3)의 1)에 따른 대피공간과 동일하거나 그 이상의 성능이 있다고 인정하여 고시하는 구조 또는 시설(이하 "대체시설"이라 한다)을 갖춘 경우. 이 경우 국토교통부장관은 대체시설의 성능에 대해 미리 한국건설기술연구원의 기술검토를 받은 후 고시해야 한다.

요양병원 등의 대피공간

요양병원, 정신병원, 「노인복지법」 제34조 제1항 제1호에 따른 노인요양시설, 장애인 거주시설 및 장애인 의료재활시설의 피난층 외의 층에는 다음의 어느 하나에 해당하는 시설을 설치하여야 한다(영 제46조 제6항).

1. 각 층마다 별도로 방화구획된 대피공간
2. 거실에 접하여 설치된 노대 등
3. 계단을 이용하지 아니하고 건물 외부의 지상으로 통하는 경사로 또는 인접 건축물로 피난할 수 있도록 설치하는 연결복도 또는 연결통로

2. 직통계단을 피난계단 또는 특별피난계단으로 설치하는 경우

(1) 원 칙

5층 이상 또는 지하 2층 이하의 층에 설치하는 직통계단은 국토교통부령으로 정하는 기준에 따라 피난계단 또는 특별피난계단으로 설치하여야 한다(영 제35조 제1항).

(2) 예 외

건축물의 주요구조부가 내화구조 또는 불연재료로 되어 있는 경우로서 다음의 어느 하나에 해당하는 경우에는 그러하지 아니하다(영 제35조 제1항 단서).

① 5층 이상의 층의 바닥면적의 합계가 200m² 이하인 경우
② 5층 이상의 층의 바닥면적 200m² 이내마다 방화구획이 되어 있는 경우

(3) 판매시설인 경우

위 (1)에서 판매시설의 용도로 쓰는 층으로부터의 직통계단은 그중 1개소 이상을 특별피난계단으로 설치하여야 한다(영 제35조 제3항).

3. 직통계단을 특별피난계단으로 설치하는 경우

건축물(갓복도식 공동주택을 제외한다)의 11층(공동주택의 경우에는 16층) 이상의 층(바닥면적이 400m² 미만인 층은 제외한다) 또는 지하 3층 이하의 층(바닥면적이 400m² 미만인 층은 제외한다)으로부터 피난층 또는 지상으로 통하는 직통계단은 특별피난계단으로 설치하여야 한다(영 제35조 제2항).

4. 직통계단 외에 피난계단 또는 특별피난계단으로 설치하는 경우

건축물의 5층 이상의 층으로서 문화 및 집회시설 중 전시장 및 동·식물원, 판매시설, 운수시설(여객용 시설만 해당한다), 운동시설, 위락시설, 관광휴게시설(다중이 이용하는 시설만 해당한다) 또는 수련시설 중 생활권수련시설의 용도로 쓰는 층에는 직통계단 외에 그 층의 해당 용도로 쓰는 바닥면적의 합계가 2천m²를 넘는 경우에는 그 넘는 2천m² 이내마다 1개소의 피난계단 또는 특별피난계단(4층 이하의 층에는 쓰지 아니하는 피난계단 또는 특별피난계단만 해당한다)을 설치하여야 한다(영 제35조 제5항).

5. 옥외 피난계단의 설치

건축물의 3층 이상의 층(피난층은 제외한다)으로서 다음의 어느 하나에 해당하는 용도로 쓰는 층에는 직통계단 외에 그 층으로부터 지상으로 통하는 옥외 피난계단을 따로 설치하여야 한다(영 제36조).

> ① 제2종 근린생활시설 중 공연장(해당 용도로 쓰는 바닥면적의 합계가 $300m^2$ 이상인 경우만 해당한다), 문화 및 집회시설 중 공연장이나 위락시설 중 주점영업의 용도로 쓰는 층으로서 그 층 거실의 바닥면적의 합계가 $300m^2$ 이상인 것
> ② 문화 및 집회시설 중 집회장의 용도로 쓰는 층으로서 그 층의 거실의 바닥면적의 합계가 1천m^2 이상인 것

6. 피난안전구역

(1) 초고층 건축물의 피난안전구역

초고층 건축물에는 피난층 또는 지상으로 통하는 직통계단과 직접 연결되는 피난안전구역(건축물의 피난·안전을 위하여 건축물 중간층에 설치하는 대피공간을 말한다)을 지상층으로부터 최대 30개 층마다 1개소 이상 설치하여야 한다(영 제34조 제3항).

(2) 준초고층 건축물의 피난안전구역

준초고층 건축물에는 피난층 또는 지상으로 통하는 직통계단과 직접 연결되는 피난안전구역을 해당 건축물 전체 층수의 2분의 1에 해당하는 층으로부터 상하 5개 층 이내에 1개소 이상 설치하여야 한다. 다만, 국토교통부령으로 정하는 기준에 따라 피난층 또는 지상으로 통하는 직통계단을 설치하는 경우에는 그러하지 아니한다(영 제34조 제4항).

(3) 피난안전구역의 규모와 설치기준

피난안전구역의 규모와 설치기준은 국토교통부령으로 정한다(영 제34조 제5항).

7. 고층 건축물의 피난 및 안전관리

(1) 피난안전구역을 설치하거나 대피공간을 확보한 계단을 설치

고층 건축물에는 대통령령으로 정하는 바에 따라 피난안전구역을 설치하거나 대피공간을 확보한 계단을 설치하여야 한다. 이 경우 피난안전구역의 설치 기준, 계단의 설치 기준과 구조 등에 관하여 필요한 사항은 국토교통부령으로 정한다(법 제50조의2 제1항).

(2) 피난용도 표시

고층건축물에 설치된 피난안전구역・피난시설 또는 대피공간에는 국토교통부령으로 정하는 바에 따라 화재 등의 경우에 피난 용도로 사용되는 것임을 표시하여야 한다(법 제50조의2 제2항).

(3) 피난시설 등의 기준 강화

고층건축물의 화재예방 및 피해경감을 위하여 국토교통부령으로 정하는 바에 따라 제48조(구조내력 등)부터 제50조(내화구조와 방화벽)까지의 기준을 강화하여 적용할 수 있다(법 제50조의2 제3항).

8. 지하층과 피난층 사이 개방공간의 설치

바닥면적의 합계가 3천m^2 이상인 공연장・집회장・관람장 또는 전시장을 지하층에 설치하는 경우에는 각 실에 있는 자가 지하층 각 층에서 건축물 밖으로 피난하여 옥외계단 또는 경사로 등을 이용하여 피난층으로 대피할 수 있도록 천장이 개방된 외부 공간을 설치하여야 한다(영 제37조).

9. 관람석 등으로부터 출구 설치

다음의 어느 하나에 해당하는 건축물에는 국토교통부령이 정하는 기준에 따라 관람석 또는 집회실로부터의 출구를 설치해야 한다(영 제38조).

① 제2종 근린생활시설 중 공연장・종교집회장(해당 용도로 쓰는 바닥면적의 합계가 각각 300m^2 이상인 경우만 해당한다)
② 문화 및 집회시설(전시장 및 동・식물원을 제외한다)
③ 종교시설
④ 위락시설
⑤ 장례시설

10. 건축물 바깥쪽으로의 출구 설치

다음의 하나에 해당하는 건축물에는 국토교통부령으로 정하는 기준에 따라 그 건축물로부터 바깥쪽으로 나가는 출구를 설치하여야 한다(영 제39조 제1항).

> ① 제2종 근린생활시설 중 공연장 · 종교집회장 · 인터넷컴퓨터게임시설제공업소 (해당 용도로 쓰는 바닥면적의 합계가 각각 300m² 이상인 경우만 해당한다)
> ② 문화 및 집회시설(전시장 및 동 · 식물원은 제외한다)
> ③ 종교시설
> ④ 판매시설
> ⑤ 업무시설 중 국가 또는 지방자치단체의 청사
> ⑥ 위락시설
> ⑦ 연면적이 5천m² 이상인 창고시설
> ⑧ 교육연구시설 중 학교
> ⑨ 장례시설
> ⑩ 승강기를 설치하여야 하는 건축물

11. 건축물 출입구의 회전문

건축물의 출입구에 설치하는 회전문은 국토교통부령으로 정하는 기준에 적합하게 설치하여야 한다(영 제39조 제2항).

12. 난간의 설치

옥상광장 또는 2층 이상의 층에 있는 노대 등[노대(露臺)나 그 밖에 이와 비슷한 것을 말한다]의 주위에는 높이 1.2m 이상의 난간을 설치하여야 한다. 다만, 그 노대 등에 출입할 수 없는 구조인 경우에는 그러하지 아니하다(영 제40조 제1항).

13. 옥상피난광장의 설치

5층 이상의 층이 제2종 근린생활시설 중 공연장 · 종교집회장 · 인터넷게임시설제공업소(해당용도로 쓰는 바닥면적의 합계가 각각 300m² 이상인 경우만 해당한다), 문화 및 집회시설(전시장 및 동 · 식물원을 제외한다), 종교시설, 판매시설, 위락시설 중 주점영업 또는 장례시설의 용도로 쓰는 경우에는 피난의 용도에 쓸 수 있는 광장을 옥상에 설치하여야 한다(영 제40조 제2항).

옥상출입문 비상문자동개폐장치 설치

다음 각 호의 어느 하나에 해당하는 건축물은 옥상으로 통하는 출입문에 「소방시설 설치 및 안전관리에 관한 법률」에 따른 성능인증 및 제품검사를 받은 비상문자동개폐장치(화재 등 비상시에 소방시스템과 연동되어 잠김 상태가 자동으로 풀리는 장치를 말한다)를 설치해야 한다(영 제40조 제3항).

1. 피난 용도로 쓸 수 있는 광장을 옥상에 설치해야 하는 건축물
2. 피난 용도로 쓸 수 있는 광장을 옥상에 설치하는 다음의 건축물
   ① 다중이용 건축물
   ② 연면적 1천m² 이상인 공동주택

14. 헬리포트의 설치

(1) 층수가 11층 이상인 건축물로서 11층 이상의 층의 바닥면적의 합계가 1만m^2 이상인 건축물의 옥상에는 다음의 구분에 따른 공간을 확보하여야 한다(영 제40조 제4항).

> 1. 건축물의 지붕을 평지붕으로 하는 경우: 헬리포트를 설치하거나 헬리콥터를 통하여 인명 등을 구조할 수 있는 공간
> 2. 건축물의 지붕을 경사지붕으로 하는 경우: 경사지붕 아래에 설치하는 대피공간

(2) 헬리포트를 설치하거나 헬리콥터를 통하여 인명 등을 구조할 수 있는 공간 및 경사지붕 아래에 설치하는 대피공간의 설치기준은 국토교통부령으로 정한다(영 제40조 제5항).

15. 대지 안의 피난 및 소화에 필요한 통로의 설치

(1) 출구와 피난계단 등으로부터 도로 등으로 통하는 통로

건축물의 대지 안에는 그 건축물의 바깥쪽으로 통하는 주된 출구와 지상으로 통하는 피난계단 및 특별피난계단으로부터 도로 또는 공지(공원·광장 그 밖에 이와 비슷한 것으로서 피난 및 소화를 위하여 해당 대지의 출입에 지장이 없는 것을 말한다)로 통하는 통로를 다음 기준에 따라 설치하여야 한다(영 제41조 제1항).

> 1. 통로의 너비는 다음의 구분에 따른 기준에 따라 확보할 것
>   ① 단독주택: 유효 너비 0.9m 이상
>   ② 바닥면적의 합계가 500m^2 이상인 문화 및 집회시설, 종교시설, 의료시설, 위락시설 또는 장례시설: 유효 너비 3m 이상
>   ③ 그 밖의 용도로 쓰는 건축물: 유효 너비 1.5m 이상
> 2. 필로티 내 통로의 길이가 2m 이상인 경우에는 피난 및 소화활동에 장애가 발생하지 아니하도록 자동차 진입억제용 말뚝 등 통로 보호시설을 설치하거나 통로에 단차(段差)를 둘 것

(2) 소방자동차 통로 설치

위 (1)의 규정에도 불구하고 다중이용 건축물, 준다중이용 건축물 또는 층수가 11층 이상인 건축물이 건축되는 대지에는 그 안의 모든 다중이용 건축물, 준다중이용 건축물 또는 층수가 11층 이상인 건축물에 「소방기본법」 제21조에 따른 소방자동차의 접근이 가능한 통로를 설치하여야 한다. 다만, 모든 다중이용 건축물, 준다중이용 건축물 또는 층수가 11층 이상인 건축물이 소방자동차의 접근이 가능한 도로 또는 공지에 직접 접하여 건축되는 경우로서 소방자동차가 도로 또는 공지에서 직접 소방활동이 가능한 경우에는 그러하지 아니하다(영 제41조 제2항).

3 건축물의 용도제한 등

1. 방화구획 등의 설치

(1) 원 칙

법 제49조 제2항 본문에 따라 주요구조부가 내화구조 또는 불연재료로 된 건축물로서 연면적이 1천m^2를 넘는 것은 국토교통부령으로 정하는 기준에 따라 다음의 구조물로 구획(이하 "방화구획"이라 한다)을 해야 한다. 다만, 「원자력안전법」 제2조 제8호 및 제10호에 따른 원자로 및 관계시설은 같은 법에서 정하는 바에 따른다(영 제46조 제1항).

1. 내화구조로 된 바닥 및 벽
2. 제64조 제1호·제2호에 따른 방화문 또는 자동방화셔터(국토교통부령으로 정하는 기준에 적합한 것을 말한다)

(2) 예 외

다음의 어느 하나에 해당하는 건축물의 부분에는 위 (1)을 적용하지 아니하거나 그 사용에 지장이 없는 범위에서 위 (1)을 완화하여 적용할 수 있다(영 제46조 제2항).

1. 문화 및 집회시설(동·식물원은 제외한다), 종교시설, 운동시설 또는 장례시설의 용도로 쓰는 거실로서 시선 및 활동공간의 확보를 위하여 불가피한 부분

> 2. 물품의 제조 · 가공 및 운반 등(보관은 제외한다)에 필요한 고정식 대형 기기(器機) 또는 설비의 설치를 위하여 불가피한 부분. 다만, 지하층인 경우에는 지하층의 외벽 한쪽 면(지하층의 바닥면에서 지상층 바닥 아래면까지의 외벽 면적 중 4분의 1 이상이 되는 면을 말한다) 전체가 건물 밖으로 개방되어 보행과 자동차의 진입 · 출입이 가능한 경우로 한정한다.
> 3. 계단실 · 복도 또는 승강기의 승강장 및 승강로로서 그 건축물의 다른 부분과 방화구획으로 구획된 부분. 다만, 해당부분에 위치하는 설비배관 등이 바닥을 관통하는 부분을 제외한다.
> 4. 건축물의 최상층 또는 피난층으로서 대규모 회의장 · 강당 · 스카이라운지 · 로비 또는 피난안전구역 등의 용도로 쓰는 부분으로서 그 용도로 사용하기 위하여 불가피한 부분
> 5. 복층형 공동주택의 세대별 층간 바닥 부분
> 6. 주요구조부가 내화구조 또는 불연재료로 된 주차장
> 7. 단독주택, 동물 및 식물 관련 시설 또는 국방 · 군사시설(집회, 체육, 창고 등의 용도로 사용되는 시설만 해당한다)로 쓰는 건축물
> 8. 건축물의 1층과 2층의 일부를 동일한 용도로 사용하며 그 건축물의 다른 부분과 방화구획으로 구획된 부분(바닥면적의 합계가 500m^2 이하인 경우로 한정한다)

(3) 건축물 일부분의 경우

건축물 일부의 주요구조부를 내화구조로 하거나 건축물의 일부에 완화하여 적용한 경우에는 내화구조로 한 부분 또는 완화하여 적용한 부분과 그 밖의 부분을 방화구획으로 구획하여야 한다(영 제46조 제3항).

2. 방화벽의 설치 기준

(1) 연면적 1천m^2 이상인 건축물은 방화벽으로 구획하되, 각 구획된 바닥면적의 합계는 1천m^2 미만이어야 한다(영 제57조 제1항).

(2) 다음의 경우에는 방화벽의 구획 대상에서 제외된다(영 제57조 제1항 단서).

> 1. 주요구조부가 내화구조이거나 불연재료인 건축물
> 2. 단독주택(다중주택 및 다가구주택은 제외한다), 동물 및 식물 관련 시설, 발전시설(발전소의 부속용도로 쓰는 시설은 제외한다), 교도소 · 소년원 또는 묘지 관련 시설(화장시설 및 동물화장시설 제외한다)의 용도로 쓰는 건축물과 철강 관련 업종의 공장 중 제어실로 사용하기 위하여 연면적 50m^2 이하로 증축하는 부분
> 3. 내부설비의 구조상 방화벽으로 구획할 수 없는 창고시설

(3) 연면적이 1천m^2 이상인 목조 건축물의 구조는 국토교통부령으로 정하는 바에 따라 방화구조로 하거나 불연재료로 하여야 한다(영 제57조 제3항).

3. 방화에 장애가 되는 용도의 제한

(1) 같은 건축물에 함께 설치할 수 없는 건축물

1) 의료시설, 노유자시설(아동 관련 시설 및 노인복지시설만 해당한다), 공동주택, 장례시설 또는 제1종 근린생활시설(산후조리원만 해당한다)과 위락시설, 위험물저장 및 처리시설, 공장 또는 자동차 관련 시설(정비공장만 해당한다)은 같은 건축물에 함께 설치할 수 없다(영 제47조 제1항). 즉, 같은 건축물 안에는 다음의 A에 해당하는 시설과 B에 정하는 시설을 함께 설치할 수 없다.

A	B
① 의료시설 ② 아동 관련 시설 및 노인복지시설 ③ 공동주택, 산후조리원 ④ 장례시설	① 위락시설 ② 위험물저장 및 처리시설 ③ 공장 ④ 자동차 관련 시설(정비공장에 한함)

2) 다음의 어느 하나에 해당하는 용도의 시설은 같은 건축물에 함께 설치할 수 없다(영 제47조 제2항).

> ① 노유자시설 중 아동 관련 시설 또는 노인복지시설과 판매시설 중 도매시장 또는 소매시장
> ② 단독주택(다중주택, 다가구주택에 한정한다), 공동주택, 제1종 근린생활시설 중 조산원 또는 산후조리원과 제2종 근린생활시설 중 다중생활시설

(2) 같은 건축물에 함께 설치할 수 있는 건축물

다음의 어느 하나에 해당하는 경우로서 국토교통부령으로 정하는 경우에는 같은 건축물에 함께 설치할 수 있다(영 제47조 제1항 단서).

> ① 공동주택(기숙사만 해당한다)과 공장이 같은 건축물에 있는 경우
> ② 중심상업지역·일반상업지역 또는 근린상업지역에서 「도시 및 주거환경정비법」에 따른 재개발사업을 시행하는 경우
> ③ 공동주택과 위락시설이 같은 초고층 건축물에 있는 경우. 다만, 사생활을 보호하고 방범·방화 등 주거 안전을 보장하며 소음·악취 등으로부터 주거환경을 보호할 수 있도록 주택의 출입구·계단 및 승강기 등을 주택 외의 시설과 분리된 구조로 하여야 한다.
> ④ 「산업집적활성화 및 공장설립에 관한 법률」에 따른 지식산업센터와 「영유아보육법」에 따른 직장어린이집이 같은 건축물에 있는 경우

4. 방화지구 안의 건축물

(1) 「국토의 계획 및 이용에 관한 법률」에 따른 방화지구 안에서는 건축물의 주요구조부와 지붕 및 외벽은 내화구조로 하여야 한다(법 제51조 제1항).

(2) 건축물의 주요구조부 및 외벽을 내화구조로 하지 아니할 수 있는 건축물은 다음과 같다(영 제58조).

> ① 연면적이 30m² 미만인 단층 부속건축물로서 외벽 및 처마면이 내화구조 또는 불연재료로 된 것
> ② 도매시장의 용도로 쓰는 건축물로서 그 주요구조부가 불연재료로 된 것

(3) 방화지구 안의 공작물로서 간판, 광고탑, 그 밖에 대통령령으로 정하는 공작물 중 건축물의 지붕 위에 설치하는 공작물이나 높이 3m 이상의 공작물은 주요부를 불연(不燃)재료로 하여야 한다(법 제51조 제2항).

(4) 방화지구 안의 지붕·방화문 및 인접 대지 경계선에 접하는 외벽은 국토교통부령으로 정하는 구조 및 재료로 하여야 한다(법 제51조 제3항).

방화문의 구분

방화문은 다음과 같이 구분한다(영 제64조 제1항).

1. **60분 + 방화문**: 연기 및 불꽃을 차단할 수 있는 시간이 60분 이상이고, 열을 차단할 수 있는 시간이 30분 이상인 방화문
2. **60분 방화문**: 연기 및 불꽃을 차단할 수 있는 시간이 60분 이상인 방화문
3. **30분 방화문**: 연기 및 불꽃을 차단할 수 있는 시간이 30분 이상 60분 미만인 방화문

5. 내화구조

(1) 내화구조 대상 건축물

1) 문화 및 집회시설, 의료시설, 공동주택 등 대통령령으로 정하는 건축물은 국토교통부령으로 정하는 기준에 따라 주요구조부와 지붕을 내화(耐火)구조로 하여야 한다. 다만, 막구조 등 대통령령으로 정하는 구조는 주요구조부에만 내화구조로 할 수 있다(법 제50조 제1항).

2) 다음의 어느 하나에 해당하는 건축물(다음의 5.에 해당하는 건축물로서 2층 이하인 건축물은 지하층 부분만 해당한다)의 주요구조부와 지붕은 내화구조로 해야 한다. 다만, 연면적이 50m²이하인 단층의 부속건축물로서 외벽 및 처마밑면을 방화구조로 한 것과 무대의 바닥은 그렇지 않다(영 제56조 제1항).

> 1. 제2종 근린생활시설 중 공연장·종교집회장(해당 용도로 쓰는 바닥면적의 합계가 각각 300m² 이상인 경우만 해당한다), 문화 및 집회시설(전시장 및 동·식물원은 제외한다), 종교시설, 위락시설 중 주점영업 및 장례시설의 용도로 쓰는 건축물로서 관람실 또는 집회실의 바닥면적의 합계가 200m²(옥외관람석의 경우에는 1천m²) 이상인 건축물

2. 문화 및 집회시설 중 전시장 또는 동·식물원, 판매시설, 운수시설, 교육연구시설에 설치하는 체육관·강당, 수련시설, 운동시설 중 체육관·운동장, 위락시설(주점영업의 용도로 쓰는 것은 제외한다), 창고시설, 위험물저장 및 처리시설, 자동차 관련 시설, 방송통신시설 중 방송국·전신전화국·촬영소, 묘지 관련 시설 중 화장시설·동물화장시설 또는 관광휴게시설의 용도로 쓰는 건축물로서 그 용도로 쓰는 바닥면적의 합계가 500m^2 이상인 건축물
3. 공장의 용도로 쓰는 건축물로서 그 용도로 쓰는 바닥면적의 합계가 2천m^2 이상인 건축물. 다만, 화재의 위험이 적은 공장으로서 국토교통부령으로 정하는 공장은 제외한다.
4. 건축물의 2층이 단독주택 중 다중주택 및 다가구주택, 공동주택, 제1종 근린생활시설(의료의 용도로 쓰는 시설만 해당한다), 제2종 근린생활시설 중 다중생활시설, 의료시설, 노유자시설 중 아동관련시설 및 노인복지시설, 수련시설 중 유스호스텔, 업무시설 중 오피스텔, 숙박시설 또는 장례시설의 용도로 쓰는 건축물로서 그 용도로 쓰는 바닥면적의 합계가 400m^2 이상인 건축물
5. 3층 이상인 건축물 및 지하층이 있는 건축물. 다만, 단독주택(다중주택 및 다가구주택은 제외한다), 동물 및 식물 관련 시설, 발전시설(발전소의 부속용도로 쓰는 시설은 제외한다), 교도소·소년원 또는 묘지관련시설(화장시설·동물화장시설은 제외한다)의 용도로 쓰는 건축물과 철강 관련 업종의 공장 중 제어실로 사용하기 위하여 연면적 50m^2 이하로 증축하는 부분은 제외한다.

(2) 막구조의 건축물

법 제50조 제1항 단서에 따라 막구조의 건축물은 주요구조부에만 내화구조로 할 수 있다(영 제56조 제2항).

6. 계단·복도·거실·배연설비 등

(1) 계단·복도

연면적 200m^2를 초과하는 건축물에 설치하는 계단 및 복도는 국토교통부령으로 정하는 기준에 적합해야 한다(영 제48조 제1항).

(2) 거실반자

공장, 창고시설, 위험물저장 및 처리시설, 동물 및 식물 관련 시설, 자원순환 관련시설 또는 묘지 관련시설 외의 용도에 쓰는 건축물의 거실의 반자(반자가 없는 경우에는 보 또는 바로 위층의 바닥판의 밑면, 그 밖에 이와 비슷한 것을 말한다)는 국토교통부령으로 정하는 기준에 적합해야 한다(영 제50조).

(3) 거실의 채광 등

단독주택 및 공동주택의 거실, 교육연구시설 중 학교의 교실, 의료시설의 병실 또는 숙박시설의 객실에는 국토교통부령으로 정하는 기준에 따라 채광 및 환기를 위한 창문 등이나 설비를 설치해야 한다(영 제51조 제1항).

(4) 배연설비

다음의 어느 하나에 해당하는 건축물의 거실(피난층의 거실은 제외한다)에는 배연설비를 해야 한다(영 제51조 제2항).

1. 6층 이상인 건축물로서 다음에 해당하는 용도로 쓰는 건축물
   ① 제2종 근린생활시설 중 공연장, 종교집회장, 인터넷컴퓨터게임시설제공업소 및 다중생활시설(공연장, 종교집회장 및 인터넷컴퓨터게임시설제공업소는 해당 용도로 쓰는 바닥면적의 합계가 각각 300m² 이상인 경우만 해당한다)
   ② 문화 및 집회시설
   ③ 종교시설
   ④ 판매시설
   ⑤ 운수시설
   ⑥ 의료시설(요양병원 및 정신병원은 제외한다)
   ⑦ 교육연구시설 중 연구소
   ⑧ 노유자시설 중 아동 관련 시설, 노인복지시설(노인요양시설은 제외한다)
   ⑨ 수련시설 중 유스호스텔
   ⑩ 운동시설
   ⑪ 업무시설
   ⑫ 숙박시설
   ⑬ 위락시설
   ⑭ 관광휴게시설
   ⑮ 장례시설
2. 다음에 해당하는 용도로 쓰는 건축물
   ① 의료시설 중 요양병원 및 정신병원
   ② 노유자시설 중 노인요양시설·장애인 거주시설 및 장애인 의료재활시설
   ③ 제1종 근린생활시설 중 산후조리원

(5) 추락방지를 위한 안전시설

오피스텔에 거실 바닥으로부터 높이 1.2m 이하 부분에 여닫을 수 있는 창문을 설치하는 경우에는 국토교통부령으로 정하는 기준에 따라 추락방지를 위한 안전시설을 설치해야 한다(영 제51조 제3항).

(6) 소방관 진입창의 설치 및 건축물의 외부 주 · 야간 식별표시

건축물의 11층 이하의 층에는 소방관이 진입할 수 있는 창을 설치하고, 외부에서 주야간에 식별할 수 있는 표시를 해야 한다. 다만, 다음의 어느 하나에 해당하는 아파트는 제외한다(영 제51조 제4항).

1. 제46조 제4항 및 제5항에 따라 대피공간 등을 설치한 아파트
2. 「주택건설기준 등에 관한 규정」 제15조 제2항에 따라 비상용승강기를 설치한 아파트

(7) 거실 등의 방습

다음의 어느 하나에 해당하는 거실 · 욕실 또는 조리장의 바닥부분에는 국토교통부령으로 정하는 기준에 따라 방습을 위한 조치를 해야 한다(영 제52조).

① 건축물의 최하층에 있는 거실(바닥이 목조인 경우만 해당한다)
② 제1종 근린생활시설 중 목욕장의 욕실과 휴게음식점 및 제과점의 조리장
③ 제2종 근린생활시설 중 일반음식점, 휴게음식점 및 제과점의 조리장과 숙박시설의 욕실

(8) 경계벽의 설치

다음의 어느 하나에 해당하는 건축물에는 국토교통부령(「건축물의 피난 · 방화구조 등의 기준에 관한 규칙」 제19조)으로 정하는 기준에 따라 경계벽을 설치해야 한다(영 제53조 제1항).

1. 단독주택 중 다가구주택의 각 가구 간 또는 공동주택(기숙사는 제외한다)의 각 세대 간 경계벽(거실 · 침실 등의 용도로 쓰지 아니하는 발코니 부분은 제외한다)
2. 공동주택 중 기숙사의 침실, 의료시설의 병실, 교육연구시설 중 학교의 교실 또는 숙박시설의 객실 간 경계벽
3. 제1종 근린생활시설 중 산후조리원의 다음 각 호의 어느 하나에 해당하는 경계벽
   ① 임산부실 간 경계벽
   ② 신생아실 간 경계벽
   ③ 임산부실과 신생아실 간 경계벽
4. 제2종 근린생활시설 중 다중생활시설의 호실 간 경계벽
5. 노유자시설 중 「노인복지법」에 따른 노인복지주택의 각 세대 간 경계벽
6. 노유자시설 중 노인요양시설의 호실 간 경계벽

경계벽 등의 구조

1. 법 제49조 제4항에 따라 건축물에 설치하는 경계벽은 내화구조로 하고, 지붕밑 또는 바로 위층의 바닥판까지 닿게 해야 한다.
2. 1.에 따른 경계벽은 소리를 차단하는데 장애가 되는 부분이 없도록 다음 각 호의 어느 하나에 해당하는 구조로 하여야 한다. 다만, 다가구주택 및 공동주택의 세대 간의 경계벽인 경우에는 「주택건설기준 등에 관한 규정 제14조에 따른다.
   ① 철근콘크리트조 · 철골철근콘크리트조로서 두께가 10cm 이상인 것
   ② 무근콘크리트조 또는 석조로서 두께가 10cm (시멘트모르타르 · 회반죽 또는 석고플라스터의 바름두께를 포함한다)이상인 것
   ③ 콘크리트블록조 또는 벽돌조로서 두께가 19cm 이상인 것
   ④ ①②③의 것 외에 국토교통부장관이 정하여 고시하는 기준에 따라 국토교통부장관이 지정하는 자 또는 한국건설기술연구원장이 실시하는 품질시험에서 그 성능이 확인된 것
   ⑤ 한국건설기술연구원장이 「건축물 방화구조 규칙」 제27조 제1항에 따라 정한 인정기준에 따라 인정하는 것
3. 법 제49조 제3항에 따른 가구 · 세대 등 간 소음방지를 위한 바닥은 경량충격음(비교적 가볍고 딱딱한 충격에 의한 바닥충격음을 말한다)과 중량충격음(무겁고 부드러운 충격에 의한 바닥충격음을 말한다)을 차단할 수 있는 구조로 하여야 한다.
4. 3.에 따른 가구 · 세대 등 간 소음방지를 위한 바닥의 세부 기준은 국토교통부장관이 정하여 고시한다.

(9) 층간 바닥

다음의 어느 하나에 해당하는 건축물의 층간바닥(화장실의 바닥은 제외한다)은 국토교통부령으로 정하는 기준에 따라 설치해야 한다(영 제53조 제2항).

1. 단독주택 중 다가구주택
2. 공동주택(「주택법」 제15조에 따른 주택건설사업계획승인 대상은 제외한다)
3. 업무시설 중 오피스텔
4. 제2종 근린생활시설 중 다중생활시설
5. 숙박시설 중 다중생활시설

(10) 창문 등의 차면시설

인접 대지경계선으로부터 직선거리 2m 이내에 이웃 주택의 내부가 보이는 창문 등을 설치하는 경우에는 차면시설을 설치하여야 한다(영 제55조).

4 실내건축

(1) 대통령령으로 정하는 용도 및 규모에 해당하는 다음의 건축물의 실내건축은 방화에 지장이 없고 사용자의 안전에 문제가 없는 구조 및 재료로 시공하여야 한다(법 제52조의2 제1항, 영 제61조의2).

1. 다중이용 건축물
2. 「건축물의 분양에 관한 법률」 제3조에 따른 건축물
3. 휴게음식점 및 제과점(칸막이로 거실의 일부를 가로로 구획하거나 가로 및 세로로 구획하는 경우만 해당된다)

(2) 특별자치시장 · 특별자치도지사 또는 시장 · 군수 · 구청장은 실내건축이 적정하게 설치 및 시공되었는지를 검사하여야 한다. 이 경우 검사하는 대상 건축물과 주기는 건축조례로 정한다(법 제52조의2 제3항).

5 지하층

(1) 건축물에 설치하는 지하층의 구조 및 설비는 국토교통부령으로 정하는 기준에 맞게 하여야 한다(법 제53조 제1항).

(2) 단독주택, 공동주택 등 대통령령으로 정하는 건축물의 지하층에는 거실을 설치할 수 없다. 다만, 다음 각 호의 사항을 고려하여 해당 지방자치단체의 조례로 정하는 경우에는 그러하지 아니하다(법 제53조 제2항).

1. 침수위험 정도를 비롯한 지역적 특성
2. 피난 및 대피 가능성
3. 그 밖에 주거의 안전과 관련된 사항

지하층에 거실 설치가 금지되는 건축물

법 제53조 제2항 각 호 외의 부분 본문에서 "단독주택, 공동주택 등 대통령령으로 정하는 건축물"이란 다음 각 호의 어느 하나에 해당하는 건축물을 말한다. 다만, 지하층에 거실을 부속용도로 설치하는 건축물은 제외한다(영 제63조의6).

1. 단독주택
2. 공동주택

6 건축물의 범죄예방

(1) 국토교통부장관은 범죄를 예방하고 안전한 생활환경을 조성하기 위하여 건축물, 건축설비 및 대지에 관한 범죄예방 기준을 정하여 고시할 수 있다(법 제53조의2 제1항).

(2) 대통령령으로 정하는 다음의 건축물은 범죄예방 기준에 따라 건축하여야 한다(법 제53조의2 제2항, 영 제63조의7).

1. 다가구주택, 아파트, 연립주택 및 다세대주택
2. 제1종 근린생활시설 중 일용품을 판매하는 소매점
3. 제2종 근린생활시설 중 다중생활시설
4. 문화 및 집회시설(동·식물원은 제외한다)
5. 교육연구시설(연구소 및 도서관은 제외한다)
6. 노유자시설
7. 수련시설
8. 업무시설 중 오피스텔
9. 숙박시설 중 다중생활시설

7 건축설비의 설치 등

1. 건축설비 등의 기술적 기준 등

(1) 건축설비 설치의 기술적 기준

① 건축설비는 건축물의 안전·방화, 위생, 에너지 및 정보통신의 합리적 이용에 지장이 없도록 설치하여야 하고, 배관피트 및 닥트의 단면적과 수선구의 크기를 해당 설비의 수선에 지장이 없도록 하는 등 설비의 유지·관리가 쉽게 설치하여야 한다(영 제87조 제1항).

② 건축물에 설치하는 급수·배수·냉방·난방·환기·피뢰 등 건축설비의 설치에 관한 기술적 기준은 국토교통부령으로 정하되, 에너지 이용 합리화와 관련한 건축설비의 기술적 기준에 관하여는 산업통상자원부장관과 협의하여 정한다(영 제87조 제2항).

(2) 방송수신설비

1) 건축물에는 방송수신에 지장이 없도록 공동시청 안테나, 유선방송 수신시설, 위성방송 수신설비, 에프엠(FM)라디오방송 수신설비 또는 방송 공동수신설비를 설치할 수 있다. 다만, 다음의 건축물에는 방송 공동수신설비를 설치하여야 한다(영 제87조 제4항).

> 1. 공동주택
> 2. 바닥면적의 합계가 5천m^2 이상으로서 업무시설이나 숙박시설의 용도로 쓰는 건축물

2) 1)에 따른 방송 수신설비의 설치기준은 과학기술정보통신부장관이 정하여 고시하는 바에 따른다(영 제87조 제5항).

(3) 전기배전설비 공간

연면적이 500m^2 이상인 건축물의 대지에는 국토교통부령으로 정하는 바에 따라 「전기사업법」에 따른 전기사업자가 전기를 배전하는 데 필요한 전기설비를 설치할 수 있는 공간을 확보하여야 한다(영 제87조 제6항).

2. 승강기

(1) 승용 승강기

① 건축주는 6층 이상으로서 연면적이 2천m^2 이상인 건축물(대통령령으로 정하는 건축물은 제외한다)을 건축하려면 승강기를 설치하여야 한다. 이 경우 승강기의 규모 및 구조는 국토교통부령으로 정한다(법 제64조 제1항).

② 층수가 6층인 건축물로서 각 층 거실의 바닥면적 300m^2 이내마다 1개소 이상의 직통계단을 설치한 건축물은 승강기를 설치하지 아니하여도 된다(영 제89조).

(2) 비상용 승강기

1) 높이 31m 를 초과하는 건축물에는 대통령령으로 정하는 바에 따라 승용 승강기뿐만 아니라 비상용 승강기를 추가로 설치하여야 한다. 다만, 승용 승강기를 비상용 승강기 구조로 하는 경우에는 그러하지 아니하다(법 제64조 제2항, 영 제90조 제1항).

> 1. 높이 31m를 넘는 각 층의 바닥면적 중 최대 바닥면적이 1천 500m^2 이하인 건축물 : 1대 이상
> 2. 높이 31m를 넘는 각 층의 바닥면적 중 최대 바닥면적이 1천 500m^2를 넘는 건축물 : 1대에 1천 500m^2를 넘는 3천m^2 이내마다 1대씩 더한 대수 이상

2) 2대 이상의 비상용 승강기를 설치하는 경우에는 화재가 났을 때 소화에 지장이 없도록 일정한 간격을 두고 설치하여야 한다(영 제90조 제2항).

3) 건축물에 설치하는 비상용 승강기의 구조 등에 관하여 필요한 사항은 국토교통부령으로 정한다(영 제90조 제3항).

(3) 피난용 승강기

고층건축물에는 위의 (1)에 따라 건축물에 설치하는 승용 승강기 중 1대 이상을 대통령령으로 정하는 바에 따라 피난용 승강기로 설치하여야 한다(법 제64조 제3항). 피난용 승강기(피난용 승강기의 승강장 및 승강로를 포함한다)는 다음의 기준에 맞게 설치하여야 한다(영 제91조).

> 1. 승강장의 바닥면적은 승강기 1대당 6m^2 이상으로 할 것
> 2. 각 층으로부터 피난층까지 이르는 승강로를 단일구조로 연결하여 설치할 것
> 3. 예비전원으로 작동하는 조명설비를 설치할 것
> 4. 승강장의 출입구 부근의 잘 보이는 곳에 해당 승강기가 피난용 승강기임을 알리는 표지를 설치할 것

5. 그 밖에 화재예방 및 피해경감을 위하여 국토교통부령으로 정하는 구조 및 설비 등의 기준에 맞을 것

건축물의 구조 및 재료 등에 관한 기준의 관리

1. 국토교통부장관은 기후 변화나 건축기술의 변화 등에 따라 제48조, 제48조의2, 제49조, 제50조, 제50조의2, 제51조, 제52조, 제52조의2, 제52조의4, 제53조의 건축물의 구조 및 재료 등에 관한 기준이 적정한지를 검토하는 모니터링(이하 이 조에서 "건축모니터링"이라 한다)을 대통령령으로 정하는 기간(3년)마다 실시하여야 한다(법 제68조의3 제1항, 영 제92조 제1항).
2. 국토교통부장관은 대통령령으로 정하는 전문기관을 지정하여 건축모니터링을 하게 할 수 있다(법 제68조의3 제2항).

3. 지능형 건축물의 인증

(1) 국토교통부장관은 지능형 건축물(Intelligent Building)의 건축을 활성화하기 위하여 지능형 건축물 인증제도를 실시한다(법 제65조의2 제1항).

(2) 국토교통부장관은 지능형 건축물의 인증을 위하여 인증기관을 지정할 수 있다(법 제65조의2 제2항).

(3) 지능형 건축물의 인증을 받으려는 자는 인증기관에 인증을 신청하여야 한다(법 제65조의2 제3항).

(4) 국토교통부장관은 건축물을 구성하는 설비 및 각종 기술을 최적으로 통합하여 건축물의 생산성과 설비 운영의 효율성을 극대화할 수 있도록 다음의 사항을 포함하여 지능형 건축물 인증기준을 고시한다(법 제65조의2 제4항).

① 인증기준 및 절차
② 인증표시 홍보기준
③ 유효기간
④ 수수료
⑤ 인증 등급 및 심사기준 등

(5) 허가권자는 지능형 건축물로 인증을 받은 건축물에 대하여 조경설치면적을 100분의 85까지 완화하여 적용할 수 있으며, 용적률 및 건축물의 높이를 100분의 115의 범위에서 완화하여 적용할 수 있다(법 제65조의2 제6항).

05 Chapter 지역 · 지구 · 구역에서의 건축제한

단·원·열·기

건축물의 면적 및 높이 · 층수 산정방법, 건폐율, 용적률, 대지의 분할제한 등 전반적으로 출제되고 있다.
학습방법 : 먼저 건축물의 면적 및 높이 · 층수 산정방법을 이해하고 건폐율, 용적률, 대지의 분할제한 등을 정리하도록 한다.

지역 · 지구 · 구역에서의 건축제한

01 대지 등이 지역 등에 걸치는 경우의 적용기준

1. 건축물의 대지가 지역 · 지구 · 구역 등에 걸치는 경우의 조치

(1) 과반이 속하는 지역 등에 관한 규정 적용

대지가 이 법이나 다른 법률에 따른 지역 · 지구(녹지지역과 방화지구는 제외한다) 또는 구역에 걸치는 경우에는 대통령령으로 정하는 바에 따라 그 건축물과 대지의 전부에 대하여 대지의 과반(過半)이 속하는 지역 · 지구 또는 구역 안의 건축물 및 대지 등에 관한 이 법의 규정을 적용한다(법 제54조 제1항).

(2) 조례로 정하는 경우

(1)의 규정에 불구하고 해당 대지의 규모와 그 대지가 속한 용도지역 · 지구 또는 구역의 성격 등 그 대지에 관한 주변여건상 필요하다고 인정하여 해당 지방자치단체의 조례로 적용방법을 따로 정하는 경우에는 그에 따른다(법 제54조 제4항).

2. 하나의 건축물이 방화지구와 그 밖의 구역에 걸치는 경우

하나의 건축물이 방화지구와 그 밖의 구역에 걸치는 경우에는 그 전부에 대하여 방화지구 안의 건축물에 관한 이 법의 규정을 적용한다. 다만, 건축물의 방화지구에 속한 부분과 그 밖의 구역에 속한 부분의 경계가 방화벽으로 구획되는 경우 그 밖의 구역에 있는 부분에 대하여는 그러하지 아니하다(법 제54조 제2항).

3. 대지가 녹지지역과 그 밖의 지역 · 지구 · 구역에 걸치는 경우

대지가 녹지지역과 그 밖의 지역 · 지구 또는 구역에 걸치는 경우에는 각 지역 · 지구 또는 구역 안의 건축물과 대지에 관한 이 법의 규정을 적용한다. 다만, 녹지지역 안의 건축물이 방화지구에 걸치는 경우에는 2.에 따른다(법 제54조 제3항).

02 건축물의 면적 및 높이 · 층수 산정방법

건축물의 대지면적 · 연면적 · 바닥면적 · 높이 · 처마 · 천장 · 바닥 및 층수의 산정방법은 대통령령으로 정한다(법 제84조). 즉, 건축물의 면적 · 높이 및 층수 등은 다음의 방법에 따라 산정한다(영 제119조 제1항).
이 경우(지하층의 지표면 산정을 제외한다) 지표면에 고저차가 있는 경우에는 건축물의 주위가 접하는 각 지표면 부분의 높이를 그 지표면 부분의 수평거리에 따라 가중평균한 높이의 수평면을 지표면으로 본다. 다만, 그 고저차가 3m를 넘는 경우에는 그 고저차 3m 이내의 부분마다 그 지표면을 정한다(영 제119조 제2항).

알아두기

➤ 지하층의 지표면

지하층의 지표면은 각 층의 주위가 접하는 각 지표면 부분의 높이를 그 지표면 부분의 수평거리에 따라 가중평균한 높이의 수평면을 지표면으로 산정한다(영 제119조 제1항 제10호).

1 면적의 산정방법

1. 대지면적

대지면적은 대지의 수평투영면적으로 한다(영 제119조 제1항 제1호).

(1) 대지면적에 산입하지 않는 경우

1) **소요너비 미달 도로의 건축선과 도로모퉁이에서의 건축선의 경우**: 그 건축선과 도로 사이의 대지면적

2) **대지에 도시 · 군계획시설인 도로 · 공원 등이 있는 경우**: 그 도시 · 군계획시설에 포함되는 대지(「국토의 계획 및 이용에 관한 법률」 제47조 제7항에 따라 장기미집행 도시 · 군계획시설부지의 매수청구와 관련하여 건축물 또는 공작물을 설치하는 도시 · 군계획시설의 부지는 제외한다)면적

(2) 대지면적에 포함되는 경우

소요너비 이상 도로에서 건축선을 별도로 정한 경우에는 건축선과 도로 사이의 대지면적을 포함한다.

2. 건축면적

건축물의 외벽의 중심선(외벽이 없는 경우에는 외곽부분 기둥의 중심선)으로 둘러싸인 부분의 수평투영면적으로 한다(영 제119조 제1항 제2호).

(1) 건축물에 돌출부분이 있는 경우

처마, 차양, 부연(附椽), 그 밖에 이와 비슷한 것으로서 그 외벽의 중심선으로부터 수평거리 1m 이상 돌출된 부분이 있는 건축물의 건축면적은 그 돌출된 끝부분으로부터 다음의 구분에 따른 수평거리를 후퇴한 선으로 둘러싸인 부분의 수평투영면적으로 한다(영 제119조 제1항 제2호).

① 전통사찰(「전통사찰의 보존 및 그 지원에 관한 법률」에 따른 전통사찰): 4m 이하의 범위에서 외벽의 중심선까지의 거리

② 축사(사료 투여, 가축 이동 및 가축 분뇨 유출 방지 등을 위하여 처마, 차양, 부연, 그 밖에 이와 비슷한 것이 설치된 축사): 3m 이하의 범위에서 외벽의 중심선까지의 거리(두 동의 축사가 하나의 차양으로 연결된 경우에는 6m 이하의 범위에서 축사 양 외벽의 중심선까지의 거리를 말한다)

③ 한옥: 2m 이하의 범위에서 외벽의 중심선까지의 거리

④ 「환경친화적자동차의 개발 및 보급 촉진에 관한 법률 시행령」 제18조의5에 따른 충전시설(그에 딸린 충전 전용 주차구획을 포함한다)의 설치를 목적으로 처마, 차양, 부연, 그 밖에 이와 비슷한 것이 설치된 공동주택(「주택법」 제15조에 따른 사업계획승인 대상으로 한정한다): 2m 이하의 범위에서 외벽의 중심선까지의 거리

⑤ 「신에너지 및 재생에너지 개발・이용・보급 촉진법」 제2조 제3호에 따른 신・재생에너지 설비(신・재생에너지를 생산하거나 이용하기 위한 것만 해당한다)를 설치하기 위하여 처마, 차양, 부연, 그 밖에 이와 비슷한 것이 설치된 건축물로서 「녹색건축물 조성 지원법」 제17조에 따른 제로에너지건축물 인증을 받은 건축물: 2m 이하의 범위에서 외벽의 중심선까지의 거리

⑥ 「환경친화적 자동차의 개발 및 보급 촉진에 관한 법률」 제2조 제9호의 수소연료공급시설을 설치하기 위하여 처마, 차양, 부연 그 밖에 이와 비슷한 것이 설치된 별표1 제19호가목의 주유소, 같은 호 나목의 액화석유가스 충전소 또는 같은 호 바목의 고압가스 충전소: 2m 이하의 범위에서 외벽의 중심선까지의 거리

⑦ 그 밖의 건축물: 1m

⑵ 국토교통부령으로 정하는 바에 따라 건축면적의 산정

① 태양열을 주된 에너지원으로 이용하는 주택

② 창고 중 물품을 입출고하는 부위의 상부에 한쪽 끝은 고정되고 다른 쪽 끝은 지지되지 아니한 구조로 설치된 돌출차양

③ 단열재를 구조체의 외기측에 설치하는 단열공법으로 건축된 건축물

알아두기

➤ 태양열을 이용하는 주택 등의 건축면적 산정방법 등

1. 태양열을 주된 에너지원으로 이용하는 주택의 건축면적과 단열재를 구조체의 외기측에 설치하는 단열공법으로 건축된 건축물의 건축면적은 건축물의 외벽중 내측 내력벽의 중심선을 기준으로 한다. 이 경우 태양열을 주된 에너지원으로 이용하는 주택의 범위는 국토교통부장관이 정하여 고시하는 바에 의한다(규칙 제43조 제1항).
2. 창고 또는 공장 중 물품을 입출고하는 부위의 상부에 설치하는 한쪽 끝은 고정되고 다른 끝은 지지되지 않은 구조로 된 돌출차양의 면적 중 건축면적에 산입하는 면적은 다음 각 호에 따라 산정한 면적 중 작은 값으로 한다(규칙 제43조 제2항).
   ⑴ 해당 돌출차양을 제외한 창고의 건축면적의 10%를 초과하는 면적
   ⑵ 해당 돌출차양의 끝부분으로부터 수평거리 6m를 후퇴한 선으로 둘러싸인 부분의 수평투영면적

⑶ 건축면적에 산입하지 않는 경우

다음의 경우에는 건축면적에 산입하지 않는다(영 제119조 제1항 제2호 다목).

1. 지표면으로부터 1m 이하에 있는 부분(창고 중 물품을 입출고하기 위하여 차량을 접안시키는 부분의 경우에는 지표면으로부터 1.5m 이하에 있는 부분)
2. 「다중이용업소의 안전관리에 관한 특별법 시행령」에 따라 기존의 다중이용업소(2004년 5월 29일 이전의 것만 해당한다)의 비상구에 연결하여 설치하는 폭 2m 이하의 옥외 피난계단(기존 건축물에 옥외 피난계단을 설치함으로써 건폐율의 기준에 적합하지 아니하게 된 경우만 해당한다)
3. 건축물 지상층에 일반인이나 차량이 통행할 수 있도록 설치한 보행통로나 차량통로
4. 지하주차장의 경사로
5. 건축물 지하층의 출입구 상부(출입구 너비에 상당하는 규모의 부분을 말한다)
6. 생활폐기물 보관시설(음식물쓰레기, 의류 등의 수거시설을 말한다)
7. 「영유아보육법」에 따른 어린이집(2005년 1월 29일 이전에 설치된 것만 해당한다)의 비상구에 연결하여 설치하는 폭 2m 이하의 영유아용 대피용 미끄럼대 또는 비상계단(기존 건축물에 영유아용 대피용 미끄럼대 또는 비상계단을 설치함으로써 건폐율 기준에 적합하지 아니하게 된 경우만 해당한다)

8. 「장애인·노인·임산부 등의 편의증진 보장에 관한 법률 시행령」에 따른 장애인용 승강기, 장애인용 에스컬레이터, 휠체어리프트, 경사로
9. 「가축전염병 예방법」에 따른 소독설비를 갖추기 위하여 가축사육시설(2015년 4월 27일 전에 건축되거나 설치된 가축사육시설로 한정한다)에서 설치하는 시설
10. 「매장유산 보호 및 조사에 관한 법률」에 따른 현지보존 및 이전보존을 위하여 매장유산 보호 및 전시에 전용되는 부분
11. 「가축분뇨의 관리 및 이용에 관한 법률」에 따른 처리시설(법률 제12516호 가축분뇨의 관리 및 이용에 관한 법률 일부개정법률 부칙 제9조에 해당하는 배출시설의 처리시설로 한정한다)
12. 「영유아보육법」 제15조에 따른 설치기준에 따라 직통계단 1개소를 갈음하여 건축물의 외부에 설치하는 비상계단(같은 조에 따른 어린이집이 2011년 4월 6일 이전에 설치된 경우로서 기존 건축물에 비상계단을 설치함으로써 법 제55조에 따른 건폐율 기준에 적합하지 않게 된 경우만 해당한다)

3. 바닥면적

건축물의 각 층 또는 그 일부로서 벽·기둥, 그 밖에 이와 비슷한 구획의 중심선으로 둘러싸인 부분의 수평투영면적으로 한다(영 제119조 제1항 제3호).

(1) 단열재가 설치된 외벽

단열재를 구조체의 외기측에 설치하는 단열공법으로 건축된 건축물의 경우에는 단열재가 설치된 외벽 중 내측 내력벽의 중심선을 기준으로 산정한 면적을 바닥면적으로 한다(영 제119조 제1항 제3호 아목).

(2) 바닥면적에 포함되는 경우

1. 벽·기둥의 구획이 없는 건축물(캔틸레버)에 있어서는 그 지붕 끝부분으로부터 수평거리 1m를 후퇴한 선으로 둘러싸인 수평투영면적으로 한다(영 제119조 제1항 제3호 가목).
2. 노대 등의 바닥은 난간 등의 설치여부에 관계 없이 노대 등의 면적(외벽의 중심선으로부터 노대 등의 끝부분까지의 면적을 말함)에서 노대 등이 접한 가장 긴 외벽에 접한 길이에 1.5m를 곱한 값을 뺀 면적을 바닥면적에 산입한다(영 제119조 제1항 제3호 나목).
3. 제46조 제4항 제3호에 따른 대피공간의 바닥면적은 건축물의 각 층 또는 그 일부로서 벽의 내부선으로 둘러싸인 부분의 수평투영면적으로 한다(영 제119조 제2항 제3호 거목).

영 제46조 제4항(방화구획 등의 설치)

공동주택 중 아파트로서 4층 이상인 층의 각 세대가 2개 이상의 직통계단을 사용할 수 없는 경우에는 발코니(발코니의 외부에 접하는 경우를 포함한다)에 인접 세대와 공동으로 또는 각 세대별로 다음 각 호의 요건을 모두 갖춘 대피공간을 하나 이상 설치해야 한다. 이 경우 인접 세대와 공동으로 설치하는 대피공간은 인접 세대를 통하여 2개 이상의 직통계단을 쓸 수 있는 위치에 우선 설치되어야 한다.

3. 대피공간의 바닥면적은 인접 세대와 공동으로 설치하는 경우에는 $3m^2$ 이상, 각 세대별로 설치하는 경우에는 $2m^2$ 이상일 것

(3) 바닥면적에 산입하지 않는 경우

1. 필로티나 그 밖에 이와 비슷한 구조(벽면적의 2분의 1 이상이 그 층의 바닥면에서 위층 바닥 아래면까지 공간으로 된 것만 해당한다)의 부분은 그 부분이 공중의 통행이나 차량의 통행 또는 주차에 전용되는 경우와 공동주택의 경우에는 바닥면적에 산입하지 아니한다.
2. 승강기탑(옥상출입용 승강기를 포함한다), 계단탑, 장식탑, 다락[층고(層高)가 1.5m(경사진 형태의 지붕인 경우에는 1.8m) 이하인 것만 해당한다], 건축물의 내부에 설치하는 냉방설비 배기장치 전용 설치공간(각 세대나 실별로 외부 공기에 직접 닿는 곳에 설치하는 경우로서 $1m^2$ 이하로 한정한다), 건축물의 외부 또는 내부에 설치하는 굴뚝, 더스트슈트, 설비덕트, 그 밖에 이와 비슷한 것과 옥상 · 옥외 또는 지하에 설치하는 물탱크, 기름탱크, 냉각탑, 정화조, 도시가스 정압기, 그 밖에 이와 비슷한 것을 설치하기 위한 구조물과 건축물 간에 화물의 이동에 이용되는 컨베이어벨트만을 설치하기 위한 구조물은 바닥면적에 산입하지 아니한다.
3. 공동주택으로서 지상층에 설치한 기계실, 전기실, 어린이놀이터, 조경시설 및 생활폐기물 보관시설의 면적은 바닥면적에 산입하지 않는다.
4. 「다중이용업소의 안전관리에 관한 특별법 시행령」 제9조에 따라 기존의 다중이용업소(2004년 5월 29일 이전의 것만 해당한다)의 비상구에 연결하여 설치하는 폭 1.5m 이하의 옥외 피난계단(기존 건축물에 옥외 피난계단을 설치함으로써 용적률에 적합하지 아니하게 된 경우만 해당한다)은 바닥면적에 산입하지 아니한다.
5. 건축물을 리모델링하는 경우로서 미관 향상, 열의 손실 방지 등을 위하여 외벽에 부가하여 마감재 등을 설치하는 부분은 바닥면적에 산입하지 아니한다.
6. 「영유아보육법」에 따른 어린이집(2005년 1월 29일 이전에 설치된 것만 해당한다)의 비상구에 연결하여 설치하는 폭 2m 이하의 영유아용 대피용 미끄럼대 또는 비상계단의 면적은 바닥면적(기존 건축물에 영유아용 대피용 미끄럼대 또는 비상계단을 설치함으로써 용적률 기준에 적합하지 아니하게 된 경우만 해당한다)에 산입하지 아니한다.
7. 「장애인 · 노인 · 임산부 등의 편의증진 보장에 관한 법률 시행령」에 따른 장애인용 승강기, 장애인용 에스컬레이터, 휠체어리프트, 경사로 또는 승강장은 바닥면적에 산입하지 아니한다.
8. 「가축전염병 예방법」에 따른 소독설비를 갖추기 위하여 가축사육시설(2015년 4월 27일 전에 건축되거나 설치된 가축사육시설로 한정한다)에서 설치하는 시설은 바닥면적에 산입하지 아니한다.
9. 「매장유산 보호 및 조사에 관한 법률」에 따른 현지보존 및 이전보존을 위하여 매장유산 보호 및 전시에 전용되는 부분은 바닥면적에 산입하지 아니한다.

10. 「영유아보육법」 제15조에 따른 설치기준에 따라 직통계단 1개소를 갈음하여 건축물의 외부에 설치하는 비상계단의 면적은 바닥면적(같은 조에 따른 어린이집이 2011년 4월 6일 이전에 설치된 경우로서 기존 건축물에 비상계단을 설치함으로써 법 제56조에 따른 용적률 기준에 적합하지 않게 된 경우만 해당한다)에 산입하지 않는다.
11. 지하주차장의 경사로(지상층에서 지하 1층으로 내려가는 부분으로 한정한다)는 바닥면적에 산입하지 않는다.
12. 「건축법 시행령」 제46조 제5항 제3호 또는 제4호에 따른 구조 또는 시설(해당 세대 밖으로 대피할 수 있는 구조 또는 시설만 해당한다)을 같은 조 제4항에 따른 대피공간에 설치하는 경우 또는 같은 조 제5항 제4호에 따른 대체시설을 발코니(발코니의 외부에 접하는 경우를 포함한다. 이하 같다)에 설치하는 경우에는 해당 구조 또는 시설이 설치되는 대피공간 또는 발코니의 면적 중 다음의 구분에 따른 면적까지를 바닥면적에 산입하지 않는다.
    ① 인접세대와 공동으로 설치하는 경우: $4m^2$
    ② 각 세대별로 설치하는 경우: $3m^2$

영 제46조 제5항(방화구획 등의 설치)

제4항에도 불구하고 아파트의 4층 이상인 층에서 발코니(제4호의 경우에는 발코니의 외부에 접하는 경우를 포함한다)에 다음 각 호의 어느 하나에 해당하는 구조 또는 시설을 갖춘 경우에는 대피공간을 설치하지 않을 수 있다.

1. 발코니와 인접 세대와의 경계벽이 파괴하기 쉬운 경량구조 등인 경우
2. 발코니의 경계벽에 피난구를 설치한 경우
3. 발코니의 바닥에 국토교통부령으로 정하는 하향식 피난구를 설치한 경우
4. 국토교통부장관이 제4항에 따른 대피공간과 동일하거나 그 이상의 성능이 있다고 인정하여 고시하는 구조 또는 시설(이하 이 호에서 "대체시설"이라 한다)을 갖춘 경우. 이 경우 국토교통부장관은 대체시설의 성능에 대해 미리 「과학기술분야 정부출연연구기관 등의 설립·운영 및 육성에 관한 법률」 제8조 제1항에 따라 설립된 한국건설기술연구원(이하 "한국건설기술연구원"이라 한다)의 기술검토를 받은 후 고시해야 한다.

PART 05

4. 연면적

하나의 건축물 각 층의 바닥면적의 합계로 한다(영 제119조 제1항 제4호).

2 높이의 산정방법

1. 건축물의 높이

건축물의 높이는 지표면으로부터 그 건축물의 상단까지의 높이로 한다(영 제119조 제1항 제5호).

(1) 1층 전체가 필로티 구조인 건축물의 높이산정

건축물의 1층 전체에 필로티(건축물을 사용하기 위한 경비실, 계단실, 승강기실 그 밖에 이와 비슷한 것을 포함한다)가 설치되어 있는 경우에는 건축물의 높이제한(가로구역별 높이제한과 일조 등의 확보를 위한 건축물의 높이제한) 규정을 적용할 때 필로티의 층고를 제외한 높이로 한다(영 제119조 제1항 제5호).

(2) 가로구역별 건축물의 높이제한에서의 건축물의 높이산정

가로구역별 건축물의 높이제한에 있어서 건축물의 높이의 산정에 있어서는 전면도로의 중심선으로부터의 높이로 한다. 다만, 전면도로가 다음의 어느 하나에 해당하는 경우에는 그에 따라 산정한다(영 제119조 제1항 제5호 가목).

① 건축물의 대지에 접하는 전면도로의 노면에 고저차가 있는 경우 그 건축물이 접하는 범위의 전면도로 부분의 수평거리에 따라 가중평균한 높이의 수평면을 전면도로면으로 본다.
② 건축물의 대지에 지표면이 전면도로보다 높은 경우에는 그 고저차의 2분의 1의 높이만큼 올라온 위치에 그 전면도로의 면이 있는 것으로 본다.

(3) 일조 등의 확보를 위한 건축물의 높이제한에서의 건축물의 높이산정

일조 등의 확보를 위한 건축물의 높이제한에서 건축물의 높이를 산정할 때 건축물의 대지의 지표면과 인접대지의 지표면 간에 고저차가 있는 경우에는 그 지표면의 평균수평면을 지표면으로 본다. 이 경우 일반상업지역과 중심상업지역에 건축하는 것을 제외한 공동주택의 높이제한에 따른 높이산정에 있어서 해당 대지가 인접대지의 높이보다 낮은 경우에는 그 대지의 지표면을 지표면으로 보고, 공동주택을 다른 용도와 복합하여 건축하는 경우에는 공동주택의 가장 낮은 부분을 그 건축물의 지표면으로 본다(영 제119조 제1항 제5호 나목).

(4) 옥상에 승강기탑 등이 있는 경우의 건축물의 높이산정

건축물의 옥상에 설치되는 승강기탑(옥상출입문 승강장을 포함한다)・계단탑・망루・장식탑・옥탑 등으로서 그 수평투영면적의 합계가 해당 건축물 건축면적의 8분의 1(「주택법」에 따른 사업계획승인 대상인 공동주택 중 세대별 전용면적이 85m^2 이하인 경우에는 6분의 1) 이하인 경우로서 그 부분의 높이가 12m를 넘는 경우에는 그 넘는 부분만 해당 건축물의 높이에 산입한다(영 제119조 제1항 제5호 다목).

알아두기

➤ **수평투영면적의 산정**
(4)에서 수평투영면적은 건축면적의 산정방법에 따른다(영 제119조 제4항).

(5) 옥상돌출물 등이 있는 경우 건축물의 높이 불산입

지붕마루장식・굴뚝・방화벽의 옥상돌출부나 그 밖에 이와 비슷한 옥상돌출물과 난간벽(그 벽면적의 2분의 1 이상이 공간으로 되어 있는 것만 해당한다)은 그 건축물의 높이에 산입하지 아니한다(영 제119조 제1항 제5호 라목).

2. 처마높이

지표면으로부터 건축물의 지붕틀 또는 이와 비슷한 수평재를 지지하는 벽·깔도리 또는 기둥의 상단까지의 높이로 한다(영 제119조 제1항 제6호).

3. 반자높이

방의 바닥면으로부터 반자까지의 높이로 한다. 다만, 한 방에서 반자높이가 다른 부분이 있는 경우에는 그 각 부분의 반자면적에 따라 가중평균한 높이로 한다(영 제119조 제1항 제7호).

4. 층고(= 층높이)

방의 바닥구조체 윗면으로부터 위층 바닥구조체의 윗면까지의 높이로 한다. 다만, 한 방에서 층의 높이가 다른 부분이 있는 경우에는 그 각 부분의 높이에 따른 면적에 따라 가중평균한 높이로 한다(영 제119조 제1항 제8호).

3 층수 산정

1. 건축물의 층수에 산입되지 않는 경우

(1) 지하층

지하층은 층수에 산입하지 아니한다.

(2) 옥상 위에 옥탑 등이 있는 경우

승강기탑(옥상 출입용 승강기를 포함한다), 계단탑, 망루, 장식탑, 옥탑 그 밖에 이와 비슷한 건축물의 옥상부분으로서 그 수평투영면적의 합계가 해당 건축물의 건축면적의 8분의 1(「주택법」에 따른 사업계획승인대상인 공동주택 중 세대별 전용면적이 85m^2 이하인 경우에는 6분의 1) 이하인 것은 건축물의 층수에 산입하지 아니한다(영 제119조 제1항 제9호).

알아두기

➤ **수평투영면적의 산정**
(2)에서 수평투영면적은 건축면적의 산정방법에 따른다(영 제119조 제4항).

2. 층의 구분이 명확하지 아니한 경우

층의 구분이 명확하지 아니한 건축물은 그 건축물의 높이 4m마다 하나의 층으로 산정한다(영 제119조 제1항 제9호).

3. 건축물의 부분에 따라 층수를 달리하는 경우

건축물의 부분에 따라 그 층수를 달리하는 경우에는 그 중 가장 많은 층수를 당해 건축물의 층수로 한다(영 제119조 제1항 제9호).

4 구체적 적용사례 및 적용방법 공개

국토교통부장관은 위에서 규정한 건축물의 면적, 높이 및 층수 등의 산정방법에 관한 구체적인 적용사례 및 적용방법 등을 작성하여 공개할 수 있다(영 제119조 제5항).

03 건폐율 · 용적률 · 대지의 분할제한 등

1 건폐율 및 용적률

1. 건폐율

$$건폐율 = \frac{건축면적}{대지면적} \times 100\%$$

(1) 의 의

건폐율이란 대지면적에 대한 건축면적의 비율을 말한다. 대지에 둘 이상의 건축물이 있는 경우에는 이들 건축면적의 합계로 한다(법 제55조).

(2) 건폐율 산정시 건축면적에서 제외 가능한 건축물

다음의 요건을 모두 갖춘 건축물의 건폐율을 산정할 때에는 건축면적의 산정기준에도 불구하고 지방건축위원회의 심의를 통해 아래의 2.에 따른 개방 부분의 상부에 해당하는 면적을 건축면적에서 제외할 수 있다(영 제119조 제3항).

1. 다음의 어느 하나에 해당하는 시설로서 해당 용도로 쓰는 바닥면적의 합계가 1천m^2 이상일 것
   ① 문화 및 집회시설(공연장 · 관람장 · 전시장만 해당한다)
   ② 교육연구시설(학교 · 연구소 · 도서관만 해당한다)
   ③ 수련시설 중 생활권 수련시설
   ④ 업무시설 중 공공업무시설
2. 지면과 접하는 저층의 일부를 높이 8m 이상으로 개방하여 보행통로나 공지 등으로 활용할 수 있는 구조 · 형태일 것

(3) 건폐율의 최대한도

건폐율의 최대한도는 「국토의 계획 및 이용에 관한 법률」 제77조에 따른 건폐율의 기준에 따른다. 다만, 「건축법」에서 기준을 완화 또는 강화하여 적용하도록 규정한 경우에는 그에 따른다(법 제55조).

2. 용적률

$$용적률 = \frac{연면적}{대지면적} \times 100\%$$

(1) 의 의

용적률이란 대지면적에 대한 건축물의 연면적의 비율을 말한다. 대지에 둘 이상의 건축물이 있는 경우에는 이들 연면적의 합계로 한다. 용적률을 산정할 때에는 다음에 해당하는 면적은 연면적에서 제외한다(법 제56조, 영 제119조 제1항 제4호).

① 지하층의 면적
② 지상층의 주차용(해당 건축물의 부속용도인 경우만 해당한다)으로 쓰는 면적
③ 초고층 건축물과 준초고층 건축물의 피난안전구역의 면적
④ 층수가 11층 이상인 건축물로서 11층 이상인 층의 바닥면적의 합계가 1만m^2 이상인 건축물의 지붕을 경사지붕으로 하는 경우 경사지붕 아래 설치하는 대피공간의 면적

(2) 용적률의 최대한도

용적률의 최대한도는 「국토의 계획 및 이용에 관한 법률」 제78조에 따른 용적률의 기준에 따른다. 다만, 「건축법」에서 기준을 완화 또는 강화하여 적용하도록 규정한 경우에는 그에 따른다(법 제56조).

2 대지의 분할제한

1. 분할제한의 최소면적

건축물이 있는 대지는 다음의 해당 용도지역의 규모의 범위 안에서 해당 지방자치단체의 조례가 정하는 면적에 못 미치게 분할할 수 없다(법 제57조 제1항, 영 제80조).

① 주거지역: 60m² 이상
② 상업지역: 150m² 이상
③ 공업지역: 150m² 이상
④ 녹지지역: 200m² 이상
⑤ 위의 용도지역에 해당하지 아니하는 지역: 60m² 이상

2. 관계규정에 따른 대지의 분할제한

건축물이 있는 대지는 다음의 규정에 따른 기준에 못 미치게 분할할 수 없다(법 제57조 제2항).

법 제44조	대지와 도로의 관계
법 제55조	건폐율
법 제56조	용적률
법 제58조	대지 안의 공지
법 제60조	가로구역단위별 건축물의 높이 제한
법 제61조	일조 등의 확보를 위한 건축물의 높이 제한

3 대지 안의 공지

건축물을 건축하는 경우에는 「국토의 계획 및 이용에 관한 법률」에 따른 용도지역·용도지구, 건축물의 용도 및 규모 등에 따라 건축선 및 인접 대지경계선으로부터 6m 이내의 범위에서 다음의 대통령령으로 정하는 바에 따라 해당 지방자치단체의 조례로 정하는 거리 이상을 띄워야 한다(법 제58조, 영 제80조의2 별표2).

1. 건축선으로부터 건축물까지 띄어야 하는 거리

대상 건축물	건축조례에서 정하는 건축기준
1. 공동주택	• 아파트: 2m 이상 6m 이하 • 연립주택: 2m 이상 5m 이하 • 다세대주택: 1m 이상 4m 이하
2. 해당 용도로 쓰는 바닥면적의 합계가 500m² 이상인 공장(전용공업지역, 일반공업지역 또는 「산업입지 및 개발에 관한 법률」에 따른 산업단지에 건축하는 공장은 제외한다)으로서 건축조례로 정하는 건축물	• 준공업지역: 1.5m 이상 6m 이하 • 준공업지역 외의 지역: 3m 이상 6m 이하
3. 해당 용도로 쓰는 바닥면적의 합계가 500m² 이상인 창고(전용공업지역, 일반공업지역 또는 「산업입지 및 개발에 관한 법률」에 따른 산업단지에 건축하는 창고는 제외한다)로서 건축조례로 정하는 건축물	• 준공업지역: 1.5m 이상 6m 이하 • 준공업지역 외의 지역: 3m 이상 6m 이하
4. 해당 용도로 쓰는 바닥면적의 합계가 1,000m² 이상인 판매시설, 숙박시설(일반숙박시설은 제외한다), 문화 및 집회시설(전시장 및 동·식물원은 제외한다) 및 종교시설	• 3m 이상 6m 이하
5. 다중이 이용하는 건축물로서 건축조례로 정하는 건축물	• 3m 이상 6m 이하
6. 그 밖에 건축조례로 정하는 건축물	• 1m 이상 6m 이하(한옥의 경우에는 처마선 2m 이하, 외벽선 1m 이상 2m 이하)

2. 인접 대지경계선으로부터 건축물까지 띄어야 하는 거리

대상 건축물	건축조례에서 정하는 건축기준
1. 공동주택(상업지역에서 건축하는 건축물로서 스프링클러나 그 밖에 이와 비슷한 자동식 소화설비를 설치한 공동주택은 제외한다)	• 아파트: 2m 이상 6m 이하 • 연립주택: 1.5m 이상 5m 이하 • 다세대주택: 0.5m 이상 4m 이하
2. 전용주거지역에 건축하는 건축물(공동주택은 제외한다)	• 1m 이상 6m 이하(한옥의 경우에는 처마선 2m 이하, 외벽선 1m 이상 2m 이하)

맞벽건축

다음의 지역에서 도시미관 등을 위하여 둘 이상의 건축물 벽을 맞벽(대지경계선으로부터 50cm 이내인 경우를 말한다)으로 하여 건축하는 경우를 말한다.

1. 상업지역(다중이용 건축물 및 공동주택은 스프링클러나 그 밖에 이와 비슷한 자동식 소화설비를 설치한 경우로 한정한다)
2. 주거지역(건축물 및 토지의 소유자 간 맞벽건축을 합의한 경우에 한정한다)
3. 허가권자가 도시미관 또는 한옥 보전·진흥을 위하여 건축조례로 정하는 구역
4. 건축협정구역

3. 해당 용도로 쓰는 바닥면적의 합계가 500m² 이상인 공장(전용공업지역, 일반공업지역 또는 「산업입지 및 개발에 관한 법률」에 따른 산업단지에 건축하는 공장은 제외한다)으로서 건축조례로 정하는 건축물	• 준공업지역: 1m 이상 6m 이하 • 준공업지역 외의 지역: 1.5m 이상 6m 이하
4. 상업지역이 아닌 지역에 건축하는 건축물로서 해당 용도로 쓰는 바닥면적의 합계가 1,000m² 이상인 판매시설, 숙박시설(일반숙박시설은 제외한다), 문화 및 집회시설(전시장 및 동·식물원은 제외한다) 및 종교시설	• 1.5m 이상 6m 이하
5. 다중이 이용하는 건축물(상업지역에 건축하는 건축물로서 스프링클러나 그 밖에 이와 비슷한 자동식 소화설비를 설치한 건축물은 제외한다)로서 건축조례로 정하는 건축물	• 1.5m 이상 6m 이하
6. 그 밖에 건축조례로 정하는 건축물	• 0.5m 이상 6m 이하(한옥의 경우에는 처마선 2m 이하, 외벽선 1m 이상 2m 이하)

04 건축물의 높이제한

1 가로구역단위별 건축물의 높이제한

허가권자는 가로구역[(街路區域): 도로로 둘러싸인 일단(一團)의 지역을 말한다]을 단위로 하여 대통령령으로 정하는 기준과 절차에 따라 건축물의 높이를 지정·공고할 수 있다(법 제60조 제1항).

1. 가로구역별 높이 지정·공고

(1) 높이 지정·공고시 고려사항

허가권자는 가로구역별로 건축물의 높이를 지정·공고할 때에는 다음 사항을 고려하여야 한다(영 제82조 제1항).

> ① 도시·군관리계획 등의 토지이용계획
> ② 해당 가로구역이 접하는 도로의 너비
> ③ 해당 가로구역의 상·하수도 등 간선시설의 수용능력
> ④ 도시미관 및 경관계획
> ⑤ 해당 도시의 장래 발전계획

(2) 지방건축위원회의 심의

허가권자는 가로구역별 건축물의 높이를 지정하려면 지방건축위원회의 심의를 거쳐야 한다. 이 경우 주민의 의견청취 절차 등은 「토지이용규제 기본법」 제8조에 따른다(영 제82조 제2항).

(3) 가로구역의 높이제한의 차별화

허가권자는 같은 가로구역에서 건축물의 용도 및 형태에 따라 건축물의 높이를 다르게 정할 수 있다(영 제82조 제3항).

(4) 가로구역의 높이 완화

① 특별자치시장·특별자치도지사 또는 시장·군수·구청장은 가로구역의 높이를 완화하여 적용할 필요가 있다고 판단되는 대지에 대하여는 대통령령으로 정하는 바에 따라 건축위원회의 심의를 거쳐 높이를 완화하여 적용할 수 있다(법 제60조 제1항 단서).

② 가로구역의 높이를 완화하여 적용하는 경우에 대한 구체적인 완화기준은 위 (1)의 사항을 고려하여 건축조례로 정한다(영 제82조 제4항).

2. 특별시·광역시의 가로구역별 높이제한

특별시장이나 광역시장은 도시의 관리를 위하여 필요하면 가로구역별 건축물의 높이를 특별시나 광역시의 조례로 정할 수 있다(법 제60조 제2항).

3. 가로구역별 높이제한의 완화 중첩 적용

허가권자는 제60조 제1항 및 제2항에도 불구하고 일조(日照)·통풍 등 주변 환경 및 도시미관에 미치는 영향이 크지 않다고 인정하는 경우에는 건축위원회의 심의를 거쳐 이 법 및 다른 법률에 따른 가로구역의 높이 완화에 관한 규정을 중첩하여 적용할 수 있다(법 제60조 제4항).

2 일조 등의 확보를 위한 건축물의 높이제한

1. 정북방향에서의 일조 확보 의무

(1) 원 칙

전용주거지역 및 일반주거지역 안에서 건축하는 건축물의 높이는 일조 등의 확보를 위하여 건축물의 각 부분을 정북방향(正北方向)으로의 인접 대지경계선으로부터 거리에 따라 대통령령으로 정하는 높이 이하로 하여야 한다(법 제61조 제1항). 즉, 전용주거지역이나 일반주거지역에서 건축물을 건축하는 경우에는 건축물의 각 부분을 정북방향으로의 인접 대지경계선으로부터 다음의 범위에서 건축조례로 정하는 거리 이상을 띄어 건축하여야 한다(영 제86조 제1항).

> ① 높이 10m 이하인 부분: 인접 대지경계선으로부터 1.5m 이상
> ② 높이 10m를 초과하는 부분: 인접 대지경계선으로부터 해당 건축물의 각 부분의 높이의 2분의 1 이상

(2) 예 외

다음의 어느 하나에 해당하는 경우에는 (1) 규정을 적용하지 아니한다(영 제86조 제2항).

1) 다음의 어느 하나에 해당하는 구역 안의 대지 상호간에 건축하는 건축물로서 해당 대지가 너비 20m 이상의 도로(자동차·보행자·자전거 전용도로를 포함하며, 도로에 공공공지, 녹지, 광장, 그 밖에 건축미관에 지장이 없는 도시·군계획시설이 접한 경우 해당 시설을 포함한다)에 접한 경우

> ①「국토의 계획 및 이용에 관한 법률」에 따른 지구단위계획구역, 경관지구
> ②「경관법」 제9조 제1항 제4호에 따른 중점경관관리구역
> ③ 특별가로구역
> ④ 도시미관 향상을 위하여 허가권자가 지정·공고하는 구역

2) 건축협정구역 안에서 대지 상호간에 건축하는 건축물(법 제77조의4 제1항에 따른 건축협정에 일정 거리 이상을 띄어 건축하는 내용이 포함된 경우만 해당한다)의 경우

3) 건축물의 정북 방향의 인접 대지가 전용주거지역이나 일반주거지역이 아닌 용도지역에 해당하는 경우

인접 대지경계선 기준

1. 일조 등의 확보를 위한 건축물의 높이제한을 적용할 때 건축물을 건축하려는 대지와 다른 대지 사이에 다음의 시설 또는 부지가 있는 경우에는 그 반대편의 대지경계선(공동주택은 인접 대지경계선과 그 반대편 대지경계선의 중심선)을 인접 대지경계선으로 한다(영 제86조 제6항).
   ① 공원(「도시공원 및 녹지 등에 관한 법률」에 따른 도시공원 중 지방건축위원회의 심의를 거쳐 허가권자가 공원의 일조 등을 확보할 필요가 있다고 인정하는 공원은 제외한다), 도로, 철도, 하천, 광장, 공공공지, 녹지, 유수지, 자동차 전용도로, 유원지
   ② 다음에 해당하는 대지(건축물이 없는 경우로 한정한다)
      ㉠ 너비(대지경계선에서 가장 가까운 거리를 말한다)가 2m 이하인 대지
      ㉡ 면적이 대지분할제한 기준 이하인 대지
   ③ ①② 외에 건축이 허용되지 아니하는 공지
2. 일조 등의 확보를 위한 건축물의 높이제한을 적용할 때 건축물(공동주택으로 한정한다)을 건축하려는 하나의 대지 사이에 위 1. 각 호의 시설 또는 부지가 있는 경우에는 지방건축위원회의 심의를 거쳐 위 1. 각 호의 시설 또는 부지를 기준으로 마주하고 있는 해당 대지의 경계선의 중심선을 인접 대지경계선으로 할 수 있다(영 제86조 제7항).

2. 정남방향의 일조 확보를 위한 건축물의 높이제한

(1) 정남방향의 일조권 적용 대상

다음의 어느 하나에 해당하면 건축물의 높이를 정남(正南)방향의 인접 대지경계선으로부터의 거리에 따라 정북방향의 일조 확보를 위한 높이의 범위에서 특별자치시장・특별자치도지사 또는 시장・군수・구청장이 정하여 고시하는 높이 이하로 할 수 있다(법 제61조 제3항, 영 제86조 제4항).

> ① 「택지개발촉진법」에 따른 택지개발지구인 경우
> ② 「주택법」에 따른 대지조성사업지구인 경우
> ③ 「지역 개발 및 지원에 관한 법률」에 따른 지역개발사업구역인 경우
> ④ 「산업입지 및 개발에 관한 법률」에 따른 국가산업단지, 일반산업단지, 도시첨단산업단지 및 농공단지인 경우
> ⑤ 「도시개발법」에 따른 도시개발구역인 경우
> ⑥ 「도시 및 주거환경정비법」에 따른 정비구역
> ⑦ 정북방향으로 도로, 공원, 하천 등 건축이 금지된 공지에 접하는 대지인 경우
> ⑧ 정북방향으로 접하고 있는 대지의 소유자와 합의한 경우나 그 밖의 대통령령으로 정하는 경우

(2) 주민공람

특별자치시장・특별자치도지사 또는 시장・군수・구청장은 정남방향의 일조 확보를 위한 건축물의 높이를 고시하려면 그 내용을 30일간 공람시켜 미리 해당 지역주민의 의견을 들어야 한다. 다만, 정남방향의 일조확보지역(위 (1)의 ①부터 ⑥까지)의 어느 하나에 해당하는 지역인 경우로서 건축위원회의 심의를 거친 경우에는 그러하지 아니하다(영 제86조 제5항, 규칙 제36조).

3. 공동주택에 있어서의 일조 확보를 위한 높이제한

다음의 어느 하나에 해당하는 공동주택(일반상업지역과 중심상업지역에 건축하는 것은 제외한다)은 채광(採光) 등의 확보를 위하여 대통령령으로 정하는 높이 이하로 하여야 한다(법 제61조 제2항).

> 1. 인접 대지경계선 등의 방향으로 채광을 위한 창문 등을 두는 경우
> 2. 하나의 대지에 두 동(棟) 이상을 건축하는 경우

(1) 채광방향에 따른 건축물의 높이제한

① 건축물(기숙사를 제외함)의 각 부분의 높이는 그 부분으로부터 채광을 위한 창문 등이 있는 벽면에서 직각방향으로 인접 대지경계선까지의 수평거리의 2배(근린상업지역 또는 준주거지역 안의 건축물은 4배) 이하로 할 것(영 제86조 제3항 제1호).

② 채광을 위한 창문 등이 있는 벽면에서 직각방향으로 인접 대지경계선까지의 수평거리가 1m 이상으로서 건축조례가 정하는 거리 이상인 다세대주택인 경우 채광방향에 따른 건축물의 높이제한 규정을 적용하지 않는다(영 제86조 제3항 단서).

(2) 공동주택의 인동거리(건축물과 건축물 사이의 거리)

1) 같은 대지에서 두 동(棟) 이상의 건축물이 서로 마주보고 있는 경우

같은 대지에서 두 동 이상의 건축물이 서로 마주보고 있는 경우(한 동의 건축물의 각 부분이 서로 마주보고 있는 경우를 포함함)에 건축물 각 부분 사이의 거리는 다음의 거리 이상을 띄어 건축할 것. 다만, 그 대지의 모든 세대가 동지(冬至)를 기준으로 9시에서 15시 사이에 2시간 이상을 계속하여 일조(日照)를 확보할 수 있는 거리 이상으로 할 수 있다(영 제86조 제3항 제2호).

① 채광을 위한 창문 등이 있는 벽면으로부터 직각방향으로 건축물 각 부분 높이의 0.5배(도시형 생활주택의 경우에는 0.25배) 이상의 범위에서 건축조례로 정하는 거리 이상을 띄어 건축하여야 한다.
② ①에도 불구하고 서로 마주보는 건축물 중 높은 건축물(높은 건축물을 중심으로 마주보는 두 동의 축이 시계방향으로 정동에서 정서 방향인 경우만 해당한다)의 주된 개구부(거실과 주된 침실이 있는 부분의 개구부를 말한다)의 방향이 낮은 건축물을 향하는 경우에는 10m 이상으로서 낮은 건축물 각 부분의 높이의 0.5배(도시형 생활주택의 경우에는 0.25배) 이상의 범위에서 건축조례로 정하는 거리 이상을 띄어 건축하여야 한다.
③ 건축물과 부대시설 또는 복리시설이 서로 마주보고 있는 경우에는 부대시설 또는 복리시설 각 부분 높이의 1배 이상 거리를 띄어 건축하여야 한다.
④ 채광창(창넓이 $0.5m^2$ 이상의 창을 말함)이 없는 벽면과 측벽이 마주보는 경우에는 8m 이상 거리를 띄어 건축하여야 한다.
⑤ 측벽 간의 인동거리
　㉠ 측벽과 측벽이 마주보는 경우에는 4m 이상을 띄어 건축하여야 한다.
　㉡ 마주보는 측벽 중 하나의 측벽에 채광을 위한 창문 등이 설치되어 있지 아니한 바닥면적 $3m^2$ 이하의 발코니(출입을 위한 개구부를 포함한다)를 설치하는 경우를 포함하여 4m 이상을 띄어 건축하여야 한다.

2) 주택단지 안에 두 동 이상의 건축물이 서로 마주보고 있는 경우

주택단지 안에 두 동 이상의 건축물이 도로를 사이에 두고 서로 마주보고 있는 경우에는 위의 공동주택의 인동거리 기준 중 1)의 ①, ②, ③ 규정을 적용하지 아니하되, 해당 도로의 중심선을 인접 대지경계선으로 보아 채광방향에 따른 건축물의 높이제한 규정을 적용한다(영 제86조 제3항 제3호).

4. 일조 등의 확보를 위한 건축물의 높이제한 규정 배제

2층 이하로서 높이가 8m 이하인 건축물에는 해당 지방자치단체의 조례가 정하는 바에 따라 일조 등의 확보를 위한 건축물의 높이제한의 규정을 적용하지 아니할 수 있다(법 제61조 제4항).

Chapter 06

특별건축구역 등

단·원·열·기

특별건축구역이 출제빈도가 높고 건축협정구역, 결합건축 등이 출제되고 있다.
학습방법 : 특별건축구역 위주로 학습하고 건축협정구역, 결합건축, 특별가로구역과 서로 비교하여 정리하도록 한다.

01 특별건축구역

국토교통부장관 또는 시·도지사는 도시나 지역의 일부가 특별건축구역으로 특례 적용이 필요하다고 인정하는 경우에는 특별건축구역을 지정할 수 있다(법 제69조 제1항).

1 특별건축구역의 지정

1. 국토교통부장관이 지정하는 경우

1. 국가가 국제행사 등을 개최하는 도시 또는 지역의 사업구역
2. 관계법령에 따른 국가정책사업으로서 대통령령으로 정하는 사업구역(영 제105조 제1항).
   ① 「신행정수도 후속대책을 위한 연기·공주지역 행정중심복합도시 건설을 위한 특별법」에 따른 행정중심복합도시의 사업구역
   ② 「혁신도시 조성 및 발전에 관한 특별법」에 따른 혁신도시의 사업구역
   ③ 「경제자유구역의 지정 및 운영에 관한 특별법」에 따라 지정된 경제자유구역
   ④ 「택지개발촉진법」에 따른 택지개발사업구역
   ⑤ 「공공주택 특별법」에 따른 공공주택지구
   ⑥ 「도시개발법」에 따른 도시개발구역
   ⑦ 「아시아문화중심도시 조성에 관한 특별법」에 따른 국립아시아문화전당 건설사업구역
   ⑧ 「국토의 계획 및 이용에 관한 법률」에 따른 지구단위계획구역 중 현상설계 등에 따른 창의적 개발을 위한 특별계획구역

2. 시 · 도지사가 지정하는 경우

1. 지방자치단체가 국제행사 등을 개최하는 도시 또는 지역의 사업구역
2. 관계법령에 따른 도시개발 · 도시재정비 및 건축문화 진흥사업으로서 건축물 또는 공간환경을 조성하기 위하여 대통령령으로 정하는 사업구역
   ① 「경제자유구역의 지정 및 운영에 관한 특별법」에 따라 지정된 경제자유구역
   ② 「택지개발촉진법」에 따른 택지개발사업구역
   ③ 「도시 및 주거환경정비법」에 따른 정비구역
   ④ 「도시개발법」에 따른 도시개발구역
   ⑤ 「도시재정비 촉진을 위한 특별법」에 따른 재정비촉진구역
   ⑥ 「제주특별자치도 설치 및 국제자유도시 조성을 위한 특별법」에 따른 국제자유도시의 사업구역
   ⑦ 「국토의 계획 및 이용에 관한 법률」에 따른 지구단위계획구역 중 현상설계 등에 따른 창의적 개발을 위한 특별계획구역
   ⑧ 「관광진흥법」에 따른 관광지, 관광단지 또는 관광특구
   ⑨ 「지역문화진흥법」에 따른 문화지구
3. 그 밖에 대통령령으로 정하는 도시 또는 지역의 사업구역
   ① 건축문화 진흥을 위하여 국토교통부령으로 정하는 건축물 또는 공간환경을 조성하는 지역
   ② 주거, 상업, 업무 등 다양한 기능을 결합하는 복합적인 토지 이용을 증진시킬 필요가 있는 지역으로서 다음의 요건을 모두 갖춘 지역
      ㉠ 도시지역일 것
      ㉡ 「국토의 계획 및 이용에 관한 법률 시행령」에 따른 용도지역 안에서의 건축제한적용을 배제할 필요가 있을 것
   ③ 그 밖에 도시경관의 창출, 건설기술 수준향상 및 건축 관련 제도개선을 도모하기 위하여 특별건축구역으로 지정할 필요가 있다고 시 · 도지사가 인정하는 도시 또는 지역

2 특별건축구역의 지정 제한지역

다음의 하나에 해당하는 지역은 특별건축구역으로 지정할 수 없다(법 제69조 제2항).

① 「개발제한구역의 지정 및 관리에 관한 특별조치법」에 따른 개발제한구역
② 「자연공원법」에 따른 자연공원
③ 「도로법」에 따른 접도구역
④ 「산지관리법」에 따른 보전산지

3 지정 협의대상지역

국토교통부장관 또는 시·도지사는 특별건축구역으로 지정하고자 하는 지역이 「군사기지 및 군사시설 보호법」에 따른 군사기지 및 군사시설 보호구역에 해당하는 경우에는 국방부장관과 사전에 협의하여야 한다(법 제69조 제3항).

4 특별건축구역의 지정절차

1. 특별건축구역의 지정신청

중앙행정기관의 장, 특별건축구역 지정 대상사업구역을 관할하는 시·도지사 또는 시장·군수·구청장(이하 "지정신청기관"이라 한다)은 특별건축구역의 지정이 필요한 경우에는 다음의 자료를 갖추어 중앙행정기관의 장 또는 시·도지사는 국토교통부장관에게, 시장·군수·구청장은 특별시장·광역시장·도지사에게 각각 특별건축구역의 지정을 신청할 수 있다(법 제71조 제1항).

① 특별건축구역의 위치·범위 및 면적 등에 관한 사항
② 특별건축구역의 지정목적 및 필요성
③ 특별건축구역 내 건축물의 규모 및 용도 등에 관한 사항
④ 특별건축구역의 도시·군관리계획에 관한 사항. 이 경우 도시·군관리계획의 세부 내용은 대통령령으로 정한다.
⑤ 건축물의 설계, 공사감리 및 건축시공 등의 발주방법 등에 관한 사항
⑥ 특별건축구역 전부 또는 일부를 대상으로 통합하여 적용하는 미술작품, 부설주차장, 공원 등의 시설에 대한 운영관리 계획서. 이 경우 운영관리 계획서의 작성방법, 서식, 내용 등에 관한 사항은 국토교통부령으로 정한다.
⑦ 그 밖에 특별건축구역의 지정에 필요한 대통령령으로 정하는 사항

2. 특별건축구역의 지정제안

(1) 1.에 따른 지정신청기관 외의 자는 1.의 각 호의 자료를 갖추어 해당 사업구역을 관할하는 시·도지사에게 특별건축구역의 지정을 제안할 수 있다(법 제71조 제2항).

(2) 특별건축구역 지정 제안의 방법 및 절차 등에 관하여 필요한 사항은 대통령령으로 정한다(법 제71조 제3항).

건축물의 구조 및 재료 등에 관한 기준의 관리

1. 국토교통부장관은 기후 변화나 건축기술의 변화 등에 따라 제48조, 제48조의2, 제49조, 제50조, 제50조의2, 제51조, 제52조, 제52조의2, 제52조의4, 제53조의 건축물의 구조 및 재료 등에 관한 기준이 적정한지를 검토하는 모니터링(이하 이 조에서 "건축모니터링"이라 한다)을 대통령령으로 정하는 기간(3년)마다 실시하여야 한다(법 제68조의3 제1항, 영 제92조 제1항)
2. 국토교통부장관은 대통령령으로 정하는 전문기관을 지정하여 건축모니터링을 하게 할 수 있다(법 제68조의3 제2항).

특별건축구역의 지정 제안 절차 등

1. 법 제71조 제2항에 따라 특별건축구역 지정을 제안하려는 자는 같은 조 제1항의 자료를 갖추어 시장·군수·구청장에게 의견을 요청할 수 있다(영 제107의2 제1항).
2. 시장·군수·구청장은 1.에 따라 의견 요청을 받으면 특별건축구역 지정의 필요성, 타당성, 공공성 등과 피난·방재 등의 사항을 검토하여 의견을 통보해야 한다. 이 경우 「건축기본법」 제23조에 따라 시장·군수·구청장이 위촉한 민간전문가의 자문을 받을 수 있다(영 제107의2 제2항).

3. 심 의

국토교통부장관 또는 특별시장 · 광역시장 · 도지사는 지정신청이 접수된 경우에는 특별건축구역 지정의 필요성, 타당성 및 공공성 등과 피난 · 방재 등의 사항을 검토하고, 지정 여부를 결정하기 위하여 지정신청을 받은 날부터 30일 이내에 국토교통부장관이 지정신청을 받은 경우에는 국토교통부장관이 두는 건축위원회(이하 "중앙건축위원회"라 한다), 특별시장 · 광역시장 · 도지사가 지정신청을 받은 경우에는 각각 특별시장 · 광역시장 · 도지사가 두는 건축위원회의 심의를 거쳐야 한다(법 제71조 제4항).

4. 조 정

국토교통부장관 또는 특별시장 · 광역시장 · 도지사는 각각 중앙건축위원회 또는 특별시장 · 광역시장 · 도지사가 두는 건축위원회의 심의 결과를 고려하여 필요한 경우 특별건축구역의 범위, 도시 · 군관리계획 등에 관한 사항을 조정할 수 있다(법 제71조 제5항).

5. 직권 지정

국토교통부장관 또는 시 · 도지사는 필요한 경우 직권으로 특별건축구역을 지정할 수 있다. 이 경우 1.의 자료에 따라 특별건축구역 지정의 필요성, 타당성 및 공공성 등과 피난 · 방재 등의 사항을 검토하고 각각 중앙건축위원회 또는 시 · 도지사가 두는 건축위원회의 심의를 거쳐야 한다(법 제71조 제6항).

6. 고시 및 송부

국토교통부장관 또는 시 · 도지사는 특별건축구역을 지정하거나 변경 · 해제하는 경우에는 대통령령으로 정하는 바에 따라 주요 내용을 관보(시 · 도지사는 공보)에 고시하고, 국토교통부장관 또는 특별시장 · 광역시장 · 도지사는 지정신청기관에 관계 서류의 사본을 송부하여야 한다(법 제71조 제7항).

7. 지형도면의 승인신청

위의 6.에 따라 관계 서류의 사본을 받은 지정신청기관은 관계 서류에 도시 · 군관리계획의 결정사항이 포함되어 있는 경우에는 「국토의 계획 및 이용에 관한 법률」 제32조에 따라 지형도면의 승인신청 등 필요한 조치를 취하여야 한다(법 제71조 제8항).

3. 특별건축구역 지정을 제안하려는 자는 시 · 도지사에게 제안하기 전에 다음 각 호에 해당하는 자의 서면 동의를 받아야 한다. 이 경우 토지소유자의 서면 동의 방법은 국토교통부령으로 정한다(영 제107의2 제3항).
   ① 대상 토지 면적(국유지 · 공유지의 면적은 제외한다)의 3분의 2 이상에 해당하는 토지소유자
   ② 국유지 또는 공유지의 재산관리청(국유지 또는 공유지가 포함되어 있는 경우로 한정한다)
4. 법 제71조 제2항에 따라 특별건축구역 지정을 제안하려는 자는 다음 각 호의 서류를 시 · 도지사에게 제출해야 한다(영 제107의2 제4항).
   ① 법 제71조 제1항 각 호의 자료
   ② 2.에 따른 시장 · 군수 · 구청장의 의견(의견을 요청한 경우로 한정한다)
   ③ 3.에 따른 토지소유자 및 재산관리청의 서면 동의서
5. 시 · 도지사는 4.에 따른 서류를 받은 날부터 45일 이내에 특별건축구역 지정의 필요성, 타당성, 공공성 등과 피난 · 방재 등의 사항을 검토하여 특별건축구역 지정여부를 결정해야 한다. 이 경우 관할 시장 · 군수 · 구청장의 의견을 청취(제4항 제2호의 의견서를 제출받은 경우는 제외한다)한 후 시 · 도지사가 두는 건축위원회의 심의를 거쳐야 한다(영 제107의2 제5항).
6. 시 · 도지사는 5.에 따라 지정여부를 결정한 날부터 14일 이내에 특별건축구역 지정을 제안한 자에게 그 결과를 통보해야 한다(영 제107의2 제6항).
7. 5.에 따라 지정된 특별건축구역에 대한 변경지정의 제안에 관하여는 위의 규정을 준용한다(영 제107의2 제7항).
8. 위에서 규정한 사항 외에 특별건축구역의 지정에 필요한 세부 사항은 국토교통부장관이 정하여 고시한다(영 제107의2 제8항).

5 특별건축구역의 변경 및 해제

1. 특별건축구역의 변경

(1) 지정신청기관은 특별건축구역 지정 이후 변경이 있는 경우 변경지정을 받아야 한다. 이 경우 변경지정을 받아야 하는 변경의 범위, 변경지정의 절차 등 필요한 사항은 대통령령으로 정한다(법 제71조 제9항).

(2) 특별건축구역을 지정하거나 변경한 경우에는 「국토의 계획 및 이용에 관한 법률」 제30조에 따른 도시・군관리계획의 결정(용도지역・지구・구역의 지정 및 변경을 제외한다)이 있는 것으로 본다(법 제71조 제11항).

2. 특별건축구역의 해제

국토교통부장관 또는 시・도지사는 다음의 어느 하나에 해당하는 경우에는 특별건축구역의 전부 또는 일부에 대하여 지정을 해제할 수 있다. 이 경우 국토교통부장관 또는 특별시장・광역시장・도지사는 지정신청기관의 의견을 청취하여야 한다(법 제71조 제10항).

① 지정신청기관의 요청이 있는 경우
② 거짓이나 그 밖의 부정한 방법으로 지정을 받은 경우
③ 특별건축구역 지정일부터 5년 이내에 특별건축구역 지정목적에 부합하는 건축물의 착공이 이루어지지 아니하는 경우
④ 특별건축구역 지정요건 등을 위반하였으나 시정이 불가능한 경우

3. 시・도지사에게 위임

국토교통부장관은 특별건축구역의 지정, 변경 및 해제에 관한 권한을 시・도지사에게 위임한다(영 제117조 제1항).

6 특별건축구역에서의 특례사항 적용대상 건축물

특별건축구역에서 「건축법」 제73조에 따라 건축기준 등의 특례사항을 적용하여 건축할 수 있는 건축물은 다음의 어느 하나에 해당되어야 한다(법 제70조).

(1) 국가 또는 지방자치단체가 건축하는 건축물

(2) 「공공기관의 운영에 관한 법률」 제4조에 따른 공공기관 중 대통령령(영 제106조 제1항)으로 정하는 공공기관(한국토지주택공사, 한국수자원공사, 한국도로공사, 한국철도공사, 국가철도공단, 한국관광공사, 한국농어촌공사)이 건축하는 건축물

(3) 그 밖에 대통령령으로 정하는 용도·규모의 건축물로서 도시경관의 창출, 건설기술 수준향상 및 건축 관련 제도개선을 위하여 특례적용이 필요하다고 허가권자가 인정하는 건축물(영 제106조 제2항 관련 별표3).

건축물의 용도	규모(연면적 또는 세대 또는 동)
1. 문화 및 집회시설, 판매시설, 운수시설, 의료시설, 교육연구시설, 수련시설	2,000m² 이상
2. 운동시설, 업무시설, 숙박시설, 관광휴게시설, 방송통신시설	3,000m² 이상
3. 종교시설	–
4. 노유자시설	500m² 이상
5. 공동주택(주거용 외의 용도와 복합된 건축물을 포함한다)	100세대 이상
6. 단독주택 ① 「한옥 등 건축자산의 진흥에 관한 법률」 제2조 제2호 또는 제3호의 한옥 또는 한옥건축양식의 단독주택 ② 그 밖의 단독주택	① 10동 이상 ② 30동 이상
7. 그 밖의 용도	1,000m² 이상

7 특별건축구역에 건축하는 건축물의 특례사항

1. 특례사항 적용 건축물에 대한 일부규정 배제

특별건축구역 안에 건축하는 건축물은 다음의 규정을 적용하지 아니할 수 있다(법 제73조 제1항).

1. 대지의 조경(법 제42조)
2. 건폐율(법 제55조)
3. 용적률(법 제56조)

PART 05

4. 대지 안의 공지(법 제58조)
5. 가로구역 단위별 건축물의 높이제한(법 제60조)
6. 일조 등의 확보를 위한 건축물의 높이제한(법 제61조)
7. 주택건설기준 등에 관한 규정(「주택법」 제35조 중 대통령령으로 정하는 규정)

2. 특례사항 적용 건축물에 대한 일부규정 완화

(1) 완화되는 「건축법」의 규정

특별건축구역에 건축하는 건축물이 다음에 해당하는 때에는 해당 규정에서 요구하는 기준 또는 성능 등을 다른 방법으로 대신할 수 있는 것으로 지방건축위원회가 인정하는 경우에 한하여 해당 규정의 전부 또는 일부를 완화하여 적용할 수 있다(법 제73조 제2항).

1. 건축물의 피난시설 · 용도제한 등(법 제49조)
2. 건축물의 내화구조 및 방화벽(법 제50조)
3. 고층건축물의 피난 및 안전관리(법 제50조의2)
4. 방화지구 안의 건축물(법 제51조)
5. 건축물의 마감재료 등(법 제52조)
6. 지하층(법 제53조)
7. 건축설비기준 등(법 제62조)
8. 승강기(법 제64조)
9. 「녹색건축물 조성 지원법」 제15조에 따른 건축물에 대한 효율적 에너지관리와 녹색건축물조성의 활성화

(2) 소방시설 등 설치기준의 완화

「소방시설 설치 및 관리에 관한 법률」에서 요구하는 소방시설 등의 설치기준 또는 성능 등을 대통령령으로 정하는 절차 · 심의방법 등에 따라 다른 방법으로 대신할 수 있는 경우 전부 또는 일부를 완화하여 적용할 수 있다(법 제73조 제3항).

3. 통합적용

(1) 특별건축구역을 대상으로 통합적용할 수 있는 사항

특별건축구역에서는 다음의 관계 법령의 규정에 대하여는 개별 건축물마다 적용하지 아니하고 특별건축구역 전부 또는 일부를 대상으로 통합하여 적용할 수 있다(법 제74조 제1항).

> 1. 「문화예술진흥법」 제9조에 따른 건축물에 대한 미술작품의 설치
> 2. 「주차장법」 제19조에 따른 부설주차장의 설치
> 3. 「도시공원 및 녹지 등에 관한 법률」에 따른 공원의 설치

⑵ 통합적용계획

1) 수 립

지정신청기관은 앞의 ⑴에 따라 관계 법령의 규정을 통합하여 적용하려는 경우에는 특별건축구역 전부 또는 일부에 대하여 미술작품, 부설주차장, 공원 등에 대한 수요를 개별법으로 정한 기준 이상으로 산정하여 파악하고 이용자의 편의성, 쾌적성 및 안전 등을 고려한 통합적용계획을 수립하여야 한다(법 제74조 제2항).

2) 협 의

지정신청기관이 1)에 따라 통합적용계획을 수립하는 때에는 해당 구역을 관할하는 허가권자와 협의하여야 하며, 협의요청을 받은 허가권자는 요청받은 날부터 20일 이내에 지정신청기관에게 의견을 제출하여야 한다(법 제74조 제3항).

3) 통합적용계획 제출

지정신청기관은 도시・군관리계획의 변경을 수반하는 통합적용계획을 수립하는 때에는 관련 서류를 「국토의 계획 및 이용에 관한 법률」에 따른 도시・군관리계획 결정권자에게 송부하여야 하며, 이 경우 해당 도시・군관리계획 결정권자는 특별한 사유가 없는 한 도시・군관리계획의 변경에 필요한 조치를 취하여야 한다(법 제74조 제4항).

8 특례사항에 따른 건축허가절차

1. 허가신청

특별건축구역에서 건축물의 특례규정(법 제73조)에 따라 건축기준 등의 특례사항을 적용하여 건축허가를 신청하고자 하는 자(이하 "허가신청자"라 한다)는 다음의 사항이 포함된 특례적용계획서를 첨부하여 해당 허가권자에게 건축허가를 신청하여야 한다. 이 경우 특례적용계획서의 작성방법 및 제출서류 등은 국토교통부령으로 정한다(법 제72조 제1항).

① 건축물 등의 완화규정(법 제5조) 기준을 완화하여 적용할 것을 요청하는 사항
② 법 제71조에 따른 특별건축구역의 지정요건에 관한 사항
③ 법 제73조 제1항의 적용배제 특례를 적용한 사유 및 예상효과 등
④ 법 제73조 제2항의 완화적용 특례의 동등 이상의 성능에 대한 증빙내용
⑤ 건축물의 공사 및 유지·관리 등에 관한 계획

2. 지방건축위원회의 심의

(1) 특별건축구역에서 특례적용건축물에 대한 건축허가는 해당 건축물이 특별건축구역의 지정목적에 적합한지의 여부와 특례적용계획서 등 해당 사항에 대하여 시·도지사 및 시장·군수·구청장이 설치하는 건축위원회(이하 "지방건축위원회"라 한다)의 심의를 거쳐야 한다(법 제72조 제2항).

(2) 허가신청자는 특별건축구역에서 특별적용건축물에 대한 건축허가시 「도시교통정비 촉진법」에 따른 교통영향평가서의 검토를 동시에 진행하고자 하는 경우에는 같은 법에 따른 교통영향평가서에 관한 서류를 첨부하여 허가권자에게 심의를 신청할 수 있다(법 제72조 제3항).

(3) 교통영향평가서에 대하여 지방건축위원회에서 통합심의한 경우에는 「도시교통정비 촉진법」에 따른 교통영향평가서의 심의를 한 것으로 본다(법 제72조 제4항).

(4) 특례적용건축물에 대한 허가절차에 따라 심의된 내용에 대하여 대통령령으로 정하는 변경사항이 발생한 경우에는 지방건축위원회의 변경심의를 받아야 한다. 이 경우 변경심의는 허가신청 및 심의절차를 거쳐야 한다(법 제72조 제5항).

3. 허가받은 건축물에 대한 모니터링 대상건축물 지정

국토교통부장관 또는 특별시장·광역시장·도지사는 건축제도의 개선 및 건설기술의 향상을 위하여 허가권자의 의견을 들어 특별건축구역 내에서 건축허가를 받은 건축물에 대하여 모니터링(특례를 적용한 건축물에 대하여 해당 건축물의 건축시공, 공사감리, 유지·관리 등의 과정을 검토하고 실제로 건축물에 구현된 기능·미관·환경 등을 분석하여 평가하는 것을 말한다)을 실시할 수 있다(법 제72조 제6항).

9 특례건축물에 대한 건축주 등의 의무

특별건축구역에서 건축기준 등의 적용 특례사항을 적용하여 건축허가를 받은 건축물의 공사감리자, 시공자, 건축주 및 소유자 및 관리자는 시공 중이거나 건축물의 사용승인 이후에도 당초 허가를 받은 건축물의 형태, 재료, 색채 등이 원형을 유지하도록 필요한 조치를 하여야 한다(법 제75조 제1항).

10 특별건축구역 건축물의 검사 등

(1) 국토교통부장관 및 허가권자는 특별건축구역의 건축물에 대하여 제87조에 따라 검사를 할 수 있으며, 필요한 경우 제79조에 따라 시정명령 등 필요한 조치를 할 수 있다(법 제77조 제1항).

(2) 국토교통부장관 및 허가권자는 모니터링을 실시하는 건축물에 대하여 직접 모니터링을 하거나 분야별 전문가 또는 전문기관에 용역을 의뢰할 수 있다. 이 경우 해당 건축물의 건축주, 소유자 또는 관리자는 특별한 사유가 없으면 모니터링에 필요한 사항에 대하여 협조하여야 한다(법 제77조 제2항).

PART 05

02 특별가로구역

1 특별가로구역 지정

1. 지정 대상

(1) 국토교통부장관 및 허가권자는 도로에 인접한 건축물의 건축을 통한 조화로운 도시경관의 창출을 위하여 이 법 및 관계 법령에 따라 일부 규정을 적용하지 아니하거나 완화하여 적용할 수 있도록 다음의 어느 하나에 해당하는 지구 또는 구역에서 대통령령으로 정하는 도로에 접한 대지의 일정 구역을 특별가로구역으로 지정할 수 있다(법 제77조의2 제1항).

> 1. 경관지구
> 2. 지구단위계획구역 중 미관유지를 위하여 필요하다고 인정하는 구역

(2) "대통령령으로 정하는 도로"란 다음의 어느 하나에 해당하는 도로를 말한다(영 제110조의2 제1항).

> 1. 건축선을 후퇴한 대지에 접한 도로로서 허가권자(허가권자가 구청장인 경우에는 특별시장이나 광역시장을 말한다)가 건축조례로 정하는 도로
> 2. 허가권자가 리모델링 활성화가 필요하다고 인정하여 지정·공고한 지역 안의 도로
> 3. 보행자전용도로로서 도시미관 개선을 위하여 허가권자가 건축조례로 정하는 도로
> 4. 「지역문화진흥법」에 따른 문화지구 안의 도로
> 5. 그 밖에 조화로운 도시경관 창출을 위하여 필요하다고 인정하여 국토교통부장관이 고시하거나 허가권자가 건축조례로 정하는 도로

2. 지정내용의 심의

국토교통부장관 및 허가권자는 특별가로구역을 지정하려는 경우에는 다음의 자료를 갖추어 국토교통부장관 또는 허가권자가 두는 건축위원회의 심의를 거쳐야 한다(법 제77조의2 제2항).

> 1. 특별가로구역의 위치·범위 및 면적 등에 관한 사항
> 2. 특별가로구역의 지정 목적 및 필요성
> 3. 특별가로구역 내 건축물의 규모 및 용도 등에 관한 사항
> 4. 그 밖에 특별가로구역의 지정에 필요한 사항으로서 대통령령(영 제110조의2 제2항)으로 정하는 사항

3. 공 고

국토교통부장관 및 허가권자는 특별가로구역을 지정하거나 변경·해제하는 경우에는 국토교통부령으로 정하는 바에 따라 이를 지역 주민에게 알려야 한다(법 제77조의2 제3항).

2 특별가로구역의 관리 및 특례

1. 특별가로구역의 관리

국토교통부장관 및 허가권자는 특별가로구역을 효율적으로 관리하기 위하여 국토교통부령으로 정하는 바에 따라 앞의 1의 2.의 지정 내용을 작성하여 관리하여야 한다(법 제77조의3 제1항).

2. 건축물의 건축기준 적용 특례

(1) 특별가로구역의 변경절차 및 해제, 특별가로구역 내 건축물에 관한 건축기준의 적용 등에 관하여는 특별건축구역의 변경, 해제 절차 규정인 법 제71조 제9항·제10항(각 호 외의 부분 후단은 제외한다), 특별건축구역의 건축허가 절차에 관한 법 제72조 제1항부터 제5항까지, 특별건축구역의 특례사항인 일부규정의 배제, 완화 규정인 법 제73조 제1항(지구단위계획구역 중 미관유지를 위하여 필요하다고 인정하는 구역에 해당하는 경우에는 건폐율 및 용적률은 제외한다)·제2항, 제75조 제1항 및 제77조 제1항을 준용한다. 이 경우 "특별건축구역"은 각각 "특별가로구역"으로, "지정신청기관", "국토교통부장관 또는 시·도지사" 및 "국토교통부장관, 시·도지사 및 허가권자"는 각각 "국토교통부장관 및 허가권자"로 본다(법 제77조의3 제2항).

(2) 특별가로구역 안의 건축물에 대하여 국토교통부장관 또는 허가권자가 배치기준을 따로 정하는 경우에는 법 제46조(건축선의 지정) 및 「민법」 제242조(경계선 부근의 건축)를 적용하지 아니한다(법 제77조의3 제3항).

03 건축협정구역 등

1 건축협정구역

1. 건축협정 대상 지역

토지 또는 건축물의 소유자, 지상권자 등 대통령령으로 정하는 자(이하 "소유자 등"이라 한다)는 전원의 합의로 다음의 어느 하나에 해당하는 지역 또는 구역에서 건축물의 건축·대수선 또는 리모델링에 관한 협정(이하 "건축협정"이라 한다)을 체결할 수 있다(법 제77조의4 제1항).

> 1. 「국토의 계획 및 이용에 관한 법률」에 따라 지정된 지구단위계획구역
> 2. 「도시 및 주거환경정비법」에 따른 주거환경개선사업을 시행하기 위하여 지정 · 고시된 정비구역
> 3. 「도시재정비 촉진을 위한 특별법」에 따른 존치지역
> 4. 「도시재생 활성화 및 지원에 관한 특별법」에 따른 도시재생활성화지역
> 5. 그 밖에 시 · 도지사 및 시장 · 군수 · 구청장(이하 "건축협정인가권자"라 한다)이 도시 및 주거환경개선이 필요하다고 인정하여 해당 지방자치단체의 조례로 정하는 구역

2. 소유자 등의 범위 등

(1) "토지 또는 건축물의 소유자, 지상권자 등 대통령령으로 정하는 자"란 다음의 자를 말한다(영 제110조의3 제1항).

> 1. 토지 또는 건축물의 소유자(공유자를 포함한다)
> 2. 토지 또는 건축물의 지상권자
> 3. 그 밖에 해당 토지 또는 건축물에 이해관계가 있는 자로서 건축조례로 정하는 자 중 그 토지 또는 건축물 소유자의 동의를 받은 자

(2) 건축협정 대상 지역에서 둘 이상의 토지를 소유한 자가 1인인 경우에도 그 토지 소유자는 해당 토지의 구역을 건축협정 대상 지역으로 하는 건축협정을 정할 수 있다. 이 경우 그 토지 소유자 1인을 건축협정 체결자로 본다(법 제77조의4 제2항).

(3) 소유자 등은 건축협정을 체결(토지 소유자 1인이 건축협정을 정하는 경우를 포함한다)하는 경우에는 다음의 사항을 준수하여야 한다(법 제77조의4 제3항).

> 1. 이 법 및 관계 법령을 위반하지 아니할 것
> 2. 「국토의 계획 및 이용에 관한 법률」에 따른 도시 · 군관리계획 및 이 법 제77조의11 제1항에 따른 건축물의 건축 · 대수선 또는 리모델링에 관한 계획을 위반하지 아니할 것

3. 건축협정 사항

건축협정은 다음의 사항을 포함하여야 한다(법 제77조의4 제4항, 영 제110조의3 제2항).

1. 건축물의 건축 · 대수선 또는 리모델링에 관한 사항
2. 건축물의 위치 · 용도 · 형태 및 부대시설에 관하여 대통령령으로 정하는 다음의 사항
   ① 건축선
   ② 건축물 및 건축설비의 위치
   ③ 건축물의 용도, 높이 및 층수
   ④ 건축물의 지붕 및 외벽의 형태
   ⑤ 건폐율 및 용적률
   ⑥ 담장, 대문, 조경, 주차장 등 부대시설의 위치 및 형태
   ⑦ 차양시설, 차면시설 등 건축물에 부착하는 시설물의 형태
   ⑧ 맞벽 건축의 구조 및 형태
   ⑨ 그 밖에 건축물의 위치, 용도, 형태 또는 부대시설에 관하여 건축조례로 정하는 사항

4. 건축협정의 인가 · 변경 · 폐지

(1) 건축협정의 인가

1) 인가에 대한 심의

협정체결자 또는 건축협정운영회의 대표자는 건축협정서를 작성하여 국토교통부령으로 정하는 바에 따라 해당 건축협정인가권자의 인가를 받아야 한다. 이 경우 인가신청을 받은 건축협정인가권자는 인가를 하기 전에 건축협정인가권자가 두는 건축위원회의 심의를 거쳐야 한다(법 제77조의6 제1항).

2) 둘 이상 행정구역에 걸치는 경우

건축협정 체결 대상 토지가 둘 이상의 특별자치시 또는 시 · 군 · 구에 걸치는 경우 건축협정 체결 대상 토지면적의 과반(過半)이 속하는 건축협정인가권자에게 인가를 신청할 수 있다. 이 경우 인가 신청을 받은 건축협정인가권자는 건축협정을 인가하기 전에 다른 특별자치시장 또는 시장 · 군수 · 구청장과 협의하여야 한다(법 제77조의6 제2항).

3) 공 고

건축협정인가권자는 건축협정을 인가하였을 때에는 국토교통부령으로 정하는 바에 따라 그 내용을 공고하여야 한다(법 제77조의6 제3항).

건축협정서

소유자등이 건축협정을 체결하는 경우에는 건축협정서를 작성하여야 하며, 건축협정서에는 다음의 사항이 명시되어야 한다(법 제77조의4 제5항).

1. 건축협정의 명칭
2. 건축협정 대상 지역의 위치 및 범위
3. 건축협정의 목적
4. 건축협정의 내용
5. 건축협정을 체결하는 자(이하 "협정체결자"라 한다)의 성명, 주소 및 생년월일(법인, 법인 아닌 사단이나 재단 및 외국인의 경우에는 「부동산등기법」 제49조에 따라 부여된 등록번호를 말한다)
6. 건축협정운영회가 구성되어 있는 경우에는 그 명칭, 대표자 성명, 주소 및 생년월일
7. 건축협정의 유효기간
8. 건축협정 위반시 제재에 관한 사항
9. 그 밖에 건축협정에 필요한 사항으로서 해당 지방자치단체의 조례로 정하는 사항

건축협정운영회

1. **건축협정운영회의 설립**
   협정체결자는 건축협정서 작성 및 건축협정 관리 등을 위하여 필요한 경우 협정체결자 간의 자율적 기구로서 운영회(이하 "건축협정운영회"라 한다)를 설립할 수 있다(법 제77조의5 제1항).
2. **건축협정운영회의 대표자 선임**
   건축협정운영회를 설립하려면 협정체결자 과반수의 동의를 받아 건축협정운영회의 대표자를 선임하고, 국토교통부령으로 정하는 바에 따라 건축협정인가권자에게 신고하여야 한다. 다만, 제77조의6에 따른 건축협정 인가 신청시 건축협정운영회에 관한 사항을 포함한 경우에는 그러하지 아니하다(법 제77조의5 제2항).

(2) 변경인가

① 협정체결자 또는 건축협정운영회의 대표자는 건축협정인가를 받은 사항을 변경하려면 국토교통부령으로 정하는 바에 따라 변경인가를 받아야 한다. 다만, 대통령령으로 정하는 경미한 사항을 변경하는 경우에는 그러하지 아니하다(법 제77조의7 제1항).

② 변경인가에 관하여는 (1)의 건축협정인가 규정을 준용한다(법 제77조의7 제2항).

③ 건축협정인가권자는 건축협정을 인가하거나 변경인가하였을 때에는 국토교통부령으로 정하는 바에 따라 건축협정 관리대장을 작성하여 관리하여야 한다(법 제77조의8).

(3) 폐지인가

① 협정체결자 또는 건축협정운영회의 대표자는 건축협정을 폐지하려는 경우에는 협정체결자 과반수의 동의를 받아 국토교통부령으로 정하는 바에 따라 건축협정인가권자의 인가를 받아야 한다. 다만, 제77조의13에 따른 특례를 적용하여 제21조에 따른 착공신고를 한 경우에는 대통령령으로 정하는 기간, 즉 착공신고를 한 날로부터 20년이 지난 후에 건축협정의 폐지인가를 신청할 수 있다(법 제77조의9 제1항, 영 제110조의4 제1항).

② 건축협정인가권자는 건축협정을 폐지하였을 때에는 국토교통부령으로 정하는 바에 따라 그 내용을 공고하여야 한다(법 제77조의9 제2항).

5. 건축협정의 효력 및 승계

(1) 건축협정의 효력

건축협정이 체결된 지역 또는 구역(이하 "건축협정구역"이라 한다)에서 건축물의 건축·대수선 또는 리모델링을 하거나 그 밖에 대통령령으로 정하는 행위(영 제 110조의3 제2항의 각 사항에 관한 행위를 말한다)를 하려는 소유자 등은 건축협정인가·변경인가된 건축협정에 따라야 한다(법 제77조의10 제1항).

(2) 건축협정의 승계

건축협정이 공고된 후 건축협정구역에 있는 토지나 건축물 등에 관한 권리를 협정체결자인 소유자 등으로부터 이전받거나 설정받은 자는 협정체결자로서의 지위를 승계한다. 다만, 건축협정에서 달리 정한 경우에는 그에 따른다(법 제77조의10 제2항).

6. 건축협정의 계획 수립 및 지원

(1) 계획 수립

건축협정인가권자는 소유자 등이 건축협정을 효율적으로 체결할 수 있도록 건축협정구역에서 건축물의 건축 · 대수선 또는 리모델링에 관한 계획을 수립할 수 있다(법 제77조의11 제1항).

(2) 지 원

건축협정인가권자는 대통령령으로 정하는 바에 따라 도로 개설 및 정비 등 건축협정구역 안의 주거환경개선을 위한 사업비용의 일부를 지원할 수 있다(법 제77조의11 제2항).

7. 경관협정과의 관계

(1) 경관협정과 동시 체결

소유자 등은 건축협정을 체결할 때 「경관법」 제19조에 따른 경관협정을 함께 체결하려는 경우에는 「경관법」 제19조 제3항 · 제4항 및 제20조에 관한 사항을 반영하여 건축협정인가권자에게 인가를 신청할 수 있다(법 제77조의12 제1항).

(2) 공동심의

인가 신청을 받은 건축협정인가권자는 건축협정에 대한 인가를 하기 전에 건축위원회의 심의를 하는 때에 「경관법」 제29조 제3항에 따라 경관위원회와 공동으로 하는 심의를 거쳐야 한다(법 제77조의12 제2항).

(3) 경관협정의 인가 의제

건축협정을 인가받은 경우에는 「경관법」 제21조에 따른 경관협정의 인가를 받은 것으로 본다(법 제77조의12 제3항).

8. 건축협정에 따른 특례

(1) 맞벽건축 공동 허가 신청

① 건축협정을 체결하여 둘 이상의 건축물 벽을 맞벽으로 하여 건축하려는 경우 맞벽으로 건축하려는 자는 공동으로 건축허가를 신청할 수 있다(법 제77조의13 제1항).

② 앞의 공동신청의 경우에 제17조(건축허가 등의 수수료), 제21조(착공신고 등), 제22조(사용승인) 및 제25조(건축물의 공사감리)에 관하여는 개별 건축물마다 적용하지 아니하고 허가를 신청한 건축물 전부 또는 일부를 대상으로 통합하여 적용할 수 있다(법 제77조의13 제2항).

(2) 건축협정구역 연접 대지의 통합적용

건축협정의 인가를 받은 건축협정구역에서 연접한 대지에 대하여는 다음의 관계 법령의 규정을 개별 건축물마다 적용하지 아니하고 건축협정구역의 전부 또는 일부를 대상으로 통합하여 적용할 수 있다(법 제77조의13 제3항).

1. 대지의 조경
2. 대지와 도로와의 관계
3. 지하층의 설치
4. 건폐율
5. 「주차장법」에 따른 부설주차장의 설치
6. 「하수도법」에 따른 개인하수처리시설의 설치

조경 및 부설주차장의 기준

(2)에 따라 관계 법령의 규정을 적용하려는 경우에는 건축협정구역 전부 또는 일부에 대하여 조경 및 부설주차장에 대한 기준을 이 법 및 「주차장법」에서 정한 기준 이상으로 산정하여 적용하여야 한다(법 제77조의13 제4항).

경계벽을 공유하여 건축하는 경우

건축협정을 체결하여 둘 이상 건축물의 경계벽을 전체 또는 일부를 공유하여 건축하는 경우에는 위의 특례를 적용하며, 해당 대지를 하나의 대지로 보아 이 법의 기준을 개별 건축물마다 적용하지 아니하고 허가를 신청한 건축물의 전부 또는 일부를 대상으로 통합하여 적용할 수 있다(법 제77조의13 제5항).

(3) 건축협정구역에서의 건축물의 완화 적용

건축협정구역에 건축하는 건축물에 대하여는 다음의 사항을 대통령령으로 정하는 바에 따라 완화하여 적용할 수 있다. 다만, 용적률을 완화하여 적용하는 경우에는 건축위원회의 심의와 「국토의 계획 및 이용에 관한 법률」에 따른 지방도시계획위원회의 심의를 통합하여 거쳐야 한다(법 제77조의13 제6항).

1. 대지의 조경(법 제42조)
2. 건폐율(법 제55조)
3. 용적률(법 제56조)
4. 대지 안의 공지(법 제58조)
5. 가로구역 단위별 건축물의 높이제한(법 제60조)
6. 일조 등의 확보를 위한 건축물의 높이제한(법 제61조)
7. 주택건설기준 등에 관한 규정(「주택법」 제35조 중 대통령령으로 정하는 규정)

건축협정구역 건축물의 완화율

건축협정구역에서 건축하는 건축물에 대해서 대지의 조경·건폐율·용적률·너비 6m 이상에 접한 도로에서의 건축물의 높이제한·일조 등의 확보를 위한 건축물의 높이제한 규정의 각각 100분의 20 범위에서 완화하여 적용할 수 있다(영 제110조의7 제1항).

2 건축협정 집중구역의 지정

1. 건축협정 집중구역의 지정 목적

건축협정인가권자는 건축협정의 효율적인 체결을 통한 도시의 기능 및 미관의 증진을 위하여 건축협정대상구역의 어느 하나에 해당하는 지역 및 구역의 전체 또는 일부를 건축협정 집중구역으로 지정할 수 있다(법 제77조의14 제1항).

2. 건축협정 집중구역의 심의

건축협정인가권자는 1.에 따라 건축협정 집중구역을 지정하는 경우에는 미리 다음의 사항에 대하여 건축협정인가권자가 두는 건축위원회의 심의를 거쳐야 한다(법 제77조의14 제2항).

1. 건축협정 집중구역의 위치, 범위 및 면적 등에 관한 사항
2. 건축협정 집중구역의 지정 목적 및 필요성
3. 건축협정 집중구역에서 제77조의4 제4항 각 호의 사항 중 건축협정인가권자가 도시의 기능 및 미관 증진을 위하여 세부적으로 규정하는 사항
4. 건축협정 집중구역에서 제77조의13에 따른 건축협정의 특례 적용에 관하여 세부적으로 규정하는 사항

3. 건축협정 집중구역의 지정 또는 변경 · 해제

건축협정 집중구역의 지정 또는 변경 · 해제에 관하여는 제77조의6 제3항을 준용한다. 즉, 건축협정인가권자는 국토교통부령으로 정하는 바에 따라 그 내용을 공고하여야 한다(법 제77조의14 제3항).

4. 건축위원회의 심의 생략

건축협정 집중구역 내의 건축협정이 2. 각 호에 관한 심의내용에 부합하는 경우에는 법 제77조의6 제1항에 따른 건축위원회의 심의를 생략할 수 있다(법 제77조의14 제4항).

04 결합건축

1 결합건축대상지역

(1) 다음의 어느 하나에 해당하는 지역에서 대지 간의 최단거리가 100m 이내의 범위에서 대통령령으로 정하는 범위에 있는 2개의 대지의 건축주가 서로 합의한 경우 2개의 대지를 대상으로 결합건축을 할 수 있다(법 제77조의15 제1항).

> 1. 「국토의 계획 및 이용에 관한 법률」에 따라 지정된 상업지역
> 2. 「역세권의 개발 및 이용에 관한 법률」에 따라 지정된 역세권개발구역
> 3. 「도시 및 주거환경정비법」에 따른 정비구역 중 주거환경개선사업의 시행을 위한 구역
> 4. 그 밖에 도시 및 주거환경 개선과 효율적인 토지이용이 필요하다고 대통령령으로 정하는 지역(영 제111조 제2항).
>   ① 건축협정구역
>   ② 특별건축구역
>   ③ 리모델링 활성화 구역
>   ④ 「도시재생 활성화 및 지원에 관한 특별법」에 따른 도시재생활성화지역
>   ⑤ 「한옥 등 건축자산의 진흥에 관한 법률」에 따른 건축자산 진흥구역

(2) (1)에서 "대통령령으로 정하는 범위에 있는 2개의 대지"란 다음의 요건을 모두 충족하는 2개의 대지를 말한다(영 제111조 제1항).

> 1. 2개의 대지 모두가 결합건축 대상지 각 지역 중 동일한 지역에 속할 것
> 2. 2개의 대지 모두가 너비 12m 이상인 도로로 둘러싸인 하나의 구역 안에 있을 것. 이 경우 그 구역 안에 너비 12m 이상인 도로로 둘러싸인 더 작은 구역이 있어서는 아니 된다.

(3) 다음의 어느 하나에 해당하는 경우에는 (1)의 어느 하나에 해당하는 지역에서 대통령령으로 정하는 범위에 있는 3개 이상 대지의 건축주 등이 서로 합의한 경우 3개 이상의 대지를 대상으로 결합건축을 할 수 있다(법 제77조의15 제2항).

> 1. 국가·지방자치단체 또는 「공공기관의 운영에 관한 법률」 제4조 제1항에 따른 공공기관이 소유 또는 관리하는 건축물과 결합건축하는 경우
> 2. 「빈집 및 소규모주택 정비에 관한 특례법」 제2조 제1항 제1호에 따른 빈집 또는 「건축물관리법」 제42조에 따른 빈 건축물을 철거하여 그 대지에 공원, 광장 등 대통령령으로 정하는 시설을 설치하는 경우
> 3. 그 밖에 대통령령으로 정하는 건축물과 결합건축하는 경우

대통령령으로 정하는 범위에 있는 3개 이상의 대지

법 제77조의15 제2항 각 호 외의 부분 본문에서 "대통령령으로 정하는 범위에 있는 3개 이상의 대지"란 다음 각 호의 요건을 모두 충족하는 3개 이상의 대지를 말한다(영 제111조 제3항).

1. 대지 모두가 법 제77조의15 제1항 각 호의 지역 중 같은 지역에 속할 것
2. 모든 대지 간 최단거리가 500m 이내일 것

공원, 광장 등 대통령령으로 정하는 시설

법 제77조의15 제2항 제2호에서 "공원, 광장 등 대통령령으로 정하는 시설"이란 다음 각 호의 어느 하나에 해당하는 시설을 말한다(영 제111조 제4항).

1. 공원, 녹지, 광장, 정원, 공지, 주차장, 놀이터 등 공동이용시설
2. 그 밖에 제1호의 시설과 비슷한 것으로서 건축조례로 정하는 시설

대통령령으로 정하는 건축물

법 제77조의15 제2항 제3호에서 "대통령령으로 정하는 건축물"이란 다음 각 호의 건축물을 말한다(영 제111조 제5항).

1. 마을회관, 마을공동작업소, 마을도서관, 어린이집 등 공동이용건축물
2. 공동주택 중 「민간임대주택에 관한 특별법」 제2조 제1호의 민간임대주택
3. 그 밖에 제1호 및 제2호의 건축물과 비슷한 것으로서 건축조례로 정하는 건축물

(4) 위의 규정에도 불구하고 도시경관의 형성, 기반시설 부족 등의 사유로 해당 지방자치단체의 조례로 정하는 지역 안에서는 결합건축을 할 수 없다(법 제77조의15 제3항).

(5) (1)의 각 호의 지역에서 2개의 대지를 소유한 자가 1명인 경우는 법 제77조의4 제2항을 준용한다. 즉, 해당지역에서 둘 이상의 토지를 소유한 자가 1명인 경우에도 해당 토지를 결합건축지역으로 하여 건축협정을 체결할 수 있다(법 제77조의15 제4항).

2 결합건축의 절차

(1) 결합건축협정서 첨부 건축허가 신청

1) 결합건축을 하고자 하는 건축주는 건축허가를 신청하는 때에는 다음의 사항을 명시한 결합건축협정서를 첨부하여야 하며 국토교통부령으로 정하는 도서를 제출하여야 한다(법 제77조의16 제1항).

> 1. 결합건축 대상 대지의 위치 및 용도지역
> 2. 결합건축협정서를 체결하는 자의 성명, 주소 및 생년월일(법인, 법인 아닌 사단이나 재단 및 외국인의 경우에는 「부동산등기법」에 따라 부여된 등록번호를 말한다)
> 3. 「국토의 계획 및 이용에 관한 법률」 제78조에 따라 조례로 정한 용적률과 결합건축으로 조정되어 적용되는 대지별 용적률
> 4. 결합건축 대상 대지별 건축계획서

2) 허가권자는 「국토의 계획 및 이용에 관한 법률」에 따른 도시·군계획사업에 편입된 대지가 있는 경우에는 결합건축을 포함한 건축허가를 아니할 수 있다(법 제77조의16 제2항).

(2) 건축위원회의 심의 등

허가권자는 (1)에 따른 건축허가를 하기 전에 건축위원회의 심의를 거쳐야 한다. 다만, 결합건축으로 조정되어 적용되는 대지별 용적률이 「국토의 계획 및 이용에 관한 법률」에 따라 해당 대지에 적용되는 도시계획조례의 용적률의 100분의 20을 초과하는 경우에는 대통령령으로 정하는 바에 따라 건축위원회 심의와 도시계획위원회 심의를 공동으로 하여 거쳐야 한다(법 제77조의16 제3항).

> 허가권자는 건축위원회의 심의와 도시계획위원회의 심의를 공동으로 하려는 경우에는 건축협정구역의 심의 규정인 제110조의7 제2항 각 호의 기준에 따라 공동위원회를 구성하여야 한다(영 제111조의2).

(3) 결합건축 대상 대지가 둘 이상 행정구역에 걸치는 경우

결합건축 대상 대지가 둘 이상의 특별자치시, 특별자치도 및 시·군·구에 걸치는 경우 법 제77조의6 제2항을 준용한다. 즉 대상 토지면적의 과반이 속하는 지역의 허가권자에게 건축허가를 신청할 수 있다. 이 경우 허가신청을 받은 허가권자는 건축허가하기 전에 다른 특별자치시장 또는 시장·군수·구청장과 협의하여야 한다(법 제77조의16 제4항).

3 결합건축의 관리

(1) 결합건축 관리대장

허가권자는 결합건축을 포함하여 건축허가를 한 경우 국토교통부령으로 정하는 바에 따라 그 내용을 공고하고, 결합건축 관리대장을 작성하여 관리하여야 한다(법 제77조의17 제1항).

(2) 사용승인 등

1) 허가권자는 결합건축과 관련된 건축물의 사용승인 신청이 있는 경우 해당 결합건축협정서상의 다른 대지에서 착공신고 또는 대통령령으로 정하는 조치가 이행되었는지를 확인한 후 사용승인을 하여야 한다(법 제77조의17 제2항).

> "대통령령으로 정하는 조치"란 다음의 어느 하나에 해당하는 조치를 말한다(영 제111조의3).
> 1. 공사의 착수기간 연장 신청. 다만, 착공이 지연된 것에 건축주의 귀책사유가 없고 착공 지연에 따른 건축허가 취소의 가능성이 없다고 인정하는 경우로 한정한다.
> 2. 「국토의 계획 및 이용에 관한 법률」에 따른 도시·군계획시설의 결정

2) 허가권자는 결합건축을 허용한 경우 건축물대장에 국토교통부령으로 정하는 바에 따라 결합건축에 관한 내용을 명시하여야 한다(법 제77조의17 제3항).

(3) 협정체결 유지기간

결합건축협정서에 따른 협정체결 유지기간은 최소 30년으로 한다. 다만, 결합건축협정서의 용적률 기준을 종전대로 환원하여 신축·개축·재축하는 경우에는 그러하지 아니한다(법 제77조의17 제4항).

(4) 결합건축협정서 폐지신고

결합건축협정서를 폐지하려는 경우에는 결합건축협정체결자 전원이 동의하여 허가권자에게 신고하여야 하며, 허가권자는 용적률을 이전받은 건축물이 멸실된 것을 확인한 후 결합건축의 폐지를 수리하여야 한다. 이 경우 결합건축 폐지에 관하여는 (1) 및 (2)의 2)를 준용한다(법 제77조의17 제5항).

07 보 칙

Chapter

단·원·열·기

이행강제금이 주로 출제되고 있다.
학습방법 : 이행강제금의 부과에 관한 내용을 빠짐없이 정독하도록 한다.

1 위반건축물 등에 대한 조치

1. 허가·승인의 취소 및 시정명령 등

(1) 허가권자는 「건축법」 또는 「건축법」에 따른 명령이나 처분에 위반되는 대지 또는 건축물에 대하여 허가 또는 승인을 취소하거나 그 건축물의 건축주·공사시공자·현장관리인·소유자·관리자·점유자(이하 "건축주 등"이라 한다)에 대하여 그 공사의 중지를 명하거나 상당한 기간을 정하여 그 건축물의 해체·개축·증축·수선·용도변경·사용금지·사용제한, 그 밖에 필요한 조치를 명할 수 있다(법 제79조 제1항).

(2) 허가권자는 시정명령을 하는 경우 국토교통부령으로 정하는 바에 따라 건축물대장에 위반내용을 적어야 한다(법 제79조 제4항).

2. 영업허가 등의 제한의 요청

허가권자는 허가나 승인이 취소된 건축물 또는 시정명령을 받고 이행하지 아니한 건축물에 대하여는 다른 법령에 따른 영업이나 그 밖의 행위를 허가·면허·인가·등록·지정 등을 하지 아니하도록 요청할 수 있다. 다만, 허가권자가 기간을 정하여 그 사용 또는 영업, 그 밖의 행위를 허용한 주택과 대통령령으로 정하는 다음의 경우에는 그러하지 아니하다. 이 경우 요청을 받은 자는 특별한 사유가 없으면 요청에 따라야 한다(법 제79조 제2항·제3항, 영 제114조).

바닥면적의 합계가 $400m^2$ 미만인 축사와 바닥면적의 합계가 $400m^2$ 미만인 농업용·임업용·축산업용 또는 수산업용 창고

3. 이행강제금

(1) 부과대상

1) 허가권자는 시정명령을 받은 후 시정기간 내에 시정명령의 이행을 하지 아니한 건축주 등에 대하여는 그 시정명령의 이행에 필요한 상당한 이행기한을 정하여 그 기한까지 시정명령을 이행하지 아니하면 다음의 이행강제금을 부과한다. 다만, 연면적(공동주택의 경우에는 세대 면적을 기준으로 한다)이 60m² 이하인 주거용 건축물과 아래의 **2.** 중 주거용 건축물로서 대통령령으로 정하는 경우에는 다음의 어느 하나에 해당하는 금액의 2분의 1의 범위에서 해당 지방자치단체의 조례로 정하는 금액을 부과한다(법 제80조 제1항).

> 1. 건축물이 건폐율이나 용적률을 초과하여 건축된 경우 또는 허가를 받지 아니하거나 신고를 하지 아니하고 건축된 경우에는 「지방세법」에 따라 해당 건축물에 적용되는 1m²의 시가표준액의 100분의 50에 해당하는 금액에 위반면적을 곱한 금액 이하의 범위에서 위반내용에 따라 대통령령으로 정하는 비율로 곱한 금액
> 2. 1. 외의 위반건축물에 해당하는 경우에는 「지방세법」에 따라 그 건축물에 적용되는 시가표준액에 해당하는 금액의 100분의 10의 범위에서 위반내용에 따라 대통령령으로 정하는 금액
> 3. 위의 1)의 단서에서 "대통령령으로 정하는 경우"란 다음의 경우를 말한다(영 제115조의2 제1항).
>   ① 법 제22조에 따른 사용승인을 받지 아니하고 건축물을 사용한 경우
>   ② 법 제42조에 따른 대지의 조경에 관한 사항을 위반한 경우
>   ③ 법 제60조에 따른 건축물의 높이 제한을 위반한 경우
>   ④ 법 제61조에 따른 일조 등의 확보를 위한 건축물의 높이 제한을 위반한 경우
>   ⑤ 그 밖에 법 또는 법에 따른 명령이나 처분을 위반한 경우(별표 15 위반 건축물란의 제1호의2, 제4호부터 제9호까지 및 제13호에 해당하는 경우는 제외한다)로서 건축조례로 정하는 경우
> 4. 위의 1)의 1.에서 "대통령령으로 정하는 비율"이란 다음의 구분에 따른 비율을 말한다. 다만, 건축조례로 다음의 비율을 낮추어 정할 수 있되, 낮추는 경우에도 그 비율은 100분의 60 이상이어야 한다(영 제115조의3 제1항).
>   ① 건폐율을 초과하여 건축한 경우: 100분의 80
>   ② 용적률을 초과하여 건축한 경우: 100분의 90
>   ③ 허가를 받지 아니하고 건축한 경우: 100분의 100
>   ④ 신고를 하지 아니하고 건축한 경우: 100분의 70

2) 허가권자는 영리목적을 위한 위반이나 상습적 위반 등 대통령령으로 정하는 경우에 1)에 따른 금액을 100분의 100의 범위에서 해당 지방자치단체의 조례로 정하는 바에 따라 가중하여야 한다(법 제80조 제2항).

> 위의 2)에서 "영리목적을 위한 위반이나 상습적 위반 등 대통령령으로 정하는 경우"란 다음의 어느 하나에 해당하는 경우를 말한다. 다만, 위반행위 후 소유권이 변경된 경우는 제외한다(영 제115조의3 제2항).
> 1. 임대 등 영리를 목적으로 용도변경을 한 경우(위반면적이 50m²를 초과하는 경우로 한정한다)
> 2. 임대 등 영리를 목적으로 허가나 신고 없이 신축 또는 증축한 경우(위반면적이 50m²를 초과하는 경우로 한정한다)
> 3. 임대 등 영리를 목적으로 허가나 신고 없이 다세대주택의 세대수 또는 다가구주택의 가구수를 증가시킨 경우(5세대 또는 5가구 이상 증가시킨 경우로 한정한다)
> 4. 동일인이 최근 3년 내에 2회 이상 법 또는 법에 따른 명령이나 처분을 위반한 경우
> 5. 위의 1.부터 4.까지의 규정과 비슷한 경우로서 건축조례로 정하는 경우

(2) 부과방법

허가권자는 이행강제금을 부과하는 경우 금액, 부과사유, 납부기한, 수납기관, 이의제기 방법 및 이의제기 기관 등을 구체적으로 밝힌 문서로 하여야 한다(법 제80조 제4항).

(3) 이행강제금의 부과횟수

허가권자는 최초의 시정명령이 있었던 날을 기준으로 하여 1년에 2회 이내의 범위에서 해당 지방자치단체의 조례로 정하는 횟수만큼 그 시정명령이 이행될 때까지 반복하여 이행강제금을 부과·징수할 수 있다(법 제80조 제5항).

(4) 이행강제금의 부과절차

① 허가권자는 이행강제금을 부과하기 전에 이행강제금을 부과·징수한다는 뜻을 미리 문서로서 계고하여야 한다(법 제80조 제3항).

② 허가권자는 이행강제금 부과처분을 받은 자가 이행강제금을 납부기한까지 내지 아니하면 「지방행정제재·부과금의 징수 등에 관한 법률」에 따라 징수한다(법 제80조 제7항).

(5) 시정명령을 이행한 경우

허가권자는 시정명령을 받은 자가 이를 이행하면 새로운 이행강제금의 부과를 즉시 중지하되, 이미 부과된 이행강제금은 징수하여야 한다(법 제80조 제6항).

(6) 이행강제금 부과에 관한 특례

1) 허가권자는 이행강제금을 다음에서 정하는 바에 따라 감경할 수 있다. 다만, 지방자치단체의 조례로 정하는 기간까지 위반내용을 시정하지 아니한 경우는 제외한다(법 제80조의2 제1항).

> ① 축사 등 농업용·어업용 시설로서 500m² (「수도권정비계획법」 제2조 제1호에 따른 수도권 외의 지역에서는 1천m²) 이하인 경우는 5분의 1을 감경
> ② 그 밖에 위반 동기, 위반 범위 및 위반 시기 등을 고려하여 대통령령으로 정하는 경우(제80조 제2항에 해당하는 경우는 제외한다)에는 100분의 75 범위에서 대통령령으로 정하는 비율을 감경

2) 허가권자는 법률 제4381호 건축법개정법률의 시행일(1992년 6월 1일을 말한다) 이전에 이 법 또는 이 법에 따른 명령이나 처분을 위반한 주거용 건축물에 관하여는 대통령령으로 정하는 바에 따라 제80조에 따른 이행강제금을 감경할 수 있다(법 제80조의2 제2항).

> 2)에 따른 이행강제금의 감경 비율은 다음과 같다(영 제115조의4 제3항).
> 1. 연면적 85m² 이하 주거용 건축물의 경우: 100분의 80
> 2. 연면적 85m² 초과 주거용 건축물의 경우: 100분의 60

2 청 문

허가권자는 위반건축물 등의 조치 결과에 따라 허가나 승인을 취소하려면 청문을 실시하여야 한다(법 제86조).

(6)의 1)의 ②에서 "대통령령으로 정하는 경우"란 다음 각 호의 어느 하나에 해당하는 경우를 말한다(영 제115조의4 제1항).

1. 위반행위 후 소유권이 변경된 경우
2. 임차인이 있어 현실적으로 임대기간 중에 위반내용을 시정하기 어려운 경우(법 제79조 제1항에 따른 최초의 시정명령 전에 이미 임대차계약을 체결한 경우로서 해당 계약이 종료되거나 갱신되는 경우는 제외한다) 등 상황의 특수성이 인정되는 경우
3. 위반면적이 30m² 이하인 경우(별표1 제1호부터 제4호까지의 규정에 따른 건축물로 한정하며, 「집합건물의 소유 및 관리에 관한 법률」의 적용을 받는 집합건축물은 제외한다)
4. 「집합건물의 소유 및 관리에 관한 법률」의 적용을 받는 집합건축물의 구분소유자가 위반한 면적이 5m² 이하인 경우(별표1 제2호부터 제4호까지의 규정에 따른 건축물로 한정한다)
5. 법 제22조에 따른 사용승인 당시 존재하던 위반사항으로서 사용승인 이후 확인된 경우
6. 법률 제12516호 「가축분뇨의 관리 및 이용에 관한 법률」 일부개정법률 부칙 제9조에 따라 같은 조 제1항 각 호에 따른 기간(같은 조 제3항에 따른 환경부령으로 정하는 규모 미만의 시설의 경우 같은 항에 따른 환경부령으로 정하는 기한을 말한다) 내에 「가축분뇨의 관리 및 이용에 관한 법률」 제11조에 따른 허가 또는 변경허가를 받거나 신고 또는 변경신고를 하려는 배출시설(처리시설을 포함한다)의 경우

6의2. 법률 제12516호 「가축분뇨의 관리 및 이용에 관한 법률」 일부개정법률 부칙 제10조의2에 따라 같은 조 제1항에 따른 기한까지 환경부장관이 정하는 바에 따라 허가신청을 하였거나 신고한 배출시설(개사육시설은 제외하되, 처리시설은 포함한다)의 경우
7. 그 밖에 위반행위의 정도와 위반 동기 및 공중에 미치는 영향 등을 고려하여 감경이 필요한 경우로서 건축조례로 정하는 경우

3 지역건축안전센터

(1) 지방자치단체의 장은 다음 각 호의 업무를 수행하기 위하여 관할 구역에 지역건축안전센터를 설치할 수 있다(법 제87조의2 제1항).

1. 제21조, 제22조, 제27조 및 제87조에 따른 기술적인 사항에 대한 보고 · 확인 · 검토 · 심사 및 점검
2. 제11조, 제14조 및 제16조에 따른 허가 또는 신고에 관한 업무
3. 제25조에 따른 공사감리에 대한 관리 · 감독
4. 그 밖에 대통령령으로 정하는 사항

(2) 다음 각 호의 어느 하나에 해당하는 지방자치단체의 장은 관할 구역에 지역건축안전센터를 설치하여야 한다(법 제87조의2 제2항).

1. 시 · 도
2. 인구 50만명 이상 시 · 군 · 구
3. 국토교통부령으로 정하는 바에 따라 산정한 건축허가 면적(직전 5년 동안의 연평균 건축허가 면적을 말한다) 또는 노후건축물 비율이 전국 지방자치단체 중 상위 30% 이내에 해당하는 인구 50만명 미만 시 · 군 · 구

(3) 체계적이고 전문적인 업무 수행을 위하여 지역건축안전센터에 「건축사법」 제23조 제1항에 따라 신고한 건축사 또는 「기술사법」 제6조 제1항에 따라 등록한 기술사 등 전문인력을 배치하여야 한다(법 제87조의2 제3항).

(4) (1)부터 (3)까지의 규정에 따른 지역건축안전센터의 설치 · 운영 및 전문인력의 자격과 배치기준 등에 필요한 사항은 국토교통부령으로 정한다(법 제87조의2 제4항).

4 건축안전 특별회계

1. 건축안전 특별회계의 설치

시 · 도지사 또는 시장 · 군수 · 구청장은 관할 구역의 지역건축안전센터 설치 · 운영 등을 지원하기 위하여 건축안전특별회계(이하 "특별회계"라 한다)를 설치할 수 있다(법 제87조의3 제1항).

2. 건축안전 특별회계의 재원

특별회계는 다음의 재원으로 조성한다(법 제87조의3 제2항).

1. 일반회계로부터의 전입금
2. 제17조에 따라 납부되는 건축허가 등의 수수료 중 해당 지방자치단체의 조례로 정하는 비율의 금액
3. 제80조에 따라 부과·징수되는 이행강제금 중 해당 지방자치단체의 조례로 정하는 비율의 금액
4. 제113조에 따라 부과·징수되는 과태료 중 해당 지방자치단체의 조례로 정하는 비율의 금액
5. 그 밖의 수입금

3. 건축안전 특별회계의 용도

특별회계는 다음의 용도로 사용한다(법 제87조의3 제3항).

1. 지역건축안전센터의 설치·운영에 필요한 경비
2. 지역건축안전센터의 전문인력 배치에 필요한 인건비
3. 법 제87조의2 제1항 각 호의 업무 수행을 위한 조사·연구비
4. 특별회계의 조성·운용 및 관리를 위하여 필요한 경비
5. 그 밖에 건축물 안전에 관한 기술지원 및 정보제공을 위하여 해당 지방자치단체의 조례로 정하는 사업의 수행에 필요한 비용

Part

05 실전예상문제

01

「건축법령」상 용어의 정의에 관한 설명으로 옳은 것은?

① 건축이란 건축물을 신축 · 증축 · 재축하는 것을 말하며, 건축물을 이전하는 것은 건축에 해당하지 않는다.
② 건축물의 기능향상을 위하여 일부 증축하는 행위는 리모델링에 해당하나, 동일한 목적을 위한 대수선은 리모델링이 아니다.
③ 현장 관리인을 두어 스스로 건축설비의 설치 공사를 하는 자는 건축주가 아니다.
④ 층수가 30층 미만이고 높이가 120m 이상인 건축물은 고층건축물에 해당한다.
⑤ 기둥, 최하층 바닥, 보, 차양, 옥외 계단은 건축물의 주요구조부에 해당하지 않는다.

해설 ④ 옳은 지문이다.
① 건축이란 건축물을 신축 · 증축 · 개축 · 재축하거나 이전하는 것을 말한다.
② 리모델링이란 건축물의 노후화를 억제하거나 기능 향상 등을 위하여 대수선하거나 일부 증축 또는 개축하는 행위를 말한다.
③ 건축주란 건축물의 건축 · 대수선 · 용도변경, 건축설비의 설치 또는 공작물의 축조(이하 '건축물의 건축 등'이라 한다)에 관한 공사를 발주하거나 현장 관리인을 두어 스스로 그 공사를 하는 자를 말한다.
⑤ 주요구조부란 내력벽 · 기둥 · 바닥 · 보 · 주계단 및 지붕틀을 말한다. 다만, 사잇기둥 · 최하층 바닥 · 작은 보 · 차양 · 옥외계단 그 밖에 이와 유사한 것으로서 건축물의 구조상 중요하지 아니한 부분을 제외한다.

02

「건축법령」상 건축허가와 건축신고에 관한 설명으로 옳지 않은 것은?

① 허가권자는 건축허가를 신청한 숙박시설의 규모 또는 형태가 교육환경을 고려할 때 부적합하다고 인정되는 경우에는 건축위원회의 심의를 거쳐 건축허가를 하지 아니할 수 있다.
② 건축위원회의 심의를 받은 자가 심의결과를 통지 받은 날부터 2년 이내에 건축허가를 신청하지 아니하면 건축위원회 심의의 효력이 상실된다.
③ 특별시나 광역시가 아닌 시에 21층 이상의 건축물을 건축하려면 도지사의 허가를 받아야 한다.
④ 연면적의 합계가 $100m^2$ 이하인 건축물을 신축하는 경우 건축신고를 하면 건축허가를 받은 것으로 본다.
⑤ 단층 건축물을 바닥면적의 합계가 $85m^2$ 이내로 재축하는 경우 건축신고를 하면 건축허가를 받은 것으로 본다.

해설 ③ 특별시나 광역시가 아닌 시에 21층 이상의 건축물을 건축하려면 미리 도지사의 승인을 받아야 한다.

03 **「건축법령」상 사용승인을 받은 건축물의 용도를 변경하려는 경우 특별자치시장 · 특별자치도지사 또는 시장 · 군수 · 구청장의 허가를 받아야 하는 사항은?**

① 운동시설을 업무시설로 용도 변경하는 경우
② 공동주택을 제1종 근린생활시설로 용도 변경하는 경우
③ 문화 및 집회시설을 판매시설로 용도 변경하는 경우
④ 종교시설을 수련시설로 용도 변경하는 경우
⑤ 교육연구시설을 업무시설로 용도 변경하는 경우

해설 허가사항은 ②이며, ①③④⑤는 신고사항이다.

(허가: 아래에서 위로 ↑, 신고: 위에서 아래로 ↓)

용도변경의 시설군	건축물의 용도
1. 자동차관련시설군	자동차관련시설
2. 산업 등 시설군	운수시설, 공장, 창고시설, 위험물저장 및 처리시설, 자원순환관련시설, 묘지관련시설, 장례시설
3. 전기통신시설군	방송통신시설, 발전시설
4. 문화집회시설군	문화 및 집회시설, 종교시설, 관광휴게시설, 위락시설
5. 영업시설군	운동시설, 판매시설, 숙박시설, 다중생활시설(제2종 근린생활시설)
6. 교육 및 복지시설군	교육연구시설, 노유자시설, 수련시설, 의료시설, 야영장시설
7. 근린생활시설군	제1종 근린생활시설, 제2종 근린생활시설(다중생활시설은 제외)
8. 주거업무시설군	단독주택, 공동주택, 업무시설, 교정시설, 국방 · 군사시설
9. 그 밖의 시설군	동물 및 식물 관련 시설

← 건축물대장의 기재사항 변경 신청 →

04 **「건축법령」상 대지에 조경 등의 조치를 하여야 하는 건축물은?** (단, 건축법상 적용제외 규정, 특별건축구역의 특례 및 건축조례는 고려하지 않음)

① 녹지지역인 면적 5,000m^2인 대지에 건축하는 건축물
② 도시 · 군계획시설예정지에서 건축하는 연면적 합계가 2,000m^2인 가설건축물
③ 상업지역인 면적 1,000m^2인 대지에 건축하는 숙박시설
④ 농림지역인 면적 3,000m^2인 대지에 건축하는 축사
⑤ 관리지역인 면적 1,500m^2인 대지에 건축하는 공장

해설 ①④⑤ 녹지지역 · 농림지역 · 관리지역은 조경의무가 없으며, ② 가설건축물은 조경의무가 없다.

Answer

01 ④ 02 ③ 03 ② 04 ③

05 **「건축법령」상 건축물의 대지와 도로에 관한 설명으로 옳은 것은?** (단, 건축법 제3조에 따른 적용 제외는 고려하지 않음)

① 허가권자는 주민이 오랫동안 통행로로 이용하고 있는 사실상의 통로로서 해당 지방자치단체의 조례로 정한 경우에는 이해관계인의 동의와 건축위원회의 심의를 거쳐 도로로 지정하여야 한다.

② 「국토의 계획 및 이용에 관한 법률」에 따른 도시지역 외의 지역에서 도로의 교차각이 90°이며 해당 도로와 교차되는 도로의 너비가 각각 6m라면 도로경계선의 교차점으로부터 도로경계선에 따라 각 3m를 후퇴한 두 점을 연결한 선이 건축선이 된다.

③ 도로면으로부터 높이 4.5m 이하에 있는 출입구, 창문, 그 밖에 이와 유사한 구조물은 열고 닫을 때 건축선의 수직면을 넘는 구조로 할 수 있다.

④ 건축물의 주변에 건축이 가능한 녹지가 있다면, 건축물의 대지가 2m 미만으로 도로에 접하여도 건축법령을 위반한 것은 아니다.

⑤ 건축물과 담장, 지표 아래의 창고시설은 건축선의 수직면을 넘어서는 아니 된다.

해설 ② 옳은 지문이다. 도로의 교차각이 90°이며 해당 도로와 교차되는 도로의 너비가 각각 6m라면 다음 표에서 3m가 되는데, 도로경계선의 교차점으로부터 도로경계선에 따라 각 3m를 후퇴한 두 점을 연결한 선이 건축선이 된다. 맞는 지문이다.

도로의 교차각	해당 도로의 너비		교차되는 도로의 너비
	6m 이상 8m 미만	4m 이상 6m 미만	
90° 미만	4m	3m	6m 이상 8m 미만
	3m	2m	4m 이상 6m 미만
90° 이상 120° 미만	3m	2m	6m 이상 8m 미만
	2m	2m	4m 이상 6m 미만

① 이해관계인의 동의는 받지 아니한다.
③ 도로면으로부터 높이 4.5m 이하에 있는 출입구, 창문, 그 밖에 이와 유사한 구조물은 열고 닫을 때 건축선의 수직면을 넘지 아니하는 구조로 하여야 한다.
④ 다음의 하나에 해당하면 2m 이상을 도로에 접하지 아니하여도 된다.

1. 해당 건축물의 출입에 지장이 없다고 인정되는 경우
2. 건축물의 주변에 광장・공원・유원지 그 밖에 관계 법령에 따라 건축이 금지되고 공중의 통행에 지장이 없는 공지로서 허가권자가 인정한 경우
3. 「농지법」 제2조 제1호 나목에 따른 농막을 건축하는 경우

⑤ 건축물과 담장은 건축선의 수직면을 넘어서는 아니 된다. 다만, 지표 아래 부분은 그러하지 아니하다.

06

「건축법령」상 건축설비에 관한 설명으로 옳은 것은?

① 층수가 30층 이상인 건축물에는 건축물에 설치하는 승용 승강기 중 1대 이상을 피난용 승강기로 설치하여야 한다,
② 공동주택에는 방송수신에 지장이 없도록 위성방송수신설비를 설치하여야 한다.
③ 지능형 건축물로 인증을 받은 건축물에 대해서는 건폐율을 100분의 115의 범위에서 완화하여 적용할 수 있다.
④ 높이 31m인 8층의 건축물에는 비상용승강기를 1대 이상 설치하여야 한다.
⑤ 대지면적이 500m² 이상인 건축물에는 「전기사업법」에 따른 전기사업자가 전기를 배전하는 데 필요한 전기설비를 설치할 수 있는 공간을 확보하여야 한다.

해설 ① 옳은 지문이다.
② 공동주택, 바닥면적의 합계가 5,000m² 이상으로서 업무시설이나 숙박시설의 용도로 쓰는 건축물에는 방송 공동수신설비를 설치하여야 한다.
③ 지능형 건축물로 인증을 받은 건축물에 대해서는 용적률 및 건축물의 높이제한을 100분의 115의 범위에서 완화하여 적용할 수 있다.
④ 높이 31m 초과 건축물에는 비상용 승강기를 1대 이상 설치하여야 한다.
⑤ 연면적이 500m² 이상인 건축물에는 「전기사업법」에 따른 전기사업자가 전기를 배전하는 데 필요한 전기설비를 설치할 수 있는 공간을 확보하여야 한다.

07

「건축법령」상 건축물의 면적 등의 산정방법에 관한 설명으로 옳은 것은?

① 벽·기둥의 구획이 없는 건축물은 그 지붕 끝부분으로부터 수평거리 1m를 후퇴한 선으로 둘러싸인 수평투영면적을 건축면적으로 한다.
② 바닥면적은 원칙적으로 건축물의 외벽의 중심선으로 둘러싸인 부분의 수평투영면적으로 한다.
③ 건축물 지상층에 일반인이나 차량이 통행할 수 있도록 설치한 보행통로나 차량통로 및 지하주차장의 경사로는 건축면적에 산입하지 아니한다.
④ 연면적은 하나의 건축물 각 층(지하층을 포함한다)의 건축면적의 합계로 한다.
⑤ 공동주택으로서 지상층에 설치한 기계실, 전기실, 어린이놀이터, 조경시설, 생활폐기물 보관시설의 면적은 바닥면적에 산입한다.

해설 ③ 옳은 지문이다.
① 건축면적 ⇨ 바닥면적
② 바닥면적 ⇨ 건축면적
④ 건축면적 ⇨ 바닥면적
⑤ 바닥면적에 산입하지 아니한다.

Answer
05 ② 06 ① 07 ③

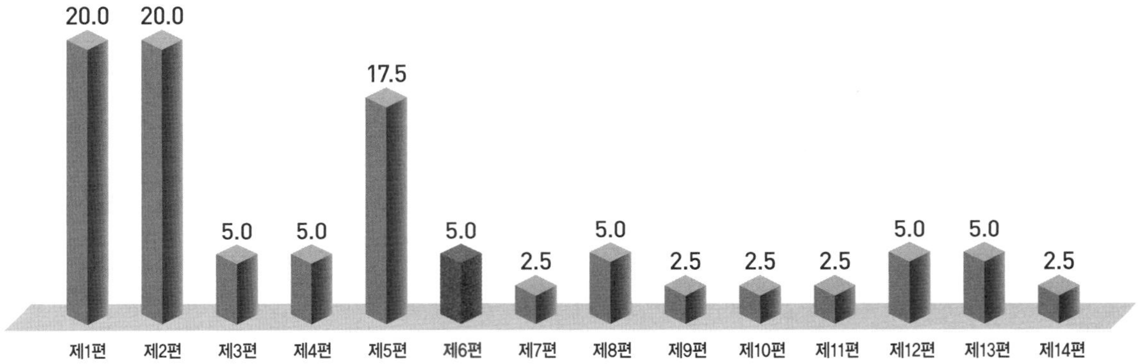

제27회 기출문제 분석

도시 및 주거환경정비법은 2문제가 출제되는데, 1문제는 주관식으로 출제되고 있다. 주로 용어와 정비사업의 개략적인 절차와 사업시행자, 시행방식, 정비사업조합, 사업시행계획인가, 관리처분계획 중심으로 정리하는 것이 필요하다.

박문각
주택관리사

PART

06

도시 및 주거환경정비법

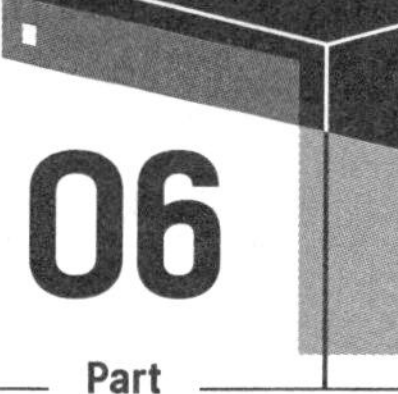

도시 및 주거환경정비법

도시 및 주거환경정비법(2문제)

주거환경개선사업	특 징	**정비기반시설**: 극히 열악 / **노후불량건축물**: 과도밀집
	토지등소유자	토지 또는 건축물소유자 또는 지상권자
	시행방법	자력개발, 환지, 수용, 관리처분계획, 혼용
	시행자	• **자력개발**: 시장·군수 등, 주공 등 • **환지, 수용, 관리처분계획**: 시장·군수 등, 주공 등 출자법인, 공동시행(건설사업자, 등록사업자)
재개발사업	특 징	**정비기반시설**: 열악 / **노후불량건축물**: 밀집
	토지등소유자	토지 또는 건축물소유자 또는 지상권자
	시행방법	환지, 관리처분계획
	시행자	• 토지등소유자(20명 미만) • 정비사업조합 → 단독시행 또는 공동시행(과반수) : 시장·군수 등, 건, 등, 한, 신
재건축사업	특 징	**정비기반시설**: 양호 / **노후불량건축물**: 밀집
	토지등소유자	건축물 및 부속토지의 소유자
	시행방법	관리처분계획
	시행자조합	• 단독시행 • 공동(과): 시장·군수 등, 건, 등
시공자 선정시기	정비사업조합	설립인가 후 조합총회에서 시공자 선정
	토지등소유자	사업시행계획인가 후 시공자 선정
	시장·군수 등	사업시행자 지정고시 후 시공자 선정
공공재개발사업	시행자	시장·군수 등, 주공 등(조합공동시행 포함)
	건설·공급	건설·공급주택의 분양분 제외 전체 세대수 또는 연면적 100분의 20 이상 100분의 50 이하, 시·도 조례 비율 건설·공급
공공재건축사업	시행자	시장·군수 등, 주공 등(조합공동시행 포함)
	건설·공급	종전 세대수의 100분의 160 이상 건설·공급

정비사업시행절차

정비기본방침 **국토교통부장관**: 10년마다 수립, 5년마다 타당성검토

정비기본계획 3특(특, 특자시, 특자도)·광·시장: 10년 단위 수립, 5년마다 타당성검토

정비계획
- 구청장 등 입안 ⇨ 특별시장·광역시장 구역지정 신청
- 2특(특자시, 특자도)·시장·군수 ⇨ 직접 입안하여 구역 지정

정비구역
- **지정권자**: 3특·광·시장·군수
- **지정효과**: 지구단위계획 및 지구단위계획구역 지정의제, 개발행위허가

조합설립인가
- **재개발** 토지등소유자 3/4↑+토지면적 1/2↑ 동의
- **재건축**
  - 주택단지 안 ⇨ 전체 : 구분 3/4↑+면적 3/4↑와 동: 구분 과반수 동의
  - 주택단지 밖 ⇨ 토지 또는 건축물의 소유자 3/4↑+면적 2/3↑ 동의

사업시행계획인가
- **사업시행계획** 토지이용계획, 정비기반시설 및 공동이용시설의 설치계획, 주민이주대책, 범죄예방대책 등
- **조 합** 사전 조합총회 의결
- **토지등소유자** 사전 동의: 토지등소유자 3/4+토지면적 1/2 동의

분양신청 사업시행계획인가고시일 120일 이내 분양통지·공고, 통지일 30일~60일, 20일 연장

관리처분계획
- **관리처분계획 내용** 분양설계, 분양대상자별 대지·건축물 추산액, 정비사업비의 추산액, 조합원의 부담금
- 시행자 인가신청 ⇨ 시장·군수 등 30일 이내(타당성검증요청 60일 이내) 인가여부 통지
- **종전 토지 등 가격**: 사업시행계획인가고시일 기준
- **공급기준**
  - **1주택 공급원칙, 2주택 공급가능, 과밀억제권역 재건축**(투기, 조정 제외): 3주택
  - **주택수만큼 공급**: 과밀억제권역 외 재건축(투기, 조정 제외), 숙소, 국가, 지자체, 주공
  - **지분형주택**: ┌전용 60㎡ 이하, 주공 등과 10년 범위 공동소유
└ 분양가격 이하 대상자 + 2년 이상 실제 거주
  - **토지임대부 분양주택 대상자**: 세입자, 면적 90㎡ 미만 + 건물×, 바닥면적 40㎡ 미만 건축물 + 토지 ×
- 관리처분계획인가 후 건축물 철거

준공인가 시행자 준공인가신청 ⇨ 시장·군수 등 준공인가 후 공사완료공고

소유권이전고시
- 시행자 ⇨ 공사완료공고 후 확정측량 ⇨ 토지분할, 분양받을 자에게 통지 및 소유권이전하고 공보에 고시
- **소유권확정**: 소유권이전고시 다음날 확정

분양등기 지방법원 또는 등기소에 촉탁 또는 신청

01 총 설

Chapter

단·원·열·기

용어 중 정비사업의 종류, 정비기반시설이 출제되고 있다.
학습방법: 정비사업의 종류, 노후불량건축물, 정비기반시설 등을 먼저 파악하는 것이 필요하다.

01 제정목적

「도시 및 주거환경정비법」은 도시기능의 회복이 필요하거나 주거환경이 불량한 지역을 계획적으로 정비하고 노후·불량 건축물을 효율적으로 개량하기 위하여 필요한 사항을 규정함으로써 도시환경을 개선하고 주거생활의 질을 높이는 데 이바지함을 목적으로 한다(법 제1조).

02 용어의 정의

「도시 및 주거환경정비법」에서 사용하는 용어의 정의는 다음과 같다(법 제2조).

1 정비구역

정비구역이란 정비사업을 계획적으로 시행하기 위하여 지정·고시된 구역을 말한다(법 제2조 제1호).

2 정비사업

정비사업이란 「도시 및 주거환경정비법」에서 정한 절차에 따라 도시기능을 회복하기 위하여 정비구역에서 정비기반시설을 정비하거나 주택 등 건축물을 개량 또는 건설하는 다음의 사업을 말한다(법 제2조 제2호).

주거환경 개선사업	도시저소득 주민이 집단거주하는 지역으로서 정비기반시설이 극히 열악하고 노후·불량 건축물이 과도하게 밀집한 지역의 주거환경을 개선하거나 단독주택 및 다세대주택이 밀집한 지역에서 정비기반시설과 공동이용시설의 확충을 통하여 주거환경을 보전·정비·개량하기 위한 사업
재개발사업	정비기반시설이 열악하고 노후·불량 건축물이 밀집한 지역에서 주거환경을 개선하거나 상업지역·공업지역 등에서 도시기능의 회복 및 상권활성화 등을 위하여 도시환경을 개선하기 위한 사업. 이 경우 다음 요건을 모두 갖추어 시행하는 재개발사업을 "공공재개발사업"이라 한다. ① 특별자치시장, 특별자치도지사, 시장, 군수, 자치구의 구청장(이하 "시장·군수 등"이라 한다) 또는 토지주택공사등(조합과 공동으로 시행하는 경우를 포함한다)이 주거환경개선사업의 시행자, 제25조 제1항 또는 제26조 제1항에 따른 재개발사업의 시행자나 제28조에 따른 재개발사업의 대행자(이하 "공공재개발사업 시행자"라 한다)일 것 ② 건설·공급되는 주택의 전체 세대수 또는 전체 연면적 중 토지등소유자 대상 분양분(제80조에 따른 지분형주택은 제외한다)을 제외한 나머지 주택의 세대수 또는 연면적의 100분의 20 이상 100분의 50 이하의 범위에서 대통령령으로 정하는 기준에 따라 특별시·광역시·특별자치시·도·특별자치도 또는 「지방자치법」 제198조에 따른 서울특별시·광역시 및 특별자치시를 제외한 인구 50만 이상 대도시(이하 "대도시"라 한다)의 조례(이하 "시·도조례"라 한다)로 정하는 비율 이상을 지분형주택, 공공임대주택 또는 공공지원민간임대주택으로 건설·공급할 것. 이 경우 주택 수 산정방법 및 주택 유형별 건설비율은 대통령령으로 정한다.
재건축사업	정비기반시설은 양호하나 노후·불량건축물에 해당하는 공동주택이 밀집한 지역에서 주거환경을 개선하기 위한 사업. 이 경우 다음 요건을 모두 갖추어 시행하는 재건축사업을 "공공재건축사업"이라 한다. ① 시장·군수 등 또는 토지주택공사 등(조합과 공동으로 시행하는 경우를 포함한다)이 제25조 제2항 또는 제26조 제1항에 따른 재건축사업의 시행자나 제28조 제1항에 따른 재건축사업의 대행자(이하 "공공재건축사업 시행자"라 한다)일 것 ② 종전의 용적률, 토지면적, 기반시설 현황 등을 고려하여 대통령령으로 정하는 세대수 이상을 건설·공급할 것. 다만, 제8조 제1항에 따른 정비구역의 지정권자가 「국토의 계획 및 이용에 관한 법률」 제18조에 따른 도시·군기본계획, 토지이용 현황 등 대통령령으로 정하는 불가피한 사유로 해당하는 세대수를 충족할 수 없다고 인정하는 경우에는 그러하지 아니하다.

"대통령령으로 정하는 기준"이란 다음 각 호의 구분에 따른 기준을 말한다(영 제1조의2 제1항).
1. 과밀억제권역에서 시행하는 경우 : 100분의 30 이상 100분의 40 이하
2. 과밀억제권역 외의 지역에서 시행하는 경우 : 100분의 20 이상 100분의 30 이하

건설·공급해야 하는 공공임대주택 건설비율은 건설·공급되는 주택의 전체 세대수의 100분의 20 이하에서 국토교통부장관이 정하여 고시하는 비율 이상으로 한다(영 제1조의2 제2항).

"대통령령으로 정하는 세대수"란 공공재건축사업을 추진하는 단지의 종전 세대수의 100분의 160에 해당하는 세대를 말한다(영 제1조의3 제1항).

3 노후 · 불량 건축물

노후 · 불량 건축물이란 다음의 어느 하나에 해당하는 건축물을 말한다(법 제2조 제3호).

(1) 건축물이 훼손되거나 일부가 멸실되어 붕괴, 그 밖의 안전사고의 우려가 있는 건축물

(2) 내진성능이 확보되지 아니한 건축물 중 중대한 기능적 결함 또는 부실 설계 · 시공으로 구조적 결함 등이 있는 건축물로서 대통령령으로 정하는 건축물. 즉, 건축물을 건축하거나 대수선할 당시 건축법령에 따른 지진에 대한 안전 여부 확인 대상이 아닌 건축물로서 다음의 어느 하나에 해당하는 건축물을 말한다(영 제2조 제1항).

> ① 급수 · 배수 · 오수 설비 등의 설비 또는 지붕 · 외벽 등 마감의 노후화나 손상으로 그 기능을 유지하기 곤란할 것으로 우려되는 건축물
> ② 안전진단기관이 실시한 안전진단결과 건축물의 내구성 · 내하력(耐荷力) 등이 국토교통부장관이 정하여 고시하는 기준에 미치지 못할 것으로 예상되어 구조안전의 확보가 곤란할 것으로 우려되는 건축물

(3) 주변 토지의 이용 상황 등에 비추어 주거환경이 불량한 곳에 위치할 것, 또한 건축물을 철거하고 새로운 건축물을 건설하는 경우 건설에 드는 비용과 비교하여 효용의 현저한 증가가 예상될 것의 요건을 충족하는 건축물로서 대통령령으로 정하는 바에 따라 시 · 도 조례로 정하는 건축물, 즉 다음의 어느 하나에 해당하는 건축물을 말한다(법 제2조 제3호 다목, 영 제2조 제2항).

> ① 「건축법」에 따라 해당 지방자치단체의 조례가 정하는 면적에 미치지 못하거나 「국토의 계획 및 이용에 관한 법률」에 따른 도시 · 군계획시설 등의 설치로 인하여 효용을 다할 수 없게 된 대지에 있는 건축물
> ② 공장의 매연 · 소음 등으로 인하여 위해를 초래할 우려가 있는 지역에 있는 건축물
> ③ 해당 건축물을 준공일 기준으로 40년까지 사용하기 위하여 보수 · 보강하는 데 드는 비용이 철거 후 새로운 건축물을 건설하는 데 드는 비용보다 클 것으로 예상되는 건축물

(4) 도시미관을 저해하거나 노후화된 건축물로서 대통령령으로 정하는 바에 따라 시 · 도조례로 정하는 건축물, 즉 다음의 어느 하나에 해당하는 건축물을 말한다 (법 제2조 제3호 라목, 영 제2조 제3항).

> ① 준공된 후 20년 이상 30년 이하의 범위에서 시 · 도조례로 정하는 기간이 지난 건축물
> ② 「국토의 계획 및 이용에 관한 법률」의 규정에 따른 도시 · 군기본계획의 경관에 관한 사항에 어긋나는 건축물

4 정비기반시설

정비기반시설이란 도로 · 상하수도 · 구거(도랑) · 공원 · 공용주차장 · 공동구(「국토의 계획 및 이용에 관한 법률」에 따른 공동구를 말한다), 그 밖에 주민의 생활에 필요한 열 · 가스 등의 공급시설로서 대통령령으로 정하는 시설을 말한다(법 제2조 제4호).

> 대통령령으로 정하는 시설은 다음과 같다(영 제3조).
> 녹지 · 하천 · 공공공지 · 광장 · 소방용수시설 · 비상대피시설 · 가스공급시설 · 지역난방시설 · 공동이용시설(주거환경개선사업을 위하여 지정 · 고시된 정비구역 안에 설치하는 공동이용시설로서 사업시행계획서에 특별자치시장 · 특별자치도지사 · 시장 · 군수 또는 자치구의 구청장(이하 "시장 · 군수 등"이라 한다)이 관리하는 것으로 포함된 시설

5 공동이용시설

공동이용시설이란 주민이 공동으로 사용하는 놀이터 · 마을회관 · 공동작업장 그 밖에 대통령령으로 정하는 시설을 말한다(법 제2조 제5호).

> 공동이용시설에서 대통령령으로 정하는 시설(영 제4조).
> 1. 공동으로 사용하는 구판장 · 세탁장 · 화장실 및 수도
> 2. 탁아소 · 어린이집 · 경로당 등 노유자시설
> 3. 그 밖에 위의 시설과 유사한 용도의 시설로서 시 · 도 조례로 정하는 시설

6 대 지

대지란 정비사업으로 조성된 토지를 말한다(법 제2조 제6호).

7 주택단지

주택단지란 주택 및 부대시설 · 복리시설을 건설하거나 대지로 조성되는 일단의 토지로서 다음의 어느 하나에 해당하는 일단의 토지를 말한다(법 제2조 제7호).

① 「주택법」에 따른 사업계획승인을 받아 주택 및 부대시설·복리시설을 건설한 일단의 토지
② 위 ①에 따른 일단의 토지 중 도시·군계획시설인 도로나 그 밖에 이와 유사한 시설로 분리되어 따로 관리되고 있는 각각의 토지
③ 위 ①에 따른 일단의 토지 둘 이상이 공동으로 관리되고 있는 경우 그 전체 토지
④ 재건축사업의 범위에 관한 특례(법 제67조)에 따라 사업계획승인을 받아 건설한 둘 이상의 건축물이 있는 주택단지에 재건축사업을 하는 경우 또는 조합설립의 동의요건을 충족하기 위하여 분할된 토지 또는 분할되어 나가는 토지
⑤ 「건축법」에 따라 건축허가를 받아 아파트 또는 연립주택을 건설한 일단의 토지

8 사업시행자

사업시행자란 정비사업을 시행하는 자를 말한다(법 제2조 제8호).

9 토지등소유자

토지등소유자란 다음의 어느 하나에 해당하는 자를 말한다. 다만, 법 제27조 제1항에 따라 「자본시장과 금융투자업에 관한 법률」에 따른 신탁업자가 사업시행자로 지정된 경우 토지등소유자가 정비사업을 목적으로 신탁업자에게 신탁한 토지 또는 건축물에 대하여는 위탁자를 토지등소유자로 본다(법 제2조 제9호).

주거환경개선사업 및 재개발사업	정비구역에 위치한 토지 또는 건축물의 소유자 또는 그 지상권자
재건축사업	정비구역에 위치한 건축물 및 그 부속토지의 소유자

10 토지주택공사 등

토지주택공사 등이란 「한국토지주택공사법」에 따라 설립된 한국토지주택공사 또는 「지방공기업법」에 따라 주택사업을 수행하기 위하여 설립된 지방공사를 말한다(법 제2조 제10호).

정관 등

정관 등이란 다음의 것을 말한다(법 제2조 제11호).
1. 법 제40조에 따른 조합의 정관
2. 사업시행자인 토지등소유자가 자치적으로 정한 규약
3. 시장·군수 등, 토지주택공사 등 또는 신탁업자가 법 제53조에 따라 작성한 시행규정

Chapter 02 정비기본계획의 수립 및 정비구역의 지정

단·원·열·기

정비계획의 입안 및 정비구역의 지정·해제부분이 출제되고 있다.
학습방법: 정비사업의 절차를 개략적으로 이해한 다음 정비계획의 입안과 정비구역의 지정 및 해제 중심으로 정리하여야 한다.

01 도시·주거환경정비 기본방침 및 도시·주거환경정비 기본계획

1 도시·주거환경정비 기본방침

국토교통부장관은 도시 및 주거환경을 개선하기 위하여 10년마다 다음의 사항을 포함한 기본방침을 정하고, 5년마다 그 타당성을 검토하여 그 결과를 기본방침에 반영하여야 한다(법 제3조).

① 도시 및 주거환경 정비를 위한 국가 정책 방향
② 도시·주거환경정비 기본계획의 수립 방향
③ 노후·불량 주거지 조사 및 개선계획의 수립
④ 도시 및 주거환경 개선에 필요한 재정지원 계획
⑤ 그 밖에 도시 및 주거환경 개선을 위하여 필요한 사항으로서 대통령령으로 정하는 사항

2 도시·주거환경정비 기본계획

1. 기본계획의 수립

(1) 기본계획의 수립권자

특별시장·광역시장·특별자치시장·특별자치도지사 또는 시장은 관할구역에 대하여 도시·주거환경정비 기본계획(이하 "기본계획"이라 한다)을 10년 단위로 수립하여야 한다. 다만, 도지사가 대도시가 아닌 시로서 기본계획을 수립할 필요가 없다고 인정하는 시에 대하여는 기본계획을 수립하지 아니할 수 있다(법 제4조 제1항).

노후·불량 주거지 개선계획의 수립

국토교통부장관은 주택 또는 기반시설이 열악한 주거지의 주거환경개선을 위하여 5년마다 개선대상지역을 조사하고 연차별 재정지원계획 등을 포함한 노후·불량 주거지 개선계획을 수립하여야 한다(법 제127조).

(2) 타당성 검토

특별시장 · 광역시장 · 특별자치시장 · 특별자치도지사 또는 시장은 기본계획에 대하여 5년마다 그 타당성을 검토하여 그 결과를 기본계획에 반영하여야 한다(법 제4조 제2항).

2. 기본계획의 내용

기본계획에는 다음의 사항이 포함되어야 한다(법 제5조 제1항, 영 제8조).

1. 정비사업의 기본방향
2. 정비사업의 계획기간
3. 인구 · 건축물 · 토지이용 · 정비기반시설 · 지형 및 환경 등의 현황
4. 주거지 관리계획
5. 토지이용계획 · 정비기반 시설계획 · 공동이용시설 설치계획 및 교통계획
6. 녹지 · 조경 · 에너지공급 · 폐기물처리 등에 관한 환경계획
7. 사회복지시설 및 주민문화시설 등의 설치계획
8. 도시의 광역적 재정비를 위한 기본방향
9. 정비구역으로 지정할 예정인 구역(이하 "정비예정구역"이라 한다)의 개략적 범위
10. 단계별 정비사업 추진계획(정비예정구역별 정비계획의 수립시기가 포함되어야 한다)
11. 건폐율 · 용적률 등에 관한 건축물의 밀도계획
12. 세입자에 대한 주거안정대책
13. 그 밖에 주거환경 등을 개선하기 위하여 필요한 사항으로서 대통령령으로 정하는 사항

3. 기본계획의 수립절차

(1) 기본계획 수립을 위한 주민의견청취 등

① 기본계획의 수립권자는 기본계획을 수립하거나 변경하려는 경우에는 14일 이상 주민에게 공람하여 의견을 들어야 하며, 제시된 의견이 타당하다고 인정되면 이를 기본계획에 반영하여야 한다(법 제6조 제1항).

② 기본계획의 수립권자는 ①에 따른 공람과 함께 지방의회의 의견을 들어야 한다. 이 경우 지방의회는 기본계획의 수립권자가 기본계획을 통지한 날부터 60일 이내에 의견을 제시하여야 하며, 의견제시 없이 60일이 지난 경우 이의가 없는 것으로 본다(법 제6조 제2항).

주요사항 정리

1. **정비기본계획의 수립권자**: 특3 · 광 · 시장
2. **정비계획의 입안권자**: 특2 · 시장 · 군수 · 구청장 등
3. **정비구역의 지정권자**: 특3 · 광 · 시장 · 군수(광역시 군수 제외)
4. **구청장 등**: 자치구의 구청장, 광역시의 군수
5. **시장 · 군수 등**: 특2 · 시장 · 군수 · 자치구의 구청장

13. 대통령령으로 정하는 사항

"대통령령으로 정하는 사항"이란 다음 각 호의 사항을 말한다(영 제5조).

1. 도시관리 · 주택 · 교통정책 등 「국토의 계획 및 이용에 관한 법률」 제2조 제2호의 도시 · 군계획과 연계된 도시 · 주거환경정비의 기본방향
2. 도시 · 주거환경정비의 목표
3. 도심기능의 활성화 및 도심공동화 방지 방안
4. 역사적 유물 및 전통건축물의 보존계획
5. 정비사업의 유형별 공공 및 민간부문의 역할
6. 정비사업의 시행을 위하여 필요한 재원조달에 관한 사항

③ ① 및 ②에도 불구하고 대통령령으로 정하는 경미한 사항을 변경하는 경우에는 주민공람과 지방의회의 의견청취 절차를 거치지 아니할 수 있다(법 제6조 제3항).

(2) **기본계획의 확정·고시 등**

① 기본계획의 수립권자(대도시의 시장이 아닌 시장은 제외한다)는 기본계획을 수립하거나 변경하려면 관계 행정기관의 장과 협의한 후 지방도시계획위원회의 심의를 거쳐야 한다. 다만, 대통령령으로 정하는 경미한 사항을 변경하는 경우에는 관계 행정기관의 장과의 협의 및 지방도시계획위원회의 심의를 거치지 아니한다(법 제7조 제1항).

② 대도시의 시장이 아닌 시장은 기본계획을 수립하거나 변경하려면 도지사의 승인을 받아야 하며, 도지사가 이를 승인하려면 관계 행정기관의 장과 협의한 후 지방도시계획위원회의 심의를 거쳐야 한다. 다만, ①의 단서에 해당하는 변경의 경우에는 도지사의 승인을 받지 아니할 수 있다(법 제7조 제2항).

③ 기본계획의 수립권자는 기본계획을 수립하거나 변경한 때에는 지체 없이 이를 해당 지방자치단체의 공보에 고시하고 일반인이 열람할 수 있도록 하여야 한다(법 제7조 제3항).

④ 기본계획의 수립권자는 ③에 따라 기본계획을 고시한 때에는 국토교통부령으로 정하는 방법 및 절차에 따라 국토교통부장관에게 보고하여야 한다(법 제7조 제4항).

4. 기본계획의 일정한 사항을 생략할 수 있는 경우

기본계획 수립권자는 기본계획에 다음의 사항을 포함하는 경우에는 정비예정구역의 개략적 범위와 단계별 정비사업 추진계획을 생략할 수 있다(법 제5조 제2항).

1. 생활권의 설정, 생활권별 기반시설 설치계획 및 주택수급계획
2. 생활권별 주거지의 정비·보전·관리의 방향

3 정비기본계획의 작성기준 및 작성방법

정비기본계획의 작성기준 및 작성방법은 국토교통부장관이 정하여 고시한다(법 제5조 제3항).

공람 중인 정비예정구역 및 정비계획수립 중인 지역에 대한 행위제한

1. 국토교통부장관, 시·도지사, 시장, 군수 또는 구청장(자치구의 구청장)은 비경제적인 건축행위 및 투기수요의 유입을 막기 위하여 기본계획을 공람 중인 정비예정구역 또는 정비계획을 수립 중인 지역에 대하여 3년 이내의 기간(1년의 범위에서 한 차례만 연장할 수 있다)을 정하여 대통령령으로 정하는 방법과 절차에 따라 다음의 행위를 제한할 수 있다(법 제19조 제7항).
   ① 건축물의 건축
   ② 토지의 분할
   ③ 「건축법」 제38조에 따른 건축물대장 중 일반건축물대장을 집합건축물대장으로 전환
   ④ 「건축법」 제38조에 따른 건축물대장 중 집합건축물대장의 전유부분 분할
2. 행위가 제한된 지역에서 건축물의 건축행위와 토지분할 행위를 하려는 자는 시장·군수 등의 허가를 받아야 한다(영 제16조 제5항).

토지주택공사등 및 신탁업자의 정비구역 지정 제안

토지주택공사등(제26조에 따라 사업시행자로 지정되려는 경우로 한정한다) 또는 지정개발자(제27조 제1항에 따른 신탁업자로 한정한다)는 제8조에도 불구하고 대통령령으로 정하는 비율(즉, 3분의 2) 이상의 토지등소유자의 동의를 받아 정비구역의 지정권자(특별자치시장 · 특별자치도지사 · 시장 · 군수인 경우로 한정한다)에게 정비구역의 지정(변경지정을 포함한다)을 제안할 수 있다. 이 경우 토지주택공사등 또는 지정개발자는 다음 각 호의 사항을 포함한 제안서를 정비구역의 지정권자에게 제출하여야 한다(법 제101조의8 제1항, 영 제80조의4 제1항).

1. 정비사업의 명칭
2. 정비구역의 위치, 면적 등 개요
3. 토지이용, 주택건설 및 기반시설의 설치 등에 관한 기본방향
4. 그 밖에 지정제안을 위하여 필요한 사항으로서 대통령령(영 제84조의4 제2항)으로 정하는 사항
   ① 사업시행자의 명칭, 소재지 및 대표자 성명
   ② 정비사업 시행 예정시기

정비계획 수립하기 전 정비구역 지정

토지주택공사등 또는 지정개발자가 정비구역의 지정을 제안한 경우 정비구역의 지정권자는 제8조 및 제16조에도 불구하고 정비계획을 수립하기 전에 정비구역을 지정할 수 있다(법 제101조의8 제2항).

02 정비계획의 입안 및 정비구역의 지정

1 정비구역의 지정을 위한 정비계획의 입안

1. 정비구역의 지정권자

(1) 특별시장 · 광역시장 · 특별자치시장 · 특별자치도지사 · 시장 또는 군수(광역시의 군수는 제외하며, 이하 "정비구역의 지정권자"라 한다)는 기본계획에 적합한 범위에서 노후 · 불량건축물이 밀집하는 등 대통령령으로 정하는 요건에 해당하는 구역에 대하여 정비계획을 결정하여 정비구역을 지정(변경지정을 포함한다)할 수 있다(법 제8조 제1항).

(2) (1)에도 불구하고 천재지변 등의 사유로 긴급하게(법 제26조 제1항 제1호 및 제27조 제1항 제1호에 따라) 정비사업을 시행하려는 경우에는 기본계획을 수립하거나 변경하지 아니하고 정비구역을 지정할 수 있다(법 제8조 제2항).

(3) 정비구역의 지정권자는 정비구역의 진입로 설치를 위하여 필요한 경우에는 진입로 지역과 그 인접지역을 포함하여 정비구역을 지정할 수 있다(법 제8조 제3항).

2. 정비계획의 내용

(1) 정비계획에는 다음의 사항이 포함되어야 한다(법 제9조 제1항).

1. 정비사업의 명칭
2. 정비구역 및 그 면적

2의2. 토지등소유자별 분담금 추산액 및 산출근거

3. 도시 · 군계획시설의 설치에 관한 계획
4. 공동이용시설 설치계획
5. 건축물의 주용도 · 건폐율 · 용적률 · 높이에 관한 계획
6. 환경보전 및 재난방지에 관한 계획
7. 정비구역 주변의 교육환경 보호에 관한 계획
8. 세입자 주거대책
9. 정비사업시행 예정시기
10. 정비사업을 통하여 공공지원민간임대주택을 공급하거나, 임대할 목적으로 주택을 주택임대관리업자에게 위탁하려는 경우에는 다음의 사항. 다만, ②와 ③의 사항은 건설하는 주택 전체 세대수에서 공공지원민간임대주택 또는 임대할 목적으로 주택임대관리업자에게 위탁하려는 주택(이하 "임대관리 위탁주택"이라 한다)이 차지하는 비율이 100분의 20 이상, 임대기간이 8년 이상의 범위 등에서 대통령령으로 정하는 요건에 해당하는 경우로 한정한다.

① 공공지원민간임대주택 또는 임대관리 위탁주택에 관한 획지별 토지이용 계획
② 주거·상업·업무 등의 기능을 결합하는 등 복합적인 토지이용을 증진시키기 위하여 필요한 건축물의 용도에 관한 계획
③ 「국토의 계획 및 이용에 관한 법률」에 따른 주거지역을 세분 또는 변경하는 계획과 용적률에 관한 사항
④ 그 밖에 공공지원민간임대주택 또는 임대관리 위탁주택의 원활한 공급 등을 위하여 필요한 사항으로서 대통령령으로 정하는 사항

11. 「국토의 계획 및 이용에 관한 법률」 제52조 제1항 각 호의 사항에 관한 계획(필요한 경우로 한정한다)
12. 그 밖에 정비사업의 시행을 위하여 필요한 사항으로서 대통령령으로 정하는 사항

(2) (1)의 10.의 ③을 포함하는 정비계획은 기본계획에서 정하는 법 제5조 제1항 제11호에 따른 건폐율·용적률 등에 관한 건축물의 밀도계획에도 불구하고 달리 입안할 수 있다(법 제9조 제2항).

3. 정비계획의 작성기준 및 작성방법

정비계획의 작성기준 및 작성방법은 국토교통부장관이 정하여 고시한다(법 제9조 제4항).

4. 정비계획의 입안

(1) 지정권자의 직접 입안

정비구역의 지정권자는 정비구역 지정을 위하여 직접 정비계획을 입안할 수 있다(법 제8조 제4항).

(2) 구청장 등의 입안 및 정비구역 지정신청

자치구의 구청장 또는 광역시의 군수(이하 "구청장 등"이라 한다)는 정비계획을 입안하여 특별시장·광역시장에게 정비구역 지정을 신청하여야 한다. 이 경우 지방의회의 의견을 첨부하여야 한다(법 제8조 제5항).

대통령령으로 정하는 사항 (영 제8조 제1항)

법 제9조 제1항 제12호에서 "대통령령으로 정하는 사항"이란 다음 각 호의 사항을 말한다.

1. 법 제17조 제4항에 따른 현금납부에 관한 사항
2. 법 제18조에 따라 정비구역을 분할, 통합 또는 결합하여 지정하려는 경우 그 계획
3. 법 제23조 제1항 제2호에 따른 방법으로 시행하는 주거환경개선사업의 경우 법 제24조에 따른 사업시행자로 예정된 자
4. 정비사업의 시행방법
5. 기존 건축물의 정비·개량에 관한 계획
6. 정비기반시설의 설치계획
7. 건축물의 건축선에 관한 계획
8. 홍수 등 재해에 대한 취약요인에 관한 검토 결과
9. 정비구역 및 주변지역의 주택수급에 관한 사항
10. 안전 및 범죄예방에 관한 사항
11. 그 밖에 정비사업의 원활한 추진을 위하여 시·도조례로 정하는 사항

(3) 세부계획 입안

(1), (2)에 따라 정비계획을 입안하는 특별자치시장, 특별자치도지사, 시장, 군수 또는 구청장 등(이하 "정비계획의 입안권자"라 한다)이 다음의 사항을 포함하여 기본계획을 수립한 지역에서 정비계획을 입안하는 경우에는 그 정비구역을 포함한 해당 생활권에 대하여 다음의 사항에 대한 세부 계획을 입안할 수 있다(법 제9조 제3항).

> 1. 생활권의 설정, 생활권별 기반시설 설치계획 및 주택수급계획
> 2. 생활권별 주거지의 정비 · 보전 · 관리의 방향

(4) 정비구역의 지정을 위한 정비계획의 입안 요청 등

1) 토지등소유자는 다음 각 호의 어느 하나에 해당하는 경우에는 정비계획의 입안권자에게 정비구역의 지정을 위한 정비계획의 입안을 요청할 수 있다(법 제13조의2 제1항).

> 1. 법 제5조 제1항 제10호에 따른 단계별 정비사업 추진계획상 정비예정구역별 정비계획의 입안시기가 지났음에도 불구하고 정비계획이 입안되지 아니한 경우
> 2. 법 제5조 제2항에 따라 기본계획에 같은 조 제1항 제9호 및 제10호에 따른 사항을 생략한 경우
> 3. 천재지변 등 대통령령으로 정하는 불가피한 사유로 긴급하게 정비사업을 시행할 필요가 있다고 판단되는 경우

2) 정비계획의 입안권자는 1)의 요청이 있는 경우에는 요청일부터 4개월 이내에 정비계획의 입안 여부를 결정하여 토지등소유자 및 정비구역의 지정권자에게 알려야 한다. 다만, 정비계획의 입안권자는 정비계획의 입안 여부의 결정 기한을 2개월의 범위에서 한 차례만 연장할 수 있다(법 제13조의2 제2항).

3) 정비구역의 지정권자는 다음 각 호의 어느 하나에 해당하는 경우에는 토지이용, 주택건설 및 기반시설의 설치 등에 관한 기본방향(이하 "정비계획의 기본방향"이라 한다)을 작성하여 정비계획의 입안권자에게 제시하여야 한다(법 제13조의2 제3항).

> 1. 2)에 따라 정비계획의 입안권자가 토지등소유자에게 정비계획을 입안하기로 통지한 경우
> 2. 법 제5조 제1항 제10호에 따른 단계별 정비사업 추진계획에 따라 정비계획의 입안권자가 요청하는 경우

> 3. 법 제12조 제6항에 따라 정비계획의 입안권자가 정비계획을 입안하기로 결정한 경우로서 대통령령으로 정하는 경우
> 4. 정비계획을 변경하는 경우로서 대통령령으로 정하는 경우

4) 1)부터 3)까지에서 규정한 사항 외에 정비구역의 지정요청을 위한 요청서의 작성, 토지등소유자의 동의, 요청서의 처리 및 정비계획의 기본방향 작성을 위하여 필요한 사항은 대통령령으로 정한다(법 제13조의2 제4항).

(5) 토지등소유자의 정비계획의 입안 제안

1) 토지등소유자(다음의 5.의 경우에는 법 제26조 제1항 제1호 및 제27조 제1항 제1호에 따라 사업시행자가 되려는 자를 말한다)는 다음의 어느 하나에 해당하는 경우에는 정비계획의 입안권자에게 정비계획의 입안을 제안할 수 있다(법 제14조 제1항).

> 1. 법 제5조 제1항 제10호에 따른 단계별 정비사업 추진계획상 정비예정구역별 정비계획의 입안시기가 지났음에도 불구하고 정비계획이 입안되지 아니하거나 같은 호에 따른 정비예정구역별 정비계획의 수립시기를 정하고 있지 아니한 경우
> 2. 토지등소유자가 법 제26조 제1항 제7호 및 제8호에 따라 토지주택공사 등을 사업시행자로 지정 요청하려는 경우
> 3. 대도시가 아닌 시 또는 군으로서 시·도조례로 정하는 경우
> 4. 정비사업을 통하여 공공지원민간임대주택을 공급하거나 임대할 목적으로 주택을 주택임대관리업자에게 위탁하려는 경우로서 앞의 2.의 (1)의 정비계획의 내용 중 10.의 각 목을 포함하는 정비계획의 입안을 요청하려는 경우
> 5. 법 제26조 제1항 제1호 및 제27조 제1항 제1호에 따라 정비사업을 시행하려는 경우
> 6. 토지등소유자(조합이 설립된 경우에는 조합원을 말한다)가 3분의 2 이상의 동의로 정비계획의 변경을 요청하는 경우. 다만, 법 제15조 제3항에 따른 경미한 사항을 변경하는 경우에는 토지등소유자의 동의절차를 거치지 아니한다.
> 7. 토지등소유자가 공공재개발사업 또는 공공재건축사업을 추진하려는 경우

2) 정비계획 입안의 제안을 위한 토지등소유자의 동의, 제안서의 처리 등에 필요한 사항은 대통령령으로 정한다(법 제14조 제2항).

3) 시장·군수는 토지등소유자의 제안이 있는 경우에는 제안일부터 60일 이내에 정비계획에의 반영여부를 제안자에게 통보하여야 한다. 다만, 부득이한 사정이 있는 경우에는 한 차례만 30일을 연장할 수 있다(영 제12조 제2항).

(6) 정비계획의 입안을 위한 절차

1) 주민의견청취

정비계획의 입안권자는 정비계획을 입안하거나 변경하려면 주민에게 서면으로 통보한 후 주민설명회 및 30일 이상 주민에게 공람하여 의견을 들어야 하며, 제시된 의견이 타당하다고 인정되면 이를 정비계획에 반영하여야 한다(법 제15조 제1항).

2) 지방의회의 의견청취

정비계획의 입안권자는 1)에 따른 주민공람과 함께 지방의회의 의견을 들어야 한다. 이 경우 지방의회는 정비계획의 입안권자가 정비계획을 통지한 날부터 60일 이내에 의견을 제시하여야 하며, 의견제시 없이 60일이 지난 경우 이의가 없는 것으로 본다(법 제15조 제2항).

3) 경미한 사항

1) 및 2)에도 불구하고 대통령령으로 정하는 경미한 사항을 변경하는 경우에는 주민에 대한 서면통보, 주민설명회, 주민공람 및 지방의회의 의견청취 절차를 거치지 아니할 수 있다(법 제15조 제3항).

4) 해당 관리청의 의견청취

정비계획의 입안권자는 법 제97조, 제98조, 제101조 등에 따라 정비기반시설 및 국유·공유재산의 귀속 및 처분에 관한 사항이 포함된 정비계획을 입안하려면 미리 해당 정비기반시설 및 국유·공유재산의 관리청의 의견을 들어야 한다(법 제15조 제4항).

(7) 임대주택 및 국민주택규모별 건설비율

1) 정비계획의 입안권자는 주택수급의 안정과 저소득 주민의 입주기회 확대를 위하여 정비사업으로 건설하는 주택에 대하여 다음의 구분에 따른 범위에서 국토교통부장관이 정하여 고시하는 임대주택 및 주택규모별 건설비율 등을 정비계획에 반영하여야 한다(법 제10조 제1항).

> 1. 「주택법」 제2조 제6호에 따른 국민주택규모의 주택이 전체 세대수의 100분의 90 이하에서 대통령령으로 정하는 범위
> 2. 임대주택(공공임대주택 및 「민간임대주택에 관한 특별법」에 따른 민간임대주택을 말한다)이 전체 세대수 또는 전체 연면적의 100분의 30 이하에서 대통령령으로 정하는 범위

2) 사업시행자는 1)에 따라 고시된 내용에 따라 주택을 건설하여야 한다(법 제10조 제2항).

(8) 재건축사업 정비계획의 입안을 위한 안전진단

1) 정비계획의 입안권자의 안전진단의 실시

① 정비계획의 입안권자는 재건축사업 정비계획의 입안을 위하여 정비기본계획의 내용의 일부 중 법 제5조 제1항 제10호에 따른 정비예정구역별 정비계획의 수립시기가 도래한 때에 안전진단을 실시하여야 한다(법 제12조 제1항).

② 정비계획의 입안권자는 ①에도 불구하고 다음의 어느 하나에 해당하는 경우에는 안전진단을 실시하여야 한다. 이 경우 정비계획의 입안권자는 안전진단에 드는 비용을 해당 안전진단의 실시를 요청하는 자에게 부담하게 할 수 있다(법 제12조 제2항).

> 1. 법 제14조에 따라 정비계획의 입안을 제안하려는 자가 입안을 제안하기 전에 해당 정비예정구역에 위치한 건축물 및 그 부속토지의 소유자 10분의 1 이상의 동의를 받아 안전진단의 실시를 요청하는 경우
> 2. 법 제5조 제2항에 따라 정비예정구역을 지정하지 아니한 지역에서 재건축사업을 하려는 자가 사업예정구역에 있는 건축물 및 그 부속토지의 소유자 10분의 1 이상의 동의를 받아 안전진단의 실시를 요청하는 경우
> 3. 내진성능이 확보되지 아니한 건축물 중 중대한 기능적 결함 또는 부실 설계・시공으로 인한 구조적 결함 등이 있는 건축물로서 대통령령으로 정하는 건축물에 해당하는 건축물의 소유자로서 재건축사업을 시행하려는 자가 해당 사업예정구역에 위치한 건축물 및 그 부속토지의 소유자 10분의 1 이상의 동의를 받아 안전진단의 실시를 요청하는 경우

2) 안전진단대상 건축물

재건축사업의 안전진단은 주택단지의 건축물을 대상으로 한다. 다만, 대통령령으로 정하는 주택단지의 건축물인 경우에는 안전진단대상에서 제외할 수 있다(법 제12조 제3항).

3) 안전진단의 요청

정비계획의 입안권자는 안전진단의 요청이 있는 때에는 요청일부터 30일 이내에 국토교통부장관이 정하는 바에 따라 안전진단의 실시여부를 결정하여 요청인에게 통보하여야 한다. 이 경우 정비계획의 입안권자는 안전진단 실시여부를 결정하기 전에 단계별 정비사업 추진계획 등의 사유로 재건축사업의 시기를 조정할 필요가 있다고 인정하는 경우에는 안전진단의 실시시기를 조정할 수 있다(영 제10조 제1항).

4) 안전진단요청이 반려되는 경우

정비계획의 입안권자는 아래 5)에 따른 현지조사 등을 통하여 앞의 (8)의 1)의 ②의 1.에 따른 안전진단의 요청이 있는 공동주택이 노후·불량건축물에 해당하지 아니함이 명백하다고 인정하는 경우에는 안전진단의 실시가 필요하지 아니하다고 결정할 수 있다(영 제10조 제2항).

5) 현지조사 및 안전진단의 실시

① 정비계획의 입안권자는 현지조사 등을 통하여 해당 건축물의 구조안전성, 건축마감, 설비노후도 및 주거환경 적합성 등을 심사하여 안전진단의 실시 여부를 결정하여야 하며, 안전진단의 실시가 필요하다고 결정한 경우에는 다음의 대통령령으로 정하는 안전진단기관에 안전진단을 의뢰하여야 한다(법 제12조 제4항, 영 제10조 제4항).

> 1. 「시설물의 안전관리에 관한 특별법」에 따른 안전진단전문기관
> 2. 「국토안전관리원법」에 따른 국토안전관리원
> 3. 「과학기술분야 정부출연연구기관 등의 설립·운영 및 육성에 관한 법률」에 따른 한국건설기술연구원

② **현지조사 의뢰**: 정비계획의 입안권자는 현지조사의 전문성 확보를 위하여 국토안전관리원 및 한국건설기술연구원에 현지조사를 의뢰할 수 있다. 이 경우 현지조사를 의뢰받은 기관은 의뢰를 받은 날부터 20일 이내에 조사결과를 정비계획의 입안권자에게 제출하여야 한다(영 제10조 5항).

③ **안전진단의 구분**: 재건축사업의 안전진단은 다음의 구분에 따른다(영 제10조 제6항).

> 1. 구조안전성 평가: 노후·불량건축물을 대상으로 구조적 또는 기능적 결함 등을 평가하는 안전진단
> 2. 구조안전성 및 주거환경 중심 평가: 위의 1.외의 노후·불량건축물을 대상으로 구조적·기능적 결함 등 구조안전성과 주거생활의 편리성 및 거주의 쾌적성 등 주거환경을 종합적으로 평가하는 안전진단

④ ①에 따라 안전진단을 의뢰받은 안전진단기관은 국토교통부장관이 정하여 고시하는 기준(건축물의 내진성능 확보를 위한 비용을 포함한다)에 따라 안전진단을 실시하여야 하며, 국토교통부령으로 정하는 방법 및 절차에 따라 안전진단 결과보고서를 작성하여 정비계획의 입안권자 및 안전진단의 실시를 요청한 자에게 제출하여야 한다(법 제12조 제5항).

⑤ 정비계획의 입안권자는 안전진단의 결과와 도시계획 및 지역여건 등을 종합적으로 검토하여 정비계획의 입안 여부를 결정하여야 한다(법 제12조 제6항).

⑥ 안전진단의 대상·기준·실시기관·지정절차 및 수수료 등에 필요한 사항은 대통령령으로 정한다(법 제12조 제7항).

6) 안전진단결과의 적정성 검토

① 정비계획의 입안권자(특별자치시장 및 특별자치도지사는 제외한다)는 정비계획의 입안 여부를 결정한 경우에는 지체 없이 특별시장·광역시장·도지사에게 결정내용과 해당 안전진단결과보고서를 제출하여야 한다(법 제13조 제1항).

② 특별시장·광역시장·특별자치시장·도지사·특별자치도지사(이하 "시·도지사"라 한다)는 필요한 경우 「국토안전관리원법」에 따른 국토안전관리원 또는 「과학기술분야 정부출연연구기관 등의 설립·운영 및 육성에 관한 법률」에 따른 한국건설기술연구원에 안전진단 결과의 적정성에 대한 검토를 의뢰할 수 있다(법 제13조 제2항).

③ 국토교통부장관은 시·도지사에게 안전진단 결과보고서의 제출을 요청할 수 있으며, 필요한 경우 시·도지사에게 안전진단 결과의 적정성에 대한 검토를 요청할 수 있다(법 제13조 제3항).

④ 시·도지사는 ② 및 ③에 따른 검토결과에 따라 정비계획의 입안권자에게 정비계획 입안결정의 취소 등 필요한 조치를 요청할 수 있으며, 정비계획의 입안권자는 특별한 사유가 없으면 그 요청에 따라야 한다. 다만, 특별자치시장 및 특별자치도지사는 직접 정비계획의 입안결정의 취소 등 필요한 조치를 할 수 있다(법 제13조 제4항).

7) 재건축사업의 안전진단의 재실시

시장·군수등은 법 제16조 제2항 전단에 따라 정비구역이 지정·고시된 날부터 10년이 되는 날까지 법 제50조에 따른 사업시행계획인가를 받지 아니하고 다음 각 호의 어느 하나에 해당하는 경우에는 안전진단을 다시 실시하여야 한다(법 제131조).

1. 「재난 및 안전관리 기본법」 제27조 제1항에 따라 재난이 발생할 위험이 높거나 재난예방을 위하여 계속적으로 관리할 필요가 있다고 인정하여 특정관리대상지역으로 지정하는 경우
2. 「시설물의 안전 및 유지관리에 관한 특별법」 제12조 제2항에 따라 재해 및 재난 예방과 시설물의 안전성 확보 등을 위하여 정밀안전진단을 실시하는 경우
3. 「공동주택관리법」 제37조 제3항에 따라 공동주택의 구조안전에 중대한 하자가 있다고 인정하여 안전진단을 실시하는 경우

정비구역의 분할·통합·결합방법에 따른 지정

1. 정비구역의 지정권자는 정비사업의 효율적인 추진 또는 도시의 경관보호를 위하여 필요하다고 인정하는 경우에는 다음의 방법에 따라 정비구역을 지정할 수 있다(법 제18조 제1항).
   ① 하나의 정비구역을 둘 이상의 정비구역으로 분할
   ② 서로 연접한 정비구역을 하나의 정비구역으로 통합
   ③ 서로 연접하지 아니한 둘 이상의 구역(제8조 제1항에 따라 대통령령으로 정하는 요건에 해당하는 구역으로 한정한다) 또는 정비구역을 하나의 정비구역으로 결합
2. 1.에 따라 정비구역을 분할·통합하거나 서로 떨어진 구역을 하나의 정비구역으로 결합하여 지정하려는 경우 시행 방법과 절차에 관한 세부 사항은 시·도조례로 정한다(법 제18조 제2항).

2 정비계획의 결정 및 정비구역의 지정·고시

1. 정비구역의 지정을 위한 절차

(1) 지방도시계획위원회의 심의

정비구역의 지정권자는 정비구역을 지정하거나 변경지정하려면 지방도시계획위원회의 심의를 거쳐야 한다. 다만, 법 제15조 제3항에 따른 경미한 사항을 변경하는 경우에는 지방도시계획위원회의 심의를 거치지 아니할 수 있다(법 제16조 제1항).

(2) 공보에 고시

정비구역의 지정권자는 정비구역을 지정(변경지정을 포함한다)하거나 정비계획을 결정(변경결정을 포함한다)한 때에는 정비계획을 포함한 정비구역 지정의 내용을 해당 지방자치단체의 공보에 고시하여야 한다. 이 경우 지형도면 고시 등에 대하여는 「토지이용규제 기본법」 제8조에 따른다(법 제16조 제2항).

(3) 보고 및 열람

정비구역의 지정권자는 (2)에 따라 정비계획을 포함한 정비구역을 지정·고시한 때에는 국토교통부령으로 정하는 방법 및 절차에 따라 국토교통부장관에게 그 지정의 내용을 보고하여야 하며, 관계 서류를 일반인이 열람할 수 있도록 하여야 한다(법 제16조 제3항).

2. 정비구역의 지정·고시의 효력 등

(1) 지구단위계획구역 및 지구단위계획으로 결정·고시 간주

정비구역의 지정·고시가 있는 경우 해당 정비구역 및 정비계획 중 「국토의 계획 및 이용에 관한 법률」 지구단위계획에 해당하는 사항은 지구단위계획구역 및 지구단위계획으로 결정·고시된 것으로 본다(법 제17조 제1항).

(2) 정비구역 지정·고시로 간주

「국토의 계획 및 이용에 관한 법률」에 따른 지구단위계획구역에 대하여 정비계획의 내용을 모두 포함한 지구단위계획을 결정·고시(변경 결정·고시하는 경우를 포함한다)하는 경우 해당 지구단위계획구역은 정비구역으로 지정·고시된 것으로 본다(법 제17조 제2항).

(3) 건폐율 · 용적률 완화 준용

정비계획을 통한 토지의 효율적 활용을 위하여 「국토의 계획 및 이용에 관한 법률」 제52조 제3항에 따른 건폐율 · 용적률 등의 완화규정은 정비계획에 준용한다. 이 경우 "지구단위계획구역"은 "정비구역"으로, "지구단위계획"은 "정비계획"으로 본다(법 제17조 제3항).

(4) 정비구역 안에서의 행위허가

1) 시장 · 군수 등의 허가를 요하는 행위(행위허가)

정비구역 안에서 건축물의 건축, 공작물의 설치, 토지의 형질변경, 토석의 채취, 토지분할, 물건을 쌓아놓는 행위 등 다음과 같이 대통령령으로 정하는 행위를 하고자 하는 자는 시장 · 군수 등의 허가를 받아야 한다. 허가받은 사항을 변경하고자 하는 때에도 또한 같다(법 제19조 제1항, 영 제15조 제1항).

① 건축물(가설건축물 포함)의 건축, 용도변경
② 공작물의 설치: 인공을 가하여 제작한 시설물의 설치
③ 토지의 형질변경(토지형상을 변경하는 행위, 토지의 굴착, 공유수면의 매립)
④ 토석의 채취(흙 · 모래 · 자갈 · 바위 등의 토석을 채취하는 행위, 다만 토지의 형질변경을 목적으로 하는 것은 토지의 형질변경에 따른다)
⑤ 토지분할
⑥ 물건을 쌓아놓는 행위(이동이 쉽지 아니한 물건을 1개월 이상 쌓아놓는 행위)
⑦ 죽목의 벌채
⑧ 식재

2) 허가 받지 않고 행할 수 있는 행위

다음의 어느 하나에 해당하는 행위는 허가를 받지 아니하고 할 수 있다(법 제19조 제2항, 영 제15조 제3항).

1. 재해복구 또는 재난수습에 필요한 응급조치를 위하여 하는 행위
2. 기존 건축물의 붕괴 등 안전사고의 우려가 있는 경우 해당 건축물에 대한 안전조치를 위한 행위
3. 그 밖에 대통령령으로 정하는 행위: 다음의 어느 하나에 해당하는 행위로서 「국토의 계획 및 이용에 관한 법률」에 따른 개발행위허가의 대상이 아닌 것을 말한다.
   ① 농림수산물의 생산에 직접 이용되는 것으로서 국토교통부령이 정하는 간이공작물의 설치[비닐하우스, 양잠장, 농림수산물(고추 · 잎담배 · 김)의 건조장, 버섯재배사, 종묘배양장, 퇴비장, 탈곡장 등]

공공재개발사업 예정구역

1. **공공재개발사업 예정구역의 지정목적**: 정비구역의 지정권자는 비경제적인 건축행위 및 투기 수요의 유입을 방지하고, 합리적인 사업계획을 수립하기 위하여 공공재개발사업을 추진하려는 구역을 공공재개발사업 예정구역으로 지정할 수 있다. 이 경우 공공재개발사업 예정구역의 지정 · 고시에 관한 절차는 제16조를 준용한다(법 제101조의2 제1항).
2. **공공재개발사업 예정구역의 지정신청**: 정비계획의 입안권자 또는 토지주택공사등은 정비구역의 지정권자에게 공공재개발사업 예정구역의 지정을 신청할 수 있다. 이 경우 토지주택공사등은 정비계획의 입안권자를 통하여 신청하여야 한다(법 제101조의2 제2항).
3. **공공재개발사업 예정구역의 행위허가**: 공공재개발사업 예정구역에서 제19조 제7항 각 호의 어느 하나에 해당하는 행위 또는 같은 조 제8항의 행위를 하려는 자는 시장 · 군수 등의 허가를 받아야 한다. 허가받은 사항을 변경하려는 때에도 또한 같다(법 제101조의2 제3항)
4. **공공재개발사업 예정구역의 지정 해제**: 정비구역의 지정권자는 공공재개발사업 예정구역이 지정 · 고시된 날부터 2년이 되는 날까지 공공재개발사업 예정구역이 공공재개발사업을 위한 정비구역으로 지정되지 아니하거나, 공공재개발사업 시행자가 지정되지 아니하면 그 2년이 되는 날의 다음 날에 공공재개발사업 예정구역 지정을 해제하여야 한다. 다만, 정비구역의 지정권자는 1회에 한하여 1년의 범위에서 공공재개발사업 예정구역의 지정을 연장할 수 있다(법 제101조의2 제5항)

공공재개발사업 예정구역의 지정 해제

정비구역의 지정권자는 공공재개발사업 예정구역이 지정·고시된 날부터 2년이 되는 날까지 공공재개발사업 예정구역이 공공재개발사업을 위한 정비구역으로 지정되지 아니하거나, 공공재개발사업 시행자가 지정되지 아니하면 그 2년이 되는 날의 다음 날에 공공재개발사업 예정구역 지정을 해제하여야 한다. 다만, 정비구역의 지정권자는 1회에 한하여 1년의 범위에서 공공재개발사업 예정구역의 지정을 연장할 수 있다(법 제101조의2 제5항)

② 경작을 위한 토지의 형질변경
③ 정비구역의 개발에 지장을 주지 아니하고 자연경관을 손상하지 아니하는 범위 안에서의 토석의 채취
④ 정비구역에 존치하기로 결정된 대지에 물건을 쌓아놓는 행위
⑤ 관상용 죽목의 임시식재(경작지에서의 임시식재를 제외한다)

3) 시행자가 있는 경우 행위허가시 시행자의 의견청취

시장·군수 등은 (4)의 1)의 행위에 대한 허가를 하려는 경우로서 사업시행자가 있는 경우에는 미리 그 사업시행자의 의견을 들어야 한다(영 제15조 제2항).

4) 공사 또는 사업에 착수한 자에 대한 경과조치

① 허가를 받아야 하는 행위로서 정비구역의 지정 및 고시 당시 이미 관계 법령에 따라 행위허가를 받았거나 허가를 받을 필요가 없는 행위에 관하여 그 공사 또는 사업에 착수한 자는 대통령령으로 정하는 바에 따라 시장·군수 등에게 신고한 후 이를 계속 시행할 수 있다(법 제19조 제3항).
② 신고하여야 하는 자는 정비구역이 지정·고시된 날부터 30일 이내에 그 공사 또는 사업의 진행상황과 시행계획을 첨부하여 관할 시장·군수 등에게 신고하여야 한다(영 제15조 제4항).

5) 위반자에 대한 원상회복명령 및 대집행

정비구역 안에서 허가를 받고 하여야 하는 행위를 허가를 받지 않고 한 자에 대하여 원상회복을 명할 수 있다. 이 경우 명령을 받은 자가 그 의무를 이행하지 아니하는 때에는 시장·군수 등은 「행정대집행법」에 따라 대집행할 수 있다(법 제19조 제4항).

6) 「국토의 계획 및 이용에 관한 법률」 준용

개발행위허가에 관하여 이 법에 규정된 사항을 제외하고는 「국토의 계획 및 이용에 관한 법률」 제57조부터 제60조까지 및 제62조를 준용한다(법 제19조 제5항).

7) 허가 의제

허가를 받은 경우에는 「국토의 계획 및 이용에 관한 법률」 제56조에 따라 허가를 받은 것으로 본다(법 제19조 제6항).

(5) 정비구역 등에서의 지역주택조합원의 모집금지

정비예정구역 또는 정비구역(이하 "정비구역 등"이라 한다)에서는 「주택법」 제2조 제11호 가목에 따른 지역주택조합의 조합원을 모집해서는 아니 된다(법 제19조 제8항).

3 정비구역 등 해제

1. 정비구역 등 필연적 해제사유

(1) 지정권자의 정비구역 해제

정비구역의 지정권자는 다음의 어느 하나에 해당하는 경우에는 정비구역 등을 해제하여야 한다(법 제20조 제1항).

1. 정비예정구역에 대하여 기본계획에서 정한 정비구역 지정 예정일부터 3년이 되는 날까지 특별자치시장, 특별자치도지사, 시장 또는 군수가 정비구역을 지정하지 아니하거나 구청장 등이 정비구역 지정을 신청하지 아니하는 경우
2. 재개발사업·재건축사업(조합이 시행하는 경우로 한정한다)이 다음 어느 하나에 해당하는 경우
   ① 토지등소유자가 정비구역으로 지정·고시된 날부터 2년이 되는 날까지 조합설립추진위원회(이하 "추진위원회"라 한다)의 승인을 신청하지 아니하는 경우
   ② 토지등소유자가 정비구역으로 지정·고시된 날부터 3년이 되는 날까지 조합 설립인가를 신청하지 아니하는 경우(공공지원을 시행하려는 경우로서 추진위원회를 구성하지 아니하는 경우로 한정한다)
   ③ 추진위원회가 추진위원회 승인일부터 2년이 되는 날까지 조합설립인가를 신청하지 아니하는 경우
   ④ 조합이 조합 설립인가를 받은 날부터 3년이 되는 날까지 사업시행계획인가를 신청하지 아니하는 경우
3. 토지등소유자가 시행하는 재개발사업으로서 토지등소유자가 정비구역으로 지정·고시된 날부터 5년이 되는 날까지 사업시행계획인가를 신청하지 아니하는 경우

(2) 구청장 등의 해제 요청

구청장 등은 (1)의 어느 하나에 해당하는 경우에는 특별시장·광역시장에게 정비구역 등의 해제를 요청하여야 한다(법 제20조 제2항).

2. 정비구역 해제 절차

(1) 주민공람

정비구역 등을 해제하는 경우 또는 정비구역 등의 해제를 요청하는 경우에는 특별자치시장, 특별자치도지사, 시장, 군수 또는 구청장 등이 30일 이상 주민에게 공람하여 의견을 들어야 한다(법 제20조 제3항).

정비구역 지정의 연장

정비구역의 지정권자는 다음의 어느 하나에 해당하는 경우에는 1. (1)의 1. 2. 3.의 규정에 따른 해당 기간을 2년의 범위에서 연장하여 정비구역 등을 해제하지 아니할 수 있다(법 제20조 제6항).

① 정비구역 등의 토지등소유자(조합을 설립한 경우에는 조합원을 말한다)가 100분의 30 이상의 동의로 (1)의 1. 2. 3.의 규정에 따른 해당 기간이 도래하기 전까지 연장을 요청하는 경우
② 정비사업의 추진 상황으로 보아 주거환경의 계획적 정비 등을 위하여 정비구역 등의 존치가 필요하다고 인정하는 경우

(2) 지방의회의 의견청취

특별자치시장, 특별자치도지사, 시장, 군수 또는 구청장 등은 주민공람을 하는 경우에는 지방의회의 의견을 들어야 한다. 이 경우 지방의회는 특별자치시장, 특별자치도지사, 시장, 군수 또는 구청장 등이 정비구역 등의 해제에 관한 계획을 통지한 날부터 60일 이내에 의견을 제시하여야 하며, 의견제시 없이 60일이 지난 경우 이의가 없는 것으로 본다(법 제20조 제4항).

(3) 지방도시계획위원회의 심의

정비구역의 지정권자는 정비구역 등의 해제를 요청받거나 정비구역 등을 해제하려면 지방도시계획위원회의 심의를 거쳐야 한다. 다만, 「도시재정비 촉진을 위한 특별법」 제5조에 따른 재정비촉진지구에서는 같은 법 제34조에 따른 도시재정비위원회의 심의를 거쳐 정비구역 등을 해제하여야 한다(법 제20조 제5항).

(4) 정비구역 등 해제 고시 · 통보 · 열람

정비구역의 지정권자는 (3)에 따라 정비구역 등을 해제하는 경우(위의 (4)에 따라 해제하지 아니한 경우를 포함한다)에는 그 사실을 해당 지방자치단체의 공보에 고시하고 국토교통부장관에게 통보하여야 하며, 관계 서류를 일반인이 열람할 수 있도록 하여야 한다(법 제20조 제7항).

해제로 인한 내용 발생시 보조

정비구역 등을 해제하여 추진위원회 구성승인 또는 조합설립인가가 취소되는 경우 정비구역의 지정권자는 해당 추진위원회 또는 조합이 사용한 비용의 일부를 대통령령으로 정하는 범위에서 시 · 도조례로 정하는 바에 따라 보조할 수 있다(법 제21조 제3항).

3. 정비구역 등 임의적 해제사유

(1) 지정권자의 직권해제

정비구역의 지정권자는 다음의 어느 하나에 해당하는 경우 지방도시계획위원회의 심의를 거쳐 정비구역 등을 해제할 수 있다. 이 경우 다음의 **1.** 및 **2.**에 따른 구체적인 기준 등에 필요한 사항은 시 · 도 조례로 정한다(법 제21조 제1항).

1. 정비사업의 시행으로 토지등소유자에게 과도한 부담이 발생할 것으로 예상되는 경우
2. 정비구역 등의 추진 상황으로 보아 지정 목적을 달성할 수 없다고 인정되는 경우
3. 토지등소유자의 100분의 30 이상이 정비구역 등(추진위원회가 구성되지 아니한 구역으로 한정한다)의 해제를 요청하는 경우
4. 사업시행자가 정비구역에서 정비기반시설 및 공동이용시설을 새로 설치하거나 확대하고 토지등소유자가 스스로 주택을 보전 · 정비하거나 개량하는 방법으로 시행 중인 주거환경개선사업의 정비구역이 지정 · 고시된 날부터 10년 이상 지나고, 추진 상황으로 보아 지정 목적을 달성할 수 없다고 인정되는 경우로서 토지등소유자의 과반수 이상이 정비구역의 해제에 동의하는 경우

5. 추진위원회 구성 또는 조합 설립에 동의한 토지등소유자의 2분의 1 이상 3분의 2 이하의 범위에서 시 · 도조례로 정하는 비율 이상의 동의로 정비구역의 해제를 요청하는 경우(사업시행계획인가를 신청하지 아니한 경우로 한정한다)
6. 추진위원회가 구성되거나 조합이 설립된 정비구역에서 토지등소유자 과반수의 동의로 정비구역의 해제를 요청하는 경우(사업시행계획인가를 신청하지 아니한 경우로 한정한다)

(2) 해제 절차

정비구역 등의 직권 해제 절차에 관하여는 앞의 정비구역 해제 절차 규정인 주민공람, 지방의회 의견청취, 지방도시계획위원회 심의, 정비구역 등 해제 고시 · 통보 · 열람을 준용한다(법 제21조 제2항).

4. 도시재생선도지역 지정 요청

앞의 1. 또는 3.의 정비구역 해제사유에 따라 정비구역 등이 해제된 경우 정비구역의 지정권자는 해제된 정비구역 등을 「도시재생 활성화 및 지원에 관한 특별법」에 따른 도시재생선도지역으로 지정하도록 국토교통부장관에게 요청할 수 있다(법 제21조의2).

5. 정비구역 등의 해제의 효력

(1) 지정 이전 상태로 환원된 것으로 간주

정비구역 등이 해제된 경우에는 정비계획으로 변경된 용도지역, 정비기반시설 등은 정비구역 지정 이전의 상태로 환원된 것으로 본다. 다만, 3.의 (1)의 4.의 경우 정비구역의 지정권자는 정비기반시설의 설치 등 해당 정비사업의 추진상황에 따라 환원되는 범위를 제한할 수 있다(법 제22조 제1항).

(2) 주거환경개선구역으로 지정

정비구역 등(재개발사업 및 재건축사업을 시행하려는 경우로 한정한다)이 해제된 경우 정비구역의 지정권자는 해제된 정비구역 등을 사업시행자가 정비구역에서 정비기반시설 및 공동이용시설을 새로 설치하거나 확대하고 토지등소유자가 스스로 주택을 보전 · 정비하거나 개량하는 방법으로 시행하는 주거환경개선구역(주거환경개선사업을 시행하는 정비구역을 말한다)으로 지정할 수 있다. 이 경우 주거환경개선구역으로 지정된 구역은 기본계획에 반영된 것으로 본다(법 제22조 제2항).

도시재생선도지역

도시재생선도지역이란 도시재생을 긴급하고 효과적으로 실시하여야 할 필요가 있고 주변지역에 대한 파급효과가 큰 지역으로, 국가와 지방자치단체의 시책을 중점 시행함으로써 도시재생 활성화를 도모하는 지역을 말한다.

정비구역등 해제 · 고시

정비구역 등이 해제 · 고시된 경우 추진위원회 구성승인 또는 조합설립인가는 취소된 것으로 보고, 시장 · 군수 등은 해당 지방자치단체의 공보에 그 내용을 고시하여야 한다(법 제22조 제3항).

03 정비사업의 시행

Chapter

단·원·열·기

정비사업조합, 시공자의 선정 시기, 관리처분계획, 지분형 주택 등이 출제되고 있다.
학습방법 : 정비사업별 시행방식에 따른 시행자와 시공자 선정시기, 정비사업조합, 관리처분계획, 지분형 주택 등 핵심적인 사항을 정리하도록 한다.

01 정비사업의 시행방법 등

구분	시행방법
주거환경개선사업	① 토지등소유자 스스로 주택을 보전·정비·개량하는 방법 ② 수용방법 ③ 환지방법 ④ 인가받은 관리처분계획에 따라 공급하는 방법 ⑤ 혼용방법
재개발사업	① 인가받은 관리처분계획에 따라 공급하는 방법 ② 환지방법
재건축사업	인가받은 관리처분계획에 따라 공급하는 방법

1 주거환경개선사업의 시행방법

주거환경개선사업은 다음의 어느 하나에 해당하는 방법 또는 이를 혼용하는 방법으로 한다(법 제23조 제1항).

1. 토지등소유자에 의한 시행

정비구역에서 정비기반시설 및 공동이용시설을 새로 설치하거나 확대하고 토지등소유자가 스스로 주택을 보전·정비하거나 개량하는 방법이다.

2. 수용방법

주거환경개선사업의 시행자가 정비구역의 전부 또는 일부를 수용하여 주택을 건설한 후 토지등소유자에게 우선 공급하거나 대지를 토지등소유자 또는 토지등소유자 외의 자에게 공급하는 방법이다.

3. 환지방법

주거환경개선사업의 시행자가 환지로 공급하는 방법이다.

4. 관리처분계획에 따라 공급하는 방법

사업시행자가 정비구역에서 인가받은 관리처분계획에 따라 주택 및 부대시설·복리시설을 건설하여 공급하는 방법이다.

2 재개발사업의 시행방법

재개발사업은 정비구역에서 인가받은 관리처분계획에 따라 건축물을 건설하여 공급하거나, 환지로 공급하는 방법으로 한다(법 제23조 제2항).

3 재건축사업의 시행방법

(1) 재건축사업은 정비구역에서 인가받은 관리처분계획에 따라 주택, 부대시설·복리시설 및 오피스텔(「건축법」 제2조 제2항에 따른 오피스텔을 말한다)을 건설하여 공급하는 방법으로 한다. 다만, 주택단지에 있지 아니하는 건축물의 경우에는 지형여건·주변의 환경으로 보아 사업 시행상 불가피한 경우로서 정비구역으로 보는 사업에 한정한다(법 제23조 제3항).

(2) (1)에 따라 오피스텔을 건설하여 공급하는 경우에는 「국토의 계획 및 이용에 관한 법률」에 따른 준주거지역 및 상업지역에서만 건설할 수 있다. 이 경우 오피스텔의 연면적은 전체 건축물 연면적의 100분의 30 이하이어야 한다(법 제23조 제4항).

시행방식의 전환 승인

1. **시장·군수 등의 시행방식의 전환 승인**: 시장·군수 등은 사업대행자를 지정하거나 토지등소유자의 5분의 4 이상의 요구가 있어 재개발사업의 시행방식의 전환이 필요하다고 인정하는 경우에는 정비사업이 완료되기 전이라도 대통령령으로 정하는 범위에서 정비구역의 전부 또는 일부에 대하여 시행방식의 전환을 승인할 수 있다(법 제123조 제1항).
2. **시행방식의 전환을 위한 관리처분계획 변경의 동의요건**: 사업시행자는 1.에 따라 시행방식을 전환하기 위하여 관리처분계획을 변경하려는 경우 토지면적의 3분의 2 이상의 토지소유자의 동의와 토지등소유자의 5분의 4 이상의 동의를 받아야 하며, 변경절차에 관하여는 관리처분계획 변경에 관한 규정을 준용한다(법 제123조 제2항).
3. **인가받은 관리처분계획에 따라 공급하는 방법으로 변경**: 사업시행자는 정비계획이 수립된 주거환경개선사업을 인가받은 관리처분계획에 따라 주택 및 부대시설 복리시설을 건설하여 공급하는 방법으로 변경하려는 경우에는 토지등소유자의 3분의 2 이상의 동의를 받아야 한다(법 제123조 제5항).

정비사업관리시스템

국토교통부장관 또는 시·도지사는 정비사업의 효율적이고 투명한 관리를 위하여 정비사업관리 시스템을 구축하여 운영할 수 있다(법 제119조 제1항).

PART 06

사업시행자지정의 특례

1. **정비구역 지정자 동시 사업시행자 지정**: 정비구역의 지정권자는 1.에 따라 토지주택공사등 또는 지정개발자를 사업시행자로 지정하는 때에는 정비사업 시행구역 등 토지등소유자에게 알릴 필요가 있는 사항으로서 대통령령으로 정하는 사항을 해당 지방자치단체의 공보에 고시하여야 한다(법 제101조의9 제2항).
2. **사업시행자 지정·고시**: 정비구역의 지정권자는 1.에 따라 토지주택공사등 또는 지정개발자를 사업시행자로 지정하는 때에는 정비사업 시행구역 등 토지등소유자에게 알릴 필요가 있는 사항으로서 대통령령으로 정하는 사항을 해당 지방자치단체의 공보에 고시하여야 한다(법 제101조의9 제2항).

02 정비사업의 시행자 등

1 정비사업별 시행자

1. 주거환경개선사업의 시행자

(1) 토지등소유자가 시행하는 방법으로 하는 경우

정비구역에서 정비기반시설 및 공동이용시설을 새로 설치하거나 확대하고 토지등소유자가 스스로 주택을 보전·정비하거나 개량하는 방법으로 시행하는 주거환경개선사업은 시장·군수 등이 직접 시행하되, 토지주택공사 등을 사업시행자로 지정하여 시행하게 하려는 경우에는 정비계획의 주민공람에 따른 공람공고일 현재 토지등소유자의 과반수의 동의를 받아야 한다(법 제24조 제1항).

(2) 수용방법, 환지방법, 관리처분계획에 따른 방법으로 시행하는 경우

수용방법, 환지방법, 관리처분계획에 따른 방법으로 시행하는 주거환경개선사업은 시장·군수 등이 직접 시행하거나 다음에서 정한 자에게 시행하게 할 수 있다(법 제24조 제2항).

1. 시장·군수 등이 다음의 어느 하나에 해당하는 자를 사업시행자로 지정하는 경우
   ① 토지주택공사 등
   ② 주거환경개선사업을 시행하기 위하여 국가, 지방자치단체, 토지주택공사 등 또는 「공공기관의 운영에 관한 법률」 제4조에 따른 공공기관이 총지분의 100분의 50을 초과하는 출자로 설립한 법인
2. 시장·군수 등이 1.에 해당하는 자와 다음의 어느 하나에 해당하는 자를 공동시행자로 지정하는 경우
   ① 「건설산업기본법」 제9조에 따른 건설업자(이하 "건설업자"라 한다)
   ② 「주택법」 제7조 제1항에 따라 건설업자로 보는 등록사업자(이하 "등록사업자"라 한다)

(3) 토지등소유자 및 세입자의 동의요건

(2)에 따라 시행하려는 경우에는 정비계획의 공람공고일 현재 해당 정비예정구역의 토지 또는 건축물의 소유자 또는 지상권자의 3분의 2 이상의 동의와 세입자(정비계획의 공람공고일 3개월 전부터 해당 정비예정구역에 3개월 이상 거주하고 있는 자를 말한다) 세대수의 과반수의 동의를 각각 받아야 한다. 다만, 세입자의 세대수가 토지등소유자의 2분의 1 이하인 경우 등 대통령령으로 정하는 사유가 있는 경우에는 세입자의 동의절차를 거치지 아니할 수 있다(법 제24조 제3항).

(4) 토지등소유자 및 세입자의 동의 없이 시행할 수 있는 경우

시장 · 군수 등은 천재지변, 그 밖의 불가피한 사유로 건축물이 붕괴할 우려가 있어 긴급히 정비사업을 시행할 필요가 있다고 인정하는 경우에는 앞의 (1) 및 (3)에도 불구하고 토지등소유자 및 세입자의 동의 없이 자신이 직접 시행하거나 토지주택공사 등을 사업시행자로 지정하여 시행하게 할 수 있다. 이 경우 시장 · 군수 등은 지체 없이 토지등소유자에게 긴급한 정비사업의 시행 사유 · 방법 및 시기 등을 통보하여야 한다(법 제24조 제4항).

2. 재개발사업 · 재건축사업의 시행자

(1) 재개발사업의 시행자

재개발사업은 다음의 어느 하나에 해당하는 방법으로 시행할 수 있다(법 제25조 제1항).

1. 조합이 시행하거나 조합이 조합원의 과반수의 동의를 받아 시장 · 군수 등, 토지주택공사 등, 건설업자, 등록사업자 또는 대통령령으로 정하는 요건을 갖춘 자(즉, 신탁업자와 한국부동산원)와 공동으로 시행하는 방법
2. 토지등소유자가 20인 미만인 경우에는 토지등소유자가 시행하거나 토지등소유자가 토지등소유자의 과반수의 동의를 받아 시장 · 군수 등, 토지주택공사 등, 건설업자, 등록사업자 또는 대통령령(영 제19조)으로 정하는 요건을 갖춘 자(즉, 신탁업자와 한국부동산원)와 공동으로 시행하는 방법

(2) 재건축사업의 시행자

재건축사업은 조합이 시행하거나 조합이 조합원의 과반수의 동의를 받아 시장 · 군수 등, 토지주택공사 등, 건설업자 또는 등록사업자와 공동으로 시행할 수 있다(법 제25조 제2항).

(3) 재개발사업 · 재건축사업의 공공시행자

1) 시장 · 군수 등은 재개발사업 및 재건축사업이 다음의 어느 하나에 해당하는 때에는 (1), (2)에도 불구하고 직접 정비사업을 시행하거나 토지주택공사 등(토지주택공사 등이 건설업자 또는 등록사업자와 공동으로 시행하는 경우를 포함한다)을 사업시행자로 지정하여 정비사업을 시행하게 할 수 있다(법 제26조 제1항).

정비사업계획 수립

1. **정비계획 및 의사업시행계획 통합 수립**: 사업시행자는 제101조의8에 따라 정비구역이 지정된 경우에는 정비계획과 사업시행계획을 통합하여 다음 각 호의 사항이 포함된 계획(이하 "정비사업계획"이라 한다)을 수립하여야 한다(법 제101조의10 제1항).
   ① 정비계획의 내용(정비사업 시행 예정시기는 제외한다)
   ② 사업시행계획서의 내용
2. **정비사업계획인가**: 사업시행자는 정비사업을 시행하려는 경우에는 1.에 따른 정비사업계획에 정관등과 그 밖에 국토교통부령으로 정하는 서류를 첨부하여 정비구역의 지정권자에게 제출하고 정비사업계획인가를 받아야 하고, 인가받은 사항을 변경하거나 정비사업을 중지 또는 폐지하려는 경우에도 또한 같다. 다만, 제15조 제3항 및 제50조 제1항 단서에 따른 경미한 사항을 변경하려는 때에는 정비구역의 지정권자에게 신고하여야 한다(법 제101조의10 제2항).
3. **지정개발자 동의요건**: 지정개발자가 정비사업을 시행하려는 경우에는 정비사업계획인가(최초 정비사업계획인가를 말한다)를 신청하기 전에 제35조에 따른 재개발사업 및 재건축사업의 조합설립을 위한 동의요건 이상의 동의를 받아야 한다. 이 경우 제101조의9에 따라 사업시행자 지정에 동의한 토지등소유자는 동의한 것으로 본다(법 제101조의10 제3항).
4. **정비사업계획인가 · 고시**: 정비구역의 지정권자는 2.에 따른 정비사업계획인가를 하거나 정비사업을 변경 · 중지 또는 폐지하는 경우에는 국토교통부령으로 정하는 방법 및 절차에 따라 그 내용을 해당 지방자치단체의 공보에 고시하여야 한다. 다만,

2. 단서에 따른 경미한 사항을 변경하려는 경우에는 그러하지 아니하다(법 제101조의10 제4항).

> 1. 천재지변, 「재난 및 안전관리 기본법」 제27조 또는 「시설물의 안전 및 유지관리에 관한 특별법」 제23조에 따른 사용제한 · 사용금지, 그 밖의 불가피한 사유로 긴급하게 정비사업을 시행할 필요가 있다고 인정하는 때
> 2. 법 제16조 제2항 전단에 따라 고시된 정비계획에서 정한 정비사업시행 예정일부터 2년 이내에 사업시행계획인가를 신청하지 아니하거나 사업시행계획인가를 신청한 내용이 위법 또는 부당하다고 인정하는 때(재건축사업의 경우는 제외한다)
> 3. 추진위원회가 시장 · 군수 등의 구성승인을 받은 날부터 3년 이내에 조합설립인가를 신청하지 아니하거나 조합이 조합설립인가를 받은 날부터 3년 이내에 사업시행계획인가를 신청하지 아니한 때
> 4. 지방자치단체의 장이 시행하는 「국토의 계획 및 이용에 관한 법률」 제2조 제11호에 따른 도시 · 군계획사업과 병행하여 정비사업을 시행할 필요가 있다고 인정하는 때
> 5. 순환정비방식으로 정비사업을 시행할 필요가 있다고 인정하는 때
> 6. 사업시행계획인가가 취소된 때
> 7. 해당 정비구역의 국 · 공유지 면적 또는 국 · 공유지와 토지주택공사 등이 소유한 토지를 합한 면적이 전체 토지면적의 2분의 1 이상으로서 토지등소유자의 과반수가 시장 · 군수 등 또는 토지주택공사 등을 사업시행자로 지정하는 것에 동의하는 때
> 8. 해당 정비구역의 토지면적 2분의 1 이상의 토지소유자와 토지등소유자의 3분의 2 이상에 해당하는 자가 시장 · 군수 등 또는 토지주택공사 등을 사업시행자로 지정할 것을 요청하는 때. 이 경우 제14조 제1항 제2호에 따라 토지등소유자가 정비계획의 입안을 제안한 경우 입안제안에 동의한 토지등소유자는 토지주택공사 등의 사업시행자 지정에 동의한 것으로 본다. 다만, 사업시행자의 지정 요청 전에 시장 · 군수 등 및 제47조에 따른 주민대표회의에 사업시행자의 지정에 대한 반대의 의사표시를 한 토지등소유자의 경우에는 그러하지 아니하다.

2) 시장 · 군수 등은 직접 정비사업을 시행하거나 토지주택공사 등을 사업시행자로 지정하는 때에는 정비사업 시행구역 등 토지등소유자에게 알릴 필요가 있는 사항으로서 대통령령으로 정하는 사항을 해당 지방자치단체의 공보에 고시하여야 한다. 다만, 1)의 1.의 경우에는 토지등소유자에게 지체 없이 정비사업의 시행 사유 · 시기 및 방법 등을 통보하여야 한다(법 제26조 제2항).

3) 2)에 따라 시장 · 군수 등이 직접 정비사업을 시행하거나 토지주택공사 등을 사업시행자로 지정 · 고시한 때에는 그 고시일 다음 날에 추진위원회의 구성승인 또는 조합설립인가가 취소된 것으로 본다. 이 경우 시장 · 군수 등은 해당 지방자치단체의 공보에 해당 내용을 고시하여야 한다(법 제26조 제3항).

(4) 지정개발자

1) 지정개발자의 사업시행 사유

시장·군수 등은 재개발사업 및 재건축사업이 다음의 어느 하나에 해당하는 때에는 토지등소유자, 「사회기반시설에 대한 민간투자법」 제2조 제12호에 따른 민관합동법인 또는 신탁업자로서 대통령령으로 정하는 요건을 갖춘 자(이하 "지정개발자"라 한다)를 사업시행자로 지정하여 정비사업을 시행하게 할 수 있다(법 제27조 제1항).

1. 천재지변, 「재난 및 안전관리 기본법」 제27조 또는 「시설물의 안전 및 유지관리에 관한 특별법」 제23조에 따른 사용제한·사용금지, 그 밖의 불가피한 사유로 긴급하게 정비사업을 시행할 필요가 있다고 인정하는 때
2. 법 제16조 제2항 전단에 따라 고시된 정비계획에서 정한 정비사업시행 예정일부터 2년 이내에 사업시행계획인가를 신청하지 아니하거나 사업시행계획인가를 신청한 내용이 위법 또는 부당하다고 인정하는 때(재건축사업의 경우는 제외한다)
3. 법 제35조에 따른 재개발사업 및 재건축사업의 조합설립을 위한 동의요건 이상에 해당하는 자가 신탁업자를 사업시행자로 지정하는 것에 동의하는 때

2) 지정개발자의 요건

1)의 대통령령으로 정하는 요건을 갖춘 자, 즉 지정개발자는 다음의 어느 하나에 해당하는 자를 말한다(영 제21조 제1항).

구분	요건
토지소유자	정비구역의 토지 중 정비구역 전체 면적 대비 50% 이상의 토지를 소유한 자로서 토지등소유자의 2분의 1 이상의 추천을 받은 자
민관합동 법인	「사회기반시설에 대한 민간투자법」에 따른 민관합동법인(민간투자사업의 부대사업으로 시행하는 경우에만 해당한다)으로서 토지등소유자의 2분의 1 이상의 추천을 받은 자
신탁업자	신탁업자로서 토지등소유자의 2분의 1 이상의 추천을 받거나 법 제27조 제1항 제3호 또는 법 제28조 제1항 제2호에 따른 동의를 받은 자

3) 사업시행자 지정·고시

시장·군수 등은 지정개발자를 사업시행자로 지정하는 때에는 정비사업 시행구역 등 토지등소유자에게 알릴 필요가 있는 사항으로서 대통령령으로 정하는 사항을 해당 지방자치단체의 공보에 고시하여야 한다. 다만, 천재지변 등의 사유로 긴급하게 정비사업을 시행할 필요가 있다고 인정하는 때에는 토지등소유자에게 지체 없이 정비사업의 시행 사유·시기 및 방법 등을 통보하여야 한다(법 제27조 제2항).

법 제27조 제1항 제3호

법 제35조에 따른 재개발사업 및 재건축사업의 조합설립을 위한 동의요건 이상에 해당하는 자가 신탁업자를 사업시행자로 지정하는 것에 동의하는 때

법 제28조 제1항 제2호

해당 조합 또는 토지등소유자를 대신하여 정비사업을 대행하기 위한 요건의 하나인 토지등소유자(조합을 설립한 경우에는 조합원을 말한다)의 과반수 동의로 요청하는 경우

토지등소유자의 추천자수 산정기준

토지등소유자의 추천은 다음 각 호의 기준에 따라 산정한다(영 제21조 제2항).

1. 재개발사업의 경우에는 다음의 기준에 따를 것
   ① 1필지의 토지 또는 하나의 건축물을 여럿이서 공유할 때에는 그 여럿을 대표하는 1인을 토지등소유자로 산정할 것. 다만, 재개발구역의 「전통시장 및 상점가 육성을 위한 특별법」 제2조에 따른 전통시장 및 상점가로서 1필지의 토지 또는 하나의 건축물을 여럿이서 공유하는 경우에는 해당 토지 또는 건축물의 토지등소유자의 4분의 3 이상의 동의를 받아 이를 대표하는 1인을 토지등소유자로 산정할 수 있다.
   ② 토지에 지상권이 설정되어 있는 경우 토지의 소유자와 해당 토지의 지상권자를 대표하는 1인을 토지등소유자로 산정할 것
   ③ 1인이 다수 필지의 토지 또는 다수의 건축물을 소유하고 있는 경우에는 필지나 건축물의 수에 관계없이 토지등소유자를 1인으로 산정할 것
   ④ 둘 이상의 토지 또는 건축물을 소유한 공유자가

PART 06

동일한 경우에는 그 공유자 여럿을 대표하는 1인을 토지등소유자로 산정할 것
2. 재건축사업의 경우에는 다음 각 목의 기준에 따를 것
① 소유권 또는 구분소유권을 여럿이서 공유하는 경우에는 그 여럿을 대표하는 1인을 토지등소유자로 산정할 것
② 1인이 둘 이상의 소유권 또는 구분소유권을 소유하고 있는 경우에는 소유권 또는 구분소유권의 수에 관계없이 토지등소유자를 1인으로 산정할 것
③ 둘 이상의 소유권 또는 구분소유권을 소유한 공유자가 동일한 경우에는 그 공유자 여럿을 대표하는 1인을 토지등소유자로 할 것
3. 토지건물등기사항증명서, 건물등기사항증명서, 토지대장 또는 건축물관리대장에 소유자로 등재될 당시 주민등록번호의 기록이 없고 기록된 주소가 현재 주소와 다른 경우로서 소재가 확인되지 아니한 자는 토지등소유자의 수 또는 공유자 수에서 제외할 것
4. 국·공유지에 대해서는 그 재산관리청 각각을 토지등소유자로 산정할 것

토지등소유자의 추천의 철회
1. 제1항 각 호에 따른 추천의 철회는 해당 각 호의 구분에 따른 추천이 있은 날부터 30일 이내에 할 수 있다(영 제21조 제3항).
2. 추천을 철회하려는 토지등소유자는 철회서에 토지등소유자가 성명을 적고 지장(指章)을 날인한 후 주민등록증 및 여권 등 신원을 확인할 수 있는 신분증명서 사본을 첨부하여 추천의 상대방 및 시장·군수등에게 내용증명의 방법으로 발송해야 한다. 이 경우 시장·군수등이 철회서를 받았을 때

4) 신탁업자의 지정 동의받기 전 의무

신탁업자는 1)의 3.에 따른 사업시행자 지정에 필요한 동의를 받기 전에 다음에 관한 사항을 토지등소유자에게 제공하여야 한다(법 제27조 제3항).

> 1. 토지등소유자별 분담금 추산액 및 산출근거
> 2. 그 밖에 추정분담금의 산출 등과 관련하여 시·도조례로 정하는 사항

5) 신탁업자 지정에 따른 동의

1)의 3.에 따른 신탁업자 지정에 대한 토지등소유자의 동의는 국토교통부령으로 정하는 동의서에 동의를 받는 방법으로 한다. 이 경우 동의서에는 다음의 사항이 모두 포함되어야 한다(법 제27조 제4항).

> 1. 건설되는 건축물의 설계의 개요
> 2. 건축물의 철거 및 새 건축물의 건설에 드는 공사비 등 정비사업에 드는 비용(이하 "정비사업비"라 한다)
> 3. 정비사업비의 분담기준(신탁업자에게 지급하는 신탁보수 등의 부담에 관한 사항을 포함한다)
> 4. 사업 완료 후 소유권의 귀속
> 5. 정비사업의 시행방법 등에 필요한 시행규정
> 6. 신탁계약의 내용

6) 지정개발자를 사업시행자로 지정·고시한 경우의 효과

시장·군수 등이 지정개발자를 사업시행자로 지정·고시한 때에는 그 고시일 다음 날에 추진위원회의 구성승인 또는 조합설립인가가 취소된 것으로 본다. 이 경우 시장·군수 등은 해당 지방자치단체의 공보에 해당 내용을 고시하여야 한다(법 제27조 제5항).

7) 표준 계약서 및 표준 시행규정

국토교통부장관은 신탁업자와 토지등소유자 상호 간의 공정한 계약의 체결을 위하여 대통령령으로 정하는 바에 따라 표준 계약서 및 표준 시행규정을 마련하여 그 사용을 권장할 수 있다(법 제27조 제6항).

2 재개발사업 · 재건축사업의 사업대행자

1. 정비사업의 대행 요건

시장 · 군수 등은 다음의 어느 하나에 해당하는 경우에는 해당 조합 또는 토지등소유자를 대신하여 직접 정비사업을 시행하거나 토지주택공사 등 또는 지정개발자에게 해당 조합 또는 토지등소유자를 대신하여 정비사업을 시행하게 할 수 있다(법 제28조 제1항).

1. 장기간 정비사업이 지연되거나 권리관계에 관한 분쟁 등으로 해당 조합 또는 토지등소유자가 시행하는 정비사업을 계속 추진하기 어렵다고 인정하는 경우
2. 토지등소유자(조합을 설립한 경우에는 조합원을 말한다)의 과반수 동의로 요청하는 경우

2. 사업대행개시결정 및 고시 · 통지

시장 · 군수 등은 정비사업을 직접 시행하거나 지정개발자 또는 토지주택공사 등에게 정비사업을 대행하게 하도록 결정한 경우(이하 "사업대행개시결정"이라 한다)에는 일정한 사항을 해당 지방자치단체의 공보 등에 고시하여야 한다(영 제22조 제1항).

3. 사업대행개시결정의 효과

(1) 사업대행자의 업무집행 및 재산관리

사업대행자는 정비사업을 대행하는 경우 2.에 따라 지방자치단체의 공보 등에 고시를 한 날의 다음 날부터 사업대행완료를 고시하는 날까지 자기의 이름 및 사업시행자의 계산으로 사업시행자의 업무를 집행하고 재산을 관리한다. 이 경우 법 또는 법에 따른 명령이나 정관 등으로 정하는 바에 따라 사업시행자가 행하거나 사업시행자에 대하여 행하여진 처분 · 절차 그 밖의 행위는 사업대행자가 행하거나 사업대행자에 대하여 행하여진 것으로 본다(영 제22조 제3항).

(2) 재산상 부담행위에 대한 승인

시장 · 군수 등이 아닌 사업대행자는 재산의 처분, 자금의 차입 그 밖에 사업시행자에게 재산상 부담을 가하는 행위를 하려는 때에는 미리 시장 · 군수 등의 승인을 받아야 한다(영 제22조 제4항).

에는 지체 없이 추천의 상대방에게 철회서가 접수된 사실을 통지해야 한다(영 제21조 제4항).

3. 추천의 철회는 철회서가 추천의 상대방에게 도달한 때 또는 시장 · 군수 등이 추천의 상대방에게 철회서가 접수된 사실을 통지한 때 중 빠른 때에 효력이 발생한다(영 제21조 제5항).

표준 계약서 및 표준 시행규정에는 다음 각 호의 구분에 따른 내용이 포함되어야 한다(영 제21조 제6항).

1. 표준 계약서: 다음 각 목의 사항
   ① 신탁의 목적에 관한 사항
   ② 신탁계약의 기간, 신탁 종료 및 해지에 관한 사항
   ③ 신탁재산의 관리, 운영 및 처분에 관한 사항
   ④ 자금의 차입 방법에 관한 사항
   ⑤ 그 밖에 토지등소유자 권익 보호 및 정비사업의 추진을 위해 필요한 사항
2. 표준 시행규정: 법 제53조 각 호의 사항

정비사업대행개시결정의 일정한 사항(영 제22조 제1항)

1. 정비사업의 종류 및 명칭
2. 사업시행자의 성명 및 주소(법인인 경우에는 법인의 명칭 및 주된 사무소의 소재지와 대표자의 성명 및 주소를 말한다)
3. 정비구역의 위치 및 면적
4. 정비사업의 착수예정일 및 준공예정일
5. 사업대행개시결정을 한 날
6. 사업대행자(법 제28조 제1항에 따라 정비사업을 대행하는 시장 · 군수 등, 토지주택공사 등 또는 지정개발자를 말한다)
7. 대행사항

3. 사업대행자의 권리

정비사업을 대행하는 시장 · 군수 등, 토지주택공사 등 또는 지정개발자(이하 "사업대행자"라 한다)는 사업시행자에게 청구할 수 있는 보수 또는 비용의 상환에 대한 권리로써 사업시행자에게 귀속될 대지 또는 건축물을 압류할 수 있다(법 제28조 제2항).

3 시공자 선정

(1) 조합의 시공자 선정

조합은 조합설립인가를 받은 후 조합총회에서 경쟁입찰 또는 수의계약(2회 이상 경쟁입찰이 유찰된 경우로 한정한다)의 방법으로 건설업자 또는 등록사업자를 시공자로 선정하여야 한다. 다만, 대통령령으로 정하는 규모(조합원이 100명) 이하의 정비사업은 조합총회에서 정관으로 정하는 바에 따라 선정할 수 있다(법 제29조 제4항, 영 제24조 제3항).

(2) 토지등소유자의 재개발사업 시행

토지등소유자가 재개발사업을 시행하는 경우에는 사업시행계획인가를 받은 후 규약에 따라 건설업자 또는 등록사업자를 시공자로 선정하여야 한다(법 제29조 제5항).

(3) 시장 · 군수 등의 시행 또는 지정

시장 · 군수 등이 법 제26조 제1항(재개발사업 · 재건축사업의 공공시행자) 및 법 제27조 제1항(재개발사업 · 재건축사업의 지정개발자)에 따라 직접 정비사업을 시행하거나 토지주택공사 등 또는 지정개발자를 사업시행자로 지정한 경우 사업시행자는 법 제26조 제2항 및 법 제27조 제2항에 따른 사업시행자 지정 · 고시 후 경쟁입찰 또는 수의계약의 방법으로 건설업자 또는 등록사업자를 시공자로 선정하여야 한다(법 제29조 제6항).

시공자 선정 취소 명령 또는 과징금

시 · 도지사는 건설업자 또는 등록사업자가 다음 각 호의 어느 하나에 해당하는 경우 사업시행자에게 건설업자 또는 등록사업자의 해당 정비사업에 대한 시공자 선정을 취소할 것을 명하거나 그 건설업자 또는 등록사업자에게 사업시행자와 시공자 사이의 계약서상 공사비의 100분의 20 이하에 해당하는 금액의 범위에서 과징금을 부과할 수 있다. 이 경우 시공자 선정 취소의 명을 받은 사업시행자는 시공자 선정을 취소하여야 한다(법 제113조의2 제1항).

① 건설업자 또는 등록사업자가 제132조 제1항 또는 제2항을 위반한 경우
② 건설업자 또는 등록사업자가 제132조의2를 위반하여 관리 · 감독 등 필요한 조치를 하지 아니한 경우로서 용역업체의 임직원(건설업자 또는 등록사업자가 고용한 개인을 포함한다)이 제132조 제1항을 위반한 경우

건설업자 및 등록사업자의 입찰참가 제한

1. 시 · 도지사는 제113조의2 제1항 각 호의 어느 하나에 해당하는 건설업자 또는 등록사업자에 대해서는 2년 이내의 범위에서 대통령령으로 정하는 기간 동안 정비사업의 입찰참가를 제한할 수 있다(법 제113조의3 제1항).

(4) 주민대표회의 또는 토지등소유자 전체회의의 시공자 추천

① (3)에 따라 시공자를 선정하거나 인가받은 관리처분계획에 따라 주택 및 부대시설·복리시설을 건설하여 공급하는 방법으로 시행하는 주거환경개선사업의 사업시행자가 시공자를 선정하는 경우 주민대표회의 또는 토지등소유자 전체회의는 대통령령으로 정하는 경쟁입찰 또는 수의계약(2회 이상 경쟁입찰이 유찰된 경우로 한정한다)의 방법으로 시공자를 추천할 수 있다(법 제29조 제7항).

② 조합은 (1)에 따른 시공자 선정을 위한 입찰에 참가하는 건설업자 또는 등록사업자가 토지등소유자에게 시공에 관한 정보를 제공할 수 있도록 합동설명회를 2회 이상 개최하여야 한다(법 제29조 제8항).

③ ②에 따른 합동설명회의 개최 방법이나 시기 등은 국토교통부령으로 정한다(법 제29조 제9항).

④ 주민대표회의 또는 토지등소유자 전체회의가 시공자를 추천한 경우 사업시행자는 추천받은 자를 시공자로 선정하여야 한다. 이 경우 시공자와의 계약에 관해서는 「지방자치단체를 당사자로 하는 계약에 관한 법률」 제9조 또는 「공공기관의 운영에 관한 법률」 제39조를 적용하지 아니한다(법 제29조 제10항).

(5) 공사계약 체결시 포함하는 사항

사업시행자(사업대행자를 포함한다)는 선정된 시공자와 공사에 관한 계약을 체결할 때에는 기존 건축물의 철거 공사(「석면안전관리법」에 따른 석면 조사·해체·제거를 포함한다)에 관한 사항을 포함시켜야 한다(법 제29조 제11항).

3. 공사비 검증요청 등

(1) 공사비 검증요청

재개발사업·재건축사업의 사업시행자(시장·군수 등 또는 토지주택공사 등이 단독 또는 공동으로 정비사업을 시행하는 경우는 제외한다)는 시공자와 계약 체결 후 다음의 어느 하나에 해당하는 때에는 제114조에 따른 정비사업 지원기구에 공사비 검증을 요청하여야 한다(법 제29조의2 제1항).

1. 토지등소유자 또는 조합원 5분의 1 이상이 사업시행자에게 검증 의뢰를 요청하는 경우
2. 공사비의 증액 비율(당초 계약금액 대비 누적 증액 규모의 비율로서 생산자물가상승률은 제외한다)이 다음의 어느 하나에 해당하는 경우
   ① 사업시행계획인가 이전에 시공자를 선정한 경우: 100분의 10 이상

2. 시·도지사는 건설업자 또는 등록사업자에 대한 정비사업의 입찰참가를 제한하려는 경우에는 대통령령으로 정하는 바에 따라 대상, 기간, 사유, 그 밖의 입찰참가 제한과 관련된 내용을 공개하고, 관할 구역의 시장, 군수 또는 구청장 및 사업시행자에게 통보하여야 한다. 다만, 정비사업의 입찰참가를 제한하려는 해당 건설업자 또는 등록사업자가 입찰 참가자격을 제한받은 사실이 있는 경우에는 시·도지사가 입찰참가 제한과 관련된 내용을 전국의 시장, 군수 또는 구청장에게 통보하여야 하고, 통보를 받은 시장, 군수 또는 구청장은 관할 구역의 사업시행자에게 관련된 내용을 다시 통보하여야 한다(법 제113조의2 제2항).
3. 2.에 따라 입찰자격 제한과 관련된 내용을 통보받은 사업시행자는 해당 건설업자 또는 등록사업자의 입찰 참가자격을 제한하여야 한다. 이 경우 사업시행자는 전단에 따라 입찰참가를 제한받은 건설업자 또는 등록사업자와 계약(수의계약을 포함한다)을 체결하여서는 아니 된다(법 제113조의2 제3항).
4. 시·도지사는 1.에 따라 정비사업의 입찰참가를 제한하는 경우에는 대통령령으로 정하는 바에 따라 입찰참가 제한과 관련된 내용을 제119조 제1항에 따른 정비사업관리시스템에 등록하여야 한다(법 제113조의2 제4항).
5. 시·도지사는 대통령령으로 정하는 위반행위에 대하여는 위 1.부터 3.까지에도 불구하고 1회에 한하여 과징금으로 위의 1.의 입찰참가 제한을 갈음할 수 있다. 이 경우 과징금의 부과기준 및 절차는 제113조의2 제1항 및 제3항을 준용하고, 과징금을 부과하는 위반행위의 종류와 위반 정도 등에 따른 과징금의 금액 등에 필요한 사항은 대통령령으로 정한다(법 제113조의2 제5항).

② 사업시행계획인가 이후에 시공자를 선정한 경우: 100분의 5 이상
3. 1. 또는 2.에 따른 공사비 검증이 완료된 이후 공사비의 증액 비율(검증 당시 계약금액 대비 누적 증액 규모의 비율로서 생산자물가상승률은 제외한다)이 100분의 3 이상인 경우

(2) 공사비 검증의 방법 및 절차 등

(1)에 따른 공사비 검증의 방법 및 절차, 검증 수수료, 그 밖에 필요한 사항은 국토교통부장관이 정하여 고시한다(법 제29조의2 제2항).

03 조합설립추진위원회 및 조합의 설립 등

1 조합설립추진위원회

1. 조합설립추진위원회 승인

(1) 추진위원회 구성

조합을 설립하려는 경우에는 정비구역 지정·고시 후 다음의 사항에 대하여 토지등소유자 과반수의 동의를 받아 조합설립을 위한 추진위원회를 구성하여 국토교통부령으로 정하는 방법과 절차에 따라 시장·군수 등의 승인을 받아야 한다(법 제31조 제1항).

1. 추진위원회 위원장(이하 "추진위원장"이라 한다)을 포함한 5명 이상의 추진위원회 위원(이하 "추진위원"이라 한다)
2. 제34조 제1항에 따른 운영규정

(2) 조합설립의 동의 의제

① 추진위원회의 구성에 동의한 토지등소유자(이하 "추진위원회 동의자"라 한다)는 조합의 설립에 동의한 것으로 본다. 다만, 조합설립인가를 신청하기 전에 시장·군수 등 및 추진위원회에 조합설립에 대한 반대의 의사표시를 한 추진위원회 동의자의 경우에는 그러하지 아니하다(법 제31조 제2항).

② (1)에 따른 토지등소유자의 동의를 받으려는 자는 대통령령으로 정하는 방법 및 절차에 따라야 한다. 이 경우 동의를 받기 전에 ①의 내용을 설명·고지하여야 한다(법 제31조 제3항).

제132조(조합임원 등의 선임·선정 및 계약 체결시 행위제한)

1. 누구든지 추진위원, 조합임원의 선임 또는 제29조에 따른 계약 체결과 관련하여 다음 각 호의 행위를 하여서는 아니 된다.
   ① 금품, 향응 또는 그 밖의 재산상 이익을 제공하거나 제공의사를 표시하거나 제공을 약속하는 행위
   ② 금품, 향응 또는 그 밖의 재산상 이익을 제공받거나 제공의사 표시를 승낙하는 행위
   ③ 제3자를 통하여 제1호 또는 제2호에 해당하는 행위를 하는 행위
2. 건설업자와 등록사업자는 제29조에 따른 계약의 체결과 관련하여 시공과 관련 없는 사항으로서 다음 각 호의 어느 하나에 해당하는 사항을 제안하여서는 아니 된다
   ① 이사비, 이주비, 이주촉진비, 그 밖에 시공과 관련 없는 사항에 대한 금전이나 재산상 이익을 제공하는 것으로서 대통령령으로 정하는 사항
   ② 「재건축초과이익 환수에 관한 법률」에 따른 재건축부담금의 대납 등 이 법 또는 다른 법률을 위반하는 방법으로 정비사업을 수행하는 것으로서 대통령령으로 정하는 사항

제132조의2(건설업자와 등록사업자의 관리·감독 의무)

건설업자와 등록사업자는 시공자 선정과 관련하여 홍보 등을 위하여 계약한 용역업체의 임직원이 제132조 제1항을 위반하지 아니하도록 교육, 용역비 집행 점검, 용역업체 관리·감독 등 필요한 조치를 하여야 한다.

2. 추진위원회 구성의 예외

정비사업에 대하여 공공지원을 하려는 경우에는 추진위원회를 구성하지 아니할 수 있다. 이 경우 조합설립 방법 및 절차 등에 필요한 사항은 대통령령으로 정한다(법 제31조 제4항).

3. 추진위원회의 기능

(1) 추진위원회는 다음의 업무를 수행할 수 있다(법 제32조 제1항).

1. 정비사업전문관리업자의 선정 및 변경
2. 설계자의 선정 및 변경
3. 개략적인 정비사업 시행계획서의 작성
4. 조합설립인가를 받기 위한 준비업무
5. 그 밖에 조합설립을 추진하기 위하여 대통령령(영 제26조)으로 정하는 업무
   ① 법 제31조 제1항 제2호에 따른 추진위원회 운영규정의 작성
   ② 토지등소유자의 동의서의 접수
   ③ 조합의 설립을 위한 창립총회(이하 "창립총회"라 한다)의 개최
   ④ 조합 정관의 초안 작성
   ⑤ 그 밖에 추진위원회 운영규정으로 정하는 업무

(2) 추진위원회가 정비사업전문관리업자를 선정하려는 경우에는 추진위원회 승인을 받은 후 법 제29조 제1항에 따른 경쟁입찰 또는 수의계약(2회 이상 경쟁입찰이 유찰된 경우로 한정한다)의 방법으로 선정하여야 한다(법 제32조 제2항).

4. 창립총회 개최

추진위원회는 조합설립인가를 신청하기 전에 대통령령으로 정하는 방법 및 절차에 따라 조합설립을 위한 창립총회를 개최하여야 한다(법 제32조 제3항).

5. 추진위원회 업무에 대한 토지등소유자의 동의

추진위원회가 수행하는 업무의 내용이 토지등소유자의 비용부담을 수반하거나 권리·의무에 변동을 발생시키는 경우로서 대통령령으로 정하는 사항에 대하여는 그 업무를 수행하기 전에 대통령령으로 정하는 비율 이상의 토지등소유자의 동의를 받아야 한다(법 제32조 제4항).

정비사업전문관리업자의 등록

다음의 사항을 추진위원회 또는 사업시행자로부터 위탁받거나 이와 관련한 자문을 하려는 자는 대통령령으로 정하는 자본·기술인력 등의 기준을 갖춰 시·도지사에게 등록 또는 변경(대통령령으로 정하는 경미한 사항의 변경은 제외한다)등록하여야 한다(법 제102조 제1항).

1. 조합설립의 동의 및 정비사업의 동의에 관한 업무의 대행
2. 조합설립인가의 신청에 관한 업무의 대행
3. 사업성 검토 및 정비사업의 시행계획서의 작성
4. 설계자 및 시공자 선정에 관한 업무의 지원
5. 사업시행계획인가의 신청에 관한 업무의 대행
6. 관리처분계획의 수립에 관한 업무의 대행
7. 법 제118조 제2항 제2호에 따라 시장·군수 등이 정비사업전문관리업자를 선정한 경우에는 추진위원회 설립에 필요한 다음의 업무
   ① 동의서 제출의 접수
   ② 운영규정 작성 지원
   ③ 그 밖에 시·도조례로 정하는 사항

PART 06

비등록기관

주택의 건설 등 정비사업 관련 업무를 하는 공공기관 등으로 대통령령으로 정하는 기관, 즉 한국토지주택공사·한국부동산원은 시·도지사에게 등록하지 아니한다(법 제102조 제1항 단서, 영 제81조 제3항).

정비사업전문관리업자 선정 방법의 배제

추진위원회가 시장·군수 등이 선정한 정비사업전문관리업자를 선정하는 경우에는 경쟁입찰 또는 수의계약(2회 이상 유찰된 경우)의 방법으로 선정하는 규정은 적용하지 아니한다(법 제118조 제5항).

6. 추진위원회의 조직 및 운영

(1) 추진위원회의 조직

① 추진위원회는 추진위원회를 대표하는 추진위원장 1명과 감사를 두어야 한다(법 제33조 제1항).

② 추진위원의 선출에 관한 선거관리는 법 제41조 제3항을 준용한다. 이 경우 "조합"은 "추진위원회"로, "조합임원"은 "추진위원"으로 본다(법 제33조 제2항).

③ 토지등소유자는 추진위원회의 운영규정에 따라 추진위원회에 추진위원의 교체 및 해임을 요구할 수 있으며, 추진위원장이 사임, 해임, 임기만료, 그 밖에 불가피한 사유 등으로 직무를 수행할 수 없는 때부터 6개월 이상 선임되지 아니한 경우 그 업무의 대행에 관하여는 법 제41조 제5항 단서를 준용한다. 이 경우 "조합임원"은 "추진위원장"으로 본다(법 제33조 제3항).

④ 추진위원의 교체·해임 절차 등에 필요한 사항은 운영규정에 따른다(법 제33조 제4항).

⑤ 추진위원의 결격사유는 조합임원 등의 결격사유 규정(법 제43조 제1항부터 제3항까지)를 준용한다. 이 경우 "조합"은 "추진위원회", "제35조에 따른 조합설립 인가권자"는 "제31조에 따른 추진위원회 승인권자"로 본다(법 제33조 제5항).

(2) 추진위원회의 운영

1) 추진위원회의 운영규정의 고시

국토교통부장관은 추진위원회의 공정한 운영을 위하여 다음의 사항을 포함한 추진위원회의 운영규정을 정하여 관보에 고시하여야 한다(법 제34조 제1항).

1. 추진위원의 선임방법 및 변경
2. 추진위원의 권리·의무
3. 추진위원회의 업무범위
4. 추진위원회의 운영방법
5. 토지등소유자의 운영경비 납부
6. 추진위원회 운영자금의 차입
7. 그 밖에 추진위원회의 운영에 필요한 사항으로서 대통령령으로 정하는 사항

2) 추진위원회 운영경비

추진위원회는 운영규정에 따라 운영하여야 하며, 토지등소유자는 운영에 필요한 경비를 운영규정에 따라 납부하여야 한다(법 제34조 제2항).

7. 조합과의 관계

(1) 권리와 의무의 포괄승계

추진위원회는 수행한 업무를 총회에 보고하여야 하며, 그 업무와 관련된 권리・의무는 조합이 포괄승계한다(법 제34조 제3항).

(2) 회계장부 및 관련서류의 인계 기한

추진위원회는 사용경비를 기재한 회계장부 및 관계서류를 조합설립인가일부터 30일 이내에 조합에 인계하여야 한다(법 제34조 제4항).

8. 운영에 필요한 사항

추진위원회의 운영에 필요한 사항은 대통령령으로 정한다(법 제34조 제5항).

공사관련 계약의 방법

추진위원장 또는 사업시행자(청산인을 포함한다)는 이 법 또는 다른 법령에 특별한 규정이 있는 경우를 제외하고는 계약(공사, 용역, 물품구매 및 제조 등을 포함한다)을 체결하려면 일반경쟁에 부쳐야 한다. 다만, 계약규모, 재난의 발생 등 대통령령으로 정하는 경우에는 입찰 참가자를 지명(指名)하여 경쟁에 부치거나 수의계약(隨意契約)으로 할 수 있다(법 제29조 제1항).

2 조합의 설립인가 등

1. 조합의 설립인가

시장・군수 등, 토지주택공사 등 또는 지정개발자가 아닌 자가 정비사업을 시행하려는 경우에는 토지등소유자로 구성된 조합을 설립하여야 한다. 다만, 토지등소유자가 재개발사업을 시행하려는 경우에는 그러하지 아니하다(법 제35조 제1항).

(1) 재개발조합 설립인가

재개발사업의 추진위원회(공공지원에 따라 추진위원회를 구성하지 아니하는 경우에는 토지등소유자를 말한다)가 조합을 설립하려면 토지등소유자의 4분의 3 이상 및 토지면적의 2분의 1 이상의 토지소유자의 동의를 받아 다음의 사항을 첨부하여 시장・군수 등의 인가를 받아야 한다(법 제35조 제2항).

> ① 정관
> ② 정비사업비와 관련된 자료 등 국토교통부령으로 정하는 서류
> ③ 그 밖에 시・도조례로 정하는 서류

(2) 재건축사업조합 설립인가

1) 주택단지인 경우 동의요건

주택재건축사업의 추진위원회(공공지원에 따라 추진위원회를 구성하지 아니하는 경우에는 토지등소유자를 말한다)가 조합을 설립하려는 때에는 주택단지

정비사업의 공공지원

1. **정비사업의 공공지원 및 그 위탁**: 시장・군수 등은 정비사업의 투명성 강화 및 효율성 제고를 위하여 시・도조례로 정하는 정비사업에 대하여 사업시행 과정을 지원(이하 "공공지원"이라 한다)하거나 토지주택공사 등, 신탁업자, 「주택도시기금법」에 따른 주택도시보증공사 또는 이 법 제102조 제1항 각 호 외의 부분 단서에 따라 대통령령으로 정하는 기관에 공공지원을 위탁할 수 있다(법 제118조 제1항).
2. **공공지원자 및 위탁관리자의 업무**: 정비사업을 공공지원하는 시장・군수 등 및 공공지원을 위탁받은 자(이하 "위탁지원자"라 한다)는 다음의 업무를 수행한다(법 제118조 제2항).
   ① 추진위원회 또는 주민대표회의 구성
   ② 정비사업전문관리업자의 선정(위탁지원자는 선정을 위한 지원으로 한정한다)
   ③ 설계자 및 시공자 선정 방법 등

PART 06

의 공동주택의 각 동(복리시설의 경우에는 주택단지의 복리시설 전체를 하나의 동으로 본다)별 구분소유자의 과반수의 동의(공동주택의 각 동별 구분소유자가 5 이하인 경우는 제외한다)와 주택단지의 전체 구분소유자의 4분의 3 이상 및 토지면적의 4분의 3 이상의 토지소유자의 동의를 받아 (1)의 사항을 첨부하여 시장 · 군수 등의 인가를 받아야 한다(법 제35조 제3항).

2) 주택단지가 아닌 지역인 경우 동의요건

주택단지가 아닌 지역이 정비구역에 포함된 때에는 주택단지가 아닌 지역의 토지 또는 건축물 소유자의 4분의 3 이상 및 토지면적의 3분의 2 이상의 토지소유자의 동의를 받아야 한다(법 제35조 제4항).

(3) 인가받은 사항의 변경인가

1) (1) 및 (2)에 따라 설립된 조합이 인가받은 사항을 변경하고자 하는 때에는 총회에서 조합원의 3분의 2 이상의 찬성으로 의결하고, (1)의 사항을 첨부하여 시장 · 군수 등의 인가를 받아야 한다. 다만, 대통령령으로 정하는 경미한 사항을 변경하려는 때에는 총회의 의결 없이 시장 · 군수 등에게 신고하고 변경할 수 있다(법 제35조 제5항).

2) 시장 · 군수 등은 1)의 단서에 따른 신고를 받은 날부터 20일 이내에 신고수리 여부를 신고인에게 통지하여야 한다(법 제35조 제6항).

3) 시장 · 군수 등이 2)에서 정한 기간 내에 신고수리 여부 또는 민원 처리 관련 법령에 따른 처리기간의 연장을 신고인에게 통지하지 아니하면 그 기간(민원 처리 관련 법령에 따라 처리기간이 연장 또는 재연장된 경우에는 해당 처리기간을 말한다)이 끝난 날의 다음 날에 신고를 수리한 것으로 본다(법 제35조 제7항).

(4) 토지등소유자에게 정보 제공

추진위원회는 조합설립에 필요한 동의를 받기 전에 추정분담금 등 대통령령으로 정하는 정보를 토지등소유자에게 제공하여야 한다(법 제35조 제10항).

---

④ 사업시행계획서에 따른 세입자의 주거 및 이주 대책(이주 거부에 따른 협의 대책을 포함한다) 수립
⑤ 관리처분계획 수립
⑥ 그 밖에 시 · 도조례로 정하는 사항

3. 공공지원의 비용부담 및 지원: 공공지원에 필요한 비용은 시장 · 군수 등이 부담하되, 특별시장, 광역시장 또는 도지사는 관할 구역의 시장, 군수 또는 구청장에게 특별시 · 광역시 또는 도의 조례로 정하는 바에 따라 그 비용의 일부를 지원할 수 있다(법 제118조 제4항).

2. 토지등소유자의 동의방법 등

(1) 서면동의서에 성명기재 및 지장날인

다음에 대한 동의(동의한 사항의 철회 또는 법 제26조 제1항 제8호 단서, 법 제31조 제2항 단서 및 법 제47조 제4항 단서에 따른 반대의 의사표시를 포함한다)는 서면동의서에 토지등소유자가 성명을 적고 지장(指章)을 날인하는 방법으로 하며, 주민등록증, 여권 등 신원을 확인할 수 있는 신분증명서의 사본을 첨부하여야 한다(법 제36조 제1항).

1. 정비구역 등 해제의 연장을 요청하는 경우
2. 정비구역의 해제에 동의하는 경우
3. 주거환경개선사업의 시행자를 토지주택공사등으로 지정하는 경우
4. 토지등소유자가 재개발사업을 시행하려는 경우
5. 재개발사업·재건축사업의 공공시행자 또는 지정개발자를 지정하는 경우
6. 조합설립을 위한 추진위원회를 구성하는 경우
7. 추진위원회의 업무가 토지등소유자의 비용부담을 수반하거나 권리·의무에 변동을 가져오는 경우
8. 조합을 설립하는 경우
9. 주민대표회의를 구성하는 경우
10. 사업시행계획인가를 신청하는 경우
11. 사업시행자가 사업시행계획서를 작성하려는 경우

(2) 서면동의서에 인감증명서 첨부

토지등소유자가 해외에 장기체류하거나 법인인 경우 등 불가피한 사유가 있다고 시장·군수 등이 인정하는 경우에는 토지등소유자의 인감도장을 찍은 서면동의서에 해당 인감증명서를 첨부하는 방법으로 할 수 있다(법 제36조 제2항).

(3) 검인 서면동의서

서면동의서를 작성하는 경우 추진위원회 승인신청 및 재개발조합설립인가신청·재건축조합설립인가신청에 해당하는 때에는 시장·군수 등이 대통령령으로 정하는 방법에 따라 검인한 서면동의서를 사용하여야 하며, 검인을 받지 아니한 서면동의서는 그 효력이 발생하지 아니한다(법 제36조 제3항).

(4) 동의자 수 산정 방법 및 절차 등에 필요한 사항

앞의 (1), (2) 및 제12조(재건축사업 정비계획 입안을 위한 안전진단 실시요청에 따른 동의)에 따른 토지등소유자의 동의자 수 산정 방법 및 절차 등에 필요한 사항은 대통령령으로 정한다(법 제36조 제4항).

동의자 수의 산정방법

법 제12조 제2항, 제28조 제1항, 제36조 제1항, 이 영 제12조, 제14조 제2항 및 제27조에 따른 토지등소유자(토지면적에 관한 동의자 수를 산정하는 경우에는 토지소유자를 말한다. 이하 이 조에서 같다)의 동의는 다음의 기준에 따라 산정한다(영 제33조 제1항).

1. **주거환경개선사업, 재개발사업의 경우에는 다음의 기준에 의할 것**
   ① 1필지의 토지 또는 하나의 건축물을 여럿이서 공유하는 경우에는 해당 토지 또는 건축물의 토지등소유자의 4분의 3 이상의 동의를 받아 이를 대표하는 1인을 토지등소유자로 산정할 것
   ② 토지에 지상권이 설정되어 있는 경우 토지의 소유자와 해당 토지의 지상권자를 대표하는 1인을 토지등소유자로 산정할 것
   ③ 1인이 다수 필지의 토지 또는 다수의 건축물을 소유하고 있는 경우에는 필지나 건축물의 수에 관계없이 토지등소유자를 1인으로 산정할 것. 다만, 재개발사업으로서 법 제25조 제1항 제2호에 따라 토지등소유자가 재개발사업을 시행하는 경우 토지등소유자가 정비구역 지정 후에 정비사업을 목적으로 취득한 토지 또는 건축물에 대해서는 정비구역 지정 당시의 토지 또는 건축물의 소유자를 토지등소유자의 수에 포함하여 산정하되, 이 경우 동의 여부는 이를 취득한 토지등소유자에 따른다.
   ④ 둘 이상의 토지 또는 건축물을 소유한 공유자가 동일한 경우에는 그 공유자 여럿을 대표하는 1인을 토지등소유자로 산정할 것

PART 06

4. 조합의 법인격 등

(1) 조합의 법적성격

① 조합은 법인으로 한다(법 제38조 제1항).

② 조합에 관하여는 「도시 및 주거환경정비법」에 규정된 것을 제외하고는 「민법」 중 사단법인에 관한 규정을 준용한다(법 제49조).

(2) 조합의 성립시기

조합은 조합설립의 인가를 받은 날부터 30일 이내에 주된 사무소의 소재지에서 대통령령으로 정하는 사항을 등기하는 때에 성립한다(법 제38조 제2항).

(3) 조합의 명칭

조합은 명칭에 '정비사업조합'이라는 문자를 사용하여야 한다(법 제38조 제3항).

5. 조합원의 자격 등

(1) 조합원의 자격기준

정비사업의 조합원(사업시행자가 신탁업자인 경우에는 위탁자를 말한다)은 토지등소유자(재건축사업의 경우에는 재건축사업에 동의한 자만 해당한다)로 하되, 다음의 어느 하나에 해당하는 때에는 그 여러 명을 대표하는 1명을 조합원으로 본다. 다만, 「지방자치분권 및 지역균형발전에 관한 특별법」 제25조에 따른 공공기관 지방이전 및 혁신도시 활성화를 위한 시책 등에 따라 이전하는 공공기관이 소유한 토지 또는 건축물을 양수한 경우 양수한 자(공유의 경우 대표자 1명을 말한다)를 조합원으로 본다(법 제39조 제1항).

1. 토지 또는 건축물의 소유권과 지상권이 여러 명의 공유에 속하는 때
2. 여러 명의 토지등소유자가 1세대에 속하는 때. 이 경우 동일한 세대별 주민등록표 상에 등재되어 있지 아니한 배우자 및 미혼인 19세 미만의 직계비속은 1세대로 보며, 1세대로 구성된 여러 명의 토지등소유자가 조합설립인가 후 세대를 분리하여 동일한 세대에 속하지 아니하는 때에도 이혼 및 19세 이상 자녀의 분가(세대별 주민등록을 달리하고, 실거주지를 분가한 경우로 한정한다)를 제외하고는 1세대로 본다.
3. 조합설립인가(조합설립인가 전에 법 제27조 제1항 제3호에 따라 신탁업자를 사업시행자로 지정한 경우에는 사업시행자의 지정을 말한다) 후 1명의 토지등소유자로부터 토지 또는 건축물의 소유권이나 지상권을 양수하여 여러 명이 소유하게 된 때

2. 재건축사업의 경우에는 다음의 기준에 따를 것
   ① 소유권 또는 구분소유권을 여럿이서 공유하는 경우에는 그 여럿을 대표하는 1인을 토지등소유자로 산정할 것
   ② 1인이 둘 이상의 소유권 또는 구분소유권을 소유하고 있는 경우에는 소유권 또는 구분소유권의 수에 관계없이 토지등소유자를 1인으로 산정할 것
   ③ 둘 이상의 소유권 또는 구분소유권을 소유한 공유자가 동일한 경우에는 그 공유자 여럿을 대표하는 1인을 토지등소유자로 할 것
3. 추진위원회의 구성 또는 조합의 설립에 동의한 자로부터 토지 또는 건축물을 취득한 자는 추진위원회의 구성 또는 조합의 설립에 동의한 것으로 볼 것
4. 토지건물등기사항증명서 · 건물등기사항증명서 또는 토지대장 및 건축물관리대장에 소유자로 등재될 당시 주민등록번호의 기록이 없고 기록된 주소가 현재 주소와 다른 경우로서 소재가 확인되지 아니한 자는 토지등소유자의 수 또는 공유자 수에서 제외할 것
5. 국 · 공유지에 대해서는 그 재산관리청 각각을 토지등소유자로 산정할 것

(2) 투기과열지구에서의 조합원의 자격

1) 「주택법」에 따른 투기과열지구로 지정된 지역에서 재건축사업을 시행하는 경우에는 조합설립인가 후, 재개발사업을 시행하는 경우에는 관리처분계획인가 후 해당 정비사업의 건축물 또는 토지를 양수(매매 · 증여, 그 밖의 권리의 변동을 수반하는 모든 행위를 포함하되, 상속 · 이혼으로 인한 양도 · 양수의 경우는 제외한다)한 자는 조합원이 될 수 없다. 다만, 양도인이 다음의 어느 하나에 해당하는 경우 그 양도인으로부터 그 건축물 또는 토지를 양수한 자는 그러하지 아니하다(법 제39조 제2항).

> 1. 세대원(세대주가 포함된 세대의 구성원을 말한다)의 근무상 또는 생업상의 사정이나 질병치료(「의료법」 제3조에 따른 의료기관의 장이 1년 이상의 치료나 요양이 필요하다고 인정하는 경우로 한정한다) · 취학 · 결혼으로 세대원이 모두 해당 사업구역에 위치하지 아니한 특별시 · 광역시 · 특별자치시 · 특별자치도 · 시 또는 군으로 이전하는 경우
> 2. 상속으로 취득한 주택으로 세대원 모두 이전하는 경우
> 3. 세대원 모두 해외로 이주하거나 세대원 모두 2년 이상 해외에 체류하려는 경우
> 4. 1세대(제1항 제2호에 따라 1세대에 속하는 때를 말한다) 1주택자로서 양도하는 주택에 대한 소유기간 및 거주기간이 대통령령으로 정하는 기간 이상인 경우 즉, 다음의 구분에 따른 기간을 말한다. 이 경우 소유자가 피상속인으로부터 주택을 상속받아 소유권을 취득한 경우에는 피상속인의 주택의 소유기간 및 거주기간을 합산한다(영 제37조 제1항).
>   ① 소유기간 : 10년
>   ② 거주기간(「주민등록법」 제7조에 따른 주민등록표를 기준으로 하며, 소유자가 거주하지 아니하고 소유자의 배우자나 직계존비속이 해당 주택에 거주한 경우에는 그 기간을 합산한다) : 5년
> 5. 제80조에 따른 지분형주택을 공급받기 위하여 건축물 또는 토지를 토지주택공사등과 공유하려는 경우
> 6. 공공임대주택, 「공공주택 특별법」에 따른 공공분양주택의 공급 및 대통령령으로 정하는 사업을 목적으로 건축물 또는 토지를 양수하려는 공공재개발사업 시행자에게 양도하려는 경우
> 7. 그 밖에 불가피한 사정으로 양도하는 경우로서 대통령령으로 정하는 경우

2) 사업시행자는 1)의 본문에 따라 조합원의 자격을 취득할 수 없는 경우 정비사업의 토지, 건축물 또는 그 밖의 권리를 취득한 자에게 법 제73조를 준용하여 손실보상을 하여야 한다(법 제39조 제3항).

6. 조합의 정관

(1) 정관의 기재사항

조합의 정관에는 다음의 사항이 포함되어야 한다(법 제40조 제1항).

1. 조합의 명칭 및 사무소의 소재지
2. 조합원의 자격
3. 조합원의 제명·탈퇴 및 교체
4. 정비구역의 위치 및 면적
5. 조합의 임원의 수 및 업무의 범위
6. 조합임원의 권리·의무·보수·선임방법·변경 및 해임
7. 대의원의 수, 선임방법, 선임절차 및 대의원회의 의결방법
8. 조합의 비용부담 및 조합의 회계
9. 정비사업의 시행연도 및 시행방법
10. 총회의 소집 절차·시기 및 의결방법
11. 총회의 개최 및 조합원의 총회소집 요구
12. 제73조 제3항(분양미신청에 대한 손실보상의 협의 불성립시 수용재결이나 매도청구소송 지연)에 따른 이자 지급
13. 정비사업비의 부담 시기 및 절차
14. 정비사업이 종결된 때의 청산절차(제86조의2에 따른 조합의 해산 이후 청산인의 보수 등 청산 업무에 필요한 사항을 포함한다)
15. 청산금의 징수·지급의 방법 및 절차
16. 시공자·설계자의 선정 및 계약서에 포함될 내용
17. 정관의 변경절차
18. 그 밖에 정비사업의 추진 및 조합의 운영을 위하여 필요한 사항으로서 대통령령으로 정하는 사항

(2) 표준정관

시·도지사는 (1)의 사항이 포함된 표준정관을 작성하여 보급할 수 있다(법 제40조 제2항).

(3) 정관의 변경

① 조합이 정관을 변경하려는 경우에는 총회를 개최하여 조합원 과반수의 찬성으로 시장·군수 등의 인가를 받아야 한다. 다만, (1)의 정관의 기재사항 중 2.·3.·4.·8.·13. 또는 16.의 경우에는 조합원 3분의 2 이상의 찬성으로 한다(법 제40조 제3항).

② 대통령령으로 정하는 경미한 사항을 변경하려는 때에는 이 법 또는 정관으로 정하는 방법에 따라 변경하고 시장·군수 등에게 신고하여야 한다(법 제40조 제4항).

③ 시장 · 군수 등은 ②에 따른 신고를 받은 날부터 20일 이내에 신고수리 여부를 신고인에게 통지하여야 한다(법 제40조 제5항).

④ 시장 · 군수 등이 ③에서 정한 기간 내에 신고수리 여부 또는 민원 처리 관련 법령에 따른 처리기간의 연장을 신고인에게 통지하지 아니하면 그 기간(민원 처리 관련 법령에 따라 처리기간이 연장 또는 재연장된 경우에는 해당 처리기간을 말한다)이 끝난 날의 다음 날에 신고를 수리한 것으로 본다(법 제40조 제6항).

7. 조합의 임원

(1) 임원의 구성

1) 조합은 조합원으로서 정비구역에 위치한 건축물 또는 토지(재건축사업의 경우에는 건축물과 그 부속토지를 말한다)를 소유한 자[하나의 건축물 또는 토지의 소유권을 다른 사람과 공유한 경우에는 가장 많은 지분을 소유(2인 이상의 공유자가 가장 많은 지분을 소유한 경우를 포함한다)한 경우로 한정한다] 중 다음 각 호의 어느 하나의 요건을 갖춘 조합장 1명과 이사, 감사를 임원으로 둔다. 이 경우 조합장은 선임일부터 관리처분계획인가를 받을 때까지는 해당 정비구역에서 거주(영업을 하는 자의 경우 영업을 말한다)하여야 한다(법 제41조 제1항).

> 1. 정비구역에 위치한 건축물 또는 토지를 5년 이상 소유할 것
> 2. 정비구역에서 거주하고 있는 자로서 선임일 직전 3년 동안 정비구역에서 1년 이상 거주할 것

2) 조합의 이사와 감사의 수는 필요한 사항은 대통령령으로 정하는 범위에서 정관으로 정한다(법 제41조 제2항). 즉, 이사의 수는 3명 이상(토지등소유자의 수가 100명을 초과하는 경우에는 이사의 수를 5명 이상으로 한다)으로 하고, 감사의 수는 1명 이상 3명 이하로 한다(영 제40조).

3) 조합은 총회 의결을 거쳐 조합임원의 선출에 관한 선거관리를 「선거관리위원회법」에 따라 선거관리위원회에 위탁할 수 있다(법 제41조 제3항).

4) 조합임원의 임기는 3년 이하의 범위에서 정관으로 정하되, 연임할 수 있다(법 제41조 제4항).

5) 조합임원의 선출방법 등은 정관으로 정한다. 다만, 시장 · 군수 등은 다음 각 호의 어느 하나에 해당하는 경우 시 · 도조례로 정하는 바에 따라 변호사 · 회계사 · 기술사 등으로서 대통령령으로 정하는 요건을 갖춘 자를 전문조합관리인으로 선정하여 조합임원의 업무를 대행하도록 할 수 있다(법 제41조 제5항).

1. 조합임원이 사임, 해임, 임기만료, 그 밖에 불가피한 사유 등으로 직무를 수행할 수 없는 때부터 6개월 이상 선임되지 아니한 경우
2. 총회에서 조합원 과반수의 출석과 출석 조합원 과반수의 동의로 전문조합관리인의 선정을 요청하는 경우

(2) 조합임원의 직무 등

① 조합장은 조합을 대표하고, 그 사무를 총괄하며, 총회 또는 대의원회의 의장이 된다(법 제42조 제1항).

② 조합장이 대의원회의 의장이 되는 경우에는 대의원으로 본다(법 제42조 제2항).

③ 조합장 또는 이사가 자기를 위하여 조합과 계약이나 소송을 할 때에는 감사가 조합을 대표한다(법 제42조 제3항).

④ 조합임원은 같은 목적의 정비사업을 하는 다른 조합의 임원 또는 직원을 겸할 수 없다(법 제42조 제4항).

(3) 조합임원 등의 결격사유 및 해임

1) 다음의 어느 하나에 해당하는 자는 조합임원 또는 전문조합관리인이 될 수 없다(법 제43조 제1항).

① 미성년자·피성년후견인 또는 피한정후견인
② 파산선고를 받고 복권되지 아니한 자
③ 금고 이상의 실형의 선고를 받고 그 집행이 종료(종료된 것으로 보는 경우를 포함한다)되거나 집행이 면제된 날부터 2년이 지나지 아니한 자
④ 금고 이상의 형의 집행유예를 받고 그 유예기간 중에 있는 자
⑤ 이 법을 위반하여 벌금 100만원 이상의 형을 선고받고 10년이 지나지 아니한 자
⑥ 법 제35조에 따른 조합설립 인가권자에 해당하는 지방자치단체의 장, 지방의회의원 또는 그 배우자·직계존속·직계비속

2) 조합임원이 다음의 어느 하나에 해당하는 경우에는 당연 퇴임한다(법 제43조 제2항).

1. 1)의 결격사유 각 호의 어느 하나에 해당하게 되거나 선임 당시 그에 해당하는 자이었음이 밝혀진 경우
2. 조합임원이 앞의 (1)의 1)에 따른 자격요건을 갖추지 못한 경우

3) 2)에 따라 퇴임된 임원이 퇴임 전에 관여한 행위는 그 효력을 잃지 아니한다(법 제43조 제3항).

4) 조합임원은 조합원 10분의 1 이상의 요구로 소집된 총회에서 조합원 과반수의 출석과 출석 조합원 과반수의 동의를 받아 해임할 수 있다. 이 경우 요구자 대표로 선출된 자가 해임 총회의 소집 및 진행을 할 때에는 조합장의 권한을 대행한다(법 제43조 제4항).

5) 앞의 (1)의 5)의 2.에 따라 시장 · 군수 등이 전문조합관리인을 선정한 경우 전문 조합관리인이 업무를 대행할 임원은 당연 퇴임한다(법 제43조 제5항).

8. 조합의 해산

(1) 조합장은 소유권이전고시가 있은 날부터 1년 이내에 조합 해산을 위한 총회를 소집하여야 한다(법 제86조의2 제1항).

(2) 조합장이 (1)에 따른 기간 내에 총회를 소집하지 아니한 경우 제44조 제2항에도 불구하고 조합원 5분의 1 이상의 요구로 소집된 총회에서 조합원 과반수의 출석과 출석 조합원 과반수의 동의를 받아 해산을 의결할 수 있다. 이 경우 요구자 대표로 선출된 자가 조합 해산을 위한 총회의 소집 및 진행을 할 때에는 조합장의 권한을 대행한다(법 제86조의2 제2항).

(3) 시장 · 군수 등은 조합이 정당한 사유 없이 (1) 또는 (2)에 따라 해산을 의결하지 아니하는 경우에는 조합설립인가를 취소할 수 있다(법 제86조의2 제3항).

(4) 해산하는 조합에 청산인이 될 자가 없는 경우에는 「민법」 제83조에도 불구하고 시장 · 군수 등은 법원에 청산인의 선임을 청구할 수 있다(법 제86조의2 제4항).

(5) 조합이 해산을 의결하거나 조합설립인가가 취소된 경우 청산인은 지체 없이 청산의 목적범위에서 성실하게 청산인의 직무를 수행하여야 한다(법 제86조의2 제5항).

9. 총 회

(1) 총회의 설치

조합에는 조합원으로 구성되는 총회를 둔다(법 제44조 제1항).

(2) 총회의 소집

① 총회는 조합장이 직권으로 소집하거나 조합원 5분의 1 이상(정관의 기재사항 중 제40조 제1항 제6호에 따른 조합임원의 권리 · 의무 · 보수 · 선임방법 · 변경 및 해임에 관한 사항을 변경하기 위한 총회의 경우는 10분의 1 이상으로 한다) 또는 대의원 3분의 2 이상의 요구로 조합장이 소집하며, 조합원 또는 대의원의 요구로 총회를 소집하는 경우 조합은 소집을 요구하는 자가 본인인지 여부를 대통령령으로 정하는 기준에 따라 정관으로 정하는 방법으로 확인하여야 한다(법 제44조 제2항).

② 조합임원의 사임, 해임 또는 임기만료 후 6개월 이상 조합임원이 선임되지 아니한 경우에는 시장・군수 등이 조합임원 선출을 위한 총회를 소집할 수 있다(법 제44조 제3항).

③ 총회를 소집하려는 자는 총회가 개최되기 7일 전까지 회의 목적・안건・일시 및 장소와 제45조 제5항에 따른 서면의결권의 행사기간 및 장소 등 서면의결권 행사에 필요한 사항을 정하여 조합원에게 통지하여야 한다(법 제44조 제4항).

④ 총회의 소집 절차・시기 등에 필요한 사항은 정관으로 정한다(법 제44조 제5항).

(3) 총회의 의결사항

다음의 사항은 총회의 의결을 거쳐야 한다(법 제45조 제1항).

1. 정관의 변경(법 제40조 제4항에 따른 경미한 사항의 변경은 이 법 또는 정관에서 총회의결사항으로 정한 경우로 한정한다)
2. 자금의 차입과 그 방법・이자율 및 상환방법
3. 정비사업비의 세부 항목별 사용계획이 포함된 예산안 및 예산의 사용내역
4. 예산으로 정한 사항 외에 조합원에게 부담이 되는 계약
5. 시공자・설계자 또는 감정평가법인등(법 제74조 제2항에 따라 시장・군수 등이 선정・계약하는 감정평가법인 등은 제외한다)의 선정 및 변경. 다만, 감정평가법인등 선정 및 변경은 총회의 의결을 거쳐 시장・군수 등에게 위탁할 수 있다.
6. 정비사업전문관리업자의 선정 및 변경
7. 조합임원의 선임 및 해임
8. 정비사업비의 조합원별 분담내역
9. 사업시행계획서의 작성 및 변경(법 제50조 제1항 본문에 따른 정비사업의 중지 또는 폐지에 관한 사항을 포함하며, 같은 항 단서에 따른 경미한 변경은 제외한다)
10. 관리처분계획의 수립 및 변경(법 제74조 제1항 각 호 외의 부분 단서에 따른 경미한 변경은 제외한다)

10의2. 조합의 해산과 조합 해산시의 회계보고

11. 청산금의 징수・지급(분할징수・분할지급을 포함한다)
12. 부과금의 금액 및 징수방법
13. 그 밖에 조합원에게 경제적 부담을 주는 사항 등 주요한 사항을 결정하기 위하여 대통령령 또는 정관으로 정하는 사항

(4) 총회 상정 사항

「도시 및 주거환경정비법」 또는 정관에 따라 조합원의 동의가 필요한 사항은 총회에 상정하여야 한다(법 제45조 제2항).

(5) 총회의 의결방법

1) 일반 의결정족수

총회의 의결은 이 법 또는 정관에 다른 규정이 없으면 조합원 과반수의 출석과 출석 조합원의 과반수 찬성으로 한다(법 제45조 제3항).

2) 조합원 과반수의 동의를 요하는 의결사항

다음의 경우에는 조합원 과반수의 찬성으로 의결한다. 다만, 정비사업비가 100분의 10(생산자물가상승률분, 제73조에 따른 손실보상 금액은 제외한다) 이상 늘어나는 경우에는 조합원 3분의 2 이상의 찬성으로 의결하여야 한다(법 제45조 제4항).

1. 사업시행계획서의 작성 및 변경(법 제50조 제1항 본문에 따른 정비사업의 중지 또는 폐지에 관한 사항을 포함하며, 같은 항 단서에 따른 경미한 변경은 제외한다)
2. 관리처분계획의 수립 및 변경(법 제74조 제1항 각 호 외의 부분 단서에 따른 경미한 변경은 제외한다)

3) 조합원의 직접 출석 비율

① 총회의 의결은 조합원의 100분의 10 이상이 직접 출석(대리인을 통하여 의결권을 행사하는 경우 직접 출석한 것으로 본다)하여야 한다. 다만, 시공자의 선정을 의결하는 총회의 경우에는 조합원의 과반수가 직접 출석하여야 하고, 창립총회, 시공자 선정 취소를 위한 총회, 사업시행계획서의 작성 및 변경, 관리처분계획의 수립 및 변경을 의결하는 총회 등 대통령령으로 정하는 총회의 경우에는 조합원의 100분의 20 이상이 직접 출석하여야 한다(법 제45조 제7항).

② ①에도 불구하고 「재난 및 안전관리 기본법」 제3조 제1호에 따른 재난의 발생 등 대통령령으로 정하는 사유가 발생하여 시장・군수 등이 조합원의 직접 출석이 어렵다고 인정하는 경우에는 전자적 방법(「전자문서 및 전자거래 기본법」 제2조 제2호에 따른 정보처리시스템을 사용하거나 그 밖의 정보통신기술을 이용하는 방법을 말한다)으로 의결권을 행사할 수 있다. 이 경우 정족수를 산정할 때에는 직접 출석한 것으로 본다(법 제45조 제8항).

4) 의결방법 등에 필요한 사항

총회의 의결방법, 서면의결권 행사 및 본인확인방법 등에 필요한 사항은 정관으로 정한다(법 제45조 제9항).

대리인을 통한 의결권 행사

1. 조합원은 서면으로 의결권을 행사하거나 다음의 어느 하나에 해당하는 경우에는 대리인을 통하여 의결권을 행사할 수 있다. 서면으로 의결권을 행사하는 경우에는 정족수를 산정할 때에 출석한 것으로 본다(법 제45조 제5항).
   ① 조합원이 권한을 행사할 수 없어 배우자, 직계존비속 또는 형제자매 중에서 성년자를 대리인으로 정하여 위임장을 제출하는 경우
   ② 해외에 거주하는 조합원이 대리인을 지정하는 경우
   ③ 법인인 토지등소유자가 대리인을 지정하는 경우. 이 경우 법인의 대리인은 조합임원 또는 대의원으로 선임될 수 있다.
2. 조합은 1.에 따른 서면의결권을 행사하는 자가 본인인지를 확인하여야 한다(법 제45조 제6항).

PART 06

대의원회가 총회의 권한을 대행할 수 없는 사항

법 제46조 제4항에서 "대통령령으로 정하는 사항"이란 다음 각 호의 사항을 말한다(영 제43조)

1. 법 제45조 제1항 제1호에 따른 정관의 변경에 관한 사항(법 제40조 제4항에 따른 경미한 사항의 변경은 법 또는 정관에서 총회의결사항으로 정한 경우로 한정한다)
2. 법 제45조 제1항 제2호에 따른 자금의 차입과 그 방법・이자율 및 상환방법에 관한 사항
3. 법 제45조 제1항 제4호에 따른 예산으로 정한 사항 외에 조합원에게 부담이 되는 계약에 관한 사항

4. 법 제45조 제1항 제5호에 따른 시공자·설계자 또는 감정평가법인등(법 제74조 제4항에 따라 시장·군수 등이 선정·계약하는 감정평가법인등은 제외한다)의 선정 및 변경에 관한 사항
5. 법 제45조 제1항 제6호에 따른 정비사업전문관리업자의 선정 및 변경에 관한 사항
6. 법 제45조 제1항 제7호에 따른 조합임원의 선임 및 해임과 제42조 제1항 제2호에 따른 대의원의 선임 및 해임에 관한 사항. 다만, 정관으로 정하는 바에 따라 임기 중 궐위된 자(조합장은 제외한다)를 보궐선임하는 경우를 제외한다.
7. 법 제45조 제1항 제9호에 따른 사업시행계획서의 작성 및 변경에 관한 사항(법 제50조 제1항 본문에 따른 정비사업의 중지 또는 폐지에 관한 사항을 포함하며, 같은 항 단서에 따른 경미한 변경은 제외한다)
8. 법 제45조 제1항 제10호에 따른 관리처분계획의 수립 및 변경에 관한 사항(법 제74조 제1항 각 호 외의 부분 단서에 따른 경미한 변경은 제외한다)
9. 법 제45조 제2항에 따라 총회에 상정하여야 하는 사항
10. 제42조 제1항 제1호에 따른 조합의 합병 또는 해산에 관한 사항. 다만, 사업완료로 인한 해산의 경우는 제외한다.
11. 제42조 제1항 제3호에 따른 건설되는 건축물의 설계 개요의 변경에 관한 사항
12. 제42조 제1항 제4호에 따른 정비사업비의 변경에 관한 사항

9. 대의원회

(1) 대의원회 설치

조합원의 수가 100명 이상인 조합은 대의원회를 두어야 한다(법 제46조 제1항).

(2) 대의원의 수

대의원회는 조합원의 10분의 1 이상으로 구성한다. 조합원의 10분의 1이 100명을 넘는 경우에는 조합원의 10분의 1 범위에서 100명 이상으로 구성할 수 있다(법 제46조 제2항).

(3) 대의원의 선출

① 조합장이 아닌 조합임원은 대의원이 될 수 없다(법 제46조 제3항).
② 대의원은 조합원 중에서 선출한다(영 제44조 제1항).
③ 대의원의 선임 및 해임에 관하여는 정관으로 정하는 바에 따른다(영 제44조 제2항).

(4) 총회의 권한 대행

대의원회는 총회의 의결사항 중 대통령령으로 정하는 사항 외에는 총회의 권한을 대행할 수 있다(법 제46조 제4항).

(5) 대의원의 수, 선임방법, 선임절차 및 대의원회의 의결방법

대의원의 수, 선임방법, 선임절차 및 대의원회의 의결방법 등은 대통령령으로 정하는 범위에서 정관으로 정한다(법 제46조 제5항).

3 주민대표회의

1. 주민대표회의의 구성

(1) 구 성

토지등소유자가 시장·군수 등 또는 토지주택공사 등의 사업시행을 원하는 경우에는 정비구역 지정·고시 후 주민대표기구(이하 "주민대표회의"라 한다)를 구성하여야 한다(법 제47조 제1항).

(2) 구성원의 수

주민대표회의는 위원장을 포함하여 5명 이상 25명 이하로 구성한다(법 제47조 제2항).

(3) 임 원

주민대표회의에는 위원장과 부위원장 각 1명과, 1명 이상 3명 이하의 감사를 둔다(영 제45조 제1항).

(4) 토지등소유자의 동의 및 시장 · 군수 등 승인신청

① 주민대표회의는 토지등소유자의 과반수의 동의를 받아 구성하며, 국토교통부령으로 정하는 방법 및 절차에 따라 시장 · 군수 등의 승인을 받아야 한다(법 제47조 제3항).

② ①에 따라 주민대표회의의 구성에 동의한 자는 사업시행자의 지정에 동의한 것으로 본다. 다만, 사업시행자의 지정 요청 전에 시장 · 군수 등 및 주민대표회의에 사업시행자의 지정에 대한 반대의 의사표시를 한 토지등소유자의 경우에는 그러하지 아니하다(법 제47조 제4항).

(5) 주민대표회의 또는 세입자의 의견제시

주민대표회의 또는 세입자(상가세입자를 포함한다)는 사업시행자가 다음의 사항에 관하여 시행규정을 정하는 때에 의견을 제시할 수 있다. 이 경우 사업시행자는 주민대표회의 또는 세입자의 의견을 반영하기 위하여 노력하여야 한다(법 제47조 제5항).

1. 건축물의 철거
2. 주민의 이주(세입자의 퇴거에 관한 사항을 포함한다)
3. 토지 및 건축물의 보상(세입자에 대한 주거이전비 등 보상에 관한 사항을 포함한다)
4. 정비사업비의 부담
5. 세입자에 대한 임대주택의 공급 및 입주자격
6. 그 밖에 정비사업의 시행을 위하여 필요한 사항으로서 대통령령(영 제45조 제2항)으로 정하는 사항

4 토지등소유자 전체회의

1. 의결사항

재개발사업·재건축사업의 지정개발자로서의 사업시행자로 지정된 신탁업자는 일정한 사항에 관하여 해당 정비사업의 토지등소유자(재건축사업의 경우에는 신탁업자를 사업시행자로 지정하는 것에 동의한 토지등소유자를 말한다) 전원으로 구성되는 회의(이하 "토지등소유자 전체회의"라 한다)의 의결을 거쳐야 한다(법 제48조 제1항).

2. 소 집

토지등소유자 전체회의는 사업시행자가 직권으로 소집하거나 토지등소유자 5분의 1 이상의 요구로 사업시행자가 소집한다(법 제48조 제2항).

토지등소유자 전체회의의 의결사항

1. 시행규정의 확정 및 변경
2. 정비사업비의 사용 및 변경
3. 정비사업전문관리업자와의 계약 등 토지등소유자의 부담이 될 계약
4. 시공자의 선정 및 변경
5. 정비사업비의 토지등소유자별 분담내역
6. 자금의 차입과 그 방법·이자율 및 상환방법
7. 제52조에 따른 사업시행계획서의 작성 및 변경(제50조 제1항 본문에 따른 정비사업의 중지 또는 폐지에 관한 사항을 포함하며, 같은 항 단서에 따른 경미한 변경은 제외한다)
8. 제74조에 따른 관리처분계획의 수립 및 변경(제74조 제1항 각 호 외의 부분 단서에 따른 경미한 변경은 제외한다)
9. 제89조에 따른 청산금의 징수·지급(분할징수·분할지급을 포함한다)과 조합 해산 시의 회계보고
10. 제93조에 따른 비용의 금액 및 징수방법
11. 그 밖에 토지등소유자에게 부담이 되는 것으로 시행규정으로 정하는 사항

04 사업시행계획서의 작성 및 시행계획인가 등

1 사업시행계획서

1. 사업시행계획서 작성

사업시행자는 정비계획에 따라 다음의 사항을 포함하는 사업시행계획서를 작성하여야 한다(법 제52조 제1항).

1. 토지이용계획(건축물배치계획을 포함한다)
2. 정비기반시설 및 공동이용시설의 설치계획
3. 임시거주시설을 포함한 주민이주대책
4. 세입자의 주거 및 이주 대책
5. 사업시행기간 동안 정비구역 내 가로등 설치, 폐쇄회로 텔레비전 설치 등 범죄예방대책
6. 법 제10조에 따른 임대주택의 건설계획(재건축사업의 경우는 제외한다)
7. 법 제54조 제4항, 제101조의5 및 제101조의6에 따른 국민주택규모 주택의 건설계획(주거환경개선사업의 경우는 제외한다)
8. 공공지원민간임대주택 또는 임대관리 위탁주택의 건설계획(필요한 경우로 한정한다)
9. 건축물의 높이 및 용적률 등에 관한 건축계획

10. 정비사업의 시행과정에서 발생하는 폐기물의 처리계획
11. 교육시설의 교육환경 보호에 관한 계획(정비구역부터 200m 이내에 교육시설이 설치되어 있는 경우로 한정한다)
12. 정비사업비
13. 그 밖에 사업시행을 위한 사항으로서 대통령령(영 제47조 제2항)으로 정하는 바에 따라 시·도조례로 정하는 사항
   ① 정비사업의 종류·명칭 및 시행기간
   ② 정비구역의 위치 및 면적
   ③ 사업시행자의 성명 및 주소
   ④ 설계도서
   ⑤ 자금계획
   ⑥ 철거할 필요는 없으나 개·보수할 필요가 있다고 인정되는 건축물의 명세 및 개·보수계획
   ⑦ 정비사업의 시행에 지장이 있다고 인정되는 정비구역의 건축물 또는 공작물 등의 명세
   ⑧ 토지 또는 건축물 등에 관한 권리자 및 그 권리의 명세
   ⑨ 공동구의 설치에 관한 사항
   ⑩ 정비사업의 시행으로 법 제97조 제1항에 따라 용도가 폐지되는 정비기반시설의 조서·도면과 새로 설치할 정비기반시설의 조서·도면(토지주택공사등이 사업시행자인 경우만 해당한다)
   ⑪ 정비사업의 시행으로 법 제97조 제2항에 따라 용도가 폐지되는 정비기반시설의 조서·도면 및 그 정비기반시설에 대한 둘 이상의 감정평가법인등의 감정평가서와 새로 설치할 정비기반시설의 조서·도면 및 그 설치비용 계산서
   ⑫ 사업시행자에게 무상으로 양여되는 국·공유지의 조서
   ⑬ 「물의 재이용 촉진 및 지원에 관한 법률」에 따른 빗물처리계획
   ⑭ 기존주택의 철거계획서(석면을 함유한 건축자재가 사용된 경우에는 그 현황과 해당 자재의 철거 및 처리계획을 포함한다)
   ⑮ 정비사업 완료 후 상가세입자에 대한 우선 분양 등에 관한 사항

2. 시행규정

시장·군수 등, 토지주택공사 등 또는 신탁업자가 단독으로 정비사업을 시행하는 경우 일정한 사항을 포함하는 시행규정을 작성하여야 한다(법 제53조).

사업시행계획인가의 경미한 변경

법 제50조 제1항 단서에서 "대통령령으로 정하는 경미한 사항을 변경하려는 때"란 다음 각 호의 어느 하나에 해당하는 때를 말한다(영 제46조).

1. 정비사업비를 10%의 범위에서 변경하거나 관리처분계획의 인가에 따라 변경하는 때. 다만, 「주택법」 제2조 제5호에 따른 국민주택을 건설하는 사업인 경우에는 「주택도시기금법」에 따른 주택도시기금의 지원금액이 증가되지 아니하는 경우만 해당한다.
2. 건축물이 아닌 부대시설·복리시설의 설치규모를 확대하는 때(위치가 변경되는 경우는 제외한다)
3. 대지면적을 10%의 범위에서 변경하는 때
4. 세대수와 세대당 주거전용면적을 변경하지 않고 세대당 주거전용면적의 10%의 범위에서 세대 내부구조의 위치 또는 면적을 변경하는 때
5. 내장재료 또는 외장재료를 변경하는 때
6. 사업시행계획인가의 조건으로 부과된 사항의 이행에 따라 변경하는 때
7. 건축물의 설계와 용도별 위치를 변경하지 아니하는 범위에서 건축물의 배치 및 주택단지 안의 도로선형을 변경하는 때
8. 「건축법 시행령」 제12조 제3항 각 호의 어느 하나에 해당하는 사항을 변경하는 때
9. 사업시행자의 명칭 또는 사무소 소재지를 변경하는 때
10. 정비구역 또는 정비계획의 변경에 따라 사업시행계획서를 변경하는 때
11. 법 제35조 제5항 본문에 따른 조합설립변경 인가에 따라 사업시행계획서를 변경하는 때
12. 그 밖에 시·도조례로 정하는 사항을 변경하는 때

2 사업시행계획인가

1. 사업시행계획인가 신청

(1) 시장 · 군수 등의 인가

① 사업시행자(법 제25조 제1항 및 제2항에 따른 공동시행의 경우를 포함하되, 사업시행자가 시장 · 군수 등인 경우는 제외한다)는 정비사업을 시행하려는 경우에는 사업시행계획서에 정관 등과 그 밖에 국토교통부령으로 정하는 서류를 첨부하여 시장 · 군수 등에게 제출하고 사업시행계획인가를 받아야 하고, 인가받은 사항을 변경하거나 정비사업을 중지 또는 폐지하려는 경우에도 또한 같다. 다만, 대통령령으로 정하는 경미한 사항을 변경하려는 때에는 시장 · 군수 등에게 신고하여야 한다(법 제50조 제1항).

② 시장 · 군수 등은 ①의 단서에 따른 신고를 받은 날부터 20일 이내에 신고수리 여부를 신고인에게 통지하여야 한다(법 제50조 제2항).

③ 시장 · 군수 등이 ②에서 정한 기간 내에 신고수리 여부 또는 민원 처리 관련 법령에 따른 처리기간의 연장을 신고인에게 통지하지 아니하면 그 기간(민원 처리 관련 법령에 따라 처리기간이 연장 또는 재연장된 경우에는 해당 처리기간을 말한다)이 끝난 날의 다음 날에 신고를 수리한 것으로 본다(법 제50조 제3항).

(2) 시장 · 군수 등의 인가여부 결정

시장 · 군수 등은 특별한 사유가 없으면 사업시행계획서의 제출이 있은 날부터 60일 이내에 인가 여부를 결정하여 사업시행자에게 통보하여야 한다(법 제50조 제4항).

(3) 인가신청 전 총회 의결

사업시행자(시장 · 군수 등 또는 토지주택공사 등은 제외한다)는 사업시행계획인가를 신청하기 전에 미리 총회의 의결을 거쳐야 하며, 인가받은 사항을 변경하거나 정비사업을 중지 또는 폐지하려는 경우에도 또한 같다. 다만, (1)의 단서에 따른 경미한 사항의 변경은 총회의 의결을 필요로 하지 아니한다(법 제50조 제5항).

(4) 토지등소유자의 재개발사업 시행시 동의

토지등소유자가 재개발사업을 시행하려는 경우에는 사업시행계획인가를 신청하기 전에 사업시행계획서에 대하여 토지등소유자의 4분의 3 이상 및 토지면적의 2분의 1 이상의 토지소유자의 동의를 받아야 한다. 다만, 인가받은 사항을 변경하려는 경우에는 규약으로 정하는 바에 따라 토지등소유자의 과반수의 동의를 받아야 하며, (1)의 단서에 따른 경미한 사항의 변경인 경우에는 토지등소유자의 동의를 필요로 하지 아니한다(법 제50조 제6항).

법 제50조의2【사업시행계획의 통합심의】 ① 정비구역의 지정권자는 사업시행계획인가와 관련된 다음 각 호 중 둘 이상의 심의가 필요한 경우에는 이를 통합하여 검토 및 심의(이하 "통합심의"라 한다)하여야 한다.

1. 「건축법」에 따른 건축물의 건축 및 특별건축구역의 지정 등에 관한 사항
2. 「경관법」에 따른 경관 심의에 관한 사항
3. 「교육환경 보호에 관한 법률」에 따른 교육환경평가
4. 「국토의 계획 및 이용에 관한 법률」에 따른 도시 · 군관리계획에 관한 사항
5. 「도시교통정비 촉진법」에 따른 교통영향평가에 관한 사항
6. 「환경영향평가법」에 따른 환경영향평가 등에 관한 사항
7. 그 밖에 국토교통부장관, 시 · 도지사 또는 시장 · 군수 등이 필요하다고 인정하여 통합심의에 부치는 사항

② 사업시행자가 통합심의를 신청하는 경우에는 제1항 각 호와 관련된 서류를 첨부하여야 한다. 이 경우 정비구역의 지정권자는 통합심의를 효율적으로 처리하기 위하여 필요한 경우 제출기한을 정하여 제출하도록 할 수 있다.

③ 정비구역의 지정권자가 통합심의를 하는 경우에는 다음 각 호의 어느 하나에 해당하는 위원회에 속하고 해당 위원회의 위원장의 추천을 받은 위원, 정비구역의 지정권자가 속한 지방자치단체 소속 공무원 및 제50조에 따른 사업시행계획 인가권자가 속한 지방자치단체 소속 공무원으로 소집된 통합심의위원회를 구성하여 통합심의하여야 한다. 이 경우 통합심의위원회의 구성, 통합심의의 방법 및 절차에 관한 사항은 대통령령으로 정한다.

1. 「건축법」에 따른 건축위원회
2. 「경관법」에 따른 경관위원회
3. 「교육환경 보호에 관한 법률」에 따른 교육환경보호위원회
4. 지방도시계획위원회
5. 「도시교통정비 촉진법」에 따른 교통영향평가심의위원회

(5) 지정개발자의 동의

지정개발자가 정비사업을 시행하려는 경우에는 사업시행계획인가를 신청하기 전에 토지등소유자의 과반수의 동의 및 토지면적의 2분의 1 이상의 토지소유자의 동의를 받아야 한다. 다만, (1)의 ①의 단서에 따른 경미한 사항의 변경인 경우에는 토지등소유자의 동의를 필요로 하지 아니한다(법 제50조 제7항).

(6) 토지등소유자의 동의를 받지 않는 경우

천재지변 등의 사유로 긴급히 정비사업시행이 필요한 경우로서 시행하는 재개발·재건축사업의 공공시행자 및 지정개발자(법 제26조 제1항 제1호 및 제27조 제1항 제1호에 따른 사업시행자)는 토지등소유자의 동의를 필요로 하지 아니한다(법 제50조 제8항).

2. 사업시행계획인가의 절차

(1) 공람·공고

시장·군수 등은 사업시행계획인가를 하거나 사업시행계획서를 작성하려는 경우에는 대통령령으로 정하는 방법 및 절차에 따라 관계 서류의 사본을 14일 이상 일반인이 공람할 수 있게 하여야 한다. 다만, 앞의 1.의 (1) 단서에 따른 경미한 사항을 변경하려는 경우에는 그러하지 아니하다(법 제56조 제1항).

(2) 의견제출

① 토지등소유자 또는 조합원, 그 밖에 정비사업과 관련하여 이해관계를 가지는 자는 공람기간 이내에 시장·군수 등에게 서면으로 의견을 제출할 수 있다(법 제56조 제2항).

② 시장·군수 등은 제출된 의견을 심사하여 채택할 필요가 있다고 인정하는 때에는 이를 채택하고, 그러하지 아니한 경우에는 의견을 제출한 자에게 그 사유를 알려주어야 한다(법 제56조 제3항).

(3) 관계 행정기관장과의 협의

시장·군수 등은 사업시행계획인가를 하거나 사업시행계획서를 작성하려는 경우 의제되는 인·허가 등에 해당하는 사항이 있는 때에는 미리 관계 행정기관의 장과 협의하여야 하고, 협의를 요청받은 관계 행정기관의 장은 요청받은 날(법 제57조 제3항의 단서의 경우에는 서류가 관계 행정기관의 장에게 도달된 날을 말한다)부터 30일 이내에 의견을 제출하여야 한다. 이 경우 관계 행정기관의 장이 30일 이내에 의견을 제출하지 아니하면 협의된 것으로 본다(법 제57조 제4항).

6. 도시재정비위원회(정비구역이 재정비촉진지구 내에 있는 경우에 한정한다)
7. 「환경영향평가법」에 따른 환경영향평가협의회
8. ①의 7.에 대하여 심의권한을 가진 관련 위원회

④ 시장·군수 등은 특별한 사유가 없으면 통합심의 결과를 반영하여 사업시행계획을 인가하여야 한다.
⑤ 통합심의를 거친 경우에는 ①의 각 호의 사항에 대한 검토·심의·조사·협의·조정 또는 재정을 거친 것으로 본다.

법 제50조의3【정비계획 변경 및 사업시행인가의 심의 특례】
① 정비구역의 지정권자는 제50조 제1항에 따른 사업시행계획인가(인가받은 사항을 변경하는 경우를 포함한다)에 앞서 제16조 제2항에 따라 결정·고시된 정비계획의 변경(정비구역의 변경도 포함하며, 제15조 제3항에 따른 경미한 변경은 제외한다)이 필요한 경우 제16조에도 불구하고 정비계획의 변경을 위한 지방도시계획위원회 심의를 사업시행계획인가와 관련된 심의와 함께 통합하여 검토 및 심의할 수 있다.
② 정비구역의 지정권자가 ①에 따라 심의를 통합하여 실시하는 경우 사업시행자는 하나의 총회(신탁업자가 사업시행자로 지정된 경우에는 토지등소유자 전체회의를 말한다)에서 제45조 제1항 제8호 및 제9호에 관한 사항을 의결하여야 한다.
③ ① 및 ②에서 규정한 사항 외에 심의 및 총회 의결을 위한 절차와 방법에 관하여 필요한 사항은 대통령령으로 정한다.

기반시설의 기부채납 기준

1. 시장·군수 등은 사업시행계획을 인가하는 경우 사업시행자가 제출하는 사업시행계획에 해당 정비사업과 직접적으로 관련이 없거나 과도한 정비기반시설의 기부채납을 요구하여서는 아니 된다(법 제51조 제1항).

PART 06

(4) 지정개발자의 정비사업비 예치

① 시장 · 군수 등은 재개발사업의 사업시행계획인가를 하는 경우 해당 정비사업의 사업시행자가 지정개발자(지정개발자가 토지등소유자인 경우로 한정한다)인 때에는 정비사업비의 100분의 20의 범위에서 시 · 도조례로 정하는 금액을 예치하게 할 수 있다(법 제60조 제1항).

② 예치금은 청산금의 지급이 완료된 때에 반환한다(법 제60조 제2항).

③ 정비사업비의 예치 및 반환 등에 필요한 사항은 시 · 도조례로 정한다(법 제60조 제3항).

3. 사업시행계획의 인가 · 고시 등

(1) 사업시행계획 인가 · 고시

시장 · 군수 등은 사업시행계획 인가(시장 · 군수 등이 사업시행계획서를 작성한 경우를 포함한다)를 하거나 정비사업을 변경 · 중지 또는 폐지하는 경우에는 국토교통부령으로 정하는 방법 및 절차에 따라 그 내용을 해당 지방자치단체의 공보에 고시하여야 한다. 다만, 앞의 1.의 (1) 단서에 따른 경미한 사항을 변경하려는 경우에는 그러하지 아니하다(법 제50조 제9항).

(2) 사업시행계획 인가의 효과

사업시행자가 사업시행계획 인가를 받은 때(시장 · 군수 등이 직접 정비사업을 시행하는 경우에는 사업시행계획서를 작성한 때를 말한다)에는 관계 법률에 따른 인가 · 허가 · 결정 · 승인 · 신고 · 등록 · 협의 · 동의 · 심사 · 지정 또는 해제(이하 "인 · 허가 등"이라 한다)가 있은 것으로 보며, 사업시행계획인가의 고시가 있은 때에는 관계 법률에 따른 인 · 허가 등의 고시 · 공고 등이 있은 것으로 본다(법 제57조 제1항).

4. 국민주택규모 주택의 의무 건설비율

사업시행자는 법적상한용적률에서 정비계획으로 정하여진 용적률을 뺀 용적률(이하 "초과용적률"이라 한다)의 다음에 따른 비율에 해당하는 면적에 국민주택규모 주택을 건설하여야 한다. 다만, 천재지변 등의 사유로 긴급히 정비사업시행이 필요한 경우로서 시행하는 재개발 · 재건축사업의 공공시행자 및 지정개발자(법 제26조 제1항 제1호 및 제27조 제1항 제1호에 따른 사업시행자)가 정비사업을 시행하는 경우에는 그러하지 아니하다(법 제54조 제4항).

---

2. 국토교통부장관은 정비기반시설의 기부채납과 관련하여 다음 각 호의 사항이 포함된 운영기준을 작성하여 고시할 수 있다(법 제51조 제2항).
   ① 정비기반시설의 기부채납 부담의 원칙 및 수준
   ② 정비기반시설의 설치기준 등
3. 시장 · 군수 등은 2.에 따른 운영기준의 범위에서 지역여건 또는 사업의 특성 등을 고려하여 따로 기준을 정할 수 있으며, 이 경우 사전에 국토교통부장관에게 보고하여야 한다(법 제51조 제3항).

천재지변 등의 긴급한 사유 발생시 협의생략

시장 · 군수 등은 천재지변이나 그 밖의 불가피한 사유로 긴급히 정비사업을 시행할 필요가 있다고 인정하는 때에는 관계 행정기관의 장 및 교육감 또는 교육장과 협의를 마치기 전에 사업시행계획인가를 할 수 있다. 이 경우 협의를 마칠 때까지는 사업시행인가로 의제되는 인 · 허가 등을 받은 것으로 보지 아니한다(법 제57조 제6항).

1. 법 제50조의2 제3항에 따른 통합심의위원회(이하 "통합심의위원회"라 한다)는 위원장 1명과 부위원장 1명을 포함하여 20명 이상 100명 이하의 위원으로 성별을 고려하여 구성한다(영 제46조의2 제1항).
2. 통합심의위원회는 다음 각 호의 기준에 따라 구성한다(영 제46조의2 제2항).
   ① 법 제50조의2 제3항 제1호, 제4호 및 제6호의 위원회 위원: 각 호의 위원회별 3명 이상
   ② 법 제50조의2 제3항 제2호, 제3호, 제5호 및 제7호의 위원회 위원: 각 호의 위원회별 2명 이상

구 분	과밀억제권역에서 시행	과밀억제권역 외의 지역에서 시행
재건축사업	초과용적률의 100분의 30 이상 100분의 50 이하로서 시·도조례로 정하는 비율	초과용적률의 100분의 50 이하로서 시·도조례로 정하는 비율
재개발사업	초과용적률의 100분의 50 이상 100분의 75 이하로서 시·도조례로 정하는 비율	초과용적률의 100분의 75 이하로서 시·도조례로 정하는 비율

3 순환정비방식의 정비사업

1. 순환정비방식에 따른 주택의 소유자 등의 이주대책 수립

사업시행자는 정비구역의 안과 밖에 새로 건설한 주택 또는 이미 건설되어 있는 주택의 경우 그 정비사업의 시행으로 철거되는 주택의 소유자 또는 세입자(정비구역에서 실제 거주하는 자로 한정한다)를 임시로 거주하게 하는 등 그 정비구역을 순차적으로 정비하여 주택의 소유자 또는 세입자의 이주대책을 수립하여야 한다(법 제59조 제1항).

2. 순환용주택의 사용·임대 및 우선 공급 요청

사업시행자는 순환정비방식으로 정비사업을 시행하는 경우에는 임시로 거주하는 주택(이하 "순환용주택"이라 한다)을 「주택법」 제54조에도 불구하고 제61조에 따른 임시거주시설로 사용하거나 임대할 수 있으며, 대통령령으로 정하는 방법과 절차에 따라 토지주택공사 등이 보유한 공공임대주택을 순환용주택으로 우선 공급할 것을 요청할 수 있다(법 제59조 제2항).

3. 순환용주택의 분양·계속 임대

사업시행자는 순환용주택에 거주하는 자가 정비사업이 완료된 후에도 순환용주택에 계속 거주하기를 희망하는 때에는 대통령령으로 정하는 바에 따라 분양하거나 계속 임대할 수 있다. 이 경우 사업시행자가 소유하는 순환용주택은 인가받은 관리처분계획에 따라 토지등소유자에게 처분된 것으로 본다(법 제59조 제3항).

③ 법 제50조의2 제3항 제8호의 위원회 위원: 각 위원회별 1명 이상
④ 정비구역지정권자가 속한 지방자치단체 소속 공무원: 1명 이상
⑤ 법 제50조에 따른 사업시행계획 인가권자가 속한 지방자치단체 소속 공무원: 1명 이상

3. 통합심의위원회 위원장과 부위원장은 제2항에 따른 통합심의위원회의 위원(이하 "위원"이라 한다) 중에서 정비구역지정권자가 임명하거나 위촉한다(영 제46조의2 제3항).

교육감·교육장 협의사항

시장·군수 등은 사업시행계획인가(시장·군수 등이 사업시행계획서를 작성한 경우를 포함한다)를 하려는 경우 정비구역부터 200m 이내에 교육시설이 설치되어 있는 때에는 해당 지방자치단체의 교육감 또는 교육장과 협의하여야 하며, 인가받은 사항을 변경하는 경우에도 또한 같다(법 제57조 제5항).

국민주택규모 주택의 공급 및 인수

1. **국민주택규모 주택의 인수자**: 사업시행자는 4.에 따라 건설한 국민주택규모 주택을 국토교통부장관, 시·도지사, 시장, 군수, 구청장 또는 토지주택공사 등(이하 "인수자"라 한다)에 공급하여야 한다(법 제55조 제1항).
2. **국민주택규모 주택의 공급가격**: 1.에 따른 국민주택규모 주택의 공급가격은 「공공주택 특별법」 제50조의4에 따라 국토교통부장관이 고시하는 공공건설임대주택의 표준건축비로 하며, 부속 토지는 인수자에게 기부채납한 것으로 본다(법 제55조 제2항).

PART 06

05 정비사업시행을 위한 조치 등

1 임시거주시설 · 임시상가의 설치 등

1. 사업시행자의 임시수용시설의 설치

(1) 철거주택의 소유자 등에 대한 임시거주 등 조치

① 사업시행자는 주거환경개선사업 및 재개발사업의 시행으로 철거되는 주택의 소유자 또는 세입자에게 해당 정비구역 안과 밖에 위치한 임대주택 등의 시설에 임시로 거주하게 하거나 주택자금의 융자를 알선하는 등 임시거주에 상응하는 조치를 하여야 한다(법 제61조 제1항).

② 사업시행자는 임시거주시설의 설치 등을 위하여 필요한 때에는 국가 · 지방자치단체, 그 밖의 공공단체 또는 개인의 시설이나 토지를 일시 사용할 수 있다(법 제61조 제2항).

③ 국가 또는 지방자치단체는 사업시행자로부터 임시거주시설에 필요한 건축물이나 토지의 사용신청을 받은 때에는 대통령령으로 정하는 사유가 없으면 이를 거절하지 못한다. 이 경우 사용료 또는 대부료는 면제한다(법 제61조 제3항).

(2) 임시거주시설의 철거 및 원상회복

사업시행자는 정비사업의 공사를 완료한 때에는 완료한 날부터 30일 이내에 임시거주시설을 철거하고, 사용한 건축물이나 토지를 원상회복하여야 한다(법 제61조 제4항).

2. 재개발사업의 사업시행자의 임시상가의 설치 등

재개발사업의 사업시행자는 사업시행으로 이주하는 상가세입자가 사용할 수 있도록 정비구역 또는 정비구역 인근에 임시상가를 설치할 수 있다(법 제61조 제5항).

3. 손실보상

(1) 손실보상 협의

사업시행자는 법 제61조에 따라 공공단체(지방자치단체는 제외한다) 또는 개인의 시설이나 토지를 일시 사용함으로써 손실을 입은 자가 있는 경우에는 손실을 보상하여야 하며, 손실을 보상하는 경우에는 손실을 입은 자와 협의하여야 한다(법 제62조 제1항).

3. **사업시행자와 인수자와의 사전 협의**: 사업시행자는 정비계획상 용적률을 초과하여 건축하려는 경우에는 사업시행계획인가를 신청하기 전에 미리 국민주택규모 주택에 관한 사항을 인수자와 협의하여 사업시행계획서에 반영하여야 한다(법 제55조 제3항).
4. **국민주택규모 주택의 활용**: 국민주택규모 주택의 인수를 위한 절차와 방법 등에 필요한 사항은 대통령령으로 정할 수 있으며, 인수된 국민주택규모 주택은 대통령령으로 정하는 장기공공임대주택(즉, 임대의무기간이 20년 이상인 공공임대주택)으로 활용하여야 한다. 다만, 토지등소유자의 부담 완화 등 대통령령으로 정하는 요건에 해당하는 경우에는 인수된 국민주택규모 주택을 장기공공임대주택이 아닌 임대주택으로 활용할 수 있다(법 제55조 제4항, 영 제48조 제4항).
5. **부속 토지의 인수가격**: 4.의 단서에 따른 임대주택의 인수자는 임대의무기간에 따라 감정평가액의 100분의 50 이하의 범위에서 대통령령으로 정하는 가격으로 부속 토지를 인수하여야 한다(법 제55조 제5항).

(2) **불협의시 재결신청**

사업시행자 또는 손실을 입은 자는 손실보상에 관한 협의가 성립되지 아니하거나 협의할 수 없는 경우에는 「공익사업을 위한 토지 등의 취득 및 보상에 관한 법률」 제49조에 따라 설치되는 관할 토지수용위원회에 재결을 신청할 수 있다(법 제62조 제2항).

(3) **「공익사업을 위한 토지 등의 취득 및 보상에 관한 법률」 준용**

손실보상은 이 법에 규정된 사항을 제외하고는 「공익사업을 위한 토지 등의 취득 및 보상에 관한 법률」을 준용한다(법 제62조 제3항).

2 토지 등의 수용 또는 사용

1. 사업시행자의 토지 등의 수용 또는 사용

사업시행자는 정비구역에서 정비사업(재건축사업의 경우에는 천재지변 등의 사유로 긴급히 정비사업시행이 필요한 경우로서 시행하는 공공시행자 및 지정개발자가 시행하는 정비사업에 한정한다)을 시행하기 위하여 「공익사업을 위한 토지 등의 취득 및 보상에 관한 법률」 제3조에 따른 토지·물건 또는 그 밖의 권리를 취득하거나 사용할 수 있다(법 제63조).

2. 「공익사업을 위한 토지 등의 취득 및 보상에 관한 법률」의 준용

(1) **토지 등의 수용·사용에 관한 준용**

정비구역에서 정비사업의 시행을 위한 토지 또는 건축물의 소유권과 그 밖의 권리에 대한 수용 또는 사용은 이 법에 규정된 사항을 제외하고는 「공익사업을 위한 토지 등의 취득 및 보상에 관한 법률」을 준용한다. 다만, 정비사업의 시행에 따른 손실보상의 기준 및 절차는 대통령령으로 정할 수 있다(법 제65조 제1항).

(2) **사업시행계획인가시 사업인정으로 간주**

「공익사업을 위한 토지 등의 취득 및 보상에 관한 법률」을 준용하는 경우 사업시행계획인가 고시(시장·군수 등이 직접 정비사업을 시행하는 경우에는 사업시행계획서의 고시를 말한다)가 있은 때에는 「공익사업을 위한 토지 등의 취득 및 보상에 관한 법률」에 따른 사업인정 및 그 고시가 있은 것으로 본다(법 제65조 제2항).

손실보상에 따른 용적률의 특례

사업시행자가 다음 각 호의 어느 하나에 해당하는 경우에는 「국토의 계획 및 이용에 관한 법률」에도 불구하고 해당 정비구역에 적용되는 용적률의 100분의 125 이하의 범위에서 대통령령으로 정하는 바에 따라 특별시·광역시·특별자치시·특별자치도·시 또는 군의 조례로 용적률을 완화하여 정할 수 있다(법 제66조 제1항).

① 법 제65조 제1항 단서에 따라 대통령령으로 정하는 손실보상의 기준 이상으로 세입자에게 주거이전비를 지급하거나 영업의 폐지 또는 휴업에 따른 손실을 보상하는 경우

② 법 제65조 제1항 단서에 따른 손실보상에 더하여 임대주택을 추가로 건설하거나 임대상가를 건설하는 등 추가적인 세입자 손실보상 대책을 수립하여 시행하는 경우

법 제66조 【역세권등의 용적률 완화】

① 정비구역이 역세권 등 대통령령으로 정하는 요건에 해당하는 경우(제24조 제4항, 제26조 제1항 제1호 및 제27조 제1항 제1호에 따른 정비사업을 시행하는 경우는 제외한다)에는 제11조, 제54조 및 「국토의 계획 및 이용에 관한 법률」에도 불구하고 다음 각 호의 어느 하나에 따라 용적률을 완화하여 적용할 수 있다.

1. 지방도시계획위원회의 심의를 거쳐 법적상한용적률의 100분의 120까지 완화
2. 용도지역의 변경을 통하여 용적률을 완화하여 정비계획을 수립(변경수립을 포함한다)한 후 변경된 용도지역의 법적상한용적률까지 완화

PART 06

(3) **재결신청기간**

수용 또는 사용에 대한 재결의 신청은 「공익사업을 위한 토지 등의 취득 및 보상에 관한 법률」 에도 불구하고 사업시행계획인가(사업시행계획변경인가를 포함한다)를 할 때 정한 사업시행기간 이내에 하여야 한다(법 제65조 제3항).

(4) **현물보상의 기준**

대지 또는 건축물을 현물보상하는 경우에는 「공익사업을 위한 토지 등의 취득 및 보상에 관한 법률」 제42조에도 불구하고 준공인가 이후에도 할 수 있다(법 제65조 제4항).

3 매도청구

1. 동의여부 회답촉구

재건축사업의 사업시행자는 사업시행계획인가의 고시가 있은 날부터 30일 이내에 다음의 자에게 조합설립 또는 사업시행자의 지정에 관한 동의 여부를 회답할 것을 서면으로 촉구하여야 한다(법 제64조 제1항).

> 1. 조합설립에 동의하지 아니한 자
> 2. 천재지변 등의 사유로 긴급히 정비사업시행이 필요한 경우로서 시행하는 공공시행자 및 지정개발자가 시행하는 정비사업으로 시장·군수 등, 토지주택공사 등 또는 신탁업자의 사업시행자 지정에 동의하지 아니한 자

2. 동의여부 회답

1.의 촉구를 받은 토지등소유자는 촉구를 받은 날부터 2개월 이내에 회답하여야 한다(법 제64조 제2항).

3. 회답하지 않는 경우

촉구를 받은 날부터 2개월 이내에 회답하지 아니한 경우 그 토지등소유자는 조합설립 또는 사업시행자의 지정에 동의하지 아니하겠다는 뜻을 회답한 것으로 본다(법 제64조 제3항).

② 사업시행자는 ①에 따라 완화된 용적률에서 정비계획으로 정하여진 용적률을 뺀 용적률의 100분의 75 이하로서 대통령령으로 정하는 바에 따라 시·도조례로 정하는 비율에 해당하는 면적에 국민주택규모 주택을 건설하여 인수자에게 공급하여야 한다. 이 경우 국민주택규모 주택의 공급 및 인수방법에 관하여는 제55조를 준용한다.

③ ②에도 불구하고 인수자는 사업시행자로부터 공급받은 주택 중 대통령령으로 정하는 비율에 해당하는 주택에 대해서는 「공공주택 특별법」 제48조에 따라 분양할 수 있다. 이 경우 해당 주택의 공급가격은 「주택법」 제57조 제4항에 따라 국토교통부장관이 고시하는 건축비로 하며, 부속 토지의 가격은 감정평가액의 100분의 50 이상의 범위에서 대통령령으로 정한다.

도시분쟁조정위원회

1. 도시분쟁조정위원회 구성 등

① 조정위원회의 설치: 정비사업의 시행으로 발생한 분쟁을 조정하기 위하여 정비구역이 지정된 특별자치시, 특별자치도, 또는 시·군·구(자치구를 말한다)에 도시분쟁조정위원회(이하 "조정위원회"라 한다)를 둔다. 다만, 시장·군수 등을 당사자로 하여 발생한 정비사업의 시행과 관련된 분쟁 등의 조정을 위하여 필요한 경우에는 시·도에 조정위원회를 둘 수 있다(법 제116조 제1항).

② 조정위원회의 구성: 조정위원회는 부시장·부지사·부구청장 또는 부군수를 위원장으로 한 10명 이내의 위원으로 구성한다.

4. 매도청구

촉구를 받은 날부터 2개월이 지나면 사업시행자는 그 기간이 만료된 때부터 2개월 이내에 조합설립 또는 사업시행자 지정에 동의하지 아니하겠다는 뜻을 회답한 토지등소유자와 건축물 또는 토지만 소유한 자에게 건축물 또는 토지의 소유권과 그 밖의 권리를 매도할 것을 청구할 수 있다(법 제64조 제4항).

4 지상권 등 계약해지

(1) 지상권 등 계약해지

정비사업의 시행으로 지상권·전세권 또는 임차권의 설정목적을 달성할 수 없는 때에는 그 권리자는 계약을 해지할 수 있다(법 제70조 제1항).

(2) 금전반환 청구권 행사

계약을 해지할 수 있는 자가 가지는 전세금·보증금 그 밖의 계약상의 금전의 반환 청구권은 사업시행자에게 행사할 수 있다(법 제70조 제2항).

(3) 구상권 행사

금전의 반환 청구권의 행사에 따라 해당 금전을 지급한 사업시행자는 해당 토지 등 소유자에게 구상할 수 있다(법 제70조 제3항).

(4) 구상되지 않는 경우

사업시행자는 구상이 되지 아니하는 때에는 해당 토지등소유자에게 귀속될 대지 또는 건축물을 압류할 수 있다. 이 경우 압류한 권리는 저당권과 동일한 효력을 가진다(법 제70조 제4항).

2. 도시분쟁조정위원회 조정 등

① 심사·조정 분쟁사항: 조정위원회는 정비사업의 시행과 관련하여 매도청구권 행사 시 감정가액에 대한 분쟁 등에 해당하는 분쟁 사항을 심사·조정한다. 다만, 「주택법」, 「공익사업을 위한 토지 등의 취득 및 보상에 관한 법률」, 그 밖의 관계 법률에 따라 설치된 위원회의 심사대상에 포함되는 사항은 제외할 수 있다(법 제117조 제1항).

② 조정신청기간: 시장·군수 등은 다음의 어느 하나에 해당하는 경우 조정위원회를 개최할 수 있으며, 조정위원회는 조정신청을 받은 날(다음의 2.의 경우 조정위원회를 처음 개최한 날을 말한다)부터 60일 이내에 조정절차를 마쳐야 한다. 다만, 조정기간 내에 조정절차를 마칠 수 없는 정당한 사유가 있다고 판단되는 경우에는 조정위원회의 의결로 그 기간을 한 차례만 연장할 수 있으며 그 기간은 30일 이내로 한다(법 제117조 제2항).

㉠ 분쟁당사자가 정비사업의 시행으로 인하여 발생한 분쟁의 조정을 신청하는 경우

㉡ 시장·군수 등이 조정위원회의 조정이 필요하다고 인정하는 경우

06 관리처분계획 등

1 분양공고 및 분양신청

1. 분양통지 및 분양공고

사업시행자는 사업시행계획인가의 고시가 있은 날(사업시행계획인가 이후 시공자를 선정한 경우에는 시공자와 계약을 체결한 날)부터 120일 이내에 다음 각 호의 사항을 토지등소유자에게 통지하고, 분양의 대상이 되는 대지 또는 건축물의 내역 등 대통령령으로 정하는 사항을 해당 지역에서 발간되는 일간신문에 공고하여야 한다. 다만, 토지등소유자 1인이 시행하는 재개발사업의 경우에는 그러하지 아니하다(법 제72조 제1항).

1. 분양대상자별 종전의 토지 또는 건축물의 명세 및 사업시행계획인가의 고시가 있은 날을 기준으로 한 가격(사업시행계획인가 전에 법 제81조 제3항에 따라 철거된 건축물은 시장·군수 등에게 허가를 받은 날을 기준으로 한 가격)
2. 분양대상자별 분담금의 추산액
3. 분양신청기간
4. 그 밖에 대통령령(영 제59조 제2항)으로 정하는 사항
   ① 제1항 제1호부터 제6호까지 및 제8호의 사항
   ② 분양신청서
   ③ 그 밖에 시·도조례로 정하는 사항

분양신청의 절차 등

"분양의 대상이 되는 대지 또는 건축물의 내역 등 대통령령으로 정하는 사항"이란 다음 각 호의 사항을 말한다(영 제59조 제1항).

1. 사업시행인가의 내용
2. 정비사업의 종류·명칭 및 정비구역의 위치·면적
3. 분양신청기간 및 장소
4. 분양대상 대지 또는 건축물의 내역
5. 분양신청자격
6. 분양신청방법
7. 토지등소유자외의 권리자의 권리신고방법
8. 분양을 신청하지 아니한 자에 대한 조치
9. 그 밖에 시·도조례로 정하는 사항

2. 분양신청

(1) 분양신청기간

분양신청기간은 통지한 날부터 30일 이상 60일 이내로 하여야 한다. 다만, 사업시행자는 관리처분계획의 수립에 지장이 없다고 판단하는 경우에는 분양신청기간을 20일의 범위에서 한 차례만 연장할 수 있다(법 제72조 제2항).

(2) 분양신청방법

대지 또는 건축물에 대한 분양을 받으려는 토지등소유자는 분양신청기간에 대통령령으로 정하는 방법 및 절차에 따라 사업시행자에게 대지 또는 건축물에 대한 분양신청을 하여야 한다(법 제72조 제3항).

(3) 사업시행계획인가의 변경의 경우

사업시행자는 분양신청기간 종료 후 사업시행계획인가의 변경(경미한 사항의 변경은 제외한다)으로 세대수 또는 주택규모가 달라지는 경우 분양공고 등의 절차를 다시 거칠 수 있다(법 제72조 제4항).

(4) 분양 재신청

사업시행자는 정관 등으로 정하고 있거나 총회의 의결을 거친 경우 분양신청을 하지 않거나 분양신청기간 종료이전에 분양신청을 철회한 토지등소유자에게 분양신청을 다시 하게 할 수 있다(법 제72조 제5항).

(5) 분양신청을 하지 아니한 자 등에 대한 조치

1) 손실보상 협의

사업시행자는 관리처분계획이 인가·고시된 다음 날부터 90일 이내에 다음 각 호에서 정하는 자와 토지, 건축물 또는 그 밖의 권리의 손실보상에 관한 협의를 하여야 한다. 다만, 사업시행자는 분양신청기간 종료일의 다음 날부터 협의를 시작할 수 있다(법 제73조 제1항).

1. 분양신청을 하지 아니한 자
2. 분양신청기간 종료 이전에 분양신청을 철회한 자
3. 제72조 제6항 본문(투기과열지구 재당첨제한)에 따라 분양신청을 할 수 없는 자
4. 제74조에 따라 인가된 관리처분계획에 따라 분양대상에서 제외된 자

2) 불협의시 수용재결 신청 또는 매도청구 소송제기

① 사업시행자는 1)에 따른 협의가 성립되지 아니하면 그 기간의 만료일 다음 날부터 60일 이내에 수용재결을 신청하거나 매도청구소송을 제기하여야 한다(법 제73조 제2항).

② 사업시행자는 위의 ①에 따른 기간을 넘겨서 수용재결을 신청하거나 매도청구소송을 제기한 경우에는 해당 토지등소유자에게 지연일수(遲延日數)에 따른 이자를 지급하여야 한다. 이 경우 이자는 100분의 15 이하의 범위에서 대통령령으로 정하는 이율을 적용하여 산정한다(법 제73조 제3항).

투기과열지구의 정비사업에서 당첨된 자의 재당첨제한

투기과열지구의 정비사업에서 일반 분양 및 조합원분양대상자 및 그 세대에 속한 자는 분양대상자 선정일(조합원 분양분의 분양대상자는 최초 관리처분계획 인가일을 말한다)부터 5년 이내에는 투기과열지구에서 분양신청을 할 수 없다. 다만, 상속, 결혼, 이혼으로 조합원 자격을 취득한 경우에는 분양신청을 할 수 있다(법 제72조 제6항).

2 관리처분계획인가 등

1. 관리처분계획의 의의

관리처분계획이란 정비사업의 시행으로 조성되는 대지 및 건축시설에 대한 사업완료 후의 분양처분을 미리 정하는 계획이다.

2. 관리처분계획인가 등

(1) 사업시행자는 분양신청기간이 종료된 때에는 분양신청의 현황을 기초로 다음의 사항이 포함된 관리처분계획을 수립하여 시장·군수 등의 인가를 받아야 하며, 관리처분계획을 변경·중지 또는 폐지하려는 경우에도 또한 같다. 다만, 대통령령으로 정하는 경미한 사항을 변경하려는 경우에는 시장·군수 등에게 신고하여야 한다(법 제74조 제1항).

1. 분양설계
2. 분양대상자의 주소 및 성명
3. 분양대상자별 분양예정인 대지 또는 건축물의 추산액(임대관리 위탁주택에 관한 내용을 포함한다)
4. 다음에 해당하는 보류지 등의 명세와 추산액 및 처분방법. 다만, ②의 경우에는 법 제30조 제1항에 따라 선정된 임대사업자의 성명 및 주소(법인인 경우에는 법인의 명칭 및 소재지와 대표자의 성명 및 주소)를 포함한다.
   ① 일반 분양분
   ② 공공지원민간임대주택
   ③ 임대주택
   ④ 그 밖에 부대시설·복리시설 등
5. 분양대상자별 종전의 토지 또는 건축물 명세 및 사업시행계획인가 고시가 있은 날을 기준으로 한 가격(사업시행계획인가 전에 법 제81조 제3항에 따라 철거된 건축물은 시장·군수 등에게 허가를 받은 날을 기준으로 한 가격)
6. 정비사업비의 추산액(재건축사업의 경우에는 「재건축초과이익 환수에 관한 법률」에 따른 재건축부담금에 관한 사항을 포함한다) 및 그에 따른 조합원 분담규모 및 분담시기
7. 분양대상자의 종전 토지 또는 건축물에 관한 소유권 외의 권리명세
8. 세입자별 손실보상을 위한 권리명세 및 그 평가액
9. 그 밖에 정비사업과 관련한 권리 등에 관하여 다음의 대통령령으로 정하는 사항

(2) 시장·군수 등은 (1) 각 호 외의 부분 단서에 따른 신고를 받은 날부터 20일 이내에 신고수리 여부를 신고인에게 통지하여야 한다(법 제74조 제2항).

관리처분계획의 경미한 변경

법 제74조 제1항에서 "대통령령으로 정하는 경미한 사항을 변경하려는 경우"란 다음 각 호의 어느 하나에 해당하는 경우를 말한다.

1. 계산착오·오기·누락 등에 따른 조서의 단순정정인 경우(불이익을 받는 자가 없는 경우에만 해당한다)
2. 법 제40조 제3항에 따른 정관 및 법 제50조에 따른 사업시행계획인가의 변경에 따라 관리처분계획을 변경하는 경우
3. 매도청구에 대한 판결에 따라 관리처분계획을 변경하는 경우
4. 권리·의무의 변동이 있는 경우로서 분양설계의 변경을 수반하지 아니하는 경우
5. 주택분양에 관한 권리를 포기하는 토지등소유자에 대한 임대주택의 공급에 따라 관리처분계획을 변경하는 경우
6. 「민간임대주택에 관한 특별법」 제2조 제7호에 따른 임대사업자의 주소(법인인 경우에는 법인의 소재지와 대표자의 성명 및 주소)를 변경하는 경우

대통령령으로 정하는 사항 (영 제62조)

1. 현금으로 청산하여야 하는 토지등소유자별 기존의 토지·건축물 또는 그 밖의 권리의 명세와 이에 대한 청산방법
2. 보류지 등의 명세와 추산가액 및 처분방법
3. 정비사업의 시행으로 인하여 새로이 설치되는 정비기반시설의 명세와 용도가 폐지되는 정비기반시설의 명세
4. 기존 건축물의 철거 예정시기

(3) 시장 · 군수 등이 (2)에서 정한 기간 내에 신고수리 여부 또는 민원 처리 관련법령에 따른 처리기간의 연장을 신고인에게 통지하지 아니하면 그 기간(민원 처리 관련 법령에 따라 처리기간이 연장 또는 재연장된 경우에는 해당 처리기간을 말한다)이 끝난 날의 다음 날에 신고를 수리한 것으로 본다(법 제74조 제3항).

3. 관리처분계획의 기준

관리처분계획의 내용은 다음의 기준에 따른다(법 제76조 제1항).

(1) 종전의 토지 또는 건축물의 면적 · 이용상황 · 환경, 그 밖의 사항을 종합적으로 고려하여 대지 또는 건축물이 균형 있게 분양신청자에게 배분되고 합리적으로 이용되도록 한다.

(2) 지나치게 좁거나 넓은 토지 또는 건축물은 넓히거나 좁혀 대지 또는 건축물이 적정규모가 되도록 한다.

(3) 너무 좁은 토지 또는 건축물을 취득한 자나 정비구역 지정 후 분할된 토지를 또는 집합건물의 구분소유권을 취득한 자에 대하여는 현금으로 청산할 수 있다.

(4) 재해 또는 위생상의 위해를 방지하기 위하여 토지의 규모를 조정할 특별한 필요가 있는 때에는 너무 좁은 토지를 넓혀 토지에 갈음하여 보상을 하거나 건축물의 일부와 그 건축물이 있는 대지의 공유지분을 교부할 수 있다.

(5) 분양설계에 관한 계획은 분양신청기간이 만료되는 날을 기준으로 하여 수립한다.

(6) 주택의 공급기준

1) **원칙**: 1세대 또는 1명이 하나 이상의 주택 또는 토지를 소유한 경우 1주택을 공급하고, 같은 세대에 속하지 아니하는 2명 이상이 1주택 또는 1토지를 공유한 경우에는 1주택만 공급한다(법 제76조 제1항 제6호).

2) **예 외**

① **시 · 도 조례로 주택공급**: 2명 이상이 1토지를 공유한 경우로서 시 · 도 조례로 주택공급에 관하여 따로 정하고 있는 경우에는 시 · 도 조례로 정하는 바에 따라 주택을 공급할 수 있다(법 제76조 제1항 제7호 가목).

② **소유한 주택 수만큼 공급할 수 있는 경우**: 다음의 어느 하나에 해당하는 토지등소유자에 대하여는 소유한 주택 수만큼 공급할 수 있다(법 제76조 제1항 제7호 나목 · 다목).

분양받을 권리의 산정 기준일

1. **기준일 다음날을 기준으로 권리산정**: 정비사업을 통하여 분양받을 건축물이 다음의 어느 하나에 해당하는 경우에는 정비구역지정에 따른 고시가 있은 날 또는 시 · 도지사가 투기를 억제하기 위하여 제6조 제1항에 따른 기본계획 수립을 위한 주민공람의 공고일 후 정비구역 지정 · 고시 전에 따로 정하는 날(이하 "기준일"이라 한다)의 다음 날을 기준으로 건축물을 분양받을 권리를 산정한다(법 제77조 제1항).
   ① 1필지의 토지가 여러 개의 필지로 분할되는 경우
   ② 「집합건물의 소유 및 관리에 관한 법률」에 따른 집합건물이 아닌 건축물이 같은 법에 따른 집합건물로 전환되는 경우
   ③ 하나의 대지 범위에 속하는 동일인 소유의 토지와 주택 등 건축물을 토지와 주택 등 건축물로 각각 분리하여 소유하는 경우
   ④ 나대지에 건축물을 새로 건축하거나 기존 건축물을 철거하고 다세대주택, 그 밖의 공동주택을 건축하여 토지등소유자의 수가 증가하는 경우
   ⑤ 「집합건물의 소유 및 관리에 관한 법률」 제2조 제3호에 따른 전유부분의 분할로 토지등소유자의 수가 증가하는 경우
2. **기준일 등의 고시**: 시 · 도지사는 기준일을 따로 정하는 경우에는 기준일 · 지정사유 · 건축물을 분양받을 권리의 산정 기준 등을 해당 지방자치단체의 공보에 고시하여야 한다(법 제77조 제2항).

PART 06

1. 과밀억제권역에 위치하지 아니하는 재건축사업의 토지등소유자. 다만, 투기과열지구 또는 「주택법」에 따라 지정된 조정대상지역에서 사업시행계획인가(최초 사업시행계획인가를 말한다)를 신청하는 재건축사업의 토지등소유자는 제외한다. 위의 단서에도 불구하고 과밀억제권역 외의 조정대상지역 또는 투기과열지구에서 조정대상지역 또는 투기과열지구로 지정되기 전에 1명의 토지등소유자로부터 토지 또는 건축물의 소유권을 양수하여 여러 명이 소유하게 된 경우에는 양도인과 양수인에게 각각 1주택을 공급할 수 있다.
2. 근로자(공무원인 근로자를 포함한다) 숙소·기숙사 용도로 주택을 소유하고 있는 토지등소유자
3. 국가, 지방자치단체 및 토지주택공사 등
4. 「지방자치분권 및 지역균형발전에 관한 특별법」 제25조에 따른 공공기관지방이전 및 혁신도시 활성화를 위한 시책 등에 따라 이전하는 공공기관이 소유한 주택을 양수한 자

③ **2주택 공급**: 사업시행계획인가고시일을 기준으로 한 가격의 범위 또는 종전 주택의 주거전용면적의 범위에서 2주택을 공급할 수 있고, 이 중 1주택은 주거전용면적을 $60m^2$ 이하로 한다. 다만, $60m^2$ 이하로 공급받은 1주택은 소유권이전고시일 다음 날부터 3년이 지나기 전에는 주택을 전매(매매·증여나 그 밖에 권리의 변동을 수반하는 모든 행위를 포함하되 상속의 경우는 제외한다)하거나 전매를 알선할 수 없다(법 제76조 제1항 제7호 라목).

④ **3주택 공급**: 과밀억제권역에 위치한 재건축사업의 경우에는 토지등소유자가 소유한 주택수의 범위에서 3주택까지 공급할 수 있다. 다만, 투기과열지구 또는 「주택법」에 따라 지정된 조정대상지역에서 사업시행계획인가(최초 사업시행계획인가를 말한다)를 신청하는 재건축사업의 경우는 그러하지 아니하다(법 제76조 제1항 제7호 마목).

4. 관리처분계획의 인가의 절차

(1) 공람 및 의견청취

사업시행자는 관리처분계획인가를 신청하기 전에 관계 서류의 사본을 30일 이상 토지등소유자에게 공람하게 하고 의견을 들어야 한다. 다만, 앞의 **2.**의 (1)의 단서에 따라 대통령령으로 정하는 경미한 사항을 변경하려는 경우에는 토지등소유자의 공람 및 의견청취 절차를 거치지 아니할 수 있다(법 제78조 제1항).

(2) 관리처분계획의 인가 여부 결정 · 통보

시장 · 군수 등은 사업시행자의 관리처분계획인가의 신청이 있은 날부터 30일 이내에 인가 여부를 결정하여 사업시행자에게 통보하여야 한다. 다만, 시장 · 군수 등은 관리처분계획의 타당성 검증을 요청하는 경우에는 관리처분계획인가의 신청을 받은 날부터 60일 이내에 인가 여부를 결정하여 사업시행자에게 통지하여야 한다(법 제78조 제2항).

(3) 관리처분계획의 타당성 검증 요청

시장 · 군수 등은 다음의 어느 하나에 해당하는 경우에는 대통령령으로 정하는 공공기관에 관리처분계획의 타당성 검증을 요청하여야 한다. 이 경우 시장 · 군수 등은 타당성 검증 비용을 사업시행자에게 부담하게 할 수 있다(법 제78조 제3항).

1. 관리처분계획에 따른 정비사업비가 사업시행계획서에 따른 정비사업비 기준으로 100분의 10 이상으로서 대통령령으로 정하는 비율 이상 늘어나는 경우
2. 관리처분계획에 따른 조합원 분담규모가 분양통지에 따른 분양대상자별 분담금의 추산액 총액 기준으로 100분의 20 이상으로서 대통령령으로 정하는 비율 이상 늘어나는 경우
3. 조합원 5분의 1 이상이 관리처분계획인가 신청이 있은 날부터 15일 이내에 시장 · 군수 등에게 타당성 검증을 요청한 경우
4. 그 밖에 시장 · 군수 등이 필요하다고 인정하는 경우

(4) 관리처분계획의 인가 · 고시

시장 · 군수 등이 관리처분계획을 인가하는 때에는 그 내용을 해당 지방자치단체의 공보에 고시하여야 한다(법 제78조 제4항).

(5) 공람계획 또는 관리처분계획의 인가 내용 등 통지

사업시행자는 (1)에 따라 공람을 실시하려거나 시장 · 군수 등의 관리처분계획을 인가 · 고시가 있은 때에는 대통령령으로 정하는 방법과 절차에 따라 토지등소유자에게는 공람계획을 통지하고, 분양신청을 한 자에게는 관리처분계획 인가의 내용 등을 통지하여야 한다(법 제78조 제5항).

(6) 시장 · 군수가 직접 관리처분계획을 수립하는 경우 준용

(1), (4), (5)의 규정은 시장 · 군수 등이 직접 관리처분계획을 수립하는 경우에 준용한다(법 제78조 제6항).

5. 관리처분계획의 인가 · 고시의 효과

(1) 건축물 등의 사용 · 수익의 중지

종전의 토지 또는 건축물의 소유자 · 지상권자 · 전세권자 · 임차권자 등 권리자는 관리처분계획인가의 고시가 있은 때에는 소유권이전고시가 있는 날까지 종전의 토지 또는 건축물을 사용하거나 수익할 수 없다. 다만, 다음의 어느 하나에 해당하는 경우에는 그러하지 아니하다(법 제81조 제1항).

> 1. 사업시행자의 동의를 받은 경우
> 2. 「공익사업을 위한 토지 등의 취득 및 보상에 관한 법률」에 따른 손실보상이 완료되지 아니한 경우

(2) 건축물의 철거 등

1) 사업시행자는 관리처분계획인가를 받은 후 기존의 건축물을 철거하여야 한다(법 제81조 제2항).

2) 사업시행자는 다음의 어느 하나에 해당하는 경우에는 1)의 규정에도 불구하고 기존 건축물 소유자의 동의 및 시장 · 군수 등의 허가를 받아 해당 건축물을 철거할 수 있다. 이 경우 건축물의 철거는 토지등소유자로서의 권리 · 의무에 영향을 주지 아니한다(법 제81조 제3항).

> ① 「재난 및 안전관리 기본법」 · 「주택법」 · 「건축법」 등 관계 법령에서 정하는 기존 건축물의 붕괴 등 안전사고의 우려가 있는 경우
> ② 폐공가(廢公家)의 밀집으로 범죄발생의 우려가 있는 경우

3) 시장 · 군수 등은 사업시행자가 1)에 따라 기존의 건축물을 철거하거나 철거를 위하여 점유자를 퇴거시키려는 경우 다음의 어느 하나에 해당하는 시기에는 건축물의 철거하거나 점유자를 퇴거시키려는 것을 제한할 수 있다(법 제81조 제4항).

> ① 일출 전과 일몰 후
> ② 호우, 대설, 폭풍해일, 지진해일, 태풍, 강풍, 풍랑, 한파 등으로 해당 지역에 중대한 재해발생이 예상되어 기상청장이 「기상법」에 따라 특보를 발표한 때
> ③ 「재난 및 안전관리 기본법」에 따른 재난이 발생한 때
> ④ ①부터 ③까지에 준하는 시기로 시장 · 군수 등이 인정하는 시기

6. 시공보증

(1) 시공보증서 조합에 제출

조합이 정비사업의 시행을 위하여 시장·군수 등 또는 토지주택공사 등이 아닌 자를 시공자로 선정(법 제25조에 따른 공동사업시행자가 시공하는 경우를 포함한다)한 경우 그 시공자는 공사의 시공보증을 위하여 국토교통부령으로 정하는 기관의 시공보증서를 조합에 제출하여야 한다(법 제82조 제1항, 영 제73조).

(2) 착공신고 받는 경우 시공보증서의 제출 여부 확인

시장·군수 등은 「건축법」 제21조에 따른 착공신고를 받는 경우에는 시공보증서의 제출 여부를 확인하여야 한다(법 제82조 제2항).

시공보증

시공자가 공사의 계약상 의무를 이행하지 못하거나 의무이행을 하지 아니할 경우 보증기관에서 시공자를 대신하여 계약이행의무를 부담하거나 총 공사금액의 100분의 50 이하 대통령령으로 정하는 비율(즉, 총공사금액의 100분의 30) 이상의 범위에서 사업시행자가 정하는 금액을 납부할 것을 보증하는 것을 말한다(법 제82조 제1항, 영 제73조).

3 대지 및 건축물의 공급 등

1. 관리처분계획에 따른 처분

(1) 정비사업의 시행으로 조성된 대지 및 건축물은 관리처분계획에 따라 처분 또는 관리하여야 한다(법 제79조 제1항).

(2) 사업시행자는 정비사업의 시행으로 건설된 건축물을 인가받은 관리처분계획에 따라 토지등소유자에게 공급하여야 한다(법 제79조 제2항).

2. 재개발임대주택의 인수

국토교통부장관, 시·도지사, 시장, 군수, 구청장 또는 토지주택공사 등은 조합이 요청하는 경우 재개발사업의 시행으로 건설된 임대주택을 인수하여야 한다. 이 경우 재개발임대주택의 인수 절차 및 방법, 인수 가격 등에 필요한 사항은 대통령령으로 정한다(법 제79조 제5항).

3. 분양신청 받은 후 잔여분의 처리

사업시행자는 분양신청을 받은 후 잔여분이 있는 경우에는 정관 등 또는 사업시행계획으로 정하는 목적을 위하여 그 잔여분을 보류지(건축물을 포함한다)로 정하거나 조합원 또는 토지등소유자 이외의 자에게 분양할 수 있다. 이 경우 분양공고와 분양신청절차 등에 필요한 사항은 대통령령으로 정한다(법 제79조 제4항).

4. 지분형주택의 공급

(1) 지분형주택의 의의

사업시행자가 토지주택공사등인 경우에는 분양대상자와 사업시행자가 공동 소유하는 방식으로 주택(이하 "지분형주택"이라 한다)을 공급할 수 있다. 이 경우 공급되는 지분형주택의 규모, 공동 소유기간 및 분양대상자 등 필요한 사항은 대통령령으로 정한다(법 제80조 제1항).

(2) 지분형주택의 규모 · 공동소유기간 · 분양대상자

지분형주택의 규모, 공동 소유기간 및 분양대상자는 다음과 같다(영 제70조 제1항).

1) 지분형주택의 규모는 주거전용면적 60㎡ 이하인 주택으로 한정한다.
2) 지분형주택의 공동 소유기간은 소유권이전고시일 다음날, 즉 소유권을 취득한 날부터 10년의 범위에서 사업시행자가 정하는 기간으로 한다.
3) 지분형주택의 분양대상자는 다음의 요건을 모두 충족하는 자로 한다.

> ① 사업시행계획인가고시일에 산정한 종전에 소유하였던 토지 또는 건축물의 가격이 주택의 분양가격 이하에 해당하는 사람
> ② 세대주로서 정비계획의 공람 공고일 당시 해당 정비구역에 2년 이상 실제 거주한 사람
> ③ 정비사업의 시행으로 철거되는 주택 외 다른 주택을 소유하지 아니한 사람

5. 토지임대부 분양주택의 공급

(1) 국토교통부장관, 시 · 도지사, 시장, 군수, 구청장 또는 토지주택공사 등은 정비구역에 세입자와 대통령령으로 정하는 면적 이하의 토지 또는 주택을 소유한 자의 요청이 있는 경우에는 법 제79조 제5항에 따라 인수한 임대주택의 일부를 「주택법」에 따른 토지임대부 분양주택으로 전환하여 공급하여야 한다(법 제80조 제2항).

(2) (1)에서 대통령령으로 정하는 면적 이하의 토지 또는 주택을 소유한 자란 다음의 어느 하나에 해당하는 자를 말한다(영 제71조 제1항).

> ① 면적이 90㎡ 미만의 토지를 소유한 자로서 건축물을 소유하지 아니한 자
> ② 바닥면적이 40㎡ 미만의 사실상 주거를 위하여 사용하는 건축물을 소유한 자로서 토지를 소유하지 아니한 자

(3) (2)에도 불구하고 토지 또는 주택의 면적은 (2)에서 정한 면적의 2분의 1의 범위에서 시·도 조례로 달리 정할 수 있다(영 제71조 제2항).

07 공사완료에 따른 조치 등

1 정비사업의 준공인가 및 공사완료 고시

1. 준공인가

(1) 준공인가권자

시장·군수 등이 아닌 사업시행자가 정비사업 공사를 완료한 때에는 대통령령으로 정하는 방법 및 절차에 따라 시장·군수 등의 준공인가를 받아야 한다(법 제83조 제1항).

(2) 준공검사의 실시

(1)에 따라 준공인가 신청을 받은 시장·군수 등은 지체 없이 준공검사를 실시하여야 한다. 이 경우 시장·군수 등은 효율적인 준공검사를 위하여 필요한 때에는 관계 행정기관·공공기관·연구기관, 그 밖의 전문기관 또는 단체에게 준공검사의 실시를 의뢰할 수 있다(법 제83조 제2항).

(3) 준공인가 및 공사완료고시

① 시장·군수 등은 준공검사를 실시한 결과 정비사업이 인가받은 사업시행계획대로 완료되었다고 인정되는 때에는 준공인가를 하고 공사의 완료를 해당 지방자치단체의 공보에 고시하여야 한다(법 제83조 제3항).

② 시장·군수 등은 직접 시행하는 정비사업에 관한 공사가 완료된 때에는 그 완료를 해당 지방자치단체의 공보에 고시하여야 한다(법 제83조 제4항).

(4) 준공인가 전 건축물의 사용허가

시장·군수 등은 (1)에 따른 준공인가를 하기 전이라도 완공된 건축물이 사용에 지장이 없는 등 대통령령으로 정하는 기준에 적합한 경우에는 입주예정자가 완공된 건축물을 사용할 수 있도록 사업시행자에게 허가할 수 있다. 다만, 시장·군수 등이 사업시행자인 경우에는 허가를 받지 아니하고 입주예정자가 완공된 건축물을 사용하게 할 수 있다(법 제83조 제5항).

공사완료에 따른 관련 인·허가 등의 의제

1. 준공인가를 하거나 공사완료를 고시하는 경우 시장·군수 등이 법 제57조에 따라 의제되는 인·허가 등에 따른 준공검사·준공인가·사용검사·사용승인 등(이하 "준공검사·인가 등"이라 한다)에 관하여 관계 행정기관의 장과 협의한 사항은 해당 준공검사·인가 등을 받은 것으로 본다(법 제85조 제1항).
2. 시장·군수 등이 아닌 사업시행자는 준공검사·인가 등의 의제를 받으려는 경우에는 준공인가를 신청하는 때에 해당 법률에서 정하는 관계 서류를 함께 제출하여야 한다(법 제85조 제2항).
3. 시장·군수 등은 준공인가를 하거나 공사완료를 고시하는 경우 그 내용에 법 제57조에 따라 의제되는 인·허가 등에 따른 준공검사·인가 등에 해당하는 사항이 있은 때에는 미리 관계 행정기관의 장과 협의하여야 한다(법 제85조 제3항).
4. 관계 행정기관의 장은 3.에 따른 협의를 요청받은 날부터 10일 이내에 의견을 제출하여야 한다(법 제85조 제4항).
5. 관계 행정기관의 장이 10일 이내에 의견을 제출하지 아니하면 협의가 이루어진 것으로 본다(법 제85조 제5항).

2. 준공인가 등에 따른 정비구역의 해제

(1) 준공인가 · 고시일 다음 날에 해제된 것으로 간주

정비구역의 지정은 준공인가의 고시가 있은 날(관리처분계획을 수립하는 경우에는 이전고시가 있은 때를 말한다)의 다음 날에 해제된 것으로 본다. 이 경우 지방자치단체는 해당 지역을 「국토의 계획 및 이용에 관한 법률」에 따른 지구단위계획으로 관리하여야 한다(법 제84조 제1항).

(2) 준공인가 · 고시로 인한 정비구역의 해제의 영향

(1)에 따른 정비구역의 해제는 조합의 존속에 영향을 주지 아니한다(법 제84조 제2항).

2 소유권의 이전고시 및 청산

1. 소유권의 이전고시

(1) 대지 및 건축물의 소유권 이전

사업시행자는 공사완료 고시가 있은 때에는 지체 없이 대지확정측량을 하고 토지의 분할절차를 거쳐 관리처분계획에서 정한 사항을 분양받을 자에게 통지하고 대지 또는 건축물의 소유권을 이전하여야 한다. 다만, 정비사업의 효율적인 추진을 위하여 필요한 경우에는 해당 정비사업에 관한 공사가 전부 완료되기 전이라도 완공된 부분은 준공인가를 받아 대지 또는 건축물별로 분양받을 자에게 소유권을 이전할 수 있다(법 제86조 제1항).

(2) 소유권 취득시기

사업시행자는 대지 및 건축물의 소유권을 이전하려는 때에는 그 내용을 해당 지방자치단체의 공보에 고시한 후 시장 · 군수 등에게 보고하여야 한다. 이 경우 대지 또는 건축물을 분양받을 자는 고시가 있은 날의 다음 날에 그 대지 또는 건축물의 소유권을 취득한다(법 제86조 제2항).

(3) 대지 및 건축물에 대한 권리의 확정

① 대지 또는 건축물을 분양받을 자에게 소유권을 이전한 경우 종전의 토지 또는 건축물에 설정된 지상권 · 전세권 · 저당권 · 임차권 · 가등기담보권 · 가압류 등 등기된 권리 및 「주택임대차보호법」 제3조 제1항의 요건을 갖춘 임차권은 소유권을 이전받은 대지 또는 건축물에 설정된 것으로 본다(법 제87조 제1항).

② ①에 따라 취득하는 대지 또는 건축물 중 토지등소유자에게 분양하는 대지 또는 건축물은 「도시개발법」 제40조에 따라 행하여진 환지로 본다(법 제87조 제2항).

③ 법 제79조 제4항에 따른 보류지와 일반에게 분양하는 대지 또는 건축물은 「도시개발법」 제34조에 따른 보류지 또는 체비지로 본다(법 제87조 제3항).

(4) 소유권이전 등기

1) **등기의 촉탁 또는 신청**: 사업시행자는 소유권이전고시가 있은 때에는 지체 없이 대지 및 건축물에 관한 등기를 지방법원지원 또는 등기소에 촉탁 또는 신청하여야 한다(법 제88조 제1항).

2) **다른 등기 제한**: 정비사업에 관하여 소유권이전고시가 있은 날부터 소유권이전 등기가 있을 때까지는 저당권 등의 다른 등기를 하지 못한다(법 제88조 제3항).

2. 청 산

(1) 청산금의 징수 또는 지급

대지 또는 건축물을 분양받은 자가 종전에 소유하고 있던 토지 또는 건축물의 가격과 분양받은 대지 또는 건축물의 가격 사이에 차이가 있는 경우 사업시행자는 소유권이전고시가 있은 후에 그 차액에 상당하는 금액(이하 "청산금"이라 한다)을 분양받은 자로부터 징수하거나 분양받은 자에게 지급하여야 한다(법 제89조 제1항).

(2) 분할징수 및 분할지급

사업시행자는 정관 등에서 분할징수 및 분할지급을 정하고 있거나 총회의 의결을 거쳐 따로 정한 경우에는 관리처분계획인가 후부터 소유권이전고시가 있은 날까지 일정 기간별로 분할징수하거나 분할지급할 수 있다(법 제89조 제2항).

(3) 청산금 산정을 위한 가격평가

사업시행자는 (1), (2)를 적용하기 위하여 종전에 소유하고 있던 토지 또는 건축물의 가격과 분양받은 대지 또는 건축물의 가격을 평가하는 경우 그 토지 또는 건축물의 규모 · 위치 · 용도 · 이용 상황 · 정비사업비 등을 참작하여 평가하여야 한다(법 제89조 제3항).

비용부담

1. **비용부담의 원칙**: 정비사업비는 「도시 및 주거환경정비법」 또는 다른 법령에 특별한 규정이 있는 경우를 제외하고는 사업시행자가 부담한다(법 제92조 제1항).
2. **시장 · 군수 등의 비용부담**: 시장 · 군수 등은 시장 · 군수 등이 아닌 사업시행자가 시행하는 정비사업의 정비계획에 따라 설치되는 다음의 시설에 대하여는 그 건설에 드는 비용의 전부 또는 일부를 부담할 수 있다(법 제92조 제2항).
   ① 도시 · 군계획시설 중 대통령령으로 정하는 주요 정비기반시설 및 공동이용시설
   ② 임시거주시설

부과금 징수

사업시행자는 토지등소유자로부터 정비사업비용과 정비사업의 시행과정에서 발생한 수입의 차액을 부과금으로 부과 · 징수할 수 있다(법 제93조 제1항).

(4) 청산금의 징수방법 등

① 시장・군수 등인 사업시행자는 청산금을 납부할 자가 이를 납부하지 아니하는 경우 지방세 체납처분의 예에 따라 징수(분할징수를 포함한다)할 수 있으며, 시장・군수 등이 아닌 사업시행자는 시장・군수 등에게 청산금의 징수를 위탁할 수 있다. 이 경우 법 제93조 제5항을 준용한다. 즉, 시장・군수 등은 부과금 또는 연체료 체납자에 대한 부과・징수를 위탁받은 경우에는 지방세 체납처분의 예에 따라 부과・징수할 수 있다. 이 경우 사업시행자는 징수한 금액의 100분의 4에 해당하는 금액을 해당 시장・군수 등에게 교부하여야 한다(법 제90조 제1항).

② 청산금을 지급받을 자가 받을 수 없거나 받기를 거부한 때에는 사업시행자는 그 청산금을 공탁할 수 있다(법 제90조 제2항).

③ 청산금을 지급(분할지급을 포함한다)받을 권리 또는 이를 징수할 권리는 소유권이전고시일의 다음 날부터 5년간 행사하지 아니하면 소멸한다(법 제90조 제3항).

(5) 저당권의 물상대위

정비구역에 있는 토지 또는 건축물에 저당권을 설정한 권리자는 사업시행자가 저당권이 설정된 토지 또는 건축물의 소유자에게 청산금을 지급하기 전에 압류절차를 거쳐 저당권을 행사할 수 있다(법 제91조).

08 정비기반시설의 설치 등

1 정비기반시설의 설치

사업시행자는 관할 지방자치단체의 장과의 협의를 거쳐 정비구역에 정비기반시설(주거환경개선사업의 경우에는 공동이용시설을 포함한다)을 설치하여야 한다(법 제96조).

2 정비기반시설의 귀속

1. 정비사업시행자가 시장 · 군수 등 또는 토지주택공사 등인 경우

시장 · 군수 등 또는 토지주택공사 등이 정비사업의 시행으로 새로 정비기반시설을 설치하거나 기존의 정비기반시설을 대체하는 정비기반시설을 설치한 경우에는 「국유재산법」 및 「공유재산 및 물품 관리법」에도 불구하고 종래의 정비기반시설은 사업시행자에게 무상으로 귀속되고, 새로 설치된 정비기반시설은 그 시설을 관리할 국가 또는 지방자치단체에 무상으로 귀속된다(법 제97조 제1항).

2. 정비사업시행자가 시장 · 군수 등 또는 토지주택공사 등이 아닌 경우

시장 · 군수 등 또는 토지주택공사 등이 아닌 사업시행자가 정비사업의 시행으로 새로 설치한 정비기반시설은 그 시설을 관리할 국가 또는 지방자치단체에 무상으로 귀속되고, 정비사업의 시행으로 용도가 폐지되는 국가 또는 지방자치단체 소유의 정비기반시설은 사업시행자가 새로 설치한 정비기반시설의 설치비용에 상당하는 범위에서 그에게 무상으로 양도된다(법 제97조 제2항).

3. 해당 정비기반시설의 귀속시기

사업시행자는 관리청에 귀속될 정비기반시설과 사업시행자에게 귀속 또는 양도될 재산의 종류와 세목을 정비사업의 준공 전에 관리청에 통지하여야 하며, 해당 정비기반시설은 그 정비사업이 준공인가되어 관리청에 준공인가통지를 한 때에 국가 또는 지방자치단체에 귀속되거나 사업시행자에게 귀속 또는 양도된 것으로 본다(법 제97조 제5항).

Part 06 실전예상문제

01

「도시 및 주거환경정비법령」상 공공재개발사업 및 공공재건축사업에 관한 규정으로 틀린 것은?

① 공공재개발사업 시행자는 시장·군수 등 또는 토지주택공사등(조합과 공동으로 시행하는 경우를 포함한다)이 주거환경개선사업의 시행자, 재개발사업의 시행자나 재개발사업의 대행자이다.

② 공공재건축사업 시행자는 시장·군수 등 또는 토지주택공사등(조합과 공동으로 시행하는 경우를 포함한다)이 재건축사업의 시행자나 재건축사업의 대행자이다.

③ 공공재개발사업으로 건설·공급되는 주택의 전체 세대수 또는 전체 연면적 중 토지등소유자 대상 분양분(지분형주택은 제외한다)을 제외한 나머지 주택의 세대수 또는 연면적의 100분의 20 이상 100분의 50 이하 범위에서 시·도 조례로 정하는 비율로 지분형주택, 공공임대주택 또는 공공지원민간임대주택으로 건설·공급해야 한다.

④ 공공재건축사업으로 종전의 용적률, 토지면적, 기반시설 현황 등을 고려하여 공공재건축사업을 추진하는 단지의 종전 세대수의 100분의 160에 해당하는 세대수 이상을 건설·공급해야 한다.

⑤ 정비구역의 지정권자는 공공재개발사업 예정구역이 지정·고시된 날부터 3년이 되는 날까지 공공재개발사업을 위한 정비구역으로 지정되지 아니하면 그 3년이 되는 날의 다음 날에 공공재개발사업 예정구역 지정을 해제하여야 한다.

해설 ⑤ 정비구역의 지정권자는 공공재개발사업 예정구역이 지정·고시된 날부터 2년이 되는 날까지 공공재개발사업을 위한 정비구역으로 지정되지 아니하거나, 공공재개발사업 시행자가 지정되지 아니하면 그 2년이 되는 날의 다음 날에 공공재개발사업 예정구역 지정을 해제하여야 한다.

02

「도시 및 주거환경정비법」상 시공자의 선정 등에 관한 내용이다. 다음 (　　)에 알맞은 용어를 쓰시오.

> 조합은 조합(　　　　)를 받은 후 조합총회에서 경쟁입찰 또는 수의계약의 방법으로 건설업자 또는 등록사업자를 시공자로 선정하여야 한다.

Answer

01 ⑤　02 설립인가

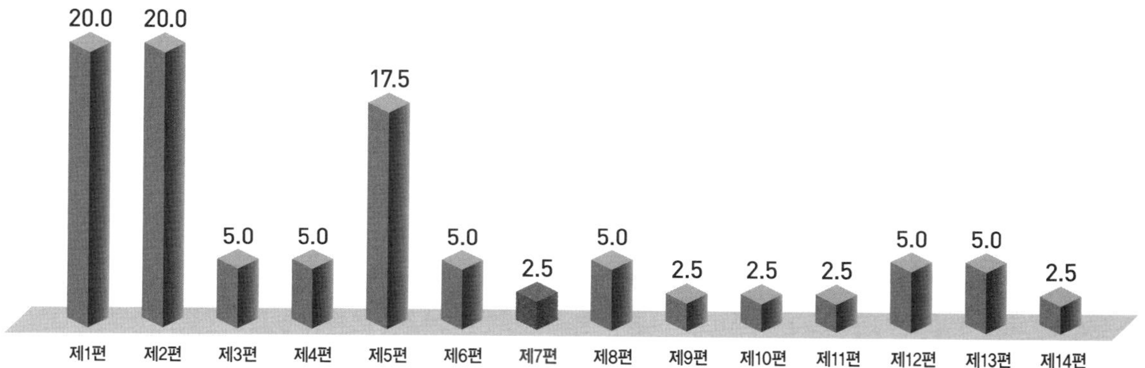

제27회 기출문제 분석

도시재정비 촉진을 위한 특별법은 1문제가 출제되는데, 용어와 재정비촉진지구, 총괄계획가, 총괄사업관리자등을 중심으로 학습하는 것이 효율적이다.

PART

07

도시재정비 촉진을 위한 특별법

Part 07 도시재정비 촉진을 위한 특별법

도시재정비 촉진을 위한 특별법(1문제)

총 설

- **법의 목적**
- **용어의 정의**
  - **재정비촉진지구**: 주거지형, 중심지형, 고밀복합형
  - **재정비촉진계획**: 2년 계획 결정× 다음날 효력 상실
  - **재정비촉진구역**: 사업단위
  - **존치지역**: 존치정비구역, 존치관리구역

재정비촉진지구

- **재정비촉지구의 지정**
  - **재정비촉지구의 지정**: 시·도지사, 대도시 시장
  - **재정비촉지구의 효과**: 개발행위허가금지
- **재정비촉지구의 해제**: 지정목적 달성 또는 불가능, 시·도지사, 대도시 시장, 지·도·계 심의

재정비촉진계획

- **재정비촉진계획 수립**: **재정비촉진계획 수립권자**
  - **원칙**: 시 · 군 · 구
  - **예외**: 시 · 도지사, 대도시 시장
- **재정비촉진계획 결정**: **재정비촉진계획 결정권자**: 시·도지사, 대도시 시장

총괄계획가 · 총괄사업관리자

- **총괄계획가**: 도시설계·도시공학·도시계획 전문가 중 시·도지사, 대도시 시장 위촉 가능
- **총괄사업관리자**: 주공, 지공 중에서 촉진계획 수립권자 지정 가능
- **사업협의회**: 촉진계획수립권자 구성 가능, 20명 이내(단, 구역 10곳↑ 30명 이내)

재정비촉진사업의 시행

- **사업시행자**: 개별법 사행자가 사업 시행
- **재정비촉진사업시행을 위한 지원**
  - 우선사업구역
  - **국민주택규모의 주택의 건설비율**
    - 주거환경개선: 80%
    - 재개발: 60%
  - 재정비촉진특별회계
  - 기반시설의 설치
  - **임대주택등의 건설**: 증가용적률 75% 범위(85㎡ 초과, 50% 이하)
  - **도시재정비위원회**: 시 · 도지사, 대도시 시장

재정비촉진사업 종류

- **정비 3**: 정비사업, 시장정비사업, 가로주택정비사업
- **도시 2**: 도시 · 군계획시설사업, 도시개발사업
- **소규모**: 소규모재건축사업, 소규모재개발사업
- **주거재생혁신지구**: 혁신지구재생사업
- **공공주택특별법**: 도심공공주택복합사업

01 총 설

Chapter

단·원·열·기

재정비촉진지구, 재정비촉진사업, 우선사업구역 등이 출제되고 있다.
학습방법: 재정비촉진지구, 재정비촉진사업의 종류를 명확하게 파악하도록 한다.

01 제정목적

「도시재정비 촉진을 위한 특별법」은 도시의 낙후된 지역에 대한 주거환경개선과 기반시설의 확충 및 도시기능의 회복을 위한 사업을 광역적으로 계획하고 체계적·효율적으로 추진하기 위하여 필요한 사항을 정함으로써 도시의 균형발전을 도모하고 국민의 삶의 질 향상에 기여함을 목적으로 한다(법 제1조).

02 용어의 정의

「도시재정비 촉진을 위한 특별법」에서 사용하는 용어의 정의는 다음과 같다(법 제2조).

1. 재정비촉진지구

도시의 낙후된 지역에 대한 주거환경의 개선, 기반시설의 확충 및 도시기능의 회복을 광역적으로 계획하고 체계적·효율적으로 추진하기 위하여 지정하는 지구(地區)를 말한다. 이 경우 지구의 특성에 따라 다음의 유형으로 구분한다.

주거지형	노후·불량주택과 건축물이 밀집한 지역으로서 주로 주거환경의 개선과 기반시설의 정비가 필요한 지구
중심지형	상업지역, 공업지역 등으로서 토지의 효율적 이용과 도심 또는 부도심 등의 도시기능의 회복이 필요한 지구
고밀복합형	주요 역세권, 간선도로의 교차지 등 양호한 기반시설을 갖추고 있어 대중교통 이용이 용이한 지역으로서 도심 내 소형주택의 공급 확대, 토지의 고도이용과 건축물의 복합개발이 필요한 지구

2. 재정비촉진사업

재정비촉진사업이란 재정비촉진지구 안에서 시행되는 다음의 사업을 말한다.

1. 「도시 및 주거환경정비법」에 따른 주거환경개선사업, 재개발사업 및 재건축사업, 「빈집 및 소규모주택 정비에 관한 특례법」에 따른 가로주택정비사업, 소규모재건축사업 및 소규모재개발사업
2. 「도시개발법」에 따른 도시개발사업
3. 「도시재생 활성화 및 지원에 관한 특별법」에 따른 주거재생혁신지구의 혁신지구재생사업
4. 「공공주택특별법」에 따른 도심 공공주택 복합사업
5. 「전통시장 및 상점가 육성을 위한 특별법」에 따른 시장정비사업
6. 「국토의 계획 및 이용에 관한 법률」에 따른 도시・군계획시설사업

3. 재정비촉진계획

재정비촉진계획이란 재정비촉진지구의 재정비촉진사업을 계획적이고 체계적으로 추진하기 위한 재정비촉진지구의 토지이용, 기반시설의 설치 등에 관한 계획을 말한다.

4. 재정비촉진구역

재정비촉진구역이란 재정비촉진사업별로 결정된 구역을 말한다.

5. 우선사업구역

우선사업구역이란 재정비촉진구역 중 재정비촉진사업의 활성화, 소형주택 공급확대, 주민 이주대책 지원 등을 위하여 다른 구역에 우선하여 개발하는 구역으로서 재정비촉진계획으로 결정되는 구역을 말한다.

우선사업구역에 관한 특례

1. **우선사업구역에 대한 재정비촉진계획**: 시장・군수・구청장 또는 시・도지사는 재정비촉진사업의 활성화, 소형주택의 공급확대, 주민이주대책 지원 등을 위하여 필요한 경우 재정비촉진지구 전체에 대한 재정비촉진계획을 결정・고시하기 전이라도 우선사업구역에 대한 재정비촉진계획을 별도로 수립하여 결정을 신청하거나, 결정・고시할 수 있다(법 제19조의2 제1항).
2. **우선사업구역의 사업시행**: 우선사업구역에 대한 재정비촉진계획이 결정・고시된 경우 해당 우선사업구역에 대하여는 전체 재정비촉진계획이 결정・고시(변경하는 경우를 포함한다)되기 전이라도 관계 법령에 따라 사업을 시행할 수 있다(법 제19조의2 제2항).

6. 존치지역

존치지역이란 재정비촉진지구에서 재정비촉진사업을 할 필요성이 적어 재정비촉진계획에 따라 존치하는 지역을 말한다.

7. 기반시설

기반시설이란 「국토의 계획 및 이용에 관한 법률」 제2조 제6호 에 따른 시설을 말한다.

8. 토지등소유자

토지등소유자란 다음의 자를 말한다.

1. 「도시 및 주거환경정비법」에 따른 주거환경개선사업 · 재개발사업 · 및 「빈집 및 소규모주택 정비에 관한 특례법」에 따른 가로주택정비사업 · 소규모재개발사업, 「전통시장 및 상점가 육성을 위한 특별법」에 따른 시장정비사업 및 「국토의 계획 및 이용에 관한 법률」에 따른 도시 · 군계획시설사업의 경우: 재정비촉진구역에 있는 토지 또는 건축물의 소유자와 그 지상권자
2. 「도시 및 주거환경정비법」에 따른 재건축사업 및 「빈집 및 소규모주택 정비에 관한 특례법」에 따른 소규모재건축사업의 경우: 재정비촉진구역에 있는 건축물 및 그 부속토지의 소유자
3. 「도시개발법」에 따른 도시개발사업의 경우: 재정비촉진구역에 있는 토지의 소유자와 그 지상권자
4. 「도시재생 활성화 및 지원에 관한 특별법」에 따른 주거재생혁신지구의 혁신지구재생사업의 경우: 재정비촉진구역에 있는 토지 · 물건 또는 권리의 소유자
5. 「공공주택특별법」에 따른 도심 공공주택 복합 사업의 경우: 재정비촉진구역에 있는 토지 또는 건축물의 소유자

03 다른 법률과의 관계 등

1. 재정비촉진지구 안의 경우

「도시재정비 촉진을 위한 특별법」은 재정비촉진지구에서는 다른 법률에 우선하여 적용한다(법 제3조 제1항).

2. 재정비촉진사업 시행에 대한 사항

재정비촉진사업의 시행에 관하여 「도시재정비 촉진을 위한 특별법」에서 규정하지 아니한 사항에 대하여는 해당 사업에 관하여 정하고 있는 관계 법률에 따른다(법 제3조 제2항).

3. 재정비촉진구역의 적용배제 규정

「도시 및 주거환경정비법」에 따른 재건축사업 및 「빈집 및 소규모주택 정비에 관한 특례법」에 따른 소규모재건축사업이 시행되는 재정비촉진구역에 대해서는 법 제19조(건축규제의 완화 등에 관한 특례, 단 용적률은 제외) 및 제20조(주택의 규모 및 건설비율의 특례)의 규정을 적용하지 아니한다(법 제3조 제3항).

02 재정비촉진지구

Chapter

단·원·열·기

재정비촉진지구의 지정 및 재정비촉진지구의 해제 등이 출제되고 있다.
학습방법: 재정비촉진지구의 지정절차를 이해하는 것이 선행되어야 한다. 특히 해제사유를 파악하도록 한다.

01 재정비촉진지구의 지정

1 재정비촉진지구의 지정시 고려하는 계획

시·도지사 또는 대도시 시장은 재정비촉진지구를 지정하거나 변경하려는 경우에는 「국토의 계획 및 이용에 관한 법률」에 따라 수립된 도시·군기본계획과 「도시 및 주거환경정비법」에 따라 수립된 도시·주거환경정비기본계획을 고려하여야 한다(법 제6조 제1항).

1. 재정비촉진지구의 지정대상

재정비촉진지구는 다음의 어느 하나 이상에 해당하는 경우에 지정할 수 있다(법 제6조 제2항, 영 제6조 제1항).

① 노후·불량주택과 건축물이 밀집한 지역으로서 주로 주거환경의 개선과 기반시설의 정비가 필요한 경우
② 상업지역, 공업지역 등으로서 토지의 효율적 이용과 도심 또는 부도심 등의 도시기능의 회복이 필요한 경우
③ 주요 역세권, 간선도로의 교차지 등 양호한 기반시설을 갖추고 있어 대중교통 이용이 용이한 지역으로서 도심 내 소형주택의 공급확대, 토지의 고도이용과 건축물의 복합개발이 필요한 경우
④ 재정비촉진사업에 따른 여러사업을 체계적·계획적으로 개발할 필요가 있는 경우
⑤ 그 밖에 대통령령으로 정한 경우: 국가 또는 지방자치단체의 계획에 따라 이전되는 대규모 시설의 기존 부지를 포함한 지역으로서 도시 기능의 재정비가 필요한 경우

2. 재정비촉진지구의 면적

(1) 면적기준

지정되는 재정비촉진지구의 면적은 10만m^2 이상으로 한다(법 제6조 제3항).

(2) 고밀복합형 재정비촉진지구를 지정하는 경우

고밀복합형 재정비촉진지구를 지정하는 경우에는 주요 역세권 또는 간선도로 교차지 등으로부터 일정 반경 이내 등 대통령령으로 정하는 지정범위에서 지정하여야 한다(법 제6조 제3항 단서).

(3) 2개 이상 재정비촉진사업 포함 지정

재정비촉진지구는 2개 이상의 재정비촉진사업을 포함하여 지정하여야 한다(법 제6조 제4항).

2 재정비촉진지구의 지정절차

1. 신청에 의한 지정

(1) 시장·군수·구청장의 신청

시장·군수·구청장(자치구의 구청장을 말한다)은 특별시장·광역시장 또는 도지사에게 재정비촉진지구의 지정을 신청할 수 있다. 재정비촉진지구를 변경하려는 경우에도 또한 같다(법 제4조 제1항).

(2) 지정신청서류 제출

재정비촉진지구의 지정 또는 변경을 신청하려는 자는 다음의 서류 및 도면(변경의 경우에는 변경하려는 사항에 한정한다)을 첨부하여 특별시장·광역시장 또는 도지사에게 제출하여야 한다(법 제4조 제2항).

① 재정비촉진지구의 명칭·위치와 면적
② 재정비촉진지구의 지정 목적
③ 재정비촉진지구의 현황(인구·주택수, 용적률, 세입자 현황 등)
④ 재정비촉진지구 개발의 기본방향

PART 07

⑤ 재정비촉진지구에서 시행 중인 재정비촉진사업 현황
⑥ 개략적인 기반시설 설치에 관한 사항
⑦ 부동산 투기에 대한 대책
⑧ 그 밖에 대통령령으로 정하는 사항(영 제2조)

(3) 주민설명회 · 주민공람 및 지방의회 의견청취

시장 · 군수 · 구청장은 재정비촉진지구의 지정 또는 변경을 신청하려는 경우에는 주민설명회를 열고, 그 내용을 14일 이상 주민에게 공람하며, 지방의회의 의견을 들은 후(이 경우 지방의회는 시장 · 군수 · 구청장이 재정비촉진지구의 지정 또는 변경 신청서를 통지한 날부터 60일 이내에 의견을 제시하여야 하며, 의견제시 없이 60일이 지난 때에는 이의가 없는 것으로 본다) 그 의견을 첨부하여 신청하여야 한다. 다만, 대통령령으로 정하는 경미한 사항의 변경을 신청하려는 경우에는 주민설명회, 주민 공람 및 지방의회의 의견 청취 절차를 거치지 아니할 수 있다(법 제4조 제3항).

(4) 협의 및 심의

① 특별시장 · 광역시장 또는 도지사는 재정비촉진지구의 지정을 신청 받은 경우에는 관계 행정기관의 장과 협의를 거쳐 「국토의 계획 및 이용에 관한 법률」에 따른 지방도시계획위원회의 심의를 거쳐 재정비촉진지구를 지정한다. 재정비촉진지구의 지정을 변경(대통령령으로 정하는 경미한 사항의 변경을 제외한다)하려는 경우에도 또한 같다(법 제5조 제1항).
② 도시재정비위원회가 설치된 특별시 · 광역시 또는 도의 경우에는 도시재정비위원회의 심의로 지방도시계획위원회의 심의를 갈음할 수 있다(법 제5조 제2항).

(5) 지정 · 고시

특별시장 · 광역시장 · 특별자치시장 · 도지사 또는 특별자치도지사(이하 "시 · 도지사"라 한다) 또는 대도시 시장은 재정비촉진지구를 지정하거나 변경할 때에는 대통령령으로 정하는 바에 따라 그 내용을 지체 없이 해당 지방자치단체의 공보에 고시하여야 한다(법 제5조 제5항).

(6) 국토교통부장관에게 보고

시 · 도지사 또는 대도시 시장이 재정비촉진지구를 지정하거나 변경하였을 때에는 국토교통부령으로 정하는 바에 따라 국토교통부장관에게 보고하여야 한다(법 제5조 제6항).

2. 직접 지정하는 경우

(1) 특별시장 · 광역시장 또는 도지사가 직접 지정하는 경우

특별시장 · 광역시장 또는 도지사는 시장 · 군수 · 구청장이 재정비촉진지구의 지정을 신청하지 아니하더라도 해당 시장 · 군수 · 구청장과의 협의를 거쳐 직접 재정비촉진지구를 지정할 수 있다. 이 경우 특별시장 · 광역시장 또는 도지사는 주민설명회 · 주민공람 및 지방의회 의견청취를 거치거나 시장 · 군수 · 구청장으로 하여금 주민설명회 · 주민공람 및 지방의회 의견청취를 거치도록 하여야 하며, 지정 절차에 관하여는 앞의 1.의 (4)를 준용한다.
즉, 관계 행정기관의 장과 협의를 거쳐 지방도시계획위원회의 심의(도시재정비위원회가 설치된 특별시 · 광역시 또는 도의 경우에는 도시재정비위원회의 심의로 지방도시계획위원회의 심의를 갈음할 수 있다)를 거쳐 재정비촉진지구를 지정한다(법 제5조 제3항).

(2) 특별자치시장 · 특별자치도지사 · 대도시 시장이 직접 지정하는 경우

다음의 자는 직접 재정비촉진지구를 지정하거나 변경한다. 이 경우 앞의 1.의 (2)의 서류 및 도면을 작성하여 주민설명회 · 주민공람 및 지방의회 의견청취를 거쳐야 하며, 관계 행정기관의 장과 협의를 거쳐 지방도시계획위원회의 심의(도시재정비위원회가 설치된 특별시 · 광역시 또는 도의 경우에는 도시재정비위원회의 심의로 지방도시계획위원회의 심의를 갈음할 수 있다)를 거쳐 재정비촉진지구를 지정한다(법 제5조 제4항).

① 특별자치시장
② 특별자치도지사
③ 대도시 시장. 다만, 재정비촉진사업이 필요하다고 인정되는 지역이 그 관할지역에 있고 다른 시 · 군 · 구에 걸쳐 있지 아니하는 경우에 한정한다.

(3) 지정 · 고시

특별자치시장 · 특별자치도지사 또는 대도시 시장은 재정비촉진지구를 지정하거나 변경할 때에는 대통령령으로 정하는 바에 따라 그 내용을 지체 없이 해당 지방자치단체의 공보에 고시하여야 한다(법 제5조 제5항).

(4) 국토교통부장관에게 보고

특별자치시장 · 특별자치도지사 또는 대도시 시장이 재정비촉진지구를 지정하거나 변경하였을 때에는 국토교통부령으로 정하는 바에 따라 국토교통부장관에게 보고하여야 한다(법 제5조 제6항).

3 재정비촉진지구의 지정 · 고시 효력

1. 재정비촉진지구의 행위금지

특별시장 · 광역시장 · 특별자치시장 · 특별자치도지사 · 시장 또는 군수(광역시의 관할구역에 있는 군의 군수는 제외한다)는 재정비촉진지구의 지정을 고시한 날부터 재정비촉진계획의 결정을 고시한 날까지 재정비촉진지구에서 「국토의 계획 및 이용에 관한 법률」에 따른 개발행위의 허가를 할 수 없다. 다만, 특별시장 · 광역시장 · 특별자치시장 · 특별자치도지사 · 시장 또는 군수가 재정비촉진계획의 수립에 지장이 없다고 판단하여 허가하는 경우에는 그러하지 아니하다(법 제8조 제1항).

2. 분양받을 권리산정 기준일

(1) 기준일 적용대상

재정비촉진사업별로 해당 사업에 관하여 정하고 있는 관계 법률에 따라 주택 등 건축물을 공급하는 경우, 재정비촉진지구의 지정 · 고시가 있은 날 또는 시 · 도지사나 대도시 시장이 투기 억제 등을 위하여 따로 정하는 날(이하 "기준일"이라 한다) 이후에 다음의 어느 하나에 해당하는 경우에는 해당 토지 또는 주택 등 건축물을 분양받을 권리는 기준일을 기준으로 산정한다(법 제33조 제1항).

① 1필지의 토지가 여러개의 필지로 분할되는 경우
② 단독주택 또는 다가구주택이 다세대주택으로 전환되는 경우
③ 주택 등 건축물이 분할되거나 공유자의 수가 증가되는 경우
④ 하나의 대지범위에 속하는 동일인 소유의 토지와 주택 등 건축물을 토지와 주택 등 건축물로 각각 분리하여 소유하는 경우
⑤ 나대지에 건축물을 새로 건축하거나 기존 건축물을 철거하고 다세대주택이나 그 밖의 공동주택을 건축하여 토지 등 소유자가 증가하는 경우

(2) 기준일 고시

시 · 도지사 또는 대도시의 시장은 기준일을 따로 정하는 경우 기준일, 지정사유, 건축물의 분양받을 권리의 산정기준 등을 해당 지방자치단체의 공보에 고시하여야 한다(법 제33조 제2항).

02 재정비촉진지구 지정의 해제

1 재정비촉진지구 지정의 효력 상실

재정비촉진지구 지정을 고시한 날부터 2년이 되는 날까지 재정비촉진계획이 결정되지 아니하면 그 2년이 되는 날의 다음날에 재정비촉진지구 지정의 효력이 상실된다. 다만, 시·도지사 또는 대도시의 시장은 해당 기간을 1년의 범위 내에서 연장할 수 있다(법 제7조 제1항).

2 재정비촉진지구 지정의 해제

1. 지정해제권자

시·도지사 또는 대도시의 시장은 그 밖에 재정비촉진사업의 추진 상황으로 보아 재정비촉진지구의 지정 목적을 달성하였거나 달성할 수 없다고 인정되는 경우에는 지방도시계획위원회 또는 도시재정비위원회의 심의를 거쳐 재정비촉진지구의 지정을 해제할 수 있다(법 제7조 제2항).

2. 지정해제 절차

(1) 재정비촉진지구의 지정을 해제하려는 시·도지사 또는 대도시 시장은 지방도시계획위원회 또는 도시재정비위원회 심의 전에 주민설명회를 열고 그 내용을 14일 이상 주민에게 공람하여야 하며, 지방의회의 의견을 들어야 한다. 이 경우 지방의회는 의견을 요청받은 날부터 60일 이내에 의견을 제시하여야 하며, 의견제시 없이 60일이 지난 경우 이의가 없는 것으로 본다(법 제7조 제3항).

(2) 재정비촉진지구의 지정을 해제하려는 시·도지사 또는 대도시 시장은 필요하다고 인정하는 경우 시장·군수·구청장으로 하여금 (1)에 따른 절차를 거치도록 할 수 있다. 이 경우 시장·군수·구청장은 지방의회의 의견을 특별시장·광역시장 또는 도지사에게 제출하여야 한다(법 제7조 제4항).

3. 지정해제의 효력

(1) 재정비촉진지구의 지정이 해제된 경우 재정비촉진계획 결정의 효력은 상실된 것으로 본다(법 제7조 제5항).

(2) 시·도지사 또는 대도시의 시장은 재정비촉진지구 지정의 효력이 상실되거나 지정을 해제하는 경우에는 대통령령으로 정하는 바에 따라 그 사실을 지체 없이 해당 지방자치단체의 공보에 고시하여야 한다(법 제7조 제7항).

PART 07

03 재정비촉진계획

Chapter

단·원·열·기

재정비촉진계획의 수립에 대해 출제되었다.
학습방법: 재정비촉진계획의 수립과 결정을 비교하도록 한다.

01 재정비촉진계획의 수립 등

1 재정비촉진계획의 수립 등

1. 시장 · 군수 · 구청장의 수립

시장 · 군수 · 구청장은 다음의 사항을 포함한 재정비촉진계획을 수립하여 특별시장 · 광역시장 또는 도지사에게 결정을 신청하여야 한다. 이 경우 재정비촉진지구가 둘 이상의 시 · 군 · 구의 관할 지역에 걸쳐 있는 경우에는 관할 시장 · 군수 · 구청장이 공동으로 이를 수립한다(법 제9조 제1항).

① 위치, 면적, 개발기간 등 재정비촉진계획의 개요
② 토지 이용에 관한 계획
③ 인구 · 주택 수용계획
④ 교육시설, 문화시설, 복지시설 등 기반시설 설치계획
⑤ 공원 · 녹지 및 환경보전 계획
⑥ 교통계획
⑦ 경관계획
⑧ 재정비촉진구역 지정에 관한 다음의 사항
　㉠ 재정비촉진구역의 경계
　㉡ 개별법에 따라 시행할 수 있는 재정비촉진사업의 종류
　㉢ 존치지역에 관한 사항. 세분하여 관리할 필요가 있는 경우 아래의 유형으로 구분할 수 있다.
　　ⓐ 존치정비구역: 재정비촉진구역의 지정 요건에는 해당하지 아니하나 시간의 경과 등 여건의 변화에 따라 재정비촉진사업 요건에 해당할 수 있거나 재정비촉진사업의 필요성이 높아질 수 있는 구역

ⓑ 존치관리구역: 재정비촉진구역의 지정 요건에 해당하지 아니하거나 기존의 시가지로 유지·관리할 필요가 있는 구역

㉣ 우선사업구역의 지정에 관한 사항(필요한 경우만 해당한다) 등

⑨ 재정비촉진사업별 용도지역 변경계획(필요한 경우만 해당한다)

⑩ 재정비촉진사업별 용적률·건폐율 및 높이 등에 관한 건축계획

⑪ 기반시설의 비용분담계획

⑫ 기반시설의 민간투자사업에 관한 계획(필요한 경우만 해당한다)

⑬ 임대주택 건설 등 재정비촉진지구에 거주하는 세입자 및 소규모의 주택 또는 토지의 소유자(이하 "세입자 등"이라 한다)의 주거대책

⑭ 재정비촉진사업 시행기간 동안의 범죄예방대책

⑮ 순환개발 방식의 시행을 위한 사항(필요한 경우만 해당한다)

⑯ 단계적 사업 추진에 관한 사항

⑰ 상가의 분포 및 수용계획

⑱ 그 밖에 대통령령으로 정하는 사항

2. 시·도지사 또는 대도시 시장의 수립

시·군·구 간의 협의가 어려운 경우나 특별시장·광역시장 또는 도지사가 직접 재정비촉진지구를 지정한 경우에는 특별시장·광역시장 또는 도지사가 직접 재정비촉진계획을 수립할 수 있으며, 특별자치시장, 특별자치도지사 또는 대도시 시장이 직접 재정비촉진지구를 지정한 경우에는 특별자치시장, 특별자치도지사 또는 대도시 시장이 직접 재정비촉진계획을 수립한다. 이 경우 특별시장·광역시장 또는 도지사는 주민공람·지방의회의 의견청취·공청회절차를 거치거나 시장·군수·구청장으로 하여금 같은 절차를 거치도록 하여야 하며, 특별자치시장, 특별자치도지사 또는 대도시 시장은 같은 절차를 거쳐야 한다(법 제9조 제2항).

3. 재정비촉진계획의 수립절차

(1) 주민공람 및 지방의회의 의견청취·공청회 개최

시장·군수·구청장은 재정비촉진계획을 수립하거나 변경하려는 경우에는 그 내용을 14일 이상 주민에게 공람하고 지방의회의 의견을 들은 후(이 경우 지방의회는 시·도지사 또는 시장·군수·구청장이 재정비촉진계획의 수립 또는 변경을 통지한 날부터 60일 이내에 의견을 제시하여야 하며, 의견제시 없이 60일이 지난 때에는 이의가 없는 것으로 본다) 공청회를 개최하여야 한다. 다만, 대통령령으로 정하는 경미한 사항의 변경은 그러하지 아니하다(법 제9조 제3항).

기반시설의 설치

1. **비용부담**: 재정비촉진계획에 따라 설치되는 기반시설의 설치비용은 「도시재정비 촉진을 위한 특별법」에 특별한 규정이 있는 경우를 제외하고는 사업시행자가 부담하는 것을 원칙으로 한다(법 제26조).
2. **기반시설의 설치의무자 등**: 재정비촉진지구의 기반시설의 설치는 다음의 구분에 따른 자가 한다(법 제27조 제1항).
   ① 도로 및 상수도·하수도 시설: 지방자치단체
   ② 전기시설·가스공급시설 또는 지역난방시설: 해당 지역에 전기·가스 또는 난방을 공급하는 자
   ③ 통신시설: 해당 지역에 통신서비스를 제공하는 자
   ④ 그 밖의 기반시설: 대통령령으로 정하는 자(영 제27조).
3. **기반시설의 설치기한**: 기반시설의 설치는 특별한 사유가 없으면 해당 재정비촉진사업의 준공검사 신청일까지 완료하여야 한다(법 제27조 제2항).

PART 07

(2) 주민 동의절차

재정비촉진계획의 수립 및 변경을 하는 경우에는 시·도 또는 대도시 조례로 정하는 바에 따라 주민의 동의를 받는 절차를 거칠 수 있다(법 제9조 제4항).

(3) 교통영향평가서의 검토 및 환경영향평가

재정비촉진계획을 수립할 때에는 재정비촉진사업에 대하여 「도시교통정비 촉진법」 제16조에 따른 교통영향평가서의 검토를 받고 「환경영향평가법」 제22조에 따라 환경영향평가를 받을 수 있으며, 이 경우 재정비촉진사업을 시행할 때에는 교통영향평가서의 검토와 환경영향평가를 받지 아니한다(법 제13조 제2항).

2 재정비촉진계획에 따른 기반시설의 설치계획

(1) 기반시설의 설치 등을 위한 재정비촉진계획의 수립기준

기반시설의 설치 및 비용 분담의 기준 등 재정비촉진계획의 수립기준에 관하여 필요한 사항은 대통령령으로 정하는 바에 따라 국토교통부장관이 따로 정할 수 있다(법 제9조 제6항).

(2) 재정비촉진계획의 수립 제안

한국토지주택공사 또는 지방공사는 재정비촉진사업을 효율적으로 추진하기 위하여 제9조 제1항 각 호의 사항을 포함한 재정비촉진계획을 마련한 후 토지등소유자 과반수의 동의를 받아 제9조 제1항 및 제2항에 따른 재정비촉진계획 수립권자(이하 “재정비촉진계획 수립권자”라 한다)에게 재정비촉진계획의 수립(변경하는 경우를 포함한다)을 제안할 수 있다. 이 경우 동의자 수의 산정 방법, 제안서의 처리 등에 필요한 사항은 대통령령으로 정한다(법 제9조 제7항).

(3) 기반시설의 설치계획

재정비촉진계획에 따른 기반시설의 설치계획은 재정비촉진사업을 서로 연계하여 광역적으로 수립하여야 하고, 재정비촉진지구 안의 존치지역과 재정비촉진사업의 추진 가능시기 등을 종합적으로 고려하여 수립하여야 한다(법 제10조).

(4) 기반시설 설치비용의 분담

① 기반시설 설치비용은 재정비촉진사업의 시행자가 재정비촉진계획의 비용 분담계획에 따라 부담하여야 한다(법 제11조 제1항).

② 기반시설 설치비용의 부담규모는 재정비촉진사업별 시행규모 및 건축계획의 내용 등을 고려하여 균형 있게 정하여야 한다(법 제11조 제2항).

(5) 기반시설의 부지제공에 따른 용적률 등의 완화

사업시행자가 기반시설의 설치를 위하여 필요한 부지를 제공하는 경우에는 해당 재정비촉진계획에 용적률, 건축물의 높이 등을 조정하는 내용을 포함시킬 수 있다(법 제11조 제3항).

02 재정비촉진계획의 결정 등

1 재정비촉진계획의 결정절차

(1) 재정비촉진계획의 결정을 위한 협의 및 심의

특별시장 · 광역시장 또는 도지사가 시장 · 군수 · 구청장으로부터 재정비촉진계획의 결정을 신청받은 경우나 시 · 도지사 또는 대도시 시장이 직접 재정비촉진계획을 수립한 경우에는 관계 행정기관의 장과 협의하고 해당 시 · 도 또는 대도시에 두는 지방도시계획위원회 심의 또는 해당 시 · 도 또는 대도시에 두는 건축위원회와 지방도시계획위원회가 공동으로 하는 심의를 거쳐 결정하거나 변경하여야 한다. 다만, 대통령령으로 정하는 경미한 사항을 변경하는 경우에는 그러하지 아니하다(법 제12조 제1항).

(2) 도시재정비위원회 심의로 갈음할 수 있는 경우

도시재정비위원회가 설치된 시 · 도 또는 대도시의 경우에는 도시재정비위원회의 심의로 지방도시계획위원회의 심의 또는 건축위원회와 지방도시계획위원회의 공동심의를 갈음할 수 있다(법 제12조 제2항).

(3) 결정 · 고시

시 · 도지사 또는 대도시 시장은 재정비촉진계획을 결정 또는 변경하는 경우에는 대통령령으로 정하는 바에 따라 이를 지체 없이 해당 지방자치단체의 공보에 고시하여야 하고, 대도시 시장은 이를 도지사에게 통보하여야 한다(법 제12조 제3항).

(4) 보 고

시・도지사 또는 대도시 시장이 재정비촉진계획의 결정을 고시하였을 때에는 국토교통부령으로 정하는 방법 및 절차에 따라 국토교통부장관에게 보고하여야 한다(법 제12조 제4항).

2 재정비촉진계획의 결정의 효력

(1) 건축물 등의 건축금지

재정비촉진계획이 결정・고시된 날부터 해당 재정비촉진지구에서는 재정비촉진계획의 내용에 적합하지 아니한 건축물의 건축 또는 공작물의 설치를 할 수 없다. 다만, 특별자치시장, 특별자치도지사, 시장・군수・구청장이 재정비촉진사업의 시행에 지장이 없다고 판단하여 허가하는 경우에는 그러하지 아니하다(법 제8조 제2항).

(2) 관계법률에 따른 지정・수립・결정 등으로 간주

재정비촉진계획이 결정・고시되었을 때에는 그 고시일에 다음에 해당하는 승인・결정 등이 있은 것으로 본다(법 제13조 제1항).

1. 「도시 및 주거환경정비법」 제4조에 따른 도시・주거환경정비기본계획의 수립 또는 변경, 같은 법 제8조에 따른 정비구역의 지정 또는 변경 및 같은 조에 따른 정비계획의 수립 또는 변경
2. 「도시개발법」 제3조에 따른 도시개발구역의 지정 및 같은 법 제4조에 따른 개발계획의 수립 또는 변경
3. 「국토의 계획 및 이용에 관한 법률」 제30조에 따른 도시・군관리계획(「국토의 계획 및 이용에 관한 법률」 제2조 제4호 가목・다목 및 마목의 경우만 해당한다)의 결정 또는 변경 및 같은 법 제86조에 따른 도시・군계획시설사업의 시행자 지정
4. 「도시재생 활성화 및 지원에 관한 특별법」 제41조에 따른 주거재생혁신지구의 지정 또는 변경 및 같은 조에 따른 주거혁신지구계획의 확정・승인 또는 변경
5. 「공공주택특별법」 제40조의 7에 따른 도심 공공주택 복합지구의 지정 또는 변경

(3) 재정비촉진계획의 내용에 적합하게 시행

재정비촉진지구에서의 재정비촉진사업은 재정비촉진계획의 내용에 적합하게 시행하여야 한다(법 제13조 제3항).

3 재정비촉진계획 결정의 효력 상실

1. 재정비촉진구역 지정의 효력이 상실된 경우

재정비촉진사업 관계 법률에 따라 재정비촉진구역 지정의 효력이 상실된 경우에는 해당 재정비촉진구역에 대한 재정비촉진계획 결정의 효력도 상실된 것으로 본다. 이 경우 시・도지사 또는 대도시시장은 재정비촉진계획을 변경하여야 한다(법 제13조의2 제1항).

2. 재정비촉진계획의 효력이 상실되는 경우

(1) 재정비촉진지구에서 제외

재정비촉진계획의 효력이 상실된 구역은 재정비촉진지구에서 제외된다. 이 경우 재정비촉진계획의 효력이 상실된 구역은 재정비촉진계획에 따라 변경된 「국토의 계획 및 이용에 관한 법률」에 따른 도시・군관리계획은 재정비촉진계획 결정 이전의 상태로 환원된 것으로 본다(법 제13조의2 제2항).

(2) 존치지역으로 전환

시・도지사 또는 대도시 시장은 재정비촉진계획 결정의 효력이 상실된 구역을 존치지역으로 전환할 수 있다. 이 경우 해당 존치지역에서는 기반시설과 관련된 「국토의 계획 및 이용에 관한 법률」에 따른 도시・군관리계획은 재정비촉진계획 결정 이전의 상태로 환원되지 아니할 수 있다(법 제13조의2 제3항).

PART 07

4 총괄계획가

(1) 시・도지사 또는 대도시 시장에 의한 위촉

시・도지사 또는 대도시의 시장은 대통령령으로 정하는 바에 따라 재정비촉진계획수립의 모든 과정을 총괄 진행・조정하게 하기 위하여 도시계획・도시설계・건축 등 분야의 전문가인 자를 총괄계획가로 위촉할 수 있다(법 제9조 제5항).

(2) 시장・군수・구청장의 의견청취

특별시장・광역시장 또는 도지사는 총괄계획가를 위촉하려는 경우에는 미리 시장・군수・구청장의 의견을 들어야 한다(영 제11조 제1항).

5 총괄사업관리자

1. 지 정

(1) 재정비촉진계획 수립권자의 지정

재정비촉진계획 수립권자는 사업을 효율적으로 추진하기 위하여 재정비촉진계획 수립단계에서부터 한국토지주택공사 또는 지방공사를 총괄사업관리자로 지정할 수 있다(법 제14조 제1항).

(2) 협 의

특별시장 · 광역시장 또는 도지사가 총괄사업관리자를 지정하는 경우에는 관할 시장 · 군수 · 구청장과 협의하여야 한다(법 제14조 제1항 단서).

2. 총괄사업관리자의 업무

총괄사업관리자는 지방자치단체의 장을 대행하여 다음의 업무를 수행한다(법 제14조 제2항).

1. 재정비촉진지구에서의 모든 재정비촉진사업의 총괄관리
2. 도로 등 기반시설의 설치
3. 기반시설의 비용 분담금과 지원금의 관리
4. 재정비촉진계획 수립시 기반시설 설치계획 등에 대한 조언
5. 그 밖에 「도시재정비 촉진을 위한 특별법」에서 규정하는 업무 및 대통령령으로 정하는 업무

6 사업협의회

1. 사업협의회의 위원구성

사업협의회는 20인 이내(재정비촉진구역이 10곳 이상인 경우에는 30인 이내)의 위원으로 구성하되, 총괄계획가와 총괄사업관리자는 사업협의회의 위원이 되며, 그 외의 위원은 재정비촉진계획 수립권자가 다음의 자 중에서 임명하거나 위촉한다(법 제17조 제2항).

(1) 해당 지방자치단체의 관계 공무원

(2) 사업시행자(개별법에 따른 조합 등의 사업시행자를 포함한다. 다만, 사업시행자를 지정하기 전인 경우에는 「도시 및 주거환경정비법」에 따른 주민대표회의, 조합설립추진위원회 또는 「전통시장 및 상점가 육성을 위한 특별법」에 따른 시장정비사업 추진위원회 등 주민의사를 대표할 수 있는 대표자 또는 사업시행자가 되려는 자를 포함한다)

(3) 관계 전문가

2. 사업협의회의 협의사항

재정비촉진계획 수립권자는 다음의 사항에 관한 협의 또는 자문을 위하여 사업협의회를 구성·운영할 수 있다. 다만, 특별시장·광역시장 또는 도지사가 직접 재정비촉진계획을 수립하는 경우에는 재정비촉진계획의 결정될 때까지 특별시장·광역시장 또는 도지사가 사업협의회를 구성·운영할 수 있다(법 제17조 제1항).

① 재정비촉진계획의 수립 및 재정비촉진사업의 시행을 위하여 필요한 사항
② 재정비촉진사업별 지역주민의 의견조정을 위하여 필요한 사항
③ 그 밖에 대통령령으로 정하는 사항

3. 사업협의회 개최

재정비촉진계획 수립권자는 다음의 경우에 사업협의회를 개최한다(법 제17조 제3항).

① 사업협의회 위원의 2분의 1 이상이 요청하는 경우
② 재정비촉진계획 수립권자가 필요하다고 판단하는 경우

04 Chapter 재정비촉진사업의 시행

단·원·열·기

재정비촉진계획에 따라 설치되는 기반시설의 설치비용의 부담, 임대주택의 건설비율 등이 출제되었다.
학습방법 : 재정비촉진사업의 시행을 위한 지원부분은 기출문제 중심으로 정리하도록 한다.

재정비촉진사업의 시행

우선사업구역에 관한 특례

1. **우선사업구역에 대한 재정비촉진계획**: 시장·군수·구청장 또는 시·도지사는 재정비촉진사업의 활성화, 소형주택의 공급 확대, 주민이주대책 지원 등을 위하여 필요한 경우 재정비촉진지구 전체에 대한 재정비촉진계획을 결정·고시하기 전이라도 제9조 및 제12조에 따른 절차에 따라 우선사업구역에 대한 재정비촉진계획을 별도로 수립하여 결정을 신청하거나, 결정·고시할 수 있다(법 제19조의2 제1항).

01 사업시행자

1 사업시행자

재정비촉진사업은 관계 법령에 따른 사업시행자가 시행한다(법 제15조 제1항).

1. 토지등소유자의 과반수가 동의한 정비사업의 경우

「도시 및 주거환경정비법」에 따른 주거환경개선사업·재개발사업·재건축사업·「빈집 및 소규모주택 정비에 관한 특례법」에 따른 가로주택정비사업 및 소규모재건축사업은 「도시 및 주거환경정비법」에도 불구하고 토지등소유자의 과반수가 동의한 경우에는 특별자치시장, 특별자치도지사, 시장·군수·구청장이 재정비촉진사업을 직접 시행하거나 다음에 해당하는 자를 사업시행자로 지정할 수 있다(법 제15조 제1항 단서).

> ① 「한국토지주택공사법」에 따라 설립된 한국토지주택공사
> ② 「지방공기업법」에 따라 주택사업을 수행하기 위하여 설립된 지방공사

2. 우선사업구역의 재정비촉진사업

우선사업구역의 재정비촉진사업은 관계 법령에도 불구하고 토지등소유자의 과반수의 동의를 받아 특별자치시장, 특별자치도지사, 시장·군수·구청장이 직접 시행하거나 총괄사업관리자를 사업시행자로 지정하여 시행하도록 하여야 한다(법 제15조 제2항).

3. 시공자 선정

특별자치시장, 특별자치도지사, 시장 · 군수 · 구청장이 재정비촉진사업을 직접 시행하거나 한국토지주택공사 또는 지방공사가 사업시행자로 지정되는 경우 사업시행자는 「지방자치단체를 당사자로 하는 계약에 관한 법률」 또는 「공공기관의 운영에 관한 법률」에도 불구하고 「도시 및 주거환경정비법」 및 「빈집 및 소규모주택 정비에 관한 특례법」에 따른 주민대표회의에서 대통령령으로 정하는 경쟁입찰의 방법에 따라 추천한 자를 시공자로 선정할 수 있다(법 제15조 제4항).

2 지방자치단체장의 민간투자사업

1. 민간투자사업에 의한 기반시설 설치

지방자치단체장은 기반시설의 확충을 촉진하기 위하여 일단의 기반시설 부지를 대상으로 「사회기반시설에 대한 민간투자법」에 따른 민간투자사업으로 기반시설을 설치할 수 있다(법 제16조 제1항).

2. 민간투자사업의 대행

지방자치단체장은 재정비촉진지구의 총괄사업관리자로 하여금 민간투자사업을 대행하게 할 수 있다(법 제16조 제2항).

3 사업시행의 촉진

재정비촉진계획의 결정 · 고시일부터 2년 이내에 재정비촉진사업과 관련하여 해당 사업을 규정하고 있는 관계 법률에 따른 조합설립인가를 신청하지 아니하거나, 3년 이내에 해당 사업에 관하여 규정하고 있는 관계 법률에 따른 사업시행인가를 신청하지 아니한 경우에는 특별자치시장, 특별자치도지사, 시장 · 군수 · 구청장이 그 사업을 직접 시행하거나 총괄사업관리자를 사업시행자로 우선하여 지정할 수 있다. 다만, 특별자치시장, 특별자치도지사, 시장 · 군수 · 구청장은 총괄사업관리자가 관계 법률에 규정된 각각의 재정비촉진사업에 대하여 해당 법률에 따라 사업시행자가 될 수 있는 사업(공동시행자가 될 수 있는 사업을 포함한다)에 한정하여 총괄사업관리자를 사업시행자로 지정할 수 있다(법 제18조 제1항).

2. **우선사업구역의 사업시행**: 제1항에 따라 우선사업구역에 대한 재정비촉진계획이 결정 · 고시된 경우 해당 우선사업구역에 대하여는 전체 재정비촉진계획이 결정 · 고시(변경하는 경우를 포함한다)되기 전이라도 관계 법령에 따라 사업을 시행할 수 있다(법 제19조의2 제2항).

사업시행자 지정 동의 간주

특별자치시장, 특별자치도지사, 시장 · 군수 · 구청장이 제9조 제7항에 따라 재정비촉진계획 수립을 제안한 자를 1. 및 2.에 따라 사업시행자로 지정하려는 경우 해당 재정비촉진계획의 수립 제안에 동의한 토지등소유자는 사업시행자 지정에 동의한 것으로 본다(법 제15조 제3항).

주택도시기금 융자

1. 및 2.에 따라 사업시행자를 지정한 경우 국가는 「주택도시기금법」에 따른 주택도시기금에서 사업시행에 필요한 자금을 융자할 수 있다(법 제15조 제5항).

02 재정비촉진사업의 시행을 위한 지원

1 건축규제의 완화 등에 관한 특례

1. 용도지역 변경하는 내용으로 재정비촉진계획 수립

재정비촉진계획 수립권자는 필요한 경우 「국토의 계획 및 이용에 관한 법률」에 따른 용도지역을 변경하는 내용으로 재정비촉진계획을 수립할 수 있다(법 제19조 제1항).

2. 건축규제 완화

재정비촉진계획 수립권자는 필요한 경우 「국토의 계획 및 이용에 관한 법률」의 규정 또는 같은 법의 위임에 따라 규정한 조례에도 불구하고 다음의 내용을 포함하는 내용으로 재정비촉진계획을 수립할 수 있다(법 제19조 제2항).

> ① 「국토의 계획 및 이용에 관한 법률」에 따른 용도지역 및 용도지구에서의 건축물 건축 제한 등의 예외
> ② 「국토의 계획 및 이용에 관한 법률」과 관련한 위임 규정에 따라 조례로 정한 건폐율 최대한도의 예외
> ③ 「국토의 계획 및 이용에 관한 법률」과 관련한 위임 규정에 따라 조례로 정한 용적률 최대한도의 예외. 다만, 「국토의 계획 및 이용에 관한 법률」에 따른 용적률의 최대한도의 100분의 120을 초과할 수 없으며, 「도시재정비 촉진을 위한 특별법」에 따라 기반시설에 대한 부지 제공의 대가로 증가된 용적률은 포함하지 아니한다.

학교 시설기준과 주차장 설치기준 완화

재정비촉진계획 수립권자는 필요한 경우 중심지형 또는 고밀복합형 재정비촉진지구에 대하여 「초·중등교육법」에 따른 학교시설기준과 「주택법」 및 「주차장법」에 따른 주차장 설치기준을 완화하는 내용으로 재정비촉진계획을 수립할 수 있다(법 제19조 제3항).

가로구역별 건축물의 최고 높이제한 완화

재정비촉진계획 수립권자는 「건축법」 제60조 및 제61조에 따른 건축물의 높이제한에도 불구하고 이를 완화하는 내용으로 재정비촉진계획을 수립할 수 있다. 다만, 주거지형 재정비촉진지구의 경우에는 지방도시계획위원회의 심의를 거쳐 높이제한을 완화하는 내용으로 재정비촉진계획을 수립할 수 있다(법 제19조 제4항).

2 주택의 규모 및 건설비율의 특례

「도시 및 주거환경정비법」 제10조 및 「빈집 및 소규모주택 정비에 관한 특례법」 제32조 및 「도시개발법」 제5조에도 불구하고 재정비촉진사업의 주택의 규모 및 건설비율에 관하여는 대통령령으로 달리 정할 수 있다(법 제20조).

1. 주거전용면적 85m^2 이하인 주택의 규모 및 건설비율

재정비촉진사업에서 규모가 주거전용면적 85m^2 이하인 주택의 건설비율은 다음과 같다(영 제21조 제1항).

① 「도시 및 주거환경정비법」에 따른 주거환경개선사업의 경우: 전체 세대수 중 80% 이상
② 「도시 및 주거환경정비법」에 따른 재개발사업의 경우: 전체 세대수 중 60% 이상. 다만, 「도시 및 주거환경정비법」에 따라 국토교통부장관이 고시하는 비율이 이보다 낮은 경우에는 그 고시하는 비율에 따른다.

2. 증가되는 용적률에 대한 주택의 규모 및 건설비율

고밀복합형 재정비촉진지구의 경우 해당 재정비촉진사업으로 증가되는 용적률에 대한 주택의 규모 및 건설비율은 대통령령으로 달리 정할 수 있다. 이 경우 증가되는 용적률이란 재정비촉진지구 지정 당시의 용도지역을 기준으로 건축규제 완화규정(법 제19조)에 따라 증가되는 용적률을 말하며, 기반시설에 대한 부지제공의 대가로 증가되는 용적률(법 제11조 제3항)은 그 산정대상에서 제외한다(법 제20조의2).

3 재정비촉진특별회계

1. 재정비촉진특별회계의 설치

시·도지사 또는 시장·군수·구청장은 재정비촉진사업을 촉진하고 기반시설의 설치 지원 등을 하기 위하여 지방자치단체에 재정비촉진특별회계(이하 "특별회계"라 한다)를 설치할 수 있다(법 제24조 제1항).

2. 특별회계의 재원

특별회계는 다음의 재원으로 조성한다(법 제24조 제2항).

1. 일반회계로부터의 전입금
2. 정부의 보조금
3. 「재건축초과이익 환수에 관한 법률」에 따른 재건축부담금 중 같은 법 제4조 제3항 및 제4항에 따른 지방자치단체 귀속분
4. 「수도권정비계획법」 제16조에 따라 시·도에 귀속되는 과밀부담금 중 해당 시·도의 조례로 정하는 비율에 해당하는 금액
5. 「지방세법」 제112조(「지방세법」 제112조 제1항 제1호는 제외한다)에 따라 부과·징수되는 재산세의 징수액 중 대통령령으로 정하는 비율에 해당하는 금액

> 6. 차입금
> 7. 해당 특별회계 자금의 융자 회수금, 이자 수익금 및 그 밖의 수익금
> 8. 제31조 제3항에 따라 시·도지사에게 공급된 임대주택의 임대보증금 및 임대료
> 9. 그 밖에 시·도의 조례로 정하는 재원

3. 특별회계의 용도

특별회계는 다음의 용도로 사용한다(법 제24조 제3항).

> 1. 기반시설의 설치, 그 설치비용의 보조 및 융자
> 2. 차입금의 원리금 상환
> 3. 특별회계의 조성·운용 및 관리를 위한 경비
> 4. 「재건축초과이익 환수에 관한 법률」에 따른 재건축부담금의 부과·징수
> 5. 임대주택의 매입·관리 등 세입자 등의 주거안정 지원
> 6. 그 밖에 대통령령으로 정하는 사항

4. 특별회계의 운용관리

(1) 국토교통부장관은 필요한 경우에는 지방자치단체의 장으로 하여금 특별회계의 운용 상황을 보고하게 할 수 있다(법 제24조 제4항).

(2) 특별회계의 설치 및 운용·관리에 필요한 사항은 대통령령으로 정하는 기준에 따라 해당 지방자치단체의 조례로 정한다(법 제24조 제5항).

4 임대주택등의 건설

1. 증가용적률의 75% 범위의 임대주택등 공급

사업시행자는 세입자의 주거안정과 개발이익의 조정을 위하여 해당 재정비촉진사업으로 증가되는 용적률의 75% 범위에서 대통령령으로 정하는 바에 따라 임대주택 및 분양주택(이하 이 조에서 "임대주택등"이라 한다)을 공급하여야 한다. 이 경우 해당 재정비촉진사업으로 증가되는 용적률은 재정비촉진지구 지정 당시의 용도지역을 기준으로 건축규제완화 등에 관한 특례(법 제19조)에 따라 증가되는 용적률을 말하며, 기반시설에 대한 부지 제공의 대가로 증가된 용적률(법 제11조 제3항)은 그 산정대상에서 제외한다(법 제31조 제1항).

2. 주거전용면적이 85m²를 초과하는 임대주택등의 비율

건설되는 임대주택등 중 주거전용면적이 85m²를 초과하는 주택의 비율은 50% 이하의 범위에서 대통령령으로 정한다(법 제31조 제2항).

5 도시재정비위원회

1. 도시재정비위원회의 설치 및 심의사항

다음의 사항을 심의하거나 시·도지사 또는 대도시 시장의 자문에 응하기 위하여 시·도지사 또는 대도시 시장 소속으로 도시재정비위원회를 둘 수 있다(법 제34조 제1항).

① 재정비촉진지구의 지정 및 변경에 대한 심의 또는 자문
② 재정비촉진계획의 수립에 대한 자문
③ 재정비촉진계획의 결정 및 변경에 대한 심의 또는 자문
④ 재정비촉진사업의 시행에 대한 자문
⑤ 그 밖에 도시재정비 촉진을 위하여 필요한 사항에 대한 자문

2. 도시재정비위원회 구성

도시재정비위원회(이하 "위원회"라 한다)는 위원장 및 부위원장 각 1인을 포함한 20인 이상 25인 이하의 다음의 위원으로 구성한다(영 제38조 제1항, 제3항).

① 해당 시·도 또는 대도시 지방의회의 의원
② 해당 시·도 또는 대도시 소속 공무원 및 도시재정비와 관련 있는 행정기관의 공무원
③ 해당 지방도시계획위원회의 위원 및 건축위원회의 위원
④ 도시계획·도시설계·도시디자인·건축 및 주택 등 도시재정비 관련 분야에 학식과 경험이 풍부한 자

Part

07 실전예상문제

01

「도시재정비 촉진을 위한 특별법령」에 관한 내용으로 옳지 않은 것은?

① 특별시장 · 광역시장 또는 도지사는 재정비촉진지구의 지정을 신청받은 경우에는 관계 행정기관의 장과 협의를 거쳐 지방도시계획위원회의 심의를 거쳐 재정비촉진지구를 지정한다.

② 총괄사업관리자는 지방자치단체의 장을 대행하여 도로 등 기반시설의 설치업무를 수행한다.

③ 재정비촉진계획에 따라 설치되는 기반시설의 설치비용은 「도시재정비 촉진을 위한 특별법」에 특별한 규정이 있는 경우를 제외하고는 사업시행자가 부담하는 것을 원칙으로 한다.

④ 재정비촉진계획 수립권자는 사업협의회 위원의 3분의 1 이상이 요청하는 경우에 사업협의회를 개최하여야 한다.

⑤ 국토교통부장관은 총괄계획가의 업무수행에 관하여 필요한 사항을 정할 수 있다.

해설 ④ 사업협의회 위원의 2분의 1 이상이 요청하는 경우에 사업협의회를 개최한다.

02

「도시재정비 촉진을 위한 특별법」 제31조(임대주택등의 건설) **제1항 규정의 일부이다. (　　)에 들어갈 아라비안 숫자를 쓰시오.**

> 사업시행자는 세입자의 주거안정과 개발이익의 조정을 위하여 해당 재정비촉진사업으로 증가되는 용적률의 (　　)% 범위에서 대통령령으로 정하는 비율을 임대주택등으로 공급하여야 한다.

Answer

01 ④　02 75

Memo

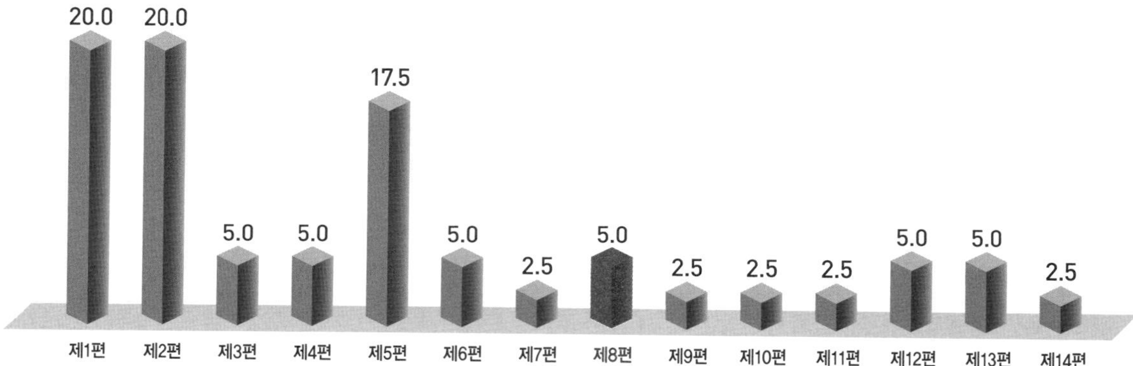

제27회 기출문제 분석

시설물의 안전 및 유지관리에 관한 특별법은 2문제가 출제되는데, 1문제는 주관식으로 출제된다. 주로 용어중심으로 정리하고, 안전점검, 정밀안전진단 등 핵심사항을 학습하도록 한다.

PART

08

시설물의 안전 및 유지관리에 관한 특별법

시설물의 안전 및 유지관리에 관한 특별법

시설물의 안전 및 유지관리에 관한 특별법(2문제)

시설물	제1종(대규모)	21층↑ 건축물, 연 5만㎡↑,
	제2종(중규모)	16층↑ 건축물, 연 3만㎡↑, 16층↑ 공동주택(공동주택: 1종×)
	제3종(소규모)	15층 이하 아파트, 연립주택, 660㎡ 초과 기숙사
용 어	안전점검	육안과 기구로 위험요인조사
	긴급안전점검	시설물 붕괴, 전도, 물리적·기능적 결함 발견
	정밀안전진단	구조적 안전성과 결함의 조사·측정·평가하여 보수·보강방법 제시
	성능평가	구조적 안전성·내구성·사용성 성능 종합적 평가
	내진성능평가	시설물이 지진에 견딜 수 있는 능력평가
	유지관리	시설물의 기능 보전하는 개량·보수·보강하는 활동
시설물관리기본계획 등	시설물관리 기본계획	**수립권자**: 국토교통부장관 5년마다 수립·시행
	시설물관리계획	**수립권자**: 관리주체 매년 수립·시행
시설물의 안전관리	정기안전점검 (제1종, 제2종)	• A·B·C: 반기에 1회 이상 • D·E: 해빙기·우기·동절기 각 1회 연 3회 이상 • **제3종**: 정기 안전점검 D·E 경우 정밀안전 점검 실시
	정밀안전점검	• **건축물**: 등급 A: 4년에 1회↑, B·C: 3년에 1회↑, D·E: 2년에 1회↑ • **기타**: 등급 A: 3년에 1회↑, B·C: 2년에 1회↑, D·E: 1년에 1회↑
	정밀안전진단	• 안전점검결과 필요·인정하는 경우 • 제1종시설물에 대하여 정기적으로 정밀안전진단 실시 • 등급 A: 6년에 1회↑, B·C: 5년에 1회↑, D·E: 4년에 1회↑
	성능평가	5년에 1회 이상 실시
대행기관	안전점검 등	국토안전관리원, 안전진단전문기관, 안전점검전문기관
	정밀안전진단 (관리주체×)	국토안전관리원, 안전진단전문기관
	성능평가	국토안전관리원, 안전진단전문기관
시설물의 유지관리	시설물의 유지관리	관리주체
	유지관리 대행	건설사업자, 하자담보책임기간 내 시공자
	시설물통합정보관리체계	국토교통부장관
	비용의 부담	• 안전점검 등과 성능평가 비용은 관리주체 부담 • 하자담보책임기간 내 정밀안전진단 실시할 경우 시공자책임부분은 시공자 부담
	중앙시설물사고 조사위원회(12명)	시설물붕괴, 인명피해(사망자: 3명 이상, 사상자: 10명 이상) 발생

01 Chapter 총 설

단·원·열·기

시설물의 분류, 안전점검, 긴급안전점검, 정밀안전진단 등이 출제되고 있다.
학습방법 : 용어의 정의를 확실하게 이해하도록 한다.

01 제정목적

「시설물의 안전 및 유지관리에 관한 특별법」은 시설물의 안전점검과 적정한 유지관리를 통하여 재해와 재난을 예방하고 시설물의 효용을 증진시킴으로써 공중의 안전을 확보하고 나아가 국민의 복리증진에 기여함을 목적으로 한다(법 제1조).

02 용어의 정의 등

1 용어의 정의

「시설물의 안전 및 유지관리에 관한 특별법」에서 사용하는 용어의 정의는 다음과 같다(법 제2조).

1. 시설물

건설공사를 통하여 만들어진 교량·터널·항만·댐·건축물 등 구조물과 그 부대시설로서 법 제7조 각 호에 따른 제1종 시설물, 제2종 시설물 및 제3종 시설물을 말한다(법 제2조 제1호).

(1) 제1종 시설물

제1종 시설물이란 공중의 이용편의와 안전을 도모하기 위하여 특별히 관리할 필요가 있거나 구조상 안전 및 유지관리에 고도의 기술이 필요한 대규모 시설물로서 다음의 어느 하나에 해당하는 시설물 등 대통령령으로 정하는 시설물을 말한다(법 제7조 제1호).

1. 고속철도 교량, 연장 500m 이상의 도로 및 철도 교량
2. 고속철도 및 도시철도 터널, 연장 1,000m 이상의 도로 및 철도 터널
3. 갑문시설 및 연장 1,000m 이상의 방파제
4. 다목적댐, 발전용댐, 홍수전용댐 및 총저수용량 1천만톤 이상의 용수전용댐
5. 21층 이상 또는 연면적 5만m^2 이상의 건축물
6. 하구둑, 포용저수량 8천만톤 이상의 방조제
7. 광역상수도, 공업용수도, 1일 공급능력 3만톤 이상의 지방상수도

(2) 제2종 시설물

제2종 시설물이란 제1종 시설물 외에 사회기반시설 등 재난이 발생할 위험이 높거나 재난을 예방하기 위하여 계속적으로 관리할 필요가 있는 시설물로서 다음의 어느 하나에 해당하는 시설물 등 대통령령으로 정하는 시설물을 말한다(법 제7조 제2호).

1. 연장 100m 이상의 도로 및 철도 교량
2. 고속국도, 일반국도, 특별시도 및 광역시도 도로터널 및 특별시 또는 광역시에 있는 철도터널
3. 연장 500m 이상의 방파제
4. 지방상수도 전용댐 및 총저수용량 1백만톤 이상의 용수전용댐
5. 16층 이상 또는 연면적 3만m^2 이상의 건축물
6. 포용저수량 1천만톤 이상의 방조제
7. 1일 공급능력 3만톤 미만의 지방상수도

(3) 제3종 시설물

국가는 제3종 시설물의 지정과 안전점검 등에 필요한 지원을 할 수 있다(법 제15조).

제3종 시설물이란 제1종 시설물 및 제2종 시설물 외에 안전관리가 필요한 소규모 시설물로서 다음 ①에 따라 지정・고시된 시설물을 말한다(법 제7조 제3호).

① 중앙행정기관의 장 또는 지방자치단체의 장은 다중이용시설 등 재난이 발생할 위험이 높거나 재난을 예방하기 위하여 계속적으로 관리할 필요가 있다고 인정되는 제1종 시설물 및 제2종 시설물 외의 시설물을 대통령령으로 정하는 바에 따라 제3종 시설물로 지정・고시하여야 한다(법 제8조 제1호).

② 중앙행정기관의 장 또는 지방자치단체의 장은 제3종 시설물이 보수・보강의 시행 등으로 재난 발생 위험이 없어지거나 재난을 예방하기 위하여 계속적으로 관리할 필요성이 없는 경우에는 대통령령으로 정하는 바에 따라 그 지정을 해제하여야 한다(법 제8조 제2호).

③ 중앙행정기관의 장 또는 지방자치단체의 장은 ①, ②에 따라 제3종 시설물을 지정·고시 또는 해제할 때에는 국토교통부령으로 정하는 바에 따라 그 사실을 해당 관리주체에게 통보하여야 한다(법 제8조 제3호).

공동주택

제1종 시설물	제2종 시설물	제3종 시설물(준공 후 15년이 경과된 시설물)
–	16층 이상 아파트	① 5층 이상 15층 이하인 아파트 ② 연면적이 660m²를 초과하고 4층 이하인 연립주택 ③ 연면적 660m² 초과인 기숙사

2. 관리주체

관리주체란 관계 법령에 따라 해당 시설물의 관리자로 규정된 자나 해당 시설물의 소유자를 말한다. 이 경우 해당 시설물의 소유자와의 관리계약 등에 따라 시설물의 관리책임을 진 자는 관리주체로 보며, 관리주체는 공공관리주체와 민간관리주체로 구분한다(법 제2조 제2호).

(1) 공공관리주체

공공관리주체란 다음의 어느 하나에 해당하는 관리주체를 말한다(법 제2조 제3호).

1. 국가·지방자치단체
2. 「공공기관의 운영에 관한 법률」 제4조에 따른 공공기관
3. 「지방공기업법」에 따른 지방공기업

(2) 민간관리주체

민간관리주체란 공공관리주체 외의 관리주체를 말한다(법 제2조 제4호).

3. 안전점검

(1) 안전점검의 의의

안전점검이란 경험과 기술을 갖춘 자가 육안이나 점검기구 등으로 검사하여 시설물에 내재(內在)되어 있는 위험요인을 조사하는 행위를 말하며, 점검목적 및 점검수준을 고려하여 국토교통부령으로 정하는 바에 따라 정기안전점검 및 정밀안전점검으로 구분한다(법 제2조 제5호).

(2) 안전점검의 종류

「시설물의 안전 및 유지관리에 관한 특별법」(이하 "법"이라 한다) 제2조 제5호에 따른 안전점검은 다음과 같이 구분한다(규칙 제2조).

> 1. 정기안전점검: 시설물의 상태를 판단하고 시설물이 점검 당시의 사용요건을 만족시키고 있는지 확인할 수 있는 수준의 외관조사를 실시하는 안전점검
> 2. 정밀안전점검: 시설물의 상태를 판단하고 시설물이 점검 당시의 사용요건을 만족시키고 있는지 확인하며 시설물 주요부재의 상태를 확인할 수 있는 수준의 외관조사 및 측정·시험장비를 이용한 조사를 실시하는 안전점검

4. 긴급안전점검

긴급안전점검이란 시설물의 붕괴·전도 등으로 인한 재난 또는 재해가 발생할 우려가 있는 경우에 시설물의 물리적·기능적 결함을 신속하게 발견하기 위하여 실시하는 점검을 말한다(법 제2조 제7호).

5. 정밀안전진단

정밀안전진단이란 시설물의 물리적·기능적 결함을 발견하고 그에 대한 신속하고 적절한 조치를 하기 위하여 구조적 안전성과 결함의 원인 등을 조사·측정·평가하여 보수·보강 등의 방법을 제시하는 행위를 말한다(법 제2조 제6호).

6. 내진성능평가

내진성능평가란 지진으로부터 시설물의 안전성을 확보하고 기능을 유지하기 위하여 「지진·화산재해대책법」 제14조 제1항에 따라 시설물별로 정하는 내진설계기준(耐震設計基準)에 따라 시설물이 지진에 견딜 수 있는 능력을 평가하는 것을 말한다(법 제2조 제8호).

7. 도 급

도급이란 원도급·하도급·위탁, 그 밖에 명칭 여하에도 불구하고 안전점검·정밀안전진단이나 긴급안전점검, 유지관리 또는 성능평가를 완료하기로 약정하고, 상대방이 그 일의 결과에 대하여 대가를 지급하기로 한 계약을 말한다(법 제2조 제9호).

8. 하도급

하도급이란 도급받은 안전점검 · 정밀안전진단이나 긴급안전점검, 유지관리 또는 성능평가 용역의 전부 또는 일부를 도급하기 위하여 수급인(受給人)이 제3자와 체결하는 계약을 말한다(법 제2조 제10호).

9. 유지관리

유지관리란 완공된 시설물의 기능을 보전하고 시설물이용자의 편의와 안전을 높이기 위하여 시설물을 일상적으로 점검 · 정비하고 손상된 부분을 원상복구하며 경과시간에 따라 요구되는 시설물의 개량 · 보수 · 보강에 필요한 활동을 하는 것을 말한다(법 제2조 제11호).

10. 성능평가

성능평가란 시설물의 기능을 유지하기 위하여 요구되는 시설물의 구조적 안전성, 내구성, 사용성 등의 성능을 종합적으로 평가하는 것을 말한다(법 제2조 제12호).

11. 하자담보책임기간

하자담보책임기간이란 「건설산업기본법」과 「공동주택관리법」 등 관계 법령에 따른 하자담보책임기간 또는 하자보수기간 등을 말한다(법 제2조 제13호).

2 다른 법률과의 관계

이 법은 시설물의 안전과 유지관리에 관하여 다른 법률에 우선하여 적용한다(법 제4조).

02 기본계획 등

Chapter

단·원·열·기

시설물의 안전 및 유지관리 기본계획의 수립, 시설물의 안전 및 유지관리 계획의 수립에 관한 규정이 출제되었다.
학습방법 : 시설물의 안전 및 유지관리 기본계획의 수립절차, 시설물의 안전 및 유지관리 계획의 수립절차를 파악해 두고, 시설물의 안전 및 유지관리 계획은 내용까지 정리해둘 필요가 있다.

기본계획 등

1 시설물의 안전 및 유지관리 기본계획의 수립·시행

1. 기본계획수립

(1) 국토교통부장관의 기본계획 수립

국토교통부장관은 시설물이 안전하게 유지관리될 수 있도록 하기 위하여 5년마다 시설물의 안전 및 유지관리에 관한 기본계획(이하 "기본계획"이라 한다)을 수립·시행하여야 한다(법 제5조 제1항).

(2) 관계 중앙행정기관의 장과 협의

국토교통부장관은 기본계획을 수립할 때에는 미리 관계 중앙행정기관의 장과 협의하여야 하며, 기본계획을 수립하기 위하여 필요하다고 인정되면 관계 중앙행정기관의 장 및 지방자치단체의 장에게 관련 자료를 제출하도록 요구할 수 있다. 기본계획을 변경할 때에도 또한 같다(법 제5조 제3항).

(3) 기본계획 고시

국토교통부장관은 기본계획을 수립 또는 변경한 때에는 이를 관보에 고시하여야 한다(법 제5조 제4항).

2. 기본계획의 내용

기본계획에는 다음의 사항이 포함되어야 한다(법 제5조 제2항).

1. 시설물의 안전 및 유지관리에 관한 기본목표 및 추진방향에 관한 사항
2. 시설물의 안전 및 유지관리체계의 개발, 구축 및 운영에 관한 사항
3. 시설물의 안전 및 유지관리에 관한 정보체계의 구축·운영에 관한 사항

4. 시설물의 안전 및 유지관리에 필요한 기술의 연구·개발에 관한 사항
5. 시설물의 안전 및 유지관리에 필요한 인력의 양성에 관한 사항
6. 그 밖에 시설물의 안전 및 유지관리에 관하여 대통령령으로 정하는 사항

2 시설물의 안전 및 유지관리 계획의 수립·시행

1. 시설물관리계획의 수립

(1) 관리주체의 수립

1) 관리주체는 기본계획에 따라 소관 시설물에 대한 안전 및 유지관리계획(이하 "시설물관리계획"이라 한다)을 수립·시행하여야 한다. 다만, 법 제7조에 따른 제3종 시설물 중 「공동주택관리법」 제2조 제2호에 따른 의무관리대상 공동주택이 아닌 공동주택 등 민간관리주체 소관 시설물 중 대통령령으로 정하는 시설물의 경우에는 특별자치시장·특별자치도지사·시장·군수 또는 구청장(구청장은 자치구의 구청장을 말하며, 이하 "시장·군수·구청장"이라 한다)이 수립하여야 한다(법 제6조 제1항).

2) 관리주체는 시설물관리계획을 소관 시설물별로 매년 수립·시행하여야 한다. 다만, 「공동주택관리법」에 따른 공동주택의 경우에는 아래의 시설물관리계획의 사항에 대해서는 「공동주택관리법」에 따른 공동주택단지에 소재하는 공동주택전체를 대상으로 수립할 수 있다(영 제3조 제1항).

> 1. 시설물의 적정한 안전과 유지관리를 위한 조직·인원 및 장비의 확보에 관한 사항
> 2. 긴급상황 발생시 조치체계에 관한 사항

법 제6조 제1항의 단서에서 "대통령령으로 정하는 시설물"이란 제3종 시설물 중 다음의 어느 하나에 해당하는 민간관리주체 소관 시설물로서 특별자치시장·시장·군수·구청장)이 시설물관리계획을 수립하도록 국토교통부장관이 정하여 고시하는 시설물을 말한다(영 제3조 제2항).
1. 「공동주택관리법」 제2조 제2호에 따른 의무관리대상 공동주택이 아닌 공동주택
2. 「건축법」 제2조 제2항 제11호에 따른 노유자시설
3. 그 밖에 시장·군수·구청장이 시설물관리계획을 수립할 필요가 있다고 국토교통부장관이 정하는 시설물

(2) 시장·군수·구청장의 수립

① (1)에 따라 시장·군수·구청장이 시설물관리계획을 수립하는 경우에는 이를 해당 관리주체에게 통보하여야 한다(법 제6조 제3항).

② 시설물관리계획의 통보는 그 수립일부터 15일 이내에 서면 또는 전자문서로 해야 한다(영 제3조 제3항).

(3) 시설물관리계획의 내용

시설물관리계획에는 다음의 사항이 포함되어야 한다. 다만, (1)의 단서에 해당하여 시장·군수·구청장이 시설물관리계획을 수립하는 경우에는 아래 5.의 사항을 생략할 수 있다(법 제6조 제2항).

> 1. 시설물의 적정한 안전과 유지관리를 위한 조직 · 인원 및 장비의 확보에 관한 사항
> 2. 긴급상황 발생시 조치체계에 관한 사항
> 3. 시설물의 설계 · 시공 · 감리 및 유지관리 등에 관련된 설계도서의 수집 및 보존에 관한 사항
> 4. 안전점검 또는 정밀안전진단의 실시에 관한 사항
> 5. 보수 · 보강 등 유지관리 및 그에 필요한 비용에 관한 사항

⑷ 시설물관리계획의 수립 및 보고

1) 공공관리주체의 보고

① 공공관리주체는 시설물관리계획을 수립한 경우 다음에 해당하는 관계 행정기관의 장에게 보고하여야 한다(법 제6조 제4항).

> 1. 공공관리주체가 중앙행정기관의 소속 기관이거나 감독을 받는 기관인 경우에는 소속 중앙행정기관의 장
> 2. 1. 외의 공공관리주체는 특별시장 · 광역시장 · 도지사 · 특별자치시장 또는 특별자치도지사(이하 “시 · 도지사”라 한다)

② 공공관리주체는 소속 중앙행정기관의 장, 특별시장 · 광역시장 · 도지사 · 특별자치시장 또는 특별자치도지사(이하 “시 · 도지사”라 한다)에게 시설물관리계획을 매년 2월 15일까지 제출(전자문서에 따른 제출을 포함한다)하여야 한다(규칙 제3조 제1항).

2) 민간관리주체의 제출

민간관리주체는 시설물관리계획을 수립한 경우 관할 시장 · 군수 · 구청장에게 매년 2월 15일까지 제출하여야 한다(법 제6조 제5항, 규칙 제3조 제1항 후단).

3) 시장 · 군수 · 구청장의 제출자료 보고

① 시설물관리계획을 제출받은 시장 · 군수 · 구청장은 국토교통부령으로 정하는 바에 따라 그 제출자료를 관할 시 · 도지사(특별자치시장 · 특별자치도지사는 제외한다)에게 보고하여야 한다(법 제6조 제6항).

② 제출자료의 보고는 민간관리주체가 시설물관리계획을 제출한 날부터 15일 이내에 하여야 한다(규칙 제3조 제4항).

4) 중앙행정기관의 장과 시 · 도지사의 자료 제출

시설물관리계획을 보고받거나 제출받은 중앙행정기관의 장과 시 · 도지사는 그 현황을 확인한 후 시설물관리계획에 관한 자료를 15일 이내에 국토교통부장관에게 제출하여야 한다(법 제6조 제7항, 규칙 제3조 제5항).

2. 성능평가대상시설물의 중기관리계획

(1) 중기관리계획의 수립

성능평가대상시설물의 관리주체는 해당 시설물의 생애주기를 고려하여 소관 시설물별로 5년마다 중기 시설물관리계획(이하 "중기관리계획"이라 한다)을 수립·시행하고, 중기관리계획에 따라 매년 시설물관리계획을 수립·시행하여야 한다(영 제3조 제4항).

(2) 중기관리계획의 제출

1) 공공관리주체의 제출

① 성능평가대상시설물의 관리주체 중 공공관리주체는 소속 중앙행정기관의 장 또는 시·도지사에게 중기관리계획을 해당 시설물의 성능평가가 완료된 해의 다음 해부터 5년마다 2월 15일까지 각각 제출하여야 한다(규칙 제3조 제2항).

② 시설물관리계획을 보고받거나 제출받은 중앙행정기관의 장과 시·도지사는 그 현황을 확인한 후 시설물관리계획에 관한 자료를 15일 이내 국토교통부장관에게 제출하여야 한다(법 제6조 제7항, 규칙 제3조 제5항).

2) 민간관리주체의 제출

① 민간관리주체는 시장·군수·구청장에게 중기관리계획을 해당 시설물의 성능평가가 완료된 해의 다음 해부터 5년마다 2월 15일까지 각각 제출하여야 한다(규칙 제3조 제2항).

② 중기관리계획을 제출받은 시장·군수·구청장은 계획을 제출한 날부터 15일 이내 그 제출자료를 관할 시·도지사(특별자치시장·특별자치도지사는 제외한다)에게 보고하여야 한다(법 제6조 제6항, 규칙 제3조 제4항).

③ 중기관리계획을 보고받거나 제출받은 시·도지사는 그 현황을 확인한 후 시설물관리계획에 관한 자료를 15일 이내 국토교통부장관에게 제출하여야 한다(법 제6조 제7항, 규칙 제3조 제5항).

3. 시설물관리계획 또는 중기관리계획의 변경

관리주체가 시설물관리계획 또는 중기관리계획을 변경한 경우에는 변경한 날부터 15일 이내에 변경된 계획을 제출하여야 한다(규칙 제3조 제3항).

03 시설물의 안전관리

Chapter

단·원·열·기

안전점검 및 정밀안전진단, 긴급안전조치, 위험표지의 설치 등이 출제되고 있다.
학습방법: 안전점검 및 정밀안전진단을 중심으로 정리하도록 한다.

01 안전점검 및 정밀안전진단

1 안전점검

1. 안전점검의 실시

(1) 관리주체의 안전점검 실시의무

관리주체는 소관 시설물의 안전과 기능을 유지하기 위하여 정기적으로 안전점검을 실시하여야 한다. 다만, 법 제6조 제1항 단서에 해당하는 시설물, 즉 제3종 시설물 중 「공동주택관리법」 제2조 제2호에 따른 의무관리대상 공동주택이 아닌 공동주택 등 민간관리주체 소관 시설물 중 대통령령으로 정하는 시설물의 경우에는 시장·군수·구청장이 안전점검을 실시하여야 한다(법 제11조 제1항).

(2) 안전진단전문기관이나 국토안전관리원에 의뢰하여 실시

관리주체는 시설물의 하자담보책임기간(동일한 시설물의 각 부분별 하자담보책임기간이 다른 경우에는 시설물의 부분 중 대통령령으로 정하는 주요 부분의 하자담보책임기간을 말한다)이 끝나기 전에 마지막으로 실시하는 정밀안전점검의 경우에는 안전진단전문기관이나 국토안전관리원에 의뢰하여 실시하여야 한다(법 제11조 제2항).

(3) 시장·군수·구청장의 안전점검 실시

① 민간관리주체가 어음·수표의 지급불능으로 인한 부도(不渡) 등 부득이한 사유로 인하여 안전점검을 실시하지 못하게 될 때에는 관할 시장·군수·구청장이 민간관리주체를 대신하여 안전점검을 실시할 수 있다. 이 경우 안전점검에 드는 비용은 그 민간관리주체에게 부담하게 할 수 있다(법 제11조 제3항).

② ①에 따라 시장 · 군수 · 구청장이 안전점검을 대신 실시한 후 민간관리주체에게 비용을 청구하는 경우에 해당 민간관리주체가 그에 따르지 아니하면 시장 · 군수 · 구청장은 지방세 체납처분의 예에 따라 징수할 수 있다(법 제11조 제4항).

안전점검 실시에 필요한 사항
시설물의 종류에 따른 안전점검의 수준, 안전점검의 실시시기, 안전점검의 실시 절차 및 방법, 안전점검을 실시할 수 있는 자의 자격 등 안전점검 실시에 필요한 사항은 대통령령으로 정한다(법 제11조 제5항).

2. 안전점검의 구분

1) 법 제11조 제1항에 따라 관리주체 또는 시장 · 군수 · 구청장은 소관 시설물의 안전과 기능을 유지하기 위하여 정기안전점검 및 정밀안전점검을 실시해야 한다. 다만, 제3종 시설물에 대한 정밀안전점검은 정기안전점검 결과 해당 시설물의 안전등급이 D등급(미흡) 또는 E등급(불량)인 경우에 한정하여 실시한다(영 제8조 제1항).

2) 안전등급기준은 다음과 같다(영 별표3).

안전등급	시설물의 상태
A(우수)	문제점이 없는 최상의 상태
B(양호)	보조부재에 경미한 결함이 발생하였으나 기능 발휘에는 지장이 없으며, 내구성 증진을 위하여 일부의 보수가 필요한 상태
C(보통)	주요부재에 경미한 결함 또는 보조부재에 광범위한 결함이 발생하였으나 전체적인 시설물의 안전에는 지장이 없으며, 주요부재에 내구성, 기능성 저하방지를 위한 보수가 필요하거나 보조부재에 간단한 보강이 필요한 상태
D(미흡)	주요부재에 결함이 발생하여 긴급한 보수 · 보강이 필요하며 사용제한 여부를 결정하여야 하는 상태
E(불량)	주요부재에 발생한 심각한 결함으로 인하여 시설물의 안전에 위험이 있어 즉각 사용을 금지하고 보강 또는 개축을 하여야 하는 상태

시설물의 안전등급의 지정
1. 안전점검 등을 실시하는 자는 안전점검 등의 실시결과에 따라 대통령령으로 정하는 기준에 적합하게 해당 시설물의 안전등급을 지정하여야 한다(법 제16조 제1항).
2. 1.에도 불구하고 국토교통부장관은 다음에 해당하는 경우에는 해당 시설물의 안전등급을 변경할 수 있다. 이 경우 해당 시설물의 관리주체에게 그 변경 사실을 통보하여야 한다(법 제16조 제2항).
   ① 법 제18조에 따라 정밀안전점검 또는 정밀안전진단 실시결과를 평가한 결과 안전등급의 변경이 필요하다고 인정되는 경우
   ② 법 제41조에 따라 제출된 유지관리 결과보고서의 확인 등 시설물의 보수 · 보강이 완료되어 등급조정이 필요하다고 인정되는 경우
   ③ 그 밖에 사고나 재해 등으로 인한 시설물의 상태 변화 등 안전등급 조정이 필요한 것으로 국토교통부장관이 인정하는 경우

(1) 정기안전점검

1) 최초의 정기안전점검

준공 또는 사용승인 후부터 최초 안전등급이 지정되기 전까지의 기간에 실시하는 정기안전점검은 반기에 1회 이상 실시한다(영 별표3 제2호).

2) 제1종 및 제2종 시설물의 정기안전점검은 다음과 같다(영 별표3 제3호).

> 1. A · B · C등급의 경우: 반기에 1회 이상
> 2. D · E등급의 경우: 해빙기 · 우기 · 동절기 전 각각 1회씩, 1년에 3회 이상. 이 경우 해빙기 전 점검시기는 2월 · 3월로, 우기 전 점검시기는 5월 · 6월로, 동절기 전 점검시기는 11월 · 12월로 한다.

3) **공동주택의 정기안전점검**

공동주택의 정기안전점검은 「공동주택관리법」 제33조에 따른 안전점검(지방자치단체의 장이 의무관리대상이 아닌 공동주택에 대하여 같은 법 제34조에 따라 안전점검을 실시한 경우에는 이를 포함한다)으로 갈음한다(영 별표3 제4호).

(2) 정밀안전점검

정밀안전점검의 실시주기는 다음표와 같다(영 별표3).

안전등급	건축물	그 외 시설물
A등급	4년에 1회 이상	3년에 1회 이상
B · C등급	3년에 1회 이상	2년에 1회 이상
D · E등급	2년에 1회 이상	1년에 1회 이상

① 최초로 실시하는 정밀안전점검은 시설물의 준공일 또는 사용승인일(구조형태의 변경으로 시설물로 된 경우에는 구조형태의 변경에 따른 준공일 또는 사용승인일을 말한다)을 기준으로 3년 이내(건축물은 4년 이내)에 실시한다. 다만, 임시사용승인을 받은 경우에는 임시사용승인일을 기준으로 한다(영 별표3 제5호).

② ①에도 불구하고 정기안전점검 결과 안전등급이 D등급(미흡) 또는 E등급(불량)으로 지정된 제3종 시설물의 최초 정밀안전점검은 해당 정기안전점검을 완료한 날부터 1년 이내에 실시한다. 다만, 이 기간 내 정밀안전진단을 실시한 경우에는 해당 정밀안전점검을 생략할 수 있다(영 별표3 제5호의2).

③ 정밀안전점검 및 정밀안전진단의 실시 주기는 이전 정밀안전점검 및 정밀안전진단을 완료한 날을 기준으로 한다. 다만, 정밀안전점검 실시 주기에 따라 정밀안전점검을 실시한 경우에도 정밀안전진단을 실시한 경우에는 그 정밀안전진단을 완료한 날을 기준으로 정밀안전점검의 실시 주기를 정한다(영 별표3 제8호).

④ 정밀안전점검, 긴급안전점검 및 정밀안전진단의 실시 완료일이 속한 반기에 실시하여야 하는 정기안전점검은 생략할 수 있다(영 별표3 제9호).

⑤ 정밀안전진단의 실시 완료일부터 6개월 전 이내에 그 실시 주기의 마지막 날이 속하는 정밀안전점검은 생략할 수 있다(영 별표3 제10호).

⑥ 증축, 개축 및 리모델링 등을 위하여 공사 중이거나 철거예정인 시설물로서, 사용되지 아니하는 시설물에 대해서는 국토교통부장관과 협의하여 안전점검, 정밀안전진단 및 성능평가의 실시를 생략하거나 그 시기를 조정할 수 있다(영 별표3 제12호).

(3) 긴급안전점검의 실시

① 관리주체는 시설물의 붕괴・전도 등이 발생할 위험이 있다고 판단하는 경우 긴급안전점검을 실시하여야 한다(법 제13조 제1항).

② 국토교통부장관 및 관계 행정기관의 장은 시설물의 구조상 공중의 안전한 이용에 중대한 영향을 미칠 우려가 있다고 판단되는 경우에는 소속 공무원으로 하여금 긴급안전점검을 하게 하거나 해당 관리주체 또는 시장・군수・구청장(제3종 시설물 중 의무관리대상 공동주택이 아닌 공동주택 등 민간관리주체 소관 시설물 중 대통령령으로 정하는 시설물의 경우에 한정한다)에게 긴급안전점검을 실시할 것을 요구할 수 있다. 이 경우 요구를 받은 자는 특별한 사유가 없으면 그 요구를 따라야 한다(법 제13조 제2항).

③ 국토교통부장관 또는 관계 행정기관의 장이 긴급안전점검을 실시하는 경우 점검의 효율성을 높이기 위하여 관계 기관 또는 전문가와 합동으로 긴급안전점검을 실시할 수 있다(법 제13조 제3항).

④ 국토교통부장관 또는 관계 행정기관의 장은 긴급안전점검을 실시한 경우 그 결과를 해당 관리주체에게 통보하여야 하며, 시설물의 안전 확보를 위하여 필요하다고 인정하는 경우에는 정밀안전진단의 실시, 보수・보강 등 필요한 조치를 취할 것을 명할 수 있다(법 제13조 제6항).

⑤ 국토교통부장관 또는 관계 행정기관의 장은 긴급안전점검을 종료한 날부터 15일 이내에 그 결과를 해당 관리주체에게 서면으로 통보하여야 한다(영 제11조 제2항).

⑥ 관리주체 또는 관계 행정기관의 장이 긴급안전점검을 실시한 경우 그 결과보고서를 국토교통부장관에게 제출하여야 한다. 관리주체가 제출하는 경우에는 법 제6조 제4항부터 제7항까지(시설물관리계획의 보고 절차)를 준용한다(법 제13조 제7항).

긴급안전점검 공무원의 사법경찰권

긴급안전점검을 하는 공무원은 정당한 사유 없이 긴급안전점검을 거부 또는 기피하거나 방해하는 경우 등 긴급안전점검과 관련된 범죄에 관하여는 「사법경찰관리의 직무를 수행할 자와 그 직무범위에 관한 법률」에서 정하는 바에 따라 사법경찰관리의 직무를 수행한다(법 제14조).

2 정밀안전진단

1. 정밀안전진단의 실시의무

(1) 제1종 시설물에 대한 정밀안전진단

관리주체는 제1종 시설물에 대하여 정기적으로 정밀안전진단을 실시하여야 한다(법 제12조 제1항).

(2) 안전점검의 실시 결과에 따른 정밀안전진단

관리주체는 안전점검 또는 긴급안전점검을 실시한 결과 재해 및 재난을 예방하기 위하여 필요하다고 인정되는 경우에는 정밀안전진단을 실시하여야 한다. 이 경우 긴급안전점검의 결과보고서(법 제13조 제7항) 및 정기안전점검 및 정밀안전진단에 따른 결과보고서 제출일부터 1년 이내에 정밀안전진단을 착수하여야 한다(법 제12조 제2항).

2. 정밀안전진단의 실시시기 등

(1) 정밀안전진단의 실시시기

정밀안전진단의 실시시기는 다음과 같다(영 별표3).

안전등급	정밀안전진단
A등급	6년에 1회 이상
B · C등급	5년에 1회 이상
D · E등급	4년에 1회 이상

(2) 최초로 실시하는 정밀안전진단

최초로 실시하는 정밀안전진단은 준공일 또는 사용승인일(준공 또는 사용승인 후에 구조형태의 변경으로 제1종 시설물로 된 경우에는 최초 준공일 또는 사용승인일을 말한다) 후 10년이 지난 때부터 1년 이내에 실시한다. 다만, 준공 및 사용승인 후 10년이 지난 후에 구조형태의 변경으로 인하여 제1종 시설물로 된 경우에는 구조형태의 변경에 따른 준공일 또는 사용승인일부터 1년 이내에 실시한다(영 별표3 제6호).

(3) 내진성능평가 포함 실시

① 관리주체는 「지진 · 화산재해대책법」 제14조 제1항에 따른 내진설계 대상 시설물 중 내진성능평가를 받지 않은 시설물에 대하여 정밀안전진단을 실시하는 경우에는 해당 시설물에 대한 내진성능평가를 포함하여 실시하여야 한다(법 제12조 제3항).

② 국토교통부장관은 내진성능평가가 포함된 정밀안전진단의 실시결과를 법 제18조에 따라 평가한 결과 내진성능의 보강이 필요하다고 인정되면 내진성능을 보강하도록 권고할 수 있다(법 제12조 제4항).

3 안전점검 등의 실시

1. 안전점검 등의 실시 범위

안전점검 등을 하는 자는 보유 기술인력 또는 등록분야에 따라 대통령령으로 정하는 실시범위에서 안전점검 등을 실시하여야 한다(법 제20조 제2항).

2. 책임기술자

법 제11조 제1항, 제12조 제1항 · 제2항, 제13조 제1항 또는 제40조 제1항에 따라 안전점검 등 또는 성능평가를 자신의 책임하에 실시할 수 있는 사람(이하 "책임기술자"라 한다)은 별표 5에 따른 자격요건을 자격요건을 갖추고 국토교통부령으로 정하는 바에 따라 시설물통합정보관리체계에 책임기술자로 등록한 사람으로 한다(영 제9조 제1항).

3. 안전점검 및 정밀안전진단 실시자의 의무

(1) 안전점검 등을 하는 자는 안전점검 등에 관한 지침에서 정하는 안전점검 등의 실시 방법 및 절차 등에 따라 성실하게 업무를 수행하여야 한다(법 제20조 제1항).

(2) 국토교통부장관은 대통령령으로 정하는 바에 따라 안전점검 · 정밀안전진단 및 긴급안전점검의 실시 시기 · 방법 · 절차 등의 안전점검 등에 관한 지침을 작성하여 관보에 고시하여야 한다(법 제21조 제1항).

(3) 국토교통부장관은 (2)에 따른 지침을 작성할 때에는 미리 관계 행정기관의 장과 협의하여야 하며, 필요한 경우 관계 행정기관의 장에게 관련 자료의 제출을 요구할 수 있다(법 제21조 제2항).

4. 안전점검 및 정밀안전진단 결과 및 평가

(1) 안전점검 및 정밀안전진단 결과보고서 작성

안전점검 및 정밀안전진단을 실시한 자는 대통령령으로 정하는 바에 따라 그 결과보고서를 작성하고, 이를 관리주체 및 시장·군수·구청장(법 제11조 제1항 단서 및 같은 조 제3항의 경우에 한정한다. 이하 이 조 및 법 제18조에서 같다)에게 통보하여야 한다(법 제17조 제1항).

소규모 취약시설의 안전점검 등

1. 국토교통부장관은 제1종·제2종·제3종 시설물이 아닌 시설 중에서 안전에 취약하거나 재난의 위험이 있다고 판단되는 사회복지시설 등 대통령령으로 정하는 시설(이하 "소규모 취약시설"이라 한다)에 대하여 해당 시설의 관리자, 소유자 또는 관계 행정기관의 장이 요청하는 경우 안전점검 등을 실시할 수 있다(법 제19조 제1항).
2. 국토교통부장관은 1.의 요청을 받은 경우 해당 소규모 취약시설에 대한 안전점검 등을 실시하고, 그 결과와 안전조치에 필요한 사항을 소규모 취약시설의 관리자, 소유자 또는 관계 행정기관의 장에게 통보하여야 한다(법 제19조 제2항).

(2) 안전점검 및 정밀안전진단 실시결과에 대한 평가

① 국토교통부장관은 법 제17조 제4항에 따라 정밀안전점검이나 정밀안전진단의 결과보고서를 받은 때에는 정밀안전점검 또는 정밀안전진단의 기술수준을 향상시키고 부실 점검 및 진단을 방지하기 위하여 정밀안전점검이나 정밀안전진단의 실시결과를 평가할 수 있다(법 제18조 제1항).

② 국토교통부장관은 ①에 따라 평가를 한 결과 정밀안전점검 또는 정밀안전진단 실시결과가 부실하다고 평가하는 때에는 부실의 정도 등을 고려하여 매우 불량, 불량 및 미흡으로 구분하여 평가한다. 이 경우 부실 구분의 판단기준은 국토교통부장관이 정하여 고시한다(영 제14조 제3항).

02 재난예방을 위한 안전조치 등

1 시설물의 중대한 결함 등의 통보

1. 관리주체 및 관할 시장·군수·구청장에게 통보

(1) 안전점검 등을 실시하는 자는 해당 시설물에서 시설물기초의 세굴(洗掘), 부등침하(不等沈下) 등 대통령령으로 정하는 중대한 결함을 발견하는 경우에는 지체 없이 대통령령으로 정하는 바에 따라 그 사실을 관리주체 및 관할 시장·군수·구청장에게 통보하여야 한다(법 제22조 제1항).

(2) 안전점검 등을 실시하는 자는 (1)에 따른 중대한 결함 외에 해당 시설물에서 교량 난간의 파손 등 대통령령으로 정하는 공중이 이용하는 부위의 결함을 발견한 경우에는 지체 없이 대통령령으로 정하는 바에 따라 그 사실을 관리주체 및 관할 시장·군수·구청장에게 통보하여야 한다(법 제22조 제2항).

2. 관계 행정기관의 장 및 국토교통부장관에게 즉시 통보

관리주체는 1.의 (1)에 따른 중대한 결함 또는 1.의 (2)에 따른 공중이 이용하는 부위의 결함(이하 "중대한 결함 등"이라 한다)에 대하여 통보받은 내용을 해당 시설물을 관리하거나 감독하는 관계 행정기관의 장 및 국토교통부장관에게 즉시 통보하여야 한다(법 제22조 제3항).

2 긴급안전조치

1. 관리주체의 긴급안전조치

관리주체는 시설물의 중대한 결함 등을 통보받는 등 시설물의 구조상 공중의 안전한 이용에 미치는 영향이 중대하여 긴급한 조치가 필요하다고 인정되는 경우에는 시설물의 사용제한 · 사용금지 · 철거, 주민대피 등의 안전조치를 하여야 한다(법 제23조 제1항).

2. 시장 · 군수 · 구청장의 긴급안전조치 명령

(1) 긴급안전조치 명령

시장 · 군수 · 구청장은 시설물의 중대한 결함 등을 통보받는 등 시설물의 구조상 공중의 안전한 이용에 미치는 영향이 중대하여 긴급한 조치가 필요하다고 인정되는 경우에는 관리주체에게 시설물의 사용제한 · 사용금지 · 철거, 주민대피 등의 안전조치를 명할 수 있다. 이 경우 관리주체는 신속하게 안전조치명령을 이행하여야 한다(법 제23조 제2항).

(2) 관계 행정기관의 장 및 국토교통부장관에게 통보

관리주체는 위의 1. 또는 (1)에 따른 사용제한 등을 하는 경우에는 즉시 그 사실을 관계 행정기관의 장 및 국토교통부장관에게 통보하여야 하며, 통보를 받은 관계 행정기관의 장은 이를 공고하여야 한다(법 제23조 제3항).

(3) 명령불이행시 조치

시장 · 군수 · 구청장은 안전조치명령을 받은 자가 그 명령을 이행하지 아니하는 경우에는 그에 대신하여 필요한 안전조치를 할 수 있다. 이 경우 「행정대집행법」을 준용한다(법 제23조 제4항).

(4) **서면 통지**

시장 · 군수 · 구청장은 (3)에 따른 안전조치를 할 때에는 미리 해당 관리주체에게 서면으로 그 사실을 알려주어야 한다. 다만, 긴급한 경우이거나 알리는 것이 불가능한 경우에는 안전조치를 한 후 그 사실을 통보할 수 있다(법 제23조 제5항).

3 시설물의 보수 · 보강 등

1. 보수 · 보강 등 필요한 조치

관리주체는 긴급안전점검결과에 따른 조치명령을 받거나 2의 1.의 (1)에 따라 시설물의 중대한 결함 등에 대한 통보를 받은 경우 대통령령으로 정하는 바에 따라 시설물의 보수 · 보강 등 필요한 조치를 하여야 한다(법 제24조 제1항).

2. 불이행시 이행 및 시정명령

국토교통부장관 및 관계 행정기관의 장은 관리주체가 1.에 따른 시설물의 보수 · 보강 등 필요한 조치를 하지 아니한 경우 이에 대하여 이행 및 시정을 명할 수 있다(법 제24조 제2항).

3. 조치완료시 통보

(1) 1.에 따라 시설물의 보수 · 보강 등 필요한 조치를 끝낸 관리주체는 그 결과를 국토교통부장관 및 관계 행정기관의 장에게 통보하여야 한다(법 제24조 제3항).

(2) (1)에 따른 통보의 시기 · 방법 · 절차 등에 필요한 사항은 국토교통부령으로 정한다(법 제24조 제4항).

위험표지 설치 요령

1. 규 격
   ① 표지판: 1.2m(가로) × 1m(세로)
   ② 기둥: 지름 10cm로 바닥에서 표지판 하단까지 2m 이상
2. 재질: 표지판과 기둥 모두 철이나 알루미늄 또는 이와 유사한 재질
3. 색 상
   ① 표지판 바탕: 어두운 노랑
   ② 글씨: 검정으로 하되, 붕괴위험지역은 빨강으로 함
   ③ 기둥: 노랑색
   ④ 야간에도 잘 보일 수 있도록 제작할 것

4 위험표지의 설치 등

1. 위험표지의 설치

관리주체는 안전점검 등을 실시한 결과 해당 시설물에 대통령령으로 정하는 중대한 결함 등이 있거나 법 제16조에 따라 안전등급을 지정한 결과 해당 시설물이 긴급한 보수 · 보강이 필요하다고 판단되는 경우에는 해당 시설물에 위험을 알리는 표지를 설치하고, 방송 · 인터넷 등의 매체를 통하여 주민에게 알려야 한다(법 제25조 제1항).

2. 위험표지의 크기 · 기재사항 등에 관한 세부사항

1.에 따라 설치하는 위험표지의 크기 · 기재사항 등에 관한 세부사항은 국토교통부령으로 정한다(법 제25조 제2항).

안전점검 등의 대행

단·원·열·기

안전진단전문기관의 등록, 결격사유, 등록취소 등이 출제되고 있다.
학습방법: 안전진단전문기관의 등록에 관한 절차와 등록취소사유, 결격사유 등을 이해하도록 한다.

안전점검 등의 대행

1. 안전점검 등의 대행기관
2. 하도급 제한
3. 안전진단전문기관
4. 안전점검 등의 대행비용의 산정기준
5. 안전점검전문기관

1 안전점검 등의 대행기관

1. 안전점검 및 긴급안전점검의 대행기관

관리주체는 안전점검 및 긴급안전점검을 국토안전관리원, 안전진단전문기관 또는 안전점검전문기관에 대행하게 할 수 있다(법 제26조 제1항).

2. 정밀안전진단의 대행기관

관리주체는 정밀안전진단을 실시하려는 경우 이를 직접 수행할 수 없고 국토안전관리원 또는 안전진단전문기관에 대행하게 하여야 한다. 다만, 대통령령으로 정하는 시설물의 경우에는 국토안전관리원에만 대행하게 하여야 한다(법 제26조 제2항).

3. 공동 정밀안전진단 실시

2.에 따라 국토안전관리원이나 안전진단전문기관이 정밀안전진단을 실시할 때에는 관리주체의 승인을 받아 다른 안전진단전문기관과 공동으로 정밀안전진단을 실시할 수 있다(법 제26조 제4항).

2 하도급 제한

안전진단전문기관, 안전점검전문기관 또는 국토안전관리원은 관리주체로부터 안전점검 등의 실시에 관한 도급을 받은 경우에는 이를 하도급할 수 없다. 다만, 총 도급금액의 100분의 50 이하의 범위에서 전문기술이 필요한 경우 등 대통령령으로 정하는 경우에는 분야별로 한 차례만 하도급할 수 있다(법 제27조 제1항).

3 안전진단전문기관

1. 안전진단전문기관의 등록

(1) 등록신청

시설물의 안전점검 등 또는 성능평가를 대행하려는 자는 기술인력 및 장비 등 대통령령으로 정하는 분야별 등록기준을 갖추어 시·도지사에게 안전진단전문기관으로 등록을 하여야 한다(법 제28조 제1항).

(2) 등록증 발급

시·도지사는 안전진단전문기관으로 등록을 한 때에는 등록증을 발급하여야 한다(법 제28조 제2항).

(3) 등록변경신고

① 안전진단전문기관은 대통령령으로 정하는 등록사항(상호, 대표자, 사무소의 소재지, 기술인력, 장비)이 변경된 때에는 그날부터 30일 이내에 시·도지사에게 신고하여야 한다(법 제28조 제3항, 영 제23조 제2항).

② 시·도지사는 신고를 받은 경우 그 내용을 검토하여 이 법에 적합하면 신고를 수리하여야 한다(법 제28조 제4항).

2. 안전진단전문기관의 결격사유

다음에 해당하는 자는 안전진단전문기관으로 등록할 수 없다(법 제29조).

1. 피성년후견인 또는 피한정후견인
2. 파산선고를 받고 복권되지 아니한 자
3. 등록이 취소된 날부터 2년이 지나지 아니한 자. 다만, 임원 중 결격사유에 해당하는 법인이 6개월 이내에 그 임원을 바꾸어 임명한 경우에는 제외한다.
4. 이 법을 위반하여 징역 이상의 실형을 선고받고 그 형의 집행이 끝나거나(집행이 끝난 것으로 보는 경우를 포함한다) 집행을 받지 아니하기로 확정된 날부터 2년이 지나지 아니한 자
5. 이 법을 위반하여 징역형의 집행유예를 선고받고 그 유예기간 중에 있는 자
6. 임원 중에 1.부터 5.까지의 어느 하나에 해당하는 자가 있는 법인

등록증의 재교부

안전진단전문기관은 받은 등록증을 잃어버리거나 못쓰게 된 때에는 다시 등록증을 교부받을 수 있다(법 제28조 제5항).

휴업 · 재개업 · 폐업신고

1. 안전진단전문기관은 계속하여 1년 이상 휴업하거나 재개업 또는 폐업하려는 경우에는 시·도지사에게 신고하여야 한다. 시·도지사는 폐업신고를 받은 때에는 그 등록을 말소하여야 한다(법 제28조 제6항·제7항).
2. 시·도지사는 안전진단전문기관의 등록을 하거나 안전진단전문기관으로부터 등록사항의 변경신고를 받고 신고를 수리한 때 또는 안전진단전문기관으로부터 휴업, 재개업 또는 폐업신고를 받은 때에는 그 사실을 국토교통부장관에게 통보하여야 한다(법 제28조 제8항).

4. 등록의 취소 등

(1) 안전진단전문기관 등의 등록취소 · 영업정지사유

1) 시 · 도지사는 안전진단전문기관 또는 안전점검전문기관이 다음의 어느 하나에 해당하면 그 등록을 취소하거나 1년 이내의 기간을 정하여 영업정지를 명할 수 있다. 다만, 1. 2. 3. 10. 11. 또는 17.의 어느 하나에 해당하는 경우에는 그 등록을 취소하여야 한다(법 제31조 제1항).

1. 거짓이나 그 밖의 부정한 방법으로 등록한 경우(필연적 등록취소)
2. 최근 2년 이내에 두 번의 영업정지처분을 받고 다시 영업정지처분에 해당하는 행위를 한 경우(필연적 등록취소)
3. 영업정지처분을 받고 그 영업정지기간 중 안전점검 등 또는 성능평가의 대행계약을 새로 체결한 경우(필연적 등록취소)
4. 최근 3년 [기간 계산시 제28조 제6항(제28조의2 제2항에서 준용하는 경우를 포함한다)에 따라 신고한 휴업기간은 제외한다] 이상의 기간 동안 정당한 사유 없이 안전점검 등 또는 성능평가의 대행실적이 없는 경우
5. 국토교통부장관이 제18조에 따라 정밀안전점검 또는 정밀안전진단의 실시결과를 평가한 결과 고의 또는 과실로 안전상태를 사실과 다르게 진단하는 등 업무를 부실하게 수행한 것으로 평가한 경우
6. 제20조 제1항을 위반하여 안전점검 등의 업무를 성실하게 수행하지 아니함으로써 시설물의 손괴(損壞)나 구조상의 중대한 결함을 발생시킨 경우
7. 제20조 제2항에 따른 안전점검 등의 실시범위를 위반한 경우
8. 제27조를 위반하여 안전점검 등을 하도급한 경우
9. 제28조 제1항 또는 제28조의2 제1항 에 따른 등록기준에 못 미치게 된 경우. 다만, 일시적으로 등록기준에 못 미치는 등 대통령령으로 정하는 경우에는 그러하지 아니하다.
10. 안전진단전문기관 또는 안전점검전문기관의 결격사유의 어느 하나에 해당하는 경우. 다만, 결격사유에 해당하는 임원이 있는 법인이 6개월 이내에 그 임원을 바꾸어 임명한 경우에는 그러하지 아니하다(필연적 등록취소).
11. 타인에게 자기의 명칭 또는 상호를 사용하게 하거나 그 등록증을 대여한 경우(필연적 등록취소)
12. 최근 2년간 제35조에 따른 시정명령을 두 차례 받고 새로 시정명령에 해당하는 사유가 발생한 경우
13. 제42조 제1항을 위반하여 성능평가 업무를 성실하게 수행하지 아니함으로써 시설물의 손괴(損壞)나 구조상의 중대한 결함을 발생시킨 경우
14. 제11조에 따른 안전점검, 제12조에 따른 정밀안전진단, 제13조에 따른 긴급안전점검 또는 제40조에 따른 성능평가를 수행할 자격이 있는 자(이하 "기술자"라 한다)가 아닌 자에게 안전점검 등 또는 성능평가 업무를 수행하게 한 경우

명의대여의 금지
안전진단전문기관은 타인에게 자기의 명칭이나 상호를 사용하여 안전점검 등 성능평가업무를 하게 하거나 안전진단전문기관 등록증을 대여하여서는 아니 된다(법 제30조).

15. 소속 임직원인 기술자가 수행하여야 할 안전점검 등 또는 성능평가 업무를 소속 임직원이 아닌 기술자에게 수행하게 한 경우
16. 다른 행정기관으로부터 법령에 따라 영업정지 등의 요청이 있는 경우
17. 국토교통부장관, 주무부처의 장 또는 지방자치단체의 장이 폐업사실을 확인한 때(필연적 등록취소)

2) 1)에 따른 행정처분의 세부적인 기준은 그 처분의 사유와 위반의 정도 등을 고려하여 대통령령으로 정한다(법 제31조 제5항).

⑵ 건설사업자에 대한 영업정지 또는 등록말소 요청사유

1) 국토교통부장관 또는 시・도지사는 건설사업자가 제42조 제1항을 위반하여 유지관리 업무를 성실하게 수행하지 아니함으로써 시설물에 중대한 손괴를 발생시킨 경우 「건설산업기본법」 제83조 제11호에 따라 영업정지 또는 등록말소를 요청할 수 있다(법 제31조 제3항).

2) 1)에 따른 영업정지 또는 등록말소의 요청을 받은 관계 행정기관의 장은 그 조치결과를 국토교통부장관 또는 해당 시・도지사에게 통보하여야 한다(법 제31조 제4항).

1. 영업정지처분을 받고 그 영업정지기간 중에 안전점검, 긴급안전점검 또는 유지관리의 대행계약을 새로 체결한 경우
2. 국토교통부장관이 제18조에 따라 정밀안전점검의 실시결과를 평가한 결과 고의 또는 과실로 안전상태를 사실과 다르게 진단하는 등 업무를 부실하게 수행한 것으로 평가한 경우
3. 제20조 제1항을 위반하여 안전점검 또는 긴급안전점검 업무를 성실하게 수행하지 아니함으로써 시설물의 손괴(損壞)나 구조상의 중대한 결함을 발생시킨 경우
4. 제20조 제2항에 따른 안전점검 또는 긴급안전점검의 실시범위를 위반한 경우
5. 제27조를 위반하여 안전점검 또는 긴급안전점검을 하도급한 경우
6. 최근 2년간 제35조에 따른 시정명령을 두 차례 받고 새로 시정명령에 해당하는 사유가 발생한 경우
7. 제42조 제1항을 위반하여 유지관리 업무를 성실하게 수행하지 아니함으로써 시설물에 중대한 손괴를 발생시킨 경우
8. 기술자가 아닌 자에게 안전점검 또는 긴급안전점검 업무를 수행하게 한 경우
9. 소속 임직원인 기술자가 수행하여야 할 안전점검 또는 긴급안전점검 업무를 소속 임직원이 아닌 기술자에게 수행하게 한 경우

(3) 청 문

시・도지사는 안전진단전문기관 또는 안전점검전문기관의 등록을 취소하거나 영업정지를 하려는 경우에는 청문을 하여야 한다(법 제32조).

5. 안전진단전문기관의 영업의 양도・합병

(1) 안전진단전문기관이 영업의 양도나 합병을 하려는 경우에는 국토교통부령으로 정하는 바에 따라 시・도지사에게 신고하여야 한다(법 제38조 제1항).

(2) 영업의 양수인이나 합병으로 설립 또는 존속하는 법인은 (1)에 따른 신고를 함으로써 안전진단전문기관으로서의 지위를 승계한다(법 제38조 제3항).

4 안전점검 등의 대행비용의 산정기준

국토교통부장관은 안전점검 등의 대행에 필요한 비용의 산정기준을 정하여 고시하여야 한다(법 제37조).

5 안전점검전문기관

1. 안전점검전문기관의 등록

시설물의 안전점검 또는 긴급안전점검을 대행하려는 자는 기술인력 및 장비 등 대통령령으로 정하는 분야별 등록기준을 갖추어 시・도지사에게 등록하여야 한다(법 제28조의2 제1항).

2. 안전진단전문기관의 내용 준용

안전점검전문기관의 변경등록, 등록증의 발급・재발급, 휴업・재개업・폐업 신고, 결격사유, 명의대여의 금지 및 영업 양도 등에 관하여는 제28조(같은 조 제1항은 제외한다), 제29조, 제30조 및 제38조를 준용한다. 이 경우 "안전진단전문기관"은 "안전점검전문기관"으로, "안전점검등 또는 성능평가"는 "안전점검 또는 긴급안전점검"으로 본다(법 제28조의2 제2항).

안전진단전문협회

1. **협회의 설립목적**
   안전진단전문기관은 시설물 안전 산업의 건전한 발전과 시설물의 안전 및 유지관리에 관한 기술개발 등을 위하여 안전진단전문협회(이하 "협회"라 한다)를 설립할 수 있다(법 제38조의2 제1항).
2. **협회의 법적성격**
   협회는 법인으로 한다(법 제38조의2 제2항).
3. **협회의 성립**
   협회는 주된 사무소의 소재지에서 설립등기를 함으로써 성립한다(법 제38조의2 제3항).
4. **회원의 자격**
   협회 회원의 자격과 임원에 관한 사항 등은 정관으로 정한다(법 제38조의2 제4항).
5. **협회 정관의 기재사항 등**
   협회 정관의 기재 사항과 협회에 대한 감독에 필요한 사항은 대통령령으로 정한다(법 제38조의2 제5항).
6. **협회설립의 인가절차**
   ① 협회를 설립하려면 회원 자격이 있는 안전진단전문기관 50인 이상이 발기하고 회원 자격이 있는 안전진단전문기관 중 대통령령으로 정하는 수 이상의 동의를 받아 창립 총회에서 정관을 작성한 후 국토교통부장관에게 인가를 신청하여야 한다(법 제38조의3 제1항).
   ② 국토교통부장관은 ①에 따른 신청을 인가하면 그 사실을 공고하여야 한다(법 제38조의3 제2항).
   ③ 협회가 성립되고 임원이 선임될 때까지 필요한 사무는 발기인이 처리한다(법 제38조의3 제3항).
7. **「민법」의 준용**
   협회에 관하여 이 법에 규정된 사항을 제외하고는 「민법」 중 사단법인에 관한 규정을 준용한다(법 제38조의4).

05 시설물의 유지관리 등

Chapter

단·원·열·기

시설물의 유지관리, 국토안전관리원, 비용부담, 사고조사, 비밀유지의 의무 등이 출제되고 있다.
학습방법 : 시설물의 유지관리, 성능평가, 국토안전관리원, 비용부담, 사고조사, 비밀유지의 의무 등 기출문제를 중심으로 정리해 둘 필요가 있다.

시설물의 유지관리 등

1. 시설물의 유지관리
2. 시설물의 성능평가
3. 시설물통합정보관리체계
4. 비용의 부담
5. 사고조사 등
6. 이행강제금
7. 벌 칙

1 시설물의 유지관리

1. 관리주체의 시설물 유지관리

(1) 관리주체의 의무

관리주체는 시설물의 기능을 보전하고 편의와 안전을 높이기 위하여 소관 시설물을 유지관리하여야 한다. 다만, 대통령령(영 제27조)으로 정하는 시설물(즉, 공동주택)로서 다른 법령에 따라 유지관리하는 경우에는 그러하지 아니하다(법 제39조 제1항).

(2) 시설물 유지관리의 대행

관리주체는 건설사업자 또는 그 시설물을 시공한 자[하자담보책임기간(동일한 시설물의 각 부분별 하자담보책임기간이 다른 경우에는 가장 긴 하자담보책임기간을 말한다) 내인 경우에 한정한다]로 하여금 시설물의 유지관리를 대행하게 할 수 있다(법 제39조 제2항).

(3) 시설물 유지관리비용 부담

시설물의 유지관리에 드는 비용은 관리주체가 부담한다(법 제39조 제3항).

2. 시설물 유지관리 결과보고 등

관리주체는 대통령령으로 정하는 유지관리를 시행한 경우에는 대통령령으로 정하는 바에 따라 그 결과보고서를 작성하고 이를 국토교통부장관에게 제출하여야 한다. 이 경우 제출 절차에 관하여는 시설물관리계획의 보고절차를 준용한다(법 제41조 제1항).

2 시설물의 성능평가

1. 시설물의 성능평가

(1) 성능평가대상 시설물의 범위

도로, 철도, 항만, 댐 등 대통령령으로 정하는 시설물의 관리주체는 시설물의 성능을 유지하기 위하여 시설물에 대한 성능평가를 실시하여야 한다(법 제40조 제1항).

(2) 시설물 성능평가의 대행

① (1)에 따른 관리주체는 성능평가를 국토안전관리원과 안전진단전문기관에게 대행하게 할 수 있다(법 제40조 제2항).

② 국토교통부장관은 성능평가의 대행에 필요한 비용의 산정기준을 정하여 고시하여야 한다(법 제44조).

2. 시설물의 성능등급 지정

성능평가를 실시한 자는 실시결과에 따라 대통령령으로 정하는 기준에 적합하게 해당 시설물의 성능등급을 지정하여야 한다(법 제40조 제6항).

3. 성능평가 실시시기

(1) 성능평가의 실시시기는 5년에 1회 이상으로 한다(영 별표3).

(2) 최초로 실시하는 성능평가는 성능평가대상시설물 중 제1종 시설물의 경우에는 최초로 정밀안전진단을 실시하는 때, 제2종 시설물의 경우에는 하자담보책임기간이 끝나기 전에 마지막으로 실시하는 정밀안전점검을 실시하는 때에 실시한다. 다만, 준공 및 사용승인 후 구조형태의 변경으로 인하여 성능평가대상 시설물로 된 경우에는 정밀안전점검 또는 정밀안전진단을 실시하는 때에 실시한다(영 별표3 제7호).

4. 성능평가 실시 주기

성능평가 실시 주기는 이전 성능평가를 완료한 날을 기준으로 한다(영 별표3 제11호).

시설물 성능평가 결과보고 등

1. 성능평가를 실시한 자는 대통령령으로 정하는 바에 따라 그 결과보고서를 작성하고, 이를 관리주체에게 통보하여야 한다(법 제40조 제3항).
2. 관리주체는 성능평가 결과보고서를 국토교통부장관에게 제출하여야 한다. 이 경우 제출 절차에 관하여는 시설물관리계획의 보고절차를 준용한다(법 제40조 제4항).
3. 결과보고서의 작성에 관하여는 안전점검 및 정밀안전진단의 결과보고서 작성기준을 준용한다. 이 경우 "안전점검 및 정밀안전진단"은 "성능평가"로 본다(법 제40조 제5항).

시설물의 유지관리 또는 성능평가를 하는 자의 의무

1. **유지관리 또는 성능평가를 하는 자의 의무**: 시설물의 유지관리 또는 성능평가를 하는 자는 유지관리·성능평가 지침에서 정하는 유지관리 또는 성능평가의 실시 방법 및 절차 등에 따라 성실하게 그 업무를 수행하여야 한다(법 제42조 제1항).
2. **관리주체의 의무**: 관리주체는 소관 시설물을 과학적으로 유지관리하도록 노력하여야 한다(법 제42조 제2항).

5. 성능평가 실시 방법

관리주체는 성능평가를 실시하는 경우 정밀안전점검 또는 정밀안전진단을 포함하여 실시할 수 있다(영 제28조 제4항).

6. 성능평가결과 활용

관리주체는 성능평가를 실시할 때 다음의 어느 하나에 해당하는 정밀안전점검 또는 정밀안전진단에서 실시한 현장조사 · 시험 등의 결과를 활용할 수 있다(영 제28조 제5항).

1. 성능평가에 포함하여 실시한 정밀안전점검 또는 정밀안전진단
2. 성능평가를 하는 날부터 1년 이내에 실시한 정밀안전점검 또는 정밀안전진단

3 시설물통합정보관리체계

1. 시설물통합정보관리체계 구축 · 운영

(1) 국토교통부장관은 시설물의 안전 및 유지관리에 관한 정보를 체계적으로 관리하기 위하여 다음의 사항이 포함된 시설물통합정보관리체계를 구축 · 운영하여야 한다(법 제55조 제1항).

1. 제5조 및 제6조에 따른 기본계획과 시설물관리계획
2. 제9조에 따른 설계도서 및 시설물관리대장 등 관련 서류
3. 제9조 제8항에 따른 시설물의 준공 또는 사용승인 통보 내용
4. 제17조에 따른 안전점검 및 정밀안전진단 결과보고서
5. 제18조에 따른 정밀안전점검 또는 정밀안전진단 실시결과에 대한 평가
6. 제23조에 따른 사용제한 등 긴급안전조치에 관한 사항
7. 제24조에 따른 시설물의 보수 · 보강 등에 관한 사항
8. 제28조, 제31조 제1항, 제35조 및 제67조에 따른 안전진단전문기관의 등록, 등록사항의 변경신고, 휴업 · 재개업 또는 폐업 신고, 등록취소, 영업정지, 시정명령 또는 과태료 등에 관한 사항
9. 제28조의2, 제31조 제1항, 제35조 및 제67조에 따른 안전점검전문기관의 등록, 등록사항의 변경신고, 휴업 · 재개업 또는 폐업 신고, 등록취소, 영업정지, 시정명령 또는 과태료 등에 관한 사항
10. 제36조에 따른 안전점검 등 및 성능평가의 실적
11. 제40조에 따른 성능평가 결과보고서

12. 제41조에 따른 유지관리 결과보고서
13. 그 밖에 시설물의 안전 및 유지관리에 관한 사항으로서 국토교통부령으로 정하는 사항

(2) 시설물통합정보관리체계의 구축 · 운영에 필요한 사항은 대통령령으로 정한다(법 제55조 제2항).

2. 관리주체의 정보화시스템 구축 · 운영

관리주체는 소관 시설물의 안전 및 유지관리에 관한 정보를 체계적으로 관리하기 위하여 정보화시스템을 구축 · 운영할 수 있다. 이 경우 1.에 따른 시설물통합정보관리체계와 연계하여 운영할 수 있다(법 제55조 제3항).

3. 소규모 취약시설의 안전관리에 관한 정보화시스템 구축 · 운영

국토교통부장관은 소규모 취약시설의 안전관리에 관한 정보를 체계적으로 관리하기 위하여 정보화시스템을 구축 · 운영할 수 있다. 이 경우 앞의 1.의 (1)에 따른 시설물통합정보관리체계와 연계하여 운영할 수 있다(법 제55조 제4항).

4 비용의 부담

안전점검 등과 성능평가에 드는 비용은 관리주체가 부담한다. 다만, 하자담보책임기간 내에 시공자가 책임져야 할 사유로 정밀안전진단을 실시하여야 하는 경우 그에 드는 비용은 시공자가 부담한다(법 제56조).

5 사고조사 등

1. 사고 발생 사실 통지

(1) 관리주체는 소관 시설물에 사고가 발생한 경우에는 지체 없이 응급안전조치를 하여야 하며, 다음의 사고가 발생한 경우에는 공공관리주체는 주무부처의 장 또는 관할 시 · 도지사 및 시장 · 군수 · 구청장에게, 민간관리주체는 관할 시장 · 군수 · 구청장에게 사고 발생 사실을 알려야 한다(법 제58조 제1항, 영 제37조).

시설물 안전확보를 위한 정보의 공개

1. 국토교통부장관은 공중의 안전을 확보하기 위하여 시설물에 관한 다음 각 호의 사항을 공개할 수 있다(법 제55조의2 제1항).
   ① 제6조에 따른 시설물관리계획
   ② 제16조에 따른 안전등급의 이력
   ③ 제22조에 따른 중대한 결함의 이력
   ④ 제23조에 따른 긴급안전조치 현황
   ⑤ 안전점검 등 · 성능평가 · 유지관리의 이력
   ⑥ 시설물의 제원(諸元)
   ⑦ 그 밖에 대통령령으로 정하는 사항
2. 1.에 따른 시설물에 관한 정보의 공개의 범위는 다음의 기준에 따른다(법 제55조의2 제2항).
   ① 공공관리주체 소관 시설물의 경우: 위의 1.의 ①부터 ⑦까지의 사항
   ② 민간관리주체 소관 시설물 중 다중이 이용하는 시설물 등 대통령령으로 정하는 시설물의 경우: 위의 1.의 ②부터 ⑥까지의 사항
   ③ 위의 2. 이외의 민간관리주체 소관 시설물의 경우: 1.의 ⑥의 사항

시설물의 안전 및 유지관리 예산

공공관리주체는 대통령령으로 정하는 바에 따라 매년 소관 시설물의 안전 및 유지관리에 필요한 예산을 확보하여야 한다(법 제57조).

① 시설물이 붕괴되거나 쓰러지는 등 재시공이 필요한 시설물 피해
② 사망자 또는 실종자가 3명 이상이거나 사상자가 10명 이상인 인명 피해
③ 그 밖에 국토교통부장관이 조사가 필요하다고 정하여 고시하는 시설물 피해 또는 인명 피해

(2) 사고 발생 사실을 통보받은 주무부처의 장, 관할 시・도지사 또는 시장・군수・구청장은 사고 발생 사실을 국토교통부장관에게 알려야 한다(법 제58조 제2항).

2. 사고 원인 조사 등

(1) 국토교통부장관, 중앙행정기관의 장 또는 지방자치단체의 장은 1.에 따라 사고 발생 사실을 통보받은 경우 그 사고 원인 등에 대한 조사를 할 수 있다(법 제58조 제3항).

(2) 중앙행정기관의 장이나 지방자치단체의 장은 사고조사를 실시한 경우 그 결과를 지체 없이 국토교통부장관에게 통보하여야 한다(법 제58조 제7항).

3. 중앙시설물사고조사위원회 및 시설물사고조사위원회

(1) 중앙시설물사고조사위원회

① 국토교통부장관은 앞의 1.의 (1)의 피해가 발생한 시설물의 사고조사 등을 위하여 필요하다고 인정되는 때에는 중앙시설물사고조사위원회를 구성・운영할 수 있다(법 제58조 제4항).
② 중앙시설물사고조사위원회는 위원장 1명을 포함한 12명 이내의 위원으로 구성하며, 위원장은 위원 중에서 국토교통부장관이 임명한다(영 제38조 제1항).

(2) 시설물사고조사위원회

중앙행정기관의 장이나 지방자치단체의 장은 해당 기관이 지도・감독하는 관리주체의 시설물에 대한 붕괴・파손 등의 사고조사 등을 위하여 필요하다고 인정되는 때에는 시설물사고조사위원회를 구성・운영할 수 있다(법 제58조 제5항).

실태점검

1. **국토교통부장관, 주무부처의 장 또는 지방자치단체의 장의 실태점검**
   국토교통부장관, 주무부처의 장 또는 지방자치단체의 장은 시설물 및 소규모취약시설의 안전 및 유지관리 실태를 점검할 수 있다(법 제59조 제1항).
2. **시장・군수・구청장의 실태점검**
   시장・군수・구청장은 민간관리주체 소관 시설물에 대하여 시설물관리계획의 이행여부 확인 등 안전 및 유지관리 실태를 연 1회 이상 점검하여야 한다(법 제59조 제2항).

6 이행강제금

1. 이행강제금의 대상

국토교통부장관은 다음의 어느 하나에 해당하는 자에게는 해당 명령이 이행될 때까지 매달 100만원 이하의 범위에서 이행강제금을 부과할 수 있다(법 제61조의2 제1항).

1. 제9조 제5항에 따른 명령을 받은 후 이행기간 이내에 그 명령을 이행하지 아니한 자
2. 제17조 제5항에 따른 명령을 받은 후 이행기간 이내에 그 명령을 이행하지 아니한 자
3. 제18조 제4항에 따른 명령을 받은 후 이행기간 이내에 그 명령을 이행하지 아니한 자

2. 계 고

국토교통부장관은 이행강제금을 부과하기 전에 이행강제금을 부과·징수한다는 것을 미리 문서로 알려 주어야 한다(법 제61조의2 제2항).

7 벌 칙

1. 행정형벌

(1) 1년 이상 10년 이하의 징역

다음의 어느 하나에 해당하는 자는 1년 이상 10년 이하의 징역에 처한다(법 제63조 제1항).

1. 제11조 제1항에 따른 안전점검, 제12조 제1항 및 제2항에 따른 정밀안전진단 또는 제13조 제1항에 따른 긴급안전점검을 실시하지 아니하거나 성실하게 실시하지 아니함으로써 시설물에 중대한 손괴를 야기하여 공공의 위험을 발생하게 한 자
2. 제13조 제2항 또는 제6항을 위반하여 정당한 사유 없이 긴급안전점검을 실시하지 아니하거나 필요한 조치명령을 이행하지 아니함으로써 시설물에 중대한 손괴를 야기하여 공공의 위험을 발생하게 한 자
3. 제20조 제1항을 위반하여 안전점검등의 업무를 성실하게 수행하지 아니함으로써 시설물에 중대한 손괴를 야기하여 공공의 위험을 발생하게 한 자

이미 부과된 이행강제금 징수

국토교통부장관은 제9조 제5항, 제17조 제5항 또는 제18조 제4항에 따라 이행명령을 받은 자가 명령을 이행하면 새로운 이행강제금의 부과를 즉시 중지하되, 이미 부과된 이행강제금은 징수하여야 한다(법 제61조의2 제4항).

강제징수

국토교통부장관은 이행강제금 부과처분을 받은 자가 이행강제금을 기한까지 납부하지 아니하면 국세 체납처분의 예에 따라 징수한다(법 제61조의2 제5항).

4. 제23조 제1항 또는 제2항을 위반하여 안전조치를 하지 아니하거나 안전조치 명령을 이행하지 아니함으로써 시설물에 중대한 손괴를 야기하여 공공의 위험을 발생하게 한 자
5. 제24조 제1항 또는 제2항을 위반하여 보수・보강 등 필요한 조치를 하지 아니하거나 필요한 조치의 이행 및 시정 명령을 이행하지 아니함으로써 시설물에 중대한 손괴를 야기하여 공공의 위험을 발생하게 한 자
6. 제42조 제1항을 위반하여 유지관리 또는 성능평가를 성실하게 수행하지 아니함으로써 시설물에 중대한 손괴를 야기하여 공공의 위험을 발생하게 한 자

(2) 무기 또는 5년 이상의 징역

(1)의 죄를 범하여 사람을 사상(死傷)에 이르게 한 자는 무기 또는 5년 이상의 징역에 처한다(법 제63조 제2항).

(3) 2년 이하의 징역 또는 2천만원 이하의 벌금

다음의 어느 하나에 해당하는 자는 2년 이하의 징역 또는 2천만원 이하의 벌금에 처한다(법 제65조 제1항).

1. 제27조 제1항을 위반하여 하도급을 한 자
2. 제28조 제1항에 따른 안전진단전문기관으로 등록하지 아니하고 안전점검 등 또는 성능평가 업무를 수행한 자

2의2. 제28조의2 제1항에 따라 등록하지 아니하거나 거짓이나 그 밖의 부정한 방법으로 등록하고 안전점검 또는 긴급안전점검을 수행한 자

3. 속임수나 그 밖의 부정한 방법으로 제28조 제1항에 따른 안전진단전문기관으로 등록한 자
4. 제30조(제28조의2 제2항을 준용하는 경우를 포함한다)를 위반하여 명의대여 등을 한 자와 명의대여 등을 받은 자
5. 제31조에 따른 영업정지처분을 받고 그 영업정지기간 중에 새로 안전점검 등 또는 성능평가를 실시한 자
6. 제61조를 위반하여 업무상 알게 된 비밀을 누설하거나 도용한 자

2. 과태료

(1) 2천만원 이하의 과태료

다음의 어느 하나에 해당하는 자에게는 2천만원 이하의 과태료를 부과한다(법 제67조 제1항).

1. 제12조 제1항 및 제2항에 따른 정밀안전진단을 실시하지 아니한 자
2. 제13조 제1항에 따른 긴급안전점검을 실시하지 아니한 자

(2) 1천만원 이하의 과태료

다음에 해당하는 자는 1천만원 이하의 과태료를 부과한다(법 제67조 제2항).

1. 제11조 제1항에 따른 안전점검, 성능평가를 실시하지 아니한 자(제6조 제1항 단서에 따라 시장·군수·구청장이 실시하여야 하는 경우는 제외한다)
2. 제12조 제3항에 따라 내진성능평가를 실시하지 아니한 자

(3) 500만원 이하의 과태료

다음의 어느 하나에 해당하는 자는 500만원 이하의 과태료를 부과한다(법 제67조 제3항).

1. 제6조 제1항·제4항·제5항에 따라 시설물관리계획을 수립하지 아니하거나 시설물관리계획을 보고 또는 제출하지 아니한 자
2. 제28조 제6항(제28조의2 제2항을 준용하는 경우를 포함한다)에 따른 휴업·재개업 또는 폐업 신고를 하지 아니한 자
3. 제59조 제3항을 위반하여 정당한 사유 없이 시정 요청에 따르지 아니한 자

(4) 과태료의 부과권자

과태료는 대통령령으로 정하는 바에 따라 국토교통부장관, 시·도지사 또는 시장·군수·구청장이 부과·징수한다(법 제67조 제4항).

08 실전예상문제

Part

01 **「시설물의 안전 및 유지관리에 관한 특별법령」상 안전점검 및 정밀안전진단에 관한 기술 중 옳지 않은 것은?**

① 공동주택의 정기안전점검은 공동주택관리법령에 따른 안전점검으로 갈음한다.
② 시설물의 하자담보책임기간이 끝나기 전에 마지막으로 실시하는 정밀안전점검의 경우에는 관리주체가 직접 실시한다.
③ 안전점검 등을 하는 자는 안전점검 등에 관한 지침에서 정하는 안전점검 등의 실시 방법 및 절차 등에 따라 성실하게 업무를 수행하여야 한다.
④ 관리주체는 「지진·화산재해대책법」 제14조 제1항에 따른 내진설계 대상 시설물 중 내진성능평가를 받지 않은 시설물에 대하여 정밀안전진단을 실시하는 경우에는 해당 시설물에 대한 내진성능평가를 포함하여 실시하여야 한다.
⑤ 하자담보책임기간 내에 시공자가 책임져야 할 사유로 정밀안전진단을 실시하여야 하는 경우 그에 드는 비용은 시공자가 부담한다.

해설 ② 관리주체는 시설물의 하자담보책임기간이 끝나기 전에 마지막으로 실시하는 정밀안전점검의 경우에는 안전진단전문기관이나 국토안전관리원에 의뢰하여 실시하여야 한다.

02 **「시설물의 안전 및 유지관리에 관한 특별법」의 일부 내용이다. (　　)안에 들어갈 용어를 쓰시오.**

> 안전점검 등과 성능평가에 드는 비용은 관리주체가 부담한다. 다만, (　　　　)기간 내에 시공자가 책임져야 할 사유로 정밀안전진단을 실시하여야 하는 경우 그에 드는 비용은 시공자가 부담한다.

Answer

01 ②　02 하자담보책임

Memo

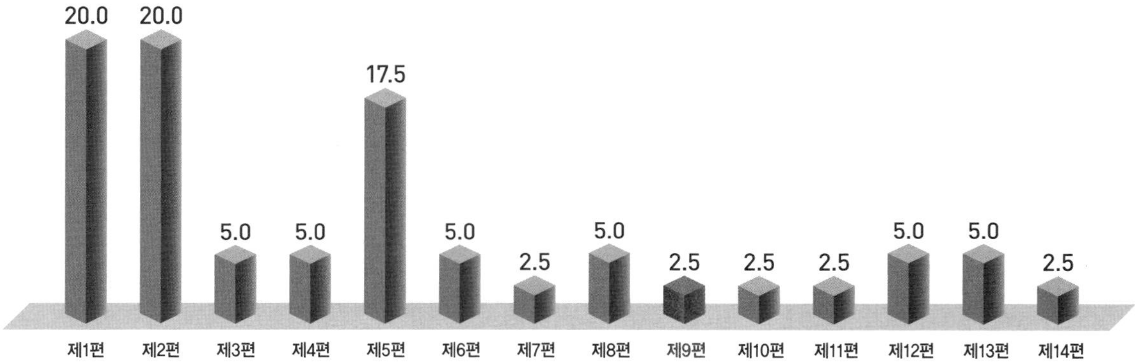

제27회 기출문제 분석

소방기본법은 1문제가 출제되는데, 용어와 소방활동 등을 중심으로 정리하되, 법조문의 분량이 얼마 되지 않기 때문에 벌칙부분도 정리해둘 필요가 있다.

PART

09

소방기본법

Part 09

소방기본법

소방기본법(1문제)

용 어	소방대상물	건축물, 차량, 선박(항구 안에 매어둔 선박), 선박 건조구조물, 산림 등
	관계지역	소방대상물이 있는 장소 및 그 이웃지역
	관계인	소방대상물의 소유자·관리자 또는 점유자
	소방대	소방공무원, 의무소방원, 의용소방대원으로 구성된 조직체
소방용수시설	설치·유지·관리	시·도지사
	거리제한	주거·상업·공업지역: 100m 이내, 기타지역: 140m 이내
소방활동	소방활동의 종류	소방활동, 소방지원활동, 생활안전활동
	소방신호	경계신호, 발화신호, 해제신호, 훈련신호
	화재오인지역의 행위신고	시장, 공장·창고가 밀집, 목조건물 밀집, 위험물의 저장 및 처리시설 밀집, 석유화학제품을 생산하는 공장 지역
	소방자동차전용지역	100세대 이상인 아파트 또는 3층 이상의 기숙사
	소방활동구역	소방대장 설정 ⇨ 출입제한조치, 소방활동종사명령 ┌ 손실보상: 시·도지사, 소방청장 └ 소방활동비용 • 시·도지사 지급 • 지급제외 ① 관계인 ② 상황 발생시킨 자 ③ 물건 가져간 자
	출입제한 조치	경찰공무원은 소방대가 소방활동구역에 있지 않거나 소방대장의 요청이 있는 경우에는 소방활동구역에 출입할 수 있는 자를 제외하고 출입 제한 조치를 할 수 있다.
한국소방안전원	안전원의 설립	소방청장 인가
	법적성격	이 법 제외 민법 재단법인 규정 준용
	안전원의 업무	소방기술과 안전관리기술의 향상, 홍보, 교육, 훈련
보 칙	손실보상	**소방청장 시·도지사 보상**: 손실 있음을 안 날로부터 3년, 손실발생한 날 5년간 행사하지 않으면 시효소멸
벌 칙	행정형벌	5/5, 3/3, 300, 100 벌금
	과태료	500 / 200 / 100 / 20

01 총 설

Chapter

단·원·열·기

소방기본법에는 1문제가 출제되는데 용어의 정의, 소방기관 등 출제되고 있다.
학습방법 : 소방기본법상의 용어의 정의 중심으로 이해하고 소방기관은 핵심적인 사항을 정리하도록 한다.

총 설

01 제정목적

「소방기본법」은 화재를 예방·경계하거나 진압하고 화재, 재난·재해, 그 밖의 위급한 상황에서의 구조·구급활동 등을 통하여 국민의 생명·신체 및 재산을 보호함으로써 공공의 안녕 및 질서 유지와 복리증진에 이바지함을 목적으로 한다(법 제1조).

02 용어의 정의

「소방기본법」에서 사용하는 용어의 정의는 다음과 같다(법 제2조).

1. 소방대상물

소방대상물이란 건축물, 차량, 선박(「선박법」에 따른 선박으로서 항구 안에 매어둔 선박만 해당한다), 선박 건조 구조물, 산림, 그 밖의 인공구조물 또는 물건을 말한다.

2. 관계지역

관계지역이란 소방대상물이 있는 장소 및 그 이웃 지역으로서 화재의 예방·경계·진압, 구조·구급 등의 활동에 필요한 지역을 말한다.

3. 관계인

관계인이란 소방대상물의 소유자 · 관리자 또는 점유자를 말한다.

4. 소방본부장

소방본부장이란 특별시 · 광역시 · 특별자치시 · 도 또는 특별자치도(이하 "시 · 도"라 한다)에서 화재의 예방 · 경계 · 진압 · 조사 및 구조 · 구급 등의 업무를 담당하는 부서의 장을 말한다.

5. 소방대

소방대란 화재를 진압하고 화재, 재난 · 재해, 그 밖의 위급한 상황에서 구조 · 구급활동 등을 하기 위하여 다음의 사람으로 구성된 조직체를 말한다.

1. 「소방공무원법」에 따른 소방공무원
2. 「의무소방대설치법」 제3조에 따라 임용된 의무소방원
3. 「의용소방대 설치 및 운영에 관한 법률」에 따른 의용소방대원

6. 소방대장

소방대장이란 소방본부장 또는 소방서장 등 화재, 재난 · 재해, 그 밖의 위급한 상황이 발생한 현장에서 소방대를 지휘하는 사람을 말한다.

03 국가와 지방자치단체의 책무

국가와 지방자치단체는 화재, 재난 · 재해, 그 밖의 위급한 상황으로부터 국민의 생명 · 신체 및 재산을 보호하기 위하여 필요한 시책을 수립 · 시행하여야 한다(법 제2조의2).

04 소방기관 등

1. 소방기관의 설치 등

(1) 소방기관

① 시・도의 화재 예방・경계・진압 및 조사, 소방안전교육・홍보와 화재, 재난・재해, 그 밖의 위급한 상황에서의 구조・구급 등의 업무(이하 "소방업무"라 한다)를 수행하는 소방기관의 설치에 필요한 사항은 대통령령으로 정한다(법 제3조 제1항).

② 시・도에서 소방업무를 수행하기 위하여 시・도지사 직속으로 소방본부를 둔다(법 제3조 제4항).

③ ①의 소방기관 및 ②의 소방본부에는 「지방자치단체에 두는 국가공무원의 정원에 관한 법률」에도 불구하고 대통령령으로 정하는 바에 따라 소방공무원을 둘 수 있다(법 제3조의2).

(2) 소방본부장 또는 소방서장에 대한 지휘와 감독

① 소방업무를 수행하는 소방본부장 또는 소방서장은 그 소재지를 관할하는 특별시장・광역시장・특별자치시장・도지사 또는 특별자치도지사(이하 "시・도지사"라 한다)의 지휘와 감독을 받는다(법 제3조 제2항).

② ①에도 불구하고 소방청장은 화재 예방 및 대형 재난 등 필요한 경우 시・도 소방본부장 및 소방서장을 지휘・감독할 수 있다(법 제3조 제3항).

2. 종합상황실 설치・운영

(1) 소방청장, 소방본부장 및 소방서장은 화재, 재난・재해, 그 밖에 구조・구급이 필요한 상황이 발생하였을 때에 신속한 소방활동(소방업무를 위한 모든 활동을 말한다)을 위한 정보의 수집・분석과 판단・전파, 상황관리, 현장 지휘 및 조정・통제 등의 업무를 수행하기 위하여 119종합상황실을 설치・운영하여야 한다(법 제4조 제1항).

(2) (1)에 따라 소방본부에 설치하는 119종합상황실에는 「지방자치단체에 두는 국가공무원의 정원에 관한 법률」에도 불구하고 대통령령으로 정하는 바에 따라 경찰공무원을 둘 수 있다(법 제4조 제2항).

(3) 119종합상황실의 설치・운영에 필요한 사항은 행정안전부령으로 정한다(법 제4조 제3항).

종합상황실 보고 사항

종합상황실의 실장은 다음의 하나에 해당하는 상황이 발생하는 때에는 그 사실을 지체 없이 서면・팩스 또는 컴퓨터통신 등으로 소방서의 종합상황실의 경우는 소방본부의 종합상황실에, 소방본부의 종합상황실의 경우는 소방청의 종합상황실에 각각 보고해야 한다(규칙 제3조 제2항).

1. 다음의 하나에 해당하는 화재
   ① 사망자가 5인 이상 발생하거나 사상자가 10인 이상 발생한 화재
   ② 이재민이 100인 이상 발생한 화재
   ③ 재산피해액이 50억원 이상 발생한 화재
   ④ 관공서・학교・정부미도정공장・문화재・지하철 또는 지하구의 화재
   ⑤ 관광호텔, 층수(「건축법 시행령」에 의하여 산정한 층수를 말한다)가 11층 이상인 건축물, 지하상가, 시장, 백화점, 「위험물안전관리법」에 의한 지정수량의 3천배 이상의 위험물의 제조소・저장소・취급소, 층수가 5층 이상이거나 객실이 30실 이상인 숙박시설, 층수가 5층 이상 이거나 병상이 30개 이상인 종합병원・정신병원・한방병원・요양소, 연면적 1만 5천m^2 이상인 공장 또는 「화재의 예방 및 안전관리에 관한 법률」에 따른 화재예방강화지구에서 발생한 화재
   ⑥ 철도차량, 항구에 매어둔 총톤수가 1천톤 이상인 선박, 항공기, 발전소 또는 변전소에서 발생한 화재
   ⑦ 가스 및 화약류의 폭발에 의한 화재
   ⑧ 「다중이용업소의 안전관리에 관한 특별법」 제2조에 따른 다중이용업소의 화재
2. 「긴급구조대응활동 및 현장지휘에 관한 규칙」에 의한 통제단장의 현장지휘가 필요한 재난상황
3. 언론에 보도된 재난상황
4. 그 밖에 소방청장이 정하는 재난상황

3. 소방정보통신망 구축 · 운영

(1) 소방청장 및 시 · 도지사는 119종합상황실 등의 효율적 운영을 위하여 소방정보통신망을 구축 · 운영할 수 있다(법 제4조의2 제1항).

(2) 소방청장 및 시 · 도지사는 소방정보통신망의 안정적 운영을 위하여 소방정보통신망의 회선을 이중화할 수 있다. 이 경우 이중화된 각 회선은 서로 다른 사업자로부터 제공받아야 한다(법 제4조의2 제2항).

(3) (1) 및 (2)에 따른 소방정보통신망의 구축 및 운영에 필요한 사항은 행정안전부령으로 정한다(법 제4조의2 제3항).

4. 소방기술민원센터의 설치 · 운영

(1) 소방청장 또는 소방본부장은 소방시설, 소방공사 및 위험물 안전관리 등과 관련된 법령해석 등의 민원을 종합적으로 접수하여 처리할 수 있는 기구(이하 "소방기술민원센터"라 한다)를 설치 · 운영할 수 있다(법 제4조의3 제1항).

(2) 소방기술민원센터의 설치 · 운영 등에 필요한 사항은 대통령령으로 정한다(법 제4조의3 제2항).

5. 소방박물관 등

(1) 소방박물관 및 소방체험관의 설립 · 운영

소방의 역사와 안전문화를 발전시키고 국민의 안전의식을 높이기 위하여 소방청장은 소방박물관을, 시 · 도지사는 소방체험관(화재 현장에서의 피난 등을 체험할 수 있는 체험관을 말한다)을 설립하여 운영할 수 있다(법 제5조 제1항).

(2) 설립 · 운영에 관하여 필요한 사항

소방박물관의 설립과 운영에 필요한 사항은 행정안전부령으로 정하고, 소방체험관의 설립과 운영에 필요한 사항은 행정안전부령으로 정하는 기준에 따라 시 · 도의 조례로 정한다(법 제5조 제2항).

(3) 소방의 날의 제정

① 국민의 안전의식과 화재에 대한 경각심을 높이고 안전문화의 정착시키기 위하여 매년 11월 9일을 '소방의 날'로 정하여 기념행사를 한다(법 제7조 제1항).

② 소방의 날 행사에 관하여 필요한 사항은 소방청장 또는 시 · 도지사가 따로 정하여 시행할 수 있다(법 제7조 제2항).

(4) 명예직 소방대원의 위촉

소방청장은 다음에 해당하는 사람을 명예직 소방대원으로 위촉할 수 있다(법 제7조 제3항).

1. 「의사상자 등 예우 및 지원에 관한 법률」 제2조에 따른 의사상자(義死傷者)로서 같은 법 제3조 제3호 또는 제4호에 해당하는 사람
2. 소방행정 발전에 공로가 있다고 인정되는 사람

6. 소방업무에 관한 종합계획 등

(1) 종합계획 수립

① 소방청장은 화재, 재난·재해, 그 밖의 위급한 상황으로부터 국민의 생명·신체 및 재산을 보호하기 위하여 소방업무에 관한 종합계획을 5년마다 수립·시행하여야 하고, 이에 필요한 재원을 확보하도록 노력하여야 한다(법 제6조 제1항).

② 소방청장은 「소방기본법」(이하 "법"이라 한다)에 따른 소방업무에 관한 종합계획을 관계 중앙행정기관의 장과의 협의를 거쳐 계획 시행 전년도 10월 31일까지 수립하여야 한다(영 제1조의3 제1항).

(2) 종합계획의 내용

종합계획에는 다음의 사항이 포함되어야 한다(법 제6조 제2항).

1. 소방서비스의 질 향상을 위한 정책의 기본방향
2. 소방업무에 필요한 체계의 구축, 소방기술의 연구·개발 및 보급
3. 소방업무에 필요한 장비의 구비
4. 소방전문인력 양성
5. 소방업무에 필요한 기반조성
6. 소방업무의 교육 및 홍보(제21조에 따른 소방자동차의 우선 통행 등에 관한 홍보를 포함한다)
7. 그 밖에 소방업무의 효율적 수행을 위하여 필요한 사항으로서 대통령령으로 정하는 사항(영 제1조의3 제2항).
   ① 재난·재해 환경 변화에 따른 소방업무에 필요한 대응 체계 마련
   ② 장애인, 노인, 임산부, 영유아 및 어린이 등 이동이 어려운 사람을 대상으로 한 소방활동에 필요한 조치

(3) 통 보

소방청장은 수립한 종합계획을 관계 중앙행정기관의 장, 시·도지사에게 통보하여야 한다(법 제6조 제3항).

02 소방장비 및 소방용수시설 등

Chapter

단·원·열·기

소방용수시설, 화재경계지구, 소방활동, 화재조사 등이 출제되고 있다.
확인학습 : 기출문제 중심으로 정리하되 특히 화재경계지구와 소방활동구역은 서로 비교하여 정리하도록 한다.

01 소방장비 및 소방용수시설

1 소방력의 기준 등

(1) 소방기관이 소방업무를 수행하는 데에 필요한 인력과 장비 등(이하 "소방력"이라 한다)에 관한 기준은 행정안전부령으로 정한다(법 제8조 제1항).

(2) 시·도지사는 소방력의 기준에 따라 관할구역의 소방력을 확충하기 위하여 필요한 계획을 수립하여 시행하여야 한다(법 제8조 제2항).

(3) 소방자동차 등 소방장비의 분류·표준화와 그 관리 등에 필요한 사항은 따로 법률에서 정한다(법 제8조 제3항).

(4) 국가는 소방장비의 구입 등 시·도의 소방업무에 필요한 경비의 일부를 보조한다. 이에 따른 보조 대상사업의 범위와 기준보조율은 대통령령으로 정한다(법 제9조).

2 소방용수시설 등의 설치 및 유지·관리

(1) 소방용수시설의 설치 및 유지·관리

시·도지사는 소방활동에 필요한 소화전·급수탑·저수조(이하 "소방용수시설"이라 한다)를 설치하고 유지·관리하여야 한다. 다만, 「수도법」에 따라 소화전을 설치하는 일반수도사업자는 관할 소방서장과 사전협의를 거친 후 소화전을 설치하여야 하며, 설치 사실을 관할 소방서장에게 통지하고, 그 소화전을 유지·관리하여야 한다(법 제10조 제1항).

(2) 비상소화장치의 설치 및 유지 · 관리

시 · 도지사는 소방자동차의 진입이 곤란한 지역 등 화재발생시에 초기 대응이 필요한 지역으로서 대통령령으로 정하는 지역에 소방호스 또는 호스 릴 등을 소방용수시설에 연결하여 화재를 진압하는 시설이나 장치(이하 "비상소화장치"라 한다)를 설치하고 유지 · 관리할 수 있다(법 제10조 제2항).

(3) 소방용수시설과 비상소화장치의 설치 기준

소방용수시설과 비상소화장치의 설치기준은 행정안전부령으로 정한다(법 제10조 제3항).

소방용수시설 설치의 기준(규칙 별표3)

1. 공통기준
   ① 「국토의 계획 및 이용에 관한 법률」에 의한 주거지역 · 상업지역 및 공업지역 설치하는 경우: 소방대상물과의 수평거리를 100m 이하가 되도록 할 것
   ② 위 ① 외의 지역에 설치하는 경우: 소방대상물과의 수평거리를 140m 이하가 되도록 할 것
2. 소방용수시설별 설치기준
   (1) 소화전의 설치기준 : 상수도와 연결하여 지하식 또는 지상식의 구조로 하고, 소방용호스와 연결하는 소화전의 연결금속구의 구경은 65mm로 할 것
   (2) 급수탑의 설치기준 : 급수배관의 구경은 100mm 이상으로 하고, 개폐밸브는 지상에서 1.5m 이상 1.7m 이하의 위치에 설치하도록 할 것
   (3) 저수조의 설치기준
      ① 지면으로부터의 낙차가 4.5m 이하일 것
      ② 흡수부분의 수심이 0.5m 이상일 것
      ③ 소방펌프자동차가 쉽게 접근할 수 있도록 할 것
      ④ 흡수에 지장이 없도록 토사 및 쓰레기 등을 제거할 수 있는 설비를 갖출 것
      ⑤ 흡수관의 투입구가 사각형의 경우에는 한 변의 길이가 60cm 이상, 원형의 경우에는 지름이 60cm 이상일 것
      ⑥ 저수조에 물을 공급하는 방법은 상수도에 연결하여 자동으로 급수되는 구조일 것

3 소방업무의 응원

(1) 소방업무의 응원요청

소방본부장 또는 소방서장은 소방활동을 할 때에 긴급한 경우에는 이웃한 소방본부장 또는 소방서장에게 소방업무의 응원을 요청할 수 있다(법 제11조 제1항).

소방업무 응원에 대한 규약
시 · 도지사는 소방업무의 응원을 요청하는 경우를 대비하여 출동 대상지역 및 규모와 필요한 경비의 부담 등에 관하여 필요한 사항을 행정안전부령으로 정하는 바에 따라 이웃하는 시 · 도지사와 협의하여 미리 규약으로 정하여야 한다(법 제11조 제4항).

(2) 소방업무의 응원

소방업무의 응원 요청을 받은 소방본부장 또는 소방서장은 정당한 사유 없이 그 요청을 거절하여서는 아니 된다(법 제11조 제2항).

(3) 요청한 소방본부장 또는 소방서장의 지휘권

소방업무의 응원을 위하여 파견된 소방대원은 응원을 요청한 소방본부장 또는 소방서장의 지휘에 따라야 한다(법 제11조 제3항).

4 소방력의 동원

(1) 소방력 동원

① 소방청장은 해당 시 · 도의 소방력만으로는 소방활동을 효율적으로 수행하기 어려운 화재, 재난 · 재해, 그 밖의 구조 · 구급이 필요한 상황이 발생하거나 특별히 국가적 차원에서 소방활동을 수행할 필요가 인정될 때에는 각 시 · 도지사에게 행정안전부령으로 정하는 바에 따라 소방력을 동원할 것을 요청할 수 있다(법 제11조의2 제1항).

② 동원 요청을 받은 시 · 도지사는 정당한 사유 없이 요청을 거절하여서는 아니 된다(법 제11조의2 제2항).

(2) 소방력의 지원요청 또는 소방대 편성

① 소방청장은 시 · 도지사에게 동원된 소방력을 화재, 재난 · 재해 등이 발생한 지역에 지원 · 파견하여 줄 것을 요청하거나 필요한 경우 직접 소방대를 편성하여 화재진압 및 인명구조 등 소방에 필요한 활동을 하게 할 수 있다(법 제11조의2 제3항).

② 소방력을 동원요청에 따라 동원된 소방대원이 다른 시 · 도에 파견 · 지원되어 소방활동을 수행할 때에는 특별한 사정이 없으면 화재, 재난 · 재해 등이 발생한 지역을 관할하는 소방본부장 또는 소방서장의 지휘에 따라야 한다. 다만, 소방청장이 직접 소방대를 편성하여 소방활동을 하게 하는 경우에는 소방청장의 지휘에 따라야 한다(법 제11조의2 제4항).

(3) 소방활동을 수행하는 과정에서 발생하는 사항 등

(2)의 ① 및 ②에 따른 소방활동을 수행하는 과정에서 발생하는 경비 부담에 관한 사항, (2)의 ① 및 ②에 따라 소방활동을 수행한 민간 소방 인력이 사망하거나 부상을 입었을 경우의 보상주체 · 보상기준 등에 관한 사항, 그 밖에 동원된 소방력의 운용과 관련하여 필요한 사항은 대통령령으로 정한다(법 제11조의2 제5항).

02 소방활동 등

1 소방활동

(1) 소방대의 소방활동

소방청장, 소방본부장 또는 소방서장은 화재, 재난 · 재해, 그 밖의 위급한 상황이 발생하였을 때에는 소방대를 현장에 신속하게 출동시켜 화재진압과 인명구조 · 구급 등 소방에 필요한 활동(이하 "소방활동"이라 한다)을 하게 하여야 한다(법 제16조 제1항).

(2) 소방활동 방해금지

누구든지 정당한 사유 없이 (1)에 따라 출동한 소방대의 소방활동을 방해하여서는 아니 된다(법 제16조 제2항).

2 소방지원활동

(1) 소방지원활동의 내용

소방청장 · 소방본부장 또는 소방서장은 공공의 안녕질서 유지 또는 복리증진을 위하여 필요한 경우 소방활동 외에 다음의 활동(이하 "소방지원활동"이라 한다)을 하게 할 수 있다(법 제16조의2 제1항).

1. 산불에 대한 예방 · 진압 등 지원활동
2. 자연재해에 따른 급수 · 배수 및 제설 등 지원활동
3. 집회 · 공연 등 각종 행사시 사고에 대비한 근접대기 등 지원활동
4. 화재, 재난 · 재해로 인한 피해복구 지원활동

5. 그 밖에 행정안전부령으로 정하는 활동(규칙 제8조의4).
   ① 군 · 경찰 등 유관기관에서 실시하는 훈련지원 활동
   ② 소방시설 오작동 신고에 따른 조치활동
   ③ 방송제작 또는 촬영 관련 지원활동

(2) 소방지원활동의 최소범위

소방지원활동은 소방활동 수행에 지장을 주지 아니하는 범위에서 할 수 있다(법 제16조의2 제2항).

(3) 소방지원활동 비용부담

유관기관 · 단체 등의 요청에 따른 소방지원활동에 드는 비용은 지원요청을 한 유관기관 · 단체 등에게 부담하게 할 수 있다. 다만, 부담금액 및 부담방법에 관하여는 지원요청을 한 유관기관 · 단체 등과 협의하여 결정한다(법 제16조의2 제3항).

3 생활안전활동

1. 생활안전활동의 내용

소방청장 · 소방본부장 또는 소방서장은 신고가 접수된 생활안전 및 위험제거 활동(화재, 재난 · 재해, 그 밖의 위급한 상황에 해당하는 것은 제외한다)에 대응하기 위하여 소방대를 출동시켜 다음의 활동(이하 "생활안전활동"이라 한다)을 하게 하여야 한다(법 제16조의3 제1항).

1. 붕괴, 낙하 등이 우려되는 고드름, 나무, 위험 구조물 등의 제거활동
2. 위해동물, 벌 등의 포획 및 퇴치 활동
3. 끼임, 고립 등에 따른 위험제거 및 구출 활동
4. 단전사고시 비상전원 또는 조명의 공급
5. 그 밖에 방치하면 급박해질 우려가 있는 위험을 예방하기 위한 활동

2. 생활안전활동 방해 금지

누구든지 정당한 사유 없이 출동하는 소방대의 생활안전활동을 방해하여서는 아니 된다(법 제16조의3 제2항).

4 소방자동차의 보험가입 등

1. 소방자동차의 보험가입

(1) 시 · 도지사는 소방자동차의 공무상 운행 중 교통사고가 발생한 경우 그 운전자의 법률상 분쟁에 소요되는 비용을 지원할 수 있는 보험에 가입하여야 한다(법 제16조의4 제1항).

(2) 국가는 (1)에 따른 보험 가입비용의 일부를 지원할 수 있다(법 제16조의4 제2항).

2. 소방활동에 대한 면책

소방공무원이 소방활동으로 인하여 타인을 사상(死傷)에 이르게 한 경우 그 소방활동이 불가피하고 소방공무원에게 고의 또는 중대한 과실이 없는 때에는 그 정상을 참작하여 사상에 대한 형사책임을 감경하거나 면제할 수 있다(법 제16조의5).

3. 소송지원

소방청장, 소방본부장 또는 소방서장은 소방공무원이 소방활동, 소방지원활동, 생활안전활동으로 인하여 민 · 형사상 책임과 관련된 소송을 수행할 경우 변호인 선임 등 소송수행에 필요한 지원을 할 수 있다(법 제16조의6).

5 소방교육 · 훈련

1. 소방대원에 대한 교육 · 훈련

(1) 소방교육 · 훈련의 대상

소방청장, 소방본부장 또는 소방서장은 소방업무를 전문적이고 효과적으로 수행하기 위하여 소방대원에게 필요한 교육 · 훈련을 실시하여야 한다(법 제17조 제1항).

(2) 소방교육 · 훈련의 종류 등

교육 · 훈련의 종류 및 종류별 소방교육 · 훈련의 대상자 및 소방교육 · 훈련횟수 및 기간은 다음과 같이 행정안전부령으로 정한다(법 제17조 제4항, 규칙 별표3의2).

소방교육 · 훈련

1. **소방교육 · 훈련의 종류와 종류별 소방교육 · 훈련의 대상자**
   ① 화재진압훈련: 화재진압업무를 담당하는 소방공무원과 「의무소방대설치법 시행령」에 따라 임무를 수행하는 의무소방원 및 「의용소방대 설치 및 운영에 관한 법률」에 따라 임명된 의용소방대원
   ② 인명구조훈련: 구조업무를 담당하는 소방공무원과 「의무소방대설치법 시행령」에 따라 임무를 수행하는 의무소방원 및 「의용소방대 설치 및 운영에 관한 법률」 따라 임명된 의용소방대원
   ③ 응급처치훈련: 구급업무를 담당하는 소방공무원과 「의무소방대설치법」에 따라 임용된 의무소방원 및 「의용소방대 설치 및 운영에 관한 법률」 따라 임명된 의용소방대원
   ④ 인명대피훈련: 소방공무원과 「의무소방대설치법」에 따라 임용된 의무소방원 및 「의용소방대 설치 및 운영에 관한 법률」 따라 임명된 의용소방대원
   ⑤ 현장지휘훈련: 소방공무원 중 소방위 · 소방경 · 소방령 및 지방소방정
2. **소방교육 · 훈련횟수 및 기간**
   소방교육 · 훈련은 2년마다 1회 실시하되, 교육 · 훈련기간은 2주 이상으로 한다.

2. 영유아 등에 대한 소방안전 교육훈련

소방청장, 소방본부장 또는 소방서장은 화재를 예방하고 화재 발생시 인명과 재산피해를 최소화하기 위하여 다음에 해당하는 사람을 대상으로 행정안전부령으로 정하는 바에 따라 소방안전 교육과 훈련을 실시할 수 있다. 이 경우 소방청장, 소방본부장 또는 소방서장은 해당 어린이집・유치원・학교의 장 또는 장애인복지시설의 장과 교육일정 등에 관하여 협의하여야 한다(법 제17조 제2항).

① 「영유아보육법」에 따른 어린이집의 영유아
② 「유아교육법」에 따른 유치원의 유아
③ 「초・중등교육법」에 따른 학교의 학생
④ 「장애인복지법」 제58조에 따른 장애인복지시설에 거주하거나 해당 시설을 이용하는 장애인

소방안전 교육훈련 관련 기준 및 운영계획

1. 소방안전에 관한 교육과 훈련(이하 "소방안전교육훈련"이라 한다)에 필요한 시설, 장비, 강사자격 및 교육방법 등의 기준은 별표 3의3과 같다(규칙 제9조 제2항).
2. 소방청장, 소방본부장 또는 소방서장은 소방안전교육훈련을 실시하려는 경우 매년 12월 31일까지 다음 해의 소방안전교육훈련 운영계획을 수립하여야 한다(규칙 제9조 제3항).
3. 소방청장은 2.에 따른 소방안전교육훈련 운영계획의 작성에 필요한 지침을 정하여 소방본부장과 소방서장에게 매년 10월 31일까지 통보하여야 한다(규칙 제9조 제4항).

3. 화재발생시 피난 및 행동방법 등의 홍보

소방청장, 소방본부장 또는 소방서장은 국민안전의식을 높이기 위하여 화재발생시 피난 및 행동방법 등을 홍보하여야 한다(법 제17조 제3항).

6 소방안전교육사

1. 소방안전교육사 시험

(1) 소방청장은 소방안전교육을 위하여 소방청장이 실시하는 시험에 합격한 사람에게 소방안전교육사 자격을 부여한다(법 제17조의2 제1항).

(2) 소방안전교육사 시험은 2년마다 1회 시행함을 원칙으로 하되, 소방청장이 필요하다고 인정하는 때에는 그 횟수를 증감할 수 있다(영 제7조의6 제1항).

부정행위자에 대한 조치

1. 소방청장은 소방안전교육사 시험에서 부정행위를 한 사람에 대하여는 해당 시험을 정지시키거나 무효로 처리한다(법 제17조의4 제1항).
2. 1.에 따라 시험이 정지되거나 무효로 처리된 사람은 그 처분이 있은 날부터 2년간 소방안전교육사 시험에 응시하지 못한다(법 제17조의4 제2항).

2. 소방안전교육사의 업무

소방안전교육사는 소방안전교육의 기획・진행・분석・평가 및 교수업무를 수행한다(법 제17조의2 제2항).

3. 소방안전교육사의 결격사유

다음의 어느 하나에 해당하는 사람은 소방안전교육사가 될 수 없다(법 제17조의3).

> ① 피성년후견인
> ② 금고 이상의 실형을 선고받고 그 집행이 끝나거나(집행이 끝난 것으로 보는 경우를 포함한다) 집행이 면제된 날부터 2년이 지나지 아니한 사람
> ③ 금고 이상의 형의 집행유예를 선고받고 그 유예기간 중에 있는 사람
> ④ 법원의 판결 또는 다른 법률에 따라 자격이 정지되거나 상실된 사람

4. 소방안전교육사의 배치

소방안전교육사를 소방청 · 소방본부 또는 소방서 · 한국소방안전원 · 한국소방산업기술원에 배치할 수 있다(법 제17조의5 제1항, 영 제7조의10).

7 소방신호

화재예방, 소방활동 또는 소방훈련을 위하여 사용되는 소방신호의 종류와 방법은 행정안전부령으로 정한다(법 제18조, 규칙 제10조).

> 1. 경계신호 : 화재예방상 필요하다고 인정되거나 화재위험경보시 발령
> 2. 발화신호 : 화재가 발생한 때 발령
> 3. 해제신호 : 소화활동이 필요 없다고 인정되는 때 발령
> 4. 훈련신호 : 훈련상 필요하다고 인정되는 때 발령

8 화재 등의 통지 · 신고

1. 화재 등의 통지

화재 현장 또는 구조 · 구급이 필요한 사고 현장을 발견한 사람은 그 현장의 상황을 소방본부, 소방서 또는 관계 행정기관에 지체 없이 알려야 한다(법 제19조 제1항).

2. 화재오인지역에서의 행위신고

다음의 어느 하나에 해당하는 지역 또는 장소에서 화재로 오인할 만한 우려가 있는 불을 피우거나 연막소독을 실시하려는 자는 시・도의 조례로 정하는 바에 따라 관할 소방본부장 또는 소방서장에게 신고하여야 한다(법 제19조 제2항).

① 시장지역
② 공장・창고가 밀집한 지역
③ 목조건물이 밀집한 지역
④ 위험물의 저장 및 처리시설이 밀집한 지역
⑤ 석유화학제품을 생산하는 공장이 있는 지역
⑥ 그 밖에 시・도의 조례가 정하는 지역 또는 장소

9 관계인의 소방활동 등

1. 관계인의 조치 등

(1) 관계인은 소방대상물에 화재, 재난・재해, 그 밖의 위급한 상황이 발생한 경우에는 소방대가 현장에 도착할 때까지 경보를 울리거나 대피를 유도하는 등의 방법으로 사람을 구출하는 조치 또는 불을 끄거나 불이 번지지 아니하도록 필요한 조치를 하여야 한다(법 제20조 제1항).

(2) 관계인은 소방대상물에 화재, 재난・재해, 그 밖의 위급한 상황이 발생한 경우에는 이를 소방본부, 소방서 또는 관계 행정기관에 지체 없이 알려야 한다(법 제20조 제2항).

2. 관계인의 자체소방대의 설치・운영 등

(1) 관계인은 화재를 진압하거나 구조・구급 활동을 하기 위하여 상설 조직체(「위험물안전관리법」 제19조 및 그 밖의 다른 법령에 따라 설치된 자체소방대를 포함하며, 이하 "자체소방대"라 한다)를 설치・운영할 수 있다(법 제20조의2 제1항).

(2) 자체소방대는 소방대가 현장에 도착한 경우 소방대장의 지휘・통제에 따라야 한다(법 제20조의2 제2항).

(3) 소방청장, 소방본부장 또는 소방서장은 자체소방대의 역량 향상을 위하여 필요한 교육・훈련 등을 지원할 수 있다(법 제20조의2 제3항).

자체소방대 지원

법 제20조의2 제3항에 따라 소방청장, 소방본부장 또는 소방서장은 같은 조 제1항에 따른 자체소방대(이하 "자체소방대"라 한다)의 역량 향상을 위하여 다음 각 호에 해당하는 교육・훈련 등을 지원할 수 있다(규칙 제11조).

1. 「소방공무원 교육훈련규정」 제2조에 따른 교육훈련기관에서의 자체소방대 교육훈련과정
2. 자체소방대에서 수립하는 교육・훈련 계획의 지도・자문
3. 「소방공무원 임용령」 제2조 제3호에 따른 소방기관(이하 이 조에서 "소방기관"이라 한다)과 자체소방대와의 합동 소방훈련
4. 소방기관에서 실시하는 자체소방대의 현장실습
5. 그 밖에 소방청장이 자체소방대의 역량 향상을 위하여 필요하다고 인정하는 교육・훈련

10 소방자동차의 우선통행

(1) 모든 차와 사람은 소방자동차(지휘를 위한 자동차 및 구조·구급차를 포함한다)가 화재진압 및 구조·구급활동을 위하여 출동을 할 때에는 이를 방해하여서는 아니 된다(법 제21조 제1항).

(2) 소방자동차가 화재진압 및 구조·구급활동을 위하여 출동하거나 훈련을 위하여 필요할 때에는 사이렌을 사용할 수 있다(법 제21조 제2항).

(3) 모든 차와 사람은 소방자동차가 화재진압 및 구조·구급 활동을 위하여 사이렌을 사용하여 출동하는 경우에는 다음의 행위를 하여서는 아니 된다(법 제21조 제3항).

1. 소방자동차에 진로를 양보하지 아니하는 행위
2. 소방자동차 앞에 끼어들거나 소방자동차를 가로막는 행위
3. 그 밖에 소방자동차의 출동에 지장을 주는 행위

(4) (3)의 경우를 제외하고 소방자동차의 우선 통행에 관하여는 「도로교통법」에서 정하는 바에 따른다(법 제21조 제4항).

소방대의 긴급통행
소방대는 화재, 재난·재해, 그 밖의 위급한 상황이 발생한 현장에 신속하게 출동하기 위하여 긴급한 때에는 일반적인 통행에 쓰이지 아니하는 도로·빈터 또는 물 위로 통행할 수 있다(법 제22조).

PART 09

11 소방자동차 전용구역 등

1. 소방자동차 전용구역 설치대상

(1) 「건축법」에 따른 공동주택 중 대통령령으로 정하는 공동주택의 건축주는 제16조 제1항에 따른 소방활동의 원활한 수행을 위하여 공동주택에 소방자동차 전용구역(이하 “전용구역”이라 한다)을 설치하여야 한다(법 제21조의2 제1항).

(2) (1)에서 “대통령령으로 정하는 공동주택”이란 다음의 주택을 말한다(영 제7조의12).

1. 「건축법 시행령」 별표 1 제2호 가목의 아파트 중 세대수가 100세대 이상인 아파트
2. 「건축법 시행령」 별표 1 제2호 라목의 기숙사 중 3층 이상의 기숙사

2. 전용구역 방해행위 금지

누구든지 전용구역에 차를 주차하거나 전용구역에의 진입을 가로막는 등의 방해 행위를 하여서는 아니 된다(법 제21조의2 제2항).

12 소방자동차 교통안전 분석 시스템 구축 · 운영

(1) 소방청장 또는 소방본부장은 대통령령으로 정하는 소방자동차에 행정안전부령으로 정하는 기준에 적합한 운행기록장치(이하 "운행기록장치"라 한다)를 장착하고 운용하여야 한다(법 제21조의3 제1항).

(2) 소방청장은 소방자동차의 안전한 운행 및 교통사고 예방을 위하여 운행기록장치 데이터의 수집 · 저장 · 통합 · 분석 등의 업무를 전자적으로 처리하기 위한 시스템(이하 "소방자동차 교통안전 분석 시스템"이라 한다)을 구축 · 운영할 수 있다(법 제21조의3 제2항).

(3) 소방청장, 소방본부장 및 소방서장은 소방자동차 교통안전 분석 시스템으로 처리된 자료(이하 "전산자료"라 한다)를 이용하여 소방자동차의 장비운용자 등에게 어떠한 불리한 제재나 처벌을 하여서는 아니 된다(법 제21조의3 제3항).

(4) 소방자동차 교통안전 분석 시스템의 구축 · 운영, 운행기록장치 데이터 및 전산자료의 보관 · 활용 등에 필요한 사항은 행정안전부령으로 정한다(법 제21조의3 제4항).

13 소방활동구역

1. 소방활동구역의 설정

소방대장은 화재, 재난 · 재해, 그 밖의 위급한 상황이 발생한 현장에 소방활동구역을 정하여 소방활동에 필요한 사람으로서 대통령령으로 정하는 사람 외에는 그 구역에 출입하는 것을 제한할 수 있다(법 제23조 제1항).

2. 소방활동구역에 출입할 수 있는 자

소방활동구역에 출입할 수 있는 자는 다음과 같다(영 제8조).

① 소방활동구역 안에 있는 소방대상물의 소유자 · 관리자 또는 점유자
② 전기 · 가스 · 수도 · 통신 · 교통의 업무에 종사하는 자로서 원활한 소방활동을 위하여 필요한 자
③ 의사 · 간호사 그 밖의 구조 · 구급업무에 종사하는 사람
④ 취재인력 등 보도업무에 종사하는 사람
⑤ 수사업무에 종사하는 사람
⑥ 그 밖에 소방대장이 소방활동을 위하여 출입을 허가한 사람

3. 출입제한조치

경찰공무원은 소방대가 소방활동구역에 있지 아니하거나 소방대장의 요청이 있을 때에는 1.에 따른 출입제한 조치를 할 수 있다(법 제23조 제2항).

14 소방활동 종사명령

1. 소방활동 종사명령의 내용

소방본부장, 소방서장 또는 소방대장은 화재, 재난・재해, 그 밖의 위급한 상황이 발생한 현장에서 소방활동을 위하여 필요할 때에는 그 관할구역에 사는 사람 또는 그 현장에 있는 사람으로 하여금 사람을 구출하는 일 또는 불을 끄거나 불이 번지지 아니하도록 하는 일을 하게 할 수 있다. 이 경우 소방본부장, 소방서장 또는 소방대장은 소방활동에 필요한 보호장구를 지급하는 등 안전을 위한 조치를 하여야 한다(법 제24조 제1항).

2. 소방활동 비용

(1) 원 칙

1.에 따라 소방활동에 종사한 사람은 시・도지사로부터 소방활동의 비용을 지급 받을 수 있다(법 제24조 제3항).

(2) 소방활동 비용 지급대상 제외

다음의 어느 하나에 해당하는 사람의 경우에는 그러하지 아니하다(법 제24조 제3항 단서).

① 소방대상물에 화재, 재난, 재해, 그 밖의 위급한 상황이 발생한 경우 그 관계인
② 고의 또는 과실로 화재 또는 구조・구급 활동이 필요한 상황을 발생시킨 사람
③ 화재 또는 구조・구급현장에서 물건을 가져간 사람

15 강제처분

1. 강제처분의 내용

소방본부장, 소방서장 또는 소방대장은 사람을 구출하거나 불이 번지는 것을 막기 위하여 필요할 때에는 화재가 발생하거나 불이 번질 우려가 있는 소방대상물 및 토지를 일시적으로 사용하거나 그 사용의 제한 또는 소방활동에 필요한 처분을 할 수 있다(법 제25조 제1항).

2. 긴급시의 강제처분

소방본부장, 소방서장 또는 소방대장은 사람을 구출하거나 불이 번지는 것을 막기 위하여 긴급하다고 인정할 때에는 소방대상물 또는 토지 외의 소방대상물과 토지에 대하여 1.에 따른 처분을 할 수 있다(법 제25조 제2항).

3. 긴급출동시 방해되는 차량 · 물건의 제거 · 이동 및 보상

(1) 소방본부장, 소방서장 또는 소방대장은 소방활동을 위하여 긴급하게 출동할 때에는 소방자동차의 통행과 소방활동에 방해가 되는 주차 또는 정차된 차량 및 물건 등을 제거하거나 이동시킬 수 있다(법 제25조 제3항).

(2) 소방본부장, 소방서장 또는 소방대장은 (1)에 따른 소방활동에 방해가 되는 주차 또는 정차된 차량의 제거나 이동을 위하여 관할 지방자치단체 등 관련 기관에 견인차량과 인력 등에 대한 지원을 요청할 수 있고, 요청을 받은 관련 기관의 장은 정당한 사유가 없으면 이에 협조하여야 한다(법 제25조 제4항).

(3) 시 · 도지사는 (2)에 따라 견인차량과 인력 등을 지원한 자에게 시 · 도의 조례로 정하는 바에 따라 비용을 지급할 수 있다(법 제25조 제5항).

16 피난명령

1. 소방본부장 · 소방서장 · 소방대장의 피난명령

소방본부장, 소방서장 또는 소방대장은 화재, 재난 · 재해, 그 밖의 위급한 상황이 발생하여, 사람의 생명을 위험하게 할 것으로 인정할 때에는 일정한 구역을 지정하여 그 구역 안에 있는 사람에게 그 구역 밖으로 피난할 것을 명할 수 있다(법 제26조 제1항).

2. 관할경찰서장 등 관련기관과의 협조요청

소방본부장, 소방서장 또는 소방대장이 1.에 따른 명령을 할 때 필요하면 관할 경찰서장 또는 자치경찰단장에게 협조를 요청할 수 있다(법 제26조 제2항).

17 위험시설 등에 대한 긴급조치

1. 소방활동을 위한 댐 · 저수지 등의 물을 사용하거나 수도의 개폐장치 조작

소방본부장, 소방서장 또는 소방대장은 화재진압 등 소방활동을 위하여 필요할 때에는 소방용수 외에 댐 · 저수지 또는 수영장 등의 물을 사용하거나 수도의 개폐장치 등을 조작할 수 있다(법 제27조 제1항).

2. 위험시설에 대한 긴급조치

소방본부장, 소방서장 또는 소방대장은 화재 발생을 막거나 폭발 등으로 화재가 확대되는 것을 막기 위하여 가스 · 전기 또는 유류 등의 시설에 대하여 위험물질의 공급을 차단하는 등 필요한 조치를 할 수 있다(법 제27조 제2항).

18 방해행위의 제지 등

소방대원은 소방활동 또는 생활안전활동을 방해하는 행위를 하는 사람에게 필요한 경고를 하고, 그 행위로 인하여 사람의 생명 · 신체에 위해를 끼치거나 재산에 중대한 손해를 끼칠 우려가 있는 긴급한 경우에는 그 행위를 제지할 수 있다(법 제27조의2).

19 소방용수시설 또는 비상소화장치의 사용금지

누구든지 다음의 어느 하나에 해당하는 행위를 하여서는 아니 된다(법 제28조).

1. 정당한 사유 없이 소방용수시설 또는 비상소화장치를 사용하는 행위
2. 정당한 사유 없이 손상 · 파괴, 철거 또는 그 밖의 방법으로 소방용수시설 또는 비상소화장치의 효용을 해치는 행위
3. 소방용수시설 또는 비상소화장치의 정당한 사용을 방해하는 행위

2. 소방기술의 연구 · 개발사업 수행 경비지원

국가가 1.에 따른 기관이나 단체로 하여금 소방기술의 연구 · 개발사업을 수행하게 하는 경우에는 필요한 경비를 지원하여야 한다(법 제39조의6 제2항).

20 한국소방안전원

1. 안전원의 설립 등

(1) 안전원의 설립

소방기술과 안전관리기술의 향상 및 홍보, 그 밖의 교육 · 훈련 등 행정기관이 위탁하는 업무의 수행과 소방 관계 종사자의 기술 향상을 위하여 한국소방안전원(이하 "안전원"이라 한다)을 소방청장의 인가를 받아 설립한다(법 제40조 제1항).

(2) 안전원의 법적성격

① (1)에 따라 설립되는 안전원은 법인으로 한다(법 제40조 제2항).
② 안전원에 관하여 이 법에 규정된 것을 제외하고는 「민법」 중 재단법인에 관한 규정을 준용한다(법 제40조 제3항).

2. 교육계획의 수립 및 평가 등

(1) 안전원의 장(이하 "안전원장"이라 한다)은 소방기술과 안전관리의 기술향상을 위하여 매년 교육 수요조사를 실시하여 교육계획을 수립하고 소방청장의 승인을 받아야 한다(법 제40조의2 제1항).

(2) 안전원장은 소방청장에게 해당 연도 교육결과를 평가 · 분석하여 보고하여야 하며, 소방청장은 교육평가 결과를 (1)의 교육계획에 반영하게 할 수 있다(법 제40조의2 제2항).

(3) 안전원장은 (2)의 교육결과를 객관적이고 정밀하게 분석하기 위하여 필요한 경우 교육관련 전문가로 구성된 위원회를 운영할 수 있다(법 제40조의2 제3항).

소방기술 및 소방산업의 국제화 사업

1. **소방기술 및 소방산업 국제화 기반조성**: 국가는 소방기술 및 소방산업의 국제경쟁력과 국제적 통용성을 높이는 데에 필요한 기반 조성을 촉진하기 위한 시책을 마련하여야 한다(법 제39조의7 제1항).
2. **소방기술 및 소방산업의 국제경쟁력과 국제적 통용성 강화 사업**: 소방청장은 소방기술 및 소방산업의 국제경쟁력과 국제적 통용성을 높이기 위하여 다음의 사업을 추진하여야 한다(법 제39조의7 제2항).
   ① 소방기술 및 소방산업의 국제 협력을 위한 조사 · 연구
   ② 소방기술 및 소방산업에 관한 국제 전시회, 국제 학술회의 개최 등 국제 교류
   ③ 소방기술 및 소방산업의 국외시장 개척
   ④ 그 밖에 소방기술 및 소방산업의 국제경쟁력과 국제적 통용성을 높이기 위하여 필요하다고 인정하는 사업

3. 안전원의 업무

안전원은 다음의 업무를 수행한다(법 제41조).

> ① 소방기술과 안전관리에 관한 교육 및 조사·연구
> ② 소방기술과 안전관리에 관한 각종 간행물의 발간
> ③ 화재 예방과 안전관리의식 고취를 위한 대국민 홍보
> ④ 소방업무에 관하여 행정기관이 위탁하는 업무
> ⑤ 소방안전에 관한 국제협력
> ⑥ 그 밖에 회원에 대한 기술지원 등 정관으로 정하는 사항

4. 회원의 관리

안전원은 소방기술과 안전관리 역량의 향상을 위하여 다음의 사람을 회원으로 관리할 수 있다(법 제42조).

> ① 「소방시설 설치 및 관리에 관한 법률」·「소방시설공사업법」 또는 「위험물안전관리법」에 따라 등록을 하거나 허가를 받은 사람으로서 회원이 되려는 사람
> ② 「화재의 예방 및 안전관리에 관한 법률」·「소방시설공사업법」 또는 「위험물안전관리법」에 따라 소방안전관리자·소방기술자 또는 위험물안전관리자로 선임되거나 채용된 사람으로서 회원이 되려는 사람
> ③ 그 밖에 소방분야에 관심이 있거나 학식과 경험이 풍부한 사람으로서 회원이 되려는 사람

5. 안전원의 운영경비

안전원의 운영 및 사업에 소요되는 경비는 다음의 재원으로 충당한다(법 제44조).

> 1. 소방기술과 안전관리에 관한 교육 및 조사·연구 및 소방업무에 관하여 행정기관이 위탁하는 업무의 업무 수행에 따른 수입금
> 2. 안전원 회원의 회비
> 3. 자산운영수익금
> 4. 그 밖의 부대수입

03 보칙 및 벌칙

Chapter

단·원·열·기

행정형벌과 과태료는 19회 출제되었다.
학습방법 : 손실보상과 벌칙 중 기출문제 중심으로 정리해 둘 필요가 있다.

01 보 칙

1. 감 독

(1) 소방청장은 안전원의 업무를 감독한다(법 제48조 제1항).

(2) 소방청장은 안전원에 대하여 업무·회계 및 재산에 관하여 필요한 사항을 보고하게 하거나, 소속 공무원으로 하여금 안전원의 장부·서류 및 그 밖의 물건을 검사하게 할 수 있다(법 제48조 제2항).

(3) 소방청장은 (2)에 따른 보고 또는 검사의 결과 필요하다고 인정되면 시정명령 등 필요한 조치를 할 수 있다(법 제48조 제3항).

2. 권한의 위임

소방청장은 이 법에 따른 권한의 일부를 대통령령으로 정하는 바에 따라 시·도지사, 소방본부장 또는 소방서장에게 위임할 수 있다(법 제49조).

3. 손실보상

(1) 소방청장 또는 시·도지사는 다음의 어느 하나에 해당하는 자에게 손실보상심의위원회의 심사·의결에 따라 정당한 보상을 하여야 한다(법 제49조의2 제1항).

1. 생활안전활동(제16조의3 제1항)에 따른 조치로 인하여 손실을 입은 자
2. 제24조 제1항 전단에 따른 소방활동 종사로 인하여 사망하거나 부상을 입은 자
3. 제25조 제2항 또는 제3항에 따른 처분(화재발생시 소방대상물 및 토지 등의 일시적 사용 및 그 제한, 처분 및 차량의 이동처분)으로 인하여 손실을 입은 자. 다만, 같은 조 제3항에 해당하는 경우로서 법령을 위반하여 소방자동차의 통행과 소방활동에 방해가 된 경우는 제외한다.

4. 제27조 제1항 또는 제2항에 따른 조치(화재진압 등을 위한 댐 · 저수지 · 수영장 물을 사용하거나 수도의 개폐장치의 조작, 전기 · 가스 · 유류 등의 시설에 대한 공급차단 등의 조치)로 인하여 손실을 입은 자
5. 그 밖에 소방기관 또는 소방대의 적법한 소방업무 또는 소방활동으로 인하여 손실을 입은 자

(2) 손실보상을 청구할 수 있는 권리는 손실이 있음을 안 날부터 3년, 손실이 발생한 날부터 5년간 행사하지 아니하면 시효의 완성으로 소멸한다(법 제49조의2 제2항).

(3) 소방청장 또는 시 · 도지사는 (1)에 따른 손실보상청구사건을 심사 · 의결하기 위하여 필요할 경우 손실보상심의위원회를 구성 · 운영할 수 있다(법 제49조의2 제3항).

02 벌 칙

1 행정형벌

1. 5년 이하의 징역 또는 5천만원 이하의 벌금형

다음의 어느 하나에 해당하는 사람은 5년 이하의 징역 또는 5천만원 이하의 벌금에 처한다(법 제50조).

(1) 소방활동 방해금지 규정(법 제16조 제2항)을 위반하여 다음의 어느 하나에 해당하는 행위를 한 사람

① 위력(威力)을 사용하여 출동한 소방대의 화재진압 · 인명구조 또는 구급활동을 방해하는 행위
② 소방대가 화재진압 · 인명구조 또는 구급활동을 위하여 현장에 출동하거나 현장에 출입하는 것을 고의로 방해하는 행위
③ 출동한 소방대원에게 폭행 또는 협박을 행사하여 화재진압 · 인명구조 또는 구급활동을 방해하는 행위
④ 출동한 소방대의 소방장비를 파손하거나 그 효용을 해하여 화재진압 · 인명구조 또는 구급활동을 방해하는 행위

(2) 소방자동차의 출동을 방해한 사람

(3) 소방활동종사명령에 따른 사람을 구출하는 일 또는 불을 끄거나 불이 번지지 아니하도록 하는 일을 방해한 사람

(4) 정당한 사유 없이 소방용수시설 또는 비상소화장치를 사용하거나 소방용수시설 또는 비상소화장치의 효용을 해치거나 그 정당한 사용을 방해한 사람

2. 3년 이하의 징역 또는 3천만원 이하의 벌금형

다음에 해당하는 자는 3년 이하의 징역 또는 3천만원 이하의 벌금에 처한다(법 제51조).

> 화재가 발생하거나 불이 번질 우려가 있는 소방대상물 및 토지를 일시적으로 사용하거나 그 사용의 제한 또는 소방활동에 필요한 처분을 할 수 있는바, 이러한 처분을 방해하거나 정당한 사유 없이 그 처분에 따르지 아니한 사람

3. 300만원 이하의 벌금형

다음의 어느 하나에 해당하는 자는 300만원 이하의 벌금에 처한다(법 제52조).

> 소방대상물 및 토지를 일시적으로 사용하거나 그 사용을 제한하거나 또한 소방활동에 필요한 처분과 소방활동을 위하여 긴급하게 출동할 때 소방자동차의 통행과 소방활동에 방해가 되는 주차 또는 정차된 차량 및 물건 등을 제거하거나 이동시킬 수 있는바, 이러한 처분을 방해한 자 또는 정당한 사유 없이 그 처분에 따르지 아니한 사람

4. 100만원 이하의 벌금형

다음의 어느 하나에 해당하는 자는 100만원 이하의 벌금에 처한다(법 제54조).

> ① 제16조의3 제2항을 위반하여 정당한 사유 없이 소방대의 생활안전활동을 방해한 자
> ② 제20조 제1항을 위반하여 정당한 사유 없이 소방대가 현장에 도착할 때까지 사람을 구출하는 조치 또는 불을 끄거나 불이 번지지 아니하도록 하는 조치를 하지 아니한 사람
> ③ 제26조 제1항에 따른 피난 명령을 위반한 사람
> ④ 제27조 제1항을 위반하여 정당한 사유 없이 물의 사용이나 수도의 개폐장치의 사용 또는 조작을 하지 못하게 하거나 방해한 자
> ⑤ 제27조 제2항에 따른 조치를 정당한 사유 없이 방해한 자

2 과태료

1. 500만원 이하의 과태료

다음의 어느 하나에 해당하는 자에게는 500만원 이하의 과태료를 부과한다(법 제56조 제1항).

> ① 제19조 제1항을 위반하여 화재 또는 구조·구급이 필요한 상황을 거짓으로 알린 사람
> ② 정당한 사유 없이 제20조 제2항을 위반하여 화재, 재난·재해, 그 밖의 위급한 상황을 소방본부, 소방서 또는 관계 행정기관에 알리지 아니한 관계인

2. 200만원 이하의 과태료

다음의 어느 하나에 해당하는 자에게는 200만원 이하의 과태료를 부과한다(법 제56조 제2항).

> ① 제17조의6 제5항을 위반하여 한국119청소년단 또는 이와 유사한 명칭을 사용한 자
> ② 제21조 제3항을 위반하여 소방자동차의 출동에 지장을 준 자
> ③ 제23조 제1항을 위반하여 소방활동구역을 출입한 사람
> ④ 제44조의3을 위반하여 한국소방안전원 또는 이와 유사한 명칭을 사용한 자

3. 100만원 이하의 과태료

소방자동차전용구역에 차를 주차하거나 소방자동차전용구역에의 진입을 가로막는 등의 방해행위를 한 자에게는 100만원 이하의 과태료를 부과한다(법 제56조 제3항).

4. 20만원 이하의 과태료

화재오인지역에서 신고를 하지 아니하여 소방자동차를 출동하게 한 자에게는 20만원 이하의 과태료를 부과한다(법 제57조 제1항).

5. 과태료 부과권자

(1) 앞의 1.부터 3.까지에 따른 과태료는 대통령령으로 정하는 바에 따라 관할 시·도지사, 소방본부장 또는 소방서장이 부과·징수한다(법 제56조 제4항).

(2) 위의 4.에 따른 과태료는 조례로 정하는 바에 따라 관할 소방본부장 또는 소방서장이 부과·징수한다(법 제57조 제2항).

Part

09 실전예상문제

01

「소방기본법」 제49조의2 (손실보상) 규정의 일부이다. ( ) 안에 들어갈 숫자를 순서대로 쓰시오.

> 제1항에 따라 손실보상을 청구할 수 있는 권리는 손실이 있음을 안 날부터 ( )년, 손실이 발생한 날부터 ( )년간 행사하지 아니하면 시효의 완성으로 소멸한다.

02

「소방기본법령」상 설명으로 옳은 것은?

① 소방대상물의 점유자는 관계인에 포함되지 아니한다.
② 소방청장은 소방업무에 필요한 기본계획을 5년마다 수립·시행하여야 한다.
③ 수도법에 따라 소화전을 설치하는 일반수도사업자는 관할 시·도지사와 사전협의를 거친 후 소화전을 설치하여야 한다.
④ 소방청장은 소방자동차의 안전한 운행 및 교통사고 예방을 위하여 운행기록장치 데이터의 수집·저장·통합·분석 등의 업무를 전자적으로 처리하기 위한 시스템을 구축·운영할 수 있다.
⑤ 한국소방안전원이 정관을 변경하려면 관할 시·도지사의 인가를 받아야 한다.

해설 ④ 옳은 지문이다.
① '관계인'이란 소방대상물의 소유자·관리자 또는 점유자를 말한다.
② 소방청장은 화재, 재난·재해, 그 밖의 위급한 상황으로부터 국민의 생명·신체 및 재산을 보호하기 위하여 소방업무에 관한 종합계획을 5년마다 수립·시행하여야 하고, 이에 필요한 재원을 확보하도록 노력하여야 한다.
③ 수도법에 따라 소화전을 설치하는 일반수도사업자는 관할 소방서장과 사전협의를 거친 후 소화전을 설치하여야 한다.
⑤ 한국소방안전원이 정관을 변경하려면 소방청장의 인가를 받아야 한다.

Answer

01 3, 5 02 ④

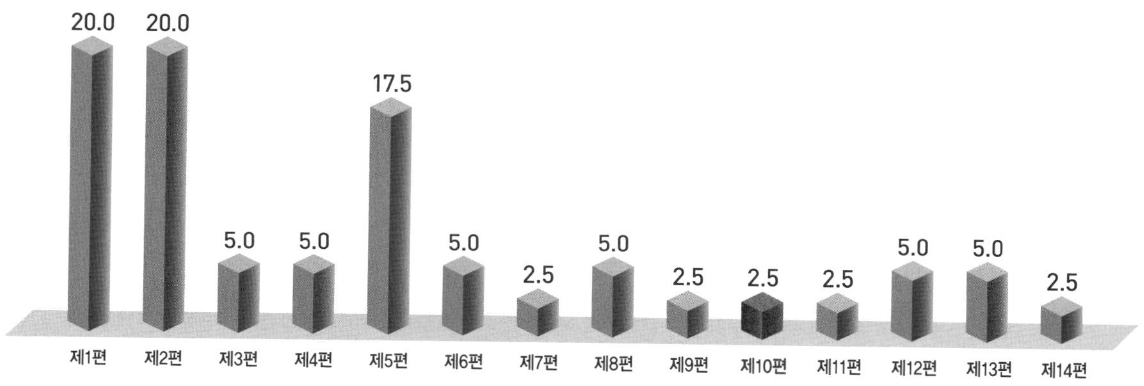

제27회 기출문제 분석

소방시설 설치 및 관리에 관한 법률은 1문제가 출제되는데, 용어와 건축허가 등의 동의, 성능위주설계, 방염, 자체점검 등 중요한 부분을 중심으로 전반적인 학습이 이루어지도록 한다.

PART

10

소방시설 설치 및 관리에 관한 법률

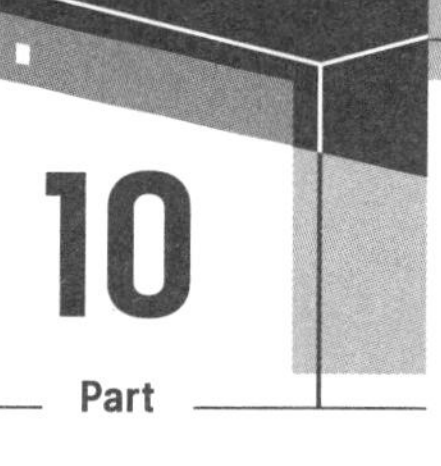

소방시설 설치 및 관리에 관한 법률

소방시설 설치 및 관리에 관한 법률(1문제)

- 총 설
  - 법의 목적
  - 용어의 정의
    - 소방시설
    - 소방시설 등
    - 특정소방대상물
    - 화재안전성능
    - 성능위주설계
    - **화재안전기준:** 성능기준, 기술기준
    - 소방용품
    - **무창층:** 개구부면적합계가 바닥면적의 30분의 1 이하 층
- 소방시설의 설치 및 유지관리
  - 건축허가 등의 동의등
    - **건축허가 등의 동의:** 층수 6층↑, 연면적 400㎡↑
    - 소방시설의 내진설계기준 등
    - **성능위주설계:** 초고층 아파트 등, 연면적 20만㎡↑(아파트 등 제외) 등 신축
    - **주택에 설치하는 소방시설:** 단독주택, 공동주택(아파트, 기숙사 제외)
  - 특정소방대상물에 설치하는 소방시설의 관리 등
    - **소방시설정보관리시스템:** 소방관서장 구축·운영
    - 임시소방시설
  - 방 염
    - 대상특정소방대상물
    - 방염처리물품
- 소방시설 등의 자체점검
  - 소방시설 등의 자체점검: 작동점검, 종합점검(스, 물, 다, 제, 공)
  - 소방시설 등의 자체점검 결과의 조치등
  - 자체검점기록표 게시 등
- 소방시설관리사 및 소방시설관리업
  - 소방시설관리사: 소방청장 실시
  - 소방시설관리업: 시·도지사 등록
- 소방용품의 품질관리
  - 소방용품의 형식승인 등: 소방청장 형식승인
  - 소방용품의 성능인증 등: 소방청장 인정
    - (형식승인·성능인증) ⇨ 소방청장 제품검사
  - 우수품질 제품에 대한 인증: 소방청장 인정
- 보 칙
  - 제품검사전문기관: 소방청장 지정
  - 전산시스템 구축 및 운영: 소방청장·소방본부장·소방서장 구축·운영
  - 청 문: 각종 취소 또는 정지(중지)처분 전 청문 실시
- 벌 칙
  - 행정형벌
  - 과태료

01 Chapter 총 설

단·원·열·기

소방시설, 특정소방대상물, 화재안전성능, 성능위주설계, 화재안전기준, 소방용품 등이 출제되고 있다.
학습방법: 소방시설의 종류와 특정소방대상물, 성능위주설계 등 전반적으로 학습하는 것이 필요하다.

01 제정목적

「소방시설 설치 및 관리에 관한 법률」은 특정소방대상물 등에 설치하여야 하는 소방시설등의 설치·관리와 소방용품 성능관리에 필요한 사항을 규정함으로써 국민의 생명·신체 및 재산을 보호하고 공공의 안전과 복리 증진에 이바지함을 목적으로 한다(법 제1조).

02 용어의 정의

1. 소방시설

소방시설이란 소화설비, 경보설비, 피난구조설비, 소화용수설비, 그 밖에 소화활동설비로서 대통령령으로 정하는 것을 말한다(법 제2조 제1호). 즉, 별표 1의 설비를 말한다(영 제3조 관련 별표 1).

1. 소화설비	물 또는 그 밖의 소화약제를 사용하여 소화하는 기계·기구 또는 설비로서 다음의 것 (1) 소화기구 ① 소화기 ② 간이소화용구: 에어로졸식 소화용구, 투척용 소화용구, 소공간용 소화용구 및 소화약제 외의 것을 이용한 간이소화용구 ③ 자동확산소화기

1. 소화설비	(2) 자동소화장치 ① 주거용 주방자동소화장치 ② 상업용 주방자동소화장치 ③ 캐비닛형 자동소화장치 ④ 가스자동소화장치 ⑤ 분말자동소화장치 ⑥ 고체에어로졸자동소화장치 (3) 옥내소화전설비(호스릴 옥내소화전설비를 포함한다) (4) 스프링클러설비 등 ① 스프링클러설비 ② 간이스프링클러설비(캐비닛형 간이스프링클러설비를 포함한다) ③ 화재조기진압용 스프링클러설비 (5) 물분무등소화설비 ① 물분무소화설비 ② 미분무소화설비 ③ 포소화설비 ④ 이산화탄소소화설비 ⑤ 할론소화설비 ⑥ 할로겐화합물 및 불활성기체(다른 원소와 화학반응을 일으키기 어려운 기체를 말한다)소화설비 ⑦ 분말소화설비 ⑧ 강화액소화설비 ⑨ 고체에어로졸소화설비 (6) 옥외소화전설비
2. 경보설비	화재발생 사실을 통보하는 기계·기구 또는 설비로서 다음의 것 (1) 단독경보형 감지기 (2) 비상경보설비 ① 비상벨설비 ② 자동식사이렌설비 (3) 자동화재탐지설비 (4) 시각경보기 (5) 화재알림설비 (6) 비상방송설비 (7) 자동화재속보설비 (8) 통합감시시설 (9) 누전경보기 (10) 가스누설경보기

3. 피난구조 설비	화재가 발생할 경우 피난하기 위하여 사용하는 기구 또는 설비로서 다음의 것 (1) 피난기구 ① 피난사다리 ② 구조대 ③ 완강기 ④ 간이완강기 ⑤ 그 밖에 화재안전기준으로 정하는 것 (2) 인명구조기구 ① 방열복, 방화복(안전모, 보호장갑 및 안전화를 포함한다) ② 공기호흡기 ③ 인공소생기 (3) 유도등 ① 피난유도선 ② 피난구유도등 ③ 통로유도등 ④ 객석유도등 ⑤ 유도표지 (4) 비상조명등 및 휴대용비상조명등
4. 소화용수 설비	화재를 진압하는 데 필요한 물을 공급하거나 저장하는 설비로서 다음의 것 (1) 상수도소화용수설비 (2) 소화수조 · 저수조, 그 밖의 소화용수설비
5. 소화활동 설비	화재를 진압하거나 인명구조활동을 위하여 사용하는 설비로서 다음의 것 (1) 제연설비 (2) 연결송수관설비 (3) 연결살수설비 (4) 비상콘센트설비 (5) 무선통신보조설비 (6) 연소방지설비

2. 소방시설 등

소방시설 등이란 소방시설과 비상구(非常口), 그 밖에 소방 관련 시설로서 대통령령으로 정하는 것을 말한다(법 제2조 제2호).

> "그 밖에 소방 관련 시설로서 대통령령으로 정하는 것"이란 방화문 및 자동방화셔터를 말한다(영 제4조).

3. 특정소방대상물

특정소방대상물이란 건축물 등의 규모·용도 및 수용인원 등을 고려하여 소방시설을 설치하여야 하는 소방대상물로서 대통령령으로 정하는 것을 말한다(법 제2조 제3호). 즉, 별표 2의 소방대상물을 말한다(영 제5조).

> 특정소방대상물
>
> 1. 공동주택
>   ① 아파트 등: 주택으로 쓰는 층수가 5층 이상인 주택
>   ② 연립주택: 주택으로 쓰는 1개 동의 바닥면적(2개 이상의 동을 지하주차장으로 연결하는 경우에는 각각의 동으로 본다) 합계가 660m^{2}를 초과하고, 층수가 4개 층 이하인 주택
>   ③ 다세대주택: 주택으로 쓰는 1개 동의 바닥면적(2개 이상의 동을 지하주차장으로 연결하는 경우에는 각각의 동으로 본다) 합계가 660m^2 이하이고, 층수가 4개 층 이하인 주택
>   ④ 기숙사: 학교 또는 공장 등의 학생 또는 종업원 등을 위하여 쓰는 것으로서 1개 동의 공동취사시설 이용 세대 수가 전체의 50% 이상인 것(「교육기본법」 제27조 제2항에 따른 학생복지주택 및 「공공주택 특별법」 제2조 제1호의3에 따른 공공매입임대주택 중 독립된 주거의 형태를 갖추지 않은 것을 포함한다)
> 2. 근린생활시설
> 3. 문화 및 집회시설
> 4. 종교시설
> 5. 판매시설
> 6. 운수시설
> 7. 의료시설
> 8. 교육연구시설
> 9. 노유자시설
> 10. 수련시설
> 11. 운동시설

12. 업무시설
13. 숙박시설
14. 위락시설
15. 공장
16. 창고시설(위험물 저장 및 처리 시설 또는 그 부속용도에 해당하는 것은 제외한다)
17. 위험물 저장 및 처리 시설
18. 항공기 및 자동차 관련 시설(건설기계 관련 시설을 포함한다)
19. 동물 및 식물 관련 시설
20. 자원순환 관련 시설
21. 교정 및 군사시설
22. 방송통신시설
23. 발전시설
24. 묘지 관련 시설
25. 관광 휴게시설
26. 장례시설
27. 지하가
28. 지하구
29. 국가유산
    ① 「문화유산의 보존 및 활용에 관한 법률」에 따른 지정문화유산 중 건축물
    ② 「자연유산의 보존 및 활용에 관한 법률」에 따른 천연기념물등 중 건축물
30. 복합건축물

4. 화재안전성능

화재안전성능이란 화재를 예방하고 화재발생시 피해를 최소화하기 위하여 소방대상물의 재료, 공간 및 설비 등에 요구되는 안전성능을 말한다(법 제2조 제4호).

5. 성능위주설계

성능위주설계란 건축물 등의 재료, 공간, 이용자, 화재 특성 등을 종합적으로 고려하여 공학적 방법으로 화재 위험성을 평가하고 그 결과에 따라 화재안전성능이 확보될 수 있도록 특정소방대상물을 설계하는 것을 말한다(법 제2조 제5호).

화재안전기준의 관리 · 운영

소방청장은 화재안전기준을 효율적으로 관리 · 운영하기 위하여 다음 각 호의 업무를 수행하여야 한다(법 제19조).

1. 화재안전기준의 제정 · 개정 및 운영
2. 화재안전기준의 연구 · 개발 및 보급
3. 화재안전기준의 검증 및 평가
4. 화재안전기준의 정보체계 구축
5. 화재안전기준에 대한 교육 및 홍보
6. 국외 화재안전기준의 제도 · 정책 동향 조사 · 분석
7. 화재안전기준 발전을 위한 국제협력
8. 그 밖에 화재안전기준 발전을 위하여 대통령령으로 정하는 사항

6. 화재안전기준

화재안전기준이란 소방시설 설치 및 관리를 위한 다음 각 목의 기준을 말한다(법 제2조 제6호).

(1) 성능기준

화재안전 확보를 위하여 재료, 공간 및 설비 등에 요구되는 안전 성능으로서 소방청장이 고시로 정하는 기준

(2) 기술기준

(1)에 따른 성능기준을 충족하는 상세한 규격, 특정한 수치 및 시험방법 등에 관한 기준으로서 행정안전부령으로 정하는 절차에 따라 소방청장의 승인을 받은 기준

7. 소방용품

소방용품이란 소방시설 등을 구성하거나 소방용으로 사용되는 제품 또는 기기로서 대통령령으로 정하는 것을 말한다(법 제2조 제7호, 영 제3조).

1. 소화설비를 구성하는 제품 또는 기기
   ① 소화기구(소화약제 외의 것을 이용한 간이소화용구는 제외한다)
   ② 자동소화장치
   ③ 소화설비를 구성하는 소화전, 관창(管槍), 소방호스, 스프링클러헤드, 기동용 수압개폐장치, 유수제어밸브 및 가스관선택밸브
2. 경보설비를 구성하는 제품 또는 기기
   ① 누전경보기 및 가스누설경보기
   ② 경보설비를 구성하는 발신기, 수신기, 중계기, 감지기 및 음향장치(경종만 해당한다)
3. 피난구조설비를 구성하는 제품 또는 기기
   ① 피난사다리, 구조대, 완강기(지지대를 포함한다) 및 간이완강기(지지대를 포함한다)
   ② 공기호흡기(충전기를 포함한다)
   ③ 피난구유도등, 통로유도등, 객석유도등 및 예비 전원이 내장된 비상조명등
4. 소화용으로 사용하는 제품 또는 기기
   ① 소화약제(소화설비용만 해당한다)
   ② 방염제(방염액 · 방염도료 및 방염성물질을 말한다)
5. 그 밖에 행정안전부령으로 정하는 소방 관련 제품 또는 기기

8. 무창층

무창층(無窓層)이란 지상층 중 다음 각 목의 요건을 모두 갖춘 개구부(건축물에서 채광 · 환기 · 통풍 또는 출입 등을 위하여 만든 창 · 출입구, 그 밖에 이와 비슷한 것을 말한다)의 면적의 합계가 해당 층의 바닥면적(「건축법 시행령」 제119조 제1항 제3호에 따라 산정된 면적을 말한다)의 30분의 1 이하가 되는 층을 말한다(영 제2조 제1호).

(1) 크기는 지름 50cm 이상의 원이 통과할 수 있을 것
(2) 해당 층의 바닥면으로부터 개구부 밑부분까지의 높이가 1.2m 이내일 것
(3) 도로 또는 차량이 진입할 수 있는 빈터를 향할 것
(4) 화재시 건축물로부터 쉽게 피난할 수 있도록 창살이나 그 밖의 장애물이 설치되지 않을 것
(5) 내부 또는 외부에서 쉽게 부수거나 열 수 있을 것

9. 피난층

피난층이란 곧바로 지상으로 갈 수 있는 출입구가 있는 층을 말한다(영 제2조 제2호).

03 법령 적용 범위

이 법에서 사용하는 용어의 뜻은 제1항에서 규정하는 것을 제외하고는 「소방기본법」, 「화재의 예방 및 안전관리에 관한 법률」, 「소방시설공사업법」, 「위험물안전관리법」 및 「건축법」에서 정하는 바에 따른다(법 제2조 제2항).

02 소방시설 등의 설치 · 관리 및 방염

Chapter

단 · 원 · 열 · 기

주택에 설치하는 소방시설, 성능위주설계대상, 소방용품의 내용연수, 임시소방시설, 방염대상물품, 소방안전관리대상물 등 전 분야에 걸쳐서 출제되고 있다.
학습방법 : 소방안전관리대상물을 중심으로 정리하되 성능위주설계대상 특정소방대상물 등은 기출문제를 통해서 정리하도록 한다.

01 건축허가 등의 동의 등

1 건축허가 등의 동의

1. 건축허가 등의 동의

건축물 등의 신축 · 증축 · 개축 · 재축(再築) · 이전 · 용도변경 또는 대수선(大修繕)의 허가 · 협의 및 사용승인(「주택법」 제15조에 따른 승인 및 같은 법 제49조에 따른 사용검사, 「학교시설사업 촉진법」 제4조에 따른 승인 및 같은 법 제13조에 따른 사용승인을 포함하며, 이하 "건축허가 등"이라 한다)의 권한이 있는 행정기관은 건축허가 등을 할 때 미리 그 건축물 등의 시공지(施工地) 또는 소재지를 관할하는 소방본부장이나 소방서장의 동의를 받아야 한다(법 제6조 제1항).

2. 동의 대상물의 범위

건축허가 등을 할 때 소방본부장이나 소방서장의 동의를 받아야 하는 건축물 등의 범위는 대통령령으로 정한다(법 제6조 제7항, 영 제7조 제1항).

1. 연면적이 400m² 이상인 건축물이나 시설. 다만, 다음의 어느 하나에 해당하는 건축물이나 시설은 해당 항목에서 정한 기준 이상인 건축물이나 시설로 한다.
   (1) 「학교시설사업 촉진법」에 따라 건축 등을 하려는 학교시설 : 100m²
   (2) 노유자시설 및 수련시설 : 200m²
   (3) 「정신건강증진 및 정신질환자 복지서비스 지원에 관한 법률」에 따른 정신의료기관(입원실이 없는 정신건강의학과 의원은 제외) : 300m²
   (4) 「장애인복지법」에 따른 장애인 의료재활시설 : 300m²

2. 지하층 또는 무창층이 있는 건축물로서 바닥면적이 150m²(공연장의 경우에는 100m²) 이상인 층이 있는 것
3. 차고·주차장 또는 주차용도로 사용되는 시설로서 다음의 어느 하나에 해당하는 것
   (1) 차고·주차장으로 사용되는 바닥면적이 200m² 이상인 층이 있는 건축물이나 주차시설
   (2) 승강기 등 기계장치에 의한 주차시설로서 자동차 20대 이상을 주차할 수 있는 시설
4. 층수가 6층 이상인 건축물
5. 항공기 격납고, 관망탑, 항공관제탑, 방송용 송수신탑
6. 별표 2의 특정소방대상물 중 의원(입원실이 있는 것으로 한정한다)·조산원, 산후조리원, 위험물 저장 및 처리 시설, 발전시설 중 전기저장시설, 지하구
7. 1.에 해당하지 않는 노유자시설 중 일정한 시설
8. 「의료법」에 따른 요양병원. 다만, 의료재활시설은 제외한다.
9. 별표 2의 특정소방대상물 중 공장 또는 창고시설로서 「화재의 예방 및 안전관리에 관한 법률 시행령」 별표 2에서 정하는 수량의 750배 이상의 특수가연물을 저장·취급하는 것
10. 별표 2 제17호 나목에 따른 가스시설로서 지상에 노출된 탱크의 저장용량의 합계가 100톤 이상인 것

3. 건축허가 등의 동의대상 제외

앞의 1.에도 불구하고 다음의 어느 하나에 해당하는 특정소방대상물은 소방본부장 또는 소방서장의 건축허가 등의 동의대상에서 제외된다(영 제7조 제2항).

1. 별표 4에 따라 특정소방대상물에 설치되는 소화기구, 자동소화장치, 누전경보기, 단독경보형감지기, 가스누설경보기 및 피난구조설비(비상조명등은 제외한다)가 화재안전기준에 적합한 경우 해당 특정소방대상물
2. 건축물의 증축 또는 용도변경으로 인하여 해당 특정소방대상물에 추가로 소방시설이 설치되지 않는 경우 해당 특정소방대상물
3. 「소방시설공사업법 시행령」 제4조에 따른 소방시설공사의 착공신고 대상에 해당하지 않는 경우 해당 특정소방대상물

4. 건축신고 수리시 통지

건축물 등의 증축·개축·재축·용도변경 또는 대수선의 신고를 수리(受理)할 권한이 있는 행정기관은 그 신고를 수리하면 그 건축물 등의 시공지 또는 소재지를 관할하는 소방본부장이나 소방서장에게 지체 없이 그 사실을 알려야 한다(법 제6조 제2항).

노유자시설 중 일정한 시설은 다음의 어느 하나에 해당하는 시설을 말한다. 다만, 아래 1.의 ② 및 2.부터 6.까지의 시설 중 「건축법 시행령」 별표 1의 단독주택 또는 공동주택에 설치되는 시설은 제외한다.

1. 별표 2 제9호 가목에 따른 노인 관련 시설 중 다음의 어느 하나에 해당하는 시설
   ① 「노인복지법」에 따른 노인주거복지시설·노인의료복지시설 및 재가노인복지시설
   ② 「노인복지법」에 따른 학대피해노인 전용쉼터
2. 「아동복지법」에 따른 아동복지시설(아동상담소, 아동전용시설 및 지역아동센터는 제외한다)
3. 「장애인복지법」에 따른 장애인 거주시설
4. 정신질환자 관련 시설(「정신건강증진 및 정신질환자 복지서비스 지원에 관한 법률」에 따른 공동생활가정을 제외한 재활훈련시설과 종합시설 중 24시간 주거를 제공하지 아니하는 시설은 제외한다)
5. 별표 2 제9호 마목에 따른 노숙인 관련 시설 중 노숙인자활시설, 노숙인재활시설 및 노숙인요양시설
6. 결핵환자나 한센인이 24시간 생활하는 노유자시설

PART 10

건축허가권자의 설계도면 제출

1.에 따른 건축허가 등의 권한이 있는 행정기관과 4.에 따른 신고를 수리할 권한이 있는 행정기관은 1.에 따라 건축허가 등의 동의를 받거나 4.에 따른 신고를 수리한 사실을 알릴 때 관할 소방본부장이나 소방서장에게 건축허가 등을 하거나 신고를 수리할 때 건축허가 등을 받으려는 자 또는 신고를 한 자가 제출한 설계도서 중 건축물의 내부구조를 알 수 있는 설계도면을 제출하여야 한다. 다만, 국가안보상 중요하거나 국가기밀에 속하는 건축물을 건축하는 경우로서 관계 법령에 따라 행정기관이 설계도면을 확보할 수 없는 경우에는 그러하지 아니하다(법 제6조 제3항).

5. 동의여부 회신

(1) 법령검토

소방본부장 또는 소방서장은 앞의 1.에 따른 동의를 요구받은 경우 해당 건축물 등이 다음 각 호의 사항을 따르고 있는지를 검토하여 행정안전부령으로 정하는 기간, 즉 5일(특급소방안전관리대상물의 경우에는 10일)이내에 해당 행정기관에 동의 여부를 알려야 한다(법 제6조 제4항, 규칙 제3조 제3항).

1. 이 법 또는 이 법에 따른 명령
2. 「소방기본법」 제21조의2에 따른 소방자동차 전용구역의 설치

(2) 화재안전성능 확보사항 검토

소방본부장 또는 소방서장은 (1)에 따른 건축허가 등의 동의 여부를 알릴 경우에는 원활한 소방활동 및 건축물 등의 화재안전성능을 확보하기 위하여 필요한 다음 각 호의 사항에 대한 검토 자료 또는 의견서를 첨부할 수 있다(법 제6조 제5항).

1. 「건축법」 제49조 제1항 및 제2항에 따른 피난시설, 방화구획(防火區劃)
2. 「건축법」 제49조 제3항에 따른 소방관 진입창
3. 「건축법」 제50조, 제50조의2, 제51조, 제52조, 제52조의2 및 제53조에 따른 방화벽, 마감재료 등(이하 "방화시설"이라 한다)
4. 그 밖에 소방자동차의 접근이 가능한 통로의 설치 등 대통령령으로 정하는 사항

6. 사용승인에 대한 동의에 갈음

앞의 1.에 따라 사용승인에 대한 동의를 할 때에는 「소방시설공사업법」 제14조 제3항에 따른 소방시설공사의 완공검사증명서를 발급하는 것으로 동의를 갈음할 수 있다. 이 경우 앞의 1.에 따른 건축허가 등의 권한이 있는 행정기관은 소방시설공사의 완공검사증명서를 확인하여야 한다(법 제6조 제6항).

2 소방시설의 내진설계기준

「지진 · 화산재해대책법」 제14조 제1항 각 호의 시설 중 대통령령으로 정하는 특정소방대상물에 대통령령으로 정하는 소방시설(옥내소화전설비, 스프링클러, 물분무등소화설비)을 설치하려는 자는 지진이 발생할 경우 소방시설이 정상적으로 작동될 수 있도록 소방청장이 정하는 내진설계기준에 맞게 소방시설을 설치하여야 한다(법 제7조, 영 제8조).

> 법 제7조에서 "대통령령으로 정하는 특정소방대상물"이란 「건축법」 제2조 제1항 제2호에 따른 건축물로서 「지진 · 화산재해대책법 시행령」 제10조 제1항 각 호에 해당하는 시설, 즉 ,「건축법 시행령」 제32조 제2항 각 호에 해당하는 건축물(구조안전확인대상 건축물) · 공항시설 등을 말한다.

3 성능위주설계

1. 성능위주설계 대상

연면적 · 높이 · 층수 등이 일정 규모 이상인 대통령령으로 정하는 특정소방대상물(신축하는 것만 해당한다)에 소방시설을 설치하려는 자는 성능위주설계를 하여야 한다(법 제8조 제1항, 영 제9조).

> 1. 연면적 20만m² 이상인 특정소방대상물. 다만, 별표 2 제1호 가목에 따른 아파트 등은 제외한다.
> 2. 50층 이상(지하층은 제외한다)이거나 지상으로부터 높이가 200m 이상인 아파트 등
> 3. 30층 이상(지하층을 포함한다)이거나 지상으로부터 높이가 120m 이상인 특정소방대상물(아파트 등은 제외한다)
> 4. 연면적 3만m² 이상인 특정소방대상물로서 다음의 어느 하나에 해당하는 특정소방대상물
>   ① 철도 및 도시철도 시설
>   ② 공항시설
> 5. 별표 2 제16호의 창고시설 중 연면적 10만m² 이상인 것 또는 지하층의 층수가 2개 층 이상이고 지하층의 바닥면적의 합계가 3만m² 이상인 것
> 6. 하나의 건축물에 「영화 및 비디오물의 진흥에 관한 법률」 제2조 제10호에 따른 영화상영관이 10개 이상인 특정소방대상물
> 7. 「초고층 및 지하연계 복합건축물 재난관리에 관한 특별법」 제2조 제2호에 따른 지하연계 복합건축물에 해당하는 특정소방대상물
> 8. 별표 2 제27호의 터널 중 수저(水底)터널 또는 길이가 5천m 이상인 것

소방기술심의위원회

1. 중앙소방기술심의위원회
   ① 심의사항 : 다음의 사항을 심의하기 위하여 소방청에 중앙소방기술심의위원회(이하 "중앙위원회"라 한다)를 둔다(법 제18조 제1항).
   ㉠ 화재안전기준에 관한 사항
   ㉡ 소방시설의 구조 및 원리 등에서 공법이 특수한 설계 및 시공에 관한 사항
   ㉢ 소방시설의 설계 및 공사감리의 방법에 관한 사항
   ㉣ 소방시설공사의 하자를 판단하는 기준에 관한 사항
   ㉤ 제8조 제5항 단서에 따라 신기술 · 신공법 등 검토 · 평가에 고도의 기술이 필요한 경우로서 중앙위원회에 심의를 요청한 사항
   ㉥ 그 밖에 소방기술 등에 관하여 대통령령(영 제20조)으로 정하는 사항
   ⓐ 연면적 10만m² 이상의 특정소방대상물에 설치된 소방시설의 설계 · 시공 · 감리의 하자 유무에 관한 사항
   ⓑ 새로운 소방시설과 소방용품 등의 도입 여부에 관한 사항
   ⓒ 그 밖에 소방기술과 관련하여 소방청장이 소방기술심의위원회의 심의에 부치는 사항
   ② 구성 : 중앙소방기술심의위원회(이하 "중앙위원회"라 한다)는 위원장을 포함하여 60명 이내의 위원으로 성별을 고려하여 구성한다(영 제21조 제1항).

③ 위원의 임명 · 위촉: 중앙위원회의 위원은 과장급 직위 이상의 소방공무원과 다음의 어느 하나에 해당하는 사람 중에서 소방청장이 임명하거나 성별을 고려하여 위촉한다(영 제22조 제1항).
　㉠ 소방기술사
　㉡ 석사 이상의 소방 관련 학위를 소지한 사람
　㉢ 소방시설관리사
　㉣ 소방 관련 법인 · 단체에서 소방 관련 업무에 5년 이상 종사한 사람
　㉤ 소방공무원 교육기관, 대학교 또는 연구소에서 소방과 관련된 교육이나 연구에 5년 이상 종사한 사람

④ 위원장 및 위원의 임기: 중앙위원회의 위원장은 소방청장이 해당 위원 중에서 위촉하고, 위원 중 위촉위원의 임기는 2년으로 하되, 한 차례만 연임할 수 있다(영 제22조의 제3항 · 제4항).

2. 지방소방기술심의위원회

① 심의사항: 다음 각 호의 사항을 심의하기 위하여 시 · 도에 지방소방기술심의위원회(이하 "지방위원회"라 한다)를 둔다(법 제18조 제2항).
　㉠ 소방시설에 하자가 있는지의 판단에 관한 사항
　㉡ 그 밖에 소방기술 등에 관하여 대통령령으로 정하는 사항(영 제20조 제2항).
　　ⓐ 연면적 10만m^2 미만의 특정소방대상물에 설치된 소방시설의 설계 · 시공 · 감리의 하자 유무에 관한 사항
　　ⓑ 소방본부장 또는 소방서장이 「위험물안전관리법」 제2조 제1항 제6호에 따른 제조소 등(이하 "제조소 등"이라 한다)의 시설기준 또는 화재안전기준의

2. 성능위주설계 신고 절차

(1) 건축허가를 신청하기 전 소방서장 신고

1.에 따라 소방시설을 설치하려는 자가 성능위주설계를 한 경우에는 「건축법」 제11조에 따른 건축허가를 신청하기 전에 해당 특정소방대상물의 시공지 또는 소재지를 관할하는 소방서장에게 신고하여야 한다. 해당 특정소방대상물의 연면적 · 높이 · 층수의 변경 등 행정안전부령으로 정하는 사유로 신고한 성능위주설계를 변경하려는 경우에도 또한 같다(법 제8조 제2항).

(2) 소방서장의 신고 수리

소방서장은 (1)에 따른 신고 또는 변경신고를 받은 경우 그 내용을 검토하여 이 법에 적합하면 신고를 수리하여야 한다(법 제8조 제2항).

(3) 기본설계도서의 사전검토

(2)에 따라 성능위주설계의 신고 또는 변경신고를 하려는 자는 해당 특정소방대상물이 「건축법」 제4조의2에 따른 건축위원회의 심의를 받아야 하는 건축물인 경우에는 그 심의를 신청하기 전에 성능위주설계의 기본설계도서(基本設計圖書) 등에 대해서 해당 특정소방대상물의 시공지 또는 소재지를 관할하는 소방서장의 사전검토를 받아야 한다(법 제8조 제3항).

(4) 성능위주설계 평가단의 검토 · 평가

① 소방서장은 (2) 또는 (4)에 따라 성능위주설계의 신고, 변경신고 또는 사전검토 신청을 받은 경우에는 소방청 또는 관할 소방본부에 설치된 제9조 제1항에 따른 성능위주설계평가단의 검토 · 평가를 거쳐야 한다. 다만, 소방서장은 신기술 · 신공법 등 검토 · 평가에 고도의 기술이 필요한 경우에는 제18조 제1항에 따른 중앙소방기술심의위원회에 심의를 요청할 수 있다(법 제8조 제5항).

② 소방서장은 ①에 따른 검토 · 평가 결과 성능위주설계의 수정 또는 보완이 필요하다고 인정되는 경우에는 성능위주설계를 한 자에게 그 수정 또는 보완을 요청할 수 있으며, 수정 또는 보완 요청을 받은 자는 정당한 사유가 없으면 그 요청에 따라야 한다(법 제8조 제6항).

③ (2)부터 (4)의 ①, ②까지에서 규정한 사항 외에 성능위주설계의 신고, 변경신고 및 사전검토의 절차 · 방법 등에 필요한 사항과 성능위주설계의 기준은 행정안전부령으로 정한다(법 제8조 제7항).

3. 성능위주설계 평가단

(1) 성능위주설계에 대한 전문적·기술적인 검토 및 평가를 위하여 소방청 또는 소방본부에 성능위주설계 평가단(이하 "평가단"이라 한다)을 둔다(법 제9조 제1항).

(2) 평가단에 소속되거나 소속되었던 사람은 평가단의 업무를 수행하면서 알게 된 비밀을 이 법에서 정한 목적 외의 용도로 사용하거나 다른 사람 또는 기관에 제공하거나 누설하여서는 아니된다(법 제9조 제2항).

(3) 평가단의 구성 및 운영 등에 필요한 사항은 행정안전부령으로 정한다(법 제9조 제3항).

적용에 관하여 기술검토를 요청하는 사항
ⓒ 그 밖에 소방기술과 관련하여 특별시장·광역시장·특별자치시장·도지사 또는 특별자치도지사(이하 "시·도지사"라 한다)가 소방기술심의위원회의 심의에 부치는 사항
② 구성: 지방위원회는 위원장을 포함하여 5명 이상 9명 이하의 위원으로 구성한다(영 제21조 제2항).

PART 10

4 주택에 설치하는 소방시설

다음 각 호의 주택의 소유자는 소화기 등 대통령령으로 정하는 소방시설(이하 "주택용소방시설"이라 한다)을 설치하여야 한다(법 제10조 제1항).

1. 「건축법」 제2조 제2항 제1호의 단독주택
2. 「건축법」 제2조 제2항 제2호의 공동주택(아파트 및 기숙사는 제외한다)

"소화기 등 대통령령으로 정하는 소방시설"이란 소화기 및 단독경보형감지기를 말한다.

02 특정소방대상물에 설치하는 소방시설의 관리 등

1 특정소방대상물에 설치하는 소방시설 등의 유지·관리 등

1. 화재안전기준에 따른 소방시설 등의 설치 또는 유지·관리

특정소방대상물의 관계인은 대통령령으로 정하는 소방시설을 화재안전기준에 따라 설치·관리하여야 한다. 이 경우 「장애인·노인·임산부 등의 편의증진 보장에 관한 법률」 제2조 제1호에 따른 장애인 등이 사용하는 소방시설(경보설비 및 피난구조설비를 말한다)은 대통령령으로 정하는 바에 따라 장애인 등에 적합하게 설치·관리하여야 한다(법 제12조 제1항).

2. 조치명령

소방본부장이나 소방서장은 1.에 따른 소방시설이 화재안전기준에 따라 설치・관리되고 있지 아니할 때에는 해당 특정소방대상물의 관계인에게 필요한 조치를 명할 수 있다(법 제12조 제2항).

3. 소방시설 등 폐쇄・차단 등의 행위금지

(1) 특정소방대상물의 관계인은 1.에 따라 소방시설을 설치・관리하는 경우 화재 시 소방시설의 기능과 성능에 지장을 줄 수 있는 폐쇄(잠금을 포함한다. 이하 같다)・차단 등의 행위를 하여서는 아니 된다. 다만, 소방시설의 점검・정비를 위하여 필요한 경우 폐쇄・차단은 할 수 있다(법 제12조 제3항).

(2) 소방청장은 (1)의 단서에 따라 특정소방대상물의 관계인이 소방시설의 점검・정비를 위하여 폐쇄・차단을 하는 경우 안전을 확보하기 위하여 필요한 행동요령에 관한 지침을 마련하여 고시하여야 한다(법 제12조 제4항).

4. 소방시설정보관리시스템

(1) 소방청장, 소방본부장 또는 소방서장은 1.에 따른 소방시설의 작동정보 등을 실시간으로 수집・분석할 수 있는 시스템(이하 "소방시설정보관리시스템"이라 한다)을 구축・운영할 수 있다(법 제12조 제5항).

(2) 소방청장, 소방본부장 또는 소방서장은 (1)에 따른 작동정보를 해당 특정소방대상물의 관계인에게 통보하여야 한다(법 제12조 제6항).

(3) 소방시설정보관리시스템 구축・운영의 대상은 「화재의 예방 및 안전관리에 관한 법률」 제24조 제1항 전단에 따른 소방안전관리대상물 중 소방안전관리의 취약성 등을 고려하여 대통령령으로 정하고, 그 밖에 운영방법 및 통보 절차 등에 필요한 사항은 행정안전부령으로 정한다(법 제12조 제7항).

2 건설현장의 임시소방시설 설치 및 관리

1. 화재위험 작업시 임시소방시설의 유지 · 관리

「건설산업기본법」 제2조 제4호에 따른 건설공사를 하는 자(이하 "공사시공자"라 한다)는 특정소방대상물의 신축 · 증축 · 개축 · 재축 · 이전 · 용도변경 · 대수선 또는 설비 설치 등을 위한 공사 현장에서 인화성(引火性) 물품을 취급하는 작업 등 대통령령으로 정하는 작업(이하 "화재위험작업"이라 한다)을 하기 전에 설치 및 철거가 쉬운 화재대비시설(이하 "임시소방시설"이라 한다)을 설치하고 관리하여야 한다(법 제15조 제1항).

유사시설 설치 및 관리 의제

1.에도 불구하고 소방시설공사업자가 화재위험작업 현장에 소방시설 중 임시소방시설과 기능 및 성능이 유사한 것으로서 대통령령으로 정하는 소방시설을 화재안전기준에 맞게 설치 및 관리하고 있는 경우에는 공사시공자가 임시소방시설을 설치하고 관리한 것으로 본다(법 제15조 제2항).

PART 10

2. 조치명령

소방본부장 또는 소방서장은 임시소방시설 또는 소방시설이 설치 및 관리되지 아니할 때에는 해당 공사시공자에게 필요한 조치를 명할 수 있다(법 제15조 제3항).

3. 임시소방시설

임시소방시설을 설치하여야 하는 공사의 종류와 규모, 임시소방시설의 종류 등에 필요한 사항은 대통령령으로 정하고, 임시소방시설의 설치 및 관리 기준은 소방청장이 정하여 고시한다(법 제15조 제4항, 영 제18조 제2항 관련 별표 8).

(1) 소화기

(2) 간이소화장치

물을 방사(放射)하여 화재를 진화할 수 있는 장치로서 소방청장이 정하는 성능을 갖추고 있을 것

(3) 비상경보장치

화재가 발생한 경우 주변에 있는 작업자에게 화재사실을 알릴 수 있는 장치로서 소방청장이 정하는 성능을 갖추고 있을 것

(4) 가스누설경보기

가연성 가스가 누설되거나 발생된 경우 이를 탐지하여 경보하는 장치로서 법 제37조에 따른 형식승인 및 제품검사를 받은 것

(5) 간이피난유도선

화재가 발생한 경우 피난구 방향을 안내할 수 있는 장치로서 소방청장이 정하는 성능을 갖추고 있을 것

(6) 비상조명등

화재가 발생한 경우 안전하고 원활한 피난활동을 할 수 있도록 자동 점등되는 조명장치로서 소방청장이 정하는 성능을 갖추고 있을 것

(7) 방화포

용접·용단 등의 작업시 발생하는 불티로부터 가연물이 점화되는 것을 방지해 주는 천 또는 불연성 물품으로서 소방청장이 정하는 성능을 갖추고 있을 것

3 피난시설, 방화구획 및 방화시설의 관리

1. 관계인에 대한 행위금지

특정소방대상물의 관계인은 「건축법」 제49조에 따른 피난시설, 방화구획 및 방화시설에 대하여 정당한 사유가 없는 한 다음 각 호의 행위를 하여서는 아니 된다(법 제16조 제1항).

1. 피난시설, 방화구획 및 방화시설을 폐쇄하거나 훼손하는 등의 행위
2. 피난시설, 방화구획 및 방화시설의 주위에 물건을 쌓아두거나 장애물을 설치하는 행위
3. 피난시설, 방화구획 및 방화시설의 용도에 장애를 주거나 「소방기본법」 제16조에 따른 소방활동에 지장을 주는 행위
4. 그 밖에 피난시설, 방화구획 및 방화시설을 변경하는 행위

2. 행위금지 위반시 조치명령

소방본부장이나 소방서장은 특정소방대상물의 관계인이 1.의 각 호의 어느 하나에 해당하는 행위를 한 경우에는 피난시설, 방화구획 및 방화시설의 관리를 위하여 필요한 조치를 명할 수 있다(법 제16조 제2항).

4 소방용품의 내용연수 등

(1) 특정소방대상물의 관계인은 내용연수가 경과한 소방용품을 교체하여야 한다. 이 경우 내용연수를 설정하여야 하는 소방용품의 종류 및 그 내용연수 연한에 필요한 사항은 대통령령으로 정한다(법 제17조 제1항).

(2) (1)에도 불구하고 행정안전부령으로 정하는 절차 및 방법 등에 따라 소방용품의 성능을 확인받은 경우에는 그 사용기한을 연장할 수 있다(법 제17조 제2항).

내용연수 설정대상 소방용품 (영 제19조)

1. 법 제17조 제1항 후단에 따라 내용연수를 설정해야 하는 소방용품은 분말형태의 소화약제를 사용하는 소화기로 한다.
2. 1.에 따른 소방용품의 내용연수는 10년으로 한다.

03 방염(防炎)

1 특정소방대상물의 방염 등

1. 방염대상물품의 설치기준

대통령령으로 정하는 특정소방대상물에 실내장식 등의 목적으로 설치 또는 부착하는 물품으로서 대통령령으로 정하는 물품(이하 "방염대상물품"이라 한다)은 방염성능기준 이상의 것으로 설치하여야 한다(법 제20조 제1항).

2. 방염대상물품의 설치대상

방염성능기준 이상으로 방염대상물품을 설치하여야 하는 특정소방대상물은 다음 각 호의 것을 말한다(영 제30조).

1. 근린생활시설 중 의원, 조산원, 산후조리원, 체력단련장, 공연장 및 종교집회장
2. 건축물의 옥내에 있는 시설로서 다음의 시설
   ① 문화 및 집회시설
   ② 종교시설
   ③ 운동시설(수영장은 제외한다)
3. 의료시설
4. 교육연구시설 중 합숙소
5. 노유자시설
6. 숙박이 가능한 수련시설
7. 숙박시설
8. 방송통신시설 중 방송국 및 촬영소
9. 다중이용업소
10. 위의 시설에 해당하지 않는 것으로서 층수가 11층 이상인 것(아파트는 제외한다)

기준미달 제품 등에 대한 조치

소방본부장이나 소방서장은 방염대상물품이 3.에 따른 방염성능기준에 미치지 못하거나 방염성능검사를 받지 아니한 것이면 특정소방대상물의 관계인에게 방염대상물품을 제거하도록 하거나 방염성능검사를 받도록 하는 등 필요한 조치를 명할 수 있다(법 제20조 제2항).

연소(延燒) 우려가 있는 구조

"행정안전부령으로 정하는 연소(延燒) 우려가 있는 구조"란 다음 각 호의 기준에 모두 해당하는 구조를 말한다(규칙 제17조).

1. 건축물대장의 건축물 현황도에 표시된 대지경계선 안에 둘 이상의 건축물이 있는 경우
2. 각각의 건축물이 다른 건축물의 외벽으로부터 수평거리가 1층의 경우에는 6m 이하, 2층 이상의 층의 경우에는 10m 이하인 경우
3. 개구부(영 제2조 제1호에 따른 개구부를 말한다)가 다른 건축물을 향하여 설치되어 있는 경우

3. 방염대상물품

1.에서 "대통령령으로 정하는 물품"이란 다음 각 호의 것을 말한다(영 제31조 제1항).

1. 제조 또는 가공 공정에서 방염처리를 다음 각 항목의 물품
   ① 창문에 설치하는 커튼류(블라인드를 포함한다)
   ② 카펫
   ③ 벽지류(두께가 2mm 미만인 종이벽지는 제외한다)
   ④ 전시용 합판·목재 또는 섬유판, 무대용 합판·목재 또는 섬유판(합판·목재류의 경우 불가피하게 설치 현장에서 방염처리한 것을 포함한다)
   ⑤ 암막·무대막(「영화 및 비디오물의 진흥에 관한 법률」 제2조 제10호에 따른 영화상영관에 설치하는 스크린과 「다중이용업소의 안전관리에 관한 특별법 시행령」 제2조 제7호의4에 따른 가상체험 체육시설업에 설치하는 스크린을 포함한다)
   ⑥ 섬유류 또는 합성수지류 등을 원료로 하여 제작된 소파·의자(「다중이용업소의 안전관리에 관한 특별법 시행령」 제2조 제1호 나목 및 같은 조 제6호에 따른 단란주점영업, 유흥주점영업 및 노래연습장업의 영업장에 설치하는 것으로 한정한다)
2. 건축물 내부의 천장이나 벽에 부착하거나 설치하는 것으로서 다음 각 항목의 것. 다만, 가구류(옷장, 찬장, 식탁, 식탁용 의자, 사무용 책상, 사무용 의자 및 계산대, 그 밖에 이와 비슷한 것을 말한다)와 너비 10cm 이하인 반자돌림대 등과 「건축법」 제52조에 따른 내부마감재료는 제외한다.
   ① 종이류(두께 2mm 이상인 것을 말한다)·합성수지류 또는 섬유류를 주원료로 한 물품
   ② 합판이나 목재
   ③ 공간을 구획하기 위하여 설치하는 간이 칸막이(접이식 등 이동 가능한 벽체나 천장 또는 반자가 실내에 접하는 부분까지 구획하지 아니하는 벽체를 말한다)
   ④ 흡음(吸音)을 위하여 설치하는 흡음재(흡음용 커튼을 포함한다)
   ⑤ 방음(防音)을 위하여 설치하는 방음재(방음용 커튼을 포함한다)

2 방염성능의 검사 등

1. 방염성능의 검사

앞의 1의 1.에 따른 특정소방대상물에 사용하는 방염대상물품은 소방청장이 실시하는 방염성능검사를 받은 것이어야 한다. 다만, 대통령령으로 정하는 방염대상물품의 경우에는 특별시장 · 광역시장 · 특별자치시장 · 도지사 또는 특별자치도지사(이하 "시 · 도지사"라 한다)가 실시하는 방염성능검사를 받은 것이어야 한다(법 제21조 제1항).

2. 방염처리업의 등록한자에 대한 제한

「소방시설공사업법」 제4조에 따라 방염처리업의 등록을 한 자는 방염성능검사를 할 때에 거짓 시료(試料)를 제출하여서는 아니된다(법 제21조 제2항).

Chapter 03

소방시설 등의 자체점검

단·원·열·기

특정소방대상물에 대한 소방시설 등의 자체점검은 작동가능점검과 종합정밀점검으로 구분된다.
학습방법 : 작동점검과 종합점검은 핵심적인 내용을 추려서 정리하는 것이 효율적이다.

소방시설 등의 자체점검

1. 소방시설 등의 자체점검
2. 소방시설 등의 자체점검 결과의 조치 등
3. 자체점검기록표 게시 등

1 소방시설 등의 자체점검

1. 특정소방대상물의 관계인의 정기적인 점검

특정소방대상물의 관계인은 그 대상물에 설치되어 있는 소방시설 등이 이 법이나 이 법에 따른 명령 등에 적합하게 설치·관리되고 있는지에 대하여 다음 각 호의 구분에 따른 기간 내에 스스로 점검하거나 제34조에 따른 점검능력 평가를 받은 관리업자 또는 행정안전부령으로 정하는 기술자격자(이하 "관리업자 등"이라 한다)로 하여금 정기적으로 점검(이하 "자체점검"이라 한다)하게 하여야 한다. 이 경우 관리업자 등이 점검한 경우에는 그 점검 결과를 행정안전부령으로 정하는 바에 따라 관계인에게 제출하여야 한다(법 제22조 제1항).

1. 해당 특정소방대상물의 소방시설 등이 신설된 경우 : 「건축법」 제22조에 따라 건축물을 사용할 수 있게 된 날부터 60일
2. 1. 외의 경우 : 행정안전부령으로 정하는 기간

2. 자체점검의 구분과 대상 등

자체점검의 구분 및 대상, 점검인력의 배치기준, 점검자의 자격, 점검 장비, 점검 방법 및 횟수 등 자체점검시 준수하여야 할 사항은 행정안전부령(규칙 별표3)으로 정한다(법 제22조 제2항).

구 분	작동점검	종합점검
의 의	소방시설 등을 인위적으로 조작하여 소방시설이 정상적으로 작동하는지를 소방청장이 정하여 고시하는 소방시설 등 작동점검표에 따라 점검하는 것을 말한다.	소방시설 등의 작동점검을 포함하여 소방시설 등의 설비별 주요 구성 부품의 구조기준이 화재안전기준과 「건축법」 등 관련 법령에서 정하는 기준에 적합한 지 여부를 소방청장이 정하여 고시하는 소방시설 등 종합점검표에 따라 점검하는 것을 말하며, 다음과 같이 구분한다. ① 최초점검: 법 제22조 제1항 제1호에 따라 소방시설이 새로 설치되는 경우 「건축법」 제22조에 따라 건축물을 사용할 수 있게 된 날부터 60일 이내 점검하는 것을 말한다. ② 그 밖의 종합점검: 최초점검을 제외한 종합점검을 말한다.
점검 대상	작동점검은 특정소방대상물을 대상으로 한다. 다만, 다음의 어느 하나에 해당하는 특정소방대상물은 제외한다. ① 특정소방대상물 중 「화재의 예방 및 안전관리에 관한 법률」 제24조 제1항에 해당하지 않는 특정소방대상물(소방안전관리자를 선임하지 않는 대상을 말한다) ② 「위험물안전관리법」 제2조 제6호에 따른 제조소등(이하 "제조소등"이라 한다) ③ 「화재의 예방 및 안전관리에 관한 법률 시행령」 별표 4 제1호 가목의 특급소방안전관리대상물	다음의 어느 하나에 해당하는 특정소방대상물을 대상으로 한다. ① 법 제22조 제1항 제1호에 해당하는 특정소방대상물 ② 스프링클러설비가 설치된 특정소방대상물 ③ 물분무등소화설비(호스릴방식의 물분무등소화설비만을 설치한 경우는 제외한다)가 설치된 연면적 5천m^2 이상인 특정소방대상(제조소 등은 제외한다). ④ 「다중이용업소의 안전관리에 관한 특별법 시행령」의 다중이용업의 영업장이 설치된 특정소방대상물(단란주점, 유흥주점, 영화상영관, 노래연습장업, 산후조리업, 고시원업, 안마시술소 등)로서 연면적이 2천m^2 이상인 것 ⑤ 제연설비가 설치된 터널 ⑥ 「공공기관의 소방안전관리에 관한 규정」에 따른 공공기관 중 연면적(터널 · 지하구의 경우 그 길이와 평균폭을 곱하여 계산된 값을 말한다)이 1,000m^2 이상인 것으로서 옥내소화전설비 또는 자동화재탐지설비가 설치된 것. 다만, 소방대가 근무하는 공공기관은 제외한다.

점검자	해당 특정소방대상물의 관계인·소방안전관리자 또는 관리업에 등록된 소방시설관리사가 점검할 수 있다.	관리업에 등록된 소방시설관리사. 또는 소방안전관리자로 선임된 소방시설관리사 및 소방기술사가 실시할 수 있다.
점검 횟수	연 1회 이상 실시한다.	① 연 1회 이상(특급소방안전관리대상물은 반기에 1회 이상) 실시한다. ② 소방본부장 또는 소방서장은 소방청장이 소방안전관리가 우수하다고 인정한 특정소방대상물에 대해서는 3년의 범위에서 소방청장이 고시하거나 정한기간 동안 종합정밀점검을 면제할 수 있다. 다만, 면제기간 중 화재가 발생한 경우는 제외한다.
비고	① 신축·증축·개축·재축·이전·용도변경 또는 대수선 등으로 소방시설이 새로 설치된 경우에는 해당 특정소방대상물의 소방시설 전체에 대하여 실시한다. ② 작동점검 및 종합점검(최초점검은 제외한다)은 건축물 사용승인 후 그 다음 해부터 실시한다. ③ 특정소방대상물이 증축·용도변경 또는 대수선 등으로 사용승인일이 달라지는 경우 사용승인일이 빠른 날을 기준으로 자체점검을 실시한다.	

3. 아파트 등 세대별 점검방법

공동주택(아파트등으로 한정한다) 세대별 점검방법은 다음과 같다(규칙 별표3) 점검인력 1단위(주점검자 1명+보조기술인력 2명)가 하루 동안 점검할 수 있는 아파트등의 세대수는 종합점검 및 작동점검에 관계없이 250세대로 한다(규칙 별표4).

(1) 관리자(관리소장, 입주자대표회의 및 소방안전관리자를 포함한다) 및 입주민(세대 거주자를 말한다)은 2년 이내 모든 세대에 대하여 점검을 해야 한다.

(2) (1)에도 불구하고 아날로그감지기 등 특수감지기가 설치되어 있는 경우에는 수신기에서 원격 점검할 수 있으며, 점검할 때마다 모든 세대를 점검해야 한다. 다만, 자동화재탐지설비의 선로 단선이 확인되는 때에는 단선이 난 세대 또는 그 경계구역에 대하여 현장점검을 해야 한다.

소방시설관리사

1. 소방시설관리사(이하 "관리사"라 한다)가 되려는 사람은 소방청장이 실시하는 관리사시험에 합격하여야 한다(법 제25조 제1항).
2. 소방청장은 관리사시험에 합격한 사람에게는 행정안전부령으로 정하는 바에 따라 소방시설관리사증을 발급하여야 한다(법 제25조 제5항).

소방시설관리업

소방시설 등의 점검 및 관리를 업으로 하려는 자 또는 「화재의 예방 및 안전관리에 관한 법률」 제25조에 따른 소방안전관리업무의 대행을 하려는 자는 대통령령으로 정하는 업종별로 시·도지사에게 소방시설관리업(이하 "관리업"이라 한다) 등록을 하여야 한다(법 제29조 제1항).

(3) 관리자는 수신기에서 원격 점검이 불가능한 경우 매년 작동점검만 실시하는 공동주택은 1회 점검시 마다 전체 세대수의 50% 이상, 종합점검을 실시하는 공동주택은 1회 점검시 마다 전체 세대수의 30% 이상 점검하도록 자체점검 계획을 수립·시행해야 한다.

(4) 관리자 또는 해당 공동주택을 점검하는 관리업자는 입주민이 세대 내에 설치된 소방시설 등을 스스로 점검할 수 있도록 소방청 또는 사단법인 한국소방시설관리협회의 홈페이지에 게시되어 있는 공동주택 세대별 점검 동영상을 입주민이 시청할 수 있도록 안내하고, 점검서식(별지 제36호서식 소방시설 외관점검표를 말한다)을 사전에 배부해야 한다.

(5) 입주민은 점검서식에 따라 스스로 점검하거나 관리자 또는 관리업자로 하여금 대신 점검하게 할 수 있다. 입주민이 스스로 점검한 경우에는 그 점검 결과를 관리자에게 제출하고 관리자는 그 결과를 관리업자에게 알려주어야 한다.

(6) 관리자는 관리업자로 하여금 세대별 점검을 하고자 하는 경우에는 사전에 점검 일정을 입주민에게 사전에 공지하고 세대별 점검 일자를 파악하여 관리업자에게 알려주어야 한다. 관리업자는 사전 파악된 일정에 따라 세대별 점검을 한 후 관리자에게 점검 현황을 제출해야 한다.

(7) 관리자는 관리업자가 점검하기로 한 세대에 대하여 입주민의 사정으로 점검을 하지 못한 경우 입주민이 스스로 점검할 수 있도록 다시 안내해야 한다. 이 경우 입주민이 관리업자로 하여금 다시 점검받기를 원하는 경우 관리업자로 하여금 추가로 점검하게 할 수 있다.

(8) 관리자는 세대별 점검현황(입주민 부재 등 불가피한 사유로 점검을 하지 못한 세대 현황을 포함한다)을 작성하여 자체점검이 끝난 날부터 2년간 자체 보관해야 한다.

4. 자체점검 대가 산정

1.에 따라 관리업자 등으로 하여금 자체점검하게 하는 경우의 점검 대가는 「엔지니어링산업 진흥법」 제31조에 따른 엔지니어링사업의 대가 기준 가운데 행정안전부령으로 정하는 방식에 따라 산정한다(법 제22조 제3항).

표준자체점검비

1. 소방청장은 소방시설 등 자체점검에 대한 품질확보를 위하여 필요하다고 인정하는 경우에는 특정소방대상물의 규모, 소방시설 등의 종류 및 점검인력 등에 따라 관계인이 부담하여야 할 자체점검 비용의 표준이 될 금액(이하 "표준자체점검비"라 한다)을 정하여 공표하거나 관리업자 등에게 이를 소방시설등 자체점검에 관한 표준가격으로 활용하도록 권고할 수 있다(법 제22조 제4항).
2. 표준자체점검비의 공표 방법 등에 관하여 필요한 사항은 소방청장이 정하여 고시한다(법 제22조 제5항).

5. 자체점검 면제 또는 연기

관계인은 천재지변이나 그 밖에 대통령령으로 정하는 사유로 자체점검을 실시하기 곤란한 경우에는 대통령령으로 정하는 바에 따라 소방본부장 또는 소방서장에게 면제 또는 연기 신청을 할 수 있다. 이 경우 소방본부장 또는 소방서장은 그 면제 또는 연기 신청 승인 여부를 결정하고 그 결과를 관계인에게 알려주어야 한다(법 제22조 제6항).

2 소방시설 등의 자체점검 결과의 조치 등

1. 중대위반사항 발견시 조치

특정소방대상물의 관계인은 자체점검 결과 소화펌프 고장 등 대통령령으로 정하는 중대위반사항(이하 "중대위반사항"이라 한다)이 발견된 경우에는 지체 없이 수리 등 필요한 조치를 하여야 한다(법 제23조 제1항).

법 제23조 제1항에서 "소화펌프 고장 등 대통령령으로 정하는 중대위반사항"이란 다음 각 호의 어느 하나에 해당하는 경우를 말한다(영 제34조).

1. 소화펌프(가압송수장치를 포함한다), 동력 · 감시 제어반 또는 소방시설용 전원(비상전원을 포함한다)의 고장으로 소방시설이 작동되지 않는 경우
2. 화재 수신기의 고장으로 화재경보음이 자동으로 울리지 않거나 화재 수신기와 연동된 소방시설의 작동이 불가능한 경우
3. 소화배관 등이 폐쇄 · 차단되어 소화수(消火水) 또는 소화약제가 자동 방출되지 않는 경우
4. 방화문 또는 자동방화셔터가 훼손되거나 철거되어 본래의 기능을 못하는 경우

2. 중대위반사항 발견시 통지 및 수리

관리업자 등은 자체점검 결과 중대위반사항을 발견한 경우 즉시 관계인에게 알려야 한다. 이 경우 관계인은 지체 없이 수리 등 필요한 조치를 하여야 한다(법 제23조 제2항).

자체점검결과 서류제출

1. 관리업자 또는 소방안전관리자로 선임된 소방시설관리사 및 소방기술사(이하 "관리업자 등"이라 한다)는 자체점검을 실시한 경우에는 그 점검이 끝난 날부터 10일 이내에 소방시설 등 자체점검 실시결과 보고서(전자문서로 된 보고서를 포함한다)에 소방청장이 정하여 고시하는 소방시설등점검표를 첨부하여 관계인에게 제출해야 한다(규칙 제23조 제1항).
2. 자체점검 실시결과 보고서를 제출받거나 스스로 자체점검을 실시한 관계인은 자체점검이 끝난 날부터 15일 이내에 소방시설 등 자체점검 실시결과 보고서(전자문서로 된 보고서를 포함한다)에 다음 각 호의 서류를 첨부하여 소방본부장 또는 소방서장에게 서면이나 소방청장이 지정하는 전산망을 통하여 보고해야 한다(규칙 제23조 제2항).
   ① 점검인력 배치확인서(관리업자가 점검한 경우만 해당한다)
   ② 소방시설 등의 자체점검 결과 이행계획서
3. 소방본부장 또는 소방서장에게 자체점검 실시결과 보고를 마친 관계인은 소방시설등 자체점검 실시결과 보고서(소방시설등점검표를 포함한다)를 점검이 끝난 날부터 2년간 자체 보관해야 한다(규칙 제23조 제4항).

3. 이행계획 제출

특정소방대상물의 관계인은 1의 1.에 따라 자체점검을 한 경우에는 그 점검 결과를 행정안전부령으로 정하는 바에 따라 소방시설 등에 대한 수리 · 교체 · 정비에 관한 이행계획(중대위반사항에 대한 조치사항을 포함한다)을 첨부하여 소방본부장 또는 소방서장에게 보고하여야 한다. 이 경우 소방본부장 또는 소방서장은 점검 결과 및 이행계획이 적합하지 아니하다고 인정되는 경우에는 관계인에게 보완을 요구할 수 있다(법 제23조 제3항).

4. 이행계획 완료 결과보고

(1) 이행계획 완료 결과보고

특정소방대상물의 관계인은 3.에 따른 이행계획을 행정안전부령으로 정하는 바에 따라 기간 내에 완료하고, 소방본부장 또는 소방서장에게 이행계획 완료 결과를 보고하여야 한다. 이 경우 소방본부장 또는 소방서장은 이행계획 완료 결과가 거짓 또는 허위로 작성되었다고 판단되는 경우에는 해당 특정소방대상물을 방문하여 그 이행계획 완료 여부를 확인할 수 있다(법 제23조 제4항).

(2) 이행계획 완료 결과에 대한 조치명령

소방본부장 또는 소방서장은 관계인이 (1)에 따라 이행계획을 완료하지 아니한 경우에는 필요한 조치의 이행을 명할 수 있고, 관계인은 이에 따라야 한다(법 제23조 제6항).

5. 이행계획 완료 연기신청

(1) 4.의 (1)에도 불구하고 특정소방대상물의 관계인은 천재지변이나 그 밖에 대통령령으로 정하는 사유로 3.에 따른 이행계획을 완료하기 곤란한 경우에는 소방본부장 또는 소방서장에게 대통령령으로 정하는 바에 따라 이행계획 완료를 연기하여 줄 것을 신청할 수 있다. 이 경우 소방본부장 또는 소방서장은 연기신청 승인 여부를 결정하고 그 결과를 관계인에게 알려주어야 한다(법 제23조 제5항).

(2) “대통령령으로 정하는 사유”란 다음 각 호의 어느 하나에 해당하는 사유를 말한다(영 제35조 제1항).

이행계획의 완료 기간

1. 소방시설 등의 자체점검 결과 이행계획서를 보고받은 소방본부장 또는 소방서장은 다음 각 호의 구분에 따라 이행계획의 완료 기간을 정하여 관계인에게 통보해야 한다. 다만, 소방시설 등에 대한 수리 · 교체 · 정비의 규모 또는 절차가 복잡하여 다음 각 호의 기간 내에 이행을 완료하기가 어려운 경우에는 그 기간을 달리 정할 수 있다(규칙 제23조 제5항).
   ① 소방시설 등을 구성하고 있는 기계 · 기구를 수리하거나 정비하는 경우: 보고일부터 10일 이내
   ② 소방시설 등의 전부 또는 일부를 철거하고 새로 교체하는 경우: 보고일부터 20일 이내
2. 완료기간 내에 이행계획을 완료한 관계인은 이행을 완료한 날부터 10일 이내에 소방시설등의 자체점검 결과 이행완료 보고서(전자문서로 된 보고서를 포함한다)에 다음 각 호의 서류(전자문서를 포함한다)를 첨부하여 소방본부장 또는 소방서장에게 보고해야 한다(규칙 제23조 제6항).
   ① 이행계획 건별 전 · 후 사진 증명자료
   ② 소방시설공사 계약서

> 1. 「재난 및 안전관리 기본법」 제3조 제1호에 해당하는 재난이 발생한 경우
> 2. 경매 등의 사유로 소유권이 변동 중이거나 변동된 경우
> 3. 관계인의 질병, 사고, 장기출장 등의 경우
> 4. 그 밖에 관계인이 운영하는 사업에 부도 또는 도산 등 중대한 위기가 발생하여 이행계획을 완료하기 곤란한 경우

(3) 이행계획 완료의 연기를 신청하려는 관계인은 행정안전부령으로 정하는 바에 따라 연기신청서에 연기의 사유 및 기간 등을 적어 소방본부장 또는 소방서장에게 제출해야 한다(영 제35조 제2항).

3 자체점검기록표 게시 등

1. 점검기록표 게시

앞의 **3.**에 따라 자체점검 결과 보고를 마친 관계인은 관리업자 등, 점검일시, 점검자 등 자체점검과 관련된 사항을 점검기록표에 기록하여 특정소방대상물의 출입자가 쉽게 볼 수 있는 장소에 게시하여야 한다. 이 경우 점검기록표의 기록 등에 필요한 사항은 행정안전부령으로 정한다(법 제24조 제1항).

2. 자체점검 결과 공개

소방본부장 또는 소방서장은 다음 각 호의 사항을 제48조에 따른 전산시스템 또는 인터넷 홈페이지 등을 통하여 국민에게 공개할 수 있다. 이 경우 공개 절차, 공개 기간 및 공개 방법 등 필요한 사항은 대통령령으로 정한다(법 제24조 제2항).

> 1. 자체점검 기간 및 점검자
> 2. 특정소방대상물의 정보 및 자체점검 결과
> 3. 그 밖에 소방본부장 또는 소방서장이 특정소방대상물을 이용하는 불특정다수인의 안전을 위하여 공개가 필요하다고 인정하는 사항

(1) 소방본부장 또는 소방서장은 자체점검 결과를 공개하는 경우 30일 이상 법 제48조에 따른 전산시스템 또는 인터넷 홈페이지 등을 통해 공개해야 한다(영 제36조 제1항).

(2) 소방본부장 또는 소방서장은 (1)에 따라 자체점검 결과를 공개하려는 경우 공개 기간, 공개 내용 및 공개 방법을 해당 특정소방대상물의 관계인에게 미리 알려야 한다(영 제36조 제2항).

(3) 특정소방대상물의 관계인은 (2)에 따라 공개 내용 등을 통보받은 날부터 10일 이내에 관할 소방본부장 또는 소방서장에게 이의신청을 할 수 있다(영 제36조 제3항).

(4) 소방본부장 또는 소방서장은 (3)에 따라 이의신청을 받은 날부터 10일 이내에 심사・결정하여 그 결과를 지체 없이 신청인에게 알려야 한다(영 제36조 제4항).

(5) 자체점검 결과의 공개가 제3자의 법익을 침해하는 경우에는 제3자와 관련된 사실을 제외하고 공개해야 한다(영 제36조 제5항).

04 소방용품의 품질관리

Chapter

단·원·열·기

소방용품의 형식승인, 소방용품의 성능인증, 우수품질제품에 대한 인증 등이 출제되었다.
학습방법 : 소방용품의 형식승인, 소방용품의 성능인증, 우수품질제품에 대한 인증은 기출문제 중심으로 정리하도록 한다.

소방용품의 품질관리

1. 소방용품의 형식승인 등
2. 소방용품의 성능인증 등
3. 우수품질 제품에 대한 인증

1 소방용품의 형식승인 등

1. 소방용품의 형식승인

(1) 대통령령(영 제46조)으로 정하는 소방용품. 즉, 별표 3의 소방용품(같은 표 제1호 나목의 자동소화장치 중 상업용 주방자동소화장치는 제외한다)을 제조하거나 수입하려는 자는 소방청장의 형식승인을 받아야 한다. 다만, 연구개발 목적으로 제조하거나 수입하는 소방용품은 그러하지 아니하다(법 제37조 제1항).

(2) **두 가지 이상 형식승인 또는 성능인증 사항이 결합된 경우**

하나의 소방용품에 두 가지 이상의 형식승인 사항 또는 형식승인과 성능인증 사항이 결합된 경우에는 두 가지 이상의 형식승인 또는 형식승인과 성능인증 시험을 함께 실시하고 하나의 형식승인을 할 수 있다(법 제37조 제10항).

제품검사 전문기관의 지정

소방청장은 제37조 제3항 및 제40조 제2항에 따른 제품검사를 전문적·효율적으로 실시하기 위하여 다음 각 호의 요건을 모두 갖춘 기관을 제품검사 전문기관(이하 "전문기관"이라 한다)으로 지정할 수 있다(법 제46조 제1항).

1. 다음 각 목의 어느 하나에 해당하는 기관일 것
   ① 「과학기술분야 정부출연연구기관 등의 설립·운영 및 육성에 관한 법률」 제8조에 따라 설립된 연구기관
   ② 공공기관
   ③ 소방용품의 시험·검사 및 연구를 주된 업무로 하는 비영리 법인
2. 「국가표준기본법」 제23조에 따라 인정을 받은 시험·검사기관일 것
3. 행정안전부령으로 정하는 검사인력 및 검사설비를 갖추고 있을 것

2. 형식승인을 받은 소방용품의 제품검사

형식승인을 받은 자는 그 소방용품에 대하여 소방청장이 실시하는 제품검사를 받아야 한다(법 제37조 제3항).

3. 형식승인·검사 등을 받지 아니한 소방용품 판매 등 금지

누구든지 다음 각 호의 어느 하나에 해당하는 소방용품을 판매하거나 판매 목적으로 진열하거나 소방시설공사에 사용할 수 없다(법 제37조 제6항).

① 형식승인을 받지 아니한 것
② 형상 등을 임의로 변경한 것
③ 제품검사를 받지 아니하거나 합격표시를 하지 아니한 것

4. 위반 소방용품에 대한 수거 · 폐기 · 교체 등의 명령

소방청장, 소방본부장 또는 소방서장은 **3.**을 위반한 소방용품에 대하여는 그 제조자 · 수입자 · 판매자 또는 시공자에게 수거 · 폐기 또는 교체 등 행정안전부령으로 정하는 필요한 조치를 명할 수 있다(법 제37조 제7항).

4. 기관의 대표자가 제27조(관리사의 결격사유) 제1호부터 제3호까지의 어느 하나에 해당하지 아니할 것
5. 제47조에 따라 전문기관의 지정이 취소된 경우 그 지정이 취소된 날부터 2년이 경과하였을 것

5. 형식승인의 취소 등

(1) 형식승인 취소 사유 등

소방청장은 소방용품의 형식승인을 받았거나 제품검사를 받은 자가 다음 각 호의 어느 하나에 해당할 때에는 행정안전부령으로 정하는 바에 따라 그 형식승인을 취소하거나 6개월 이내의 기간을 정하여 제품검사의 중지를 명할 수 있다. 다만, **1.** · **3.** 또는 **5.**의 경우에는 해당 소방용품의 형식승인을 취소하여야 한다(법 제39조 제1항).

1. 거짓이나 그 밖의 부정한 방법으로 제37조 제1항 및 제10항에 따른 형식승인을 받은 경우
2. 제37조 제2항에 따른 시험시설의 시설기준에 미달되는 경우
3. 거짓이나 그 밖의 부정한 방법으로 제37조 제3항에 따른 제품검사를 받은 경우
4. 제품검사시 제37조 제5항에 따른 기술기준에 미달되는 경우
5. 제38조에 따른 변경승인을 받지 아니하거나 거짓이나 그 밖의 부정한 방법으로 변경승인을 받은 경우

(2) 형식승인 취소된 품목의 재승인 제한

소방용품의 형식승인이 취소된 자는 그 취소된 날부터 2년 이내에는 형식승인이 취소된 소방용품과 동일한 품목에 대하여 형식승인을 받을 수 없다(법 제39조 제2항).

우수품질인증

1. 소방청장은 형식승인의 대상이 되는 소방용품 중 품질이 우수하다고 인정하는 소방용품에 대하여 인증(이하 "우수품질인증"이라 한다)을 할 수 있다(법 제43조 제1항).
2. 우수품질인증을 받으려는 자는 행정안전부령으로 정하는 바에 따라 소방청장에게 신청하여야 한다(법 제43조 제2항).
3. 우수품질인증을 받은 소방용품에는 우수품질인증 표시를 할 수 있다(법 제43조 제3항).
4. 우수품질인증의 유효기간은 5년의 범위에서 행정안전부령으로 정한다(법 제43조 제4항).

2 소방용품의 성능인증 등

1. 소방용품의 성능인증

(1) 소방청장은 제조자 또는 수입자 등의 요청이 있는 경우 소방용품에 대하여 성능인증을 할 수 있다(법 제40조 제1항).

(2) 성능인증을 받은 자는 그 소방용품에 대하여 소방청장의 제품검사를 받아야 한다(법 제40조 제2항).

2. 소방용품의 성능인증의 취소

(1) 성능인증 취소 사유 등

소방청장은 소방용품의 성능인증을 받았거나 제품검사를 받은 자가 다음 각 호의 어느 하나에 해당하는 때에는 행정안전부령으로 정하는 바에 따라 해당 소방용품의 성능인증을 취소하거나 6개월 이내의 기간을 정하여 해당 소방용품의 제품검사 중지를 명할 수 있다. 다만, **1.** · **2.** 또는 **5.**에 해당하는 경우에는 해당 소방용품의 성능인증을 취소하여야 한다(법 제42조 제1항).

1. 거짓이나 그 밖의 부정한 방법으로 제40조 제1항 및 제6항에 따른 성능인증을 받은 경우
2. 거짓이나 그 밖의 부정한 방법으로 제40조 제2항에 따른 제품검사를 받은 경우
3. 제품검사시 제40조 제4항에 따른 기술기준에 미달되는 경우
4. 제40조 제5항(성능인증이나 제품검사 미필 또는 합격표시의무)을 위반한 경우
5. 제41조에 따라 변경인증을 받지 아니하고 해당 소방용품에 대하여 형상 등의 일부를 변경하거나 거짓이나 그 밖의 부정한 방법으로 변경인증을 받은 경우

(2) 성능인증 취소된 품목의 재승인 제한

소방용품의 성능인증이 취소된 자는 그 취소된 날부터 2년 이내에는 성능인증이 취소된 소방용품과 동일한 품목에 대하여는 성능인증을 받을 수 없다(법 제42조 제2항).

10 Part 실전예상문제

01 **「소방시설 설치 및 관리에 관한 법령」상 특정소방대상물에 소방시설을 설치하려는 경우 성능위주설계를 하여야 하는 것이 아닌 것은?** (단, 신축하는 경우를 전제로 함)

① 연면적 20만m^2인 아파트
② 연면적 3만m^2인 공항시설
③ 하나의 건축물에 「영화 및 비디오물의 진흥에 관한 법률」에 따른 영화상영관이 10개인 특정소방대상물
④ 지하층을 포함한 층수가 30층인 종합병원
⑤ 「건축법」상 초고층 아파트

해설 ① 연면적 20만m^2인 특정소방대상물로서 아파트는 제외한다.

02 **「소방시설 설치 및 관리에 관한 법률」 제2조의 일부이다. (　　) 안에 들어갈 용어를 순서대로 쓰시오.**

> "화재안전기준"이란 소방시설 설치 및 관리를 위한 다음 각 목의 기준을 말한다.
> (1) 성능기준: 화재안전 확보를 위하여 재료, 공간 및 설비 등에 요구되는 (　　　)으로서 소방청장이 고시로 정하는 기준
> (2) (　)기준: (1)에 따른 성능기준을 충족하는 상세한 규격, 특정한 수치 및 시험방법 등에 관한 기준으로서 행정안전부령으로 정하는 절차에 따라 소방청장의 승인을 받은 기준

Answer
01 ①　02 안전성능, 기술

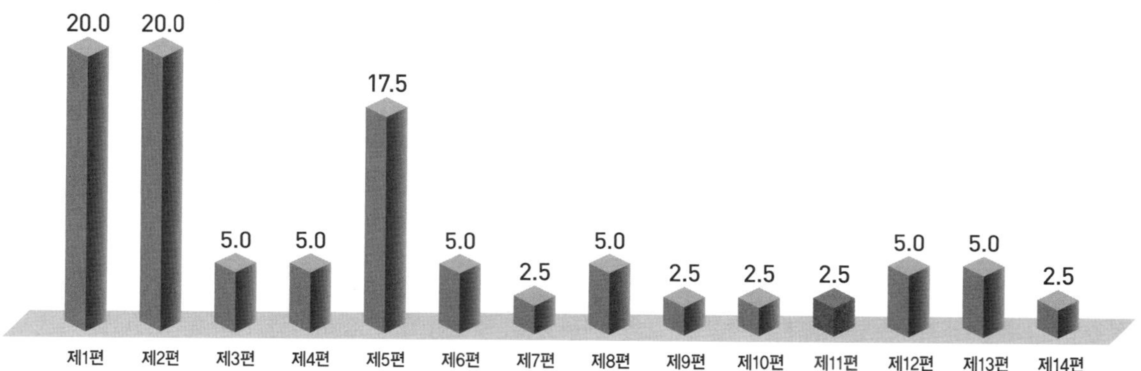

제27회 기출문제 분석

화재의 예방 및 안전관리에 관한 법률은 1문제가 출제되는데, 용어와 화재안전조사, 화재예방강화지구, 소방안전관리대상물, 특별관리 시설물 등 핵심적인 부분을 학습하도록 한다.

PART

11

화재의 예방 및 안전관리에 관한 법률

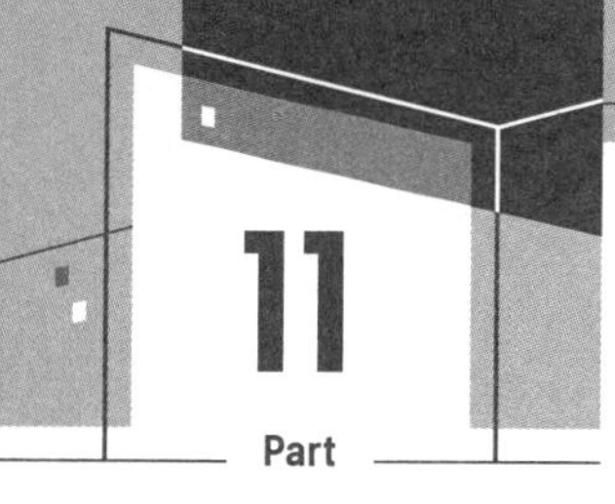

화재의 예방 및 안전관리에 관한 법률

화재의 예방 및 안전관리에 관한 법률(1문제)

총 칙	법의 목적	
	용어의 정의	예방 안전관리 화재안전조사 화재예방강화지구 화재예방안전진단
화재의 예방 및 안전관리 기본계획의 수립·시행 등	화재의 예방 및 안전관리 기본계획의 수립·시행	소방청장 5년마다 수립·시행 의무
	실태조사	소방청장
	통계의 작성과 관리	소방청장 매년 작성·관리 의무
화재안전조사	화재안전조사	소방관서장(소방청장, 소방본부장, 소방서장)
	화재안전조사단	중앙화재안전조사단(소방청), 지방화재안전조사단(소방본부, 소방서)
	화재안전조사위원회	7명 이내의 의원, 조사대상선정
	화재안전조사 전문가	소방기술사, 소방시설관리사
	화재안전조사 결과	조치명령, 손실보상(시가보상)
화재의 예방조치 등	화재의 예방조치 등	
	화재예방강화지구	시·도지사 지정(시·공·목·위·노·석·산·없는 지역)
	화재의 예방 등에 대한 지원	소방청장, 시·도지사
	화재위험경보	소방관서장
	화재안전영향평가	소방청장 ⇨ 화재안전영향평가심의회(12명 이내)
소방대상물의 안전관리	특정소방대상물의 소방안전관리	특급, 1급, 2급, 3급, 소방안전관리보조자선임대장, 권원별
	관계인 등의 의무	
	건설현장 소방안전관리	연면적 1만5천㎡↑, 연면적 5천㎡ 지하 2개 층, 지상 11개 층, 냉동·냉장 창고
	소방안전관리자 자격등	
	소방안전관리자 등에 대한 교육	강습교육, 실무교육
	소방안전관리대상물 근무자 및 거주자 등에 대한 소방훈련 등	
특별관리시설물의 소방안전관리	소방안전관리 특별관리시설물의 안전관리	공항·철도·항만·산업단지 등 소방청장의 특별관리
	화재예방안전진단	• **최초**: 사용승인 · 완공검사 5년 경과한 날이 속한 해 • A: 6년 경과한 날이 속한 해 • B · C: 5년 경과한 날이 속한 해 • D · E: 4년 경과한 날이 속한 해
벌칙	행정형벌	
	과태료	

01 Chapter 총 설

단·원·열·기

학습방법: 용어의 정의를 철저하게 학습할 것이 요구된다.

총 설

01 제정목적

「화재의 예방 및 안전관리에 관한 법률」은 화재의 예방과 안전관리에 필요한 사항을 규정함으로써 화재로부터 국민의 생명·신체 및 재산을 보호하고 공공의 안전과 복리 증진에 이바지함을 목적으로 한다(법 제1조).

02 용어의 정의

1. 예 방

예방이란 화재의 위험으로부터 사람의 생명·신체 및 재산을 보호하기 위하여 화재발생을 사전에 제거하거나 방지하기 위한 모든 활동을 말한다(법 제2조 제1항 제1호).

2. 안전관리

안전관리란 화재로 인한 피해를 최소화하기 위한 예방, 대비, 대응 등의 활동을 말한다(법 제2조 제1항 제2호).

3. 화재안전조사

화재안전조사란 소방청장, 소방본부장 또는 소방서장(이하 "소방관서장"이라 한다)이 소방대상물, 관계지역 또는 관계인에 대하여 소방시설 등(「소방시설 설치 및 관리에 관한 법률」 제2조 제1항 제2호에 따른 소방시설 등을 말한다)이 소방 관계 법령에 적합하게 설치·관리되고 있는지, 소방대상물에 화재의 발생 위험이 있는지 등을 확인하기 위하여 실시하는 현장조사·문서열람·보고요구 등을 하는 활동을 말한다(법 제2조 제1항 제3호).

4. 화재예방강화지구

화재예방강화지구란 특별시장・광역시장・특별자치시장・도지사 또는 특별자치도지사(이하 "시・도지사"라 한다)가 화재발생 우려가 크거나 화재가 발생할 경우 피해가 클 것으로 예상되는 지역에 대하여 화재의 예방 및 안전관리를 강화하기 위해 지정・관리하는 지역을 말한다(법 제2조 제1항 제4호).

5. 화재예방안전진단

화재예방안전진단이란 화재가 발생할 경우 사회・경제적으로 피해 규모가 클 것으로 예상되는 소방대상물에 대하여 화재위험요인을 조사하고 그 위험성을 평가하여 개선대책을 수립하는 것을 말한다(법 제2조 제1항 제5호).

03 법령 적용 범위

이 법에서 사용하는 용어의 뜻은 제1항에서 규정하는 것을 제외하고는 「소방기본법」, 「소방시설 설치 및 관리에 관한 법률」, 「소방시설공사업법」, 「위험물안전관리법」 및 「건축법」에서 정하는 바에 따른다(법 제2조 제2항).

04 국가와 지방자치단체 등의 책무

1. 국가 및 지방자치단체의 책무

(1) 국가는 화재로부터 국민의 생명과 재산을 보호할 수 있도록 화재의 예방 및 안전관리에 관한 정책(이하 "화재예방정책"이라 한다)을 수립・시행하여야 한다(법 제3조 제1항).

(2) 지방자치단체는 국가의 화재예방정책에 맞추어 지역의 실정에 부합하는 화재예방정책을 수립・시행하여야 한다(법 제3조 제2항).

2. 관계인의 의무

관계인은 국가와 지방자치단체의 화재예방정책에 적극적으로 협조하여야 한다(법 제3조 제3항).

Chapter 02

화재의 예방 및 안전관리 기본계획 등

단·원·열·기

화재의 예방 및 안전관리에 관한 기본계획의 수립절차 및 시행계획 전반적으로 출제가능성은 있다.
학습방법 : 화재의 예방 및 안전관리에 관한 기본계획의 수립절차 중심으로 학습해두는 것이 필요하다.

화재의 예방 및 안전관리 기본계획 등

1. 화재의 예방 및 안전관리 기본계획
2. 실태조사

1 화재의 예방 및 안전관리 기본계획

1. 기본계획 수립 · 시행

소방청장은 화재예방정책을 체계적 · 효율적으로 추진하고 이에 필요한 기반 확충을 위하여 화재의 예방 및 안전관리에 관한 기본계획(이하 "기본계획"이라 한다)을 5년마다 수립 · 시행하여야 한다(법 제4조 제1항).

2. 협 의

기본계획은 대통령령으로 정하는 바에 따라 소방청장이 관계 중앙행정기관의 장과 협의하여 수립한다(법 제4조 제2항).

3. 기본계획의 내용

기본계획에는 다음 각 호의 사항이 포함되어야 한다(법 제4조 제3항).

1. 화재예방정책의 기본목표 및 추진방향
2. 화재의 예방과 안전관리를 위한 법령 · 제도의 마련 등 기반 조성
3. 화재의 예방과 안전관리를 위한 대국민 교육 · 홍보
4. 화재의 예방과 안전관리 관련 기술의 개발 · 보급
5. 화재의 예방과 안전관리 관련 전문인력의 육성 · 지원 및 관리
6. 화재의 예방과 안전관리 관련 산업의 국제경쟁력 향상
7. 그 밖에 대통령령으로 정하는 화재의 예방과 안전관리에 필요한 사항

4. 시행계획 수립 · 시행

소방청장은 기본계획을 시행하기 위하여 매년 시행계획을 수립 · 시행하여야 한다(법 제4조 제4항).

5. 기본계획과 시행계획의 통보

소방청장은 앞의 **1.** 및 **4.**에 따라 수립된 기본계획과 시행계획을 관계 중앙행정기관의 장과 시 · 도지사에게 통보하여야 한다(법 제4조 제5항).

6. 세부시행계획 수립 · 시행

5.에 따라 기본계획과 시행계획을 통보받은 관계 중앙행정기관의 장과 시 · 도지사는 소관 사무의 특성을 반영한 세부시행계획을 수립 · 시행하고 그 결과를 소방청장에게 통보하여야 한다(법 제4조 제6항).

2 실태조사

1. 실태조사 대상

소방청장은 기본계획 및 시행계획의 수립 · 시행에 필요한 기초자료를 확보하기 위하여 다음 각 호의 사항에 대하여 실태조사를 할 수 있다. 이 경우 관계 중앙행정기관의 장의 요청이 있는 때에는 합동으로 실태조사를 할 수 있다(법 제5조 제1항).

1. 소방대상물의 용도별 · 규모별 현황
2. 소방대상물의 화재의 예방 및 안전관리 현황
3. 소방대상물의 소방시설 등 설치 · 관리 현황
4. 그 밖에 기본계획 및 시행계획의 수립 · 시행을 위하여 필요한 사항

실태조사의 방법 및 절차 등에 필요한 사항

실태조사의 방법 및 절차 등에 필요한 사항은 행정안전부령으로 정한다(법 제5조 제3항).

2. 실태조사에 필요한 자료제출 요청

소방청장은 소방대상물의 현황 등 관련 정보를 보유 · 운용하고 있는 관계 중앙행정기관의 장, 지방자치단체의 장, 「공공기관의 운영에 관한 법률」 제4조에 따른 공공기관(이하 "공공기관"이라 한다)의 장 또는 관계인 등에게 제1항에 따른 실태조사에 필요한 자료의 제출을 요청할 수 있다. 이 경우 자료 제출을 요청받은 자는 특별한 사유가 없으면 이에 따라야 한다(법 제5조 제2항).

03 화재안전조사

Chapter

단·원·열·기

화재안전조사, 조사단, 조사위원회, 전문가 등 전반적으로 출제가능성은 있다.
학습방법 : 화재안전조사의 방법과 절차, 조사단, 조사위원회, 전문가 등 중심으로 학습해두는 것이 필요하다.

화재안전조사

1. 화재안전조사
2. 화재안전조사단
3. 화재안전조사위원회
4. 화재안전조사 전문가
5. 화재안전조사 결과

1 화재안전조사

1. 화재안전조사 대상

소방관서장(소방청장, 소방본부장 또는 소방서장)은 다음 각 호의 어느 하나에 해당하는 경우 화재안전조사를 실시할 수 있다. 다만, 개인의 주거(실제 주거 용도로 사용되는 경우에 한정한다)에 대한 화재안전조사는 관계인의 승낙이 있거나 화재발생의 우려가 뚜렷하여 긴급한 필요가 있는 때에 한정한다(법 제7조 제1항).

1. 「소방시설 설치 및 관리에 관한 법률」 제22조에 따른 자체점검이 불성실하거나 불완전하다고 인정되는 경우
2. 화재예방강화지구 등 법령에서 화재안전조사를 하도록 규정되어 있는 경우
3. 화재예방안전진단이 불성실하거나 불완전하다고 인정되는 경우
4. 국가적 행사 등 주요 행사가 개최되는 장소 및 그 주변의 관계 지역에 대하여 소방안전관리 실태를 조사할 필요가 있는 경우
5. 화재가 자주 발생하였거나 발생할 우려가 뚜렷한 곳에 대한 조사가 필요한 경우
6. 재난예측정보, 기상예보 등을 분석한 결과 소방대상물에 화재의 발생 위험이 크다고 판단되는 경우
7. 1.부터 6.까지에서 규정한 경우 외에 화재, 그 밖의 긴급한 상황이 발생할 경우 인명 또는 재산 피해의 우려가 현저하다고 판단되는 경우

2. 화재안전조사의 항목

화재안전조사의 항목은 대통령령으로 정한다. 이 경우 화재안전조사의 항목에는 화재의 예방조치 상황, 소방시설 등의 관리 상황 및 소방대상물의 화재 등의 발생 위험과 관련된 사항이 포함되어야 한다(법 제7조 제2항).

3. 조사권에 대한 남용제한

소방관서장은 화재안전조사를 실시하는 경우 다른 목적을 위하여 조사권을 남용하여서는 아니 된다(법 제7조 제3항).

4. 화재안전조사의 방법 및 절차

(1) 화재안전조사의 방법

소방관서장은 화재안전조사를 조사의 목적에 따라 화재안전조사의 항목 전체에 대하여 종합적으로 실시하거나 특정 항목에 한정하여 실시할 수 있다(법 제8조 제1항).

(2) 화재안전조사의 절차

1) 사전통지 및 공개

소방관서장은 화재안전조사를 실시하려는 경우 사전에 관계인에게 조사대상, 조사기간 및 조사사유 등을 우편, 전화, 전자메일 또는 문자전송 등을 통하여 통지하고 이를 대통령령으로 정하는 바에 따라 인터넷 홈페이지나 제16조 제3항의 전산시스템 등을 통하여 공개하여야 한다(법 제8조 제2항).

2) 사전통지 및 공개의 예외

다만, 다음 각 호의 어느 하나에 해당하는 경우에는 그러하지 아니하다(법 제8조 제2항 단서).

1. 화재가 발생할 우려가 뚜렷하여 긴급하게 조사할 필요가 있는 경우
2. 1. 외에 화재안전조사의 실시를 사전에 통지하거나 공개하면 조사목적을 달성할 수 없다고 인정되는 경우

5. 화재안전조사의 시기

화재안전조사는 관계인의 승낙 없이 소방대상물의 공개시간 또는 근무시간 이외에는 할 수 없다. 다만, 화재가 발생할 우려가 뚜렷하여 긴급하게 조사할 필요가 있는 경우에는 그러하지 아니하다(법 제8조 제3항).

6. 화재안전조사의 연기

위 4.의 (2)의 1)에 따른 통지를 받은 관계인은 천재지변이나 그 밖에 대통령령으로 정하는 사유로 화재안전조사를 받기 곤란한 경우에는 화재안전조사를 통지한 소방관서장에게 대통령령으로 정하는 바에 따라 화재안전조사를 연기하여 줄 것을 신청할 수 있다. 이 경우 소방관서장은 연기신청 승인 여부를 결정하고 그 결과를 조사 시작 전까지 관계인에게 알려 주어야 한다(법 제8조 제4항).

2 화재안전조사단

1. 화재안전조사단 편성 · 운영

소방관서장은 화재안전조사를 효율적으로 수행하기 위하여 대통령령으로 정하는 바에 따라 소방청에는 중앙화재안전조사단을, 소방본부 및 소방서에는 지방화재안전조사단을 편성하여 운영할 수 있다(법 제9조 제1항).

화재안전조사단 편성 · 운영 (영 제10조)

1. 중앙화재안전조사단 및 지방화재안전조사단(이하 "조사단"이라 한다)은 각각 단장을 포함하여 50명 이내의 단원으로 성별을 고려하여 구성한다.
2. 조사단의 단원은 다음 각 호의 어느 하나에 해당하는 사람 중에서 소방관서장이 임명하거나 위촉하고, 단장은 단원 중에서 소방관서장이 임명하거나 위촉한다.
   ① 소방공무원
   ② 소방업무와 관련된 단체 또는 연구기관 등의 임직원
   ③ 소방 관련 분야에서 전문적인 지식이나 경험이 풍부한 사람

2. 직원 파견 요청

소방관서장은 1.에 따른 중앙화재안전조사단 및 지방화재안전조사단의 업무 수행을 위하여 필요한 경우에는 관계 기관의 장에게 그 소속 공무원 또는 직원의 파견을 요청할 수 있다. 이 경우 공무원 또는 직원의 파견 요청을 받은 관계 기관의 장은 특별한 사유가 없으면 이에 협조하여야 한다(법 제9조 제2항).

3 화재안전조사위원회

1. 화재안전조사위원회 구성 · 운영

소방관서장은 화재안전조사의 대상을 객관적이고 공정하게 선정하기 위하여 필요한 경우 화재안전조사위원회를 구성하여 화재안전조사의 대상을 선정할 수 있다(법 제10조 제1항).

2. 화재안전조사위원회의 구성 · 운영 등에 필요한 사항

화재안전조사위원회의 구성 · 운영 등에 필요한 사항은 대통령령으로 정한다(법 제10조 제2항).

① 법 제10조 제1항에 따른 화재안전조사위원회(이하 "위원회"라 한다)는 위원장 1명을 포함하여 7명 이내의 위원으로 성별을 고려하여 구성한다(영 제11조 제1항).

② 위원회의 위원장은 소방관서장이 된다(영 제11조 제2항).

③ 위원회의 위원은 다음 각 호의 어느 하나에 해당하는 사람 중에서 소방관서장이 임명하거나 위촉한다(영 제11조 제3항).

1. 과장급 직위 이상의 소방공무원
2. 소방기술사
3. 소방시설관리사
4. 소방 관련 분야의 석사 이상 학위를 취득한 사람
5. 소방 관련 법인 또는 단체에서 소방 관련 업무에 5년 이상 종사한 사람
6. 「소방공무원 교육훈련규정」 제3조 제2항에 따른 소방공무원 교육훈련기관, 「고등교육법」 제2조의 학교 또는 연구소에서 소방과 관련한 교육 또는 연구에 5년 이상 종사한 사람

④ 위촉위원의 임기는 2년으로 하며, 한 차례만 연임할 수 있다(영 제11조 제4항).

4 화재안전조사 전문가

1. 화재안전조사 전문가 참여

소방관서장은 필요한 경우에는 소방기술사, 소방시설관리사, 그 밖에 화재안전 분야에 전문지식을 갖춘 사람을 화재안전조사에 참여하게 할 수 있다(법 제11조 제1항).

2. 외부전문가에 대한 경비지급

1.에 따라 조사에 참여하는 외부 전문가에게는 예산의 범위에서 수당, 여비, 그 밖에 필요한 경비를 지급할 수 있다(법 제11조 제2항).

> **법 제12조**(증표의 제시 및 비밀유지 의무 등)
> 1. 화재안전조사 업무를 수행하는 관계 공무원 및 관계 전문가는 그 권한 또는 자격을 표시하는 증표를 지니고 이를 관계인에게 내보여야 한다.
> 2. 화재안전조사 업무를 수행하는 관계 공무원 및 관계 전문가는 관계인의 정당한 업무를 방해하여서는 아니 되며, 조사업무를 수행하면서 취득한 자료나 알게 된 비밀을 다른 사람 또는 기관에 제공 또는 누설하거나 목적 외의 용도로 사용하여서는 아니 된다.

5 화재안전조사 결과

1. 화재안전조사 결과 통지

소방관서장은 화재안전조사를 마친 때에는 그 조사 결과를 관계인에게 서면으로 통지하여야 한다. 다만, 화재안전조사의 현장에서 관계인에게 조사의 결과를 설명하고 화재안전조사 결과서의 부본을 교부한 경우에는 그러하지 아니하다(법 제13조).

2. 화재안전조사 결과에 따른 조치명령

(1) 소방관서장은 화재안전조사 결과에 따른 소방대상물의 위치·구조·설비 또는 관리의 상황이 화재예방을 위하여 보완될 필요가 있거나 화재가 발생하면 인명 또는 재산의 피해가 클 것으로 예상되는 때에는 행정안전부령으로 정하는 바에 따라 관계인에게 그 소방대상물의 개수(改修)·이전·제거, 사용의 금지 또는 제한, 사용폐쇄, 공사의 정지 또는 중지, 그 밖에 필요한 조치를 명할 수 있다(법 제14조 제1항).

(2) 소방관서장은 화재안전조사 결과 소방대상물이 법령을 위반하여 건축 또는 설비되었거나 소방시설 등, 피난시설·방화구획, 방화시설 등이 법령에 적합하게 설치 또는 관리되고 있지 아니한 경우에는 관계인에게 (1)에 따른 조치를 명하거나 관계 행정기관의 장에게 필요한 조치를 하여 줄 것을 요청할 수 있다(법 제14조 제2항).

3. 손실보상

소방청장 또는 시·도지사는 제14조 제1항에 따른 명령으로 인하여 손실을 입은 자가 있는 경우에는 대통령령으로 정하는 바에 따라 보상하여야 한다(법 제15조).

(1) 법 제15조에 따라 소방청장 또는 시·도지사가 손실을 보상하는 경우에는 시가(時價)로 보상해야 한다(영 제14조 제1항).

(2) (1)에 따른 손실보상에 관하여는 소방청장 또는 시·도지사와 손실을 입은 자가 협의해야 한다(영 제14조 제2항).

(3) 소방청장 또는 시·도지사는 (2)에 따른 보상금액에 관한 협의가 성립되지 않은 경우에는 그 보상금액을 지급하거나 공탁하고 이를 상대방에게 알려야 한다(영 제14조 제3항).

(4) (3)에 따른 보상금의 지급 또는 공탁의 통지에 불복하는 자는 지급 또는 공탁의 통지를 받은 날부터 30일 이내에 「공익사업을 위한 토지 등의 취득 및 보상에 관한 법률」 제49조에 따른 중앙토지수용위원회 또는 관할 지방토지수용위원회에 재결(裁決)을 신청할 수 있다(영 제14조 제4항).

4. 화재안전조사 결과 공개

(1) 소방관서장은 화재안전조사를 실시한 경우 다음 각 호의 전부 또는 일부를 인터넷 홈페이지나 아래의 (2)의 전산시스템 등을 통하여 공개할 수 있다(법 제16조 제1항).

> 1. 소방대상물의 위치, 연면적, 용도 등 현황
> 2. 소방시설등의 설치 및 관리 현황
> 3. 피난시설, 방화구획 및 방화시설의 설치 및 관리 현황
> 4. 그 밖에 대통령령(영 제15조 제1항)으로 정하는 사항
>   ① 제조소등 설치 현황
>   ② 소방안전관리자 선임 현황
>   ③ 화재예방안전진단 실시 결과

(2) 소방청장은 (1)에 따른 화재안전조사 결과를 체계적으로 관리하고 활용하기 위하여 전산시스템을 구축·운영하여야 한다(법 제16조 제3항).

(3) 소방청장은 건축, 전기 및 가스 등 화재안전과 관련된 정보를 소방활동 등에 활용하기 위하여 (2)에 따른 전산시스템과 관계 중앙행정기관, 지방자치단체 및 공공기관 등에서 구축·운용하고 있는 전산시스템을 연계하여 구축할 수 있다(법 제16조 제4항).

04 화재의 예방조치 등

Chapter

단·원·열·기

화재예방조치, 화재예방강화지구, 화재안전영향평가 등의 개념에서 출제가능성이 있다.
학습방법 : 화재예방강화지구, 화재안전영향평가 중심으로 정리해두되 예방조치 등 전반적으로 학습해두는 것이 필요하다.

1 화재의 예방조치 등

1. 화재발생 위험행위 금지

누구든지 화재예방강화지구 및 이에 준하는 대통령령으로 정하는 장소에서는 다음 각 호의 어느 하나에 해당하는 행위를 하여서는 아니 된다. 다만, 행정안전부령으로 정하는 바에 따라 안전조치를 한 경우에는 그러하지 아니한다(법 제17조 제1항).

1. 모닥불, 흡연 등 화기의 취급
2. 풍등 등 소형열기구 날리기
3. 용접·용단 등 불꽃을 발생시키는 행위
4. 그 밖에 대통령령(영 제16조 제2항)으로 정하는 화재 발생 위험이 있는 행위즉, 「위험물안전관리법」 제2조 제1항 제1호에 따른 위험물을 방치하는 행위

2. 화재발생 위험행위에 따른 조치명령

(1) 조치명령

소방관서장은 화재 발생 위험이 크거나 소화 활동에 지장을 줄 수 있다고 인정되는 행위나 물건에 대하여 행위 당사자나 그 물건의 소유자, 관리자 또는 점유자에게 다음 각 호의 명령을 할 수 있다. 다만, 아래 **2.** 및 **3.**에 해당하는 물건의 소유자, 관리자 또는 점유자를 알 수 없는 경우 소속 공무원으로 하여금 그 물건을 옮기거나 보관하는 등 필요한 조치를 하게 할 수 있다(법 제17조 제2항).

화재의 예방조치 등

1. 화재의 예방조치 등
2. 화재예방강화지구
3. 화재안전영향평가 등

대통령령으로 정하는 장소

법 제17조 제1항 각 호 외의 부분 본문에서 "대통령령으로 정하는 장소"란 다음 각 호의 장소를 말한다(영 제16조 제1항).

1. 제조소 등
2. 「고압가스 안전관리법」 제3조 제1호에 따른 저장소
3. 「액화석유가스의 안전관리 및 사업법」 제2조 제1호에 따른 액화석유가스의 저장소·판매소
4. 「수소경제 육성 및 수소 안전관리에 관한 법률」 제2조 제7호에 따른 수소연료공급시설 및 같은 조 제9호에 따른 수소연료사용시설
5. 「총포·도검·화약류 등의 안전관리에 관한 법률」 제2조 제3항에 따른 화약류를 저장하는 장소

1. 위 1.의 각 호의 어느 하나에 해당하는 행위의 금지 또는 제한
2. 목재, 플라스틱 등 가연성이 큰 물건의 제거, 이격, 적재 금지 등
3. 소방차량의 통행이나 소화 활동에 지장을 줄 수 있는 물건의 이동

(2) 가연성물건 등에 대한 보관기간 및 처리

(1)에 따라 옮긴 물건 등에 대한 보관기간 및 보관기간 경과 후 처리 등에 필요한 사항은 대통령령으로 정한다(법 제17조 제3항).

① 소방관서장은 법 제17조 제2항 각 호 외의 부분 단서에 따라 옮긴 물건 등(이하 "옮긴물건등"이라 한다)을 보관하는 경우에는 그날부터 14일 동안 해당 소방관서의 인터넷 홈페이지에 그 사실을 공고해야 한다(영 제17조 제1항).

② 옮긴물건등의 보관기간은 ①에 따른 공고기간의 종료일 다음 날부터 7일까지로 한다(영 제17조 제2항).

③ 소방관서장은 ②에 따른 보관기간이 종료된 때에는 보관하고 있는 옮긴물건등을 매각해야 한다. 다만, 보관하고 있는 옮긴물건등이 부패·파손 또는 이와 유사한 사유로 정해진 용도로 계속 사용할 수 없는 경우에는 폐기할 수 있다(영 제17조 제3항).

2 화재예방강화지구

1. 화재예방강화지구 지정대상 지역

시·도지사는 다음 각 호의 어느 하나에 해당하는 지역을 화재예방강화지구로 지정하여 관리할 수 있다(법 제18조 제1항).

1. 시장지역
2. 공장·창고가 밀집한 지역
3. 목조건물이 밀집한 지역
4. 노후·불량건축물이 밀집한 지역
5. 위험물의 저장 및 처리 시설이 밀집한 지역
6. 석유화학제품을 생산하는 공장이 있는 지역
7. 「산업입지 및 개발에 관한 법률」 제2조 제8호에 따른 산업단지
8. 소방시설·소방용수시설 또는 소방출동로가 없는 지역

9. 「물류시설의 개발 및 운영에 관한 법률」 제2조 제6호에 따른 물류단지
10. 그 밖에 1.부터 9.까지에 준하는 지역으로서 소방관서장이 화재예방강화지구로 지정할 필요가 있다고 인정하는 지역

2. 화재예방강화지구 지정요청

1.에도 불구하고 시・도지사가 화재예방강화지구로 지정할 필요가 있는 지역을 화재예방강화지구로 지정하지 아니하는 경우 소방청장은 해당 시・도지사에게 해당 지역의 화재예방강화지구 지정을 요청할 수 있다(법 제18조 제2항).

3. 화재예방강화지구 안의 화재안전조사

(1) 소방관서장은 대통령령으로 정하는 바에 따라 1.에 따른 화재예방강화지구 안의 소방대상물의 위치・구조 및 설비 등에 대하여 화재안전조사를 하여야 한다(법 제18조 제3항).

(2) 소방관서장은 법 제18조 제3항에 따라 화재예방강화지구 안의 소방대상물의 위치・구조 및 설비 등에 대한 화재안전조사를 연 1회 이상 실시해야 한다(영 제20조 제1항).

4. 소방설비 등의 설치명령

소방관서장은 3.에 따른 화재안전조사를 한 결과 화재의 예방강화를 위하여 필요하다고 인정할 때에는 관계인에게 소화기구, 소방용수시설 또는 그 밖에 소방에 필요한 설비(이하 "소방설비 등"이라 한다)의 설치(보수, 보강을 포함한다)를 명할 수 있다(법 제18조 제4항).

5. 소방훈련 및 교육

(1) 소방관서장은 화재예방강화지구 안의 관계인에 대하여 대통령령으로 정하는 바에 따라 소방에 필요한 훈련 및 교육을 실시할 수 있다(법 제18조 제5항).

(2) 소방관서장은 (1)에 따라 화재예방강화지구 안의 관계인에 대하여 소방에 필요한 훈련 및 교육을 연 1회 이상 실시할 수 있다(영 제20조 제2항).

(3) 소방관서장은 (2)에 따라 훈련 및 교육을 실시하려는 경우에는 화재예방강화지구 안의 관계인에게 훈련 또는 교육 10일 전까지 그 사실을 통보해야 한다(영 제20조 제3항).

3 화재안전영향평가 등

1. 화재안전영향평가

(1) 화재안전영향평가 실시

소방청장은 화재발생 원인 및 연소과정을 조사·분석하는 등의 과정에서 법령이나 정책의 개선이 필요하다고 인정되는 경우 그 법령이나 정책에 대한 화재위험성의 유발요인 및 완화 방안에 대한 평가(이하 "화재안전영향평가"라 한다)를 실시할 수 있다(법 제21조 제1항).

(2) 실시결과 통보

소방청장은 (1)에 따라 화재안전영향평가를 실시한 경우 그 결과를 해당 법령이나 정책의 소관 기관의 장에게 통보하여야 한다(법 제21조 제2항).

(3) 결과 반영

(2)에 따라 결과를 통보받은 소관 기관의 장은 특별한 사정이 없는 한 이를 해당 법령이나 정책에 반영하도록 노력하여야 한다(법 제21조 제3항).

2. 화재안전영향평가심의회 구성 · 운영

(1) 화재안전영향평가심의회 구성 · 운영

① 소방청장은 화재안전영향평가에 관한 업무를 수행하기 위하여 화재안전영향평가심의회(이하 "심의회"라 한다)를 구성·운영할 수 있다(법 제22조 제1항).

② 심의회는 위원장 1명을 포함한 12명 이내의 위원으로 구성한다(법 제22조 제2항).

(2) 위원의 자격

위원장은 위원 중에서 호선하고, 위원은 다음 각 호의 사람으로 한다(법 제22조 제3항).

1. 화재안전과 관련되는 법령이나 정책을 담당하는 관계 기관의 소속 직원으로서 대통령령으로 정하는 사람
2. 소방기술사 등 대통령령으로 정하는 화재안전과 관련된 분야의 학식과 경험이 풍부한 전문가로서 소방청장이 위촉한 사람

소방대상물의 소방안전관리

단·원·열·기

특정소방대상물의 소방안전관리자에서 주로 출제되고 있다.
학습방법 : 특정소방대상물의 소방안전관리물 중심으로 정리해두되 소방훈련 등 전반적으로 학습해두는 것이 필요하다.

1 특정소방대상물의 소방안전관리

1. 소방안전관리자 선임

(1) 특정소방대상물 중 전문적인 안전관리가 요구되는 대통령령으로 정하는 특정소방대상물(이하 "소방안전관리대상물"이라 한다)의 관계인은 소방안전관리업무를 수행하기 위하여 제30조 제1항에 따른 소방안전관리자 자격증을 발급받은 사람을 소방안전관리자로 선임하여야 한다. 이 경우 소방안전관리자의 업무에 대하여 보조가 필요한 대통령령으로 정하는 소방안전관리대상물의 경우에는 소방안전관리자 외에 소방안전관리보조자를 추가로 선임하여야 한다(법 제24조 제1항).

(2) 다른 안전관리자(다른 법령에 따라 전기 · 가스 · 위험물 등의 안전관리 업무에 종사하는 자를 말한다)는 소방안전관리대상물 중 소방안전관리업무의 전담이 필요한 대통령령(영 제26조)으로 정하는 소방안전관리대상물(즉, 특급 및 1급 소방안전관리대상물)의 소방안전관리자를 겸할 수 없다. 다만, 다른 법령에 특별한 규정이 있는 경우에는 그러하지 아니하다(법 제24조 제2항).

2. 소방안전관리자 및 소방안전관리보조자 선임대상 특정소방대상물

소방안전관리자를 두어야하는 소방안전관리대상물은 다음과 같다(영 별표4조).

소방대상물의 소방안전관리

1. 특정소방대상물의 소방안전관리
2. 관계인 등의 의무
3. 건설현장 소방안전관리
4. 소방안전관리자
5. 소방안전관리자 등에 대한 교육

소방안전관리자 선임명령 등

소방본부장 또는 소방서장은 소방안전관리자 또는 소방안전관리보조자를 선임하지 아니한 소방안전관리대상물의 관계인에게 소방안전관리자 또는 소방안전관리보조자를 선임하도록 명할 수 있다(법 제28조 제1항).

(1) 특급 소방안전관리대상물

특정소방대상물 중 다음의 어느 하나에 해당하는 것으로서 동・식물원, 철강 등 불연성 물품을 저장・취급하는 창고, 위험물 저장 및 처리 시설 중 위험물 제조소등, 지하구를 제외한 것(영 별표4 제1호).

① 50층 이상(지하층은 제외)이거나 지상으로부터 높이가 200m 이상인 아파트
② 30층 이상(지하층을 포함)이거나 지상으로부터 높이가 120m 이상인 특정소방대상물(아파트는 제외한다)
③ ②에 해당하지 아니하는 특정소방대상물로서 연면적이 10만m^2 이상인 특정소방대상물(아파트는 제외한다)

(2) 1급 소방안전관리대상물

특정소방대상물 중 특급소방안전관리대상물을 제외한 다음의 어느 하나에 해당하는 것으로서 동・식물원, 철강 등 불연성 물품을 저장・취급하는 창고, 위험물 저장 및 처리 시설 중 위험물제조소등, 지하구를 제외한 것(영 별표4 제2호).

① 30층 이상(지하층은 제외)이거나 지상으로부터 높이가 120m 이상인 아파트
② 연면적 1만 5천m^2 이상인 특정소방대상물(아파트 및 연립주택은 제외한다)
③ ②에 해당되지 아니 하는 특정소방대상물로서 지상층의 층수가 11층 이상인 특정소방대상물(아파트는 제외한다)
④ 가연성 가스를 1천톤 이상 저장・취급하는 시설

(3) 2급 소방안전관리대상물

특정소방대상물 중 특급소방안전관리대상물 및 1급 소방안전관리대상물을 제외한 다음의 어느 하나에 해당하는 것(영 별표4 제3호).

① 옥내소화전설비・스프링클러설비 또는 물분무등소화설비(호스릴 방식만을 설치한 경우를 제외한다)를 설치해야하는 특정소방대상물
② 가스제조설비를 갖추고 도시가스사업허가를 받아야 하는 시설 또는 가연성가스를 100톤 이상 1천톤 미만 저장・취급하는 시설
③ 지하구
④ 의무관리대상 공동주택(옥내소화전설비・스프링클러설비가 설치된 공동주택으로 한정한다)
⑤ 「문화유산의 보존 및 활용에 관한 법률」에 따라 보물 또는 국보로 지정된 목조건축물

(4) 3급 소방안전관리대상물

특정소방대상물 중 특급소방안전관리대상물 · 1급 소방안전관리대상물 · 2급 소방안전관리대상물에 해당하지 아니하는 특정소방대상물로서 다음에 해당하는 특정소방대상물(영 별표4 제4호).

> ① 간이스프링클러설비(주택전용 간이스프링클러설비는 제외한다)를 설치해야 하는 특정소방대상물
> ② 자동화재탐지설비를 설치해야 하는 특정소방대상물(공동주택의 경우 아파트 등)

(5) 관리의 권원이 분리된 특정소방대상물의 소방안전관리

1) 권원별 소방안전관리자 선임

① 다음 각 호의 어느 하나에 해당하는 특정소방대상물로서 그 관리의 권원(權原)이 분리되어 있는 특정소방대상물의 경우 그 관리의 권원별 관계인은 대통령령으로 정하는 바에 따라 소방안전관리자를 선임하여야 한다. 다만, 소방본부장 또는 소방서장은 관리의 권원이 많아 효율적인 소방안전관리가 이루어지지 아니한다고 판단되는 경우 대통령령으로 정하는 바에 따라 관리의 권원을 조정하여 소방안전관리자를 선임하도록 할 수 있다(법 제35조 제1항).

> 1. 복합건축물(지하층을 제외한 층수가 11층 이상 또는 연면적 3만m^2 이상인 건축물)
> 2. 지하가(지하의 인공구조물 안에 설치된 상점 및 사무실, 그 밖에 이와 비슷한 시설이 연속하여 지하도에 접하여 설치된 것과 그 지하도를 합한 것을 말한다)
> 3. 그 밖에 대통령령(영 제35조)으로 정하는 특정소방대상물: 판매시설 중 도매시장 및 소매시장 및 전통시장

② ①에 따라 관리의 권원이 분리되어 있는 특정소방대상물의 관계인은 소유권, 관리권 및 점유권에 따라 각각 소방안전관리자를 선임해야 한다. 다만, 둘 이상의 소유권, 관리권 또는 점유권이 동일인에게 귀속된 경우에는 하나의 관리 권원으로 보아 소방안전관리자를 선임할 수 있다(영 제34조 제1항).

③ ②에도 불구하고 다음 각 호의 어느 하나에 해당하는 경우에는 해당 호에서 정하는 바에 따라 소방안전관리자를 선임할 수 있다(영 제34조 제2항).

> 1. 법령 또는 계약 등에 따라 공동으로 관리하는 경우: 하나의 관리 권원으로 보아 소방안전관리자 1명 선임
> 2. 화재 수신기 또는 소화펌프(가압송수장치를 포함한다. 이하 이 항에서 같다)가 별도로 설치되어 있는 경우: 설치된 화재 수신기 또는 소화펌프가 화재를 감지 · 소화 또는 경보할 수 있는 부분을 각각 하나의 관리 권원으로 보아 각각 소방안전관리자 선임
> 3. 하나의 화재 수신기 및 소화펌프가 설치된 경우: 하나의 관리 권원으로 보아 소방안전관리자 1명 선임

④ ② 및 ③에도 불구하고 소방본부장 또는 소방서장은 ①의 단서에 따라 관리의 권원이 많아 효율적인 소방안전관리가 이루어지지 않는다고 판단되는 경우 1)의 ①의 각 호의 기준 및 해당 특정소방대상물의 화재위험성 등을 고려하여 관리의 권원이 분리되어 있는 특정소방대상물의 관리의 권원을 조정하여 소방안전관리자를 선임하도록 할 수 있다(영 제34조 제3항).

2) 총괄소방안전관리자

① 1)에 따른 관리의 권원별 관계인은 상호 협의하여 특정소방대상물의 전체에 걸쳐 소방안전관리상 필요한 업무를 총괄하는 소방안전관리자(이하 "총괄소방안전관리자"라 한다)를 1)에 따라 선임된 소방안전관리자 중에서 선임하거나 별도로 선임하여야 한다. 이 경우 총괄소방안전관리자의 자격은 대통령령으로 정하고 업무수행 등에 필요한 사항은 행정안전부령으로 정한다(법 제35조 제2항).

② ①에 따른 특정소방대상물의 전체에 걸쳐 소방안전관리상 필요한 업무를 총괄하는 소방안전관리자(이하 "총괄소방안전관리자"라 한다)는 별표 4에 따른 소방안전관리대상물의 등급별 선임자격을 갖춰야 한다. 이 경우 관리의 권원이 분리되어 있는 특정소방대상물에 대하여 소방안전관리대상물의 등급을 결정할 때에는 해당 특정소방대상물 전체를 기준으로 한다(영 제36조).

③ ①에 따른 총괄소방안전관리자에 대하여는 제24조, 제26조부터 제28조까지 및 제30조부터 제34조까지에서 규정한 사항 중 소방안전관리자에 관한 사항을 준용한다(법 제35조 제3항).

3) 공동소방안전관리협의회

1) 및 2)의 ①에 따라 선임된 소방안전관리자 및 총괄소방안전관리자는 해당 특정소방대상물의 소방안전관리를 효율적으로 수행하기 위하여 공동소방안전관리협의회를 구성하고, 해당 특정소방대상물에 대한 소방안전관리를 공동으로 수행하여야 한다. 이 경우 공동소방안전관리협의회의 구성・운영 및 공동소방안전관리의 수행 등에 필요한 사항은 대통령령으로 정한다(법 제35조 제4항).

(6) 소방안전관리보조자 선임대상 특정소방대상물

별표 4에 따라 소방안전관리자를 선임해야 하는 소방안전관리대상물 중 다음 각 목의 어느 하나에 해당하는 특정소방대상물로 한다. 다만, 아래의 **3.**의 경우 해당 특정소방대상물이 소재하는 지역을 관할하는 소방서장이 야간이나 휴일에 해당 특정소방대상물이 이용되지 않는다는 것을 확인한 경우에는 소방안전관리보조자를 선임하지 않을 수 있다.(영 별표5 제1호).

1. 300세대 이상의 아파트
2. 연면적이 1만 5천m^2 이상인 특정소방대상물(아파트 및 연립주택은 제외한다)
3. 1., 2.를 제외한 특정소방대상물 중 다음의 어느 하나에 해당하는 특정소방대상물
   ① 공동주택 중 기숙사
   ② 의료시설
   ③ 노유자시설
   ④ 수련시설
   ⑤ 숙박시설(숙박시설로 사용되는 바닥면적의 합계가 1천 500m^2 미만이고 관계인이 24시간 상시 근무하고 있는 숙박시설은 제외한다)

공동소방안전관리협의회의 구성・운영 등

1. 법 제35조 제4항에 따른 공동소방안전관리협의회(이하 "협의회"라 한다)는 같은 조 제1항 및 제2항에 따라 선임된 소방안전관리자 및 총괄소방안전관리자(이하 이 조에서 "총괄소방안전관리자등"이라 한다)로 구성한다(영 제37조 제1항).
2. 총괄소방안전관리자등은 법 제35조 제4항에 따라 다음 각 호의 공동소방안전관리 업무를 협의회의 협의를 거쳐 공동으로 수행한다(영 제37조 제2항).
   ① 특정소방대상물 전체의 소방계획 수립 및 시행에 관한 사항
   ② 특정소방대상물 전체의 소방훈련・교육의 실시에 관한 사항
   ③ 공용 부분의 소방시설 및 피난・방화시설의 유지・관리에 관한 사항
   ④ 그 밖에 공동으로 소방안전관리를 할 필요가 있는 사항
3. 협의회는 공동소방안전관리 업무의 수행에 필요한 기준을 정하여 운영할 수 있다(영 제37조 제3항).

소방안전관리자의 선임신고

소방안전관리대상물의 관계인은 법 제24조 및 제35조에 따라 소방안전관리자를 다음 각 호의 구분에 따라 해당 호에서 정하는 날부터 30일 이내에 선임해야 한다(규칙 제14조 제1항).

1. **신축・증축・개축・재축・대수선 또는 용도변경으로 해당 특정소방대상물의 소방안전관리자를 신규로 선임해야 하는 경우**: 해당 특정소방대상물의 사용승인일(건축물의 경우에는 「건축법」 제22조에 따라 건축물을 사용할 수 있게 된 날을 말한다. 이하 이 조 및 제16조에서 같다)

2. **증축 또는 용도변경으로 인하여 특정소방대상물이 영 제25조 제1항에 따른 소방안전관리대상물로 된 경우 또는 특정소방대상물의 소방안전관리 등급이 변경된 경우**: 증축공사의 사용승인일 또는 용도변경 사실을 건축물관리대장에 기재한 날
3. **특정소방대상물을 양수하거나 「민사집행법」에 따른 경매, 「채무자 회생 및 파산에 관한 법률」에 따른 환가(換價), 「국세징수법」·「관세법」 또는 「지방세기본법」에 따른 압류재산의 매각이나 그 밖에 이에 준하는 절차에 따라 관계인의 권리를 취득한 경우**: 해당 권리를 취득한 날 또는 관할 소방서장으로부터 소방안전관리자 선임 안내를 받은 날. 다만, 새로 권리를 취득한 관계인이 종전의 특정소방대상물의 관계인이 선임신고한 소방안전관리자를 해임하지 않는 경우는 제외한다.
4. **법 제35조에 따른 특정소방대상물의 경우**: 관리의 권원이 분리되거나 소방본부장 또는 소방서장이 관리의 권원을 조정한 날
5. **소방안전관리자의 해임, 퇴직 등으로 해당 소방안전관리자의 업무가 종료된 경우**: 소방안전관리자가 해임된 날, 퇴직한 날 등 근무를 종료한 날
6. **법 제24조 제3항에 따라 소방안전관리업무를 대행하는 자를 감독할 수 있는 사람을 소방안전관리자로 선임한 경우로서 그 업무대행 계약이 해지 또는 종료된 경우**: 소방안전관리업무 대행이 끝난 날
7. **법 제31조 제1항에 따라 소방안전관리자 자격이 정지 또는 취소된 경우**: 소방안전관리자 자격이 정지 또는 취소된 날

3. 소방안전관리자 선임 및 해임신고

(1) 소방안전관리자 선임신고

소방안전관리대상물의 관계인이 제24조에 따라 소방안전관리자 또는 소방안전관리보조자를 선임한 경우에는 행정안전부령으로 정하는 바에 따라 선임한 날부터 14일 이내에 소방본부장 또는 소방서장에게 신고하고, 소방안전관리대상물의 출입자가 쉽게 알 수 있도록 소방안전관리자의 성명과 그 밖에 행정안전부령으로 정하는 사항을 게시하여야 한다(법 제26조 제1항).

(2) 소방안전관리자 해임신고

소방안전관리대상물의 관계인이 소방안전관리자 또는 소방안전관리보조자를 해임한 경우에는 그 관계인 또는 해임된 소방안전관리자 또는 소방안전관리보조자는 소방본부장이나 소방서장에게 그 사실을 알려 해임한 사실의 확인을 받을 수 있다(법 제26조 제2항).

(3) 관리업자 감독 소방안전관리자 선임

제24조 제1항에도 불구하고 제25조 제1항에 따른 소방안전관리대상물의 관계인은 소방안전관리업무를 대행하는 관리업자(「소방시설 설치 및 관리에 관한 법률」 제29조 제1항에 따른 소방시설관리업의 등록을 한 자를 말한다. 이하 "관리업자"라 한다)를 감독할 수 있는 사람을 지정하여 소방안전관리자로 선임할 수 있다. 이 경우 소방안전관리자로 선임된 자는 선임된 날부터 3개월 이내에 제34조에 따른 교육을 받아야 한다(법 제24조 제3항).

(4) 소방안전관리자 및 소방안전관리보조자의 선임 대상별 자격 및 인원기준

소방안전관리자 및 소방안전관리보조자의 선임 대상별 자격 및 인원기준은 대통령령으로 정하고, 선임 절차 등 그 밖에 필요한 사항은 행정안전부령으로 정한다(법 제24조 제4항).

4. 특정소방대상물의 관계인과 소방안전관리자의 업무

(1) 특정소방대상물(소방안전관리대상물은 제외한다)의 관계인과 소방안전관리대상물의 소방안전관리자는 다음 각 호의 업무를 수행한다. 다만, 다음의 **1.** · **2.** · **5.** 및 **7.**의 업무는 소방안전관리대상물의 경우에만 해당한다(법 제24조 제5항)

> 1. 제36조에 따른 피난계획에 관한 사항과 대통령령으로 정하는 사항이 포함된 소방계획서의 작성 및 시행
> 2. 자위소방대(自衛消防隊) 및 초기대응체계의 구성, 운영 및 교육
> 3. 「소방시설 설치 및 관리에 관한 법률」 제16조에 따른 피난시설, 방화구획 및 방화시설의 관리
> 4. 소방시설이나 그 밖의 소방 관련 시설의 관리
> 5. 제37조에 따른 소방훈련 및 교육
> 6. 화기(火氣) 취급의 감독
> 7. 행정안전부령(규칙 제10조)으로 정하는 바에 따른 소방안전관리에 관한 업무수행에 관한 기록 · 유지(제3호 · 제4호 및 제6호의 업무를 말한다).(즉, 월 1회 이상 작성하고 그 기록은 2년간 보관한다.)
> 8. 화재발생시 초기대응
> 9. 그 밖에 소방안전관리에 필요한 업무

(2) (1)의 **2.**에 따른 자위소방대와 초기대응체계의 구성, 운영 및 교육 등에 필요한 사항은 행정안전부령으로 정한다(법 제24조 제6항)

관계인 및 소방안전관리자의 업무 이행명령

소방본부장 또는 소방서장은 제24조 제5항에 따른 업무를 다하지 아니하는 특정소방대상물의 관계인 또는 소방안전관리자에게 그 업무의 이행을 명할 수 있다(법 제28조 제2항).

5. 소방안전관리업무의 대행

(1) 소방안전관리대상물 중 연면적 등이 일정규모 미만인 대통령령으로 정하는 소방안전관리대상물의 관계인은 제24조 제1항에도 불구하고 관리업자로 하여금 같은 조 제5항에 따른 소방안전관리업무 중 대통령령으로 정하는 업무를 대행하게 할 수 있다. 이 경우 제24조 제3항에 따라 선임된 소방안전관리자는 관리업자의 대행업무 수행을 감독하고 대행업무 외의 소방안전관리업무는 직접 수행하여야 한다(법 제25조 제1항).

① "대통령령으로 정하는 소방안전관리대상물"이란 다음 각 호의 소방안전관리대상물을 말한다(영 제28조 제1항).

> 1. 별표 4 제2호 가목3)에 따른 지상층의 층수가 11층 이상인 1급 소방안전관리대상물(연면적 1만 5천m^2 이상인 특정소방대상물과 아파트는 제외한다)
> 2. 별표 4 제3호에 따른 2급 소방안전관리대상물
> 3. 별표 4 제4호에 따른 3급 소방안전관리대상물

② "대통령령으로 정하는 업무"란 다음 각 호의 업무를 말한다(영 제28조 제2항).

> 1. 법 제24조 제5항 제3호에 따른 피난시설, 방화구획 및 방화시설의 관리
> 2. 법 제24조 제5항 제4호에 따른 소방시설이나 그 밖의 소방 관련 시설의 관리

(2) (1)의 전단에 따라 소방안전관리업무를 대행하는 자는 대행인력의 배치기준·자격·방법 등 행정안전부령으로 정하는 준수사항을 지켜야 한다(법 제25조 제2항).

(3) (1)에 따라 소방안전관리업무를 관리업자에게 대행하게 하는 경우의 대가(代價)는 「엔지니어링산업 진흥법」 제31조에 따른 엔지니어링사업의 대가 기준 가운데 행정안전부령으로 정하는 방식에 따라 산정한다(법 제25조 제3항).

2 관계인 등의 의무

(1) 특정소방대상물의 관계인은 그 특정소방대상물에 대하여 앞의 **4.**의 (1)에 따른 소방안전관리업무를 수행하여야 한다(법 제27조 제1항).

(2) 소방안전관리대상물의 관계인은 소방안전관리자가 소방안전관리업무를 성실하게 수행할 수 있도록 지도·감독하여야 한다(법 제27조 제2항).

(3) 소방안전관리자는 인명과 재산을 보호하기 위하여 소방시설·피난시설·방화시설 및 방화구획 등이 법령에 위반된 것을 발견한 때에는 지체 없이 소방안전관리대상물의 관계인에게 소방대상물의 개수·이전·제거·수리 등 필요한 조치를 할 것을 요구하여야 하며, 관계인이 시정하지 아니하는 경우 소방본부장 또는 소방서장에게 그 사실을 알려야 한다. 이 경우 소방안전관리자는 공정하고 객관적으로 그 업무를 수행하여야 한다(법 제27조 제3항)

(4) 소방안전관리자로부터 (3)에 따른 조치요구 등을 받은 소방안전관리대상물의 관계인은 지체 없이 이에 따라야 하며, 이를 이유로 소방안전관리자를 해임하거나 보수(報酬)의 지급을 거부하는 등 불이익한 처우를 하여서는 아니 된다(법 제27조 제4항).

3 건설현장 소방안전관리

1. 건설현장 소방안전관리대상물의 소방안전관리자 선임

「소방시설 설치 및 관리에 관한 법률」 제15조 제1항에 따른 공사시공자가 화재발생 및 화재피해의 우려가 큰 대통령령으로 정하는 특정소방대상물(이하 "건설현장 소방안전관리대상물"이라 한다)을 신축·증축·개축·재축·이전·용도변경 또는 대수선 하는 경우에는 제24조 제1항에 따른 소방안전관리자로서 제34조에 따른 교육을 받은 사람을 소방시설공사 착공 신고일부터 건축물 사용승인일(「건축법」 제22조에 따라 건축물을 사용할 수 있게 된 날을 말한다)까지 소방안전관리자로 선임하고 행정안전부령으로 정하는 바에 따라 소방본부장 또는 소방서장에게 신고하여야 한다(법 제29조 제1항).

> 법 제29조 제1항에서 "대통령령으로 정하는 특정소방대상물"이란 다음 각 호의 어느 하나에 해당하는 특정소방대상물을 말한다(영 제29조).
> 1. 신축·증축·개축·재축·이전·용도변경 또는 대수선을 하려는 부분의 연면적의 합계가 1만 5천m^2 이상인 것
> 2. 신축·증축·개축·재축·이전·용도변경 또는 대수선을 하려는 부분의 연면적이 5천m^2 이상인 것으로서 다음 각 목의 어느 하나에 해당하는 것
>   ① 지하층의 층수가 2개 층 이상인 것
>   ② 지상층의 층수가 11층 이상인 것
>   ③ 냉동창고, 냉장창고 또는 냉동·냉장창고

2. 건설현장 소방안전관리대상물의 소방안전관리자의 업무

앞의 1.에 따른 건설현장 소방안전관리대상물의 소방안전관리자의 업무는 다음 각 호와 같다(법 제29조 제2항).

> 1. 건설현장의 소방계획서의 작성
> 2. 「소방시설 설치 및 관리에 관한 법률」 제15조 제1항에 따른 임시소방시설의 설치 및 관리에 대한 감독
> 3. 공사진행 단계별 피난안전구역, 피난로 등의 확보와 관리
> 4. 건설현장의 작업자에 대한 소방안전 교육 및 훈련
> 5. 초기대응체계의 구성·운영 및 교육
> 6. 화기취급의 감독, 화재위험작업의 허가 및 관리
> 7. 그 밖에 건설현장의 소방안전관리와 관련하여 소방청장이 고시하는 업무

3. 그 밖에 건설현장 소방안전관리대상물의 소방안전관리

그 밖에 건설현장 소방안전관리대상물의 소방안전관리에 관하여는 제26조부터 제28조까지의 규정을 준용한다. 이 경우 "소방안전관리대상물의 관계인" 또는 "특정소방대상물의 관계인"은 "공사시공자"로 본다(법 제29조 제3항).

자격증 재발급

소방안전관리자 자격증을 발급받은 사람이 소방안전관리자 자격증을 잃어버렸거나 못 쓰게 된 경우에는 행정안전부령으로 정하는 바에 따라 소방안전관리자 자격증을 재발급 받을 수 있다(법 제30조 제3항).

자격증 대여 · 알선 금지

자격증을 발급 또는 재발급 받은 소방안전관리자 자격증을 다른 사람에게 빌려 주거나 빌려서는 아니 되며, 이를 알선하여서도 아니 된다(법 제30조 제4항).

4 소방안전관리자

1. 소방안전관리자의 자격

(1) 소방안전관리자의 자격기준

제24조 제1항에 따른 소방안전관리자의 자격은 다음 각 호의 어느 하나에 해당하는 사람으로서 소방청장으로부터 소방안전관리자 자격증을 발급받은 사람으로 한다(법 제30조 제1항).

> 1. 소방청장이 실시하는 소방안전관리자 자격시험에 합격한 사람
> 2. 다음 각 목에 해당하는 사람으로서 대통령령으로 정하는 사람
>   (1) 소방안전과 관련한 국가기술자격증을 소지한 사람
>   (2) (1)에 해당하는 국가기술자격증 중 일정 자격증을 소지한 사람으로서 소방안전관리자로 근무한 실무경력이 있는 사람
>   (3) 소방공무원 경력자
>   (4) 「기업활동 규제완화에 관한 특별조치법」에 따라 소방안전관리자로 선임된 사람(소방안전관리자로 선임된 기간에 한정한다)

(2) 자격증 발급대상

소방청장은 (1)의 각 호에 따른 자격을 갖춘 사람이 소방안전관리자 자격증 발급을 신청하는 경우 행정안전부령으로 정하는 바에 따라 자격증을 발급하여야 한다(법 제30조 제2항).

(3) 소방안전관리자 자격의 정지 및 취소

소방청장은 소방안전관리자 자격증을 발급받은 사람이 다음 각 호의 어느 하나에 해당하는 경우에는 행정안전부령으로 정하는 바에 따라 그 자격을 취소하거나 1년 이하의 기간을 정하여 그 자격을 정지시킬 수 있다. 다만, 아래의 **1.** 또는 **3.**에 해당하는 경우에는 그 자격을 취소하여야 한다(법 제31조 제1항).

1. 거짓이나 그 밖의 부정한 방법으로 소방안전관리자 자격증을 발급받은 경우
2. 제24조 제5항에 따른 소방안전관리업무를 게을리한 경우
3. 제30조 제4항을 위반하여 소방안전관리자 자격증을 다른 사람에게 빌려준 경우
4. 제34조에 따른 실무교육을 받지 아니한 경우
5. 이 법 또는 이 법에 따른 명령을 위반한 경우

(4) 취소된 자격증의 재발급 제한

소방안전관리자 자격이 취소된 사람은 취소된 날부터 2년간 소방안전관리자 자격증을 발급받을 수 없다(법 제31조 제2항).

2. 소방안전관리자 등 종합정보망의 구축 · 운영

소방청장은 소방안전관리자 및 소방안전관리보조자에 대한 다음 각 호의 정보를 효율적으로 관리하기 위하여 종합정보망을 구축 · 운영할 수 있다(법 제33조 제1항).

1. 제26조 제1항에 따른 소방안전관리자 및 소방안전관리보조자의 선임신고 현황
2. 제26조 제2항에 따른 소방안전관리자 및 소방안전관리보조자의 해임 사실의 확인 현황
3. 제29조 제1항에 따른 건설현장 소방안전관리자 선임신고 현황
4. 제30조 제1항 및 제2항에 따른 소방안전관리자 자격시험 합격자 및 자격증의 발급 현황
5. 제31조 제1항에 따른 소방안전관리자 자격증의 정지 · 취소 처분 현황
6. 제34조에 따른 소방안전관리자 및 소방안전관리보조자의 교육 실시현황

5 소방안전관리자 등에 대한 교육

1. 교육내용

소방안전관리자가 되려고 하는 사람 또는 소방안전관리자(소방안전관리보조자를 포함한다)로 선임된 사람은 소방안전관리업무에 관한 능력의 습득 또는 향상을 위하여 행정안전부령으로 정하는 바에 따라 소방청장이 실시하는 다음 각 호의 강습교육 또는 실무교육을 받아야 한다(법 제34조 제1항).

1. 강습교육
   ① 소방안전관리자의 자격을 인정받으려는 사람으로서 대통령령으로 정하는 사람
   ② 제24조 제3항에 따른 소방안전관리자로 선임되고자 하는 사람
   ③ 제29조에 따른 소방안전관리자로 선임되고자 하는 사람
2. 실무교육
   ① 제24조 제1항에 따라 선임된 소방안전관리자 및 소방안전관리보조자
   ② 제24조 제3항에 따라 선임된 소방안전관리자

2. 교육시간

(1) 강습교육

강습교육대상	교육시간
특급 소방안전관리자	160시간
1급 소방안전관리자	80시간
2급 및 공공기관 소방안전관리자	40시간
3급 소방안전관리자 및 건설현장 소방안전관리자	24시간
업무 대행감독 소방안전관리자	16시간

(2) 실무교육

① 소방안전관리자는 소방안전관리자로 선임된 날부터 6개월 이내에 실무교육을 받아야 하며, 그 이후에는 2년마다(최초 실무교육을 받은 날을 기준일로 하여 매 2년이 되는 해의 기준일과 같은 날 전까지를 말한다) 1회 이상 실무교육을 받아야 한다. 다만, 소방안전관리 강습교육 또는 실무교육을 받은 후 1년 이내에 소방안전관리자로 선임된 사람은 해당 강습교육을 수료하거나 실무교육을 이수한 날에 실무교육을 이수한 것으로 본다(규칙 제29조 제3항).

② 소방안전관리보조자는 그 선임된 날부터 6개월(영 별표 5 제2호 마목에 따라 소방안전관리보조자로 지정된 사람의 경우 3개월을 말한다) 이내에 실무교육을 받아야 하며, 그 이후에는 2년마다(최초 실무교육을 받은 날을 기준일로 하여 매 2년이 되는 해의 기준일과 같은 날 전까지를 말한다) 1회 이상 실무교육을 받아야 한다. 다만, 소방안전관리자 강습교육 또는 실무교육이나 소방안전관리보조자 실무교육을 받은 후 1년 이내에 소방안전관리보조자로 선임된 사람은 해당 강습교육을 수료하거나 실무교육을 이수한 날에 실무교육을 이수한 것으로 본다(규칙 제29조 제4항).

실무교육대상	교육시간
소방안전관리자	8시간 이내
소방안전관리보조자	4시간

3. 교육실시방법

교육실시방법은 다음 각 호와 같다. 다만, 「감염병의 예방 및 관리에 관한 법률」 제2조에 따른 감염병 등 불가피한 사유가 있는 경우에는 행정안전부령으로 정하는 바에 따라 다음의 **1.** 또는 **3.**의 교육을 **2.**의 교육으로 실시할 수 있다(법 제34조 제2항).

1. 집합교육
2. 정보통신매체를 이용한 원격교육
3. 1. 및 2.를 혼용한 교육

피난계획의 수립 및 시행

1. 소방안전관리대상물의 관계인은 그 장소에 근무하거나 거주 또는 출입하는 사람들이 화재가 발생한 경우에 안전하게 피난할 수 있도록 피난계획을 수립·시행하여야 한다(법 제36조 제1항).
2. 1.의 피난계획에는 그 소방안전관리대상물의 구조, 피난시설 등을 고려하여 설정한 피난경로가 포함되어야 한다(법 제36조 제2항).
3. 소방안전관리대상물의 관계인은 피난시설의 위치, 피난경로 또는 대피요령이 포함된 피난유도 안내정보를 근무자 또는 거주자에게 정기적으로 제공하여야 한다(법 제36조 제3항).
4. 1.에 따른 피난계획의 수립·시행, 3.에 따른 피난유도 안내정보 제공에 필요한 사항은 행정안전부령으로 정한다(법 제36조 제4항).

Chapter

06 특별관리시설물의 소방안전관리

단·원·열·기

소방안전 특별관리시설물에서 주로 출제되고 있다.
학습방법 : 특정소방대상물의 대상, 화재예방안전진단 등을 중심으로 전반적으로 학습해두는 것이 필요하다.

특별관리시설물의 소방안전관리

1. 소방안전 특별관리시설물의 안전관리
2. 화재예방안전진단
3. 화재예방안전진단기관

1 소방안전 특별관리시설물의 안전관리

1. 소방안전 특별관리시설물

소방청장은 화재 등 재난이 발생할 경우 사회·경제적으로 피해가 큰 다음 각 호의 시설(이하 "소방안전 특별관리시설물"이라 한다)에 대하여 소방안전 특별관리를 하여야 한다(법 제40조 제1항).

1. 「공항시설법」 제2조 제7호의 공항시설
2. 「철도산업발전기본법」 제3조 제2호의 철도시설
3. 「도시철도법」 제2조 제3호의 도시철도시설
4. 「항만법」 제2조 제5호의 항만시설
5. 「문화유산의 보존 및 활용에 관한 법률」 제2조 제3항의 지정문화유산 및 「자연유산의 보존 및 활용에 관한 법률」에 따른 천연기념물·명승, 시·도자연유산인 시설(시설이 아닌 지정문화재 및 천연기념물·명승, 시·도자연유산을 보호하거나 소장하고 있는 시설을 포함한다)
6. 「산업기술단지 지원에 관한 특례법」 제2조 제1호의 산업기술단지
7. 「산업입지 및 개발에 관한 법률」 제2조 제8호의 산업단지
8. 「초고층 및 지하연계 복합건축물 재난관리에 관한 특별법」 제2조 제1호·제2호의 초고층 건축물 및 지하연계 복합건축물
9. 「영화 및 비디오물의 진흥에 관한 법률」 제2조 제10호의 영화상영관 중 수용인원 1천명 이상인 영화상영관
10. 전력용 및 통신용 지하구
11. 「한국석유공사법」 제10조 제1항 제3호의 석유비축시설
12. 「한국가스공사법」 제11조 제1항 제2호의 천연가스 인수기지 및 공급망
13. 「전통시장 및 상점가 육성을 위한 특별법」 제2조 제1호의 전통시장으로서 대통령령(영 제41조 제1항)으로 정하는 점포가 500개 이상 전통시장
14. 그 밖에 대통령령(영 제41조 제2항)으로 정하는 시설물

① 「전기사업법」 제2조 제4호에 따른 발전사업자가 가동 중인 발전소(「발전소 주변지역 지원에 관한 법률 시행령」 제2조 제2항에 따른 발전소는 제외한다)
② 「물류시설의 개발 및 운영에 관한 법률」 제2조 제5호의2에 따른 물류창고로서 연면적 10만m^2 이상인 것
③ 「도시가스사업법」 제2조 제5호에 따른 가스공급시설

2. 소방안전 특별관리기본계획

소방청장은 1.에 따른 특별관리를 체계적이고 효율적으로 하기 위하여 시・도지사와 협의하여 소방안전 특별관리기본계획을 화재의 예방 및 기본계획에 포함하여 수립 및 시행하여야 한다(법 제40조 제2항).

(1) 소방안전 특별관리기본계획(이하 "특별관리기본계획"이라 한다)을 5년마다 수립하여 시・도에 통보해야 한다(영 제42조 제1항).

(2) 특별관리기본계획에는 다음 각 호의 사항이 포함되어야 한다(영 제42조 제2항).

1. 화재예방을 위한 중기・장기 안전관리정책
2. 화재예방을 위한 교육・홍보 및 점검・진단
3. 화재대응을 위한 훈련
4. 화재대응과 사후 조치에 관한 역할 및 공조체계
5. 그 밖에 화재 등의 안전관리를 위하여 필요한 사항

3. 소방안전 특별관리시행계획

시・도지사는 2.에 따른 소방안전 특별관리기본계획에 저촉되지 아니하는 범위에서 관할 구역에 있는 소방안전 특별관리시설물의 안전관리에 적합한 소방안전 특별관리시행계획을 제4조 제6항에 따른 세부시행계획에 포함하여 수립 및 시행하여야 한다(법 제40조 제3항).

(1) 시・도지사는 특별관리기본계획을 시행하기 위하여 매년 소방안전 특별관리시행계획(이하 "특별관리시행계획"이라 한다)을 수립・시행하고, 그 결과를 다음 연도 1월 31일까지 소방청장에게 통보해야 한다(영 제42조 제3항).

(2) 특별관리시행계획에는 다음 각 호의 사항이 포함되어야 한다(영 제42조 제4항).

1. 특별관리기본계획의 집행을 위하여 필요한 사항
2. 시・도에서 화재 등의 안전관리를 위하여 필요한 사항

2 화재예방안전진단

1. 관계인의 화재예방안전진단 의무

대통령령으로 정하는 소방안전 특별관리시설물의 관계인은 화재의 예방 및 안전관리를 체계적 · 효율적으로 수행하기 위하여 대통령령으로 정하는 바에 따라 「소방기본법」 제40조에 따른 한국소방안전원(이하 "안전원"이라 한다) 또는 소방청장이 지정하는 화재예방안전진단기관(이하 "진단기관"이라 한다)으로부터 정기적으로 화재예방안전진단을 받아야 한다(법 제41조 제1항).

"대통령령으로 정하는 소방안전 특별관리시설물"이란 다음 각 호의 시설을 말한다(영 제43조).

1. 법 제40조 제1항 제1호에 따른 공항시설 중 여객터미널의 연면적이 1천m^2 이상인 공항시설
2. 법 제40조 제1항 제2호에 따른 철도시설 중 역 시설의 연면적이 5천m^2 이상인 철도시설
3. 법 제40조 제1항 제3호에 따른 도시철도시설 중 역사 및 역 시설의 연면적이 5천m^2 이상인 도시철도시설
4. 법 제40조 제1항 제4호에 따른 항만시설 중 여객이용시설 및 지원시설의 연면적이 5천m^2 이상인 항만시설
5. 법 제40조 제1항 제10호에 따른 전력용 및 통신용 지하구 중 「국토의 계획 및 이용에 관한 법률」 제2조 제9호에 따른 공동구
6. 법 제40조 제1항 제12호에 따른 천연가스 인수기지 및 공급망 중 「소방시설 설치 및 관리에 관한 법률 시행령」 별표 2 제17호 나목에 따른 가스시설
7. 제41조 제2항 제1호에 따른 발전소 중 연면적이 5천m^2 이상인 발전소
8. 제41조 제2항 제3호에 따른 가스공급시설 중 가연성 가스 탱크의 저장용량의 합계가 100톤 이상이거나 저장용량이 30톤 이상인 가연성 가스 탱크가 있는 가스공급시설

2. 화재예방안전진단의 실시 절차 등

(1) 소방안전관리대상물이 건축되어 제43조 각 호의 소방안전 특별관리시설물에 해당하게 된 경우 해당 소방안전 특별관리시설물의 관계인은 「건축법」 제22조에 따른 사용승인 또는 「소방시설공사업법」 제14조에 따른 완공검사를 받은 날부터 5년이 경과한 날이 속하는 해에 1.에 따라 최초의 화재예방안전진단을 받아야 한다(영 제44조 제1항).

(2) 화재예방안전진단을 받은 소방안전 특별관리시설물의 관계인은 아래 (3)에 따른 안전등급(이하 "안전등급"이라 한다)에 따라 정기적으로 다음 각 호의 기간에 법 제41조 제1항에 따라 화재예방안전진단을 받아야 한다(영 제44조 제2항).

1. 안전등급이 우수인 경우: 안전등급을 통보받은 날부터 6년이 경과한 날이 속하는 해
2. 안전등급이 양호·보통인 경우: 안전등급을 통보받은 날부터 5년이 경과한 날이 속하는 해
3. 안전등급이 미흡·불량인 경우: 안전등급을 통보받은 날부터 4년이 경과한 날이 속하는 해

(3) 화재예방안전진단 결과는 우수, 양호, 보통, 미흡 및 불량의 안전등급으로 구분하며, 안전등급의 기준은 다음의 별표 7과 같다.

화재예방안전진단 결과에 따른 안전등급 기준(영 제44조 제3항 관련 별표7)

안전등급	화재예방안전진단 대상물의 상태
우수(A)	화재예방안전진단 실시 결과 문제점이 발견되지 않은 상태
양호(B)	화재예방안전진단 실시 결과 문제점이 일부 발견되었으나 대상물의 화재안전에는 이상이 없으며 대상물 일부에 대해 보수·보강 등의 조치명령이 필요한 상태
보통(C)	화재예방안전진단 실시 결과 문제점이 다수 발견되었으나 대상물의 전반적인 화재안전에는 이상이 없으며 대상물에 대한 다수의 조치명령이 필요한 상태
미흡(D)	화재예방안전진단 실시 결과 광범위한 문제점이 발견되어 대상물의 화재안전을 위해 조치명령의 즉각적인 이행이 필요하고 대상물의 사용 제한을 권고할 필요가 있는 상태
불량(E)	화재예방안전진단 실시 결과 중대한 문제점이 발견되어 대상물의 화재안전을 위해 조치명령의 즉각적인 이행이 필요하고 대상물의 사용 중단을 권고할 필요가 있는 상태

3. 화재예방안전진단의 범위

1.에 따른 화재예방안전진단의 범위는 다음 각 호와 같다(법 제41조 제2항).

1. 화재위험요인의 조사에 관한 사항
2. 소방계획 및 피난계획 수립에 관한 사항
3. 소방시설 등의 유지·관리에 관한 사항
4. 비상대응조직 및 교육훈련에 관한 사항
5. 화재 위험성 평가에 관한 사항
6. 그 밖에 화재예방진단을 위하여 대통령령(영 제45조)으로 정하는 사항
   ① 화재 등의 재난 발생 후 재발방지 대책의 수립 및 그 이행에 관한 사항
   ② 지진 등 외부 환경 위험요인 등에 대한 예방·대비·대응에 관한 사항
   ③ 화재예방안전진단 결과 보수·보강 등 개선요구 사항 등에 대한 이행 여부

4. 자체점검의 의제

1.에 따라 안전원 또는 진단기관의 화재예방안전진단을 받은 연도에는 제37조에 따른 소방훈련과 교육 및 「소방시설 설치 및 관리에 관한 법률」 제22조에 따른 자체점검을 받은 것으로 본다(법 제41조 제3항).

5. 화재예방안전진단 결과

안전원 또는 진단기관은 1.에 따른 화재예방안전진단 결과를 행정안전부령으로 정하는 바에 따라 소방본부장 또는 소방서장, 관계인에게 제출하여야 한다(법 제41조 제4항).

6. 보수·보강 등의 조치명령

소방본부장 또는 소방서장은 4.에 따라 제출받은 화재예방안전진단 결과에 따라 보수·보강 등의 조치가 필요하다고 인정하는 경우에는 해당 소방안전 특별관리시설물의 관계인에게 보수·보강 등의 조치를 취할 것을 명할 수 있다(법 제41조 제5항).

7. 업무상 비밀누설 금지

화재예방안전진단 업무에 종사하고 있거나 종사하였던 사람은 업무를 수행하면서 알게 된 비밀을 이 법에서 정한 목적 외의 용도로 사용하거나 다른 사람 또는 기관에 제공하거나 누설하여서는 아니 된다(법 제41조 제6항).

화재예방안전진단 결과 제출

1. 화재예방안전진단을 실시한 안전원 또는 진단기관은 법 제41조 제4항에 따라 화재예방안전진단이 완료된 날부터 60일 이내에 소방본부장 또는 소방서장, 관계인에게 별지 제34호 서식의 화재예방안전진단 결과 보고서(전자문서를 포함한다)에 다음 각 호의 서류(전자문서를 포함한다)를 첨부하여 제출해야 한다(규칙 제42조 제1항).
   ① 화재예방안전진단 결과 세부 보고서
   ② 화재예방안전진단기관 지정서
2. 1.에 따른 화재예방안전진단 결과 보고서에는 다음 각 호의 사항이 포함되어야 한다(규칙 제42조 제2항).
   ① 해당 소방안전 특별관리시설물 현황
   ② 화재예방안전진단 실시 기관 및 참여인력
   ③ 화재예방안전진단 범위 및 내용
   ④ 화재위험요인의 조사·분석 및 평가 결과
   ⑤ 영 제44조 제2항에 따른 안전등급 및 위험성 감소대책
   ⑥ 그 밖에 소방안전 특별관리시설물의 화재예방 강화를 위하여 소방청장이 정하는 사항

3 화재예방안전진단기관

1. 진단기관의 지정

2의 **1.**에 따라 소방청장으로부터 진단기관으로 지정을 받으려는 자는 대통령령으로 정하는 시설과 전문인력 등 지정기준을 갖추어 소방청장에게 지정을 신청하여야 한다(법 제42조 제1항).

2. 진단기관의 지정취소

소방청장은 진단기관으로 지정받은 자가 다음 각 호의 어느 하나에 해당하는 경우에는 그 지정을 취소하거나 6개월 이내의 기간을 정하여 업무의 전부 또는 일부의 정지를 명할 수 있다. 다만, 아래 **1.** 또는 **4.**에 해당하는 경우에는 그 지정을 취소하여야 한다(법 제42조 제2항).

1. 거짓이나 그 밖의 부정한 방법으로 지정을 받은 경우
2. 제41조 제4항에 따른 화재예방안전진단 결과를 소방본부장 또는 소방서장, 관계인에게 제출하지 아니한 경우
3. 제1항에 따른 지정기준에 미달하게 된 경우
4. 업무정지기간에 화재예방안전진단 업무를 한 경우

Part 11

실전예상문제

01

「화재의 예방 및 안전관리에 관한 법령」상 소방안전관리대상물의 소방안전관리자만이 업무를 수행하는 것을 모두 고른 것은?

> ㉠ 피난계획에 관한 사항과 대통령령으로 정하는 사항이 포함된 소방계획서의 작성
> ㉡ 자위소방대(自衛消防隊) 및 초기대응체계의 구성, 운영 및 교육
> ㉢ 피난시설, 방화구획 및 방화시설의 관리
> ㉣ 소방시설이나 그 밖의 소방 관련 시설의 관리
> ㉤ 제37조에 따른 소방훈련 및 교육

① ㉠, ㉡, ㉣
② ㉡, ㉢, ㉤
③ ㉠, ㉣, ㉤
④ ㉠, ㉡, ㉤
⑤ ㉠, ㉡, ㉣, ㉤

해설 ④ 소방안전관리대상물의 소방안전관리자만이 업무를 수행하는 것은 ㉠, ㉡, ㉤ 외에도 행정안전부령으로 정하는 바에 따른 소방안전관리에 관한 업무수행에 관한 기록 · 유지(제3호 · 제4호 및 제6호의 업무를 말한다)이 있다.

02

「화재의 예방 및 안전관리에 관한 법률」 제2조의 일부이다. (　　　) 안에 들어갈 용어를 쓰시오.

> (　　　)란(이란) 특별시장 · 광역시장 · 특별자치시장 · 도지사 또는 특별자치도지사(이하 "시 · 도지사"라 한다)가 화재발생 우려가 크거나 화재가 발생할 경우 피해가 클 것으로 예상되는 지역에 대하여 화재의 예방 및 안전관리를 강화하기 위해 지정 · 관리하는 지역을 말한다.

Answer
01 ④　02 화재예방강화지구

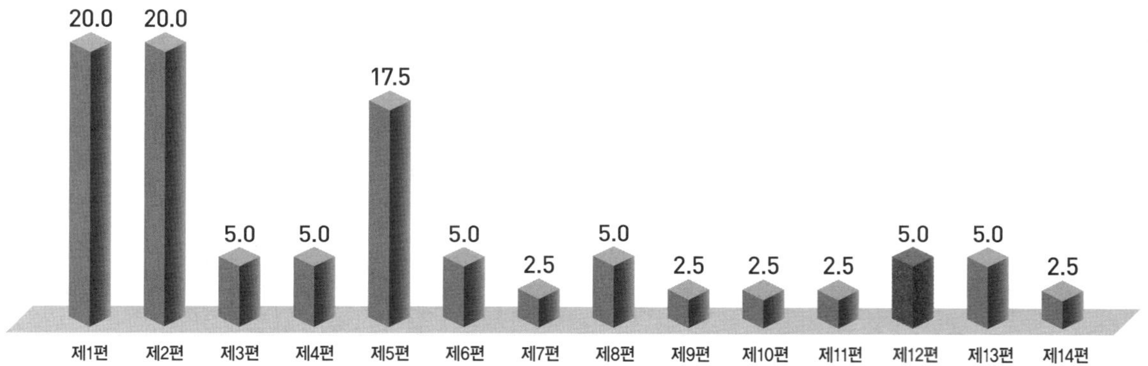

제27회 기출문제 분석

전기사업법은 2문제(1문제는 주관식)가 출제되는데 비해서 학습 분량은 상당히 많다. 용어와 전기사업, 전기신사업, 전력시장, 전력거래 등을 중심으로 정리하고 나머지는 간략하게 요약해서 학습하도록 한다.

PART

12

전기사업법

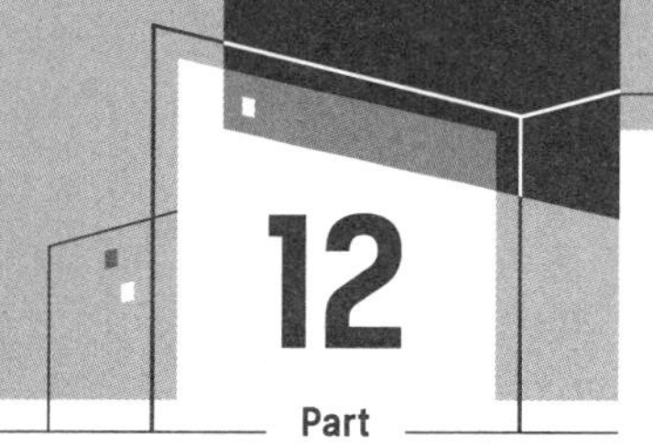

Part 12 전기사업법

전기사업법(2문제)

용 어	전기사업	발전·송전·배전·전기판매·구역전기(35,000㎾↓)
	전기신사업	전기자동차충전사업, 소규모전력중개사업, 재생에너지 전기공급사업, 통합발전소사업, 재생에너지전기저장판매사업, 송전제약발생지역전기공급사업
	전력시장	한국전력거래소가 개설하는 시장
	소규모전력중개시장	소규모전력중개사업자가 중개할 수 있도록 한국전력거래소가 개설하는 시장
	전력계통	전기의 흐름을 통제·관리하는 체제
	보편적 공급	전기사용자가 적정한 요금으로 전기사용하도록 공급
	전기설비	• **전기사업용**: 전기사업자가 전기사업에 사용 • **일반용**: 저압 75㎾ 미만 수전설비, 저압10㎾↓ 발전설비 • **자가용**: 전기사업용 및 일반용이 아닌 전기설비
	분산형전원	송전선로 건설을 최소화할 수 있는 발전설비 4만㎾↓, 예외: 50만㎾↓, 집, 구, 자
	저압, 고압, 특고압	• **저압**: 직류 1,500V↓, 교류 1,000V↓ • **고압**: 직류 1,500V 초과 7,000V↓, 교류 1,000V 초과 7,000V↓ • **특고압** : 7,000V 초과
전기사업 허가	허가권자	산업통상자원부장관 또는 시·도지사
	2중허가	배전과 전기판매, 도서, 집단에너지사업자가 전기판매사업 겸업
전기신사업의 등록	등록기관	산업통상자원부장관
	등록의 결격사유	피성년후견인, 파산 후 복권×, 금고↑ 종료 2년×, 금고↑ 집행유예기간 중 있는 자
전기공급약관	전기판매사업자	기본공급약관, 선택공급약관, 보완공급약관 ⇨ 산업통상자원부장관 인가, 전기위원회 심의
	전기신사업	약관작성 ⇨ 산업통상자원부장관 신고
한국전력거래소	설립목적	전력시장 및 전력계통의 운영
	전력시장운영규칙	제정·변경·폐지 ⇨ 산업통상자원부장관 승인
전력거래	발전사업자, 전기판매사업자	• **원칙**: 전력시장 • **예외**: 도서지역, 신·재생 1천㎾ 이하 발전설비
	자가용전기설비 설치한 자	• **원칙**: 전력시장 거래× • **예외**: 태양광 벌전설비 남은 전력 전력시장 거래
	구역전기사업자	• **원칙**: 전력시장 거래× • **예외**: 발전기 고장 등 특정구역 수요에 부족시 전력시장 거래
	전기판매사업자 우선거래	2만㎾ 이하 발전사업자 등
	전기사용자	• **원칙**: 전력시장 직접 구매 불가 • **예외**: 3만kVA 이상

전력수급의 안정	대량전기사전요청	5천kW↑; 1년 전, 1만kW↑; 2년 전, 10만kW↑; 3년 전, 30kW↑; 4년 전
	전력수급기본계획	산업통상자원부장관 2년 단위 수립
전력산업의 기반조성	전력산업기반조성계획	산업통상자원부장관 3년 단위 수립
	전력산업기반조성 시행계획	산업통상자원부장관 매년 수립
위원회	전기위원회	전기사업의 허가 등 심의
	전력정책심의회	전력수급기본계획, 전력산업기반조성계획 등 심의
	부담금 부과·징수	전기사용자에 대해 전기요금의 1천분의 27에 해당하는 금액
전기설비의 안전관리	전기사업용 전기설비 설치공사	• 산업통상자원부장관의 공사계획인가 ⇨ 허가권자 신고 ⇨ 공사시작 • 설치공사 후 허가권자 ⇨ 사용전검사(7일 전까지 한국전기안전공사 서류 제출)
	물밑선로보호구역	• 전기사업자 ⇨ 산업통상자원부장관 지정신청 • **협의**: 해양수산부장관 • **행위제한**: 물밑선로손상행위, 선박의 닻 내리는 행위, 광물· 수산물 등의 채취행위
	토지 등 사용	• 전기사업자의 토지 등 사용 • 손실보상

01 총 설

Chapter

단·원·열·기

용어 중 전기사업, 전력계통, 보편적 공급, 전기설비, 송전선로, 전기수용설비, 저압·고압·특고압 등이 출제되었다.
학습방법 : 전기사업법의 용어 중 특히 전기사업과 전기신사업, 전기설비, 전압의 유형 등을 중심으로 정리하도록 한다.

01 제정목적

「전기사업법」은 전기사업에 관한 기본제도를 확립하고 전기사업의 경쟁과 새로운 기술 및 사업의 도입을 촉진함으로써 전기사업의 건전한 발전을 도모하고 전기사용자의 이익을 보호하여 국민경제의 발전에 이바지함을 목적으로 한다(법 제1조).

02 용어의 정의

1. 전기사업

전기사업이란 발전사업·송전사업·배전사업·전기판매사업 및 구역전기사업을 말한다(법 제2조 제1호).

발전사업	전기를 생산하여 이를 전력시장을 통하여 전기판매사업자에게 공급함을 주된 목적으로 하는 사업
송전사업	발전소에서 생산된 전기를 배전사업자에게 송전하는 데 필요한 전기설비를 설치·관리함을 주된 목적으로 하는 사업
배전사업	발전소로부터 송전된 전기를 전기사용자에게 배전하는 데 필요한 전기설비를 설치·운영함을 주된 목적으로 하는 사업
전기판매사업	전기사용자에게 전기를 공급함을 주된 목적으로 하는 사업(전기자동차충전사업과 재생에너지전기공급사업 및 재생에너지전기저장판매사업은 제외한다)
구역전기사업	3만 5천kW 이하의 발전설비를 갖추고 특정한 공급구역의 수요에 응하여 전기를 생산하여 전력시장을 통하지 아니하고 당해 공급구역 안의 전기사용자에게 공급함을 주된 목적으로 하는 사업(영 제1조의2)

2. 전기사업자

전기사업자란 발전사업자(발전사업의 허가를 받은 자)·송전사업자(송전사업의 허가를 받은 자)·배전사업자(배전사업의 허가를 받은 자)·전기판매사업자(전기판매사업의 허가를 받은 자) 및 구역전기사업자(구역전기사업의 허가를 받은 자)를 말한다(법 제2조 제2호).

3. 전기신사업

전기신사업이란 전기자동차충전사업, 소규모전력중개사업 및 재생에너지전기공급사업, 통합발전소사업, 재생에너지전기저장판매사업, 송전제약발생지역전기공급사업을 말한다(법 제2조 제12호의2).

전기자동차 충전사업	「환경친화적 자동차의 개발 및 보급 촉진에 관한 법률」 제2조 제3호에 따른 전기자동차에 전기를 유상으로 공급하는 것을 주된 목적으로 하는 사업을 말한다.
소규모전력 중개사업	다음의 설비(이하 "소규모전력자원"이라 한다)에서 생산 또는 저장된 전력을 모아서 전력시장을 통하여 거래하는 것을 주된 목적으로 하는 사업을 말한다. 1. 대통령령으로 정하는 종류 및 규모의 「신에너지 및 재생에너지 개발·이용·보급 촉진법」 제2조 제3호에 따른 신에너지 및 재생에너지 설비 "대통령령으로 정하는 종류 및 규모"란 「신에너지 및 재생에너지 개발·이용·보급 촉진법」 제2조 제1호 및 제2호에 따른 신에너지 및 재생에너지의 발전설비로서 발전설비용량 2만kW 이하를 말한다(영 제1조의3 제1항). 2. 대통령령으로 정하는 규모의 전기저장장치 "대통령령으로 정하는 규모"란 충전·방전설비용량 2만kW 이하를 말한다(영 제1조의3 제2항). 3. 대통령령으로 정하는 유형의 전기자동차 "대통령령으로 정하는 유형"이란 「환경친화적 자동차의 개발 및 보급 촉진에 관한 법률」 제2조 제3호에 따른 전기자동차를 말한다(영 제1조의3 제3항).

법 제96조의5(충전요금의 표시)

1. 전기자동차충전사업자는 대통령령으로 정하는 바에 따라 충전요금을 표시하여야 한다.
   ① 전기자동차충전사업자는 법 제96조의5제1항에 따라 충전요금을 표시하는 경우에는 충전요금 정보를 소비자가 쉽게 알아볼 수 있도록 표시판을 설치하거나 인터넷 홈페이지 또는 이동통신단말장치에서 사용되는 애플리케이션(Application)에 게시하는 방법 등으로 충전요금을 표시하여야 한다(영 제61조의4 제1항).
   ② 전기자동차충전사업자는 「옥외광고물 등의 관리와 옥외광고산업 진흥에 관한 법률 시행령」 제12조 제8항 및 제16조 제1항에도 불구하고 제1항에 따른 표시판을 추가로 설치하거나 충전요금표시와 관련된 도형 등을 따로 표시 또는 사용할 수 있다(영 제61조의4 제2항).
2. 산업통상자원부장관은 거래의 투명성을 높여 경쟁을 촉진하고 충전요금의 적정화를 위하여 「부정경쟁방지 및 영업비밀보호에 관한 법률」 제2조 제2호에 따른 영업비밀을 침해하지 아니하는 범위에서 전기자동차충전사업자의 충전요금을 공개할 수 있다.

재생에너지 전기공급사업	재생에너지전기공급사업이란 「신에너지 및 재생에너지 개발·이용·보급 촉진법」 제2조 제2호에 따른 재생에너지를 이용하여 생산한 전기를 전기사용자에게 공급하는 것을 주된 목적으로 하는 사업을 말한다.
통합발전소사업	통합발전소사업이란 정보통신 및 자동제어 기술을 이용해 대통령령으로 정하는 에너지자원을 연결·제어하여 하나의 발전소처럼 운영하는 시스템을 활용하는 사업을 말한다.
재생에너지 전기저장 판매사업	재생에너지전기저장판매사업이란 재생에너지를 이용하여 생산한 전기를 전기저장장치에 저장하여 전기사용자에게 판매하는 것을 주된 목적으로 하는 사업으로서 산업통상자원부령으로 정하는 것을 말한다.
송전제약발생 지역전기공급 사업	송전제약발생지역전기공급사업이란 발전용량과 송전용량의 불일치(이하 "송전제약"이라 한다)로 인하여 전력시장을 통하여 전기판매사업자에게 공급하지 못하게 된 전기를 발전설비의 인접한 지역에 위치한 전기사용자의 신규 시설에 공급하는 것을 주된 목적으로 하는 사업을 말한다.

4. 전기신사업자

전기신사업자란 전기자동차충전사업자, 소규모전력중개사업자 및 재생에너지전기공급사업자, 통합발전소사업자, 재생에너지전기저장판매사업자 및 송전제약발생지역전기공급사업자를 말한다(법 제2조 제12호의3).

(1) 전기자동차충전사업자란 법 제7조의2 제1항에 따라 전기자동차충전사업의 등록을 한 자를 말한다(법 제2조 제12호의5).

(2) 소규모전력중개사업자란 법 제7조의2 제1항에 따라 소규모전력중개사업의 등록을 한 자를 말한다(법 제2조 제12호의7).

(3) 재생에너지전기공급사업자란 법 제7조의2 제1항에 따라 재생에너지전기공급사업의 등록을 한 자를 말한다(법 제2조 제12호의9).

(4) 통합발전소사업자란 법 제7조의2 제1항에 따라 통합발전소사업의 등록을 한 자를 말한다(법 제2조 제12호의10).

(5) 재생에너지전기저장판매사업자란 제7조의2 제1항에 따라 재생에너지전기저장판매사업의 등록을 한 자를 말한다(법 제2조 제12호의11).

(6) 송전제약발생지역전기공급사업자"란 제7조의2 제1항에 따라 송전제약발생지역전기공급사업의 등록을 한 자를 말한다(법 제2조 제12호의15).

5. 전력시장

전력시장이란 전력거래를 위하여 한국전력거래소가 개설하는 시장을 말한다(법 제2조 제13호).

6. 소규모전력중개시장

소규모전력중개시장이란 소규모전력중개사업자가 소규모전력자원을 모집·관리할 수 있도록 한국전력거래소가 개설하는 시장을 말한다(법 제2조 제13호의2).

7. 전력계통

전력계통이란 원활한 전기의 흐름과 전기의 품질유지를 위하여 전기의 흐름을 통제·관리하는 체제를 말한다(법 제2조 제14호).

8. 보편적 공급

보편적 공급이란 전기사용자가 언제 어디서나 적정한 요금으로 전기를 사용할 수 있도록 전기를 공급하는 것을 말한다(법 제2조 제15호).

9. 전기설비

(1) 전기설비의 구분

전기설비란 발전·송전·변전·배전 또는 전기사용을 위하여 설치하는 기계·기구·댐·수로·저수지·전선로·보안통신선로 그 밖의 설비로서 다음의 것을 말한다(법 제2조 제16호).

전력계통의 신뢰도 유지

1. 전력계통의 신뢰도 유지기준 고시

① 산업통상자원부장관은 전력계통의 신뢰도 유지를 위한 기준을 정하여 고시하여야 한다(법 제27조의2 제1항).

② 한국전력거래소 및 전기사업자는 ①에서 정한 기준에 따라 전력계통의 신뢰도를 유지하여야 한다(법 제27조의2 제2항).

2. 전력계통의 신뢰도 관리

① 신뢰도 관리 실시: 산업통상자원부장관은 대통령령으로 정하는 바에 따라 전력계통의 신뢰도 유지 여부에 관한 감시·평가 및 조사 등(이하 "전력계통 신뢰도 관리"라 한다)을 실시하고 그 결과를 공개하여야 한다(법 제27조의2 제3항).

② 자료제출 요구: 산업통상자원부장관은 전력계통 신뢰도 관리를 위하여 필요한 때에는 한국전력거래소 및 전기사업자에게 자료의 제출을 요구할 수 있다. 이 경우 자료 제출을 요구받은 자는 특별한 사유가 없으면 이에 따라야 한다(법 제27조의2 제4항).

③ 조치명령: 산업통상자원부장관은 전력계통의 신뢰도가 1.의 ①에서 정한 기준에 적합하게 유지되지 아니하여 전기사용자의 이익을 해친다고 인정하는 경우에는 전기위원회의 심의를 거쳐 한국전력거래소 및 전기사업자에게 필요한 조치를 할 것을 명할 수 있다(법 제27조의2 제5항).

전기사업용 전기설비	전기설비 중 전기사업자가 전기사업에 사용하는 전기설비
일반용 전기설비	산업통상자원부령으로 다음에 정하는 소규모의 전기설비로서 한정된 구역에서 전기를 사용하기 위하여 설치하는 전기설비(규칙 제3조 제1항) ① 저압에 해당하는 용량 75kW(제조업 또는 심야전력을 이용하는 전기설비는 용량 100kW) 미만의 전력을 타인으로부터 수전하여 그 수전장소(담 · 울타리 그 밖의 시설물로 타인의 출입을 제한하는 구역 안을 포함한다)에서 그 전기를 사용하기 위한 전기설비 ② 저압에 해당하는 용량 10kW 이하인 발전설비
자가용 전기설비	전기사업용 전기설비 및 일반용 전기설비 외의 전기설비

(2) 전기설비에서 제외되는 설비

「댐건설 · 관리 및 주변지역지원 등에 관한 법률」에 따라 건설되는 댐 및 저수지와 선박 · 차량 또는 항공기가 그 기능을 유지하도록 하기 위하여 설치되는 전기설비 기타 다음에 정하는 것을 제외한다(법 제2조 제16호, 영 제2조 제2항).

① 전압 30V 미만의 전기설비로서 전압 30V 이상의 전기설비와 전기적으로 접속되어 있지 아니한 것
② 「전기통신기본법」에 따른 전기통신설비. 다만, 전기를 공급하기 위한 수전설비는 제외한다.

10. 전선로

전선로란 발전소 · 변전소 · 개폐소 및 이에 준하는 장소와 전기를 사용하는 장소 상호간의 전선 및 이를 지지하거나 수용하는 시설물을 말한다(법 제2조 제16호의2).

11. 변전소

변전소란 변전소의 밖으로부터 전압 5만V 이상의 전기를 전송받아 이를 변성(전압을 올리거나 내리는 것 또는 전기의 성질을 변경시키는 것을 말한다)하여 변전소 밖의 장소에 전송할 목적으로 설치하는 변압기 그 밖의 전기설비의 총합체를 말한다(규칙 제2조 제1호).

12. 개폐소

개폐소란 ① 발전소 상호간, ② 변전소 상호간, ③ 발전소와 변전소 간의 전압 5만V 이상의 송전선로를 연결하거나 차단하기 위한 전기설비를 말한다(규칙 제2조 제2호).

13. 송전선로

송전선로란 ① 발전소 상호간, ② 변전소 상호간, ③ 발전소와 변전소 간을 연결하는 전선로(통신용으로 전용하는 것은 제외한다)와 이에 속하는 전기설비를 말한다(규칙 제2조 제3호).

14. 배전선로

배전선로란 ① 발전소와 전기수용설비, ② 변전소와 전기수용설비, ③ 송전선로와 전기수용설비, ④ 전기수용설비 상호간을 연결하는 전선로와 이에 속하는 전기설비를 말한다(규칙 제2조 제4호).

15. 전기수용설비

전기수용설비란 수전설비와 구내배전설비를 말한다(규칙 제2조 제5호 · 제6호 · 제7호).

수전설비	타인의 전기설비 또는 구내발전설비로부터 전기를 공급받아 구내배전설비로 전기를 공급하기 위한 전기설비로서 수전지점으로부터 배전반(구내배전설비로 전기를 배전하는 전기설비를 말한다)까지의 설비
구내배전 설비	수전설비의 배전반에서부터 전기사용기기에 이르는 전선로 · 개폐기 · 차단기 · 분전함 · 콘센트 · 제어반 · 스위치 및 그 밖의 부속설비

16. 저압 · 고압 · 특고압

(1) 저 압

저압이란 직류에서는 1500V 이하의 전압을 말하고, 교류에서는 1000V 이하의 전압을 말한다(규칙 제2조 제8호).

(2) 고 압

고압이란 직류에서는 1500V를 초과하고 7천V 이하인 전압을 말하고, 교류에서는 1000V를 초과하고 7천V 이하인 전압을 말한다(규칙 제2조 제9호).

(3) 특고압

특고압이란 7천V를 초과하는 전압을 말한다(규칙 제2조 제10호).

17. 안전관리

안전관리란 국민의 생명과 재산을 보호하기 위하여 이 법 및 「전기안전관리법」에서 정하는 바에 따라 전기설비의 공사·유지 및 운용에 필요한 조치를 하는 것을 말한다(법 제2조 제20호).

18. 분산형전원

분산형전원이란 전력수요 지역 인근에 설치하여 송전선로[발전소 상호간, 변전소 상호간 및 발전소와 변전소 간을 연결하는 전선로(통신용으로 전용하는 것은 제외한다)를 말한다.]의 건설을 최소화할 수 있는 일정 규모 이하의 발전설비로서 산업통상자원부령으로 정하는 것을 말한다(법 제2조 제21호).

"산업통상자원부령으로 정하는 것"이란 다음의 어느 하나에 해당하는 발전설비를 말한다(규칙 제3조의2).

1. 발전설비용량 4만kW 이하의 발전설비(2.의 자가 설치한 발전설비는 제외한다)
2. 다음의 자가 설치한 발전설비용량 50만kW 이하의 발전설비
   ① 「집단에너지사업법」 제48조에 따라 발전사업의 허가를 받은 것으로 보는 집단에너지사업자
   ② 구역전기사업자
   ③ 자가용전기설비를 설치한 자

02 전기사업 등

Chapter

단·원·열·기

전기사업의 허가, 전기사업의 이중허가, 전기의 공급을 거부할 수 있는 사유 등이 출제되었다.
학습방법: 전기사업의 허가 및 전기신사업의 등록 등을 비교하여 정독하되, 전기의 공급을 거부할 수 있는 사유도 정리하도록 한다.

01 전기사업 허가 및 전기신사업의 등록 등

1 전기사업의 허가

1. 허가권자

(1) 산업통상자원부장관 또는 시·도지사의 허가

전기사업을 하려는 자는 전기사업의 종류별 또는 규모별로 산업통상자원부장관 또는 시·도지사(이하 "허가권자"라 한다)의 허가를 받아야 한다. 허가받은 사항 중 산업통상자원부령으로 정하는 중요사항을 변경하고자 하는 경우에도 또한 같다(법 제7조 제1항).

(2) 이중허가 금지

동일인에게는 두 종류 이상의 전기사업을 허가할 수 없다. 다만, 다음의 어느 하나에 해당하는 경우에는 그러하지 아니하다(법 제7조 제3항, 영 제3조).

> ① 배전사업과 전기판매사업을 겸업하는 경우
> ② 도서지역에서 전기사업을 하는 경우
> ③ 「집단에너지사업법」에 따라 발전사업의 허가를 받은 것으로 보는 집단에너지사업자가 전기판매사업을 겸업하는 경우. 다만, 같은 법 규정에 따라 허가받은 공급구역에 전기를 공급하려는 경우로 한정한다.

(3) 사업구역별 허가

허가권자는 필요한 경우 사업구역 및 특정한 공급구역별로 구분하여 전기사업의 허가를 할 수 있다. 다만, 발전사업의 경우에는 발전소별로 허가할 수 있다(법 제7조 제4항).

(4) 전기사업 허가의 기준

전기사업 허가의 기준은 다음과 같다(법 제7조 제5항).

> ① 전기사업을 적정하게 수행하는 데 필요한 재무능력 및 기술능력이 있을 것
> ② 전기사업이 계획대로 수행될 수 있을 것
> ③ 배전사업 및 구역전기사업의 경우 둘 이상의 배전사업자의 사업구역 또는 구역전기사업자의 특정한 공급구역 중 그 전부 또는 일부가 중복되지 아니할 것
> ④ 구역전기사업의 경우 특정한 공급구역의 전력수요의 50% 이상으로서 대통령령으로 정하는 공급능력을 갖추고, 그 사업으로 인하여 인근 지역의 전기사용자에 대한 다른 전기사업자의 전기공급에 차질이 없을 것
> ⑤ 발전소나 발전연료가 특정 지역에 편중되어 전력계통의 운영에 지장을 주지 아니할 것
> ⑥ 「신에너지 및 재생에너지 개발 · 이용 · 보급 촉진법」 제2조에 따른 태양에너지 중 태양광, 풍력, 연료전지를 이용하는 발전사업의 경우 대통령령으로 정하는 바에 따라 발전사업 내용에 대한 사전고지를 통하여 주민 의견수렴 절차를 거칠 것
> ⑦ 그 밖에 공익상 필요한 것으로서 대통령령으로 정하는 기준에 적합할 것

2. 전기사업자의 결격사유

다음에 해당하는 자는 전기사업의 허가를 받을 수 없다(법 제8조 제1항).

> ① 피성년후견인
> ② 파산선고를 받고 복권되지 아니한 자
> ③ 「형법」 중 전기에 관한 죄를 짓거나 「전기사업법」에 위반하여 금고 이상의 실형을 선고받고 그 집행이 끝나거나(집행이 끝난 것으로 보는 경우를 포함한다)집행이 면제된 날부터 2년이 지나지 아니한 자
> ④ 위 ③에 규정된 죄를 지어 금고 이상의 형의 집행유예선고를 받고 그 유예기간 중에 있는 자
> ⑤ 전기사업의 허가가 취소(① 또는 ②의 결격사유에 해당하여 허가가 취소된 경우에는 제외한다)된 후 2년이 지나지 아니한 자
> ⑥ 위 ①부터 ⑤까지의 어느 하나에 해당하는 자가 대표자로 되어 있는 법인

3. 전기사업의 절차

(1) 준비기간

① 전기사업자는 허가권자가 지정한 준비기간에 사업에 필요한 전기설비를 설치하고 사업을 시작하여야 한다(법 제9조 제1항).

② 준비기간은 10년의 범위에서 산업통상자원부장관이 정하여 고시하는 기간을 넘을 수 없다. 다만, 허가권자가 정당한 사유가 있다고 인정하는 경우에는 준비기간을 연장할 수 있다(법 제9조 제2항).

③ 허가권자는 전기사업을 허가할 때 필요하다고 인정하면 전기사업별 또는 전기설비별로 구분하여 준비기간을 지정할 수 있다(법 제9조 제3항).

(2) 심 의

산업통상자원부장관은 전기사업을 허가 또는 변경허가를 하려는 경우에는 미리 전기위원회의 심의를 거쳐야 한다(법 제7조 제2항).

(3) 사업 개시 신고

전기사업자는 사업을 시작한 경우에는 지체 없이 그 사실을 허가권자에게 신고하여야 한다. 다만, 발전사업자의 경우에는 최초로 전력거래를 한 날부터 30일 이내에 신고하여야 한다(법 제9조 제4항).

4. 허가취소 또는 사업정지사유

허가권자는 전기사업자가 다음 각 호의 어느 하나에 해당하는 경우에는 전기위원회의 심의(허가권자가 시・도지사인 전기사업의 경우는 제외한다)를 거쳐 그 허가를 취소하거나 6개월 이내의 기간을 정하여 사업정지를 명할 수 있다. 다만, ①부터 ⑤까지의의 어느 하나에 해당하는 경우에는 그 허가를 취소하여야 한다(법 제12조 제1항).

① 전기사업허가의 결격사유에 해당하게 된 경우(필연적 허가취소)
② 전기사업자가 전기사업의 준비기간 내에 전기설비의 설치 및 사업을 시작하지 아니한 경우(필연적 허가취소)
③ 원자력발전소를 운영하는 발전사업자(이하 "원자력발전사업자")에 대한 외국인의 투자가 「외국인투자 촉진법」 외국인투자에 해당하게 된 경우(필연적 허가취소)
④ 거짓이나 그 밖의 부정한 방법으로 전기사업의 허가 또는 변경허가를 받는 경우(필연적 허가취소)
⑤ 산업통상자원부장관이 정하여 고시하는 시점까지 정당한 사유 없이 제61조 제1항에 따른 공사계획 인가를 받지 못하여 공사에 착수하지 못하는 경우(필연적 허가취소)
⑥ 인가를 받지 아니하고 전기사업의 전부 또는 일부를 양수하거나 법인의 분할이나 합병을 한 경우
⑦ 정당한 사유 없이 전기의 공급을 거부한 경우

외국인투자기업에 대한 제한
산업통상자원부장관은 「외국인투자 촉진법」에 의한 외국인투자기업에 대하여는 다음 하나의 허가·승인 또는 지정을 하여서는 아니 된다(법 제96조).
1. 발전사업(원자력발전소를 운영하는 경우만 해당한다)의 허가
2. 원자력발전연료의 제조·공급계획의 승인

⑧ 산업통상자원부장관의 인가 또는 변경인가를 받지 아니하고 전기설비를 이용하게 하거나 전기를 공급한 경우
⑨ 산업통상자원부장관의 조치명령(전기품질유지명령, 전기사업자가 금지행위를 한 경우에 대한 조치명령, 천재지변 등 사태발생시 전기공급명령 등)을 위반한 경우
⑩ 전기사업자의 금지행위 위반에 대해 허가권자의 금지행위중지 등의 조치명령을 위반한 경우
⑪ 제34조 제2항에 따라 차액계약을 통하여서만 전력을 거래하여야 하는 전기사업자가 같은 조 제3항에 따라 인가받은 차액계약을 통하지 아니하고 전력을 거래한 경우
⑫ 천재지변 등의 사태가 발생한 경우 산업통상자원부장관이 전기사업자 등에게 행하는 일정한 전기공급명령에 따르지 않은 경우
⑬ 전기사업용 전기설비공사에 대해 인가를 받지 않거나 또는 신고를 하지 아니한 경우
⑭ 전기사업자가 회계처리 규정을 위반한 경우
⑮ 사업정지기간 중에 전기사업을 한 경우

2 전기신사업의 등록

1. 전기신사업의 등록기관

전기신사업을 하려는 자는 전기신사업의 종류별로 산업통상자원부장관에게 등록하여야 한다(법 제7조의2 제1항).

2. 전기신사업의 등록절차

(1) **1.**에 따라 전기신사업을 등록하려는 자는 산업통상자원부령으로 정하는 바에 따라 산업통상자원부장관에게 신청하여야 한다(법 제7조의2 제2항).

(2) 산업통상자원부장관은 (1)에 따른 신청이 다음의 어느 하나에 해당하는 경우를 제외하고는 등록을 해주어야 한다(법 제7조의2 제3항).

① 신청인이 법 제8조 제2항에 따른 결격사유에 해당하는 경우
② 대통령령으로 정하는 자본금·인력·시설 등을 갖추지 못한 경우

(3) 전기신사업자는 **1.**에 따라 등록한 사항 중 상호, 대표자 등 대통령령으로 정하는 중요한 사항을 변경하려면 산업통상자원부장관에게 변경등록을 하여야 한다(법 제7조의2 제4항).

3. 전기신사업의 등록의 결격사유

다음의 어느 하나에 해당하는 자는 전기신사업의 등록을 할 수 없다(법 제8조 제2항).

(1) 다음의 어느 하나에 해당하는 자

① 피성년후견인
② 파산선고를 받고 복권되지 아니한 자
③ 「형법」 중 전기에 관한 죄를 짓거나 「전기사업법」에 위반하여 금고 이상의 실형을 선고받고 그 집행이 끝나거나(집행이 끝난 것으로 보는 경우를 포함한다)되거나 집행이 면제된 날부터 2년이 지나지 아니한 자
④ 위 ③에 규정된 죄를 지어 금고 이상의 형의 집행유예선고를 받고 그 유예기간 중에 있는 자

(2) 전기신사업의 등록이 취소(피성년후견인 또는 파산선고를 받고 복권되지 아니한 자로서 등록이 취소된 경우는 제외한다)된 후 2년이 지나지 아니한 자

(3) (1) 또는 (2)에 해당하는 자가 대표자인 법인

4. 전기신사업의 등록취소 및 사업정지명령 사유

산업통상자원부장관은 전기신사업자가 다음의 어느 하나에 해당하는 경우에는 그 사업의 등록을 취소하거나 그 사업자에게 6개월 이내의 기간을 정하여 사업정지를 명할 수 있다. 다만, 다음의 ①부터 ③까지의 어느 하나에 해당하는 경우에는 그 등록을 취소하여야 한다(법 제12조 제2항).

① 거짓이나 그 밖의 부정한 방법으로 등록 또는 변경등록을 한 경우
② 법 제7조의2 제3항에 따른 등록기준에 부합하지 아니하게 된 경우. 다만, 「소상공인기본법」 제2조에 따른 소상공인 등이 일시적으로 등록기준에 부합하지 아니하는 등 대통령령으로 정하는 경우는 예외로 한다.
③ 등록 결격사유의 어느 하나에 해당하게 된 경우
④ 법 제14조를 위반하여 정당한 사유 없이 전기의 공급을 거부한 경우
⑤ 법 제23조 제1항에 따른 산업통상자원부장관의 명령을 위반한 경우
⑥ 사업정지기간에 전기신사업을 한 경우

3 전기사업 등의 행정처분

1. 전기사업 등의 허가취소 또는 사업정지명령이 유예되는 경우

다음의 경우에는 그 사유가 발생한 날부터 6개월 간은 전기사업의 허가취소 또는 사업정지 및 전기신사업의 등록취소 또는 사업정지명령 규정을 적용하지 아니한다(법 제12조 제3항).

> ① 전기사업자 또는 전기신사업의 결격사유의 어느 하나에 해당하는 자가 대표자인 법인
> ② 원자력발전사업자가 「외국인투자촉진법」의 외국인투자에 해당하게 된 경우
> ③ 전기사업자의 지위를 승계한 상속인이 전기사업의 결격사유에 해당하는 경우
> ④ 전기신사업자의 지위를 승계한 상속인이 등록의 결격사유에 해당하는 경우

2. 배전사업자에 대한 사업구역 일부감소 조치

허가권자는 배전사업자가 사업구역의 일부에서 허가받은 전기사업을 하지 아니하여 전기의 보편적 공급규정을 위반한 사실이 인정되는 경우 그 사업구역의 일부를 감소시킬 수 있다(법 제12조 제4항).

3. 과징금 부과

(1) 부과사유 · 부과금액

허가권자는 전기사업자가 다음의 어느 하나에 해당하는 경우로서 그 사업정지가 전기사용자 등에게 심한 불편을 주거나 공익을 해칠 우려가 있는 경우에는 대통령령으로 정하는 바에 따라 사업정지명령에 갈음하여 5천만원 이하의 과징금을 부과할 수 있다(법 제12조 제5항).

> 1. 앞의 전기사업의 허가취소 등의 사유 중 ⑤부터 ⑮까지(즉, 임의적 허가취소사유)의 어느 하나에 해당하는 경우
> 2. 앞의 전기신사업자의 등록취소 등의 사유 중 ④부터 ⑥까지(즉, 임의적 등록취소사유)의 어느 하나에 해당하는 경우

(2) 과징금 미납시 강제징수

허가권자는 과징금을 내야 할 자가 납부기한까지 이를 내지 아니하면 국세 체납처분의 예 또는 「지방행정제재 · 부과금의 징수 등에 관한 법률」에 따라 징수할 수 있다(법 제12조 제7항).

4. 청 문

허가권자는 다음의 어느 하나에 해당하는 경우에는 청문을 하여야 한다(법 제13조).

> ① 전기사업의 허가를 취소하려는 경우
> ② 전기신사업자의 등록을 취소하려는 경우

02 전기사업자 등의 업무

1. 전기의 공급

(1) 전기사업자 등의 전기 공급의무

발전사업자, 전기판매사업자, 전기자동차충전사업자, 재생에너지전기공급사업자, 통합발전소사업자, 재생에너지전기저장판매사업자 및 송전제약발생지역전기공급사업자는 대통령령으로 정하는 정당한 사유 없이 전기의 공급을 거부하여서는 아니 된다(법 제14조).

(2) 전기의 공급을 거부할 수 있는 사유

"대통령령으로 정하는 정당한 사유"란 다음의 어느 하나에 해당하는 경우를 말한다(영 제5조의5).

> 1. 전기요금을 납기일까지 납부하지 아니한 전기사용자가 납기일의 다음 날부터 법 제16조 제4항에 따른 공급약관(이하 "공급약관"이라 한다)에서 정하는 기한까지 해당 요금을 납부하지 아니하는 경우
> 2. 전기사용자가 다음 각 목의 약관이나 계약에서 정한 기한까지 전기요금을 지급하지 않은 경우
>   ① 법 제16조의2에 따른 전기신사업(소규모전력중개사업 및 통합발전소사업은 제외한다) 약관
>   ② 법 제16조의5 제2항에 따라 재생에너지전기공급사업자 재생에너지전기저장판매사업자 및 송전제약발생지역전기공급사업자 전기사용자 간에 체결한 전기공급 계약
>   ③ 법 제19조 제1항 제3호에 따라 전기판매사업자와 전기사용자 간에 체결한 전기공급 계약
> 3. 전기의 공급을 요청하는 자가 불합리한 조건을 제시하거나 전기판매사업자, 전기자동차충전사업자 재생에너지전기공급사업자, 재생에너지전기저장판매사업자 및 송전제약발생지역전기공급사업자의 정당한 조건에 따르지 않고 다른 방법으로 전기의 공급을 요청하는 경우

4. 발전사업자(한국전력거래소가 법 제45조에 따라 전력계통의 운영을 위하여 전기공급을 지시한 발전사업자는 제외한다)가 법 제5조에 따라 환경을 적정하게 관리·보존하는 데 필요한 조치로서 전기공급을 정지하는 경우
5. 전기사용자가 법 제18조 제1항에 따른 전기의 품질에 적합하지 아니한 전기의 공급을 요청하는 경우
6. 발전용 전기설비의 정기적인 보수기간 중 전기의 공급을 요청하는 경우(발전사업자만 해당한다)
7. 전기설비의 정기적인 점검 및 보수 등 제1호의2 각 목의 약관이나 계약에서 정한 정당한 전기공급 중단 또는 정지 사유가 발생하는 경우
8. 전기를 대량으로 사용하려는 자가 다음 각 목에서 정하는 시기까지 전기판매사업자에게 미리 전기의 공급을 요청하지 아니하는 경우
   ① 사용량이 5천kW(「건축법 시행령」의 일반업무시설인 경우에는 2천kW) 이상 1만kW 미만인 경우: 사용예정일 1년 전
   ② 사용량이 1만kW 이상 10만kW 미만인 경우: 사용예정일 2년 전
   ③ 사용량이 10만kW 이상 30만kW 미만인 경우: 사용예정일 3년 전
   ④ 사용량이 30만kW 이상인 경우: 사용예정일 4년 전
9. 위 8.에 따라 전기를 대량으로 사용하려는 자에 대한 전기의 공급으로 전기판매사업자가 다음 각 항의 기준을 유지하기 어려운 경우
   ① 법 제18조 제1항에 따른 전기의 품질 유지 기준
   ② 법 제27조의2 제1항에 따른 전력계통의 신뢰도 유지 기준
10. 「전기안전관리법」 제12조 제1항 본문에 따른 일반용전기설비의 사용전점검을 받지 아니하고 전기공급을 요청하는 경우
11. 「전기안전관리법」 제12조 제9항 또는 다른 법률에 따라 시장·군수·자치구의 구청장 또는 그 밖의 행정기관의 장이 전기공급의 정지를 요청하는 경우
12. 재난이나 그 밖의 비상사태로 인하여 전기공급이 불가능한 경우

(3) 송전·배전용 전기설비의 이용요금 등의 인가

① 송전사업자 또는 배전사업자는 대통령령으로 정하는 바에 따라 전기설비의 이용요금과 그 밖의 이용조건에 관한 사항을 정하여 산업통상자원부장관의 인가를 받아야 한다. 이를 변경하려는 경우에도 또한 같다(법 제15조 제1항).

② 산업통상자원부장관은 ①에 따른 인가를 하려는 경우에는 전기위원회의 심의를 거쳐야 한다(법 제15조 제2항).

(4) 전기의 공급약관

1) 기본공급 약관의 인가

① 전기판매사업자는 대통령령으로 정하는 바에 따라 전기요금과 그 밖의 공급조건에 관한 약관(이하 "기본공급약관"이라 한다)을 작성하여 산업통상자원부장관의 인가를 받아야 한다. 이를 변경하려는 경우에도 또한 같다(법 제16조 제1항).

② 산업통상자원부장관은 ①에 따른 인가를 하려는 경우에는 전기위원회의 심의를 거쳐야 한다(법 제16조 제2항).

2) 선택공급의 약관

전기판매사업자는 그 전기수요를 효율적으로 관리하기 위하여 필요한 범위에서 기본공급약관으로 정한 것과 다른 요금이나 그 밖의 공급조건을 내용으로 정하는 약관(이하 "선택공급약관"이라 한다)을 작성할 수 있으며, 전기사용자는 기본공급약관을 갈음하여 선택공급약관으로 정한 사항을 선택할 수 있다(법 제16조 제3항).

3) 공급약관

① 전기판매사업자는 선택공급약관을 포함한 기본공급약관(이하 "공급약관"이라 한다)을 시행하기 전에 영업소 및 사업소 등에 이를 갖춰 두고 전기사용자가 열람할 수 있게 하여야 한다(법 제16조 제4항).

② 전기판매사업자는 공급약관에 따라 전기를 공급하여야 한다(법 제16조 제5항).

(5) 전기신사업 약관의 신고 등

1) 약관의 신고

① 전기신사업자는 대통령령으로 정하는 바에 따라 요금과 그 밖의 이용조건에 관한 약관을 작성하여 산업통상자원부장관에게 신고할 수 있다. 이를 변경한 경우에도 또한 같다(법 제16조의2 제1항).

② 전기신사업자는 ①에 따라 약관의 신고 또는 변경신고를 한 경우에는 신고 또는 변경신고한 약관을 사용하여야 한다(법 제16조의2 제2항).

③ 산업통상자원부장관은 ①에 따른 신고 또는 변경신고를 받은 날부터 7일 이내에 수리(受理) 여부 또는 수리 지연 사유 및 민원 처리 관련 법령에 따른 처리기간의 연장을 통지하여야 한다. 이 경우 7일 이내에 수리 여부 또는 수리 지연 사유 및 처리기간의 연장을 통지하지 아니하면 7일(민원 처리 관련 법령에 따라 처리기간이 연장 또는 재연장된 경우에는 해당 처리기간을 말한다)이 지난 날의 다음 날에 신고 또는 변경신고가 수리된 것으로 본다(법 제16조의2 제5항).

2) 표준약관

① 산업통상자원부장관은 전기신사업의 공정한 거래질서를 확립하기 위하여 공정거래위원회 위원장과 협의를 거쳐 표준약관을 제정 또는 개정할 수 있다(법 제16조의2 제6항).

② 1)의 ①에 따라 약관의 신고 또는 변경신고를 하지 아니한 전기신사업자는 표준약관을 사용하여야 한다(법 제16조의2 제7항).

(6) 구역전기사업자와 전기판매사업자의 전력거래 등

1) 구역전기사업자의 전력거래

① 구역전기사업자는 사고나 그 밖에 산업통상자원부령으로 정하는 사유로 전력이 부족하거나 남는 경우에는 부족한 전력 또는 남는 전력을 전기판매사업자와 거래할 수 있다(법 제16조의3 제1항).

② 전기판매사업자는 정당한 사유 없이 ①의 거래를 거부하여서는 아니 된다(법 제16조의3 제2항).

2) 보완공급약관

① 전기판매사업자는 1)의 ①의 거래에 따른 전기요금과 그 밖의 거래조건에 관한 사항을 내용으로 하는 약관(이하 "보완공급약관"이라 한다)을 작성하여 산업통상자원부장관의 인가를 받아야 한다. 이를 변경하는 경우에도 또한 같다(법 제16조의3 제3항).

② 산업통상자원부장관은 ①에 따른 인가를 하려는 경우에는 전기위원회의 심의를 거쳐야 한다(법 제16조의3 제4항).

(7) 전기판매사업자 등의 전기자동차충전사업자와의 전력거래 거부금지

전기판매사업자 또는 구역전기사업자는 정당한 사유 없이 전기자동차충전사업자와의 전력거래를 거부해서는 아니 된다(법 제16조의4).

(8) 재생에너지전기공급사업자 등의 전기공급

① 재생에너지전기공급사업자 및 재생에너지전기저장판매사업자는 재생에너지를 이용하여 생산한 전기를 전력시장을 거치지 아니하고 전기사용자에게 공급할 수 있다(법 제16조의5 제1항).

② 송전제약발생지역전기공급사업자는 다음 각 호의 요건을 갖춘 경우에 생산한 전기를 전력시장을 거치지 아니하고 전기사용자에게 공급할 수 있다. 이 경우 송전제약발생지역전기공급사업자의 전기 공급에 관한 세부사항은 산업통상자원부장관이 정하여 고시한다(법 제16조의5 제2항).

> 1. 송전제약으로 발전설비의 최적 활용이 곤란한 지역에 위치한 발전설비를 이용하여 생산한 전기를 공급할 것
> 2. 전기사용자의 수전설비가 발전설비 인접지역에 위치하고 신규 시설일 것

③ 전기자동차충전사업자는 대통령령으로 정하는 범위에서 재생에너지를 이용하여 생산한 전기를 전력시장을 거치지 아니하고 전기자동차에 공급할 수 있다(법 제16조의5 제3항).

④ ① 및 ②에 따라 재생에너지전기공급사업자, 재생에너지전기저장판매사업자 및 송전제약발생지역전기공급사업자가 전기사용자에게 전기를 공급하는 경우 요금과 그 밖의 공급조건 등을 개별적으로 협의하여 계약할 수 있다(법 제16조의5 제4항).

⑤ ①부터 ③까지에 따라 공급되는 전기는 「신에너지 및 재생에너지 개발·이용·보급 촉진법」 제12조의7 제1항에 따른 신·재생에너지 공급인증서의 발급대상이 되지 아니한다(법 제16조의5 제5항).

(9) 전기요금의 청구

전기판매사업자는 전기사용자에게 청구하는 전기요금청구서에 산업통상자원부령으로 정하는 방법에 따라 요금 명세를 항목별로 구분하여 명시하여야 한다(법 제17조).

2. 전기품질

(1) 전기품질의 유지의무

① 전기사업자 등은 산업통상자원부령으로 정하는 바에 따라 그가 공급하는 전기의 품질을 유지하여야 한다(법 제18조 제1항).

② 전기사업자와 전기신사업자는 그가 공급하는 전기가 다음과 같이 표준전압·표준주파수 및 허용오차의 범위에서 유지되도록 하여야 한다(규칙 제18조).

전기품질에 필요한 조치

산업통상자원부장관은 전기사업자 등이 공급하는 전기의 품질이 산업통상자원부령으로 정하는 기준에 적합하게 유지되지 아니하여 전기사용자의 이익을 해친다고 인정하는 경우에는 전기위원회의 심의를 거쳐 그 전기사업자 등에게 전기설비의 수리 또는 개조, 전기설비의 운용방법의 개선, 그 밖에 필요한 조치를 할 것을 명할 수 있다(법 제18조 제3항).

(2) 전기품질의 측정 결과 기록·보존

전기사업자 및 한국전력거래소는 산업통상자원부령으로 정하는 바에 따라 전기품질을 측정하고 그 결과를 기록·보존하여야 한다(법 제18조 제2항).

1) 전기사업자 및 한국전력거래소의 전압 및 주파수 측정 기록·보존

전기사업자 및 한국전력거래소는 다음에서 정하는 사항을 매년 1회 이상 측정하여야 하며 그 측정 결과를 3년간 보존하여야 한다(규칙 제19조 제1항).

① 발전사업자 및 송전사업자의 경우에는 전압 및 주파수
② 배전사업자 및 전기판매사업자의 경우에는 전압
③ 한국전력거래소의 경우에는 주파수

2) **전압 및 주파수의 측정기준 · 측정방법 및 보존방법 등의 작성 제출**

전기사업자 및 한국전력거래소는 전압 및 주파수의 측정기준 · 측정방법 및 보존방법 등을 정하여 산업통상자원부장관에게 제출하여야 한다(규칙 제19조 제2항).

3. 전력량계의 설치 · 관리의무자

1) 다음의 자는 시간대별로 전력거래량을 측정할 수 있는 전력량계를 설치 · 관리하여야 한다(법 제19조 제1항).

> ① 발전사업자(대통령령으로 정하는 발전사업자는 제외한다)
> ② 자가용전기설비를 설치한 자(전력시장에서 자기가 생산한 전력의 연간 총생산량의 50% 미만의 범위에서 전력을 거래하는 경우)
> ③ 구역전기사업자(대통령령으로 정하는 바에 따라 특정한 공급구역의 수요에 부족하거나 남는 전력을 전력시장에서 거래하는 경우만 해당한다)
> ④ 배전사업자
> ⑤ 전기사용자(수전설비의 용량이 3만킬로볼트암페어 이상인 전력을 직접 구매하는 전기사용자)

2) 전력량계의 허용오차 등에 관한 사항은 산업통상자원부장관이 정한다(법 제19조 제2항).

4. 전기사업자의 금지행위

(1) 금지행위의 유형

전기사업자 등은 전력시장에서의 공정한 경쟁을 해치거나 전기사용자의 이익을 해칠 우려가 있는 다음의 어느 하나의 행위를 하거나 제3자로 하여금 이를 하게 하여서는 아니 된다(법 제21조 제1항).

> ① 전력거래가격을 부당하게 높게 형성할 목적으로 발전소에서 생산되는 전기에 대한 거짓자료를 한국전력거래소에 제출하는 행위
> ② 송전용 또는 배전용 전기설비의 이용을 제공할 때 부당하게 차별을 하거나 이용을 제공하는 의무를 이행하지 아니하는 행위 또는 지연하는 행위
> ③ 송전용 또는 배전용 전기설비의 이용을 제공함으로 인하여 알게 된 정보 등을 자신의 사적이익을 위해 부당하게 사용하거나 이러한 정보 등을 이용하여 다른 전기사업자 등의 영업활동 또는 전기사용자의 이익을 부당하게 해치는 행위

> ④ 비용이나 수익을 부당하게 분류하여 전기요금이나 송전용 또는 배전용 전기설비의 이용요금을 부당하게 산정하는 행위
> ⑤ 전기사업자 등의 업무처리 지연 등 전기공급과정에서 전기사용자의 이익을 현저하게 해치는 행위
> ⑥ 전력계통의 운영에 관한 한국전력거래소의 지시를 정당한 이유 없이 이행하지 아니하는 행위

(2) 금지행위에 대한 조치명령 등

허가권자는 전기사업자 등이 위의 금지행위를 한 것으로 인정하는 경우에는 전기위원회의 심의를 거쳐 전기사업자에게 다음의 어느 하나의 조치를 명하거나 금지행위에 관여한 임직원의 징계를 요구할 수 있다. 다만, 전기신사업자와 허가권자가 시·도지사인 전기사업자의 경우에는 전기위원회의 심의를 거치지 아니한다(법 제23조 제1항).

> ① 송전용 또는 배전용 전기설비의 이용 제공
> ② 내부 규정 등의 변경
> ③ 정보의 공개
> ④ 금지행위의 중지
> ⑤ 금지행위를 하여 시정조치를 명령받은 사실에 대한 공표
> ⑥ 금지행위로 인한 위법사항의 원상회복을 위하여 필요한 조치로서 대통령령(영 제11조)으로 정하는 사항 즉, 공급약관 또는 계약조건의 변경

(3) 조치명령에 대한 이행 및 이행연장

허가권자의 명령을 받은 전기사업자 등은 허가권자가 정한 기간에 이를 이행하여야 한다. 다만, 허가권자는 천재지변이나 그 밖에 기타 부득이한 사유로 전기사업자 등이 그 기간에 명령을 이행할 수 없다고 인정되는 경우에는 그 이행기간을 연장할 수 있다(법 제23조 제2항).

(4) 과징금 부과

1) 허가권자는 전기사업자 등이 (1)에 따른 금지행위를 한 경우에는 전기위원회의 심의(전기신사업자와 허가권자가 시·도지사인 전기사업자의 경우는 제외한다)를 거쳐 대통령령으로 정하는 바에 따라 그 전기사업자 등의 매출액의 100분의 5의 범위에서 과징금을 부과·징수할 수 있다. 다만, 매출액이 없거나 매출액의 산정이 곤란한 경우로서 대통령령으로 정하는 경우에는 10억원 이하의 과징금을 부과·징수할 수 있다(법 제24조 제1항, 영 제12조 제2항).

> ① 영업 중단 등으로 인하여 영업실적이 없는 경우
> ② 전기사업자 등이 매출액 산정자료의 제출을 거부하거나 거짓 자료를 제출한 경우
> ③ 그 밖에 객관적인 매출액의 산정이 곤란한 경우

2) 허가권자는 과징금을 내야 할 자가 납부기한까지 이를 내지 아니하면 국세 체납처분의 예 또는 「지방행정제재 · 부과금의 징수 등에 관한 법률」에 따라 징수할 수 있다(법 제24조 제3항).

Chapter 03 전력수급 및 전력시장

단·원·열·기

전력거래에 대한 내용이 출제되고 있다.
학습방법 : 전력수급기본계획과 한국전력거래소의 업무 등을 정리하도록 한다.

01 전력수급의 안정

1 전력수급기본계획

1. 전력수급기본계획의 수립권자

산업통상자원부장관은 전력수급의 안정을 위하여 전력수급기본계획(이하 "기본계획"이라 한다)을 수립하고 이를 공고하여야 한다(법 제25조 제1항).

> 전력수급기본계획은 2년 단위로 이를 수립·시행한다(영 제15조 제1항).

2. 전력수급기본계획의 수립절차

(1) 산업통상자원부장관은 기본계획을 수립하거나 변경하고자 하는 때에는 관계 중앙행정기관의 장과 협의하고 공청회를 거쳐 의견을 수렴한 후 전력정책심의회의 심의를 거쳐 이를 확정한다. 다만, 산업통상자원부장관이 책임질 수 없는 사유로 공청회가 정상적으로 진행되지 못하는 등 대통령령으로 정하는 사유가 있는 경우에는 공청회를 개최하지 아니할 수 있으며 이 경우 대통령령으로 정하는 바에 따라 공청회에 준하는 방법으로 의견을 들어야 한다(법 제25조 제2항).

(2) 기본계획 중 대통령령으로 정하는 경미한 사항을 변경하는 경우에는 위의 (1)에 따른 절차를 생략할 수 있다(법 제25조 제3항).

(3) 산업통상자원부장관은 기본계획이 확정된 때에는 지체 없이 이를 공고하고, 관계 중앙행정기관의 장에게 통보하여야 한다(법 제25조 제4항).

(4) 산업통상자원부장관은 기본계획을 수립하거나 변경하는 경우 국회 소관 상임위원회에 보고하여야 한다. 이 경우 전기설비의 경제성, 환경 및 국민안전에 미치는 영향 등 종합적으로 고려할 사항이 포함되어야 한다(법 제25조 제5항).

3. 전력수급기본계획의 내용

기본계획에는 다음의 사항이 포함되어야 한다(법 제25조 제6항).

1. 전력수급의 기본방향에 관한 사항
2. 전력수급의 장기전망에 관한 사항
3. 발전설비계획 및 주요 송전·변전설비계획에 관한 사항
4. 전력수요의 관리에 관한 사항
5. 직전 기본계획의 평가에 관한 사항

5의2. 분산형전원의 확대에 관한 사항

6. 그 밖에 전력수급에 관하여 필요하다고 인정하는 사항

2 전기설비의 시설계획 등의 신고

전기사업자는 매년 12월 말까지 계획기간을 3년 이상으로 한 전기설비의 시설계획 및 전기공급계획을 작성하여 산업통상자원부장관에게 신고하여야 한다. 신고한 사항을 변경하는 경우에도 또한 같다(법 제26조, 영 제17조).

3 송전사업자 등의 책무

송전사업자·배전사업자 및 구역전기사업자는 전기의 수요·공급의 변화에 따라 전기를 원활하게 송전 또는 배전할 수 있도록 산업통상자원부장관이 정하여 고시하는 기준에 적합한 설비를 갖추고 이를 유지·관리하여야 한다(법 제27조).

02 전력시장

1 전력시장의 구성

1. 전력거래

(1) 발전사업자 및 전기판매사업자의 전력거래

발전사업자 및 전기판매사업자는 전력시장운영규칙으로 정하는 바에 따라 전력시장에서 전력거래를 하여야 한다. 다만, 다음의 경우에는 그러하지 아니하다(법 제31조 제1항, 영 제19조 제1항).

① 한국전력거래소가 운영하는 전력계통에 연결되어 있지 아니한 도서지역에서 전력을 거래하는 경우
② 「신에너지 및 재생에너지 개발・이용・보급 촉진법」의 규정에 따른 신・재생에너지발전사업자가 발전설비용량이 1천kW 이하인 발전설비를 이용하여 생산한 전력을 거래하는 경우
③ 산업통상자원부장관이 정하여 고시하는 요건을 갖춘 신・재생에너지발전사업자(자가용전기설비를 설치한 자는 제외한다)가 발전설비용량(둘 이상의 신・재생에너지발전사업자가 공동으로 공급하는 경우에는 그 발전설비용량을 합산한다)이 1천kW를 초과하는 발전설비를 이용하여 생산한 전력을 전기판매사업자에게 공급하고, 전기판매사업자가 그 전력을 산업통상자원부장관이 정하여 고시하는 요건을 갖춘 전기사용자에게 공급하는 방법으로 전력을 거래하는 경우
④ 산업통상자원부장관이 정하여 고시하는 요건을 갖춘 신・재생에너지발전사업자(자가용전기설비를 설치한 자는 제외한다)가 발전설비용량(둘 이상의 신・재생에너지발전사업자가 공동으로 공급하는 경우에는 그 발전설비용량을 합산한다)이 1천kW를 초과하는 발전설비를 이용하여 생산한 전력을 재생에너지전기공급사업자에게 공급하는 경우
⑤ 「수소경제 육성 및 수소 안전관리에 관한 법률」 제2조 제7호의4에 따른 수소발전사업자가 생산한 전력을 같은 법 제25조의6 제2항에 따른 수소발전 입찰시장에서 거래하는 경우
⑥ 산업통상자원부장관이 정하여 고시하는 요건을 갖춘 재생에너지발전사업자(신・재생에너지발전사업자 중 재생에너지를 이용하여 발전사업을 하는 자를 말한다. 이하 같다)가 발전설비용량이 1천킬로와트(송전용 또는 배전용 전기설비 없이 공급하는 경우에는 5백킬로와트)를 초과하는 발전설비를 이용하여 생산한 전력을 재생에너지전기저장판매사업자에게 공급하는 경우
⑦ 산업통상자원부장관이 정하여 고시하는 요건을 갖춘 재생에너지발전사업자가 발전설비를 이용하여 생산한 전력을 전기자동차충전사업자에게 공급하는 경우

집단에너지사업자의 전기공급에 관한 특례

1. 「집단에너지사업법」 제9조에 따라 사업허가를 받은 집단에너지사업자 중 50만kW 이하의 범위에서 대통령령으로 정하는 발전설비용량을 갖춘 자는 제31조 제1항에도 불구하고 「집단에너지사업법」 제9조에 따라 허가받은 공급구역에서 전기를 공급할 수 있다(법 제92조의2 제1항).
2. 1.의 집단에너지사업자는 이 법을 적용할 때에는 구역전기사업자로 본다(법 제92조의2 제2항).

자가용전기설비를 설치한 자의 전력시장거래

법 제31조 제2항 단서에서 "대통령령으로 정하는 경우"란 다음 각 호의 어느 하나에 해당하는 경우를 말한다(영 제19조 제2항).

1. 태양광 설비를 설치한 자가 해당 설비를 통하여 생산한 전력 중 자기가 사용하고 남은 전력을 거래하는 경우
2. 태양광 설비 외의 설비(석탄을 에너지원으로 이용하는 설비는 2017년 2월 28일까지 「전기안전관리법」 제8조 제1항 전단 또는 같은 조 제2항 전단에 따른 설치공사・변경공사의 공사계획의 인가 신청 또는 신고를 한 경우로 한정한다)를 설치한 자가 해당 설비를 통하여 생산한 전력의 연간 총생산량의 50% 미만의 범위에서 전력을 거래하는 경우

구역전기사업자 전력의 전력시장 거래

법 제31조 제3항에 따라 구역전기사업자는 다음 각 호의 어느 하나에 해당하는 전력을 전력시장에서 거래할 수 있다(영 제19조 제4항).

1. 허가받은 공급능력으로 해당 특정한 공급구역의 수요에 부족하거나 남는 전력
2. 발전기의 고장, 정기점검 및 보수 등으로 인하여 해당 특정한 공급구역의 수요에 부족한 전력
3. 제59조의2 제1호에 해당하는 자가 산업통상자원부령으로 정하는 기간 동안 해당 특정한 공급구역의 열 수요가 감소함에 따라 발전기 가동을 단축하는 경우 생산한 전력으로는 해당 특정한 공급구역의 수요에 부족한 전력

(2) 자가용 전기설비를 설치한 자의 전력시장 거래

자가용 전기설비를 설치한 자는 그가 생산한 전력을 전력시장에서 거래할 수 없다. 다만, 대통령령으로 정하는 경우에는 그러하지 아니하다(법 제31조 제2항).

(3) 구역전기사업자의 전력거래

구역전기사업자는 대통령령으로 정하는 바에 따라 특정한 공급구역의 수요에 부족하거나 남는 전력을 전력시장에서 거래할 수 있다(법 제31조 제3항).

(4) 전기판매사업자의 전력우선구매

전기판매사업자는 다음의 어느 하나에 해당하는 자가 생산한 전력을 전력시장운영규칙으로 정하는 바에 따라 우선적으로 구매할 수 있다(법 제31조 제4항).

1. 대통령령으로 정하는 규모(즉,설비용량이 2만kW 이하)의 발전사업자
2. 자가용전기설비를 설치한 자((2)의 단서에 따라 전력거래를 하는 경우만 해당한다)
3. 「신에너지 및 재생에너지 개발·이용·보급 촉진법」 제2조 제1호 및 제2호에 따른 신에너지 및 재생에너지를 이용하여 전기를 생산하는 발전사업자
4. 「집단에너지사업법」 제48조에 따라 발전사업의 허가를 받은 것으로 보는 집단에너지사업자
5. 수력발전소를 운영하는 발전사업자

(5) 수요관리사업자의 전력거래

「지능형전력망의 구축 및 이용촉진에 관한 법률」 제12조 제1항에 따라 지능형전력망 서비스 제공사업자로 등록한 자 중 대통령령으로 정하는 자(이하 "수요관리사업자"라 한다)는 제43조에 따른 전력시장운영규칙으로 정하는 바에 따라 전력시장에서 전력거래를 할 수 있다. 다만, 수요관리사업자 중 「독점규제 및 공정거래에 관한 법률」 제31조 제1항의 상호출자제한기업집단에 속하는 자가 전력거래를 하는 경우에는 대통령령으로 정하는 전력거래량의 비율에 관한 기준을 충족하여야 한다(법 제31조 제5항).

(6) 소규모전력중개사업자의 전력거래

소규모전력중개사업자는 모집한 소규모전력자원에서 생산 또는 저장한 전력을 전력시장운영규칙으로 정하는 바에 따라 전력시장에서 거래하여야 한다(법 제31조 제6항).

(7) 전기사용자의 전력구매

전기사용자는 전력시장에서 전력을 직접 구매할 수 없다. 다만, 수전설비용량(재생에너지전기공급사업자로부터 전기를 공급받는 경우에는 산업통상자원부장관이 정하여 고시하는 바에 따라 각 수전설비를 합산한 용량을 말한다)이 3만kVA(킬로볼트암페어) 이상인 전기사용자는 그러하지 아니하다(법 제32조, 영 제20조).

(8) 전력거래의 가격 및 정산

① 전력시장에서 이루어지는 전력의 거래가격(이하 "전력거래가격"이라 한다)은 시간대별로 전력의 수요와 공급에 따라 결정되는 가격으로 한다(법 제33조 제1항).
② 산업통상자원부장관은 전기사용자의 이익을 보호하기 위하여 필요한 경우에는 전력거래가격의 상한을 정하여 고시할 수 있다. 이 경우 산업통상자원부장관은 미리 전기위원회의 심의를 거쳐야 한다(법 제33조 제2항).
③ 전력거래의 정산은 전력거래가격을 기초로 하며, 구체적인 정산방법은 전력시장운영규칙에 따른다(법 제33조 제3항).

2. 차액계약

(1) 차액계약의 체결

발전사업자는 전력구매자(전기판매사업자, 전력을 구매하는 구역전기사업자 또는 전력을 직접 구매하는 전기사용자를 말한다)와 전력거래가격의 변동으로 인하여 발생하는 위험을 줄이기 위하여 일정한 기준가격을 설정하고 그 기준가격과 전력거래가격 간의 차액 보전에 관한 것을 내용으로 하는 계약(이하 "차액계약"이라 한다)을 체결할 수 있다(법 제34조 제1항).

(2) 차액계약으로 인한 출연금 감소에 대한 보전

전력수급의 안정을 도모하고 전기사용자의 이익을 보호하기 위하여 대통령령으로 정하는 기준에 해당하는 발전사업자와 전력구매자는 산업통상자원부장관이 정하여 고시하는 전력량에 대해서는 차액계약을 통하여서만 전력을 거래하여야 한다. 다만, 차액계약의 체결로 인하여 「댐건설 · 관리 및 주변지역지원 등에 관한 법률」 제44조 제2항 제1호에 따른 출연금이 감소하는 경우 전력구매자는 대통령령으로 정하는 바에 따라 감소한 출연금을 보전하여야 한다(법 제34조 제2항).

(3) **차액계약의 인가**

① 차액계약을 체결한 발전사업자와 전력구매자는 대통령령으로 정하는 바에 따라 차액계약의 내용에 대하여 공동으로 산업통상자원부장관의 인가를 받아야 한다. 이를 변경하려는 경우에도 또한 같다(법 제34조 제3항).

② 산업통상자원부장관은 인가를 하려는 경우에는 전기위원회의 심의를 거쳐야 한다. 다만, 대통령령으로 정하는 경미한 사항의 경우에는 전기위원회의 심의를 생략할 수 있다(법 제34조 제4항).

3. 긴급사태에 대한 처분

(1) 산업통상자원부장관은 천재지변, 전시·사변, 경제사정의 급격한 변동, 그 밖에 이에 준하는 사태가 발생하여 전력시장에서 전력거래가 정상적으로 이루어질 수 없다고 인정하는 경우에는 전력시장에서의 전력거래의 정지·제한이나 그 밖에 필요한 조치를 할 수 있다(법 제46조 제1항).

(2) 산업통상자원부장관은 (1)에 따른 조치를 한 후 그 사유가 없어졌다고 인정되는 경우에는 지체 없이 해제하여야 한다(법 제46조 제2항).

2 한국전력거래소

1. 한국전력거래소 설립

(1) 전력시장 및 전력계통의 운영을 위하여 한국전력거래소를 설립한다(법 제35조 제1항).

(2) 한국전력거래소는 법인으로 한다(법 제35조 제2항).

(3) 한국전력거래소의 그 주된 사무소는 정관으로 정한다(법 제35조 제3항).

(4) 한국전력거래소는 주된 사무소의 소재지에서 설립등기를 함으로써 성립한다(법 제35조 제4항).

2. 업 무

(1) 한국전력거래소는 그 목적을 달성하기 위하여 다음의 업무를 행한다(법 제36조 제1항).

> ① 전력시장 및 소규모전력중개시장의 개설·운영에 관한 업무
> ② 전력거래에 관한 업무
> ③ 회원의 자격 심사에 관한 업무
> ④ 전력거래대금 및 전력거래에 따른 비용의 청구·정산 및 지불에 관한 업무
> ⑤ 전력거래량의 계량에 관한 업무
> ⑥ 전력시장운영규칙 및 소규모전력중개시장운영규칙 등 제반규칙의 제정·개정에 관한 업무
> ⑦ 전력계통의 운영에 관한 업무
> ⑧ 전기품질의 측정·기록·보존에 관한 업무
> ⑨ 그 밖에 ①부터 ⑧까지의 업무에 딸린 업무

(2) 한국전력거래소는 업무 중 일부를 다른 기관 또는 단체에 위탁하여 처리하게 할 수 있다(법 제36조 제2항).

(3) 한국전력거래소는 그가 수행하는 업무의 성격이 서로 다른 분야에 대하여는 회계를 구분하여 처리할 수 있다(법 제36조 제3항).

3. 회원의 자격

한국전력거래소의 회원은 다음의 자로 한다. 한국전력거래소의 회원이 아닌 자는 전력시장에서 전력거래를 하지 못한다(법 제39조, 법 제44조).

> ① 전력시장에서 전력거래를 하는 발전사업자
> ② 전기판매사업자
> ③ 전력시장에서 전력을 직접 구매하는 전기사용자
> ④ 전력시장에서 전력거래를 하는 자가용 전기설비를 설치한 자
> ⑤ 전력시장에서 전력거래를 하는 구역전기사업자
> ⑥ 전력시장에서 전력거래를 하지 아니하는 자 중 한국전력거래소의 정관이 정하는 요건을 갖춘 자
> ⑦ 전력시장에서 전력거래를 하는 수요관리사업자
> ⑧ 전력시장에서 전력거래를 하는 소규모전력중개사업자
> ⑨ 전력시장에서 전력거래를 하는 통합발전소사업자

4. 전력시장운영규칙

(1) 한국전력거래소는 전력시장 및 전력계통의 운영에 관한 규칙(이하 “전력시장운영규칙”이라 한다)을 정하여야 한다(법 제43조 제1항).

(2) 한국전력거래소는 전력시장운영규칙을 제정 · 변경 또는 폐지하려는 경우에는 산업통상자원부장관의 승인을 받아야 한다(법 제43조 제2항).

(3) 산업통상자원부장관은 승인을 하려면 전기위원회의 심의를 거쳐야 한다(법 제43조 제3항).

(4) 전력시장운영규칙에는 다음의 사항이 포함되어야 한다(법 제43조 제4항).

> ① 전력거래방법에 관한 사항
> ② 전력거래의 정산 · 결제에 관한 사항
> ③ 전력거래의 정보공개에 관한 사항
> ④ 전력계통의 운영 절차와 방법에 관한 사항
> ⑤ 전력량계의 설치 및 계량 등에 관한 사항
> ⑥ 전력거래에 관한 분쟁조정에 관한 사항
> ⑦ 그 밖에 전력시장의 운영에 필요하다고 인정되는 사항

전력계통의 운영방법

1. 한국전력거래소는 전기사업자 및 수요관리사업자에게 전력계통의 운영을 위하여 필요한 지시를 할 수 있다. 이 경우 발전사업자 및 수요관리사업자에 대한 지시는 전력시장에서 결정된 우선순위에 따라 하여야 한다(법 제45조 제1항).
2. 한국전력거래소는 전력계통의 운영을 위하여 필요하다고 인정하면 우선순위와 다르게 지시를 할 수 있다. 이 경우 변경된 지시는 객관적으로 공정한 기준에 따라 결정되어야 한다(법 제45조 제2항).
3. 산업통상자원부장관은 송전사업자 또는 배전사업자에 대하여 산업통상자원부령으로 정하는 바에 따라 전력계통의 운영에 관한 업무 중 일부를 수행하게 할 수 있다. 이 경우 업무의 범위 등에 관하여 필요한 사항은 산업통상자원부장관이 정하여 고시한다(법 제45조 제3항).

5. 중개시장운영규칙

(1) 한국전력거래소는 소규모전력중개시장의 운영에 관한 규칙(이하 "중개시장운영규칙"이라 한다)을 정하여야 한다(법 제43조의2 제1항).

(2) 한국전력거래소는 중개시장운영규칙을 제정 · 변경 또는 폐지하려는 경우에는 산업통상자원부장관의 승인을 받아야 한다(법 제43조의2 제2항).

(3) 산업통상자원부장관은 (2)에 따른 승인을 하려면 전기위원회의 심의를 거쳐야 한다(법 제43조의2 제3항).

(4) 중개시장운영규칙에는 다음의 사항이 포함되어야 한다(법 제43조의2 제4항).

> ① 소규모전력자원의 모집에 관한 사항
> ② 소규모전력자원에서 생산 또는 저장된 전력의 거래에 따른 정산 · 결제에 관한 사항
> ③ 소규모전력자원 모집 · 관리의 정보공개에 관한 사항
> ④ 소규모전력자원 모집 · 관리 등의 분쟁조정에 관한 사항
> ⑤ 그 밖에 소규모전력중개시장의 운영에 필요하다고 인정되는 사항

6. 운영경비

한국전력거래소의 운영에 필요한 경비는 다음의 재원으로 충당한다(법 제40조 제1항).

> ① 회원의 회비
> ② 전력거래에 대한 수수료
> ③ 그 밖에 산업통상자원부령으로 정하는 수입

다른 법률과의 관계

한국전력거래소에 대하여 이 법 및 「공공기관의 운영에 관한 법률」에 규정된 것을 제외하고는 「민법」 중 사단법인에 관한 규정(같은 법 제39조는 제외한다)을 준용한다. 이 경우 사단법인의 "사원"·"사원총회"와 "이사 또는 감사"는 각각 한국전력거래소의 "회원"·"회원총회"와 "임원"으로 본다(법 제38조).

7. 전력거래 수수료

한국전력거래소는 대통령령으로 정하는 바에 따라 전력거래에 대한 수수료를 정하여 산업통상자원부장관에게 신고하여야 한다(법 제40조 제2항).

8. 정보의 공개

(1) 한국전력거래소는 대통령령으로 정하는 바에 따라 전력거래량, 전력거래가격 및 전력 수요 전망 등 전력시장에 관한 정보를 공개하여야 한다(법 제41조 제1항).

(2) 한국전력거래소는 전기사업자 및 수요관리사업자가 전력시장과 전력계통의 운영에 관한 자료(제45조 제2항에 따라 전력시장에서 결정된 우선순위와 다르게 지시를 한 경우 변경된 지시의 기준과 사유를 포함한다) 제공을 요구하는 경우 그 내용이 다른 전기사업자 및 수요관리사업자의 영업비밀(「부정경쟁방지 및 영업비밀보호에 관한 법률」 제2조 제2호에 따른 영업비밀을 말한다)을 침해하는 등의 특별한 사유가 없으면 이에 따라야 한다(법 제41조 제2항).

PART 12

Chapter 04

전력산업의 기반조성

단·원·열·기

전력산업기반조성계획, 협약의 내용 등이 부분적으로 출제되었다.
학습방법 : 전력산업기반조성계획, 협약의 내용, 전기위원회 등 기출문제를 중심으로 정리하도록 한다.

01 전력산업기반조성계획 및 기반조성사업

1 전력산업기반조성계획 및 시행계획 등

1. 전력산업기반조성계획 수립

(1) 산업통상자원부장관은 전력산업의 지속적인 발전과 전력수급의 안정을 위하여 전력산업의 기반조성을 위한 계획을 수립·시행하여야 한다(법 제47조 제1항).

(2) 전력산업기반조성계획은 3년 단위로 수립·시행한다(영 제23조 제1항).

(3) 산업통상자원부장관은 전력산업기반조성계획을 수립하려는 경우에는 전력정책심의회의 심의를 거쳐야 한다. 이를 변경하려는 경우에도 또한 같다(영 제23조 제2항).

2. 전력산업기반조성계획의 내용

전력산업기반조성계획에는 다음의 사항이 포함되어야 한다(법 제47조 제2항).

① 전력산업발전의 기본방향에 관한 사항
② 전력산업기반기금의 사용에 규정된 사업에 관한 사항
③ 전력산업전문인력의 양성에 관한 사항
④ 전력 분야의 연구기관 및 단체의 육성·지원에 관한 사항
⑤ 「석탄산업법」에 따른 석탄산업장기계획상 발전용 공급량의 사용에 관한 사항
⑥ 그 밖에 전력산업의 기반조성을 위하여 필요한 사항

3. 전력산업기반조성계획의 시행계획의 수립 등

(1) 시행계획 수립 · 공고

산업통상자원부장관은 전력산업기반조성계획을 효율적으로 추진하기 위하여 매년 시행계획을 수립하고 공고하여야 한다(영 제24조 제1항).

(2) 시행계획의 내용

시행계획에는 다음의 사항이 포함되어야 한다(영 제24조 제2항).

> ① 전력산업기반조성사업의 시행에 관한 사항
> ② 필요한 자금 및 자금 조달계획
> ③ 시행방법
> ④ 자금지원에 관한 사항
> ⑤ 그 밖에 시행계획의 추진에 필요한 사항

(3) 전력정책심의회의 심의

산업통상자원부장관은 시행계획을 수립하려는 경우에는 전력정책심의회의 심의를 거쳐야 한다. 이를 변경하려는 경우에도 또한 같다(영 제24조 제3항).

2 전력정책심의회

1. 전력정책심의회의 설치 등

(1) 전력수급 및 전력산업기반조성에 관한 중요사항을 심의하기 위하여 산업통상자원부에 전력정책심의회를 둔다(법 제47조의2 제1항).

(2) 전력정책심의회는 다음의 사항을 심의한다(법 제47조의2 제2항).

> ① 기본계획
> ② 전력산업기반조성계획
> ③ 전력산업기반조성계획의 시행계획
> ④ 그 밖에 전력산업의 발전에 중요한 사항으로서 산업통상자원부장관이 심의에 부치는 사항

2. 전력정책심의회의 구성 등

(1) 위원의 수

전력정책심의회는 위원장 1인을 포함한 30명 이내의 위원으로 구성한다(법 제47조의2 제3항).

(2) 위원의 구성

위원은 다음의 사람으로 한다(영 제28조 제2항).

> ① 기획재정부 · 과학기술정보통신부 · 산업통상자원부 · 환경부 · 국토교통부 등 관계 중앙행정기관의 3급 공무원 또는 고위공무원단에 속하는 일반직 공무원 중 소속 기관의 장이 지정하는 사람
> ② 전기사업자, 전력산업에 관한 학식과 경험이 풍부한 사람 또는 시민단체(「비영리민간단체 지원법」 제2조에 따른 비영리민간단체를 말한다)가 추천하는 사람 중 산업통상자원부장관이 위촉하는 사람

(3) 임 기

① (2)의 ②에 따른 위원의 임기는 2년으로 하며, 한 차례만 연임할 수 있다(영 제28조 제3항).
② 위원 중 공무원이 아닌 위원의 사임 등으로 인하여 새로 위촉된 위원의 임기는 전임위원 임기의 남은 기간으로 한다(영 제28조 제4항).

(4) 분과위원회

전력정책심의회를 효율적으로 운영하기 위하여 전력정책심의회에 분과위원회를 둘 수 있다(영 제28조 제5항).

(5) 위원장

전력정책심의회의 위원장은 위원 중에서 재적위원 과반수의 찬성으로 선출하며, 전력정책심의회를 대표하고, 전력정책심의회의 업무를 총괄한다(영 제29조).

3 협약체결

(1) 전력산업기반조성사업을 위한 협약체결

산업통상자원부장관은 전력산업기반조성사업을 실시하려는 경우에는 주관기관의 장과 협약을 체결하여야 한다(영 제26조 제1항).

(2) 협약의 내용

협약에는 다음의 사항이 포함되어야 한다(영 제26조 제2항).

> ① 사업과제, 사업범위 및 사업 수행방법에 관한 사항
> ② 사업비의 지급에 관한 사항
> ③ 사업시행의 결과 보고 및 그 결과의 활용에 관한 사항
> ④ 협약의 변경·해약 및 위반에 관한 사항
> ⑤ 연구개발사업인 경우 기술료의 징수에 관한 사항
> ⑥ 그 밖에 산업통상자원부장관이 필요하다고 인정하는 사항

4 전력산업기반기금

1. 기금의 설치

정부는 전력산업의 지속적인 발전과 전력산업의 기반조성에 필요한 재원을 확보하기 위하여 전력산업기반기금(이하 "기금"이라 한다)을 설치한다(법 제48조).

2. 기금의 재원

(1) 기금은 다음의 재원으로 조성한다(법 제50조 제1항, 영 제35조).

> ① 전기사용자에 대한 부담금 및 가산금
> ② 「신에너지 및 재생에너지 개발·이용·보급 촉진법」에 따른 과징금
> ③ 기금의 운용하여 생긴 수익금
> ④ 기금의 부담으로 차입하는 자금

(2) 산업통상자원부장관은 조성된 재원 외에 기금의 부담으로 에너지 및 자원사업 특별회계 또는 다른 기금 등으로부터 자금을 차입할 수 있다(법 제50조 제2항).

3. 기금의 운용·관리권자

(1) 기금은 산업통상자원부장관이 운용·관리한다(법 제52조 제1항).

(2) 산업통상자원부장관은 기금의 운용·관리에 관한 업무의 일부를 대통령령으로 정하는 법인 또는 단체에 위탁할 수 있다(법 제52조 제2항).

부담금

1. **부과권자 및 부과금액**
   ① 산업통상자원부장관은 기금의 사업을 수행하기 위하여 전기사용자에 대하여 전기요금(전력을 직접 구매하는 전기사용자의 경우에는 구매가격에 송전용 또는 배전용 전기설비의 이용요금을 포함한 금액을 말한다)의 1천분의 65 이내에서 대통령령으로 정하는 바에 따라 부담금을 부과·징수할 수 있다(법 제51조 제1항).
   ② 위의 ①에 따른 부담금은 전기요금의 1천분의 27에 해당하는 금액으로 한다(영 제36조).
2. **부담금 부과·징수에서 제외되는 경우**: 산업통상자원부장관은 다음의 어느 하나에 해당하는 전기를 사용하는 자에 대하여는 부담금을 부과·징수하지 아니할 수 있다(법 제51조 제2항).
   ① 자가발전설비(「신에너지 및 재생에너지 개발·이용·보급 촉진법」에 따라 자가발전설비를 포함한다)에 의하여 생산된 전기
   ② 전력시장에 판매할 전기를 생산할 목적으로 사용되는 양수발전사업용 전기
   ③ 구역전기사업자(「전기사업법」에 따라 구역전기사업자로 보는 집단에너지사업자를 포함한다)가 특정한 공급구역 안에서 공급하는 전기
3. **가산금**: 산업통상자원부장관은 1.에 따른 부담금의 징수대상자가 납부기한까지 부담금을 내지 아니한 경우에는 그 납부기한 다음 날부터 납부한 날의 전날까지의 기간에 대하여 100분의 5를 초과하지 아니하는 범위에서 대통령령으로 정하는 가산금을 징수한다(법 제51조 제3항).

4. **강제징수** : 산업통상자원부장관은 앞의 1.에 따른 부담금의 징수대상자가 납부기한까지 부담금을 내지 아니하면 기간을 정하여 독촉하고, 그 지정된 기간에 부담금 및 가산금을 내지 아니하면 국세 체납처분의 예에 따라 징수할 수 있다(법 제51조 제4항).

> 법 제52조 제2항에서 "대통령령으로 정하는 법인 또는 단체"란 다음의 기관을 말한다(영 제38조 제1항).
> 1. 기획관리평가전담기관
> 2. 전기사업자
> 3. 금융회사 등

4. 전력산업기반기금의 사용

기금은 신 · 재생에너지 발전사업자에 대한 지원사업, 전력수요 관리사업, 전력공급 지원사업, 일반용전기설비의 점검사업, 전기안전 · 전기재해 예방 및 대응 관련의 조사 · 연구 · 홍보에 관한 지원사업, 도서 · 벽지의 주민 등에 대한 전력공급 지원사업, 전력산업 관련 연구개발사업, 공동주택 등의 안전점검사업, 「전기안전관리법」 제15조에 따른 응급조치 사업 등을 위하여 사용한다(법 제49조).

02 전기위원회

1. 전기위원회의 설치 및 구성

(1) 전기사업 등의 공정한 경쟁환경 조성 및 전기사용자의 권익보호에 관한 사항의 심의와 전기사업 등과 관련된 분쟁의 재정(裁定)을 위하여 산업통상자원부에 전기위원회를 둔다(법 제53조 제1항).

(2) 전기위원회는 위원장 1명을 포함한 9명 이내의 위원으로 구성하되, 위원 중 대통령령으로 정하는 수의 위원은 상임으로 한다(법 제53조 제2항).

(3) 전기위원회의 위원장을 포함한 위원은 산업통상자원부장관의 제청으로 대통령이 임명 또는 위촉한다(법 제53조 제3항).

2. 위원의 자격 등

(1) 전기위원회 위원은 다음의 어느 하나에 해당하는 사람으로 한다(법 제54조 제1항).

> ① 3급 이상의 공무원으로 있거나 있었던 사람
> ② 판사·검사 또는 변호사로서 10년 이상 있거나 있었던 사람
> ③ 대학에서 법률학·경제학·경영학·전기공학이나 그 밖의 전기 관련 학과를 전공한 사람으로서 「고등교육법」에 따른 학교나 공인된 연구기관에서 부교수 이상으로 있거나 있었던 사람 또는 이에 상당하는 자리에 10년 이상 있거나 있었던 사람
> ④ 전기 관련 기업의 대표자나 상임임원으로 5년 이상 있었거나 전기 관련 기업에서 15년 이상 종사한 경력이 있는 사람
> ⑤ 전기 관련 단체 또는 소비자보호 관련 단체에서 10년 이상 종사한 경력이 있는 사람

(2) (1)의 ②및 ③의 재직기간은 합산한다(법 제53조 제2항).

(3) 공무원이 아닌 위원의 임기는 3년으로 하되, 연임할 수 있다(법 제54조 제3항).

(4) 전기위원회의 위원은 다음의 어느 하나에 해당하는 경우를 제외하고는 그 의사에 반하여 해임 또는 해촉되지 아니한다(법 제55조).

> ① 금고 이상의 형을 선고받은 경우
> ② 심신쇠약으로 장기간 직무를 수행할 수 없게 된 경우

3. 전기위원회의 기능

(1) 전기위원회는 다음의 사항을 심의하고 재정을 한다(법 제56조 제1항).

> ① 전기사업의 허가 또는 변경허가에 관한 사항
> ② 전기사업의 양수 또는 법인의 분할·합병에 대한 인가에 관한 사항
> ③ 전기사업의 허가취소, 사업정지, 사업구역의 감소, 과징금의 부과에 관한 사항
> ④ 송전용 또는 배전용 전기설비의 이용요금과 그 밖의 이용조건의 인가에 관한 사항
> ⑤ 전기판매사업자의 기본공급약관 및 보완공급약관의 인가에 관한 사항
> ⑥ 구역전기사업자의 기본공급약관의 인가에 관한 사항
> ⑦ 전기사업자의 전기품질의 부적합으로 인한 전기설비의 수리 또는 개조, 전기설비의 운용방법의 개선 기타 필요한 조치에 관한 사항
> ⑧ 금지행위에 대한 조치에 관한 사항
> ⑨ 금지행위에 대한 과징금의 부과·징수에 관한 사항
> ⑩ 전력거래가격의 상한에 관한 사항
> ⑪ 법 제34조 제3항에 따른 차액계약의 인가에 관한 사항
> ⑫ 전력시장운영규칙 및 중개시장운영규칙의 승인에 관한 사항

⑬ 전력계통 신뢰도 관리업무에 대한 연간계획 및 실적, 관계 규정의 제정·개정 및 폐지 등에 관한 사항
⑭ 법 제27조의2 제5항에 따른 산업통상자원부장관의 조치명령에 관한 사항
⑮ 전기사용자의 보호에 관한 사항
⑯ 전력산업의 경쟁체제 도입 등 전력산업의 구조개편에 관한 사항
⑰ 다른 법령에서 전기위원회의 심의사항으로 규정한 사항
⑱ 산업통상자원부장관이 심의를 요청한 사항

2) 전기위원회는 산업통상자원부장관에게 전력시장의 관리·운영 등에 필요한 사항에 관한 건의를 할 수 있다(법 제56조 제2항).

4. 전기위원회의 재정

(1) 재정신청

전기사업자 등 또는 전기사용자 등은 전기사업 등과 관련한 다음의 어느 하나의 사항에 관하여 당사자 간에 협의가 이루어지지 아니하거나 협의를 할 수 없는 경우에는 전기위원회에 재정을 신청할 수 있다(법 제57조 제1항).

① 송전용 또는 배전용 전기설비 이용요금과 그 밖의 이용조건에 관한 사항
② 공급약관에 관한 사항
③ 전기수급조절 명령에 따른 금액의 지급 또는 수령 등에 관한 당사자 간의 협의에 관한 사항
④ 설비의 이설 등과 관련한 비용의 부담에 관한 사항
⑤ 타인 토지 등에 출입으로 인한 손실보상에 관한 사항
⑥ 토지의 지상 등의 사용에 대한 손실보상에 관한 사항
⑦ 그 밖에 전기사업 등과 관련한 분쟁이나 다른 법률에서 전기위원회의 재정사항으로 규정한 사항

재정서 정본 송달
전기위원회는 재정신청에 대하여 재정을 한 경우에는 지체 없이 재정서의 정본을 당사자에게 송달하여야 한다(법 제57조 제3항).

재정의 효력
전기위원회가 재정을 한 경우 그 재정의 내용에 대하여 재정서의 정본(正本)이 당사자에게 송달된 날부터 60일 이내에 다른 당사자를 피고로 하는 소송이 제기되지 아니하거나 그 소송이 취하(取下)된 경우에는 당사자 간에 그 재정의 내용과 동일한 합의가 성립된 것으로 본다(법 제57조 제4항).

(2) 의견진술 기회부여

전기위원회는 재정신청을 받은 경우에는 그 사실을 다른 당사자에게 통지하고 기간을 정하여 의견을 진술할 기회를 주어야 한다. 다만, 당사자가 정당한 사유 없이 이에 응하지 아니하는 경우에는 그러하지 아니하다(법 제57조 제2항).

05 전기설비의 안전관리

Chapter

단·원·열·기

전기설비의 공사계획의 인가, 사용전검사, 일반용전기설비의 사용전점검, 정기점검, 전기안전관리자, 전기사업자의 토지 등 사용 등이 출제되었다.
학습방법: 전기사업용·자가용 전기설비의 사용전검사 및 정기검사와 일반용전기설비의 사용전점검 및 정기점검을 비교하여 정리하도록 한다.

01 전기설비의 공사

1. 전기사업용 전기설비의 공사계획의 인가 또는 신고

(1) 산업통상자원부장관의 인가

전기사업자는 전기사업용 전기설비의 설치공사 또는 변경공사로서 산업통상자원부령으로 정하는 공사를 하려는 경우에는 그 공사계획에 대하여 산업통상자원부장관의 인가를 받아야 한다. 인가받은 사항을 변경하려는 경우에도 또한 같다(법 제61조 제1항).

(2) 신 고

① 인가를 받은 사항 중 산업통상자원부령으로 정하는 경미한 사항을 변경하려는 경우에는 허가권자에게 신고하여야 한다(법 제61조 제2항).

② 인가를 받아야 하는 공사 외의 전기사업용전기설비의 설치공사 또는 변경공사로서 산업통상자원부령으로 정하는 공사를 하려는 경우에는 대통령령으로 정하는 바에 따라 공사를 시작하기 전에 허가권자에게 신고하여야 한다. 신고한 사항을 변경하려는 경우에도 또한 같다(법 제61조 제3항).

③ ①에 따른 신고를 받은 산업통상자원부장관 또는 ②에 따른 신고·변경신고를 받은 허가권자는 그 내용을 검토하여 이 법에 적합하면 신고를 수리하여야 한다(법 제61조 제4항).

④ 전기사업자는 전기설비가 사고·재해 또는 그 밖의 사유로 멸실·파손되거나 전시·사변 등 비상사태가 발생하여 부득이하게 공사를 하여야 하는 경우에는 위의 규정에도 불구하고 산업통상자원부령으로 정하는 바에 따라 공사를 시작한 후 지체 없이 그 사실을 허가권자에게 신고하여야 한다(법 제61조 제5항).

2. 사용전검사 및 전기설비의 임시사용

(1) 사용전검사 대상

전기사업용 전기설비의 설치공사 또는 변경공사를 한 자는 산업통상자원부령으로 정하는 바에 따라 허가권자가 실시하는 검사에 합격한 후에 이를 사용하여야 한다(법 제63조).

(2) 7일 전까지 한국전기안전공사에 서류제출

사용전검사를 받으려는 자는 별지 제28호 서식의 사용전검사 신청서에 다음 각 호의 서류를 첨부하여 검사를 받으려는 날의 7일 전까지 「전기안전관리법」 제30조에 따른 한국전기안전공사(이하 "안전공사"라 한다)에 제출해야 한다. 다만, ⑤의 서류는 사용전검사를 받는 날까지 제출할 수 있다(규칙 제31조 제5항).

① 공사계획인가서 또는 신고수리서 사본
② 「전력기술관리법」 제2조 제3호에 따른 설계도서 및 같은 법 제12조의2 제4항에 따른 감리원 배치확인서
③ 자체감리를 확인할 수 있는 서류(전기안전관리자가 자체감리를 하는 경우만 해당한다)
④ 전기안전관리자 선임신고증명서 사본
⑤ 그 밖에 사용전검사를 실시하는 데 필요한 서류로서 산업통상자원부장관이 정하여 고시하는 서류

(3) 임시사용

① 허가권자는 사용전검사에 불합격한 경우에도 안전상 지장이 없고 전기설비의 임시사용이 필요하다고 인정되는 경우에는 사용 기간 및 방법을 정하여 그 설비를 임시로 사용하게 할 수 있다. 이 경우 허가권자는 그 사용 기간 및 방법을 정하여 통지를 하여야 한다(법 제64조 제1항).
② 비상용 예비발전기가 완공되지 아니할 경우 등 전기설비 임시사용의 허용기준, 1년의 범위에서의 사용기간, 전기설비의 임시사용방법, 그 밖에 필요한 사항은 산업통상자원부령으로 정한다(법 제64조 제2항).
③ 전기설비의 임시사용기간은 3개월 이내로 한다. 다만, 임시사용기간에 임시사용의 사유를 해소할 수 없는 특별한 사유가 있다고 인정되는 경우에는 전체 임시사용기간이 1년을 초과하지 아니하는 범위에서 임시사용기간을 연장할 수 있다(규칙 제31조의2 제2항).

3. 송 · 배전사업자의 자체 검사

송전사업자 및 배전사업자는 산업통상자원부령으로 정하는 바에 따라 송전사업자 · 배전사업자의 전기설비에 대하여 자체적으로 검사를 하여야 하고 산업통상자원부장관에게 검사 결과를 보고하여야 한다(법 제65조의2).

02 전기시설 및 설비의 안전관리 등

1. 기술기준 및 전기설비의 유지

(1) 기술기준

① 산업통상자원부장관은 원활한 전기공급 및 전기설비의 안전관리를 위하여 필요한 기술기준(이하 "기술기준"이라 한다)을 정하여 고시하여야 한다. 이를 변경하는 경우에도 또한 같다(법 제67조 제1항).

② 기술기준은 전자파가 인체에 미치는 영향을 고려한 전자파 인체보호기준을 포함하여야 한다(법 제67조 제2항).

③ 산업통상자원부장관은 ①에 따라 기술기준을 변경하는 경우 기존의 전기설비에 대하여는 변경 전의 기술기준을 적용한다. 다만, 공공의 안전 확보를 위하여 변경된 기술기준을 적용할 수 있다(법 제67조 제3항).

(2) 전기설비의 유지

전기사업자는 전기설비를 기술기준에 적합하도록 유지하여야 한다(법 제68조).

(3) 기술기준에의 적합명령

허가권자는 제63조에 따른 검사의 결과 전기설비 또는 제20조 제4항에 따라 설치한 전기통신선로설비가 기술기준에 적합하지 아니하다고 인정되는 경우에는 해당 전기사업자 및 전기통신선로를 설치한 자에게 그 전기설비 또는 전기통신선로설비의 수리 · 개조 · 이전 또는 사용정지나 사용제한을 명할 수 있다(법 제71조).

2. 설비의 이설 등

(1) 전기사업용전기설비 또는 자가용전기설비와 다른 자의 전기설비나 그 밖의 물건 또는 다른 사업 간에 상호 장애가 발생하거나 발생할 우려가 있는 경우에는 후에 그 원인을 제공한 자가 그 장애를 제거하기 위하여 필요한 조치를 하거나 그 조치에 드는 비용을 부담하여야 한다(법 제72조 제1항).

가공전선로의 지중이설

1. 시장·군수·구청장 또는 토지소유자는 전주와 그 전주에 가공으로 설치된 전선로(제20조에 따라 전주에 설치된 전기통신선로설비를 포함한다)의 지중이설(이하 "지중이설"이라 한다)이 필요하다고 판단하는 경우 전기사업자에게 이를 요청할 수 있다(법 제72조의2 제1항).
2. 1.에 따른 지중이설에 필요한 비용은 그 요청을 한 자가 부담한다. 다만, 시장·군수·구청장이 공익적인 목적을 위하여 지중이설을 요청하는 경우 전선로를 설치한 자는 산업통상자원부장관이 정하는 기준과 절차에 따라 그 비용의 일부를 부담할 수 있다(법 제72조의2 제2항).
3. 2.에도 불구하고 국민안전과 관련하여 필요한 경우에는 산업통상자원부장관이 정하는 기준과 절차에 따라 지방자치단체가 부담하는 비용의 일부를 국가가 부담할 수 있다(법 제72조의2 제3항).
4. 산업통상자원부장관은 2. 및 3.에 따른 비용부담의 기준과 절차, 그 밖에 지중이설의 원활한 추진에 필요한 구체적인 사항을 정하여 고시할 수 있다(법 제72조의2 제4항).

(2) 전기사업용전기설비가 다른 자가 설치하거나 설치하려는 지상물 또는 그 밖의 물건으로 인하여 기술기준에 적합하지 아니하게 되거나 아니하게 될 우려가 있는 경우 그 지상물 또는 그 밖의 물건을 설치하거나 설치하려는 자는 그 전기사업용전기설비가 기술기준에 적합하도록 하기 위하여 필요한 조치를 하거나 전기사업자로 하여금 필요한 조치를 할 것을 요구할 수 있다(법 제72조 제2항).

(3) 전기사업자는 (2)에 따른 요구를 받은 경우 그 조치를 위한 이설부지(移設敷地) 확보가 불가능하거나 기술기준에 적합하도록 할 수 없는 등 업무를 수행함에 있어서나 기술적으로 곤란한 경우로서 대통령령으로 정하는 경우를 제외하고는 필요한 조치를 하여야 한다(법 제72조 제3항).

(4) (2)와 (3)에 따른 조치에 필요한 비용은 지상물 또는 그 밖의 물건을 설치하거나 설치하려는 자가 부담하여야 한다. 다만, 제89조에 따라 다른 자의 토지의 지상 또는 지하 공간에 전선로를 설치한 후 그 토지의 소유자 또는 점유자가 그 토지에 지상물 또는 그 밖의 물건을 설치하거나 설치하려는 경우에는 그 전선로의 이설계획 및 경과연도 등 대통령령으로 정하는 기준에 따라 이설비용을 감면할 수 있다(법 제72조 제4항).

3. 물밑선로보호구역

(1) 물밑선로보호구역의 지정신청

전기사업자는 물밑에 설치한 전선로(이하 "물밑선로"라 한다)를 보호하기 위하여 필요한 경우에는 물밑선로보호구역의 지정을 산업통상자원부장관에게 신청할 수 있다(법 제69조 제1항).

(2) 물밑선로보호구역의 지정절차

① 산업통상자원부장관은 물밑선로보호구역의 지정신청이 있는 경우에는 물밑선로보호구역을 지정할 수 있다. 이 경우 「양식산업발전법」에 따른 양식업 면허를 받은 지역을 물밑선로보호구역으로 지정하려는 경우에는 그 양식업 면허를 받은 자의 동의를 받아야 한다(법 제69조 제2항).

② 산업통상자원부장관은 물밑선로보호구역을 지정하려는 경우에는 미리 해양수산부장관과 협의하여야 한다(법 제69조 제4항).

③ 산업통상자원부장관은 물밑선로보호구역을 지정하였을 때에는 이를 고시하여야 한다(법 제69조 제3항).

(3) 물밑선로보호구역의 행위제한

물밑선로보호구역에서는 다음의 행위를 하여서는 아니 된다. 다만, 산업통상자원부장관의 승인을 받은 경우에는 그러하지 아니하다(법 제70조).

1. 물밑선로를 손상시키는 행위
2. 선박의 닻을 내리는 행위
3. 물밑에서 광물 · 수산물을 채취하는 행위
4. 그 밖에 물밑선로를 손상하게 할 우려가 있는 행위로서 다음의 대통령령(영 제44조)으로 정하는 행위
   ① 안강망어업 · 저인망어업 또는 트롤어업 행위
   ② 연해 · 근해 준설(浚渫) 작업 행위
   ③ 해저탐사를 위한 지형변경행위
   ④ 어초(魚礁) 설치행위

03 토지 등의 사용

1. 전기사업자의 타인의 토지 등의 사용

(1) 토지 등의 사용 및 장애물 변경 제거

전기사업자는 전기사업용 전기설비의 설치나 이를 위한 실지조사 · 측량 및 시공 또는 전기사업용 전기설비의 유지 · 보수를 위하여 필요한 경우에는 「공익사업을 위한 토지 등의 취득 및 보상에 관한 법률」에서 정하는 바에 따라 다른 자의 토지 또는 이에 정착된 건물 그 밖의 공작물(이하 "토지 등"이라 한다)을 사용하거나 다른 자의 식물 그 밖의 장애물을 변경 또는 제거할 수 있다(법 제87조 제1항).

(2) 토지 등 일시사용

1) 전기사업자는 다음의 하나에 해당하는 경우에는 다른 자의 토지 등을 일시사용하거나 다른 사람의 식물을 변경 또는 제거할 수 있다. 다만, 다른 자의 토지 등이 주거용으로 사용되고 있는 경우에는 그 사용일시 및 기간에 관하여 미리 거주자와 협의하여야 한다(법 제87조 제2항).

> ① 천재지변・전시・사변, 그 밖의 긴급한 사태로 인하여 전기사업용 전기설비 등이 파손되거나 파손될 우려가 있는 경우 15일 이내에서의 다른 자의 토지 등의 일시사용
> ② 전기사업용 전선로에 장애가 되는 식물을 방치하여 그 전선로를 현저하게 파손하거나 화재, 그 밖의 재해를 일으키게 할 우려가 있다고 인정되는 경우 그 식물의 변경 또는 제거

2) 전기사업자는 다른 자의 토지 등을 일시사용하거나 식물의 변경 또는 제거를 한 경우에는 즉시 그 점유자나 소유자에게 그 사실을 통지하여야 한다(법 제87조 제3항).

3) 토지 등의 점유자 또는 소유자는 정당한 사유 없이 전기사업자의 토지 등의 일시사용 및 식물의 변경・제거 행위를 거부・방해 또는 기피하여서는 아니 된다(법 제87조 제4항).

4) 토지 등의 일시사용이 끝난 경우에는 토지 등을 원상으로 회복하거나 이에 필요한 비용을 토지 등의 소유자 또는 점유자에게 지급하여야 한다(법 제91조).

2. 다른 사람의 토지 등에의 출입

(1) 협의에 의한 타인 토지 등에의 출입

전기사업자는 전기설비의 설치・유지 및 안전관리를 위하여 필요한 경우에는 다른 자의 토지 등에 출입할 수 있다. 이 경우 전기사업자는 출입방법 및 출입기간 등에 대하여 미리 토지 등의 소유자 또는 점유자와 협의하여야 한다(법 제88조 제1항).

(2) 불협의시 시장 등의 허가절차

① 전기사업자는 협의가 성립되지 아니하거나 협의를 할 수 없는 경우에는 시장・군수 또는 구청장의 허가를 받아 토지 등에 출입할 수 있다(법 제88조 제2항).

② 시장・군수 또는 구청장은 허가신청이 있는 경우에는 그 사실을 토지 등의 소유자 또는 점유자에게 알리고 의견을 진술할 기회를 주어야 한다(법 제88조 제3항).

③ 전기사업자는 다른 자의 토지 등에 출입하려면 미리 토지 등의 소유자 또는 점유자에게 그 사실을 알려야 한다(법 제88조 제4항).

④ ①에 따라 다른 자의 토지 등에 출입하는 자는 그 권한을 표시하는 증표를 가지고 이를 관계인에게 내보여야 한다(법 제88조 제5항).

3. 타인 토지에 전선로 설치

전기사업자는 그 사업을 수행하기 위하여 필요한 경우에는 현재의 사용방법을 방해하지 아니하는 범위에서 다른 자의 토지의 지상 또는 지하 공간에 전선로를 설치할 수 있다. 이 경우 전기사업자는 전선로의 설치방법 및 존속기간 등에 대하여 미리 그 토지의 소유자 또는 점유자와 협의하여야 한다. 이 경우 2.의 (2) 규정을 준용한다(법 제89조 제1항 · 제2항).

4. 손실보상

(1) 다른 자의 토지 등에의 출입에 따른 손실보상

전기사업자는 다른 자의 토지 등의 일시사용, 다른 자의 식물의 변경 또는 제거나 다른 자의 토지 등에의 출입으로 인하여 손실이 발생한 때에는 손실을 입은 자에게 정당한 보상을 하여야 한다(법 제90조).

(2) 송전선로 설치로 인한 손실발생에 대한 보상

전기사업자는 다른 자의 토지의 지상 또는 지하 공간에 송전선로를 설치함으로 인하여 손실이 발생한 때에는 손실을 입은 자에게 정당한 보상을 하여야 한다(법 제90조의2 제1항).

송전선로 설치 보상기준 면적의 산정방법(법 제90조의2)

1. **지상 공간의 사용**: 송전선로의 양측 가장 바깥선으로부터 수평으로 3m를 더한 범위에서 수직으로 대응하는 토지의 면적. 이 경우 건축물 등의 보호가 필요한 경우에는 기술기준에 따른 전선과 건축물 간의 전압별 이격거리까지 확장할 수 있다.
2. **지하 공간의 사용**: 송전선로 시설물의 설치 또는 보호를 위하여 사용되는 토지의 지하 부분에서 수직으로 대응하는 토지의 면적

5. 전기사업자의 공공용 토지의 사용

(1) 공공용 토지에 대한 전기사업용 전선로 설치시 허가

전기사업자는 국가 · 지방자치단체, 그 밖의 공공기관이 관리하는 공공용 토지에 전기사업용 전선로를 설치할 필요가 있는 경우에는 그 토지 관리자의 허가를 받아 사용할 수 있다(법 제92조 제1항).

(2) 주무부장관의 사용허가 또는 허가조건 변경

1) 토지관리자의 허가거절 등이 있는 경우

공공용 토지 관리자가 정당한 사유 없이 허가를 거절하거나 허가조건이 적절하지 아니한 경우에는 전기사업자의 신청을 받아 그 토지를 관할하는 주무부장관이 사용을 허가하거나 허가조건을 변경할 수 있다(법 제92조 제2항).

2) 산업통상자원부장관과 협의

주무부장관은 1)에 따라 사용을 허가하거나 허가조건을 변경하려는 경우에는 미리 산업통상자원부장관과 협의하여야 한다(법 제92조 제3항).

Part

12 실전예상문제

01

「전기사업법 시행규칙」 제2조(정의) 규정의 일부이다. (   )에 들어갈 숫자를 쓰시오.

> "저압"이란 직류에서는 (㉠)볼트 이하의 전압을 말하고, 교류에서는 (㉡)볼트 이하의 전압을 말한다.

02

「전기사업법령」상 전기판매사업자가 전기의 공급을 거부할 수 있는 정당한 사유가 아닌 것은?

① 전기의 공급을 요청하는 자가 전기판매사업자의 정당한 조건에 따르지 아니하고 다른 방법으로 전기의 공급을 요청하는 경우

② 1만kW 이상 10만kW 미만으로 전기를 사용하려는 자가 사용 예정일 2년 전까지 전기판매사업자에게 미리 전기의 공급을 요청하지 아니하는 경우

③ 발전용 전기설비의 정기적인 보수기간 중 전기의 공급을 요청하는 경우

④ 전기요금을 미납한 전기사용자가 납기일의 다음 날부터 공급약관에서 정하는 기한까지 해당 요금을 납부하지 아니하는 경우

⑤ 일반용전기설비의 사용전점검을 받지 아니하고 전기공급을 요청하는 경우

해설 ③ 발전용 전기설비의 정기적인 보수기간 중 전기의 공급을 요청하는 경우(발전사업자만 해당한다)

Answer

01 ㉠ 1,500 ㉡ 1,000   02 ③

Memo

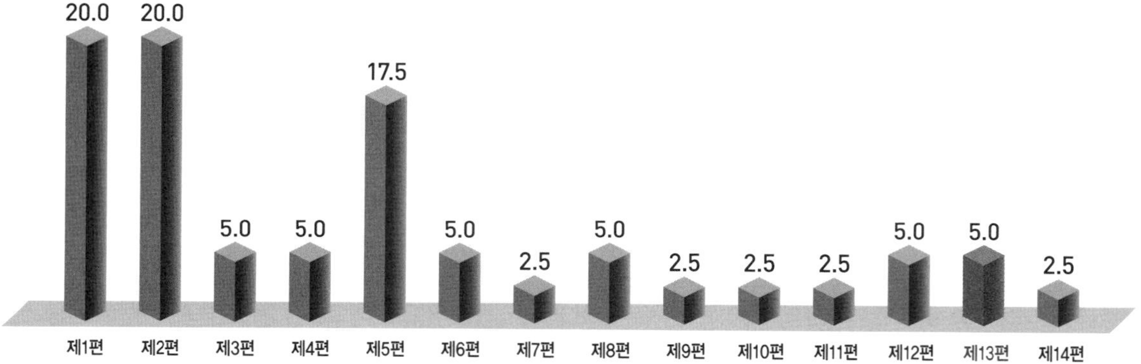

제27회 기출문제 분석

승강기 안전관리법은 2문제가 출제되는데, 1문제는 주관식으로 출제되고 있다. 승강기 종류, 승강기 안전인증, 승강기 설치검사 및 안전검사, 자체점검 등을 중심으로 학습하도록 한다.

PART

13

승강기 안전관리법

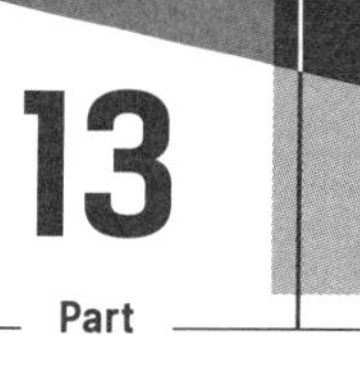

승강기 안전관리법

승강기 안전관리법(2문제)

승강기 종류	구조별	• **엘리베이터** : 전기식, 유압식 • **에스컬레이터**: 에스컬레이터, 무빙워크 • **휠체어리프트** :수직형, 경사형
	용도별	• **엘리베이터**: 승객·전망·병원·장애인·소방구조·피난·주택·승객화물·자동차·소형화물, 화물용 • **에스컬레이터**: 승객·장애인·승객화물용 에스컬레이터, 승객·승객화물용 무빙워크 • **휠체어리프트**: 장애인용 수직형, 장애인용 경사형
승강기사업자	제조수입업, 유지관리업, 설치공사업	
제조·수입업	등록기관	시·도지사
	등록요건	자본금 2억원 이상 기술인력 및 설비 갖추고 결격사유 없을 것
	승강기(부품) 안전인증	모델별 행정안전부장관이 실시하는 안전인증
	안전인증의 대행	한국승강기안전공단, 지정기관(부품의 일부)
승강기의 설치 및 안전관리	승강기의 설치 등	설치 후 10일 이내 한국승강기안전공단에 설치신고
	관리주체	책임보험 가입 의무
	자체점검	월 1회 이상 승강기안전종합정보망에 입력
	안전검사	• **정기검사**: 설치검사 후 2년 이내, 규칙은 1년, 2년, 6개월 • **수시검사**: 승강기 변경, 수리, 제어반·구동기교체, 관리주체 요청 • **정밀안전검사**: 원인불명확, 중대한 사고·고장, 설치검사 후 15년 경과, 장관 필요인정
	재검사	불합격한 날부터 4개월 이내, 안전검사 재검사
	검사의 대행	한국승강기안전공단, 지정검사기관(정기검사)
승강기 유지관리업	등록기관	시·도지사
	등록요건	자본금 1억원 이상 기술인력 및 설비 갖추고 결격사유 없을 것
	하도급제한	유지관리업무 1/2↓, 부품교체업무 1/2↓, 자체점검업무 2/3↓
기술자	경력 등 신고	행정안전부장관
	기술교육	3년 주기, 교육시간 28시간
안전관리기술자	경력 등 신고	행정안전부장관
	직무교육	3년 주기, 교육시간 28시간
한국승강기안전공단	설립등기 성립, 재단법인의 성격	
승강기안전종합정보망	행정안전부장관 구축·운영, 안전인증·점검·검사 후 5일 이내 입력	

01 총 설

Chapter

단·원·열·기

승강기의 종류, 관리주체 등이 과거 출제되었다.
학습방법: 승강기 종류와 유지관리, 관리주체 등을 중심으로 정리하도록 한다.

01 제정목적

「승강기 안전관리법」은 승강기의 제조·수입 및 설치에 관한 사항과 승강기의 안전인증 및 안전관리에 관한 사항 등을 규정함으로써 승강기의 안전성을 확보하고, 승강기 이용자 등의 생명·신체 및 재산을 보호함을 목적으로 한다(법 제1조).

02 용어의 정의

1. 승강기

승강기란 건축물이나 고정된 시설물에 설치되어 일정한 경로에 따라 사람이나 화물을 승강장으로 옮기는 데에 사용되는 설비(「주차장법」에 따른 기계식주차장치 등 대통령령으로 정하는 것은 제외한다)로서 구조나 용도 등의 구분에 따라 대통령령으로 정하는 설비를 말한다(법 제2조 제1호, 규칙 별표 1).

(1) 적용이 제외되는 승강기

「승강기 안전관리법」(이하 "법"이라 한다) 제2조 제1호에서 "「주차장법」에 따른 기계식주차장치 등 대통령령으로 정하는 것"이란 다음의 것을 말한다(영 제2조).

1. 「궤도운송법」 제2조 제1호에 따른 궤도
2. 「선박안전법」 제2조 제2호에 따른 선박시설 중 승강설비
3. 「주차장법」 제2조 제2호에 따른 기계식주차장치

4. 「광산안전법 시행령」 제10조 제1항 제3호에 따른 사람을 운반하거나 150kW 이상의 동력을 사용하는 권양장치(중량물을 높은 곳으로 들어올리거나 끌어 당기는 장치를 말한다)
5. 「산업안전보건법 시행령」 제74조 제1항 제1호 라목에 따른 리프트
6. 주한외국공관 또는 이에 준하는 기관에 설치된 승강기 등 국제협약 또는 국가 간 협정을 준수하기 위해 행정안전부장관이 필요하다고 인정하는 승강기

(2) 승강기의 종류

1) 법 제2조 제1호에서 "대통령령으로 정하는 설비"란 다음의 구분에 따른 설비를 말한다(영 제3조 제1항).

① 엘리베이터: 일정한 수직로 또는 경사로를 따라 위·아래로 움직이는 운반구(運搬具)를 통해 사람이나 화물을 승강장으로 운송시키는 설비
② 에스컬레이터: 일정한 경사로 또는 수평로를 따라 위·아래 또는 옆으로 움직이는 디딤판을 통해 사람이나 화물을 승강장으로 운송시키는 설비
③ 휠체어리프트: 일정한 수직로 또는 경사로를 따라 위·아래로 움직이는 운반구를 통해 휠체어에 탑승한 장애인 또는 그 밖의 장애인·노인·임산부 등 거동이 불편한 사람을 승강장으로 운송시키는 설비

2) 1) 각 호에 따라 구분된 승강기의 구조별 또는 용도별 세부종류는 행정안전부령으로 정한다(영 제3조 제2항).

(3) 승강기의 세부종류

1) 구조별 승강기의 세부종류

구 분	승강기의 세부종류	분류기준
1. 엘리베이터	(1) 전기식 엘리베이터	로프나 체인 등에 매달린 운반구(運搬具)가 구동기에 의해 수직로 또는 경사로를 따라 운행되는 구조의 엘리베이터
	(2) 유압식 엘리베이터	운반구 또는 로프나 체인 등에 매달린 운반구가 유압잭에 의해 수직로 또는 경사로를 따라 운행되는 구조의 엘리베이터
2. 에스컬레이터	(1) 에스컬레이터	계단형의 발판이 구동기에 의해 경사로를 따라 운행되는 구조의 에스컬레이터
	(2) 무빙워크	평면형의 발판이 구동기에 의해 경사로 또는 수평로를 따라 운행되는 구조의 에스컬레이터

3. 휠체어 리프트	(1) 수직형 휠체어리프트	휠체어의 운반에 적합하게 제작된 운반구(이하 "휠체어운반구"라 한다) 또는 로프나 체인 등에 매달린 휠체어운반구가 구동기나 유압잭에 의해 수직로를 따라 운행되는 구조의 휠체어리프트
	(2) 경사형 휠체어리프트	휠체어운반구 또는 로프나 체인 등에 매달린 휠체어운반구가 구동기나 유압잭에 의해 경사로를 따라 운행되는 구조의 휠체어리프트

2) 용도별 승강기의 세부종류

구 분	승강기의 세부 종류	분류기준
1. 엘리베이터	(1) 승객용 엘리베이터	사람의 운송에 적합하게 제조·설치된 엘리베이터
	(2) 전망용 엘리베이터	승객용 엘리베이터 중 엘리베이터 내부에서 외부를 전망하기에 적합하게 제조·설치된 엘리베이터
	(3) 병원용 엘리베이터	병원의 병상 운반에 적합하게 제조·설치된 엘리베이터로서 평상시에는 승객용 엘리베이터로 사용하는 엘리베이터
	(4) 장애인용 엘리베이터	「장애인·노인·임산부 등의 편의증진 보장에 관한 법률」 제2조 제1호에 따른 장애인 등의 운송에 적합하게 제조·설치된 엘리베이터로서 평상시에는 승객용 엘리베이터로 사용하는 엘리베이터
	(5) 소방구조용 엘리베이터	화재 등 비상시 소방관의 소화활동이나 구조활동에 적합하게 제조·설치된 엘리베이터(「건축법」 제64조 제2항 본문 및 「주택건설기준 등에 관한 규정」 제15조 제2항에 따른 비상용승강기를 말한다)로서 평상시에는 승객용 엘리베이터로 사용하는 엘리베이터
	(6) 피난용 엘리베이터	화재 등 재난 발생시 거주자의 피난활동에 적합하게 제조·설치된 엘리베이터로서 평상시에는 승객용으로 사용하는 엘리베이터
	(7) 주택용 엘리베이터	「건축법 시행령」 별표 1 제1호 가목에 따른 단독주택 거주자의 운송에 적합하게 제조·설치된 엘리베이터로서 편도 운행거리가 12m 이하인 엘리베이터

PART 13

1. 엘리베이터	(8) 승객화물용 엘리베이터	사람의 운송과 화물 운반을 겸용하기에 적합하게 제조·설치된 엘리베이터
	(9) 화물용 엘리베이터	화물의 운반에 적합하게 제조·설치된 엘리베이터로서 조작자 또는 화물취급자가 탑승할 수 있는 엘리베이터(적재용량이 300kg 미만인 것은 제외한다)
	(10) 자동차용 엘리베이터	운전자가 탑승한 자동차의 운반에 적합하게 제조·설치된 엘리베이터
	(11) 소형화물용 엘리베이터 (Dumbwaiter)	음식물이나 서적 등 소형 화물의 운반에 적합하게 제조·설치된 엘리베이터로서 사람의 탑승을 금지하는 엘리베이터(바닥면적이 0.5㎡ 이하이고, 높이가 0.6m 이하인 것은 제외한다)
2. 에스컬레이터	(1) 승객용 에스컬레이터	사람의 운송에 적합하게 제조·설치된 에스컬레이터
	(2) 장애인용 에스컬레이터	장애인 등의 운송에 적합하게 제조·설치된 에스컬레이터로서 평상시에는 승객용 에스컬레이터로 사용하는 에스컬레이터
	(3) 승객화물용 에스컬레이터	사람의 운송과 화물 운반을 겸용하기에 적합하게 제조·설치된 에스컬레이터
	(4) 승객용 무빙워크	사람의 운송에 적합하게 제조·설치된 에스컬레이터
	(5) 승객화물용 무빙워크	사람의 운송과 화물의 운반을 겸용하기에 적합하게 제조·설치된 에스컬레이터
3. 휠체어 리프트	(1) 장애인용 수직형 휠체어리프트	운반구가 수직로를 따라 운행되는 것으로서 장애인 등의 운송에 적합하게 제조·설치된 수직형 휠체어리프트
	(2) 장애인용 경사형 휠체어리프트	운반구가 경사로를 따라 운행되는 것으로서 장애인 등의 운송에 적합하게 제조·설치된 경사형 휠체어리프트

2. 승강기부품

승강기부품이란 승강기를 구성하는 제품이나 그 부분품 또는 부속품을 말한다(법 제2조 제2호).

3. 제 조

제조란 승강기나 승강기부품을 판매·대여하거나 설치할 목적으로 생산·조립하거나 가공하는 것을 말한다(법 제2조 제3호).

4. 설 치

설치란 승강기의 설계도면 등 기술도서(技術圖書)에 따라 승강기를 건축물이나 고정된 시설물에 장착(행정안전부령으로 정하는 범위에서의 승강기 교체를 포함한다)하는 것을 말한다(법 제2조 제4호).

5. 유지관리

유지관리란 법 제28조 제1항에 따른 설치검사를 받은 승강기가 그 설계에 따른 기능 및 안전성을 유지할 수 있도록 하는 다음의 안전관리 활동을 말한다(법 제2조 제5호).

(1) 주기적인 점검

(2) 승강기 또는 승강기부품의 수리

(3) 승강기부품의 교체

(4) 그 밖에 행정안전부장관이 승강기의 기능 및 안전성의 유지를 위하여 필요하다고 인정하여 고시하는 안전관리 활동

6. 승강기사업자

승강기사업자란 다음의 어느 하나에 해당하는 자를 말한다(법 제2조 제6호).

(1) 승강기나 승강기부품의 제조업 또는 수입업을 하기 위하여 등록을 한 자

(2) 승강기의 유지관리를 업(業)으로 하기 위하여 등록을 한 자

(3) 「건설산업기본법」에 따라 건설업의 등록을 한 자로서 대통령령으로 정하는 승강기설치공사업에 종사하는 자(이하 "설치공사업자"라 한다)

7. 관리주체

관리주체란 다음의 어느 하나에 해당하는 자를 말한다(법 제2조 제7호).

(1) 승강기 소유자

(2) 다른 법령에 따라 승강기 관리자로 규정된 자

(3) (1) 또는 (2)에 해당하는 자와의 계약에 따라 승강기를 안전하게 관리할 책임과 권한을 부여받은 자

03 국가등의 책무 및 기본계획

1. 국가등의 책무

(1) 국가는 승강기 안전에 관한 종합적인 시책을 수립하고 시행하여야 한다(법 제3조 제1항).

(2) 지방자치단체는 관할구역의 승강기 안전에 관한 시책을 그 지역의 실정에 맞게 수립하고 시행하여야 한다(법 제3조 제2항).

> 시·도지사는 통보받은 기본계획을 반영하여 관할구역의 실정에 맞게 지역 승강기 안전관리 시행계획(이하 "시행계획"이라 한다)을 수립하고 시행하여야 한다(법 제3조의2 제6항).

2. 승강기안전기본계획 등의 수립 · 시행

(1) 행정안전부장관은 5년마다 다음 각 호의 사항이 포함된 승강기 안전관리 기본계획(이하 "기본계획"이라 한다)을 수립·시행하여야 한다(법 제3조의2 제1항).

> 1. 승강기 안전관리의 기본목표 및 추진방향
> 2. 승강기 안전관리체계의 구축 및 운영
> 3. 승강기 안전관리 기술의 연구 및 개발
> 4. 승강기 안전관리 기술인력의 교육 및 양성
> 5. 승강기 안전산업의 진흥
> 6. 그 밖에 행정안전부장관이 승강기 안전관리를 위하여 필요하다고 인정하는 사항

(2) 행정안전부장관은 승강기 안전관리와 관련한 사회적·경제적 여건 변화 등으로 기본계획의 변경이 필요할 때에는 이를 변경할 수 있다(법 제3조의2 제2항).

(3) 행정안전부장관은 기본계획을 수립 또는 변경하려는 경우 관계 중앙행정기관의 장과 미리 협의하여야 한다(법 제3조의2 제3항).

(4) 행정안전부장관은 기본계획을 수립 또는 변경하기 위하여 필요하다고 인정하는 경우 관계 중앙행정기관의 장 또는 지방자치단체의 장에게 관련 자료를 제출할 것을 요청할 수 있다. 이 경우 요청을 받은 관계 중앙행정기관의 장 또는 지방자치단체의 장은 특별한 사유가 없으면 이에 따라야 한다(법 제3조의2 제4항).

(5) 행정안전부장관은 기본계획을 수립 또는 변경한 경우 특별시장·광역시장·특별자치시장·도지사·특별자치도지사(이하 "시·도지사"라 한다)에게 통보하고 관보나 인터넷 홈페이지에 게시하여야 한다(법 제3조의2 제5항).

02 승강기 등의 제조업 또는 수입업

Chapter

단·원·열·기

승강기 등의 제조업 또는 수입업의 등록, 승강기의 품질보증기간 등이 출제되었다.
학습방법: 승강기 등의 제조업 또는 수입업의 등록, 승강기의 품질보증기간 등 핵심적인 사항만 추려서 정리하도록 한다.

승강기 등의 제조업 또는 수입업

01 승강기 등의 제조업 또는 수입업의 등록 등

1. 승강기 등의 제조업 또는 수입업 등록

(1) 등록기관

승강기나 대통령령으로 정하는 승강기부품의 제조업 또는 수입업을 하려는 자는 행정안전부령으로 정하는 바에 따라 시·도지사에게 등록하여야 한다. 행정안전부령으로 정하는 사항을 변경할 때에도 또한 같다. 변경등록은 등록사항이 변경된 날부터 30일 이내에 해야 한다(법 제6조 제1항, 제3항).

(2) 폐업·휴업·재개업의 신고

제조업 또는 수입업을 하기 위하여 등록을 한 자(이하 "제조·수입업자"라 한다)는 그 사업을 폐업 또는 휴업하거나 휴업한 사업을 다시 시작한 경우에는 그 날부터 30일 이내에 시·도지사에게 신고하여야 한다(법 제6조 제4항).

(3) 등록요건

등록을 하려는 자는 대통령령으로 정하는 자본금(개인인 경우에는 자산평가액을 말한다)·기술인력 및 설비를 갖추어야 한다(법 제6조 제2항).

① 자본금(법인인 경우에는 납입자본금을 말하고, 개인인 경우에는 자산평가액을 말한다)이 2억원 이상일 것
② 제조업 및 수입업의 종류별로 행정안전부령으로 정하는 기술인력·제조설비·시험설비 및 사후관리설비를 갖추고 있을 것

2. 승강기 등 제조업 또는 수입업의 등록의 결격사유

다음의 어느 하나에 해당하는 자는 제조업 또는 수입업의 등록을 할 수 없다(법 제7조 제1항).

① 피성년후견인
② 파산선고를 받고 복권되지 아니한 자
③ 이 법을 위반하여 징역 이상의 실형을 선고받고 그 집행이 끝나거나(집행이 끝난 것으로 보는 경우를 포함한다) 집행이 면제된 날부터 2년이 지나지 아니한 자
④ 이 법을 위반하여 형의 집행유예를 받고 그 유예기간 중에 있는 자
⑤ 등록이 취소(① 또는 ②에 따른 사유에 해당하여 취소된 경우는 제외한다)된 후 2년이 지나지 아니한 자
⑥ 대표자가 ①부터 ⑤까지의 어느 하나에 해당하는 법인

3. 제조 · 수입업자의 승강기 유지관리용 부품 제공기간 등

(1) 승강기 유지관리용 부품 제공기간

승강기 제조업 또는 수입업을 하기 위해 등록을 한 자(이하 "제조 · 수입업자"라 한다)는 법 제8조 제1항 제1호에 따른 승강기 유지관리용 부품(이하 "유지관리용 부품"이라 한다) 및 같은 항 제2호에 따른 장비 또는 소프트웨어(이하 "장비 등"이라 한다)의 원활한 제공을 위해 동일한 형식의 유지관리용 부품 및 장비 등을 최종 판매하거나 양도한 날부터 10년 이상 제공할 수 있도록 해야 한다. 다만, 비슷한 다른 유지관리용 부품 또는 장비 등의 사용이 가능한 경우로서 그 부품 또는 장비 등을 제공할 수 있는 경우에는 그렇지 않다(영 제11조 제1항).

(2) 승강기 품질보증기간

승강기 품질보증기간은 3년 이상으로 하며, 그 기간에 구매인 또는 양수인이 사용설명서에 따라 정상적으로 사용 · 관리했음에도 불구하고 고장이나 결함이 발생한 경우에는 제조 · 수입업자가 무상으로 유지관리용 부품 및 장비 등을 제공(정비를 포함한다)해야 한다(영 제11조 제3항).

02 제조 · 수입업자의 사후관리

1. 제조 · 수입업자의 사후관리

(1) 제조 · 수입업자 승강기 등을 판매 · 양도할 경우 조치

제조 · 수입업자는 승강기 또는 승강기부품을 판매하거나 양도하였을 때에는 대통령령으로 정하는 바에 따라 다음(아래의 ③의 경우에는 승강기의 유지관리를 업으로 하기 위하여 등록을 한 자가 요청하는 경우로 한정한다)의 조치를 하여야 한다(법 제8조 제1항).

① 행정안전부령으로 정하는 승강기 유지관리용 부품의 유상 또는 무상 제공
② 승강기의 결함 여부, 결함 부위 및 내용 등에 대한 점검 · 정비 및 검사에 필요한 장비 또는 소프트웨어(비밀번호 등 정보에 접근할 수 있는 권한을 포함한다)의 유상 또는 무상 제공
③ 승강기의 유지관리를 업으로 하기 위하여 등록을 한 자에 대한 다음의 조치
㉠ 기술지도 및 교육의 유상 또는 무상 실시
㉡ 유지관리 매뉴얼 등 행정안전부령으로 정하는 유지관리 관련 자료의 제공
④ 승강기부품의 권장 교체주기 및 가격 자료의 공개

(2) 승강기부품 제공요청시 제공의무

제조 · 수입업자는 다음의 어느 하나에 해당하는 자로부터 (1)의 1. 또는 2.에 해당하는 부품 등의 제공을 요청받은 경우에는 특별한 이유가 없으면 2일 이내에 그 요청에 따라야 한다(법 제8조 제2항).

① 승강기 관리주체
② 승강기의 유지관리를 업으로 하기 위하여 등록을 한 자
③ 승강기의 유지관리를 업으로 하기 위하여 등록을 한 자를 조합원으로 하여 「중소기업협동조합법」에 따라 설립된 법인

(3) 의무불이행시 시 · 도지사의 이행명령

시 · 도지사는 (1) 및 (2)에 따른 의무를 이행하지 아니한 제조 · 수입업자에 대해서는 그 의무 이행을 명할 수 있다(법 제8조 제3항).

PART 13

2. 제조 · 수입업자의 등록취소 등

(1) 시 · 도지사는 제조 · 수입업자가 다음의 어느 하나에 해당하는 경우에는 제조업 또는 수입업의 등록을 취소하거나 6개월 이내의 기간을 정하여 그 사업의 전부 또는 일부의 정지를 명할 수 있다. 다만, ① · ② · ④ 또는 ⑦에 해당하는 경우에는 그 등록을 취소하여야 한다(법 제9조 제1항).

① 거짓이나 그 밖의 부정한 방법으로 제조업 또는 수입업의 등록을 한 경우
② 사업정지명령을 받은 후 그 사업정지기간에 제조업 또는 수입업을 한 경우
③ 법 제6조 제2항에 따른 등록기준을 충족하지 못하게 된 경우
④ 등록의 결격사유의 어느 하나에 해당하는 경우
⑤ 법 제8조 제3항에 따른 이행명령을 위반한 경우
⑥ 다음의 어느 하나에 해당하는 경우로서 중대한 사고 또는 중대한 고장이 발생한 경우
  ㉠ 승강기나 승강기부품의 제조를 잘못한 경우
  ㉡ 제조가 잘못된 승강기나 승강기부품을 수입한 경우
⑦ 제조 · 수입업자가 「부가가치세법」 제8조 제8항에 따른 폐업신고를 하거나 같은 조 제9항에 따라 관할 세무서장이 사업자등록을 말소한 경우
⑧ 제조업 또는 수입업 등록을 한 날부터 3년이 지날 때까지 영업을 시작하지 아니하거나 계속하여 3년 이상 휴업한 경우

(2) 시 · 도지사는 (1)의 ③에도 불구하고 법 제6조 제2항에 따른 등록기준을 충족하지 못한 정도가 경미하다고 인정되는 경우에는 기간을 정하여 등록기준에 맞게 보완할 것을 명하고, 그 명령을 이행하면 사업의 전부 또는 일부의 정지를 명하지 아니할 수 있다(법 제9조 제2항).

3. 제조업 또는 수입업의 사업정지처분을 갈음하여 부과하는 과징금

시 · 도지사는 2.의 (1) 중 ③ · ⑤ 또는 ⑥에 해당하여 사업정지를 명하여야 하는 경우로서 그 사업의 정지가 이용자 등에게 심한 불편을 주거나 공익을 해칠 우려가 있는 경우에는 사업정지처분을 갈음하여 1억원 이하의 과징금을 부과할 수 있다(법 제10조 제1항).

03 승강기 부품 등의 안전인증

Chapter

단·원·열·기

승강기의 안전인증 및 승강기 부품의 안전인증의 의의와 절차 등을 전반적으로 학습하도록 한다.
학습방법 : 승강기의 안전인증을 받기위한 심사와 안전인증을 받은 후 승강기 및 승강기 부품의 안전인증관리에 대해 이해가 필요하다.

01 승강기의 안전인증

1. 승강기의 안전인증

(1) 승강기 제조·수입업자의 승강기 안전인증

승강기의 제조·수입업자는 승강기에 대하여 행정안전부령으로 정하는 바에 따라 모델별로 행정안전부장관이 실시하는 안전인증을 받아야 한다. 다만, 모델이 정하여지지 아니한 승강기에 대해서는 행정안전부령으로 정하는 기준과 절차에 따라 승강기의 안전성에 관한 별도의 안전인증을 받아야 한다(법 제17조 제1항).

(2) 승강기 안전인증의 변경

승강기의 제조·수입업자는 (1)에 따른 안전인증(이하 "승강기안전인증"이라 한다)을 받은 사항을 변경하려는 경우에는 행정안전부령으로 정하는 바에 따라 행정안전부장관으로부터 변경사항에 대한 승강기안전인증을 받아야 한다. 다만, 승강기의 안전성과 관련이 없는 사항으로서 행정안전부령으로 정하는 경미한 사항을 변경하는 경우에는 그러하지 아니하다(법 제17조 제2항).

(3) 승강기 안전인증의 기준

행정안전부장관은 승강기((1)의 단서에 따라 안전인증을 받는 승강기는 제외한다)가 행정안전부장관이 정하여 고시하는 다음의 기준에 모두 맞는 경우 승강기안전인증을 하여야 한다. 다만, 다음 ①의 기준이 고시되지 아니하거나 고시된 기준을 적용할 수 없는 승강기에 대해서는 행정안전부령으로 정하는 바에 따라 승강기안전인증을 할 수 있다(법 제17조 제3항).

승강기 안전인증의 내용

승강기의 제조·수입업자가 법 제17조 제1항 본문에 따라 모델별 승강기에 대한 안전인증(이하 "모델승강기안전인증"이라 한다)을 받으려는 경우에는 다음 각 호의 심사 및 시험을 거쳐야 한다(영 제20조)

1. **설계심사** : 승강기의 기계도면, 전기회로 등 행정안전부장관이 정하여 고시하는 기술도서가 법 제17조 제3항 제1호에 따른 기준(이하 "승강기 안전기준"이라 한다)에 맞는지를 심사하는 것
2. **안전성시험** : 승강기가 승강기 안전기준에 맞는지를 확인하기 위해 시험하는 것
3. **공장심사** : 승강기를 제조하는 공장의 설비 및 기술능력 등 제조체계가 법 제17조 제3항 제2호에 따른 기준(이하 "승강기공장심사기준"이라 한다)에 맞는지를 심사하는 것

① 승강기 자체의 안전성에 관한 기준(이하 "승강기 안전기준"이라 한다)
② 승강기의 제조에 필요한 설비 및 기술능력 등에 관한 기준

알아두기

▶ 안전인증

승강기의 제조·수입업자는 승강기뿐 아니라 부품도 안전인증을 받아야 하며, 안전인증을 받은 승강기부품도 승강기와 마찬가지로 정기심사와 자체심사를 받아야 한다.

2. 승강기의 안전인증의 면제

행정안전부장관은 앞의 1.의 (1)에도 불구하고 승강기가 연구·개발 등의 목적에 해당하는 경우에는 대통령령으로 정하는 바에 따라 승강기안전인증의 전부 또는 일부를 면제할 수 있다(법 제18조).

3. 승강기의 정기심사와 자체심사

(1) 승강기의 정기심사

승강기의 제조·수입업자는 승강기안전인증을 받은 승강기(앞의 1.의 (1) 단서에 따라 안전인증을 받은 승강기는 제외한다)가 앞의 1.의 (3)에 따른 안전인증기준에 맞는지를 확인하기 위하여 대통령령으로 정하는 바(즉, 승강기안전인증을 받은 날부터 3년마다)에 따라 행정안전부장관이 실시하는 승강기에 대한 심사를 정기적으로 받아야 한다(법 제19조 제1항, 영 제22조 제1항).

(2) 승강기의 자체심사

승강기안전인증을 받은 승강기의 제조·수입업자는 행정안전부령으로 정하는 바에 따라 승강기안전인증을 받은 후 제조하거나 수입하는 같은 모델의 승강기에 대하여 안전성에 대한 자체심사를 하고, 그 기록을 작성하고 5년간 보관해야 한다(법 제19조 제2항, 규칙 제39조 제2항).

승강기안전인증의 취소 등

행정안전부장관은 승강기의 제조·수입업자가 다음의 어느 하나에 해당하는 경우에는 행정안전부령으로 정하는 바에 따라 승강기안전인증을 취소하거나 6개월 이내의 범위에서 승강기안전인증표시 등의 사용금지명령 또는 개선명령을 할 수 있다. 다만, 아래 1.에 해당하는 경우에는 승강기안전인증을 취소하여야 하며, 10.에 해당하는 경우에는 승강기안전인증을 취소하거나 승강기안전인증표시 등의 사용금지명령을 할 수 있다(법 제21조 제1항).

① 거짓이나 그 밖의 부정한 방법으로 승강기안전인증을 받은 경우
② 승강기안전인증을 받은 후 제조하거나 수입하는 승강기가 승강기 안전기준에 맞지 아니한 경우
③ 승강기안전인증표시 등을 하지 아니하거나 거짓으로 표시한 경우
④ 제17조 제4항에 따른 조건을 이행하지 아니한 경우
⑤ 제19조 제1항에 따른 승강기의 정기심사를 받지 아니한 경우
⑥ 제19조 제1항에 따른 승강기의 정기심사 결과 제17조 제3항 제2호의 기준에 맞지 아니한 경우
⑦ 제19조 제2항에 따른 승강기의 자체심사를 하지 아니한 경우
⑧ 제19조 제2항 따른 승강기의 자체심사 기록을 작성·보관하지 아니하거나 거짓으로 작성·보관한 경우
⑨ 제25조 제2항 또는 제26조에 따른 명령을 위반한 경우
⑩ 제2호부터 제9호까지의 어느 하나에 해당하는 경우로서 승강기안전인증표시 등의 사용금지명령 또는 개선명령을 받고 이행하지 아니한 경우

02 안전인증의 대행

1. 안전인증의 대행

(1) 안전인증의 대행기관

행정안전부장관은 부품안전인증 또는 승강기안전인증의 업무를 다음의 자로 하여금 대행하게 할 수 있다. 다만, 아래의 2.에 따른 법인·단체 또는 기관에 대해서는 부품안전인증 업무의 일부를 대행하게 할 수 있다(법 제22조 제1항).

> 1. 한국승강기안전공단
> 2. 제23조 제1항에 따라 부품안전인증 업무의 대행기관으로 지정받은 법인·단체 또는 기관

(2) 대행기관의 부품안전인증 또는 승강기안전인증에 활용하기 위한 시험실시

(1)에 따라 부품안전인증 또는 승강기안전인증의 업무를 대행하는 자는 행정안전부령으로 정하는 바에 따라 국내외의 시험기관으로 하여금 승강기안전부품 또는 승강기가 다음의 구분에 따른 기준에 맞는지를 확인하는 시험을 실시하게 하여 그 결과를 부품안전인증 또는 승강기안전인증에 활용할 수 있다(법 제22조 제2항).

> 1. 승강기안전부품
>   ① 승강기안전부품 안전기준
>   ② 승강기안전부품의 제조에 필요한 설비 및 기술능력 등에 관한 기준
> 2. 승강기
>   ① 승강기 안전기준
>   ② 승강기의 제조에 필요한 설비 및 기술능력 등에 관한 기준

(3) 대행기관에 대한 지도·감독 및 지원

행정안전부장관은 (1)에 따라 부품안전인증 또는 승강기안전인증의 업무를 대행하는 자에 대하여 승강기안전부품과 승강기의 안전성을 확보하기 위하여 필요한 범위에서 지도·감독 및 지원을 할 수 있다(법 제22조 제3항).

승강기 또는 승강기안전부품의 판매중지 등 명령

1. 행정안전부장관은 승강기 또는 승강기안전부품이 승강기 또는 승강기안전부품 안전인증을 받지 아니한 경우 그 승강기 또는 승강기안전부품의 제조·수입업자, 판매업자, 대여업자, 영업자, 판매중개업자, 구매대행업자 또는 수입대행업자에 대하여 일정한 기간을 정하여 그 승강기 또는 승강기안전부품의 판매중지 등을 명할 수 있다(법 제25조 제1항).
2. 판매중지 등의 명령에 따르지 아니한 경우 승강기 또는 승강기안전부품의 교환, 대금 반환 또는 수리 등의 이행명령을 내리거나, 소속 공무원에게 해당 승강기안전부품 또는 승강기를 직접 파기하거나 수거하게 할 수 있다. 이 경우 그 비용은 해당 승강기안전부품 또는 승강기의 제조·수입업자, 판매업자, 대여업자, 영업자, 판매중개업자, 구매대행업자 또는 수입대행업자가 부담한다(법 제25조 제3항).

2. 지정인증기관의 지정 및 지정 취소 등

(1) 지정인증기관의 지정

행정안전부장관은 승강기 안전관리와 관련된 업무를 수행하는 법인·단체 또는 기관 중 대통령령으로 정하는 지정기준을 갖춘 법인·단체 또는 기관을 행정안전부령으로 정하는 바에 따라 부품안전인증 업무의 대행기관(이하 "지정인증기관"이라 한다)으로 지정할 수 있다(법 제23조 제1항).

(2) 지정인증기관의 지정취소

행정안전부장관은 지정인증기관이 다음의 어느 하나에 해당하는 경우에는 지정을 취소하거나 1년 이내의 기간을 정하여 업무정지를 명할 수 있다. 다만, 아래 1. 또는 2.에 해당하는 경우에는 지정을 취소하여야 한다(법 제23조 제2항).

1. 거짓이나 그 밖의 부정한 방법으로 지정인증기관으로 지정을 받은 경우
2. 업무정지명령을 받은 후 그 업무정지기간에 부품안전인증을 한 경우
3. 정당한 사유 없이 부품안전인증을 거부하거나 실시하지 아니한 경우
4. 부품안전인증을 할 자격이 없는 자로 하여금 부품안전인증 업무를 수행하게 한 경우
5. 위의 (1)에 따른 지정기준에 맞지 아니하게 된 경우
6. 부품안전인증을 하는 소속 직원이 고의 또는 중대한 과실로 제72조 제1항 제1호를 위반하여 부품안전인증 업무를 수행한 경우
7. 제72조 제2항을 위반하여 부품안전인증의 결과를 승강기안전종합정보망에 입력하지 아니하거나 거짓으로 입력한 경우
8. 제76조에 따른 수수료를 더 많이 받거나 적게 받은 경우

1. **지정기준에 경미한 충족인 경우 보완명령**: 행정안전부장관은 (2)의 5.에도 불구하고 (1)에 따른 지정기준을 충족하지 못한 정도가 경미하다고 인정되는 경우에는 기간을 정하여 지정기준에 맞게 보완할 것을 명하고, 그 명령을 이행하면 업무정지를 명하지 아니할 수 있다(법 제23조 제3항).
2. **지정취소된 기관 등의 재지정 신청 제한**: (2)에 따라 지정이 취소된 법인·단체 또는 기관은 지정이 취소된 날부터 1년 이내에는 지정인증기관의 지정신청을 할 수 없다(법 제23조 제4항).

3. 지정인증기관에 대한 업무정지 처분을 갈음하여 부과하는 과징금

(1) 행정안전부장관은 2.의 (2)의 지정인증기관의 지정취소사유 중 3.부터 8.까지의 어느 하나에 해당하여 업무정지를 명하여야 하는 경우로서 그 업무의 정지가 이용자 등에게 심한 불편을 주거나 공익을 해칠 우려가 있는 경우에는 그 업무정지 처분을 갈음하여 3억원 이하의 과징금을 부과할 수 있다(법 제24조 제1항).

(2) 행정안전부장관은 (1)에 따른 과징금을 내야 할 자가 납부기한까지 과징금을 내지 아니하면 국세 체납처분의 예에 따라 징수한다(법 제24조 제2항).

04 승강기의 설치 및 안전관리

Chapter

단·원·열·기

승강기의 자체점검 및 안전검사의 종류에 대해 집중적으로 출제되는 경향을 띠고 있다.
학습방법 : 승강기의 자체점검 내용과 안전검사의 종류로서 정기검사, 수시검사, 정밀안전검사에 대해 깊은 이해가 필요하다.

01 승강기의 설치 등

1. 승강기의 설치신고

(1) 설치공사업자는 승강기의 설치를 끝냈을 때에는 행정안전부령으로 정하는 바에 따라 관할 시·도지사에게 그 사실을 신고하여야 한다(법 제27조).

(2) 설치공사업자는 승강기의 설치를 끝낸 날부터 10일 이내에 한국승강기안전공단에 승강기의 설치신고를 해야 한다(규칙 제46조 제1항).

2. 승강기의 설치검사

(1) 승강기의 제조·수입업자는 설치를 끝낸 승강기(제28조 제1항에 따라 승강기안전인증을 면제받은 승강기는 제외한다)에 대하여 행정안전부령으로 정하는 바에 따라 행정안전부장관이 실시하는 설치검사를 받아야 한다(법 제28조 제1항).

(2) 승강기의 제조·수입업자 또는 관리주체는 설치검사를 받지 아니하거나 설치검사에 불합격한 승강기를 운행하게 하거나 운행하여서는 아니 된다(법 제28조 제2항).

(3) (1), (2)에서 규정한 사항 외에 설치검사의 기준·항목 및 방법 등에 필요한 사항은 행정안전부장관이 정하여 고시한다(법 제28조 제3항).

3. 승강기 안전관리자

(1) 관리주체는 승강기 운행에 대한 지식이 풍부한 사람을 승강기 안전관리자로 선임하여 승강기를 관리하게 하여야 한다. 다만, 관리주체가 직접 승강기를 관리하는 경우에는 그러하지 아니하다(법 제29조 제1항).

(2) 승강기 안전관리자는 다음의 사항을 고려하여 행정안전부령으로 정하는 일정한 자격요건을 갖추어야 한다(법 제29조 제2항).

> 1. 「건축법」 제2조 제2항에 따른 건축물의 용도
> 2. 승강기의 종류
> 3. 그 밖에 행정안전부장관이 승강기 관리에 필요하다고 인정하는 사항

(3) 관리주체는 (1)에 따라 승강기 안전관리자(관리주체가 직접 승강기를 관리하는 경우에는 그 관리주체를 말한다)를 선임하였을 때에는 행정안전부령으로 정하는 바에 따라 30일 이내에 행정안전부장관에게 그 사실을 통보하여야 한다. 승강기 안전관리자나 관리주체가 변경되었을 때에도 또한 같다(법 제29조 제3항).

(4) 관리주체(관리주체가 승강기 안전관리자를 선임하는 경우에만 해당한다)는 승강기 안전관리자가 안전하게 승강기를 관리하도록 지도・감독하여야 한다(법 제29조 제4항).

(5) 관리주체는 승강기 안전관리자로 하여금 행정안전부령(규칙 제 51조)으로 정하는 기관(즉, 공단)이 실시하는 승강기 관리에 관한 교육(이하 "승강기관리교육"이라 한다)을 받게 하여야 한다. 다만, 관리주체가 직접 승강기를 관리하는 경우에는 그 관리주체(법인인 경우에는 그 대표자를 말한다)가 승강기관리교육을 받아야 한다(법 제29조 제5항).

승강기관리교육

1. 승강기관리교육의 주기는 3년으로 한다(규칙 제52조 제2항).
2. 승강기 관리교육시간은 다음과 같다(규칙 별표 10).
   ① 다중이용건축물의 승강기: 2일
   ② 피난용 엘리베이터: 2일
   ③ 그 밖의 승강기: 1일
3. 승강기관리교육은 집합교육, 현장교육 또는 인터넷 원격교육 등의 방법으로 할 수 있다(규칙 제52조 제4항).

4. 보험 가입

관리주체는 승강기의 사고로 승강기 이용자 등 다른 사람의 생명・신체 또는 재산상의 손해를 발생하게 하는 경우 그 손해에 대한 배상을 보장하기 위한 보험(이하 "책임보험"이라 한다)에 가입하여야 한다(법 제30조 제1항).

(1) 법 제30조 제1항에 따른 보험(이하 "책임보험"이라 한다)의 종류는 승강기 사고배상책임보험 또는 승강기 사고배상책임보험과 같은 내용이 포함된 보험으로 한다(영 제27조 제1항).

(2) 책임보험은 다음 각 호의 어느 하나에 해당하는 시기에 가입하거나 재가입해야 한다(영 제27조 제2항).

> 1. 법 제28조 제1항에 따른 설치검사를 받은 날
> 2. 관리주체가 변경된 경우 그 변경된 날
> 3. 책임보험의 만료일 이내

(3) 책임보험의 보상한도액은 다음 각 호의 기준에 해당하는 금액 이상으로 한다. 다만, 지급보험금액은 아래 1.의 단서의 경우를 제외하고는 실손해액을 초과할 수 없다(영 제27조 제3항).

> 1. 사망의 경우에는 1인당 8천만원. 다만, 사망에 따른 실손해액이 2천만원 미만인 경우에는 2천만원으로 한다.
> 2. 부상의 경우에는 1인당 별표 6 제1호에 따른 상해 등급별 보험금액에서 정하는 금액
> 3. 부상의 경우 그 치료가 완료된 후 그 부상이 원인이 되어 신체장애(이하 "후유장애"라 한다)가 생긴 경우에는 1인당 별표 6 제2호에 따른 후유장애 등급별 보험금액에서 정하는 금액
> 4. 재산피해의 경우에는 사고당 1천만원
> 5. 부상자가 치료 중에 그 부상이 원인이 되어 사망한 경우에는 1. 및 2.의 금액을 더한 금액
> 6. 부상한 사람에게 그 부상이 원인이 되어 후유장애가 생긴 경우에는 2. 및 3.의 금액을 더한 금액
> 7. 3.의 금액을 지급한 후 그 부상이 원인이 되어 사망한 경우에는 1.의 금액에서 제3호에 따라 지급한 금액을 뺀 금액

(4) 책임보험에 가입(재가입을 포함한다)한 관리주체는 책임보험 판매자로 하여금 (2)에 따른 책임보험의 가입 사실을 가입한 날부터 14일 이내에 법 제73조 제1항에 따른 승강기안전종합정보망에 입력하게 해야 한다(영 제27조 제4항).

(5) (4)에 따른 입력에 필요한 세부 사항은 행정안전부장관이 정한다(영 제27조 제5항).

PART 13

02 승강기의 자체점검 및 안전검사

1. 승강기의 자체점검

(1) 자체점검의 실시

1) 관리주체는 승강기의 안전에 관한 자체점검을 월 1회 이상 하고, 그 결과를 대통령령으로 정하는 기간 이내에 승강기안전종합정보망에 입력하여야 한다(법 제31조 제1항).

2) 승강기의 자체점검을 담당하는 사람은 자체점검을 마치면 지체 없이 자체점검 결과를 양호, 주의관찰 또는 긴급수리로 구분하여 관리주체에 통보해야 하며, 관리 주체는 자체점검 결과를 자체점검 후 10일 이내에 승강기안전종합정보망에 입력해야 한다(영 제29조 제2항).

3) **결함이 있는 경우**

관리주체는 자체점검 결과 승강기에 결함이 있다는 사실을 알았을 경우에는 즉시 보수하여야 하며, 보수가 끝날 때까지 해당 승강기의 운행을 중지하여야 한다(법 제31조 제2항).

(2) 자체점검의 면제

1.의 (1)의 1)에도 불구하고 다음의 어느 하나에 해당하는 승강기에 대해서는 자체점검의 전부 또는 일부를 면제할 수 있다(법 제31조 제3항).

1. 제18조 제1호부터 제3호까지의 어느 하나에 해당하여 승강기안전인증을 면제받은 승강기
2. 제32조 제1항에 따른 안전검사에 불합격한 승강기
3. 제32조 제3항에 따라 안전검사가 연기된 승강기
4. 그 밖에 새로운 유지관리기법의 도입 등 대통령령으로 정하는 사유에 해당하여 자체점검의 주기 조정이 필요한 승강기

(3) 자체점검의 대행

관리주체는 자체점검을 스스로 할 수 없다고 판단하는 경우에는 제39조 제1항 전단에 따라 승강기의 유지관리를 업으로 하기 위하여 등록을 한 자로 하여금 이를 대행하게 할 수 있다(법 제31조 제4항).

2. 승강기의 안전검사

(1) 안전검사의 유형

관리주체는 승강기에 대하여 행정안전부장관이 실시하는 다음의 안전검사를 받아야 한다(법 제32조 제1항).

검사종류	내 용
정기검사	설치검사 후 정기적으로 하는 검사. 이 경우 검사주기는 2년 이하로 하되, 다음의 사항을 고려하여 행정안전부령으로 정하는 바에 따라 승강기별로 검사주기를 다르게 할 수 있다. 1. 승강기의 종류 및 사용 연수 2. 중대한 사고 또는 중대한 고장의 발생 여부 3. 그 밖에 행정안전부령(규칙 제54조 제3항)으로 정하는 사항 즉, 승강기가 설치되는 건축물 또는 고정된 시설물의 용도
수시검사	다음의 어느 하나에 해당하는 경우에 하는 검사 1. 승강기의 종류, 제어방식, 정격(기기의 사용조건 및 성능의 범위를 말한다. 이하 같다)속도, 정격용량 또는 왕복운행거리를 변경한 경우(변경된 승강기에 대한 검사의 기준이 완화되는 경우 등 행정안전부령으로 정하는 경우는 제외한다) 2. 승강기의 제어반(制御盤) 또는 구동기(驅動機)를 교체한 경우 3. 승강기에 사고가 발생하여 수리한 경우(정밀안전검사의 2.의 경우는 제외한다.) 4. 관리주체가 요청하는 경우
정밀안전 검사	다음의 어느 하나에 해당하는 경우에 하는 검사. 이 경우 아래의 3.에 해당할 때에는 정밀안전검사를 받고, 그 후 3년마다 정기적으로 정밀안전검사를 받아야 한다. 1. 정기검사 또는 수시검사 결과 결함의 원인이 불명확하여 사고 예방과 안전성 확보를 위하여 행정안전부장관이 정밀안전검사가 필요하다고 인정하는 경우 2. 승강기의 결함으로 중대한 사고 또는 중대한 고장이 발생한 경우 3. 설치검사를 받은 날부터 15년이 지난 경우 4. 그 밖에 승강기 성능의 저하로 승강기 이용자의 안전을 위협할 우려가 있어 행정안전부장관이 정밀안전검사가 필요하다고 인정한 경우

(2) 정기검사의 검사주기 등

1) 정기검사의 검사주기는 1년(설치검사 또는 직전 정기검사를 받은 날부터 매 1년을 말한다)으로 한다(규칙 제54조 제1항).

2) 1)에도 불구하고 다음의 어느 하나에 해당하는 승강기의 경우에는 정기검사의 검사주기를 직전 정기검사를 받은 날부터 다음의 구분에 따른 기간으로 한다(규칙 제54조 제2항).

> 1. 설치검사를 받은 날부터 25년이 지난 승강기: 6개월
> 2. 승강기의 결함으로 중대한 사고 또는 중대한 고장이 발생한 후 2년이 지나지 않은 승강기: 6개월
> 3. 다음의 엘리베이터: 2년
>   ① 화물용 엘리베이터
>   ② 자동차용 엘리베이터
>   ③ 소형화물용 엘리베이터(Dumbwaiter)
> 4. 「건축법 시행령」에 따른 단독주택에 설치된 승강기: 2년

3) 정기검사의 검사기간은 정기검사의 검사주기 도래일 전후 각각 30일 이내로 한다. 이 경우 해당 검사기간 이내에 검사에 합격한 경우에는 정기검사의 검사주기 도래일에 정기검사를 받은 것으로 본다(규칙 제54조 제4항).

(3) 승강기 운행금지 및 재검사신청

관리주체는 안전검사를 받지 아니하거나 안전검사에 불합격한 승강기를 운행할 수 없으며, 운행을 하려면 안전검사에 합격하여야 한다. 이 경우 관리주체는 안전검사에 불합격한 승강기에 대하여 행정안전부령으로 정하는 기간(안전검사에 불합격한 날부터 4개월 이내)에 안전검사를 다시 받아야 한다(법 제32조 제2항, 규칙 제56조).

(4) 안전검사의 연기

행정안전부장관은 행정안전부령으로 정하는 바에 따라 안전검사를 받을 수 없다고 인정하면 그 사유가 없어질 때까지 안전검사를 연기할 수 있다(법 제32조 제3항).

(5) 안전검사의 기준 · 항목 및 방법 등에 필요한 사항

위에서 규정한 사항 외에 안전검사의 기준 · 항목 및 방법 등에 필요한 사항은 행정안전부장관이 정하여 고시한다(법 제32조 제4항).

(6) 안전검사의 면제

행정안전부장관은 다음의 구분에 따른 승강기에 대해서는 해당 안전검사를 면제할 수 있다(법 제33조).

> 1. 제18조 제1호부터 제3호까지의 어느 하나에 해당하여 승강기안전인증을 면제받은 승강기: 안전검사
> 2. 제32조 제1항 제3호에 따른 정밀안전검사를 받았거나 정밀안전검사를 받아야 하는 승강기: 해당 연도의 정기검사

승강기 검사신청 서류제출

관리주체는 승강기에 대한 안전검사를 받으려는 경우에는 안전검사 신청서(전자문서를 포함한다)에 일정한 서류(전자문서를 포함한다)를 첨부하여 행정안전부장관[공단이나 정기검사 업무의 대행기관으로 지정받은 법인 · 기관 또는 단체(이하 "지정검사기관"이라 한다)로 하여금 안전검사 업무의 전부 또는 일부를 대행하게 한 경우에는 공단 또는 지정검사기관을 말한다]에게 제출해야 한다(규칙 제53조 제1항).

검사합격증명서 등의 발급 및 관리

1. 행정안전부장관은 설치검사에 합격한 승강기의 제조 · 수입업자와 안전검사에 합격한 승강기의 관리주체에 대하여 행정안전부령으로 정하는 바에 따라 각각 검사합격증명서를 발급하여야 한다(법 제34조 제1항).
2. 행정안전부장관은 설치검사에 불합격한 승강기의 제조 · 수입업자와 안전검사에 불합격한 승강기의 관리주체에 대하여 행정안전부령으로 정하는 바에 따라 각각 운행금지 표지를 발급하여야 한다(법 제34조 제2항).
3. 1.에 따른 검사합격증명서 또는 2.에 따른 운행금지 표지를 발급받은 자는 그 증명서 또는 표지를 승강기 이용자가 잘 볼 수 있는 곳에 즉시 붙이고 훼손되지 아니하게 관리하여야 한다(법 제34조 제3항).

03 승강기의 설치검사와 안전검사의 대행

1. 설치검사와 안전검사의 대행

(1) 설치검사 또는 안전검사의 대행기관

행정안전부장관은 설치검사 또는 안전검사의 업무를 다음의 자로 하여금 대행하게 할 수 있다. 다만, 아래 2.에 따른 법인·단체 또는 기관에 대해서는 정기검사 업무의 일부를 대행하게 할 수 있다(법 제36조 제1항).

> 1. 제55조에 따른 한국승강기안전공단
> 2. 제37조 제1항에 따라 정기검사 업무의 대행기관으로 지정받은 법인·단체 또는 기관

(2) 설치검사 또는 안전검사의 대행자에 대한 지도·감독 및 지원

행정안전부장관은 (1)에 따라 설치검사 또는 안전검사의 업무를 대행하는 자에 대하여 승강기의 안전 확보에 필요한 범위에서 지도·감독 및 지원을 할 수 있다(법 제36조 제2항).

2. 지정검사기관의 지정 및 지정 취소 등

(1) 지정검사기관의 지정

행정안전부장관은 승강기 안전관리와 관련된 업무를 수행하는 법인·단체 또는 기관 중 대통령령으로 정하는 지정기준을 갖춘 법인·단체 또는 기관을 행정안전부령으로 정하는 바에 따라 정기검사 업무의 대행기관(이하 "지정검사기관"이라 한다)으로 지정할 수 있다(법 제37조 제1항).

(2) 지정검사기관의 지정 취소

행정안전부장관은 지정검사기관이 다음의 어느 하나에 해당하는 경우에는 지정을 취소하거나 1년 이내의 기간을 정하여 업무정지를 명할 수 있다. 다만, 다음의 1. 또는 2.에 해당하는 경우에는 지정을 취소하여야 한다(법 제37조 제2항).

1. 거짓이나 그 밖의 부정한 방법으로 지정검사기관으로 지정을 받은 경우
2. 업무정지명령을 받은 후 그 업무정지기간에 정기검사를 한 경우
3. 정당한 사유 없이 정기검사를 거부하거나 실시하지 아니한 경우
4. 정기검사를 할 자격이 없는 자로 하여금 정기검사 업무를 수행하게 한 경우
5. 위 (1)에 따른 지정기준을 충족하지 못하게 된 경우
6. 정기검사를 하는 소속 직원이 고의 또는 중대한 과실로 제72조 제1항 제4호를 위반하여 정기검사 업무를 수행한 경우
7. 제72조 제2항을 위반하여 정기검사의 결과를 승강기안전종합정보망에 입력하지 아니하거나 거짓으로 입력한 경우
8. 제76조에 따른 수수료를 더 많이 받거나 적게 받은 경우

(3) 지정기준에 경미한 충족인 경우 보완명령

행정안전부장관은 (2)의 5.에도 불구하고 (1)에 따른 지정기준을 충족하지 못한 정도가 경미하다고 인정되는 경우에는 기간을 정하여 지정기준에 맞게 보완할 것을 명하고, 그 명령을 이행하면 업무정지를 명하지 아니할 수 있다(법 제37조 제3항).

(4) 지정취소된 기관 등의 재지정 신청 제한

(2)에 따라 지정이 취소된 법인·단체 또는 기관은 지정이 취소된 날부터 1년 이내에는 지정검사기관의 지정신청을 할 수 없다(법 제37조 제4항).

3. 지정검사기관에 대한 업무정지 처분을 갈음하여 부과하는 과징금

(1) 행정안전부장관은 지정검사기관의 지정 취소사유인 앞 2.의 (2)의 3.부터 8.까지의 어느 하나에 해당하여 업무정지를 명하여야 하는 경우로서 그 업무의 정지가 이용자 등에게 심한 불편을 주거나 공익을 해칠 우려가 있는 경우에는 그 업무정지 처분을 갈음하여 3억원 이하의 과징금을 부과할 수 있다(법 제38조 제1항).

(2) 행정안전부장관은 (1)에 따른 과징금을 내야 할 자가 납부기한까지 과징금을 내지 아니하면 국세 체납처분의 예에 따라 징수한다(법 제38조 제2항).

04 승강기의 유지관리업

1. 승강기 유지관리업의 등록

(1) 등록기관

승강기 유지관리를 업으로 하려는 자는 행정안전부령으로 정하는 바에 따라 시·도지사에게 등록하여야 한다. 행정안전부령으로 정하는 사항을 변경할 때에도 또한 같다(법 제39조 제1항).

(2) 등록요건

등록을 하려는 자는 대통령령으로 정하는 승강기의 종류별 자본금(자본금은 1억원 이상이며, 개인인 경우에는 자산평가액을 말한다)·기술인력 및 설비를 갖추어야 한다(법 제39조 제2항, 영 제33조).

(3) 변경등록

(1)에 따른 변경등록은 등록사항이 변경된 날부터 30일 이내에 하여야 한다(법 제39조 제3항).

(4) 폐업·휴업·재개업 신고

승강기 유지관리를 업으로 하기 위하여 등록을 한 자(이하 "유지관리업자"라 한다)는 그 사업을 폐업 또는 휴업하거나 휴업한 사업을 다시 시작한 경우에는 그 날부터 30일 이내에 시·도지사에게 신고하여야 한다(법 제39조 제4항).

2. 유지관리업 등록의 결격사유

다음의 어느 하나에 해당하는 자는 유지관리업의 등록을 할 수 없다(법 제40조 제1항).

1. 피성년후견인
2. 파산선고를 받고 복권되지 아니한 자
3. 이 법을 위반하여 징역 이상의 실형을 선고받고 그 집행이 끝나거나(집행이 끝난 것으로 보는 경우를 포함한다) 집행이 면제된 날부터 2년이 지나지 아니한 자
4. 이 법을 위반하여 형의 집행유예를 받고 그 유예기간 중에 있는 자
5. 등록이 취소(1. 또는 2.에 해당하여 등록이 취소된 경우는 제외한다)된 후 2년(제44조 제1항 제9호 또는 제10호에 해당하여 등록이 취소된 경우는 6개월)이 지나지 아니한 자
6. 대표자가 1.부터 5.까지의 어느 하나에 해당하는 법인

3. 표준유지관리비

행정안전부장관은 승강기의 안전관리와 유지관리에 관한 도급계약(제42조 단서에 따라 체결하는 하도급계약을 포함하며, 이하 "도급계약"이라 한다) 당사자(이하 "계약당사자"라 한다)의 이익을 보호하기 위하여 필요하다고 인정하는 경우에는 승강기에 관한 전문기관을 지정하여 관리주체가 부담하여야 할 유지관리비의 표준이 될 금액(이하 "표준유지관리비"라 한다)을 정하여 공표하도록 하고, 계약당사자가 이를 활용할 것을 권고할 수 있다(법 제41조 제1항).

4. 유지관리 업무의 하도급 제한

유지관리업자는 그가 도급계약을 맺은 승강기의 유지관리 업무를 다른 유지관리업자 등에게 하도급하여서는 아니 된다. 다만, 대통령령으로 정하는 비율 이하의 유지관리 업무를 다른 유지관리업자에게 하도급하는 경우로서 관리주체(유지관리업자가 관리주체인 경우에는 승강기 소유자나 다른 법령에 따라 승강기 관리자로 규정된 자를 말한다)가 서면으로 동의한 경우에는 그러하지 아니하다(법 제42조).

"대통령령으로 정하는 비율"이란 다음의 비율을 말한다(영 제34조 제1항)

1. **유지관리 업무를 하도급하는 경우**: 유지관리 업무의 2분의 1
2. **유지관리 업무 중 승강기부품 교체 업무만을 하도급하는 경우**: 승강기부품 교체 업무의 2분의 1
3. **유지관리 업무 중 자체점검 업무만을 하도급하는 경우**: 자체점검 업무의 3분의 2

유지관리 승강기 대수의 상한 등

유지관리업자는 기술력, 승강기의 지역적 분포 및 기술인력의 수 등을 고려하여 행정안전부령으로 정하는 월간 유지관리 승강기 대수를 초과한 유지관리 업무를 하여서는 아니 된다(법 제43조 제1항).

5. 유지관리업 등록의 취소 등

(1) 유지관리업 등록의 취소 사유

시·도지사는 유지관리업자가 다음의 어느 하나에 해당하는 경우에는 유지관리업의 등록을 취소하거나 6개월 이내의 기간을 정하여 그 사업의 전부 또는 일부의 정지를 명할 수 있다. 다만, 1. 2. 4. 또는 9.에 해당하는 경우에는 등록을 취소하여야 한다(법 제44조 제1항).

1. 거짓이나 그 밖의 부정한 방법으로 유지관리업의 등록을 한 경우(필연적 등록취소)
2. 사업정지명령을 받은 후 그 사업정지기간에 유지관리업을 한 경우(필연적 등록취소)
3. 제39조 제2항에 따른 등록기준을 충족하지 못하게 된 경우
4. 유지관리업의 결격사유의 어느 하나에 해당하는 경우(필연적 등록취소)
5. 제42조를 위반하여 유지관리 업무를 하도급한 경우
6. 제43조 제1항을 위반하여 월간 유지관리 승강기 대수를 초과하여 유지관리 업무를 한 경우
7. 제43조 제2항을 위반하여 관리주체의 용역 제공 요청을 정당한 사유 없이 거부하거나 회피한 경우
8. 유지관리를 잘못하여 제48조 제1항에 따른 중대한 사고 또는 중대한 고장이 발생한 경우

> 9. 유지관리업자가 「부가가치세법」 제8조 제8항에 따른 폐업신고를 하거나 같은 조 제9항에 따라 관할 세무서장이 사업자등록을 말소한 경우
> 10. 유지관리업 등록을 한 날부터 3년이 지날 때까지 영업을 시작하지 아니하거나 계속하여 3년 이상 휴업한 경우

(2) 유지관리업의 사업정지 처분을 갈음하여 부과하는 과징금

시・도지사는 (1)의 3. 또는 5.부터 8.까지의 어느 하나에 해당하여 사업정지를 명하여야 하는 경우로서 그 사업의 정지가 이용자 등에게 심한 불편을 주거나 공익을 해칠 우려가 있는 경우에는 사업정지 처분을 갈음하여 1억원 이하의 과징금을 부과할 수 있다(법 제45조 제1항).

지정기준에 경미한 충족인 경우 보완명령

1. 시・도지사는 (1)에도 불구하고 유지관리업 등록기준을 충족하지 못한 정도가 경미하다고 인정되는 경우나 하도급 제한의무를 위반하여 유지관리 업무를 하도급한 경우에는 기간을 정하여 등록기준에 맞게 보완할 것을 명하거나 하도급계약의 해지를 명하고, 그 명령을 이행하면 그 사업의 전부 또는 일부의 정지를 명하지 아니할 수 있다(법 제44조 제2항).
2. 1.에 따른 행정처분의 세부기준은 행정안전부령으로 정한다(법 제44조 제3항).

05 승강기의 운행 및 사고 조사

1. 승강기 이용자의 준수사항

승강기 이용자는 승강기를 이용할 때 다음의 안전수칙을 준수하여야 한다(법 제46조).

> 1. 승강기 출입문에 충격을 가하지 아니할 것
> 2. 운행 중인 승강기에서 뛰거나 걷지 아니할 것
> 3. 그 밖에 승강기 이용자의 안전에 관한 사항으로서 대통령령으로 정하는 사항을 준수할 것

2. 장애인용 승강기의 운행

관리주체 또는 승강기 안전관리자는 행정안전부령으로 정하는 장애인용 승강기를 이용하려는 사람으로부터 운행 요청을 받은 경우에는 소속 직원 등으로 하여금 승강기를 조작하게 하여 안전하게 이동할 수 있도록 조치하여야 한다(법 제47조).

3. 사고 보고 및 사고 조사

(1) 중대한 사고 또는 중대한 고장 발생시 통보

관리주체(승강기 자체점검을 대행하는 유지관리업자를 포함한다)는 그가 관리하는 승강기로 인하여 다음의 어느 하나에 해당하는 사고 또는 고장이 발생한 경우에는 행정안전부령으로 정하는 바에 따라 지체 없이 한국승강기안전공단에 통보하여야 한다(법 제48조 제1항).

> 1. 사람이 죽거나 다치는 등 대통령령으로 정하는 중대한 사고(이하 "중대한 사고"라 한다)
> 2. 출입문이 열린 상태에서 승강기가 운행되는 경우 등 대통령령으로 정하는 중대한 고장

1) 중대한 사고

(1)의 1.에서 "사람이 죽거나 다치는 등 대통령령으로 정하는 중대한 사고"란 다음의 어느 하나에 해당하는 사고를 말한다(영 제37조 제1항).

> 1. 사망자가 발생한 사고
> 2. 사고 발생일부터 7일 이내에 실시된 의사의 최초 진단 결과 1주 이상의 입원 치료가 필요한 부상자가 발생한 사고
> 3. 사고 발생일부터 7일 이내에 실시된 의사의 최초 진단 결과 3주 이상의 치료가 필요한 부상자가 발생한 사고

2) 중대한 고장

"출입문이 열린 상태에서 승강기가 운행되는 경우 등 대통령령으로 정하는 중대한 고장"이란 다음의 구분에 따른 고장을 말한다(영 제37조 제2항).

> 1. 엘리베이터 및 휠체어리프트: 다음의 경우에 해당하는 고장
>   ① 출입문이 열린 상태로 움직인 경우
>   ② 출입문이 이탈되거나 파손되어 운행되지 않는 경우
>   ③ 최상층 또는 최하층을 지나 계속 움직인 경우
>   ④ 운행하려는 층으로 운행되지 않은 고장으로서 이용자가 운반구에 갇히게 된 경우(정전 또는 천재지변으로 인해 발생한 경우는 제외한다)
>   ⑤ 운행 중 정지된 고장으로서 이용자가 운반구에 갇히게 된 경우(정전 또는 천재지변으로 인해 발생한 경우는 제외한다)
>   ⑥ 운반구 또는 균형추(均衡錘)에 부착된 매다는 장치 또는 보상수단(각각 그 부속품을 포함한다) 등이 이탈되거나 추락된 경우

> 2. 에스컬레이터: 다음의 경우에 해당하는 고장
>   ① 손잡이 속도와 디딤판 속도의 차이가 행정안전부장관이 고시하는 기준을 초과하는 경우
>   ② 하강 운행 과정에서 행정안전부장관이 고시하는 기준을 초과하는 과속이 발생한 경우
>   ③ 상승 운행 과정에서 디딤판이 하강 방향으로 역행하는 경우
>   ④ 과속 또는 역행을 방지하는 장치가 정상적으로 작동하지 않은 경우
>   ⑤ 디딤판이 이탈되거나 파손되어 운행되지 않은 경우

(2) 행정안전부장관, 시 · 도지사 및 승강기사고조사위원회에 보고

① 한국승강기안전공단은 (1)에 따라 통보받은 내용을 행정안전부장관, 시 · 도지사 및 승강기사고조사위원회에 보고하여야 한다(법 제48조 제3항).

② 행정안전부장관은 ①에 따라 보고받은 승강기 사고의 재발 방지 및 예방을 위하여 필요하다고 인정할 경우에는 승강기 사고의 원인 및 경위 등에 관한 조사를 할 수 있으며, 관리주체 등에게 행정안전부령으로 정하는 바에 따라 폐쇄회로 텔레비전(CCTV) 영상정보와 피해 사실을 알 수 있는 자료 등을 요청할 수 있다(법 제48조 제4항).

(3) 중대한 사고 발생시 조치

누구든지 중대한 사고가 발생한 경우에는 사고현장 또는 중대한 사고와 관련되는 물건을 이동시키거나 변경 또는 훼손하여서는 아니 된다. 다만, 인명구조 등 긴급한 사유가 있는 경우에는 그러하지 아니하다(법 제48조 제2항).

4. 승강기의 운행정지명령 등

(1) 통 보

행정안전부장관은 승강기가 다음의 어느 하나에 해당하는 경우에는 그 사실을 특별자치시장 · 특별자치도지사 또는 시장 · 군수 · 구청장(구청장은 자치구의 구청장을 말한다)에게 통보하여야 한다(법 제50조 제1항).

> 1. 설치검사를 받지 아니하거나 설치검사에 불합격한 경우
> 2. 안전검사를 받지 아니하거나 안전검사에 불합격한 경우

승강기사고조사위원회

1. **사고 조사**: 행정안전부장관은 3.의 (2)의 ②에 따른 승강기 사고 조사의 결과 중대한 사고 등 대통령령으로 정하는 사고의 원인 및 경위에 대한 추가적인 조사가 필요하다고 인정하는 경우에는 승강기사고조사위원회를 구성하여 그 승강기사고조사위원회로 하여금 사고 조사를 하게 할 수 있다(법 제49조 제1항).
2. **승강기사고조사위원회**: 승강기사고조사위원회는 위원장 1명을 포함한 9명 이내의 위원으로 구성한다(영 제39조 제1항).

PART 13

(2) 승강기의 운행정지

1) 특별자치시장 · 특별자치도지사 또는 시장 · 군수 · 구청장은 승강기가 다음의 어느 하나에 해당하는 경우에는 그 사유가 없어질 때까지 해당 승강기의 운행정지를 명할 수 있다(법 제50조 제2항).

> 1. 설치검사를 받지 아니한 경우
> 2. 자체점검을 하지 아니한 경우
> 3. 제31조 제2항을 위반하여 승강기의 운행을 중지하지 아니하는 경우
> 4. 안전검사를 받지 아니한 경우
> 5. 제32조 제3항에 따라 안전검사가 연기된 경우
> 6. 그 밖에 승강기로 인하여 중대한 위해가 발생하거나 발생할 우려가 있다고 인정하는 경우

2) 특별자치시장 · 특별자치도지사 또는 시장 · 군수 · 구청장은 1)에 따라 승강기의 운행정지를 명할 때에는 관리주체에게 행정안전부령으로 정하는 운행정지 표지를 발급하여야 한다(법 제50조 제3항).

3) 관리주체는 2)에 따라 발급받은 표지를 행정안전부령으로 정하는 바에 따라 이용자가 잘 볼 수 있는 곳에 즉시 붙이고 훼손되지 아니하게 관리하여야 한다(법 제50조 제4항).

05 기술자의 경력 신고 및 교육

Chapter

단·원·열·기

기술자의 경력신고 및 교육부분은 아직 미출제영역이다.
학습방법: 기술자와 안전관리기술자의 기술교육 및 직무교육 등을 중심으로 학습하는 것이 필요하다.

01 기술자의 경력 신고 등

1. 기술자의 경력 신고

다음의 어느 하나에 해당하는 업무에 종사하는 기술자로서 대통령령으로 정하는 기술자(이하 "기술자"라 한다)는 행정안전부령으로 정하는 바에 따라 근무처·경력 및 자격 등(이하 "경력 등"이라 한다)에 관한 사항을 행정안전부장관에게 신고하여야 한다. 신고한 사항이 변경되었을 때에도 또한 같다(법 제51조 제1항).

1. 승강기나 승강기부품의 제조 또는 수입
2. 유지관리
3. 부품안전인증
4. 승강기안전인증
5. 설치검사
6. 자체점검
7. 안전검사
8. 그 밖에 승강기 안전관리에 관한 업무로서 대통령령으로 정하는 업무

기술자 경력 등의 신고대상 업무

그 밖에 승강기 안전관리에 관한 업무로서 대통령령으로 정하는 업무(영 제44조)

1. 승강기의 설계에 관한 자문
2. 승강기의 설치공사
3. 승강기의 설치공사에 관한 감리

2. 기술자의 경력 등 사항 관리

행정안전부장관은 신고받은 기술자의 경력 등에 관한 사항을 관리하여야 하며, 기술자의 신청을 받은 경우에는 기술자의 경력 등에 관한 증명서를 발급하여야 한다(법 제51조 제2항).

02 기술자의 교육 등

1. 기술자의 기술교육

행정안전부장관은 다음의 업무에 종사하는 기술자에 대하여 행정안전부장관이 실시하는 승강기의 제조·설치 및 유지관리 등에 관한 기술교육(이하 "기술교육"이라 한다)을 받게 할 수 있다(법 제52조 제1항).

1. 승강기나 승강기부품의 제조 또는 수입
2. 유지관리
3. 그 밖에 승강기 안전관리에 관한 업무로서 대통령령으로 정하는 업무(영 제44조).
   ① 승강기의 설계에 관한 자문
   ② 승강기의 설치공사
   ③ 승강기의 설치공사에 관한 감리(監理)

2. 안전관리기술자의 직무교육

다음의 업무에 종사하는 기술자(이하 "안전관리기술자"라 한다)를 고용하고 있는 사용자는 그 안전관리기술자로 하여금 행정안전부장관이 실시하는 승강기 안전관리에 관한 직무교육(이하 "직무교육"이라 한다)을 이수하도록 하여야 한다(법 제52조 제2항).

1. 부품안전인증
2. 승강기안전인증
3. 설치검사
4. 자체점검
5. 안전검사

3. 교육경비 사용자 부담

기술교육 또는 직무교육을 받아야 할 기술자를 고용하고 있는 사용자는 그 기술교육이나 직무교육을 받는 데 필요한 경비를 부담하여야 하며, 이를 이유로 해당 기술자에게 불리한 처분을 하여서는 아니 된다(법 제52조 제3항).

4. 기술교육과 직무교육의 시간 · 내용 · 방법 · 평가 및 주기 등에 필요한 사항

위에서 규정한 사항 외에 기술교육과 직무교육의 시간 · 내용 · 방법 · 평가 및 주기 등에 필요한 사항은 행정안전부령으로 정한다(법 제52조 제3항).

1. 기술교육과 직무교육의 주기는 각각 3년으로 한다(규칙 제73조 제2항).
2. 기술교육과 직무교육은 집합교육 · 현장교육 · 원격교육의 방법으로 한다(규칙 제73조 제3항).
3. 기술교육과 직무교육의 시간은 각각 28시간으로 한다(규칙 별표13).

5. 안전관리기술자의 업무정지

(1) 행정안전부장관은 안전관리기술자가 다음의 어느 하나에 해당하는 경우 6개월 이내의 기간을 정하여 업무의 정지를 명할 수 있다(법 제54조 제1항).

1. 자체점검을 거짓으로 한 경우
2. 자체점검 결과를 제73조에 따른 승강기안전종합정보망에 입력하지 아니하거나 거짓으로 입력한 경우
3. 제72조 제1항을 위반하여 인증 또는 검사 업무를 수행한 경우
4. 제72조 제2항을 위반하여 인증 또는 검사의 결과를 제73조에 따른 승강기안전종합정보망에 입력하지 아니하거나 거짓으로 입력한 경우

(2) (1)에 따른 행정처분의 세부기준은 행정안전부령으로 정한다(법 제54조 제2항).

한국승강기안전공단 등

단·원·열·기

한국승강기안전공단이 하는 사업과 승강기안전종합정보망이 주로 출제된다.
학습방법: 한국승강기안전공단이 하는 사업과 승강기안전종합정보망의 구축·운영에 관해 중점적으로 정리해둔다.

01 한국승강기안전공단

1. 한국승강기안전공단 설립

행정안전부장관의 업무를 위탁받거나 대행하여 승강기 안전관리에 관한 사업의 추진과 승강기 안전에 관한 기술의 연구·개발 및 보급 등을 위하여 한국승강기안전공단(이하 "공단"이라 한다)을 설립한다(법 제55조 제1항).

2. 법적성격

(1) 공단은 법인으로 하고, 주된 사무소의 소재지에서 설립등기를 함으로써 성립한다(법 제55조 제2항).

(2) 공단에 관하여 이 법 및 「공공기관의 운영에 관한 법률」에서 규정한 사항을 제외하고는 「민법」 중 재단법인에 관한 규정을 준용한다(법 제64조).

3. 공단의 사업

공단은 승강기 안전관리에 관한 다음의 사업을 수행한다(법 제57조).

1. 승강기 안전에 관한 조사·연구 및 기술 개발
2. 승강기 안전에 관한 교육·홍보
3. 부품안전인증 및 승강기안전인증 업무의 대행
4. 설치검사 및 안전검사 업무의 대행
5. 승강기 기술인력의 양성 및 관리
6. 승강기 안전에 관한 정보의 종합관리와 자료의 수집·발간 및 제공
7. 승강기 안전에 관한 국제 교류 및 협력

8. 승강기 안전에 관한 진단 또는 컨설팅 등의 수탁업무
9. 이 법 또는 다른 법령에 따라 대행하거나 위탁받은 업무
10. 그 밖에 공단의 설립목적을 달성하기 위하여 필요한 사업으로서 공단의 정관으로 정하는 사업

4. 공단의 임원

(1) 공단에는 임원으로 이사장 1명을 포함하여 10명 이하의 이사와 감사 1명을 각각 둔다(법 제58조 제1항).

(2) 이사장은 공단을 대표하고, 그 업무를 총괄한다(법 제58조 제2항).

5. 자금의 재원

공단의 운영 및 사업에 필요한 자금은 다음의 재원으로 조달한다(법 제59조).

1. 정부의 보조금·출연금 또는 융자금
2. 제57조의 사업 수행에 따른 수입금
3. 자산운영수익금
4. 그 밖의 부대사업 수입금

6. 보조금 등

정부는 예산의 범위에서 공단의 운영 및 사업수행에 필요한 비용을 보조하거나 재정자금을 융자할 수 있다(법 제60조).

7. 비밀 유지의 의무

공단의 임원이나 직원 또는 임직원으로 재직하였던 사람은 직무상 알게 된 비밀을 누설하거나 도용하여서는 아니 된다(법 제62조).

8. 유사명칭의 사용 금지

이 법에 따른 공단이 아닌 자는 한국승강기안전공단 또는 이와 유사한 명칭을 사용할 수 없다(법 제63조).

02 승강기안전종합정보망

1. 승강기안전종합정보망의 구축 · 운영

행정안전부장관은 승강기의 안전과 관련된 다음의 정보를 종합적으로 관리하기 위하여 승강기안전종합정보망을 구축 · 운영할 수 있으며, 그 정보를 제조 · 수입업자, 지정인증기관, 지정검사기관, 유지관리업자, 교육기관, 공단 또는 관계행정기관 등에 제공하거나 필요시 정보의 일부를 일반에 공개할 수 있다(법 제73조 제1항).

1. 제조업 또는 수입업의 등록 현황
2. 부품안전인증의 이력 정보
3. 제13조 제1항에 따른 승강기안전부품 정기심사의 이력 정보
4. 승강기안전인증의 이력 정보
5. 제19조 제1항에 따른 승강기 정기심사의 이력 정보
6. 설치검사의 이력 정보
7. 제29조에 따른 승강기 안전관리자 현황
8. 자체점검의 이력 정보
9. 안전검사의 이력 정보
10. 유지관리업의 등록 현황
11. 제48조 제1항에 따른 중대한 사고 또는 중대한 고장의 현황
12. 기술교육의 대상자 및 수료 현황
13. 직무교육의 대상자 및 수료 현황
14. 그 밖에 승강기의 안전과 관련되는 사항으로서 행정안전부령으로 정하는 정보

2. 승강기안전종합정보망 입력 사항

(1) 다음의 구분에 따른 인증 또는 검사를 하는 자는 해당 기준 또는 방법에 따라 성실히 그 업무를 수행하여야 한다(법 제72조 제1항).

1. 부품안전인증: 승강기안전부품 안전기준
2. 승강기안전인증: 승강기 안전기준
3. 설치검사: 제28조 제3항에 따른 설치검사의 기준 및 방법
4. 안전검사: 제32조 제4항에 따른 안전검사의 기준 및 방법

(2) (1)의 인증 또는 검사를 하는 자는 그 인증 또는 검사의 결과를 인증 또는 검사 후 5일 이내에 승강기안전종합정보망에 입력하여야 한다(법 제72조 제2항, 영 제59조).

13 Part 실전예상문제

01

「승강기 안전관리법령」상 안전검사에 관한 설명으로 옳지 않은 것은?

① 안전검사에는 정기검사, 수시검사, 정밀안전검사가 있다.
② 정기검사는 설치검사 후 검사주기를 2년 이하로 하되 행정안전부령으로 정하는 바에 따라 승강기별로 검사주기를 다르게 할 수 있다.
③ 승강기의 제어반 또는 구동기를 교체한 경우 수시검사를 받아야 한다.
④ 승강기의 결함으로 중대한 사고 또는 중대한 고장이 발생한 경우 정밀안전검사를 받아야 한다.
⑤ 정기검사를 받은 날부터 15년이 지난 경우 정밀안전검사를 받고 그 후 3년마다 정기적으로 정밀안전검사를 받아야 한다.

해설 ⑤ 설치검사를 받은 날부터 15년이 지난 경우 정밀안전검사를 받고 그 후 3년마다 정기적으로 정밀안전검사를 받아야 한다.

02

「승강기 안전관리법」 제31조(승강기의 자체점검), 「승강기 안전관리법 시행령」 제29조 규정의 일부이다. ( )에 들어갈 용어 및 숫자를 순서대로 쓰시오.

> 1. 승강기 관리주체는 승강기의 안전에 관한 자체점검을 월 (㉠)회 이상 하고, 그 결과를 (㉡)에 입력하여야 한다.
> 2. 승강기의 자체점검을 담당하는 사람은 자체점검을 마치면 지체 없이 자체점검 결과를 양호, 주의관찰 또는 긴급수리로 구분하여 관리주체에 통보해야 하며, 관리 주체는 자체점검 결과를 자체점검 후 (㉢)일 이내에 승강기안전종합정보망에 입력해야 한다.

Answer

01 ⑤ 02 ㉠ 1 ㉡ 승강기안전종합정보망 ㉢ 10

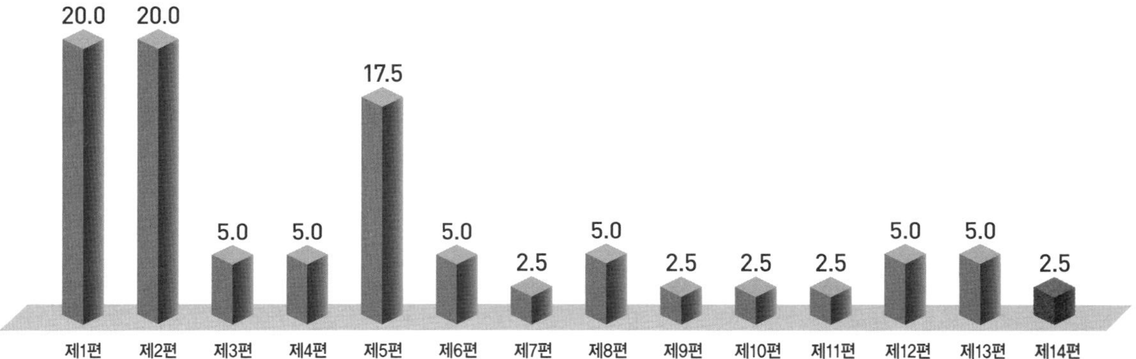

제27회 기출문제 분석

집합건물의 소유 및 관리에 관한 법률은 1문제가 출제되는데, 용어와 공용부분, 관리인, 관리위원회, 관리단집회, 규약 등을 중심으로 정리하는 것이 효율적이다.

PART

14

집합건물의 소유 및 관리에 관한 법률

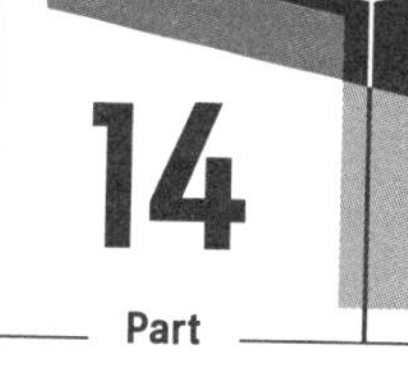

집합건물의 소유 및 관리에 관한 법률

집합건물의 소유 및 관리에 관한 법률(1문제)

구분소유	구분건물의 요건	구조상· 이용상 독립성과 구분행위
	상가건물의 요건	판매시설 및 운수시설, 경계표지, 건물번호 표지
공용부분	공용부분의 구분	구조상 공용부분 / 규약상· 공정증서상 공용부분
	공유자의 지분권	지분은 그가 가지는 전유부분의 면적 비율에 따른다
	공용부분의 사용	용도에 따라 사용
	공용부분의 변경	• 구분소유자의 3분의 2 이상 및 의결권의 3분의 2 이상 결의 • 많은 비용×, 휴양 콘도미니엄 변경: 통상 결의, 권리변동 있는 경우 각 3분의 2↑ • 권리변동수반 공용부분 변경: 구분소유자 및 의결권 각 4/5 이상의 결의
	공용부분의 관리	통상의 집회결의로서 결정. 다만, 보존행위만은 각 공유자 단독
	공용부분 채권의 효력	특별승계인에 대하여도 행사
	흠의 추정	흠으로 인하여 다른 자에게 손해를 입힌 경우에는 그 흠은 공용부분에 존재하는 것으로 추정
관리단 및 관리인	관리단	구분소유자 전원으로 구성
	관리인	구분소유자가 10인 이상일 때에는 관리단은 관리인을 선임
규약 및 관리단집회	규 약	규약의 설정· 변경 및 폐지는 관리단집회에서 구분소유자의 4분의 3 이상 및 의결권 4분의 3 이상의 찬성
	관리단집회	• **정기관리단집회**: 매년 회계연도 종료 후 3개월 이내 • **임시관리단집회**: 관리인 소집, 구분소유자 1/5↑ 소집청구
	결의취소의 소	집회사실 안 날부터 6개월 이내, 결의한 날부터 1년 이내 소 제기
	관리위원회	규약으로 정하는 바에 따라 관리위원회를 둘 수 있다.
구분소유자의 행위제한	의무위반자에 대한 조치	공동이익에 어긋난 행위에 대한 계약해제 및 전유부분인도 / 사용금지 / 경매청구 ⇨ 각 3/4 ↑ 결의 후 법원 소 제기
집합건물에서의 담보책임	담보책임기간	• **10년**: 주요구조부, 지반공사 • **5년**: 대지조성, 철근콘크리트, 철골, 조적, 지붕 및 방수공사 • **3년**: 건축설비, 목공사, 창호공사, 조경공사 • **2년**: 마감공사
	권리행사	하자로 멸실, 훼손 1년 이내 권리행사
재건축 및 복구	재건축결의 건물가격 1/2 초과 멸실 후 복구	구분소유자의 5분의 4 이상 및 의결권 5분의 4 이상
집합건물분쟁조정위원회	설 치	시· 도 10명 이내(법학 조교수 3년↑, 2년↑, 변 3년↑ 2명↑)
	심의조정사항	「공동주택관리법」 공동주택 담보책임 및 하자보수분쟁 제외
	조정의 효력	조정서와 같은 내용의 합의

01 총 설

Chapter

단·원·열·기

집합건물의 소유 및 관리에 관한 법률은 1문제가 출제되는데, 주로 용어와 관리단집회 및 관리인에 대해 출제되고 있다.
학습방법: 구분소유의 의의와 전유부분 및 공용부분의 개념을 이해하되, 특히 공용부분을 중심으로 정리하도록 한다.

01 의 의

1 용어의 뜻

「집합건물의 소유 및 관리에 관한 법률」에서 사용하는 용어의 뜻은 다음과 같다(법 제2조).

1. 구분소유권

구분소유권이란 건물부분(공용부분으로 된 것은 제외한다)을 목적으로 하는 소유권을 말한다.

2. 구분소유자

구분소유자란 구분소유권을 가지는 자를 말한다.

3. 전유부분

전유부분(專有部分)이란 구분소유권의 목적인 건물부분을 말한다.

4. 공용부분

공용부분이란 전유부분 외의 건물부분, 전유부분에 속하지 아니하는 건물의 부속물 및 공용부분으로 된 부속의 건물을 말한다.

5. 건물의 대지

건물의 대지란 전유부분이 속하는 1동의 건물이 있는 토지 및 건물의 대지로 된 토지를 말한다.

6. 대지사용권

대지사용권이란 구분소유자가 전유부분을 소유하기 위하여 건물의 대지에 대하여 가지는 권리를 말한다.

2 다른 법률과의 관계

집합주택의 관리 방법과 기준, 하자담보책임에 관한 「주택법」 및 「공동주택관리법」의 특별한 규정은 「집합건물의 소유 및 관리에 관한 법률」에 저촉되어 구분소유자의 기본적인 권리를 해치지 아니하는 범위에서 효력이 있다(법 제2조의2).

02 건물의 구분소유

1동의 건물 중 구조상 구분된 여러 개의 부분이 독립한 건물로서 사용될 수 있을 때에는 그 각 부분은 이 법에서 정하는 바에 따라 각각 소유권의 목적으로 할 수 있다(법 제1조).

1 일반건물의 구분소유

1. 의 의

1동의 건물 중에서 일부가 독립한 건물로서 구분소유권이 인정되기 위해서는 '구조상의 독립성'과 '기능상의 독립성'이 있어야 한다. 즉, 구분소유권의 목적이 되는 건물부분인 전유부분(專有部分)이 구조상 · 기능상 독립성을 가져야 한다.

2. 구분건물의 요건

(1) 구조상 · 이용상 독립성

구분건물이 되기 위해서는 객관적 · 물리적인 측면에서 우선 구분건물이 구조상 · 이용상의 독립성을 갖추어야 한다. 따라서 임차인이 임차한 건물에 그 권원에 의하여 증축을 한 경우에 증축된 부분이 부합으로 인하여 기존건물의 구성부분이 된 때에는 증축된 부분에 별개의 소유권이 성립할 수 없으나, 증축된 부분이 구조상으로나 이용상으로 기존건물과 구분되는 독립성이 있는 때에는 구분소유권이 성립하여 증축된 부분은 독립한 소유권의 객체가 될 수 있다(대판).

(2) 소유자의 구분행위

구분건물로 할 것인지 여부는 특별한 사정이 없는 한 소유자의 의사에 의하여 결정된다. 즉, 그 건물을 구분소유권의 객체로 하려는 의사표시, 구분행위가 있어야 비로소 구분소유권이 성립된다. 따라서 1동 건물을 증축하여 구분건물의 외형을 갖춘 경우에 소유자가 기존건물에 마쳐진 등기를 이와 같이 증축한 건물의 현황과 맞추어 1동의 건물로서 증축으로 인한 건물표시 변경등기를 경료한 때에는 이를 구분건물로 하지 않고 그 전체를 1동의 건물로 하려는 의사였다고 봄이 상당하다(대판).

2 상가건물의 구분소유

1동의 건물 중 다음에 해당하는 방식으로 여러 개의 건물부분으로 이용상 구분된 경우에 그 건물부분(이하 "구분점포"라 한다)은 이 법에서 정하는 바에 따라 각각 소유권의 목적으로 할 수 있다(법 제1조의2 제1항).

> ① 구분점포의 용도가 「건축법」의 판매시설 및 운수시설일 것
> ② 경계를 명확하게 알아볼 수 있는 표지를 바닥에 견고하게 설치할 것
> ③ 구분점포별로 부여된 건물번호 표지를 견고하게 붙일 것

구분점포의 경계표지 또는 건물번호 표지를 손괴, 이동 또는 제거하거나 그 밖의 방법으로 경계를 인식불능하게 한 사람은 3년 이하의 징역 또는 1천만원 이하의 벌금에 처한다(법 제65조 제1항).

PART 14

Chapter 02

집합건물의 구분소유

단·원·열·기

주로 공용부분의 사용 및 변경, 관리단집회와 관리인, 구분소유자의 행위제한, 재건축 등 전부분에 걸쳐서 출제가 되고 있다.
학습방법 : 관리단집회의 의결정족수와 관리인 등을 중심으로 학습하되, 전반적인 학습이 요구된다.

01 공용부분

1 공용부분의 구분

1. 구조상의 공용부분

법률상 당연히 공용부분이 되는 것으로서, 건물의 복도·현관·승강기·계단·지하주차장 등은 구조상 공용부분이다.

2. 규약상의 공용부분

공용부분이 될 수 없는 전유부분이나 부속건물을 규약 또는 공정증서에 의하여 공용부분으로 정할 수 있는데, 이 경우 등기부 표제부에 공용부분이라는 취지의 등기를 하여야 한다(법 제3조 제2항·제3항·제4항). 관리사무소·경로당·차고 등이 그 예이다.

2 공용부분의 귀속

공용부분은 구분소유자 전원의 공유에 속한다. 다만, 일부의 구분 소유자만의 공용하도록 제공되는 것임이 명백한 공용부분(이하 “일부공용부분”이라 한다)은 그들 구분 소유자의 공유에 속한다(법 제10조 제1항).

3 공유자의 지분권

1. 지분권의 비율

(1) 각 공유자의 지분은 그가 가지는 전유부분의 면적 비율에 따른다(법 제12조 제1항).

(2) 일부공용부분으로서 면적이 있는 것은 그 공용부분을 공용하는 구분소유자의 전유부분의 면적 비율에 따라 배분하여 그 면적을 각 구분소유자의 전유부분 면적에 포함한다(법 제12조 제2항).

2. 전유부분과 공용부분에 대한 지분의 일체성

(1) 공용부분에 대한 공유자의 지분은 그가 가지는 전유부분의 처분에 따른다(법 제13조 제1항).

(2) 공유자는 그가 가지는 전유부분과 분리하여 공용부분에 대한 지분을 처분할 수 없다(법 제13조 제2항).

(3) 공용부분에 관한 물권의 득실변경은 등기가 필요하지 아니하다(법 제13조 제3항).

4 공용부분의 사용

각 공유자는 공용부분을 그 용도에 따라 사용할 수 있다(법 제11조).

5 공용부분의 변경

1. 공용부분의 변경

(1) 구분 소유자의 공용부분의 변경에 관한 사항은 관리단집회에서 구분소유자의 3분의 2 이상 및 의결권의 3분의 2 이상의 결의로써 결정한다. 다만, 다음의 어느 하나에 해당하는 경우에는 통상의 집회결의로서 결정할 수 있다(법 제15조 제1항).

> ① 공용부분의 개량을 위한 것으로서 지나치게 많은 비용이 드는 것이 아닐 경우
> ② 「관광진흥법」에 따른 휴양 콘도미니엄업의 운영을 위한 휴양 콘도미니엄의 공용부분 변경에 관한 사항인 경우

(2) 공용부분의 변경이 다른 구분 소유자의 권리에 특별한 영향을 미칠 때에는 그 구분 소유자의 승낙을 받아야 한다(법 제15조 제2항).

2. 권리변동 있는 공용부분의 변경

(1) 1.에도 불구하고 건물의 노후화 억제 또는 기능 향상 등을 위한 것으로 구분소유권 및 대지사용권의 범위나 내용에 변동을 일으키는 공용부분의 변경에 관한 사항은 관리단집회에서 구분소유자의 5분의 4 이상 및 의결권의 5분의 4 이상의 결의로써 결정한다. 다만, 「관광진흥법」 제3조 제1항 제2호 나목에 따른 휴양 콘도미니엄업의 운영을 위한 휴양 콘도미니엄의 권리변동 있는 공용부분 변경에 관한 사항은 구분소유자의 3분의 2 이상 및 의결권의 3분의 2 이상의 결의로써 결정한다(법 제15조의2 제1항).

(2) (1)의 결의에서는 다음 각 호의 사항을 정하여야 한다. 이 경우 3.부터 7.까지의 사항은 각 구분소유자 사이에 형평이 유지되도록 정하여야 한다(법 제15조의2 제2항).

> 1. 설계의 개요
> 2. 예상 공사 기간 및 예상 비용(특별한 손실에 대한 전보 비용을 포함한다)
> 3. 2.에 따른 비용의 분담 방법
> 4. 변경된 부분의 용도
> 5. 전유부분 수의 증감이 발생하는 경우에는 변경된 부분의 귀속에 관한 사항
> 6. 전유부분이나 공용부분의 면적에 증감이 발생하는 경우에는 변경된 부분의 귀속에 관한 사항
> 7. 대지사용권의 변경에 관한 사항
> 8. 그 밖에 규약으로 정한 사항

6 공용부분의 관리

1. 공용부분의 관리에 관한 사항

공용부분의 관리에 관한 사항은 그것이 공용부분의 변경에 이르는 것이 아닌 한 통상의 집회결의로써 결정한다. 다만, 관리에 관한 사항 중 보존행위는 각 공유자가 단독으로 할 수 있다(법 제16조 제1항).

2. 임차인 등에게 공용부분의 관리 등에 대한 의결권 부여

구분소유자의 승낙을 받아 전유부분을 점유하는 자는 1.에 따른 집회에 참석하여 그 구분소유자의 의결권을 행사할 수 있다. 다만, 구분소유자와 점유자가 달리 정하여 관리단에 통지한 경우에는 그러하지 아니하며, 구분소유자의 권리·의무에 특별한 영향을 미치는 사항을 결정하기 위한 집회인 경우에는 점유자는 사전에 구분소유자에게 의결권 행사에 대한 동의를 받아야 한다(법 제16조 제2항).

3. 공용부분 관리에 관한 규약

1. 및 2.에 규정된 사항은 규약으로써 달리 정할 수 있다(법 제16조 제3항).

4. 공용부분 관리에 관한 사항의 준용

공용부분의 관리에 관한 사항은 그것이 공용부분의 변경(법 제15조 제1항 본문)이나 권리변동 있는 공용부분의 변경(법 제15조의2)의 경우를 제외하고는 한 통상의 집회결의로써 결정한다. 이 경우 공용부분의 변경이 다른 구분소유자의 권리에 특별한 영향을 미칠 때에는 그 구분소유자의 승낙을 받아야 한다(법 제16조 제4항).

7 공용부분의 부담·수익

각 공유자는 규약에 달리 정한 바가 없으면 그 지분의 비율에 따라 공용부분의 관리비용과 그 밖의 의무를 부담하며 공용부분에서 생기는 이익을 취득한다(법 제17조).

8 수선계획 및 수선적립금

1. 수선계획

관리단은 규약에 달리 정한 바가 없으면 관리단집회 결의에 따라 건물이나 대지 또는 부속시설의 교체 및 보수에 관한 수선계획을 수립할 수 있다(법 제17조의2 제1항).

2. 수선적립금

(1) 수선적립금의 적립

관리단은 규약에 달리 정한 바가 없으면 관리단집회의 결의에 따라 수선적립금을 징수하여 적립할 수 있다. 다만, 다른 법률에 따라 장기수선을 위한 계획이 수립되어 충당금 또는 적립금이 징수·적립된 경우에는 그러하지 아니하다(법 제17조의2 제2항).

(2) 수선적립금의 징수

수선적립금은 구분소유자로부터 징수하며 관리단에 귀속된다(법 제17조의2 제3항).

(3) 수선적립금의 용도

관리단은 규약에 달리 정한 바가 없으면 수선적립금을 다음의 용도로 사용하여야 한다(법 제17조의2 제4항).

1. 수선계획에 따른 공사
2. 자연재해 등 예상하지 못한 사유로 인한 수선공사
3. 1. 및 2.의 용도로 사용한 금원의 변제

(4) 수선계획의 수립 및 수선적립금의 징수·적립에 필요한 사항

수선계획의 수립 및 수선적립금의 징수·적립에 필요한 사항은 대통령령으로 정한다(법 제17조의2 제5항).

9 공용부분의 채권의 효력

공유자가 공용부분에 대하여 다른 공유자에게 가지는 채권은 그의 특별승계인에 대하여도 행사할 수 있다(법 제18조).

10 흠의 추정

전유부분이 속하는 1동의 건물의 설치 또는 보존의 흠으로 인하여 다른 자에게 손해를 입힌 경우에는 그 흠은 공용부분에 존재하는 것으로 추정한다(법 제6조).

02 대지사용권

1. 건물의 대지

건물의 대지란 전유부분이 속하는 1동의 건물이 있는 토지 및 규약 또는 공정증서로서 건물의 대지로 된 토지를 말한다(법 제2조 제5호).

(1) 법정대지

전유부분이 속해 있는 1동의 건물이 소재하는 토지를 말한다(법 제2조).

(2) 규약에 따른 건물의 대지

① 통로, 주차장, 정원, 부속건물의 대지 그 밖에 전유부분이 속하는 1동의 건물 및 그 건물이 있는 토지와 하나로 관리되거나 사용되는 토지는 규약으로써 건물의 대지로 할 수 있다(법 제4조 제1항).

② 건물이 있는 토지가 건물이 일부 멸실함에 따라 건물이 있는 토지가 아닌 토지로 된 경우에는 그 토지는 규약으로써 건물의 대지로 정한 것으로 본다. 건물이 있는 토지의 일부가 분할로 인하여 건물이 있는 토지가 아닌 토지로 된 경우에도 같다(법 제4조 제3항).

2. 대지사용권

대지사용권이란 구분소유자가 그의 전유부분을 소유하기 위하여 건물의 대지에 대하여 가지는 권리를 말한다. 대지사용권은 소유권인 경우가 대부분이나 토지이용을 목적으로 하는 지상권·전세권·임차권 등도 대지사용권이 될 수 있으며, 이 경우에는 1필지의 토지 일부도 집합건물의 대지가 될 수 있다(법 제2조 제6호).

3. 전유부분과 대지사용권의 일체성

(1) 대지사용권은 특별히 규약으로 정하지 않는 이상 구분소유권과 독립해서 처분이 금지되는 권리로 전유부분과 일체관계를 가진다. 따라서 구분소유자의 대지사용권은 그가 가지는 전유부분의 처분에 따른다(법 제20조 제1항). 단 구분소유자는 그가 가지는 전유부분과 분리하여 대지사용권을 처분(양도·담보제공 및 분할)할 수 없다. 다만, 규약(공정증서)으로써 달리 정한 경우에는 그러하지 아니하다(법 제20조 제2항).

(2) 분리처분금지는 그 취지를 등기하지 아니하면 선의(善意)로 물권을 취득한 제3자에게 대항하지 못한다(법 제20조 제3항).

1. **전유부분의 처분에 따르는 대지사용권의 비율**: 구분소유자가 둘 이상의 전유부분을 소유한 경우에는 각 전유부분의 처분에 따르는 대지사용권은 제12조에 규정된 비율(전유부분의 면적의 비율)에 따른다. 다만, 규약(공정증서)으로 달리 정할 수 있다(법 제21조 제1항·제2항).
2. **대지공유자의 분할청구의 금지**: 대지 위에 구분소유권의 목적인 건물이 속하는 1동의 건물이 있을 때에는 그 대지의 공유자는 그 건물의 사용에 필요한 범위의 대지에 대하여는 분할을 청구하지 못한다(법 제8조).

PART 14

03 관리단 및 관리인

1. 관리단

(1) 구 성

① 건물에 대하여 구분소유 관계가 성립되면 구분소유자 전원을 구성원으로 하여 건물과 그 대지 및 부속시설의 관리에 관한 사업의 시행을 목적으로 하는 관리단이 설립된다(법 제23조 제1항).

② 일부공용부분이 있는 경우 그 일부의 구분소유자는 규약에 따라 그 공용부분의 관리에 관한 사업의 시행을 목적으로 하는 관리단을 구성할 수 있다(법 제23조 제2항).

③ 관리단은 구분소유자 전원으로 구성된다. 구분소유자는 본인의 의사와 관계없이 법률의 규정에 의하여 당연히 구성원이 된다.

(2) 관리단의 법적성격

① 관리단은 법인 아닌 사단으로서의 성격을 지닌다.

② 집합건물의 관리비·비품 등의 관리단의 재산은 구성원 전원의 총유에 해당한다.

(3) 관리단의 채무에 대한 구분소유자의 책임

① 관리단이 그의 재산으로 채무를 전부 변제할 수 없는 경우에는 구분소유자는 지분비율에 따라 관리단의 채무를 변제할 책임을 진다. 다만, 규약으로써 그 부담비율을 달리 정할 수 있다(법 제27조 제1항).

② 구분소유자의 특별승계인은 승계 전에 발생한 관리단의 채무에 관하여도 책임을 진다(법 제27조 제2항).

(4) 관리단의 의무

관리단은 건물의 관리 및 사용에 관한 공동이익을 위하여 필요한 구분소유자의 권리와 의무를 선량한 관리자의 주의로 행사하거나 이행하여야 한다(법 제23조의2).

2. 관리인

(1) 선임 등

① 구분소유자가 10인 이상일 때에는 관리단을 대표하고 관리단의 사무를 집행할 관리인을 선임하여야 한다(법 제24조 제1항).

② 전유부분이 50개 이상인 건물(「공동주택관리법」에 따른 의무관리대상 공동주택 및 임대주택과 「유통산업발전법」에 따라 신고한 대규모점포등관리자가 있는 대규모점포 및 준대규모점포는 제외한다)의 관리인으로 선임된 자는 대통령령으로 정하는 바에 따라 선임된 사실을 특별자치시장, 특별자치도지사, 시장, 군수 또는 자치구의 구청장(이하 "소관청"이라 한다)에게 신고하여야 한다(법 제24조 제6항).

③ 관리인은 구분소유자일 필요가 없으며, 그 임기는 2년의 범위에서 규약으로 정한다(법 제24조 제2항).

④ 관리인은 관리단집회의 결의로 선임되거나 해임된다. 다만, 규약으로 관리위원회의 결의로 선임되거나 해임되도록 정한 경우에는 그에 따른다(법 제24조 제3항).

⑤ 구분소유자의 승낙을 받아 전유부분을 점유하는 자는 위 ④에 따른 관리단집회에 참석하여 그 구분소유자의 의결권을 행사할 수 있다. 다만, 구분소유자와 점유자가 달리 정하여 관리단에 통지하거나 구분소유자가 집회 이전에 직접 의결권을 행사할 것을 관리단에 통지한 경우에는 그러하지 아니하다(법 제24조 제4항).

⑥ 관리인에게 부정한 행위나 그 밖에 그 직무를 수행하기에 적합하지 아니한 사정이 있을 때에는 각 구분소유자는 관리인의 해임을 법원에 청구할 수 있다(법 제24조 제5항).

관리인의 선임신고

법 제24조 제6항에 따른 관리인으로 선임된 자는 선임일부터 30일 이내에 별지 서식의 관리인 선임 신고서에 각 호의 어느 하나에 해당하는 등 선임사실을 입증할 수 있는 자료를 첨부하여 특별자치시장, 특별자치도지사, 시장, 군수 또는 자치구의 구청장(이하 "소관청"이라 한다)에게 제출해야 한다(영 제5조의5).
1. 관리단집회 의사록
2. 규약 및 관리위원회 의사록
3. 임시관리인 선임청구에 대한 법원의 결정문

(2) 관리인의 지위

관리인은 관리단의 업무집행기관 및 대표기관으로서의 법적지위를 가진다. 또한 구분소유자와 관리인의 관계는 원칙적으로 위임관계에 놓여 있다. 그러므로 「집합건물의 소유 및 관리에 관한 법률」이나 규약에서 정하지 아니한 관리인의 권리·의무에 관하여는 「민법」의 위임에 관한 규정을 준용한다(법 제26조 제5항).

(3) 관리인의 권한과 의무

관리인은 대외적으로 관리단을 대표하는 기관이지만, 대내적으로 집합건물의 관리업무를 집행한다. 관리인은 다음의 권한과 의무를 진다(법 제25조 제1항).

임시관리인

1. 구분소유자, 그의 승낙을 받아 전유부분을 점유하는 자, 분양자 등 이해관계인은 선임된 관리인이 없는 경우에는 법원에 임시관리인의 선임을 청구할 수 있다.
2. 임시관리인은 선임된 날부터 6개월 이내에 관리인 선임을 위하여 관리단집회 또는 관리위원회를 소집하여야 한다.
3. 임시관리인의 임기는 선임된 날부터 관리인이 선임될 때까지로 하되, 규약으로 정한 임기를 초과할 수 없다.

①	공용부분의 보존행위
②	공용부분의 관리 및 변경에 관한 관리단집회 결의를 집행하는 행위
③	공용부분의 관리비용 등 관리단의 사무 집행을 위한 비용과 분담금을 각 구분소유자에게 청구·수령하는 행위 및 그 금원을 관리하는 행위
④	관리단의 사업 시행과 관련하여 관리단을 대표하여 하는 재판상 또는 재판 외의 행위
⑤	소음·진동·악취 등을 유발하여 공동생활의 평온을 해치는 행위의 중지 요청 또는 분쟁 조정절차 권고 등 필요한 조치를 하는 행위
⑥	그 밖에 규약에 정하여진 행위

(4) 관리인의 보고의무

1) 관리인은 대통령령으로 정하는 바에 따라 매년 1회 이상 구분소유자 및 그의 승낙을 받아 전유부분을 점유하는 자에게 그 사무에 관한 보고를 하여야 한다(법 제26조 제1항).

2) 전유부분이 50개 이상인 건물의 관리인은 관리단의 사무 집행을 위한 비용과 분담금 등 금원의 징수·보관·사용·관리 등 모든 거래행위에 관하여 장부를 월별로 작성하여 그 증빙서류와 함께 해당 회계연도 종료일부터 5년간 보관하여야 한다(법 제26조 제2항).

3) 이해관계인은 관리인에게 1)에 따른 보고 자료, 2)에 따른 장부나 증빙서류의 열람을 청구하거나 자기 비용으로 등본의 교부를 청구할 수 있다. 이 경우 관리인은 다음 각 호의 정보를 제외하고 이에 응하여야 한다(법 제26조 제3항).

> 1. 「개인정보 보호법」 제24조에 따른 고유식별정보 등 개인의 사생활의 비밀 또는 자유를 침해할 우려가 있는 정보
> 2. 의사결정 과정 또는 내부검토 과정에 있는 사항 등으로서 공개될 경우 업무의 공정한 수행에 현저한 지장을 초래할 우려가 있는 정보

4) 「공동주택관리법」에 따른 의무관리대상 공동주택 및 임대주택과 「유통산업발전법」에 따라 신고한 대규모점포등관리자가 있는 대규모점포 및 준대규모점포에 대해서는 위의 1)부터 3)까지를 적용하지 아니한다(법 제26조 제4항).

5) 「집합건물의 소유 및 관리에 관한 법률」 또는 규약에서 규정하지 아니한 관리인의 권리의무에 관하여는 「민법」의 위임에 관한 규정을 준용한다(법 제26조 제5항).

(5) 관리인의 대표권 제한

관리인의 대표권은 제한할 수 있다. 다만, 그 제한을 가지고 선의의 제3자에게 대항할 수 없다(법 제25조 제2항).

관리인이 보고해야 하는 사무(영 제6조)

1. 법 제26조 제1항에 따라 관리인이 보고해야 하는 사무는 다음 각 호와 같다.
   ① 관리단의 사무 집행을 위한 분담금액과 비용의 산정방법, 징수·지출·적립내역에 관한 사항
   ② 제1호 외에 관리단이 얻은 수입 및 그 사용 내역에 관한 사항
   ③ 관리위탁계약 등 관리단이 체결하는 계약의 당사자 선정과정 및 계약조건에 관한 사항
   ④ 규약 및 규약에 기초하여 만든 규정의 설정·변경·폐지에 관한 사항
   ⑤ 관리단 임직원의 변동에 관한 사항
   ⑥ 건물의 대지, 공용부분 및 부속시설의 보존·관리·변경에 관한 사항
   ⑦ 관리단을 대표한 재판상 행위에 관한 사항
   ⑧ 그 밖에 규약, 규약에 기초하여 만든 규정이나 관리단집회의 결의에서 정하는 사항
2. 관리인은 규약에 달리 정한 바가 없으면 월 1회 구분소유자에게 관리단의 사무 집행을 위한 분담금액과 비용의 산정방법을 서면으로 보고하여야 한다.
3. 관리인은 법 제32조에 따른 정기 관리단집회에 출석하여 관리단이 수행한 사무의 주요 내용과 예산·결산 내역을 보고하여야 한다.

3. 회계감사

(1) 전유부분이 150개 이상으로서 대통령령으로 정하는 건물의 관리인은 「주식회사 등의 외부감사에 관한 법률」 제2조 제7호에 따른 감사인의 회계감사를 매년 1회 이상 받아야 한다. 다만, 관리단집회에서 구분소유자의 3분의 2 이상 및 의결권의 3분의 2 이상이 회계감사를 받지 아니하기로 결의한 연도에는 그러하지 아니하다(법 제26조의2 제1항).

(2) 구분소유자의 승낙을 받아 전유부분을 점유하는 자는 (1)의 단서에 따른 관리단집회에 참석하여 그 구분소유자의 의결권을 행사할 수 있다. 다만, 구분소유자와 점유자가 달리 정하여 관리단에 통지하거나 구분소유자가 집회 이전에 직접 의결권을 행사할 것을 관리단에 통지한 경우에는 그러하지 아니하다(법 제26조의2 제2항).

(3) 전유부분이 50개 이상 150개 미만으로서 대통령령으로 정하는 건물의 관리인은 구분소유자의 5분의 1 이상이 연서(連署)하여 요구하는 경우에는 감사인의 회계감사를 받아야 한다. 이 경우 구분소유자의 승낙을 받아 전유부분을 점유하는 자가 구분소유자를 대신하여 연서할 수 있다(법 제26조의2 제3항).

(4) 관리인은 회계감사를 받은 경우에는 대통령령으로 정하는 바에 따라 감사보고서 등 회계감사의 결과를 구분소유자 및 그의 승낙을 받아 전유부분을 점유하는 자에게 보고하여야 한다(법 제26조의2 제4항).

(5) 회계감사를 받는 관리인은 다음의 어느 하나에 해당하는 행위를 하여서는 아니 된다(법 제26조의2 제6항).

1. 정당한 사유 없이 감사인의 자료열람 · 등사 · 제출 요구 또는 조사를 거부 · 방해 · 기피하는 행위
2. 감사인에게 거짓 자료를 제출하는 등 부정한 방법으로 회계감사를 방해하는 행위

(6) 「공동주택관리법」에 따른 의무관리대상 공동주택 및 임대주택과 「유통산업발전법」에 따라 신고한 대규모점포등관리자가 있는 대규모점포 및 준대규모점포에는 (1)부터 (5)까지의 규정을 적용하지 아니한다(법 제26조의2 제7항).

감사인의 선정방법 및 회계감사의 기준 등(영 제6조의3)

1. 법 제26조의2 제1항 본문에 따라 회계감사를 받아야 하는 관리인은 매 회계연도 종료 후 3개월 이내에 해당 회계연도의 회계감사를 실시할 감사인을 선임해야 한다. 이 경우 해당 건물에 법 제26조의3 제1항에 따른 관리위원회(이하 "관리위원회"라 한다)가 구성되어 있는 경우에는 관리위원회의 결의를 거쳐 감사인을 선임해야 한다.
2. 법 제26조의2 제1항 또는 제3항에 따라 회계감사를 받아야 하는 관리인은 소관청 또는 「공인회계사법」 제41조에 따른 한국공인회계사회에 감사인의 추천을 의뢰할 수 있다. 이 경우 해당 건물에 관리위원회가 구성되어 있는 경우에는 관리위원회의 결의를 거쳐 감사인의 추천을 의뢰해야 한다.
3. 법 제26조의2 제1항 또는 제3항에 따라 회계감사를 받아야 하는 관리인은 매 회계연도 종료 후 9개월 이내에 다음 각 호의 재무제표와 관리비 운영의 적정성에 대하여 회계감사를 받아야 한다.
   ① 재무상태표
   ② 운영성과표
   ③ 이익잉여금처분계산서 또는 결손금처리계산서
   ④ 주석(註釋)
4. 3. 각 호의 재무제표를 작성하는 회계처리기준은 법무부장관이 정하여 고시한다.
5. 3.에 따른 회계감사는 「주식회사 등의 외부감사에 관한 법률」 제16조에 따른 회계감사기준에 따라 실시한다.

PART 14

4. 관리위원회

(1) 관리위원회의 설치 및 기능

① 관리단에는 규약으로 정하는 바에 따라 관리위원회를 둘 수 있다(법 제26조의3 제1항).

② 관리위원회는 「집합건물의 소유 및 관리에 관한 법률」 또는 규약으로 정한 관리인의 사무집행을 감독한다(법 제26조의3 제2항).

③ ①에 따라 관리위원회를 둔 경우 관리인은 관리인 권한과 의무에 해당하는 행위를 하려면 관리위원회의 결의를 거쳐야 한다. 다만, 규약으로 달리 정한 사항은 그러하지 아니하다(법 제26조의3 제3항).

(2) 관리위원회의 구성 및 운영

① 관리위원회의 위원은 구분소유자 중에서 관리단집회의 결의에 의하여 선출한다. 다만, 규약으로 관리단집회의 결의에 관하여 달리 정한 경우에는 그에 따른다(법 제26조의4 제1항).

② 관리인은 규약에 달리 정한 바가 없으면 관리위원회 위원이 될 수 없다(법 제26조의4 제2항).

③ 관리위원회 위원의 임기는 2년의 범위에서 규약으로 정한다(법 제26조의4 제3항).

④ 구분소유자의 승낙을 받아 전유부분을 점유하는 자는 ①의 본문에 따른 관리단집회에 참석하여 그 구분소유자의 의결권을 행사할 수 있다. 다만, 구분소유자와 점유자가 달리 정하여 관리단에 통지하거나 구분소유자가 집회 이전에 직접 의결권을 행사할 것을 관리단에 통지한 경우에는 그러하지 아니하다(법 제26조의4 제5항).

관리위원회의 의결방법

1. 관리위원회의 의사(議事)는 규약에 달리 정한 바가 없으면 관리위원회 재적위원 과반수의 찬성으로 의결한다(영 제10조 제1항).
2. 관리위원회 위원은 질병, 해외체류 등 부득이한 사유가 있는 경우 외에는 서면이나 대리인을 통하여 의결권을 행사할 수 없다(영 제10조 제2항).

회계감사의 결과 보고(영 제6조의4)

1. 법 제26조의2 제1항 또는 제3항에 따른 회계감사를 받은 관리인은 감사보고서 등 회계감사의 결과를 제출받은 날부터 1개월 이내에 해당 결과를 구분소유자 및 그의 승낙을 받아 전유부분을 점유하는 자에게 서면으로 보고해야 한다.
2. 1.의 보고는 구분소유자 또는 그의 승낙을 받아 전유부분을 점유하는 자가 관리인에게 따로 보고장소를 알린 경우에는 그 장소로 발송하고, 알리지 않은 경우에는 구분소유자가 소유하는 전유부분이 있는 장소로 발송한다. 이 경우 1.의 보고는 통상적으로 도달할 시기에 도달한 것으로 본다.
3. 2.에도 불구하고 법 제26조의2 제4항에 따른 관리인의 보고의무는 건물 내의 적당한 장소에 회계감사의 결과를 게시하거나 인터넷 홈페이지에 해당 결과를 공개함으로써 이행할 수 있음을 규약으로 정할 수 있다. 이 경우 1.의 보고는 게시한 때에 도달한 것으로 본다.

관리위원회의 구성(영 제7조)

1. 관리위원회의 위원은 선거구별로 선출할 수 있다. 이 경우 선거구 및 선거구별 관리위원회 위원의 수는 규약으로 정한다.
2. 법 제26조의4 제1항 단서에 따라 규약으로 관리위원회의 위원 선출에 대한 관리단집회의 결의에 관하여 달리 정하는 경우에는 구분소유자의 수 및 의결권의 비율을 합리적이고 공평하게 고려해야 한다.
3. 관리위원회에는 위원장 1명을 두며, 위원장은 관리위원회의 위원 중에서 선출하되 그 선출에 관하여는 법 제26조의4 제1항을 준용한다.
4. 관리위원회의 위원은 규약에서 정한 사유가 있는 경우에 해임할 수 있다.

04 규약 및 관리단집회

1. 규 약

규약이란 집합건물의 구분소유자의 권리 및 의무관계 등 구분소유자 사이의 내부사항을 정하는 것을 말한다.

(1) 규약의 범위

① 건물과 대지 또는 부속시설의 관리 또는 사용에 관한 구분소유자들 사이의 사항 중 이 법에서 규정하지 아니한 사항은 규약으로써 정할 수 있다(법 제28조 제1항).

② 일부공용부분에 관한 사항으로써 구분소유자 전원에게 이해관계가 있지 아니한 사항은 구분소유자 전원의 규약에 따로 정하지 아니하면 일부공용부분을 공용하는 구분 소유자의 규약으로써 정할 수 있다(법 제28조 제2항).

③ ①과 ②의 경우에 구분소유자 외의 자의 권리를 침해하지 못한다(법 제28조 제3항).

④ 법무부장관은 「집합건물의 소유 및 관리에 관한 법률」을 적용받는 건물과 대지 및 부속시설의 효율적이고 공정한 관리를 위하여 표준규약을 마련하여야 한다(법 제28조 제4항).

⑤ 시・도지사는 ④에 따른 표준규약을 참고하여 대통령령으로 정하는 바에 따라 지역별 표준규약을 마련하여 보급하여야 한다(법 제28조 제5항).

(2) 규약의 설정・변경・폐지

① 규약의 설정・변경 및 폐지는 관리단집회에서 구분소유자의 4분의 3 이상 및 의결권 4분의 3 이상의 찬성을 얻어서 한다. 이 경우 규약의 설정・변경 및 폐지가 일부 구분 소유자의 권리에 특별한 영향을 미칠 때에는 그 구분소유자의 승낙을 받아야 한다(법 제29조 제1항).

② 일부공용부분에 관한 사항으로 구분소유자 전원의 이해에 관계가 없는 사항에 관한 구분소유자 전원의 규약의 설정・변경 또는 폐지는 그 일부공용부분을 공용하는 구분 소유자의 4분의 1을 초과하는 자 또는 의결권의 4분의 1을 초과하는 의결권을 가진 자가 반대할 때에는 할 수 없다(법 제29조 제2항).

(3) 규약의 효력

① 규약 및 관리단집회의 결의는 집합건물의 공동관리 · 사용에 관한 법률관계에 있어서 일반적인 효력을 지닌다. 즉 결의에 관여한 구분소유자뿐만이 아니라 그의 포괄승계인, 특별승계인에게도 효력이 미치며 관리인에게도 효력이 미친다(법 제42조 제1항).

② 점유자는 구분소유자가 건물이나 대지 또는 부속시설의 사용과 관련하여 규약 또는 관리단집회의 결의에 따라 부담하는 의무와 동일한 의무를 진다(법 제42조 제2항).

(4) 보관 및 열람

① 규약은 관리인 또는 구분소유자나 그 대리인으로서 건물을 사용하고 있는 자 중 1인이 보관하여야 하며, 그 보관자는 규약에 다른 규정이 없으면 관리단집회의 결의로써 정한다(법 제30조 제1항 · 제2항).

② 이해관계인은 규약을 보관하는 자에게 규약의 열람을 청구하거나 자기비용으로 등본의 발급을 청구할 수 있다(법 제30조 제3항).

2. 관리단집회

(1) 의 의

관리단의 의사결정기관으로서 구분소유자 전원으로 구성되는 회의체를 관리단집회라고 한다. 규약의 설정이 임의적이라면, 관리단집회의 설치는 필수적이다.

(2) 집회의 구성

관리단집회는 구분소유자 전원으로 구성된다. 구분소유자의 승낙을 받아 전유부분을 점유하는 자는 관리단집회의 구성원은 아니나, 집회의 목적사항에 관하여 이해관계가 있는 경우에는 관리단집회에 출석하여 의견을 진술할 수 있다(법 제40조 제1항).

(3) 집회의 권한

관리단의 사무는 「집합건물의 소유 및 관리에 관한 법률」 또는 규약으로 관리인에게 위임한 사항 외에는 관리단집회의 결의에 따라 수행한다(법 제31조).

(4) 집회의 의장

관리단집회의 의장은 관리인 또는 집회를 소집한 구분소유자 중 연장자가 된다. 다만, 규약에 특별한 규정이 있거나 관리단집회에서 다른 결의를 한 경우에는 그러하지 아니하다(법 제39조 제1항).

(5) 집회의 구분

1) 정기관리단집회

관리인은 매년 회계연도 종료후 3개월 이내에 정기관리단집회를 소집하여야 한다(법 제32조).

2) 임시관리단집회

① 관리인은 필요하다고 인정할 때에는 관리단집회를 소집할 수 있다(법 제33조 제1항).

② 구분소유자의 5분의 1 이상이 회의의 목적사항을 구체적으로 밝혀 관리단집회의 소집을 청구하면 관리인은 관리단집회를 소집하여야 한다. 이 정수(定數)는 규약으로 감경할 수 있다(법 제33조 제2항).

③ 소집의 청구가 있은 후 1주일 내에 관리인이 청구일로부터 2주일 이내의 날을 관리단집회일로 하는 소집통지절차를 밟지 아니하면 소집을 청구한 구분소유자는 법원의 허가를 받아 관리단집회를 소집할 수 있다(법 제33조 제3항).

④ 관리인이 없는 경우에는 구분소유자의 5분의 1 이상은 관리단집회를 소집할 수 있다. 이 정수는 규약으로 감경할 수 있다(법 제33조 제4항).

(6) 집회의 소집

① 관리단집회를 소집하려면 관리단집회일 1주일 전에 회의의 목적사항을 구체적으로 밝혀 각 구분소유자에게 통지하여야 한다. 다만, 이 기간은 규약으로 달리 정할 수 있다(법 제34조 제1항).

② 전유부분을 여럿이 공유하는 경우 통지는 관리단집회에서 정해진대로 의결권 행사할 1인(그가 없을 때에는 공유자의 1인)에게 통지하여야 한다(법 제34조 제2항).

(7) 집회의 결의

1) 결의사항

① 관리단집회는 통지한 사항에 관하여만 결의할 수 있다(법 제36조 제1항).

② 「집합건물의 소유 및 관리에 관한 법률」에 관리단집회의 결의에 관하여 특별한 정수가 규정된 사항을 제외하고는 규약으로 달리 정할 수 있다(법 제36조 제2항).

③ ① 및 ②의 규정은 (6)의 3)의 ④의 규정에 따른 관리단집회에 관하여는 적용하지 아니한다(법 제36조 제3항).

통지방법

1. 통지는 구분소유자가 관리인에게 따로 통지장소를 제출하였으면 그 장소로 발송하고, 제출하지 아니하였으면 구분소유자가 소유하는 전유부분이 있는 장소로 발송한다. 이 경우 통지는 통상적으로 도달할 시기에 도달한 것으로 본다(법 제34조 제3항).
2. 건물 내에 주소를 가지는 구분소유자 또는 통지장소를 제출하지 아니한 구분소유자에 대한 통지는 건물 내의 적당한 장소에 게시함으로써 소집통지를 갈음할 수 있음을 규약으로 정할 수 있다. 이 경우 1)의 통지는 게시한 때에 도달한 것으로 본다(법 제34조 제4항).
3. 회의의 목적인 사항이 법 제15조(공용부분의 변경) 제1항, 제29조(규약의 설정·변경·폐지) 제1항, 제47조(재건축의 결의) 제1항, 제50조(건물의 일부멸실 경우의 복구) 제4항인 경우에는 그 통지에 그 의안 및 계획의 내용을 적어야 한다(법 제34조 제5항).
4. 관리단집회는 구분소유자 전원이 동의하면 소집절차를 거치지 아니하고 소집할 수 있다(법 제35조).

의결방법

1. 관리단집회의 의사는 「집합건물의 소유 및 관리에 관한 법률」 또는 규약에 특별한 규정이 없으면 구분소유자의 과반수 및 의결권의 과반수로써 의결한다(법 제38조 제1항).
2. 의결권은 서면이나 전자적 방법(전자정보처리조직을 사용하거나 그 밖에 정보통신기술을 이용하는 방법으로서 대통령령으로 정하는 방법을 말한다)으로 또는 대리인을 통하여 행사할 수 있다(법 제38조 제2항).

3. 관리단집회의 소집통지나 소집통지를 갈음하는 게시를 할 때에는 위의 ②에 따라 의결권을 행사할 수 있다는 내용과 구체적인 의결권 행사 방법을 명확히 밝혀야 한다(법 제38조 제3항).
4. 위에서 규정한 사항 외에 의결권 행사를 위하여 필요한 사항은 대통령령으로 정한다(법 제38조 제4항).

서면 또는 전자적 방법에 의한 결의 등

1. 집합건물의 소유 및 관리에 관한 법률」 또는 규약에 따라 관리단집회에서 결.의할 것으로 정한 사항에 관하여 구분소유자의 4분의 3 이상 및 의결권의 4분의 3 이상이 서면이나 전자적 방법 또는 서면과 전자적 방법으로 합의하면 관리단집회를 소집하여 결의한 것으로 본다(법 제41조 제1항).
2. 1.에도 불구하고 다음 각 호의 경우에는 그 구분에 따른 의결정족수 요건을 갖추어 서면이나 전자적 방법 또는 서면과 전자적 방법으로 합의하면 관리단집회를 소집하여 결의한 것으로 본다(법 제41조 제2항).
   ① 휴양 콘도미니엄업의 운영을 위한 휴양 콘도미니엄의 공용부분 변경에 관한 사항인 경우: 구분소유자의 과반수 및 의결권의 과반수
   ② 권리변동 있는 공용부분의 변경에 관한 사항, 재건축의 결의 및 건물가격 2분의 1을 초과하는 건물의 일부가 멸실된 경우 멸실한 공용부분을 복구하는 경우: 구분소유자의 5분의 4 이상 및 의결권의 5분의 4 이상
   ③ 휴양 콘도미니엄업의 운영을 위한 휴양 콘도미니엄의 권리변동 있는 공용부분의 변경에 관한 사항

2) 의결권

① 각 구분소유자의 의결권은 규약에 특별한 규정이 없으면 지분비율에 따른다(법 제37조 제1항).

② 전유부분을 여럿이 공유하는 경우에는 공유자는 관리단집회에서 의결권을 행사할 1인을 정한다(법 제37조 제2항).

③ 구분소유자의 승낙을 받아 동일한 전유부분을 점유하는 자가 여럿인 경우에는 법 제16조 제2항, 제24조 제4항, 제26조의3 제2항 또는 제26조의4 제5항에 따라 해당 구분소유자의 의결권을 행사할 1인을 정하여야 한다(법 제37조 제3항).

(8) 의결정족수

1) 통상의결정족수

관리단집회의 의사(議事)는 「집합건물의 소유 및 관리에 관한 법률」 또는 규약에 특별한 규정이 없으면 구분소유자의 과반수 및 의결권의 과반수로써 의결한다.

2) 특별의결정족수

① 구분소유자 및 의결권의 각 3분의 2 이상의 결의를 요하는 사항

1. 공용부분의 변경(법 제15조)

② 구분소유자 및 의결권의 각 4분의 3 이상의 결의를 요하는 사항

1. 규약의 설정・변경・폐지(법 제29조)
2. 공동의 이익을 해하는 구분 소유자에 대한 사용금지청구(법 제44조)
3. 공동의 이익을 해하는 구분 소유자에 대한 경매청구(법 제45조)
4. 공동의 이익을 해하는 점유자에 대한 계약의 해제 및 전유부분의 인도청구(법 제46조)

③ 구분소유자 및 의결권의 각 5분의 4 이상의 결의를 요하는 사항

1. 권리변동이 있는 공공부분의 변경(법 제15조의2)
2. 재건축의 결의(법 제47조)
3. 건물가격의 2분의 1을 초과하는 일부멸실의 복구(법 제50조)

(9) 규약 및 집회의 결의의 효력

① 규약 및 관리단집회의 결의는 구분소유자의 특별승계인에 대하여도 효력이 있다(법 제42조 제1항).

② 점유자는 구분소유자가 건물이나 대지 또는 부속시설의 사용과 관련하여 규약 또는 관리단집회의 결의에 따라 부담하는 의무와 동일한 의무를 진다(법 제42조 제2항).

(10) 결의취소의 소

구분소유자는 다음의 어느 하나에 해당하는 경우에는 집회 결의 사실을 안 날부터 6개월 이내에, 결의한 날부터 1년 이내에 결의취소의 소를 제기할 수 있다(법 제42조의2).

1. 집회의 소집 절차나 결의 방법이 법령 또는 규약에 위반되거나 현저하게 불공정한 경우
2. 결의 내용이 법령 또는 규약에 위배되는 경우

및 휴양 콘도미니엄의 재건축의 결의의 경우 : 구분소유자의 3분의 2 이상 및 의결권의 3분의 2 이상

3. 구분소유자들은 미리 그들 중의 1인을 대리인으로 정하여 관리단에 신고한 경우에는 그 대리인은 그 구분소유자들을 대리하여 관리단집회에 참석하거나 서면 또는 전자적 방법으로 의결권을 행사할 수 있다(법 제41조 제3항).
4. 1., 2.의 서면 또는 전자적 방법으로 기록된 정보에 관하여는 법 제30조를 준용한다(법 제41조 제4항). 즉, 관리인 또는 구분소유자나 그 대리인으로서 건물을 사용하고 있는 자 중 1인이 보관하여야 하며, 그 보관자는 규약에 다른 규정이 없으면 관리단집회의 결의로써 정한다. 또한 이해관계인은 보관하는 자에게 열람을 청구하거나 자기비용으로 등본의 발급을 청구할 수 있다.

05 구분소유자의 행위제한 등

1. 집합건물 구분소유자의 행위제한

(1) 공동이익에 어긋나는 행위금지

구분소유자는 건물의 보존에 해로운 행위나 그 밖에 건물의 관리 및 사용에 관하여 구분소유자 공동의 이익에 어긋나는 행위를 하여서는 아니 된다(법 제5조 제1항).

(2) 용도변경 등의 제한

전유부분이 주거의 용도로 분양된 것인 경우에는 구분소유자는 정당한 사유 없이 그 부분을 주거 외의 용도로 사용하거나 그 내부 벽을 철거하거나 파손하여 증축·개축하는 행위를 하여서는 아니 된다(법 제5조 제2항).

(3) 전유부분 등 사용청구

구분소유자는 그 전유부분이나 공용부분을 보존하거나 개량하기 위하여 필요한 범위에서 다른 구분소유자의 전유부분 또는 자기의 공유에 속하지 아니하는 공용부분의 사용을 청구할 수 있다. 이 경우 다른 구분소유자가 손해를 입었을 때에는 보상하여야 한다(법 제5조 제3항).

1. 의사록작성의무
   ① 관리단집회의 의사에 관하여는 의사록을 작성하여야 한다(법 제39조 제2항).
   ② 의사록에는 의사의 경과와 그 결과를 적고 의장과 구분소유자 2인 이상이 서명날인하여야 한다(법 제39조 제3항).
2. 점유자의 의결진술권
   ① 구분소유자의 승낙을 받아 전유부분을 점유하는 자는 집회의 목적사항에 관하여 이해관계가 있는 경우에는 집회에 출석하여 의견을 진술할 수 있다(법 제40조 제1항).
   ② 집회를 소집하는 자는 소집통지를 한 후 지체 없이 집회의 일시, 장소 및 집회의 목적사항을 건물 내의 적당한 장소에 게시하여야 한다(법 제40조 제2항).

PART 14

(4) 점유자에 대한 준용

(1)부터 (3)의 규정은 전유부분을 점유하는 자로서 구분소유자가 아닌 자(이하 "점유자"라 한다)에게 이를 준용한다(법 제5조 제4항).

2. 의무위반자에 대한 조치

(1) 행위정지 등의 조치청구

① 구분소유자가 공동이익에 어긋나는 행위를 한 경우 또는 그 행위를 할 우려가 있는 경우에는 관리인 또는 관리단집회의 결의로 지정된 구분소유자는 구분소유자 공동의 이익을 위하여 그 행위를 정지하거나 그 행위의 결과를 제거하거나 그 행위의 예방에 필요한 조치를 할 것을 청구할 수 있다(법 제43조 제1항).

② 행위정지 등 청구에 따른 소송의 제기는 관리단집회의 결의가 있어야 한다(법 제43조 제2항).

③ ① 및 ②는 점유자가 공동이익에 어긋나는 행위를 한 경우 또는 그 행위를 할 우려가 있는 경우에도 이를 준용한다(법 제43조 제3항).

(2) 사용금지의 청구

① 공동이익에 어긋나는 행위로 구분 소유자의 공동생활상의 장애가 현저하여 행위정지 등의 청구로는 그 장해를 제거하여 공용부분의 이용 확보나 구분소유자의 공동생활의 유지를 도모함이 매우 곤란할 때에는 관리인 또는 관리단집회의 결의로 지정된 구분소유자는 소(訴)로써 적당한 기간 동안 해당 구분소유자의 전유부분 사용금지를 청구할 수 있다(법 제44조 제1항).

② 사용금지의 청구는 구분소유자의 4분의 3 이상 및 의결권의 4분의 3 이상의 관리단집회의 결의가 있어야 한다(법 제44조 제2항).

③ 사용금지의 청구의 결의를 할 때에는 미리 해당 구분소유자에게 변명할 기회를 주어야 한다(법 제44조 제3항).

(3) 경매청구

① 구분소유자가 공동이익 등에 어긋나는 행위를 하거나 규약에서 정한 의무를 현저히 위반한 결과 공동생활을 유지하기 매우 곤란하게 된 경우에는 관리인 또는 관리단집회의 결의로 지정된 구분소유자는 해당 구분소유자의 전유부분 및 대지사용권의 경매를 명할 것을 법원에 청구할 수 있다(법 제45조 제1항).

② 경매청구는 구분소유자의 4분의 3 이상 및 의결권의 4분의 3 이상의 관리단집회 결의가 있어야 한다(법 제45조 제2항).
③ 경매청구의 결의를 할 때에는 미리 해당 구분소유자에게 변명할 기회를 주어야 한다(법 제45조 제3항).
④ 경매청구에 따라 경매를 명한 재판이 확정되었을 때에는 그 청구를 한 자는 경매를 신청할 수 있다. 다만, 그 재판확정일로부터 6개월이 지나면 그러하지 아니하다(법 제45조 제4항).
⑤ 해당 구분소유자는 ④ 본문의 신청에 의한 경매에서 경락인이 되지 못한다(법 제45조 제5항).

3. 점유자가 위반행위를 한 경우의 조치

(1) 전유부분에 대한 계약해제 및 인도청구

① 점유자가 공동이익에 어긋나는 행위제한(법 제5조 제1항) 및 용도변경 등의 제한(법 제5조 제1항) 규정에 위반하거나, 규약에 정한 의무에 현저히 위반한 결과 공동생활을 유지하기 매우 곤란하게 된 경우에는 관리인 또는 관리단집회의 결의로 지정된 구분소유자는 그 전유부분을 목적으로 하는 계약의 해제 및 그 전유부분의 인도를 청구할 수 있다(법 제46조 제1항).
② 결의는 구분소유자 4분의 3 이상 및 의결권의 4분의 3 이상으로 결정하여야 하며, 결의를 할 때에는 미리 해당 구분소유자에게 변명할 기회를 주어야 한다(법 제46조 제2항).

(2) 인도 받은 자의 의무

전유부분을 인도 받은 자는 지체 없이 그 전유부분을 점유할 권원(權原)이 있는 자에게 인도하여야 한다(법 제46조 제3항).

4. 구분소유자에 대한 매도청구

대지사용권을 가지지 아니한 구분소유자가 있을 때에는 그 전유부분의 철거를 청구할 권리를 가진 자는 그 구분소유자에 대하여 구분소유권을 시가로 매도할 것을 청구할 수 있다(법 제7조).

06 집합건물에서의 담보책임

1. 분양자 및 시공자의 담보책임

(1) 분양자 및 시공자의 담보책임

집합건물 또는 구분점포의 건물을 건축하여 분양한 자(이하 "분양자"라 한다)와 분양자와의 계약에 따라 건물을 건축한 자로서 대통령령으로 정하는 자(이하 "시공자"라 한다)는 구분소유자에 대하여 담보책임을 진다. 이 경우 그 담보책임에 관하여는 「민법」 제667조 및 제668조를 준용한다(법 제9조 제1항).

(2) 시공자

(1)에서 "대통령령으로 정하는 자"란 다음의 자를 말한다(영 제4조).

1. 건물의 전부 또는 일부를 시공하여 완성한 자
2. 1.의 자로부터 건물의 시공을 일괄 도급받은 자(1.의 자가 담보책임을 질 수 없는 경우로 한정한다)

(3) 시공자의 담보책임의 범위

(1)의 규정에도 불구하고 시공자가 분양자에게 부담하는 담보책임에 관하여 다른 법률에 특별한 규정이 있으면 시공자는 그 법률에서 정하는 담보책임의 범위에서 구분소유자에게 (1)의 담보책임을 진다(법 제9조 제2항).

알아두기

➤ **대통령령으로 정하는 담보책임기간**

1. **기산일 전에 발생한 하자**: 5년
2. **기산일 이후에 발생한 하자**: 다음의 구분에 따른다.
   ① 대지조성공사, 철근콘크리트공사, 철골공사, 조적(組積)공사, 지붕 및 방수공사의 하자 등 건물의 구조상 또는 안전상의 하자: 5년
   ② 「건축법」에 따른 건축설비 공사, 목공사, 창호공사 및 조경공사의 하자 등 건물의 기능상 또는 미관상의 하자: 3년
   ③ 마감공사의 하자 등 하자의 발견·교체 및 보수가 용이한 하자: 2년

(4) 시공자의 손해배상책임

(1) 및 (2)의 규정에 따른 시공자의 담보책임 중 「민법」 제667조 제2항에 따른 손해배상책임은 분양자에게 회생절차개시 신청, 파산 신청, 해산, 무자력(無資力) 또는 그 밖에 이에 준하는 사유가 있는 경우에만 지며, 시공자가 이미 분양자에게 손해배상을 한 경우에는 그 범위에서 구분소유자에 대한 책임을 면(免)한다(법 제9조 제3항).

(5) 매수인에게 불리한 특약의 실효

분양자와 시공자의 담보책임에 관하여 「집합건물의 소유 및 관리에 관한 법률」과 「민법」에 규정된 것보다 매수인에게 불리한 특약은 효력이 없다(법 제9조 제4항).

2. 담보책임의 존속기간

(1) 담보책임에 관한 구분소유자의 권리행사

담보책임에 관한 구분소유자의 권리는 다음의 기간 내에 행사하여야 한다(법 제9조의2 제1항).

① 「건축법」에 따른 건물의 주요구조부 및 지반공사의 하자: 10년

② ①에 규정된 하자 외의 하자: 하자의 중대성, 내구연한, 교체가능성 등을 고려하여 5년의 범위에서 대통령령으로 정하는 기간

(2) 구분소유자의 권리행사기간의 기산일

담보책임에 관한 구분소유자의 권리행사기간은 다음의 날부터 기산한다(법 제9조의2 제2항).

① 전유부분: 구분소유자에게 인도한 날

② 공용부분: 「주택법」에 따른 사용검사일(집합건물 전부에 대하여 임시 사용승인을 받은 경우에는 그 임시 사용승인일을 말하고, 「주택법」에 따라 분할 사용검사나 동별 사용검사를 받은 경우에는 분할 사용검사일 또는 동별 사용검사일을 말한다) 또는 「건축법」에 따른 사용승인일

(3) 집합건물의 멸실 및 훼손으로 인한 권리행사기간

(1) 및 (2)에도 불구하고 (1)의 하자로 인하여 건물이 멸실되거나 훼손된 경우에는 그 멸실되거나 훼손된 날부터 1년 이내에 권리를 행사하여야 한다(법 제9조의2 제3항).

분양자의 관리의무 등

1. **분양자의 관리의무**: 분양자는 선임된 관리인이 사무를 개시(開始)할 때까지 선량한 관리자의 주의로 건물과 대지 및 부속시설을 관리하여야 한다(법 제9조의3 제1항).
2. **분양자의 분양규약 교부 의무**: 분양자는 표준규약 및 지역별 표준규약을 참고하여 공정증서로써 규약에 상응하는 것을 정하여 분양계약을 체결하기 전에 분양을 받을 자에게 주어야 한다(법 제9조의3 제2항).
3. **분양자의 관리단집회 소집**
   ① 분양자는 예정된 매수인의 2분의 1 이상이 이전등기를 한 때에는 규약 설정 및 관리인 선임을 위한 관리단집회를 소집할 것을 대통령령으로 정하는 바에 따라 구분소유자에게 통지하여야 한다. 이 경우 통지받은 날부터 3개월 이내에 관리단집회를 소집할 것을 명시하여야 한다(법 제9조의3 제3항).
   ② 분양자는 구분소유자가 ①의 통지를 받은 날부터 3개월 이내에 관리단집회를 소집하지 아니하는 경우에는 지체 없이 관리단집회를 소집하여야 한다(법 제9조의3 제4항).

07 재건축 및 복구

1. 재건축

(1) 재건축 결의

1) 건물 건축 후 상당한 기간이 지나 건물이 훼손되거나 일부 멸실되거나 그 밖의 사정으로 건물 가격에 비하여 지나치게 많은 수리비·복구비나 관리비용이 드는 경우 또는 부근 토지의 이용 상황의 변화나 그 밖의 사정으로 건물을 재건축하면 재건축에 드는 비용에 비하여 현저하게 효용이 증가하게 되는 경우에 관리단집회는 그 건물을 철거하여 그 대지를 구분소유권의 목적이 될 새 건물의 대지로 이용할 것을 결의할 수 있다. 다만, 재건축의 내용이 단지 내 다른 건물의 구분소유자에게 특별한 영향을 미칠 때에는 그 구분소유자의 승낙을 받아야 한다(법 제47조 제1항).

2) 재건축의 결의는 구분소유자의 5분의 4 이상 및 의결권의 5분의 4 이상의 결의에 따른다. 다만, 「관광진흥법」 제3조 제1항 제2호 나목에 따른 휴양 콘도미니엄업의 운영을 위한 휴양 콘도미니엄의 재건축 결의는 구분소유자의 3분의 2 이상 및 의결권의 3분의 2 이상의 결의에 따른다(법 제47조 제2항).

3) 재건축을 결의할 때에는 다음의 사항을 정하여야 한다(법 제47조 제3항).

> ① 새 건물의 설계 개요
> ② 건물의 철거 및 새 건물의 건축에 드는 비용을 개략적으로 산정한 금액
> ③ 비용의 분담에 관한 사항
> ④ 새 건물의 구분소유권 귀속에 관한 사항

4) 비용의 분담에 관한 사항과 새 건물의 구분소유권의 귀속에 관한 사항은 각 구분소유자 사이에 형평이 유지되도록 정하여야 한다(법 제47조 제4항).

5) 재건축결의를 위한 관리단집회의 의사록에는 결의에 대한 각 구분소유자의 찬반 의사를 적어야 한다(법 제47조 제5항).

(2) 구분소유권 등의 매도청구

1) 재건축에 대한 참가여부의 최고

① 재건축의 결의가 있으면 집회를 소집한 자는 지체 없이 그 결의에 찬성하지 아니한 구분소유자(그의 승계인을 포함한다)에 대하여 그 결의 내용에 따른 재건축에 참가할 것인지 여부를 회답할 것을 서면으로 촉구하여야 한다(법 제48조 제1항).

② 촉구를 받은 구분소유자는 촉구를 받은 날로부터 2개월 이내에 회답하여야 한다(법 제48조 제2항).

③ 이 기간 내에 회답하지 아니한 경우 그 구분소유자는 재건축에 참가하지 아니하겠다는 뜻을 회답한 것으로 본다(법 제48조 제3항).

2) 매도청구

촉구를 받은 날로부터 2개월의 기간이 지나면 재건축의 결의에 찬성한 각 구분소유자, 재건축의 결의내용에 따른 재건축에 참가할 뜻을 회답한 각 구분소유자(그의 승계인을 포함한다) 또는 이들 전원의 합의에 따라 구분소유권 및 대지사용권을 매수하도록 지정된 자(이하 '매수지정자라 한다)는 1)의 ②의 기간만료일로부터 2개월 이내에 재건축에 참가하지 아니하겠다는 뜻을 회답한 구분소유자(그의 승계인을 포함한다)에게 구분소유권 및 대지사용권을 시가에 따라 매도할 것을 청구할 수 있다. 재건축의 결의가 있은 후에 이 구분소유자로부터 대지사용권만을 취득한 자의 대지사용권에 대하여도 같다(법 제48조 제4항).

3) 건물명도기간의 허락

매도청구가 있는 경우에 재건축에 참가하지 아니하겠다는 뜻을 회답한 구분소유자가 건물을 명도(明渡)하면 생활상 현저한 어려움을 겪을 우려가 있고 재건축의 수행에 큰 영향이 없을 때에는 법원은 그 구분소유자의 청구에 의하여 대금 지급일 또는 제공일로부터 1년을 초과하지 아니하는 범위에서 건물 명도에 대하여 적당한 기간을 허락할 수 있다(법 제48조 제5항).

2. 복 구

(1) 건물가격 2분의 1 이하 멸실시의 복구

① 건물가격의 2분의 1 이하에 상당하는 건물 부분이 멸실되었을 때에는 각 구분소유자는 멸실한 공용부분과 자기의 전유부분을 복구할 수 있다. 다만, 공용부분의 복구에 착수하기 전에 관리단집회에서 해당 건물에 대한 재건축의 결의나 공용부분의 복구에 대한 결의가 있는 경우에는 공용부분에 관한 복구권은 소멸한다(법 제50조 제1항).

② 공용부분을 복구한 자는 다른 구분소유자에게 지분비율에 따라 복구에 든 비용의 상환을 청구할 수 있다(법 제50조 제2항).

③ ①·②의 규정은 규약으로 달리 정할 수 있다(법 제50조 제3항).

재매도청구 등

1. 재건축 결의일부터 2년 이내에 건물 철거공사가 착수되지 아니한 경우에는 (2)의 ②에 따라 구분소유권이나 대지사용권을 매도한 자는 이 기간이 만료된 날부터 6개월 이내에 매수인이 지급한 대금에 상당하는 금액을 그 구분소유권이나 대지사용권을 가지고 있는 자에게 제공하고 이들의 권리를 매도할 것을 청구할 수 있다. 다만, 건물 철거공사가 착수되지 아니한 타당한 이유가 있을 경우에는 그러하지 아니하다 (법 제48조 제6항).
2. 1.의 본문의 규정은 단서에 규정한 건물철거 공사가 착수되지 아니한 타당한 이유가 없어진 날부터 6개월 이내에 공사에 착수하지 아니하는 경우에는 이를 준용한다. 이 경우 1.의 본문 중 '이 기간의 만료된 날부터 6개월 이내에'는 '건물 철거공사가 착수되지 아니한 타당한 이유가 없어진 것을 안 날로부터 6개월 또는 그 이유가 없어진 날부터 2년 중 빠른 날까지'로 본다(법 제48조 제7항).

(2) 건물가격 2분의 1 초과 멸실시의 복구

① 건물가격의 2분의 1을 초과하는 부분이 일부멸실된 경우에는 관리단집회가 구분 소유자 5분의 4 이상 및 의결권의 5분의 4 이상으로 멸실한 공용부분을 복구할 것을 결의할 수 있다(법 제50조 제4항).

② 건물의 일부가 멸실한 날로부터 6개월 이내에 복구 또는 재건축의 결의가 없을 때에는 각 구분소유자는 다른 구분소유자에게 건물 및 그 대지에 관한 권리를 시가로 매수할 것을 청구할 수 있다(법 제50조 제7항).

08 집합건물분쟁조정위원회

1. 설 치

「집합건물의 소유 및 관리에 관한 법률」을 적용받는 건물과 관련된 분쟁을 심의・조정하기 위하여 특별시・광역시・특별자치시・도 또는 특별자치도(이하 '시・도'라 한다)에 집합건물분쟁조정위원회(이하 '조정위원회'라 한다)를 둔다(법 제52조의2 제1항).

2. 심의・조정사항

조정위원회는 분쟁 당사자의 신청에 따라 다음의 분쟁(이하 '집합건물분쟁'이라 한다)을 심의・조정한다(법 제52조의2 제2항).

① 「집합건물의 소유 및 관리에 관한 법률」을 적용받는 건물의 하자에 관한 분쟁. 다만, 「공동주택관리법」 제36조 및 제37조에 따른 공동주택의 담보책임 및 하자보수 등과 관련된 분쟁은 제외한다.
② 관리인・관리위원의 선임・해임 또는 관리단・관리위원회의 구성・운영에 관한 분쟁
③ 공용부분의 보존・관리 또는 변경에 관한 분쟁
④ 관리비의 징수・관리 및 사용에 관한 분쟁
⑤ 규약의 제정・개정에 관한 분쟁
⑥ 재건축과 관련된 철거, 비용분담 및 구분소유권 귀속에 관한 분쟁
⑦ 소음・진동・악취 등 공동생활과 관련된 분쟁
⑧ 그 밖에 「집합건물의 소유 및 관리에 관한 법률」을 적용받는 건물과 관련된 분쟁으로서 대통령령으로 정한 분쟁

3. 조정위원회의 구성

(1) 조정위원회의 구성

조정위원회는 위원장 1명과 부위원장 1명을 포함한 10명 이내의 위원으로 구성한다(법 제52조의3 제1항).

(2) 조정위원회 위원의 자격

조정위원회의 위원은 집합건물분쟁에 관한 법률지식과 경험이 풍부한 사람으로서 다음의 어느 하나에 해당하는 사람 중에서 시·도지사가 임명하거나 위촉한다. 이 경우 ① 및 ②에 해당하는 사람이 각각 2명 이상 포함되어야 한다(법 제52조의3 제2항).

① 법학 또는 조정·중재 등의 분쟁조정 관련 학문을 전공한 사람으로서 대학에서 조교수 이상으로 3년 이상 재직한 사람
② 변호사 자격이 있는 사람으로서 3년 이상 법률에 관한 사무에 종사한 사람
③ 건설공사, 하자감정 또는 공동주택관리에 관한 전문적 지식을 갖춘 사람으로서 해당 업무에 3년 이상 종사한 사람
④ 해당 시·도 소속 5급 이상 공무원으로서 관련 업무에 3년 이상 종사한 사람

(3) 조정위원회의 위원장

조정위원회의 위원장은 해당 시·도지사가 위원 중에서 임명하거나 위촉한다(법 제52조의3 제3항).

(4) 위원의 임기 등

① 조정위원회 위원의 임기는 2년으로 한다(영 제17조 제2항).
② 위에서 규정한 사항 외에 조정위원회의 구성에 필요한 사항은 조정위원회의 의결을 거쳐 위원장이 정한다(영 제17조 제3항).

(5) 소위원회의 구성 및 운영

조정위원회에는 분쟁을 효율적으로 심의·조정하기 위하여 3명 이내의 위원으로 구성되는 소위원회를 둘 수 있다. 이 경우 소위원회에는 (2)의 ① 및 ②에 해당하는 사람이 각각 1명 이상 포함되어야 한다(법 제52조의3 제4항).

4. 조정위원회 운영

(1) 위원장의 직무수행 등

① 위원장은 회의를 소집하고 주재한다(영 제18조 제1항).

② 위원장이 부득이한 사유로 직무를 수행할 수 없는 경우에는 부위원장이 직무를 대행하고, 조정위원회의 부위원장도 직무를 대행할 수 없는 경우에는 위원 중 연장자가 직무를 대행한다(영 제18조 제2항).

③ 위원장이 회의를 소집하려면 회의 개최 3일 전까지 회의의 일시 · 장소 및 안건을 각 위원에게 알려야 한다(영 제18조 제3항).

④ 위원 전원이 동의하면 ③의 소집절차를 거치지 아니하고 조정위원회를 소집할 수 있다(영 제18조 제4항).

(2) 조정비용

하자 등의 감정에 따른 비용(법 제52조의10)을 제외한 조정 비용에 관하여 필요한 사항은 특별시 · 광역시 · 특별자치시 · 도 및 특별자치도의 조례로 정한다(영 제18조 제5항).

5. 분쟁조정신청과 통지 등

(1) 신청내용 상대방 통지

조정위원회는 당사자 일방으로부터 분쟁의 조정신청을 받은 경우에는 지체 없이 그 신청내용을 상대방에게 통지하여야 한다(법 제52조의5 제1항).

(2) 조정위원회에 통지

(1)에 따라 통지를 받은 상대방은 그 통지를 받은 날부터 7일 이내에 조정에 응할 것인지에 관한 의사를 조정위원회에 통지하여야 한다(법 제52조의5 제2항).

(3) 조정의 불개시 결정

(1)에 따라 분쟁의 조정신청을 받은 조정위원회는 분쟁의 성질 등 조정에 적합하지 아니한 사유가 있다고 인정하는 경우에는 해당 조정의 불개시(不開始) 결정을 할 수 있다. 이 경우 조정의 불개시 결정 사실과 그 사유를 당사자에게 통보하여야 한다(법 제52조의5 제3항).

6. 조정의 절차

(1) 조정기간

① 조정위원회는 조정신청을 받으면 조정 불응 또는 조정의 불개시 결정이 있는 경우를 제외하고는 지체 없이 조정 절차를 개시하여야 하며, 신청을 받은 날부터 60일 이내에 그 절차를 마쳐야 한다(법 제52조의6 제1항).

② 조정위원회는 그 신청을 받은 날부터 60일 이내에 조정을 마칠 수 없는 경우에는 조정위원회의 의결로 그 기간을 30일의 범위에서 한 차례만 연장할 수 있다. 이 경우 그 사유와 기한을 분명히 밝혀 당사자에게 서면으로 통지하여야 한다(법 제52조의6 제2항).

(2) 이해관계인 등의 의견청취

조정위원회는 (1)에 따른 조정의 절차를 개시하기 전에 이해관계인 등의 의견을 들을 수 있다(법 제52조의6 제3항).

(3) 조정안 작성 및 각 당사자에게 제시

조정위원회는 (1)에 따른 절차를 마쳤을 때에는 조정안을 작성하여 지체 없이 각 당사자에게 제시하여야 한다(법 제52조의6 제4항).

(4) 조정안의 수락 여부 통보

조정안을 제시받은 당사자는 제시받은 날부터 14일 이내에 조정안의 수락 여부를 조정위원회에 통보하여야 한다. 이 경우 당사자가 그 기간 내에 조정안에 대한 수락 여부를 통보하지 아니한 경우에는 조정안을 수락한 것으로 본다(법 제52조의6 제5항).

7. 조정의 중지

(1) 조정위원회는 당사자가 조정에 응하지 아니할 의사를 통지하거나 조정안을 거부한 경우에는 조정을 중지하고 그 사실을 상대방에게 서면으로 통보하여야 한다(법 제52조의8 제1항).

(2) 조정위원회는 당사자 중 일방이 소를 제기한 경우에는 조정을 중지하고 그 사실을 상대방에게 통보하여야 한다(법 제52조의8 제2항).

(3) 조정위원회는 법원에 소송계속 중인 당사자 중 일방이 조정을 신청한 때에는 해당 조정 신청을 결정으로 각하하여야 한다(법 제52조의8 제3항).

8. 조정의 효력

(1) 당사자가 조정안을 수락하면 조정위원회는 지체 없이 조정서 3부를 작성하여 위원장 및 각 당사자로 하여금 조정서에 서명날인하게 하여야 한다(법 제52조의9 제1항).

(2) (1)의 경우 당사자 간에 조정서와 같은 내용의 합의가 성립된 것으로 본다(법 제52조의9 제2항).

9. 하자 등의 감정

(1) 하자진단 등의 요청

조정위원회는 당사자의 신청으로 또는 당사자와 협의하여 대통령령으로 정하는 안전진단기관, 하자감정전문기관 등에 하자진단 또는 하자감정 등을 요청할 수 있다(법 제52조의10 제1항). '대통령령으로 정하는 안전진단기관, 하자감정전문기관 등'이란 다음의 기관을 말한다. 다만, 하자감정전문기관은 다음 표의 ①에서부터 ④까지의 기관만 해당한다(영 제21조).

① 「고등교육법」에 따른 대학 및 산업대학의 주택 관련 부설 연구기관(상설기관에 한정한다)
② 「과학기술분야 정부출연연구기관 등의 설립 · 운영 및 육성에 관한 법률」에 따른 한국건설기술연구원
③ 국립 또는 공립의 주택 관련 시험 · 검사기관
④ 「국토안전관리원법」에 따른 국토안전관리원
⑤ 「건축사법」에 따라 신고한 건축사
⑥ 「기술사법」에 따라 등록한 기술사
⑦ 「시설물의 안전 및 유지관리에 관한 특별법」에 따라 등록한 건축분야 안전진단전문기관
⑧ 「엔지니어링산업 진흥법」에 따라 신고한 해당 분야의 엔지니어링사업자

(2) 하자판정 요청

조정위원회는 당사자의 신청으로 또는 당사자와 협의하여 「공동주택관리법」 제39조에 따른 하자심사 · 분쟁조정위원회에 하자판정을 요청할 수 있다(법 제52조의10 제2항).

(3) 비용부담

(1) 및 (2)에 따른 비용은 대통령령으로 정하는 바에 따라 당사자가 부담한다(법 제52조의10 제3항).

14 Part

실전예상문제

01

집합건물의 소유 및 관리에 관한 법령상 용어에 관한 설명으로 옳지 않은 것은?

① "대지사용권"이란 구분소유자가 전유부분을 소유하기 위하여 건물의 대지에 대하여 가지는 권리를 말한다.

② "구분소유권"이란 건물부분(공용부분으로 된 것은 포함한다)을 목적으로 하는 소유권을 말한다.

③ "전유부분(專有部分)"이란 구분소유권의 목적인 건물부분을 말한다.

④ "공용부분"이란 전유부분 외의 건물부분, 전유부분에 속하지 아니하는 건물의 부속물 및 공용부분으로 된 부속의 건물을 말한다.

⑤ "건물의 대지"란 전유부분이 속하는 1동의 건물이 있는 토지 및 건물의 대지로 된 토지를 말한다.

해설 ② "구분소유권"이란 건물부분(공용부분으로 된 것은 제외한다)을 목적으로 하는 소유권을 말한다.

02

「집합건물의 소유 및 관리에 관한 법령」상 관리단 및 관리단의 사무를 집행하는 관리인에 관한 설명으로 옳지 않은 것은?

① 건물에 대하여 구분소유 관계가 성립되면 구분소유자 전원을 구성원으로 하여 건물과 그 대지 및 부속시설의 관리에 관한 사업의 시행을 목적으로 하는 관리단이 설립된다.

② 관리인은 구분소유자이어야 하며, 그 임기는 3년의 범위에서 규약으로 정한다.

③ 구분소유자의 특별승계인은 승계 전에 발생한 관리단의 채무에 관하여도 책임을 진다.

④ 관리인은 규약에 달리 정한 바가 없으면 월 1회 구분소유자에게 관리단의 사무 집행을 위한 분담금액과 비용의 산정방법을 서면으로 보고하여야 한다.

⑤ 관리인에게 부정한 행위나 그 밖에 그 직무를 수행하기에 적합하지 아니한 사정이 있을 때에는 각 구분소유자는 관리인의 해임을 법원에 청구할 수 있다.

해설 ② 관리인은 구분소유자일 필요가 없으며, 그 임기는 2년의 범위에서 규약으로 정한다.

Answer

01 ② 02 ②

박문각
주택관리사

부록

◈ 제27회 기출문제

제27회 기출문제

01

주택법령상 복리시설에 해당하는 것을 모두 고른 것은?

> ㉠ 어린이놀이터
> ㉡ 다중생활시설
> ㉢ 유치원
> ㉣ 주차장
> ㉤ 경로당

① ㉠, ㉡, ㉣
② ㉠, ㉡, ㉤
③ ㉠, ㉢, ㉤
④ ㉡, ㉢, ㉣
⑤ ㉢, ㉣, ㉤

해설 ③ ㉠, ㉢, ㉤이 복리시설이다.
㉡ 제2종 근린생활시설로서 복리시설이지만 주택단지에서 장의사, 총포판매소, 안마시술소, 단란주점, 다중생활시설은 설치할 수 없다.
㉣ 주차장은 부대시설이다.

02

주택법상 용어의 정의로 옳지 않은 것은?

① "주택"이란 세대의 구성원이 장기간 독립된 주거생활을 할 수 있는 구조로 된 건축물의 전부 또는 일부 및 그 부속토지를 말한다.
② "도시형 생활주택"이란 300세대 미만의 국민주택규모에 해당하는 주택으로서 대통령령으로 정하는 주택을 말한다.
③ "장수명 주택"이란 구조적으로 오랫동안 유지・관리될 수 있는 내구성을 갖추고, 입주자의 필요에 따라 내부 구조를 쉽게 변경할 수 있는 가변성과 수리 용이성 등이 우수한 주택을 말한다.
④ "간선시설"이란 도로・상하수도・전기시설・가스시설・통신시설・지역난방시설 등을 말한다.
⑤ "건강친화형 주택"이란 건강하고 쾌적한 실내환경의 조성을 위하여 실내공기의 오염물질 등을 최소화할 수 있도록 대통령령으로 정하는 기준에 따라 건설된 주택을 말한다.

해설 ④ "기간시설"이란 도로・상하수도・전기시설・가스시설・통신시설・지역난방시설 등을 말한다.

03

주택법령상 주택조합의 가입 철회 및 가입비등의 반환에 관한 설명으로 옳지 않은 것은?

① 청약 철회를 서면으로 하는 경우에는 청약 철회의 의사를 표시한 서면을 발송한 다음 날에 그 효력이 발생한다.
② 주택조합의 가입을 신청한 자는 가입비등을 예치한 날부터 30일 이내에 주택조합 가입에 관한 청약을 철회할 수 있다.
③ 모집주체는 가입비등을 예치한 날부터 30일이 지난 경우 예치기관의 장에게 가입비등의 지급을 요청할 수 있다.
④ 모집주체는 주택조합의 가입을 신청한 자가 청약 철회를 한 경우 청약 철회 의사가 도달한 날부터 7일 이내에 예치기관의 장에게 가입비등의 반환을 요청하여야 한다.
⑤ 예치기관의 장은 정보통신망을 이용하여 가입비등의 예치·지급 및 반환 등에 필요한 업무를 수행할 수 있다.

해설 ① 청약 철회를 서면으로 하는 경우에는 청약 철회의 의사를 표시한 서면을 발송한 날에 그 효력이 발생한다.

04

주택법령상 주택상환사채에 관한 설명으로 옳지 않은 것은?

① 한국토지주택공사는 주택상환사채를 발행할 수 있다.
② 주택상환사채를 발행하려는 자는 주택상환사채발행계획을 수립하여 국토교통부장관의 승인을 받아야 한다.
③ 「주택법」에 따라 등록사업자의 등록이 말소되면 등록사업자가 발행한 주택상환사채는 그 효력을 상실한다.
④ 등록사업자가 발행할 수 있는 주택상환사채의 규모는 최근 3년간의 연평균 주택건설호수 이내로 한다.
⑤ 국토교통부장관은 주택상환사채발행계획을 승인하였을 때에는 주택상환사채발행 대상지역을 관할하는 시·도지사에게 그 내용을 통보하여야 한다.

해설 ③ 「주택법」에 따라 등록사업자의 등록이 말소된 경우에도 등록사업자가 발행한 주택상환사채의 효력에는 영향을 미치지 아니한다.

Answer

01 ③ 02 ④ 03 ① 04 ③

05 **주택법령상 주택건설공사에 대한 감리자의 업무에 해당하는 것을 모두 고른 것은?**

> ㉠ 시공자가 설계도서에 맞게 시공하는지 여부의 확인
> ㉡ 시공자가 사용하는 건축자재가 관계 법령에 따른 기준에 맞는 건축자재인지 여부의 확인
> ㉢ 예정공정표보다 공사가 지연된 경우 대책의 검토 및 이행 여부의 확인
> ㉣ 시공계획·예정공정표 및 시공도면 등의 검토·확인

① ㉠, ㉡, ㉢
② ㉠, ㉡, ㉣
③ ㉠, ㉢, ㉣
④ ㉡, ㉢, ㉣
⑤ ㉠, ㉡, ㉢, ㉣

해설 ⑤ ㉠, ㉡, ㉢, ㉣ 모두 감리자의 업무에 해당한다.

06 **공동주택관리법령상 입주자대표회의에 관한 설명으로 옳지 않은 것은?**

① 동별 대표자 선거구는 2개 동 이상으로 묶거나 통로나 층별로 구획하여 정할 수 있다.
② 입주자인 동별 대표자 중에서 회장 후보자가 없는 경우로서 선출 전에 전체 입주자 과반수의 서면동의를 얻더라도 사용자인 동별 대표자는 회장이 될 수 있다.
③ 입주자대표회의에는 회장 1명, 감사 2명 이상, 이사 1명 이상의 임원을 두어야 한다.
④ 입주자대표회의의 임원 선출을 위한 선거관리위원회 위원장은 위원 중에서 호선한다.
⑤ 입주자대표회의는 공동주택 관리방법의 제안에 관하여 입주자대표회의 구성원 과반수의 찬성으로 의결한다.

해설 ② 입주자인 동별 대표자 중에서 회장 후보자가 없는 경우로서 선출 전에 전체 입주자 과반수의 서면동의를 얻은 경우에는 사용자인 동별 대표자는 회장이 될 수 있다.

07

공동주택관리법령상 관리규약 등에 관한 설명으로 옳은 것은?

① 관리규약은 입주자등의 지위를 승계한 사람에 대하여는 그 효력이 없다.
② 사업주체는 공동주택의 관리 또는 사용에 관하여 준거가 되는 관리규약의 준칙을 정하여야 한다.
③ 의무관리대상 전환 공동주택의 관리인이 관리규약의 제정 신고를 하지 아니하는 경우에는 입주자등의 10분의 1 이상이 연서하여 신고할 수 있다.
④ 공동주택 층간소음의 범위와 기준은 국토교통부와 행정안전부의 공동부령으로 정한다.
⑤ 의무관리대상 공동주택의 입주자대표회의는 동별 대표자를 선출하는 등 공동주택의 관리와 관련한 의사결정에 대하여 서면의 방법을 우선적으로 이용하도록 노력하여야 한다.

해설 ③이 옳은 지문이다.
① 관리규약은 입주자등의 지위를 승계한 사람에 대하여는 그 효력이 있다.
② 시 · 도지사는 공동주택의 관리 또는 사용에 관하여 준거가 되는 관리규약의 준칙을 정하여야 한다.
④ 공동주택 층간소음의 범위와 기준은 국토교통부와 환경부의 공동부령으로 정한다.
⑤ 의무관리대상 공동주택의 입주자대표회의, 관리주체 및 선거관리위원회는 입주자등의 참여를 확대하기 위하여 공동주택의 관리와 관련한 의사결정에 대하여 전자적 방법을 우선적으로 이용하도록 노력하여야 한다.

08

공동주택관리법령상 의무관리대상 공동주택에서 관리비와 구분하여 징수하여야 하는 비용을 모두 고른 것은?

㉠ 장기수선충당금
㉡ 승강기유지비
㉢ 냉방 · 난방시설의 청소비
㉣ 위탁관리수수료

③ ㉠　　② ㉠, ㉡
③ ㉢, ㉣　　④ ㉡, ㉢, ㉣
⑤ ㉠, ㉡, ㉢, ㉣

해설 ① 장기수선충당금은 관리비와 구분하여 징수하여야 하는 비용이며, 이외에 안전진단실시비용도 이에 해당한다.

Answer
05 ⑤　06 ②　07 ③　08 ①

부록

09

공동주택관리법령상 시설관리에 관한 설명으로 옳지 않은 것은?

① 공동주택 중 분양되지 아니한 세대의 장기수선충당금은 사업주체가 부담한다.
② 장기수선계획 조정은 관리주체가 조정안을 작성하고, 입주자대표회의가 의결하는 방법으로 한다.
③ 의무관리대상 공동주택의 관리주체는 「공동주택관리법」에 따른 안전점검 결과보고서를 기록・보관・유지하여야 한다.
④ 건설임대주택을 분양전환한 이후 관리업무를 인계하기 전까지의 장기수선충당금 요율은 「민간임대주택에 관한 특별법 시행령」 또는 「공동주택 특별법 시행령」에 따른 특별수선충당금 적립요율에 따른다.
⑤ 의무관리대상 공동주택의 관리주체는 세대별로 설치된 연탄가스배출기에 관한 안전관리계획을 수립하여야 한다.

해설 ⑤ 의무관리대상 공동주택의 관리주체는 연탄가스배출기에 관한 안전관리계획을 수립의무가 있지만 세대별로 설치된 것은 제외한다.

10

공동주택관리법령상 하자담보책임 및 하자보수에 관한 설명으로 옳지 않은 것은?

① 「주택법」에 따른 리모델링을 수행한 시공자는 공동주택의 하자에 대하여 수급인의 담보책임을 진다.
② 공동주택의 내력구조부별 하자에 대한 담보책임기간은 10년이다.
③ 공동주택의 마감공사 하자에 대한 담보책임기간은 2년이다.
④ 전유부분의 담보책임기간은 「건축법」에 따른 공동주택의 사용승인일부터 기산한다.
⑤ 하자보수를 실시한 사업주체는 하자보수가 완료되면 즉시 그 보수결과를 하자보수를 청구한 입주자대표회의등 또는 임차인등에 통보하여야 한다.

해설 ④ 전유부분의 담보책임기간은 입주자(분양전환공공임대주택의 경우에는 임차인)에게 인도한 날로부터 기산한다.

11

건축법령상 용도별 건축물의 종류에 관한 설명으로 옳지 않은 것은?

① 동물 전용의 장례식장은 '장례시설'이다.
② 주택으로 쓰는 1개 동의 바닥면적 합계가 660제곱미터 이하이고 층수가 4개 층 이하인 주택은 '연립주택'이다.
③ 단란주점으로서 제2종 근린생활시설에 해당하지 아니하는 것은 '위락시설'이다.
④ 안마시술소와 노래연습장은 같은 건축물에 해당 용도로 쓰는 바닥면적의 합계가 150제곱미터를 초과하더라도 '제2종 근린생활시설'이다.
⑤ 층수가 3개 층 이하인 주택이더라도 주택으로 쓰는 1개 동의 바닥면적의 합계가 660제곱미터를 초과하면 '다가구주택'이 아니다.

해설 ② 주택으로 쓰는 1개 동의 바닥면적 합계가 660제곱미터 이하이고 층수가 4개 층 이하인 주택은 '다세대주택'이다. '연립주택'은 주택으로 쓰는 1개 동의 바닥면적 합계가 660제곱미터 초과이고 층수가 4개 층 이하인 주택을 말한다.

12

건축법상 건축법 적용 제외 건축물이 아닌 것은?

① 고속도로 통행료 징수시설
② 철도의 선로 부지에 있는 플랫폼
③ 궤도의 선로 부지에 있는 운전보안시설
④ 「자연유산의 보존 및 활용에 관한 법률」에 따라 지정된 임시지정명승
⑤ 「산업집적활성화 및 공장설립에 관한 법률」에 따른 공장의 용도가 아닌 건축물의 대지에 설치하는 것으로서 이동이 쉬운 컨테이너를 이용한 간이창고

해설 ⑤ 「산업집적활성화 및 공장설립에 관한 법률」에 따른 공장의 용도로만 사용되는 건축물의 대지에 설치하는 것으로서 이동이 쉬운 컨테이너를 이용한 간이창고

부록

Answer

09 ⑤ 10 ④ 11 ② 12 ⑤

13 **건축법령상 건축물과 분리하여 축조할 때 특별자치시장 · 특별자치도지사 또는 시장 · 군수 · 구청장에게 신고를 해야 하는 공작물이 아닌 것은?** (단, 특례 및 조례는 고려하지 않음)

① 높이 3미터 첨탑
② 주거지역에 설치하는 높이 8미터 통신용 철탑
③ 높이 6미터의 「신에너지 및 재생에너지 개발 · 이용 · 보급 촉진법」에 따른 태양에너지를 이용하는 발전설비
④ 높이 7미터의 굴뚝
⑤ 높이 9미터의 고가수조

해설 ① 첨탑 · 광고판 · 광고탑 · 장식탑 · 기념탑은 높이 4미터 초과될 경우 신고대상이다.
② 주거지역 · 상업지역에 설치하는 통신용 철탑, 골프연습장용 철탑 및 ④의 굴뚝은 높이 6미터 초과될 경우 신고대상이고, ③의 태양에너지를 이용하는 발전설비는 높이 5미터 초과될 경우 신고대상이며, ⑤의 고가수조는 높이 8미터 초과될 경우 신고대상이니까 옳은 지문이다.

14 **건축법령상 피난시설로서 건축물로부터 바깥쪽으로 나가는 출구를 설치하여야 하는 건축물이 아닌 것은?** (단, 특례 및 조례는 고려하지 않음)

① 문화 및 집회시설(전시장 및 동 · 식물원만 해당한다)
② 승강기를 설치하여야 하는 건축물
③ 연면적이 5천 제곱미터인 창고시설
④ 교육연구시설 중 학교
⑤ 제2종 근린생활시설 중 인터넷컴퓨터게임시설제공업소(해당 용도로 쓰는 바닥면적의 합계가 300제곱미터 이상인 경우만 해당한다)

해설 ① 문화 및 집회시설 중 전시장 및 동 · 식물원은 제외한다.

15 **건축법령상 건축관계자가 업무를 수행할 때 건축법 제56조**(건축물의 용적률)**의 기준을 완화하여 적용할 것은 허가권자에게 요청할 수 있는 건축물을 모두 고른 것은?** (단, 특례 및 조례는 고려하지 않음)

> ㉠ 초고층 건축물
> ㉡ 수면 위에 건축하는 건축물
> ㉢ 사용승인을 받은 후 15년 이상이 되어 리모델링이 필요한 건축물
> ㉣ 경사진 대지에 계단식으로 건축하는 공동주택으로서 지면에서 직접 각 세대가 있는 층으로의 출입이 가능하고, 위층 세대가 아래층 세대의 지붕을 정원 등으로 활용하는 것이 가능한 형태의 건축물

① ㉠
② ㉠, ㉣
③ ㉡, ㉢
④ ㉡, ㉢, ㉣
⑤ ㉠, ㉡, ㉢, ㉣

해설 ③ ㉡, ㉢이 옳은 항목이다.
㉠, ㉣은 건폐율만 완화적용 요청할 수 있으며, ㉡은 용적률뿐만 아니라 건폐율, 대지의 안전, 토지굴착 부분에 대한 조치 등, 대지의 조경, 대지와 도로의 관계, 도로의 지정·변경·폐지, 건축선의 지정, 건폐율, 대지의 분할제한, 공개공지 등의 확보, 건축물의 높이제한·일조 등의 확보를 위한 건축물의 높이제한 규정을 완화적용 요청할 수 있다. ㉢도 용적률뿐만 아니라 대지 안의 조경, 공개공지 등의 확보, 건축선의 지정, 건폐율, 대지 안의 공지, 건축물의 높이제한·일조 등의 확보를 위한 건축물의 높이제한 규정을 완화적용 요청할 수 있다.

16 **공공주택 특별법령상 공공주택사업자로 지정될 수 없는 자는?**

① 「공무원연금법」에 따른 공무원연금공단
② 지방자치단체가 시설물 관리를 목적으로 총지분의 100분의 40을 출자·설립한 지방공단
③ 「한국자산관리공사 설립 등에 관한 법률」에 따른 한국자산관리공사
④ 「한국철도공사법」에 따른 한국철도공사
⑤ 「국가철도공단법」에 따른 국가철도공단

해설 ②은 총지분의 100분의 50를 초과하여 출자·설립한 지방공단이 공공주택사업자에 해당한다.
※ 공공주택사업자
㉠ 국가·지방자치단체·한국토지주택공사·지방공사·공공기관 중 대통령령으로 정하는 기관(한국농어촌공사·한국철도공사·국가철도공단·공무원연금공단·제주국제자유도시개발센터·주택도시보증공사·한국자산관리공사·기금관리형 준정부기관) 및 ㉠의 규정 중 어느 하나에 해당하는 자가 총지분의 100분의 50을 초과하여 출자·설립한 법인, 주택도시기금 또는 ㉠의 규정 중 어느 하나에 해당하는 자가 총지분의 전부(도심 공공주택 복합사업의 경우에는 100분의 50을 초과한 경우를 포함한다)를 출자(공동으로 출자한 경우를 포함한다)하여 「부동산투자회사법」에 따라 설립한 부동산투자회사

Answer
13 ① 14 ① 15 ③ 16 ②

17 **민간임대주택에 관한 특별법령상 임대보증금에 대한 보증에 관한 설명으로 옳지 않은 것은?**

① 임대사업자가 분양주택 전부를 우선 공급받아 임대하는 민간매입임대주택을 임대하는 경우 임대보증금에 대한 보증에 가입하여야 한다.

② 임대사업자는 임대보증금이 「주택임대차보호법」 제8조 제3항에 따른 금액 이하이고 임차인이 임대보증금에 대한 보증에 가입하지 아니하는 것에 동의한 경우에는 임대보증금에 대한 보증에 가입하지 아니할 수 있다.

③ 임대사업자는 임대사업자 등록이 말소되는 날에 임대 중인 경우에는 임대차계약이 종료되는 날까지 임대보증금에 대한 보증 가입을 유지하여야 한다.

④ 임대사업자는 보증의 수수료를 6개월 단위로 재산정하여 분할납부할 수 있다.

⑤ 임대사업자가 보증에 가입하는 경우 보증회사는 보증 가입 사실을 시장・군수・구청장에게 알리고, 관련 자료를 제출하여야 한다.

해설 ④ 임대사업자는 보증의 수수료를 1년 단위로 재산정하여 분할납부할 수 있다.

18 **시설물의 안전 및 유지관리에 관한 특별법령상 시설물의 관리주체가 실시하는 안전점검 등의 실시시기에 관한 설명으로 옳은 것은?**

① 제1종 및 제2종 시설물 중 D・E등급 시설물의 정기안전점검은 해빙기・우기・동절기 전 각각 2회 이상 실시한다.

② 최초로 실시하는 정밀안전점검은 시설물의 준공일을 기준으로 5년 이내(건축물은 3년 이내)에 실시한다.

③ 정기안전점검 결과 안전등급이 D등급(미흡)으로 지정된 제3종 시설물의 최초 정밀안전점검은 해당 정기안전점검을 완료한 날부터 6개월 이내에 실시하여야 한다.

④ 정밀안전점검, 긴급안전점검 및 정밀안전진단의 실시 완료일이 속한 반기에 실시하여야 하는 정기안전점검은 생략할 수 있다.

⑤ 증축을 위하여 공사 중인 시설물로서, 사용되지 않는 시설물에 대해서는 행정안전부장관과 협의하여 정밀안전점검을 생략하거나 그 시기를 조정할 수 있다.

해설 ④이 옳은 지문이다.
① 해빙기・우기・동절기 전 각각 1회씩 연 3회 이상 실시한다.
② 시설물의 준공일을 기준으로 3년 이내(건축물은 4년 이내)에 실시한다.
③ 정기안전점검 결과 안전등급이 D등급(미흡) 또는 E등급(불량)으로 지정된 제3종 시설물의 최초 정밀안전점검은 해당 정기안전점검을 완료한 날부터 1년 이내에 실시하여야 한다.
⑤ 증축, 개축 및 리모델링 등을 위하여 공사 중인 시설물로서, 철거예정인 시설물로서 사용되지 않는 시설물에 대해서는 국토교통부장관과 협의하여 안전점검, 정밀안전진단 및 성능평가의 실시를 생략하거나 그 시기를 조정할 수 있다.

19 **화재의 예방 및 안전관리에 관한 법령상 소방안전관리대상물 등에 관한 설명으로 옳은 것은?**

① 「건축법 시행령」상 건축물 용도가 아파트인 경우에는 세대수와 무관하게 소방안전관리보조자를 추가로 선임하여야 한다.
② 특급 소방안전관리대상물의 경우에는 소방안전관리자를 2명 이상 선임하여야 한다.
③ 지하층을 포함해서 30층 이상인 아파트는 특급 소방안전관리대상물에 해당한다.
④ 소방안전관리대상물의 관계인은 화기(火氣) 취급의 감독 업무를 수행한다.
⑤ 건축물대장의 건축물현황도에 표시된 대지경계선 안의 지역에 소방안전관리자를 두어야 하는 특정소방대상물이 둘 이상 있는 경우, 그 관리에 관한 권원을 가진 자가 동일인인 때에는 이를 하나의 특정소방대상물로 본다.

해설 ⑤이 옳은 지문이다.
① 아파트 중 300세대 이상인 경우에는 소방안전관리보조자를 선임하여야 한다.
② 특급 소방안전관리대상물의 경우에는 소방안전관리자를 1명 이상 선임하여야 한다.
③ 지하층을 제외한 50층 이상이거나 높이 200미터 이상인 아파트가 특급소방안전관리대상물에 해당한다. 특급소방안전관리대상물은 이외에도 30층 이상(지하층 포함)이거나 높이 120미터 이상 특정 소방대상물(아파트는 제외), 연면적 10만 제곱미터 이상 특정소방대상물(아파트는 제외)이 있다.
④ 특정소방대상물(소방안전관리대상물은 제외한다)의 관계인은 화기(火氣) 취급의 감독 업무를 수행한다.

20 **승강기 안전관리법령상 승강기의 설치 및 안전관리에 관한 설명으로 옳지 않은 것은?**

① 설치공사업자는 승강기의 설치를 끝냈을 때에는 승강기의 설치를 끝낸 날부터 10일 이내에 한국승강기안전공단에 승강기의 설치신고를 해야 한다.
② 관리주체가 직접 승강기를 관리하는 경우에는 승강기 안전관리자를 따로 선임할 필요가 없다.
③ 관리주체는 승강기의 사고로 승강기 이용자 등 다른 사람의 생명·신체 또는 재산상의 손해를 발생하게 하는 경우 그 손해에 대한 배상을 보장하기 위한 책임보험에 가입하여야 한다.
④ 책임보험의 보상한도액은 사망의 경우에는 1인당 8천만원 이상이나, 사망에 따른 실손해액이 2천만원 미만인 경우에는 2천만원으로 한다.
⑤ 승강기의 자체점검을 담당하는 사람은 자체점검을 마치면 지체 없이 자체점검 결과를 양호, 주의관찰 또는 긴급수리로 구분하여 자체점검 후 10일 이내에 승강기안전종합정보망에 입력해야 한다.

해설 ⑤ 자체점검 후 10일 이내에 승강기안전종합정보망에 입력해야 한다.

Answer
17 ④ 18 ④ 19 ⑤ 20 ⑤

21

전기사업법령상 전기자동차충전사업에 관한 설명으로 옳은 것은?

① 전기자동차충전사업을 하려는 자는 산업통상자원부장관의 허가를 받아야 한다.
② 전기자동차충전사업자는 충전요금을 표시하는 경우 이동통신단말장치에서 사용되는 애플리케이션에 게시하는 방법으로 할 수 있다.
③ 전기자동차충전사업자는 재생에너지를 이용하여 생산한 전기라도 전력시장을 거치지 아니하고는 전기자동차에 공급할 수 없다.
④ 전기자동차충전사업자는 전기요금과 그 밖의 공급조건에 관한 약관을 작성하여 산업통상자원부장관의 인가를 받아야 한다.
⑤ 전기자동차에 전기를 유상으로 공급하는 것을 주된 목적으로 하는 사업은 '전기판매사업'에 해당한다.

해설 ②이 옳은 지문이다. 전기자동차충전사업자는 법 제96조의5 제1항에 따라 충전요금을 표시하는 경우에는 충전요금 정보를 소비자가 쉽게 알아볼 수 있도록 표시판을 설치하거나 인터넷 홈페이지 또는 이동통신단말장치에서 사용되는 애플리케이션(Application)에 게시하는 방법 등으로 충전요금을 표시하여야 한다.

① 전기자동차충전사업은 전기신사업의 일종이므로 산업통상자원부장관에게 등록을 해야 한다.
③ 전기자동차충전사업자는 재생에너지를 이용하여 생산한 전기를 전력시장을 거치지 않고 전기자동차에 공급할 수 있다.
④ 전기자동차충전사업자는 전기요금과 그 밖의 이용조건에 관한 약관을 작성하여 산업통상자원부장관의 신고할 수 있다.
⑤ 전기자동차에 전기를 유상으로 공급하는 것을 주된 목적으로 하는 사업은 '전기자동차충전사업'으로 전기신사업에 해당한다.

22

집합건물 소유 및 관리에 관한 법령상 공용부분에 관한 설명으로 옳지 않은 것은?

① 공용부분의 변경에 관한 사항은 관리단집회에서 구분소유자 전원의 동의로써 결정한다.
② 구분소유할 수 있는 건물부분은 규약으로써 공용부분으로 정할 수 있다.
③ 공유자는 그가 가지는 전유부분과 분리하여 공용부분에 대한 지분을 처분할 수 없다.
④ 공용부분에 대한 각 공유자의 지분은 그가 가지는 전유부분의 면적 비율에 따르되, 규약으로써 달리 정할 수 있다.
⑤ 공용부분의 보존행위는 규약으로 달리 정하지 않는 한 각 공유자가 할 수 있다.

해설 ① 공용부분의 변경에 관한 사항은 관리단집회에서 구분소유자의 3분의 2 이상 및 의결권의 3분의 2 이상 결의로써 결정한다.

23 **도시 및 주거환경정비법령상 재건축사업을 위하여 조합을 설립하는 경우 토지등소유자의 동의자 수 산정 방법으로 옳지 않은 것은?**

① 토지의 소유권을 여럿이서 공유하는 경우 공유하는 여럿을 각각 토지등소유자로 산정한다.
② 1인이 둘 이상의 소유권을 소유하고 있는 경우 소유권의 수에 관계없이 토지등소유자를 1인으로 산정한다.
③ 둘 이상의 소유권을 소유한 공유자가 동일한 경우에는 그 공유자 여럿을 대표하는 1인을 토지등소유자로 한다.
④ 조합의 설립에 동의한 자로부터 건축물을 취득한 자는 조합의 설립에 동의한 것으로 본다.
⑤ 국·공유지에 대해서는 그 재산관리청 각각을 토지등소유자로 산정한다.

해설 ① 토지의 소유권을 여럿이서 공유하는 경우 그 여럿을 대표하는 1인을 토지등소유자로 산정한다.

24 **도시재정비 촉진을 위한 특별법령상 재정비촉진지구 등에 관한 설명으로 옳지 않은 것은?**

① 재정비촉진지구는 지구의 특성에 따라 주거지형, 중심지형, 고밀복합형으로 구분한다.
② 재정비촉진지구에서 시행되는 「공공주택 특별법」에 따른 도심 공공주택 복합사업은 '재정비촉진사업'에 해당한다.
③ 「도시개발법」에 따른 도시개발사업의 경우, 재정비촉진구역에 있는 건축물의 소유자는 '토지등소유자'에 해당한다.
④ 재정비촉진지구는 2개 이상의 재정비촉진사업을 포함하여 지정하여야 한다.
⑤ 재정비촉진지구의 지정이 해제된 경우 재정비촉진계획 결정의 효력은 상실된 것으로 본다.

해설 ③ 「도시개발법」에 따른 도시개발사업의 경우, 재정비촉진구역에 있는 토지소유자와 그 지상권자는 '토지등소유자'에 해당한다.

Answer

21 ② 22 ① 23 ① 24 ③

부록

25

주택법 제11조의3(조합원 모집 신고 및 공개모집) **제1항 규정이다. (　　)에 들어갈 아라비아 숫자를 쓰시오.**

> 제11조 제1항에 따라 지역주택조합 또는 직장주택조합의 설립인가를 받기 위하여 조합원을 모집하려는 자는 해당 주택건설대지의 (㉠)퍼센트 이상에 해당하는 토지의 사용권원을 확보하여 관할 시장·군수·구청장에게 신고하고, 공개모집의 방법으로 조합원을 모집하여야 한다. 조합 설립인가를 받기 전에 신고한 내용을 변경하는 경우에도 또한 같다.

26

주택법 시행규칙 제18조의2(공사감리비의 예치 및 지급 등) **규정의 일부이다. (　　)에 들어갈 아라비아 숫자를 쓰시오.**

> ① <생략>
> ② 사업주체는 해당 공사감리비를 계약에서 정한 지급예정일 (㉠)일 전까지 사업계획승인권자에게 예치하여야 한다.
> ③ 감리자는 계약에서 정한 공사감리비 지급예정일 (㉡)일 전까지 사업계획승인권자에게 공사감리비 지급을 요청해야 하며, 사업계획승인권자는 제18조 제4항에 따른 감리업무 수행 상황을 확인한 후 공사감리비를 지급해야 한다. <이하 생략>

27

주택법 제62조(사용검사 후 매도청구 등) **규정의 일부이다. (　　)에 들어갈 아라비아 숫자를 쓰시오.**

> ① 주택(복리시설을 포함한다. 이하 이 조에서 같다)의 소유자들은 주택단지 전체 대지에 속하는 일부의 토지에 대한 소유권이전등기 말소소송 등에 따라 제49조의 사용검사(동별 사용검사를 포함한다. 이하 이 조에서 같다)를 받은 이후에 해당 토지의 소유권을 회복한 자(이하 이 조에서 "실소유자"라 한다)에게 해당 토지를 시가로 매도할 것을 청구할 수 있다.
> ② 주택의 소유자들은 대표자를 선정하여 제1항에 따른 매도청구에 관한 소송을 제기할 수 있다. 이 경우 대표자는 주택의 소유자 전체의 (㉠)분의 (㉡) 이상의 동의를 받아 선정한다.
> ③ <생략>
> ④ 제1항에 따라 매도청구를 하려는 경우에는 해당 토지의 면적이 주택단지 전체 대지 면적의 (㉢)퍼센트 미만이어야 한다.
> <이하 생략>

28 **공동주택관리법 제69조**(주택관리사등의 자격취소 등) **제1항 규정의 일부이다. ( )에 들어갈 아라비아 숫자와 용어를 쓰시오.**

> 시·도지사는 주택관리사등이 다음 각 호의 어느 하나에 해당하면 그 자격을 취소하거나 (㉠)년 이내의 기간을 정하여 그 자격을 정지시킬 수 있다. 다만, 제1호부터 제4호까지, 제7호 중 어느 하나에 해당하는 경우에는 그 자격을 취소하여야 한다.
> 1. <생략>
> 2. 공동주택의 관리업무와 관련하여 (㉡) 이상의 형을 선고받은 경우
> 3. <생략>
> 4. 주택관리사등이 (㉢)기간에 공동주택관리업무를 수행한 경우
>
> <이하 생략>

29 **공동주택관리법 시행령 제31조**(장기수선충당금의 적립 등) **제3항 규정이다. ( )에 들어갈 용어와 아라비아 숫자를 쓰시오.**

> 장기수선충당금은 다음의 계산식에 따라 산정한다.
> 월간 세대별 장기수선충당금 = [장기수선계획기간 중의 수선비총액 ÷ ((㉠) × (㉡) × 계획기간(년))] × 세대당 주택공급면적

30 **공동주택관리법 시행령 제45조**(하자보수보증금의 반환) **제1항 규정의 일부이다. ( )에 들어갈 아라비아 숫자를 쓰시오.**

> 입주자대표회의는 사업주체가 예치한 하자보수보증금을 다음 각 호의 구분에 따라 순차적으로 사업주체에게 반환하여야 한다.
> 1~2. <생략>
> 3. 사용검사일부터 5년이 경과한 때: 하자보수보증금의 100분의 (㉠)
> 4. <생략>

Answer

25 ㉠ 50 **26** ㉠ 14 ㉡ 7 **27** ㉠ 4 ㉡ 3 ㉢ 5 **28** ㉠ 1 ㉡ 금고 ㉢ 자격정지 **29** ㉠ 총공급면적 ㉡ 12
30 ㉠ 25

부록

31 **건축법 제80조**(이행강제금)**와 건축법 시행령 제115조의3**(이행강제금의 탄력적 운영)**의 규정에 따르를 때, 허가를 받지 아니하고 건축된 건축물에 부과하는 이행강제금의 산정방식이다. (　　)에 들어갈 용어와 아라비아 숫자를 쓰시오.** (단, 특례 및 조례는 고려하지 않음)

「지방세법」에 따라 해당 건축물에 적용되는 1제곱미터의 시가표준액의 100분의 50에 해당하는 금액에 (㉠)(을)를 곱한 금액 이하의 범위에서 100분의 (㉡)을 곱한 금액

32 **건축법 제2조**(정의) **규정의 일부이다. (　　)에 들어갈 용어를 쓰시오.**

"(㉠)구조물"이란 건축물의 안전·기능·환경 등을 향상시키기 위하여 건축물에 추가적으로 설치하는 환기시설물 등 대통령령으로 정하는 구조물을 말한다.

33 **공공주택 특별법 제50조의3**(공공임대주택의 우선 분양전환 등) **제2항 규정이다. (　　)에 들어갈 아라비아 숫자를 쓰시오.**

공공주택사업자는 공공건설임대주택의 임대의무기간이 지난 후 해당 주택의 임차인에게 제1항에 따른 우선 분양전환 자격, 우선 분양전환 가격 등 우선 분양전환에 관한 사항을 통보하여야 한다. 이 경우 우선 분양전환 자격이 있다고 통보받은 임차인이 우선 분양전환에 응하려는 경우에는 그 통보를 받은 후 (㉠)개월(임대의무기간이 10년인 공공건설임대주택의 경우에는 12개월을 말한다) 이내에 우선 분양전환 계약을 하여야 한다.

34 **민간임대주택에 관한 특별법 제22조**(촉진지구의 지정) **제1항 규정의 일부이다. (　　)에 들어갈 아라비아 숫자를 쓰시오.**

시·도지사는 공공지원임대주택이 원활하게 공급될 수 있도록 공공지원민간임대주택 공급촉진지구(이하 "촉진지구"라 한다)를 지정할 수 있다. 이 경우 촉진지구는 다음 각 호의 요건을 모두 갖추어야 한다. 1. 촉진지구에서 건설·공급되는 전체 주택 호수의 (㉠)퍼센트 이상이 공공지원민간임대주택으로 건설·공급될 것 <이하 생략>

35

시설물의 안전 및 유지관리에 관한 특별법 시행령 제11조(긴급안전점검의 실시 등) **규정의 일부이다. (   )에 들어갈 용어와 아라비아 숫자를 쓰시오.**

> ① 국토교통부장관 및 관계 행정기관의 장은 법 제13조 제2항에 따라 긴급안전점검을 실시할 때는 미리 긴급안전점검 대상 시설물의 (㉠)에게 긴급안전점검의 목적·날짜 및 대상 등을 서면으로 통지하여야 한다. 다만, 서면 통지로는 긴급안전점검의 목적을 달성할 수 없는 경우에는 구두(口頭)로 또는 전화 등으로 통지할 수 있다.
> ② 국토교통부장관 또는 관계 행정기관의 장은 법 제13조 제6항에 따라 긴급안전점검을 종료한 날부터 (㉡)일 이내에 그 결과를 해당 (㉠)에게 서면으로 통보하여야 한다.
> ③ <생략>

36

소방기본법 제7조(소방의 날 제정과 운영 등) **제1항 규정이다. (   )에 들어갈 아라비아 숫자를 쓰시오.**

> 국민의 안전의식과 화재에 대한 경각심을 높이고 안전문화를 정착시키기 위하여 매년 (㉠)월 (㉡)일을 소방의 날로 정하여 기념행사를 한다.

37

소방시설 설치 및 관리에 관한 법률 제2조(정의) **규정의 일부이다. (   )에 들어갈 용어를 쓰시오.**

> "(㉠)"(이)란 건축물 등의 규모·용도 및 수용인원 등을 고려하여 소방시설을 설치하여야 하는 소방대상물로서 대통령령으로 정하는 것을 말한다.

Answer

31 ㉠ 위반면적 ㉡ 100 **32** ㉠ 부속 **33** ㉠ 6 **34** ㉠ 50 **35** ㉠ 관리주체 ㉡ 15 **36** ㉠ 11 ㉡ 9
37 ㉠ 특정소방대상물

부록

38

승강기 안전관리법 제33조(안전검사의 면제) **규정이다. ( )에 들어갈 용어를 쓰시오.**

행정안전부장관은 다음 각 호의 구분에 따른 승강기에 대해서는 해당 안전검사를 면제할 수 있다.
1. 제18조 제1호부터 제3호까지의 어느 하나에 해당하여 승강기안전인증을 면제받은 승강기: (㉠)검사
2. 제32조 제1항 제3호에 따른 정밀안전검사를 받았거나 정밀안전검사를 받아야하는 승강기: 해당 연도의 (㉡)검사

39

전기사업법 시행규칙 제2조(정의) **규정의 일부이다. ( )에 들어갈 용어와 아라비아 숫자를 쓰시오.**

"(㉠)"(이)란 다음 각 목의 곳의 전압 (㉡)만볼트 이상의 송전선로를 연결하거나 차단하기 위한 전기설비를 말한다.
가. 발전소 상호간
나. 변전소 상호간
다. 발전소와 변전소 간

40

도시 및 주거환경정비법 제38조(조합의 법인격 등) **규정의 일부이다. ( )에 들어갈 아라비아 숫자와 용어를 쓰시오.**

① <생략>
② 조합은 조합설립인가를 받은 날부터 (㉠)일 이내에 주된 사무소의 소재지에서 대통령령으로 정하는 사항을 등기하는 때에 성립한다.
③ 조합은 명칭에 "(㉡)"(이)라는 문자를 사용하여야 한다.

Answer

38 ㉠ 안전 ㉡ 정기 **39** ㉠ 개폐소 ㉡ 5 **40** ㉠ 30 ㉡ 정비사업조합

연구 집필위원

강경구

2025 제28회 시험대비 전면개정판

박문각 주택관리사 기본서 2차 주택관리관계법규

초판인쇄 | 2024. 10. 1. **초판발행** | 2024. 10. 5. **편저** | 강경구 외 박문각 주택관리연구소
발행인 | 박 용 **발행처** | (주)박문각출판 **등록** | 2015년 4월 29일 제2019-000137호
주소 | 06654 서울시 서초구 효령로 283 서경 B/D 4층 **팩스** | (02)584-2927
전화 | 교재 주문 (02)6466-7202, 동영상문의 (02)6466-7201

정가 46,000원

ISBN 979-11-7262-223-7 | ISBN 979-11-7262-222-0(2차세트)